Kittner/Pieper
Arbeitsschutzrecht
Kommentar für die Praxis

Michael Kittner
Ralf Pieper

ArbSchR
Arbeitsschutzrecht

Arbeitsschutzgesetz, Arbeitssicherheitsgesetz
und andere Arbeitsschutzvorschriften

Kommentar für die Praxis

2., erweiterte und überarbeitete Auflage

Bund-Verlag

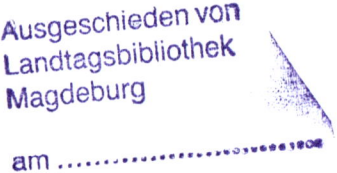

Zitiervorschlag: Kittner/Pieper, ArbSchR, § 11 ArbSchG Rn. 4

Die Deutsche Bibliothek – CIP-Einheitsaufnahme

Kittner, Michael:
Arbeitsschutzrecht : ArbSchR ; Arbeitsschutzgesetz, Arbeitssicherheitsgesetz
und andere Arbeitsschutzvorschriften / Michael Kittner ; Ralf Pieper. –
2., erw. und überarb. Aufl. – Frankfurt am Main : Bund-Verl., 2002
  (Kommentar für die Praxis)
  ISBN 3-7663-3300-3

2., erweiterte und überarbeitete Auflage 2002
© 1999 by Bund-Verlag GmbH, Frankfurt am Main
Lektorat: Stefan Soost
Herstellung: Thomas Pradel, Frankfurt am Main
Umschlagentwurf: Neil McBeath, Stuttgart
Satz: Libro, Kriftel
Druck: LEGOPRINT
Printed in Italy 2002
ISBN 3-7663-3300-3

Alle Rechte vorbehalten,
insbesondere die des öffentlichen Vortrags,
der Rundfunksendung
und der Fernsehausstrahlung,
der fotomechanischen Wiedergabe,
auch einzelner Teile.

Vorwort zur zweiten Auflage

In die zweite Auflage des vorliegenden Kommentars sind neben einer Aktualisierung der Einleitung, der meisten Kommentierungen sowie der Ergänzungen des Anhangs, insbesondere die Biostoffverordnung und die Gefahrstoffverordnung (unter Berücksichtigung der zu erwartenden Änderungen durch die EG-Gefahrstoffrichtlinie) in die Kommentierung aufgenommen worden. Das Strahlenschutzrecht (Strahlenschutzverordnung, Röntgenverordnung), das Störfallrecht (Störfallverordnung), das Gentechnikrecht (Gentechnikgesetz und Gentechniksicherheitsverordnung), das Recht der Gerätesicherheit (Gerätesicherheitsgesetz und -verordnungen sowie entsprechende EG-Richtlinien) sowie der soziale Arbeitsschutz (Arbeitszeitgesetz, Mutterschutzgesetz u.s.w.) sind soweit einbezogen, wie es für das Verständnis der abgedruckten und kommentierten Rechtsvorschriften erforderlich ist.
Literatur und Rechtsprechung sind bis Ende August 2001, in ausgewählten Fällen bis Ende November 2001, berücksichtigt worden.

Hanau/Staufenberg, im Januar 2002

Michael Kittner
Ralf Pieper

Alphabetische Schnellübersicht

	Seite
Anhang Übersicht	623
Anhang zum Arbeitsschutzgesetz	641
Anhang zum Arbeitssicherheitsgesetz	690
Anhang zur Baustellenverordnung	653
Anhang zur Bildschirmarbeitsverordnung	654
Anhang zur Biostoffverordnung	658
Anhang zum EG-Recht	754
Anhang zur Gefahrstoffverordnung	667
Anhang zur Lastenhabungsverordnung	685
Anhang zum SGB VII und SGB V	731
Arbeitnehmerüberlassungsgesetz (Auszug)	503
Arbeitsmittelbenutzungsverordnung	211
Arbeitsschutzgesetz	79
Arbeitsschutzverordnungen	211
Arbeitssicherheitsgesetz	506
Arbeitsstättenverordnung	231
Baustellenverordnung	271
Betriebsverfassungsgesetz (Auszug)	552
Bildschirmarbeitsverordnung	305
Biostoffverordnung	337
Bundespersonalvertretungsgesetz (Auszug)	574
Einleitung	35
Gefahrstoffverordnung	405
Lastenhandhabungsverordnung	481
PSA-Benutzungsverordnung	492
SGB VII. Gesetzliche Unfallversicherung (Auszug)	584

Inhaltsverzeichnis

Vorwort 5
Alphabetische Schnellübersicht 7
Literaturverzeichnis 13
Abkürzungsverzeichnis 25

Teil I
Einleitung – Grundzüge des Arbeitsschutzrechts

1. Grundlagen, Bedeutung und Begriff des Arbeitsschutzes 35
1.1 Allgemeines, geschichtliche Entwicklung, aktuelle Bedeutung 35
1.2 Allgemeiner Arbeitsschutzbegriff, Prävention 40
1.3 Arbeitsschutzbegriff: Internationales Recht und EG-Recht 41

2. Rechtliche, institutionelle und sachliche Gliederung sowie Durchführung des Arbeitsschutzes 44
2.1 Rechtliche Gliederung 44
2.2 Institutionelle Gliederung und Durchführung 48
2.3 Sachlich-rechtliche Gliederung des Arbeitsschutzes 55

3. System des Arbeitsschutzes in der EG 57
3.1 Allgemeines 57
3.2 Vorgreifender, produktbezogener Arbeitsschutz 61
3.3 Betrieblicher Arbeitsschutz 64

4. Das Arbeitsschutzgesetz 66
4.1 Vorgeschichte 66
4.2 Inhalt des ArbSchG 68
4.3 Allgemeine Auswirkungen des ArbSchG 70
4.4 Auswirkungen des ArbSchG auf andere Arbeitsschutzvorschriften und -regelungen 72
4.5 Perspektiven 76

Teil II
Arbeitsschutzgesetz – Gesetzestext mit Kommentierung

Erster Abschnitt: Allgemeine Vorschriften
§ 1 Zielsetzung und Anwendungsbereich 79
§ 2 Begriffsdefinitionen 88

Inhaltsverzeichnis

Zweiter Abschnitt: Pflichten des Arbeitgebers
§ 3 Grundpflichten des Arbeitgebers 101
§ 4 Allgemeine Grundsätze 111
§ 5 Beurteilung der Arbeitsbedingungen 122
§ 6 Dokumentation 131
§ 7 Übertragung von Aufgaben 137
§ 8 Zusammenarbeit mehrerer Arbeitgeber 138
§ 9 Besondere Gefahren 144
§ 10 Erste Hilfe und sonstige Notfallmaßnahmen 153
§ 11 Arbeitsmedizinische Vorsorge 155
§ 12 Unterweisung 161
§ 13 Verantwortliche Personen 168
§ 14 Unterrichtung und Anhörung der Beschäftigten des öffentlichen Dienstes 173

Dritter Abschnitt: Pflichten und Rechte der Beschäftigten
§ 15 Pflichten der Beschäftigten 174
§ 16 Besondere Unterstützungspflichten 179
§ 17 Rechte der Beschäftigten 180

Vierter Abschnitt: Verordnungsermächtigungen
§ 18 Verordnungsermächtigungen 183
§ 19 Rechtsakte der EG und zwischenstaatliche Vereinbarungen ... 184
§ 20 Regelungen für den öffentlichen Dienst 192

Fünfter Abschnitt: Schlussvorschriften
§ 21 Zuständige Behörden; Zusammenwirken mit den Trägern der gesetzlichen Unfallversicherung 194
§ 22 Befugnisse der zuständigen Behörden 202
§ 23 Betriebliche Daten; Zusammenarbeit mit anderen Behörden; Jahresbericht 205
§ 24 Ermächtigung zum Erlass von allgemeinen Verwaltungsvorschriften 208
§ 25 Bußgeldvorschriften 209
§ 26 Strafvorschriften 209

Teil III
Arbeitsschutzverordnungen – Verordnungstexte mit Kommentierung

- Arbeitsmittelbenutzungsverordnung 211
- Arbeitsstättenverordnung 231
- Baustellenverordnung 271
- Bildschirmarbeitsverordnung 305
- Biostoffverordnung 337
- Gefahrstoffverordnung 405
- Lastenhandhabungsverordnung 481
- PSA-Benutzungsverordnung 492

Inhaltsverzeichnis

Teil IV
Sonstige Rechtsvorschriften – Gesetzestexte mit Kommentierung
- Arbeitnehmerüberlassungsgesetz (Auszug) 503
- Arbeitssicherheitsgesetz 506
- Betriebsverfassungsgesetz (Auszug) 552
- Bundespersonalvertretungsgesetz (Auszug) 574
- Sozialgesetzbuch VII. Gesetzliche Unfallversicherung (Auszug) 584

Teil V
Anhänge

A. **Allgemeines**
   1. Errichtung einer Bundesanstalt für Arbeitsschutz und Arbeitsmedizin 625
   2. Neuordnung des Arbeitsschutzrechts 628
   3. Eckpunkte zur Entwicklung und Bewertung von Konzepten für Arbeitsschutzmanagementsysteme – Managementsysteme im Arbeitsschutz (AMS) 631
   4. Zusammenwirken der Träger der Unfallversicherung und der Gewerbeaufsichtsbehörden 639

B. **Zum ArbSchG und zu den Arbeitsschutzverordnungen**

   B.1 *Arbeitsschutzgesetz*
   5. Gemeinsame Grundsätze zur Erstellung von Handlungshilfen zur Gefährdungsbeurteilung nach dem Arbeitsschutzgesetz 641
   6. Das neue Arbeitsschutzgesetz. Gefährdungen erkennen, bewerten, beseitigen 646
   7. Psychische Belastungen 650

   B.2 *Baustellenverordnung*
   8. Erlass über die Einrichtung eines Ausschusses für Sicherheit und Gesundheitsschutz auf Baustellen 653

   B.3 *Bildschirmarbeitsverordnung*
   9. Arbeitsblatt Bildschirmarbeit 654

   B.4 *Biostoffverordnung*
   10. UVV »Biologische Arbeitsstoffe« BGV B 12 658
   11. TRBA 002 Übersicht über den Stand der TRBA 660
   12. TRBA 500 Allgemeine Hygienemaßnahmen: Mindestanforderungen 663

   B.5 *Gefahrstoffverordnung*
   13. UVV »Gefahrstoffe« BGV B 1 667
   14. TRGS 002 Übersicht über den Stand der TRGS 671
   15. TRGS 500 Schutzmaßnahmen: Mindeststandards 678

   B.6 *Lastenhandhabungsverordnung*
   16. Handlungsanleitung für die Beurteilung der Arbeitsbedingungen 685

Inhaltsverzeichnis

C. **Zum ASiG**
17. Unfallverhütungsvorschrift »Fachkräfte für Arbeitssicherheit« (BGV A 6) (Auszüge) 690
18. Unfallverhütungsvorschrift »Betriebsärzte« (BGV A 7) (Auszüge) 694
19. Gemeinsame Anlage zu den Unfallverhütungsvorschriften (BGV A 6, A 7) 698
20. Arbeitssicherheitsgesetz. Betriebsärztliche Betreuung von Kleinbetrieben 702
21. Betriebsärztliche Betreuung kleiner Betriebe – Eine Hilfe für den Arbeitgeber 710
22. Konzept zur Verbesserung des Arbeitsschutzes und der Unfallverhütung im Betrieb 714
23. Sicherheitstechnische Betreuung kleiner Betriebe – Eine Hilfe für den Arbeitgeber 715
24. Ausbildung von Fachkräften für Arbeitssicherheit (1979) 721
25. Ausbildung zur Fachkraft für Arbeitssicherheit (1997) 722
26. Qualitätsmerkmale und Anforderungen an Fachkräfte für Arbeitssicherheit für deren Aufgabenwahrnehmung 725
27. Gemeinsame Erklärung zur Qualität der Betreuung der Betriebe nach dem ASiG 729

D. **Zum SGB VII und zum SGB V**
28. UVV »Allgemeine Vorschriften« (BGV A 1) (Auszug) 731
29. Zusammenarbeit bei der Verhütung arbeitsbedingter Gesundheitsgefahren 736
30. Luxemburger Deklaration zur betrieblichen Gesundheitsförderung in der Europäischen Union 741
31. Zusammenwirken der technischen Aufsichtsbeamten der Träger der Unfallversicherung mit den Betriebsvertretungen 745
32. Berufskrankheiten-Verordnung 748

E. **Zum EG-Recht**
33. Konsolidierte Fassung des Vertrages zur Gründung der Europäischen Gemeinschaft (Auszug) 754
34. Europäische Arbeitsschutzagentur (Auszug) 760

Stichwortverzeichnis 765

Literaturverzeichnis

Die im Text jeweils verwendeten Abkürzungen sind besonders hervorgehoben. Nützliche Informationen, Adressen und Verweise zum Arbeitsschutz enthält die Internetseite der Bundesanstalt für Arbeitsschutz und Arbeitsmedizin (http://www.baua.de).

Altvater/Bacher/Hörter/Peiseler/Sabbotig/Schneider/Vohs, Bundespersonalvertretungsgesetz, 4. Auflage (1996); zit.: **Altvater u.a.**
Antonovky, Salutogenese (1997)
Anzinger/Bieneck, Arbeitssicherheitsgesetz (1998)

Bartenwerfer (Hrsg.), Bayrisches Staatsministerium für Arbeit und Sozialordnung, Monotonie in unserer Arbeitswelt – muß das sein? – Arbeitswissenschaftliche Veröffentlichungen Nr. 19 (1985)
Barth/Glomm/Wienhold (Hrsg.: BAuA), Betriebsärztliche Kleinbetriebsbetreuung – Forschungsbericht Fb 904 (2000)
BAU (Hrsg.), Gesundheitsförderung – Tagungsbericht Tb 74 (Bearbeiter: Brandenburg/Kuhn/Marschall/Verkoyen) (1996a)
BAU (Hrsg.), Qualitätsmanagement und Arbeitsschutz in Europa – Tagungsbericht Tb 69 (1996)
BAU (Hrsg.), Mehr Sicherheit und Gesundheit durch inner- und überbetriebliche Zusammenarbeit und gruppenorientierte Problemlösungen – Tagungsbericht Tb 65 (1995)
BAU (Hrsg.), Arbeitsschutz in der Bauwirtschaft – Sicherheit und Gesundheit bei Bauarbeitern und auf Baustellen (1996), zit.: **BAU-Bearbeiter**
BAU (Hrsg.), Qualitätsmanagement und Arbeitsschutz – Tagungsbericht Tb 64 (1993a)
BAU (Hrsg.), Erkennen und Beurteilen von Gefährdungen bei der Arbeit – Tagungsbericht Tb 60 (1993)
BAU (Hrsg.), Prävention und Gesundheitsförderung im Betrieb – Tagungsbericht Tb 51 (1990)
BAU (Hrsg.), Handbuch zur Humanisierung der Arbeit, Bd. I und II (1985)
BAU (Hrsg.), Wörterbuch zur Humanisierung der Arbeit (1983)
BAU/HVBG/Systemkonzept/Fraunhofer-Institut für Arbeitswirtschaft und Organisation (Hrsg.), Neuordnung der Ausbildung der Fachkräfte für Arbeitssicherheit – Ausbildungskonzeption – 2. Fachgespräch (1996), zit.: **BAU/HVBG (Hrsg.), 1996**
BAU/HVBG/Systemkonzept/Fraunhofer-Institut für Arbeitswirtschaft und Organisation, Neuordnung der Ausbildung der Fachkräfte für Arbeitssicherheit – Ausbildungskonzeption – 1. Fachgespräch (1995), zit.: **BAU/HVBG (Hrsg.), 1995**
BAuA (Hrsg.), Betriebsärztliche Qualifizierung für einen modernen Arbeits- und Gesundheitsschutz – Tagungsbericht Tb 112 (2000a)
BAuA (Hrsg.), Betriebsärztliche Betreuung im Wandel – Tagungsbericht Tb 111 (2000)

Literaturverzeichnis

BAuA (Hrsg.), Instandhaltung – Sicherheit und Gesundheitsschutz – Sonderschrift S 55 (1999d)

BAuA (Hrsg.), Stress im Betrieb? Handlungshilfen für die Praxis (1999c)

BAuA (Hrsg.), AMS-Workshop (1999b)

BAuA (Hrsg.), Technische Arbeitshilfen – Handbuch zur ergonomischen und behinderungsgerechten Gestaltung von Arbeitsplätzen – Forschungsanwendungsbericht Fa 18, 2. Auflage (1999a)

BAuA (Hrsg.), Technische Arbeitsschutzmaßnahmen – Ausgewählte Beiträge für die Praxis – Sonderschrift S 48 (1999)

BAuA (Hrsg.), Sicherheit und Gesundheitsschutz durch Herstellung und Bereitstellung von Maschinen, Quartbroschüre Organisation 2 (Bearbeiter: Barth) (1999)

BAuA (Hrsg.), Anwendung des Gerätesicherheitsgesetzes – Leitfaden Sonderschrift S 53 (Bearbeiter: Höhn/Lehder/Barth/Hamacher/Wienhold) (1999); zit.: **BAuA-Leitfaden GSG**

BAuA (Hrsg.), Biologische Arbeitsstoffe – Vielfältige Tätigkeiten und neue Rechtsgrundlagen – Tagungsbericht Tb 88 (1998), zit.: **BAuABio-**Bearbeiter

BAuA (Hrsg.), Seminarkonzeption »Sicherheitsdialog« – Unterweisung zur Verbesserung von Sicherheit und Gesundheitsschutz (1998g)

BAuA (Hrsg.), Moderieren leicht gemacht – Kompetenz durch bessere Kommunikation, Qualifizierung 12 (Bearbeiter: Georg/Meschkutat) (1998f)

BAuA (Hrsg.), Psychologische Grundlagen für Beratungsgespräche zur Arbeitssicherheit, Quartbroschüre Qualifizierung 3 (Bearbeiter: Packebusch) (1998e)

BAuA (Hrsg.), Beispiele für systematische Sicherheitsbetrachtungen nach TRGS 300 »Sicherheitstechnik« – Regelwerk Rw 27 (1998d)

BAuA (Hrsg.), Ermittlung gefährdungsbezogener Arbeitsschutzmaßnahmen im Betrieb. Ratgeber und Handbuch für Arbeitsschutzfachleute – Sonderschrift S 42, 3. Auflage (2001), zit.: **BAuA-Ratgeber**

BAuA (Hrsg.), Verbesserung der Anwesenheit im Betrieb. Instrumente und Konzepte zur Erhöhung der Gesundheitsquote – Tagungsbericht Tb 84 (Bearbeiter: Brandenburg/Kuhn/Marschall) (1998c)

BAuA (Hrsg.), Sichere Mithilfe beim Krantransport. Arbeitsschutz beim Anschlagen von Lasten – Informationen für Arbeitgeber und Führungskräfte (1998b)

BAuA (Hrsg.), Leitfaden zum Gerätesicherheitsgesetz (1998; i.E.); zit.: **BAuA-Leitfaden GSG**

BAuA (Hrsg.), Heben und Tragen ohne Schaden – Quartbroschüre (Bearbeiter: Windberg/Steinberg) (1998)

BAuA (Hrsg.), Bauleitung ohne Streß. Ein Leitfaden zum Streßabbau und Streßmanagement für Bauleiter und ihre Kooperationspartner (Bearbeiter: Strobel/Krause/Weißgerber) (1997e)

BAuA (Hrsg.), Anspruch und Wirklichkeit der neuen Sifa-Ausbildung (1977d)

BAuA (Hrsg.), Arbeitsschutzorganisation in Mittel- und Großbetrieben – Forschungsanwendungsbericht Fa 39 (1997c)

BAuA (Hrsg.), Europäisches Recht, Arbeitsgestaltung, Arbeits- und Gesundheitsschutz – Tagungsbericht Tb 83 (1997b)

BAuA (Hrsg.), Telearbeit. Gesund gestaltet – Quartbroschüre (Bearbeiter: Ertel/Maintz/Ullsperger) (1997a), 5. Auflage 2000

BAuA (Hrsg.), Arbeitsstätten. Arbeitsstättenverordnung – ArbStättV- und Arbeitsstätten-Richtlinien – ASR – Stand: April 1998 – Regelwerk Rw 2, 31. Auflage (2000), zit.: **BAuA-ArbStättV**

Literaturverzeichnis

BAuA (Hrsg.), Gerätesicherheitsgesetz. Persönliche Schutzausrüstung. PSA – Regelwerk Rw 8 (1997), zit.: **BAuA-PSA**

Bau-BG'n, SIGEPLAN. Leitfaden zur Erstellung eines Sicherheits- und Gesundheitsschutzplanes (1998b)

Bau-BG'n, Unterlage. Leitfaden zur Erstellung einer Unterlage für spätere Arbeiten am Bauwerk (1998a)

Bau-BG'n, Abbrucharbeiten, Gefährdungs- und Belastungsanalyse. Leitfaden (1998)

Bauerdick, Arbeitsschutz zwischen staatlicher und verbandlicher Regulierung (1994)

Baum/Heibach/Höhnscheid (Hrsg.: BAuA), Volkswirtschaftliche Kosten von Arbeits- und Wegeunfällen – Forschungsbericht Fb 808 (1998)

BDA (Hrsg.), Die Gefährdungsbeurteilung nach dem Arbeitsschutzgesetz. Hinweise für Arbeitgeber – Schriftenreihe Leistung und Lohn Nr. 309/310/311, August 1997

BDA/KOPAG/BKK-BV/HVBG, Von der Datenanalyse zur gesundheitsgerechten Arbeitsgestaltung (1997)

Bechmann/Johst/Jungen/Landerer/Reuschenbach/Theißling, Der Arbeitsplatz am PC (1999)

Becker/Ostermann, Wegweiser Maschinensicherheit (1995 ff.)

Beermann/Meschkutat (Hrsg.: BAU), Psychosoziale Faktoren am Arbeitsplatz unter Berücksichtigung von Streß und Belästigung – Sonderschrift S 38 (1995)

Bezirksregierung Münster (Hrsg.), Sicherheitsfachkräfte und arbeitsmedizinische Betreuung in Klein- und Mittelbetrieben im Regierungsbezirk Münster (1997)

BIA (Hrsg.), Sicherheits-Check für Büroarbeitsplätze (1996)

BKK-BV/HVBG, Erkennen und Verhüten arbeitsbedingter Gesundheitsgefahren. Ergebnisse aus dem Kooperationsprogramm Arbeit und Gesundheit (KOPAG) (1998)

BMA (Hrsg.), Arbeitsschutz (1998)

BMA (Hrsg.), Arbeitssicherheit – Unfallverhütungsbericht Arbeit (erscheint jährlich), zit.: **Unfallverhütungsbericht Arbeit**

BMA (Hrsg.), Entwicklung der Telearbeit – arbeitsrechtliche Rahmenbedingungen, BMA-Forschungsbericht Nr. 269 (1997b)

BMA (Hrsg.), Der Bildschirmarbeitsplatz (1997a) – auch als CD und Diskettenversion erschienen

BMA (Hrsg.), Sicherheitstechnische Betreuung kleiner Betriebe (1997), zit.: **Anlage Nr. 23**

BMA (Hrsg.), Betriebsärztliche Betreuung kleiner Betriebe (1995), zit.: **Anlage Nr. 21**

BMA/HVBG (Hrsg.), Fachkräfte für Arbeitssicherheit. Beiträge zur Gemeinschaftsveranstaltung des BMA und des HVBG anläßlich der Präsentation der Forschungsprojekte »Anforderungsprofile für Fachkräfte für Arbeitssicherheit« und »Entwicklung von Kriterien zur Bewertung vorhandener Ausbildungsmaterialien für Fachkräfte für Arbeitssicherheit« veranstaltet am 20.4.94, BGZ-Report 1/95

BMA (Hrsg.), Qualitätsmerkmale und Anforderungen an Fachkräfte für Arbeitssicherheit (1994), zit.: **Anlage Nr. 26**

BMA (Hrsg.), Ratgeber für die betriebsärztliche Betreuung nach dem Arbeitssicherheitsgesetz (ASiG) (1992)

Literaturverzeichnis

BMA (Hrsg.), Ratgeber Fachkräfte für Arbeitssicherheit (1990)
BMWi/BMA (Hrsg.), Telearbeit – Chancen für neue Arbeitsformen, mehr Beschäftigung, flexible Arbeitszeiten (1996)
Boldt/Gille/Grahl (Hrsg.: BAuA), Arbeitsmedizinische Information, Motivation und Beratung von Handwerkern – Forschungsbericht Fb 766 (1997), zit.: **Boldt u.a., 1997**
Bongwald/Luttmann/Laurig (Hrsg.: HVBG), Leitfaden für die Beurteilung von Hebe- und Tragetätigkeiten, 1995
Braun/Lang/Langhoff/Schmauder/Volkholz/Vorath (Hrsg.: BAuA), Beobachtung und Bewertung von Lösungsvorschlägen zur Organisation des betrieblichen Arbeitsschutzes in Mittel- und Großbetrieben (1999); zit.: **Braun u.a., 1999**
Braun/Ritter/Schmauder/Wienhold (Hrsg.: BAuA), Managementsysteme mit integriertem Arbeitsschutz in Ländern der EU (1999a); zit.: **Braun u.a., 1999a**
Bregau-Institute/Behörde für Arbeit, Gesundheit und Soziales, Hamburg (Hrsg.), Biologische Arbeitsstoffe und Arbeitsschutz (1999); zit.: **Bregau-Bearbeiter**
Brock, Arbeitsschutzgesetz (1997)
Bücker/Feldhoff/Kohte, Vom Arbeitsschutz zur Arbeitsumwelt (1994), zit.: **BFK**
Bülow, von/Brauksiepe/Popp (Hrsg.: BauA), Modellhafte Risikobeurteilung von ausgewählten Laborarbeitsplätzen mit hoher Gefährdung durch biologische Arbeitsstoffe Forschungsbericht Fb 773 (1997)
Bundesverwaltungsamt (BVA), Ergonomie: Arbeitsplätze und Bürosysteme (1997)
Burmester/Görner/Hacker/Kärcher/Kurtz/Lieser/Risch/Wieland-Eckelmann/Wilde (Hrsg.: BAuA), Das SANUS-Handbuch. Bildschirmarbeit EU-konform – Forschungsbericht Fb 760 (1997), zit.: **Burmester u.a., 1997**

Caffier/Steinberg/Liebers (Hrsg.: BAuA), Praxisorientiertes Methodeninventar zur Belastungs- und Beanspruchungsbeurteilung im Zusammenhang mit arbeitsbedingten Muskel-Skelett-Erkrankungen – Forschungsbericht Fb 850 (1999)
Cernavin/Wilken (Hrsg.), Dienstleistung Prävention, 1998; zit.: **Cernavin/Wilken**-*Bearbeiter*

Däubler/Kittner/Klebe (Hrsg.), Betriebsverfassungsgesetz – Kommentar für die Praxis, 7. Auflage (2000), zit.: **DKK**-Bearbeiter
Däubler/Kittner/Lörcher (Hrsg.), Internationale Arbeits- und Sozialordnung, 2. Auflage (1994), zit.: **DKL**
DPG/hbv/IG Medien (Hrsg.), Die neue Bildschirmarbeitsverordnung (1997)
Döbele-Martin/Martin (Hrsg.: Technologieberatungsstelle bei DGB Landesbezirk NRW e.V., Oberhausen), Ergonomie-Prüfer (1993)
Dupré/Ripp, Arbeitsschutz im Internet (1999)

EG-Kommission, Anleitung zur Risikobewertung am Arbeitsplatz (1996)
Ever/Lechelt/Theuer, Handbuch Umweltaudit (1998)

Fabricius, Einstellung der Arbeitsleistung bei gefährlichen und normwidrigen Tätigkeiten (1997)

Literaturverzeichnis

Feldhaus, Kommentar zum BImSchG (1979 ff.)
Fitting/Kaiser/Heither/Engels, Betriebsverfassungsgesetz, 20. Auflage (2000), zit.: **FKHE**
Freiling/Martin, Gruppenarbeit 1 und 2, Ausgabe Nr. 120 u. 122 der Reihe Arbeitswissenschaftliche Erkenntnisse – Forschungsergebnisse für die Praxis (2000)
Fürstenberg/Hanau/Kreikebaum, Menschengerechte Gestaltung der Arbeit (1983)

Gabriel/Liimatainen (Hrsg.: ILO), Mental health in the workplace (2000)
Giesen/Schäcke, Neue Berufskrankheiten-Verordnung – BKV (1997)
Görner/Bullinger, Leitfaden Bildschirmarbeit, 2. Auflage (1997)
Grass/Kraft, Handbuch Gerätesicherheit 1996
Groeben/Thiesing/Ehlermann (Hrsg.), Kommentar zum EWG-Vertrag, 4. Auflage (1990) (5. Auflage, 1997), zit.: **GTE**-Bearbeiter
Grunski, Arbeitsgerichtsgesetz, 7. Auflage (1995)

Hahn (Hrsg.: BAU), Mischarbeit in Büro und Verwaltung, Forschungsanwendungsbericht Fa 26 (1992)
Hahn/Köchling/Krüger/Lorenz (Hrsg.: BAU), Arbeitssystem Bildschirmarbeit – Forschungsanwendungsbericht Fa 31 (1995), zit.: **Hahn u.a., 1995**
Hahn/Lorenz (Hrsg.: BAuA), Die systemische Beurteilung von Bildschirmarbeit – Eine Arbeitshilfe für die Fachkraft für Arbeitssicherheit, 2. Auflage (1998)
Hainke (Hrsg.: BAU), Präventive Strategien des Arbeitsschutzes für leistungsgewandelte ältere Arbeitnehmer – Forschungsanwendungsbericht Fa 32 (1995)
Hamacher (Hrsg.: BAuA), Bildungsangebote im medizinischen Arbeitsschutz – Bestandsaufnahme – Sonderschrift S 52 (1998)
Hamacher/Kliemt/Voullaire/Wienhold. (Hrsg.: BAuA), Qualifizierungsstrategie für Unternehmer und Beschäftigte in Kleinbetrieben des Baubereichs zur Verbesserung des Arbeitsschutzes Forschungsbericht Fb 840 (1999), zit.: **Hamacher u.a., 1999**
Hauck, Gesetzliche Unfallversicherung SGB VII, Loseblatt (1997 f.)
HBS/Bertelsmann Stiftung (Hrsg.), Erfolgreich durch Gesundheitsmanagement (2000)
Heiden/Bock/Antranikian (Hrsg.), Industrielle Nutzung von Biokatalysatoren (1999)
Heidl/Käschel (Hrsg.: Freistaat Sachsen, Landesinstitut für Arbeitsschutz und Arbeitsmedizin): Zahlen und Fakten auf Baustellen in Sachsen 1998 – Mitteilung Nr. 1/99 (1999)
Heilmann (Hrsg.), Gefahrstoffe am Arbeitsplatz, 2. Auflage (1995)
Heilmann/Aufhauser, Arbeitsschutzgesetz (1999)
Hemmann/Merboth/Hänsgen/Richter (Hrsg.; BAuA), Gestaltung von Arbeitsanforderungen im Hinblick auf psychische Gesundheit und sicheres Verhalten – Forschungsbericht Fb 764 (1997), zit.: **Hemmann u.a., 1997**
Hemmer, Arbeits- und Gesundheitsschutz – Eine Unternehmensbefragung, 1999
Henn/Kruse/Strawe, Handbuch Call Center Management (1998)
Hessisches Ministerium für Frauen, Arbeit und Sozialordnung (Hrsg.), Bilanz und Zukunft von ASCA (1999)

Literaturverzeichnis

Hessisches Ministerium für Frauen, Arbeit und Sozialordnung (Hrsg.), Leitfaden Arbeitsschutzmanagementsystem (Teil I bis III) (1997)
Hettinger/Hahn (Hrsg.: Bayerisches Staatsministerium für Arbeit, Familie und Sozialordnung), Schwere Lasten leicht gehoben (1991)
Hofmann/Jäckel (Hrsg.), Merkblätter Biologische Arbeitsstoffe (Loseblatt)
Hofmann/Klein (Hrsg.: BAuA), Sicherheits- und gesundheitsgerechte Gestaltung von Telearbeit. Ausgabe Nr. 115 der Reihe Arbeitswissenschaftliche Erkenntnisse – Forschungsergebnisse für die Praxis (2000)
Holzbecher/Meschkutat (Hrsg.: BAuA), Mobbing am Arbeitsplatz – Informationen, Handlungsstrategien, Schulungsmaterialien – Sonderschrift S 49 (1998)
Hüsing/Knorr/Menrad/Strauß (Hrsg.: BAuA), Erhebung des Standes der Technik beim nicht beabsichtigten Umgang mit bestimmten biologischen Arbeitsstoffen aus der Sicht des Arbeitsschutzes – Forschungsbericht Fb 725 (1995)
HVBG (Hrsg.), Betriebswacht. Datenjahrbuch (erscheint jährlich)
HVBG, Jahresbericht (erscheint jährlich)
HVBG, BGVR, ZH 1 – Gesamtausgabe: Vorschriften (BGV), Regeln (BGR), Informationen (BGI), Grundsätze (BGG) (CD-ROM, erscheint in regelmäßigen Abständen)
HVBG (Hrsg.)/Verfasser: Bongwald/Luttmann, Laurig, Leitfaden für die Beurteilung von Hebe- und Tragetätigkeiten (1995)
HVBG/BAU, Forschungsbericht unterweisen. Ein handlungsorientiertes Konzept für die Arbeitssicherheit (1991)
HVBG/Bundesverband der Unfallversicherungsträger der öffentlichen Hand/Bundesverband der landwirtschaftlichen Berufsgenossenschaften (Hrsg.), Erstkommentierung des Unfallversicherungs-Einordnungsgesetzes (1996), zit.: **HVBG u.a.**

ILO, Guidelines on occupational safety and health management systems, ILO-OSH 2001 (2001)

Jäger, Sicherheit auf Schritt und Tritt o.J.
Jeiter, Das neue Gerätesicherheitsgesetz, 2. Auflage (1993)
Jenisch/Bulla (Hrsg.), Die Sicherheitsfachkraft in der betrieblichen Praxis (1996 ff.); zit.: **Sifa-*Bearbeiter***
Johannsen/Schneider/Theußen, Was der Manager vom Arbeitsschutzrecht wissen muß (1996)
Jürgen/Blume/Schleicher/Szymanski, Arbeitsschutz durch Gefährdungsanalyse (1997)
Junghanns/Ertel/Ullsperger (Hrsg.: BAuA), Anforderungsbewältigung und Gesundheit bei computergestützter Büroarbeit – Forschungsbericht Fb 787 (1998)

Kämmerer/Kühs, Anforderungen an Arbeitsstätten, Loseblatt (1998)
KAN (Hrsg.), Arbeitsschutzexperten in der Normung – KAN-Bericht 22 (1999), zit.: **KAN, 22**
KAN (Hrsg.), KAN-Berichte 1–20 auf CD-ROM (1999)
KAN (Hrsg.)/Johannknecht (Autor), Anforderungen an Betriebsanleitungen in Europäischen Maschinenrichtlinien – KAN-Bericht Nr. 18, zit.: **KAN, 18**

Literaturverzeichnis

KAN (Hrsg.), PSA-Normen in der Praxis – KAN-Bericht Nr. 17, zit.: **KAN, 17**
KAN (Hrsg.)/Schäfer/Cakir, Normung im Bereich Bildschirmarbeit – KAN-Bericht Nr. 16, zit.: **KAN, 16**
KAN (Hrsg.)/Zieschang/Ackers (Autoren), Informationssysteme zu Arbeitsschutz und Normung – KAN-Bericht Nr. 14, zit.: **KAN, 14**
KAN (Hrsg.), Normung im Bereich persönliche Schutzausrüstungen – KAN-Bericht Nr. 12 (1997), zit.: **KAN, 12**
KAN (Hrsg.), Zur Problematik der Normung von Arbeitsschutzmanagementsystemen – KAN-Bericht Nr. 11 (1997), zit.: **KAN, 11**
KAN (Hrsg.), Lärmschutz an Maschine und Arbeitsplatz – KAN-Bericht Nr. 8 (1996), zit.: **KAN, 8**
KAN (Hrsg.), Europäische Normen zur Ergonomie-Bestandsaufnahme und Systematisierung – KAN-Bericht Nr. 7 (1996); zit.: **KAN, 7**
KAN (Hrsg.), Normung im Bereich von Sicherheit und Gesundheitsschutz am Arbeitsplatz – KAN-Bericht Nr. 2 (1995), zit.: **KAN, 2**
KAN (Hrsg.), Stärkung des Arbeitsschutzes in der Normung – KAN-Bericht Nr. 1 (1995), zit.: **KAN, 1**
Kaskel/Dersch, Arbeitsrecht, 5. Auflage (1957)
Keller, Die Bildschirmarbeitsverordnung. Ein Vorschlag zur praktischen Umsetzung – Schriftenreihe der BDA Leistung und Lohn Nr. 301/305 (1996), zit.: **Keller**
Kellermann (Hrsg.: BAuA), Bedarfsermittlung von aktuellen Fortbildungsthemen aus der Sicht von Betriebsärzten – Forschungsbericht Fb 901 (2000)
Kittner/Däubler/Zwanziger, Kündigungsschutzrecht. Kommentar für die Praxis, 5. Auflage (2001), zit.: **KDZ**
Kittner, Gesamtsystem Schuldrecht (1998)
Kittner/Pieper, Arbeitsschutzgesetz, Basiskommentar, 2. Auflage (2000)
Kittner/Reinhard, Sozialgesetzbuch I, IV, X. Basiskommentar (1997)
Kittner/Zwanziger (Hrsg.), Arbeitrecht – Handbuch für die Praxis (2001), zit.: **Kittner/Zwanziger-*Bearbeiter***
Kliesch/Nöthlichs/Wagner, Arbeitssicherheitsgesetz (1978)
König/Nerling/Kirchner/Erke/Brandau (Hrsg.: BAU), Aspekte kombinierter Belastungen bei Tätigkeiten an Arbeitsplätzen mit modernen Kommunikationstechniken – Forschungsbericht Fb 724 (1995), zit.: **König u.a., 1995**
Koll/Janning/Pinter, Arbeitsschutzgesetz – Kommentar für die betriebliche und behördliche Praxis, Loseblatt (1996 ff.), zit.: **KJP**
Kollmer, Baustellenverordnung (2000)
Kollmer (Hrsg.), Praxiskommentar Arbeitsschutzgesetz, Loseblatt (2000 ff.), zit.: **Kollmer-*Bearbeiter***
Kollmer/Vogl, Das neue Arbeitsschutzgesetz, 2. Auflage (1999)
KOPAG/BKK-BV/HVBG, Zusammenarbeit von Unfall- und Krankenversicherung bei der Verhütung arbeitsbedingter Gesundheitsgefahren (1997)
Krastel u.a. (Hrsg.: BAuA), Informationsquellen für den Betriebsarzt Literaturdokumentation Ld 11 (1998)
Krause/Zander, Arbeitssicherheit – AS-Recht und AS-Praxis, Loseblatt
Kreutner/Johst/Pleiss (Hrsg.: DGB Technologieberatung e.V. Berlin), Leitfaden zur Beurteilung der Arbeitsbedingungen an Bildschirmarbeitsplätzen nach dem BALY-Verfahren (beteiligungsorientierte Arbeitsplatzanalyse), (1997)
Krüger/Heß/Müller/Stegemann (Hrsg.: BAuA), Wirtschaftliche Anreize für betriebliche Maßnahmen zur Unfallverhütung und zur Verringerung arbeits-

Literaturverzeichnis

bedingter Gesundheitsgefahren – Forschungsbericht Fb 886 (2000), zit.: **Krüger u.a., 2000**

Krüger/Meis (Hrsg.: BAuA), Probleme und Möglichkeiten der Effizienzkontrolle betrieblicher Arbeitsschutzaktivitäten – Forschungsbericht Fb 640, 2. Auflage (1993)

Krüger/Nagel/Niehues/Walschek/Allmer (Hrsg.: BAuA), Bewegungsergonomie bei Arbeitsplätzen mit informationsverarbeitenden Dienstleistungen – Forschungsanwendungsbericht Fa 37 (1997), zit.: **Krüger u.a., 1997**

Krug (Hrsg.: LAfA NRW), Arbeitsschutz bei Vertragsarbeit (2000)

Kuhn/Henke/Peters (Hrsg.: BAuA), European Network Workplace Health Promotion (ENWHP). Final Report – 1998 – European Network EN 1 (1999)

LAfA NRW (Hrsg.), Arbeitsschutz bei Vertragsarbeit (2000)

LASI, Handlungsanleitung zur Beurteilung der Arbeitsbedingungen bei der Bildschirmarbeit (1997)

LASI, Handlungsanleitung zur Beurteilung der Arbeitsbedingungen beim Heben und Tragen von Lasten (1996)

LASI, Spezifikation zur freiwilligen Einführung, Anwendung und Weiterentwicklung von Arbeitsschutzmanagementsystemen (2000)

LASI/LASI-Arbeitskreis »Biologische Arbeitsstoffe/Gentechnik«, Die Biostoffverordnung und Tätigkeiten mit biologischen Arbeitsstoffen aus Sicht des Arbeitsschutzes (1999), zit.: **LASI-Bio**

Lauterbach (Hrsg.: Watermann), Unfallversicherung – Sozialgesetzbuch VII, Loseblatt (1997 ff.)

Leinemann (Hrsg.), Kasseler Handbuch zum Arbeitsrecht, 2. Auflage (2000), zit.: **Kasseler Handbuch**

Lenz, EG-Vertrag, Kommentar, 2. Auflage (1999); zit.: **Lenz**-*Bearbeiter*

Levi/Lunde-Jensen (Hrsg.: BAuA), Modell zur Berechnung der Kosten von Stressoren – Übersetzung Ü 10 (1998)

Li/Schmager/Spanner-Ulmer/Sprenger (Hrsg.: BAuA), Qualitätssicherung bei der Gestaltung technischer Arbeitsmittel – Forschungsbericht Fb 786 (1997)

Luczak/Volpert, Handbuch Arbeitswissenschaft (1997); zit.: **ArbWiss**-Bearbeiter

Mahlstedt/Waninger/Wienhold (Hrsg.: BAuA), Anforderungen an Koordinatoren / Koordinatorinnen für Sicherheit und Gesundheitsschutz gem. BaustellV – Forschungsanwendungsbericht Fa 50 (2000)

Mehrtens/Perlebach, Die Berufskrankheitenverordnung (Loseblatt)

Meyer-Falcke/Leßwing, Fachdatenbank Arbeitsschutz (CD-ROM)

Ministerium für Arbeit, Gesundheit und Soziales des Landes NRW – MAGS (Hrsg.), Präventiver Arbeitsschutz in Klein- und Mittelbetrieben. Anforderungen, Probleme und Lösungskonzepte (1997)

Mossink/Licher (Hrsg.), Costs and Benefits of Occupational Safety and Health. Proceedings of the European Conference on Costs and Benefits of Occupational Safety and Health (1997)

Münchener Handbuch Arbeitsrecht, Bd. 1–3, 2. Auflage (2000); zit.: **Münch-ArbR**-*Bearbeiter*

Nachreiner/Meyer/Schomann/Hillebrand (Hrsg.: BAuA), Überprüfung der Umsetzbarkeit der Empfehlungen der ISO 10075-2 in ein Beurteilungsverfah-

ren zur Erfassung der psychischen Belastung – Forschungsbericht Fb 799 (1998); zit.: **Nachreiner u.a., 1998**
Nöthlichs, Arbeitsschutz und Arbeitssicherheit, Loseblatt (1996 ff.)

Oetker/Preis (Hrsg.), Europäisches Arbeits- und Sozialrecht, Loseblatt; zit.: **OP-Bearbeiter**
Opfermann/Streit, Arbeitsstättenverordnung, Loseblatt, 2. Auflage (1995 ff.)
Oppolzer, Ökologie der Arbeit (1993)

Palandt, Bürgerliches Gesetzbuch, 60. Auflage (2001)
Pensky, Schutz der Arbeiter vor Gefahren für Leben und Gesundheit (1987)
Petri/Voelzke/Wagner, Gesetzliche Unfallversicherung Sozialgesetzbuch VII (1998); zit.: **PVW**
Pflug (Hrsg.: BG Feinmechanik und Elektrotechnik), Bildschirmarbeitsplätze (1997)
Pickert/Neudörfer/Wieg (Hrsg.: bfw/BIT), Forderungen des Europäischen Binnenmarktes an die Maschinensicherheit (2000)
Picot/Reichwald/Wigand, Die grenzenlose Unternehmung, 3. Auflage (1998)
Pieper (Hrsg.: BAuA), Das Arbeitsschutzrecht in der deutschen und europäischen Sozialordnung – Forschungsbericht Fb 819 (1998)
Pieper/Vorath (Hrsg.), Handbuch Arbeitsschutz (2001)
Pischon (Hrsg.: Liesegang), Integrierte Managementsysteme für Qualität, Umweltschutz und Arbeitssicherheit (1999)

Rat der evangelischen Kirche in Deutschland (Hrsg.), Arbeit, Leben und Gesundheit (1990); zit.: **EKD**
Richenhagen/Prümper/Wagner, Handbuch der Bildschirmarbeit 1998, 2. Auflage; zit.: **RPW**
Richter (Hrsg.: BAuA), Psychologische Bewertung von Arbeitsbedingungen, 2000
Richter (Hrsg.: BAuA), Psychische Belastung und Beanspruchung: Stress, psychische Ermüdung, Monotonie, psychische Sättigung. Ausgabe Nr. 116 der Reihe Arbeitswissenschaftliche Erkenntnisse – Forschungsergebnisse für die Praxis (2000)
Richter (Hrsg.: BAuA), Psychische Belastung und Beanspruchung – Forschungsanwendungsbericht Fa 36, 3. Auflage (2000)
Ritter (Hrsg.: BAuA), Konzepte für kleinbetriebstaugliche Arbeitsschutzmanagementsysteme (AMS) – Handlungshilfe für die Entwicklung integrierter Führungs- und Organisationskonzepte für Sicherheit, Gesundheitsschutz und menschengerechte Arbeitsgestaltung (AMS) in Kleinbetrieben basierend auf den AMS-Eckpunkten. Ausgabe Nr. 117 der Reihe Arbeitswissenschaftliche Erkenntnisse – Forschungsergebnisse für die Praxis (2000)
Ritter/Langhoff (Hrsg.: BAuA), Arbeitsschutzmanagementsysteme. Vergleich ausgewählter Standards – Forschungsbericht Fb 792 (1998)
Ritter/Reim/Schulte (Hrsg.: BAuA), Praxisbeispiele für eine erfolgreiche Integration von Sicherheit und Gesundheitsschutz in zeitgemäße Führungskonzepte kleiner Betriebe. Models of good practice – Forschungsanwendungsbericht Fa 49 Band II (2000a)
Ritter/Reim/Schulte (Hrsg.: BAuA), Integration von Sicherheit und Gesundheitsschutz in zeitgemäße Führungskonzepte kleiner, insbesondere hand-

Literaturverzeichnis

werklicher Betriebe. Bilanzierung und Kriterien – Forschungsanwendungsbericht Fa 49 Band I (2000)
Rückert/Bohn/Noetel, Praxishilfe Persönliche Schutzausrüstungen – PSA (1996)
Rudlof/Becker-Töpfer, Software-Ergonomie und Arbeitsgestaltung (1997)

Schappler-Scheele/Schürmann/Hartung/Missel/Benning/Schröder/Weber (Hrsg.: BAuA), Untersuchung der gesundheitlichen Gefährdung von Arbeitnehmern der Abfallwirtschaft in Kompostierungsanlagen – Forschungsbericht Fb 844 (1999); zit.: **Schappler-Scheele, 1999**
Schaub, Arbeitsrechts-Handbuch, 9. Auflage (2000); zit.: **Schaub**
Scherer/Alff, Soldatengesetz (1988)
Scherrbarth/Höffken/Bauschke/Schmidt, Beamtenrecht (1991); zit.: **Scherrbarth u.a.**
Scherrer/Greven/Frank, Sozialklauseln (1998)
Schlüter, Arbeitsschutzgesetz. Leitfaden für die Praxis (1998)
Schmatz/Nöthlichs, Sicherheitstechnik, Loseblatt
Schmidt-Räntsch, Deutsches Richtergesetz (1988)
Schneider, Unterweisung o.J.
Schwede, Arbeitsunfall, Wegeunfall, Berufskrankheit, 2. Auflage (1999)
Simon/Tichy/Gerbi-Rieger (Hrsg.: BAuA), Musterbetriebsanweisung für Tätigkeiten mit biologischen Arbeitsstoffen – Forschungsbericht Fb 838 mit CD-ROM)
Simon/Tichy (Hrsg.: BAuA), Erhebung des Standes der Technik beim absichtlichen Umgang mit biologischen Arbeitsstoffen aus Sicht des Arbeitsschutzes Forschungsbericht Fb 790 (1997)
Steinberg/Windberg (Hrsg.: BAuA), Leitfaden Sicherheit und Gesundheitsschutz bei der manuellen Handhabung von Lasten – Sonderschrift S 43 (1997)
Steinberg/Caffier/Mohr/Liebers/Behrendt (Hrsg.: BAuA), Modellhafte Erprobung des Leitfadens Sicherheit und Gesundheitsschutz bei der manuellen Handhabung von Lasten (Abschlußbericht) – Forschungsbericht Fb 804 (1998)
Stoll (Hrsg.: BAuA), Organisation und Qualitätssicherung des betrieblichen Arbeitsschutzes bei der Einführung von Gruppenarbeit – Forschungsanwendungsbericht Fa 40 (1998)
Strobel/Krause (Hrsg.: BAuA), Psychische Belastung von Bauleitern – Forschungsbericht Fb 778 (1997)

Tepasse (Hrsg.), Sicherheits- und Gesundheitsschutzkoordination auf Baustellen, 3. Auflage (2001)
Thiehoff, Betriebliches Gesundheitsmanagement (2000)
Thiehoff/Diefenbach (Hrsg.: BAuA), Arbeitsschutz und Wirtschaftlichkeit. Fortlaufend aktualisierte Zusammenstellung von Veröffentlichungen, Hinweisen auf Forschungsberichte, Vorträge und Materialien (1998)
Tröndle/Fischer, Strafgesetzbuch, 50. Auflage (2001)

Universum Verlag (Hrsg.), Arbeitssicherheit und Gesundheitsschutz. Wörterbuch auf CD-ROM, Version 2.0 (1998)

VDSI (Hrsg.), Das Berufsbild des Sicherheitsingenieur. Aufgaben und Status der Sicherheitsfachkräfte in der Zukunft (1999)

Literaturverzeichnis

VDSI/Hessisches Ministerium für Frauen, Arbeit und Sozialordnung, Anforderungen an die sicherheitstechnische Betreuung. Handlungsanleitung zur Auswahl und Beurteilung der sicherheitstechnischen Betreuung, 3. Auflage (1999), zit.: **VDSI/Hess.Min.**
Viehrig/Rietschel-Meyen/Weber (Hrsg.: BAuA), Montage und Demontage von Maschinen am Nutzungsort. Gefährdungen und Schutzmaßnahmen – Forschungsbericht Fb 798 (1998)
Volkholz (Hrsg.: RKW), Das Forschungsprogramm Arbeit und Technik zwischen Vision und Wirklichkeit – Reihe Themen und Thesen (1996)
Voullaire (Hrsg.: BAuA), Gefahrstoffe in Klein- und Mittelbetrieben: Neue Wege überbetrieblicher Unterstützung – Forschungsbericht Fb 703 (1995)

Wangler/Opitz/Röbenack/Steinmetzger (Hrsg.: BAuA), Präventive Berücksichtigung des Arbeits- und Gesundheitsschutzes beim selektiven Abruch und verwendungsorientierten Rückbau – Forschungsbericht Fb 831 (1999)
Wank, Technisches Arbeitsschutzrecht. Kommentar (1999)
Wank, Telearbeit (1997)
Wank/Börgmann, Deutsches und europäisches Arbeitsschutzrecht (1992)
Weber, Arbeitssicherheit (1988)
Wedde, Telearbeit, 2. Auflage (1994)
Weihrauch/Lehnert/Valentin/Weltle (Hrsg.: BAuA), Entwicklung und Stand arbeitsmedizinischer Vorsorgeuntersuchungen nach berufsgenossenschaftlichen Grundsätzen – Sonderschrift S 46 (1998); zit.: **Weihrauch u.a., 1998**
Weinmann/Thomas/Klein, Gefahrstoffverordnung mit Chemikalienrecht, 1996 ff. (Loseblatt); zit.: **WTK**
Wenninger/Hoyos (Hrsg.), Arbeits-, Gesundheits- und Umweltschutz-Handwörterbuch verhaltenswissenschaftlicher Grundbegriffe (1996); zit.: **AGU-Bearbeiter**
Westdeutscher Handwerkskammertag, Integrierte Managementsysteme – Praxiserfahrungen kleiner Unternehmen (2000)
Westdeutscher Handwerkskammertag, Leitfaden zur Einführung »Integrierter Managementsysteme« in Handwerksbetrieben (1999)
Wickenhagen, Geschichte der gewerblichen Unfallversicherung, Bde. I und II (1980)

Zangemeister/Nolting (Hrsg.: BAuA), Kosten-Wirksamkeitsanalyse als Entscheidungshilfe im Arbeits- und Gesundheitsschutz – Sonderschrift S 44 (1997)
Zerlett, Gefahrstoffe, Medizinischer und technischer Arbeitsschutz (Loseblatt)
Zink (Hrsg.), Erfolgreiche Konzepte zur Gruppenarbeit (1995)
Zmarlik/Anzinger, Arbeitszeitgesetz (1994)

Literaturverzeichnis

Festschriften

Festheft für Kittner (Zeitschrift Arbeit und Recht 10/2001)
FS für Heilmann (2001)
FS für Däubler (1999)
FS für Hanau (1999)
FS für Kehrmann (1997)
FS für Reich (1997)
FS für Watermann (Zeitschrift BG 2/1996)
FS für Wlotzke (1996)
FS für Raisch (1995)
FS für Hilger/Stumpf (1983)
FS für Herschel (1982)
Festgabe der juristischen Fakultäten zum 50-jährigen Bestehen des Reichsgerichts (1929); zit.: **Festgabe**

Abkürzungsverzeichnis

a. A.	anderer Ansicht
a.a.O.	am angegebenen Ort
ABAS	Ausschuss für biologische Arbeitsstoffe
ABBergV	Allgemeine Bundesbergverordnung
ABl.	Amtsblatt
abl.	ablehnend(er)
AblEG	Amtsblatt der Europäischen Gemeinschaften
AcetV	Acetylenverordnung
AG	Aktiengesellschaft
AGS	Ausschuss für Gefahrstoffe
AGU-*Bearbeiter*	Wenninger/Hoyos (Hrsg.), Arbeits-, Gesundheits- und Umweltschutz (1996)
AiB	Arbeitsrecht im Betrieb, Zeitschrift
allg.	allgemein
Akzente	Zeitschrift der BG Nahrungsmittel und Gaststätten
AMBV	Arbeitsmittelbenutzungsverordnung
AMS	Arbeitsschutzmanagementsysteme
Amtl. Mitt.	Amtliche Mitteilungen
Anm.	Anmerkung
AP	Arbeitsrechtliche Praxis, Nachschlagewerk des Bundesarbeitsgerichts
Arbeit	Zeitschrift für Arbeitsforschung, Arbeitsgestaltung und Arbeitspolitik
Arbeitgeber	Der Arbeitgeber, Zeitschrift
Arbeit und Gesundheit	Zeitschrift
Arbeit und Ökologie-Briefe	Zeitschrift
ArbG	Arbeitsgericht
ArbGG	Arbeitsgerichtsgesetz
ArbSchG	Arbeitsschutzgesetz
ArbSchGB	Arbeitsschutzgesetzbuch
ArbSchRG	Arbeitsschutzrahmengesetz
ArbStättV	Arbeitsstättenverordnung
ArbuR	Arbeit und Recht, Zeitschrift
ArbWiss-*Bearbeiter*	Luczak/Volpert (Hrsg.), Handbuch Arbeitswissenschaft (1997)
ArbZG	Gesetz zur Vereinheitlichung und Flexibilisierung des Arbeitszeitrechtes (Arbeitszeitgesetz – ArbZG)
Art.	Artikel

Abkürzungsverzeichnis

ArtV-Bio	Verordnung zur Umsetzung von EG-Richtlinien über den Schutz der Beschäftigten gegen Gefährdung durch biologische Arbeitsstoffe bei der Arbeit
ASER	Institut für Arbeitsmedizin, Sicherheitstechnik und Ergonomie, Wuppertal
ASGB	Ausschuss für Sicherheit und Gesundheitsschutz auf Baustellen
ASiG	Gesetz über Betriebsärzte, Sicherheitsingenieure und andere Fachkräfte für Arbeitssicherheit (Arbeitssicherheitsgesetz)
AS-Praxis Beil.	Beilage zu Krause/Zander
ASR	Arbeitsstättenrichtlinien
AS-Recht Beil.	Beilage zu Krause/Zander
ASU	Arbeitsmedizin Sozialmedizin Umweltmedizin, Zeitschrift
AtomG	Gesetz über die friedliche Verwendung der Kernenergie und den Schutz gegen ihre Gefahren (Atomgesetz)
AuA	Arbeit und Arbeitsrecht, Zeitschrift
AÜG	Gesetz zur Regelung der gewerbsmäßigen Arbeitnehmerüberlassung (Arbeitnehmerüberlassungsgesetz)
Ausschuss	BT-Ausschuss für Arbeits- und Sozialordnung, BT-Drs. 13/4854 v. 12.6.1996
AuT	Arbeit und Technik, Forschungs- und Entwicklungsprogramm der Bundesregierung
AVV	Allgemeine Verwaltungsvorschrift/en
BAfAM	Bundesanstalt für Arbeitsmedizin (bis 1996, fusioniert mit BAU zur BAuA)
BAG	Bundesarbeitsgericht (http://www.bag.de)
BAGE	Entscheidungen des Bundesarbeitsgerichts, Amtliche Sammlung
BAGUV	Bundesverband der Gemeindeunfallversicherungsträger
BAnz.	Bundesanzeiger
BArbBl.	Bundesarbeitsblatt
BASI	Bundesarbeitsgemeinschaft für Sicherheit und Gesundheitsschutz bei der Arbeit e.V.
BAU	Bundesanstalt für Arbeitsschutz (bis 1996, fusioniert mit BAfAM zur BAuA)
BAU-*Bearbeiter*	BAU (Hrsg.), Arbeitsschutz in der Bauwirtschaft – Sicherheit und Gesundheit bei Bauarbeitern und auf Baustellen (1996)
BAuA	Bundesanstalt für Arbeitsschutz und Arbeitsmedizin (ab 1996), Hauptsitz Dortmund, Friedrich-Henkel-Weg 1–25, 44149 Dortmund; Sitz Berlin, Außenstelle Dresden, Außenstelle Chemnitz, Außenstelle Bremen, http://www.baua.de, mit zahlreichen links zum Arbeitsschutz
BAuA-ArbStättV	BAuA (Hrsg.), Arbeitsstätten. Arbeitsstättenverordnung – ArbStättV – und Arbeitsstätten-Richtlinien – ASR – Stand: April 1998, 25. Auflage (1998)

Abkürzungsverzeichnis

BAuABio-*Bearbeiter*	BAuA (Hrsg.), Biologische Arbeitsstoffe – Vielfältige Tätigkeiten und neue Rechtsgrundlagen – Tagungsbericht Tb 88 (1998)
BAuA-Leitfaden-GSG	Bundesanstalt für Arbeitsschutz und Arbeitsmedizin (Hrsg.), Anwendung des Gerätesicherheitsgesetzes – Leitfaden, Sonderschrift S. 53 (1999)
BAuA-PSA	BAuA (Hrsg.), Gerätesicherheitsgesetz. Persönliche Schutzausrüstung. PSA – Regelwerk Rw 8 (1997)
BAuA-Ratgeber	BAuA (Hrsg.), Ermittlung gefährdungsbezogener Arbeitsschutzmaßnahmen im Betrieb – Ratgeber, Sonderschrift S. 42, 3. Auflage (2001)
BAuA, Rw.	s. Rw
Bau-BG'n	Bau-Berufsgenossenschaften
BaustellV	Baustellenverordnung
BB	Betriebsberater, Zeitschrift
BBergG	Bundesberggesetz
BBiG	Berufsbildungsgesetz
Bd.	Band
Beil.	Beilage
ber.	berichtigt
BetrR	Der Betriebsrat, Zeitschrift
BetrSichV	Betriebssicherheitsverordnung
BetrVerf-ReformG	Gesetz zur Reform des Betriebsverfassungsgesetzes
BetrVG	Betriebsverfassungsgesetz
BFK	Bücker/Feldhoff/Kohte, Vom Arbeitsschutz zur Arbeitsumwelt (1994)
bfw	Berufsfortbildungswerk GmbH des DGB
BG	Berufsgenossenschaft, Zeitschrift
BGAG	Berufsgenossenschaftliches Institut für Arbeit und Gesundheit
BGB	Bürgerliches Gesetzbuch
BGBl.	Bundesgesetzblatt
BGFA	Berufsgenossenschaftliches Forschungsinstitut für Arbeitsmedizin
BGG	BG-Grundsatz
BGI	BG-Information
BGR	BG-Regel
BGV	BG-Vorschrift
BGVR	Berufsgenossenschaftliches Vorschriften- und Regelwerk, Verzeichnis (vormals ZH 1 – Gesamtausgabe)
BGZ	Berufsgenossenschaftliche Zentrale für Sicherheit und Gesundheit (s. HVBG)
BIA	Berufsgenossenschaftliches Institut für Arbeitssicherheit (s. HVBG)
BildscharbV	Bildschirmarbeitsverordnung
BIT	Berufsforschungs- und Beratungsinstitut für interdisziplinäre Technikgestaltung e.V.
BKV	Berufskrankheiten-Verordnung

Abkürzungsverzeichnis

BImSchG	Gesetz zum Schutz vor schädlichen Umwelteinwirkungen durch Luftverunreinigungen, Geräusche, Erschütterungen und ähnliche Vorgänge (Bundesimmissionsschutzgesetz)
BImSchV	Verordnung zum BImSchG
BinnenschifffahrtsG	Gesetz betreffend die privatrechtlichen Verhältnisse der Binnenschifffahrt
BiostoffV	Biostoffverordnung
BKV	Berufskrankheitenverordnung
BMA	Bundesministerium für Arbeit und Sozialordnung (http://www.bma.de)
BMBF	Bundesministerium für Bildung, Wissenschaft, Forschung und Technologie (ab 1994) für Bildung und Forschung (ab 1998)
BMF	Bundesministerium für Finanzen
BMFT	Bundesministerium für Forschung und Technologie (bis 1994)
BMI	Bundesministerium für Inneres
BMV	Bundesministerium für Verkehr
BMVg	Bundesministerium für Verteidigung
BMWi	Bundesministerium für Wirtschaft (bis 1998) und Technologie (ab 1998)
BR-Bio	Beschluss des Bundesrates »Verordnung zur Umsetzung von EG-Richtlinien über den Schutz der Beschäftigten gegen Gefährdung durch biologische Arbeitsstoffe bei der Arbeit«, BR-Drs. 754/98 (Beschluss) v. 27.11.98
BR-Drs.	Bundesrats-Drucksache
Bregau-*Bearbeiter*	Bregau-Institute/Behörde für Arbeit, Gesundheit und Soziales, Hamburg (Hrsg.), Biologische Arbeitsstoffe und Arbeitsschutz (1999)
BSeuchG	Bundesseuchengesetz
BSG	Bundessozialgericht
BSGE	Entscheidungen des BSG (amtliche Sammlung)
BSI	British Standardisation Organisation
BT-Drs.	Bundestags-Drucksache
BUK	Bundesverband der Unfallkassen
BVA	Bundesverwaltungsamt
BVerfG	Bundesverfassungsgericht
BVerwG	Bundesverwaltungsgericht
ChemG	Gesetz zum Schutz vor gefährlichen Stoffen (Chemikaliengesetz)
ChemVerbotsV	Chemikalienverbotsverordnung
CEN	Europäisches Komitee für Normung
CENELEC	Europäisches Komitee für elektrotechnische Normung
CF	Computer Fachwissen, Zeitschrift
CR	Computer und Recht, Zeitschrift
DA	Durchführungsanweisung
DASA	Deutsche Arbeitsschutzausstellung der BAuA
DB	Der Betrieb, Zeitschrift
ders.	derselbe
DGB	Deutscher Gewerkschaftsbund (http://www.dgb.de)

Abkürzungsverzeichnis

d.h.	das heißt
dies.	dieselben
DIN	Deutsches Institut für Normung e.V.
DKL	Däubler/Kittner/Lörcher (Hrsg.), Internationale Arbeits- und Sozialordnung, 2. Auflage (1994)
DKK-*Bearbeiter*	Däubler/Kittner/Klebe (Hrsg.), Betriebsverfassungsgesetz, 7. Auflage (2000)
DRiG	Deutsches Richtergesetz
DruckluftV	Verordnung über Arbeiten in Druckluft (Druckluft-Verordnung)
DVBl.	Deutsches Verwaltungsblatt, Zeitschrift
E	Entwurf
EASUG	EG-Arbeitsschutz-Umsetzungsgesetz
ebd.	ebenda
EEA	Einheitliche Europäische Akte
EG	Europäische Gemeinschaft
EGKS	Europäische Gemeinschaft für Kohle und Stahl
EG-UmsetzungsV	Verordnung zur Umsetzung von EG-Einzelrichtlinien zur EG-Rahmenrichtlinie Arbeitsschutz
EGV	EG-Vertrag
Einl.	Einleitung
EMVG	Gesetz über die elektromagnetische Verträglichkeit von Geräten
EN	Europäische Norm
EN	European Network, Schriftenreihe der BAuA
ENV	Europäische Vornorm
ENWHP	European Network Workplace Promotion
ErgoMed	Zeitschrift
EU	Europäische Union
EuGH	Europäischer Gerichtshof
EuroAS	Europäisches Arbeits- und Sozialrecht, Zeitschrift
EuZW	Europäische Zeitschrift für Wirtschaftsrecht
e.V.	eingetragener Verein
EWG	Europäische Wirtschaftsgemeinschaft
EzA	Entscheidungen zum Arbeitsrecht
f.	folgende
Fa	Forschungsanwendungsbericht, Schriftenreihe der BAuA
Fb	Forschungsbericht, Schriftenreihe der BAuA
ff.	folgende
FKHE	Fitting/Kaiser/Heither/Engels, Betriebsverfassungsgesetz, 20. Auflage (2000)
FR	Frankfurter Rundschau, Tageszeitung
FS	Festschrift
G	Gesetz
G 37	Berufsgenossenschaftlicher Grundsatz für arbeitsmedizinische Vorsorgeuntersuchungen Bildschirm-Arbeitsplätze
GBR	Gesellschaft bürgerlichen Rechts
GefStoffV	Verordnung zum Schutz vor gefährlichen Stoffen (Gefahrstoffverordnung)

Abkürzungsverzeichnis

gem.	gemäß
GenTG	Gesetz zur Regelung von Fragen der Gentechnik (Gentechnikgesetz)
GenTSV	Verordnung über die Sicherheitsstufen und Sicherheitsmaßnahmen bei gentechnischen Arbeiten in gentechnischen Anlagen (Gentechnik-Sicherheitsverordnung)
GesBergV	Bergverordnung zum gesundheitlichen Schutz der Beschäftigten (Gesundheitsschutz-Bergverordnung)
GewArch	Gewerbe-Archiv, Zeitschrift
GewO	Gewerbeordnung
GG	Grundgesetz
ggf.	gegebenenfalls
GmbH	Gesellschaft mit beschränkter Haftung
GMBl.	Gemeinsames Ministerialblatt der Bundesministerien
GQA	Gesellschaft für Qualität im Arbeitsschutz, Böhmerwaldstr. 7, 86833 Ettringen
GQB	Gesellschaft zur Qualitätssicherung in der betriebsärztlichen Betreuung mbH
GS	Großer Senat
GSG	Gesetz über technische Arbeitsmittel (Gerätesicherheitsgesetz)
GSGV	Verordnung zum GSG
GTE-*Bearbeiter*	Groeben/Thiesing/Ehlermann (Hrsg.), Kommentar zum EWG-Vertrag, 4. Auflage (1990) (5. Auflage, 1997)
GUV	Gemeindeunfallversicherungsverband
HAG	Heimarbeitsgesetz
HdA	Humanisierung des Arbeitslebens
Hess.Min.	Hessisches Sozialministerium
HGB	Handelsgesetzbuch
h.M.	herrschende Meinung
HOAI	Honorarordnung der Architekten-Innung
Hochbau	Zeitschrift
HVBG	Hauptverband der gewerblichen Berufsgenossenschaften (http://www.hvbg.de)
IAO	Fraunhofer-Institut für Arbeitswirtschaft und Organisation (http://www.iao.de)
ILO	Internationale Arbeitsorganisation (International Labour Organisation)
i.E.	im Erscheinen
i.S.	im Sinne
ISO	International Standardisation Organisation
IT	Informations- und Kommunikationstechnologie/-technik
i.V.	in Verbindung
Jahrbuch UTR	Jahrbuch des Umwelt- und Technikrechts
JArbSchG	Gesetz zum Schutz der arbeitenden Jugend (Jugendarbeitsschutzgesetz)
JR	Juristische Rundschau, Zeitschrift
KAN	Kommission Arbeitsschutz und Normung
KAN (Nr.)	Bericht der Kommission Arbeitsschutz und Normung (s. Literaturverzeichnis)

Abkürzungsverzeichnis

KAN-Brief	Mitteilungsorgan der KAN
KDZ	Kittner/Däubler/Zwanziger, Kündigungsschutzrecht, 5. Auflage (2001)
KG	Kommanditgesellschaft
KJP	Koll/Janning/Pinter, Arbeitsschutzgesetz – Kommentar für die betriebliche und behördliche Praxis, Loseblatt (1996 ff.)
KMU	Kleine und mittlere Unternehmen/Betriebe
KSchG	Kündigungsschutzgesetz
LAfA NRW	Landesanstalt für Arbeitsschutz des Landes Nordrhein-Westfalen
LAG	Landesarbeitsgericht
LASI	Länderausschuss für Arbeitsschutz und Sicherheitstechnik
LASI-Bio	LASI/LASI-Arbeitskreis »Biologische Arbeitsstoffe/Gentechnik«, Die Biostoffverordnung und Tätigkeiten mit biologischen Arbeitsstoffen aus Sicht des Arbeitsschutzes, 1999
LasthandhabV	Lastenhandhabungsverordnung
Ld	Literaturdokumentation, Schriftenreihe der BAuA
Lenz-*Bearbeiter*	EG-Vertrag, Kommentar, 2. Auflage (1999)
LuftPersV	Verordnung über Luftfahrtpersonal
LuftVG	Luftverkehrsgesetz
LuftVZO	Luftverkehrszulassungsordnung
MAGS	Ministerium für Arbeit, Gesundheit und Soziales des Landes NRW
MedR	Medizinrecht, Zeitschrift
Mensch & Büro	Zeitschrift
Mitbestimmung	Die Mitbestimmung, Zeitschrift
Mitt.	Mitteilungen
MünchArbR-*Bearbeiter*	Münchener Handbuch Arbeitsrecht, Bde. 1–3 2. Auflage (2000)
MuSchG	Gesetz zum Schutz der erwerbstätigen Mutter (Mutterschutzgesetz)
MuSchRiV	Mutterschutzrichtlinienverordnung
m.w.N.	mit weiteren Nachweisen
n. F.	neue Fassung
NJW	Neue Juristische Wochenschrift, Zeitschrift
Nr.	Nummer
NRW	Nordrhein-Westfalen
NZA	Neue Zeitschrift für Arbeits- und Sozialrecht
NZA-PR	NZA-Rechtsprechungsreport Arbeitsrecht
NZS	Neue Zeitschrift für Sozialrecht
OLG	Oberlandesgericht
OP-*Bearbeiter*	Oetker/Preis (Hrsg.), Europäisches Arbeits- und Sozialrecht, Loseblatt
OWiG	Gesetz über Ordnungswidrigkeiten
PersBefG	Personenbeförderungsgesetz
PersR	Personalrat

Abkürzungsverzeichnis

PersVG	Personalvertretungsgesetz
prEN	Europäischer Normentwurf
ProdHG	Produkthaftungsgesetz
PSA	Persönliche Schutzausrüstung
PSA-BV	PSA-Benutzungsverordnung
PVW	Petri/Voelzke/Wagner, Gesetzliche Unfallversicherung Sozialgesetzbuch VII (1998)
QS	Qualität und Zuverlässigkeit, Zeitschrift
RAB	Regeln für Arbeitsschutz auf Baustellen
RdA	Recht der Arbeit, Zeitschrift
RegE	Gesetzentwurf der Bundesregierung: Entwurf eines Gesetzes zur Umsetzung der EG-Rahmenrichtlinie Arbeitsschutz und weiterer Arbeitsschutzrichtlinien, BT-Drs. 13/3540 v. 22.1.1996
RegE-AMBV	Regierungsentwurf für eine Verordnung über Sicherheit und Gesundheitsschutz bei der Benutzung von Arbeitsmitteln (Arbeitsmittelbenutzungsverordnung – AMBV), BR-Drs. 988/96 v. 19.12.1996
RegE-ArtV	Regierungsentwurf für eine Verordnung zur Umsetzung von EG-Einzelrichtlinien zur EG-Rahmenrichtlinie Arbeitsschutz, BR-Drs. 656/96 v. 5.9.1996
RegE-BaustellV	Regierungsentwurf für eine Verordnung über Sicherheit und Gesundheitsschutz auf Baustellen (Baustellenverordnung – BaustellV), BR-Drs. 306/97 v. 2.4.1998
RegE-BiostoffV	Regierungsentwurf einer Verordnung zur Umsetzung von EG-Richtlinien über den Schutz der Beschäftigten gegen Gefährdung durch biologische Arbeitsstoffe; BR-Drs. 754/98 v. 25.8.1998
RegE-GenTSV	Regierungsentwurf zur Gentechnik-Sicherheitsverordnung (BR-Drs. 226/20), zit. nach *Schmatz/Nöthlichs*, 7071
RegE-UVEG	Gesetzentwurf der Bundesregierung: Entwurf eines Gesetzes zur Einordnung des Rechts der gesetzlichen Unfallversicherung in das Sozialgesetzbuch (Unfallversicherungs-Einordnungsgesetz – UVEG), BT-Drs. 13/2204 v. 24.8.1995
RGBl.	Reichsgesetzblatt
Rn.	Randnummer
RöntgenV	Verordnung über den Schutz vor Schäden durch Röntgenstrahlen (Röntgenverordnung)
RPW	Richenhagen/Prümper/Wagner, Handbuch der Bildschirmarbeit (1997) (2. Auflage 1998)
Rspr.	Rechtsprechung
RVO	Reichsversicherungsordnung
Rw.	Regelwerk, Schriftenreihe der BAuA
S	Sonderschrift, Schriftenreihe der BAuA
S.	Seite
S+M	Sicherheit + Management, Zeitschrift
SeediensttauglichkeitsV	Verordnung über die Seediensttauglichkeit
SeemannsG	Seemannsgesetz

Abkürzungsverzeichnis

SGb.	Sozialgerichtsbarkeit, Zeitschrift
SGB	Sozialgesetzbuch
SGB I	Erstes Buch Sozialgesetzbuch. Allgemeiner Teil
SGB III	Drittes Buch Sozialgesetzbuch. Arbeitsförderung
SGB IV	Viertes Buch Sozialgesetzbuch. Gemeinsame Vorschriften für die Sozialversicherung
SGB V	Fünftes Buch Sozialgesetzbuch. Gesetzliche Krankenversicherung
SGB VII	Siebtes Buch Sozialgesetzbuch. Gesetzliche Unfallversicherung
SGB IX	Neuntes Buch Sozialgesetzbuch. Rehabilitation und Teilhabe behinderter Menschen
Sichere Arbeit	Zeitschrift
SichBeauf	Sicherheitsbeauftragter, Zeitschrift
Sifa-*Bearbeiter*	Jenisch/Bulla (Hrsg.), Die Sicherheitsfachkraft in der betrieblichen Praxis (1996 ff.)
SichIng.	Sicherheitsingenieur, Zeitschrift
SiS	Sicher ist sicher, Zeitschrift
Slg.	Sammlung
SoldG	Soldatengesetz
SozFort	Sozialer Fortschritt, Zeitschrift
Soziales Europa	Zeitschrift
Soz. Sich.	Soziale Sicherheit, Zeitschrift
std. Rspr.	ständige Rechtsprechung
StGB	Strafgesetzbuch
StörfallV	Zwölfte Verordnung zur Durchführung des Bundesimmissionsschutzgesetzes (Störfall-Verordnung)
StrahlenschutzV/ StrlSchV	Verordnung über den Schutz vor Schäden durch ionisierende Strahlen (Strahlenschutzverordnung)
Tb	Tagungsbericht, Schriftenreihe der BAuA
TBS	Technologieberatungsstelle
Tiefbau	Zeitschrift
TRBA	Technische Regeln Biologische Arbeitsstoffe
TRGS	Technische Regeln Gefahrstoffe
TÜV	Technischer Überwachungsverein
TzBfG	Gesetz über Teilzeitarbeit und befristete Arbeitsverträge
u. a.	unter anderem
Ü	Übersetzungen, Schriftenreihe der BAuA
Umschau	Zeitschrift der IG Chemie, Bergbau und Energie und der Gewerkschaft Leder
Unfallverhütungsbericht Arbeit	Bundesministerium für Arbeit und Sozialordnung (Hrsg.), Arbeitssicherheit – Unfallverhütungsbericht Arbeit (erscheint jährlich)
usw.	und so weiter
UVEG	Gesetz zur Einordnung des Rechts der gesetzlichen Unfallversicherung in das Sozialgesetzbuch (Unfallversicherungs-Einordnungsgesetz)
UVNG	Unfallversicherungs-Neuregelungsgesetz
UVV	Unfallverhütungsvorschrift/en
UWG	Gesetz über den unlauteren Wettbewerb

Abkürzungsverzeichnis

v.	vom; von
VBG	Verzeichnis der Unfallverhütungsvorschriften der gewerblichen Berufsgenossenschaften
VDE	Verein deutscher Elektroingenieure
VDI	Verein deutscher Ingenieure
VDBW	Verband Deutscher Werks- und Betriebsärzte e.V.
VDSI	Verband Deutscher Sicherheitsingenieure e.V.
VersR	Versicherungsrecht, Zeitschrift
vgl.	vergleiche
VO	Verordnung
VSG	Verzeichnis der Unfallverhütungsvorschriften der landwirtschaftlichen Berufsgenossenschaften
WHO	Weltgesundheitsorganisation (World Health Organisation)
WiB	Wirtschaftsberatung, Zeitschrift
WSI-Mitt.	Mitteilungen des Wirtschafts- und Sozialwissenschaftlichen Instituts des deutschen Gewerkschaftsbundes
WTO	Welthandelsorganisation (World Trade Organisation)
z. B.	zum Beispiel
ZDH	Zentralverband des Deutschen Handwerks
ZfA	Zeitschrift für Arbeitsrecht
ZfAO	Zeitschrift für Arbeits- und Organisationspsychologie
ZfR	Zeitschrift für Rechtssoziologie
ZKBS	Zentrale Kommission für biologische Sicherheit
ZPO	Zivilprozessordnung

Teil I
Einleitung –
Grundzüge des Arbeitsschutzrechts

Übersicht   Rn.

1.   Grundlagen, Bedeutung und Begriff des Arbeitsschutzes 1– 21
1.1 Allgemeines, geschichtliche Entwicklung, aktuelle Bedeutung 1– 8
1.2 Allgemeiner Arbeitsschutzbegriff, Prävention 9– 11
1.3 Arbeitsschutzbegriff: Internationales Recht und EG-Recht. 12– 21
2.   Rechtliche, institutionelle und sachliche Gliederung sowie Durchführung
     des Arbeitsschutzes 22– 62
2.1 Rechtliche Gliederung 22– 37
2.2 Institutionelle Gliederung und Durchführung 38– 62
3.   System des Arbeitsschutzes in der EG............................   63– 91
3.1 Allgemeines..   63– 73
3.2 Vorgreifender, produktbezogener Arbeitsschutz 74– 81
3.3 Betrieblicher Arbeitsschutz 82– 91
4.   Das Arbeitsschutzgesetz   92–121
4.1 Vorgeschichte...   92– 97
4.2 Inhalt des ArbSchG   98–100
4.3 Allgemeine Auswirkungen des ArbSchG.......................... 101–109
4.4 Auswirkungen des ArbSchG auf andere Arbeitsschutzvorschriften und
     -regelungen 110–118
4.5 Perspektiven 119–121

1. Grundlagen, Bedeutung und Begriff des Arbeitsschutzes

1.1 Allgemeines, geschichtliche Entwicklung, aktuelle Bedeutung

Der Arbeitsschutz bildet einen Ausschnitt der allgemeinen **Sozialpolitik** und **1** soll mit technischen, organisatorischen und personellen Regelungen, Instrumenten und Institutionen die Sicherheit und den Gesundheitsschutz der Beschäftigten verbessern und zu einer menschengerechten Gestaltung der Arbeit beitragen (vgl. Näheres unter 1.2). Er wird aufgrund seines auf die Beschäftigten bezogenen Schutzzwecks auch als **Arbeitnehmerschutz** bezeichnet (*Schaub*, § 152; vgl. *Nipperdey*, in: Festgabe, 206 f.; *Kaskel/Dersch*, 1957, 26).
Historisch hat sich der Arbeitsschutz aus den Arbeits- und Lebensverhältnissen **2** der **Industrialisierung** entwickelt (MünchArbR-*Wlotzke*, § 206 Rn. 57 m.w.N.) und zwar aus einer Wechselwirkung von ökonomisch-technischer Entwicklung, sozialer Bewegung, Funktionswandel des Staates und des Rechts (vgl. *Pieper*, 1998). Er bezog sich zu jener Zeit insoweit auf die Gesamtheit der Sozial-

Einleitung

politik (»Arbeiterschutzpolitik«; vgl. *Herschel*, RdA 1978, 69) und diente auf der einen Seite dem Versuch eines Ausgleichs bzw. einer Überwindung asymmetrischer Produktions- und Verteilungsverhältnisse und auf der anderen Seite einer Politik der Eindämmung entsprechender sozialer Konflikte (vgl. *Kaufhold*, AuR 1989, 225 ff.; *Weber*, 1988; Pensky, 1987).

3 Der Arbeitsschutz im **engeren Sinne** (als technischer und sozialer Arbeitsschutz; vgl. Rn. 59) gewann in Deutschland erst nach der Ausdifferenzierung der Sozialpolitik ab der zweiten Hälfte des 19. Jahrhunderts an Gestalt. Er erhielt seine Konturen durch die öffentlich-rechtlichen Regelungen der Gewerbeordnung (vor allem mit dem so genannten Arbeiterschutzgesetz vom 1. 6. 1891 (RGBl., 261), der gesetzlichen Unfallversicherung vom 6. 7. 1884 (RGBl., 69) sowie der privatrechtlichen Regelungen insbesondere des BGB vom 18. 8. 1896 (RGBl., 195; vgl. zur historischen Entwicklung des Arbeitsschutzrechts Kittner/Zwanziger-*Kittner*, § 3 Rn. 9 ff., 29 f., 45, 85; zusammenfassend MünchArbR-*Wlotzke*, § 206 Rn. 57 ff.; zur gegenwärtigen Struktur und Gliederung des Arbeitsschutzrechts vgl. Rn. 56 ff.).

4 Die Entwicklung des Arbeitsschutzes führte in rechtlicher Hinsicht zunächst zu einer immer weiteren **Differenzierung und Spezialisierung**, zu einem »ungeordneten Konglomerat buntscheckiger Normen« (*Wank/Börgmann*, 1992, 10); *Herschel*, RdA 1978, 69; MünchArbR-*Wlotzke*, § 207 Rn. 1). Seit den achtziger Jahren haben veränderte Anforderungen an Sicherheit und Gesundheitsschutz bei der Arbeit (Rn. 4) eine gegenläufige Tendenz ausgelöst, die sich zuerst im internationalen und vor allem europäischen Recht (Rn. 12 ff.) und über Letzteres schließlich im bundesdeutschen Arbeitsschutzrecht niedergeschlagen haben. Das ArbSchG markiert – zusammen mit dem SGB VII (vgl. Teil III) – ein erstes Ergebnis dieses **Reintegrationsprozesses** (vgl. *Fischer*, BArbBl. 1996, 5 ff.). In diesem Zusammenhang wurde von *Herschel* schon früh darauf hingewiesen, dass der Arbeitsschutz sich »wie ein Stern im Straßenplan (ausnimmt), wie eine Stelle an der zahlreiche Straßen zusammenlaufen: in ihm vereinigen sich insbesondere technische, medizinische, wirtschaftliche, soziale, psychologische, ethische, religiöse, verwaltungsmäßige und rechtliche Gesichtspunkte« (*Herschel*, BArbBl. 1955, 573) und weiter: »Man hat oft den Eindruck, als würden die natürliche Breite und Tiefe des Arbeitsschutz nicht genug beachtet. Denn es handelt sich nicht nur um den Schutz von Leben und Gesundheit im engeren Sinne, schutzwürdig und schutzbedürftig ist auch die Gesundheit einschließlich des Nervensystems. Wäre man sich dessen mehr bewusst, so wäre z.B. der dringend notwendige Schutz gegen Lärm und Übermüdung erheblich mehr fortgeschritten« (a.a.O., 575). Diesen in den fünfziger Jahren formulierten Anforderungen an einen zeitgemäßen betrieblichen Arbeitsschutz wurde, nach dem Arbeitssicherheitsgesetz und der Arbeitsstättenverordnung in den siebziger und der Gefahrstoffverordnung in den achtziger Jahren in rechtlicher Hinsicht mit der nationalen Umsetzung der europäischen Arbeitsschutzrichtlinien ab 1996 Rechnung getragen.

5 Der Arbeitsschutz ist eine **Erscheinungsform sozialer Bewegung** gegen die Folgen der Verwertung von Arbeitskraft auf Kosten von Leben und Gesundheit ihrer Besitzer. Er bezieht sich zum einen auf die Verbesserung von historisch spezifischen und aufgrund der Entwicklung von Technik, Organisation und Wissenschaft einem ständigen Wandel unterworfenen Arbeitsbedingungen, zum anderen soll er nach wie vor bestehende Formen der Entfremdung der Arbeit aufheben (vgl. *Kloepfer/Veit*, NZA 1990, 121; *Pieper*, 1998; zur menschengerechten Gestaltung der Arbeit vgl. Rn. 21; § 2 ArbSchG Rn. 8 ff.).

Grundzüge des Arbeitsschutzrechts

Der Prozess **gesellschaftlicher Veränderung** (verstanden als unauflöslicher Zusammenhang verschiedener Einzelfaktoren: Ökonomie, Technologie, Ökologie, Politik, Kultur) verändert kontinuierlich die **Anforderungen** an den Arbeitsschutz. **6**
So entwickeln sich neben nach wie vor bestehenden körperlich belastenden Arbeitsbedingungen weitere, sicherheits- und gesundheitsgefährdende **Belastungsfaktoren** aufgrund der Anwendung neuer Techniken, Arbeitsstoffe und -verfahren sowie im Wandel befindlicher Formen der Aufbau- und Ablauforganisation in Betrieben und Unternehmen (z.B. Call-Center, Telearbeit, virtuelle Arbeits- und Organisationsformen, Gruppenarbeit, Outsourcing, flexible Arbeitszeitformen usw.; vgl. allgemein im Hinblick auf betriebliche Reorganisationsprozesse *Braun/Kern*, SichIng. 10/2000, 12 ff.). Insbesondere unter dem Aspekt ihrer Kombination erfordern diese Entwicklungen einen ganzheitlichen und präventiven Arbeitsschutz (vgl. *Bieneck*, Moderne Unfallverhütung Heft 42, 9 ff.; *Schmauder* SichIng 7/1998 und 8/1998). Hervorzuheben sind im Hinblick auf sich verändernde Gefährdungen für Sicherheit und Gesundheit der Beschäftigten insbesondere psychische, d.h. psychomentale und -soziale Belastungen (vgl. § 5 ArbSchG Rn. 13 m.w.N.; zu psychischen Belastungen bei Bildschirmarbeit vgl. § 3 BildscharbV m.w.N.). Weiterhin ist eine Zunahme chronischer Erkrankungen festzustellen. An der Spitze der arbeitsbedingten gesundheitlichen Probleme stehen nach einer Befragung der Europäischen Stiftung zur Verbesserung der Arbeits- und Lebensbedingungen Rückenschmerzen, Stress, allgemeine Ermüdung und Muskelschmerzen (vgl. *Braun/Kern*, SichIng 10/2000, 13; *Pieper/Vorath*, 36).
Vor dem Hintergrund der **demografischen Entwicklung** (starke Zunahme der Älteren) ergibt sich für den Arbeitsschutz die Aufgabe, Konzepte zu entwickeln, die ein »gesund in die Rente« ermöglichen.
Einen Überblick zur **Situation des Arbeitsschutzes in der Bundesrepublik Deutschland** bietet der jährliche Unfallverhütungsbericht (jetzt: Sicherheit und Gesundheit bei der Arbeit – Unfallverhütungsbericht Arbeit) der Bundesregierung, der alle vier Jahre besonders umfassend über Probleme und Lösungswege im Bereich Sicherheit und Gesundheitsschutz informiert (zuletzt im Bericht für das Jahr 1997; vgl. auch den aktuellen Bericht für das Jahr 2000; SGB VII Rn. 37).
Der verbesserungsbedürftige **Status Quo** des Arbeitsschutzes insbesondere in der Praxis von kleinen und mittleren Betrieben (vgl. *Hemmer*, 1999; vgl. auch ASiG Rn. 14 zum Stand der betriebsärztlichen und sicherheitstechnischen Betreuung), aber auch seine wachsende Bedeutung im Alltag der Betriebs- und Personalräte (vgl. WSI-Mitt. 2/2001, 70 ff.) verdeutlichen allgemein den Handlungsbedarf im Hinblick darauf, den nunmehr erreichten rechtlichen Stand durch handlungs- und motivationsorientierte Maßnahmen mit Leben zu erfüllen, sprich betrieblich umzusetzen. Dies zu unterstützen und auf eine Basis gesellschaftlicher Zusammenarbeit zu stellen, ist das Ziel der 2001 gestarteten BMA-Initiative »Neue Qualität der Arbeit« (vgl. Rn. 121).
Bezogen auf die **Situation des Arbeitsschutzes weltweit** ist festzustellen, dass nach Angaben der ILO jedes Jahr mehr Menschen ums Leben kommen, als durch Verkehrsunfälle, Kriege und Kriminalität (zit. nach *Simonitsch*, FR vom 12.04. 1999): Die Zahl der mit einer beruflichen Tätigkeit zusammenhängenden Todesfälle wird danach von der ILO auf jährlich 1,1 Millionen geschätzt, das sind 3000 Tote jeden Tag oder zwei Todesopfer jede Minute. Im Vergleich dazu: Verkehrs- **6a**

Einleitung

unfälle forderten nach den letzten verfügbaren Jahresstatistiken 999 000, Gewaltverbrechen 563 000, Kriege 502 000 und Aids 312 000 Todesopfer jährlich. Dies unterstreicht das Erfordernis, für die Durchsetzung von Übereinkommen der ILO zu effizienteren und effektiveren Formen des Vollzuges zu kommen und auch andere Regulationsformen und -instrumente für die Verbesserung von Sicherheit und Gesundheit der Beschäftigten zu nutzen (z.B. die WTO; zur Diskussion von sozialen Schutzklauseln und Mindeststandards vgl. *Scherrer/Greven/ Frank*, 1998).

7 Die Anforderungen an einen ganzheitlich vorgehenden Arbeitsschutz bedingt seine enge **Verzahnung** mit anderen betrieblichen und gesellschaftlichen Feldern.
Neben der allgemeinen Gesundheitspolitik (vgl. hierzu Rn. 54) sowie der ökonomischen und betriebsorganisatorischen Bedeutung von Sicherheit und Gesundheitsschutz bei der Arbeit (vgl. Rn. 8 und Rn. 105 f.) sind insbesondere die Wechselwirkungen und die potenziellen Synergieeffekte mit dem **Umweltschutz** hervorzuheben (vgl. Kollmer-*Seeger*, C 2 § 3 Rn. 29, *Kohte*, in: FS Däubler, 639 ff.; *Kohte*, FS Heilmann). Konzeptionell ist auf die Zusammenhänge mit Ansätzen einer »Nachhaltigen Entwicklung« (»Sustainable Development«) hinzuweisen. So ist die (Neu-)Ausrichtung gesellschaftlicher Entwicklung hin zu umweltverträglichen Produktionsweisen sinnvollerweise mit Strategien der betrieblichen und allgemeinen Gesundheitsförderung zu verknüpfen. Unterhalb dieser Ebene ist schon jetzt eine enge Verzahnung festzustellen bzw. anzustreben. So schreibt das ArbSchG in § 4 Nr. 4 vor, Maßnahmen des Arbeitsschutzes mit dem Ziel zu planen, Technik, Arbeitsorganisation, sonstige Arbeitsbedingungen, soziale Beziehungen und **Einfluss der Umwelt** auf den Arbeitsplatz sachgerecht zu verknüpfen (vgl. § 4 ArbSchG Rn. 17). Ein weiteres typisches Beispiel sind das **ChemG** i.V.m. der **GefStoffV** oder das **Öko-Audit** (zu Umweltinformations- und -managementsystemen bzw. Umwelt-/Öko-Audits vgl. umfassend: *Ewer/Lechelt/Theuer*, 1998; *Hemkes/Weller*, WSI-Mitt. 1997, 838 ff.; *Lonnemann/Kuhn*, AiB 1996, 695; *Förschle/Hermann/Mandler*, DB 1994, 1093; *Teichert*, AiB 1994, 229; AiB 6/1991; zur Umsetzung in den Unternehmen vgl. *Schulz*, QZ 1/2000, 38 ff.; zur Beteiligung des Betriebsrats *Kiper*, AiB 2001, 438 ff.; *Ewer/ Lechelt/Theuer*, 1998, 311 ff.).
Die Zusammenhänge zwischen Arbeitsschutz und Umweltschutz im Besonderen sowie die Notwendigkeit für eine intensivierte **Kooperation** auf betrieblicher Ebene im Allgemeinen (vgl. Rn. 46) haben sich mit der Umsetzung der EG-Rahmenrichtlinie Arbeitsschutz auch bei der Organisation des betrieblichen Arbeitsschutzes niedergeschlagen, wonach Betriebsärzte und Fachkräfte für Arbeitssicherheit dazu verpflichtet sind, bei der Erfüllung ihrer Aufgaben u.a. mit den im Betrieb für Angelegenheiten des Umweltschutzes beauftragten Personen zusammenzuarbeiten (§ 10 Satz 2 ASiG; vgl. ASiG Rn. 113). Weiterhin kann auf die Novellierung im **Betriebsverfassungsrecht** hingewiesen werden, durch die dem Betriebsrat mehr Mitbestimmungsrechte im Bereich des betrieblichen Umweltschutzes zustehen und diese Mitbestimmungsrechte in Beziehung zu den Informations-, Beteiligungs- und Mitbestimmungsrechten im Bereich des Arbeitsschutzes zu setzen sind (vgl. BetrVG Rn. 3 ff.).

8 Ausgehend von der grundlegenden Zielsetzung des Arbeitsschutzes, Sicherheit und Gesundheit der Beschäftigten unter dem Gesichtspunkt der menschengerechten Gestaltung der Arbeit zu optimieren und zu verbessern (§§ 3, 4 ArbSchG) ist der Arbeitsschutz als integraler Bestandteil des ökonomischen

Grundzüge des Arbeitsschutzrechts

Wertschöpfungsprozesses zu sehen (vgl. im Überblick: ArbWiss-*Thiehoff*, 70 ff., m.w.N.; *Kiesau/Pieper*, SiS 9/1997, 423 ff. und 10/1997, 512 ff.; zu ökonomischen Anreizen: *Krüger u.a.*, 2000; Rn. 105 ff.; § 1 ArbSchG Rn. 12). Dies drückt sich zum einen in **Kosten-Nutzen**-Analysen aus, die den einzel- oder gesamtwirtschaftlichen Kosten des Arbeitsschutzes seinen Nutzen gegenüberstellen. Hierzu gehören z.b. die folgenden Aspekte:
- langfristige Entlastung der sozialen Sicherungssysteme,
- Verbesserung der gesamtwirtschaftlichen Effizienz (globale Wettbewerbsfähigkeit),
- Verbesserung der Beschäftigungsfähigkeit sowie der Beschäftigungsförderung (Employability),
- Verbesserung der betrieblichen Abläufe und der Wertschöpfung (Kosten-Wirksamkeits-Analyse) (vgl. Näheres unter Rn. 105 ff.; RegE, 13 *Thiehoff/Vondracek*, 1999 mit Hinweisen auf entsprechende Forschungs- und Forschungsanwendungsprojekte insbesondere der *BAuA*).

Zum anderen geht es um die Entwicklung von Instrumenten, die es dem Arbeitgeber ermöglichen, seiner Verpflichtung zur Einbindung der Planung und Durchführung der Maßnahmen des Arbeitsschutzes in die **betrieblichen Führungsstrukturen** nachzukommen (§ 3 Abs. 2 Nr. 2 ArbSchG; vgl. RegE, 13; *Poppendick u.a.*, BArbBl. 2/1999, 14 ff.; *Pieper/Vorath*, 185 ff.). Ein Beispiel hierfür ist die Entwicklung von Konzepten für **Arbeitsschutzmanagementsysteme im Sinne von Führungs- und Organisationskonzepten** und deren betriebliche Anwendung (AMS; vgl. Rn. 47; § 3 ArbSchG Rn. 11). Von der verstärkten betrieblichen Umsetzung derartiger Konzepte wird erhofft, dass diese »...die oft vorhandene Kluft zwischen den zu beachtenden Vorschriften und ihrer tatsächlichen betrieblichen Anwendung in der Zukunft verkleinert oder sogar fast (schließt)« (*Wlotzke*, NZA 1/2000, 23). Sie sind in engem Zusammenhang mit anderen Managementsystemen zu sehen, z.B. im Bereich des **Qualitätsmanagements** (DIN EN ISO 9000:2000 ff.; vgl. *Ebel/Esch*, QZ 1/2000, 44 ff.; *Leonhard*, DIN-Mitt. 8/2000, 547 ff.) sowie des **Umweltschutzmanagements** (DIN EN ISO 14000 ff., EG-Öko-Audit-VO; vgl. umfassend *Pischon*, 1999). Vor dem Hintergrund der wachsenden ökonomischen Bedeutung einer effizienten Allokation von Wissen kommt dem **Wissensmanagement** wachsende betriebliche Bedeutung zu. Wissensmanagement kann als »...das systematische Vorgehen zur Akquisition, Entwicklung, Verteilung, Nutzung, Bewertung und Bewahrung, wertschöpfungsrelevanten Wissens innerhalb einer Organisation durch die Gestaltung adäquater Strukturen und Prozesse sowie den Einsatz geeigneter Methoden und Instrumente« bezeichnet werden (nach *Bullinger*). Es umfasst demnach die Felder Einsatz von IuK-Technologien, Organisation und Human Ressource Development (im Sinne von Qualifizierung, Personalentwicklung). Ausgehend von der Zielsetzung einer verstärkten Integration von Sicherheit und Gesundheitsschutz in die betrieblichen Abläufe und Strukturen, besteht das Erfordernis, entsprechendes, handlungsorientiertes Wissen aufzubereiten und bereitzustellen (vgl. hierzu *Braun/Kern*, SichIng, 10/2000, 15 f.). Eine Klammer zwischen diesen auf das betriebliche Management, d.h. Führung bezogenen Konzepten stellt das betriebliche **Gesundheitsmanagement** dar (vgl. *Thiehoff*, 2000; *HBS/Bertelsmann Stiftung* [Hrsg.], 2000).

Einleitung

1.2 Allgemeiner Arbeitsschutzbegriff, Prävention

9 Der Arbeitsschutz gehört zum **Kernbereich** des Arbeitsrechts und bildet seine historische Wurzel (vgl. *Herschel*, RdA 1978, 69). Er umfasst nach heutigem Verständnis alle rechtlichen, organisatorischen, technischen und medizinischen Maßnahmen, die getroffen werden müssen, um die körperliche und psychische Unversehrtheit und bestimmte Persönlichkeitsrechte der in die Arbeitsorganisation des Arbeitgebers eingegliederten Beschäftigten zu schützen (*Wlotzke*, BArbBl. 1978, 147).

10 Die **Zielsetzung** des Arbeitsschutzes ist sowohl **abwehrend** (gegen Gefahren, Schäden, Belästigungen, vermeidbare Belastungen) als auch **gestaltend** (Herstellung möglichst menschengerechter Arbeitsplätze, Arbeitsabläufe, Arbeitsumgebungen; vgl. *Wlotzke*, BArbBl. 1978, 147). Ausgehend von der Zielsetzung und Zweckbestimmung des ArbSchG sollen Leben und Gesundheit der Beschäftigten durch die Optimierung und Verbesserung von **Sicherheit** und **Gesundheitsschutz** (vgl. § 1 ArbSchG Rn. 7 ff.) erhalten und gefördert werden. Leitbild eines zeitgemäßen Arbeitsschutzes ist die **Verbesserung der Arbeitsumwelt** (vgl. Rn. 13 ff.). Dabei steht zunehmend ein so genannter **salutogener Ansatz** im Vordergrund, der nicht, wie der so genannte pathogene Ansatz, von einer Betrachtung gesundheitlicher Risiken und entsprechender belastungsspezifischer Präventionsstrategien ausgeht, sondern von der »individuellen Konstitution von Gesundheit«. Mit dieser Ressourcenorientierung des Arbeitsschutzes werden Maßnahmen der Gesundheitsförderung, d.h. der Schaffung gesundheitsförderlicher Arbeitsbedingungen in den Mittelpunkt gestellt (vgl. *Braun/Kern*, SichIng 10/2000, 14, im Anschluss an *Antonovsky*, 1997; vgl. *Pieper/Vorath*, 42 ff.).

11 Aus der aktuellen Zielsetzung des Arbeitsschutzes ergibt sich als ein entscheidender Grundsatz die Notwendigkeit eines präventionsorientierten Planens und Handelns (vgl. Cernavin/Wilken-*Cernavin/Wilken*, 70 ff.). **Prävention** umfasst alle Maßnahmen, Mittel und Methoden, die eine vorbeugende Gestaltung der Arbeitsbedingungen beinhalten. Vorausschauend (prophylaktisch) werden arbeitsbedingte Gesundheitsschäden verhütet – eingeschlossen die Förderung des körperlichen, geistigen und seelischen Wohlbefindens (vgl. *Pieper/Vorath*, 26 ff.). Dabei wird die Gewährleistung sicherer und gesundheitsgerechter Arbeitsbedingungen als **Verhältnisprävention** bezeichnet, die die Voraussetzung für ein entsprechendes Verhalten der Beschäftigten (**Verhaltensprävention**) schafft. Verhältnis- und Verhaltensprävention ergänzen sich (vgl. Cernavin/Wilken, a.a.O.).

Ein **präventiver Arbeitsschutzansatz** geht weit über einen nur auf Nachsorge festgelegten und mit sekundären Mitteln (z.B. persönlicher Schutzausrüstung) agierenden Ansatz hinaus (vgl. § 1 ArbSchG Rn. 1 ff.). Die Mittel, mit denen Schutzmaßnahmen durchgeführt werden, können sich hierbei durchaus ergänzen (die Verwendung von Schutzhelmen und -handschuhen wird i.d.R. auch im Rahmen eines präventiv orientierten Arbeitsschutzes notwendig sein; vgl. § 2 PSA-BV Rn. 3). Allerdings sind die Zielsetzungen beider Ansätze verschieden. Ein nachsorgender, meist rein technisch orientierter Arbeitsschutz stellt oftmals eine »Reparaturhumanisierung« dar. Dem präventiven Arbeitsschutz – wie er jetzt durch das ArbSchG umfassend vorgegeben ist – geht es dagegen um ganzheitliche und auf Integration sowie auf prozessuale und kontinuierliche Verbesserung angelegte Lösungen:

Grundzüge des Arbeitsschutzrechts

- Der Gebrauch von Schutzhelmen und -handschuhen, d.h. sekundäre, individuelle Schutzmaßnahmen sollen minimiert werden und durch organisatorische, kollektive Maßnahmen ersetzt werden.
- Alle Einflussfaktoren bei der Arbeit werden tätigkeits- und arbeitsplatzbezogen berücksichtigt (systemische Betrachtungs- und Vorgehensweise; vgl. § 3 BildscharbV Rn. 8; zum Begriff des Arbeitssystems vgl. § 4 ArbSchG Rn. 13).
- Sicherheit und Gesundheitsschutz werden zu integralen Bestandteilen der betrieblichen Aufbau- und Ablauforganisation sowie der Unternehmensführung und beziehen auch betriebsübergreifende Faktoren (z.b. im Bereich Logistik oder Beschaffung oder bei Telearbeit) mit ein.
- Die Verknüpfung des Schutzes von Sicherheit und Gesundheit bei der Arbeit mit dem allgemeinen Gesundheitsschutz (§ 20 SGB V, vgl. Rn. 54) entspricht dem Erfordernis einer ganzheitlichen Vorgehensweise, der die Gesundheitsförderung nicht künstlich in einzelne, von einander getrennte Lebensbereiche zerschneidet (hier Arbeit, da Freizeit).
- Schließlich ist für eine erfolgreiche Prävention die Einbeziehung von Inhalten und Erfahrungen im Arbeitsschutz in pädagogische Konzepte und Maßnahmen erforderlich (schulische und berufliche Aus- und Fortbildung; Hochschulausbildung, z.B. von Ingenieuren).

1.3 Arbeitsschutzbegriff: Internationales Recht und EG-Recht

Ein umfassender Arbeitsschutzansatz hat sich auch im **internationalen** und im **europäischen** Recht niedergeschlagen. Dies kommt zum einen im ILO-Übereinkommen Nr. 155, zum anderen in Regelungen des EG-Vertrages und den darauf beruhenden Arbeitsschutzrichtlinien nach Art. 137 Abs. 1 erster Spiegelstrich (zuvor Art. 118a) sowie 95 (zuvor 100a) EGV (Rn. 82 ff., vgl. § 19 ArbSchG Rn. 5) zum Ausdruck. Insbesondere Letztere haben das bundesdeutsche Arbeitsschutzrecht grundlegend weiterentwickelt (Rn. 92 ff.). 12

Nach dem **ILO-Übereinkommen Nr. 155 über Arbeitsschutz und Arbeitsumwelt** vom 22.6.1981 (von der Bundesrepublik Deutschland noch nicht ratifiziert; vgl. *DKL*, Einl. zu 200; eine neuerliche Prüfung der Ratifizierung steht seit dem Inkrafttreten des ArbSchG an; vgl. BT-Drs. 12/3495 v. 21.10.1992, 16 f.; vgl. allgemein zur ILO: *DKL*, a.a.O.) bezieht sich der Arbeitsschutz auf die **Gesundheit in Zusammenhang mit der Arbeit**. Er zielt nicht nur auf das Freisein von Krankheit oder Gebrechen, sondern auch auf die physischen und geistig-seelischen Faktoren, die sich auf die Gesundheit auswirken und die in unmittelbarem Zusammenhang mit der Sicherheit und dem Gesundheitsschutz bei der Arbeit stehen (vgl. Art. 3 Buchst. e; vgl. § 1 ArbSchG Rn. 8). Das Übereinkommen verpflichtet die Mitgliedstaaten zu einer in sich geschlossenen Arbeitsschutzpolitik (Art. 4 Nr. 1), deren Ziel es sein muss, Arbeitsunfälle und arbeitsbedingte Gesundheitsschäden zu verhüten (Prävention; vgl. zum Begriff Rn. 11). Die mit der Arbeitsumwelt (zum Begriff in Zusammenhang mit dem EG-Arbeitsschutzrecht vgl. Rn. 16 ff.) verbundenen Gefahrenursachen sollen auf ein Mindestmaß herabgesetzt werden (vgl. *BFK*, Rn. 236; vgl. kritisch *Birk*, FS Wlotzke, 649 f.). 13

Der Arbeitsschutz gehört zu den Kernbereichen des **EG-Rechts** auf dem Gebiet der Sozialpolitik. Der **Arbeitsschutzansatz** der EG ist, vor allem vom skandinavischen Arbeitsschutzrecht und vom ILO-Übereinkommen Nr. 155 beeinflusst (*BFK*, Rn. 225 ff., 234 ff.; vgl. *Birk*, FS *Wlotzke*, 650 ff.; a.A. zum Einfluss 14

Einleitung

der ILO: ders., 656; vgl. DKL-*Adamy* u.a., Einl. zu 200). Er ist vom Leitbild der Verbesserung der Arbeitsumwelt und hiervon ausgehend von einem präventiven, ganzheitlichen und dynamischen Arbeitsschutzverständnis i.S.v. Sicherheit und Gesundheitsschutz der Beschäftigten geprägt (vgl. Rn. 10; § 1 ArbSchG Rn. 7 ff.).

15 **Primär** ergibt sich der EG-Arbeitsschutzansatz und die Zielsetzung der europäischen Arbeitsschutzpolitik aus Art. 118a (jetzt: 137 Abs. 1 erster Spiegelstrich) EGV (betrieblicher, verhaltensbezogener Arbeitsschutz) und aus Art. 100a (jetzt: 95) EGV (vorgreifender, produktbezogener Arbeitsschutz), sekundär aus den auf diesen Rechtsvorschriften gestützten Rechtsakten (vgl. allg. zu den Grundlagen der Rechtsetzung der EG auf dem Gebiet des Arbeitsschutzes Rn. 63 ff.; zur Unterscheidung zwischen betriebs- bzw. produktbezogenem Arbeitsschutz im bundesdeutschen Arbeitsschutzrecht vgl. Rn. 60 ff.).

16 Der in Art. 137 Abs. 1 erster Spiegelstrich und in Art. 95 Abs. 4 EGV verwandte Begriff der **Arbeitsumwelt**, der auch im ILO-Übereinkommen Nr. 155 verankert ist (vgl. Rn. 13), steht synonym für die ganzheitliche Zielsetzung eines zeitgemäßen Arbeitsschutzes. Aus ihm ergibt sich das **Leitbild** des Arbeitsschutzes der EG (vgl. *Kohte/Bücker*, ZfR, 93, 254). Der Schutz bzw. die Verbesserung der Arbeitsumwelt zielt nicht allein auf technische Lösungen für Sicherheit und Gesundheitsschutz am Arbeitsplatz, sondern fordert auch eine präventive und dynamische Arbeitsschutzpolitik. Verlangt werden organisatorische, integrierende und an der Gefahrenquelle ansetzende Gestaltungslösungen, die einem zeitgemäßen arbeitswissenschaftlichen Erkenntnisansatz und Menschenbild verpflichtet sind (vgl. OP-*Kohte*, Rn. 5 ff.; *BFK*, Rn. 244; DKL-*Däubler*, Einl. zu 400; a.A.: *Wank/Börgmann*, 1992, 85). Im Wortlaut des bisherigen Art. 118a EGV finden sich keine Anhaltspunkte für die Auffassung, dass der Begriff »Arbeitsumwelt«, wie auch die Begriff »Sicherheit« und »Gesundheit« (vgl. Rn. 10; § 1 ArbSchG Rn. 7 ff.) i.S. dieser Bestimmung in Ermangelung anderer Anhaltspunkte eng ausgelegt werden müssten. Vielmehr berühren sie **sämtliche körperlichen und sonstigen Faktoren**, die die Gesundheit und die Sicherheit der Beschäftigten in ihrem Arbeitsumfeld unmittelbar oder mittelbar und erfassen, z.B. auch bestimmte Aspekte der Arbeitszeitgestaltung. Für eine weite Auslegung der dem Rat durch den EGV zum Schutz der Sicherheit und Gesundheit der Beschäftigten übertragenen Zuständigkeit spricht auch der, im neuen Art. 137 übernommene Satzteil »insbesondere der Arbeitsumwelt« (vgl. *EuGH* 12.11.1996, DB 1997, 175).

17 Die Bedeutung des Begriffs der Arbeitsumwelt ergibt sich in erster Linie aus Art. 137 Abs. 1 erster Spiegelstrich EGV. Danach **unterstützt und ergänzt** die EG die Tätigkeit der Mitgliedstaaten auf dem Gebiet der Verbesserung insbesondere der Arbeitsumwelt zum Schutz der Gesundheit und der Sicherheit der Arbeitnehmer. Auf dieser Grundlage kann der Rat **Richtlinien** erlassen. Seit 1989 ist von dieser Ermächtigung in großem Umfang Gebrauch gemacht worden (vgl. Näheres unter Rn. 82 ff.; § 19 ArbSchG Rn. 2 ff.).

18 Das im EGV niedergelegte Leitbild des Arbeitsschutzes wird vor allem durch die auf Art. 118a (jetzt: 137 Abs. 1 erster Spiegelstrich) gestützte Richtlinie des Rates vom 12.6.1989 über die Durchführung von Maßnahmen zur Verbesserung der Sicherheit und des Gesundheitsschutzes der Arbeitnehmer bei der Arbeit konkretisiert (89/391/EWG; AblEG Nr. L 183, 1 = **EG-Rahmenrichtlinie Arbeitsschutz**). Sie geht aus von den Grundsätzen der Prävention, der menschengerechten Gestaltung der Arbeit und der Verknüpfung von Technik, Ar-

Grundzüge des Arbeitsschutzrechts

beitsorganisation, Arbeitsbedingungen, sozialen Beziehungen und Einfluss der Umwelt auf den Arbeitsplatz (vgl. umfassend OP-*Kohte*; Rn. 86).
Zu erwähnen ist weiterhin – beispielhaft für die Rechtsetzung nach Art. 100a (jetzt: 95) – die grundlegende Sicherheits- und Gesundheitsschutzanforderungen in Anhang I der Richtlinie des Rates vom 14.6.1989 zur Angleichung der Rechtsvorschriften der Mitgliedstaaten für Maschinen (89/392/EWG; AblEG L 183, 9 = **EG-Maschinenrichtlinie**; **Neukodifizierung** durch Richtlinie des Europäischen Parlaments und des Rates vom 22.6.1998 zur Angleichung der Rechts- und Verwaltungsvorschriften der Mitgliedstaaten für Maschinen (98/37/EG; Abl. EG Nr. L 207, 1). Sie schreibt vor, dass bei bestimmungsgemäßer Verwendung einer Maschine Belästigung, Ermüdung und psychische Belastung (Stress) des Bedienungspersonals unter Berücksichtigung der ergonomischen Prinzipien auf das mögliche Mindestmaß reduziert werden müssen (Anhang I Nr. 1.1.2. Buchst. d). Dies soll bereits bei der Konzipierung und beim Bau der Maschinen berücksichtigt werden (vgl. umfassend *Becker/Ostermann*; Rn. 81, 87).

Für den **Arbeitsschutzansatz nach Art. 137 (früher: Art. 118a) EGV** ist hervorzuheben, dass die entsprechenden Richtlinien in Form von **Mindestvorschriften** erlassen werden. Sie sind zwar von den Mitgliedstaaten inhaltlich vollständig in nationales Recht umzusetzen, können aber zugleich, unter Beibehaltung bislang bestehender, weitergehender Regelungen, fortentwickelt werden (vgl. Näheres unter Rn. 82 ff.). **19**

Für den **Arbeitsschutzansatz nach Art. 95 (früher: Art. 100a) EGV** ist demgegenüber von entscheidender Bedeutung, dass die entsprechenden Maßnahmen, in erster Linie Richtlinien (vgl. Rn. 74 ff.), grundsätzlich **zwingend** sind. Sie sind inhaltlich vollständig zu übernehmen und erlauben, weder nach oben noch nach unten, **keine Abweichung vom vorgegebenen Sicherheitsniveau** (vgl. *Wlotzke*, FS Kehrmann, 147). Dabei hat die EG-Kommission bei ihren Vorschlägen von einem hohen Schutzniveau, z.B. für Sicherheit und Gesundheit, auszugehen und insbesondere alle auf wissenschaftliche Ergebnisse gestützten neuen Entwicklungen zu berücksichtigen (vgl. Art. 95 Abs. 3; vgl. Lenz-*Röttinger* zu Art. 95, Rn. 6; *BFK*, Rn. 402 f., 408 ff. m.w.N.). Die zwingende Wirkung tritt nur dann außer Kraft, wenn ein Mitgliedstaat zum Schutz der Arbeitsumwelt und der Umwelt einzelstaatliche Bestimmungen anwendet oder von einem Schutzklauselverfahren Gebrauch macht (vgl. Art. 95 Abs. 4 ff. und 10 EGV; Lenz, a.a.O., Rn. 8 ff. und 15 ff.; *BFK*, Rn. 411 ff.).

Ein erweiterter Arbeitsschutzansatz und -begriff ergeben sich aus den fachlichen und institutionellen **Zusammenhängen und Kooperationsformen** zwischen Arbeitsschutz und **allgemeinem Gesundheitsschutz** (vgl. *Pieper/Vorath*, 126 ff.). **20**
Diese sind auf **nationaler Ebene**, d.h. in der Bundesrepublik Deutschland, 1988 und 1996 in Form von **Zusammenarbeitsgeboten** bei der Verhütung arbeitsbedingter Gesundheitsgefahren zwischen den Trägern der gesetzlichen Krankenversicherung und der gesetzlichen Unfallversicherung gesetzlich geregelt und unter dem Begriff der **betrieblichen Gesundheitsförderung** umgesetzt worden (vgl. §§ 20 Abs. 1 SGB V; 14 SGB VII; Näheres unter Rn. 54 und SGB VII Rn. 8; vgl. § 1 ArbSchG Rn. 8).
Auf **internationaler Ebene** ist die betriebliche Gesundheitsförderung in der **Ottawacharta** der *WHO* von 1986 (vgl. Cernavin/Wilken-*Cernavin/Wilken*, 76; *Kuhn*, in *BAU* (Hrsg.), 1990, 18 ff.), auf **europäischer Ebene** in der **Luxemburger**

Deklaration zur betriebliche Gesundheitsförderung von 1997 programmatisch verankert worden (vgl. *Kuhn/Henke/Peters*, 1999). In der Luxemburger Erklärung werden explizit die EG-Rahmenrichtlinie Arbeitsschutz und die Bedeutung des Arbeitsplatzes als Handlungsfeld der öffentlichen Gesundheit (public health) als Grundlagen für Aktivitäten zur betrieblichen Gesundheitsförderung gesehen (Anhang Nr. 30).

Über die Möglichkeiten und den Wirkungskreis des Arbeitsschutzrechts hinaus reicht dagegen der allgemeine **Gesundheitsbegriff der Weltgesundheitsorganisation** *(WHO)*. Gesundheit ist danach »ein Zustand **völligen körperlichen, seelischen und sozialen Wohlbefindens**« (BGBl. II, 1974, 45; vgl. MünchArbR-*Wlotzke*, § 206 Rn. 37; BFK, Rn. 574). Allerdings kann diese Definition zur Auslegung des Begriffs »Arbeitsumwelt« herangezogen werden, indem dieser sämtliche körperlichen und sonstigen Faktoren erfasst, die die Gesundheit und die Sicherheit der Beschäftigten in ihrem Arbeitsumfeld unmittelbar oder mittelbar berühren (vgl. *EuGH* 12.11.1996, DB 1997, 175). Darüber hinaus entspricht die Zielsetzung der *WHO*-Gesundheitsdefinition nicht den Möglichkeiten des Arbeitsschutzes (§ 1 Rn. 10). In einer arbeitsteiligen und von gesellschaftlichen Asymmetrien gekennzeichneten Gesellschaftsordnung kann das Arbeitsschutzrecht ein solches Ziel wohl realistischerweise nicht verfolgen.

21 Mit dem **ArbSchG** wird der aus dem EG-Recht resultierende, umfassende Arbeitsschutzansatz gesetzlich in das bundesdeutsche, staatliche Arbeitsschutzrecht umgesetzt. Das ArbSchG enthält dementsprechend Zielsetzungen und Regelungen, die sich auf die dynamische Verbesserung von Sicherheit und Gesundheitsschutz der Beschäftigten i.S. einer menschengerechten Gestaltung bzw. Humanisierung der Arbeit beziehen (vgl. *Fischer*, BArbBl. 10/1996, 5 ff.; MünchArbR-*Wlotzke*, § 206 Rn. 35; § 1 ArbSchG Rn. 4; § 2 ArbSchG Rn. 8 ff.; vgl. im Überblick *BAuA* [Hrsg.], 1997b).

2. Rechtliche, institutionelle und sachliche Gliederung sowie Durchführung des Arbeitsschutzes

2.1 Rechtliche Gliederung

22 Das **Gesamtsystem** des Arbeitsschutzes in der Bundesrepublik Deutschland ist das Ergebnis der sozialpolitischen Entwicklung der letzten 150 Jahre. Es wurde in diesem Zeitraum durch vielfältige gesellschaftliche Faktoren beeinflusst und gestaltet (vgl. Rn. 2 ff.). Die Abbildung I soll die hieraus hervorgegangene rechtliche Gliederung verdeutlichen. Wegen der Verzahnung der verschiedenen Rechtsvorschriften wird im Folgenden auf diese zusammenfassend eingegangen.

23 Die **verfassungsrechtlichen Grundlagen** des Arbeitsschutzes sind Art. 1 Abs. 1, Art. 2 Abs. 2 und Art. 20 Abs. 1 GG. Der Arbeitsschutz leitet sich aus dem Recht eines jeden Menschen auf seine Würde, auf Leben und körperliche Unversehrtheit, aus dem Recht der Unverletzlichkeit der Freiheit der Person sowie aus dem Sozialstaatsgebot ab (vgl. *Koll*, Erl. Rn. 1).

24 Dem Gesetzgeber ist nicht freigestellt, ob er überhaupt Arbeitsschutzvorschriften erlässt. Zur Sicherung des Grundrechts auf Leben und körperliche Un-

Grundzüge des Arbeitsschutzrechts

Abbildung 1:

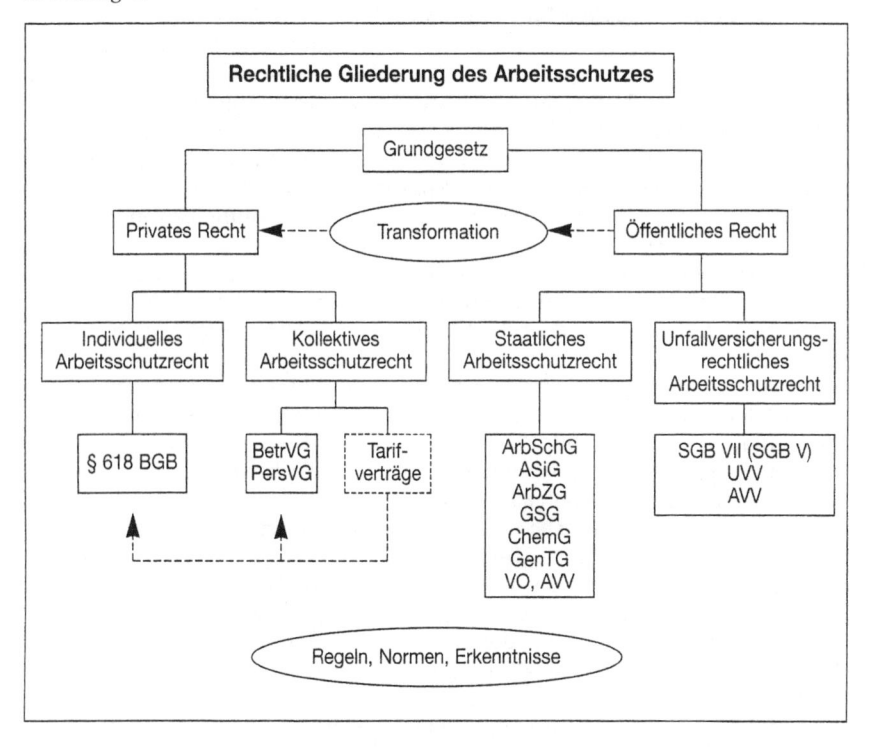

Rechtliche Gliederung des Arbeitsschutzes

- Grundgesetz
  - Privates Recht ←---- Transformation ←---- Öffentliches Recht
    - Individuelles Arbeitsschutzrecht
      - § 618 BGB
    - Kollektives Arbeitsschutzrecht
      - BetrVG / PersVG
      - Tarifverträge
    - Staatliches Arbeitsschutzrecht
      - ArbSchG, ASiG, ArbZG, GSG, ChemG, GenTG, VO, AVV
    - Unfallversicherungsrechtliches Arbeitsschutzrecht
      - SGB VII (SGB V), UVV, AVV
  - Regeln, Normen, Erkenntnisse

versehrtheit trifft ihn eine verfassungsrechtliche **Schutzpflicht** (*BVerfVG*, 28.1.1992, NJW 1992, 966; vgl. Kittner/Zwanziger-*Kittner*, § 2 Rn. 11; *BFK*, Rn. 92f.; MünchArbR-*Wlotzke*, § 206 Rn. 22). Das kann durch die Festlegung öffentlich-rechtlicher und privatrechtlicher Pflichten und Rechte sowie durch eine geeignete Organisation und ein adäquates Verfahren geschehen (vgl. *BVerfGE* 53, 30, 65; vgl. *BFK*, Rn. 94). Die gemeinsame verfassungsrechtliche Grundlage führt zur Einheit von öffentlich-rechtlichem Arbeitsschutzrecht und privatrechtlichem Arbeitsschutzrecht im Hinblick auf ihre Zielsetzung (vgl. Art. 74 Abs. 1 Nr. 12 GG; MünchArbR-*Wlotzke*, § 206 Rn. 3; zur privatrechtlichen Bedeutung der öffentlich-rechtlichen Arbeitsschutzvorschriften vgl. Rn. 30ff.).

Der Arbeitsschutz ist als Teil des Arbeitsrechts verfassungsrechtlich Gegenstand der **konkurrierenden Gesetzgebung** (Art. 74 Nr. 12 GG). In diesem Bereich haben die Länder die Befugnis zur Gesetzgebung, solange und soweit der Bund von seiner Gesetzgebungszuständigkeit nicht durch Gesetz Gebrauch gemacht hat (Art. 72 Abs. 1 GG; vgl. Art. 83ff. GG). 25

Das öffentlich-rechtliche Arbeitsschutzrecht und -system in der Bundesrepublik Deutschland ist geprägt von seinem **dualen Aufbau**. Es hat sich historisch aus den in der zweiten Hälfte des 19. Jahrhunderts gegenläufigen Konzeptionen eines staatlich organisierten Arbeitsschutzes und eines korporativen, selbstverwaltenden (autonomen) Arbeitsschutzes entwickelt (vgl. umfassend *Bauerdick*, 1994; *Krasney*, NZS 1993, 89 ff.; zur Geschichte der gesetzlichen Unfallversicherung vgl. *Wickenhagen*, 1980). Diesem System wird einerseits Ineffektivität vor- 26

Einleitung

gehalten (vgl. *BFK*, Rn. 20 ff.), andererseits wird – insbesondere vor dem Hintergrund der entsprechenden Regelungen des ArbSchG – der sich gegenseitig ergänzende Charakter seiner beiden Teile hervorgehoben (vgl. MünchArbR-*Wlotzke*, § 208 Rn. 49). Der Abschnitt 4 des ArbSchG – als Grundlage für den staatlichen Arbeitsschutz – und das SGB VII – als Grundlage für den unfallversicherungsrechtlichen Arbeitsschutz – zielen mit ihren Regelungen auf eine verbesserte Kooperation unter der Prämisse des Erhalts des dualen Arbeitsschutzsystems ab (vgl. § 21 ArbSchG Rn. 20 ff.; SGB VII Rn. 24 ff.).

27 Im dualen System nimmt der **Staat** seine Arbeitsschutzaufgaben in zwei Formen wahr:
Als Gesetzgeber schafft er im Rahmen von Art. 74 Nr. 12 GG selbst Gesetze und Verordnungen und sichert ihre Einhaltung durch die Staatlichen Ämter für Arbeitsschutz bzw. Gewerbeaufsichtsämter der Länder (vgl. Art. 83 ff. GG; Rn. 41 f.).
Durch die Festlegung von Kompetenzen im Bereich des Arbeitsschutzes für die Träger der gesetzlichen Unfallversicherung (Berufsgenossenschaften und Eigenunfallversicherungsträger) durch das SGB VII wird der Arbeitsschutz in mittelbarer Staatstätigkeit wahrgenommen (öffentlich-rechtlicher autonomer Arbeitsschutz; vgl. *Wank/Börgmann*, 1992, 12 f.).

28 Als **öffentlich-rechtliches, staatliches Arbeitsschutzrecht** sind Gesetze wie z.B. das ArbSchG, ArbZG, ASiG, JArbSchG, MuSchG oder das GSG, Einzelvorschriften in Gesetzen, die auch oder überwiegend anderen Zwecken dienen sowie die auf ihrer Grundlage ergangenen Verordnungen wie die ArbStättV, die BildscharbV (Teil III) oder die GefStoffV zu nennen (vgl. Verzeichnis der Arbeitsschutzvorschriften des Bundes, in: Unfallverhütungsbericht Arbeit; wird jährlich aktualisiert).

29 Der **öffentlich-rechtliche autonome Arbeitsschutz** ist durch das SGB VII geregelt. Auf dieser Grundlage erlassen die Berufsgenossenschaften für ihre Mitgliedsunternehmen und die dort Beschäftigten insbesondere verbindliche UVV (§§ 15, 16 SGB VII; vgl. Teil IV, SGB VII Rn. 10 ff.).

30 **Privatrechtlich** sind im Arbeitsschutz, aus individualrechtlicher Sicht, an erster Stelle § 618 BGB i.V. m. § 619 BGB sowie § 62 HGB von Bedeutung. Sie verpflichten den Arbeitgeber vertragsrechtlich zur Sicherung und Verbesserung von Sicherheit und Gesundheitsschutz für die Beschäftigten (vgl. MünchArbR-*Wlotzke*, § 206 Rn. 5). Für sie gilt der Grundsatz der **Transformation** der öffentlich-rechtlichen Arbeitsschutznormen in das private Arbeitsvertragsrecht. Danach sind sämtliche Pflichten, die dem Arbeitgeber nach den für ihn geltenden öffentlich-rechtlichen Rechtsvorschriften obliegen, zugleich Pflichten gegenüber den Beschäftigten aus dem Arbeitsverhältnis, soweit sie geeignet sind, den Gegenstand einer arbeitsvertraglichen Vereinbarung zu bilden (h.M.: BFK, Rn. 27, m.w.N.; vgl. MünchArbR-*Wlotzke*, § 209 Rn. 15 ff.).

31 Der Transformationsgrundsatz gilt auch für die **öffentlich-rechtlichen Pflichten und Rechte der Beschäftigten** (vgl. MünchArbR-*Wlotzke*, § 209, Rn. 49 ff.; §§ 15, 16, 17 ArbSchG). Gem. § 134 BGB sind Vertragsinhalte, die Leistungen unter Verstoß gegen Arbeitsschutzvorschriften verlangen, nichtig.

32 Arbeitsschutzvorschriften beeinflussen auch das **deliktische Haftungsrecht**. Sie sind Schutzgesetze zugunsten der Arbeitnehmer i.S. des § 823 Abs. 2 BGB (MünchArbR-*Wlotzke*, § 209 Rn. 37). Das Letztere hat allerdings insofern nur begrenzte Bedeutung, als durch § 104 Abs. 1 SGB VII eine Haftung des Arbeitgebers gegenüber den eigenen Arbeitnehmern bis auf Vorsatz ausgeschlossen

ist. Bei Haftung gegenüber Dritten kann von Bedeutung sein, dass das geltende Arbeitsschutzrecht einschließlich seiner Verpflichtung auf Kategorien wie »Stand der Technik« usw. gem. § 4 Nr. 3 (§ 4 ArbSchG Rn. 8) den Maßstab für die Erfüllung von Verkehrspflichten i.S. des § 823 Abs. 1 BGB abgibt (vgl. *Mertens* in Münchener Kommentar zum BGB, § 823 Rn. 28, 241; zur entsprechenden Wirkung des GSG vgl. *Kollmer*, NJW 1997, 2015). Eine derartige – nicht nach § 104 SGB VII beschränkte – Haftung nach den Regeln der Produkthaftung kommt auch Arbeitnehmern im Verhältnis zu Vorproduzenten bzw. Lieferanten des Arbeitgebers zugute (vgl. *LG Itzehoe* 22.1.1998, AiB 1999, 355 mit Anm. *Schoof*).

Da die Inhalte des Arbeitsschutzes zugleich arbeitsvertragliche Rechte und Pflichten sind, können sie durch **Tarifvertrag** (vgl. *BFK*, Rn. 84 ff.), Betriebsvereinbarung oder Einzelarbeitsvertrag konkretisiert oder erweitert werden (vgl. MünchArbR-*Wlotzke*, § 206 Rn. 7; zur Beteiligung der Betriebs- und Personalräte am Arbeitsschutz vgl. Teil IV). **33**

Die Transformation des Arbeitsschutzes in arbeitsvertragliche Rechte und Pflichten löst bei deren **Verletzung** nicht nur hoheitliche Reaktionen aus. Es steht daneben das Instrumentarium **privatrechtlicher Sanktionen** zur Verfügung. In Betracht kommen bei **34**
(1) Verstößen des Arbeitgebers:
– Nichtigkeit des Vertrages gem. § 134 BGB (vgl. MünchArbR-*Wlotzke*, § 209 Rn. 5 ff.),
– Zurückbehaltungsrecht gem. § 273 BGB (= Arbeitseinstellung; vgl. *Schaub*, § 152 I 2b; siehe auch § 9 ArbSchG Rn. 16),
– Schadensersatz gem. § 276 BGB (vgl. *Schaub* § 152 I 2b; zur teilweisen Ablösung der Haftung aufgrund des Unfallversicherungsrechts vgl. SGB VII Rn. 3; *BFK*, Rn. 29, m.w.N. zur Ersatzfähigkeit von Schäden sowie Schmerzensgeld und einer entsprechenden Haftung des Arbeitgebers bei arbeitsbedingten Erkrankungen, die keine Berufskrankheiten sind; vgl. § 2 ArbSchG Rn. 6 f.).
(2) Verstößen des Arbeitnehmers:
– Verlust des Entgeltanspruchs gem. §§ 323, 325 BGB,
– Schadensersatz gem. § 276 BGB (vgl. *Schaub*, § 153 I 2a),
– Kündigung gem. §§ 1 KSchG, 626 BGB (vgl. *Schaub*, § 153 I 2a, insgesamt § 15 ArbSchG Rn. 7).

Von Bedeutung sind auch deliktische Ansprüche von Beschäftigten gegen **Hersteller** ungeeigneter und gesundheitsgefährlicher Maschinen auf der Basis von § 823 Abs. 1 BGB (vgl. *OLG Düsseldorf*, VersR 1989, 1158). Die Lieferung solcher Maschinen kann eine Produzentenhaftung nach § 1, 3 ProdHG begründen (vgl. *Kollmer*; NJW 1997, 2017 f., und es kann sich ein Schadensersatzanspruch auf § 823 Abs. 2 BGB i.V.m. § 3 GSG ergeben (*BFK*, Rn. 37, m.w.N.; vgl. *Kollmer*, a.a.O., 2017). Der Haftungsausschluss nach § 104 SGB VII greift hier nicht (vgl. *BFK*, Rn. 38).

Eine wichtige Funktion für den Arbeitsschutz erfüllen neben den öffentlichen und privatrechtlichen Vorschriften **Regeln und Erkenntnisse** sowie normative Standards (vgl. MünchArbR-*Wlotzke*, § 210 Rn. 9 ff.). Hierbei ist zu unterscheiden zwischen Regeln und Erkenntnissen, auf die in Arbeitsschutzvorschriften Bezug genommen wird (vgl. z.B. § 4 Nr. 3 ArbSchG), als unbestimmte Rechtsbegriffe (vgl. MünchArbR-*Wlotzke*, a.a.O., Rn. 9 m.w.N.; *Kohte*, in: BAuA (Hrsg.) 1997b, 79 ff.) und zwischen den Regeln und Erkenntnissen selbst. Letztere stel- **35**

Einleitung

len selbst keine Rechtsnormen dar, entfalten aber eine faktische Bindungswirkung und sind daher rechtsnormenähnlich (vgl. a.a.O.). Funktional gesehen dienen die Regeln und Erkenntnisse der Konkretisierung der jeweiligen Rechtsvorschrift, von der sie in Bezug genommen werden (a.a.O., m.w.N.). Ihnen kommt daher ein hoher Beweiswert zu (vgl. a.a.O.).

36 Das **ArbSchG** verweist im Hinblick auf die Vorgaben für die Planung, Gestaltung und Organisation der Arbeitsschutzmaßnahmen durch den Arbeitgeber auf den **Stand von Technik, Arbeitsmedizin und Hygiene sowie sonstige gesicherte arbeitswissenschaftliche Erkenntnisse** (§ 4 Nr. 3 ArbSchG; vgl. § 4 ArbSchG Rn. 7 ff.).

37 Von besonderer Bedeutung, insbesondere für den vorgreifenden, produktbezogenen Arbeitsschutz sind **Normen**, die von nationalen, europäischen und internationalen Normungsorganisationen erstellt werden (vgl. Rn. 48; zur Normung auf dem Gebiet von Art. 100a [jetzt: 95] EGV; vgl. Rn. 80). Seit längerem sind auch **ergonomische Normen** Gegenstand der Tätigkeit dieser Organisationen (vgl. KAN 7; zur Normung auf dem Gebiet von Art. 118a (jetzt: 137 Abs. 1 erster Spiegelstrich) EGV vgl. Rn. 86; vgl. allgemein die Beiträge in den Zeitschriften Mitbestimmung 1/1992 und BG 5/1996).

2.2 Institutionelle Gliederung und Durchführung

38 Ein Wesensmerkmal des Arbeitsschutzes sind die **Vielzahl** und die Vielgestalt von Institutionen und Personen, die an seiner überbetrieblichen und betrieblichen Durchführung beteiligt sind (MünchArbR-*Wlotzke*, § 206 Rn. 43). Dieses institutionelle Netz ist parallel zu der rechtlichen Entwicklung und Ausdifferenzierung des Arbeitsschutzes gewachsen. Es erfordert auf und zwischen seinen verschiedenen Ebenen ein hohes Maß an **Kooperationsformen** und Kooperationsbereitschaft (vgl. die Beiträge in *BAU* [Hrsg.], 1995 Rn. 121). Dies gilt insbesondere vor dem Hintergrund der Anforderungen, die das ArbSchG an die Durchführung des Arbeitsschutzes stellt (vgl. Rn. 98 ff.). Abbildung 2 gibt einen Überblick zur institutionellen Struktur und die Zusammenhänge innerhalb des Gesamtsystems des Arbeitsschutzes.

39 Die institutionelle Struktur des öffentlich-rechtlichen Arbeitsschutzrechts der Bundesrepublik Deutschland ist durch ihren **dualen Aufbau** geprägt (auf der einen Seite die für den Arbeitsschutz zuständigen staatlichen Behörden insbesondere der Länder, auf der anderen die Träger der gesetzlichen Unfallversicherung). **Ergänzt** wird diese Struktur durch weitere Institutionen: die *Bundesarbeitsgemeinschaft für Sicherheit und Gesundheit bei der Arbeit e.V. (BASI*; vgl. BASI-Infoprint 3/1998, 6 f.), den *Länderausschuss für Arbeitsschutz und Sicherheitstechnik (LASI)*, durch öffentlich-rechtlich und privatrechtlich auf der betrieblichen Ebene verankerte Institutionen (Betriebs- und Personalräte, bestellte bzw. beauftragte Personen, Arbeitsschutzausschüsse) sowie durch die privatrechtlichen Normungsorganisationen.

40 Im Rahmen der konkurrierenden Gesetzgebung (Rn. 25) ist der **Bund** für den Erlass der staatlichen Arbeitsschutzvorschriften zuständig.
Innerhalb der Bundesregierung obliegt dem *BMA* die generelle Zuständigkeit für den Arbeitsschutz.
Das *BMA* wird dabei durch die nicht rechtsfähige und seiner Fach- und Dienstaufsicht unterstehende *Bundesanstalt für Arbeitsschutz und Arbeitsmedizin (BAuA)* unterstützt, die ihren Hauptsitz in Dortmund, einen weiteren Sitz in

Grundzüge des Arbeitsschutzrechts

Abbildung 2:

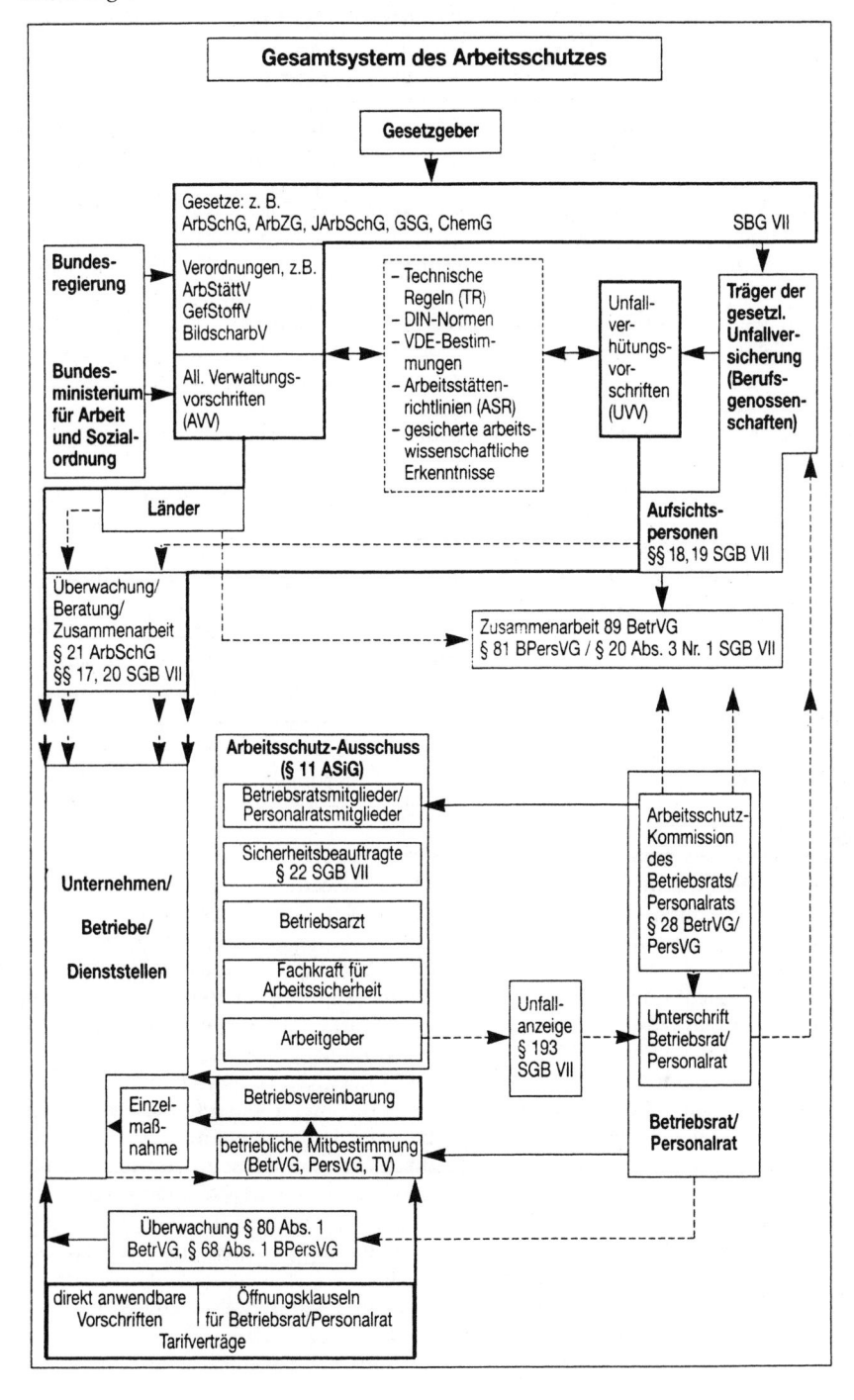

Gesamtsystem des Arbeitsschutzes

- **Gesetzgeber**
  - Gesetze: z. B. ArbSchG, ArbZG, JArbSchG, GSG, ChemG — SBG VII

- **Bundesregierung** / **Bundesministerium für Arbeit und Sozialordnung**
  - Verordnungen, z.B. ArbStättV, GefStoffV, BildscharbV
  - All. Verwaltungsvorschriften (AVV)

- Technische Regeln (TR)
- DIN-Normen
- VDE-Bestimmungen
- Arbeitsstättenrichtlinien (ASR)
- gesicherte arbeitswissenschaftliche Erkenntnisse

- Unfallverhütungsvorschriften (UVV)

- **Träger der gesetzl. Unfallversicherung (Berufsgenossenschaften)**

- **Länder**

- **Aufsichtspersonen** §§ 18, 19 SGB VII

- Überwachung / Beratung / Zusammenarbeit § 21 ArbSchG §§ 17, 20 SGB VII

- Zusammenarbeit 89 BetrVG § 81 BPersVG / § 20 Abs. 3 Nr. 1 SGB VII

- **Unternehmen / Betriebe / Dienststellen**
  - **Arbeitsschutz-Ausschuss (§ 11 ASiG)**
    - Betriebsratsmitglieder / Personalratsmitglieder
    - Sicherheitsbeauftragte § 22 SGB VII
    - Betriebsarzt
    - Fachkraft für Arbeitssicherheit
    - Arbeitgeber

- Unfallanzeige § 193 SGB VII

- **Arbeitsschutz-Kommission des Betriebsrats / Personalrats** § 28 BetrVG / PersVG

- Unterschrift Betriebsrat / Personalrat

- **Betriebsrat / Personalrat**

- Einzelmaßnahme
- Betriebsvereinbarung
- betriebliche Mitbestimmung (BetrVG, PersVG, TV)

- Überwachung § 80 Abs. 1 BetrVG, § 68 Abs. 1 BPersVG

- direkt anwendbare Vorschriften | Öffnungsklauseln für Betriebsrat/Personalrat
- Tarifverträge

Einleitung

Berlin sowie Außenstellen in Dresden, Bremen und Chemnitz besitzt (vgl. Errichtungserlass des *BMA* v. 21.6.1996, BArbBl. 7–8/1996, 63f.; vgl. zur Geschichte der früheren *BAU Jeiter*, BArbBl. 1/1992, 13ff.; vgl. aktuell: *BAuA* (Hrsg.), Arbeitsprogramm 2002–2004; http://www.baua.de). Die BAuA unterhält die Deutsche Arbeitsschutzausstellung **(DASA)**, die eine wichtige Funktion bei der Vermittlung und Verdeutlichung von Sicherheit und Gesundheit über alle Schichten der Bevölkerung weg wahrnimmt (vgl. de Graat, BArbBl. 4/2000, 23ff.).

Hervorzuheben sind die für die Forschung und die Forschungsanwendung im Bereich Sicherheit und Gesundheitsschutz bedeutsamen **Programme** des *BMFT* bzw. *BMBF* »Humanisierung des Arbeitslebens« (HdA; 1974–1988) mit den Nachfolgeprogrammen

– »Arbeit und Technik« (AuT; von 1989 bis 1998; vgl. BArbBl. 12/1995, 22ff.; zu zwischenzeitlichen Schwerpunkten des Programms insbesondere im Bereich der Entwicklung der Dienstleistungen vgl. *Skarpelis*, WSI-Mitt. 1996, 80ff.; *Ernst/Kasten*, a.a.O., 89ff.; *Volkholz*, 1996) und

– Arbeitsfelder »Innovative Arbeitgestaltung« und »Innovative Dienstleistungen« (seit 1998).

Zunehmend findet eine Verzahnung nationaler Programmaktivitäten mit europäischen Forschungs- und Förderprogrammen statt.

Insbesondere für die Schaffung eines europäischen Netzwerks für Sicherheit und Gesundheitsschutz zeichnet die **Europäische Arbeitsschutzagentur** mit Sitz in Bilbao verantwortlich (vgl. Rn. 91).

41 Da der Bund von seiner Rechtsetzungskompetenz weitgehend Gebrauch gemacht hat, obliegt den **Bundesländern** die **Durchführung des Arbeitsschutzrechts** des Bundes als eigene Angelegenheit nach Art. 83ff. GG. Die Durchführung wird von den Ländern in Form von Beratung, Überwachung und Vollzug ausgeübt (vgl. § 21 ArbSchG Rn. 6ff.; § 139b GewO). Einige Landesregierungen werden durch Landesinstitute bzw. -anstalten für Arbeitsschutz unterstützt (vgl. MünchArbR-*Wlotzke*, § 206 Rn. 47; z.B. die Landesanstalt für Arbeitsschutz in NRW – LafA).

42 Die **Praxis des staatlichen Arbeitsschutzes** schlägt sich in folgenden Zahlen nieder: 1996 wurden von den Ländern 4435 Gewerbeaufsichtsbeamte und 159 Ärzte beschäftigt (Unfallverhütungsbericht Arbeit 1997, 37). Die Gesamtzahl der zu beaufsichtigenden Betriebe lag bei 2316100 mit 27497521 Arbeitnehmern (a.a.O., 38). Von diesen Betrieben wurden 273892 besichtigt, wobei die Gesamtzahl der Besichtigungen bei 632199 lag. Durchsetzungsmaßnahmen auf den Gebieten »Unfallverhütung und Gesundheitsschutz« sowie »Arbeitsschutz in der Seeschiffahrt« gab es folgende: 16895 Anordnungen, 3280 Verwarnungen, 1797 Bußgeldbescheide, 284 Strafanzeigen und 17 gerichtliche Strafen (a.a.O., 39).

43 Aus dem dualen Aufbau des öffentlich-rechtlichen Arbeitsschutzes ergibt sich die Zuständigkeit der **Träger der gesetzlichen Unfallversicherung** (gewerbliche und landwirtschaftliche Berufsgenossenschaften, Gemeindeunfallversicherungsträger, Eigenunfallversicherungsträger) für die Rechtsetzung (in Form von UVV) und Durchführung des öffentlich-rechtlichen autonomen Arbeitsschutzes (vgl. Rn. 26ff.). Diese Zuständigkeit bewegt sich im Rahmen des SGB VII als der rechtlichen Grundlage der gesetzlichen Unfallversicherung (vgl. § 21 ArbSchG Rn. 19; Teil IV; zum berufsgenossenschaftlichen Präventionskonzept vgl. *Coenen/Waldeck/Ziegenfuß*, BG 1995, 62ff.). Die gewerblichen Berufsgenossenschaften betreiben eigene Forschungsinstitutionen; der HVGB

Grundzüge des Arbeitsschutzrechts

das Berufsgenossenschaftliche Institut für Arbeitssicherheit (BIA; vgl. zur Historie *Coenen/Lamberg*, SozFort 1990, 206 ff.), das Berufsgenossenschaftliche Forschungsinstitut für Arbeitsmedizin (BGFA) sowie die Berufsgenossenschaftliche Zentrale für Sicherheit und Gesundheit (BGZ; vgl. den jeweils aktuellen *HVBG*-Jahresbericht). Als neue Gemeinschaftseinrichtung der gewerblichen Berufsgenossenschaften hat 2001 das Berufsgenossenschaftliche Institut für Arbeit und Gesundheit (BGAG) in Dresden seine Arbeit in den Bereichen Qualifizierung, Forschung und Beratung aufgenommen.

Die **Praxis des unfallversicherungsrechtlichen Arbeitsschutzes** schlägt sich in den folgenden Zahlen nieder: 1996 wurden von den insgesamt 110 gesetzlichen Unfallversicherungsträgern (gewerbliche und landwirtschaftliche Berufsgenossenschaften sowie die Gemeindeunfallversicherungsverbände; vgl. Quak, Sich-Ing 12/1996, 20) 3082 technische Aufsichtspersonen mit Besichtigungstätigkeit beschäftigt (Unfallverhütungsbericht Arbeit 1997, 40). Diese hatten die Aufgabe der Durchführung der Präventionsvorschriften der gesetzlichen Unfallversicherung für 2 856 785 Unternehmen mit 29 479 342 Vollarbeitern (a.a.O., 41). In 254 581 dieser Unternehmen wurden 486 766 Sicherheitsbeauftragte bestellt (a.a.O., 45). Von den technischen Aufsichtspersonen wurden 1 116 885 Besichtigungen in 560 693 Betrieben durchgeführt (a.a.O., 43). Es wurden insgesamt 179 295 Anordnungen zur Durchführung von Unfallverhütungsvorschriften oder zur Abwendung besonderer Unfall- oder Gesundheitsgefahren gem. § 17 Abs. 1 SGB VII sowie 9024 sofort vollziehbare Anordnungen zur Beseitigung von Unfallgefahren bei Gefahr im Verzuge gem. § 19 Abs. 2 SGB VII vollzogen (a.a.O., 45). Wegen Verstoßes gegen bußgeldbewehrte Unfallverhütungsvorschriften gem. § 209 Abs. 1 Nr. 1 SGB VII und gegen die Tatbestände nach § 209 Abs. 1 Nr. 1, 3 SGB VII ergingen 3167 Bußgeldbescheide gegen Mitglieder (u. a. Unternehmer), wegen Verstoßes gegen § 209 Abs. 1 ergingen 708 Bußgeldbescheide gegen Versicherte (u.a. Beschäftigte) (a.a.O., 45). Im Rahmen ihres Ausbildungsauftrags nach § 23 SGV VII führten die Träger der gesetzlichen Unfallversicherung 22 249 Kurse mit 457 452 Teilnehmern durch (ohne Schülerunfallversicherung) (a.a.O., 46 f.).

Ergänzt wird das öffentlich-rechtliche duale Arbeitsschutzsystem aus institutioneller Sicht durch die sowohl privatrechtlich als auch öffentlich-rechtlich verfasste **betriebliche Ebene**, deren Bedeutung für die Durchführung des Arbeitsschutzes durch die Regelungen des ArbSchG und der auf ihm gestützten Rechtsverordnungen auf der einen Seite sowie der verbesserten Ausfüllung der Regelungen des ASiG auf der anderen Seite (vgl. *Bieneck*, FS Wlotzke, 465 ff.; Teil IV) zunehmen wird. Auf dieser Ebene sind, ausgehend von der öffentlich-rechtlichen (§§ 3, 13 ArbSchG) und der privatrechtlichen (§ 618 BGB, § 62 HGB) Verantwortung des Arbeitgebers und sonstiger Personen, für die Durchführung des Arbeitsschutzes von Bedeutung:
(1) die Organe der Betriebs- bzw. Personalverfassung, d.h. die Betriebs- und Personalräte (nach BetrVG bzw. nach den PersVG),
(2) die einzelnen Beschäftigten (nach dem BetrVG bzw. nach § 14 ArbSchG),
(3) die vom Arbeitgeber aufgrund öffentlich-rechtlicher Verpflichtungen zu bestellenden Personen (insbesondere Fachkräfte für Arbeitssicherheit und Betriebsärzte nach dem ASiG [vgl. Näheres ASiG Rn. 1 ff.], Sicherheitsbeauftragte nach dem SGB VII [vgl. SGB VII Rn. 29 ff.], sowie Personen nach sonstigen Rechtsvorschriften und nach Gesetzen, die andere Personen als Arbeitgeber zu Maßnahmen des Arbeitsschutzes verpflichten).

Einleitung

Aufgrund der Einbeziehung der betrieblichen Ebene ergibt sich im Ergebnis eine **Dreigleisigkeit des Arbeitsschutzsystems** (vgl. hierzu schon *Wlotzke*, BArbBl. 3/1981, 34) unter Einbeziehung privatrechtlicher Organisation (TÜV, DIN) sogar eine Viergleisigkeit.

46 Die Mehrgleisigkeit der Organisation des Arbeitsschutzes auf betrieblicher und überbetrieblicher Ebene und die Vielzahl der beteiligten Akteure erfordern ein hohes Maß an die Qualität von Kooperationsformen, -institutionen und -instrumenten. **Kooperation** ist daher ein Qualitätsmerkmal für einen effizient und effektiv durchgeführten Arbeitsschutz (vgl. *Kiesau/Wettberg/Wienhold*, SichIng 2/00, 12 ff.). Dabei kann an allgemein gewachsene Erfordernisse zur Kooperation im Betrieb (z.B. durch Einführung von Gruppenarbeit, Einsatz von Fremdfirmenbeschäftigten, Work Flow-Konzepte usw.) angeknüpft werden.

Betriebliche Kooperation im Bereich des Arbeitsschutzes ist als Gebot gesetzlich verankert. Indirekt ergibt sich dies schon aus den Regelungen des ArbSchG, deren systematische Verwirklichung ohne Kooperation nicht denkbar ist. Konkret sind Kooperationsgebote insbesondere im ASiG, als Grundlagengesetz der betrieblichen Arbeitsschutzorganisation festgelegt (vgl. ASiG Rn. 109 ff.).

Dazu kommen Kooperationsgebote im Bereich des überbetrieblichen Arbeitsschutzes, d.h. zwischen der staatlichen Arbeitsschutzaufsicht (Gewerbeaufsicht) und den Aufsichtsdiensten der Träger der gesetzlichen Unfallversicherung, die sich ebenfalls auf die betriebliche Ebene erstrecken (vgl. Rn. 49 ff.).

Die wichtigste, öffentlich-rechtlich verankerte **Institution** für die Kooperation des Arbeitsschutzes auf betrieblicher Ebene ist der durch das ASiG verankerte **Arbeitsschutzausschuss** (§ 11 ASiG; vgl. ASiG Rn. 129 ff.), für Betriebe mit mehr als zwanzig Beschäftigten, in dem der Arbeitgeber, zwei Betriebsratsmitglieder (i.V. m. § 16 ASiG auch Personalratsmitglieder), die Fachkräfte für Arbeitssicherheit, die Betriebsärzte und die Sicherheitsbeauftragten zusammenarbeiten. Im Sinne eines »runden Tisches« der betrieblichen Arbeitsschutzorganisation können auch weitere Personen in die Tätigkeit des Arbeitsschutzausschusses einbezogen werden, die für eine effektive betriebliche Durchführung des Arbeitsschutzes von Bedeutung sind (vgl. *BFK*, Rn. 51; ASiG Rn. 125).

47 Weitere institutionelle Anforderungen an die Durchführung des Arbeitsschutzes auf betrieblicher Ebene ergeben sich zum einen aus ökonomisch und technisch bedingten Veränderungen der betrieblichen **Aufbau- und Ablauforganisation** (z.B. durch Einführung von Formen der Gruppenarbeit; vgl. dazu BAuA, 2002; *Stoll*, 1998; *Zink* [Hrsg.], 1996), zum anderen aus dem Gebot des ArbSchG, nach dem der Arbeitgeber Vorkehrungen zu treffen hat, dass Arbeitsschutzmaßnahmen erforderlichenfalls bei allen Tätigkeiten und eingebunden in die betrieblichen Führungsstrukturen beachtet werden (§ 3 Abs. 2 Nr. 2 ArbSchG; vgl. § 3 ArbSchG Rn. 6 ff.). Diese Verpflichtung steht in Kontext mit der Einbindung des Arbeitsschutzes in vorhandene Managementsysteme (vgl. RegE, 13) bzw. der Entwicklung eigenständiger **Arbeitsschutzmanagementsysteme** (AMS) sowie entsprechender Konzepte für solche Systeme (vgl. *Lang/Vorath*, AiB 2001, 426 ff.; § 3 ArbSchG Rn. 11).

48 Eine wichtige institutionelle, das Arbeitsschutzrecht konkretisierende Funktion im Arbeitsschutz übernehmen die privatrechtlich verfassten **Normungsorganisationen** (auf nationaler Ebene: DIN, VDE, VDI, TÜV; vgl. MünchArbR-*Wlotzke*, § 206 Rn. 52). Sie erarbeiten in erster Linie technische aber auch ergonomische Normen, durch die die unbestimmten Rechtsbegriffe (»Stand der Technik« usw.) in Arbeitsschutzvorschriften konkretisiert werden (vgl. Rn. 60 f.; § 4

Grundzüge des Arbeitsschutzrechts

ArbSchG Rn. 7 ff.). Die Bedeutung dieser Organisationen hat auf der europäischen Ebene durch die neue Konzeption der technischen Harmonisierung und Normung und ihre Umsetzung durch Maßnahmen nach Art. 100a (jetzt: Art. 95) EGV erheblich zugenommen (institutionalisiert in CEN, CENELEC Rn. 80). Dazu kommt die internationale Normung im Rahmen der ISO. Ähnliche Tendenzen sind im Rahmen der WTO zu beobachten.

Zwischen den öffentlich-rechtlichen und den privat- bzw. betriebsverfassungsrechtlichen Institutionen des Arbeitsschutzes bestehen schon seit längerem rechtlich fixierte **Kooperationsformen**, die sukzessive entwickelt und ergänzt worden sind. **49**

Auf der Ebene des **öffentlich-rechtlichen Arbeitsschutzes** ergibt sich die Zusammenarbeit aus einer AVV über das Zusammenwirken der Träger der gesetzlichen Unfallversicherung mit den Gewerbeaufsichtsbehörden v. 28.11.77 (BAnz. Nr. 225), die sich auf § 717 Satz 1 Nr. 1 RVO (jetzt § 20 Abs. 3 Nr. 2 i.V. m. Abs. 1 SGB VII) stützt (vgl. *Bauerdick*, 1994, 58 f.). In § 21 ArbSchG sind diese Kooperationsgebote gesetzlich verankert worden (vgl. § 21 ArbSchG Rn. 20 ff.; *Meyer-Falcke/Schäffer*, WSI-Mitt. 1997, 858 ff.); parallel ergeben sie sich für die Träger der gesetzlichen Unfallversicherung aus § 20 SGB VII (vgl. SGB VII Rn. 24 ff.). **50**

Für die öffentlich-rechtliche und die **betriebsverfassungsrechtliche Ebene** besteht eine AVV über das Zusammenwirken der technischen Aufsichtsbeamten (jetzt Aufsichtspersonen) mit den Betriebsvertretungen v. 28.11.1977 (BAnz Nr. 225; § 20 Abs. 3 Nr. 1 SGB VII; vgl. SGB VII Rn. 27; Anhang Nr. 31). Seitens der zuständigen Behörden ergibt sich die Kooperationspflicht aus Dienstanweisungen der obersten zuständigen Landesbehörden (MünchArbR-*Wlotzke*, § 208 Rn. 53). **51**

Die Kooperationsregelungen mit den öffentlich-rechtlichen Arbeitsschutzstellen konkretisieren die entsprechenden **Beteiligungsrechte** der Betriebs- und Personalräte (vgl. MünchArbR-*Wlotzke*, § 208, Rn. 53; vgl. BetrVG Rn. 9; BPersVG Rn. 6). **52**

Zwischen dem **DIN** als privatrechtlicher Institution mit arbeitsschutzrechtlicher Bedeutung und der öffentlich-rechtlichen Arbeitsschutzebene bestehen vertragliche Beziehungen und zwar durch Vertrag zwischen dem DIN und der Bundesrepublik Deutschland (vgl. Beilage zum BAnz Nr. 114 v. 27.6.1975) sowie durch Vereinbarung zwischen dem DIN und den Trägern der gesetzlichen Unfallversicherung von 1982 (DIN-Mitt. 1983, 92; vgl. SiS 1983, 35 f.). Dadurch soll sowohl ein Beitrag zum Abbau von demokratischen Legitimationsdefiziten der Normung als auch zur Abstimmung zwischen DIN und den Berufsgenossenschaften im Hinblick auf die europäische Normung geleistet werden (vgl. *Bauerdick*, 1994, 59 ff.; zur KAN vgl. Rn. 37, 80). **53**

Aufgrund der Neuregelung des SGB V im Rahmen der Gesundheitsreform 2000 (vgl. Art. 1 des Gesetzes vom 22. Dezember 1999; BGBl I S. 2626) können die **Krankenkassen** den Arbeitsschutz ergänzende Maßnahmen der betrieblichen Gesundheitsförderung durchführen (§ 20 Abs. 2 Satz 1 SGB V 1999; z.B. Gesundheitsförderungsprogramme, Gesundheitszirkel, erweiterte Wirtschaftlichkeitsbetrachtungen). Dazu beschließen die Spitzenverbände der Krankenkassen gemeinsam und einheitlich unter Einbeziehung unabhängigen Sachverstandes prioritäre Handlungsfelder und Kriterien für Leistungen im Bereich der **primären Prävention**, insbesondere hinsichtlich Bedarf, Zielgruppen, Zugangswegen, Inhalten und Methodik. Diese Leistungen sollen den allgemeinen Gesundheits- **54**

Einleitung

zustand verbessern und insbesondere einen Beitrag zur Verminderung sozial bedingter Ungleichheit von Gesundheitschancen erbringen (vgl. § 20 Abs. 1 Satz 1 und 2 SGB V 1999). Die Krankenkassen arbeiten bei der Verhütung arbeitsbedingter Gesundheitsgefahren mit den **Trägern der gesetzlichen Unfallversicherung** zusammen und unterrichten diese über die Erkenntnisse, die sie über Zusammenhänge zwischen Erkrankungen und Arbeitsbedingungen gewonnen haben (§ 20 Abs. 2 Satz 2 SGB V 1999; vgl. SGB VII Rn. 8). Ist anzunehmen, dass bei einem Versicherten eine **berufsbedingte gesundheitliche Gefährdung oder eine Berufskrankheit** vorliegt, hat die Krankenkasse dies unverzüglich den für den Arbeitsschutz zuständigen Stellen und dem Unfallversicherungsträger **mitzuteilen** (§ 20 Abs. 2 Satz 3 SGB V 1999). Die **Ausgaben** der Krankenkasse für die Wahrnehmung ihrer Aufgaben im Bereich Prävention sollten insgesamt im Jahr 2000 für jeden ihrer Versicherten einen Betrag von fünf Deutschen Mark umfassen; sie sind in den Folgejahren entsprechend der prozentualen Veränderung der monatlichen Bezugsgröße nach § 18 Abs. 1 SGB IV anzupassen (§ 20 Abs. 3 SGB V).

Die **betriebliche Gesundheitsförderung**, auf die der Präventionsauftrag an die Krankenkassen und die Kooperationsregelung mit den Trägern der gesetzlichen Unfallversicherung zielen, sind
– programmatisch auf internationaler bzw. europäischer Ebene in der Ottawacharta der *WHO* von 1986 sowie in der Luxemburger Deklaration von 1997 (vgl. Rn. 20) und
– gesetzlich auf nationaler Ebene zunächst 1988 durch das Gesundheitsreformgesetz in § 20 SGB V 1988 und später auch in § 14 SGB VII

verankert worden. Schon auf der Grundlage von § 20 SGB V 1988 konnten die Krankenkassen bei der Verhütung arbeitsbedingter Gesundheitsgefahren mitwirken und mit den Trägern der gesetzlichen Unfallversicherung zusammenarbeiten (vgl. § 20 Abs. 2 SGB V 1988). Durch das Beitragsentlastungsgesetz v. 1.11.1996 (BGBl. I, 1631) waren die Möglichkeiten der Krankenkassen, in diesem Bereich tätig zu werden, zunächst eingeschränkt worden. Aufgrund der Gesundheitsreform 2000 sind diese Möglichkeiten wieder erweitert aber finanziell begrenzt worden.

Es liegt im Sinne der Erfüllung des erweiterten Präventionsauftrags der **Träger der gesetzlichen Unfallversicherung** zur Verhütung arbeitsbedingter Gesundheitsgefahren aufgrund des § 14 SGB VII (vgl. SGB VII Rn. 6), dass Aktivitäten auf dem Gebiet der betrieblichen Gesundheitsförderung auch von diesen in **Kooperation mit den Krankenkassen** wahrgenommen werden (zu entsprechenden Vereinbarungen und Programmen vgl. SGB VII Rn. 8).

Seit 1988/89 konnten mit Maßnahmen der betrieblichen Gesundheitsförderung wichtige **Beiträge zur Prävention** im Betrieb geleistet werden (vgl. *BAuA* [Hrsg.], 1998c; *BAuA* [Hrsg.], 1996a; *Kuhn*, ZfAO 1996, 200 ff.; *BFK*, Rn. 52 ff.). Die dadurch entwickelten Verfahren und Instrumente (Gesundheitsförderungsprogramme, Gesundheitszirkel; vgl. *Hummel*, AiB 2/2000, 69; *Preußner*, WSI-Mitt. 1997, 877 ff.; *Eisenbach/Fiedler/Teske/Zinke*, WSI-Mitt. 1995, 99 ff.) können auch zur Erfüllung der Pflichten des Arbeitgebers und der Beschäftigten nach dem ArbSchG beitragen. Sinnvoll ist die Absicherung der betrieblichen Gesundheitsförderung durch **Betriebsvereinbarungen** (vgl. das Beispiel für eine Vereinbarung in AiB 2/2000, S. 70 ff.; BetrVG Rn. 13).

55 Ergänzt wird das Geflecht der institutionellen Beziehungen im Arbeitsschutz durch weitere **wissenschaftliche Institutionen** (neben der *BAuA* und dem *BIA*;

Grundzüge des Arbeitsschutzrechts

vgl. Rn. 40, 43), durch die Industrie- und Handelskammern, die Handwerkskammern, die Gewerkschaften und Arbeitgeberverbände sowie arbeitsschutzspezifische Verbände und Organisationen (vgl. *Kiesau*, in *BAU* [Hrsg.], 1995, 172; vgl. die Übersichten in: *HVBG* [Hrsg.], Betriebswacht, mit zahlreichen weiteren Angaben zu Institutionen mit Aufgaben oder Bezügen zum Arbeitsschutz; erscheint jährlich).

Die Einhaltung von Arbeitsschutzvorschriften kann auch Einfluss auf die **Vergabe öffentlicher Aufträge** haben. Aufgrund § 106 Abs. 3 GWB ist Voraussetzung der Vergabe von Aufträgen, dass die beauftragten Unternehmen »fachkundig, leistungsfähig und **zuverlässig**« sind. Die Nichteinhaltung von Arbeitsschutzvorschriften kann das Vorliegen einer ausreichenden Leistungsfähigkeit und Zuverlässigkeit in Frage stellen. Die auftraggebende Behörde kann sich im Vergabeverfahren selbst Klarheit hierüber verschaffen, indem sie sich gem. § 8 Nr. 3 Abs. 1 Buchst d und e Angaben über die für die Ausführung zur Verfügung stehende **technische Ausrüstung** und das für die Leitung und Aufsicht vorgesehene **technische Personal** verschafft. Sie kann aber auch sonst vorliegende Erkenntnisse der Arbeitsschutzbehörden verwerten.

55a

2.3 Sachlich-rechtliche Gliederung des Arbeitsschutzes

Wenn sich das Arbeitsschutzrecht in Deutschland bis 1996 als »ungeordnetes Konglomerat buntscheckiger Normen« dargestellt hat (vgl. *Herschel*, RdA 1978, 69), wurde mit dem Arbeitsschutzgesetz nunmehr ein »Grundgesetz des Arbeitsschutzes« (*Tegtmeier*, Umschau 11/1996, 8; *Kollmer*, WiB 1996, 825) geschaffen, das einen ersten wichtigen Beitrag zur Verminderung der Rechtszersplitterung leistet (MünchArbR-Wlotzke, § 207 Rn. 1), insbesondere da es gleichermaßen für alle Beschäftigungs- und Tätigkeitsbereiche gilt (vgl. § 1 Abs. 1 Satz 2 ArbSchG; Ausnahmen in § 1 Abs. 2; *Wlotzke*, NZA 1996, 1019).

56

Auch wenn das ArbSchG sonstige Rechtsvorschriften, aus denen Arbeitsschutzpflichten der Arbeitgeber bzw. Rechte und Pflichten der Beschäftigten resultieren, sowie Gesetze, die andere Personen als Arbeitgeber zu Maßnahmen des Arbeitsschutzes verpflichten, rechtlich unberührt lässt (§ 1 Abs. 3 ArbSchG; vgl. *Wlotzke*, a.a.O.), gehen von ihm doch wichtige Impulse für das gesamte Arbeitsschutzrecht aus (vgl. Rn. 92 ff.). Es macht insbesondere die inhaltliche **Interdependenz** der unterschiedlichen Rechtsvorschriften deutlich und liefert damit Beiträge für eine ganzheitliche Betrachtungsweise des Arbeitsschutzes. Entscheidend ist hierfür, dass das ArbSchG in allen Tätigkeitsbereichen gilt (vgl. § 1 Abs. 1 Satz 2), eine dynamische Weiterentwicklung von Sicherheit und Gesundheitsschutz vorsieht (vgl. § 1 Abs. 1 Sätze 1 und § 3 Abs. 1) und die menschengerechte Arbeitsgestaltung zum verbindlichen gesetzlichen Gestaltungsprinzip für Maßnahmen des Arbeitsschutzes erhebt (vgl. § 2 Abs. 1 und § 4).

Unterschieden werden kann allgemein zwischen dem:
- öffentlich-rechtlich staatlichen Arbeitsschutzrecht (Gesetze, Rechtsverordnungen, Allgemeine Verwaltungsvorschriften, Regeln wie z.B. die Arbeitsstätten-Richtlinien),
- öffentlich-rechtlich autonomen Arbeitsschutzrecht (gesetzliche Unfallversicherung, Unfallverhütungsvorschriften, Regeln) und
- privatrechtlichen Arbeitsschutzrecht (Arbeitsschutzregelungen im Arbeitsvertragsrecht, im Tarifvertragsrecht, im Betriebsverfassungsrecht sowie Regeln und Erkenntnisse; zur Einbeziehung von §§ 618 BGB, 62 HGB vgl. Rn. 30 ff.).

57

Einleitung

Diese allgemeine Unterteilung des Arbeitsschutzrechts bezieht sich zugleich auf die **institutionelle Gliederung** des Arbeitsschutzes (vgl. 2.2).

58 Nach dem zu schützenden **Personenkreis** kann unterschieden werden zwischen übergreifenden Rechtsvorschriften des Arbeitsschutzes für alle Beteiligten (z.b. ArbSchG, ASiG) und **speziellen** Rechtsvorschriften, die den spezifischen Bedürfnissen an Sicherheit und Gesundheitsschutz besonderer Beschäftigtengruppen dienen und sich dem sozialen Arbeitsschutz (Rn. 59) zuordnen lassen (JArbSchG, MuSchG, SchwbG, HAG; vgl. MünchArbR-*Wlotzke*, § 207 Rn. 4 ff.).

59 Im Hinblick auf die unterschiedlichen Ziele und **Zweckbestimmungen** kann allgemein zwischen **sozialem** und **technischem** Arbeitsschutzrecht unterschieden werden. Eine klare Abgrenzung zwischen beiden Bereichen ist wegen der sich zum Teil überschneidenden Zielsetzungen nicht möglich (vgl. *Wlotzke*, FS Raisch, 333f; MünchArbR-*Wlotzke*, § 207 Rn. 7 mit Beispielen anhand der GefStoffV, des JArbSchG, des MuSchG und des ArbZG). Zum sozialen Arbeitsschutz gehören insbesondere: ArbZG, JArbSchG, MuSchG, SGB IX (vgl. allg. MünchArbR-*Wlotzke*, § 200 Rn. 50 ff.; zum ArbZG *Anzinger*, FS Wlotzke, 427 ff. zum SGB IX, welches u. a. das SchwbG abgelöst hat vgl. BArbBl. 11/2001).

60 Das **technische Arbeitsschutzrecht** lässt sich in das betriebsbezogene und in das vorgreifende, produktbezogene Arbeitsschutzrecht unterteilen:
(1) Das **betriebsbezogene** Arbeitsschutzrecht bezieht sich auf die allgemeinen, öffentlich-rechtlichen Verpflichtungen des Arbeitgebers und auf die öffentlich-rechtlichen Rechte und Pflichten der Beschäftigten (vgl. *Streffer*, FS Wlotzke, 769). Dazu gehören
1. Regelungen zu allgemeinen **Grundpflichten** (ArbSchG, ASiG, UVV, z.B. »Allgemeine Vorschriften« [BGV A 1; Anhang Nr. 28], »Arbeitsmedizinische Vorsorge« [BGV A 4], »Fachkräfte für Arbeitssicherheit« [BGV A 6; Anhang Nr. 17], »Betriebsärzte« [BGV A 7; Anhang Nr. 18, 19], »Sicherheits- und Gesundheitsschutzkennzeichnung« [BGV A 8]),
2. Regelungen zu **Arbeitsplätzen, Arbeitsmitteln, Arbeitsumgebung und PSA** (ArbStättV mit Arbeitsstätten-Richtlinien [ASR], BildscharbV, PSA-BV, LastenhandhabV, BaustellV, UVV z.B. UVV »Bauarbeiten« [BGV C 22]),
3. Regelungen zum Umgang mit **gefährlichen Stoffen** bzw. zu **anderen Einwirkungen** (GefStoffV [vgl. Rn. 115], BioStoffV; GenTSV, StrahlenschutzV, RöntgenV, UVV z.B. »Lärm« [BGV B 3]).
(2) Das **produktbezogene** Arbeitsschutzrecht bezieht sich primär auf Verpflichtungen von Personen, die technische Erzeugnisse oder Gefahrstoffe in Verkehr bringen (Hersteller oder Vermarkter) bzw. die überwachungsbedürftige Anlagen herstellen bzw. errichten (vgl. *Streffer*, FS Wlotzke, 770; MünchArbR-*Wlotzke*, § 207 Rn. 20). Hierdurch ist ein Bestandteil des Arbeitsschutzrechts geschaffen worden, der dem betriebsbezogenen vorgreift (vgl. a.a.O.). Zu diesem vorgreifendem Arbeitsschutz gehören
1. Regelungen zu technischen Erzeugnissen (GSG, VO zum GSG [vgl. Rn. 116]), EG-Richtlinien zur technischen Harmonisierung nach Art. 100a (jetzt: 95) EGV (Rn. 76 ff.), ProdSG (zielt primär auf den Verbraucherschutz ab),
2. Beschaffenheitsanforderungen in UVV (im noch nicht durch EG-Recht harmonisierten Bereich; vgl. Rn. 80),
3. technische Regeln und Normen (Rn. 35),
4. Regelungen zu chemischen Produkten (ChemG, GefStoffV, TRGS) sowie
5. Regelungen zu den überwachungsbedürftigen Anlagen (§§ 11 ff. GSG).

Grundzüge des Arbeitsschutzrechts

Der vorgreifende Arbeitsschutz ist demnach mit dem allgemeinen Gesundheitsschutz, dem Umweltschutz und dem Verbraucherschutz i.d.R. untrennbar verschränkt (vgl. *Kloepfer/Veit*, NZA 1990, 122 f.).

61 Vorgreifender und betriebsbezogener Arbeitsschutz stehen in einem engen **Zusammenhang**. Wird der Arbeitsschutz schon bei der Planung und Konstruktion z.b. von technischen Arbeitsmitteln beachtet, kann der Arbeitgeber, der diese Arbeitsmittel von den Beschäftigten anwenden lässt, u.a. dem Grundsatz der Gefahrenbekämpfung an der Quelle in optimaler Weise gerecht werden (§ 4 Nr. 1 ArbSchG; vgl. § 4 ArbSchG Rn. 6; vgl. § 3 AMBV Rn. 1 ff.). Umgekehrt hat ein hohes Niveau des betrieblichen Arbeitsschutzes Einfluss auf den vorgreifenden Arbeitsschutz, indem von diesem Niveau – via Nachfrage der Anwender (= Arbeitgeber) – Planung und Konstruktion beeinflusst werden (vgl. *BAuA* (Hrsg.), 1999; zur Wechselwirkung zwischen EG-Richtlinien nach Art. 100a und 118a (jetzt 95 und 137 Abs. 1 erster Spiegelstrich) EGV vgl. Rn. 88).

62 Sowohl der vorgreifende als auch der betriebsbezogene Arbeitsschutz werden insbesondere seit Mitte der achtziger Jahre entscheidend vom **EG-Arbeitsschutzrecht** nach Art. 100a bzw. 118a (jetzt: 95 und 137 Abs. 1 erster Spiegelstrich) EGV bestimmt (vgl. 3). Dies hat insbesondere zum ChemG und zur GefStoffV (1986/1993/1999) sowie zur Novellierung des GSG (1992/2000) und zum ArbSchG geführt (vgl. Näheres Rn. 92 ff., 115, 116). Auch die angesprochene Interdependenz des vorgreifenden mit dem betriebsbezogenen Arbeitsschutzrecht ist durch den Einfluss des EG-Rechts neu akzentuiert worden (vgl. Rn. 80, 116; Abbildung 3).

3. System des Arbeitsschutzes in der EG

3.1 Allgemeines

63 Die Europäischen Gemeinschaften (EG) haben sich seit ihrer Gründung in den fünfziger Jahren von einer in der Hauptsache ökonomischen Interessengemeinschaft zu einer auch mit sozialpolitischen Kompetenzen ausgestatteten politischen Gemeinschaft entwickelt. Markierungspunkte dieser Entwicklung sind vor allem die **Einheitliche Europäische Akte** (EEA) v. 17.2.1986 (BGBl. II, 1104) und der **Vertrag von Maastricht** v. 7.2.1992 (BGBl. II, 1251), dessen Zielsetzung die Schaffung einer Europäischen Union ist (vgl. zur Entwicklung der EG umfassend DKL-*Däubler*, Einl. zu 400). Der **Vertrag von Amsterdam** vom 1.10.1997, der nach der Ratifizierung durch alle EU-Mitgliedsstaaten am 1.5.1999 in Kraft getreten ist, hat insbesondere zu einer Integration sozialpolitischer Regelungen, die aufgrund des britischen Widerstands bislang in einem separaten Abkommen geregelt waren, in den EGV geführt, was jedoch den Arbeitsschutz kaum berührt (vgl. *Streinz*, EuZW 1998, 144). Das Europäische Parlament hat jetzt ein Mitentscheidungsrecht und nicht mehr nur ein Anhörungsrecht bei der Verabschiedung entsprechender Rechtsakte. Der Amsterdamer Vertrag bewirkt zudem eine Änderung der Nummerierung der Paragraphen des EGV, die aus Abbildung 3 ersichtlich wird (a.a.O., 138 vgl. auch Anhang Nr. 33).

Einleitung

Abbildung 3:

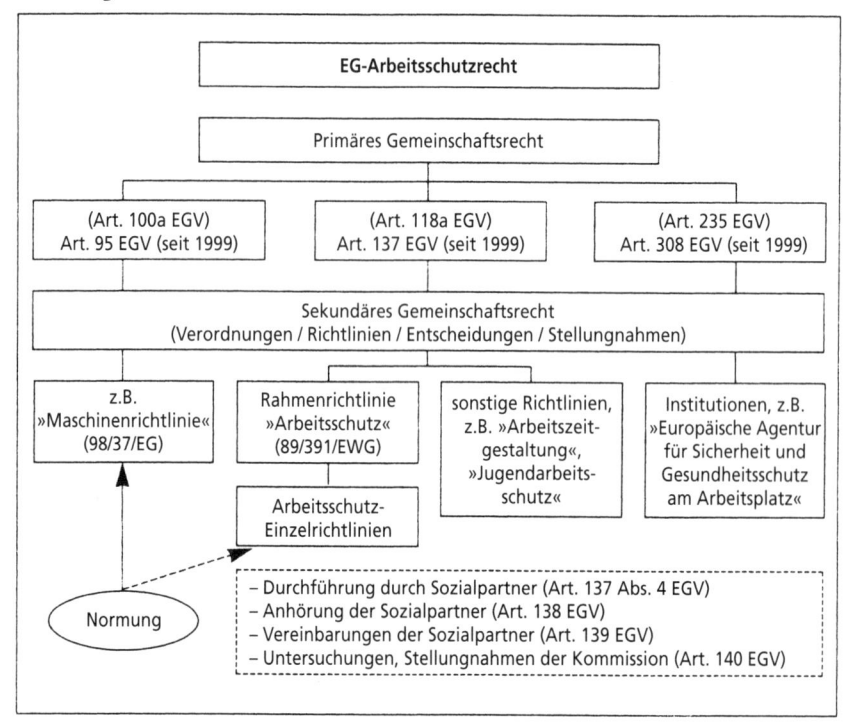

```
┌─────────────────────────────────────────────────────────────────────┐
│                        EG-Arbeitsschutzrecht                         │
│                                                                      │
│                    Primäres Gemeinschaftsrecht                       │
│                                                                      │
│   (Art. 100a EGV)      (Art. 118a EGV)       (Art. 235 EGV)         │
│   Art. 95 EGV          Art. 137 EGV          Art. 308 EGV           │
│   (seit 1999)          (seit 1999)           (seit 1999)            │
│                                                                      │
│              Sekundäres Gemeinschaftsrecht                           │
│   (Verordnungen / Richtlinien / Entscheidungen / Stellungnahmen)     │
│                                                                      │
│   z.B.          Rahmenrichtlinie   sonstige Richtlinien,  Institutionen, z.B.
│   »Maschinen-   »Arbeitsschutz«    z.B. »Arbeitszeit-     »Europäische Agentur
│   richtlinie«   (89/391/EWG)       gestaltung«,           für Sicherheit und
│   (98/37/EG)                       »Jugendarbeits-        Gesundheitsschutz
│                 Arbeitsschutz-     schutz«                am Arbeitsplatz«
│                 Einzelrichtlinien                                    │
│                                                                      │
│   ( Normung )   – Durchführung durch Sozialpartner (Art. 137 Abs. 4 EGV)
│                 – Anhörung der Sozialpartner (Art. 138 EGV)
│                 – Vereinbarungen der Sozialpartner (Art. 139 EGV)
│                 – Untersuchungen, Stellungnahmen der Kommission (Art. 140 EGV)
└─────────────────────────────────────────────────────────────────────┘
```

64 Die wesentlichen **Institutionen der EG** sind
– das Europäische Parlament,
– der Rat, bzw. der Europäische Rat,
– die Europäische Kommission,
– die Ausschüsse (insbesondere der Wirtschafts- und Sozialausschuss und der Ausschuss der Regionen) sowie
– der EuGH (vgl. DKL-*Däubler*, Einl. zu 400).

65 Im Hinblick auf das EG-Recht ist zunächst zu unterscheiden zwischen dem
(1) **primären** EG-Recht, das sich aus den Vertragswerken der Gemeinschaft ergibt und dem
(2) **sekundären** EG-Recht, das sich aus den Rechtsakten ergibt, die sich auf vertraglich festgelegte Kompetenzen stützen.
Instrumente des sekundären EG-Rechts sind Verordnungen, Richtlinien, Entscheidungen sowie Empfehlungen und Stellungnahmen (DKL-*Däubler*, Einl. zu 400). Für das EG-Arbeitsschutzrecht sind in erster Linie Richtlinien von Bedeutung (Rn. 69).

66 Das EG-Recht beruht allgemein auf den folgenden **Prinzipien:**
(1) der Subsidiarität (Art. 5 EGV; vgl. Lenz-*Langguth* zu Art. 5 EGV; *BFK*, Rn. 140f.),
(2) der begrenzten Einzelermächtigung (Art. 249 EGV; vgl. Lenz-*Langguth* zu Art. 5 EGV, Rn. 4ff.; Lenz-*Hetmeier* zu Art. 249 EGV, Rn. 2; *BFK*, Rn. 134),
(3) der vollen Ausschöpfung der Ermächtigungsgrundlagen zur Erreichung der Ziele des EGV (a.a.O., Rn. 137 m.w.N.),

Grundzüge des Arbeitsschutzrechts

(4) der sich aus dem Zusammenhang der vertraglichen Kompetenzen ergebenden inhärenten Zuständigkeit (»implied powers«; a.a.O., m.w.N.; Lenz-*Langguth* zu Art. 5 Rn. 8),
(5) der Eigenständigkeit (Autonomie) des EG-Rechts gegenüber dem Recht der Mitgliedstaaten (*BFK* Rn. 142, 145 ff.).

Die Normen des EGV (primäres Gemeinschaftsrecht; Rn. 65) gelten **unmittelbar**, wenn sie der Sache nach abschließend, vollständig und rechtlich vollkommen sind und zu ihrer Wirksamkeit keiner weiteren Handlung der Mitgliedstaaten bedürfen (*BFK*, Rn. 157 m.w.N.). Der einzelne EG-Bürger kann sich daher vor innerstaatlichen Behörden und Gerichten unmittelbar auf das EG-Recht berufen (a.a.O.). Bezogen auf das sekundäre Gemeinschaftsrecht besteht eine unmittelbare Geltung nicht in allen Fällen (vgl. Rn. 70). **67**

Es gilt der Grundsatz des **Vorrangs** des EG-Rechts gegenüber dem Recht der Mitgliedstaaten (vgl. *BFK*, Rn. 161 ff. m.w.N.). Dies gilt für primäres EG-Recht, für EG-Verordnungen und für Bestimmungen in EG-Richtlinien, die der unmittelbaren Geltung fähig sind (a.a.O., Rn. 166; vgl. Rn. 70). Das *BVerfG* hat 1986 hierzu festgestellt, dass »im Hoheitsgefüge der EG ein Maß an Grundrechtsschutz erwachsen ist, das nach Konzeption, Inhalt und Wirkungsweise dem Grundrechtsstandard im wesentlichen gleich zu achten ist« (NJW 1987, 526; im Grundsatz bestätigt durch das Maastricht-Urteil des *BVerfG* aus dem Jahre 1992, NJW 1993, 3038; vgl. DKL-*Däubler*, Einl. zu 400). **68**

Im Hinblick auf die **Sozialpolitik** der EG (vgl. Rn. 71 ff.) ist die **Richtlinie** nach § 249 Abs. 3 EGV das wichtigste Instrument zur Ausschöpfung der in den jeweiligen Kompetenznormen des EGV festgelegten Vertragszielen. Bei EG-Richtlinien ergeben sich im Hinblick auf ihre notwendige Umsetzung (Prinzip der Zweistufigkeit; vgl. *BFK*, Rn. 168 f.) in das Recht der Mitgliedstaaten die folgenden Grundsätze und Verfahren: **69**
(1) Verbindlichkeit der Zielsetzung der Richtlinie, Flexibilität bei Form und Wahl der Mittel im Zuge der Umsetzung durch die Mitgliedstaaten (vgl. a.a.O., Rn. 168 f.);
(2) Gewährleistung der vollständigen Wirksamkeit der Richtlinie gem. ihrer Zielsetzung durch die umsetzenden Mitgliedstaaten (vgl. a.a.O., Rn. 171 f. m.w.N.);
(3) Gewährleistung von Effektivität, Rechtssicherheit, Transparenz und Kontrollierbarkeit bei der Umsetzung (vgl. a.a.O., Rn. 173 f. m.w.N.);
(4) Vertragsverletzungsverfahren (vgl. a.a.O., Rn. 189 f.) und unmittelbare Wirkung der Richtlinie (vgl. a.a.O., Rn. 191 ff.; Rn. 70) bei nicht ordnungsgemäßer Umsetzung;
(5) Richtlinienkonforme Auslegung des Rechts des jeweiligen Mitgliedstaates vor den nationalen Gerichten (vgl. a.a.O., Rn. 202 ff.; auf diesen Grundsatz stützt sich z.B. die Entscheidung des *BAG* v. 2.4.1996 zur nunmehr durch die BildscharbV in das bundesdeutsche Recht umgesetzten EG-Bildschirmrichtlinie (90/270/EWG, vgl. AiB 96, 561 ff. mit Anm. *Zabel*);
(6) Klagebefugnis der EG-Bürger vor dem EuGH, wenn Bestimmungen der Richtlinie unmittelbar und individuell gelten (*BFK*, Rn. 215) und Vorabentscheidungsverfahren (a.a.O., Rn. 216 ff.);
(7) Haftung der Mitgliedstaaten bei nicht umgesetzten Richtlinien (vgl. a.a.O., Rn. 219 ff.; EuGH 8.10.1996, EuZW 1996, 654).

Von einer **unmittelbaren Wirkung** der EG-Richtlinien kann nur unter den folgenden Bedingungen ausgegangen werden: **70**

Einleitung

- Die Richtlinie muss hinsichtlich des Personenkreises, der Inhalte und des Umfangs der Rechte sowie im Hinblick auf die Person des Schuldners der sich aus der Richtlinie ergebenden Ansprüche **unbedingt** und **hinreichend genau** sein (vgl. *BFK*, Rn. 194 m.w.N.).
- Die unmittelbare Wirkung beschränkt sich im Hinblick auf die Rechte der Beschäftigten auf den Staat, d.h. den **öffentlichen Dienst**. Privaten können durch EG-Richtlinien keine unmittelbaren Verpflichtungen auferlegt werden, sodass Beschäftigte in der Privatwirtschaft sich nicht unmittelbar auf nicht fristgemäß oder unzureichend umgesetzte Richtlinien berufen können (vgl. a.a.O., Rn. 196 ff.; es besteht allerdings die Pflicht der nationalen Gerichte zur richtlinienkonformen Auslegung des nationalen Rechts, vgl. Rn. 69).
- Schließlich kommt ein Anspruch auf **Schadensersatz** gegen die Bundesrepublik Deutschland unter folgenden Voraussetzungen in Frage: 1. Eine Richtlinie, die dem einzelnen Bürger Rechte verleiht, ist von einem Mitgliedstaat nicht fristgerecht umgesetzt worden. 2. Der Inhalt dieser Rechte ist insoweit bestimmbar, als sich das Mindestmaß der durch die Richtlinie gebotenen Begünstigung konkretisieren lässt. 3. Der Verstoß des Mitgliedstaats gegen seine Umsetzungspflicht ist für den Schaden, dessen Ersatz der Bürger einfordert, kausal geworden (vgl. *EuGH* 19.11.1991, NJW 1992, 165).

71 Die Kompetenz der EG zur Rechtsetzung auf dem Gebiet der **Sozialpolitik** im Allgemeinen und des Arbeitsschutzes im Besonderen ergibt sich in erster Linie aus den Regelungen der Art. 136 ff. EGV. Diese Kompetenzen sind grundrechtlich über den Bezug des EGV auf die Verfassungen der Mitgliedstaaten (ungeschriebener Grundrechtskatalog der EG; vgl. DKL-*Däubler*, Einl. zu 400) und durch die »Gemeinschaftscharta der sozialen Grundrechte der Arbeitnehmer« (abgedruckt in DKL, 409; vgl. *BFK*, Rn. 121; DKL-*Däubler*, Einl. zu 400) gesichert. Die Gemeinschaftscharta hat durch den Vertrag von Amsterdam und die dort vorgenommene Inbezugnahme in die programmatische Grundnorm der Sozialpolitik, Art. 136 EGV (vgl. Rn. 72), einen rechtlich verbindlicheren Charakter erhalten.

72 Programmatische **Grundnorm** der sozialpolitischen Kompetenzen des EGV ist Art. 136 (früher Art. 117) über die Abstimmung der Sozialordnungen. Danach verfolgen die Gemeinschaft und die Mitgliedstaaten eingedenk der sozialen Grundrechte, wie sie in der am 18. Oktober 1961 in Turin unterzeichneten Europäischen Sozialcharta und in der Gemeinschaftscharta der sozialen Grundrechte der Arbeitnehmer von 1989 festgelegt sind, folgende Ziele: die Förderung der Beschäftigung, die Verbesserung der Lebens- und Arbeitsbedingungen, um dadurch auf dem Wege des Fortschritts ihre Angleichung zu ermöglichen, einen angemessenen sozialen Schutz, den sozialen Dialog, die Entwicklung des Arbeitskräftepotenzials im Hinblick auf ein dauerhaft hohes Beschäftigungsniveau und die Bekämpfung von Ausgrenzungen. Zu diesem Zweck führen die Gemeinschaft und die Mitgliedstaaten Maßnahmen durch, die der Vielfalt der einzelstaatlichen Gepflogenheiten, insbesondere in den vertraglichen Beziehungen, sowie der Notwendigkeit, die Wettbewerbsfähigkeit der Wirtschaft der Gemeinschaft zu erhalten, Rechnung tragen.

Hierzu legt Art. 137 Abs. 1 EGV (früher Art. 118) die sozialpolitischen Bereiche fest, in denen die Gemeinschaft die Zusammenarbeit der Mitgliedstaaten unterstützen und ergänzen soll. Zu diesen Bereichen gehören insbesondere
- Verbesserung insbesondere der Arbeitsumwelt zum Schutz der Gesundheit und der Sicherheit der Arbeitnehmer,

Grundzüge des Arbeitsschutzrechts

- Arbeitsbedingungen,
- Unterrichtung und Anhörung der Arbeitnehmer,
- berufliche Eingliederung der aus dem Arbeitsmarkt ausgegrenzten Personen, unbeschadet des Artikels 150,
- Chancengleichheit von Männern und Frauen auf dem Arbeitsmarkt und Gleichbehandlung am Arbeitsplatz.

Bei diesen Bereichen können Richtlinien mit qualifizierter Mehrheit beschlossen werden (Art. 137 Abs. 2).
Dazu kommen die folgenden Bereiche, bei denen Richtlinien nur einstimmig verabschiedet werden können (Art. 137 Abs. 3):
- soziale Sicherheit und sozialer Schutz der Arbeitnehmer,
- Schutz der Arbeitnehmer bei Beendigung des Arbeitsvertrages,
- Vertretung und kollektive Wahrnehmung der Arbeitnehmer- und Arbeitgeberinteressen, einschließlich der Mitbestimmung, vorbehaltlich des Absatzes 6,
- Beschäftigungsbedingungen der Staatsangehörigen dritter Länder, die sich rechtmäßig im Gebiet der Gemeinschaft aufhalten,
- finanzielle Beiträge zur Förderung der Beschäftigung und zur Schaffung von Arbeitsplätzen, und zwar unbeschadet der Bestimmungen über den Sozialfonds.

Aus Art. 136, 137 EGV kann ein gemeinschaftsrechtliches **Sozialstaatsprinzip** abgeleitet werden, das z.b. sozialen Abbau und Lohndumping in der EG verbietet (vgl. DKL-*Däubler*, Einl. zu 400).

Aus den bis zur Ratifizierung des Amsterdamer Vertrags im Mai 1999 geltenden, programmatischen sozialpolitischen Grundnormen in Art. 117, 118 EGV, die durch Art. 136, 137 abgelöst worden sind, ergab sich keine **Ermächtigung** der EG zur Rechtsetzung auf dem Gebiet der Sozialpolitik. Bis zur Einheitlichen Europäischen Akte (EEA) v. 17.2.1986 (BGBl. II, 1104) konnten sozialpolitische Rechtsakte daher fast ausschließlich auf die allgemeine Ermächtigungsgrundlage des Art. 100 (jetzt: 94) EGV, z.T. auch auf Art. 235 (jetzt: 308) EGV, gestützt werden (vgl. § 19 ArbSchG Rn. 5f.), die beide die Einstimmigkeit im Rat der EG vorsehen. Daraus erklärt sich, dass sich die Rechtsetzung der EG auf dem Gebiet der Sozialpolitik im Allgemeinen und des Arbeitsschutzes im Besonderen, abgesehen von mehreren instruktiven Aktionsprogrammen (vgl. Soziales Europa 2/1990), bis zur Mitte der achtziger Jahre überwiegend auf den Bereich der gefährlichen Stoffe und anderer gefährlicher Agenzien beschränkte (vgl. *BFK*, Rn. 118; *Opfermann*, FS Wlotzke, 732 ff.; zum Gefahrstoffbereich: *Klein*, a.a.O., 533 ff.).

73

3.2 Vorgreifender, produktbezogener Arbeitsschutz

Im Bereich des vorgreifenden, **produktbezogenen** Arbeitsschutzes sind zunächst Art. 30 und 36 (jetzt 28 und 30) EGV von Bedeutung, welche die mengenmäßigen Einfuhrbeschränkungen und Maßnahmen gleicher Wirkung zwischen den Mitgliedstaaten verbieten (Art. 28), jedoch gleichzeitig den Mitgliedstaaten ermöglichen, Einfuhr-, Ausfuhr- oder Durchfuhrverbote u.a. aus Gründen der Sicherheit sowie zum Schutz der Gesundheit und des Lebens der Menschen beizubehalten bzw. vorzusehen (vgl. Art. 30 Satz 1). Allerdings dürfen diese weder ein Mittel zur willkürlichen Diskriminierung noch zur verschleierten Beschränkung des Handels zwischen den Mitgliedstaaten darstellen (vgl. Art. 30 Satz 2; vgl. *Opfermann*, FS Wlotzke, 737 ff.; auch zur Einführung einer entsprechenden Gleichwertigkeitsklausel in UVV; zum Schutzniveau der EG im

74

Einleitung

Bereich des vorgreifenden Arbeitsschutzes vgl. Rn. 78). Hieraus entwickelte der *EuGH* in seiner Rechtssprechung (»Dassonville«, »Cassis de Dijon«) Grundsätze (vgl. eingehend *BFK*, Rn. 387 ff.; *Streffer*, FS Wlotzke, 771 f., m.w.N.), die maßgeblich die Entschließung des Rates v. 7.5.1985 über eine »Neue Konzeption auf dem Gebiet der technischen Harmonisierung und Normung« und die Einführung von und Rechtsetzung nach Art. 100a (jetzt: 95) EGV beeinflussten (AblEG Nr. C 136, 1; zur Neuen Konzeption vgl. eingehend *BFK*, Rn. 421 ff.; *Streffer*, FS Wlotzke, 773 ff.; *Becker*, a.a.O., 445 ff.).

75 Mit der Einheitlichen Europäischen Akte (EEA) v. 17.2.1986 (BGBl. II, 1104) wurden im Zuge der vertraglichen Niederlegung des **Binnenmarktziels** im EGV (Art. 7a; zuvor Art. 8a EWGV; jetzt Art. 14 EGV) die Kompetenzen der EG erweitert. Durch die Verträge von Maastricht und Amsterdam wurde diese Kompetenzerweiterung fortgesetzt, wovon der Arbeitsschutz allerdings substanziell nicht berührt worden ist. Im Hinblick auf den Arbeitsschutz sind von den durch die EEA bewirkten **Kompetenzerweiterungen** die folgenden Regelungen von Bedeutung (vgl. allg. *Koll*, DB 1989, 1234 ff.; *Konstanty/Zwingmann*, WSI-Mitt. 1989, 558 ff.):
– Art. 100a (jetzt: 95) EGV als Kompetenznorm für Rechtsakte auf dem Gebiet des vorgreifenden, produktbezogenen Arbeitsschutzes,
– Art. 118a (jetzt: 137 Abs. 1 erster Spiegelstrich) EGV als Kompetenznorm für Rechtsakte auf dem Gebiet des betriebsbezogenen Arbeitsschutzes (Rn. 82 ff.).

76 Auf der Grundlage von Art. 95 EGV erlässt der Rat der EG die **Maßnahmen**, die der Verwirklichung des Binnenmarktes dienen (Art. 95 Abs. 1 Satz 2 EGV). Der Binnenmarkt ist nach Art. 14 Abs. 2 EGV ein Raum ohne Binnengrenzen, in dem der freie Verkehr von Waren, Personen, Dienstleistungen und Kapital gemäß den Bestimmungen dieses Vertrages gewährleistet ist (zu den Zielen des Binnenmarktes vgl. DKL-*Däubler*, Einl. zu 400).

77 Maßnahmen zum Gebot zur Harmonisierung (*Streffer*, FS Wlotzke, 771; zum Verbot von Wettbewerbsbeschränkungen vgl. Art. 30, 36 [jetzt 28, 30] EGV; Rn. 74) konnten sich bis zur EEA lediglich auf Art. 100 (jetzt: 94) EGV stützen, der die Einstimmung im Rat der EG vorsieht. Seit der Ratifizierung der EEA im Jahre 1987 konnten ergänzende Maßnahmen nach Art. 100a (jetzt 95) mit einer **qualifizierten Mehrheit** vom Rat der EG erlassen werden (das sind 62 von 87 Stimmen im Rat; vgl. Art. 148 Abs. 2 [jetzt 205 Abs. 2] EGV). Dies hat zu einer erheblich beschleunigten Rechtsetzung beigetragen (vgl. *Opfermann*, FS Wlotzke, 739 f.).

78 Zu den Maßnahmen nach Art. 95 EGV gehören i.W. Maßnahmen im Bereich des freien Warenverkehrs (»Binnenmarkt«; vgl. Lenz-*Röttinger*, zu Art. 95, Rn. 2) und hierzu wiederum Maßnahmen auf dem Gebiet der **technischen Harmonisierung** sowie des **Inverkehrbringens von Chemikalien**, d.h. der vorgreifende, produktbezogene Arbeitsschutz (vgl. *Streffer*, FS Wlotzke, 773 ff.; *Wlotzke*, RdA 92, 87; Rn. 60 f.). Unmittelbare Bestimmungen über die Rechte und Interessen der Arbeitnehmer können dagegen ausdrücklich nicht auf Art. 95 gestützt werden (vgl. Abs. 2). Allerdings hat die EG-Kommission bei ihren Vorschlägen für Maßnahmen nach Abs. 1 von einem **hohen Schutzniveau** u.a. in den Bereichen Gesundheit und Sicherheit auszugehen (Abs. 3; vgl. *BFK*, Rn. 408 ff.). Ggf. können, trotz Harmonisierungsmaßnahmen nach Art. 95 EGV, einzelstaatliche Bestimmungen zum Schutz der Arbeitsumwelt oder des Umweltschutzes oder von wichtigen Erfordernissen i.S. des Art. 36 (Rn. 74) von den Mitgliedstaaten angewandt werden (Art. 95 Abs. 4 ff. EGV). Unter bestimmten Umständen gibt

Grundzüge des Arbeitsschutzrechts

es ein **Schutzklauselverfahren** (Abs. 10; vgl. Lenz-*Röttinger* zu Art. 95, Rn. 15 ff.; *BFK*, Rn. 412 ff.). Diese Regelungen des EGV bieten »eine realistische Gewähr, dass die entsprechenden Rechtsakte eine Harmonisierung auf hohem Niveau zum Inhalt haben ... Art. 100a (jetzt Art. 95) dient nicht allein der Marktintegration, sondern verlangt die praktische Konkordanz mit den anderen Zielen des Vertrags. Durch die Abs. 3 bis 5 sind Vorkehrungen getroffen, den nationalen Schutzanliegen, hier der Verbesserung der Arbeitsumwelt, Rechnung zu tragen« (*BFK*, Rn. 419).

Wichtigstes Instrument für die Rechtsetzung nach Art. 95 EGV auf dem Gebiet   79
der technischen Harmonisierung sind **Richtlinien** (vgl. Rn. 69). Da die »Neue Konzeption auf dem Gebiet der technischen Harmonisierung und Normung« (vgl. Rn. 74) auf der Totalharmonisierung sicherheitstechnischer Vorschriften basiert, gibt es »für die von diesen Richtlinien erfassten Erzeugnisse ... kein Nebeneinander europäischer und nationaler Anforderungen mehr. Die Mitgliedstaaten sind verpflichtet, geeignete Maßnahmen zu treffen, damit nur solche Produkte auf den Markt und an die Verwender, d. h. also auch in die Betriebe gelangen, die mit den Anforderungen der Richtlinien übereinstimmen« (*Streffer*, FS Wlotzke 774; zu den Ausnahmen nach Art. 100a Abs. 4, 5, jetzt Art. 95 Abs. 4 ff. und 10; vgl. Rn. 78).

In diesen Richtlinien werden grundlegende und zwingende **Sicherheitsanfor-**   80
derungen festgelegt, die durch die europäische **Normung** konkretisiert werden (CEN, CENELEC; vgl. *Becker*, FS Wlotzke, 445 ff.; zu Problemen und Möglichkeiten einer demokratischen Legitimation der Normung vgl. *Roßnagel*. DVBl. 1996, 1181 ff.; KAN 1; KAN, 22; *BFK*, Rn. 439 m.w.N.; zu Normen aus rechtlicher Sicht vgl. Rn. 35; § 4 ArbSchG Rn. 8). Die abschließende, verbindliche Regelung von Beschaffenheitsanforderungen an Erzeugnisse, die keine Abweichung nach oben oder nach unten zulassen, hat im bundesdeutschen Arbeitsschutzrecht zu einem erheblichen Bedeutungsverlust von UVV geführt, in denen Beschaffenheitsanforderungen geregelt waren (vgl. *Opfermann*, FS Wlotzke, 754 ff.). Beschaffenheitsanforderungen in UVV, die vom Regelungsbereich von Harmonisierungsrichtlinien gem. Art. 100a (jetzt 95) EGV erfasst werden, gelten nicht mehr. Im nichtharmonisierten Bereich gelten Beschaffenheitsanforderungen in UVV weiterhin.

Ein Beispiel für die Praxis der Rechtsetzung und Normung durch die EG bzw.   81
der europäischen Normungsorganisationen auf dem Gebiet des vorgreifenden Arbeitsschutzes ist die Richtlinie des Rates v. 14.6.1989 zur Angleichung der Rechtsvorschriften der Mitgliedstaaten für Maschinen (89/392/EWG; AblEG Nr. L 183, 9; **Neukodifizierung** durch Richtlinie des Europäischen Parlaments und des Rates vom 22. Juni 1998 zur Angleichung der Rechts- und Verwaltungsvorschriften der Mitgliedstaaten für Maschinen; 98/37/EG; Abl. EG Nr. L 207; so genannte »**EG-Maschinenrichtlinie**«, vgl. eingehend BFK, Rn. 446 ff.; *Becker/Ostermann*; *Gross/Kraft*). Diese Richtlinie wurde durch das GSG und die Neunte GSGV in das bundesdeutsche Arbeitsschutzrecht umgesetzt. Die Neunte GSGV verweist ergänzend auf die grundlegenden Sicherheits- und Gesundheitsanforderungen in Anhang I der Maschinenrichtlinie (vgl. kritisch *BFK*, Rn. 466 ff.; zur Novellierung des GSG durch das Zweite Änderungsgesetz vom August 1992, BGBl. I, 1564, als Voraussetzung der Umsetzung der EG-Maschinenrichtlinie, vgl. *Opfermann*, FS Wlotzke, 741 ff., m.w.N.; zur Umsetzung weiterer Richtlinien zur technischen Harmonisierung vgl. a.a.O., 744 ff.; allgemein zur Novellierung des GSG vgl. *Wlotzke*, FS Raisch, 340 ff.; ders., FS

Einleitung

Kehrmann, 151 ff.; vgl. Rn. 116). Im Hinblick auf die **Normung** sind mit Stand Mitte 1999 727 Normungsprojekt bei der CEN registriert, wovon seit 1998 allerdings erst 35% als Europäische Norm (EN) veröffentlicht sind. 40% liegen als Normentwürfe vor (prEN). Es wird erwartet, dass bis 2004/2005 alle Normen veröffentlicht vorliegen (vgl. KAN-Brief 2/1999, 2 f.). Dazu kommt, dass zur Anpassung an den Stand der Technik (vgl. § 4 ArbSchG Rn. 8) spätestens alle fünf Jahre eine Überprüfung der Normen und ggf. eine Überarbeitung erfolgen muss (vgl. a.a.O.; zu Überlegungen für eine Effektivierung der Normungsarbeit vor dem Hintergrund restriktiver personeller Kapazitäten der Normungsinstitutionen vgl. a.a.O., 6 und 9).

3.3 Betrieblicher Arbeitsschutz

82 Durch **Art. 118a Abs. 1 (jetzt: 137 Abs. 1 erster Spiegelstrich**; vgl. Rn. 72) EGV haben sich die EG-Mitgliedstaaten verpflichtet, für die Verbesserung des Arbeitsschutzes zu sorgen und eine Harmonisierung bei gleichzeitigem Fortschritt anzustreben (*Opfermann*, FS Wlotzke, 735). Leitbild ist hierbei die Förderung und die Verbesserung der Arbeitsumwelt (zum Begriff der Arbeitsumwelt vgl. Rn. 16 f.; § 1 ArbSchG Rn. 11).

83 Zur Erreichung dieses Ziels werden vom Europäischen Rat, auf Vorschlag der EG-Kommission, mit **qualifizierter Mehrheit** (Rn. 77) Richtlinien in Form von **Mindestvorschriften** erlassen (Art. 137 Abs. 2 Satz 1 EGV), die von den Mitgliedstaaten in nationales Recht umzusetzen sind und hierbei inhaltlich, unter Beibehaltung bislang bestehender, weitergehender Regelungen (Abs. 5), fortentwickelt werden können. Zu beachten ist hierbei, dass bei weitergehenden nationalen Regelungen gem. Abs. 5 die Regelungen der Art. 28, 30 und die Harmonisierungsrichtlinien nach Art. 95 EGV zu beachten sind (vgl. *Streffer*, FS Wlotzke, 775; vgl. Rn. 74 ff.).

84 Nach Art. 137 Abs. 1 erster Spiegelstrich EGV können Richtlinien sowohl auf dem Gebiet des technischen und sozialen Arbeitsschutzes als auch der betrieblichen Arbeitsschutzorganisation erlassen werden, wenn diese sich auf die **Sicherheit und die Gesundheit am Arbeitsplatz** beziehen (vgl. *Opfermann*, FS Wlotzke, 758; zum inzwischen historischen Auslegungsstreit *BFK*, Rn. 242 f.).

85 Die speziellen Bedürfnisse von **Kleinbetrieben** sind vom Richtliniengeber zu beachten, ohne dass hierbei der Schutz von Beschäftigten in diesen Betrieben beeinträchtigt wird (Art. 137 Abs. 2 Satz 2 EGV; vgl. *BFK*, Rn. 241).

86 In eingeschränktem Umfang spielt auch auf dem Gebiet von Art. 137 Abs. 1 erster Spiegelstrich EGV die **Normung** eine Rolle (BMA u.a., Gemeinsamer Standpunkt zur Normung im Bereich der Richtlinien nach Art. 118a EGV, BArbBl. 1993, 37 ff.). Dies bezieht sich in erster Linie auf Normen zu Beschaffenheitsanforderungen, zur allgemeinen Verständigung Begriffe, Definitionen, Zeichen) sowie zu Prüf-, Mess-, Analyse-, Probenentnahmeverfahren, statistische Methoden, Messplanung, Datenaustausch. Von besonderer Bedeutung auch für den betrieblichen Arbeitsschutz sind ergonomische Normen (vgl. *KAN 7*).

87 Die grundlegende Richtlinie nach Art. 137 Abs. 1 erster Spiegelstrich EGV ist die Richtlinie 89/391/EWG des Rates v. 12.6.1989 über die Durchführung von Maßnahmen zur Verbesserung der Sicherheit und des Gesundheitsschutzes bei der Arbeit (AblEG Nr. L 183, 1; so genannte »**EG-Rahmenrichtlinie Arbeitsschutz**«). Sie wird wegen der in ihr verankerten Grundpflichten des Arbeit-

Grundzüge des Arbeitsschutzrechts

gebers sowie Pflichten und Rechten der Beschäftigten als das »Grundgesetz des betrieblichen Arbeitsschutzes« bezeichnet (*Wlotzke*, NZA 1990, 419; zum Inhalt der Richtlinie vgl. *BFK*, Rn. 245 ff.; OP-*Kohte*). Die Rahmenrichtlinie wurde durch das ArbSchG, d.h. das »Gesetz zur Umsetzung der EG-Rahmenrichtlinie Arbeitsschutz und weiterer Arbeitsschutzrichtlinien« v. 7.8.1996 (BGBl. I, 1246) in das bundesdeutsche Arbeitsschutzrecht umgesetzt (vgl. Rn. 95). Auf die Rahmenrichtlinie stützen sich eine Reihe von **Einzelrichtlinien** zu speziellen Arbeitsschutzbereichen; dazu kommen weitere Arbeitsschutzeinzelrichtlinien, auch aus der Zeit vor der Verabschiedung der Rahmenrichtlinie (vgl. im Überblick § 19 ArbSchG Rn. 5).

Zwischen dem vorgreifenden Arbeitsschutz nach Art. 95 EGV und dem betrieblichen Arbeitsschutz nach Art. 137 Abs. 1 erster Spiegelstrich EGV bestehen **Wechselwirkungen**, die den ergänzenden Charakter beider Regelungsbereiche deutlich machen, aber auch Lösungen für Zielkonflikte erfordern (*Streffer*, FS Wlotzke, 770; vgl. BFK, Rn. 481 ff.; vgl. Rn. 61). Da in den Richtlinien nach Art. 100a (jetzt 95) EGV nur grundlegende Sicherheits- und Gesundheitsanforderungen festgelegt werden, die auf rechtlich unverbindliche, faktisch jedoch wirksame Weise durch europäische Normen konkretisiert werden, »können auf der vorgreifenden Ebene teilweise ... beträchtliche ... Unterschiede ... in der sicherheitstechnischen Gestaltung« auftreten (vgl. *Streffer*, FS Wlotzke, 790 f.). Richtlinien nach Art. 118a EGV (jetzt: 137 Abs. 1 erster Spiegelstrich) sollen diesem Sachverhalt »auf der betrieblichen Ebene Rechnung ... tragen« (a.a.O., 791). Dies wird insbesondere durch Erwägungsgrund 4 Satz 2 der EG-Maschinenrichtlinie unterstützt, nach dem »die Bestimmungen dieser Richtlinie ... durch besondere Bestimmungen über die Verhütung bestimmter Gefahren ergänzt (werden), denen die Arbeitnehmer bei der Arbeit ausgesetzt sein können, sowie durch Bestimmungen über die Organisation der Sicherheit der Arbeitnehmer am Arbeitsplatz«. Hervorzuheben ist weiterhin die Regelung der Maschinenrichtlinie (Art. 5 Abs. 3), nach der die Mitgliedstaaten sicherzustellen haben, dass geeignete Maßnahmen getroffen werden, um den Sozialpartnern auf nationaler Ebene eine Einflussmöglichkeit bei der Erarbeitung und der weiteren Verfolgung harmonisierter Normen zu eröffnen (vgl. *Streffer*, FS Wlotzke, 791). In der Bundesrepublik Deutschland hat dies zur Gründung der *Kommission Arbeitsschutz und Normung* (KAN) geführt (vgl. KAN 1).

Hinzuweisen ist auf Zusammenhänge zwischen EG-Arbeitsschutzrecht und **Umweltschutzrecht**, die insbesondere im Bereich des Gefahrstoff- und Störfallrechts sowie beim Umwelt-Management zum Ausdruck kommen (zum Störfallrecht vgl. *Kohte*, Jahrbuch des Umwelt- und Technikrechts, 1995, 37 ff.; *BFK*, Rn. 496 ff.; vgl. allgemein Rn. 7).

Der **Vertrag von Maastricht** über die Europäische Union v. 17.2.1992 (BGBl. II, 1251) hat allenfalls eine indirekte Wirkung auf die weitere Entwicklung des EG-Arbeitsschutzrechts. Auch das »Abkommen zwischen den Mitgliedstaaten der Europäischen Gemeinschaft mit Ausnahme des Vereinigten Königreichs Großbritannien und Nordirland über die Sozialpolitik« (vgl. DKL-*Däubler*, Einl. 400; a.a.O., 409) und seine Integration in den EGV durch den zwischenzeitlich ratifizierten **Vertrag von Amsterdam** vom 1.10.1997 hat an der bislang bestehenden arbeitsschutzrechtlichen Situation nichts Wesentliches verändert (vgl. Anhang Nr. 33). Das Ziel einer **Europäischen Union** ist allerdings untrennbar mit einem Ausbau der EG zu einer Sozialgemeinschaft verbunden (vgl. *BFK*, Rn. 128 f.).

Einleitung

91 Neue Impulse für den europäischen Arbeitsschutz ergeben sich insbesondere mit der »**Europäischen Agentur** für Sicherheit und Gesundheitsschutz am Arbeitsplatz« mit Sitz in Bilbao (Verordnung [EG] Nr. 2062/94 des Rates v. 18.7. 1994; AblEG Nr. L 216, 1; Anhang Nr. 34; vgl. EuZW 1994, 483; *Rentrop* BG 1998, 158 ff.). Mit ihr soll insbesondere ein europäisches Netzwerk zur Beobachtung und zur Sammlung von Informationen im Bereich des Arbeitsschutzes geschaffen werden (8. Erwägungsgrund der VO).

4. Das Arbeitsschutzgesetz

4.1 Vorgeschichte

92 Am bestehenden Arbeitsschutzsystem und -recht in der Bundesrepublik Deutschland wurde seit dem Ende der siebziger Jahre zunehmend konstruktive **Kritik** laut (vgl. *Herschel*, RdA 1978, 69; *Wlotzke*, BArbBl. 3/1981, 32; ders.; FS Herschel, 510). Diese Kritik verstärkte sich noch aufgrund der Verzögerungen bei der Umsetzung der EG-Richtlinien nach Art. 118a (jetzt: 137 Abs. 1 erster Spiegelstrich) EGV, von denen eine allgemeine Verbesserung des vielfach als unbefriedigend empfundenen Rechtszustands erwartet wurde (vgl. umfassend *BFK*, Rn. 87 ff.; *Wlotzke*, FS Kehrmann, 143 f.).

93 Das ArbSchG – ebenso wie die Präventionsvorschriften des SGB VII, der rechtlichen Grundlage der gesetzlichen Unfallversicherung – ist das Ergebnis eines langwierigen **historischen Prozesses** sozialpolitischer Entwicklung (vgl. *Pieper*, 1998). In ihm bündeln sich die spezifischen Entwicklungspfade des Arbeitsschutzes in Deutschland verbunden mit den Einflüssen des supranationalen Rechts der EG. Nach den zwei bisherigen, nennenswerten Anläufen zur Schaffung eines einheitlichen rechtlichen Rahmens für den Arbeitsschutz in den zwanziger (vgl. *Fischer*, BArbBl. 10/1996, 6) und Ende der siebziger Jahre (vgl. *Wlotzke*, FS Herschel, 514 ff.) bedurfte es dieses »äußeren Faktors«, um die offensichtliche rechtspolitische Blockade im bundesdeutschen Arbeitsschutzsystem zu beenden und neue Perspektiven für die Weiterentwicklung des Arbeitsschutzrechts aufzuzeigen (vgl. *Wlotzke*, NZA 1994, 603; *Wlotzke*, FS Kehrmann, 141 f.).

94 Dieser »äußere Faktor«, das EG-Recht, war es auch, der wesentlich zur Novellierung der rechtlichen Grundlage des vorgreifenden Arbeitsschutzes, des **GSG** (1992/2000), beitrug (Rn. 60, 116) und der, in Umsetzung entsprechender EG-Richtlinien (vgl. § 19 ArbSchG Rn. 5), u.a. zu der auf das ChemG gestützten **GefStoffV** (1986/1993/1999) führte und diese kontinuierlich weiterentwickelte (vgl. *Wlotzke*, FS Raisch, 335, 242 ff.; Rn. 115). Auf eigenständigen nationalen Anstrengungen in den siebziger Jahren beruht insbesondere das ASiG (vgl. Teil IV) und die ArbStättV (vgl. Teil III) sowie die verstärkte Einbeziehung des Arbeitsschutzes in die Beteiligungsrechte der betrieblichen Interessenvertretungen und der einzelnen Arbeitnehmer durch das BetrVG und die PersVG (vgl. Teil IV). Das ArbSchG komplettiert – zusammen mit dem angepassten ASiG und parallel wie kongenial zu den Präventionsvorschriften im SGB VII (vgl. Teil IV) – das nunmehr in seinen Grundzügen umfassend den Entwicklungen der Arbeitsbedingungen angepasste Arbeitsschutzrecht der Bundesrepublik Deutschland.

Grundzüge des Arbeitsschutzrechts

Die **Chronologie** des Umsetzungsprozesses kann wie folgt skizziert werden: Im 95
Lauf des Jahres 1992 entwickelte das BMA auf der Grundlage eines Thesenpapiers (in: SozSich 1991, 133 ff.) den Referentenentwurf für ein »Gesetz über die Sicherheit und den Gesundheitsschutz bei der Arbeit (Arbeitsschutzrahmengesetz – ArbSchRG)« v. 22.12.1992. Der hieraus resultierende Regierungsentwurf wurde am 5.11.1993 dem Bundesrat zugeleitet (BR-Drs. 792/93 v. 5.11.1993), der am 17.12.1993 eine Stellungnahme abgab (BR-Drs. 792/93, Beschluss, v. 17.12.1993). Am 3.2.1994 wurde der Gesetzesentwurf von der Bundesregierung in den Bundestag eingebracht (BT-Drs. 12/6752 v. 3.2.1994; vgl. *Wank*, FS Wlotzke, 617 ff.; *Wlotzke*, NZA 1994, 602; *BFK*, Rn. 561 ff.). Die anschließende Anhörung machte die sich aus dem dualen Arbeitsschutzsystem ergebenden Konfliktkonstellationen deutlich und zeigte zugleich, dass innerhalb der Regierungskoalition erhebliche Widerstände gegen den Entwurf bestanden (*Fabricius*, EuroAS 8/1994, 5). Der Entwurf wurde daher in der 12. Legislaturperiode nicht mehr abschließend beraten (vgl. *Konstanty/Zwingmann*, WSI-Mitt. 1995, 65 ff.). Im Ergebnis führte dies zu einer nochmaligen Verzögerung der schon seit dem 31.12.1992 fälligen Umsetzung der EG-Rahmenrichtlinie 89/391/EWG und weiterer wichtiger Einzelrichtlinien nach Art. 118a (jetzt: 137 Abs. 1 erster Spiegelstrich) EGV. Zwischenzeitlich drohte eine Klage der EG-Kommission vor dem EuGH wegen Vertragsverletzung (vgl. EuroAS 8/1994, 5; Arbeit&Ökologie-Briefe 5/1995, 3). Im Juli 1995 schließlich legte das BMA eine erheblich verschlankte Version des ArbSchRG-Entwurfs sowie einen Entwurf für ein SGB VII vor, wobei die bisherigen politischen Widerstände berücksichtigt wurden. Diese Konzeption glückte: Der RegE eines »Gesetzes zur Umsetzung der EG-Rahmenrichtlinie Arbeitsschutz und weiterer Arbeitsschutz-Richtlinien« (im Folgenden: EG-Arbeitsschutz-Umsetzungsgesetz – EASUG; vgl. *Wank*, DB 1996, 1134 ff.; *Fischer*; BArbBl., 1/1996, 21 ff.) wurde vom Kabinett am 23.11.1995 verabschiedet, am 29.12.1995 dem Bundesrat und am 22.1.1996 dem Bundestag zugeleitet (BT-Drs. 13/3540). Der Bundesrat nahm am 1.3.1996 zum Gesetzentwurf Stellung (BR-Drs. 881/95), die Gegenäußerung der Bundesregierung datiert v. 15.4.1996 (BT-Drs. 13/4337). Der Ausschuss für Arbeit und Sozialordnung legte dem Bundestag am 28.5.1996 einen, insbesondere um Regelungen zur überbetrieblichen Durchführung des ArbSchG ergänzten, Entwurf vor (BT-Drs. 13/4756 und BT-Drs. 13/4854 v. 12.6.1996), der am 13.6. 1996 verabschiedet wurde. Der Bundesrat stimmte am 5.7.1996 abschließend zu. Das Gesetz wurde am 20.8.1996 im BGBl. I veröffentlicht und trat am 21.8. 1996 in Kraft.

Parallel zu den Bemühungen der Bundesregierung zur Umsetzung der Art. 96
118a (jetzt: 137 Abs. 1 erster Spiegelstrich) EGV-Richtlinien war es zu einer Initiative des **Bundesrates** gekommen, die am 25.9.1992 in einen Beschluss zur Schaffung eines **Arbeitsschutzgesetzbuches** mündete (BR-Drs. 440/92; vgl. *Wlotzke*, FS Raisch, 339; *Brückner*, AiB 1994, 72). Bereits zu diesem Zeitpunkt planten einige Bundesländer, über den Bundesrat entsprechende Gesetzentwürfe einzubringen. Dieses Vorhaben wurde jedoch erst Ende 1995 ansatzweise verwirklicht: Am 7.12.1995, in zeitlichem Zusammenhang mit dem EASUG-Entwurf der Bundesregierung, stellt das Land Hessen im Bundesrat einen Gesetzesantrag in Form eines »Entwurf(s) eines Arbeitsschutzgesetzbuches 1. Buch (I) AT (ArbSchGB I)« (BR-Drs. 854/95). Er wurde jedoch aufgrund des zum ArbSchG führenden Kompromisses nicht mehr weiter verfolgt (vgl. *Fischer*, BArbBl. 10/1996, 7 f.; *Wlotzke*, FS Kehrmann, 149 f.).

Einleitung

97 Das EASUG ist als **Artikelgesetz** ausgestaltet. Diese Form dient dazu, zum einen die Richtlinie 89/391/EWG (Rn. 87), das »Grundgesetz des europäischen Arbeitsschutzes« (*Wlotzke*, NZA 1990, 419), in das bundesdeutsche Arbeitsschutzrecht umzusetzen und zum anderen die notwendige Anpassung des geltenden Rechts an die EG-rechtlichen Vorgaben durch Ergänzung bestehender Gesetze zu verwirklichen (*Fischer*, BArbBl. 1/1996, 22). Umgesetzt werden außerdem die noch nicht im bundesdeutschen Arbeitsschutzrecht enthaltenen Regelungen der Richtlinie 91/383/EWG des Rates zur Ergänzung der Maßnahmen zur Verbesserung der Sicherheit und des Gesundheitsschutzes von Arbeitnehmern mit befristetem Arbeitsverhältnis oder Leiharbeitsverhältnis (AblEG Nr. L 206, 19).

4.2 Inhalt des ArbSchG

98 Art. 1 des EASUG enthält das eigenständige »Gesetz über die Durchführung von Maßnahmen des Arbeitsschutzes zur Verbesserung der Sicherheit und des Gesundheitsschutzes bei der Arbeit« (Arbeitsschutzgesetz ArbSchG). Das ArbSchG fasst systematisch die Regelungen der Richtlinie 89/391/EWG zusammen, die im geltenden Recht übergreifend noch nicht oder nicht vollständig verankert sind (RegE, 11; zu den Kernpunkten des ArbSchG vgl. Rn. 100). Inhaltlicher Maßstab ist eine **1:1-Umsetzung** der Rahmenrichtlinie. Damit sollen laut RegE den Betrieben »keine Kosten dadurch entstehen, dass Arbeitgeberpflichten festgelegt werden, die über die Richtlinie hinausgehen und zu denen der Arbeitgeber in anderen europäischen Ländern nicht verpflichtet ist« (RegE, 12). Der Gesetzgeber hätte, aufgrund des Charakters von EG-Richtlinien nach Art. 118a (jetzt: Art. 137 Abs. 1 erster Spiegelstrich) EGV als Mindestvorschriften (Rn. 83), durchaus die Möglichkeit gehabt, über die Bestimmungen der Rahmenrichtlinie hinauszugehen. Eine Umsetzung der Rahmenrichtlinie durch tätigkeits- oder branchenspezifische Regelungen, z. B. durch Unfallverhütungsvorschriften, kam nicht in Frage, da dies zu einer weiteren Zersplitterung des Arbeitsschutzrechts geführt (vgl. a.a.O.) und möglicherweise die Grundsätze des EG-Rechts bei der Umsetzung von Richtlinien verletzt hätte (vgl. Rn. 69).

99 Die weiteren Artikel des EASUG passen das **ASiG** (Art. 2, Teil IV), das **BetrVG** (Art. 3, Teil IV), die **GewO** (Art. 4; vgl. § 21 ArbSchG Rn. 3) sowie das **AÜG** (Art. 5, Teil IV; vgl. § 12 ArbSchG Rn. 17; ASiG Rn. 56) insbesondere an die EG-rechtlichen Vorgaben an.

100 Die **Kernpunkte** des ArbSchG (Art. 1 EASUG) sind vor allem:
(1) die Verankerung einer **zeitgemäßen Arbeitsschutzphilosophie** durch flexible Rahmenvorschriften, die den Betrieben Spielräume für Planung, Durchführung, Wirksamkeitskontrolle und Verbesserung von Arbeitsschutzmaßnahmen lassen (vgl. Rn. 119 § 1 ArbSchG Rn. 1 ff.);
(2) die Geltung des ArbSchG für nahezu **alle Tätigkeitsbereiche und Beschäftigte** (§ 1 Abs. 1, 2 und § 2 Abs. 2; vgl. *Fischer*, BArbBl. 10/1996, 5), d.h. Schaffung eines einheitlichen Arbeitsschutzrechts in der Bundesrepublik Deutschland (*Konstanty*, SozSich 1996, 361);
(3) die allgemeine Festlegung der **Verantwortlichkeit des Arbeitgebers** und daneben von **weiteren verantwortlichen Personen** für die Erfüllung der Pflichten nach §§ 3 bis 14 ArbSchG (§§ 3 Abs. 1 Satz 1, 13; vgl. § 21 Abs. 1 SGV VII; SGB VII Rn. 28);

(4) die gesetzliche Verankerung eines zeitgemäßen, auf Sicherung, Verbesserung und dynamische Anpassung an sich ändernde Produktions- und Dienstleistungskonzepte orientierten, **präventiven und ganzheitlichen Arbeitsschutzverständnisses** (§§ 3, 4 ArbSchG);
(5) die Verallgemeinerung des Grundsatzes der **menschengerechten Gestaltung der Arbeit** und seine Verknüpfung mit der Verpflichtung des Arbeitgebers zur Verhütung von Unfällen und arbeitsbedingten Gesundheitsgefahren im Hinblick auf die von diesem zu ergreifenden Maßnahmen des Arbeitsschutzes (§ 2 Abs. 1 ArbSchG; vgl. *Fischer*, BArbBl. 1/1996, 22 und 10/1996, 7; zur Ausweitung des Präventionsauftrages der Träger der gesetzlichen Unfallversicherung auf arbeitsbedingte Gesundheitsgefahren vgl. § 14 Abs. 1 i.V.m. § 21 Abs. 1 SGB VII; SGB VII Rn. 5 ff.; *Konstanty*, SozSich 1996, 364 f.);
(6) die Verankerung einer Pflicht des Arbeitgebers zur **Beurteilung der Arbeitsbedingungen**, um die aus ihnen sich ergebenden Gefährdungen für die entsprechenden Maßnahmen des Arbeitsschutzes ermitteln zu können (§ 5 ArbSchG);
(7) die Verpflichtung zur **Dokumentation** dieser Beurteilung der Arbeitsbedingungen, als Beitrag zur Transparenz des betrieblichen Arbeitsschutzes (§ 6 ArbSchG);
(8) die allgemeine Verpflichtung zur **Zusammenarbeit mehrerer Arbeitgeber**, wenn deren Beschäftigte an einem Arbeitsplatz tätig werden (§ 8 Abs. 1 ArbSchG);
(9) Verpflichtung des Arbeitgebers, sich über die **Unterweisung von Fremdfirmenbeschäftigten** in seinem Betrieb im Hinblick auf Sicherheit und Gesundheitsschutz zu vergewissern (§ 8 Abs. 2 ArbSchG);
(10) die Verankerung von aktiven **Unterstützungs- und Handlungspflichtigen der Beschäftigten** (§§ 15, 16 ArbSchG; vgl. § 21 Abs. 3 SGB VII);
(11) die Verankerung von, teilweise als Pflichten des Arbeitgebers formulierten, **Rechten der Beschäftigten:**
– spezielles Vorschlagsrecht zu allen Fragen der Sicherheit und des Gesundheitsschutzes (§ 17 Abs. 1 ArbSchG),
– außerbetriebliches Beschwerderecht (Abs. 2),
– Recht zur eigenständigen Gefahrenabwehr verbunden mit einem Benachteiligungsverbot (§ 9 Abs. 1),
– Entfernungsrecht bei unmittelbarer erheblicher Gefahr verbunden mit einem Benachteiligungsverbot (Abs. 2),
– Recht auf freiwillige arbeitsmedizinische Vorsorge (§ 11 ArbSchG),
– Recht auf Unterrichtung über Sicherheit und Gesundheitsschutz sowie entsprechende Maßnahmen des Arbeitsschutzes sowie Anhörungsrecht in personalratslosen Betrieben für die Beschäftigten des öffentlichen Dienstes (§ 14 ArbSchG);
(12) Konkretisierung des Arbeitsschutzgesetzes durch Verordnungen auf der Basis von Ermächtigungsgrundlagen in §§ 18, 19 ArbSchG (z.B. PSA-BV, LasthandhabV, BildscharbV, BiostoffV, AMBV, BaustellV; vgl. § 19 ArbSchG Rn. 5);
(13) Verbesserung der **Zusammenarbeit im dualen Arbeitsschutzsystem** zwischen den für den Arbeitsschutz zuständigen staatlichen Behörden und den Trägern der gesetzlichen Unfallversicherung (§ 21 ArbSchG; vgl. § 20 SGB VII; SGB VII Rn. 24 ff.; *Fischer*, BArbBl. 10/1996, 8 f.; *Konstanty*, SozSich 1996, 364).
Die innovativen Kernpunkte des ArbSchG sind in Abbildung 4 zusammengefasst.

Abbildung 4:

Innovationen
Geltung für alle Beschäftigten und alle Tätigkeitsbereiche (wenige Ausnahmen) (§§ 1 Abs. 1 Satz 2 und Abs. 2, 2 Abs. 3 und Abs. 5 ArbSchG)
umfassender Arbeitsschutzbegriff (§§ 1 Abs. 1 Satz 1, 2 Abs. 1 ArbSchG, vgl. § 14 Abs. 1 SGB VII)
Grundsatz der menschengerechten Gestaltung der Arbeit (§ 2 Abs. 1 ArbSchG)
dynamische Anpassungs- und Verbesserungsverpflichtung (§ 3 Abs. 1)
systematische Beurteilung der Arbeitsbedingungen, Transparenz (§§ 5, 6 ArbSchG)
Dezentralisierung von Entscheidungs- und Handlungsprozessen (§§ 3 Abs. 2 Nr. 2, 13 ArbSchG)
rechtlich »geronnene« Arbeitswissenschaft (§ 4 ArbSchG)
Ausstrahlung auf den gesamten Arbeitsschutz (vgl. §§ 1 Abs. 3, 2 Abs. 4 ArbSchG)

4.3 Allgemeine Auswirkungen des ArbSchG

101 Aus den Bestimmungen des ArbSchG können weitere, positive **Auswirkungen** auf das Arbeitsschutzsystem und -recht (vgl. *Konstanty/Zwingmann*, WSI-Mitt. 1997, 817 ff.) sowie darüber hinaus auf den Arbeits- und Wertschöpfungsprozess, aber auch auf das Verhältnis von Arbeitsbedingungen und allgemeinen Lebensbedingungen (Heim, Freizeit) abgeleitet werden.

102 Bedeutsam sind zuallererst die sich aus dem ArbSchG ergebenden Folgen für die **Beteiligungsrechte** der betrieblichen Interessenvertretung nach dem BetrVG und den PersVG. Ausdrücklich und wiederholt weist der RegE auf die Spielräume hin, die den Betriebsparteien, getreu der Zielsetzung der Richtlinie 89/391/EWG, bei der Erfüllung der Pflichten nach dem ArbSchG gegeben werden (vgl. RegE, 12 ff.; vgl. zur zugrundeliegenden, zeitgemäßen Arbeitsschutzphilosophie Rn. 119). Hieraus ergeben sich entsprechende Rahmenvorschriften i.S. des § 87 Abs. 1 Nr. 7 BetrVG (vgl. BetrVG Rn. 14 ff.) bzw. § 75 Abs. 3 Nr. 11 BPersVG (BPersVG Rn. 10 ff.), die die Mitbestimmungsrechte des Betriebs- bzw. Personalrats bei Maßnahmen des Arbeitsschutzes erheblich stärken und erweitern.

103 Zugleich ergibt sich für die Interessenvertretungen die **Verpflichtung**, über die Einhaltung von Arbeitsschutzvorschriften zu wachen (vgl. §§ 80 Abs. 1 Nr. 1 BetrVG [BetrVG Rn. 3 ff.], 68 Abs. 1 Nr. 2 BPersVG [BPersVG Rn. 3]) sowie bei der überbetrieblichen Durchführung des Arbeitsschutzes mitzuwirken (vgl. §§ 89 BetrVG [BetrVG a.a.O.], 81 BPersVG [BPersVG a.a.O.]).

Grundzüge des Arbeitsschutzrechts

Das sich aus dem BetrVG, den PersVG sowie öffentlich-rechtlich aus dem ASiG ergebende, **dritte Gleis** des Arbeitsschutzes (vgl. *Wlotzke*, BArbBl. 3/1981, 34) wird durch das ArbSchG ganz wesentlich gestärkt (vgl. Rn. 45 ff.). Es geht um die Motivation zu einer systematischen und konsequenten Prävention. Dadurch wird die,»aus der historischen Entwicklung des deutschen Arbeitsschutzrechts erklärbare, vorwiegend aufsichtsrechtliche Perspektive des betrieblichen Arbeitsschutzes ... durch eine neue und dem sozioökonomischen Umfeld angemessene Sicht ergänzt« (*Fischer*, BArbBl. 1/1996, 21). 104

Hervorzuheben sind die positiven **ökonomischen Effekte**, die das ArbSchG durch den Charakter seiner auf die Sicherheit und Gesundheit der Beschäftigten abzielenden Regelungen bewirken soll (vgl. Rn. 8; § 1 ArbSchG Rn. 12; im Überblick: *Thiehoff/Vondracek*, 1999). 105

Einzelwirtschaftlich soll mit dem ArbSchG eine Steigerung der Qualität der Produktionsabläufe, von Produkten und Dienstleistungen erreicht werden, indem der Arbeitgeber dazu verpflichtet wird, Arbeitsschutzaspekte frühzeitig in die betrieblichen und unternehmerischen Entscheidungsprozesse einzubeziehen (vgl. RegE, 13). Zugleich werden dadurch langfristige Kostensenkungen im Betrieb erreicht und ein innovationsfreundliches Klima durch Motivation der Beschäftigten geschaffen (vgl. a.a.O.; *Kiesau/Pieper*, SiS 9/1997, 425 u. 10/1997, 512 ff.). Eine ineffiziente Reparaturhumanisierung soll auf diese Weise wirksam vermieden werden. 106

Ausgehend von der Grundprämisse der Richtlinie 89/391/EWG, nach der die Verbesserung des Arbeitsschutzes eine Zielsetzung darstellt,»die keinen rein wirtschaftlichen Überlegungen untergeordnet werden (darf)« (Erwägungsgrund 13), soll das ArbSchG dazu beitragen, den **technischen, organisatorischen und personellen Wandel** sozial, d.h. arbeitsschutzgerecht zu gestalten (vgl. *Bieneck*, Moderne Unfallverhütung Nr. 42; *Schmauder*, SichIng 7/1998 und 8/1998). Durch das ArbSchG wird der Arbeitsschutz, verstanden als interaktiver, systemübergreifender und alle Beteiligten vernetzender Faktor, in die Lage versetzt, stets neue technische Entwicklungen aufzunehmen, deren Gefährdungspotenzial zu beurteilen und wirksame, präventive Schutzkonzepte zu entwickeln (vgl. RegE, 13). Es geht um die Förderung und Erhaltung der Leistungsfähigkeit und Leistungsbereitschaft der Beschäftigten in den Betrieben (a.a.O.), aber auch um einen Abbau von Entfremdung der Arbeit durch ihre menschengerechte Gestaltung und durch die Beteiligung der Beschäftigten (vgl. Rn. 7, 45). Arbeitgeber und Beschäftigte sollen verstärkt und kooperativ den Wandel der Arbeitsschutzerfordernisse selbst gestalten (RegE, 13). 107

Gesamtwirtschaftlich kann sich eine Realisierung des präventiven Arbeitsschutzverständnisses des ArbSchG ebenfalls positiv im Hinblick auf eine Entlastung der Sozialversicherungssysteme durch die Verhütung von Arbeitsunfällen und arbeitsbedingten Erkrankungen auswirken (vgl. RegE, 13; vgl. zu den gesamtwirtschaftlichen Kosten von Arbeits- und Wegeunfällen: *Baum/Heibach/Höhnscheid*, 1998; *Kiesau/Pieper*, SiS 9/1997, 424 f.). Zur gesamtwirtschaftlichen Betrachtung des Verhältnisses von Arbeitsschutz und dessen ökonomischer Effekte geben beispielsweise die Zahlen und Fakten für das Jahr 1997 eine Vorstellung der Dimensionen. Es ergaben sich **volkswirtschaftliche Produktionsausfälle** durch Arbeitsunfähigkeit in Höhe von 89,47 Mrd. DM in der Bundesrepublik Deutschland. Zum Vergleich: 1996 lag dieser Betrag bei 92,8 Mrd. DM; 1995 bei 92,2 Mrd. DM, 1994 bei 91,1 Mrd. DM und 1993 bei 88,5 Mrd. DM. Der Rückgang im Jahr 1997, der sich 1998 und 1999 fortgesetzt 108

Einleitung

hat, lässt sich in erster Linie auf konjunkturelle Einflüsse sowie auf die sozialrechtlichen Rahmenbedingungen, partiell auch auf Erfolge der betrieblichen Gesundheitsförderung zurückführen. Bezogen auf die **Verteilung der Ausfälle nach Krankheitsarten** lagen 1997 an der Spitze die Muskel- und Skeletterkrankungen mit 29,2%, entsprechend 26,13 Mrd. DM Produktionsausfallkosten des Faktors Arbeit vor den Atemwegserkrankungen mit 16,8%, also 15,03 Mrd. DM. Die Verletzungen bzw. Vergiftungen kosteten mit 14,1% also 12,61 Mrd. DM, Verdauungserkrankungen mit 7,7% also 6,89 Mrd. DM, Herz- und Kreislauferkrankungen mit 7,3% also 6,53 Mrd. DM sowie den sonstigen Krankheitsarten mit zusammen 24,9% also 22,28 Mrd. DM. Ausgehend von Ergebnissen niederländischer und skandinavischer Studien, schätzt die *BAuA* den Anteil **arbeitsbedingter Erkrankungen, d.h. von Erkrankungen, die betrieblich beeinflussbar sind**, am Gesamtvolumen der Erkrankungen mit ca. 20 bis 30% ein. Damit läge das potenzielle Einsparvolumen bei bis zu 30 Mrd. DM jährlich (vgl. *Thiehoff*, S+M 1998, 206).

109 Durch seinen ganzheitlichen Ansatz wirkt das ArbSchG, das die Verbesserung von Sicherheit und Gesundheit bei der Arbeit zum Ziel hat, auch auf ein sicherheits- und gesundheitsgerechtes Verhalten in **Heim und Freizeit** hin (vgl. AGU-*Pieper*, 208 ff.; ArbWiss-*Beermann*, 237 ff.). Die Richtlinie 89/391/EWG hebt nachdrücklich diesen Zusammenhang hervor: »Maßnahmen betreffend Sicherheit und Gesundheitsschutz der Arbeitnehmer tragen in manchen Fällen auch zum Schutz der Gesundheit und gegebenenfalls zu Sicherheit der (im Haushalt der Arbeitnehmer) lebenden Personen bei« (Erwägungsgrund 8 Satz 2). Auch hiermit sind Kostenentlastungen für das Sozialversicherungssystem verbunden.

4.4 Auswirkungen des ArbSchG auf andere Arbeitsschutzvorschriften und -regelungen

110 Das ArbSchG enthält **Abgrenzungen und Verweisungen** auf sonstige Rechtsvorschriften. Vom Grundsatz her bleiben diese **unberührt** (vgl. § 1 Abs. 3 ArbSchG). Sie werden durch die Bestimmungen des ArbSchG nicht abgelöst, sondern behalten ihren, gegenüber den allgemeinen Verpflichtungen des ArbSchG spezielleren und teilweise über den Arbeitsschutz hinausreichenden (allgemeiner Gesundheits-, Verbraucher- und Umweltschutz) Zweck. Teilweise **verweist** das ArbSchG auch auf sonstige bzw. andere Rechtsvorschriften (Maßnahmen des Arbeitsschutzes in anderen Gesetzen, in Rechtsverordnungen und UVV; vgl. §§ 2 Abs. 4, 6 Abs. 1 Satz 2, 12 Abs. 2 Satz 3 ArbSchG). Die Aufgaben und Befugnisse der **Träger der gesetzlichen Unfallversicherung** richten sich, abgesehen von den Kooperationspflichten und -möglichkeiten, die das ArbSchG vorsieht (vgl. insbesondere § 21 Abs. 3, 4 ArbSchG), nach den Vorschriften des parallel zum ArbSchG geschaffenen Sozialgesetzbuchs VII (vgl. zur Kommentierung Teil IV). Soweit die Unfallversicherungsträger im Rahmen ihres erweiterten Präventionsauftrages (vgl. § 14 Abs. 1 SGB VII; SGB VII Rn. 1 ff.) tätig werden, nehmen sie ausschließlich ihre autonomen Befugnisse wahr (vgl. *Fischer*, BArbBl. 10/1996, 8). Die damit verbundene autonome Rechtsetzungsbefugnis (durch Unfallverhütungsvorschriften) ist, beeinflusst durch die Gesetzgebung im öffentlich-rechtlichen Arbeitsschutz seit 1993 (Novellierung des GSG) bzw. 1996 (Schaffung des ArbSchG) auf der Grundlage des europäischen Rechts, Gegenstand eines umfassenden Veränderungs- und Neugestaltungsprozesses.

Grundzüge des Arbeitsschutzrechts

Abbildung 5:

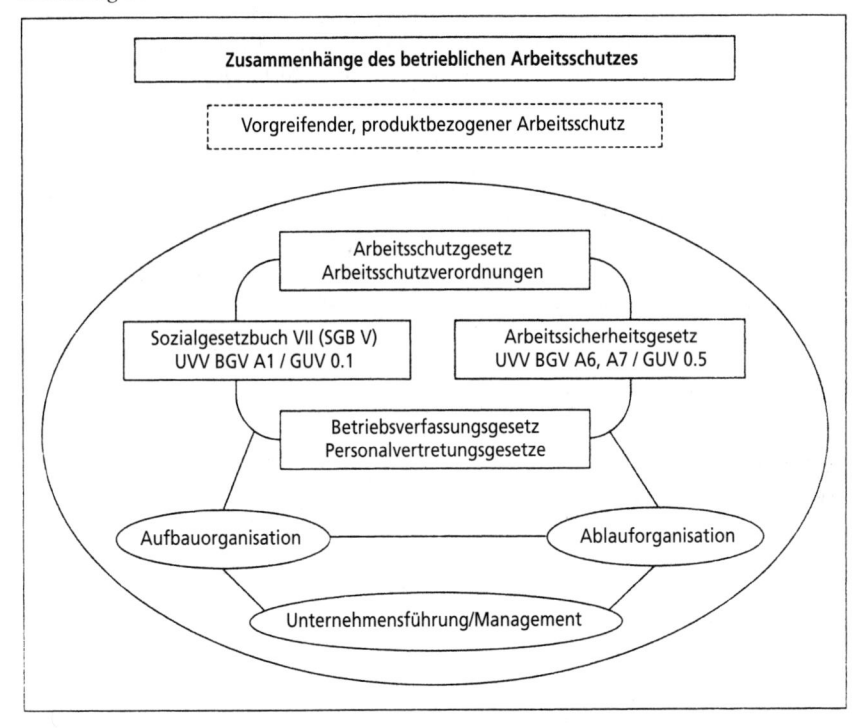

```
Zusammenhänge des betrieblichen Arbeitsschutzes

    Vorgreifender, produktbezogener Arbeitsschutz

         Arbeitsschutzgesetz
         Arbeitsschutzverordnungen

   Sozialgesetzbuch VII (SGB V)    Arbeitssicherheitsgesetz
   UVV BGV A1 / GUV 0.1            UVV BGV A6, A7 / GUV 0.5

         Betriebsverfassungsgesetz
         Personalvertretungsgesetze

   Aufbauorganisation              Ablauforganisation

         Unternehmensführung/Management
```

Das ArbSchG hat vor dem Hintergrund dieser Abgrenzungen bzw. Verweisungen als »**Grundgesetz** des betrieblichen Arbeitsschutzes« (*Tegtmeier*, Umschau 1996, 8), einen direkten oder indirekten **Einfluss** auf das übrige Arbeitsschutzrecht (vgl. Rn. 56; Abbildung Nr. 5). Beispielhaft soll im Folgenden auf Auswirkungen auf das ASiG, auf spezielle Rechtsverordnungen nach §§ 18, 19 ArbSchG, auf die ArbStättV, auf die GefStoffV, auf das GSG, auf das ArbZG und auf das private Arbeitsvertragsrecht eingegangen werden.   **111**

Besonders deutlich wird der Einfluss des ArbSchG im Hinblick auf das **ASiG** (vgl. ASiG Rn. 8). Nachdem im ArbSchRGE noch eine Integration und Anpassung der Vorschriften des ASiG an das EG-Recht vorgesehen war (§§ 29 bis 40 ArbSchRGE), wurde diese im ArbSchG nicht wiederaufgenommen. Dies ist aus fachlicher Sicht kritisiert worden und nachzuholen (vgl. *Wlotzke*, NZA 1996, 1024; ders., FS Kehrmann, 166). Notwendige Anpassungen des ASiG wurden statt dessen durch Art. 2 EASUG (Rn. 95) vorgenommen. Diese Anpassungen beziehen sich insbesondere auf die Aufgaben der Betriebsärzte und der Fachkräfte für Arbeitssicherheit, die entsprechenden Verpflichtungen des Arbeitgebers bei ihrer Bestellung sowie auf die Formen und Institutionen der Kooperation im Rahmen der betrieblichen Arbeitsschutzorganisation (vgl. ASiG Rn. 109 ff.). Mit dem ArbSchG sind außerdem wichtige fachliche Impulse für die notwendige Realisierung der sicherheitstechnischen und betriebsärztlichen Betreuung aller Arbeitnehmer, auch in Kleinbetrieben, für die Qualitätssicherung dieser Betreuung und für die Anpassung der Aus- und Fortbildung insbesondere der betrieblichen Arbeitsschutzexperten an die neuen Anforderungen gegeben worden.   **112**

Einleitung

113 Die Ermächtigungen in §§ 18, 19 ArbSchG zum Erlass von staatlichen Rechtsverordnungen ermöglichen es, auf der Basis des ArbSchG weitere spezielle, staatliche Arbeitsschutzregelungen vorzusehen: »spezielle Arbeitsschutzfragen werden auch in Zukunft spezielle Antworten erfordern« (*Fischer*, BArbBl. 10/1996, 7).
Auf der Basis entsprechender EG-Richtlinien (vgl. im Überblick § 19 Rn. 5) sind durch
- Art. 1 bis 3 der »Verordnung zur Umsetzung von EG-Einzelrichtlinien zur EG-Rahmenrichtlinie Arbeitsschutz« v. 4.12.1996 (BGBl. I, 1841),
- die Arbeitsmittelbenutzungsverordnung vom 11.3.1997 (BGBl. I, 450)
- die Mutterschutzrichtlinienverordnung vom 15.4.1997 (BGBl. I, 782)
- die Baustellenverordnung vom 10.6.1998 (BGBl. I, 1283) und
- die Biostoffverordnung vom 27.1.1999 (BGBl. I, 50)

sind in diesem Sinne auf den Gebieten der
- Bereitstellung und Benutzung von PSA,
- manuellen Handhabung von Lasten,
- Bildschirmarbeit,
- Bereitstellung und Benutzung von Arbeitsmitteln,
- Planung der Ausführung und Ausführung von Bauvorhaben,
- Maßnahmen zum Schutz von werdenden oder stillenden Müttern

sowie
- der gezielten und ungezielten Tätigkeiten mit biologischen Arbeitsstoffen

bereits Rechtsverordnungen nach §§ 18, 19 ArbSchG erlassen worden (vgl. im Einzelnen Teil III).
Umzusetzen sind noch die folgenden EG-Richtlinien (Stand: 4/2001):
- eine Änderungsrichtlinie zur Arbeitsmittelbenutzungsrichtlinie (95/63/EG; Umsetzungsfrist endete am 5.12.1998; vgl. AMBV Rn. 2, dort auch zum Vorhaben einer Betriebssicherheitsverordnung),
- die EG-Gefahrstoffrichtlinie (98/24/EWG; Umsetzungsfrist endete am 1.5.2001; vgl. GefStoffV Rn. 9) sowie
- die EG-Explosionsschutzrichtlinie (1999/92/EG; Umsetzungsfrist bis 30.6.2003; vgl. AMBV § 19 Rn. 5).

Den Verordnungen liegen jeweils EG-Richtlinien nach Art. 118a (jetzt: 137 Abs. 1 erster Spiegelstrich) EGV zugrunde (vgl. § 19 ArbSchG Rn. 5). Bei der Übernahme der Mindestvorschriften aus diesen Richtlinien wurde durch den Verordnungsgeber auf **Kohärenz** mit dem ArbSchG geachtet, d.h. die Inhalte der Richtlinie, die bereits im ArbSchG oder in sonstigen Rechtsvorschriften geregelt sind, sind nicht mehr in die jeweilige Verordnung übernommen worden (zur BildscharbV, LasthandhabV und PSA-BV vgl. *Doll*, SiS 1997, 7; *Wlotzke*, NJW 1997, 1470; zur AMBV vgl. *Doll*, SiS 1997, 172; *Wlotzke*, NJW 1997, 1470; vgl. RegE-AMBV, 9). In der betrieblichen Praxis und bei deren Unterstützung durch die Arbeitsschutzakteure ist es daher notwendig, die Rechtsvorschriften im Kontext und nicht isoliert voneinander anzuwenden (vgl. im Einzelnen Teil III).

114 Der Einfluss des ArbSchG auf die **ArbStättV** wird durch Art. 4 der in Rn. 113 genannten Artikel-Verordnung deutlich. In Umsetzung der entsprechenden EG-Einzelrichtlinie (89/654/EWG) wird der Anwendungsbereich, der sich bislang i.W. auf Arbeitsstätten im Rahmen eines Gewerbebetriebs nach §§ 120a bis 120c sowie 139g GewO i.V. mit § 62 HGB beschränkte, auf alle Arbeitsstätten ausgedehnt, in denen das ArbSchG Anwendung findet (§ 1 Abs. 1 ArbStättV; Arb-

Grundzüge des Arbeitsschutzrechts

StättV Rn. 20). Auch der umfassende **Beschäftigtenbegriff** des ArbSchG wird auf die ArbStättV übertragen: »Arbeitnehmer i.S. dieser Verordnung sind Beschäftigte i.S. des § 2 Abs. 2 ArbSchG« (§ 2 Abs. 4 Satz 1 ArbStättV; ArbStättV Rn. 42 ff.). Die materiellen Vorschriften der ArbStättV werden nicht tangiert, da die Bestimmungen der EG-Richtlinie 89/654 EWG nicht über sie hinausgehen. **Inhaltlich** wirkt das ArbSchG über die Regelung des § 3 ArbStättV ein. Danach hat der Arbeitgeber die Arbeitsstätte nach dieser Verordnung, den **sonst geltenden Arbeitsschutz-** und Unfallverhütungs**vorschriften** und nach den allgemein anerkannten sicherheitstechnischen, arbeitsmedizinischen und hygienischen Regeln sowie den sonstigen gesicherten arbeitswissenschaftlichen Erkenntnissen zu betreiben (Abs. 1 Nr. 1). Hieraus ergeben sich insbesondere die folgenden Auswirkungen:

- Der Arbeitgeber muss bei der Einrichtung und beim Betreiben von Arbeitsstätten die **allgemeinen Pflichten** nach dem ArbSchG beachten (§§ 3, 4 ArbSchG) und sie auf die sachlichen Bestimmungen der ArbStättV beziehen sowie eine entsprechende Beurteilung der mit der Arbeitsstätte verbundenen Arbeitsbedingungen gem. § 5 einschließlich ihrer Dokumentation nach § 6 durchführen (ArbStättV Rn. 42 ff.).
- Die **Errichtung** der Arbeitsstätte wird, neben den sachlichen Regelungen der ArbstättV (§§ 43 bis 49) und der UVV »Bauarbeiten« (BGV C 22), von der BaustellV beeinflusst, die als Kernpunkte die Einbeziehung von Sicherheit und Gesundheit schon bei der Planung von Bauvorhaben sowie die Koordinierung von Sicherheit und Gesundheit schon bei der Planung von Bauvorhaben, die Koordinierung von Sicherheit und Gesundheit in der Vorbereitungs- und der Ausführungsphase von Bauvorhaben sowie die Berücksichtigung von späteren Maßnahmen vorsieht.
- Beim Betrieb und bei der Einrichtung der Arbeitsstätte sind ggf. die Bestimmungen des § 8 ArbSchG über die **Zusammenarbeit mehrerer Arbeitgeber** zu beachten.
- Die **Unterweisung** nach § 12 ArbSchG hat sich an den spezifischen Gefährdungen für Sicherheit und Gesundheit, die von der Arbeitsstätte ausgehen können, und an den entsprechenden Schutzmaßnahmen zu orientieren.

Vergleichbar mit der ArbStättV wird auch die **GefStoffV** in der Fassung der Bekanntmachung vom 15. November 1999 (BGBl. I, 2233; BGBl. I v. 25.5.2000, 739; zuletzt geändert durch Art. 2 § 38 des Gesetzes vom 20.7.2000, BGBl. I, 1045) von den allgemeinen Verpflichtungen aufgrund des ArbSchG beeinflusst (vgl. GefStoffV Rn. 1 ff.). Nach § 17 GefStoffV trifft den Arbeitgeber, der mit Gefahrstoffen umgeht, eine allgemeine Schutzpflicht, nach der er die zum Schutz des menschlichen Lebens, der menschlichen Gesundheit und der Umwelt erforderlichen Maßnahmen nach den allgemeinen und besonderen Vorschriften des Fünften und Sechsten Abschnitts der GefStoffV einschließlich der dazugehörigen Anhänge und den für ihn geltenden **Arbeitsschutz-** und Unfallverhütungs**vorschriften** zu treffen hat. Im Übrigen sind die allgemein anerkannten sicherheitstechnischen, arbeitsmedizinischen und hygienischen Regeln einschließlich der Regeln über Einstufung, Sicherheitsinformation und Arbeitsorganisation sowie die sonstigen gesicherten arbeitswissenschaftlichen Erkenntnisse zu beachten (§ 17 Abs. 1 GefStoffV). Hiervon ausgehend hat der entsprechende Arbeitgeber die allgemeinen Pflichten des ArbSchG in **Kombination** mit den speziellen Arbeitsschutzregelungen der GefStoffV zu erfüllen. Dies gilt insbesondere vor dem Hintergrund der Umsetzung der Richtlinie 98/

Einleitung

24/EWG des Rates v. 4.4.1998, die bis zum 1.5.2001 in das nationale Arbeitsschutzrecht umzusetzen war (vgl. GefStoffV, Rn. 9).

116 Bei den Auswirkungen des ArbSchG auf das **GSG** vom 23.10.1992 (BGBl. I, 1793, in der Fassung der Bekanntmachung vom 11.5.2001, BGBl. I, 866) sind der unterschiedliche Adressatenkreis für die gesetzlichen Pflichten und die Auswirkungen des EG-Rechts nach Art. 95, 137 Abs. 1 erster Spiegelstrich EGV zu beachten (vgl. Rn. 60 ff.; 74 ff.; 87). Deutlich wird die gegenseitige Beeinflussung z. B. anhand des Verweises der **PSA-BV** (Teil III), nach dem der Arbeitgeber unbeschadet seiner Verpflichtungen nach §§ 3, 4 und 5 ArbSchG nur persönliche Schutzausrüstungen auswählen und den Beschäftigten bereitstellen darf, die den **Anforderungen** der Verordnung über das Inverkehrbringen von persönlichen Schutzausrüstungen (8. VO zum GSG v. 10.6.1992, BGBl. I, 1019; geändert durch Art. 1 des Gesetzes vom 27.12.2000, BGBl. I, 2048) entsprechen, (§ 2 Abs. 1 Nr. 1 PSA-BV; Vergleichbares gilt auch für die AMBV, vgl. § 4 AMBV Rn. 1 ff.). Ein weiteres Beispiel ergibt sich aus den Vorschriften der **AMBV** (vgl. *BAuA*, 1998). Der vorgreifende Arbeitsschutz des GSG schafft gewissermaßen die sicherheitstechnischen Grundbedingungen für die Erfüllung der Pflichten, die sich aus den Vorschriften des betrieblichen Arbeitsschutzes ergeben. Umgekehrt wirkt die Erfüllung der Pflichten durch ihre Dynamisierung und ihre Kopplung an die Grundsätze des § 4 ArbSchG auch auf den vorgreifenden Arbeitsschutz ein, indem die bei der betrieblichen Durchführung des ArbSchG oder der Verordnungen nach §§ 18, 19 ArbSchG gewonnenen Erkenntnisse bzw. der entsprechende Gestaltungsbedarf in die Konstruktion von Arbeitsmitteln (z.B. Maschinen), PSA etc. einfließen kann (vgl. *BAuA*, 1998).

117 Der in § 1 Nr. 1 **ArbZG** angelegte **Zielkonflikt zwischen Arbeitsschutz und Arbeitszeitflexibilisierung** muss dahingehend aufgelöst werden, dass flexible Arbeitszeiten nur unter Wahrung von Arbeitsschutzzielen eingeführt werden können. Diese Prioritätensetzung ergibt sich nicht zuletzt aus der Erwägung der EG-Rahmenrichtlinie Arbeitsschutz, wonach die Zielsetzungen des Arbeitsschutzes »keinen rein wirtschaftlichen Überlegungen untergeordnet werden dürfen«. Hierbei dienen die Grundsätze des ArbSchG, insbesondere der §§ 3 und 4 zur **Auslegung** (vgl. § 2 ArbSchG Rn. 31).

118 Die öffentlich-rechtlichen Vorschriften des ArbSchG und der Rechtsverordnungen nach §§ 18, 19 ArbSchG wirken durch ihre Transformation in das **private Arbeitsvertragsrecht** ein und bewirken, ergänzend zu den öffentlich-rechtlich festgelegten Pflichten und Rechten, eine Stärkung auch ihrer individualrechtlichen Festlegungen (vgl. Rn. 30 ff.; § 1 ArbSchG Rn. 6).

4.5 Perspektiven

119 Durch die Umsetzung der EG-Rahmenrichtlinie Arbeitsschutz 89/391/EWG in Form des ArbSchG, ergänzt durch die Arbeitsschutzverordnungen nach §§ 18, 19 ArbSchG, ist zusammenfassend eine **zeitgemäße Arbeitsschutzphilosophie** durch flexible Rahmenvorschriften verankert worden, die den Betrieben Spielräume für Planung, Durchführung, Wirksamkeitsüberprüfung und Verbesserung von Arbeitsschutzmaßnahmen lassen. Zugleich wurde ein erheblicher, wenn auch nicht abgeschlossener Beitrag zum Abbau der Zersplitterung des Arbeitsschutzrechts geleistet.

Zur Weiterentwicklung dieses Ansatzes hat sich ein beim BMA gebildeter Koordinierungskreis auf Thesen und Grundsätze zur Neuordnung des Arbeits-

Grundzüge des Arbeitsschutzrechts

Abbildung 6a »Neues Arbeitsschutzrecht«

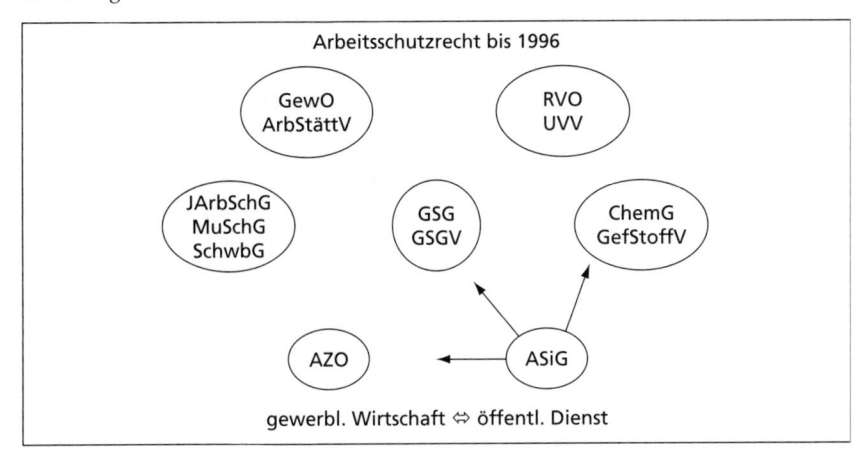

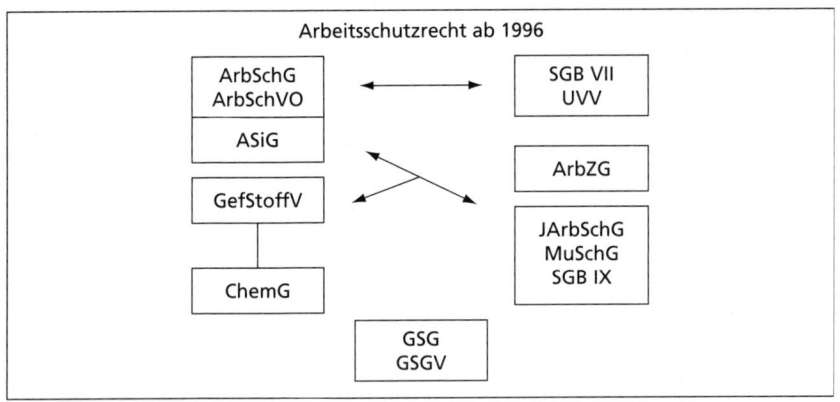

Arbeitsschutzrecht bis 1996

- GewO / ArbStättV
- RVO / UVV
- JArbSchG / MuSchG / SchwbG
- GSG / GSGV
- ChemG / GefStoffV
- AZO ← ASiG

gewerbl. Wirtschaft ⇔ öffentl. Dienst

Arbeitsschutzrecht ab 1996

- ArbSchG / ArbSchVO ↔ SGB VII / UVV
- ASiG
- GefStoffV
- ArbZG
- ChemG
- JArbSchG / MuSchG / SGB IX
- GSG / GSGV

schutzrechts verständigt (BArbBl. 10/1999, 46 f.; Anhang Nr. 2). Die Grundsätze sind wie folgt überschrieben:
- EG-Richtlinien zu Sicherheit und Gesundheitsschutz bei der Arbeit werden regelmäßig durch staatliches Recht umgesetzt.
- Neue Vorschriften werden nur bei Regelungsdefiziten erlassen.
- Im Vorschriften- und Regelwerk von Staat und Unfallversicherungsträgern werden Doppelregelungen zu gleichen Sachverhalten vermieden.
- Konkretisierende Vorschriften und Regeln müssen eindeutig erkennen lassen, welche Rechtsvorschriften in welcher Form konkretisiert werden.
- Der Grad der Konkretisierung muss einen ausreichenden Spielraum für Innovation und Flexibilität offen lassen.

Durch die Umsetzung der bisherigen und weiterer EG-Richtlinien in das nationale Arbeitsschutzrecht (vgl. Rn. 113), die Neuordnung des Vorschriften- und Regelwerks der Berufsgenossenschaften (vgl. SGB VII Rn. 14), neuer Konzepte bei der betrieblichen Arbeitsschutzorganisation (vgl. § 3 ArbSchG Rn. 11) und der Durchführung des Vollzugs (vgl. § 21 ArbSchG Rn. 25 ff.) sowie aufgrund der erweiterten Handlungs- und Mitbestimmungsspielräume der Betriebs- und

Einleitung

Personalräte (vgl. BetrVG Rn. 14 ff.) ist eine Umsetzung dieser Grundsätze bereits in weiten Teilen formal realisiert.

Die Probleme dürften eher bei der **betrieblichen Umsetzung** bestehen, darauf deutet auch das offensichtliche Problem- und Konfliktpotenzial »Arbeitsschutz« hin, das laut der WSI-Umfrage 1999/2000 unter Betriebs- und Personalräten im Vergleich zur Umfrage 1997/1998 deutlich zugenommen hat (vgl. WSI-Mitt. 2/2001, 70 ff.). Dazu kommt die Situation in der weitgehend »betriebsratslosen Zone« der kleinen bis mittleren Betriebe, in der mehr als die Hälfte der Beschäftigten in der Bundesrepublik Deutschland tätig ist und bei denen es sehr auf die Bewusstseinslage und Motivation der Entscheidungsträger und damit für den Arbeitsschutz rechtlich Verantwortlichen ankommt (vgl. *Ritter/Reim/Schulte*, 2000).

120 Im Rahmen eines Forschungsprojekts der BAuA »Ermittlung des Standes von Sicherheit und Gesundheitsschutz infolge des neuen Arbeitsschutzrechts« (F 1156) wurde festgestellt, dass die in den dort untersuchten Betrieben praktizierten Vorgehensweisen im Arbeitsschutz immer noch eher dem »ad-hoc-Prinzip« folgen, mit der vorrangigen Ausrichtung auf die Erfüllung gesetzlicher (Mindest-)Anforderungen, die großteils jedoch nicht oder wenn doch, dann häufig nur vordergründig bekannt sind. Hingegen werden **systematische Vorgehensweisen**, die Arbeitsschutz als permanente Aufgabe und integrativen Bestandteil der betrieblichen Führung und Organisation verstehen, kaum realisiert. Der Beitrag des Arbeitsschutzes zur Optimierung von Prozessen und Produkten wird von den Betrieben i.d.R. nicht wahrgenommen. Das heißt, ein Nutzenbeitrag zum betriebswirtschaftlichen Gesamtergebnis wird als Folge eines präventiven Arbeitsschutzhandelns nicht vermutet (fehlende Ergebnisorientierung und -erwartung). Insofern verwundert es nicht, dass in den im Rahmen des Projekts durchgeführten Interviews am Rande oftmals auf die vermeintlich »überzogenen« oder »überflüssigen« Anforderungen des Arbeitsschutzes verwiesen wird. Aktivitäten der Forschungsanwendung, der Unterstützung der Betriebe und insbesondere auch die Aktivitäten der staatlichen Arbeitsschutzbehörden und Unfallversicherungsträger müssen an diesem Status quo des Arbeitsschutzes anknüpfen. Inwieweit die Einführung systematisierter und formalisierter Führungskonzepte i.S. von Arbeitsschutzmanagementsystemen (vgl. § 3 ArbSchG Rn. 11) tatsächlich diese »... oft vorhandene Kluft zwischen den zu beachtenden Vorschriften und ihrer tatsächlichen betrieblichen Anwendung in der Zukunft verkleiner(n) oder sogar fast geschlossen (schließen)... kann«, wie von *Wlotzke* erhofft (*Wlotzke*, NZA 2000, 23), muss angesichts der empirischen Befunde in Zweifel gezogen werden, auch angesichts zweifellos vorhandener Positivbeispiele (vgl. *Ritter/Reim/Schulte*, 2000 und 2000a; *Braun* u.a., 1999). Die Gewährleistung und Verbesserung von Sicherheit und Gesundheitsschutz der Beschäftigten bei der Arbeit ist letztlich eine Frage gesellschaftspolitischer Rahmenbedingungen und nicht (wenigstens nicht allein) des guten Willens.

121 Ausgehend von europäischen Konzepten wird im Rahmen der BMA-Initiative für eine **neue Qualität der Arbeit** derzeit eine zeitgemäße Strategie für Sicherheit und Gesundheitsschutz entwickelt (vgl. *Riester*, Sich-Ing. 2001, 12 ff.).

Teil II
Arbeitsschutzgesetz –
Gesetzestext mit Kommentierung

Gesetz über die Durchführung von Maßnahmen des Arbeitsschutzes zur Verbesserung der Sicherheit und des Gesundheitsschutzes der Beschäftigten bei der Arbeit (Arbeitsschutzgesetz – ArbSchG)

vom 7. August 1996 (BGBl. I, S. 1254), zuletzt geändert durch Art. 210 der Siebenten Zuständigkeitsanpassungs-Verordnung vom 29. Oktober 2001 (BGBl. I, 2785)

Erster Abschnitt
Allgemeine Vorschriften

§ 1 Zielsetzung und Anwendungsbereich

(1) Dieses Gesetz dient dazu, Sicherheit und Gesundheitsschutz der Beschäftigten bei der Arbeit durch Maßnahmen des Arbeitsschutzes zu sichern und zu verbessern. Es gilt in allen Tätigkeitsbereichen.

(2) Dieses Gesetz gilt nicht für den Arbeitsschutz von Hausangestellten in privaten Haushalten. Es gilt nicht für den Arbeitsschutz von Beschäftigten auf Seeschiffen und in Betrieben, die dem Bundesberggesetz unterliegen, soweit dafür entsprechende Rechtsvorschriften bestehen.

(3) Pflichten, die die Arbeitgeber zur Gewährleistung von Sicherheit und Gesundheitsschutz der Beschäftigten bei der Arbeit nach sonstigen Rechtsvorschriften haben, bleiben unberührt. Satz 1 gilt entsprechend für Pflichten und Rechte der Beschäftigten. Unberührt bleiben Gesetze, die andere Personen als Arbeitgeber zu Maßnahmen des Arbeitsschutzes verpflichten.

(4) Bei öffentlich-rechtlichen Religionsgemeinschaften treten an die Stelle der Betriebs- oder Personalräte die Mitarbeitervertretungen entsprechend dem kirchlichen Recht.

Übersicht	Rn.
1. Zielsetzung, Zweckbestimmung	1–13
2. Geltungsbereich	14–21
3. Sonstige Rechtsvorschriften	22–26
4. Mitarbeitervertretungen nach kirchlichem Recht; Rechte des Betriebs- bzw. Personalrats	27, 28

ArbSchG § 1

1. Zielsetzung, Zweckbestimmung

1 **Zielsetzung** des ArbSchG ist die Sicherung und die Verbesserung der Sicherheit und des Gesundheitsschutzes der Beschäftigten bei der Arbeit durch Maßnahmen des Arbeitsschutzes (Abs. 1 Satz 1). Mit dieser Regelung wird Art. 1 Abs. 1 EG-Rahmenrichtlinie Arbeitsschutz (89/391/EWG) umgesetzt. Aus ihr ergibt sich zugleich die Zweckbestimmung des ArbSchG: Arbeitsschutzmaßnahmen sollen dazu beitragen, den erreichten Arbeitsschutzstandard in den Betrieben zu verstetigen und Sicherheit und Gesundheitsschutz für die Beschäftigten zu verbessern (vgl. *Wlotzke*, NZA 1996, 1019; *Kollmer/Vogl*, Rn. 24). Damit wird der Arbeitsschutz eine ständige Aufgabe aller Beteiligten (RegE, 14; vgl. *Kollmer/Vogl*, a.a.O.; zum Begriff »Maßnahmen des Arbeitsschutzes« vgl. § 2 Rn. 1 ff.).

2 Im Rahmen des nationalen, dual organisierten Arbeitsschutzsystems wird die allgemeine Zielsetzung des ArbSchG inhaltlich und institutionell durch die parallel in das SGB VII eingefügte Erweiterung der Aufgaben der Träger der gesetzlichen **Unfallversicherung** ergänzt (vgl. *Nöthlichs*, 4010, 14 ff.). Diese sollen im Rahmen ihres Präventionsauftrages mit allen geeigneten Mitteln Arbeitsunfälle und Berufskrankheiten sowie arbeitsbedingte Gesundheitsgefahren verhüten (§§ 1, 14 Nr. 1 SGB VII; vgl. Einl. Rn. 44; § 21 Rn. 19; SGB VII Rn. 1 f.; zu den Begrifflichkeiten vgl. § 2 Rn. 1 ff.; SGB VII Rn. 4 ff.). Das Zusammenwirken des staatlichen mit dem unfallversicherungsrechtlichen Arbeitsschutz ist in § 21 ArbSchG geregelt (vgl. § 21 Rn. 20 ff.).

3 Aus der **Zweckbestimmung** in Abs. 1 Satz 1 können, wie z.B. auch bei der Zweckbestimmung in § 1 ASiG (vgl. *Anzinger/Bieneck*, § 1 Rn. 3; ASiG Rn. 7) oder in § 1 ArbZG (vgl. *Zmarzlik/Anzinger*, § 1 Rn. 12), weder Arbeitgeber noch Beschäftigte eigenständige Rechte oder Pflichten für sich selbst oder die andere Seite herleiten (*Nöthlichs*, 4010, 7; Kollmer-*Kollmer*, C 2 § 1 ArbSchG Rn. 2). Die Zweckbestimmung enthält kein materielles Recht. Eine Bußgeldbewehrung fehlt. Die Zweckbestimmung hat jedoch zum einen Bedeutung bei der Auslegung der Vorschriften des ArbSchG und zum anderen für das Ermessen der zuständigen Behörden bei der Ausübung ihrer Anordnungsbefugnis (vgl. § 21 Abs. 2; *Nöthlichs*, a.a.O.). Sie hat daher nicht nur redaktionellen Charakter. Allerdings kann die zuständige Behörde allein aufgrund von § 1 keine Anordnung treffen (*Nöthlichs*, a.a.O.; Kollmer-*Kollmer*, a.a.O., Rn. 4).

4 Mit dem ArbSchG wird ein **umfassender Ansatz** des Arbeitsschutzes gesetzlich verankert. Es enthält Regelungen, die sich auf die Sicherheit und den Gesundheitsschutz der **Beschäftigten** (zum Begriff »Beschäftigte« vgl. § 2 Rn. 11 ff.) i.S. einer menschengerechten Gestaltung bzw. einer Humanisierung der Arbeit beziehen (vgl. MünchArbR-*Wlotzke*, § 206 Rn. 12 ff.; vgl. § 2 Rn. 8 ff.; Einl. Rn. 21). Ausgehend von diesem umfassenden Ansatz erhalten die in zahlreichen Einzelvorschriften des Arbeitsschutzrechts vorhandenen Bestimmungen zu Sicherheit und Gesundheitsschutz bei der Arbeit im Allgemeinen und zur menschengerechten Gestaltung der Arbeit im Besonderen unter Beachtung von § 1 Abs. 3 einen einheitlichen, übergreifenden und allgemein verbindlichen Rahmen (vgl. *Fischer*, BArbBl. 10/1996, 5 ff.).

5 Mit den Regelungen des ArbSchG sollen die erreichten Arbeitsschutzstandards in den Betrieben systematisch **gesichert** und kontinuierlich **verbessert** werden (vgl. RegE, 14). Das ist eine bedeutende qualitative Weiterentwicklung gegenüber der bisherigen Grundvorschrift des Arbeitsschutzes, der Regelung des § 120a GewO, die durch die Umsetzung der EG-Richtlinie Arbeitsschutz (89/

391/EWG) aufgehoben worden ist (vgl. Art. 4 Nr. 1 EASUG, vgl. Einl. Rn. 99). § 120a GewO zog die Grenze der öffentlich-rechtlichen Verpflichtung des Arbeitgebers zur Durchführung von Maßnahmen des Arbeitsschutzes an der »Natur des Betriebes«. Demgegenüber dynamisiert das ArbSchG diese Verpflichtung, d.h. der Arbeitgeber ist gem. § 3 Abs. 1 Satz 3 zur Verbesserung von Sicherheit und Gesundheitsschutz der Beschäftigten (§ 3 Rn. 1 f.) verpflichtet. Zur entsprechenden Planung und Durchführung von Arbeitsschutzmaßnahmen sind insbesondere der Stand von Technik, Arbeitsmedizin und Arbeitshygiene sowie gesicherte arbeitswissenschaftliche Erkenntnisse zu berücksichtigen (§ 4 Nr. 3; vgl. § 4 Rn. 7 ff.). Die Zielsetzung des § 1 Abs. 1 wird daher durch die Grundpflichten des § 3 und die nachfolgenden Regelungen (insbesondere die in § 4 festgelegten allgemeinen Grundsätze) konkretisiert (vgl. *Wlotzke*, NZA 96, 1019). Das Gebot der Sicherung des erreichten Arbeitsschutzstandes unterstreicht, dass das erreichte Niveau von Sicherheit und Gesundheitsschutz nicht abgesenkt werden darf (Kollmer-*Kollmer*, C2 § 1 ArbSchG Rn. 33).

Es gilt der Grundsatz der **Transformation** der öffentlich-rechtlichen Arbeitsschutznormen in das private Arbeitsvertragsrecht (vgl. statt aller *Wlotzke*, FS Hilger/Stumpf; Einl. Rn. 30 ff.). Deren Dynamisierung durch das ArbSchG erstreckt sich damit auch auf die privatrechtliche Gestaltung des Arbeitsverhältnisses, d.h. insbesondere die Auslegung der § 618 BGB und § 62 HGB. Dies betrifft nicht nur die öffentlich-rechtlichen Pflichten des Arbeitgebers, sondern auch die öffentlich-rechtlichen Pflichten der Beschäftigten, wie sie im ArbSchG festgelegt werden (§§ 15, 16, vgl. Einl. Rn. 30 ff., 117).

6

Sicherheit i.S. des ArbSchG ist zu verstehen als Schutz vor technisch oder organisatorisch verursachten bzw. verhältnis- oder verhaltensbedingten Unfällen bei der Arbeit, d.h. vor arbeitsbedingten Verletzungen bis hin zur Tötung (vgl. *Nöthlichs*, 4010, 8; *KJP*, § 1 Rn. 3). Sicherheit kann weiterhin definiert werden als »eine Sachlage, bei der das Risiko nicht größer als das Grenzrisiko ist. Grenzrisiko ist das größte noch vertretbare Risiko eines bestimmten technischen Vorgangs« (DIN 31000 Teil 2). Der Begriff der Sicherheit bezieht sich daher – für sich betrachtet – auf den »klassischen« Teil des betriebsbezogenen, technischen Arbeitsschutzrechts. »Sicherheit« deutet zugleich auf inhaltliche Nahtstellen zwischen dem im ArbSchG geregelten betriebsbezogenen Arbeitsschutzrecht und dem produktbezogenen Arbeitsschutzrecht (Maschinenschutz, Gerätesicherheit; Umgang mit gefährlichen Stoffen) hin, das in den Regelungsbereich des GSG und der GSGV sowie des ChemG und Teilen der GefStoffV fällt (vgl. Einl. Rn. 60).

7

Das Ziel des **Gesundheitsschutzes** wird überwiegend in der physischen und psychischen Integrität des Beschäftigten bzw. der Erhaltung solcher Integrität gegenüber Beeinträchtigungen durch medizinisch feststellbare Verletzungen oder Erkrankungen gesehen (vgl. MünchArbR-*Wlotzke*, § 206 Rn. 35 m.w.N.); es ergänzt das eher technisch orientierte Sicherheitsziel (Rn. 7) i.S. eines Oberbegriffs (MünchArbR-*Wlotzke*, § 211 Rn. 12). Der Gesundheitsbegriff des ArbSchG lässt sich insbesondere aus dem auf die Arbeitsbedingungen bezogenen **Gesundheitsbegriff der ILO** ableiten (vgl. *Anzinger/Bieneck*, § 1 Rn. 22; MünchArbR-*Wlotzke*, § 206 Rn. 37). Danach bedeutet Gesundheit »nicht nur das Freisein von Krankheit oder Gebrechen, sondern umfasst auch die physischen und geistig-seelischen Faktoren, die sich auf die Gesundheit auswirken und die in unmittelbarem Zusammenhang mit der Sicherheit und der Gesundheit bei der Arbeit stehen« (Art. 3e ILO-Übereinkommen 155; Einl. Rn. 13). Das

8

ArbSchG § 1

Übereinkommen ist in der Bundesrepublik Deutschland noch nicht ratifiziert worden (vgl. *BFK*, Rn. 235, 574; vgl. § 19 Rn. 7). I. V. mit der Einbeziehung der Verhütung arbeitsbedingter Gesundheitsgefahren und der menschengerechten Gestaltung der Arbeit gem. § 2 Abs. 1 (vgl. § 2 Rn. 5 ff.) ist also von einem **weiten Gesundheitsbegriff des ArbSchG** auszugehen, der auch das psychische Wohlbefinden der Beschäftigten einschließt (vgl. *BVerwG* 31.1.1997, NZA 1997, 483). Insofern kann nicht pauschal davon gesprochen werden, dass der Zweck des ArbSchG nicht die Erreichung einer Arbeitszufriedenheit oder des Wohlbefindens am Arbeitsplatz beinhaltet (so aber *Kollmer/Vogl*, Rn. 67; *Nöthlichs*, 4010, 9). Entscheidend ist vielmehr, ob z.b. das psychische Wohlbefinden durch die Gestaltung der Arbeitsverhältnisse und Bedingungen betroffen wird (vgl. BVerwG, a.a.O.). Wird davon ausgegangen, dass Arbeitszufriedenheit als ein wichtiger Indikator für die Qualität des Arbeitslebens gilt (*Hemmann* u.a., 1997, 109), so kann die menschengerechte Gestaltung der Arbeit, zu welcher der Arbeitgeber im Hinblick auf Maßnahmen des Arbeitsschutzes gem. § 2 Abs. 1 verpflichtet ist (vgl. § 2 Rn. 8 ff.), auch hierzu Beiträge liefern und die Motivation der Beschäftigten bei der Arbeit erhöhen. Darüber hinaus kann längerfristige Arbeitsunzufriedenheit und Unwohlsein in Form von Stress, psychischer Ermüdung, Monotonie oder psychischer Sättigung zu psychischen Gesundheitsgefährdungen und entsprechenden arbeitsbedingten Erkrankungen führen (vgl. § 2 Rn. 6 f.). Ist dies der Fall, müssen die erforderlichen Arbeitsschutzmaßnahmen i.S. des ArbSchG getroffen werden (*Nöthlichs*, a.a.O.). Die privatrechtlich verankerten positiven Handlungspflichten des Arbeitgebers, in die der öffentlich-rechtliche Gesundheitsbegriff des ArbSchG transformiert wird (vgl. Rn. 6), beziehen sich also nicht allein auf die »körperlichen Funktionen«, sondern umfassen auch die durch die Arbeitsbedingungen beeinflussbaren psychischen Befindlichkeiten, insbesondere psychosomatische Zustände (vgl. *BVerwG*, a.a.O.).

9 Das ArbSchG, wie auch das übrige Arbeitsschutzrecht, beziehen sich dagegen nicht, wenigstens nicht unmittelbar, auf den **allgemeinen Gesundheitsbegriff der Weltgesundheitsorganisation** *(WHO)*: »Gesundheit ist ein Zustand völligen körperlichen, seelischen und sozialen Wohlbefindens und nicht nur das Freisein von Krankheit und körperlichen Gebrechen« (BGBl. II, 1974, 45; vgl. MünchArbR-*Wlotzke*, § 206 Rn. 36; *BFK*, Rn. 574; Einl. Rn. 20). Allerdings kann diese Definition zur Auslegung der Begriffe »Gesundheit« und »Sicherheit« herangezogen werden, indem diese sämtliche körperlichen und sonstigen Faktoren erfassen, die die Gesundheit und die Sicherheit der Beschäftigten in ihrem Arbeitsumfeld unmittelbar oder mittelbar berühren (vgl. EuGH 12.11.1996, DB 1997, 175).

Die zunehmend geringer werdende Trennschärfe zwischen Arbeit und den übrigen Lebenssphären erfordert jedoch bei aller rechtlich gebotenen Abgrenzung (vgl. Kollmer-*Kollmer*, C2 § 1 ArbSchG Rn. 25 f. und Rn. 38 ff.) aus fachlicher Sicht und unter dem Aspekt einer zeitgemäßen Arbeitsschutzkonzeption eine ganzheitliche und **übergreifende Arbeitsschutzpolitik** aller Beteiligten. Der **allgemeine Gesundheitsschutz der Bevölkerung** wird deshalb zwar vom Präventionsauftrag des ArbSchG nicht erfasst (vgl. *KJP*, § 1 Rn. 3; *Kollmer/Vogl*, Rn. 23, 66; *Nöthlichs*, 4010, 8). Die Prävention in diesem Bereich ist Aufgabe der gesetzlichen Krankenkassen (vgl. § 20 SGB V; Einl. Rn. 54). Gegenüber dieser Abgrenzung ergeben sich jedoch **Zusammenhänge** zwischen dem auf die Verbesserung der Arbeitsbedingungen abzielenden betrieblichem Ar-

§ 1 ArbSchG

beitsschutz und dem allgemeinen Gesundheitssystem aus § 20 Abs. 1 und 2 SGB V bzw. § 14 Abs. 1 SGB VII. Diese Vorschriften regeln die Aktivitäten von und die **Zusammenarbeit** zwischen den Krankenkassen und den Trägern der gesetzlichen Unfallversicherung auf dem Gebiet der **Verhütung arbeitsbedingter Gesundheitsgefahren** (z.B. in Form der betrieblichen Gesundheitsförderung; vgl. hierzu Einl. Rn. 54; zum Begriff der »arbeitsbedingten Gesundheitsgefahren« vgl. § 2 Rn. 5 ff.; SGB VII Rn. 5 ff.). Von einer wirksamen betrieblichen Umsetzung des ArbSchG sind insoweit auch **positive Auswirkungen** auf ein sicherheits- und gesundheitsgerechtes Verhalten der Beschäftigten in ihrer arbeitsfreien Zeit und darüber hinaus auf die allgemeine Gesundheit der Bevölkerung zu erwarten (vgl. AGU-*Pieper*, 208 ff.).

Die **Kombination** von Sicherheit und Gesundheitsschutz als zusammengehörende Teilelemente des Arbeitsschutzes im ArbSchG (Kollmer-*Kollmer*, C2 § 1 ArbSchG Rn. 21; MünchArbR-*Wlotzke*, § 206 Rn. 35) führt zu einem **ganzheitlichen und integrierten Arbeitsschutzansatz**, der auf einen umfassenden Schutz des arbeitenden Menschen abzielt. Mit dem ArbSchG soll der innerbetriebliche Arbeitsschutz durch eine konsequente **präventive Ausrichtung** auf der Grundlage eines zeitgemäßen Arbeitsschutzverständnisses, das auch Aspekte wie die menschengerechte Gestaltung der Arbeit umfasst, verbessert werden (RegE, 12; § 2 Rn. 8). **10**

Leitbild für den präventiven Arbeitsschutz i.S. des ArbSchG ist ein hohes Schutzniveau (vgl. Art. 100a EGV) bzw. die Förderung (vgl. Art. 118a EGV) der **Arbeitsumwelt** (vgl. *BFK*, Rn. 242 ff., m.w.N.; *Kohte/Bücker*, ZfR 93, 254; Einl. Rn. 16 ff.). Dieser Begriff ersetzt jedoch nicht den des Arbeitsschutzes, sondern steht synonym für dessen ganzheitliche Ausrichtung sowie präventive und dynamische Orientierung. U.a. werden mit diesem Begriff inhaltliche Beziehungen zwischen dem betrieblichen Arbeitsschutz, dem betrieblichen Umweltschutz und der allgemeinen Gesundheitspolitik aufgezeigt. Dies kommt auch in der Regelung des § 10 ASiG zum Ausdruck, mit der das bisherige Zusammenarbeitsgebot von Betriebsärzten und Fachkräften für Arbeitssicherheit auf die anderen im Betrieb für Angelegenheiten der technischen Sicherheit, des Gesundheits- und des Umweltschutzes beauftragten Personen ausgedehnt wird (vgl. ASiG Rn. 113). **11**

Im Rahmen des vom ArbSchG vorgegebenen ganzheitlichen und integrierten Verständnisses von Sicherheit und Gesundheitsschutz ist von einem neuen Verständnis der aktiven Rolle des Arbeitsschutzes im Rahmen des einzel- und gesamtwirtschaftlichen **Wertschöpfungsprozesses** (vgl. Einl. Rn. 8, 105 ff.; vgl. *Kollmer/Vogl*, Rn. 25, 27), aber nach wie vor auch von einem Spannungsfeld zwischen sozialen und ökonomischen Interessen auszugehen (vgl. *FKHE* – 18. Aufl., vor § 89 Rn. 2). Es sind verstärkt Aktivitäten zu verzeichnen, den Arbeitsschutz bzw. Sicherheit und Gesundheitsschutz nicht nur als Kosten-, sondern auch als Produktions- und Produktivitätsfaktoren zu betrachten und in Unternehmensführung und Managementsysteme zu integrieren (vgl. *Kiesau/Pieper*, SiS 9 und 10/1997, 423 ff., 512 ff.; § 3 Rn. 11; vgl. Einl. Rn. 8, 105 ff.). Erwägungsgrund 13 zur EG-Rahmenrichtlinie Arbeitsschutz stellt klar, dass die Verbesserung von Sicherheit, Arbeitshygiene und Gesundheitsschutz Zielsetzungen darstellen, die keinen rein wirtschaftlichen Überlegungen untergeordnet werden dürfen. **12**

Die bisherige **Zersplitterung** bzw. die starke Spezialisierung des deutschen Arbeitsschutzrechts wird durch den Rahmen, den das ArbSchG vorgibt, zwar **13** nicht aufgehoben, aber doch inhaltlich abgemildert. Es bleibt jedoch bei der Weitergeltung zahlreicher Spezialvorschriften (vgl. § 1 Abs. 3 Rn. 22 ff.) und auch bei der dualen Struktur des Arbeitsschutzsystems (vgl. § 21 Rn. 1; Einl. Rn. 26, 39). Vom ArbSchG als Grundvorschrift des betrieblichen Arbeitsschutzes gehen allerdings, zusammen mit ASiG, starke Impulse i.S. einer fachlichen Zusammenführung aus. ArbSchG und Arbeitsschutzverordnungen nach § 19 können z.B. gar nicht isoliert voneinander angewandt werden. Die Zielsetzung eines umfassenden »Arbeitsschutzgesetzbuches«, wie es vom Bundesrat gefordert worden war, ist allerdings aufgrund des zum ArbSchG führenden Kompromisses aller Beteiligten nicht verwirklicht worden (Einl. Rn. 96).

2. Geltungsbereich

14 Das ArbSchG gilt umfassend für alle privaten und öffentlichen **Tätigkeitsbereiche** (Abs.1 Satz 2). Dieser weite Anwendungsbereich entspricht Art. 2 EG-Rahmenrichtlinie Arbeitsschutz, die konkret die folgenden privaten und öffentlichen Tätigkeitsbereiche nennt: gewerbliche, landwirtschaftliche, kaufmännische, verwaltungsmäßige sowie dienstleistungs- oder ausbildungsbezogene, kulturelle und Freizeittätigkeiten (vgl. *KJP*, § 1 Rn. 6; *Kollmer/Vogl*, Rn. 56 ff.).

15 Das ArbSchG gilt gem. Art. 34 EGBGB aufgrund des sog. **Territorialitätsprinzips** für alle in Deutschland gelegen Betriebe unabhängig davon, welches nationale Recht die Vertragsparteien miteinander vereinbart haben (z.B. in einer unselbständigen US-amerikanischen Filiale mit Arbeitnehmern, mit denen die Geltung des Arbeitsrechts der USA vereinbart worden ist; vgl. *Martiny* in Münchener Kommentar zum BGB, 3. Aufl. 1998, Bd. 10, Art. 30 EGBGB Rn. 65; *Müller*, RdA 1973, 137, 141).

16 Im Bereich des **öffentlichen Dienstes** gelten die EG-Arbeitsschutzrichtlinien nach Art. 118a EGV, auch ohne seine Umsetzung in das Recht des jeweiligen Mitgliedstaates, unmittelbar, wenn ihre Umsetzungsfrist abgelaufen ist (vgl. *Gaul*, ArbuR 1995, 446; *BFK*, Rn. 156 ff. m.w.N.; zu den Sonderregelungen des für bestimmte Tätigkeiten im öffentlichen Dienst des Bundes vgl. §§ 14, 20, 21). Dementsprechend hatte das *BMI* die Bundesressorts in einem Rundschreiben vom 30.4.1994 gebeten, in eigener Zuständigkeit für ihren Geschäftsbereich unter Einschluss der Körperschaften, Anstalten und Stiftungen des öffentlichen Rechts, die EG-Richtlinien gem. Art. 118a EGV zu beachten (vgl. Arbeit und Ökologie-Briefe, 12/1994, 5). Mit der weitgehenden Umsetzung der EG-Arbeitsschutzrichtlinien ist für diese die Notwendigkeit für eine direkte Anwendung entfallen (vgl. § 19 Rn. 5).

17 Vom Geltungsbereich des ArbSchG werden die **Hausangestellten** in privaten Haushalten ausgenommen (z.B. Haushaltshilfen, »Babysitter«). Zur Begründung verweist der RegE auf Art. 3 Buchst. a Richtlinie EG-Rahmenrichtlinie Arbeitsschutz, der die Hausangestellten aus dem Begriff des Arbeitnehmers ausgrenzt (RegE, 14). Probleme des Vollzugs durch die zuständigen Behörden und verfassungsrechtliche Grundsätze (Recht auf Unversehrtheit der eigenen Wohnung, Art. 13 GG) geben weitere Begründungen (Kollmer-*Kollmer*, C2 § 1 Rn. 66). Für den Arbeitsschutz von Hausangestellten sind Anforderungen an Sicherheit und Gesundheitsschutz im Wesentlichen in UVV der Gemeindeunfallversicherungsträger enthalten, bei denen Hausangestellte in der Regel gesetzlich unfallversichert sind (vgl. *Opfermann/Streit*, § 1 Rn. 20; *Schlüter*, 27). Zudem kann analog zu Erwägungsgrund 8 der EG–Rahmenrichtlinie, der da-

von spricht, dass Sicherheit und Gesundheitsschutz der Arbeitnehmer am Arbeitsplatz in manchen Fällen auch zum Schutz der Gesundheit und gegebenenfalls zur Sicherheit der in ihrem Haushalt lebenden Personen beitragen (vgl. Einl. Rn. 109), von einer ähnlichen Wirkung auf die Sicherheit und den Gesundheitsschutz von Hausangestellten ausgegangen werden.

Neben den Hausangestellten in privaten Haushalten werden auch **die Beschäftigten auf Seeschiffen**, die Kauffahrteischiffe und nach den Vorschriften des Flaggenrechtsgesetzes zur Führung der Bundesflagge berechtigt sind (RegE, 14), und die **Beschäftigten im Bergbau** vom Geltungsbereich des ArbSchG ausgenommen. Das gilt allerdings nur, soweit entsprechende Rechtsvorschriften bestehen; ansonsten kommt das subsidiär zur Anwendung (*Nöthlichs*, 4010, 10; *Schlüter*, 27). Auf die »**Gleichwertigkeit**« der Vorschriften kommt es hierbei **nicht** an; die Betriebe müssen keine wertende Einzelprüfung vornehmen, ob z.B. im Bundesberggesetz oder in der Allgemeinen Bundesbergverordnung »gleichwertige« Regelungen enthalten sind (vgl. Ausschuss, 3; noch anders RegE, 14; vgl. *KJP*, § 1 Rn. 12). Diese Rechtsvorschriften müssen sich allerdings an der EG-Rahmenrichtlinie Arbeitsschutz sowie an den EG-Einzelrichtlinien zu dieser Rahmenrichtlinie messen lassen. Sie sind erforderlichenfalls richtlinienkonform auszulegen. Damit wird eine vollständige Umsetzung der Rahmenrichtlinie sichergestellt und gleichzeitig die Möglichkeit eröffnet, die Anforderungen des EG-Rechts in die für diese Regelungsbereiche bestehenden besonderen Rechtsvorschriften zu übernehmen, soweit das sinnvoll und zweckmäßig erscheint (RegE, 14). 18

Im Bereich des Bergrechts sind die entsprechenden Regelungen der EG-Rahmenrichtlinie Arbeitsschutz durch die Bergverordnung für alle **bergbaulichen Betriebe** (Allgemeine Bundesbergverordnung ABBergV) v. 23.10.1995 (BGBl. I 1466) in deutsches Recht umgesetzt worden (zu Regelungslücken vgl. *Nöthlichs*, 4010, 12a; *Wlotzke*, FS Däubler, 656). Durch die ABBergV wurden auch umgesetzt (vgl. *Opfermann/Streit*, § 1 Rn. 38b; *Opfermann*, FS Wlotzke, 763; *Kollmer-Kollmer*, C2 § 1 Rn. 73 ff.): 19

– Richtlinie 92/91/EWG zur Verbesserung der Sicherheit und des Gesundheitsschutzes der Arbeitnehmer in den Betrieben, in denen durch Bohrungen Mineralien gewonnen werden v. 3.11.1992 (ABlEG Nr. L 348, 8),
– Richtlinie 92/104/EWG über Mindestvorschriften der Arbeitnehmer in übertägigen oder untertägigen mineralgewinnenden Betrieben v. 3.12.1992 (AB-lEG Nr. L 404, 10) sowie
– weitere Einzelrichtlinien zur Rahmenrichtlinie (Benutzung von PSA [89/656/EWG] bzw. von Arbeitsmitteln [89/655/EWG], Sicherheits- und Gesundheitsschutzkennzeichnung [92/58/EWG]).

Im Bereich der **Seeschifffahrt** erfolgt eine Umsetzung der entsprechenden Bestimmungen der EG-Rahmenrichtlinie Arbeitsschutz und weiterer Arbeitsschutzrichtlinien durch die speziellen Rechtsvorschriften des Seemannsgesetzes (v. 26.7.1957, BGBl. II, 713, zuletzt geändert durch Art. 4 des Gesetzes v. 20.7.1995, BGBl. I, 946) und darauf gestützte Rechtsverordnungen sowie durch die UVV »See« (VBG 108). Letzteres gilt z.T. auch für die Regelungen der Richtlinie 93/103/EWG für Sicherheit und Gesundheitsschutz bei der Arbeit an Bord von Fischereifahrzeugen v. 23.11.1993 (AblEG Nr. L 307, 1; *KJP*, § 1 Rn. 10; vgl. *Opfermann*, FS Wlotzke, 763f.; *Kollmer-Kollmer*, C2 § 1 Rn. 70ff.). 20

Für die **Binnenschifffahrt** gilt das ArbSchG uneingeschränkt (*Nöthlichs*, 4010, 13; zur Ausnahme bei der ArbStättV vgl. ArbStättV Rn. 17). 21

ArbSchG § 1

3. Sonstige Rechtsvorschriften

22 **Pflichten des Arbeitgebers und der Beschäftigten** in **sonstigen Rechtsvorschriften**, die sich auf die Sicherheit und den Gesundheitsschutz der Beschäftigten bei der Arbeit beziehen, bleiben unberührt (vgl. RegE, 14; *KJP*, § 1 Rn. 13). Vor dem Hintergrund der bestehenden nationalen Arbeitsschutzvorschriften kann allerdings von einer gegenseitigen Ergänzung gesprochen werden, und zwar unter den folgenden Gesichtspunkten (vgl. *Kollmer/Vogl*, Rn. 31):
– allgemeine Vorschriften des ArbSchG werden durch spezielle Arbeitsschutzvorschriften konkretisiert (z.B. durch die BildscharbV, die AMBV, die GefStoffV oder die ArbStättV);
– spezielle Arbeitsschutzvorschriften werden durch allgemeine Vorschriften des ArbSchG konkretisiert (z.B. die schon 1976 in Kraft getretene ArbStättV insbesondere durch die allgemeinen Verpflichtungen des Arbeitgebers in den §§ 3, 4, 5 und 6; vgl. ArbStättV Rn. 42 ff.).

23 Da das im Wesentlichen nur allgemeine Pflichten enthält, stellen die sondergesetzlichen Pflichten häufig gleichzeitig eine **Konkretisierung** dieser allgemeinen Pflichten in Bezug auf die zu ergreifenden Schutzmaßnahmen bei bestimmten Gefahren für Sicherheit und Gesundheit der Beschäftigten dar und haben insofern nach dem Grundsatz der Spezialität Vorrang vor den allgemeinen Pflichten (RegE, 14). Zu den sonstigen Rechtsvorschriften gehören insbesondere auch die UVV der Träger der gesetzlichen Unfallversicherung (vgl. SGB VII Rn. 10 ff.) sowie die Rechtsvorschriften im Bereich des vorgreifenden, produktbezogenen Arbeitsschutzes (vgl. Einl. Rn. 60; vgl. *Wlotzke*, NZA 96, 1019). Entsprechende Pflichten des Arbeitgebers sind insbesondere in den folgenden sonstigen Rechtsvorschriften festgelegt (vgl. Einl., Rn. 56 ff.):
– ASiG in Verbindung mit den UVV »Fachkräfte für Arbeitssicherheit« (BGV A 6; Anhang Nr. 17) und »Betriebsärzte« (BGV A 7; Anhang Nr. 18),
– UVV »Allgemeine Vorschriften« (BGV A 1; Anhang Nr. 28),
– UVV »Arbeitsmedizinische Vorsorge« (BGV A 4),
– ArbZG,
– ArbStättV,
– GewO,
– GefStoffV,
– GenTSV,
– JArbSchG,
– MuSchG,
– GSG mit den entsprechenden Verordnungen und EG-Richtlinien (für den Arbeitgeber als Bereitsteller durch die PSA-BV und die AMBV),
– BetrVG sowie BPersVG und PersVG der Länder,
– § 618 BGB, § 62 HGB (als zentrale, privatrechtliche Vorschriften, deren Inhalt und Auslegung von den oben genannten öffentlich-rechtlichen Vorschriften maßgeblich beeinflusst wird).

24 Neben den in diesen Rechtsvorschriften festgelegten verbindlichen Pflichten des Arbeitgebers bestehen **Normen**, insbesondere auf dem Gebiet des produktbezogenen Arbeitsschutzes (die sich zunächst an Hersteller und Inverkehrbringer z.B. von Maschinen richten), aber in eingeschränkter Weise auch auf dem des betriebsbezogenen Arbeitsschutzes (z.B. bei der Ergonomie; vgl. Einl. Rn. 35, 43, 86; vgl. KAN 7 und 2). Dazu kommen **Regeln** und **Erkenntnisse** sowie der **Stand** von Technik, Arbeitsmedizin und Arbeitshygiene, die der Arbeitgeber gem. § 4 Nr. 3 bei Maßnahmen des Arbeitsschutzes berücksichtigen muss (vgl. § 4 Rn. 7 ff.). Durch Regeln, Erkenntnisse und Normen werden zwar keine unmittelbar rechtsverbindlichen Verpflichtungen festgelegt. Die Einhaltung von Normen durch den Arbeitgeber, z.B. bei der Ausfüllung von Schutzzielen zur Gestaltung von Bildschirmarbeitsplätzen (vgl. § 1 BildscharbV Rn. 32 f.) oder bei der Bereitstellung von Arbeitsmitteln gem. § 4 AMBV führt aber zu der – widerlegbaren – Vermutung, dass vorgegebene Sicherheits- und Gesundheitsstandards eingehalten werden (vgl. bezogen auf den produktbezogenen Arbeitsschutz: *Streffer*, FS Wlotzke, 780). Umgekehrt führt die Nichtbeachtung einer Norm zur Verschiebung der Beweislast auf den Arbeitgeber.

Mit den unter Rn. 22 f. angesprochenen Pflichten des Arbeitgebers in sonstigen Rechtsvorschriften korrespondieren entsprechende **Rechte der Beschäftigten**, die gem. Abs. 3 Satz 2 ebenfalls unberührt bleiben. Diese Rechte richten sich z.T. an ihre Interessenvertretung (Kollektivrechte). Weiterhin ergeben sich aus Rahmenvorschriften **Mitbestimmungsrechte des Betriebs- bzw. Personalrats** (vgl. Rn. 28). Von besonderer Bedeutung sind hierbei das BetrVG und das BPersVG sowie die PersVG der Länder. Spezielle Rechte der Beschäftigten oder ihrer Vertretungen enthalten z.B. das ASiG (vgl. ASiG Rn. 114 ff.) und die GefStoffV (vgl. GefStoffV Rn. 65). 25

Gesetzliche **Verpflichtungen anderer Personen**, neben denen des Arbeitgebers und der Beschäftigten, in Bezug auf Maßnahmen des Arbeitsschutzes bleiben gem. Abs. 3 Satz 3 ebenfalls unberührt. Zu diesen Vorschriften gehören z.B.: 26
– GSG (Hersteller, Inverkehrbringer und Aussteller technischer Arbeitsmittel sowie Hersteller, Erbauer und Betreiber von überwachungsbedürftigen Anlagen),
– StörfallV (Betreiber gefährlicher Anlagen),
– ChemG (Hersteller, Inverkehrbringer, Händler und Verwender von Chemikalien),
– GenTG (Errichter und Betreiber gentechnischer Anlagen sowie Inverkehrbringer und Verwender gentechnischer Produkte) und die GenTSV (Projektleiter),
– AtomG i.V.m. der StrahlenschutzV und der RöntgenV (Errichter und Betreiber von Anlagen zur Erzeugung ionisierender Strahlen sowie Betreiber von Röntgenanlagen).

Diese Vorschriften verweisen auf die Schnittstellen des betrieblichen Arbeitsschutzes mit dem vorgreifenden Arbeitsschutz, dem allgemeinen Gesundheitsschutz, dem Umwelt- und dem Verbraucherschutz (vgl. RegE, 14).

4. Mitarbeitervertretungen nach kirchlichem Recht; Rechte des Betriebs- und Personalrats

Das ArbSchG gilt uneingeschränkt auch für **öffentlich-rechtliche Religionsgemeinschaften**. Abs. 4 berücksichtigt lediglich die Tatsache, dass das BetrVG und die Personalvertretungsgesetze in derartigen Betrieben keine Anwendung finden (RegE, 15; vgl. *KJP*, § 1 Rn. 14; *FKHE*, § 1 Rn. 28 und § 118 Rn. 48; *DKK-Blanke*, § 118 Rn. 105 ff.). An die Stelle von Betriebsrat bzw. Personalrat tritt die jeweilige Mitarbeitervertretung. 27

Betriebs- bzw. Personalrat haben die Einhaltung des ArbSchG zu **überwachen** (vgl. § 80 Abs. 1 Nr. 1 BetrVG; § 68 Abs. 1 Nr. 2 BPersVG) und sich, in **Kooperation** mit den Arbeitsschutzakteuren und -experten, für seine Durchführung einzusetzen (vgl. § 89 BetrVG, § 81 BPersVG, § 9, 10, 11 ASiG). 28

ArbSchG § 2

Wichtige Grundlage hierfür sind zunächst **Informationsrechte** (vgl. § 80 Abs. 2 und 3 BetrVG, § 68 Abs. 2 BPersVG).
Bei allen Regelungen des ArbSchG, die dem Arbeitgeber einen Entscheidungsspielraum lassen, greift die **Mitbestimmung** des Betriebsrats nach § 87 Abs. 1 Nr. 7 BetrVG bzw. des Personalrats nach § 75 Abs. 3 Nr. 11 BPersVG (vgl. DKK-*Klebe*, § 87 BetrVG Rn. 200 ff. m.w.N.; im einzelnen: § 3 Rn. 5a, 13, 16; § 4 Rn. 1 § 5 Rn. 16; § 6 Rn. 3a; § 7 Rn. 4; § 8 Rn. 7, 15; § 9 Rn. 5; § 10 Rn. 6a; § 11 Rn. 9a; § 12 Rn. 4a; s. auch die Erl. zum BetrVG und BPersG). Dazu kommen die Rahmenvorschriften in den Arbeitsschutzverordnungen nach §§ 18, 19 ArbSchG (vgl. § 18 Rn. 1 ff., § 19 Rn. 1 ff.) und in sonstigen Rechtsvorschriften (vgl. Rn. 25).

§ 2 Begriffsbestimmungen

(1) Maßnahmen des Arbeitsschutzes im Sinne dieses Gesetzes sind Maßnahmen zur Verhütung von Unfällen bei der Arbeit und arbeitsbedingten Gesundheitsgefahren einschließlich Maßnahmen der menschengerechten Gestaltung der Arbeit.
(2) Beschäftigte im Sinne dieses Gesetzes sind:
1. Arbeitnehmerinnen und Arbeitnehmer,
2. die zu ihrer Berufsbildung Beschäftigten,
3. arbeitnehmerähnliche Personen im Sinne des § 5 Abs. 1 des Arbeitsgerichtsgesetzes, ausgenommen die in Heimarbeit Beschäftigten und die ihnen Gleichgestellten,
4. Beamtinnen und Beamte,
5. Richterinnen und Richter,
6. Soldatinnen und Soldaten,
7. die in Werkstätten für Behinderte Beschäftigten.
(3) Arbeitgeber im Sinne dieses Gesetzes sind natürliche und juristische Personen und rechtsfähige Personengesellschaften, die Personen nach Absatz 2 beschäftigen.
(4) Sonstige Rechtsvorschriften im Sinne dieses Gesetzes sind Regelungen über Maßnahmen des Arbeitsschutzes in anderen Gesetzen, in Rechtsverordnungen und Unfallverhütungsvorschriften.
(5) Als Betriebe im Sinne dieses Gesetzes gelten für den Bereich des öffentlichen Dienstes die Dienststellen. Dienststellen sind die einzelnen Behörden, Verwaltungsstellen und Betriebe der Verwaltungen des Bundes, der Länder, der Gemeinden und der sonstigen Körperschaften, Anstalten und Stiftungen des öffentlichen Rechts, die Gerichte des Bundes und der Länder sowie die entsprechenden Einrichtungen der Streitkräfte.

Übersicht   Rn.
1. Maßnahmen des Arbeitsschutzes (Definitionen) 1–10
2. Beschäftigtenbegriff 11–27
3. Arbeitgeberbegriff 28, 29
4. Sonstige Rechtsvorschriften 30, 31
5. Betriebsbegriff 32–40

1. Maßnahmen des Arbeitsschutzes (Definitionen)

Als Maßnahmen des Arbeitsschutzes i.S. des ArbSchG werden in Abs. 1 bestimmt: **1**
- Maßnahmen zur Verhütung von Unfällen bei der Arbeit,
- Maßnahmen zur Verhütung von arbeitsbedingten Gesundheitsgefahren einschließlich
- Maßnahmen zur menschengerechten Gestaltung der Arbeit (zu konkreten Arbeitsschutzmaßnahmen vgl. § 5 Rn. 9 ff.).

Dieser Katalog unterstreicht die gesetzliche Verankerung eines **umfassenden Arbeitsschutzansatzes**. Er hebt zwar die bisherige Trennung in die verschiedenen Bereiche des Arbeitsschutzrechts (vgl. *Kloepfer/Veit*, NZA 1990, 123 f.) nicht auf, verschafft ihnen jedoch einen gemeinsamen Handlungsrahmen zur Umsetzung auf der betrieblichen Ebene (vgl. § 1 Rn. 4; Einl. Rn. 21). So gehen z.B. Maßnahmen zur Verhütung von Unfällen bei der Arbeit über rein technische und am Schutz des einzelnen Beschäftigten orientierte Lösungen hinaus und müssen im Zusammenhang mit Arbeitszeit-, Arbeitsorganisations- und Arbeitsgestaltungsmaßnahmen gesehen werden. Die drei im ArbSchG vorgeschriebenen Arten von Maßnahmen müssen daher in ihrer Wechselbezüglichkeit verwirklicht werden. Dies entspricht dem umfassenden Verständnis der EG-Rahmenrichtlinie Arbeitsschutz und setzt die entsprechenden Art. 5 Abs. 1, Art. 6 Abs. 1 Unterabs. 2, Abs. 2 Buchst. d um.

Parallel zu den Regelungen im ArbSchG über staatlich festgelegte Maßnahmen auf dem Gebiet des Arbeitsschutzes bestehen die ebenfalls öffentlich-rechtlichen, aber autonomen Aufgaben der gesetzlichen **Unfallversicherung** im SGB VII. Danach haben die Unfallversicherungsträger im Rahmen ihres Präventionsauftrages mit allen geeigneten Mitteln Arbeitsunfälle und Berufskrankheiten sowie arbeitsbedingte Gesundheitsgefahren zu verhüten sowie den Ursachen von arbeitsbedingten Gefahren für Leben und Gesundheit nachzugehen (§§ 1, 14 Abs. 1 SGB VII; vgl. MünchArbR-*Wlotzke*, § 206 Rn. 10; SGB VII Rn. 2). **2**

Unter **Unfall bei der Arbeit** i.S. des ArbSchG versteht man ein Ereignis, das während der Arbeit durch von außen wirkende Faktoren plötzlich und ungewollt einen körperlichen Schaden bewirkt (vgl. *Däubler*, in: *BAU* [Hrsg.], 1983, 116). Dieser Begriff ist enger als Unfallbegriff des Unfallversicherungsrechts, bei dem auch Wegeunfälle kraft gesetzlicher Bestimmung als »Arbeitsunfälle« gelten (§ 8 Abs. 2 SGB VII). Maßnahmen zur Verhütung von Unfällen bei der Arbeit i.S. des ArbSchG beziehen sich deshalb z.B. nicht auf die in § 8 Abs. 2 SGB VII als Arbeitsunfälle bestimmten Wegeunfälle (RegE, 15; vgl. *KJP*, § 2 Rn. 2). Im Unterschied zur Entschädigungspraxis im Unfallversicherungsrecht werden an den Zusammenhang von Unfall und Arbeit nicht so strenge Maßstäbe angelegt (»Theorie der wesentlichen Bedingung«). Entscheidend ist vielmehr der Grundsatz der Prävention (vgl. Kollmer-*Kohte*, C2 § 2 Rn. 14). **3**

Die offizielle Statistik für Arbeitsunfälle und Berufskrankheiten wurde seit dem Unfallversicherungs-Neuregelungsgesetz (UVNG) v. 30.4.1963 (BGBl. I S. 241) regelmäßig als »**Unfallverhütungsbericht** der Bundesregierung« dem Bundestag vorgelegt (§ 722 Abs. 1 RVO). Aufgrund des SGB VII wird nunmehr ein dem neuen ganzheitlichen und integrierten Arbeitsschutzverständnis entsprechender »**Bericht über den Stand von Sicherheit und Gesundheit bei der Arbeit** und über das Unfall- und Berufskrankheitsgeschehen in der Bundesrepublik Deutschland« verlangt. Er fasst die berufsgenossenschaftliche und die staat- **4**

ArbSchG § 2

liche Berichterstattung zusammen und wird durch die neuen Präventionsregelungen im ArbSchG sowie im SGB VII aufgewertet (vgl. § 25 SGB VII i.V. m. § 23 Abs. 4; § 23 Rn. 7; SGB VII Rn. 5 ff.).

5 Maßnahmen zur Verhütung von **arbeitsbedingten Gesundheitsgefahren** gehen über die Verhütung von Unfällen bei der Arbeit hinaus und beziehen sich auf alle anderen Gefahren für die Sicherheit und die Gesundheit der Beschäftigten (zu den Begriffen Sicherheit und Gesundheit vgl. § 1 Rn. 7 ff.; zum Begriff der Gefahr § 4 Rn. 2 f.), die durch die Arbeitsbedingungen verursacht werden und insbesondere zu arbeitsbedingten Erkrankungen führen können (vgl. *KJP*, § 2 Rn. 5 f.; Rn. 6). Zur Verhütung arbeitsbedingter Gesundheitsgefahren zählt auch die Verhütung von Berufskrankheiten (RegE, 15), die beide auch in den Aufgabenbereich der Träger der gesetzlichen Unfallversicherung fallen (§§ 1 Abs. 1, 14 SGB VII; vgl. § 21 Rn. 19 ff.; SGB VII Rn. 4 ff.). Mit der parallelen Verankerung der Verhütung arbeitsbedingter Gesundheitsgefahren in §§ 1, 14 SGB VII wird der Präventionsauftrag der Träger der gesetzlichen Unfallversicherung über die Verhütung von Arbeitsunfällen und Berufskrankheiten i.S. des Unfallversicherungsrechts hinaus erweitert (vgl. *Coenen/Waldeck*, BG 1996, 576; *Sokoll/Coenen*, BG 1995, 460 ff.; SGB VII Rn. a.a.O.; zur Zusammenarbeit mit den Krankenkassen vgl. Einl. Rn. 54).

6 Arbeitsbedingte Gesundheitsgefahren i.S. des ArbSchG können insbesondere zu **arbeitsbedingten Erkrankungen** führen, die durch Maßnahmen des Arbeitsschutzes verhütet werden sollen. Der Begriff der arbeitsbedingten Erkrankungen wurde im Rahmen der Festlegung der Aufgaben der Betriebsärzte durch § 3 Abs. 1 Satz 2 Nr. 3 Buchst. c ASiG erstmals gesetzlich verankert. Anders als der Begriff der »Berufskrankheiten« (vgl. § 9 SGB VII; SGB VII Rn. 4) ist dieser Begriff allerdings gesetzlich nicht definiert. Nach h.M. umfassen arbeitsbedingte Erkrankungen solche Erkrankungen, die durch Arbeitseinflüsse verursacht oder mitverursacht, bzw. die als außerberuflich erworbene Erkrankungen durch Arbeitsverhältnisse in ihrem Verlauf ungünstig beeinflusst werden (*BMA*, BAnz. Nr. 116 v. 14. 6. 1993, geändert durch BAnz Nr. 97 v. 11. 5. 1995; vgl. *Anzinger/Bieneck*, § 1 Rn. 18; *Nöthlichs*, 4011, 4). Arbeitsbedingte Erkrankungen umfassen daher sowohl die **Berufskrankheiten** wie auch **andere arbeitsbedingte Erkrankungen**, die nicht den Anforderungen des Berufskrankheitenrechts entsprechen (MünchArbR-*Wlotzke*, § 206 Rn. 10; vgl. *FKHE*, 18. Aufl., vor § 89 Rn. 32, 33).

7 **Andere arbeitsbedingte Erkrankungen** sind typischerweise multikausal verursacht und können durch betriebliche Einflüsse, Risiken des Arbeitsplatzes oder durch die jeweiligen Arbeitstätigkeiten hervorgerufen oder verstärkt werden, z.B. durch
– einseitige und übermäßige Belastungen des Muskel- und Skelettsystems (jetzt eingeschränkt als Berufskrankheit anerkannt; vgl. *Feldhoff*, AiB 1995, 400 ff.; *Becker*, SozSich 1995, 100 ff.; zum Arbeitsschutz beim manuellen Heben und Tragen von Lasten vgl. LasthandhabV),
– durch Erkrankungen der Atemwege oder des Kreislaufs,
– durch psycho-mentale Belastungen (*BVerwG*, 31. 1. 1997, NZA 1997, 483; vgl. § 5 Rn. 13; zu psychischen Belastungen/Beanspruchungen bei Bildschirmarbeit vgl. § 3 BildscharbV Rn. 7).

Arbeitsbedingte Erkrankungen führen zu erheblichen Fehlzeiten und häufig auch zur Berufs- und Erwerbsunfähigkeit (vgl. MünchArbR-*Wlotzke*, § 206 Rn. 41; *FKHE* 18. Aufl., vor § 89 BetrVG Rn. 33).

§ 2 ArbSchG

Das ArbSchG schließt in die Maßnahmen des Arbeitsschutzes zur Unfallverhütung und zur Verhütung von arbeitsbedingten Gesundheitsgefahren ausdrücklich die **menschengerechte Gestaltung der Arbeit** ein. Damit hat der Arbeitgeber i.S. der Prävention (vgl. *Pieper/Vorath*, 18 ff.) schon bei der Gestaltung der Arbeitsplätze sowie bei der Auswahl von Arbeitsmitteln und von Arbeits- und Fertigungsverfahren auch ergonomische, arbeitspsychologische und arbeitsmedizinische Kenntnisse zu beachten (*Wlotzke*, NZA 1996, 1019 vgl. *Schweres*, AiB 1995, 634 ff.; *FKHE*, § 90 Rn. 51 ff.). Diese Regelung unterstreicht, zusammen mit der Aufgabe der Verhütung arbeitsbedingter Gesundheitsgefahren den erweiterten Gesundheitsbegriff und Arbeitsschutzansatz des ArbSchG (*BVerwG* 31.1.1997, NZA 97, 483; vgl. § 1 Rn. 8; MünchArbR-*Wlotzke*, § 206 Rn. 12). Das Gleiche ist gemeint, wenn von »Humanisierung der Arbeit« gesprochen wird (vgl. *Hanau*, in *Fürstenberg* u.a., 1983, 11 ff.; zum Meinungsstreit über die Reichweite des Begriffs vgl. *KJP*, § 2 Rn. 10). **8**

Ziel der menschengerechten Gestaltung der Arbeit durch Maßnahmen des Arbeitsschutzes ist eine Verbesserung der Bedingungen, unter denen die Arbeit zu leisten ist (vgl. MünchArbR-*Wlotzke*, § 206 Rn. 14 ff. m.w.N.). **Beispiele** für menschengerechte Arbeitsgestaltung sind: **9**
– Achtung der Menschenwürde der Beschäftigten und Gewährleistung ihrer körperlichen und geistig-seelischen Gesundheit sowie ihrer Arbeitsfähigkeit über ein normales Erwerbsleben hindurch (vgl. *Zmarzlik/Anzinger*, § 6 Rn. 19; *Anzinger/Bieneck*, § 1 Rn. 20 f.);
– Förderung der Persönlichkeit der Beschäftigten im Beschäftigungsverhältnis i.S. von mehr individueller Freiheit, persönlicher Unversehrtheit und Lebensqualität (vgl. *LAG Thüringen*, BB 2001, 1358 ff.; MünchArbR-*Wlotzke*, a.a.O., Rn. 15; *Anzinger/Bieneck*, a.a.O.);
– Reduzierung bis hin zur Beseitigung von gesundheitsschädlichen Auswirkungen bei der Gestaltung von Arbeitsplätzen sowie bei der Auswahl von Arbeitsmitteln und Arbeits- und Fertigungsverfahren – vor allem im Hinblick auf eine Erleichterung bei eintöniger Arbeit und bei maschinenbestimmtem Arbeitsrhythmus (vgl. RegE, 15; *KJP*, § 2 Rn. 8; damit wird zugleich Art. 6 Abs. 2 Buchst. d EG-Rahmenrichtlinie Arbeitsschutz umgesetzt; zu den entsprechenden Grundsätzen des Arbeitsschutzes vgl. § 4);
– Berücksichtigung der individuellen Belastbarkeit und individueller Beeinträchtigungen aufgrund körperlicher Behinderungen oder besonderer Lebenssituationen (z.B. jugendliches Alter, Schwangerschaft; RegE, 15; vgl. *Anzinger/Bieneck*, a.a.O.);
– Kommunikation mit anderen Beschäftigten (vgl. MünchArbR-*Wlotzke*, a.a.O.);
– Möglichkeit, sich im Rahmen des Beschäftigungsverhältnisses weiter zu qualifizieren oder die Arbeitsleistung den Schwankungen der Leistungskraft anzupassen (a.a.O.).

Der Grundsatz der menschengerechten Gestaltung der Arbeit ist, vor allem in den siebziger Jahren, zunächst im BetrVG (§§ 90, 91) und dann in einer Reihe von gesetzlichen Arbeitsschutz- bzw. sich auf den Arbeitsschutz beziehenden **Vorschriften** verankert worden (Beispiele: § 6 Satz 1 ASiG, § 19 Abs. 1 Satz 1 ChemG; vgl. MünchArbR-*Wlotzke*, § 206 Rn. 12; *KJP*, § 2 Rn. 9). Diese Regelungen erhalten durch das ArbSchG nunmehr einen gemeinsamen Bezugspunkt. Sie werden durch die allgemeinen Grundpflichten und Grundsätze der §§ 3 und 4 konkretisiert. Dazu dient insbesondere die Verpflichtung des Arbeitgebers, bei Arbeitsschutzmaßnahmen gesicherte arbeitswissenschaftliche Er- **10** kenntnisse zu beachten (§ 4 Nr. 3; vgl. auch § 28 Abs. 1 Satz 2 JArbSchG, § 3 Abs. 1 Nr. 1 ArbStättV, § 17 Abs. 1 Satz 2 GefStoffV; vgl. § 4 ArbSchG Rn. 11 ff.). Die Erweiterung des Arbeitsschutzansatzes durch den Grundsatz der menschengerechten Gestaltung der Arbeit erstreckt sich nun auf den gesamten Bereich des betrieblichen Arbeitsschutzes (*Wlotzke*, NZA 1996, 1019; vgl. *FKHE*, § 87 Rn. 287).

2. Beschäftigtenbegriff

11 Zielgruppe für des ArbSchG für Maßnahmen des Arbeitsschutzes sind gem. § 2 Abs. 2 Beschäftigte. Auf sie bezieht sich der **persönliche Geltungsbereich** des Gesetzes (ausgehend von Art. 3 Buchst. a EG-Rahmenrichtlinie Arbeitsschutz). Der Beschäftigtenbegriff des ArbSchG geht über den allgemeinen arbeitsrechtlichen bzw. betriebsverfassungsrechtlichen Begriff des Arbeitnehmers (vgl. DKK-*Trümner*, § 5 Rn. 8 ff. und 7; *FKHE*, § 5 Rn. 8) hinaus. Der Begriff »Beschäftigte« als Sammelbegriff für alle diejenigen Personen, die durch die Arbeitsschutzvorschriften geschützt werden sollen, findet sich bereits in verschiedenen Rechtsvorschriften (§ 19 ChemG, § 30 GenTG, § 11 GSG). Diese Regelung bedeutet zwar insofern einen Fortschritt, als mit ihr die große Rechtszersplitterung in Bezug auf verschiedene Gruppen von Betroffenen beendet wird (*Wlotzke*, NZA 96, 1019). Eine formale Orientierung am Wortlaut lässt jedoch Zweifel darüber aufkommen, ob als »Beschäftigte« auch solche Personen erfasst sind, die zwar in **keinem Vertragsverhältnis zum Arbeitgeber** stehen, jedoch in seinem Betrieb tätig sind. Diese Fälle müssen entsprechend der Intentionen des Arbeitsschutzes im Sinne der Richtlinie 89/391/EWG gelöst werden, die für die Arbeitnehmereigenschaft lediglich verlangt, dass ein Arbeitgeber jemanden »**beschäftigt**«).

12 Der Begriff »**Beschäftigte**« im ArbSchG umfasst diejenigen Personen, die aufgrund einer rechtlichen Beziehung zum Arbeitgeber (u.a. Arbeitsvertrag, Dienstvertrag, öffentlich-rechtliches Dienstverhältnis, Arbeitnehmerüberlassung) Dienstleistungen erbringen und durch Arbeitsschutzmaßnahmen vor Gesundheitsgefahren geschützt werden sollen. Wegen der Vielfalt der rechtlichen Gestaltungsmöglichkeiten ist der Begriff »Beschäftigte« der geeignete Oberbegriff (vgl. RegE, 15). Erfasst werden:
– Arbeitnehmer,
– Auszubildende,
– arbeitnehmerähnliche Personen i.S. des § 5 Abs. 1 ArbGG, ausgenommen Heimarbeiter und ihnen gleichgestellte Personen,
– Beamte,
– Richter,
– Soldaten,
– die in Werkstätten für Behinderte Beschäftigten.

13 § 2 Abs. Abs. 2 Nr. 1 bis 3 und 7 lehnt sich inhaltlich, mit Ausnahme der Heimarbeiter und ihnen gleichgestellten Personen, an § 5 Abs. 1 ArbGG an (RegE, 15). Danach sind Arbeitnehmer Arbeiter und Angestellte sowie die zu ihrer Berufsausbildung Beschäftigten. Als **Arbeitnehmer i.S. des ArbGG** gelten auch die in Heimarbeit Beschäftigten und die ihnen Gleichgestellten (§ 1 HAG) sowie sonstige Personen, die wegen ihrer wirtschaftlichen Unselbständigkeit als arbeitnehmerähnliche Personen anzusehen sind. Die Hereinnahme von arbeitnehmerähnlichen Personen in den Geltungsbereich **entschärft** die für das Ar-

§ 2 ArbSchG

beitsrecht ansonsten gravierende **Abgrenzungsproblematik**. Während sonst von der Entscheidung zwischen Arbeitnehmer und arbeitnehmerähnlicher Person die Geltung des gesamten Arbeitsrechts nach dem Prinzip »alles oder nichts« abhängt, kann dies für die Geltung des ArbSchG im Einzelfall dahingestellt bleiben (vgl. *BAG* 16.7.1997, NZA 1997, 1126: Franchisenehmer bei Eismann). Voraussetzung dafür, dieser Unterscheidung für das Arbeitsschutzrecht keine grundlegende Bedeutung beizumessen, ist jedoch, dass in dieser Hinsicht eine ungeschmälerte Zuständigkeit des **Betriebsrats bzw. Personalrats** anerkannt wird (vgl. BetrVG Rn. 42f.; BPerVG Rn. 22f.).

Die zahlenmäßige Hauptgruppe der in den Anwendungsbereich des ArbSchG **14** einbezogenen Personen wird durch die **Arbeitnehmer** gebildet (§ 2 Abs. 2 Nr. 1). Nach h.M. ist Arbeitnehmer, wer aufgrund eines Arbeitsvertrages im Dienst eines anderen zur Leistung fremdbestimmter Arbeit in persönlicher Abhängigkeit verpflichtet ist (stg. Rspr., *BAG* v. 13.11.1991, 27.3.1991, 9.5.1984 und 13.1.1983, AP Nrn. 60, 53, 45 und 42 zu § 611 BGB Abhängigkeit; vgl. *KJP*, § 2 Rn. 13ff.; Kittner/Zwanziger-*Kittner*, § 5; DKK-*Trümner*, § 5 BetrVG Rn. 9ff.; FKHE, § 5 BetrVG Rn. 9 m.w.N.). Wichtiges Kriterium – auch für die betriebliche Arbeitsschutzorganisation (vgl. Rn. 30) – ist, dass die Arbeitsleistung innerhalb der betrieblichen Organisation erbracht wird. Entscheidend ist im Zweifel nicht die Bezeichnung des jeweiligen Vertrages oder der schriftliche Vertrag, sondern die **tatsächliche Vertragsdurchführung** (*BAG* 30.10.1991, NZA 1992, 407; Kittner/Zwanziger-*Kittner*, § 4 Rn. 7). Das kann dazu führen, dass selbständige Vertragspartner mit Vertragstexten, wie sie für Selbständige üblich sind, rechtlich als Arbeitnehmer zu behandeln sind (vgl. *BAG* 19.11.1997, NZA 1998, 595: Dozent; *BAG* 19.11.1997, NZA 1998, 364: Frachtführer; *OLG Düsseldorf* 5.12.1997, NZA-RR 1998, 145).

Die **Art des Arbeitsverhältnisses** ist für die Anwendung des ArbSchG uner- **15** heblich (z.B. Probe- oder Aushilfsarbeitsverhältnis, Arbeit auf Abruf oder Nebentätigkeit, Teilzeitbeschäftigung). Soweit **Außendienstmitarbeiter** Arbeitnehmer sind, gilt das ArbSchG auch für sie (zur Pflicht zur Zusammenarbeit mit anderen Arbeitgebern s. § 8 Rn. 10f.).

Bei **Telearbeit** liegt ein Arbeitsverhältnis vor, wenn eine entsprechende techni- **16** sche oder arbeitsorganisatorische Abhängigkeit zum Arbeitgeber besteht, von der im Regelfall auszugehen ist (eingehend *Wedde*, Telearbeit, 2. Aufl. 1994; ders., Entwicklung der Telearbeit – Arbeitsrechtliche Rahmenbedingungen, Forschungsbericht des *BMA*, 1997; *Preis*, Arbeitsrechtliche Probleme der Telearbeit, in: »Die Zukunft der Medien hat schon begonnen«, Schriftenreihe des Instituts für Rundfunkrecht Köln, 1998, S. 75; *Schmidt/Koberski/Tiemann/Wascher*, HAG, 4. Aufl. 1998, § 2 Rn. 68ff.). Die Vorschriften des Arbeitsschutzgesetzes (ArbSchG) und sonstige Rechtsvorschriften (z.B. die Bildschirmarbeitsverordnung oder die Arbeitsstättenverordnung) finden in diesem Fall, unter Berücksichtigung entsprechender arbeitswissenschaftlicher Erkenntnisse, Anwendung. Damit ist der Arbeitgeber auch für die Einhaltung des Arbeitsschutzes am ausgelagerten (häuslichen) Arbeitsplatz verantwortlich (vgl. Kittner/Zwanziger-*Becker*, Arbeitsrecht, § 137 Rn. 36ff.). Wenn dagegen hinreichend Selbständigkeit besteht, liegt **Heimarbeit vor** (*BAG* 17.7.1988, NZA 1989, 141: häusliche Schreibarbeit ohne organisatorische oder technische Einbindung). In diesem Fall greifen die Vorschriften des HAG (vgl. Rn. 23).

Der Arbeitnehmerbegriff des ArbSchG darf allerdings nicht nur formal auf **17** diejenigen Personen erstreckt werden, die in einer **arbeitsvertraglichen Bezie-**

ArbSchG § 2

hung zum Arbeitgeber stehen. Eine richtlinienkonforme Auslegung verlangt entsprechend Art. 3 Buchst. a) die Berücksichtigung aller »von einem Arbeitgeber beschäftigten« Personen. Das betrifft in jedem Fall den Personenkreis, der vom Beteiligungsrecht des Betriebsrates gem. § 99 BetrVG erfasst wird, also alle in den Betrieb **eingegliederten** Personen (vgl. *BAG* 22. 4. 1997, NZA 1997, 11297: Rot-Kreuz-Pflege-Kräfte; zu Arbeitsschutzpflichten eines Vereins für Vereinsmitglieder s. Rn. 18). Ausdrücklich geregelt ist auch die Geltung für **Leiharbeitnehmer** im Einsatzbetrieb (§ 11 Abs. 6 AÜG). Im Hinblick auf die Rechtsprechung des *BAG* zum Eingliederungsbegriff des § 99 BetrVG (Nachweise bei DKK-*Kittner*, § 99 Rn. 13, 38) blieben damit jedoch all die **Fremdfirmenbeschäftigten** unberücksichtigt, für die die Personalhoheit bei der Fremdfirma bleibt. Das wäre jedoch mit dem Zweck des Arbeitsschutzes unvereinbar. Deshalb gibt es für sie nur zwei rechts-konstruktive Möglichkeiten der Einbeziehung in den Arbeitsschutz:
(1) Entweder gelten sie für Zwecke des Arbeitsschutzes als »Beschäftigte« mit der Folge einer unmittelbaren Verantwortung des Arbeitgebers, in dessen Betrieb der Arbeitseinsatz erfolgt.
(2) Oder der Einsatz-Arbeitgeber ist ihnen gegenüber aus seinem Vertrag mit der Fremdfirma nach den Kriterien eines Vertrages »mit Schutzwirkung für Dritte« zur Einhaltung aller Arbeitsschutzvorschriften verpflichtet (zu den Konsequenzen für die Mitbestimmung des Betriebsrats bzw. Personalrats s. BetrVG Rn. 43 und BPersVG Rn. 24).

18 Es bleiben schließlich Personen, deren Tätigwerden **nicht den Regeln des Arbeitsrechts unterfällt**, für die aber das Arbeitsschutzrecht gleichwohl Bedeutung hat:
(1) Wer aufgrund eines **Werkvertrags** gem. § 631 BGB in einem anderen Betrieb arbeitet, für den ist der Auftraggeber in entsprechender Anwendung des § 618 BGB verantwortlich (vgl. *Lorenz* in Münchener Kommentar zum BGB, § 618 Rn. 8 m.w.N.). Damit werden über diese vertragsrechtliche Transformationsnorm die Vorschriften des Arbeitsschutzrechts, insbesondere des ArbSchG, zur Anwendung kommen.
(2) Eine vergleichbare Interessenlage liegt vor, wenn jemand nicht als Arbeitnehmer, sondern aufgrund **vereinsrechtlicher Pflichten** für einen Verein tätig wird. Das ist z.B. bei Rot-Kreuz-Schwestern und sonstigen karitativen Vereinen der Fall (sofern sie in einen anderen Betrieb eingegliedert werden, ist der dortige Arbeitgeber verantwortlich, Rn. 17). Nach allgemeiner vereinsrechtlicher Ansicht sind derartige Leistungen, insbesondere hinsichtlich Leistungsstörungen, nach Dienstvertragsrecht zu beurteilen (*Reuter* in Münchener Kommentar zum BGB, § 38 Rn. 26; vgl. *BGH* 2. 5. 1966, NJW 1966, 1311). Das kann für den Bereich des Arbeitsschutzes nur heißen, dass der Verein an die Grundsätze des Arbeitsschutzes in entsprechender Anwendung des § 618 BGB gebunden ist.

19 **Teilzeitbeschäftigte** sind wie Vollzeitbeschäftigte in den Anwendungsbereich des ArbSchG einbezogen (vgl. *Schlüter*, 26). Teilzeitbeschäftigte finden in § 6 Abs. 1 Satz 4 allerdings besondere Berücksichtigung, indem sie bei der Feststellung der Zahl der Beschäftigten hinsichtlich der Verpflichtung des Arbeitgebers zur Dokumentation der Gefährdungsbeurteilung gem. Satz 3 lediglich pro rata einbezogen werden (vgl. § 6 ArbSchG Rn. 7, auch zur Überprüfung der gesamten Ausnahme für Kleinbetriebe aufgrund einer Klage der Europäischen Kommission vor dem EuGH).

§ 2 ArbSchG

Besondere Vorschriften über Sicherheit und Gesundheitsschutz sieht das **20**
ArbSchG im Hinblick auf die Unterweisung gem. § 12 für **Leiharbeitnehmer**
vor, die ansonsten in den Anwendungsbereich des ArbSchG einbezogen sind
(*Schlüter*, 26; vgl. § 12 Rn. 17; zur Anpassung sonstiger Arbeitsschutzbestimmungen auch im Hinblick auf **befristet Beschäftigte** vgl. § 2 Abs. 2 ASiG [ASiG Rn. 56]; § 11 Abs. 1 Satz 2 Nr. 3 und Abs. 6 AÜG, Teil IV). Damit werden Regelungen der Richtlinie 91/383/EWG zur Ergänzung der Maßnahmen zur Verbesserung der Sicherheit und des Gesundheitsschutzes von Arbeitnehmern mit befristetem Arbeitsverhältnis oder Leiharbeitsverhältnis in das bundesdeutsche Arbeitsschutzrecht umgesetzt.

Auszubildende sind Beschäftigte i.s. des ArbSchG (§ 2 Abs. 2 Nr. 2). Dazu ge- **21**
hören sowohl Auszubildende in einem Berufsausbildungsverhältnis als auch Personen i. S. des § 19 BBiG, z.B. Praktikanten, die gegen Vergütung beschäftigt werden (RegE, 15; vgl. *FKHE*, § 5 Rn. 84 ff.; vgl. *KJP*, § 2 Rn. 18 ff.).

Zu den Beschäftigten i.s. des ArbSchG gehören auch sonstige Personen i.s. des **22**
§ 5 Abs. 1 ArbGG, die wegen ihrer wirtschaftlichen Unselbständigkeit als **arbeitnehmerähnliche Personen** anzusehen sind (§ 2 Abs. 2 Nr. 3; vgl. Kittner/Zwanziger-*Kittner*, § 5 Rn. 174 ff.; *Grunsky*, § 5 ArbGG Rn. 16 ff.). Zu den arbeitnehmerähnlichen Personen zählen z.b. **selbständige** Erfinder, Lehrbeauftragte an Hochschulen, Personen, die gutachterliche und schiedsrichterliche Aufgaben erfüllen, Theaterintendanten, freie Mitarbeiter beim Fernsehen (a.a.O., Rn. 19 f.; vgl. *Kollmer/Vogl*, Rn. 46 ff.; *KJP*, § 2 Rn. 24; zu den Beteiligungsrechten des Betriebs- bzw. Personalrats für diesen Personenkreis vgl. BetrVG Rn. 1 ff.; BPersVG Rn. 3 ff.). Als arbeitnehmerähnliche Personen kommen insbesondere Vertragspartner in **Vertrieb** und **Logistik** in Betracht, denen aufgrund der vertraglichen Bindungen keine alternativen unternehmerischen Betätigungen möglich sind. Das liegt insbesondere beim Vertriebssystem des **Franchising** nahe (vgl. *BAG* 16.7.1997, NZA 1997 1126: Eismann).

Ausgenommen sind gem. § 2 Abs. 3 Nr. 3 **Heimarbeiter** und die ihnen Gleich- **23**
gestellten, deren Sicherheit und Gesundheitsschutz weiterhin im Heimarbeitsgesetz (HAG) geregelt wird (RegE, 15; vgl. *KJP*, § 2 Rn. 25 f.; Kittner/Zwanziger-*Becker*, § 136 Rn. 36 ff.). Eine Ausnahme macht die BioStoffV, die sich ausdrücklich auch auf die Ermächtigungsgrundlage in § 13 HAG stützt (vgl. § 1 BioStoffV Rn. 22; § 2 BioStoffV Rn. 13 f.). Bezogen auf den Umgang mit Gefahrstoffen enthält weiterhin die GefStoffV für die in Heimarbeit Beschäftigten besondere Regelungen (vgl. § 515c GefStoffV; GefStoffV Rn. 3; *Nöthlichs*, 4010, 12a). Darüber hinaus müssen gem. § 12 Abs. 1 HAG die Arbeitsstätten einschließlich aller Maschinen, Werkzeuge und Geräte so beschaffen sein, dass insbesondere keine Gefahren für Leben und Gesundheit der Beschäftigten und ihrer Mitarbeiter entstehen. Für die Erfüllung dieser Verpflichtung ergeben sich aus den öffentlich-rechtlichen Arbeitsschutzvorschriften wichtige Hinweise für die Adressaten des HAG. Adressat der Verpflichtung nach § 12 Abs. 1 HAG sind zum einen die **selbständigen Heimarbeiter**. Ihnen gegenüber bestehen allerdings bei Verletzung der Pflichten aus § 12 Abs. 1 HAG keine Sanktionen (vgl. *Schmidt/Koberski/Tiemann/Wascher*, HAG, § 12 Rn. 10). Der **Auftraggeber** ist dafür verantwortlich, dass von den technischen Arbeitsmitteln und Arbeitsstoffen, die er dem Heimarbeiter zur Verfügung stellt, keine Gefahren für Leben oder Gesundheit der in der Heimarbeit Beschäftigten ausgehen. Stellt ein Heimarbeiter seinerseits sog. **fremde Hilfskräfte** an, so handelt es sich bei diesen um Arbeitnehmer, denen gegenüber alle arbeitsrechtlichen Normen

ArbSchG § 2

zur Anwendung kommen (ebd., § 2 Rn. 54). Ihnen gegenüber ist der selbständige Heimarbeiter als Arbeitgeber i.S. des Abs. 3 (Rn. 28) **an das ArbSchG gebunden** (§ 12 Abs. 2 HAG). Der Wortlaut dieser Vorschrift stammt aus der Zeit vor Inkrafttreten des ArbSchG und spricht noch von »Betriebsschutz«, womit die §§ 120a ff. GewO gemeint sind. An die Stelle des § 120a GewO ist nunmehr das ArbSchG getreten (Einl. Rn. 98 ff.).

24 **Beamte** sind ausdrücklich in den Geltungsbereich des ArbSchG einbezogen (§ 2 Abs. 2 Nr. 4). Diese Regelung beruht auf Art. 2 Abs. 1 i.V.m. § 3 Buchst. a EG-Rahmenrichtlinie Arbeitsschutz sowie aus Nr. 8 der Erklärungen für das Ratsprotokoll zur EG-Rahmenrichtlinie Arbeitsschutz (RegE, 15; vgl. *KJP*, § 2 Rn. 27 ff.). Beamter i.S. des Beamtenrechts ist, wer zu einem Dienstherrn, d.h. zu einem mit Dienstherrnfähigkeit ausgestatteten Träger öffentlicher Verwaltung, in einem öffentlich-rechtlichen Dienst- und Treueverhältnis (Beamtenverhältnis) steht (*Scheerbarth* u.a., § 9 I, 147). Unerheblich für die umfassende Geltung des ArbSchG ist dagegen die Ausgrenzung der Beamten aus dem Arbeitnehmerbegriff in § 5 Abs. 2 ArbGG.

25 **Richter** sind in den Anwendungsbereich des ArbSchG einbezogen (§ 2 Abs. 2 Nr. 5). Sie sind gem. § 1 DRiG Berufsrichter und ehrenamtliche Personen, die die rechtsprechende Gewalt ausüben (vgl. *Schmidt-Räntsch*, § 1 DRiG Rn. 6 ff., vgl. *KJP*, § 2 Rn. 30).

26 **Soldaten** sind in den Anwendungsbereich des ArbSchG einbezogen (§ 2 Abs. 2 Nr. 6). Soldat ist gem. § 1 Abs. 1 Satz 1 SoldG, wer aufgrund der Wehrpflicht oder freiwilliger Verpflichtung in einem Wehrdienstverhältnis steht (Nr. 6; vgl. *Scherer/Alff*, § 1 SoldG Rn. 1 ff.; vgl. *KJP*, § 2 Rn. 31).

26a Im Gesetz nicht ausdrücklich genannt sind **Ersatzdienstleistende** in ihrem Einsatzbetrieb. Das Gesetz gilt jedoch auch für sie (vgl. Kittner/Zwanziger-*Bachner*, § 126 Rn. 51). Das folgt zum einen aus der Kombination von Abs. 2 Nr. 4 und 5. Zum anderen folgt jedenfalls eine mittelbare Geltung aus 35 Abs. 1 ZivildienstG in Verbindung mit § 31 SoldatenG.

27 Beschäftigte, die in Werkstätten für Behinderte tätig sind, sind in den Anwendungsbereich des ArbSchG einbezogen (vgl. § 2 Abs. 2 Nr. 7; vgl. § 136 SGB IX). Sie sind Beschäftigte i.S. des ArbSchG, auch wenn sie gem. § 5 Abs. 2 Nr. 4 BetrVG nicht als Arbeitnehmer gelten (vgl. *KJP*, § 2 Rn. 32; vgl. *Pünnel*, ArbuR 1996, 483).

3. Arbeitgeberbegriff

28 **Arbeitgeber** sind gem. § 2 Abs. 3 natürliche und juristische Personen und rechtsfähige Personengesellschaften, die Personen i.S. von § 2 Abs. 2 beschäftigen. Das entspricht dem allgemeinen arbeitsrechtlichen Arbeitgeberbegriff (Kittner/Zwanziger-*Kittner*, § 6; DKK-*Schneider*, Einl. Rn. 135; vgl. *KJP*, § 2 Rn. 33 ff.). In der entsprechenden Regelung des Art. 3 Buchst. b EG-Rahmenrichtlinie Arbeitsschutz heißt es: Arbeitgeber: jede natürliche oder juristische Person, die als Vertragspartei des Beschäftigungsverhältnisses mit dem Arbeitnehmer die Verantwortung für das Unternehmen bzw. den Betrieb trägt. Jedes Unternehmen, das in Vertragsbeziehung mit mindestens einem Beschäftigten i.S. des Abs. 2 steht, ist Arbeitgeber (zum Betriebs- bzw. Unternehmensbegriff des ArbSchG vgl. Rn. 26 ff.).

29 Neben dem Arbeitgeber, als in erster Linie Verantwortlichem für die Durchführung von Maßnahmen i.S. des ArbSchG (vgl. § 3 Rn. 1), werden durch § 13

weitere Personen für Verpflichtungen, die sich aus dem zweiten Abschnitt des ArbSchG ergeben, verantwortlich gemacht (vgl. *Kollmer/Vogl*, Rn. 33 ff.; § 13 Rn. 1 ff.).

4. Sonstige Rechtsvorschriften

Das ArbSchG erfasst mit dem Begriff »sonstige Rechtsvorschriften« in § 2 Abs. 4 Regelungen über Maßnahmen des Arbeitsschutzes in anderen Gesetzen, Rechtsverordnungen und Unfallverhütungsvorschriften (vgl. § 1 Abs. 3; § 1 Rn. 22 ff.). Hervorzuheben ist insbesondere die Geltung der **Unfallverhütungsvorschriften** als sonstige Rechtsvorschriften i.S. des ArbSchG (RegE, 15; vgl. SGB VII Rn. 10 ff.). **Normen**, technische Regeln, ASR oder gesicherte arbeitswissenschaftliche Erkenntnisse fallen nicht unter den Begriff der sonstigen Rechtsvorschriften i.S. von § 2 Abs. 4 ArbSchG. Für den Bereich des **öffentlichen Dienstes** stehen den Unfallverhütungsvorschriften **allgemeine Verwaltungsvorschriften**, insbesondere nach § 115 Abs. 3 SGB VII, gleich (RegE, 15).

Die sonstigen Rechtsvorschriften sind gegenüber dem ArbSchG die **spezielleren** Vorschriften, die diesem für ihren Bereich vorgehen. Allerdings behält das ArbSchG seinen Charakter als umfassendes Rahmengesetz auch für alle Bereiche, für die speziellere Regelungen gelten. Das bedeutet: Soweit dort keine abschließende Festlegung getroffen ist, kommt das ArbSchG zur Anwendung. Außerdem dienen seine Grundsätze, insbesondere der §§ 3 und 4, zur **Auslegung** aller Spezialregelungen. Das ergibt sich nicht zuletzt daraus, dass mit dem ArbSchG die inhaltlichen Anforderungen der EG-Rahmenrichtlinie vermittelt werden, an denen sich jedwedes nationale Recht zu orientieren hat. Das bedeutet z.B. für das ArbZG, dass dessen in § 1 Nr. 1 angelegter **Zielkonflikt zwischen Arbeitsschutz und Arbeitszeitflexibilisierung** nur dahingehend aufgelöst werden kann, dass flexible Arbeitszeiten nur unter Wahrung von Arbeitsschutzzielen eingeführt werden können. Diese Prioritätensetzung ergibt sich nicht zuletzt aus der Erwägung der EG-Rahmenrichtlinie Arbeitsschutz, wonach die Zielsetzungen des Arbeitsschutzes »keinen rein wirtschaftlichen Überlegungen untergeordnet werden dürfen«.

5. Betriebsbegriff

Das ArbSchG enthält keine eigene Definition des **Betriebs- oder des Unternehmensbegriffs**. Es geht vielmehr vom allgemeinen arbeitsrechtlichen Begriff des Arbeitgebers aus (vgl. Rn. 23). Zugleich wird allerdings als Verpflichtung des Arbeitgebers in der EG-Rahmenrichtlinie Arbeitsschutz festgelegt, dass die vom Arbeitgeber getroffenen Arbeitsschutzmaßnahmen in alle Tätigkeiten des Unternehmens bzw. des Betriebes und auf allen Führungsebenen einbezogen werden (Art. 6 Abs. 3 Buchst. a Satz 2 zweiter Spiegelstrich). Diese Regelung wurde bei der Umsetzung in das ArbSchG sprachlich auf die »betrieblichen Führungsstrukturen« verkürzt (vgl. § 3 Rn. 5; im ASRGE war noch in § 4 Abs. 2 Nr. 1 die »Beachtung auf jeder Führungsebene« vorgesehen, wobei allerdings in der Begründung von »betrieblichen Ebenen« die Rede war). Mit der Regelung soll jedoch dasselbe Ziel erreicht werden (vgl. RegE 16, der ausdrücklich auf Art. 6 Abs. 3 Buchst. a Satz 2 zweiter Spiegelstrich EG-Rahmenrichtlinie Arbeitsschutz hinweist). Außerdem bezieht sich § 13 Abs. 1 Nr. 4 auf Personen, die entweder das Unternehmen oder den Betrieb leiten.

ArbSchG § 2

33 Als **Betrieb** wird nach h.M. die **technisch-organisatorische Einheit** verstanden, innerhalb derer ein Arbeitgeber allein oder mit seinen Arbeitnehmern mit Hilfe von technischen oder immateriellen Mitteln bestimmte arbeitstechnische Zwecke fortgesetzt verfolgt, die sich nicht in der Befriedigung von Eigenbedarf erschöpfen (ständ. Rspr. *BAG* 14.9.1988, 7.8.1986, AP Nrn. 9, 5 zu § 1 BetrVG; Kittner/Zwanziger-*Kittner*, § 6 Rn. 34 ff.; DKK-*Trümner*, § 1 Rn. 36 m.w.N.; vgl. *FKHE*, § 1 Rn. 55 ff. jeweils m.w.N.). Ein Betrieb liegt vor, wenn die in einer Betriebsstätte vorhandenen materiellen oder immateriellen Betriebsmittel für den oder die verfolgten arbeitstechnischen Zwecke zusammengefasst, geordnet und gezielt eingesetzt werden und der Einsatz der menschlichen Arbeitskraft von einem einheitlichen Leitungsapparat gesteuert wird (*BAG* 25.9.1986, DB 1987, 1202, 1203). Auf die Art des verfolgten Zwecks kommt es nicht an, ebensowenig, ob der Arbeitgeber wirtschaftliche Zwecke verfolgt. Entscheidend ist, dass arbeitstechnische Zwecke vorliegen. Das ArbSchG gilt wie das BetrVG für die Breite aller in Frage kommenden arbeitstechnischen Einheiten. Betriebe können deshalb sein: Produktions- und Dienstleistungsbetriebe, Verwaltungen (zum öffentlichen Dienst Rn. 25), Büros, Ladengeschäfte, Bühnen, Kanzleien, Krankenhäuser (*FKHE*, a.a.O., Rn. 57, 58). Anders als beim BetrVG kommt es nicht darauf an, ob die Organisation des Betriebes auf eine gewisse Dauer eingerichtet ist, da die Verpflichtung zu Arbeitsschutzmaßnahmen i.S. des ArbSchG grundsätzlich jeden Arbeitgeber trifft; Saison- und Kampagnebetriebe sind daher Betriebe i.S. des ArbSchG. Außerhalb der Betriebsstätte Beschäftigte (z.B. Außendienstmitarbeiter, Monteure) gehören zum Betrieb i.S. des ArbSchG (vgl. *FKHE*, a.a.O., Rn. 66). Privathaushalte sind keine Betriebe i.S. des ArbSchG (vgl. § 1 Rn. 17).

34 Ein Betrieb kann zu mehreren selbständigen Unternehmen (Rn. 32) gehören (»**Gemeinschaftsbetrieb**«; *FKHE*, § 1 Rn. 75 m.w.N.; DKK-Trümner, § 1 Rn. 74 ff.). Solche Betriebe kommen besonders häufig (aber nicht nur) in mehrstufigen Konzernen vor (*FKHE*, a.a.O.; zu weiteren Beispielen vgl. DKK-*Trümner*, a.a.O., Rn. 76 ff.). Die den Arbeitgeber aus dem ArbSchG treffenden Pflichten müssen von allen am Gemeinschaftsbetrieb beteiligten Unternehmen erfüllt werden. Privatrechtlich sind sie jeweils den Beschäftigten gegenüber verpflichtet, mit denen sie einen Vertrag geschlossen haben. Für diese Arbeitgeber gilt ergänzend die Zusammenarbeitspflicht des § 8 Abs. 1 ArbSchG (vgl. § 8 Rn. 1 ff.).

35 Das ArbSchG befasst sich nicht ausdrücklich mit der Frage, wie **Nebenbetriebe** und **Betriebsteile** zu behandeln sind. Es erscheint zweckmäßig und den Intentionen des Gesetzes entsprechend, gem. § 4 BetrVG zu verfahren: Betriebsteile gelten nach Abs. 1 als selbständige Betriebe, wenn sie die Voraussetzungen des § 1 BetrVG erfüllen und
1. räumlich weit vom Hauptbetrieb entfernt sind oder
2. durch Aufgabenbereich und Organisation eigenständig sind.
Soweit Betriebe die Voraussetzungen des § 1 Abs. 1 BetrVG nicht erfüllen, sind sie nach Abs. 2 dem Hauptbetrieb zuzuordnen.

36 **Betriebsteile** sind organisatorisch abgrenzbare Teile eines Betriebes, die wegen ihrer Eingliederung in den Betrieb allein nicht bestehen können (*BAG* v. 23.9.1960, AP Nr. 4 zu § 3 BetrVG 1952; DKK-*Trümner*, § 4 Rn. 19; *FKHE*, § 4 Rn. 5). Typisches Strukturmerkmal eines Betriebsteils ist eine erkennbar von der Aufgabe des Hauptbetriebs oder anderer Betriebsteile abweichende, dieser aber dienenden Aufgabe (z.B. Druckerei eines Zeitungs- oder sonstigen Betriebes;

§ 2 ArbSchG

Lackiererei eines Produktionsunternehmens; Reparaturwerkstatt eines Spediteurs, Schiff eines Binnenschifffahrtbetriebs; Landwirtschaft eines Krankenhauses; betriebseigene Schule; Auslieferungslager; vgl. *FKHE*, a.a.O., m.w.N.). Solange es sich im Wortsinne um »Teile eines Betriebes« handelt und keine der Besonderheiten des § 4 BetrVG vorliegt, gehören sie im betriebsverfassungsrechtlichen wie arbeitsschutzrechtlichen Sinne zum Betrieb. Bestehen in den verschiedenen Betriebsteilen unterschiedliche Arten und Grade von Gefährdungen für die Sicherheit und die Gesundheit der Beschäftigten, kann dies lediglich Konsequenzen im Hinblick auf die Arbeitsschutzorganisation und die Differenziertheit der Arbeitsschutzmaßnahmen haben. Ist ein Betriebsteil **räumlich weit vom Hauptbetrieb entfernt** oder sind der Aufgabenbereich und die Organisation **relativ eigenständig**, so gilt der Betriebsteil gem. § 4 Satz 1 BetrVG als eigenständiger Betrieb mit der Folge, dass für ihn ein eigener Betriebsrat zu wählen ist (zu den Kriterien der räumlich weiten Entfernung bzw. der Eigenständigkeit vgl. DKK-*Trümner*, a.a.O., Rn. 34 ff. bzw. 39 ff., *FKHE*, a.a.O., Rn. 12 ff.). Ein solcher Betrieb wird überwiegend auch i.s. des ASiG als eigenständiger Betrieb angesehen (*Kliesch/Nöthlichs/Wagner*, § 8 Anm. 5.2; *Schelter*, § 8 Rn. 4). Das kann dazu führen, dass in einem Unternehmen (Rn. 39) eine Vielzahl kleiner Betriebe existiert mit der Folge, dass alle oder viele von ihnen die Mindestzahl von Beschäftigten für die Regeleinsatzzeiten der sicherheitstechnischen und der betriebsärztlichen Betreuung (UVV VBG 122, 123; vgl. Anhang Nr. 9, 10) nicht erreichen. Dieses Ergebnis ist nicht zwingend. Zum einen spricht schon der Wortsinn dafür, dass es sich nur um den Teil eines Betriebes handelt, was nach allgemein arbeitsrechtlichen Kriterien nicht zu dessen Absonderung führt (*Schaub*, § 18 II 3; BAG 30.5.1958, AP Nr. 13 zu § 13 KSchG mit Anm. *Tophoven*). Zum anderen ist der unterschiedliche Schutzbereich beider Gesetze zu berücksichtigen. Das BetrVG lässt die Verselbständigung eines Betriebsteils zu, wenn eine einheitliche Interessenvertretung nicht mehr organisierbar ist (vgl. *LAG Düsseldorf* v. 16.9.1971, BB 1971, 2069, 2070). Das hat mit der Frage der Effektivität des Arbeitsschutzes nichts zu tun, die im Gegenteil gerade diese Zuordnung zu einem anderen Betrieb erfordern kann. Wenn in diesem Sinne ein betriebsverfassungsrechtlich selbständiger Betriebsteil mit eigenem Betriebsrat arbeitsschutzrechtlich weiterhin als Bestandteil des Betriebs behandelt wird, so sind die Einsatzzeiten des ASiG sowie die Arbeitsschutzmaßnahmen des ArbSchG am Betrieb insgesamt auszurichten. Um ungeachtet rechtlicher Kontroversen der **sicherheitstechnischen Betreuung** aller Arbeitnehmer gerecht zu werden, haben viele Unfallversicherungsträger auf Initiative des BMA damit begonnen, das so genannte »Unternehmermodell« einzuführen, das insbesondere die Arbeitsschutzorganisation in Kleinst- und Kleinbetrieben verbessern soll (vgl. *Bieneck*, FS Wlotzke, 479, 480; *Bieneck/Rückert*, BArbBl. 9/1992, 18 ff.; ASiG Rn. 41 ff.). Ähnliches gilt für die **betriebsärztliche Betreuung** in Kleinbetrieben, wobei sich hier der Grad der Betreuung stärker an betrieblichen Gefährdungs- und Belastungsanalysen ausrichtet (vgl. *Bieneck*, FS Wlotzke, 479 f.; 481 f.; zum Begriff der Gefährdungsbeurteilung bzw. der Gefährdungsanalyse vgl. § 5 ArbSchG).

Anders liegen die Dinge bei **Nebenbetrieben**. Es handelt sich um organisatorisch selbständige Betriebe, die unter einer eigenen Leitung einen eigenen Betriebszweck verfolgen, jedoch mit der Besonderheit, dass ihre Aufgabenstellung auf die Hilfsleistung für einen Hauptbetrieb ausgerichtet ist (Einzelheiten bei DKK-*Trümner*, § 4 Rn. 54 ff.; *FKHE*, § 4 Rn. 16 ff.). Nebenbetriebe erfüllen alle

37

ArbSchG § 2

Voraussetzungen eines Betriebes, sowohl i.S. des BetrVG als auch des ASiG und des ArbSchG. Lediglich dann, wenn sie nicht i.s. des § 1 BetrVG betriebsratsfähig sind, d.h.weniger als fünf wahlberechtigte und drei wählbare Arbeitnehmer beschäftigen, werden sie dem Hauptbetrieb zugeordnet. Es spricht nichts dagegen, sie in einem solchen Falle auch arbeitsschutzrechtlich dem Hauptbetrieb zuzuordnen (weitergehend *Schelter*, § 2 Anm. V: Zuordnung aller Nebenbetriebe zum Hauptbetrieb).

38 Ein **Unternehmen** ist die organisatorische Einheit, mit welcher der Unternehmer seine wirtschaftlichen oder ideellen Zwecke verfolgt (*BAG* 5.3.1987, AP Nr. 30 zu § 15 KSchG 1969, 7.8.1986; AP Nr. 5 zu § 1 BetrVG; *FKHE*, § 1 Rn. 142; Kittner/Zwanziger-*Kittner*, § 6 Rn. 31 ff.). Ein Unternehmen setzt die Einheit des Rechtsträgers voraus, weshalb Gesellschaften (AG, GmbH, OHG, KG) identisch mit dem Unternehmen sind (vgl. *BAG* 13.6.1985, AP Nr. 7 zu § 47 BetrVG; *FKHE*, § 1 Rn. 143). Sofern ein Unternehmen aus mehreren Betrieben besteht – und nur dann ist eine arbeitsschutzrechtliche Unterscheidung zwischen Betrieb und Unternehmen von Bedeutung ist auf der Unternehmensebene die Leitungsfunktion hinsichtlich dieser Betriebe angesiedelt. Schon das ASiG kennt unternehmensbezogene Organisations- und Handlungsstrukturen: § 8 ASiG räumt dem Betriebsarzt oder der Fachkraft für Arbeitssicherheit das Recht zur Einschaltung der Unternehmensleitung ein und kennt den auf Unternehmensebene angesiedelten »leitenden Betriebsarzt« bzw. die »leitende Fachkraft für Arbeitssicherheit« (vgl. ASiG Rn. 107). Unter Bezugnahme auf die Regelung der EG-Rahmenrichtlinie Arbeitsschutz, die durchgängig von Sicherheit und Gesundheitsschutz »im Unternehmen bzw. Betrieb« spricht, müssen Maßnahmen des Arbeitsschutzes auch auf der Unternehmensebene beachtet werden (vgl. § 3 Rn. 5f.). Das hat rechtserhebliche Konsequenzen für die Unternehmensorganisation und von dort aus Rückwirkungen auf die Effizienz von Arbeitsschutzmaßnahmen insgesamt.

39 Das **ArbSchG** ist – anders als das ASiG – auch **unternehmensübergreifend** angelegt: § 8 Abs. 1 verpflichtet Arbeitgeber, deren Beschäftigte an einem Arbeitsplatz tätig sind, zur Zusammenarbeit (zum Gemeinschaftsbetrieb mehrerer selbständiger Unternehmen vgl. Rn. 28). Auf die Rechtsform und Intensität dieser Zusammenarbeit kommt es nicht an. Es kann sich um vertragsloses Zusammenwirken, Arbeitsgemeinschaften, Zusammenwirken durch Leiharbeitnehmer, Gemeinschaftsunternehmen oder Konzernzusammenarbeit handeln (zu Einzelheiten vgl. § 8).

40 Im **öffentlichen Dienst** gilt gem. Abs. 5 die **Dienststelle** als »Betrieb« i.S. des ArbSchG (zum Betriebsbegriff vgl. Rn. 27ff.; zum Unternehmensbegriff vgl. Rn. 32f.). § 2 Abs. 5 Satz 2 zählt die darunter fallenden Einrichtungen auf. Danach sind Dienststellen die einzelnen Behörden, Verwaltungsstellen und Betriebe der Verwaltungen des Bundes, der Länder, der Gemeinden und der sonstigen Körperschaften, Anstalten und Stiftungen des öffentlichen Rechts, die Gerichte des Bundes und der Länder sowie die entsprechenden Einrichtungen der Streitkräfte. Die Regelung des Abs. 5 dient der rechtstechnischen Vereinfachung (RegE, 15; vgl. *KJP*, § 2 Rn. 37, 39). Der Dienststellenbegriff des ArbSchG entspricht dem des Personalvertretungsrechts (vgl. § 6 BPersVG sowie die PersVG der Länder). Mit der Gleichsetzung der Dienststellen der öffentlichen Verwaltungen mit den Betrieben wird die Geltung der Bestimmungen des ArbSchG auch für den öffentlichen Dienst unterstrichen (vgl. § 1 Rn. 15; zu weiteren Regelungen für den öffentlichen Dienst vgl. § 20).

Zweiter Abschnitt
Pflichten des Arbeitgebers

§ 3 Grundpflichten des Arbeitgebers

(1) Der Arbeitgeber ist verpflichtet, die erforderlichen Maßnahmen des Arbeitsschutzes unter Berücksichtigung der Umstände zu treffen, die die Sicherheit und Gesundheit der Beschäftigten bei der Arbeit beeinflussen. Er hat die Maßnahmen auf ihre Wirksamkeit zu überprüfen und erforderlichenfalls sich ändernden Gegebenheiten anzupassen. Dabei hat er eine Verbesserung von Sicherheit und Gesundheitsschutz der Beschäftigten anzustreben.

(2) Zur Planung und Durchführung der Maßnahmen nach Absatz 1 hat der Arbeitgeber unter Berücksichtigung der Art der Tätigkeiten und der Zahl der Beschäftigten

1. für eine geeignete Organisation zu sorgen und die erforderlichen Mittel bereitzustellen sowie
2. Vorkehrungen zu treffen, dass die Maßnahmen erforderlichenfalls bei allen Tätigkeiten und eingebunden in die betrieblichen Führungsstrukturen beachtet werden und die Beschäftigten ihren Mitwirkungspflichten nachkommen können.

(3) Kosten für Maßnahmen nach diesem Gesetz darf der Arbeitgeber nicht den Beschäftigten auferlegen.

Übersicht Rn.

1. Allgemeine Pflichten des Arbeitgebers 1– 5
2. Arbeitsschutzorganisation, Integration in die Unternehmensführung und -abläufe 6–13
3. Kosten für Arbeitsschutzmaßnahmen 14, 15

1. Allgemeine Pflichten des Arbeitgebers

Die öffentlich-rechtliche Pflicht zu Arbeitsschutzmaßnahmen in den Betrieben trifft gem. Abs. 1 Satz 1 unmittelbar und in erster Linie den **Arbeitgeber** und neben diesem ggf. die Personen gem. § 13 Abs. 1 (vgl. RegE, 16; *Koll*, § 3 Rn. 2; § 13 Rn. 4 ff.; zur betrieblichen Arbeitsschutzorganisation vgl. Rn. 6 ff.). Mit der Verpflichtung des Arbeitgebers, gem. Abs. 1 Satz 1 die erforderlichen Maßnahmen des Arbeitsschutzes i.S. von § 2 Abs. 1 (vgl. § 2 Rn. 1 ff.) unter Berücksichtigung der Umstände, welche die Sicherheit und die Gesundheit der Beschäftigten beeinflussen, zu treffen, wird eine umfassende und präventionsorientierte **Handlungspflicht** festgelegt (zum Begriff der **Prävention** vgl. Einl. Rn. 10 f.). Mit der Regelung wird Art. 5 Abs. 1 EG-Rahmenrichtlinie Arbeitsschutz umgesetzt.

Die **Erforderlichkeit** von Maßnahmen des Arbeitsschutzes sowie deren Umfang und Ausgestaltung ergeben sich allgemein aus der Zielsetzung des ArbSchG gem. § 1 (Verstetigung und Verbesserung von Sicherheit und Gesundheitsschutz) sowie aus der Beurteilung der Arbeitsbedingungen (Gefährdungsbeurteilung) nach §§ 5, 6 (*Schlüter*, 32; vgl. *KJP*, § 3 Rn. 5 f.). Die **Gefährdungsbeurteilung** bildet die logische Voraussetzung für die effiziente und effektive Planung, Durchführung und Wirksamkeitsüberprüfung von entsprechenden

ArbSchG § 3

Maßnahmen (vgl. § 5 Rn. 9). In Verbindung mit den Grundsätzen des Arbeitsschutzes gem. § 4 ergibt sich ein **systematischer Zusammenhang** mit den Grundvorschriften in § 3, der sich als kontinuierlicher Verbesserungsprozess (KVP) für Sicherheit und Gesundheitsschutz im Betrieb abbilden lässt (Abbildung Nr. 6b).

3   Der Arbeitgeber ist gem. Abs. 1 Satz 2 verpflichtet, seine Arbeitsschutzmaßnahmen einer **Wirksamkeitsüberprüfung** zu unterziehen. Dadurch wird Art. 6 Abs. 1 Satz 2 EG-Rahmenrichtlinie Arbeitsschutz umgesetzt. Zweck der Überprüfung ist es, einen Soll-Ist-Vergleich zwischen den gesetzlich vorgeschriebenen oder möglicherweise darüber hinausgehenden Arbeitsschutzzielen und den vom Arbeitgeber getroffenen Maßnahmen vorzunehmen (vgl. *KJP*, § 3 Rn. 9). Sinnvollerweise sollte die Wirksamkeitsüberprüfung in die Gefährdungsbeurteilung nach §§ 5, 6 eingebunden werden, insbesondere wenn der Soll-Ist-Vergleich Anlass für eine Anpassung von Arbeitsschutzmaßnahmen (Rn. 4) und damit für eine Revision der Gefährdungsbeurteilung gibt (vgl. § 5 Rn. 10).

Wirksamkeitsüberprüfungen können Bestandteil von **Arbeitsschutzmanagementsystemen**, d.h. systematisierten und formalisierten Führungs- und Organisationssystemen, bzw. von integrierten Managementsystemen sein (vgl. *KJP*, a.a.O.; vgl. Rn. 11; *Braun* u.a., 1999a). Damit verbunden ist auch eine Einbindung in ein betriebliches **Arbeitsschutzcontrolling** zweckmäßig (vgl. *Zangemeister/Nolting*, 1997; *Krüger/Meis*, 1993).

Die vom Arbeitgeber gem. § 2 bzw. § 5 ASiG bestellten **Betriebsärzte** bzw. **Fachkräfte für Arbeitssicherheit** haben den Arbeitgeber bei der Durchführung der Wirksamkeitsüberprüfungen zu beraten und zu unterstützen (vgl. *KJP*, a.a.O.). Insbesondere ihre Aufgabe nach §§ 3 Abs. 3 Buchst. a bzw. 6 Nr. 3 Buchst. a ASiG konkretisiert diese Möglichkeit. Danach sind die Arbeitsstätten in regelmäßigen Abständen zu begehen und festgestellte Mängel dem Arbeitgeber oder der sonst für den Arbeitsschutz und die Unfallverhütung verantwortlichen Person mitzuteilen, Maßnahmen zur Beseitigung dieser Mängel vorzuschlagen und auf deren Durchführung hinzuwirken (vgl. ASiG Rn. 71).

4   Insbesondere wenn die Wirksamkeitsüberprüfung eine Diskrepanz zwischen den vorgeschriebenen bzw. angestrebten Arbeitsschutzzielen und den Maßnahmen des Arbeitsschutzes ergibt, sind diese gem. § 3 Abs. 1 Satz 2 **anzupassen**. Dadurch wird Art. 6 Abs. 1 Satz 2 EG-Rahmenrichtlinie Arbeitsschutz umgesetzt. Veränderte Gegebenheiten, die eine Anpassung verlangen, sind z.B.:
- das Auftreten von Unfällen, Beinaheunfällen bzw. arbeitsbedingten Erkrankungen,
- eine geänderte Gefährdungsbeurteilung gem. § 5 (vgl. § 5 Rn. 10),
- Einführung neuer Arbeitsmittel, -verfahren, -stoffe, -methoden usw. (vgl. § 90 BetrVG; vgl. BetrVG Rn. 7; § 76 Abs. 2 Nr. 7 BPersVG; vgl. BPersVG Rn. 19; §§ 3 Abs. 1 Nr. 1 Buchst. b, 6 Nr. 1 Buchst. b ASiG; vgl. ASiG Rn. 65),
- neue arbeitswissenschaftliche Erkenntnisse, z.B. zur Gestaltung der Arbeitsorganisation, die der Arbeitgeber bei Arbeitsschutzmaßnahmen gem. § 4 Nr. 3 ArbSchG berücksichtigen muss (vgl. § 4 Rn. 11 ff.),
- bessere Schutzmöglichkeiten aufgrund neuer Techniken (Berücksichtigung des Stands der Technik gem. § 4 Nr. 3; vgl. § 4 Rn. 8),
- Änderungen in der Belastungsfähigkeit betroffener Beschäftigter, insbesondere durch gesundheitliche Beeinträchtigungen,

Abbildung 6b:

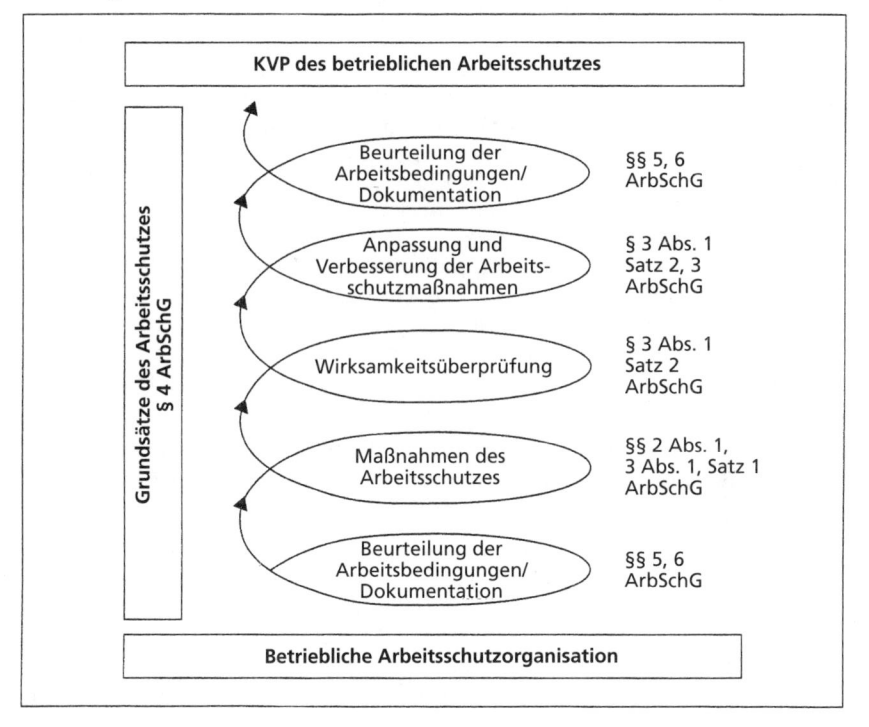

```
┌─────────────────────────────────────────────────────────────┐
│           KVP des betrieblichen Arbeitsschutzes              │
│                                                              │
│              Beurteilung der         §§ 5, 6                 │
│              Arbeitsbedingungen/     ArbSchG                 │
│              Dokumentation                                   │
│                                                              │
│              Anpassung und           § 3 Abs. 1              │
│              Verbesserung der        Satz 2, 3               │
│              Arbeitsschutzmaßnahmen  ArbSchG                 │
│                                                              │
│              Wirksamkeitsüberprüfung § 3 Abs. 1              │
│                                      Satz 2                  │
│                                      ArbSchG                 │
│                                                              │
│              Maßnahmen des           §§ 2 Abs. 1,            │
│              Arbeitsschutzes         3 Abs. 1, Satz 1        │
│                                      ArbSchG                 │
│                                                              │
│              Beurteilung der         §§ 5, 6                 │
│              Arbeitsbedingungen/     ArbSchG                 │
│              Dokumentation                                   │
│                                                              │
│         Betriebliche Arbeitsschutzorganisation               │
└─────────────────────────────────────────────────────────────┘
```
(Grundsätze des Arbeitsschutzes § 4 ArbSchG)

– geänderte oder neue Rechtsvorschriften (vgl. RegE, 16; *KJP*, § 3 Rn. 10; *Schlüter*, 46),

Bei der Anpassung von Arbeitsschutzmaßnahmen sollte sich der Arbeitgeber durch die von ihm bestellten Betriebsärzte und Fachkräfte für Arbeitssicherheit beraten und unterstützen lassen (vgl. Rn. 6).

Die Verpflichtung des Arbeitgebers in § 3 Abs. 1 geht, insbesondere wenn noch die vom Arbeitgeber zu beachtenden Grundsätze in § 4 in die Betrachtung einbezogen werden, über den Inhalt des früheren, nur für die gewerbliche Wirtschaft geltenden § 120a GewO hinaus, der die Grenze für solche Maßnahmen an der »**Natur des Betriebes**« zog (vgl. *Kollmer/Vogl*, Rn. 63 f.; *KJP*, § 3 Rn. 8). Jetzt muss der Arbeitgeber gem. § 3 Abs. 1 Satz 3 eine **Verbesserung des Arbeitsschutzes** anstreben, womit Art. 6 Abs. 3 Buchst. a Satz 2 erster Spiegelstrich EG-Rahmenrichtlinie Arbeitsschutz umgesetzt wird, und dabei gem. § 4 Abs. 3 insbesondere den **Stand der Technik** und der **gesicherten arbeitswissenschaftlichen Erkenntnisse** berücksichtigen (vgl. § 4 Rn. 8 ff.). Der dynamisch wirkende Charakter dieser Regelung wird durch Erwägungsgrund 14 zur EG-Rahmenrichtlinie Arbeitsschutz untermauert, wonach der Arbeitgeber verpflichtet ist, sich unter Berücksichtigung der in ihrem Unternehmen bestehenden Risiken über den neuesten Stand der Technik zu **informieren**. 5

Betriebs- bzw. Personalrat haben die Durchführung der Verpflichtungen nach § 3 Abs. 1 zu **überwachen** (§§ 80 Abs. 1 Nr. 1, 89 BetrVG bzw. §§ 68 Abs. 1 Nr. 2, 81 BPersVG). 5a

Im Rahmen der **Informationsrechte** gem. § 80 Abs. 2 BetrVG bzw. § 68 Abs. 2 BPersVG sind die Informationen zur Durchführung des betrieblichen Arbeitsschutzes dem Betriebs- bzw. Personalrat zur Verfügung zu stellen. **Kenntnisse über den neuesten Stand der Technik** (vgl. Rn. 5) hat der Arbeitgeber an den Betriebs- bzw. Personalrat weiterzugeben, um eine bessere Sicherheit und einen besseren Gesundheitsschutz der Beschäftigten gewährleisten zu können (vgl. allgemein zu den Informationsrechten BetrVG Rn. 6 ff., BPersVG Rn. 3; zu den Informationsrechten der einzelnen Beschäftigten vgl. BetrVG Rn. 47 ff. und § 14 Rn. 1 ff.). Da es dem Arbeitgeber überlassen bleibt, wie er den betrieblichen Arbeitsschutz regelt, und damit vom Gesetzgeber entsprechende Entscheidungsspielräume geschaffen worden sind, greift die **Mitbestimmung** des Betriebsrates nach § 87 Abs. 1 Nr. 7 BetrVG bzw. des Personalrates nach § 75 Abs. 3 Nr. 11 BPersVG. § 3 ist eine mitbestimmungspflichtige Rahmenvorschrift (eingehend *LAG Hamburg* 21.9.2000, NZA-RR 2001, 190; vgl. BetrVG Rn. 14 ff.; BPersVG Rn. 8; im Ergebnis auch *Wank*, § 3 ArbSchG Rn. 21; *Merten/Klein*, DB 1998, 674).

2. Betriebliche Arbeitsschutzorganisation, Mittelbereitstellung, Integration von Sicherheit und Gesundheitsschutz in die Unternehmensführung und -abläufe

6 Die Verpflichtung des Arbeitgebers bzw. der neben diesem verantwortlichen Personen gem. § 13 (vgl. § 13 Rn. 1 ff., dort auch zur verwaltungsrechtlichen Verantwortung), für eine **geeignete Organisation** des betrieblichen Arbeitsschutzes, seine **Integration** in die betrieblichen Abläufe und die **Mitwirkung** der Beschäftigten zu sorgen (§ 3 Abs. 2), zielt auf eine effiziente und effektive Planung und Durchführung von Arbeitsschutzmaßnahmen ab und schafft eine wesentliche Grundlage zur Verwirklichung der Zielsetzung des ArbSchG. Die Regelungen in Abs. 2 beziehen sich zum einen auf die **Aufbau- und Ablauforganisation** im Betrieb (vgl. Rn. 8 ff.) und zum anderen auf die entsprechenden Regelungen zur **betrieblichen Arbeitsschutzorganisation** des ASiG sowie des SGB VII und werden hierdurch konkretisiert (vgl. ASiG Rn. 1 ff.; *KJP*, § 3 ArbSchG Rn. 17; *BFK*, Rn. 41). Bedeutsam sind in diesem Zusammenhang auch Konzepte zur Einführung von **Arbeitsschutzmanagementsystemen** (vgl. Rn. 11)

6a Der **Umfang** und die konkrete Umsetzung der Organisationspflichten des Arbeitgebers richtet sich zum einen nach der **Art der Tätigkeiten**, d.h. der mit diesen Tätigkeiten verbundenen, branchen- oder gewerkespezifischen Arbeitsbedingungen und insbesondere dem Grad der damit verbundenen Gefährdungen für Sicherheit und Gesundheit (vgl. § 3 Abs. 2 Satz 1; *KJP*, § 3 ArbSchG Rn. 14; MünchArbR-*Wlotzke*, § 210 Rn. 32).
Ein weiteres Kriterium ist die **Zahl der Beschäftigten**, d.h. die Unterscheidung nach der Betriebsgröße (vgl. ebd.). Verbunden mit der Art sowie dem Grad der Gefährdungen sind je nach Betriebsgröße die organisationsspezifischen Maßnahmen zu treffen. Hieraus darf jedoch kein weniger wirksamer Arbeitsschutz für Beschäftigte in kleinen Betrieben resultieren.
Diese Kriterien sind vom Arbeitgeber zu **berücksichtigen**. Dementsprechend muss der Arbeitgeber in größeren Betrieben vertragsrechtlich **Aufsichtspersonen** oder zusätzlich mit verwaltungsrechtlichen Wirkungen nach § 13 Abs. 1 Nr. 5 i.V.m. Abs. 2 **beauftragte Personen** bestellen, um seinen Verpflichtungen nachkommen zu können (vgl. MünchArbR-*Wlotzke*, § 210 Rn. 34 f.).

§ 3 ArbSchG

Bezogen auf die Schaffung einer geeigneten Arbeitsschutzorganisation ist der **6b** Arbeitgeber verpflichtet, ausgehend vom Grundsatz des § 1 ASiG, **Fachkräfte für Arbeitssicherheit** (§ 6 ASiG) sowie **Betriebsärzte** (§ 3 ASiG) zu bestellen. Diese allgemeinen Verpflichtungen werden durch die UVV BGV A 6 und BGV A 7 branchenbezogen sowie gefährdungs- und betriebsgrößenspezifisch konkretisiert (vgl. ASiG Rn. 3; Anhang Nr. 17 ff.). Dazu kommt die Verpflichtung des Arbeitgebers zur Bestellung von **Sicherheitsbeauftragten** in Betrieben mit regelmäßig mehr als 20 Beschäftigten gem. § 22 SGB VII (vgl. SGB VII Rn. 29 ff.).
Die Organisation des betrieblichen Arbeitsschutzes wird durch die Beteiligungsrechte des **Betriebsrats** bzw. des **Personalrats** sowie die Pflichten und Rechte der einzelnen **Beschäftigten** in diesen und anderen Rechtsvorschriften ergänzt (vgl. §§ 14 ff.; BetrVG Rn. 3 ff.; BPersVG Rn. 3 ff.).
Die **Zusammenarbeit** zwischen den Akteuren wird insbesondere über Regelungen des ASiG (§§ 9, 10, 11) organisiert und zu einem betrieblichen Arbeitsschutzsystem verdichtet (vgl. ASiG Rn. 109 ff.).
Spezielle Regelungen zur Arbeitsschutzorganisation enthält insbesondere § 8 ArbSchG, der mehrere Arbeitgeber, deren Beschäftigte an einem Arbeitsplatz tätig sind, zur **Zusammenarbeit** bei der Durchführung von Sicherheit und Gesundheitsschutz verpflichtet (Abs. 1), bzw. der den Arbeitgeber, in dessen Betrieb **Fremdfirmenbeschäftigte** tätig werden, dazu verpflichtet, sich über deren entsprechenden Kenntnisstand zu vergewissern (Abs. 2). Dazu kommen Vorkehrungen im Hinblick auf **besondere Gefahren** (§ 9) sowie zur **Ersten Hilfe** und sonstigen **Notfallmaßnahmen** (§ 10).
Verbunden mit einer geeigneten Organisation des Arbeitsschutzes, hat der Ar- **7** beitgeber gem. § 3 Abs. 2 Nr. 1 die erforderlichen **Mittel** zur Planung und Durchführung der Arbeitsschutzmaßnahmen bereitzustellen. Hierzu gehört die Bereitstellung von finanziellen und sächlichen Mitteln, wobei der Arbeitgeber Sicherheit und Gesundheitsschutz unter Hinzuziehung der betrieblichen Arbeitsschutzexperten schon bei Investitionsentscheidungen oder Beschaffungen (z.B. Beschaffung von sicheren und gesundheitsgerechten Arbeitsmitteln und ungefährlichen Arbeitsstoffen, Errichtung und Betrieb von dementsprechend gestalteten Arbeitsstätten) berücksichtigen sollte (vgl. MünchArbR-*Wlotzke*, § 210 Rn. 39; *Nöthlichs*, 4012, 14; zu entsprechenden Möglichkeiten erweiterter Wirtschaftlichkeitsbetrachtungen vgl. Einl. Rn. 8, 105 ff.; zur Kostentragung durch den Arbeitgeber gem. § 3 Abs. 3 vgl. Rn. 14 ff.).
Die bereitzustellenden Mittel können z.B. sein:
- Handlungshilfen zur Beurteilung der Arbeitsbedingungen (Gefährdungsbeurteilung) und ihrer Dokumentation (vgl. § 5 Rn. 14) sowie zur Durchführung und Wirksamkeitsüberprüfung von Arbeitsschutzmaßnahmen (im Hinblick auf: allgemeine Maßnahmen gem. ArbSchG, Bildschirmarbeit, Benutzung von Arbeitsmitteln, Errichtung und Betrieb von Arbeitsstätten, Umgang mit Gefahrstoffen usw.).
- Personelle sowie Sach- und Finanzmittel für die Tätigkeit der Betriebsärzte, Fachkräfte für Arbeitssicherheit und Sicherheitsbeauftragten sowie weiterer Arbeitsschutzakteure, angemessen dem Gefährdungsgrad und der Betriebsgröße (vgl. ASiG Rn. 53).
- Mediendidaktische Arbeitsmittel zur Durchführung von Qualifizierungsmaßnahmen im Bereich Sicherheit und Gesundheitsschutz (insbesondere zur Unterweisung).

ArbSchG § 3

- Materialien zur Motivation und Information (z.b. durch Broschüren, CD-ROM, Intranet), Durchführung von betrieblichen Aktionen zur Sensibilisierung, interne oder externe Weiterbildungsmaßnahmen.
- Entwicklung und/oder Einsatz von Arbeitsschutzmanagementsystemen, d.h. Führungs- und Organisationskonzepten auf der Grundlage entsprechender Konzepte (vgl. Rn. 11).

8 Der Grundsatz der Verantwortlichkeit des Arbeitgebers bzw. sonstiger Personen (vgl. § 3 Abs. 1 Satz 1, § 13) für den betrieblichen Arbeitsschutz und insbesondere seine Verpflichtung zur Bereitstellung einer geeigneten Organisation in § 3 Abs. 2 Nr. 1 wird durch § 3 Abs. 2 Nr. 2 unterstrichen, wonach der Arbeitgeber **Vorkehrungen** dafür zu treffen hat, dass die Arbeitsschutzmaßnahmen erforderlichenfalls
- bei **allen Tätigkeiten** und
- eingebunden in die **betrieblichen Führungsstrukturen**

beachtet werden (vgl. *KJP*, § 3 ArbSchG Rn. 21, 22). Damit ist der Regelung des Art. 6 Abs. 3 Buchst. a Satz 2 zweiter Spiegelstrich EG-Rahmenrichtlinie Arbeitsschutz Rechnung getragen worden, die allerdings von einer **Einbeziehung auf allen Führungsebenen des Unternehmens bzw. des Betriebes** spricht. Darüber hinaus beziehen sich die Regelungen der Richtlinie durchgehend auf die Sicherheit und den Gesundheitsschutz im »Unternehmen bzw. Betrieb« (zum Betriebs- bzw. Unternehmensbegriff vgl. § 2 Rn. 26 ff.). Die Regelung wurde bei der Umsetzung in das ArbSchG sprachlich auf die »betrieblichen Führungsstrukturen« verkürzt (in § 4 Abs. 2 Nr. 1 ArbSchRGE war noch die »Beachtung auf jeder Führungsebene« vorgesehen, wobei allerdings in der Begründung von »betrieblichen Ebenen« die Rede war). Da mit ihr offensichtlich dasselbe Ziel erreicht werden soll (vgl. RegE, 16, der ausdrücklich auf Art. 6 Abs. 3 Buchst. a Satz 2 zweiter Spiegelstrich EG-Rahmenrichtlinie Arbeitsschutz hinweist), ist § 3 Abs. 2 sowohl unternehmens- als auch betriebsbezogen anzuwenden, wobei auf das jeweils zu erreichende Schutz- oder Gestaltungsziel abzustellen ist (so jetzt auch MünchArbR-*Wlotzke* § 210 Rn. 36; vgl. *KJP*, a.a.O., Rn. 21). Dies ist schon deshalb notwendig, um den vom ArbSchG verlangten ganzheitlichen und integrierten Arbeitsschutzansatz verwirklichen zu können (Einl. Rn. 12 ff.). Hierfür spricht außerdem, dass in die Verantwortlichkeit für die Durchführung der Pflichten nach dem ArbSchG und der Arbeitsschutzverordnungen neben dem Arbeitgeber auch **Personen** obliegt, die mit der Leitung eines Unternehmens oder eines Betriebes beauftragt sind, im Rahmen der ihnen übertragenen Aufgaben und Befugnisse (§ 13 Abs. 4; vgl. § 13 Rn. 4 ff.).

9 Arbeitsschutzmaßnahmen, die die konkrete sicherheits- und gesundheitsgerechte Gestaltung der arbeitsplatz- bzw. tätigkeitsbezogenen Arbeitsbedingungen zum Inhalt haben, dürften im Regelfall auf der **betrieblichen Ebene** umzusetzen sein; dies gilt grundsätzlich auch für die betriebliche Arbeitsschutzorganisation i.S. des ASiG (Teil IV). Ein Beispiel hierfür ist die Auswahl und Bereitstellung von **Arbeitsmitteln**, die für die am Arbeitsplatz gegebenen Bedingungen geeignet sein müssen (vgl. § 3 AMBV). Die Einführung von **Gruppenarbeit** ist demgegenüber ein Beispiel, bei der zwar in erster Linie die betriebliche Ebene (im Hinblick auf die konkrete Gestaltung der Arbeitsplätze und -abläufe), aber auch die Unternehmensebene (im Hinblick auf die Festlegung allgemeiner Grundsätze zur Integration von Sicherheit und Gesundheitsschutz bei allen Tätigkeiten und auf allen Führungsebenen) betroffen sein können (vgl. *Stoll*, 1998; *Freiling/Martin*, 2000).

§ 3 ArbSchG

Das **Unternehmen** bietet sich an als Ebene für 10
- programmatische Festlegungen (Integration von Sicherheit und Gesundheitsschutz in die Unternehmensstrategie, -ziele und -philosophie), auch im Hinblick auf allgemeine Grundsätze z.b. bezogen auf die Umsetzung der Pflicht zur Unterweisung (§ 12) oder bei der Einführung neuer, betriebsübergreifender Formen der Arbeitsorganisation, z.B. bei **Telearbeit** (vgl. *Hofmann/Klein*, 2000; *BAuA*, 1997a) des Unternehmens),
- die mittel- und langfristige Planung des Arbeitsschutzes im Unternehmen und den jeweiligen Betrieben z.b. durch Arbeitsschutzprogramme (vgl. ASiG Rn. 126),
- die Festlegung von Verfahren und Methoden, insbesondere bei der Durchführung der Gefährdungsbeurteilung nach §§ 5, 6 bzw. § 3 BildscharbV (z.B. Aufbau einer Datenbank für Musterarbeitsplätze),
- die Beschaffung sicherheits- und gesundheitsgerechter Arbeitsmittel, Arbeitsstoffe und sonstiger Einrichtungen sowie
- die Abstimmung und Koordinierung von Überprüfungen der Effizienz der getroffenen betrieblichen Arbeitsschutzmaßnahmen durch Qualitätssicherung (z.B. durch erweiterte Wirtschaftlichkeitsrechnungen, Arbeitssystemanalysen, Arbeitsschutzcontrolling; vgl. *Schweres/Sengotta/Rössler*, SichIng 4/ 1998, 30 ff.; Einl., Rn. 8, 105 ff.).

Insbesondere für **grenzüberschreitende**, im globalen oder supranationalen Kontext operierende **Unternehmen** werden, unter Einbeziehung des europäischen und internationalen Arbeitsschutzes (EG-Richtlinien, ILO-Übereinkommen, Diskussion um soziale Mindeststandards in Welthandelsabkommen), diese Punkte für eine effektive und effiziente Planung, Durchführung und Wirksamkeitsüberprüfung von Maßnahmen des Arbeitsschutzes wichtiger (vgl. *Schmauder*, SichIng 7/1998, u. 8/1998; allgemein zur »grenzenlosen Unternehmung« *Picot/Reichwald/Wigand*, 1998).

Zunehmende Bedeutung für Erfüllung der Grundverpflichtungen nach § 3 11
Abs. 1 und 2 sowie der übrigen Regelungen des ArbSchG aber auch sonstiger Rechtsvorschriften gewinnt die Entwicklung, Konzeptionierung und Einführung von **Arbeitsschutzmanagementsystemen** (AMS), d.h. von formalisierten und systematisierten **Führungs- und Organisationskonzepten**. Entsprechend der inneren Systematik des ArbSchG kann die Umsetzung derartiger Konzepte dazu beitragen, dass der betriebliche Arbeitsschutz insgesamt systematischer durchgeführt und in die Aufbau- und Ablauforganisation integriert wird (vgl. umfassend *Pieper/Vorath*, 2000, 185 ff.; *Poppendick* u.a., BArbBl. 2/1999, 11 ff.). Auslöser für diese Entwicklung ist die Einführung von systematisch entwickelten und bewertbaren Managementsystemen für unterschiedliche betriebliche Aufgabengebiete (vgl. *BAuA* [Hrsg.], 1999b; *BAuA* [Hrsg.], 1997c, *BAU* [Hrsg.], 1996 und 1993a; aus arbeitswissenschaftlicher Sicht vgl. ZArbWiss 1995, 125 ff.; Einl. Rn. 47). Hinsichtlich der Entwicklung von **Qualitäts- und Umweltschutzmanagementsystemen** existieren hierfür internationale Normen (Normen der Reihen ISO 9000:2000 ff. und ISO 14000 ff.), die im Hinblick auf AMS-Konzepte Impulse gegeben haben, sowie Synergien aber auch zielbedingte Unterschiede aufzeigen (vgl. *Lang/Vorath*, SichIng 8/2001, 22 ff.; *Braun*, u.a., 1999a; *Ritter/Langhoff*, 1998). Eine **Normung von AMS** auf europäischer oder internationaler Ebene wird bislang, vor allem aus Arbeitsschutzsicht, überwiegend kritisch bewertet, weil Gefahren für das erreichte gesetzliche Arbeitsschutzniveau und dessen institutionelle Absicherung sowie zusätzliche Kosten durch Zertifizierungsver-

ArbSchG § 3

fahren insbesondere für kleine und mittlere Betriebe befürchtet werden (vgl. die Beiträge in BG 12/1996). Auf Ebene der ISO ist Anfang 2000 ein Normungsantrag des britischen Normungsinstituts BSI abgelehnt worden; die erforderliche Zwei-Drittel-Mehrheit wurde nicht erreicht; weitere Aktivitäten in dieser Richtung werden jedoch nicht ausgeschlossen (vgl. KAN-Brief 2/2000, 11).

Arbeitsschutzmanagementsysteme (AMS) können für kontinuierliche Verbesserungsprozesse bezogen auf die Organisation und Qualitätssicherung des betrieblichen Arbeitsschutzes ein wirksames Instrument sein (vgl. *BMA* u.a.,»Gemeinsamer Standpunkt zu Managementsystemen im Arbeitsschutz«, BArbBl. 9/1997, S. 85f.; Anhang Nr. 3). AMS stellen Angebote für die Unternehmen dar, für eine verbesserte Organisation zur Planung, Durchführung, Prüfung und stetigen Verbesserung der erforderlichen Maßnahmen des Arbeitsschutzes entsprechend den rechtlichen Vorgaben zu sorgen. AMS sind mittelbar auch geeignet, dabei zu helfen, die Qualität der Produkte und Dienstleistungen und die betrieblichen Umweltbedingungen zu verbessern sowie zu einer verbesserten Transparenz nach »innen und außen« beizutragen und damit Unternehmenskultur und Image eines Unternehmens positiv zu beeinflussen (vgl. a.a.O.). Sie stellen insofern einen auf Sicherheit und Gesundheitsschutz bezogenen Bestandteil eines kontinuierlichen Verbesserungsprozesses dar (Rn. 13). Rahmenbedingungen für AMS sind: Berücksichtigung der besonderen Bedingungen in Klein- und Mittelbetrieben und Vermeidung unnötiger Administration; Freiwilligkeit bei der betrieblichen Anwendung derartiger Systeme; keine Verpflichtung zu externen Audits; kein Zertifizierungszwang; wirtschaftliche Verhältnismäßigkeit von Aufwand und Ergebnis (vgl. *BMA* u.a., a.a.O.).

Auf der Grundlage ihres Gemeinsamen Standpunkts haben das BMA, die obersten Arbeitsschutzbehörden der Bundesländer, die Träger der gesetzlichen Unfallversicherung und die Sozialpartner in Deutschland 1999 (BArbBl. 2/1999; 43; Anhang Nr. 3) Eckpunkte für die Entwicklung und Bewertung von AMS-Konzepten formuliert. Ziel der Formulierung dieser Eckpunkte war es:
– eine einheitliche Orientierungsgrundlage für die Entwicklung und Weiterentwicklung von AMS-Konzepten zu schaffen,
– Bausteine für die Inhalte von AMS-Konzepten zu formulieren und
– die Bewertung vorliegender AMS-Konzepte zu ermöglichen und Entscheidungshilfen für die Auswahl von Konzepten anzubieten.

Da ein AMS im Wesentlichen aus spezifischen Führungselementen und einer entsprechenden Aufbau- und Ablauforganisation (strukturellen Festlegungen und Prozessen) besteht, soll sich ein AMS-Konzept an den Kernelementen und -prozessen, die zum Betreiben eines AMS erforderlich sind, orientieren. Dies sind:
1. Arbeitsschutzpolitik und -strategie,
2. Verantwortung, Aufgaben und Befugnisse,
3. Aufbau des AMS,
4. Interner und externer Informationsfluss sowie Zusammenarbeit,
5. Verpflichtungen,
6. Einbindung von Sicherheit und Gesundheitsschutz in betriebliche Prozesse,
7. Dokumentation und Dokumentenlenkung und
8. Ergebnisermittlung, -bewertung und Verbesserung des AMS.

Ein AMS-Konzept soll Hilfestellungen für den Anwender, z.B. in Form von Umsetzungsanleitungen, Anwendungshinweisen und Musterbeispielen geben. Zudem soll ein AMS-Konzept eine Erklärung des Entwicklers des AMS-Kon-

§ 3 ArbSchG

zeptes beinhalten, welche die Übereinstimmung seines AMS-Konzeptes mit diesen Eckpunkten bestätigt. Dabei sollen auch die wesentlichen verwendeten Begriffe des AMS erläutert werden (vgl. umfassend *Pieper/Vorath*, 2000, 179 ff.). **Beispiele** für AMS-Konzepte auf nationaler Ebene (dazu sowie zu Standards in anderen Staaten vgl. *Ritter/Langhoff*, 1998; *Braun* u.a., 1999a) z.B.:
- Programm »Arbeitsschutz und sicherheitstechnischer Check in Anlagen« **(ASCA)** der hessischen Landesregierung (vgl. *Niederelz*, SichIng 8/1998, 40 ff.; *Hess.Min.* [Hrsg.], 1997 und 1999),
- Bayerischer Modellentwurf zur Entwicklung, Gestaltung, Einführung/Integration eines Managementsystems für Arbeitsschutz und Anlagensicherheit (Occupational Health- and Risk-Managementsystem – **OHRIS** –; vgl. *Ritter/Langhoff*, 1998, 27 ff.),
- Spezifikation zur freiwilligen Einführung, Anwendung und Weiterentwicklung von AMS des **LASI** (*LASI*, 2000),
- **»Fünf Bausteine«** des HVBG »für einen gut organisierten Betrieb – auch in Sachen Arbeitsschutz« (HVBG, 1999), der auf die Bedürfnisse von Kleinbetrieben ausgerichtet ist und daher die Verwendung des AMS-Begriffs vermeidet,
- Zertifizierungssystem »Safety-Certification-Contractors« (**SCC**; vgl. *Ritter*, QZ 1998, 6 ff.; *Wilink*, SichIng 4/1999, 38 ff.).

Auf internationaler Ebene, wesentlich beeinflusst durch die nationale bzw. europäische Diskussion, liegen Leitlinien **der ILO** vor, die auch als sachgerechte Alternative gegenüber einer internationalen Norm betrachtet werden (vgl. KAN-Brief 2/2000, 11). Diese Leitlinien müssen noch in ein nationales Konzept, unter Einbeziehung der Konzepte, umgesetzt werden.
Betriebliche Positivbeispiele zur Integration des Arbeitsschutzes in Unternehmensführung und -organisation bzw. in Managementsysteme hat u.a. die *BAuA* im Rahmen von Forschungsanwendungsprojekten ermittelt (vgl. *Braun* u.a., 1999 und *Ritter/Reim/Schulte*, 2000 und 2000a; **Leitfäden** speziell für KMU enthalten *Ritter*, 2000 sowie *Westdeutscher Handwerkskammertag*, 1999; vgl. zu weiteren Positivbeispielen *Westdeutscher Handwerkskammertag*, 2000).

In Ergänzung der Verpflichtung des Arbeitgebers, Vorkehrungen zu treffen, damit die Maßnahmen des Arbeitsschutzes erforderlichenfalls bei allen Tätigkeiten und eingebunden in die betrieblichen Führungsstrukturen beachtet werden, muss er gem. § 3 Abs. 2 Nr. 2 außerdem die Voraussetzungen schaffen, dass die Beschäftigten ihren **Mitwirkungspflichten** nachkommen können. Diese Pflichten der Beschäftigten werden in §§ 15, 16 konkretisiert. Eine vergleichbare, allerdings auf die Verhütung von Arbeitsunfällen beschränkte Förderungspflicht des Unternehmers ergibt sich aus § 8 UVV »Allgemeine Vorschriften« BGV A 1 (*Nöthlichs*, 4012, 15; Anhang Nr. 28). Voraussetzung für eine im Sinne von Sicherheit und Gesundheitsschutz effektive und effiziente Mitwirkung ist die Anweisung und Unterweisung der Beschäftigten durch den Arbeitgeber gem. §§ 4 Nr. 7 und 12 sowie die Unterrichtung der Beschäftigten nach § 81 Abs. 1 BetrVG bzw. § 14 ArbSchG (*KJP*, § 3 Rn. 23; vgl. § 4 Rn. 20). Hieraus folgt die Entwicklung bzw. Anwendung von tätigkeits- und arbeitsplatzbezogenen Qualifizierungskonzepten, die ein eigenständiges, selbstverantwortliches Handeln der Beschäftigten in Sachen Sicherheit und Gesundheitsschutz ermöglichen (vgl. *Pieper/Vorath*, 371 ff.).

12

Betriebs- bzw. Personalrat haben die Durchführung der Verpflichtungen nach § 3 Abs. 2 zu **überwachen** (§§ 80 Abs. 1 Nr. 1, 89 BetrVG bzw. §§ 68 Abs. 1 Nr. 2, 81 BPersVG).

13

Im Rahmen der **Informationsrechte** gem. § 80 Abs. 2 BetrVG bzw. § 68 Abs. 2 BPersVG sind die entsprechenden Informationen dem Betriebs- bzw. Personalrat zur Verfügung zu stellen (vgl. allgemein zu den Informationsrechten BetrVG Rn. 6 ff., BPersVG Rn. 3; zu den Informationsrechten der einzelnen Beschäftigten vgl. BetrVG Rn. 47 ff. und § 14 Rn. 1 ff.).

Darüber hinaus handelt es ich bei den Regelungen in Abs. 2 um Rahmenvorschriften im Rahmen von § 87 Abs. 1 Nr. 7 BetrVG (*LAG Hamburg* 27.10.1997 – 4 TaBV 6/97, S. 13; *ArbG Hamburg* 2.7.1998, ArbuR 3/1999, 115 f.; *LAG Hamburg*, 21.9.2000, NZA-RR 4/2001, 196); bei entsprechenden Maßnahmen des Arbeitgebers besteht daher ein Mitbestimmungsrecht des Betriebs- und gem. § 75 Abs. 11 BPersVG auch des Personalrats (vgl. BetrVG Rn. 14; BPersVG Rn. 8; im Ergebnis zu Abs. 2 Nr. 1 auch *Wank*, § 3 ArbSchG Rn. 22).

3. Kosten für Arbeitsschutzmaßnahmen

14 Den Beschäftigten dürfen nach Abs. 3 aufgrund von Arbeitsschutzmaßnahmen nach dem ArbSchG oder nach Rechtsverordnungen gem. §§ 18, 19 **keine Kosten** auferlegt werden (vgl. *KJP*, § 3 Rn. 24 ff.; *MünchArbR-Wlotzke*, § 210 Rn. 39). Durch diese Regelung wird Art. 6 Abs. 5 EG-Rahmenrichtlinie Arbeitsschutz umgesetzt. Im bundesdeutschen Arbeitsschutzrecht fehlte bislang eine derartige generelle Regelung, was allerdings durch die Rechtsprechung kompensiert wurde, die den Arbeitgeber zur Übernahme der Kosten für vom Arbeitnehmer selbstbeschaffte Schutzkleidung verpflichtete (vgl. BAG, 11.3.1976, 18.8.1982 u. 21.8.1985; AP Nr. 17, 18 u. 19 zu § 618 BGB; vgl. § 2 PSA-BV Rn. 13 f.; vgl. allg. *MünchArbR-Wlotzke*, § 216 Rn. 21; *KJP*, a.a.O., Rn. 27; *FKHE*, § 87 Rn. 285).

15 In dem Umfang, in dem der Arbeitgeber gesetzlich zur Kostentragung verpflichtet ist, ist eine Überwälzung der Kosten auf den Arbeitnehmer durch **Betriebs- bzw. Dienstvereinbarung** unzulässig (*BAG* 19.5.1998, AiB 1999, 234 mit Anm. *Schirge*). Die Kostenübernahme durch den Arbeitgeber kann nur in engen Grenzen modifiziert werden kann (RegE, 16). Dies gilt insbesondere für den Fall der Benutzung von **PSA** (z.B. Schutzschuhe), wenn diese auch für private Zwecke zur Verfügung gestellt wird und der Beschäftigte von diesem Angebot des Arbeitgebers **freiwillig** Gebrauch macht (vgl. *MünchArbR-Wlotzke*, § 216 Rn. 21; § 2 PSA-BV Rn. 15 f.). Durch die Rspr. und die Formulierung in der EG-Rahmenrichtlinie Arbeitsschutz, nach der die Kosten »auf keinen Fall zu Lasten der Arbeitnehmer gehen dürfen«, wird der Spielraum für derartige Sonderregelungen sehr stark eingeengt (vgl. *KJP*, a.a.O.; *Hinrichs*, AiB 1997, 219 ff.; *FKHE*, § 87 Rn. 285). So hat der Arbeitgeber z.B. die Kosten der Reinigung von Arbeitskleidung zu tragen (*LAG Düsseldorf* 26.4.2001, 13 Sa 1804/00).

16 Regelungen zur Kostenübernahme unterliegen der **Mitbestimmung** des Betriebs- bzw. Personalrats gem. § 87 Abs. 1 Nr. 7 BetrVG bzw. § 75 Abs. 1 Nr. 11 BPersVG (vgl. *LAG Hamburg* 27.10.1997 – 4 TaBV 6/97, S. 13; *ArbG Hamburg* 2.7.1998, ArbuR 3/1999, 115 f.; *LAG Hamburg* 21.9.2000, NZA-RR 2001, 196; vgl. BetrVG Rn. 14 ff.; BPersVG Rn. 8). Hinsichtlich Arbeitskleidung, die nicht aus Arbeitsschutzgesichtspunkten, sondern wegen der Außendarstellung des Arbeitgebers vorgeschrieben wird, besteht ein Mitbestimmungsrecht gem. § 87 Abs. 1 Nr. 1 BetrVG (*BAG* 19.5.1999, AiB 1999, 234 mit Anm. *Schirge*).

§ 4 Allgemeine Grundsätze

Der Arbeitgeber hat bei Maßnahmen des Arbeitsschutzes von folgenden allgemeinen Grundsätzen auszugehen:
1. Die Arbeit ist so zu gestalten, dass eine Gefährdung für Leben und Gesundheit möglichst vermieden und die verbleibende Gefährdung möglichst gering gehalten wird;
2. Gefahren sind an ihrer Quelle zu bekämpfen;
3. bei den Maßnahmen sind der Stand von Technik, Arbeitsmedizin und Hygiene sowie sonstige gesicherte arbeitswissenschaftliche Erkenntnisse zu berücksichtigen;
4. Maßnahmen sind mit dem Ziel zu planen, Technik, Arbeitsorganisation, sonstige Arbeitsbedingungen, soziale Beziehungen und Einfluss der Umwelt auf den Arbeitsplatz sachgerecht zu verknüpfen;
5. individuelle Schutzmaßnahmen sind nachrangig zu anderen Maßnahmen;
6. spezielle Gefahren für besonders schutzbedürftige Beschäftigtengruppen sind zu berücksichtigen;
7. den Beschäftigten sind geeignete Anweisungen zu erteilen;
8. mittelbar oder unmittelbar geschlechtsspezifisch wirkende Regelungen sind nur zulässig, wenn dies aus biologischen Gründen zwingend geboten ist.

Übersicht

	Rn.
1. Allgemeines, Gefahr, Gefährdung	1– 4
2. Rangfolge von Schutzmaßnahmen	5
3. Gefahrenbekämpfung an der Quelle	6
4. Berücksichtigung von arbeitswissenschaftlichen Erkenntnissen	7–16
5. Ganzheitliche Planung	17
6. Vorrang von kollektiven Schutzmaßnahmen	18
7. Besondere Beschäftigtengruppen	19
8. Anweisungen	20
9. Geschlechtsspezifisch wirkende Regelungen	21

1. Allgemeines, Gefahr, Gefährdung

Die Grundpflichten des Arbeitgebers in § 3 werden, ausgehend vom ganzheitlichen Grundansatz des ArbSchG für Sicherheit und Gesundheitsschutz, durch **allgemeine Grundsätze** konkretisiert, die bei Maßnahmen des Arbeitsschutzes i.S. von § 2 Abs. 1 anzuwenden sind (vgl. KJP, § 4 Rn. 3f.). Diese Grundsätze enthalten generelle Vorgaben für die Planung, Gestaltung und Organisation der Arbeitsschutzmaßnahmen und setzen Art. 6 Abs. 2 Buchst. a, b, c, e, f, g, h und i EG-Rahmenrichtlinie Arbeitsschutz um (zur Umsetzung von Buchst. d vgl. § 2 Rn. 9; vgl. KJP, § 4 Rn. 5). Sie geben dem Arbeitsschutz auf der gesetzlichen Ebene die Leitbilder für die betriebliche Umsetzung, die durch mehr als zwei Jahrzehnte arbeitswissenschaftlicher Vorbereitung, u.a. im Rahmen von staatlichen Forschungs- und Forschungsanwendungsprogrammen wie z.B. »Humanisierung des Arbeitslebens« – bzw. »Arbeit und Technik« –, anhand vieler Beispiele praktisch erprobt worden (vgl. Einl. Rn. 40), doch oftmals modellhafte Insellösungen geblieben sind (seit 1998 ist »Arbeit und Technik« von den Programmen »Innovative Arbeitgestaltung und Innovative Dienstleistung« abgelöst worden; vgl. nähere Informationen unter http://www.dlr.de/PT/AT).

1

ArbSchG § 4

1a Bei den Grundsätzen gem. § 4 handelt es sich um ausfüllungsbedürftige Rahmenvorschriften i.S. von § 87 Abs. 1 Nr. 7 BetrVG (vgl. *LAG Hamburg*, 21. 9. 2000, NZA-RR 2000, 190); bei entsprechenden Maßnahmen des Arbeitgebers besteht daher ein **Mitbestimmungsrecht** des Betriebs- und gem. § 75 Abs. 11 BPersVG auch des Personalrats (vgl. BetrVG Rn. 14; BPersVG Rn. 8; a.A. *Wank*, § 4 ArbSchG Rn. 15).

2 Bei der Umsetzung der Grundsätze zur Durchführung der Maßnahmen des Arbeitsschutzes ist von den Begriffen »Gefahr« und »Gefährdung« auszugehen (vgl. RegE, 16; Abbildung Nr. 7):

Abbildung 7:

Gefährdung	Möglichkeit eines Schadens oder einer gesundheitlichen Beeinträchtigung ohne bestimmte Anforderungen an deren Ausmaß oder Eintrittswahrscheinlichkeit
Gefahr	Sachlage, die bei ungehindertem Ablauf des objektiv zu erwartenden Geschehens zu einem Schaden führt, wobei für den Schadenseintritt eine hinreichende Wahrscheinlichkeit verlangt wird und von einem Schaden erst gesprochen werden kann, wenn eine nicht unerhebliche Beeinträchtigung vorliegt; nicht mehr akzeptables Risiko
Risiko/Größe der Gefahr	Produkt aus Eintrittswahrscheinlichkeit und Ausmaß des möglichen Schadens
unmittelbare erhebliche Gefahr	Sachlage, bei der der Eintritt des Schadens sehr wahrscheinlich ist oder ein Eintritt nicht mehr abgewendet werden kann und der Schaden nach Art oder Umfang besonders schwer ist

– Unter **Gefahr** wird im Arbeitsschutz wie auch im allgemeinen Recht der Gefahrenabwehr eine Sachlage verstanden, die bei ungehindertem Ablauf des objektiv zu erwartenden Geschehens zu einem Schaden führt, wobei für den Schadenseintritt eine hinreichende Wahrscheinlichkeit verlangt wird und von einem Schaden erst gesprochen werden kann, wenn eine nicht unerhebliche Beeinträchtigung vorliegt (zu »besonderen«, d.h. unmittelbaren erheblichen Gefahren vgl. § 9 Rn. 1).
– Der Begriff der **Gefährdung** bezeichnet im Gegensatz zur »Gefahr« die Möglichkeit eines Schadens oder einer gesundheitlichen Beeinträchtigung ohne bestimmte Anforderungen an deren Ausmaß oder Eintrittswahrscheinlichkeit (vgl. a.a.O.).

Diese, für die Durchführung der einzelnen Arbeitsschutzmaßnahmen wichtige begriffliche Unterscheidung findet sich auch im EG-Arbeitsschutzrecht wieder. Hier sind jedoch im Vergleich Widersprüche festzustellen. So wird z.B. im Hinblick auf die Beurteilung der Arbeitsbedingungen gem. § 5 in der deutschen

§ 4 ArbSchG

Fassung der EG-Rahmenrichtlinie Arbeitsschutz von der Pflicht des Arbeitgebers zur »Evaluierung der am Arbeitsplatz bestehenden **Gefahren** für die Sicherheit und die Gesundheit« gesprochen (vgl. Art. 9 Abs. 1 Buchst. a EG-Rahmenrichtlinie Arbeitsschutz). Die englische Fassung der Richtlinie spricht generell von »**risks**«: »The employer shall ... be in possession of an assessment of the risks to safety and health at work...« Dies hat auch bei der Umsetzung des europäischen Arbeitsschutzrechts in das nationale Recht offensichtlich zu begrifflichen Problemen geführt, die i.S. der **präventiven Orientierung** des ArbSchG zu lösen sind. So wird bei der Pflicht zur Beurteilung der Arbeitsbedingungen der Begriff der »Gefährdung« verwandt, während z.B. bei der Zusammenarbeit mehrerer Arbeitgeber nach § 8 Abs. 1, wie in der deutschen Fassung der EG-Rahmenrichtlinie (Art. 6 Abs. 4), der Begriff der Gefahr verwendet wird, in der englischen Fassung jedoch der Begriff »risks« (vgl. § 8 Rn. 5).

Als **Messgröße für eine Gefährdung** steht das **Risiko** als Produkt aus Eintrittswahrscheinlichkeit und Ausmaß des möglichen Schadens. **Gefahr** in dem zuvor beschriebenen Sinne lässt sich als **nicht mehr akzeptables Risiko** definieren. Welcher Grad an Wahrscheinlichkeit dabei hinreichend ist, wird entsprechend dem Grundsatz der Verhältnismäßigkeit nach der Art der betroffenen Rechtsgüter bestimmt. Wo es, wie im Arbeitsschutz, um Leben oder Gesundheit der Beschäftigten geht, kann ein geringeres Maß an Wahrscheinlichkeit verlangt werden als bei der Gefährdung von Sachgütern. Eine absolute Sicherheit bei der Arbeit i.S. eines Ausschlusses jedweder Gefährdung ist zwar nicht möglich. Ein hinnehmbares (akzeptables bzw. tolerierbares) Risiko muss jedoch entsprechend dem Grundsatz der Verhältnismäßigkeit einen um so geringeren Grad an Wahrscheinlichkeit haben, je schwerwiegender die möglichen Folgen sind. Eine hohe Eintrittswahrscheinlichkeit für einen schweren Schaden verpflichtet zu besonderen Vorkehrungen (»unmittelbare erhebliche Gefahr« vgl. § 9). Als **tolerierbar** wird ein Risiko bezeichnet, »...das basierend auf den aktuellen gesellschaftlichen Wertvorstellungen in einem gegebenen Zusammenhang tragbar ist (ISO/IEC Guide 51).

Arbeitsschutzmaßnahmen dürfen sich entsprechend der umfassenden Zielsetzung des ArbSchG nicht nur auf die Bekämpfung oder Begrenzung schon eingetretener Gefahren beschränken. Eine wirksame **Prävention**, im Sinne eines Leitbildes für die Durchführung der Grundsätze in § 4, muss früher ansetzen (vgl. RegE, 16; zum Begriff der Prävention vgl. Einl. Rn. 11) und daher bestehende **Gefährdungspotenziale** abschätzen und einbeziehen (zur Beurteilung der Arbeitsbedingungen und ihrer Dokumentation vgl. §§ 5, 6). Zu betonen ist hierbei die Notwendigkeit einer prozesshaften, dynamischen Vorgehensweise (vgl. § 3 Rn. 1f.). Oberstes Leitbild ist hierbei die **menschengerechte Gestaltung der Arbeit** als Grundsatz für einen zeitgemäßen Arbeitsschutz (vgl. § 2 Rn. 8ff.).

2. Rangfolge von Schutzmaßnahmen

Die Arbeit ist so zu gestalten, dass eine Gefährdung für Leben und Gesundheit möglichst vermieden und die verbleibende Gefährdung möglichst gering gehalten wird (Nr. 1). Damit, und aus der Abfolge der Grundsätze, wird implizit eine **Rangfolge von Schutzmaßnahmen** festgelegt (*Nöthlichs*, Nr. 4016, 3 f.; vgl. *Kollmer/Vogl*, Rn. 76; *KJP*, § 4 Rn. 6: fachlich sinnvolle und logische Abfolge; vgl. MünchArbR-*Wlotzke*, § 211 Rn. 30). Der Gesetzgeber verlangt zwar nicht opti-

ArbSchG § 4

male Lösungen; es sollen Gefährdungen »möglichst« vermieden bzw. verbleibende Gefährdungen möglichst verringert werden (vgl. *KJP*, § 4 Rn. 9f.; *Nöthlichs*, 4016, 4f., mit Beispielen für sicherheitstechnische Lösungen, wenn optimale Lösungen zunächst nicht erreicht werden können). Allerdings ist der Arbeitgeber allgemein verpflichtet, eine Verbesserung des betrieblichen Arbeitsschutzes anzustreben (§ 3 Rn. 5) und dabei den Stand von Technik, Arbeitsmedizin und Arbeitshygiene sowie sonstige gesicherte arbeitswissenschaftliche Erkenntnisse zu berücksichtigen (Rn. 7ff.). Im Rahmen von Investitions- und Reorganisationsentscheidungen ist der Arbeitgeber daher verpflichtet, provisorische Lösungen bei der Sicherheit und dem Gesundheitsschutz zu optimieren.

3. Gefahrenbekämpfung an der Quelle

6   Der Grundsatz der **Gefahrenbekämpfung an der Quelle** (Nr. 2) steht in der Rangfolge bei der Festlegung von Schutzmaßnahmen an erster Stelle. Es geht darum, nicht die Folgen einer Gefahr zu verhindern oder zu begrenzen, sondern präventiv ihre Ursachen zu beseitigen (vgl. *Kollmer/Vogl*, Rn. 81; *KJP*, § 4 Rn. 11 mit Hinweisen zu Regelungen in sonstigen Rechtsvorschriften). Die Regelung korrespondiert mit dem Grundsatz des Vorrangs von kollektiven gegenüber individuellen Schutzmaßnahmen (Rn. 18). Die »Gefahrenbekämpfung an der Quelle« stellt auch inhaltliche Zusammenhänge zum vorgreifenden, produktbezogenen Arbeitsschutz her (GSG; ChemG; GefStoffV), bezieht sich allerdings primär auf den betrieblichen Arbeitsschutz (zu den wechselseitigen Aspekten in Bezug auf die Herstellung und Bereitstellung/Benutzung von Maschinen vgl. *BAuA* [Hrsg.], 1999). Beim vorgreifenden Arbeitsschutz geht es demgegenüber um die auf Konstruktion und Herstellung (Inverkehrbringen) bezogenen Regelungen, durch die »gegen die Gefahren ein viel lückenloserer Damm errichtet wird, als wenn den Gefahren an jeder einzelnen Arbeitsstätte besonders nachgegangen werden müsste« (*Herschel*, BB 1967, 933). Bei den Herstellern »befindet sich ja die Quelle der abzuwehrenden Gefahren« (a.a.O.; vgl. MünchArbR-*Wlotzke*, § 213 Rn. 1; Einl. Rn. 60).

Die Gefahrenbekämpfung bezieht sich nicht allein auf mögliche, **technisch** bedingte Betriebsstörungen, die zu Gefahren führen können (so *Nöthlichs*, 4016, 5), sondern auch auf Gefahren, die sich aus **organisatorischen** Mängeln im Betrieb oder **psycho-mentalen** Belastungen insbesondere durch Stress ergeben können (zur entsprechenden, ganzheitlichen Planung und Durchführung von Arbeitsschutzmaßnahmen vgl. § 3 Rn. 1ff.).

4. Berücksichtigung von arbeitswissenschaftlichen Erkenntnissen

7   Bei der Planung, Durchführung und der Überprüfung von Arbeitsschutzmaßnahmen hat der Arbeitgeber den Stand der Technik, der Arbeitsmedizin und der Arbeitshygiene sowie sonstige gesicherte arbeitswissenschaftliche Erkenntnisse zu berücksichtigen (Nr. 3). Dieser Grundsatz bezieht sich insbesondere auf die Gefahrenbekämpfung an der Quelle gem. Nr. 2, aber auch auf alle anderen Arbeitsschutzmaßnahmen (RegE, 16). Die arbeitswissenschaftlichen Erkenntnisse haben hierbei die Funktion einer **Klammer** bzw. eines Oberbegriffs zu speziellen Erkenntnissen zum Stand der Technik, der Arbeitsmedizin und der Arbeitshygiene, was durch die Formulierung »und sonstige gesicherte arbeitswissenschaftliche Erkenntnisse« in Nr. 3 unterstrichen wird (vgl. Rn. 14). Gem.

§ 18 Nr. 5 ist die Bundesregierung ermächtigt, durch Rechtsverordnung mit Zustimmung des Bundesrates zu bestimmen, dass **Ausschüsse** zu bilden sind, denen die Aufgabe übertragen wird, die Bundesregierung oder das zuständige Bundesministerium zur Anwendung der Rechtsverordnungen zu beraten, dem Stand der Technik, Arbeitsmedizin und Hygiene entsprechende Regeln und sonstige gesicherte arbeitswissenschaftliche Erkenntnisse zu ermitteln, wie die in den Rechtsverordnungen gestellten Anforderungen erfüllt werden können. Das Bundesministerium für Arbeit und Sozialordnung kann die Regeln und Erkenntnisse amtlich bekannt machen (vgl. § 18 Rn. 2).

Zwar ist der Arbeitgeber nicht verbindlich zur Beachtung der Erkenntnisse verpflichtet. Aus dem Wort »**berücksichtigen**« kann aber nicht pauschal abgeleitet werden, dass der Grundsatz nicht verbindlich ist oder kein Sicherheitsgrad bestimmt wird, der nicht unterschritten werden darf (vgl. MünchArbR-*Wlotzke*, § 211 Rn. 34, der zumindest den Kenntnisstand beim Arbeitgeber für verpflichtend und bezogen auf die gesicherten arbeitswissenschaftlichen Erkenntnisse die Beschränkung auf die »Berücksichtigung« für bedenklich hält; *Wlotzke*, FS Däubler, 665; a.A.: *Nöthlichs*, 4016, 6, 11; *Wank*, § 4 ArbSchG Rn. 5). Dies würde der Grundpflicht des Arbeitgebers zuwiderlaufen, die Maßnahmen des Arbeitsschutzes veränderten Gegebenheiten anzupassen und eine Verbesserung von Sicherheit und Gesundheitsschutz der Beschäftigten anzustreben (vgl. § 3 Abs. 1; § 3 Rn. 5; vgl. *Brock*, 23; *Kollmer/Vogl*, 84; zur Vorgabe der EG-Rahmenrichtlinie Arbeitsschutz *BFK*, Rn. 257 f.). Gerade auf diese allgemeinen Verpflichtungen des Arbeitgebers zur Durchführung von Arbeitsschutzmaßnahmen beziehen sich aber die Grundsätze des § 4 und damit auch der Grundsatz zur Berücksichtigung des Standes der Erkenntnisse in Nr. 3. Das heißt nicht, dass der Arbeitgeber zwingend den neuesten Stand der Erkenntnisse sofort im Betrieb umsetzen muss. Im Unterschied zum Störfallrecht (§§ 3 Abs. 4 und 8 StörfallV) oder zum Gefahrstoffrecht (vgl. §§ 19 Abs. 3, 26 Abs. 1 und 2, 36 Abs. 3 Satz 2 GefStoffV), die den »Stand der Technik« als Orientierung verbindlich vorschreiben (»Beachtung«; vgl. MünchArbR-*Wlotzke*, a.a.O.) ermöglicht vielmehr die »Berücksichtigung« des jeweiligen Standes »eine **differenzierte Anwendung**, die sich an Intensität und Umfang der jeweiligen Gefahren orientiert. Dies entspricht der üblichen Verwendung des rechtlichen Terminus ›berücksichtigen‹, der in Normen verwandt wird, in denen dem Arbeitgeber ein gewisser Wertungsspielraum zukommt (vgl. § 90 BetrVG, § 1 Abs. 3 KSchG), ohne jedoch die **rechtliche Verbindlichkeit** einer solchen Orientierung in Frage zu stellen (vgl. *Kohte*, in BAuA [Hrsg.], 1997b, 87; OP-*Kohte*, 55). Maßnahmen des Arbeitsschutzes haben sich daher noch stärker als bisher an den Möglichkeiten der technischen und arbeitswissenschaftlichen Entwicklung zu orientieren (vgl. *Kollmer/Vogl*, Rn. 84).

Im Rahmen der betrieblichen Arbeitsschutzorganisation können die **Beschäftigten** bzw. der **Betriebs- oder Personalrat** darauf hinwirken, dass neueste Erkenntnisse aus den in Nr. 3 genannten Bereichen bei den Arbeitsschutzmaßnahmen berücksichtigt werden (vgl. § 17 Abs. 1; § 17 Rn. 2; BetrVG Rn. 28; BPersVG Rn. 10; zur korrespondierenden Informationspflicht des Arbeitgebers vgl. § 3 Rn. 5a).

Unter **Stand der Technik** ist ein Entwicklungsstand fortschrittlicher Verfahren, Einrichtungen und Betriebsweisen zu verstehen, der die praktische Eignung einer Maßnahme zur Erreichung des in der jeweiligen Rechtsvorschrift vorgegebenen Sicherheits- oder Schutzziels als gesichert erscheinen lässt (Münch- **8**

ArbR-*Wlotzke*, § 210 Rn. 15; *FKHE*, § 87 Rn. 277). Z.B. ist gem. § 3 Abs. 6 BImSchG Stand der Technik der Entwicklungsstand fortschrittlicher Verfahren, Einrichtungen oder Betriebsweisen, der die praktische Eignung einer Maßnahme zur Begrenzung von Emissionen gesichert erscheinen lässt; der Begriff findet sich außerdem in § 2 Abs. 3 StörfallV, § 11 Abs. 1 Nr. 3 GSG, § 3 Abs. 2 Nr. 5 RöntgenV, §§ 3 Abs. 9, 19 GefStoffV, § 10 Abs. 8 BioStoffV und § 19 GenTSV (vgl. *Nöthlichs*, 4016, 6f.; *KJP*, § 4 Rn. 13).

Den Stand der Technik geben insbesondere auch die harmonisierten **europäischen Normen** wieder, die eine wichtige – wenn auch rechtlich nicht bindende – Konkretisierung der allgemeinen sicherheitstechnischen Anforderungen bedeuten, die in den EG-Richtlinien zur technischen Harmonisierung gem. Art. 95 EGV festgelegt sind (vgl. *Nöthlichs*, 4016, 9; Einl. Rn. 76ff.; dort auch zu den aktuellen zeitlichen und personellen Problemen der Realisierung der Normung z.B. im Bereich der Maschinensicherheit).

Der Begriff des Stands der Technik geht weiter als der Begriff »**allgemein anerkannte Regeln der Technik**«, weil dafür weder eine allgemeine Anerkennung durch die Fachwelt noch eine allgemeine praktische Erprobung und Bewährung vorliegen muss (MünchArbR-*Wlotzke*, a.a.O.; vgl. *KJP*, § 4 Rn. 14). Regeln der (Sicherheits-)Technik beziehen sich auf alle technischen Maßnahmen, u.a. Beschaffenheit, Einrichtungen, Verfahren, Betriebsweisen, um Gesundheitsschäden für Beschäftigte und Dritte sowie ggf. auch Schäden für die Umwelt vorzubeugen (vgl. MünchArbR-*Wlotzke*, a.a.O., Rn. 10f.; *FKHE*, § 87 Rn. 276; zu Formen der allgemeinen Anerkennung von Regeln der Technik vgl. *Nöthlichs*, 4016, 8). Sie gelten dann als allgemein anerkannt, wenn ihre Anerkennung durch die Fachwelt erfolgt ist, sowie, wenn sie in der Fachpraxis erprobt und bewährt sind (MünchArbR-*Wlotzke*, a.a.O.; *Kollmer/Vogl*, Rn. 83).

9 Der **Begriff der Arbeitsmedizin** lässt sich in Anlehnung an die Definition der *WHO* wie folgt umschreiben: Die Arbeitsmedizin umfasst die Wechselbeziehungen zwischen Arbeit und Beruf einerseits, sowie dem Menschen, seiner Gesundheit und seinen Krankheiten andererseits (vgl. SiS 1999, 188, m.w.N.; *Weihrauch u.a.*, 1998, 6). **Ziele** einer präventionsorientierten Arbeitsmedizin sind demnach:

– das körperliche, geistige und soziale Wohlbefinden der Beschäftigten in allen Berufen möglichst zu fördern und aufrechtzuerhalten,
– zu verhindern, dass die Beschäftigten infolge ihrer Arbeitsbedingungen in irgendeiner Weise an ihrer Gesundheit Schaden nehmen,
– Beschäftigte bei ihrer Arbeit gegen die Gefahren schützen, die sich durch gesundheitsschädigende Einwirkungen ergeben können,
– den einzelnen Beschäftigten einer Beschäftigung zuzuführen, die seiner physiologischen und psychologischen Eignung entspricht, und ihm diese Beschäftigung zu erhalten,
– zusammengefasst: die Arbeit an den Menschen anzupassen und sie in allen Bereichen zu humanisieren (vgl. SiS 1999, 188; § 2 Rn. 8 ff.; zur hiermit korrespondierenden Kerndefinition der Arbeitswissenschaft insgesamt vgl. Rn. 12).

Diese Zielsetzungen sind im Kontext mit den Verpflichtungen des Arbeitgebers zur Bestellung von **Betriebsärzten** nach dem ASiG und deren Aufgaben zu sehen (vgl. ASiG Rn. 62ff.). Maßnahmen zu ihrer Verwirklichung dienen der Primär- bzw. **Allgemeinprävention**, während die arbeitsmedizinische Vorsorge der Sekundär- bzw. Individualprävention zuzuordnen sind (vgl. Weihrauch u.a., 1998, 6; vgl. § 11).

§ 4 ArbSchG

Der **Stand der Arbeitsmedizin** bezieht sich auf die entsprechenden arbeitsmedizinischen Regeln, die alle Maßnahmen, Mittel und Einrichtungen betreffen, um besondere arbeitsbedingte Gesundheitsschäden zu erkennen und zu verhüten, u.a. auch durch arbeitsmedizinische Untersuchungen (MünchArbR-*Wlotzke*, a.a.O.; vgl. § 11; ASiG Rn. 80 ff.). Wie beim Stand der Technik (Rn. 8) muss anders als bei arbeitsmedizinischen Regeln weder eine allgemeine Anerkennung durch die Fachwelt noch eine allgemeine praktische Erprobung und Bewährung vorliegen.

Regeln der Arbeitsmedizin enthalten z.B.:
– technische Regeln für biologische Arbeitsstoffe (TRBA; vgl. § 17 BioStoffV Rn. 1 ff.) und für Gefahrstoffe (TRGS; vgl. GefStoffV Rn. 47),
– Arbeitsstättenrichtlinien (ASR; vgl. ArbStättV Rn. 58),
– BG-Vorschriften/Unfallverhütungsvorschriften (insbesondere VBG 100/BGV A 4; GUV 0.6),
– BG-Regeln (dokumentiert in: ZH 1 Schriften der gewerblichen Berufsgenossenschaften),
– Berufsgenossenschaftliche Grundsätze für arbeitsmedizinische Vorsorgeuntersuchungen (vgl. *Weihrauch u.a.*, 1998).

Der **Stand der Hygiene** bezieht sich auf Regeln, die Maßnahmen im Betrieb zum Gegenstand haben, die sich u.a. auf die Verhütung übertragbarer Krankheiten, die Ernährung im Betrieb, die Arbeitskleidung, die Reinhaltung der Arbeitsstätte sowie auf sanitäre und soziale Einrichtungen beziehen (MünchArbR-*Wlotzke*, § 210 Rn. 10 f.). Wie beim Stand der Technik (Rn. 8) muss anders als bei hygienischen Regeln weder eine allgemeine Anerkennung durch die Fachwelt noch eine allgemeine praktische Erprobung und Bewährung vorliegen (vgl. a.a.O.).

Regeln der Hygiene enthalten z.B.:
– in Bezug auf Tätigkeiten mit biologischen Arbeitsstoffen die BioStoffV i.V.m. den TRBA (vgl. § 10 BioStoffV Rn. 10),
– in Bezug auf Errichtung und Betrieb von Arbeitsstätten die ArbStättV i.V.m. den ASR (§ 3 Abs. 2 ArbStättV; ArbStättV Rn. 58).

Der Begriff der **gesicherten arbeitswissenschaftlichen Erkenntnisse** ist in der EG-Rahmenrichtlinie Arbeitsschutz nicht ausdrücklich, aber – aufgrund des dort verankerten ganzheitlichen und integrierten Arbeitsschutzbegriffs (vgl. § 1 Rn. 7 ff.; Einl. Rn. 9 ff.) – implizit enthalten. Im bundesdeutschen Arbeitsschutzrecht findet sich der Begriff in einer Reihe von anderen Rechtsvorschriften des Arbeitsschutzes (zur EG-rechtlichen Dimension vgl. *Bieneck/Rückert*, ZArbWiss 1994, 1 ff.). Erstmals in das BetrVG 1972 eingeführt (§§ 90, 91 BetrVG; vgl. BetrVG Rn. 7), findet er sich z.B. in § 6 Abs. 1 ArbZG: die Arbeitszeit der Nacht- und Schichtarbeiter ist nach den gesicherten arbeitswissenschaftlichen Erkenntnissen über die menschengerechte Gestaltung der Arbeit festzulegen (vgl. weiterhin § 1 Nr. 1 ASiG, ASiG Rn. 9, § 28 Abs. 1 Satz 2 JArbSchG, § 95 Abs. 1 SeemannsG, § 61 Abs. 1 Satz 1 BBergG, § 3 Abs. 1 Nr. 1 ArbStättV, ArbStättV Rn. 57, § 17 Abs. 1 Satz 2 GefStoffV; § 8 Abs. 1 GenTSV; § 3 Abs. 1 UVV »Lärm« BGV P 3; vgl. *KJP*, § 4 Rn. 23).

Eine **gesetzliche Definition** des Begriffs »gesicherte arbeitswissenschaftliche Erkenntnisse« bzw. »Arbeitswissenschaft« **besteht nicht** (MünchArbR-*Wlotzke*, § 210 Rn. 12; *KJP*, § 4 Rn. 19). Auch das ArbSchG liefert keine Definition; allerdings spiegeln sich in den Grundsätzen für Maßnahmen des Arbeitsschutzes (§ 4) und in der Konzeption des ArbSchG zentrale Erkenntnisse und Gestal-

tungsziele der Arbeitswissenschaften. Die in den achtziger Jahren im Zuge einer Kontroverse zwischen Vertretern einer eher natur-/ingenieurwissenschaftlichen und einer eher sozialwissenschaftlichen Richtung entstandene **Kerndefinition der Arbeitswissenschaft** kann als allgemein anerkannter Konsens betrachtet werden: »Arbeitswissenschaft ist die Systematik der Analyse, Ordnung und Gestaltung der technischen, organisatorischen und sozialen Bedingungen von Arbeitsprozessen mit dem Ziel, dass die arbeitenden Menschen in produktiven und effizienten Arbeitsprozessen
– schädigungslose, ausführbare, erträgliche und beeinträchtigungsfreie Arbeitsbedingungen vorfinden,
– Standards sozialer Angemessenheit nach Arbeitsinhalt, Arbeitsaufgabe, Arbeitsumgebung sowie Entlohnung und Kooperation erfüllt sehen,
– Handlungsspielräume entfalten, Fähigkeiten erwerben und in Kooperation mit anderen ihre Persönlichkeit erhalten und entwickeln können« (vgl. ArbWiss-*Luczak*, 11 ff.; *KJP*, § 4 Rn. 20; *Anzinger/Bieneck*, § 3 Rn. 29 f., 31; zu den korrespondierenden Zielen der Arbeitsmedizin als Teil der Arbeitswissenschaft vgl. Rn. 9).

13 Ausgehend von der Kerndefinition der Arbeitswissenschaft (Rn. 12) ist es zusammenfassend ihre **Grundaufgabe**, Erkenntnisse zu sammeln und anzuwenden, um sicherzustellen, dass Eigenschaften und Bedürfnisse der Menschen bei der Gestaltung von Arbeit berücksichtigt werden können. Dies betrifft sowohl die Neugestaltung von Arbeit als auch die Beurteilung bereits bestehender Arbeitsbedingungen (*Bieneck/Rückert*, BArbBl. 1993, 420). Von zentraler Bedeutung ist hierbei der Begriff des **Arbeitssystems**, der gem. ENV 26385 das Zusammenwirken von Mensch und Arbeitsmitteln im Arbeitsablauf beinhaltet, um die Arbeitsaufgabe am Arbeitsplatz in der Arbeitsumgebung unter den durch die Arbeitsaufgabe gesetzten Bedingungen zu erfüllen (vgl. ArbWiss-*Kirchner*, 606 ff.). Dementsprechend verpflichtet der Grundsatz in Nr. 4 zu Planung von Arbeitsschutzmaßnahmen mit Blick auf die Wechselwirkungen innerhalb von Arbeitssystemen (s. Rn. 17).

14 Aufgrund der Vielzahl der Einzeldisziplinen kann von »der« Arbeitswissenschaft als einheitlicher Disziplin nicht gesprochen werden (*FKHE*, § 90 Rn. 54). Unter »Arbeitswissenschaft« ist daher eine **Vielzahl von Fachdisziplinen** zu verstehen, die sich auf Arbeitsprozess und -bedingungen beziehen (vgl. a.a.O.; *Anzinger/Bieneck*, § 1 Rn. 83). Sie schließen naturwissenschaftliche und geisteswissenschaftliche Disziplinen sowie solche mit ein, die eine Mittelstellung zwischen Natur- und Geisteswissenschaft einnehmen (so die Arbeitspsychologie oder Arbeitssoziologie; vgl. a.a.O. – 18. Aufl., Rn. 7 ff. m.w.N.). Zu den Disziplinen gehören z.B. die Medizin, die Sozialwissenschaften, speziell die Psychologie, die Soziologie, die Pädagogik, die Wirtschaftswissenschaften, die Rechtswissenschaften und die Ingenieurwissenschaften (vgl. *FKHE*, a.a.O.). Insoweit haben die arbeitswissenschaftlichen Erkenntnisse die Funktion einer Klammer bzw. eines **Oberbegriffs** zum Stand der Technik, der Arbeitsmedizin und der Arbeitshygiene (so auch *Anzinger/Bieneck*, § 3 Rn. 36, 37), was durch die Formulierung »**sonstige** gesicherte arbeitswissenschaftliche Erkenntnisse« unterstrichen wird.

15 **Gesichert** ist eine arbeitswissenschaftliche Erkenntnis dann, wenn sie »den Methoden der Erkenntnisgewinnung der betreffenden Einzeldisziplin entspricht, es sei denn, sie wird durch Erkenntnis einer anderen arbeitswissenschaftlichen Disziplin generell oder bei der konkreten Anwendung auf die

§ 4 ArbSchG

Arbeitsgestaltung des Betriebs widerlegt (falzifiziert) oder als ergänzungsbedürftig ausgewiesen« (*FKHE*, § 90 BetrVG Rn. 57 ff.; vgl. *KJP*, § 4 Rn. 22; *Anzinger/Bieneck*, § 1 Rn. 85 m.w.N.). Zu den gesicherten arbeitswissenschaftlichen Erkenntnissen gehören:
- **Gestaltungsrichtlinien**, wenn über sie in Fachkreisen eine überwiegende Meinung dahin besteht, dass sie der Zielsetzung der menschengerechten Arbeitsgestaltung entsprechen, ihre Anwendung zweckmäßig und mit angemessenen Mitteln durchführbar ist (*FKHE*, a.a.O., Rn. 62 m.w.N.). Dazu gehören Normen, Regeln der Unfallversicherungsträger, das Regelwerk der biologischen Arbeitsstoffe (§ 17 BiostoffV Rn. 1 ff.) und der Gefahrstoffe (§ 17 GefahrstoffV) sowie die Arbeitsstättenrichtlinien des *BMA* (ASR) zur ArbStättV (ArbStättV Rn. 58; vgl. *BVerwG* 31.1.1997, NZA 1997, 482; *Anzinger/Bieneck*, § 1 Rn. 86).
- **Gestaltungsrichtlinien in Tarifverträgen**; diese wirken innerhalb ihres Geltungsbereichs, soweit sie Ansprüche der Arbeitnehmer normieren, unmittelbar, d.h. ohne Umweg über § 91 BetrVG (bzw. § 75 Abs. 3 Nr. 16 BPersVG), außerhalb des Geltungsbereichs des Tarifvertrags als Beispiele, auf die im Rahmen eines Verfahrens nach § 91 BetrVG (bzw. § 75 Abs. 3 Nr. 16 BPersVG) zurückgegriffen werden kann (vgl. *FKHE*, a.a.O., Rn. 63 m.w.N.).
- Übereinstimmende Aussagen zu **Gestaltungszielen** auf Grund ernstzunehmender Forschung und Forschungsanwendung (vgl. *FKHE*, a.a.O., Rn. 64), z.B. in
- Forschungs- und Forschungsanwendungsberichten und andere Veröffentlichungen der *BAuA* (z.B. Broschüren zu den Themenfeldern Technik, Gesundheitsschutz, Qualifizierung und Organisation oder die Sammlung »Arbeitswissenschaftliche Erkenntnisse – Forschungsergebnisse für die Praxis«),
- Veröffentlichungen der Unfallversicherungsträger, insbesondere des *BIA*,
- Veröffentlichungen im Rahmen der Förderprogramme der Bundesregierung »Humanisierung des Arbeitslebens«, »Arbeit und Technik« bzw. »Innovative Arbeitsgestaltung/Innovative Dienstleistung« oder im Rahmen weiterer nationaler oder europäischer Forschungsprogramme (z.B. ADAPT, QUATRO, LEONARDO-DA-VINCI),
- Veröffentlichungen der Arbeitsschutzinstitute der Länder,
- Beschlüssen oder Veröffentlichungen der *BASI* oder des *LASI*,
- Forschungs- und Forschungsanwendungsberichten weiterer öffentlich-rechtlicher und privatrechtlicher Institutionen (Hochschulen, Institute).

Erkenntnisse und Regeln können durch **Ausschüsse** ermittelt werden, die von der Bundesregierung oder dem zuständigen Ministerium per Rechtsverordnung gebildet werden können (§ 18 Abs. 2 Nr. 5, § 18 Rn. 2). **15a**

Durch sich aus § 4 Nr. 3 ergebende **Verknüpfung** des Stands der Technik, der Arbeitsmedizin und der Arbeitshygiene mit den sonstigen gesicherten arbeitswissenschaftlichen Erkenntnissen wird – vergleichbar mit dem Begriff »**Stand von Wissenschaft und Technik**« in Rechtsvorschriften, die sich auf Technologien mit besonderen Risiken für Sicherheit, Gesundheit und Umwelt beziehen (vgl. *MünchArbR-Wlotzke*, § 210 Rn. Rn. 16; *FKHE*, § 87 Rn. 278) – eine weiterreichende Verpflichtung des Arbeitgebers in Bezug auf Arbeitsschutzmaßnahmen als allein mit dem Begriff »Stand der Technik« oder der »gesicherten arbeitswissenschaftlichen Erkenntnisse« verankert. Die erforderlichen Arbeitsschutzmaßnahmen müssen, im Rahmen des **Grundsatzes der Berücksichtigung der Erkenntnisse** (Rn. 7), mit den arbeitswissenschaftlichen und techni- **16** schen Entwicklung Schritt halten und ein Höchstmaß an Sicherheit und Gesundheitsschutz gewährleisten (zur dynamischen Anpassung der Arbeitsschutzmaßnahmen mit dem Ziel der Verbesserung von Sicherheit und Gesundheitsschutz vgl. § 3 Rn. 5). Das Maß des Erforderlichen in Bezug auf die Berücksichtigung der Erkenntnisse nach Nr. 3 bei Maßnahmen des Arbeitsschutzes bestimmt sich insbesondere nach dem neuesten arbeitswissenschaftlichen Erkenntnisstand.

5. Ganzheitliche Planung

17 Arbeitsschutzmaßnahmen nach dem ArbSchG gehen von einem **ganzheitlichen** Arbeitsschutzbegriff aus (vgl. § 1 Rn. 10; Einl. Rn. 9 ff.) und umfassen daher die Verpflichtung zur Planung von Maßnahmen mit dem Ziel der sachgerechten **Verknüpfung von Technik, Arbeitsorganisation, sozialen Beziehungen und Einfluss der Umwelt auf den Arbeitsplatz** (Nr. 4). Eine rein technische Ausrichtung von Arbeitsschutzmaßnahmen reicht daher nicht aus (*BFK*, Rn. 252; vgl. *KJP*, § 4 Rn. 27). Einzubeziehen sind z.B. auch Maßnahmen zum Abbau negativer Folgen psychischer Belastungen (vgl. § 5 Rn. 10). Die arbeitswissenschaftliche Grundlage für eine derartige ganzheitliche Vorgehensweise ist das Arbeitssystem-Konzept (vgl. ArbWiss-*Kirchner*, 606 ff.; Rn. 13; *Nöthlichs*, 4016, 12). Dieses Konzept führt zur einer integrativen und ganzheitlichen Arbeitssystemgestaltung, bei der Arbeitsprozess und -ergebnis mit der menschengerechten Gestaltung der Arbeit in Übereinstimmung gebracht werden sollen (vgl. ArbWiss-*Kirchner*, 805 ff.; zur Auswahl und Bewertung von Arbeitssystemlösungen vgl. ArbWiss-*Staudt/Meier*, 810 ff.; zu Beispielen vgl. § 3 AMBV Rn. 2; *Schlüter*, 52 f.). Gem. Nr. 3 muss der Arbeitgeber diese gesicherten arbeitswissenschaftlichen Erkenntnisse berücksichtigen und in die Planung gem. Nr. 4 einbeziehen. Sinnvoll ist die Umsetzung einer arbeitssystembezogenen Vorgehensweise im Rahmen der geforderten Integration von Sicherheit und Gesundheitsschutz in die Unternehmensführung (vgl. § 3 Rn. 8 ff.), wobei dies durch **Arbeitsschutzmanagementsysteme** unterstützt werden kann (vgl. § 3 Rn. 11).

6. Vorrang von kollektiven Schutzmaßnahmen

18 Grundsätzlich haben **kollektive Schutzmaßnahmen**, die sich auf die Gestaltung und Organisation des Arbeitsprozesses und der Arbeitsmittel beziehen, **Vorrang** gegenüber individuellen Schutzmaßnahmen, die insbesondere durch den Einsatz von persönlichen Schutzausrüstungen bestimmt sind (Nr. 5). Beispiele hierfür sind:
- Nachrüstung von Holzbearbeitungsmaschinen mit Entlüftungseinrichtungen statt individuelle Verwendung von Atemschutzmasken oder
- Einsatz lärmarmer Maschinen statt Verwendung von Gehörschutz (vgl. *BFK*, Rn. 253; *Schlüter*, 53; MünchArbR-*Wlotzke*, § 211 Rn. 36; zu Regelungen in sonstigen Rechtsvorschriften: *KJP*, § 4 Rn. 31).

Der Arbeitgeber hat in erster Linie bauliche, technische und organisatorische Schutzmaßnahmen zu versuchen (*Nöthlichs*, 4016, 13). Dies entspricht den Grundsätzen der Gefahrenbekämpfung an der Quelle gem. Nr. 2 (Rn. 6) sowie der vom Arbeitgeber einzuhaltenden Rangfolge von Schutzmaßnahmen gem. Nr. 1 (Rn. 5). Bei den Maßnahmen hat er etwaige Erkenntnisse gem. Nr. 3 zu berücksichtigen (Rn. 7 ff.).

7. Besondere Beschäftigtengruppen

Gefahren, die speziell **besonders schutzbedürftige Beschäftigtengruppen** betreffen können, sind bei den Arbeitsschutzmaßnahmen zu berücksichtigen (Nr. 6). Besonders schutzbedürftig sind u.a. Jugendliche, werdende und stillende Mütter sowie behinderte Beschäftigte (RegE, 16; vgl. § 7 zur Verpflichtung des Arbeitgebers, bei der Übertragung von Aufgaben auf Beschäftigte ihre Befähigung zu berücksichtigen). **Spezielle Gefahren** können z.b. beim manuellen Heben und Tragen von Lasten für werdende Mütter entstehen (*KJP*, § 4 Rn. 33; *Schlüter*, 54). Mit der Regelung wird Art. 15 EG-Rahmenrichtlinie Arbeitsschutz umgesetzt. Aus diesem Grundsatz ergeben sich Bezüge zu sonstigen Rechtsvorschriften im Bereich des **sozialen Arbeitsschutzes** (insbesondere JArbSchG, MuSchG; SchwbG; vgl. *KJP*, § 4 Rn. 34 m.w.N.; Einl. Rn. 59; zu Gestaltungskonzepten für behinderte Beschäftigte vgl. *BAuA* [Hrsg.], 1999a). Dabei ist zu beachten, dass diese Vorschriften einen engeren Geltungsbereich besitzen als das ArbSchG (*Nöthlichs*, 4016, 13). Von **Bedeutung** ist die Regelung insbesondere für ältere, leistungsgewandelte Beschäftigte, da das geltende Recht bislang nur wenige Vorschriften zu ihrem speziellen Schutz kennt (vgl. a.a.O.; zu entsprechenden arbeitswissenschaftlichen **Gestaltungskonzepten** vgl. *Hainke*, 1995; *Kalkstein*, 1996).

19

8. Anweisungen

Zur Durchführung der Arbeitsschutzmaßnahmen muss der Arbeitgeber den Beschäftigten **geeignete Anweisungen** erteilen (Nr. 7). Dies ist eine wichtige Voraussetzung für ein aktives Mitwirken der Beschäftigten zur Sicherung und Verbesserung des betrieblichen Arbeitsschutzes (vgl. § 3 Abs. 2 Nr. 1; § 3 Rn. 12; MünchArbR-*Wlotzke*, § 211 Rn. 38). Sie bezieht sich auf die Pflichten und Rechte der Beschäftigten gem. §§ 14, 15, 16, 17 und des BetrVG (BetrVG Rn. 47 ff.) sowie auf die Pflichten des Arbeitgebers zur Berücksichtigung der Befähigung der Beschäftigten im Hinblick auf die Übertragung von Aufgaben gem. § 7 und zur Vorgehensweise bei besonderen Gefahren gem. § 9 (vgl. *KJP*, § 4 Rn. 36). Die Bedeutung des Grundsatzes erschließt sich insbesondere mit Blick auf die korrespondierende Verpflichtung des Arbeitgebers zur Unterweisung der Beschäftigten gem. § 12, als Konkretisierung des Grundsatzes in Nr. 7. »Anweisung« geht über die bloße Information der Beschäftigten über bestehende Gefährdungen in Zusammenhang mit ihrer Tätigkeit hinaus und muss zu einem sicherheits- und gesundheitsgerechten Verhalten i.V.m. den einzuhaltenden Arbeitsschutzmaßnahmen beitragen (vgl. *KJP*, § 8 Rn. 17; zur Bedeutung von Anweisungen in Zusammenhang mit der Beschäftigung von Fremdfirmenbeschäftigten gem. § 8 Abs. 2 vgl. § 8 Rn. 11).
Die **Form**, in der die Anweisung zu erfolgen hat, ist gesetzlich nicht festgeschrieben. Sie sollte an den Grad der Gefährdung angepasst sein, die sich aufgrund der Arbeitsbedingungen für die jeweiligen Beschäftigten ergibt. Dieser Grundsatz wird durch die gesetzliche Verankerung von schriftlichen Anweisungen in speziellen Arbeitsschutzvorschriften gestützt (z.B. durch die **Betriebsanweisung** gem. § 20 GefStoffV; zur Vorgehensweise vgl. *Schlüter*, 55; *Jäger*, BG 1997, 464 ff.; GefStoffV Rn. 62 ff.).
Verbunden mit der Verpflichtung der Arbeitgeber mit mehr als 10 Vollzeitbeschäftigten eine Dokumentation der Beurteilung der Arbeitsbedingungen

20

vorzunehmen (vgl. § 6) ergibt sich aus fachlicher Sicht die Möglichkeit einer systematisierenden und Transparenz erzeugenden **Zusammenführung** der allgemeinen und speziellen Anweisungen für die Beschäftigten i.S. eines betrieblichen Informationssystems zur Planung, Durchführung und Wirksamkeitsüberprüfung von Arbeitsschutzmaßnahmen.
Bei Anweisungen über Schutzmaßnahmen und Verhaltensregeln z.B. in Form von Handbüchern hat der Arbeitgeber die **Zustimmung des Betriebsrats bzw. Personalrats** einzuholen (*BAG* v. 16.6.1998, DB 1998, 1339; vgl. BetrVG Rn. 31). Dies beinhaltet die Möglichkeit, Einfluss auf eine sachgerechte und beschäftigtenorientierte Vermittlung der Anweisungen zu nehmen.

9. Geschlechtsspezifisch wirkende Regelungen

21 Mittelbar oder unmittelbar **geschlechtsspezifisch** wirkende Arbeitsschutzmaßnahmen sind nur dann zulässig, wenn dies aus biologischen bzw. physiologischen Gründen zwingend geboten ist (Nr. 8). Dieser Grundsatz wurde durch die Ausschussberatungen des Bundesrates in das ArbSchG eingefügt und soll verhindern, dass die Beschäftigung von Frauen in bestimmten Beschäftigungsbereichen indirekt oder direkt erschwert oder verhindert und die Frauenerwerbstätigkeit negativ beeinflusst wird (Ausschuss, 3; vgl. *KJP*, § 4 Rn. 38). Dies gilt z.B. für die Beschäftigung von Frauen in der Bauwirtschaft. Die technische Entwicklung in diesem Bereich, z.B. bei der Entwicklung und dem Einsatz ergonomisch gestalteter Arbeitsmittel und Bauprodukte, lässt bestehende biologische Hinderungsgründe für eine Beschäftigung auch von Frauen in den Hintergrund treten. Andererseits schließt der Grundsatz nicht aus, dass der Arbeitgeber bei Arbeiten, die für weibliche Beschäftigte besondere Gefährdungen mit sich bringen (z.B. manuelles Heben und Tragen von schweren Lasten), geschlechtsspezifische Unterschiede zu berücksichtigen hat (vgl. *Nöthlichs*, 4016, 14; *Schlüter*, 56; vgl. § 7 zur Verpflichtung des Arbeitgebers, bei der Übertragung von Aufgaben auf Beschäftigte ihre Befähigung zu berücksichtigen). Der Arbeitgeber ist allerdings i.S. von § 3 Abs. 1 Satz 3 dazu angehalten, eine Verbesserung von Sicherheit und Gesundheitsschutz der Beschäftigten anzustreben, was eine Beseitigung derartiger Hinderungsgründe, auch i.S. einer menschengerechten Gestaltung der Arbeit gem. § 2 Abs. 1 mit einschließt (zur betrieblichen Frauenförderung durch Arbeitsgestaltung vgl. *Lüders/Resch*, ZArbWiss 1995, 197 ff.).

§ 5 Beurteilung der Arbeitsbedingungen

(1) Der Arbeitgeber hat durch eine Beurteilung der für die Beschäftigten mit ihrer Arbeit verbundenen Gefährdung zu ermitteln, welche Maßnahmen des Arbeitsschutzes erforderlich sind.

(2) Der Arbeitgeber hat die Beurteilung je nach Art der Tätigkeiten vorzunehmen. Bei gleichartigen Arbeitsbedingungen ist die Beurteilung eines Arbeitsplatzes oder einer Tätigkeit ausreichend.

(3) Eine Gefährdung kann sich insbesondere ergeben durch
1. die Gestaltung und die Einrichtung der Arbeitsstätte und des Arbeitsplatzes,
2. physikalische, chemische und biologische Einwirkungen,
3. die Gestaltung, die Auswahl und den Einsatz von Arbeitsmitteln, insbesondere von Arbeitsstoffen, Maschinen, Geräten und Anlagen sowie den Umgang damit,

§ 5 ArbSchG

4. die Gestaltung von Arbeits- und Fertigungsverfahren, Arbeitsabläufen und Arbeitszeit und deren Zusammenwirken,
5. unzureichende Qualifikation und Unterweisung der Beschäftigten.

Übersicht Rn.

1. Allgemeines, Abgrenzung 1– 6
2. Ermittlung, Bewertung, Arbeitsschutzmaßnahmen, Wirksamkeitsüberprüfung . 7–10
3. Orientierung an der Art der Tätigkeit, Standardisierung, Umfang 11, 12
4. Gefährdungsquellen, Handlungshilfen, Unterstützung und Beteiligung (Mitbestimmung). 13–17

1. Allgemeines, Abgrenzung

Erst aufgrund einer Beurteilung der Arbeitsbedingungen gem. Abs. 1, durch die die Gefährdungen für Sicherheit und Gesundheit der Beschäftigten ermittelt werden sollen (im folgenden »**Gefährdungsbeurteilung**«), ist es für den Arbeitgeber möglich, die Arbeitsschutzmaßnahmen i.S. von § 2 Abs. 1 zu planen und durchzuführen, die zur Erfüllung der Pflichten nach §§ 3 ff. ArbSchG und sonstiger Rechtsvorschriften erforderlich sind (vgl. RegE, 16; *BDA* [Hrsg.], 1997, 5; zum Begriff der Gefährdung vgl. § 4 Rn. 2; zur Gefährdungsanalyse als komplexerer Form der Gefährdungsbeurteilung vgl. Rn. 12). 1

Das Instrument der Gefährdungsbeurteilung ist daher eine wichtige, **logische Voraussetzung** für die betriebliche Umsetzung der Arbeitsschutzpflichten des Arbeitgebers, d.h. die **Durchführung von Arbeitsschutzmaßnahmen** i.S. von § 2 Abs. 1, ihre Wirksamkeitsüberprüfung und ihre Anpassung i.S. einer ständigen Verbesserung gem. § 3 Abs. 1 unter Beachtung der Grundsätze nach § 4 (vgl. *Koll*, FS Wlotzke, 701 ff.; *Schlüter*, 32 f.; *Brock*, 26; *Biermann/Schaumburg*, AiB 1997, 619 ff.; *Bückert*, AuA 1997, 190 ff.). Dementsprechend soll eine Handlungshilfe zur Gefährdungsbeurteilung ein **systematisches Vorgehen** im betrieblichen Arbeitsschutz fördern (vgl. Rn. 15). Die Gefährdungsbeurteilung ist daher zugleich Basis und Hilfe zur Realisierung eines **präventiven Arbeitsschutzes** im Betrieb und wird als »wohl wichtigste Neuerung« des ArbSchG bezeichnet (vgl. MünchArbR-*Wlotzke*, § 211 Rn. 40 f.; *Wlotzke*, NZA 1996, 1020).

In Verbindung mit der Dokumentation der Gefährdungsbeurteilung gem. § 6 ist die **Einbindung** der Gefährdungsbeurteilung in systematisierte Führungs- und Organisationskonzepte i.S. von **Arbeitsschutzmanagementsystemen** mit dem Ziel eines kontinuierlichen Verbesserungsprozesses zweckmäßig (vgl. § 3 Rn. 11). Eine in die Aufbau- und Ablauforganisation integrierte Beurteilung der Arbeitsbedingungen kann nicht nur zur Vermeidung von Gefährdungen von Sicherheit und Gesundheit, sondern auch dazu beitragen, dass Mängel erkannt werden und so indirekt auch die **Qualität der Produkte oder Dienstleistungen** verbessern helfen (vgl. *KJP*, § 5 Rn. 1).

Mit § 5 Abs. 1 wird Art. 6 Abs. 3 Buchst. a EG-Rahmenrichtlinie Arbeitsschutz umgesetzt.

Untersuchungen zum Stand der **Umsetzung** der Verpflichtung zur Beurteilung der Arbeitsbedingungen belegen gegenüber diesen Vorteilen einer systematischen Durchführung der Gefährdungsbeurteilung zum Ende der neunziger Jahre erhebliche Probleme insbesondere in **kleinen und mittleren Betrieben** sowie einen damit verbundenen **Bedarf an Unterstützungskonzepten und -hilfen** (vgl. *Geray*, AiB 4/2000, 194 ff.; vgl. zu entsprechenden Handlungshilfen und

ArbSchG § 5

-konzepten sowie zu Beteiligung und Mitbestimmung Rn. 14 und 16). Ein systematisch durchgeführter Arbeitsschutz im Betrieb kann zugleich die Abläufe in kleinen Betrieben verbessern helfen und damit zur Motivation, Produktivität und Wettbewerbsfähigkeit beitragen (vgl. *Ritter/Reim/Schulte*, 2000 und 2000a).

2 Vergleichbare, wenngleich speziellere Bestimmungen zur Gefährdungsbeurteilung bzw. Gefährdungsanalyse (Rn. 12) enthalten **sonstige Rechtsvorschriften** (vgl. *KJP*, § 5 Rn. 11 ff.; diese regeln zugleich Arbeitsschutzmaßnahmen und ihre Konkretisierung, vgl. Rn. 9):
- Ermittlung von **Gefahrstoffen**, mit denen im Betrieb umgegangen wird (vgl. § 16 Abs. 1 GefStoffV; *Vater*, SiS 10/2001, 475 ff.; *Rühl/Hamm*, SichIng 1/2001, 30 ff.; *Faber*, AiB 1997, 573 ff.; zur Ermittlung des Gefahrenpotenzials in Anlagen, bei Verfahren und bei Arbeitsverfahren mit technischen Arbeitsmitteln vgl. TRGS 300; BArbBl. 5/1995; *BAuA* [Hrsg.], 1998d),
- Beurteilung der mit der **Beschäftigung Jugendlicher** verbundenen Gefährdungen vor Beginn der Beschäftigung und bei wesentlicher Änderung der Arbeitsbedingungen (vgl. § 28a JArbSchG),
- Ausarbeitung eines schriftlichen Konzepts zur Verhinderung von **Störfällen** durch den Betreiber in Betrieben bzw. Betriebsteilen, die der StörfallV unterliegen, vor deren Inbetriebnahme (vgl. § 8 Abs. 1 StörfallV),
- Ermittlung und Beurteilung möglicher Gefahren bei **gentechnischen Arbeiten** zur Feststellung der erforderlichen Maßnahmen zum Schutz der Beschäftigten (vgl. § 8 Abs. 4 GenTSV).

3 Regelungen in **Arbeitsschutzverordnungen** gem. §§ 18, 19 (vgl. Teil 2) **konkretisieren** unmittelbar die Verpflichtung zur Durchführung der Gefährdungsbeurteilung gem. § 5 in den folgenden Bereichen:
- Arbeit an **Bildschirmgeräten** (vgl. § 3 BildscharbV; § 3 BildscharbV Rn. 1 ff.),
- manuelles Heben und Tragen von **Lasten** (vgl. § 2 Abs. 2 LasthandhabV; § 2 LasthandhabV Rn. 5 f.),
- Umgang mit **biologischen Arbeitsstoffen** (vgl. § 5 ff. BiostoffV),
- rechtzeitige Beurteilung jeder Tätigkeit, bei der **werdende oder stillende Mütter** gefährdet werden können und zwar nach Art, Ausmaß und Dauer der Gefährdung (vgl. § 1 MuSchRiV; Kollmer-*Kossens*, D 7.1; *Sowka*, NZA 1997, 927 f.).
- Im Rahmen seiner Pflichten zur Gefährdungsbeurteilung beurteilt der Arbeitgeber die spezifischen Risiken, die von **explosionsfähigen Atmosphären** ausgehen, wobei mindestens Folgendes berücksichtigt wird: Wahrscheinlichkeit und Dauer des Auftretens von explosionsfähigen Atmosphären; Wahrscheinlichkeit des Vorhandenseins und der Aktivierung und des Wirksamwerdens von Zündquellen, einschließlich elektrostatischer Entladungen; die Anlagen, verwendeten Stoffe, Verfahren und ihre möglichen Wechselwirkungen; das Ausmaß der zu erwartenden Auswirkungen. Die Explosionsrisiken sind in ihrer Gesamtheit zu beurteilen. Bereiche, die über Öffnungen mit Bereichen verbunden sind oder verbunden werden können, in denen explosionsfähige Atmosphären auftreten können, werden bei der Beurteilung der Explosionsrisiken ebenfalls berücksichtigt (Art. 4 Abs. 1 und 2 EG-Explosionsrichtlinie 1999/92/EG; zur Umsetzung dieser Richtlinie in das nationale Recht vgl. § 19 Rn. 2). Auf dieser Grundlage trifft der Arbeitgeber die entsprechenden Maßnahmen gem. Art. 5 dieser Richtlinie.

Neben diesen ausdrücklichen Konkretisierungen von § 5 ist die Gefährdungsbeurteilung insbesondere bei der Bereitstellung und Benutzung von **PSA** (vgl.

§ 5 ArbSchG

§ 2 PSA-BV Rn. 3) und von **Arbeitsmitteln** (vgl. § 3 AMBV Rn. 5 ff.) sowie bei Errichtung und Betrieb von **Arbeitsstätten** (vgl. § 3 ArbStättV; vgl. ArbStättV Rn. 47 f.) zu beachten.

Die Gefährdungsbeurteilung gem. Abs. 1 muss in **allen Betrieben**, unabhängig **4** von ihrer Größe und ihrem Zweck, durchgeführt werden (*KJP*, § 5 Rn. 10; MünchArbR-*Wlotzke*, § 211 Rn. 40; zur Kleinbetriebsregelung bei der Dokumentation der Gefährdungsbeurteilung vgl. § 6 Rn. 6 ff.).

Vom Inhalt und von der Form der Durchführung her vergleichbar, aber mit einer **5** anderen Zielsetzung verknüpft, hat in Zusammenhang mit der Realisierung der **sicherheitstechnischen und betriebsärztlichen Betreuung** aller Betriebe ab einem Arbeitnehmer gem. § 1 ASiG die Verpflichtung zur **Gefährdungs- und Belastungsanalyse** insbesondere in Kleinst- und Kleinbetrieben an Bedeutung zugenommen (vgl. *Bieneck*, FS Wlotzke, 481 f.; ASiG Rn. 44). Der Begriff »Gefährdungs-/Belastungsanalyse« darf hierbei nicht mit dem der »Gefährdungsanalyse« i.S. einer besonders komplexen Gefährdungsbeurteilung gem. § 5 verwechselt werden (Rn. 12). Sie dient vielmehr im Kontext des ASiG, verbunden mit den UVV »Fachkräfte für Arbeitssicherheit« (BGV A 6) und »Betriebsärzte« (BGV A 7), zur **Bestimmung des Umfangs und der Art der Betreuung** (vgl. Anhang Nr. 17 ff.). Bezogen auf die **sicherheitstechnische Betreuung** gilt dies insbesondere bei der Anwendung des so genannten »**Unternehmermodells**« (vgl. ASiG Rn. 42 ff.). So heißt es z.B. in der Durchführungsanweisung zu § 2 Abs. 4 UVV BGV A 6 der Maschinenbau- und Metall-BG: »Basis für die bedarfsgerechte mehrstündige Beratung ist eine im Betrieb durchgeführte Gefährdungsanalyse« (vgl. *Anzinger/Bieneck*, Anhang III, 2, 457; zu einer anderen Variante vgl. Anhang Nr. 17, 18). Gem. des Grundsatzes in § 21 Abs. 1 SGB VII ist der Unternehmer für die Durchführung dieser Analyse verantwortlich (SGB VII Rn. 28). Zu ihrer Durchführung werden in Anhang 4 der zitierten UVV BGV A 6 Hinweise gegeben, die auch ein Ablaufschema enthalten (vgl. *Anzinger/Bieneck*, a.a.O., 465 ff.).

Die so genannte **Gefahrenanalyse** ist Bestandteil des vorgreifenden, produkt- **6** bezogenen Arbeitsschutzes, die der Hersteller von Maschinen zu erstellen hat (vgl. Anhang 1, Vorbemerkung Nr. 3 EG-Maschinenrichtlinie 98/37/EG; *Ostermann*, SiS 1996, 126; kritisch zum Begriff und zu dessen Alternative »**Risikoanalyse**« vgl. *Pickert/Neudörfer/Wieg*, 2000, 22). Die Gefahren- bzw. Risikoanalyse bezieht sich daher in erster Linie auf das **Gerätesicherheitsrecht** und ist für die betriebliche Durchführung des ArbSchG nur von mittelbarer Bedeutung (z.B. im Hinblick auf die Erstellung von Betriebsanleitungen; vgl. hierzu KAN 18; zur Wechselwirkung des produktbezogenen mit dem betriebsbezogenen Arbeitsschutz vgl. Einl. Rn. 61, 88; *BAuA* [Hrsg.], 1999). Mit der Gefahrenbzw. Risikoanalyse hat der Hersteller alle mit seiner Maschine verbundenen Gefahren zu ermitteln; er muss die Maschine dann unter Berücksichtigung seiner Analyse bauen (zu den Einzelheiten der Erstellung der Gefahren- bzw. Risikoanalyse und ihrer Dokumentation vgl. *Ostermann*, a.a.O.; *Pickert/Neudörfer/Wieg*, 2000, 37 ff. und 41 ff.).

2. Ermittlung, Bewertung, Arbeitsschutzmaßnahmen, Wirksamkeitsüberprüfung

7 Eine Gefährdungsbeurteilung beginnt damit, den **Ist-Zustand** der Arbeitsbedingungen festzustellen (**Ermittlung**; vgl. Anhang Nr. 6; *Kollmer/Vogl*, Rn. 104 ff.; vgl., auch zu den folgenden Elementen der Gefährdungsbeurteilung: *Pieper/Vorath*, 225 ff.; *BAuA*-Ratgeber, 6 ff.). Einfach gesagt muss sich der Arbeitgeber ein Bild von den Arbeitsbedingungen im Betrieb machen, von denen eine Gesundheitsgefährdung für die Beschäftigten ausgehen könnte (KJP, § 5 Rn. 4; *Schlüter*, 35; *Kollmer/Vogl*, 99). Zur Gefährdungsbeurteilung gehört insoweit, dass eine Gefährdung als solche erkannt und hinsichtlich ihrer Schwere (Art und Umfang des möglichen Schadens) bewertet wird (vgl. RegE, 16). Hierbei können insbesondere auch der Stand der Technik und gesicherte arbeitswissenschaftliche Erkenntnisse sowie branchenspezifische Erfahrungen herangezogen werden (vgl. § 4 Rn. 7 ff.; *KJP*, a.a.O., ders., FS Wlotzke, 707 f.). Hinweise auf mögliche Gefährdungsquellen gibt § 5 Abs. 3 (vgl. im Einzelnen Rn. 13). Empfehlenswert ist eine systemische Vorgehensweise, wie sie exemplarisch für die spezielle Gefährdungsbeurteilung von Bildschirmarbeit entwickelt worden ist und die alle relevanten Belastungs- und Beanspruchungsfaktoren ganzheitlich und nicht isoliert voneinander einbezieht (vgl. § 3 BildscharbV Rn. 8). Je nach Gefährdungssituation und Komplexität der Arbeitsbedingungen ist es sinnvoll, über eine Grobbeurteilung hinaus auch eine Feinbeurteilung vorzunehmen (vgl. *Kollmer/Vogl*, Rn. 106a, 106b; zur eventuell erforderlichen, komplexeren **Gefährdungsanalyse** vgl. Rn. 12).

8 Auf der Grundlage dieser Gefährdungsermittlung (vgl. *Nöthlichs*, 4018, 2) muss der Arbeitgeber den Ist-Zustand (Rn. 7) von Sicherheit und Gesundheitsschutz im Betrieb **bewerten** und mit dem **Soll-Zustand vergleichen,** der sich aus den Schutzzielen und Verpflichtungen des ArbSchG sowie sonstiger Rechtsvorschriften unter Berücksichtigung der Erkenntnisse gem. § 4 Nr. 3 zur Erreichung dieser Ziele ergibt (vgl. §§ 2 Abs. 1, 3, 4; Anhang Nr. 6).

9 Im Anschluss an die Ermittlung und Bewertung der Gefährdungen sind auf dieser Grundlage die konkreten **Maßnahmen des Arbeitsschutzes** i.S. von § 2 Abs. 1 zu treffen, die gem. § 3 zu einer Verbesserung der Sicherheit und des Gesundheitsschutzes der Beschäftigten führen sollen (zur Definition vgl. § 2 Rn. 1 ff.; *KJP*, § 5 Rn. 6; *Kollmer/Vogl*, Rn. 107 ff.).
Zu den Arbeitsschutzmaßnahmen gehören zum einen die entsprechenden **Maßnahmen des ArbSchG** selber:
- Umsetzung und Ausgestaltung der allgemeinen Grundpflichten in § 3 (Arbeitsschutzorganisation und -planung) und der Festlegung der Verantwortlichkeiten gem. § 13,
- Berücksichtigung der Befähigung der Beschäftigten gem. § 7,
- Ausgestaltung der Zusammenarbeit mehrerer Arbeitgeber gem. § 8,
- Maßnahmen bei besonderen Gefahren (gefährliche Arbeitsbereiche und unmittelbare erhebliche Gefahren) gem. § 9,
- Erste Hilfe und sonstige Notfallmaßnahmen gem. § 10,
- Ermöglichung der arbeitsmedizinischen Vorsorge gem. § 11,
- Unterweisung gem. § 12.

Arbeitsschutzmaßnahmen sind im Sinne von Sollvorschriften weiterhin insbesondere in den folgenden **Rechtsvorschriften** enthalten, die durch Regeln der

§ 5 ArbSchG

Technik (TRGS, TRBA usw.) sowie gesicherte arbeitswissenschaftliche Erkenntnisse weiter konkretisiert werden (vgl. im Einzelnen *Pieper/Vorath*, 293 ff.; BAuA-Ratgeber; vgl. § 4 Rn. 11 ff.):
- ArbStättV,
- AMBV
- BildscharbV,
- UVV »Lärm« (BGV B 3),
- GefStoffV,
- BiostoffV,
- GenTSV (vgl. § 1 BioStoffV Rn. 30 ff.),
- ArbZG,
- JArbSchG,
- MuSchRiV,
- UVV »Allgemeine Vorschriften« (BGV A 1, GUV 0.1; Anhang Nr. 28) und alle weiteren UVV.

Bei der Durchführung der Arbeitsschutzmaßnahmen sind die **Grundsätze des Arbeitsschutzes** in § 4 zu **beachten**, insbesondere ist eine Rangfolge von Schutzmaßnahmen einzuhalten. Es gilt der Grundsatz des Vorrangs von technischen und organisatorischen Lösungen gegenüber der Bereitstellung von PSA (vgl. *Schlüter*, 41 ff.). Der Stand der Technik und die sonstigen gesicherten arbeitswissenschaftlichen Erkenntnisse sind zu berücksichtigen (vgl. § 4 Rn. 7 ff.). Die auf der Basis der Gefährdungsbeurteilung getroffenen Arbeitsschutzmaßnahmen sind gem. § 3 Abs. 1 Satz 2 auf ihre **Wirksamkeit** zu überprüfen (Erfolgskontrolle; *Nöthlichs*, 4018, 2; vgl. § 3 Rn. 3 f.). Aus den Ergebnissen dieser Überprüfung kann sich das Erfordernis einer **Revision** der Gefährdungsbeurteilung ergeben, um die Arbeitsschutzmaßnahmen i.S. einer Verbesserung anzupassen (vgl. § 3 Rn. 5). Kriterien hierfür können sein: **10**
- neue Arbeitsschutzvorschriften oder ihre Änderung,
- Änderung der Arbeitsstätte und der Arbeitsplätze,
- Änderungen der Arbeitsorganisation (z.B. Einführung von Gruppenarbeit, virtuelle Arbeitsformen),
- Beschaffung und Bereitstellung neuer Arbeitsmittel und Arbeitsstoffe,
- Arbeitsunfälle, Beinahunfälle und Auftreten arbeitsbedingter Erkrankungen, die auf arbeitsbedingte Gesundheitsgefahren hindeuten (vgl. *Schlüter*, 41).

3. Orientierung an der Art der Tätigkeit, Standardisierung, Umfang

Die Gefährdungsbeurteilung ist je nach **Art der Tätigkeit** durchzuführen, d.h. konzentriert auf typische Gefährdungen am Arbeitsplatz (vgl. *KJP*, § 5 Rn. 7). Bei gleichartigen Arbeitsbedingungen muss der Arbeitgeber eine Beurteilung nur einmal vornehmen, weil in diesem Fall die Vermutung eines vergleichbaren Ergebnisses der Gefährdungsbeurteilung berechtigt ist. Auch die Heranziehung von **Standardbeurteilungen** wird damit ermöglicht (RegE, 16; vgl. *KJP*, § 5 Rn. 8). Die auch bei gleichartiger Gefährdungs- bzw. Belastungssituation möglicherweise unterschiedliche Beanspruchung der Beschäftigten ist beim standardisierten Vorgehen zu berücksichtigen (vgl. § 3 BildscharbV Rn. 11). **11**

Von der Gefährdungsbeurteilung wird im Hinblick auf den Umfang die **Gefährdungsanalyse** unterschieden. Sie bezieht sich auf ganz bestimmte differenzierte und umfassende Instrumente einer Gefährdungsbeurteilung, die im Einzelfall, insbesondere bei größeren Betrieben oder bei besonderen Gefährdungen **12**

ArbSchG § 5

für Sicherheit und Gesundheit der Beschäftigten im Sinne einer umfangreichen und komplexen Gefährdungsbeurteilung erforderlich sein können (*Koll*, FS Wlotzke, S. 708; ders., § 5 Rn. 4; zu Formen der Gefährdungsanalyse vgl. z.B. *Merdian*, BG 2000, 384 ff.; ders., BG 1995, 518 ff.; *Elke/Zimolong*, SichIng 5/1998, 12 ff. und 6/1998, 38 ff.; zur anderen Bedeutung des Begriffs der Gefährdungs-/Belastungsanalyse im Rahmen der betriebsärztlichen und sicherheitstechnischen Betreuung vgl. Rn. 5).

4. Gefährdungsquellen, Handlungshilfen, Unterstützung und Beteiligung (Mitbestimmung)

13 Als konkretisierende und beispielhafte, d.h. nicht abschließende Hinweise auf mögliche **Gefährdungsquellen** werden in Abs. 2 Nr. 1 bis 5 aufgezählt:
– die Gestaltung und Einrichtung der Arbeitsstätte und des Arbeitsplatzes,
– physikalische, chemische und biologische Einwirkungen,
– die Gestaltung, Auswahl und Einsatz von Arbeitsmitteln,
– die Gestaltung von Arbeits- und Fertigungsverfahren, Arbeitsabläufen und Arbeitszeit und deren Zusammenwirken,
– die unzureichende Qualifikation und Unterweisung der Beschäftigten (vgl. umfassend: *Pieper/Vorath*, 230 ff.; *BAuA*-Ratgeber; *KJP*, § 5 Rn. 9; *Schlüter*, 37 f.).
Die Aufzählung dient als Anhaltspunkt für die vom Arbeitgeber nach Abs. 1 vorzunehmende Gefährdungsbeurteilung (RegE, 16). Sonstige Rechtsvorschriften enthalten konkrete Vorgaben und Verpflichtungen des Arbeitgebers zur Umsetzung dieser Hinweise (vgl. im Überblick Rn. 9)
Psychische Belastungen, aus denen negative Beanspruchungsfolgen resultieren können (Stress, psychische Ermüdung, Monotonie, psychische Sättigung; vgl. *Richter, G.*, 2000; *dies.*, 2000a; *dies.*, ArbuR 2/2000, 46 ff.), und damit das Erfordernis geeigneter Arbeitsschutzmaßnahmen, gewinnen vor dem Hintergrund der Veränderung der Arbeitsbedingungen zunehmend an Bedeutung (vgl. zur empirischen Entwicklung *Gabriel/Liimatainen*, 2000; Arbeit&Ökologie-Briefe 24/2000, 7 f.; allg. vgl. *Oppolzer*, BG 12/1999, 735 ff.; *Heilmann/Hage*, FS Däubler, 666 ff.; *Hemmann u.a.*, 1997; *Richter*, 2000b und 2000a; *Esser*, AiB 10/2000, 594 ff.; speziell zu **Stress**: *BAuA* (Hrsg.), 1999c; *Kaluza*, Mitb. 4/1998, 44 ff.; zu **Mobbing**: LAG Thüringen, 11.8.2000, BB 2001, 1358 ff.; *Aigner*, BB 2001, 1354 ff.; LAG Thüringen vom 10.4.2001, 5 Sa 403/00, Arbeit & Ökologie-Briefe Nr. 16/2001; *Groeblinghoff*, AuA 1999, 162; *Holzbecher/Meschkutat*, 1998; *Hage/Heilmann*, BB 1998, 742 ff.; *Beermann/Meschkutat*, 1995; zu psychischen Belastungen/Beanspruchungen bei **Bildschirmarbeit** vgl. § 3 BildscharbV; zur **Normung**: *Nachreiner u.a.*, 1998).
Psychische Belastungen als Gefährdungsquelle werden in Abs. 3 nicht ausdrücklich erwähnt; sie sind jedoch insofern zu bei der Gefährdungsbeurteilung zu beachten, als sie sich aus den Merkmalen der Arbeitsaufgabe, den organisatorischen und den sozialen Arbeitsbedingungen ergeben können (vgl. *Richter, G.*, 2000a, 2, m.w.N., vgl. dementsprechend Abs. 3 Nr. 4). Weiterhin schreibt das ArbSchG in § 4 Nr. 4 vor, Maßnahmen des Arbeitsschutzes mit dem Ziel zu planen, Technik, Arbeitsorganisation, sonstige Arbeitsbedingungen, soziale Beziehungen und Einfluss der Umwelt auf den Arbeitsplatz sachgerecht zu verknüpfen (vgl. § 4 ArbSchG Rn. 17). Diese sachgerechte Verknüpfung setzt die Einbeziehung psychischer Belastungen voraus (zu Bewertungsverfahren vgl. *Richter, G.*, 2000b).

§ 5 ArbSchG

Ergänzend ist darauf hinzuweisen, dass sich das absolute Niveau der »klassischen« Belastungen (Lärm, Staub, Hitze, Lastenhandhabung, Gefahrstoffe usw.) nicht wesentlich verringert hat, sondern, z.B. beim manuellen Heben und Tragen von Lasten, teilweise noch erhöht hat (vgl. *BAuA* [Hrsg.], 1999c, 21).
Hinzu kommt die **Kombination** von Belastungen am Arbeitsplatz, aus der häufig Stress als eine Form negativer Beanspruchungsfolgen resultiert (vgl. a.a.O.).

Handlungshilfen zur Durchführung der Gefährdungsbeurteilung können z.B. **14** sein (vgl. *KJP*, § 5 Rn. 18 ff.; zu spezifischen Informationsanforderungen in Kleinbetrieben vgl. *Stadler/Beer/Wenchel*, BG 8/2000, 440 ff.):
- Regelungen der im Betrieb anzuwendenden **Arbeitsschutzvorschriften** i.S. von Sollvorgaben,
- **Informationsschriften, Leitfäden, Prüflisten** zu speziellen Sachverhalten und branchenspezifische **Kataloge** typischer Gefährdungen (Checklisten; vgl. *Kirchberg/Klusmann/Stamm*, SichIng 6/1998, 46 ff.; *Klusmann/Meffert/ Stamm*, BG 7/1999, 396 ff.; dies., BG 8/2000, 438 ff.),
- **Beispielsammlungen über Arbeitsschutzmaßnahmen** (vgl. z.B. die von der BAuA herausgegebene Reihe »Arbeitswissenschaftliche Erkenntnisse – Forschungsergebnisse für die Praxis« oder das BIA-Handbuch; *BAuA* [Hrsg.], 1999d); Arbeitsschutzfachliteratur,
- **Gespräche** und der **Erfahrungsaustausch** mit den betrieblichen und überbetrieblichen Arbeitsschutzakteuren, z.B. im Rahmen des Arbeitsschutzausschusses (zu den diesbezüglichen Aufgaben der Betriebsärzte und der Fachkräfte für Arbeitssicherheit vgl. ASiG Rn. 68; zum Beratungsauftrag der staatlichen Arbeitsschutzbehörden und der Aufsichtsdienste vgl. § 21 Rn. 8 und SGB VII Rn. 19; zum Arbeitsschutzausschuss gem. § 11 ASiG vgl. ASiG Rn. 129 ff.). Hierzu gehören im Rahmen entsprechender Beteiligungsverfahren (vgl. Rn. 16) insbesondere die **Beschäftigten** als »Experten in eigener Sache« sowie deren Interessenvertretung (vgl. BAuA-Ratgeber, 10; vgl. auch Rn. 15).

Eine **branchenübergreifende**, alle wesentlichen Gefährdungsquellen erfassende **Grundlage**, verbunden mit Checklisten, bietet der schon zitierte, von der BAuA herausgegebene **Ratgeber** für Arbeitsschutzfachleute »Ermittlung gefährdungsbezogener Arbeitsschutzmaßnahmen im Betrieb« (Sonderschrift S 42, 2. Auflage, 1998; auch als IT-gestützte Version auf CD-ROM erhältlich). Spezielle Checklisten zur **Groberfassung** beeinträchtigender Folgen **psychischer Belastungen** enthält darüber hinaus: *Richter*, 2000; vgl. auch den Fragebogen von *Esser*, AiB 10/2000, 596 f.
Einen Überblick zu verschiedenen **Verfahren** bei der Gefährdungsbeurteilung geben *Pieper/Vorath*, 237 ff.; vgl. *Jürgen u.a.*, 1997, 111 ff.
Eine **Übersicht berufsgenossenschaftlicher Hilfen**, die in regelmäßigen Abständen aktualisiert wird, enthält die Zeitschrift »Die Berufsgenossenschaft« (vgl. zuletzt BG 10/2000, 590 ff.; Stand: 30.9.2000).

BMA, die obersten für den Arbeitsschutz zuständigen Landesbehörden und die **15** Spitzenverbände der Unfallversicherungsträger haben **Gemeinsame Grundsätze zur Erstellung von Handlungshilfen** im Hinblick auf die Gefährdungsbeurteilung nach dem ArbSchG entwickelt und bekanntgegeben (BArbBl. 11/ 1997, 74 f.; Anhang Nr. 5). Diese Grundsätze können auch als **Qualitätskriterien** für den Arbeitgeber bei der **Auswahl** von Handlungshilfen dienen:

- die **Verantwortung** des Arbeitgebers sollte klar erkennbar sein
- die **Beteiligung** der Beschäftigten und des Betriebs-/Personalrats sollte vorgesehen sein
- die **Zielgruppe** sollte erkennbar sein (z.b. Arbeitgeber in Kleinbetrieben, Führungskräfte, betriebliche Arbeitsschutzexperten, Betriebs- oder Personalrat)
- die **Vorteile** der Hilfe für den Anwender müssen deutlich sein (Motivation)
- es sollte nicht der Eindruck erweckt werden, dass das ArbSchG oder sonstige Rechtsvorschriften die Anwendung einer bestimmten Handlungshilfe **vorschreiben** würden
- es muss ein **Branchen- und Tätigkeitsbezug** erkennbar und umsetzbar sein
- zwischen **typischen**, möglicherweise häufig auftretenden, und **atypischen**, selten auftretenden **Gefährdungen** sollte in der Hilfe unterschieden werden. Erstere sollten vollständig in der Hilfe erfasst sein. Bei letzteren sollten Verweise erfolgen.
- die Hilfe sollte ein **systematisches und ganzheitliches Vorgehen**, im Hinblick auf die Kombination von Gefährdungsfaktoren, ermöglichen. Dabei sollte nicht nur der Normalbetrieb, sondern auch **typische Störungen** sowie Wartung und Instandhaltung berücksichtigt werden.
- es sollten nachvollziehbare **Beurteilungskriterien** unter Verweis auf bestehende Rechtsvorschriften enthalten sein, die eine **Abstufung der Gefährdung** nach Schwere und Häufigkeit nachvollziehbar machen. Dabei sollte auf Quellen entsprechender Regeln und Erkenntnisse hingewiesen werden.
- die Hilfe sollte eine **Gesamtbeurteilung** der Gefährdungen ermöglichen
- die **Beurteilungstiefe** sollte auf den **Grad der Gefährdung** ausgerichtet sein
- die Hilfe sollte eine Beurteilung gleichartiger Arbeitsbedingungen **(Standardisierung)** ermöglichen (vgl. Rn. 11)
- Hinweise auf die Erforderlichkeit einer Einschaltung von **Arbeitsschutzexperten** sollten enthalten sein
- die Hilfe sollte auf der Basis der geltenden Rechtsvorschriften konkrete **Maßnahmen des Arbeitsschutzes** für typische Gefährdungen vorschlagen, und zwar unter den Gesichtspunkten:
  - Einhaltung einer Rangfolge von Schutzmaßnahmen
  - Beachtung der Grundsätze des Arbeitsschutzes gem. § 4
  - Prioritätensetzung je nach dem Grad der Gefährdung
  - Alternativen zu Maßnahmen zur betriebsbezogenen Gestaltung
- die Hilfe sollte Möglichkeiten zur **Wirksamkeitsüberprüfung** enthalten
- es sollten Hinweise im Hinblick auf die **Wiederholung** der Gefährdungsbeurteilung enthalten sein (Rn. 10)
- **Kriterien** für die praxisgerechte Gestaltung der Hilfe können sein:
  - Branchen- und Tätigkeitsbezug
  - Ablaufschema
  - Beurteilungsmaßstab
  - Unterscheidung zwischen verbindlichen Regelungen, Regelungen mit Ermessensspielraum und Empfehlungen
- die Hilfe sollte die **Dokumentation** gem. § 6 unterstützen
- der **Bearbeitungsstand** der Handlungshilfe sollte angegeben sein
- die Hilfe sollte Hinweise zu **Informationsquellen** und Institutionen enthalten.

Der Arbeitgeber kann sich bei der Durchführung der Gefährdungsbeurteilung **16**
durch die von ihm bestellten **Betriebsärzte** und **Fachkräfte für Arbeitssicherheit**, bzw. überbetrieblichen Dienste unterstützen lassen. Eine entsprechende Beratungsaufgabe für die betrieblichen Arbeitsschutzexperten ist diesen durch das ASiG auferlegt worden (vgl. §§ 3 Abs. 1 Nr. 1 Buchst. g, 6 Abs. 1 Nr. 1 Buchst. e ASiG; vgl. ASiG Rn. 68).

Von grundlegender Bedeutung für den Erfolg einer Gefährdungsbeurteilung, die tatsächlich den Stand von Sicherheit und Gesundheitsschutz im Betrieb widerspiegelt, ist außerdem die Einbeziehung und **Beteiligung der Beschäftigten** als »Experten in eigener Sache« (vgl. auch das entsprechende Qualitätskriterium für die Erstellung und Auswahl von Handlungshilfen, Rn. 15). Über ihre »rechtliche Aktivierung« nach §§ 14 ff. hinaus gilt dies auch für die nicht rechtsförmige Ebene der freiwilligen Beteiligung (vgl. die in Rn. 15 aufgeführten Grundsätze zur Erstellung entsprechender Handlungshilfen).

Dazu kommen Aufgaben und Rechte der Vertretungen der Beschäftigten nach **17**
dem BetrVG und den Personalvertretungsgesetzen. Danach haben Betriebsbzw. Personalrat die Durchführung der Verpflichtungen nach § 5 zu **überwachen** und sich für ihre Planung, Durchführung und Umsetzung durch Arbeitsschutzmaßnahmen **einzusetzen** (§§ 80 Abs. 1 Nr. 1, 89 BetrVG bzw. §§ 68 Abs. 1 Nr. 2, 81 BPersVG). Dazu sind die entsprechenden Unterlagen, auch zu Auswahl der Methode der Gefährdungsbeurteilung, zur Verfügung zu stellen. Da die Regelung des § 5 dem Arbeitgeber Entscheidungsspielräume lässt, greift die **Mitbestimmung** des Betriebsrates nach § 87 Abs. 1 Nr. 7 BetrVG bzw. des Personalrates nach § 75 Abs. 3 Nr. 11 BPersVG (vgl. eingehend *LAG Hamburg* 21.9.2000, NZA-RR 2000, 190 m.w.N.; siehe auch *LAG Baden-Württemberg* 4.5.1999, AiB-Telegramm 1/2000, 1; MünchArbR-*Wlotzke*, § 211 Rn. 45, Fußn. 72 und § 208 Rn. 35, m.w.N.; *Fabricius*, BB 1997, 1257; a.A. *Wank*, § 5 ArbSchG Rn. 11). Für ein Greifen des Mitbestimmungsrechts spricht außerdem, dass bereits bei der **Erarbeitung der Grundlagen** der Gefährdungsbeurteilung und der **Beschaffung von Informationen** bei einem Streit der Betriebsparteien eine **Einigungsstelle** einzusetzen ist (*LAG Schleswig-Holstein* 17.12.1999, AiB 2000, 630 f. mit Anm. *Habich*).

§ 6 Dokumentation

**(1) Der Arbeitgeber muss über die je nach Art der Tätigkeiten und der Zahl der Beschäftigten erforderlichen Unterlagen verfügen, aus denen das Ergebnis der Gefährdungsbeurteilung, die von ihm festgelegten Maßnahmen des Arbeitsschutzes und das Ergebnis ihrer Überprüfung ersichtlich ist. Bei gleichartiger Gefährdungssituation ist es ausreichend, wenn die Unterlagen zusammengefasste Angaben enthalten. Soweit in sonstigen Rechtsvorschriften nichts anderes bestimmt ist, gilt Satz 1 nicht für Arbeitgeber mit zehn oder weniger Beschäftigten; die zuständige Behörde kann, wenn besondere Gefährdungssituationen gegeben sind, anordnen, dass Unterlagen verfügbar sein müssen. Bei der Feststellung der Zahl der Beschäftigten nach Satz 3 sind Teilzeitbeschäftigte mit einer regelmäßigen wöchentlichen Arbeitszeit von nicht mehr als 20 Stunden mit 0,5 und nicht mehr als 30 Stunden mit 0,75 zu berücksichtigen.
(2) Unfälle in seinem Betrieb, bei denen ein Beschäftigter getötet oder so verletzt wird, dass er stirbt oder für mehr als drei Tage völlig oder teilweise arbeitsoder dienstunfähig wird, hat der Arbeitgeber zu erfassen.**

ArbSchG § 6

Übersicht Rn.
1. Allgemeines.. 1– 4
2. Regelung für Kleinbetriebe 5–10
3. Erfassung von Unfällen... 11

1. Allgemeines

1 Seit dem 21.8.1997 (Art. 6 EASUG) muss der Arbeitgeber in Betrieben mit mehr als 10 Beschäftigten über **Unterlagen** verfügen, aus denen ersichtlich ist:
– das Ergebnis der Gefährdungsbeurteilung gem. § 5,
– die von ihm festgelegten Maßnahmen des Arbeitsschutzes i.S. von § 2 Abs. 1 und
– das Ergebnis ihrer Überprüfung gem. § 3 Abs. 1 Satz 2 (§ 6 Abs. 1 Satz 1; *KJP*, § 6 Rn. 5f.).

Mit dieser Pflicht des Arbeitgebers zur **Dokumentation der Gefährdungsbeurteilung** werden die Grundpflichten der §§ 3 und 5 um den wichtigen Aspekt der **Transparenz** der betrieblichen Arbeitsschutzsituation ergänzt (RegE, 17; MünchArbR-*Wlotzke*, § 211 Rn. 46). Dies dient der betrieblichen Durchführung des Arbeitsschutzes, insbesondere den für den Arbeitsschutz verantwortlichen Personen, den Fachkräften für Arbeitssicherheit, Betriebsärzten und Sicherheitsbeauftragten, den Betriebs- und Personalräten sowie auch den zuständigen Aufsichtsstellen (*Wlotzke*, NZA 1996, 1020). Kontinuierliche betriebliche Arbeitsschutzpolitik, auch im Hinblick auf die Beteiligung der Beschäftigten und die Kooperation aller Akteure (vgl. ASiG Rn. 109 ff.) ist sinnhaft nur bei einer sachgerechten Dokumentation der Entscheidungsgrundlagen möglich (vgl. *Wlotzke*, a.a.O., *KJP*, § 6 Rn. 1). Die Verantwortlichen im Betrieb, d.h. der Arbeitgeber oder verantwortliche Personen nach § 13 ArbSchG, aber auch die für die Beratung und Überwachung zuständigen Behörden (vgl. §§ 21, 22), sind auf Unterlagen angewiesen, die ihnen Auskunft darüber geben, wie die jeweilige betriebliche Gefährdungssituation eingeschätzt wird, welche **Arbeitsschutzmaßnahmen** auf der Grundlage von § 5 i.V.m. §§ 3, 4 getroffen worden sind und ob und mit welchem Ergebnis nach § 3 Abs. 1 Satz 2 ihre **Wirksamkeit** überprüft wurde und ihre **Anpassung** erfolgte (vgl. *Wlotzke*, a.a.O.; *KJP*, a.a.O.). Die Unterlagen helfen dem Arbeitgeber zudem, seinen **Unterrichtungs- und Unterweisungsverpflichtungen** gegenüber den Beschäftigten und ihrer jeweiligen Vertretung gezielt nachzukommen (vgl. MünchArbR-*Wlotzke*, a.a.O.; zur Beteiligung und Mitbestimmung des Betriebs- bzw. Personalrats vgl. Rn. 2). Dies gilt auch mit Blick auf die entsprechenden Pflichten in Bezug auf die Beschäftigung von **Leiharbeitnehmern** und zwar sowohl seitens des Arbeitgebers wie des Verleihers (vgl. ebd.; § 12 Abs. 2; § 12 Rn. 18 ff.; § 11 Abs. 6 AÜG; AÜG Rn. 5). Die Dokumentation der Gefährdungsbeurteilung kann außerdem helfen, betriebliche **Schwachstellen in der Aufbau- und Ablauforganisation** schneller zu identifizieren (*KJP*, a.a.O.).
Mit der Regelung in Abs. 1 wird Art. 9 Abs. 1 Buchst. a und b EG-Rahmenrichtlinie 89/391/EWG umgesetzt.

2 Die **Verfügbarkeit** der Dokumentation der Gefährdungsbeurteilung muss seitens des Arbeitgebers sichergestellt werden. Zwar ist eine bestimmte **Form** der Verfügbarkeit nicht vorgeschrieben (vgl. Kollmer-*Sehling*, C 2, § 6 ArbSchG Rn. 14). Aufgrund der Zielsetzung der Dokumentation empfiehlt sich jedoch diese Form so auszuwählen, dass diese Ziele auch umgesetzt werden, vor allen

Dingen mit Blick auf die erforderlichen Arbeitsschutzmaßnahmen und ihre Wirkungsüberprüfung sowie auf die vom Arbeitgeber zu erfüllenden Unterrichtungs- und Unterweisungsverpflichtungen (Rn. 1). Insbesondere der sachbezogene, **schnelle Zugriff** auf die Dokumentation und ihre fortlaufende und zeitnahe **Aktualisierung** sind hierbei zu gewährleisten (vgl. z.B. die entsprechenden Handlungshilfen im BAuA-Ratgeber). Die Konkretisierung von Form, Umfang und Inhalt der Dokumentation richtet sich nach der **Art der Tätigkeiten** und der **Zahl der Beschäftigten** (vgl. *KJP*, § 6 Rn. 4; vgl. *Walbersdorf/ Schneider/Müller*, SichIng. 10/1997).

Der Arbeitgeber muss nicht notwendigerweise für jeden einzelnen Arbeitsplatz eine gesonderte Dokumentation vornehmen (RegE, 17; vgl. *Koll*, FS Wlotzke, 709). Bei **gleicher Gefährdungssituation** ist vielmehr nach Abs. 1 Satz 2 eine **schematisierte Erfassung** ausreichend, die mehrere Arbeitsplätze zusammenfasst (a.a.O.; vgl. *KJP*, § 6 Rn. 7). Von einer gleichen Gefährdungssituation ist auszugehen, wenn Arbeitsorganisation, Arbeitsumgebung, die verwendeten Arbeitsmittel und -stoffe sowie ihr Zusammenspiel im Rahmen eines arbeitssystemischen Zusammenhangs sich nicht in wesentlichen Punkten unterscheiden (als Beispiel für einen wesentlichen Unterschied kann z.B. Bildschirmarbeit an einem Einzelarbeitsplatz und Bildschirmarbeit in einem Großraumbüro hinsichtlich Arbeitsumgebung und Arbeitsorganisation genannt werden).

Bei der Erstellung der Dokumentation bestehen für den Arbeitgeber folgende **Handlungshilfen**: **3**
- Berichte der Betriebsärzte und Fachkräfte für Arbeitssicherheit, die den Arbeitgeber bei der Erstellung im Übrigen zu **unterstützen** haben (vgl. ASiG), z.B. aufgrund von Betriebs- bzw. Arbeitsplatzbegehungen,
- Eintragungen in Prüflisten, Gefährdungskatalogen u.ä.,
- arbeitsmedizinische Vorsorgekarteien (vgl. § 11 UVV BGV A 4, GUV 0.6),
- Betriebsanweisungen für Tätigkeiten, für den Umgang mit Arbeitsmitteln und Arbeitsstoffen (RegE, 17; BAuA-Ratgeber, 13; vgl. ASiG Rn. 70 ff.).

Die Betriebe sollten außerdem die Dienstleistungen der für die Überwachung des Arbeitsschutzes **zuständigen Behörden** in Anspruch nehmen. Diese sind durch § 21 ArbSchG (staatliche Arbeitsschutzaufsicht) bzw. § 17 SGB VII (Aufsichtsdienste der Unfallversicherungsträger) zur entsprechenden Beratung verpflichtet (vgl. § 21 Rn. 8; SGB VII Rn. 19). Hinzuweisen ist außerdem auf die **Handlungshilfen zur Durchführung der Gefährdungsbeurteilung**, die zweckmäßigerweise auch die Erstellung und Pflege ihrer Dokumentation unterstützen sollten (vgl. § 5 Rn.14 f.; vgl. *KJP*, § 6 Rn. 20; allgemeine Formblätter, auch in IT-gestützter Version, enthält der BAuA-Ratgeber, 289 ff.).

Betriebs- bzw. Personalrat haben die Durchführung der Verpflichtungen **3a** nach § 6 zu **überwachen** (§§ 80 Abs. 1 Nr. 1, 89 BetrVG bzw. §§ 68 Abs. 1 Nr. 2, 81 BPersVG). Im Rahmen der **Informationsrechte** gem. § 80 Abs. 2 BetrVG bzw. § 68 Abs. 2 BPersVG sind die Unterlagen dem Betriebs- bzw. Personalrat zur Verfügung zu stellen (vgl. BetrVG Rn. 6; BPersVG Rn. 3). Da es dem Arbeitgeber überlassen bleibt, wie er der Dokumentationspflicht nach Abs. 1 Satz 1 nachkommt (vgl. RegE, 17), und damit vom Gesetzgeber entsprechende Entscheidungsspielräume geschaffen worden sind, greift die **Mitbestimmung** des Betriebsrates nach § 87 Abs. 1 Nr. 7 BetrVG bzw. des Personalrates nach § 75 Abs. 3 Nr. 11 BPersVG (vgl. eingehend *LAG Hamburg* 21.9.2000, NZA-RR 2001, 190 m.w.N.; BetrVG Rn. 14; BPersVG Rn. 8; a.A. *Wank*, § 6 ArbSchG Rn. 12).

ArbSchG § 6

4 Vergleichbare, wenngleich **speziellere Bestimmungen** zur Dokumentation der Beurteilung von Arbeitsbedingungen enthalten **sonstige Rechtsvorschriften** gem. § 2 Abs. 4 bzw. **Arbeitsschutzverordnungen** gem. §§ 18, 19 (vgl. KJP, § 6 Rn. 16 ff.):
- Das Ergebnis der **Gefahrstoffermittlung** durch den Arbeitgeber gem. § 16 Abs. 1 GefStoffV ist, soweit dabei Gefahrstoffe festgestellt worden sind, der zuständigen Behörde auf Verlangen darzulegen (§ 16 Abs. 1 Satz 3 GefStoffV) und sollte daher dokumentiert sein, z.b. in Form der Betriebsanweisung gem. § 20 Abs. 1 GefStoffV (vgl. GefStoffV Rn. 62 ff.),
- Erstellung eines **Sicherheitsberichts** beim Betreiben von Betriebsbereichen, in denen gefährliche Stoffe in Mengen vorhanden sind, die die in Anhang I Spalte 5 der StörfallV genannten Mengenschwellen erreichen oder überschreiten (vgl. § 9 i.V.m. § 1 Abs. 1 Satz 2 StörfallV),
- Führung einer **Gesundheitskartei** bei Arbeiten in Druckluft (§ 16 DruckluftV),
- Führung einer **arbeitsmedizinischen Vorsorgekartei** (vgl. § 11 UVV »Arbeitsmedizinische Vorsorge« BGV A4, GUV 0.6).
- Im Rahmen seiner Pflichten nach Artikel 4 zur Beurteilung von Explosionsrisiken (vgl. § 5 Rn. 3) stellt der Arbeitgeber sicher, dass ein »**Explosionsschutzdokument**« erstellt und auf dem letzten Stand gehalten wird (vgl. Art. 8 EG-Explosionsrichtlinie 1999/92/EG; zur Umsetzung dieser Richtlinie in das nationale Recht vgl. § 19 Rn. 2).

2. Kleinbetriebsregelung

5 Arbeitgeber mit **10 oder weniger Beschäftigten** müssen über **keine Dokumentation** i.S. des Abs. 1 Satz 1 verfügen, soweit in sonstigen Rechtsvorschriften nichts anderes bestimmt ist oder die zuständige Behörde aufgrund besonderer Gefährdungen eine entsprechende Anordnung trifft (§ 6 Abs. 1 Satz 3; vgl. Rn. 7 ff.). Diese Kleinbetriebsregelung soll die dort regelmäßig vorherrschenden Entscheidungsstrukturen berücksichtigen (RegE, 17; vgl. KJP, § 6 Rn. 9 ff.). Durch diese Ausnahmeregelung entfällt im Bereich der Kleinst- und Kleinbetriebe die generelle Verpflichtung, vorhandene Gefährdungen an den Arbeitsplätzen von mehreren Millionen Arbeitnehmern sowie die entsprechenden Schutzmaßnahmen und ihre Wirksamkeitsüberprüfung zu dokumentieren (nach Angaben der Bundesanstalt für Arbeit waren zum 31.3.1995 in Betrieben mit bis zu 9 Beschäftigten 4 757 368 Arbeitnehmer in 1 586 824 derartigen Betrieben beschäftigt; dazu kommen noch die Beschäftigten in Betrieben mit 10 Beschäftigten sowie die Betriebe, die durch die Beschäftigung von Teilzeitbeschäftigten unter die Pro-rata-Regelung in Abs. 1 Satz 4 fallen; vgl. Rn. 6).

Die **Europäische Kommission** hat am 6.1.2000 **Klage** vor dem EuGH gegen die Bundesrepublik Deutschland eingereicht (AblEG Nr. C 135 v. 13.5.2000, 3). Es wird beantragt festzustellen, dass die Bundesrepublik Deutschland mit der Kleinbetriebsregelung gegen ihre Verpflichtungen aus Art. 9 Abs. 2 EG-Richtlinie 89/391/EWG verstößt. Diese Regelung, die die Mitgliedstaaten dazu verpflichtet, unter Berücksichtigung der Art der Tätigkeiten und der Größe der Unternehmen die Pflichten der verschiedenen Unternehmenskategorien u.a. bezüglich der Dokumentation der Gefährdungsbeurteilung festzulegen, lässt nach Ansicht der Kommission keinen Zweifel am Bestehen einer **Dokumenta-**

§ 6 ArbSchG

tionspflicht in allen Betrieben zu; auch eine Auslegung nach Sinn und Zweck der Richtlinie führt danach zu dem gleichen Ergebnis. Die eigentliche **Beurteilung der Arbeitsbedingungen** nach § 5 muss in jedem Fall, unabhängig von der Frage ihrer Dokumentation, in **allen Betrieben**, auch in denen mit 10 und weniger Beschäftigten, vom Arbeitgeber durchgeführt werden (vgl. § 5 Rn. 4).

Zur Bestimmung des Begriffs »**Betriebe** mit 10 oder weniger Beschäftigten« sind die Regelungen des § 9 BetrVG analog anzuwenden. Voraussetzung für die Dokumentationspflicht ist daher die Beschäftigung von in der Regel mehr als 10 Beschäftigten i.S. des ArbSchG (vgl. § 2 Rn. 11 ff.; DKK-*Schneider*, § 9 BetrVG Rn. 6ff.). Auch nur **vorübergehend Beschäftigte** werden daher mitgezählt (a.a.O.). Im Unterschied zu § 9 BetrVG kommt es auf die Zahl der Beschäftigten im Unternehmen an, da sich das ArbSchG auf den Arbeitgeber und nicht auf den Betrieb bezieht (vgl. § 2 Rn. 33). **6**

Gem. § 6 Abs. 1 Satz 4 sind **Teilzeitbeschäftigte** bei der Feststellung der Zahl der Beschäftigten nach Satz 3 mit einer regelmäßigen wöchentlichen Arbeitszeit von nicht mehr als 20 Stunden mit 0,5 und nicht mehr als 30 Stunden mit 0,75 zu berücksichtigen (vgl. *KJP*, § 6 Rn. 15). Diese Regelung ist durch das »Arbeitsrechtliche Beschäftigungsförderungsgesetz« v. 25.9.1996 (BGBl. I, 1461; ber. 1806), also nur vier Wochen nach Inkrafttreten, in das ArbSchG eingefügt worden. Als Ziel wurde seitens der damaligen Bundesregierung angegeben, dass die Beschäftigung von Teilzeitbeschäftigten nicht behindert werden soll (vgl. BT-Drs. 13/5107, 31 f.; kritisch: *Preis*, NJW 1996, 3377; zur analogen Änderung im Hinblick auf die Einrichtung des Arbeitsschutzausschusses nach § 11 ASiG vgl. ASiG Rn. 132; kritisch: *Anzinger/Bieneck*, § 11 ASiG Rn. 4). Durch Gesetz vom 19.12.1998 (BGBl. I, 3849) ist die Regelung dergestalt entschärft worden, indem auch Beschäftigte mit nicht mehr als zehn Stunden wöchentlicher Arbeitszeit mit einem Faktor von 0,5 (zuvor 0,25) einbezogen werden müssen. Dies ändert freilich nichts an der Fragwürdigkeit ihrer beschäftigungspolitischen Wirksamkeit. **7**

In **sonstigen Rechtsvorschriften** gem. § 2 Abs. 4 bzw. in **Arbeitsschutzverordnungen** gem. §§ 18, 19 ArbSchG kann geregelt werden, dass eine Dokumentation der Gefährdungsbeurteilung auch in Betrieben mit 10 oder weniger Beschäftigten zu erfolgen hat (vgl. *KJP*, § 6 Rn. 13). **8**

– Eine derartige Regelung besteht in Form der Erstellung einer Betriebsanweisung (zum Begriff vgl. § 12 Rn. 4), z.B. in § 20 GefStoffV i.V.m. der Ermittlungspflicht nach § 16 Abs. 1 GefStoffV, die sich allerdings nur auf den **Umgang mit Gefahrstoffen** bezieht (vgl. Rn. 4; GefStoffV Rn. 62 ff.).

– Bei gezielten und nicht gezielten **Tätigkeiten mit biologischen Arbeitsstoffen** ist eine Dokumentation der Gefährdungsbeurteilung gem. §§ 6, 7 BioStoffV auch in Betrieben mit 10 und weniger Beschäftigten erforderlich, wenn dort nicht nur gezielte Tätigkeiten mit biologischen Arbeitsstoffen der Risikogruppe 1 ohne sensibilisierende oder toxische Wirkung oder hinsichtlich der Gefährdung vergleichbare nicht gezielte Tätigkeiten durchgeführt werden, es sei denn, die zuständige Behörde erteilt gem. § 14 Abs. 2 BioStoffV auf Antrag des Arbeitgebers eine Ausnahme (vgl. § 8 Satz 3 BioStoffV; vgl. § 8 BioStoffV Rn. 4).

– Die Regelung zur Dokumentation eines **Sicherheitskonzepts** gem. § 8 StörfallV (vgl. Rn. 4) dürfte Betriebe mit 10 oder weniger Beschäftigten kaum erfassen.

ArbSchG § 6

– Von weitaus größerer Bedeutung, allerdings mit einer anderen Zielsetzung als § 6 Abs. 1 verbunden, sind Regelungen zur Dokumentation in Zusammenhang mit der Ermittlung der betriebsbezogenen Gefährdungen und Belastungen im Rahmen der UVV »Fachkräfte für Arbeitssicherheit« (BGV A 6, GUV 0.5) und der UVV »Betriebsärzte« (BGV A 7, GUV 0.5), die sonstige Rechtsvorschriften i.S. des ArbSchG sind (vgl. § 2 Rn. 30 f.). So werden z.B. in Anhang 4 (»Bedarfsgerechte Beratung«) der UVV BGV A 6 der Maschinenbau- und Metall-BG in Zusammenhang mit der Erstellung und dem Inhalt der Gefährdungs- und Belastungsanalyse, die der Ermittlung von Art und Umfang der **sicherheitstechnischen Betreuung** im Rahmen des »Unternehmermodells« dient (§ 5 Rn. 5; ASiG Nr. 42 ff.), Hinweise gegeben, die auch die Dokumentation der Entscheidung des Unternehmers über eine externe Beratung vorsehen (vgl. *Anzinger/Bieneck*, Anhang III, Nr. 2, 466).

9 Bei besonderen Gefährdungssituationen muss auf **Anordnung der zuständigen Behörde** eine Dokumentation der Beurteilung der Arbeitsbedingungen nach § 5 auch in Betrieben mit 10 oder weniger Beschäftigten erfolgen (vgl. *KJP*, § 6 Rn. 14). Diese Regelung trägt der Tatsache Rechnung, dass die Zahl der Beschäftigten nichts über die Gefährdung von Sicherheit und Gesundheit im Betrieb aussagt (*Nöthlichs*, 4020, 4). Aus fachlicher Sicht wird geltend gemacht, dass eine Dokumentation der Gefährdungsbeurteilung »zumindest auch bei solchen Betrieben wünschenswert (ist), bei denen die Art der Tätigkeit nicht nur sehr geringe Gesundheitsgefahren mit sich bringen kann« (*Koll*, FS Wlotzke, 709). An die Dokumentation in Kleinbetrieben sind, sofern nicht besondere Gefährdungen für die Beschäftigten bestehen, nicht die gleichen formalen Anforderungen wie in Großbetrieben zu stellen. »Unter Umständen reicht eine Bezugnahme auf die für den Arbeitsplatz einschlägigen Arbeitsschutz- und Unfallverhütungsvorschriften aus« (a.a.O.). Genutzt werden können Berichte der Fachkräfte für Arbeitssicherheit und der Betriebsärzte, bzw. der entsprechenden überbetrieblichen Dienste, Unterlagen der Hersteller von Arbeitsmitteln und Arbeitsstoffen (vgl. a.a.O.). Schließlich ist auf die Beratungspflicht der für den Arbeitsschutz zuständigen Stellen (vgl. § 21 Rn. 8; § 17 Abs. 1 SGB VII; SGB VII Rn. 19) sowie auf spezielle, auf die besonderen Bedürfnisse von Kleinbetrieben eingehenden Handlungshilfen der Arbeitsschutzinstitutionen zu verweisen (vgl. Rn. 3; § 5 Rn. 14 f.).

10 Ein wichtiges Argument für die **freiwillige Dokumentation** der Beurteilung der Arbeitsbedingungen nach § 5 auch von Arbeitgebern mit 10 oder weniger Beschäftigten ergibt sich aus der hierdurch bewirkten Erleichterung der Darlegungs- und Beweislast bei arbeits- oder sozialgerichtlichen Verfahren. Den Arbeitgeber, der über keine Dokumentation verfügt, trifft die volle Beweislast bei Ansprüchen der Beschäftigten, die sich aus Pflichtverletzungen des Arbeitgebers gegen Regelungen des ArbSchG ergeben. Daneben kann die freiwillige Dokumentation bei der Erfüllung der Verpflichtung zur Durchführung der Gefährdungsbeurteilung gem. § 5 und bei der **Verbesserung der betrieblichen Abläufe** dienen.

3. Erfassung von Unfällen

11 Die Pflicht gem. Abs. 2 zur Erfassung und damit zur **Dokumentation von Unfällen**, bei denen ein Beschäftigter getötet oder so verletzt wird, dass er stirbt oder für mehr als drei Tage völlig oder teilweise arbeits- oder dienstunfähig wird, gilt für **alle Arbeitgeber** unabhängig von der Zahl der Personen, die sie beschäftigen. Durch diese Regelung wird Art. 9 Abs. 1 Buchst. c und d i.V. m. Abs. 2 EG-Rahmenrichtlinie Arbeitsschutz umgesetzt (Abs. 2). Sie steht in Einklang mit § 193 Abs. 1 Satz 1 SGB VII (RegE, 17; vgl. *KJP*, § 6 Rn. 21; *Kollmer/ Vogl*, Rn. 125 ff.).

§ 7 Übertragung von Aufgaben

Bei der Übertragung von Aufgaben auf Beschäftigte hat der Arbeitgeber je nach Art der Tätigkeiten zu berücksichtigen, ob die Beschäftigten befähigt sind, die für die Sicherheit und den Gesundheitsschutz bei der Aufgabenerfüllung zu beachtenden Bestimmungen und Maßnahmen einzuhalten.

Der Arbeitgeber muss bei der Übertragung von Aufgaben auf Beschäftigte berücksichtigen, ob diese **befähigt** sind, die für die Sicherheit und den Gesundheitsschutz bei der Aufgabenerfüllung zu beachtenden Bestimmungen und Maßnahmen einzuhalten. Die Regelung bezieht sich nicht allein auf Aufgaben im Rahmen des betrieblichen Arbeitsschutzes, sondern auf **alle Aufgaben**, die die Beschäftigten im Rahmen ihrer arbeitsvertraglichen Pflichten zu erfüllen haben (vgl. *KJP*, § 7 Rn. 2). Durch § 7 wird Art. 6 Abs. 3 Buchst. b EG-Rahmenrichtlinie Arbeitsschutz umgesetzt. **1**

Umfang und Inhalt der Berücksichtigung der Befähigung nach § 7 richtet sich nach der **Art der Tätigkeit**, die von den Beschäftigten ausgeübt werden (vgl. *KJP*, § 7 Rn. 3). Notwendig ist insbesondere die Prüfung der **körperlichen** (z.B. der Hör- und Sehfähigkeit) und **geistigen Befähigung** (z.B. der Auffassungsgabe) im Hinblick auf die Einhaltung der Arbeitsschutzbestimmungen (vgl. RegE, 18; umfassend: Kollmer-*Schack*, C 2 § 7 Rn. 11 ff.; vgl. *Nöthlichs*, 4022, 3 f.; *KJP*, a.a.O., Rn. 4; MünchArbR-*Wlotzke*, § 211 Rn. 50). In sonstigen Rechtsvorschriften finden sich speziellere Regelungen (insbesondere § 25 Abs. 1 AcetV; § 36 Abs. 1 UVV BGV A 1, GUV 0.1, Anlage Nr. 28; vgl. MünchArbR-*Wlotzke*, a.a.O., Kollmer-*Schack*, a.a.O., Rn. 57 ff.). Die vom Arbeitgeber aufgrund des ASiG bestellten **Betriebsärzte** haben, in Kooperation mit den Fachkräften für Arbeitssicherheit, diesen bei der Überprüfung der Befähigung zu unterstützen (vgl. ASiG). **2**

Die Regelung ist eine **nachrangige** Arbeitsschutzmaßnahme i.S. des § 4 Nr. 5; sie kommt nur in Betracht, wenn der Schutz des Beschäftigten nicht schon durch technische oder organisatorische Maßnahmen bzw. die Anweisungen und Unterweisung gem. §§ 4 Nr. 7, 12 gewährleistet werden kann, die sich aus den Grundsätzen des Arbeitsschutzes gem. § 4 i.V.m. den allgemeinen Pflichten des Arbeitgebers gem. § 3 ergeben. Diese Maßnahmen stehen stets im Vordergrund (vgl. MünchArbR-*Wlotzke*, § 211 Rn. 51; *Nöthlichs*, 4022, 2; *Kollmer/Vogl*, 129; a.A.: Kollmer-*Schack*, C 2 § 7 ArbSchG Rn. 6 unter dem Aspekt des »Drittschutzes«, der durch Maßnahmen gem. § 7 bewirkt werden soll. Dieser »Drittschutz«, z.B. gegenüber anderen Beschäftigten, ist allerdings vorrangig ebenfalls durch Maßnahmen gem. § 3 i.V.m. § 4 ArbSchG zu gewährleisten und nur in nachrangiger Hinsicht durch die Prüfung der Befähigung der Beschäftigten gem. § 7). **3**

§ 7 ist im Rahmen des **Mitbestimmungsrechts** des Betriebs- bzw. Personalrat bei **Einstellungen und Versetzungen** zu beachten. Wird ein Beschäftigter **4** eingestellt oder auf einen anderen Arbeitsplatz versetzt, ohne dass die Voraussetzungen des § 7 erfüllt sind, kann der Betriebsrat bzw. Personalrat die Zustimmung zu der vorgesehenen Maßnahme verweigern (§ 99 Abs. 2 Nr. 1 BetrVG, § 77 Abs. 2 i.V.m. § 76 Abs. 1 BPersVG; vgl. DKK-*Kittner*, § 99 Rn. 175). Betriebsrat und Personalrat haben die Durchführung der Verpflichtungen nach § 7 zu **überwachen** (§§ 80 Abs. 1 Nr. 1, 89 BetrVG bzw. §§ 68 Abs. 1 Nr. 2, 81 BPersVG). Im Rahmen der **Informationsrechte** gem. § 80 Abs. 2 BetrVG bzw. § 68 Abs. 2 BPersVG sind Betriebs- bzw. Personalrat schon im Vorfeld darüber zu unterrichten, was der Arbeitgeber unternimmt, um eine Beachtung des § 7 sicherzustellen (vgl. BetrVG Rn. 6; BPersVG Rn. 3).

§ 8 Zusammenarbeit mehrerer Arbeitgeber

(1) Werden Beschäftigte mehrerer Arbeitgeber an einem Arbeitsplatz tätig, sind die Arbeitgeber verpflichtet, bei der Durchführung der Sicherheits- und Gesundheitsschutzbestimmungen zusammenzuarbeiten. Soweit dies für die Sicherheit und den Gesundheitsschutz der Beschäftigten bei der Arbeit erforderlich ist, haben die Arbeitgeber je nach Art der Tätigkeiten insbesondere sich gegenseitig und ihre Beschäftigten über die mit den Arbeiten verbundenen Gefahren für Sicherheit und Gesundheit der Beschäftigten zu unterrichten und Maßnahmen zur Verhütung dieser Gefahren abzustimmen.

(2) Der Arbeitgeber muss sich je nach Art der Tätigkeit vergewissern, dass die Beschäftigten anderer Arbeitgeber, die in seinem Betrieb tätig werden, hinsichtlich der Gefahren für ihre Sicherheit und Gesundheit während ihrer Tätigkeit in seinem Betrieb angemessene Anweisungen erhalten haben.

Übersicht   Rn.

1. Tätigkeiten von Beschäftigten mehrerer Arbeitgeber an einem Arbeitsplatz 1–10
2. Einsatz von Fremdfirmenbeschäftigten   11–14

1. Tätigkeiten von Beschäftigten mehrerer Arbeitgeber an einem Arbeitsplatz

1 Eine besondere Gefährdungslage kann daraus resultieren, dass **Beschäftigte mehrerer Arbeitgeber an einem Arbeitsplatz tätig** sind. Sie äußert sich insbesondere in folgenden drei Aspekten:
– Das Hinzutreffen anderer, vielfach wechselnder Beschäftigter birgt ein eigenes Gefährdungspotential.
– Dem steht u.U. keine eingespielte Arbeitsschutzorganisation für den spezifischen Arbeitszusammenhang gegenüber.
– Zwar ist jeder Arbeitgeber für die Gewährleistung von Sicherheit und Gesundheitsschutz der eigenen Beschäftigten verantwortlich. Jedoch besteht die Gefahr, dass jeder Arbeitgeber sich auf einen anderen verlässt mit der Folge von Arbeitsschutzlücken.

Abs. 1 soll auch bei der Zusammenarbeit mehrerer Arbeitgeber einen umfassenden Arbeitsschutz für alle Beschäftigten sicherstellen. Die beteiligten Arbeitgeber werden daher einer allgemeinen **Zusammenarbeitspflicht** unterworfen (vgl. Rn. 4). Eine Handlungshilfe hat hierzu die LAfA NRW herausgegeben (*LAfA NRW* [Hrsg.], 2000; vgl. *Krug*, 2000; *Leube*, BB 2000, 302).

§ 8 ArbSchG

Ergänzende Regelungen können in **sonstigen Rechtsvorschriften** gem. § 2 **2**
Abs. 4 bzw. Arbeitsschutzverordnungen gem. §§ 18, 19 getroffen werden (vgl.
RegE, 17):
– Für den Bereich der **Baustellen** legt die BaustellV ergänzende Regelungen zur
  Koordinierung von Sicherheit und Gesundheitsschutz bei der Planung der
  Ausführung und der Ausführung von Bauvorhaben fest (vgl. § 3 BaustellV,
  Rn. 1 ff.; *Nöthlichs*, 4024, 3),
– Sind Beschäftigte mehrerer Betriebe an derselben Arbeitsstätte tätig, so ist
  jeder Arbeitgeber für die Bereiche, die seiner Kontrolle hinsichtlich des **Explosionsschutzes** unterstehen, verantwortlich (Art. 6 EG-Explosionsrichtlinie
  1999/92/EG; zur Umsetzung dieser Richtlinie in das nationale Recht vgl. § 19
  Rn. 2). Unbeschadet der Einzelverantwortung jedes Arbeitgebers gemäß der
  EG-Arbeitsschutzrichtlinie 89/391/EWG koordiniert der Arbeitgeber, der
  nach den einzelstaatlichen Rechtsvorschriften und/oder Praktiken die Verantwortung für die Arbeitsstätte hat, die Durchführung aller die Sicherheit
  und den Gesundheitsschutz der Beschäftigten betreffenden Maßnahmen und
  macht in seinem Explosionsschutzdokument nach Artikel 8 (vgl. § 6) genauere Angaben über das Ziel, die Maßnahmen und die Modalitäten der Durchführung dieser Koordinierung.
– Eine mit § 8 Abs. 1 ArbSchG vergleichbare, wenngleich nicht so umfassende
  und allgemein geltende Verpflichtung enthält § 6 UVV »Allgemeine Vorschriften« (BGV A 1, GUV 0.1; vgl. *KJP*, § 8 Rn. 18 ff.). Danach hat der Unternehmer, wenn dieser **Aufträge übernimmt**, deren Durchführung zeitlich und
  örtlich mit Aufträgen anderer Unternehmer zusammenfällt, sich mit den anderen Unternehmern **abzustimmen**, soweit dies zur Vermeidung einer gegenseitigen Gefährdung erforderlich ist (§ 6 Abs. 2 UVV BGV A 1, GUV 0.1;
  Anhang Nr. 28).

Zwar bleiben die beteiligten Arbeitgeber **individualrechtlich** gem. § 618 BGB nur **3**
gegenüber den jeweils **eigenen Beschäftigten** zum Arbeitsschutz verpflichtet
(vgl. Einl. Rn. 30). Jedoch ist § 8 im Verhältnis zu den Beschäftigten der anderen
Arbeitgeber ein Schutzgesetz i.S. des § 823 Abs. 2 BGB. Selbst wenn man § 8 eine
solche Qualität nicht zuschreiben möchte, legt er doch mindestens des Sorgfaltsmaßstab einer im Rahmen des § 823 Abs. 1 BGB geltenden Verkehrssicherungspflicht fest (vgl. *LAfA NRW*, Hrsg., 2000; *Krug*, 2000). Kommen Beschäftigte wegen
unterlassener oder ungenügender Zusammenarbeit der Arbeitgeber zu Schaden,
haben sie gegen alle beteiligten Arbeitgeber einen Schadensersatzanspruch. Gegenüber dem eigenen Arbeitgeber ist er gem. § 104 SGB VII auf Vorsatz beschränkt. Gegenüber den übrigen Arbeitgebern besteht er dagegen auch bei leichter Fahrlässigkeit. Die Arbeitgeber haften als Gesamtschuldner (§ 830 BGB). Kann
der Geschädigte darlegen und ggf. beweisen, dass eine Schädigung im Rahmen
einer von § 8 Abs. 1 erfassten Zusammenarbeit erfolgt ist, trägt der Arbeitgeber
die Darlegungs- und Beweislast dafür, dass er seine Zusammenarbeitspflichten
erfüllt hat bzw. deren Unterlassung für den Schaden nicht ursächlich war. Gem.
§ 106 Abs. 3 SGB VII gelten die Haftungsbeschränkungen gem. §§ 104, 105 SGB
VII auch für die Ersatzpflicht der für die beteiligten Unternehmen Tätigen **untereinander. Diese Versicherten bilden eine »Zwangsgefahrengemeinschaft«** (*Kater/Leube*, § 106 Rn. 16). Die Haftung der Unternehmer selbst wird von § 106 Abs. 3
SGB VII nicht betroffen (a.a.O.; vgl. *Jahnke*, NJW 2000, 265 ff.).

Für den Fall der Tätigkeit von Beschäftigten mehrerer Arbeitgeber an einem **4**
Arbeitsplatz besteht eine unternehmensübergreifende Verpflichtung des jewei-

ligen Arbeitgebers zur **Zusammenarbeit** mit den anderen beteiligten Arbeitgebern bei der Durchführung von Arbeitsschutzbestimmungen (vgl. Abs. 1 Satz 1). Hierdurch wird die allgemeine Verpflichtung des Arbeitgebers gem. § 3 Abs. 2 konkretisiert, für eine geeignete **betriebliche Arbeitsschutzorganisation** zu sorgen (vgl. § 3 Rn. 6 ff.). Die allgemeine Verpflichtung zur Zusammenarbeit bezieht sich sowohl auf Betriebe, in denen Beschäftigte von »Fremdfirmen« mehrerer Arbeitgeber befristet oder im Rahmen der Arbeitnehmerüberlassung an einem Arbeitsplatz tätig sind (vgl. Rn. 11 ff.; *KJP*, § 8 Rn. 4; vgl. AÜG Rn. 1 ff.), als auch auf Arbeitsstätten außerhalb des eigentlichen Betriebes, z.B. auf Baustellen und bei Montagearbeiten (vgl. *Nöthlichs*, 4024, 2). Sie geht über das zeitlich und räumlich gemeinsame Tätigwerden hinaus (vgl. *KJP*, a.a.O., Rn. 6, MünchArbR-*Wlotzke*, § 210 Rn. 41). Der Begriff des »Arbeitsplatzes« ist an der Zielsetzung des ArbSchG zu messen: Es handelt sich um die räumliche Umgebung, innerhalb derer ein Beschäftigter im Rahmen seiner vertraglichen Verpflichtungen tätig wird und bezüglich derer die Arbeitgeber Arbeitsschutzpflichten treffen (vgl. *KJP*, a.a.O., Rn. 5). Sobald Beschäftigte anderer Arbeitgeber in derselben räumlichen Umgebung tätig werden, werden die Pflichten des Abs. 1 ausgelöst. Eine unmittelbare (arbeitsteilige) Zusammenarbeit mit Beschäftigten des anderen Arbeitgebers ist nicht erforderlich.
§ 8 Abs. 1 setzt Art. 6 Abs. 4 und Art. 10 Abs. 2 EG-Rahmenrichtlinie Arbeitsschutz um.

5 Die beteiligten Arbeitgeber müssen sich entsprechend der allgemeinen Verpflichtung zur Zusammenarbeit über mögliche Gefährdungs- bzw. Gefahrenpotenziale bei der Arbeit gegenseitig **unterrichten** und entsprechende Maßnahmen der Gefahrenverhütung **abstimmen**, soweit dies für die Sicherheit und den Gesundheitsschutz der Beschäftigten bei der Arbeit erforderlich ist. Maßgebend ist hierfür die Art der Tätigkeiten (vgl. Abs. 1 Satz 2).
Voraussetzung dafür ist, dass sich jeder Arbeitgeber, schon im Rahmen seiner Verpflichtung zur Beurteilung der Arbeitsbedingungen nach § 5, vorab darüber informiert, welche sonstigen Arbeitgeber in bzw. auf der Arbeitsstätte tätig werden, deren Beschäftigte zeitlich und örtlich zusammen an einem Arbeitsplatz tätig sind (vgl. *Nöthlichs*, 4024, 3).
Die **gegenseitige Unterrichtung** umfasst die von den jeweiligen Arbeitgebern vorgesehenen Arbeitstätigkeiten und insbesondere die möglichen Gefährdungen für Sicherheit und Gesundheit der Beschäftigten (a.a.O.). Aus Sinn und Zielsetzung der Regelung ergibt sich, dass sich Unterrichtung und Maßnahmenabstimmung **nicht** auf die »Gefahr« i.S. ihrer Auslegung als Sachlage beschränken kann, die bei ungehindertem Ablauf des objektiv zu erwartenden Geschehens zu einem Schaden führt (vgl. § 4 Rn. 2, dort auch zu den begrifflichen Widersprüchlichkeiten des EG-Arbeitsschutzrechts am Beispiel der deutschen und englischen Fassung der EG-Rahmenrichtlinie Arbeitsschutz; a.A. Kollmer-*Schack*, C2 § 8 Rn. 22 ff.). Vielmehr sind, entgegen dem Wortlaut des § 8 Abs. 1 auch **Gefährdungen** für Sicherheit und Gesundheit bei der Arbeit einzubeziehen, um einen wirksamen und präventiven Arbeitsschutz beim Tätigwerden Beschäftigter mehrerer Arbeitgeber an einem Arbeitsplatz gewährleisten zu können (so wohl auch *Wlotzke*, FS Däubler, 665; MünchArbR-*Wlotzke*, § 210 Rn. 42). Die Verpflichtung der Arbeitgeber wird lediglich **beschränkt** durch die Frage der **Erforderlichkeit** für Sicherheit und Gesundheitsschutz und die **Art der Tätigkeiten** der Beschäftigten.

§ 8 ArbSchG

Die gegenseitige Unterrichtung fasst dementsprechend die Ergebnisse der Beurteilung der Arbeitsbedingungen (**Gefährdungsbeurteilung**), die jeder der beteiligten Arbeitgeber gem. § 5 durchzuführen hat, im Hinblick auf die Zusammenarbeit mehrerer Beschäftigter zusammen. Das Vorhandensein einer **Dokumentation** gem. § 6 Abs. 1 Satz 1 ist hierfür eine wichtige Voraussetzung, die gegebenenfalls durch Anordnung der zuständigen Behörde auch von Arbeitgebern mit zehn und weniger Beschäftigten vorgehalten werden sollte (vgl. § 6 Abs. 1 Satz 3; Rn. 6).
Die gegenseitige Unterrichtung dient der Entwicklung und Abstimmung von, den jeweiligen Gefährdungen angemessenen, **Schutzmaßnahmen**, z.B.:
– Bestellung von Aufsichtspersonen und Koordinatoren für die Sicherheit und den Gesundheitsschutz der Beschäftigten (vgl. *Nöthlichs*, a.a.O.; zur Bestellung eines Koordinators durch den Unternehmer als Auftraggeber bei **Vergabe von Arbeiten an andere Unternehmer** vgl. § 6 Abs. 1 UVV BGV A1/ VBG 1, GUV 0.1; zur Bestellung von Koordinatoren für Sicherheit und Gesundheitsschutz durch den Bauherrn bei der Planung und Ausführung von **Bauvorhaben** vgl. § 3 BaustellV Rn. 1 ff.);
– Abstimmung der **Benutzung von PSA oder von Arbeitsmitteln und -stoffen**.
Gem. § 3 Abs. 1 sind die abgestimmten Maßnahmen auf ihre **Wirksamkeit** zu überprüfen.
Eine **Dokumentation** der gegenseitigen Unterrichtung und der Abstimmung **6** der Schutzmaßnahmen ist zwar als solche nicht unmittelbar vorgeschrieben (vgl. *Nöthlichs*, 4024, 3; zur Anordnungsbefugnis der zuständigen Behörde s. § 22 Rn. 11 ff.). Kommen jedoch Beschäftigte bei einer von Abs. 1 erfassten Zusammenarbeit zu Schaden, kann der Arbeitgeber ohne eine entsprechende Dokumentation seiner Darlegungs- und Beweislast praktisch nicht nachkommen. Gehen von der Zusammenarbeit mit anderen Arbeitgebern spezifische Gefährdungen aus bzw. erhöht sich dadurch ein vorhandenes Gefährdungspotenzial, ist dies ohnehin in jedem Falle im Rahmen der **Gefährdungsbeurteilung** gem. § 5 zu beurteilen und gem. § 6 zu dokumentieren.
In die gegenseitige Unterrichtung sind gem. Abs. 1 Satz 2 die **Beschäftigten** **7** **einzubeziehen**. Sie sind insbesondere über die aus der Abstimmung der Arbeitgeber resultierenden Schutzmaßnahmen zu **unterrichten** (Kollmer-*Schack*, C2 § 8 Rn. 36). Ergänzende Unterrichtungs- und Unterweisungsrechte der Beschäftigten ergeben sich aus den §§ 9 und 12 (*Nöthlichs*, 4024, 3) sowie aus § 14 ArbSchG und § 81 BetrVG (vgl. BetrVG Rn. 47 und § 14; vgl. *KJP*, § 6 Rn. 9).
Betriebs- bzw. Personalrat haben die Durchführung der Verpflichtungen nach § 8 Abs. 1 zu **überwachen** (§§ 80 Abs. 1 Nr. 1, 89 BetrVG bzw. §§ 68 Abs. 1 Nr. 2, 81 BPersVG). Im Rahmen der **Informationsrechte** gem. § 80 Abs. 2 BetrVG bzw. § 68 Abs. 2 BPersVG sind entsprechende Unterlagen dem Betriebs- bzw. Personalrat zur Verfügung zu stellen (vgl. BetrVG Rn. 14 ff.; BPersVG Rn. 8). Da es dem jeweiligen Arbeitgeber in Abstimmung mit den anderen Arbeitgebern überlassen bleibt, wie er dem Zusammenarbeitsgebot nach Abs. 1 nachkommt, und damit vom Gesetzgeber entsprechende Entscheidungsspielräume geschaffen worden sind, greift die **Mitbestimmung** des Betriebsrates nach § 87 Abs. 1 Nr. 7 BetrVG bzw. des Personalrates nach § 75 Abs. 3 Nr. 11 BPersVG (vgl. BetrVG Rn. 14 ff.; BPersVG Rn. 8; *Wank*, § 8 ArbSchG Rn. 6).
Die gegenseitige Unterrichtung der Arbeitgeber und die Einbeziehung der Be- **8** schäftigten muss **vor deren Tätigwerden** am gemeinsamen Arbeitsplatz erfol-

gen. Es empfiehlt sich daher eine systematische und transparente Vorgehensweise, angepasst an das Gefährdungspotenzial und die Art der Tätigkeiten. Die von den Arbeitgebern aufgrund des ASiG bestellten **Fachkräfte für Arbeitssicherheit und Betriebsärzte** haben diese bei der Zusammenarbeit sowie der gegenseitigen Unterrichtung und der Abstimmung von Schutzmaßnahmen zu unterstützen (vgl. ASiG Rn. 62 ff.).

9 Für die Zusammenarbeitspflicht mehrerer Arbeitgeber ist es unerheblich, aus welchem **Grunde** sie ihre Beschäftigten an einem Arbeitsplatz tätig werden lassen (vgl. *KJP*, § 8 Rn. 6). Eine rechtliche Bindung zwischen ihnen ist nicht erforderlich. Es reicht die bloße Tatsache, dass Beschäftigte an einem Arbeitsplatz eingesetzt werden und das sich hieraus Gefährdungen und Gefahren für ihre Sicherheit und Gesundheit ergeben können (vgl. *KJP*, § 8 Rn. 9).

10 Das Gesetz schreibt keine Mindestdauer für das Tätigwerden der Beschäftigten an einem Arbeitsplatz vor. Auch ein **einmaliger Arbeitseinsatz** löst die Zusammenarbeitspflicht der beteiligten Arbeitgeber aus. Der Umfang der notwendigen Abstimmung ergibt sich jeweils aus der konkreten Beurteilung der Arbeitsbedingungen gem. § 5.

2. Einsatz von Fremdfirmenbeschäftigten

11 Für den Fall, dass in einem Betrieb **Beschäftigte anderer Arbeitgeber** (Fremdfirmenbeschäftigte) z.B. auf der Grundlage eines Werkvertrages tätig werden, muss der für den Betrieb verantwortliche Arbeitgeber über die Pflicht der Zusammenarbeit mit dem Fremdunternehmen gem. Abs. 1 hinaus je **nach Art der Tätigkeit** überprüfen, ob diese Beschäftigten adäquate **Anweisungen** bzw., je nach Gefährdungsgrad, auch eine **Unterweisung** über Gefährdungen und Gefahren für Sicherheit und Gesundheit erhalten haben (vgl. Abs. 2; *KJP*, § 8 Rn. 17; einschränkend: Kollmer-*Schack*, C 2 § 8 Rn. 46). Dies entspricht den Regelungen in Art. 10 Abs. 2 und 12 Abs. 2 EG-Rahmenrichtlinie Arbeitsschutz. § 8 Abs. 2 korrespondiert inhaltlich mit der Verpflichtung des Arbeitgebers zur Unterweisung der eigenen Beschäftigten nach § 12 ArbSchG (vgl. *KJP*, § 8 Rn. 14, 17), bzw. zur Erteilung geeigneter Anweisungen gem. § 4 Nr. 7 (vgl. § 4 Rn. 20). Diese Verpflichtungen sind für die Fremdfirmenbeschäftigten durch den Fremdarbeitgeber zu erfüllen. Um dies gewährleisten zu können wird, analog der Regelung in § 8 Abs. 1, der Fremdarbeitgeber entsprechende Informationen vom Arbeitgeber erhalten müssen, in der die Fremdfirmenbeschäftigten tätig werden und die auf dessen Gefährdungsbeurteilung gem. §§ 5, 6 ArbSchG beruhen.

11a Bezogen auf die Beschäftigung von **Leiharbeitnehmern** i.S. des AÜG hat der **Entleiher** die Unterweisung gem. § 12 i.V.m. den Unterrichtungsverpflichtungen nach § 11 Abs. 6 AÜG durchzuführen, was über die Verpflichtung nach § 8 Abs. 2 hinausgeht (§ 12 Abs. 2; vgl. § 12 Rn. 18; AÜG Rn. 1 ff.).

12 Es geht bei der Überprüfung durch den Arbeitgeber gem. Abs. 2 nicht nur darum, dass Beschäftigte des einen Arbeitgebers Beschäftigte des anderen gefährden können (vgl. *KJP*, § 8 Rn. 15). Vielmehr geht es auch um die **besonderen Gefährdungen**, die von der Arbeitsstätte und den vorhandenen Einrichtungen ausgehen. Von dieser Regelung wird insbesondere der Einsatz von Fremdfirmen in Produktionsanlagen, Verkehrsbetrieben, Werkstätten, Laboratorien oder Krankenhäusern erfasst, z.B. bei Reinigungs- und Reparaturarbeiten. Hier ist häufig die Unkenntnis über die von der Arbeitsstätte ausgehenden Gefährdungen bereits ein zusätzliches vermeidbares Gefährdungsmoment. Art und Weise

§ 8 ArbSchG

sowie Umfang der Erfüllung der Pflicht, sich über eine angemessene Unterrichtung zu vergewissern, richten sich entsprechend dem Verhältnismäßigkeitsgrundsatz nach der Gefährlichkeit der in dem Betrieb anfallenden Tätigkeit (vgl. RegE, 17).

Voraussetzung für die Überprüfung der Anweisung bzw. Unterweisung der **13** Fremdfirmenbeschäftigten ist, dass sich der Arbeitgeber, schon im Rahmen seiner Verpflichtung zur Beurteilung der Arbeitsbedingungen nach § 5, darüber **informiert**, welche Beschäftigten anderer Arbeitgeber in seinem Betrieb tätig werden und welche Gefährdungen hiervon für Sicherheit und Gesundheit seiner eigenen Beschäftigten ausgehen (vgl. *Nöthlichs*, 4024, 4). Das Vorhandensein einer Dokumentation gem. § 6 Abs. 1 Satz 1 ist hierfür eine wichtige Hilfe, die – gegebenenfalls durch Anordnung der zuständigen Behörde – auch von Arbeitgebern mit zehn und weniger Beschäftigten vorgehalten werden sollte (vgl. § 6 Abs. 1 Satz 3).

Als **Formen und Methoden der Überprüfung** kommen z.B. mündliche Befragungen oder Fragebögen in Betracht (Kollmer-*Schack*, C2 § 8 Rn. 50 f.; *KJP*, § 8 Rn. 16).

Die vom Arbeitgeber gem. ASiG bestellten **Fachkräfte für Arbeitssicherheit** haben in Kooperation mit den **Betriebsärzten** den Arbeitgeber bei der Überprüfung zu unterstützen (vgl. ASiG Rn. 62 ff.).

§ 8 Abs. 2 begründet – abgesehen von unmittelbaren erheblichen Gefahren nach **14** § 9 Abs. 2 Satz 2 – zwar **keine öffentlich-rechtliche Verpflichtung** des Arbeitgebers, für den Schutz der in seinem Betrieb tätig werdenden Fremdfirmenbeschäftigten zu sorgen (*Nöthlichs*, 4024, 4). Die unmittelbare Verantwortung für die Schutzmaßnahmen nach § 3 i.V.m. § 4 auf der Basis der Beurteilung der Arbeitsbedingungen nach § 5 und ihrer Dokumentation nach § 6 trifft vielmehr den Fremdarbeitgeber (a.a.O.). § 8 Abs. 2 ist jedoch ein **Schutzgesetz** zugunsten der Fremdfirmenbeschäftigten i.S. des § 823 Abs. 2 BGB. Ist die fehlende Vergewisserung des Arbeitgebers gem. Abs. 2 (mit-)ursächlich für eine spätere Schädigung, so haftet der Arbeitgeber hierfür gegenüber dem Fremdfirmenbeschäftigten.

Betriebs- bzw. Personalrat im Betrieb des Arbeitgebers, in dem Fremdfirmen- 15 beschäftigte tätig werden, haben die Durchführung der Verpflichtungen nach § 8 Abs. 2 zu **überwachen** (§§ 80 Abs. 1 Nr. 1, 89 BetrVG bzw. §§ 68 Abs. 1 Nr. 2, 81 BPersVG). Im Rahmen der **Informationsrechte** gem. § 80 Abs. 2 BetrVG bzw. § 68 Abs. 2 BPersVG sind entsprechende Unterlagen dem Betriebs- bzw. Personalrat zur Verfügung zu stellen (vgl. BetrVG Rn. 6; BPersVG Rn. 3). In Betrieben **ohne gewählte Interessenvertretung** greifen in jedem Fall die jeweiligen individualrechtlichen Regelungen (§§ 14 ff. ArbSchG, § 47 ff. BetrVG). Da es dem Arbeitgeber überlassen bleibt, wie er der Überprüfung nach Abs. 2 Satz 1 nachkommt, und damit vom Gesetzgeber entsprechende Entscheidungsspielräume geschaffen worden sind, greift die **Mitbestimmung** des Betriebsrates nach § 87 Abs. 1 Nr. 7 BetrVG bzw. des Personalrates nach § 75 Abs. 3 Nr. 11 BPersVG (vgl. BetrVG Rn. 14 ff.; BPersVG Rn. 8; a.A. *Wank*, § 8 ArbSchG Rn. 6).

Korrespondierend hierzu hat der **Betriebs- bzw. Personalrat im Betrieb des Fremdarbeitgebers** Rechte im Hinblick auf die **Überwachung** der Gefährdungsbeurteilung gem. §§ 5, 6, der daraus folgenden Arbeitsschutzmaßnahmen i.S. von §§ 2 Abs. 1, 3 und 4 sowie der Unterweisungsverpflichtung nach § 12 Abs. 1 ArbSchG und die damit in Zusammenhang stehenden **Informations- und Mitbestimmungsrechte**.

§ 9 Besondere Gefahren

(1) Der Arbeitgeber hat Maßnahmen zu treffen, damit nur Beschäftigte Zugang zu besonders gefährlichen Arbeitsbereichen haben, die zuvor geeignete Anweisungen erhalten haben.

(2) Der Arbeitgeber hat Vorkehrungen zu treffen, dass alle Beschäftigten, die einer unmittelbaren erheblichen Gefahr ausgesetzt sind oder sein können, möglichst frühzeitig über diese Gefahr und die getroffenen oder zu treffenden Schutzmaßnahmen unterrichtet sind. Bei unmittelbarer erheblicher Gefahr für die eigene Sicherheit oder die Sicherheit anderer Personen müssen die Beschäftigten die geeigneten Maßnahmen zur Gefahrenabwehr und Schadensbegrenzung selbst treffen können, wenn der zuständige Vorgesetzte nicht erreichbar ist; dabei sind die Kenntnisse der Beschäftigten und die vorhandenen technischen Mittel zu berücksichtigen. Den Beschäftigten dürfen aus ihrem Handeln keine Nachteile entstehen, es sei denn, sie haben vorsätzlich oder grob fahrlässig ungeeignete Maßnahmen getroffen.

(3) Der Arbeitgeber hat Maßnahmen zu treffen, die es den Beschäftigten bei unmittelbarer erheblicher Gefahr ermöglichen, sich durch sofortiges Verlassen der Arbeitsplätze in Sicherheit zu bringen. Den Beschäftigten dürfen hierdurch keine Nachteile entstehen. Hält die unmittelbare erhebliche Gefahr an, darf der Arbeitgeber die Beschäftigten nur in besonders begründeten Ausnahmefällen auffordern, ihre Tätigkeit wiederaufzunehmen. Gesetzliche Pflichten der Beschäftigten zur Abwehr von Gefahren für die öffentliche Sicherheit sowie die §§ 7 und 11 des Soldatengesetzes bleiben unberührt.

Übersicht

	Rn.
1. Allgemeines	1– 2
2. Maßnahmen und geeignete Anweisungen bei besonders gefährlichen Arbeitsbereichen	3– 5
3. Unterrichtung bei unmittelbarer erheblicher Gefahr	6
4. Eigenständige Gefahrenabwehr durch die Beschäftigten	7, 8
5. Allgemeines Entfernungsrecht, Regelungen in sonstigen Rechtsvorschriften	9–22
a) Allgemeines arbeitsschutzrechtliches Entfernungsrecht	9–14
b) Spezielles Entfernungsrecht beim Umgang mit Gefahrstoffen	15
c) Erfüllungsanspruch, Zurückbehaltungsrecht, Beschäftigungsverbot	16–20
d) Ausnahmeregelungen, Garantenstellung	21, 22

1. Allgemeines

1 Für **besondere Gefahren**, die sich für Sicherheit und Gesundheit der Beschäftigten ergeben können, werden in § 9 spezielle Regelungen getroffen (zum Begriff der »Gefahr« vgl. § 4 Rn. 2). Die Regelungen umfassen **beteiligungs-** (raum- und informationsbezogener Gefahrenschutz; Abs. 1 und Abs. 2 Satz 1) und **handlungsorientierte** (eigenständige Gefahrenabwehr und Entfernungsrecht der Beschäftigten; Abs. 2 Satz 2 und 3 sowie Abs. 3) **Verpflichtungen** des Arbeitgebers, aus denen sich Rechte der Beschäftigten ergeben (vgl. Kollmer-*Kohte*, C2 § 9 Rn. 1 f.).

Definitionsgemäß ergibt sich die **Größe einer Gefahr** durch die Schwere des möglichen Schadens und seiner Eintrittswahrscheinlichkeit (RegE, S. 18). Hiervon ausgehend wird der **Oberbegriff der besonderen Gefahr**, bezogen auf die Schutzpflichten in Abs. 2 und 3 durch den Begriff der »**unmittelbaren erheb-**

lichen Gefahr« konkretisiert. Damit wird eine Sachlage bezeichnet, bei der der Eintritt des Schadens sehr wahrscheinlich ist oder sein Eintritt nicht mehr abgewendet werden kann und der Schaden nach Art oder Umfang besonders schwer ist (a.a.O.; vgl. *Nöthlichs*, 4026, S. 5; *KJP*, B 2 § 9 Rn. 10).
Dagegen bedarf zur Auslösung der Verpflichtung des Arbeitgebers zur Durchführung von Maßnahmen im Hinblick auf den Zutritt zu besonders gefährlichen Arbeitsbereichen (Abs. 1) keiner unmittelbaren erheblichen Gefahr, sondern lediglich einer besonderen oder erhöhten Gefährdung (kritisch im Hinblick auf die hier nicht ganz eindeutige, sprachliche Umsetzung der Bestimmungen EG-Rahmenrichtlinie 89/391/EWG in das nationale Recht: Kollmer-*Kohte*, a.a.O., Rn. 12 f.).
Die vom Arbeitgeber zu treffenden **Schutzmaßnahmen** bei besonderen Gefahren sind darauf gerichtet, die Faktoren, die die Größe einer Gefahr bestimmen, so zu beeinflussen, dass das verbleibende Risiko **akzeptabel** bleibt. Je schwerer ein möglicher Schaden für den Beschäftigten sein kann, desto stärker müssen die Maßnahmen sein, die seinen Eintritt verhindern. Zu diesen Maßnahmen kann es daher auch gehören, dass die Beschäftigten besonders ausgebildet sein müssen oder dass zur Bewältigung von Notfallsituationen dafür besonders befähigte Beschäftigte zum Einsatz kommen (RegE, 18).
Mit § 9 werden Art. 8 Abs. 3 bis 5 und Art. 6 Abs. 3 Buchst. d EG-Rahmenrichtlinie Arbeitsschutz umgesetzt (vgl. hierzu Kollmer-*Kohte*, C 2 § 9 Rn. 3 ff.).
Besondere Gefahren, d.h. gefährliche Arbeitsbereiche und die Möglichkeit unmittelbarer und erheblicher Gefahren, ermittelt der Arbeitgeber durch die **Beurteilung der Arbeitsbedingungen** (§ 5), um hieraus die **Arbeitsschutzmaßnahmen** i.S. des § 2 Abs. 1 zur Erfüllung der allgemeinen Pflichten nach § 3 festlegen zu können (vgl. § 5 Rn. 7 ff.; vgl. Kollmer-*Kohte*, C 2 § 9 Rn. 14 ff.). Die Grundsätze nach § 4 sind hierbei zu beachten. I.S. des **präventiven Arbeitsschutzverständnisses** des ArbSchG hat der Arbeitgeber die besonderen Gefahren möglichst zu vermeiden bzw. gering zu halten und sie an der Quelle zu bekämpfen (§ 4 Nr. 1, 2). Technische und organisatorische Lösungen haben den Vorrang vor der Bereitstellung von PSA (§ 4 Nr. 5; vgl. § 4 Rn. 1 ff.; vgl. *KJP*, B 2 § 9 Rn. 5). Dies heißt auch, dass es sich unter diesem Gesichtspunkt bei den Maßnahmen gem. § 9 um **sekundäre, ergänzende Schutzmaßnahmen** handelt. I.S. des Grundsatzes der Verbesserung von Sicherheit und Gesundheitsschutzes und der damit in Zusammenhang stehenden Pflichten des Arbeitgebers gem. § 3 sind
– gefährliche Arbeitsbereiche und die dort stattfindenden Arbeitsabläufe und -verfahren (Abs. 1) sowie
– unmittelbare erhebliche Gefahren (Abs. 2 und 3)
unter Berücksichtigung des Standes der Technik und der sonstigen gesicherten arbeitswissenschaftlichen Erkenntnisse nach den Grundsätzen gem. § 4 und sonstigen Rechtsvorschriften (z.B. ArbStättV, GefStoffV, BioStoffV, GenTSV, AMBV) so zu gestalten, dass Gefährdungen für Sicherheit und Gesundheit der Beschäftigten ausgeschaltet oder minimiert werden (vgl. Kollmer-*Kohte*, C 2 § 9 Rn. 17 f.). Bezogen auf besondere Gefahren haben allerdings auch die Maßnahmen nach § 9 eine präventive Ausrichtung, da sie mit dem Ziel verknüpft sind, aus diesen Gefahren resultierende Gesundheitsschäden zu verhüten (vgl. Kollmer-*Kohte*, a.a.O., Rn. 31). Schutzmaßnahmen, die die Umsetzung der Verpflichtungen nach § 9 **ergänzen** sind:
– Berücksichtigung der Befähigung der Beschäftigten bei der Aufgabenübertragung gem. § 7,

- Maßnahmen bei der Kooperation mehrerer Arbeitgeber gem. § 8,
- Unterweisung gem. § 12 sowie
- Maßnahmen zur Ersten Hilfe und sonstige Notfallmaßnahmen gem. § 10.

2. Maßnahmen und geeignete Anweisungen bei besonders gefährlichen Arbeitsbereichen

Der Arbeitgeber hat Maßnahmen zu treffen, dass nur solche Beschäftigte Zugang zu besonders gefährlichen Arbeitsbereichen haben, die zuvor geeignete Anweisungen erhalten haben (Abs. 1). **Besonders gefährliche Arbeitsbereiche** sind Bereiche, in denen Beschäftigte aufgrund des Arbeitsverfahrens, der Art der Tätigkeit, den verwendeten Stoffen und Arbeitsmitteln sowie der Arbeitsumgebung Gefährdungen ausgesetzt sind, bei denen schwere Gesundheitsschäden auftreten können (vgl. *KJP*, B 2 § 9 Rn. 6; Kollmer-*Kohte*, C 2 § 9 Rn. 21), z.B.:
- Umgang mit Gefahrstoffen,
- Umgang mit radioaktiven Strahlen bzw. Anwendung von ionisierenden Strahlen,
- Gefährliche Arbeiten auf Baustellen,
- Tätigkeiten mit biologischen oder gentechnisch veränderten Arbeitsstoffen,
- Arbeiten in Betriebsbereichen, die der StörfallV unterliegen sowie
- die Kombination entsprechender Gefährdungen (vgl. a.a.O. Rn. 22 f.; *KJP*, a.a.O.).

4 **Art und Umfang** der **geeigneten Anweisungen** gem. Abs. 1 richten sich, wie die organisatorischen Schutzmaßnahmen des Arbeitgebers (Rn. 4), nach der Art und Größe der besonderen Gefahr in den besonders gefährlichen Arbeitsbereichen, d.h. die Anweisungen müssen ausreichend und angemessen sein. Allgemein sollte die Anweisung genaue Informationen über die jeweils bestehende Gefahr und die anzuwendenden Schutzmaßnahmen enthalten. Dies korreliert mit den korrespondierenden Verpflichtungen des Arbeitgebers zur **Unterweisung** der Beschäftigten gem. § 12 (vgl. *KJP*, B 2 § 9 Rn. 6). Unterweisungsverpflichtungen zu spezifischen, besonders gefährlichen Arbeitsbereichen sind im übrigen in **sonstigen Rechtsvorschriften** festgelegt (vgl. im einzelnen § 12 Rn. 7 ff.).

Abs. 1 verpflichtet den Arbeitgeber darüber hinaus zur Durchführung weiterer **organisatorischer Schutzmaßnahmen** bezogen auf die Sicherung und Kontrolle des Zutritts zu den besonders gefährlichen Arbeitsbereichen, z.B.: entsprechende Kennzeichnung (insbesondere nach der UVV »Sicherheitskennzeichnung« BGV A 8), Dokumentation des Zutritts, technische Überwachungsmaßnahmen (vgl. *KJP*, B 2 § 9 Rn. 5; Kollmer-*Kohte*, § 9 ArbSchG Rn. 28 f.). Dazu kommen die weiteren Schutzmaßnahmen in §§ 7, 8 und 10 (vgl. Rn. 2).

5 **Betriebs- bzw. Personalrat** haben die Durchführung der Verpflichtungen nach § 9 Abs. 1 zu **überwachen** (§§ 80 Abs. 1 Nr. 1, 89 BetrVG bzw. §§ 68 Abs. 1 Nr. 2, 81 BPersVG).

Im Rahmen der **Informationsrechte** gem. § 80 Abs. 2 BetrVG bzw. § 68 Abs. 2 BPersVG, die durch Maßnahmen nach § 9 Abs. 1 nicht eingeschränkt werden dürfen (vgl. Kollmer-*Kohte*, C 2 § 9 Rn. 30), sind die Informationen zu den Schutzmaßnahmen dem Betriebs- bzw. Personalrat zur Verfügung zu stellen. Da es dem Arbeitgeber überlassen bleibt, wie er den **Zutritt zu besonders gefährlichen Arbeitsbereichen regelt**, und damit vom Gesetzgeber entsprechende Entscheidungsspielräume geschaffen worden sind, greift die **Mitbestim-**

mung des Betriebsrates nach § 87 Abs. 1 Nr. 7 BetrVG bzw. des Personalrates nach § 75 Abs. 3 Nr. 11 BPersVG (Kollmer-*Kohte*, a.a.O.; *Wank*, § 9 Rn. 13; *Merten/Klein*, DB 1998, 676; *Fabricius*, BB 1997, 1258; vgl. BetrVG Rn. 14 ff.; BPersVG Rn. 8). Da auch die **Auswahl der einzelnen Mitarbeiter** als Einzelmaßnahme im Regelfall einen kollektiven Bezug aufweisen dürfte, fallen auch diese in den Geltungsbereich des § 87 Abs. 1 Nr. 7 BetrVG (a.A. wohl *Fabricius*, a.a.O.; *Merten/Klein*, a.a.O.; vgl. BetrVG Rn. 37).
Im Hinblick auf die organisatorischen Schutzmaßnahmen **(Zugangsbeschränkungen)** kommt außerdem das Mitbestimmungsrecht nach § 87 Abs. 1 Nr. 1 BetrVG bzw. § 75 Abs. 3 Nr. 15 BPersVG (vgl. ebd.), bezogen auf die Einführung und Anwendung technischer Einrichtungen, die dazu bestimmt sind, das **Verhalten oder die Leistung der Beschäftigten** zu überwachen, auch nach § 87 Abs. 1 Nr. 6 BetrVG bzw. § 75 Abs. 1 Nr. 17 BPersVG in Betracht (vgl. DKK-*Klebe*, § 87 BetrVG Rn. 135 ff.).
Die organisatorischen Schutzmaßnahmen sowie die Anweisungen des Arbeitgebers begründen **Pflichten der Beschäftigten** i.S. von §§ 15, 16 (vgl. *Nöthlichs*, 4026, 4).

3. Unterrichtung bei unmittelbarer erheblicher Gefahr

Der Arbeitgeber hat gegenüber den Beschäftigten eine **Unterrichtungspflicht**, **6**
bzw. die Pflicht entsprechende, organisatorische Vorkehrungen für diese Unterrichtung zu treffen, wenn diese **unmittelbaren erheblichen Gefahren** (zum Begriff vgl. Rn. 1) ausgesetzt sind oder sein können (Abs. 2; vgl. Kollmer-*Kohte*, C 2 § 9 Rn. 31). Die Unterrichtung setzt voraus, dass der Arbeitgeber seinen Verpflichtungen aus den §§ 5, 6, 3 und 4 sowie 12 nachkommt (vgl. Rn. 2; *Nöthlichs*, 4026, S. 5). Die Ergebnisse der **Gefährdungsbeurteilung** gem. § 5 ist eine wichtige Grundlage für die Unterrichtung (Kollmer-*Kohte*, a.a.O. Rn. 37). Diese hat **frühzeitig** zu erfolgen, d.h. so, dass dem Beschäftigten von ihm selbst zu leistende Verhaltensweisen möglich sind, und jedenfalls vor dem Eintritt einer Schädigung von Leben und Gesundheit der Beschäftigten (vgl. *KJP*, B 2 § 9 Rn. 12). Die Unterrichtung muss darüber hinaus **Informationen** über die getroffenen bzw. über die zu treffenden **Schutzmaßnahmen** enthalten und sie muss verständlich sein (vgl. a.a.O., Rn. 13, 14; Kollmer-*Kohte*, a.a.O., Rn. 33). Schutzmaßnahmen können beispielsweise sein: das Bereitstellen von Notrufeinrichtungen sowie Brandbekämpfungs- und Rettungsmittel, das Vorhalten von Notfall- und Rettungsplänen, die geeignete Anweisung und Unterweisung der Beschäftigten sowie die Benennung von Beschäftigten mit besonderen Aufgaben bei der Ersten Hilfe und bei Notfallmaßnahmen (vgl. § 10 Rn. 1 ff.; *Nöthlichs*, 4026, 5).
Betriebs- bzw. Personalrat haben die Durchführung der Verpflichtungen zur **6a**
Sicherstellung der Unterrichtung nach § 9 Abs. 2 zu **überwachen** (§§ 80 Abs. 1 Nr. 1, 89 BetrVG bzw. §§ 68 Abs. 1 Nr. 2, 81 BPersVG). Im Rahmen der **Informationsrechte** gem. § 80 Abs. 2 BetrVG bzw. § 68 Abs. 2 BPersVG, sind die Informationen zur Durchführung der Unterrichtung dem Betriebs- bzw. Personalrat zur Verfügung zu stellen (vgl. BetrVG Rn. 3; BPersVG Rn. 6). Da es dem Arbeitgeber überlassen bleibt, wie er die Durchführung der Unterrichtung organisiert, und damit vom Gesetzgeber entsprechende Entscheidungsspielräume geschaffen worden sind, greift die **Mitbestimmung** des Betriebsrates nach § 87 Abs. 1 Nr. 7 BetrVG bzw. des Personalrates nach § 75 Abs. 3 Nr. 11 BPersVG (vgl. BetrVG Rn. 14 ff.; BPersVG Rn. 8; vgl. Kollmer-*Kohte*, C 2 § 9 Rn. 32).

4. Eigenständige Gefahrenabwehr durch die Beschäftigten

7 Wenn der zuständige Vorgesetzte nicht erreichbar ist, müssen Möglichkeiten für eine **eigenständige Gefahrenabwehr** und Schadensbegrenzung durch die Beschäftigten gegeben sein (Abs. 2 Satz 2). Dieses Recht bringt zum Ausdruck, dass die Beschäftigten durch das ArbSchG befähigt werden sollen,»selbst als handelndes Subjekt am Arbeitsplatz aufzutreten und nicht als passives Objekt hoheitlicher Arbeitsschutzmaßnahmen zu fungieren« (*BFK*, Rn. 264; Kollmer-*Kohte*, C 2 § 9 Rn. 40).

Maßnahmen der Schadensbegrenzung sind solche, die geeignet sind, nach dem Eintritt des Schadens, insbesondere wenn Leben und Gesundheit der Beschäftigten oder anderer Personen betroffen sind, die Auswirkungen oder Folgen zu minimieren (vgl. *Nöthlichs*, 4026, S. 5, 6; *KJP*, B 2 § 9 Rn. 12), z.b.: Nutzung der erforderlichen PSA (vgl. § 3 PSA-BV Rn. 1 ff.), Nutzung der Vorkehrungen und Einrichtungen zur Ersten Hilfe sowie zu sonstigen Notfallmaßnahmen (z.B. Brandschutz, Evakuierungsmaßnahmen; vgl. § 10 Rn. 1 ff.).»Andere Personen« sind z.b. Fremdfirmenbeschäftigte, Lieferanten, Kunden und Besucher, die in das betriebliche Geschehen involviert sind. Außenstehende Dritte ohne einen derartigen Bezug, wie z.b. Nachbarn oder Besucher ohne Besuchserlaubnis gehören nicht dazu (vgl. *Leube*, BB 2000, 302, 304). Der Arbeitgeber muss bei den Maßnahmen zur eigenständigen Gefahrenabwehr die vorhandenen **technischen und organisatorischen Mittel** sowie die **Kenntnisse** der Beschäftigten, was ihre Befähigung zur eigenständigen Gefahrenabwehr mit einschließt, berücksichtigen (*Nöthlichs*, a.a.O.; *KJP*, a.a.O., Rn. 21; vgl. zur Berücksichtigung der Befähigung § 7 Rn. 1 ff.). Geeignete **Anweisungen** i.S. von § 9 Abs. 1 i.V.m. der allgemeinen **Unterweisung** nach § 12 sind zu erteilen (vgl. Rn. 4; Kollmer-*Kohte*, a.a.O., Rn. 43).

8 Durch die Ausübung der eigenständigen Gefahrenabwehr dürfen den Beschäftigten **keine Nachteile** entstehen. Nachteil ist eine Schlechterstellung im Betrieb jeder Art, z.B. ungünstigere Arbeitsbedingungen, geringere Entlohnung, Verhinderung von Aufstiegschancen bis hin zur Kündigung (*Nöthlichs*, 4026, S. 6; vgl. *KJP*, B 2 § 9 Rn. 23). Das Benachteiligungsverbot gilt nicht, wenn die Beschäftigten **vorsätzlich oder grob fahrlässig** ungeeignete Maßnahmen getroffen haben (vgl. *KJP*, a.a.O., Rn. 26). Grobe Fahrlässigkeit liegt gem. § 276 Abs. 1 Satz 2 BGB vor, wenn die im Verkehr erforderliche Sorgfalt in besonders schwerem Maße verletzt worden ist (vgl. *Palandt*, § 277 Rn. 2 f. m.w.N.; *KJP*, a.a.O., Rn. 28). Diese Regelung lässt die Grundsätze unberührt, die in der arbeitsgerichtlichen Rechtsprechung für die **Haftung der Arbeitnehmer** für den dem Arbeitgeber in Ausübung der Arbeit entstandenen Schaden entwickelt worden sind (RegE, S. 18). Danach haftet der Arbeitnehmer bei leichter Fahrlässigkeit nicht. Bei normaler Fahrlässigkeit wird der Schaden unter Berücksichtigung aller Umstände zwischen Arbeitgeber und Arbeitnehmer aufgeteilt (vgl. *BAG*-GS 12.6.1992, NZA 1993, 547; *Hanau/Rolf*, NJW 1994, 1439; *Kraushaar*, AiB 1994, 353). In diesem Zusammenhang ist die Haftungsregelung des § 78 Abs. 1 Bundesbeamtengesetz zu sehen. Hiernach haften **Beamte** dem Dienstherrn gegenüber generell nur noch dann, wenn sie vorsätzlich oder grob fahrlässig ihre Dienstpflicht verletzt haben. Diese beamtenrechtliche Regelung gilt kraft tarifvertraglicher Verweisung auch für die Arbeitnehmer im öffentlichen Dienst des Bundes (RegE, S. 18).

5. Allgemeines Entfernungsrecht, Regelungen in sonstigen Rechtsvorschriften

a) Allgemeines arbeitsschutzrechtliches Entfernungsrecht

Der Arbeitgeber muss **Maßnahmen** treffen, die es den Beschäftigten bei unmittelbarer erheblicher Gefahr (zum Begriff vgl. Rn. 1) ermöglichen, sich durch sofortiges **Verlassen der Arbeitsplätze** in Sicherheit zu bringen (§ 9 Abs. 3 Satz 1). Damit wird Art. 8 Abs. 3 Buchst. b EG-Rahmenrichtlinie Arbeitsschutz umgesetzt.
Maßnahmen i.S. dieser Regelung dienen der Herstellung der Voraussetzungen, unter denen die Beschäftigten das Recht und die Möglichkeit haben, den Arbeitsplatz zu verlassen, z.B. das Bereithalten von Rettungseinrichtungen, die Sicherung des Fluchtweges und eine Sicherheitskennzeichnung (vgl. *Nöthlichs*, 4026, 7; *KJP*, B 2 § 9 Rn. 30; §§ 19, 52 ff. ArbStättV; § 30 UVV »Allgemeine Vorschriften« [BGV A 1, GUV 0.6]). Hervorzuheben ist die Bedeutung einer angemessenen Unterweisung (vgl. Kollmer-*Kohte*, C 2 § 9 Rn. 75).
Betriebs- bzw. Personalrat haben die Durchführung der Maßnahmen zu **überwachen** (§§ 80 Abs. 1 Nr. 1, 89 BetrVG bzw. §§ 68 Abs. 1 Nr. 2, 81 BPersVG). Im Rahmen der **Informationsrechte** gem. § 80 Abs. 2 BetrVG bzw. § 68 Abs. 2 BPersVG, sind die Informationen zur Durchführung dem Betriebs- bzw. Personalrat zur Verfügung zu stellen (vgl. BetrVG Rn. 6; BPersVG Rn. 3). Da es dem Arbeitgeber überlassen bleibt, wie er die Durchführung der Maßnahmen umsetzt, und damit vom Gesetzgeber entsprechende Entscheidungsspielräume geschaffen worden sind, greift die **Mitbestimmung** des Betriebsrates nach § 87 Abs. 1 Nr. 7 BetrVG bzw. des Personalrates nach § 75 Abs. 3 Nr. 11 BPersVG (vgl. *Wank*, § 9 Rn. 13; *Leube*, BB 2000, 302, 304; *Fabricius, N.*, BB 1997, 1258; BetrVG Rn. 14 ff.; BPersVG Rn. 8).
Mit § 9 Abs. 3 Satz 1 wird ein allgemeines, arbeitsschutzrechtliches **Entfernungsrecht** des Beschäftigten verankert (so auch Kollmer-*Kohte*, C 2 § 9 Rn. 76). Wie schon im Rahmen der eigenständigen Gefahrenabwehr (Rn. 7) bringt dieses Recht zum Ausdruck, dass die Beschäftigten durch das ArbSchG befähigt werden sollen, »selbst als handelndes Subjekt am Arbeitsplatz aufzutreten und nicht als passives Objekt hoheitlicher Arbeitsschutzmaßnahmen zu fungieren« (*BFK*, Rn. 264; vgl. Kollmer-*Kohte*, a.a.O., Rn. 81 dort zugleich kritisch mit Blick auf die Eingrenzung des Entfernungsrechts auf objektiv bestehende Gefahrenlagen).
Das Entfernungsrecht ist eine Konkretisierung der allgemeinen Einrede der Unzumutbarkeit der Arbeitsleistung bei ernster Gefahr, die sich aus § 242 BGB ergibt (vgl. *Fabricius, N.*, 1997, 201; so auch Kollmer-*Kohte*, a.a.O., Rn. 80).
Das Entfernungsrecht setzt nicht voraus, dass die unmittelbare erhebliche Gefahr vom Arbeitgeber selbst verursacht worden ist (vgl. *BFK*, Rn. 610; *Nöthlichs*, 4026, 6). Durch die Verknüpfung mit dem Begriff der unmittelbaren erheblichen Gefahr ist das Entfernungsrecht vielmehr an eine **objektiv bestehende Gefahrenlage** geknüpft. Eine bloß subjektive, nur nach der Meinung des Beschäftigten bestehenden Gefahrenlage (sogenannte Putativgefahr; vgl. *KJP*, B 2 § 9 Rn. 35) ist dagegen von der Regelung in Abs. 3 nicht gedeckt. Dies war noch in § 9 Abs. 4 ArbSchRGE vorgesehen gewesen: »Dies gilt auch dann, wenn eine solche Gefahrenlage tatsächlich nicht bestanden hat, die Beschäftigten aber unter Berücksichtigung aller Umstände von einer solchen Gefahr ausgehen konnten« (vgl. hierzu *BFK*, Rn. 607). Demgegenüber gilt z.B. für den Bereich der

Bauwirtschaft Art. 12 Nr. 1 des Übereinkommens Nr. 167 der ILO über den Arbeitsschutz im Bauwesen (von der Bundesrepublik Deutschland durch Gesetz v. 12.1.1988 ratifiziert; BGBl. II, S. 94). Danach hat »ein Arbeitnehmer das Recht..., sich außer Gefahr zu bringen, wenn er guten Grund zu der Annahme hat, dass eine unmittelbare und erhebliche Gefahr für seine Sicherheit oder Gesundheit besteht«. Hier ist das Entfernungsrecht sowohl an die objektiv bestehende Gefahrenlage als auch an die subjektive Einschätzung der Arbeitnehmer bzw. Beschäftigten geknüpft. Das von der Bundesrepublik Deutschland noch nicht ratifizierte Übereinkommen Nr. 155 der ILO über Arbeitsschutz und Arbeitsumwelt (vgl. Einl. Rn. 13) enthält in Art. 13 ein vergleichbares, generelles Entfernungsrecht für die Beschäftigten (vgl. darüber hinaus Kollmer-*Kohte*, C 2 § 9 Rn. 56 ff.). Im übrigen muss hinsichtlich einer nur subjektiv bestehenden Gefahrenlage auf die zivilrechtlichen Regelungen in §§ 242, 273 und 323 verwiesen werden (*KJP*, B 2 § 9 Rn. 35; vgl. Rn. 16 ff.)

12 Den Beschäftigten dürfen aus der Wahrnehmung des Entfernungsrechts **keine Nachteile** (z.B. bei künftigen Arbeitseinsätzen oder Beförderungen) entstehen (vgl. Rn. 8; vgl. umfassend *KJP*, B 2 § 9 Rn. 33 ff.). Damit wird Art. 8 Abs. 4 EG-Rahmenrichtlinie Arbeitsschutz umgesetzt. Für die Zeit einer zulässigen Entfernung von der Arbeit bleibt der **Entgeltanspruch** bestehen.

13 **Irrt** sich der Beschäftigte über das Vorliegen der Voraussetzungen des Entfernungsrechts, so ist zu unterscheiden (vgl. Kollmer-*Kohte*, § 9 Rn. 45 ff.):
– Ist der Irrtum vom Beschäftigten **verschuldet**, so ist dies nach allgemeinen Grundsätzen hinsichtlich der Verletzung von Vertragspflichten zu beurteilen; der Beschäftigte verliert gem. § 325 BGB seinen Entgeltanspruch für die Dauer der Entfernung. Eine mögliche Schadensersatzpflicht ist nach den Grundsätzen der Arbeitnehmerhaftung entsprechend dem Grad des Verschuldens (Rn. 8) zu beurteilen (vgl. Kollmer-*Kohte*, § 9 Rn. 45 ff.).
– Hat der Beschäftigte den Irrtum **nicht verschuldet**, scheidet eine Schadensersatzpflicht aus. Grundsätzlich verliert er jedoch den Anspruch auf Arbeitsentgelt gem. § 323 BGB.
– Hat der **Arbeitgeber den Irrtum veranlasst** (z.B. wegen ungenügender Information gem. §§ 7, 8 oder 9), so behält der Beschäftigte seinen Entgeltanspruch (§ 324 BGB).

14 Beim **Anhalten der unmittelbaren erheblichen Gefahr** darf der Arbeitgeber die Beschäftigten nur in begründeten **Ausnahmefällen** auffordern, ihre Tätigkeit wiederaufzunehmen (§ 9 Abs. 3 Satz 3). Damit wird Art. 8 Abs. 3 Buchst. c EG-Rahmenrichtlinie Arbeitsschutz umgesetzt. Die Begründung des Arbeitgebers muss an der Größe der Gefahr, der sich die Beschäftigten bei Wiederaufnahme der Tätigkeit aussetzen, und ihrem Zweck orientieren (vgl. *KJP*, B 2 § 9 Rn. 36). Die Aufforderung des Arbeitgebers kann z.B. berechtigt sein, wenn die Tätigkeiten des Beschäftigten erforderlich sind, um folgende Ziele zu verfolgen:
– die Rettung von Beschäftigten und anderen Personen, deren Leben und Gesundheit bedroht ist;
– die Begrenzung eines eingetretenen Schadens, wenn zu erwarten ist, dass die Gefahr und die Folgen der Gefahr, insbesondere für Leben und Gesundheit, sich noch weiter vergrößern;
– die Beseitigung von Störfällen;
– die Durchführung von Reparaturarbeiten, um die Arbeitsbereiche wieder betretbar zu machen, insbesondere wenn Leben und Gesundheit von Be-

schäftigten oder anderen Personen dadurch gesichert werden können (vgl. *Nöthlichs*, 4026, 7).
Voraussetzung ist jedoch in jedem Falle, dass die vom Arbeitgeber verlangten Tätigkeiten im **Rahmen der vertraglichen Pflichten** des Beschäftigten liegen. Das Aufforderungsrecht des Arbeitgebers führt nicht zu einer Erweiterung des Direktionsrechts. Die Beschäftigten können die Wiederaufnahme der Tätigkeit ablehnen, insbesondere wenn dadurch ihr eigenes Leben und ihre eigene Gesundheit gefährdet würden (*Nöthlichs*, a.a.O.).

b) Spezielles Entfernungsrecht beim Umgang mit Gefahrstoffen

Das allgemeine Entfernungsrecht in § 9 Abs. 3 wird ergänzt durch die **speziellere Regelung in § 21 Abs. 6 Satz 2 GefStoffV**, die wörtlich von einem Arbeitsverweigerungsrecht des einzelnen Arbeitnehmers (auszulegen i.S. des Beschäftigtenbegriffs gem. § 2 Abs. 2 ArbSchG; vgl. GefStoffV Rn. 65) spricht, allerdings den gleichen Zweck verfolgt (vgl. Kollmer-*Kohte*, C2 § 9 Rn. 69, m.w.N. zur Abgrenzung gegenüber dem Zurückbehaltungs- bzw. Leistungsverweigerungsrecht gem. § 273 BGB). Nach dieser Regelung kann ein Arbeitnehmer/Beschäftigter die Arbeit verweigern, wenn durch die Überschreitung bestimmter Konzentrations- oder Toleranzwerte eine unmittelbare Gefahr für Leben und Gesundheit besteht (*BAG* 8.5.1996, DB 1996, 2446). Hierbei geht es um den Schutz vor arbeitsspezifischen Gefahren, nicht aber vor den Gefahren, die jedem Menschen drohen (ebd.; vgl. Rn. 17). Neben dem eigentlichen Umgang mit Gefahrstoffen sollen die Tätigkeiten erfasst sein, die zwar kein Umgang im definierten Sinne sind, die aber im Gefahrenbereich des Umgangs erfolgen. Die §§ 15a bis 15e und der Fünfte Abschnitt der GefStoffV schützen daher auch den Arbeitnehmer/Beschäftigten, der in der Nähe eines anderen tätig wird, der selbst mit Gefahrstoffen umgeht, dagegen nicht den Arbeitnehmer, der in belasteten Gebäuden arbeitet (*BAG*, a.a.O.). § 21 Abs. 6 GefStoffV normiert wie § 9 Abs. 3 eine Teilmenge an den Fällen des § 242 BGB (vgl. *Fabricius, N.*, 1997, 201; zu § 242 BGB vgl. Rn. 10).

c) Erfüllungsanspruch, Zurückbehaltungsrecht, Beschäftigungsverbot

Das allgemeine privatrechtliche **Recht zur Zurückbehaltung bzw. Leistungsverweigerung** gem. § 273 Abs. 1 BGB bleibt von dem Entfernungsrecht des § 9 Abs. 3 Satz 1 unberührt (vgl. *BFK*, Rn. 32; 264; MünchArbR-*Wlotzke*, § 209 Rn. 25ff.). Zweck dieses Leistungsverweigerungsrechts ist nicht vorrangig der Arbeitsschutz, sondern die Einhaltung des vertraglichen Pflichtgefüges (*BFK*, Rn. 610). Es setzt eine **Pflichtverletzung** des Gläubigers – hier also des Arbeitgebers als Gläubiger der Arbeitsleistung – voraus, ohne dass deswegen beim Schuldner – hier also dem Beschäftigten – eine unmittelbare erhebliche Gefahr für dessen Sicherheit und Gesundheit erwachsen müsste (vgl. a.a.O.; MünchArbR-*Wlotzke*, § 209 Rn. 26).
Das Leistungsverweigerungsrecht bei der Nichteinhaltung der Arbeitsschutzvorschriften durch den Arbeitgeber ergibt sich aufgrund seiner vertraglichen Pflichten gegenüber den Beschäftigten, die einen **Anspruch auf Erfüllung** dieser Pflichten haben (MünchArbR-*Wlotzke*, § 209 Rn. 25, zum Erfüllungsanspruch vgl. ebd., Rn. 21ff.). Es bedarf einer objektiven Verletzung des Erfüllungsanspruchs des Beschäftigten. Hierfür genügt es, dass der Arbeitsschutzverstoß

geeignet ist, Leben oder Gesundheit des Beschäftigten zu gefährden. Da dieses Ziel jedenfalls mittelbar allen Arbeitsschutzvorschriften zugrunde liegt, sind sie alle grundsätzlich geeignet, im Falle ihrer Verletzung das Leistungsverweigerungsrecht auszulösen.

Ein Recht zur Zurückbehaltung der Arbeitsleistung ergibt sich parallel aus § 134 BGB, nämlich dann, wenn eine bestimmte Norm die Arbeit (**Beschäftigungsverbote**) oder eine Weisung des Arbeitgebers zur Durchführung von Arbeiten in gefährlichen Situationen untersagt (vgl. insbesondere § 26 Abs. 4 GefStoffV; *Fabricius, N.*, 1997, 200 ff.).

17 Im Hinblick auf den **Umgang mit Gefahrstoffen** i.S. der GefStoffV folgt aus § 618 BGB die Pflicht des Arbeitgebers, die Arbeitsplätze möglichst frei von gesundheitsschädlichen Chemikalien und sonstigen Gefahrstoffen zu halten (*BAG* 8.5.1996, DB 1996, 2447; 19.2.1997, NZA 1997, 821: Zurückbehaltungsrecht wegen Asbestbelastung eines Bürogebäudes; hierzu *Molkentien*, NZA 1997, 849). Diese Pflicht ist aber durch die **Ubiquität**, d.h. durch das allgemeine Vorhandensein dieser Stoffe in der Umwelt begrenzt. Die Kausalität zwischen der Überschreitung bestimmter Konzentrationen oder Toleranzwerte und der Gesundheitsgefährdung ist zu verneinen, wenn sich die Gefahrstoffbelastung im Rahmen der üblichen Umweltbelastung hält. Innerhalb dieser Grenzen besteht **kein Leistungsverweigerungsrecht aus § 273 Abs. 1 BGB**. Das Arbeitsschutzrecht soll die Arbeitnehmer vor erhöhten Gefahren schützen, die ihnen durch die Arbeit drohen, nicht aber gegen das allgemeine Lebensrisiko aller Menschen. Für den Arbeitgeber ergibt sich allerdings aus §§ 3, 4 ArbSchG die Verpflichtung zu einer dynamischen Verbesserung des Arbeitsschutzes, die sich nicht mehr an der Natur des Betriebes oder der Dienstleistung, wie noch in der durch das ArbSchG abgelösten Regelung des § 120a GewO oder in § 618 BGB festgelegt, orientiert. Dieser Grundsatz bezieht sich auch auf die Arbeitsschutzregelungen der GefStoffV.

18 Verletzt der Arbeitgeber eine Arbeitsschutzvorschrift, die den Charakter einer **Schutzzielbestimmung** hat, so besteht das Leistungsverweigerungsrecht des Beschäftigten gem. § 273 Abs. 1 BGB nur so lange, bis der Arbeitgeber geeignete Maßnahmen trifft und dabei sein Ermessen fehlerfrei ausübt (vgl. MünchArbR-*Wlotzke*, § 209 Rn. 26, 22). Handelt es sich bei der Schutzvorschrift um eine ausfüllungsbedürftige **Rahmenvorschrift** i.S. von § 87 Abs. 1 Nr. 7 (BetrVG Rn. 14 ff.) bzw. § 75 Abs. 3 Nr. 11 BPersVG (BPersVG Rn. 10 ff.), besteht es nur so lange, bis der Arbeitgeber die Initiative ergreift, um mit dem Betriebsrat bzw. Personalrat zu einer Regelung zu kommen (a.a.O.; vgl. zum diesbezüglichen Erfüllungsanspruch MünchArbR-*Wlotzke*, a.a.O.). Diese Einschränkungen gelten dann nicht, wenn für den Beschäftigten eine **konkrete Gefahr für Leben und Gesundheit** besteht, so dass der Arbeitgeber sofort handeln muss (ebd., Rn. 27).

19 Das Leistungsverweigerungsrecht gem. § 273 Abs. 1 BGB darf **nicht unverhältnismäßig** ausgeübt werden. Es gilt § 242 BGB, wonach der Beschäftigte als Schuldner der Arbeitsleistung die Arbeitsleistung so zu bewirken hat, wie Treu und Glauben mit Rücksicht auf die Verkehrspflicht es erfordern (vgl. MünchArbR-*Wlotzke*, § 209, Rn. 27). Das Leistungsverweigerungsrecht kann deshalb bei geringfügigen und kurzfristigen Pflichtverstößen entfallen, die keinen nachhaltigen Schaden bewirken können (*BFK*, Rn. 33). Vor Ausübung seines Leistungsverweigerungsrechts muss der Beschäftigte den Arbeitgeber im Regelfall auffordern, die arbeitsschutzwidrige Situation zu bereinigen und auch eine

§ 10 ArbSchG

Wartezeit einhalten. Dies kommt nicht in Betracht, wenn konkrete Gefahr für Leben und Gesundheit vorliegt (vgl. MünchArbR-*Wlotzke*, a.a.O.). Wie beim Entfernungsrecht nach § 9 Abs. 3 dürfen dem Beschäftigten aus der Wahrnehmung des Leistungsverweigerungsrechts nach § 273 Abs. 1 BGB keine **Nachteile** entstehen (vgl. MünchArbR-*Wlotzke*, § 209 Rn. 28; vgl. Rn. 8). Der **Entgeltanspruch** bleibt für die Dauer der berechtigten Wahrnehmung des Leistungsverweigerungsrechts bestehen (*Schaub*, § 152 I 2b).

20

d) Ausnahmeregelungen, Garantenstellung

Das Entfernungsrecht in § 9 Abs. 3 Satz 1 bezieht sich nur auf Situationen mit besonderen, d.h. unmittelbaren erheblichen Gefahren für Sicherheit und Gesundheit der Beschäftigten. Besteht darüber hinaus auch eine **besondere Gefahr für andere bedeutende Rechtsgüter**, so können zusätzlich **gesetzliche Pflichten** greifen, die Beschäftigten in solchen Fällen besondere Pflichten auferlegen. Solche Pflichten der Beschäftigten zur Abwehr von Gefahren für die öffentliche Sicherheit (vgl. z.B. die Bordanwesenheitspflicht und die besonderen Dienstleistungspflichten für Seeleute nach §§ 28, 29 SeemannsG) gehen in jedem Fall vor (vgl. *KJP*, B 2 § 9 Rn. 37 ff.). Das gleiche gilt für die soldatenrechtlichen Regelungen der Treue- und Gehorsamspflicht nach §§ 7 und 11 SoldG, den Zivilschutz nach § 22 Zivilschutzgesetz und das Feuerwehrwesen (vgl. RegE, S. 18; vgl. *KJP*, a.a.O., 42).

21

Soweit für Beschäftigte eine allgemeine gesetzliche oder arbeitsvertragliche Pflicht zum Tätigwerden besteht, kann daraus eine **Garantenstellung im strafrechtlichen Sinne** erwachsen (vgl. *Tröndle/Fischer*, § 13 StGB, Rn. 5 ff.). Unterlassene Hilfeleistung kann dann je nach Rechtsgutverletzung zur Verwirklichung eines Straftatbestands führen.

22

§ 10 Erste Hilfe und sonstige Notfallmaßnahmen

(1) Der Arbeitgeber hat entsprechend der Art der Arbeitsstätte und der Tätigkeiten sowie der Zahl der Beschäftigten die Maßnahmen zu treffen, die zur Ersten Hilfe, Brandbekämpfung und Evakuierung der Beschäftigten erforderlich sind. Dabei hat er der Anwesenheit anderer Personen Rechnung zu tragen. Er hat auch dafür zu sorgen, dass im Notfall die erforderlichen Verbindungen zu außerbetrieblichen Stellen, insbesondere in den Bereichen der Ersten Hilfe, der medizinischen Notversorgung, der Bergung und der Brandbekämpfung eingerichtet sind.

(2) Der Arbeitgeber hat diejenigen Beschäftigten zu benennen, die Aufgaben der Ersten Hilfe, Brandbekämpfung und Evakuierung der Beschäftigten übernehmen. Anzahl, Ausbildung und Ausrüstung der nach Satz 1 benannten Beschäftigten müssen in einem angemessenen Verhältnis zur Zahl der Beschäftigten und zu den bestehenden besonderen Gefahren stehen. Vor der Benennung hat der Arbeitgeber den Betriebs- oder Personalrat zu hören. Weitergehende Beteiligungsrechte bleiben unberührt. Der Arbeitgeber kann die in Satz 1 genannten Aufgaben auch selbst wahrnehmen, wenn er über die nach Satz 2 erforderliche Ausbildung und Ausrüstung verfügt.

Entsprechend der Art der Arbeitsstätte und der Tätigkeiten sowie der Zahl der Beschäftigten hat der Arbeitgeber **Maßnahmen** zur Sicherstellung der Ersten

1

ArbSchG § 10

Hilfe, der Brandbekämpfung und der Evakuierung der Beschäftigten zu treffen (Abs. 1 Satz 1; zu den einzelnen Maßnahmen vgl. umfassend *Nöthlichs*, 4028, 2 ff.; Kollmer-*Birkholz*, C 2 § 10 Rn. 8 ff., 11 f.; *Schlüter*, 67 f.). Der **Anwesenheit anderer Personen**, d. h. auch Personen, die nicht im Betrieb beschäftigt werden, z. B. Kunden und Besucher (RegE 18), muss Rechnung getragen werden (Abs. 1 Satz 2).»Anwesenheit anderer Personen« zielt auf einen weiteren Personenkreis als »andere Personen« i. S. des § 9 (vgl. § 9 Rn. 7). Nach dem Sinn der Regelung sollen alle dem Arbeitgeber erkennbar im Betrieb anwesenden Personen geschützt werden, unabhängig von ihrer Berechtigung hierzu (a. A. *Leube*, BB 2000, 302, 304). Mit diesen Regelungen wird Art. 8 Abs. 1, 1. Spiegelstrich EG-Rahmenrichtlinie Arbeitsschutz umgesetzt. Bei der **Zusammenarbeit mehrerer Arbeitgeber** ist den daraus erwachsenden Gesamtanforderungen gem. § 8 Rechnung zu tragen (vgl. § 8 Rn. 1 ff.).

2 Der Arbeitgeber muss sicherstellen, dass im **Notfall** die erforderlichen **Verbindungen** zu außerbetrieblichen Stellen eingerichtet sind und nach Zahl, Ausbildung und Ausrüstung ausreichendes **Personal** für die Notfallmaßnahmen im Betrieb zur Verfügung steht (Abs. 1 Satz 3; vgl. *Nöthlichs*, 4028, 2; *KJP*, B 2 § 10 Rn. 6). Berücksichtigt werden muss die **Befähigung** von Beschäftigten, die gegebenenfalls Aufgaben im Rahmen von § 10 übernehmen sollen (vgl. § 7 Rn. 1 ff.). Mit diesen Regelungen wird Art. 8 Abs. 1, 2. Spiegelstrich EG-Rahmenrichtlinie Arbeitsschutz umgesetzt.

3 Zur Erfüllung der Aufgaben in Abs. 1 hat der Arbeitgeber **Beschäftigte als Ersthelfer zu benennen** (Abs. 2 Satz 1). Ihre Anzahl, Ausbildung und Ausrüstung müssen in einem angemessenen Verhältnis zur Zahl der Beschäftigten und zu den bestehenden besonderen Gefahren stehen. Konkretisiert wird diese Regelung durch die UVV »Erste Hilfe« (BGV A 5) und Regeln der Unfallversicherungsträger (vgl. *Kollmer/Vogl*, 173 f.; *KJP*, B 2 § 10 Rn. 3). Die Regelung setzt Art. 8 Abs. 2 EG-Rahmenrichtlinie Arbeitsschutz um. Arbeitnehmer sind nur dann zur Übernahme einer Tätigkeit als Ersthelfer verpflichtet, wenn dies ihr Arbeitsvertrag ausdrücklich vorsieht bzw. eine entsprechende kollektivvertragliche Regelung vorliegt (*Leube*, BB 1998, 1738).

4 Ausdrücklich geregelt ist, dass der Arbeitgeber **vor der Benennung dieser Beschäftigten** den Betriebs- oder Personalrat **anzuhören** hat (Abs. 2 Satz 2). Diese Regelung setzt Art. 11 Abs. 2 Buchst. b EG-Rahmenrichtlinie Arbeitsschutz um. § 95 Abs. 2 SGB IX, wonach die **Schwerbehindertenvertretung** vom Arbeitgeber in allen Angelegenheiten, die einen einzelnen Schwerbehinderten oder die Schwerbehinderten als Gruppe berühren, rechtzeitig und umfassend zu unterrichten und vor einer Entscheidung zu hören ist, bleibt unberührt (RegE 19). Unberührt bleiben auch die Regelungen in § 89 Abs. 2 Satz 1 BetrVG bzw. § 81 Abs. 2 Satz 1 BPersVG (vgl. *KJP*, B 2 § 10 Rn. 11). Bemerkenswert ist, das aufgrund Abs. 2 Satz 2 ausdrücklich eine Betriebsrats- oder Personalratszuständigkeit auch für Personen begründet wird, die **nicht Arbeitnehmer i. S. des § 5 BetrVG** sind (näher BetrVG Rn. 42).

4a **Betriebs- bzw. Personalrat** haben die Durchführung der Maßnahmen zur Ersten Hilfe und sonstigen Notfallmaßnahmen zu **überwachen** (§§ 80 Abs. 1 Nr. 1, 89 BetrVG bzw. §§ 68 Abs. 1 Nr. 2, 81 BPersVG). Im Rahmen der **Informationsrechte** gem. § 80 Abs. 2 BetrVG bzw. § 68 Abs. 2 BPersVG, sind die Informationen zur Durchführung dem Betriebs- bzw. Personalrat zur Verfügung zu stellen (vgl. BetrVG Rn. 6; BPersVG Rn. 3). Da es dem Arbeitgeber überlassen bleibt, wie er die Durchführung der Maßnahmen umsetzt, und damit vom Gesetzgeber entsprechende Entscheidungsspielräume geschaffen worden sind, greift die **Mitbestimmung** des Betriebsrates nach § 87 Abs. 1 Nr. 7 BetrVG bzw. des Personalrates nach § 75 Abs. 3 Nr. 11 BPersVG (vgl. *Wank*, § 10 Rn. 10; BetrVG Rn. 14 ff.; BPersVG Rn. 8). Das bezieht sich auch auf solche Maßnahmen, die auch auf den Schutz der »anderen Personen« zielen, weil sie vom Schutz der Beschäftigten nicht zu trennen sind (*Leube*, BB 2000, 302, 305).

Der **Arbeitgeber** kann die Aufgaben der Ersten Hilfe, Brandbekämpfung und Evakuierung **selbst übernehmen**, wenn er über die erforderliche Ausbildung und Ausrüstung verfügt (Abs. 2 Satz 3). Diese Regelung kommt insbesondere für Kleinbetriebe bzw. für Betriebe mit geringen Gefährdungen in Betracht (vgl. *KJP*, B 2 § 10 Rn. 13; *Kollmer/Vogl*, Rn. 180), kaum jedoch für Mittel- und Großbetriebe. 5

Maßnahmen i.S. von § 10 nach **sonstigen Rechtsvorschriften** (vgl. z.B. ArbStättV, GefStoffV, StörfallV, UVV »Erste Hilfe«, BGV A 5, GUV 0.3), bleiben unberührt und konkretisieren die Regelungen des ArbSchG (vgl. *KJP*, B 2 § 10 Rn. 14, 15; *Schlüter*, 69). 6

§ 11 Arbeitsmedizinische Vorsorge

Der Arbeitgeber hat den Beschäftigten auf ihren Wunsch unbeschadet der Pflichten aus anderen Rechtsvorschriften zu ermöglichen, sich je nach den Gefahren für ihre Sicherheit und Gesundheit bei der Arbeit regelmäßig arbeitsmedizinisch untersuchen zu lassen, es sei denn, auf Grund der Beurteilung der Arbeitsbedingungen und der getroffenen Schutzmaßnahmen ist nicht mit einem Gesundheitsschaden zu rechnen.

Übersicht   Rn.

1. Allgemeines.. 1– 6
2. Regelungen in sonstigen Rechtsvorschriften........................ 7– 9
3. Durchführung.. 8–12

1. Allgemeines

Die Regelungen zur arbeitsmedizinischen Vorsorge in § 11 beschränken sich auf eine **Eins-zu-Eins-Umsetzung** von Art. 14 Abs. 2 EG-Rahmenrichtlinie Arbeitsschutz (hierzu kritisch: *Wlotzke*, FS Kehrmann, 166). Von einer umfangreicheren gesetzlichen Verankerung der Vorsorge im ArbSchG, wie sie noch im ArbSchRGE vorgesehen war (§§ 20 bis 25 ArbSchRGE; vgl. MünchArbR-*Wlotzke*, 1. Auflage, § 208, Rn. 40 ff.; *Pieper*, 1998, 434 ff.), hat der Gesetzgeber abgesehen. 1

Allgemein sind unter **arbeitsmedizinischer Vorsorge** medizinische Maßnahmen zum Schutz der einzelnen Beschäftigten zu verstehen, die, ähnlich wie die Verwendung persönlicher Schutzausrüstungen, als **individuelle Schutzmaßnahmen** (vgl. § 4 Nr. 5) die grundsätzlich vorrangigen technischen und organisatorischen Schutzmaßnahmen ergänzen sollen (vgl. MünchArbR-*Wlotzke*, § 216 Rn. 26; *KJP*, B 2 § 11 Rn. 5; *Nöthlichs*, 4030, 1 f.). Zugleich sind bei der Durchführung der arbeitsmedizinischen Vorsorge, wenn diese durch Betriebsärzte erfolgen, die der Arbeitgeber gem. § 2 ASiG zu seiner Beratung und Unterstützung zu bestellen hat (Rn. 8), die präventionsorientierten Grundsätze gem. 2

ArbSchG § 11

§ 4 zu beachten (vgl. ASiG Rn. 64). Dies gilt analog auch für andere Ärzte mit einer spezifischen Fachkunde die Vorsorgemaßnahmen gem. § 11 durchführen (vgl. Rn. 8). Hieraus ergibt sich eine Fokussierung auf ein zeitgemäßes Leitbild gegenüber bisherigen Grundsätzen des medizinischen Arbeitsschutzes, die in der Praxis insbesondere auf eine eng angelegte Untersuchungsmedizin und damit verbundene Beschäftigungseinschränkungen oder -verbote abzielten (vgl. *Kohte*, AuR 2000, 427; *Anzinger/Bieneck*, § 3 Rn. 65; § 4 Rn. 9 und ASiG Rn. 80 ff.). Demgegenüber ist die Aufgabenstellung der arbeitsmedizinischen Überprüfung und Verbesserung der Arbeitsbedingungen, primär in Form der **Individual- bzw. Sekundärprävention**, aber auch der **Allgemein- bzw. Primärprävention**, wie programmatisch schon durch das ASiG geschehen, in den Vordergrund gerückt (vgl. *Kohte*, a.a.O.; MünchArbR-*Wlotzke*, a.a.O.; *Anzinger/Bieneck*, a.a.O., Rn. 72; *KJP*, B 2 § 11 Rn. 5; zur Systematik der Präventivmedizin vgl. *Weihrauch u.a.*, 1998, 6). Diese differenzierte, präventive Zielsetzung der arbeitsmedizinischen Vorsorge wird im Hinblick auf die damit korrespondierende Aufgabe der Betriebsärzte unterstützt und gefördert, Ursachen von **arbeitsbedingten Erkrankungen** zu untersuchen, die Untersuchungsergebnisse zu erfassen und auszuwerten und dem Arbeitgeber Maßnahmen zur Verhütung dieser Erkrankungen vorzuschlagen (§ 3 Abs. 1 Nr. 3 Buchst. c ASiG; vgl. ASiG Rn. 74 f.; § 2 Rn. 6 f.; zu den faktischen Grenzen dieser Aufgabe in einzelnen, kleinen und mittleren Betrieben vgl. *Anzinger/Bieneck*, a.a.O., Rn. 112).

3 Zweck des § 11 ist es, dem Beschäftigten die Möglichkeit zu geben, sich in regelmäßigen Abständen arbeitsmedizinisch daraufhin **untersuchen** und **beraten** zu lassen (vgl. RegE, 19), ob die für ihn vorgesehene oder die ihm übertragene Arbeit mit einer **Gesundheitsgefährdung** verbunden sein kann und welche Gegenmaßnahmen von ihnen selbst ergriffen werden können (»Individualprävention«; vgl. MünchArbR-*Wlotzke*, § 216 Rn. 42; *KJP*, B 2 § 11 Rn. 6, 25; *Nöthlichs*, 4030, 2; *Schlüter*, 93, 95). Im erweiterten Sinne dient die Regelung auch der Allgemeinprävention (Rn. 2).

Die **Untersuchungen** dienen ausschließlich dem Zweck der Beratung und haben ohne des Beschäftigten Einwilligung **keine arbeitsrechtlichen Konsequenzen** (z.B. Umsetzung an einen anderen Arbeitsplatz) zur Folge (vgl. *Giesen*, FS Wlotzke, 499, 503; ebenso *Anzinger/Bieneck*, § 3 Rn. 76; vgl. Rn. 9 zur ärztlichen Schweigepflicht).

3a Die auf der individuellen Beratung beruhenden **Gegenmaßnahmen der Beschäftigten** zielen darauf, diesen zu helfen, das persönliche Verhalten bei der Arbeit auf die dort bestehenden Belastungen und Gefährdungen auszurichten (z.B. richtiges Sitzen oder manuelle Handhabung von Lasten) und sich auch außerhalb der Arbeit gesundheitsgerecht zu verhalten (z.B. im Hinblick auf Ernährung, Fitness, allgemeine Gesundheitsvorsorge usw.). Diese Maßnahmen sind dem Bereich der individuellen Verhaltensprävention zuzuordnen (vgl. Einl. Rn. 11 f.) und dürfen nicht mit den Arbeitsschutzmaßnahmen des Arbeitgebers i.S. von § 2 Abs. 1 verwechselt werden.

3b **Maßnahmen des Arbeitgebers** können durch die Vorsorge nach § 11 nur ausgelöst werden, wenn der Beschäftigte sein **Einverständnis** erklärt, dass die Untersuchungsergebnisse an den Arbeitgeber weitergegeben werden. Der die Vorsorge durchführende Arzt ist, wenn dieses Einverständnis nicht vorliegt, an die ärztliche Schweigepflicht gebunden (Rn. 9). Werden die Untersuchungsergebnisse einvernehmlich weitergegeben, so hat der Arbeitgeber bei zu Tage getretenen gesundheitlichen Problemen die **Maßnahmen des Arbeitsschutzes**

i.S. von § 2 Abs. 1 zu ergreifen (§§ 3 i.V.m. § 4 ArbSchG). Ggf. ist die Wirksamkeit schon getroffener Arbeitsschutzmaßnahmen zu überprüfen und eine Revision der Gefährdungsbeurteilung vorzunehmen (vgl. § 5 Rn. 10). **Arbeitsvertragsrechtlich** hat der Beschäftigte einen **Anspruch auf Erfüllung der öffentlich-rechtlichen Verpflichtungen** gegenüber dem Arbeitgeber (vgl. § 9 Rn. 16), ggf. auch auf **Versetzung** auf einen anderen Arbeitsplatz (vgl. *KJP*, B 2 § 11 Rn. 25). Die (krankheitsbedingte) **Kündigung** kommt, bei sehr ernsten gesundheitlichen Problemen, ggfs. verbunden mit der Gefährdung Dritter, erst als letztes Mittel in Betracht (MünchArbR-*Wlotzke*, § 216 Rn. 41; vgl. *KDZ*, § 1 KSchG Rn. 145).

Einen mit der Vorsorge nach § 11 **vergleichbaren Zweck** verfolgt die Regelung des § 3 Abs. 1 Nr. 2 ASiG (Rn. 7; vgl. ASiG Rn. 80 ff.), wonach der vom Arbeitgeber gem. § 2 ASiG zu bestellende **Betriebsarzt** die Arbeitnehmer zu untersuchen, arbeitsmedizinisch zu beurteilen und zu beraten sowie die Untersuchungsergebnisse zu erfassen und auszuwerten hat. Diese Regelung begründet allerdings im Unterschied zu § 11 **keinen öffentlich-rechtlichen Anspruch** der Arbeitnehmer auf arbeitsmedizinische Vorsorge gegenüber dem Arbeitgeber (vgl. *Anzinger/Bieneck*, § 3 Rn. 78; zur Durchführung der Vorsorge nach § 11 durch den Betriebsarzt vgl. Rn. 8). 3c

Hervorzuheben ist die Bestimmung, nach der der Arbeitgeber die besondere arbeitsmedizinische Vorsorgeuntersuchung gem. § 11 nicht von sich aus, sondern nur auf **Wunsch des Beschäftigten** zu ermöglichen hat (ebenso *Anzinger/Bieneck*, § 3 Rn. 73). Ein diesbezügliches Weisungsrecht des Arbeitgebers wäre mit der präventionsorientierten Zielsetzung der Vorsorge und dem allgemeinen Persönlichkeitsrecht nicht vereinbar. Aus Gründen des allgemeinen **Persönlichkeitsrechts**, sind Beschäftigte regelmäßig auch nicht verpflichtet, im laufenden Arbeitsverhältnis routinemäßigen Blutuntersuchungen zuzustimmen, die klären sollen, ob eine **Alkohol- oder Drogenabhängigkeit** vorliegt. Die Entscheidung des Arbeitgebers, die Begutachtung durch den Arzt auf eine mögliche Alkohol- bzw. Drogenabhängigkeit zu erstrecken muss vielmehr auf hinreichend sicheren tatsächlichen Feststellungen beruhen, die einen Eignungsmangel des Beschäftigten, insbesondere für eine gefahrgeneigte Tätigkeit, als naheliegend erscheinen lassen (*BAG* v. 12.8.1999, AuR 12/1999, 486). 4

Der **Arbeitgeber** ist zur Ermöglichung der arbeitsmedizinischen Vorsorge nur dann **nicht verpflichtet**, wenn aufgrund der Beurteilung der Arbeitsbedingungen nach § 5 und der getroffenen Schutzmaßnahmen gem. §§ 3, 4 nicht mit einem **Gesundheitsschaden** zu rechnen ist (ebenso: *Anzinger/Bieneck*, § 3 Rn. 73; vgl. § 5 Rn. 9). Ein Betrieb ohne Gefährdungen ist freilich kaum vorstellbar (vgl. *Bieneck*, FS Wlotzke, 475; MünchArbR-*Wlotzke*, § 216 Rn. 46). Durch die Anknüpfung an die Gefährdungsbeurteilung und die getroffenen Schutzmaßnahmen werden objektive und leicht zugängliche Kriterien eingeführt, die geeignet sind, eine zielgerichtete und präventionsorientierte Ausgestaltung der arbeitsmedizinischen Vorsorge sicherzustellen und ihren Missbrauch zu verhindern (vgl. RegE, 19). Dieses Argument unterstreicht indirekt die Sinnhaftigkeit einer entsprechend angepassten freiwilligen Dokumentation der Gefährdungsbeurteilung auch durch Arbeitgeber mit 10 oder weniger Beschäftigten (vgl. § 6 Rn. 5 ff.). Der Arbeitgeber muss jedenfalls nicht losgelöst vom betrieblichen Gefährdungspotenzial und dem Zweck des ArbSchG Untersuchungen nach § 11 ermöglichen. Dies gilt auch für die Frage der dort vorgeschriebenen **Regelmäßigkeit** ihrer Durchführung. 5

5a Das **Gefährdungspotential** schließt nicht allein die objektiven Arbeitsbedingungen, d.h. die Gefährdungen bei der Arbeit ein, sondern auch nicht ausreichende Schutzmaßnahmen infolge der Disposition von Beschäftigten und dadurch verursachte Gesundheitsbeeinträchtigungen (*KJP*, B 2 § 11 Rn. 16).

5b Regelmäßig wird im Rahmen der Gefährdungsbeurteilung festgelegt, welche **speziellen Vorsorgeuntersuchungen** (vgl. Rn. 7) erforderlich sind, die eine gesonderte allgemeine Vorsorge u.U. überflüssig machen. Damit wird der etwaige Missbrauch der Vorsorge durch Beschäftigte verhindert (*KJP*, B 2911 Rn. 16). Die Pflicht zur Ermöglichung der arbeitsmedizinischen Vorsorge nach § 11 kann also allenfalls dann entfallen, wenn diese durch solche speziellen Untersuchungen kurz zuvor erbracht worden sind oder in Kürze erbracht werden und die allgemeine Vorsorge keine zusätzlichen Präventionseffekte für den Gesundheitsschutz des jeweiligen Beschäftigten erwarten lässt. Zu diesen Untersuchungen gehören jedoch keine Einstellungs-, Eignungs- oder Tauglichkeitsuntersuchungen, die einen anderen Zweck verfolgen (MünchArbR-*Wlotzke*, § 216; Rn. 7).

6 **Betriebs- bzw. Personalrat** haben die Durchführung der Verpflichtungen des Arbeitgebers zur Ermöglichung der arbeitsmedizinischen Vorsorge nach § 11 zu **überwachen** (§§ 80 Abs. 1 Nr. 1, 89 BetrVG bzw. §§ 68 Abs. 1 Nr. 2, 81 BPersVG). Im Rahmen der **Informationsrechte** gem. § 80 Abs. 2 BetrVG bzw. § 68 Abs. 2 BPersVG, die Maßnahmen sind durch Informationen zur allgemeinen Durchführung der Vorsorge dem Betriebs- bzw. Personalrat zur Verfügung zu stellen (vgl. BetrVG Rn. 6; BPersVG Rn. 3).

Der Arbeitgeber hat Spielräume bei der Entscheidung über die Regelmäßigkeit der Vorsorge, generelle Regelungen zur Kostentragung und zur Arbeitsbefreiung. Außerdem bleibt es ihm überlassen, wie er die arbeitsmedizinische Vorsorge für die Beschäftigten ermöglicht (freie Wahl eines Arztes durch den Beschäftigten, Schließung eine Arztvertrages, Durchführung durch den Betriebsarzt). Damit sind vom Gesetzgeber entsprechende Entscheidungsspielräume geschaffen worden. Es greift daher die **Mitbestimmung** des Betriebsrates nach § 87 Abs. 1 Nr. 7 BetrVG bzw. des Personalrates nach § 75 Abs. 3 Nr. 11 BPersVG (*LAG Hamburg* 21.9.2000, NZA-RR 2001, 190; vgl. BetrVG Rn. 14 ff.; BPersVG Rn. 8; MünchArbR-*Wlotzke*, § 216 Rn. 50, 44; *Fabricius*, BB 1997, 1257; i.E. auch *Merten/Klein*, DB 1998, 676). Die **einzelfallbezogene Ermöglichung** und Voraussetzungen der Vorsorge und ihre Durchführung für den einzelnen Beschäftigten, einschließlich der Frage der Kostentragung im Einzelfall sind dagegen der Mitbestimmung nicht zugänglich (*Wank*, § 11 ArbSchG Rn. 7). Die Frage, ob der vom Arbeitgeber bestellte **Betriebsarzt** die Vorsorge im Rahmen seiner Aufgaben durchführt, unterliegt i.V.m. § 9 Abs. 3 Satz 2 ASiG der Mitbestimmung (vgl. ebd.; ASiG Rn. 122). Das Recht der freien Arztwahl durch den Beschäftigten darf hierdurch nicht eingeschränkt werden.

2. Regelungen in sonstigen Rechtsvorschriften

7 Regelungen zur arbeitsmedizinischen Vorsorge in **sonstigen Rechtsvorschriften** bleiben **unberührt**. In diesem Zusammenhang können ärztliche Untersuchungen wie folgt unterschieden werden (vgl. *Giesen*, FS Wlotzke, 499 ff.):
 – **allgemeine arbeitsmedizinische Vorsorgeuntersuchungen**, die mit den Kriterien des § 11 vergleichbar sind (§ 3 Abs. 1 Nr. 2 ASiG [vgl. Rn. 3]; § 6 Abs. 3 ArbZG; § 6 Abs. 1 BildscharbV; § 15 Abs. 1 i.V.m. Anhang IV BioStoffV [An-

§ 11 ArbSchG

bieten von Untersuchungen nach dem Ende der Beschäftigung], § 15 Abs. 2 BioStoffV; vgl. *Anzinger/Bieneck*, § 3 Rn. 70 ff. u. 73 ff.);
- rechtlich vorgeschriebene **spezielle arbeitsmedizinische Vorsorgeuntersuchungen** bei gefährlichen Tätigkeiten (§ 28 i.V.m. Anhang VI GefStoffV; § 12 Abs. 8 i.V.m. Anhang VI GenTSV; § 67 StrSchV; § 37 RöntgenV; § 10 DruckluftV; § 2 i.V.m. Anlage I UVV »Arbeitsmedizinische Vorsorge« [BGV A 4; GUV 0.6]; § 15 Abs. 1 i.V.m. Anhang IV BioStoffV [Untersuchungen vor der Aufnahme der Beschäftigung und danach in regelmäßigen Abständen; vgl. *Anzinger/Bieneck*, a.a.O., Rn. 80 ff.);
- **Erstuntersuchungen** und **Nachuntersuchungen** nach dem JArbSchG (§§ 32–35 u. 42 JArbSchG; vgl. *Anzinger/Bieneck*, § 3 Rn. 88 f.);
- rechtlich vorgeschriebene **Eignungs- oder Tauglichkeitsuntersuchungen** als Voraussetzung zur Ausübung bestimmter Arbeitstätigkeiten (§ 2 GesBergV i.V.m. § 66 BBergG [umfasst auch Vorsorge]; § 12 KlimaBergV i.V.m. § 66 BBergG; § 1 SeediensttauglichkeitV i.V.m. § 81 SeemannsG; § 24 BinSch-PatentV; § 24a LuftVZO i.V.m. § 4 LuftVG; § 125 LuftPersV i.V.m. § 4 LuftVG; § 57 Abs. 1 Nr. 3 PersBefG; §§ 18 u. 47 BSeuchG; verschiedene UVV [z.B. UVV »Krane« [BGV D 6], UVV »Flurförderfahrzeuge« [BGV D 27]; vgl. *Anzinger/ Bieneck*, § 3 Rn. 86 f. und 90 f.);
- **Einstellungsuntersuchungen auf Verlangen des Arbeitgebers** (in der Privatwirtschaft bislang ohne rechtliche Regelungen, bei den Beamten auf der Grundlage von Art. 33 Abs. 2 GG, bei anderen Beschäftigten im öffentlichen Dienst auf der Grundlage von § 7 BAT). Sie sind hinsichtlich ihres Inhalts und Umfangs durch das – je nach der zu übertragenden Tätigkeit – zulässige Fragerecht des Arbeitgebers an den Bewerber begrenzt (MünchArbR-*Wlotzke*, § 216 Rn. 32 m.w.N.). Die in der Praxis häufig anzutreffende **Verknüpfung von Einstellungs- und Vorsorgeuntersuchungen** ist aufgrund der unterschiedlichen Zielsetzungen und Voraussetzungen (Prinzip der Freiwilligkeit bei der arbeitsmedizinischen Vorsorge verbunden mit einem Rechtsanspruch der Beschäftigten auf Ermöglichung; Rn. 4) problematisch (diese Praxis anerkennend: MünchArbR-*Wlotzke*, § 216 Rn. 33).

Genetische (DNA-)Analysen, die nicht der Aufdeckung genetischer Dispositionen dienen, sondern zu einer Aufdeckung von Gefahrenpotentialen führen und damit geeignet sind, präventive Arbeitsschutzmaßnahmen zu fördern, bilden eine Untermenge von Vorsorgeuntersuchungen i.S. des § 11, sind jedoch gesetzlich nicht geregelt (vgl. MünchArbR-*Wlotzke*, § 216 Rn. 37, hier abgehandelt unter den Vorsorgeuntersuchungen gem. § 3 Abs. 1 Satz 1 Nr. 2 ASiG). Ob diese Zielsetzungen trennscharf auseinandergehalten werden können, ist eher zweifelhaft. An diese Form der Untersuchung sind jedenfalls in der Praxis strenge Anforderungen hinsichtlich einer speziellen Information der Beschäftigten und der Einwilligung der Beschäftigten zu stellen (vgl. *HBS*, Genetische Diagnostik und Arbeitsmedizin 2001). Eine Weisung des Arbeitgebers ist, wie im Rahmen der Vorsorge überhaupt, rechtsunwirksam (vgl. Rn. 4; zum Regelungsvorschlag im ArbSchRGE vgl. *Wiese*, DB 1994, 1209; *Pieper*, 1998, S. 434 ff.). Darüber hinaus darf das Ergebnis einer ohne Kenntnis und Einwilligung des Betroffenen erhobenen DNA-Analyse aufgrund des Rechts auf informationelle Selbstbestimmung nicht zur Stützung einer arbeitsrechtlichen Verdachtskündigung eingeholt und verwertet werden (*VGH Baden-Württemberg* 28.11.2000 mit Anm. *Roos*, ArbuR 11/2001, 469 ff; vgl. allg. *Roos*, ArbuR 4/2001, 121 ff.). 7a

3. Durchführung

8 Die Durchführung der arbeitsmedizinischen Vorsorge kann, analog den Anforderungen an Betriebsärzte gem. § 4 ASiG, nur durch Personen erfolgen, die gem. § 3 Bundesärzteordnung berechtigt sind, den **Beruf des Arztes** auszuüben **und** über eine spezifische **arbeitsmedizinische Fachkunde** verfügen, deren Standard sich am ärztlichen Berufsrecht und der Zielsetzung des § 11 zu orientieren hat. Die konkreten Voraussetzungen für den Erwerb der arbeitsmedizinischen Fachkunde und auch für die Fortbildung lassen sich aus entsprechenden Ordnungen der **Ärztekammern** ableiten (vgl. *KJP*, B 2 § 11 Rn. 14; ASiG Rn. 94 ff.).

Bei der Erfüllung der Verpflichtung nach § 11, bei den allgemeinen arbeitsmedizinischen Vorsorgeuntersuchungen und bei den Nachuntersuchungen gem. § 33 ff. JArbSchG kann sich der Arbeitgeber demgemäß von dem vom ihm bestellten **Betriebsarzt** unter Anrechnung auf dessen Regeleinsatzzeit unterstützen lassen (vgl. *Anzinger/Bieneck*, § 3 Rn. 79, 89). Dagegen können die speziellen arbeitsmedizinischen Untersuchungen, die Einstellungs- und Tauglichkeitsuntersuchung und die Erstuntersuchungen nach § 32 JArbSchG nicht auf die Einsatzzeit angerechnet werden (vgl. ebd., Rn. 85, 87, 88, 91; ASiG Rn. 82 ff.)

9 Die die Vorsorge durchführende fachkundige Person ist an die ärztliche **Schweigepflicht** gebunden (vgl. MünchArbR-*Wlotzke*, § 216 Rn. 41 und § 210 Rn. 66 m.w.N.). Zur **Weitergabe der Untersuchungsergebnisse an den Arbeitgeber** muss der Beschäftigte den untersuchenden Arzt ausdrücklich von dieser Schweigepflicht entbinden (vgl. schon Rn. 3b; *Anzinger/Bieneck*, § 3 Rn. 76). Eine arbeitsrechtliche Verpflichtung hierzu besteht nicht. Nur beim Vorliegen höherer Rechtsgüter (rechtfertigender Notstand i.S. des § 34 StGB, z.B. bei schweren Sehstörungen von Beschäftigten, die Tätigkeiten im Rahmen des Personenbeförderungsrechts ausüben) darf die fachkundige Person die Untersuchungsergebnisse auch ohne Einwilligung weitergeben (vgl. a.a.O.).

10 Das Recht auf **freie Arztwahl** der Beschäftigten wird durch § 11 und die damit verbundenen Varianten der Ermöglichung durch den Arbeitgeber **nicht eingeschränkt**. Ist der Beschäftigte mit der Entscheidung des Arbeitgebers, die der Mitbestimmung des Betriebs- bzw. Personalrats gem. § 87 Abs. 1 Nr. 7 bzw. § 75 Abs. 3 Nr. 11 BPersVG unterliegt (Rn. 6), nicht einverstanden, muss der Arbeitgeber im Rahmen seiner arbeitsvertraglichen Verpflichtungen berechtigten Wünschen des Beschäftigten in **Abwägung der beiderseitigen Interessenlage** berücksichtigen (MünchArbR-*Wlotzke*, § 216 Rn. 44; *KJP*, B 2 § 11 Rn. 10). Soll die Vorsorge durch den **Betriebsarzt** erfolgen, sind aufgrund der Interessenlage des Arbeitgebers (betriebsnahe Kenntnisse des Betriebsarztes, Kosten) an die Ablehnungsgründe des Beschäftigten besonders strenge Anforderungen zu stellen (vgl. a.a.O., z.B. persönliches Zerwürfnis).

11 Die **Kosten** der Vorsorge nach § 11 sind gem. § 3 Abs. 3 durch den Arbeitgeber zu tragen (MünchArbR-*Wlotzke*, § 216 Rn. 48).

12 Im Hinblick auf die zeitliche Lage der Vorsorge wird von der h.M. die Auffassung vertreten, dass der Arbeitgeber diese nicht zwingend **während der Arbeitzeit** anbieten muss, da die Vorsorge überwiegend dem Interesse der Beschäftigten und nicht des Arbeitgebers diene (vgl. *KJP*, B 2 § 11 Rn. 11 unter Hinweis auf die inzwischen aufgrund der generellen Kostentragungsregelung in § 3 Abs. 3 ArbSchG nicht mehr zeitgemäße Entscheidung des *BAG* v. 20.4.1983, DB 1983, 1984). Dementsprechend bestünde kein Entgeltanspruch und zwar auch dann nicht, wenn die Vorsorge tatsächlich während der Arbeitszeit stattfindet (vgl. *BAG*, a.a.O.; MünchArbR-*Wlotzke*, § 216 Rn. 48; i.E. wohl a.A.: *Wank*, § 11 ArbSchG Rn. 6). Diese Ansicht ist abzulehnen. Der Zeitaufwand von Beschäftigten für arbeitsmedizinische Vorsorgeuntersuchungen (für Wegezeiten und die Durchführung der Untersuchung) außerhalb der regelmäßigen Arbeitszeit oder Kernarbeitzeit ist vielmehr rechtlich als zu vergütende bzw. z.b. durch Freizeit auszugleichende Arbeitszeit zu werten (*Hinrichs*, FS Kehrmann, 178). Das folgt zum einen aus der allgemeinen Kostentragungsregelung in § 3 Abs. 3 Zum anderen darf nicht übersehen werden, dass die arbeitsmedizinische Vorsorge auch der Allgemeinprävention dient und geeignet ist, Arbeitsschutzmaßnahmen des Arbeitgebers auszulösen, wenn dieser zulässigerweise die Ergebnisse der Untersuchung erhält a.a.O.). Eine pauschale Verweisung des Arbeitgebers auf die Durchführung in der Freizeit ist jedenfalls aufgrund des Erfordernisses der Berücksichtigung berechtigter Interessen des Beschäftigten nicht zulässig. Die Durchführung während der Freizeit kann z.b. dann nicht generell in Betracht kommen, wenn, was die Regel sein dürfte, der **Betriebsarzt** die Vorsorgemaßnahmen im Rahmen seiner Aufgabe nach § 3 Abs. 1 Satz 2 Nr. 2 ASiG durchführt und den Arbeitgeber demgemäß unterstützt.

§ 12 Unterweisung

(1) Der Arbeitgeber hat die Beschäftigten über Sicherheit und Gesundheitsschutz bei der Arbeit während ihrer Arbeitszeit ausreichend und angemessen zu unterweisen. Die Unterweisung umfasst Anweisungen und Erläuterungen, die eigens auf den Arbeitsplatz oder den Aufgabenbereich der Beschäftigten ausgerichtet sind. Die Unterweisung muss bei der Einstellung, bei Veränderungen im Aufgabenbereich, der Einführung neuer Arbeitsmittel oder einer neuen Technologie vor Aufnahme der Tätigkeit der Beschäftigten erfolgen. Die Unterweisung muss an die Gefährdungsentwicklung angepasst sein und erforderlichenfalls regelmäßig wiederholt werden.
(2) Bei einer Arbeitnehmerüberlassung trifft die Pflicht zur Unterweisung nach Absatz 1 den Entleiher. Er hat die Unterweisung unter Berücksichtigung der Qualifikation und der Erfahrung der Personen, die ihm zur Arbeitsleistung überlassen werden, vorzunehmen. Die sonstigen Arbeitsschutzpflichten des Verleihers bleiben unberührt.

Übersicht   Rn.

1. Allgemeines.. 1, 2
2. Inhalt, Umfang und Anlass der Unterweisung................... 3– 6
3. Regelungen in sonstigen Rechtsvorschriften................... 7–17
4. Unterweisung von Leiharbeitnehmern.......................... 18–20

1. Allgemeines

Die Unterweisung ist ein grundlegendes Qualifizierungsverfahren, um Beschäftigte in den Stand zu versetzen, Gefährdungen und Gefahren rechtzeitig zu erkennen, Arbeitsschutzmaßnahmen nachzuvollziehen und an ihrer Durchführung aktiv zu beteiligen sowie sich sicherheits- und gesundheitsgerecht zu verhalten (vgl. RegE, 19; MünchArbR-*Wlotzke*, § 211 Rn. 52; *Pieper/Vorath*, 402ff.). **1**

Die Verpflichtung des Arbeitgebers zur Unterweisung ordnet sich in den Gesamtkontext einer verstärkten **Aktivierung und Beteiligung der Beschäftigten** im Bereich Sicherheit und Gesundheitsschutz ein und versetzt diese in die Lage, ihre entsprechenden Verpflichtungen und Rechte zu erfüllen und wahrzunehmen (vgl. *Schlüter*, 69; *KJP*, B 2 § 12 Rn. 1). Der betrieblichen Unterweisung im Bereich Sicherheit und Gesundheitsschutz vorgelagert ist die Integration entsprechender Lern- und Lehrinhalte in die schulische und berufliche **Aus- und Fortbildung**. Je früher Prävention hier ansetzt, d.h. sensibilisiert, motiviert und informiert, um so wirksamer ist die Unterweisung im Betrieb.
§ 12 Abs. 1 setzt Art. 12 EG-Rahmenrichtlinie Arbeitsschutz um.

2   Eine allgemeine **Grundverpflichtung** des Unternehmers zur Unterweisung ergibt sich parallel aus der **unfallversicherungsrechtlichen** Regelung des § 7 Abs. 2 UVV »Allgemeine Vorschriften« (BGV A 1, GUV 0.1). Danach sind die Versicherten über die bei ihrer Arbeit auftretenden Gefahren sowie über Maßnahmen zur Gefahrenabwehr vor der Beschäftigung und danach in angemessenen Zeitabständen, mindestens jedoch einmal jährlich, zu unterweisen (Anhang Nr. 28; vgl. MünchArbR-*Wlotzke*, § 211 Rn. 52; zu weiteren Regelungen in sonstigen Rechtsvorschriften vgl. ebd. und Rn. 7 ff.).

2. Inhalt, Umfang und Anlass der Unterweisung

3   Die Unterweisung muss **arbeitsplatz- und aufgabenbezogene Informationen, Anweisungen und Erläuterungen** zu vorliegenden Gefährdungen und Arbeitsschutzmaßnahmen umfassen (vgl. *Kollmer/Vogl*, Rn. 141; *Schlüter*, 71 f.; *Nöthlichs*, 4032, 4 f.). Sie geht daher über bestehende Unterrichtspflichten des Arbeitgebers hinaus (vgl. Rn. 8).
Die Unterweisung ist im Gesamtzusammenhang eines systematisch durchgeführten Arbeitsschutzes zu sehen und kann als **Prozess** in **vier Phasen** (Vorbereitung, Durchführung, Wirksamkeitsüberprüfung, Wiederholung) unterteilt werden (vgl. *Schlüter*, 73):
– Wichtigster Bestandteil der **Vorbereitung** und Grundlage für die Unterweisung ist die **Gefährdungsbeurteilung** und ihre Dokumentation gem. §§ 5, 6 (MünchArbR-*Wlotzke*, § 211 Rn. 53). Weiterhin ist dafür Sorge zu tragen, dass die Unterweisung durch **Personen** vorgenommen wird, die in der Lage sind die erforderlichen Erkenntnisse zu vermitteln. Der Arbeitgeber oder die neben ihm verantwortlichen bzw. beauftragten Personen sind dabei durch die nach dem ASiG bestellten Betriebsärzte und Fachkräfte für Arbeitssicherheit zu unterstützen (vgl. Rn. 3c). Außerdem sind gem. § 3 Abs. 3 die entsprechenden **Mittel** für die Unterweisung (Lehr- und Lernmaterialien, ggf. Räumlichkeiten, Zeitressourcen) zur Verfügung zu stellen.
– Im Hinblick auf die **Durchführung** der Unterweisung ist auf die Zielsetzung zu achten, die **Handlungskompetenz** und die **Eigenverantwortung** der Beschäftigten im Bereich Sicherheit und Gesundheitsschutz stärken. Die Durchführung muss daher nach Inhalt, Methodik und Form zeitgemäßen **pädagogischen Grundsätzen** entsprechen (vgl. *Schlüter*, 72; *HVBG/BAU*, 1991; *BAuA*, 1998e; zu den psychologischen Grundlagen vgl. *BAuA*, 1998f.; eine Seminarkonzeption kann bei der *BAuA* angefordert werden: *BAuA*, 1998g). Die **Befähigung** der Beschäftigten gem. § 7 muss auch im Rahmen der Unterweisung berücksichtigt werden, d.h. es muss geprüft werden, ob die Beschäftigten in der Lage sind, die Unterweisung zu verstehen und sich sicherheits- und

§ 12 ArbSchG

gesundheitsgerecht zu verhalten (vgl. *Nöthlichs*, 4032, 3). Dies ist am besten durch eine dialog- und beteiligungsorientierte Vorgehensweise bei der Unterweisung zu gewährleisten, die auch Lernerfolgskontrollen beinhaltet.
– Die Wirksamkeit der Unterweisung ist zu **überprüfen** (vgl. Rn. 5).
– Für eine regelmäßige und/oder anlassbedingte Wiederholung der Unterweisung ist, z.b. im Rahmen eines betrieblichen Arbeitsschutzprogramms oder -managementsystems, Sorge zu tragen (vgl. Rn. 5).

Betriebs- bzw. Personalrat haben die Durchführung der Verpflichtungen nach § 12 zu **überwachen** (§§ 80 Abs. 1 Nr. 1, 89 BetrVG bzw. §§ 68 Abs. 1 Nr. 2, 81 BPersVG). **3a**

Im Rahmen der **Informationsrechte** gem. § 80 Abs. 2 BetrVG bzw. § 68 Abs. 2 BPersVG sind die Informationen zum Unterweisungsprozess dem Betriebs- bzw. Personalrat zur Verfügung zu stellen (vgl. BetrVG Rn. 6; PersVG Rn. 3). Da es dem Arbeitgeber überlassen bleibt, wie er den Unterweisungsprozess im Betrieb kollektiv regelt, und damit vom Gesetzgeber entsprechende Entscheidungsspielräume geschaffen worden sind, greift die **Mitbestimmung** des Betriebsrates nach § 87 Abs. 1 Nr. 7 BetrVG bzw. des Personalrates nach § 75 Abs. 3 Nr. 11 BPersVG (*LAG Hamburg* 21.9.2000, NZA-RR 2001, 190; vgl. BetrVG Rn. 14ff.; BPersVG Rn. 8; *Fabricius*, BB 1997, 1257f.; *Merten/Klein*, DB 1998, 676). Da auch die Modalitäten der **Unterweisung der einzelnen Beschäftigten** als Einzelmaßnahme im Regelfall einen kollektiven Bezug aufweisen dürfte, fällt auch diese in den Geltungsbereich des § 87 Abs. 1 Nr. 7 BetrVG (vgl. *Fabricius*, a.a.O.; a.A.: MünchArbR-*Wlotzke*, § 208 Rn. 35; *Merten/Klein*, a.a.O.; vgl. BetrVG Rn. 37). Wird die individuelle Unterweisung verantwortlich durch gem. § 13 Abs. 2 **beauftragte Personen** durchgeführt, kommt eine Mitbestimmung nach § 87 Abs. 1 Nr. 7 nicht in Betracht (*Fabricius*, a.a.O., 676).

Die Unterweisung gem. § 12 sowie die Anweisungen gem. § 4 Nr. 7 des Arbeitgebers begründen **Pflichten der Beschäftigten** i.S. von §§ 15, 16 (vgl. § 15 Rn. 4). **3b**

Der Arbeitgeber kann sich bei der Unterweisung durch die von ihm bestellten **Betriebsärzte** und **Fachkräfte für Arbeitssicherheit** unterstützen lassen). **3c**

Handlungshilfen zur Unterweisung finden sich z.B. bei *Schneider*. Eine wichtige Institution für die Vermittlung von Wissen im Bereich Sicherheit und Gesundheitsschutz und zur Motivation zu einem entsprechenden Verhalten ist die Deutsche Arbeitsschutzausstellung *(DASA)* der *BAuA* in Dortmund (vgl. *de Graat*, BArbBl. 4/2000, 23ff.). **3d**

Die Unterweisung muss gem. § 12 **4**
– **vor Aufnahme** der Tätigkeit,
– bei der **Einstellung** oder **Versetzung**,
– bei **Veränderung im Aufgabenbereich** sowie
– bei der **Einführung neuer Arbeitsmittel oder neuer Technologien**
durchgeführt werden (vgl. *Pieper/Vorath*, 404). Die jeweiligen betrieblichen Arbeitsbedingungen sowie sich ändernde Beschäftigungsverhältnisse und damit u.U. verbundene Gefährdungen werden damit Gegenstand eines ständigen Prozesses der Qualifizierung im Bereich Sicherheit und Gesundheitsschutz.

Die **Verantwortung für die Durchführung** der Unterweisung liegt gem. § 13 beim Arbeitgeber. Er kann diese Aufgabe weiteren, neben ihm verantwortlichen Personen übertragen, was insbesondere in mittleren und großen Betrieben sinnvoll ist. Bei der Durchführung haben die gem. ASiG bestellten Betriebsärzte und Fachkräfte für Arbeitssicherheit eine unterstützende und beratende Funktion (vgl. ASiG Rn. 62ff.). **4a**

ArbSchG § 12

4b Die Unterweisung hat **während der Arbeitszeit ohne Entgeltminderung** für den Beschäftigten zu erfolgen.

5 Der Arbeitgeber hat die Pflicht zur **Anpassung** der Unterweisung an die Gefährdungsentwicklung. Wann diese Anpassung erforderlich ist, ergibt sich aus der **Wirksamkeitsüberprüfung** der Arbeitsschutzmaßnahmen gem. § 3 Abs. 1 Satz 2 und einer etwaigen Revision der **Gefährdungsbeurteilung** gem. §§ 5, 6 (Phase 4 des Unterweisungsprozesses; Rn. 3). **Anhaltspunkte** für die Gefährdungsentwicklung ergeben sich z.b. aus häufig wiederkehrenden Störungen des Betriebsablaufs, wiederholte Rückfragen der Beschäftigten, Unfällen und Beinaheunfällen, arbeitsbedingten Erkrankungen. Die Unterweisung muss erforderlichenfalls **regelmäßig wiederholt** werden (vgl. *Nöthlichs*, 4032, 5). In der UVV »Allgemeine Vorschriften« (BGV A 1, GUV 0.1) wird in § 7 gefordert, das eine Unterweisung der Beschäftigten (»Versicherten«) **mindestens einmal jährlich** zu erfolgen hat. Bei **Jugendlichen** i.S. des JArbSchG besteht eine **halbjährliche** Wiederholungsfrist (vgl. Rn. 17).

6 Die Regelung des § 12 enthält keine unmittelbare Verpflichtung des Arbeitgebers zur Erstellung einer **Betriebsanweisung**, wie sie z.B. in § 20 GefStoffV oder § 12 BioStoffV vorgesehen ist (vgl. Rn. 11; § 4 Rn. 20). Allerdings kann und sollte aus praxisbezogener Sicht eine schriftliche Betriebsanweisung regelmäßige Grundlage für eine Unterweisung i.S. von § 12 sein (so auch MünchArbR-*Wlotzke*, § 211 Rn. 53; zum Inhalt und zur Form einer allgemeinen Betriebsanweisung vgl. *Pieper/Vorath*, 401 f.).

3. Regelungen in sonstigen Rechtsvorschriften

7 Spezielle Verpflichtungen des Arbeitgebers zur Unterweisung der Beschäftigten sind in **sonstigen Rechtsvorschriften** i.S. von § 2 Abs. 4 einschließlich Rechtsverordnungen gem. §§ 18, 19 festgelegt. Die in den Rechtsverordnungen festgelegten Regelungen beziehen sich unmittelbar auf den Inhalt des § 12 und konkretisieren diesen. Spezielle Unterweisungen sollten sinnvollerweise in allgemeine arbeitsschutz-, immissionsschutz- oder gefahrstoffrechtliche Unterweisungen eingebunden werden.

8 Die Unterweisung nach § 12 geht über die bestehenden Verpflichtungen des Arbeitgebers zur **Unterrichtung der Beschäftigten** vor Beginn ihrer Beschäftigung gem. § 81 Abs. 1 Satz 2 BetrVG bzw. § 14 ArbSchG hinaus. Diese Verpflichtung bezieht sich auf Unfall- und Gesundheitsgefahren, denen die Beschäftigten bei der Arbeit ausgesetzt sind, sowie über die Maßnahmen und Einrichtungen zur Abwendung dieser Gefahren und die nach § 10 Abs. 2 ArbSchG getroffenen Maßnahmen (vgl. *Wlotzke*, NZA 1996, 1021; § 14 Rn. 1 ff. und BetrVG Rn. 47 ff., dort auch zu **speziellen Unterrichtungsrechten** der Beschäftigten im Bereich Sicherheit und Gesundheitsschutz). Während im Rahmen einer Unterrichtung **allgemeine Informationen** zu Sicherheit und Gesundheitsschutz weitergegeben werden, handelt es sich bei der **Unterweisung** um eine Maßnahme zur umfassenden, betrieblichen **Qualifizierung** der Beschäftigten, die arbeitsplatz- bzw. tätigkeitsbezogene Informationen, Erläuterungen und Anweisungen umfasst (*KJP*, B 2 § 12 Rn. 5; vgl. Rn. 3).

9 In **Rechtsverordnungen gem. §§ 18, 19** sind die folgenden, speziellen Pflichten des Arbeitgebers zur Unterweisung festgelegt:
– In Zusammenhang mit der **Benutzung von PSA** hat der Arbeitgeber bei der Unterweisung nach § 12 gem. § 3 Abs. 1 Satz 1 PSA-BV die Beschäftigten

§ 12 ArbSchG

darin zu unterweisen, wie die PSA sicherheitsgerecht benutzt wird. Soweit erforderlich, führt der Arbeitgeber eine Schulung (mit praktischen Übungen) in der Benutzung durch (vgl. § 3 Abs. 1 Satz 2 PSA-BV). Weiterhin hat der Arbeitgeber für jede bereitgestellte PSA erforderliche Informationen für die Benutzung in für die Beschäftigten verständlicher Form und Sprache bereitzuhalten (§ 3 Abs. 2 PSA-BV; vgl. § 3 PSA-BV Rn. 1 ff.).

– Bei der **manuellen Handhabung von Lasten**, die für die Beschäftigten eine Gefährdung insbesondere der Lendenwirbelsäule mit sich bringen kann, hat der Arbeitgeber bei der Unterweisung nach § 12 insbesondere den Anhang der LasthandhabV und die körperliche Eignung der Beschäftigen zu berücksichtigen (§ 4 LasthandhabV; vgl. § 4 LasthandhabV Rn. 1 ff.).

– Im Hinblick auf die **Benutzung von Arbeitsmitteln** hat der Arbeitgeber bei der Unterweisung nach § 12 die erforderlichen Vorkehrungen zu treffen, dass den Beschäftigten angemessene Informationen und, soweit erforderlich, Betriebsanweisungen für die bei der Arbeit benutzten Arbeitsmittel in für die Beschäftigten verständlicher Form und Sprache zur Verfügung stehen. Die Informationen und die Betriebsanweisungen müssen mindestens Angaben über die Einsatzbedingungen, über absehbare Betriebsstörungen und über die bezüglich der Benutzung des Arbeitsmittels vorliegenden Erfahrungen enthalten (§ 6 AMBV; vgl. § 6 AMBV Rn. 1 ff.)

– Gem. § 12 Abs. 2 BioStoffV sind die Beschäftigten anhand der Betriebsanweisung nach Abs. 1 über die Gefahren und die getroffenen Schutzmaßnahmen bei **Tätigkeiten mit biologischen Arbeitsstoffen** zu unterweisen (vgl. § 12 Abs. 2 BioStoffV). In Fällen, in denen ein Infektionsrisiko aufgrund einer erhöhten Unfallgefahr besteht, oder bei Unfällen, bei denen mit besonders schweren Infektionen gerechnet werden muss, müssen die Beschäftigten zusätzlich zur Betriebsanweisung besondere Informationen erhalten (§ 12 Abs. 3 BioStoffV; vgl. § 12 BioStoffV Rn. 1 ff.; *Simon/Tichy/Gerbi-Rieger* 1999).

Beschäftigte, die mit **gefährlichen Stoffen i.S. der GefStoffV** umgehen, sind vom Arbeitgeber auf der Grundlage der von ihm zu erstellenden **Betriebsanweisung** (vgl. *Jäger*, BG 1997, 464 ff.) über die auftretenden Gefahren sowie über die entsprechenden Schutzmaßnahmen zu **unterweisen** (vgl. § 20 Abs. 2 i.V.m. Abs. 1 GefStoffV; MünchArbR-*Wlotzke*, § 214 Rn. 67; *Heilmann*, Rn. 147 ff.; § 4 Rn. 20). **10**

Die **Ergebnisse der Ermittlung von Lärmbereichen** im Betrieb und insbesondere von besonders gesundheitsgefährdenden Lärmbereichen (vgl. § 7 UVV »Lärm« BGV B3) sind gem. § 9 UVV BGV B3 den betroffenen Beschäftigten (»Versicherten«) **mitzuteilen**. Sie sind über die Bedeutung der Ergebnisse, die Gefahren durch Lärm sowie über **Maßnahmen**, die entsprechend dieser UVV oder anderer einschlägiger Vorschriften vorgesehen sind, zu **unterweisen**. **11**

Die verantwortlichen Personen nach dem SprengG haben bei Arbeiten mit **explosionsgefährlichen Stoffen** die Pflicht, die Beschäftigten vor Beginn der Beschäftigung über die Unfall- und Gesundheitsgefahren, denen sie bei der Beschäftigung ausgesetzt sind, sowie über die Einrichtungen und Maßnahmen zur Abwendung dieser Gefahren zu belehren; die Belehrungen sind in angemessenen Zeitabständen zu wiederholen (§ 24 Abs. 2 Nr. 5 SprengG). **12**

Bei **Arbeiten in Druckluft** hat der Arbeitgeber dafür zu sorgen, dass der Fachkundige, der die Arbeiten in Druckluft leitet (§ 18 Abs. 1 Nr. 1 DruckluftV) und der nach § 12 Abs. 1 DruckluftV beauftragte Arzt, die beim Betrieb der Arbeitskammer Beschäftigten vor Beginn der Beschäftigung über die Unfall- und Ge- **13**

ArbSchG § 12

sundheitsgefahren, denen sie bei der Beschäftigung ausgesetzt sind, sowie über die Einrichtungen und Maßnahmen zur Abwendung dieser Gefahren belehren. Die Belehrungen sind in angemessenen Zeitabständen, mindestens in Abständen von sechs Monaten, zu wiederholen. Der Arbeitgeber hat jedem Arbeitnehmer außerdem vor Beginn der Beschäftigung mit Arbeiten in Druckluft ein Merkblatt auszuhändigen, in dem der Inhalt der Unterrichtung nach Absatz 1 enthalten ist. Das Merkblatt muss in der Sprache des Beschäftigten abgefasst sein (§ 20 DruckluftV).

14 Gem. § 12 GenTSV dürfen Beschäftigte nur mit **gentechnischen Arbeiten** beauftragt werden, wenn sie ausreichend **qualifiziert** und **eingewiesen** sind. Auf der Grundlage einer vom Betreiber der gentechnischen Anlage zu erstellenden **Betriebsanweisung** (§ 12 Abs. 2 GenTSV) müssen die Beschäftigten vor der Beschäftigung und danach mindestens einmal jährlich und arbeitsplatzbezogen über die auftretenden Gefahren sowie über die Sicherheitsmaßnahmen **unterwiesen** werden (vgl. § 12 Abs. 3 Sätze 1, 3 GenTSV).

15 Der Betreiber von Anlagen i.S. der StörfallV hat zur Erfüllung der Pflichten zur **Vermeidung von Störfällen** (§ 3 StörfallV) durch geeignete Bedienungs- und Sicherheitsanweisungen und durch Schulung des Personals Fehlverhalten vorzubeugen (§ 6 Abs. 1 Nr. 4 StörfallV). Der Betreiber hat die Beschäftigten, neben ihrer Unterrichtung und Anhörung vor der Erstellung von **internen Alarm- und Gefahrenabwehrplänen** (vgl. BetrVG Rn. 31), vor ihrer erstmaligen Beschäftigungsaufnahme und wiederkehrend über die für sie in diesen Plänen für den Störfall enthaltenen Verhaltensregeln zu unterweisen (§ 10 Abs. 3 Satz 2 StörfallV).

16 Personen, die Zutritt zu Kontrollbereichen i.s. der **StrahlenschutzV** haben oder die außerhalb dieser Bereiche mit radioaktiven Stoffen umgehen oder ionisierende Strahlen anwenden, sind vor dem erstmaligen Zutritt bzw. vor Aufnahme der Arbeiten über die Arbeitsmethoden, die anzuwendenden Sicherheits- und Schutzmaßnahmen und u.a. über den Inhalt einer gemäß § 34 StrSchV zu erstellenden **Strahlenschutzanweisung** zu unterweisen (§ 38 Abs. 1 StrSchV). Die Unterweisung ist mindestens einmal im Jahr durchzuführen. Sie kann Bestandteil sonstiger erforderlicher Unterweisung nach arbeitsschutz-, immissionsschutz- oder gefahrstoffrechtlicher Vorschriften sein (ebd.).
Das Recht im Bereich der **Röntgenverordnung** (vgl. § 18, 36 RöntgenV) soll dieser Neufassung der StrahlenschutzV angepasst werden (vgl. Entwurf zur Änderung der RöntgenV v. 11.7.2001; www.bmu.de).

17 Weitere Unterweisungsverpflichtungen des Arbeitgebers sind im JArbSchG als Vorschrift des **sozialen Arbeitsschutzes** festgelegt: **Jugendliche** i.S. des JArbSchG hat der Arbeitgeber vor Beginn der Beschäftigung und bei wesentlicher Änderung der Arbeitsbedingungen über die Unfall- und Gesundheitsgefahren, denen sie bei der Beschäftigung ausgesetzt sind, sowie über die Einrichtungen und Maßnahmen zur Abwendung dieser Gefahren zu unterweisen. Er hat die Jugendlichen vor der erstmaligen Beschäftigung an Maschinen oder gefährlichen Arbeitsstellen oder mit Arbeiten, bei denen sie mit gesundheitsgefährdenden Stoffen in Berührung kommen, über die besonderen Gefahren dieser Arbeiten sowie über das bei ihrer Verrichtung erforderliche Verhalten zu unterweisen. Die Unterweisungen sind in angemessenen Zeiträumen, mindestens aber halbjährlich, zu wiederholen (§ 29 Abs. 1 und 2 JArbSchG).

17a Bezogen auf den **Arbeitszeitschutz**, den **Mutterschutz** (zur Unterrichtungspflicht in § 2 MuSchRiV vgl. BetrVG Rn. 47) und den **Schwerbehinderten-**

schutz sind im ArbZG, im MuSchG und im SGB IX keine unmittelbaren Unterweisungsverpflichtungen festgelegt. Hier ist zur Gewährleistung von Sicherheit und Gesundheitsschutz die allgemeine Regelung des § 12 ArbSchG anzuwenden.

4. Unterweisung von Leiharbeitnehmern

Im Falle einer **Arbeitnehmerüberlassung** trifft die Verpflichtung zur Unterweisung gem. § 12 den **Entleiher**, also den Arbeitgeber, in dessen Betrieb die Beschäftigten tätig werden (Abs. 2 Satz 1, *Kollmer/Vogl*, 145). Für die Unterweisung gelten die in Rn. 3 ff. dargelegten Grundsätze. Darüber hinaus wird vom Entleiher gefordert, die Unterweisung unter Berücksichtigung der **Qualifikation** und der **Erfahrung** der Personen, die ihm zur Arbeitsleistung überlassen werden, vorzunehmen (Satz 2). Diese Verpflichtung korrespondiert mit § 11 Abs. 6 Satz 2 und 3 AÜG, wonach der Entleiher insbesondere den Leiharbeitnehmer vor Beginn der Beschäftigung und bei Veränderungen in seinem Arbeitsbereich über Gefahren für Sicherheit und Gesundheit, denen er bei der Arbeit ausgesetzt sein kann, sowie über die Maßnahmen und Einrichtungen zur Abwendung dieser Gefahren zu **unterrichten** hat. Der Entleiher hat den Leiharbeitnehmer zusätzlich über die Notwendigkeit besonderer Qualifikationen oder beruflicher Fähigkeiten oder einer besonderen ärztlichen Überwachung sowie über erhöhte besondere Gefahren des Arbeitsplatzes zu unterrichten (vgl. AÜG Rn. 5). Mit § 12 Abs. 2 wird Art. 4 Richtlinie 91/383/EWG des Rates v. 25. 6. 1991 zur Ergänzung der Maßnahmen zur Verbesserung der Sicherheit und des Gesundheitsschutzes von Arbeitnehmern mit befristetem Arbeitsverhältnis (AblEG Nr. L 206 v. 29. 7. 1991, 19) umgesetzt (vgl. Einl. Rn. 99; AÜG Rn. 1 ff.). Mit § 12 Abs. 2 wird Art. 4 Richtlinie 91/383/EWG des Rates v. 25. 6. 1991 zur Ergänzung der Maßnahmen zur Verbesserung der Sicherheit und des Gesundheitsschutzes von Arbeitnehmern mit befristetem Arbeitsverhältnis (AblEG Nr. L 206 v. 29. 7. 1991, 19) umgesetzt (vgl. Einl. Rn. 99; AÜG Rn. 1 ff.). 18

Die Regelung geht über die Verpflichtung des Arbeitgebers hinaus, sich über den **Stand der Kenntnisse** zu Sicherheit und Gesundheitsschutz von **Fremdfirmenbeschäftigten** in seinem Betrieb zu **informieren**, die nicht vom Anwendungsbereich des AÜG erfasst werden (§ 8 Abs. 2; vgl. § 8 Rn. 10 ff.). Die Verpflichtung des Arbeitgebers gem. Abs. 2 bezieht sich auch auf Beschäftigte, die **außerhalb des AÜG** von ihrem Arbeitgeber einem anderen Arbeitgeber zur Arbeitsleistung zur Verfügung gestellt werden (z.B. in den Fällen des § 1 Abs. 3 AÜG; MünchArbR-*Wlotzke*, § 211 Rn. 56). Wenn allerdings das Direktionsrecht beim »überlassenden« Arbeitgeber verbleibt, handelt es sich nur um einen Fall der § 8 unterworfenen Zusammenarbeit mehrerer Arbeitgeber. 18a

Damit sie ihren Unterstützungs- und Beratungspflichten bei der Unterweisung besser nachkommen können, hat der Arbeitgeber den gem. ASiG bestellten **Betriebsarzt** bzw. die **Fachkraft für Arbeitssicherheit** über den Einsatz von Personen zu unterrichten, die mit einem befristeten Arbeitsverhältnis beschäftigt oder ihm zur Arbeitsleistung überlassen (**Arbeitnehmerüberlassung**) sind (vgl. ASiG Rn. 56). 19

Die **sonstigen Arbeitsschutzpflichten des Verleihers** bleiben unberührt (§ 12 Abs. 2 Satz 3). Da die Tätigkeit des Leiharbeitnehmers beim Entleiher den für den Betrieb des Entleihers geltenden öffentlich-rechtlichen Arbeitsschutzvorschriften unterliegt und für die hieraus sich ergebenden Pflichten der Entleiher, 20 unbeschadet der Pflichten des Verleihers, verantwortlich ist (vgl. § 11 Abs. 6 Satz 1 AÜG), sind unter den sonstigen Arbeitsschutzpflichten des Verleihers diejenigen zu verstehen, die für das Beschäftigungsverhältnis im Verleiherbetrieb anzuwenden sind. Dies dürfte jedoch nur dann von praktischer Bedeutung sein, wenn es sich bei dem Verleiherbetrieb nicht nur um eine reine Vermittlungsagentur handelt.

§ 13 Verantwortliche Personen

(1) Verantwortlich für die Erfüllung der sich aus diesem Abschnitt ergebenden Pflichten sind neben dem Arbeitgeber
1. **sein gesetzlicher Vertreter,**
2. **das vertretungsberechtigte Organ einer juristischen Person,**
3. **der vertretungsberechtigte Gesellschafter einer Personenhandelsgesellschaft,**
4. **Personen, die mit der Leitung eines Unternehmens oder eines Betriebes beauftragt sind, im Rahmen der ihnen übertragenen Aufgaben und Befugnisse,**
5. **sonstige nach Absatz 2 oder nach einer auf Grund dieses Gesetzes erlassenen Rechtsverordnung oder nach einer Unfallverhütungsvorschrift beauftragte Personen im Rahmen ihrer Aufgaben und Befugnisse.**

(2) Der Arbeitgeber kann zuverlässige und fachkundige Personen schriftlich damit beauftragen, ihm obliegende Aufgaben nach diesem Gesetz in eigener Verantwortung wahrzunehmen.

Überblick   Rn.

1. Allgemeines.. 1– 3
2. Neben dem Arbeitgeber verantwortliche Personen...................... 4– 7
3. Beauftragung von verantwortlichen Personen.......................... 8–13
4. Sonstige verantwortliche Personen 14
5. Mitbestimmung... 15

1. Allgemeines

1 Das ArbSchG geht vom **Grundsatz der Verantwortlichkeit des Arbeitgebers** für die Einhaltung der Arbeitsschutzbestimmungen gem. §§ 3 bis 14 sowie der Arbeitsschutzverordnungen gem. §§ 18, 19 im Betrieb aus (vgl. Abs. 1). Dieser hat grundsätzlich die ihm obliegenden öffentlich-rechtlichen Pflichten selbst zu erfüllen (RegE, 19; *Wlotzke*, NZA 1996, 1020) und ist im Übrigen **Normadressat** im Hinblick auf die Erfüllung der Regelungen der Vorschriften sowohl des **betrieblichen als auch des sozialen Arbeitsschutzes** (MünchArbR-*Wlotzke*, § 206 Rn. 2).

Entsprechendes gilt für die Prävention im Recht der gesetzlichen Unfallversicherung, wonach der Unternehmer für die Durchführung der Maßnahmen zur Verhütung von Arbeitsunfällen und Berufskrankheiten verantwortlich ist (§ 21 Abs. 1 SGB VII; vgl. SGB VII Rn. 28).

Durch die Regelungen in § 13 Abs. 1 Nr. 1 bis 5 werden **neben dem Arbeitgeber weitere Personen** für verantwortlich erklärt (vgl. im Einzelnen Rn. 4 ff.). Schon vor In-Kraft-Treten des ArbSchG hatten neben dem Arbeitgeber auch **bestimmte Führungs- und Aufsichtskräfte** (u.a. Betriebsleiter, Abteilungsleiter, Vorgesetzte, Beauftragte mit Arbeitsschutzaufgaben – Betriebsärzte und Fachkräfte für Arbeitssicherheit allerdings nur im Rahmen ihrer Aufgaben gem. §§ 3

u. 6 ASiG; vgl. Rn. 9; *Herzberg*, BG 1997, 632 ff.; *Anzinger/Bieneck*, § 1 Rn. 6; ASiG Rn. 63) eine in der Regel partielle Verantwortung im betrieblichen Arbeitsschutz. Für die entsprechenden öffentlich-rechtlichen Regelungen des ArbSchG und der darauf gestützten Arbeitsschutzverordnungen wird diese Verantwortlichkeit erstmals umfassend geregelt.

Um zur Realisierung der Verpflichtungen weiterer verantwortlicher Personen beitragen zu können, haben die **Beschäftigten** korrespondierende Pflichten (vgl. §§ 15 Rn. 1 ff., 16 Rn. 1 ff.).

Der **Zweck** der Verteilung bzw. Dezentralisierung von Verantwortung (insbesondere in den Fällen des § 13 Abs. 1 Nr. 4 und 5 bzw. Abs. 2) bei der Durchführung des öffentlich-rechtlichen, betrieblichen und sozialen Arbeitsschutzes bei gleichzeitiger Aufrechterhaltung des Grundsatzes der Haupt- bzw. Letztverantwortlichkeit des Arbeitgebers ist in der Zielsetzung des ArbSchG begründet, Sicherheit und Gesundheitsschutz stärker in die betriebliche Aufbau- und Ablauforganisation einzubeziehen (vgl. Rn. 7 und 95; RegE, 19; *KJP*, § 13 ArbSchG Rn. 3).

Ausgehend von der grundsätzlichen Verantwortung des Arbeitgebers und der **2** Verteilung bzw. Dezentralisierung von Verantwortung im Betrieb zur Durchführung des betrieblichen Arbeitsschutzes (vgl. Einl. Rn. 45) ist zwischen unterschiedlichen Verantwortungstypen zu unterscheiden:

- Die **verwaltungsrechtliche Verantwortung** resultiert aus den öffentlichrechtlichen Verpflichtungen des Arbeitgebers und bezieht sich auf deren Vollzug durch die zuständigen Behörden (vgl. MünchArbR-*Wlotzke*, § 208 Rn. 2 ff.; Kollmer-*Lorenz*, C 2 § 13 ArbSchG Rn. 2).
- Die **ordnungs- und strafrechtliche Verantwortung** resultiert aus den Vorschriften des Ordnungswidrigkeiten- und Strafrechts (§§ 9, 30, 130 OWiG, § 14 StGB) und den damit korrespondierenden Regelungen in den öffentlich-rechtlichen Arbeitsschutzvorschriften (z.B. §§ 24, 25 ArbSchG, vgl. dort auch zu Regelungen in sonstigen Rechtsvorschriften; Kollmer-*Lorenz*, C 2 § 13 ArbSchG Rn. 3; MünchArbR-*Wlotzke*, § 208 Rn. 11 f.).
- Die **privatrechtliche Verantwortung** bezieht sich auf schuldrechtliche Verpflichtungen, z.B. aufgrund eines Arbeitsvertrages (§ 618 BGB) und daraus resultierender, etwaiger Schadensersatzansprüche (§ 823 BGB), wobei hierbei der Grundsatz der Transformation der öffentlich-rechtlichen Arbeitsschutzvorschriften in das Privatrecht zu beachten ist (vgl. Einl. Rn. 34; zur haftungsrechtlichen Seite vgl. Rn. 3).

Die sich aus der Verantwortung bei der Durchführung des Arbeitsschutzes **3** ergebende **Haftung** des Arbeitgebers und der von ihm beauftragten Personen wird durch die Regelungen des SGB VII zur Entschädigung von Arbeitsunfällen und Berufskrankheiten weitgehend abgelöst (vgl. SGB VII Rn. 3). Dies gilt sowohl für Ansprüche der Beschäftigten aus positiver Vertragsverletzung als auch aus Verletzung von Schutzgesetzen i.S. von § 823 Abs. 2 BGB (MünchArbR-*Wlotzke*, § 209 Rn. 38, 36 f.). Vom unfallversicherungsrechtlichen Haftungsausschluss werden jedoch nicht Ersatzansprüche des Beschäftigten erfasst, die Sachschäden betreffen (a.a.O.). Dies gilt auch für Personenschäden, die nicht Folge eines Arbeitsunfalls oder einer Berufskrankheit im Sinne des SGB VII sind (vgl. a.a.O.; vgl. Einl. Rn. 34).

2. Neben dem Arbeitgeber verantwortliche Personen

4 Ausgehend vom Grundsatz der Verantwortlichkeit des Arbeitgebers (Rn. 1) werden in § 13 Abs. 1 Nr. 1 bis 5 **weitere verantwortliche Personen** für die Erfüllung der Pflichten nach §§ 3 bis 14 ArbSchG festgelegt, die sich wie folgt typisieren lassen:
- **Personen in leitender Stellung** (Nr. 4), die mit der Leitung eines Unternehmens oder eines Betriebes beauftragt und für die Erfüllung der Arbeitsschutzpflichten im Rahmen der ihnen übertragenen Aufgaben und Befugnisse verantwortlich sind,
- **Personen mit ganz bestimmten übertragenen Aufgaben** (Nr. 5) aufgrund von § 13 Abs. 2 bzw. aufgrund von Rechtsverordnungen gem. §§ 18, 19 oder UVV im Rahmen ihrer Aufgaben und Befugnisse (Rn. 6),
- gesetzliche Vertreter des Arbeitgebers, das vertretungsberechtigte Organ einer juristischen Person sowie der vertretungsberechtigte Gesellschafter einer Personenhandelsgesellschaft, d.h. **Personen, die kraft Gesetzes oder Gesellschaftsvertrages** zur Vertretung des Arbeitgebers befugt sind (Nr. 1 bis 3).

5 Durch die Regelungen gem. § 13 Abs. 1 Nr. 1 bis 5 wird die Verantwortung des Arbeitgebers **nicht ausgeschlossen**, sie entfällt also nicht ganz (RegE, 19; MünchArbR-*Wlotzke*, § 208 Rn. 18; *Gerhard*, AuA 1998, 239: »Restverantwortung«). So bleibt der Arbeitgeber verantwortlich im Sinne des Ordnungswidrigkeits- bzw. des Strafrechts und damit Normadressat der entsprechenden Bußgeld- bzw. Strafvorschriften (vgl. MünchArbR-*Wlotzke*, a.a.O.). Auch wenn in diesem Zusammenhang die organisatorischen Voraussetzungen geschaffen, entsprechende Befugnisse erteilt und Mittel zur Aufgabenwahrnehmung erteilt worden sind sowie die Fähigkeit der sonst Verantwortlichen bzw. mit der Wahrnehmung der Verantwortung Beauftragten geprüft wurde, ist der Arbeitgeber überdies nicht von seinen **Aufsichtspflichten** entlastet (vgl. ebd. Rn. 19). Diese Aufsichtspflicht bezieht sich auf die Auswahl, Bestellung und Überwachung der verantwortlichen Personen, die je nach Umfang der Aufgabenübertragung so zu erfolgen hat, dass diese Aufgaben i.S. der Zielsetzung des ArbSchG bzw. der Arbeitsschutzverordnungen erfüllt werden können. Dementsprechend sind die gem. § 13 verantwortlichen Personen durch die gem. ASiG bestellten Betriebsärzte und Fachkräfte für Arbeitssicherheit zu beraten und zu unterstützen.

6 Eine ausdrückliche **Übertragung** der Verantwortung ist in den Fällen von **Abs. 1 Nr. 1–4 nicht erforderlich** (*Gerhard*, AuA 1998, 237), da sich diese aus der Aufbauorganisation des Betriebs bzw. Unternehmens selbst ergibt. Es empfiehlt sich aus Gründen der Transparenz entsprechende betriebliche Regelungen zu systematisieren und im Rahmen betriebsspezifischen Führungs- und Organisationskonzepte (Arbeitsschutzmanagementsysteme, AMS) zu verankern (vgl. § 3 Rn. 11). Für die Verantwortlichkeit von sonstigen Personen i.S. von Nr. 4 ist eine schriftliche Übertragung und klare Definition der Aufgaben und Befugnisse empfehlenswert (MünchArbR-*Wlotzke* § 208 Rn. 4).

7 Die Festlegung der Verantwortung gem. § 13 zur die Erfüllung der Pflichten nach §§ 3 bis 14 ist für die Durchführung des betrieblichen Arbeitsschutzes erforderlich, weil der Arbeitgeber in **größeren Betrieben** oder in **Unternehmen** (vgl. § 3 Rn. 8 ff.) typischerweise nicht selbst tätig wird (vgl. schon Rn. 1). Vielmehr bestimmen diese weiteren verantwortlichen Personen den Ablauf der Arbeit und damit die konkreten Bedingungen für die Gewährleistung und Verbesserung von Sicherheit und Gesundheitsschutz tatsächlich. Sie sind es, die in

den Arbeitsprozess eingreifen können (vgl. speziell zu den gem. Abs. 1 Nr. 4 und 5 sowie Abs. 2 beauftragten Personen auch Rn. 12).
Weiterhin dient § 13 insofern einem effektiven betrieblichen Arbeitsschutz, als sie es den **zuständigen Behörden** ermöglicht, gegenüber diesen Personen **Anordnungen** zur Erfüllung der öffentlich-rechtlichen Arbeitsschutzvorschriften vor Ort zu treffen (vgl. § 22 Rn. 11 ff.). Damit soll auch Art. 4 Abs. 2 EG-Rahmenrichtlinie Arbeitsschutz über die Verpflichtung der Mitgliedstaaten zu einer angemessenen Kontrolle und Überwachung entsprochen werden (RegE, 19; vgl. *Wlotzke*, NZA 1996, 1020). Die nach § 9 Abs. 2 OWiG und § 14 Abs. 2 StGB bestehenden Sanktionsmöglichkeiten gegenüber den Personen, die den Arbeitgeber vertreten oder von ihm beauftragt sind, die ansonsten unberührt bleiben, reichen nicht aus, da die materiellen Arbeitsschutzvorschriften nur in wenigen Fällen bußgeld- oder strafbewehrt sind (vergleichbare Vorschriften im geltenden Recht befinden sich z.b. in § 19 Sprengstoffgesetz und § 58 BBergG; RegE, 19).

3. Beauftragung von verantwortlichen Personen

Der Arbeitgeber kann, ausgehend von § 13 Abs. 1 Nr. 5, **zuverlässige und fachkundige Personen** damit beauftragen, seine öffentlich-rechtlichen Aufgaben nach dem ArbSchG und den Arbeitsschutzverordnungen in eigener Verantwortung wahrzunehmen (Abs. 2). Diese Beauftragung bedarf der **Schriftform**, die der rechtlichen Absicherung sowohl des Arbeitgebers als auch der beauftragten Person dient (vgl. *Gerhard*, AuA 1998, 236 f.). Regelmäßig werden dabei auch die **Befugnisse und Kompetenzen** der beauftragten Personen festgelegt (RegE, 19). **Zuverlässigkeit und Fachkunde** ergeben sich aus den Kenntnissen der zu beauftragenden Person im Bereich Sicherheit und Gesundheitsschutz und aus seiner Stellung im Betrieb (vgl. *Gerhard*, a.a.O., 237).   8

Eine Übertragung von Verantwortung i.S. von § 13 Abs. 2 an **Betriebsärzte oder Fachkräfte für Arbeitssicherheit** ist, jedenfalls im Rahmen der diesen gem. ASiG übertragenen **Aufgaben** zur Unterstützung und Beratung des Arbeitgebers, abzulehnen (vgl. *KJP*, § 13 ArbSchG Rn. 21; *Anzinger/Bieneck*, § 1 Rn. 6; ASiG Rn. 5; vgl. *Gerhard*, AuA 1998, 237; a.A. Kollmer-*Lorenz*, C2 § 13 ArbSchG Rn. 49). Eine solche Übertragung käme ohnehin nur für Betriebsärzte oder Fachkräfte für Arbeitssicherheit in Betracht, die im Betrieb, für den sie durch den Arbeitgeber bestellt sind, fest angestellt sind, also nicht für überbetriebliche Dienste oder freiberuflich Tätige. Zwar wird von der h.M. die Auffassung vertreten, dass eine Verantwortungsübertragung **neben** der Wahrnehmung von Aufgaben nach dem ASiG grundsätzlich zulässig ist (vgl. MünchArbR-*Wlotzke*, § 208 Rn. 6; *KJP*, a.a.O.). Doch auch hier sind Bedenken hinsichtlich der Unabhängigkeit bei der Wahrnehmung der Fachkunde durch zwangsläufige Interessenkollisionen geltend zu machen (vgl. insoweit die aufgezeigten Grenzen bei MünchArbR-*Wlotzke*, § 210 Rn. 59).   9

Eine mit Blick auf das Unfallverhütungsrecht mit § 13 Abs. 2 korrespondierende Regelung enthält **§ 12 UVV »Allgemeine Vorschriften«** (BGV A1, GUV 0.1; Anhang Nr. 28). Danach hat der Unternehmer eine Übertragung seiner Pflichten nach §§ 14 ff. SGB VII einschließlich der für ihn geltenden UVV unverzüglich schriftlich zu bestätigen (§ 12 Satz 1 UVV BGV A1, GUV 0.1). Im Unterschied zu § 13 Abs. 2 wird durch § 12 UVV BGV A1 allerdings keine verwaltungsrechtliche Verantwortung der beauftragten Personen, sondern lediglich eine bußgeldrechtliche Verantwortung festlegt (vgl. MünchArbR-*Wlotzke*, § 208 Rn. 9).   10

ArbSchG § 13

11 Die Beauftragung nach § 13 Abs. 2 hat **bußgeld- und strafrechtliche Bedeutung** gem. § 9 Abs. 2 OWiG und § 14 Abs. 2 Nr. 2 StGB (vgl. MünchArbR-*Wlotzke*, § 208 Rn. 17; vgl. Rn. 5).

12 Die **praktische Bedeutung** der Regelung der Verantwortlichkeiten in § 13 Abs. 1 Nr. 5 bzw. Abs. 2 (vgl. allgemein schon Rn. 7) ergibt sich aus den Erfordernissen der Aufbau- und Ablauforganisation insbesondere in mittleren und großen Betrieben, in welcher der Arbeitgeber nicht unmittelbar erreichbar sein kann. Dies verstärkt sich noch, z.B. aufgrund der Tendenz zur Abflachung der Hierarchien in den Unternehmen und Betrieben, die arbeitsorganisatorisch in der Einführung von Formen der **Gruppenarbeit** zum Ausdruck kommt (vgl. Einl. Rn. 47). In zunehmenden Maße wächst hier das Erfordernis, dass Arbeitsschutzmaßnahmen i.S. von § 3 i.V.m. § 4 auf der Basis der Beurteilung der Arbeitsbedingungen gem. § 5 verantwortlich an der Stelle durchgeführt werden, wo Gefährdungen für Sicherheit und Gesundheit der Beschäftigten auftreten können, ohne dass der Arbeitgeber oder die ggf. neben ihm verantwortlichen Personen gem. Abs. 1 Nr. 1 bis 4 höchstpersönlich die erforderlichen Arbeitsschutzpflichten erfüllen können.

13 Die in § 13 Abs. 1 Nr. 5 und Abs. 2 genannte Beauftragung kann im Bereich des **öffentlichen Dienstes** auch in einer allgemeinen Verwaltungsvorschrift wie in einer UVV vorgesehen sein (RegE, 19).

4. Verantwortliche Personen nach sonstigen Rechtsvorschriften

14 In sonstigen Rechtsvorschriften zu bestimmten Sachbereichen von Sicherheit und Gesundheitsschutz wird nicht unmittelbar der Arbeitgeber, sondern der **Betreiber** oder **Erlaubnisinhaber** einer Anlage für deren Durchführung verantwortlich gemacht, die im Regelfall jedoch auch die Arbeitgebereigenschaft aufweisen dürften (MünchArbR-*Wlotzke*, § 208 Rn. 3). Dies sind z.B.:

- Betreiber von **Dampfkesselanlagen**, die diese Anlagen in ordnungsmäßigem Zustand zu erhalten, ordnungsmäßig zu betreiben, notwendige Instandhaltungs- und Instandsetzungsarbeiten unverzüglich vorzunehmen und die den Umständen nach erforderlichen Sicherheitsmaßnahmen zu treffen haben (§ 25 Abs. 1 DampfkesselVO).
- Betreiber von **Druckbehältern**, die diesen in ordnungsmäßigem Zustand zu erhalten, ordnungsmäßig zu betreiben, zu überwachen, notwendige Instandsetzungsarbeiten unverzüglich vorzunehmen und die den Umständen nach erforderlichen Sicherheitsmaßnahmen zu treffen haben (§ 13 Abs. 1 DruckbehV).
- Personen, die Tätigkeiten nach § 2 **StrahlenschutzVO** ausüben oder planen und die verpflichtet sind, u.a. jede unnötige Strahlenexposition oder Kontamination von Personen, Sachgütern oder der Umwelt zu vermeiden sowie jede Strahlenexposition oder Kontamination von Personen, Sachgütern oder der Umwelt unter Beachtung des Standes von Wissenschaft und Technik und unter Berücksichtigung aller Umstände des Einzelfalles auch unterhalb der in dieser Verordnung festgesetzten Grenzwerte so gering wie möglich zu halten (§ 31 StrahlenschutzVO).
- Strahlenschutzverantwortliche, die eine **Röntgeneinrichtung** oder einen **Störstrahler**, dessen Betrieb der Genehmigung nach § 5 Abs. 1 bedarf (Störstrahler nach § 5 Abs. 1), betreiben (§ 13 Abs. 1 RöntgenV; wird gegenwärtig novelliert).

5. Rechte des Betriebs- oder Personalrats

Betriebs- bzw. Personalrat haben die Durchführung der Verpflichtungen nach § 13 Abs. 2 zu **überwachen** (§§ 80 Abs. 1 Nr. 1, 89 BetrVG bzw. §§ 68 Abs. 1 Nr. 2, 81 BPersVG). Im Rahmen der **Informationsrechte** gem. § 80 Abs. 2 BetrVG bzw. § 68 Abs. 2 BPersVG sind die Informationen Übertragung von Verantwortlichkeiten bei der Durchführung des betrieblichen und des sozialen Arbeitsschutzes dem Betriebs- bzw. Personalrat zur Verfügung zu stellen (vgl. BetrVG Rn. 6; BPersVG Rn. 3). 15

Da es dem Arbeitgeber überlassen bleibt, wie er die Beauftragung im Betrieb kollektiv regelt, und damit vom Gesetzgeber entsprechende Entscheidungsspielräume geschaffen worden sind, greift die **Mitbestimmung** des Betriebsrates nach § 87 Abs. 1 Nr. 7 BetrVG bzw. des Personalrates nach § 75 Abs. 3 Nr. 11 BPersVG (*LAG Hamburg* 21. 9. 2000, NZA-RR 2001, 190; a.A.: *Merten/Klein*, DB 1998, 676; *Wank*, § 13 ArbSchG Rn. 8; vgl. BetrVG Rn. 14 ff.; BPersVG Rn. 8). Da auch die Modalitäten der **Beauftragung einzelner Beschäftigten** als Einzelmaßnahme im Regelfall einen kollektiven Bezug aufweisen dürfte, fällt auch diese in den Geltungsbereich des § 87 Abs. 1 Nr. 7 BetrVG (vgl. *Fabricius*, a.a.O.; a.A.: MünchArbR-*Wlotzke*, § 208 Rn. 35; *Merten/Klein*, a.a.O.; vgl. BetrVG Rn. 37).

§ 14 Unterrichtung und Anhörung der Beschäftigten des öffentlichen Dienstes

(1) Die Beschäftigten des öffentlichen Dienstes sind vor Beginn der Beschäftigung und bei Veränderungen in ihren Arbeitsbereichen über Gefahren für Sicherheit und Gesundheit, denen sie bei der Arbeit ausgesetzt sein können, sowie über die Maßnahmen und Einrichtungen zur Verhütung dieser Gefahren und die nach § 10 Abs. 2 getroffenen Maßnahmen zu unterrichten.

(2) Soweit in Betrieben des öffentlichen Dienstes keine Vertretung der Beschäftigten besteht, hat der Arbeitgeber die Beschäftigten zu allen Maßnahmen zu hören, die Auswirkungen auf Sicherheit und Gesundheit der Beschäftigten haben können.

1. Unterrichtung der einzelnen Beschäftigten im öffentlichen Dienst

Ergänzend zur Unterrichtungsverpflichtung des Arbeitgebers im privatwirtschaftlichen Bereich gem. § 81 Abs. 1 Satz 2 BetrVG (vgl. BetrVG Rn. 47 ff.) wird durch § 14 Abs. 1 eine Verpflichtung zur **Unterrichtung der einzelnen Beschäftigten im öffentlichen Dienst** festgelegt (vgl. *Schlüter*, 75; zu den Rechten der Personalvertretungen insbesondere nach §§ 68 Abs. 2, 75 Abs. 3 Nr. 11 und 81 BPersVG vgl. BPersVG Rn. 3; zu speziellen Unterrichtungsrechten der Beschäftigten im Bereich Sicherheit und Gesundheitsschutz vgl. BetrVG Rn. 47 ff.; zur darüber hinausgehenden Unterweisung der Beschäftigten in allen Tätigkeitsbereichen vgl. § 12 ArbSchG). 1

Die Verpflichtung bezieht sich auf:
– Risiken, denen die Beschäftigten bei der Arbeit ausgesetzt sind (vgl. den Gefährdungskatalog in § 5 Abs. 3; § 5 Rn. 13 ff.) sowie
– Maßnahmen und Einrichtungen zur Vermeidung oder Beseitigung dieser Risiken (d.h. die konkret auf die Arbeitsbedingungen des jeweiligen Beschäf-

tigten bezogenen Arbeitsschutzmaßnahmen, z.B. zur Bildschirmarbeit, manuellen Lastenhandhabung, Arbeitsmittelbenutzung, bei ernsten und unmittelbaren Gefahren usw.
Grundlage für die Unterrichtung ist die Gefährdungsbeurteilung gem. §§ 5, 6 ArbSchG. Aus dieser ergibt sich, in Einklang mit der Zielsetzung des ArbSchG und den allgemeinen Verpflichtungen gem. §§ 3, 4 auch der konkrete Umfang der Unterrichtung. Einbezogen sind auch **Gefährdungen**, eine Beschränkung der Unterrichtung auf Gefahren würde dem Schutzziel des ArbSchG zuwiderlaufen (vgl. *KJP*, § 14 Rn. 6).

2 Die Unterrichtung des einzelnen Beschäftigten im öffentlichen Dienst muss **vor Beginn der Beschäftigung** und bei **Veränderungen im Arbeitsbereich** und analog zur Regelung der Unterweisung in § 12 Abs. 1 **rechtzeitig** erfolgen (vgl. *KJP*, § 12 Rn. 4).

2. Anhörung der Beschäftigten in Betrieben des öffentlichen Dienstes ohne Beschäftigtenvertretung

3 Besteht in **Betrieben des öffentlichen Dienstes keine Beschäftigtenvertretung**, muss der Arbeitgeber gem. Abs. 2 die **Beschäftigten** zu allen Maßnahmen **anhören**, die Auswirkungen auf ihre Sicherheit und Gesundheit haben können. Diese Regelung begründet für den öffentlichen Dienst eigenständige Beteiligungsrechte in Anlehnung an die Bestimmungen in § 81 Abs. 3 BetrVG (*Schlüter*, 77; vgl. BetrVG Rn. 48). Diese Anhörungspflicht schafft ggf. einen gewissen Ausgleich für die in den Personalvertretungsgesetzen festgelegten Rechte der Personalvertretung.

4 Die Anhörung ist auf die **Beurteilung der Arbeitsbedingungen** und ihre Dokumentation gem. §§ 5, 6 sowie die hieraus abgeleiteten Arbeitsschutzmaßnahmen einschließlich der Sicherstellung einer betrieblichen Arbeitsschutzorganisation zu stützen (vgl. *KJP*, § 14 Rn. 13).

5 Eine bestimmte **Form** der Anhörung wird nicht vorgeschrieben. Um die Zielsetzung der Norm sicherzustellen, sollte sichergestellt werden, dass die notwendigen Informationen umfassend und nachvollziehbar, d.h. zur Gewährleistung von Handlungskompetenz, übermittelt werden. Dies ist notwendig, damit ggf. Vorschläge gem. § 17 Abs. 1 seitens der Beschäftigten entwickelt und vorgebracht werden können. Findet eine Anhörung nicht statt oder ist diese i.S. der Zielsetzung des ArbSchG unzureichend, können die Beschäftigten auf das außerbetriebliche Beschwerderecht gem. § 17 Abs. 2 zurückgreifen (vgl. *KJP*, § 14 Rn. 14).

Dritter Abschnitt
Pflichten und Rechte der Beschäftigten

§ 15 Pflichten der Beschäftigten

(1) Die Beschäftigten sind verpflichtet, nach ihren Möglichkeiten sowie gemäß der Unterweisung und Weisung des Arbeitgebers für ihre Sicherheit und Gesundheit bei der Arbeit Sorge zu tragen. Entsprechend Satz 1 haben die Beschäftigten

§ 15 ArbSchG

auch für die Sicherheit und Gesundheit der Personen zu sorgen, die von ihren Handlungen oder Unterlassungen bei der Arbeit betroffen sind.
(2) Im Rahmen des Absatzes 1 haben die Beschäftigten insbesondere Maschinen, Geräte, Werkzeuge, Arbeitsstoffe, Transportmittel und sonstige Arbeitsmittel sowie Schutzvorrichtungen und die ihnen zur Verfügung gestellte persönliche Schutzausrüstung bestimmungsgemäß zu verwenden.

Übersicht

	Rn.
1. Allgemeines.	1–3
2. Pflichten im Hinblick auf die eigene Person	4–9
3. Pflichten im Hinblick auf andere Personen	10
4. Bestimmungsgemäße Verwendung	11

1. Allgemeines

Das ArbSchG legt, unabhängig und in Ergänzung anderer Rechtsvorschriften, in §§ 15, 16, 17 **Rechte und Pflichten der einzelnen Beschäftigten** fest. Mit diesen Individualrechten und -pflichten werden entsprechende Regelungen der Art. 13 und 11 EG-Rahmenrichtlinie Arbeitsschutz umgesetzt. Sie ergänzen die bereits in den §§ 9, 11, 12 und 14 als Pflichten des Arbeitgebers formulierten Individualrechte der Beschäftigten bei besonderen Gefahrensituationen, auf arbeitsmedizinische Vorsorge, auf Unterweisung sowie bezogen auf die Beschäftigten im öffentlichen Dienst auf Unterrichtung. 1

Die individuellen Rechte und Pflichten der Beschäftigten, die das ArbSchG festlegt, gelten für **alle Tätigkeitsbereiche** i.S. von § 1 Abs. 1 Satz 1 und damit auch für Betriebe, die nicht in den Geltungsbereich des BetrVG oder der Personalvertretungsgesetze fallen. Daneben besteht eine Reihe von Individualrechten und -pflichten, die in speziellen Arbeitsschutzvorschriften festgelegt sind (Rn. 3). 2

Alle diese Rechte und Pflichten der Beschäftigten sind, neben ihrem öffentlich-rechtlichen Charakter, Bestandteil der wechselseitigen arbeitsvertraglichen Verpflichtungen (vgl. Einl. Rn. 30 ff.).

Eine Reihe von **sonstigen Rechtsvorschriften** enthalten Individualrechte und -pflichten für die Beschäftigten, die dem Schutz vor **speziellen Gefährdungen** für Sicherheit und Gesundheit am Arbeitsplatz dienen. 3

So konkretisieren besondere Arbeitgeberverpflichtungen zur Unterweisung, Unterrichtung, arbeitsmedizinischen Vorsorge u.s.w. allgemeine Bestimmungen des ArbSchG und hieraus abzuleitende Rechte der Beschäftigten (so z.B. Regelungen der GefStoffV; der AMBV, der BildscharbV u.s.w.). Diese Rechte sind nicht zuletzt auf die Einzelrichtlinien zur EG Rahmenrichtlinie Arbeitsschutz 89/391/EWG und die davor zustande gekommenen Arbeitsschutzrichtlinien zurückzuführen (vgl. § 19 Rn. 5).

Allgemeine Verpflichtungen der Versicherten sind weiterhin indirekt in Vorschriften des sozialen Arbeitsschutzes (MuSchG, JarbSchG, ArbZG) sowie im Recht der gesetzlichen Unfallversicherung verankert:
– So haben die Versicherten nach ihren Möglichkeiten alle Maßnahmen zur Verhütung von Arbeitsunfällen, Berufskrankheiten und arbeitsbedingten Gesundheitsgefahren sowie für eine wirksame Erste Hilfe zu unterstützen und die entsprechenden Anweisungen des Unternehmers zu befolgen (§ 14 Abs. 3 SGB VII; vgl. SGB VII Rn. 28).

ArbSchG § 15

– Diese Pflichten werden durch §§ 14–17 der UVV »Allgemeine Vorschriften« (BGV A 1; vgl. Anhang 28) und durch weitere UVV konkretisiert.
Dazu kommen die im **BetrVG** festgelegten, **allgemeinen Individualrechte** der Arbeitnehmer (vgl. BetrVG Rn. 47 ff.).
Diese individuellen Rechte und Pflichten der Beschäftigten werden durch die Rechte und Pflichten ihrer **Interessenvertretung** (Betriebs- oder Personalrat; vgl. BetrVG Rn. 1 ff., BPersVG Rn. 1 ff.) sowie der **betrieblichen Arbeitsschutzexperten** (Fachkräfte für Arbeitssicherheit, Betriebsärzte, Sicherheitsbeauftragte, einschließlich der mit diesen kooperierenden, sonstigen Beauftragten ergänzt.

2. Pflichten im Hinblick auf die eigene Person

4 Die Beschäftigten sind verpflichtet, nach ihren Möglichkeiten sowie gem. der Unterweisung und Weisung des Arbeitgebers, **Sorge für ihre eigene Sicherheit und Gesundheit** zu tragen (Abs. 1 Satz 1). Diese Regelung setzt die entsprechende Bestimmung in Art. 13 Abs. 1 EG-Rahmenrichtlinie Arbeitsschutz um. Ihr liegt die Überlegung zugrunde, dass die besten Schutzausrüstungen nichts nutzen, wenn sich die Beschäftigten nicht sicherheitsgerecht verhalten und nicht im Rahmen der eigenen Möglichkeiten auch für Sicherheit und Gesundheitsschutz sorgen (RegE, 20). Eine ähnlich gelagerte Verpflichtung ergibt sich in bezug auf die gesetzliche Unfallversicherung aus § 21 Abs. 3 SGB VII (vgl. SGB VII Rn. 28).
Die allgemeine Verpflichtung, Sorge für die eigene Sicherheit und Gesundheit zu tragen wird zum einen, abhängig von den jeweiligen Arbeitsbedingungen und Tätigkeiten, durch § 15 Abs. 2 konkretisiert (vgl. Rn. 11). Zum anderen kann diese auch durch Beschaffung von Information, Einhaltung von betrieblich festgelegten Arbeitsverfahren, Pausen- und anderen organisatorischen Regelungen, die Unterstützungspflichten nach § 16 sowie die Ausübung von Rechten gem. § 17 (Vorschlags- und Beschwerderecht) erfüllt werden (Münch-ArbR-*Wlotzke*, § 211 Rn. 62; *KJP*, B 3 § 15 ArbSchG Rn. 10).
Bei Verletzung dieser Pflicht sind die üblichen Sanktionen möglich (Abmahnung bis hin zur Kündigung). Sachwidrige Weisungen brauchen nicht beachtet zu werden (*Nöthlichs*, 4038, 2 f.). Durch Abs. 1 wird die schon bestehende arbeitsvertragliche Verpflichtung der Beschäftigten zur Einhaltung der Weisungen des Arbeitgebers zum Gegenstand einer öffentlich-rechtlichen Verpflichtung (a.a.O., 2 m.w.N.). Umgekehrt wird die öffentlich-rechtliche Verpflichtung zur Beachtung von Unterweisung und Weisung des Arbeitgebers durch die Beschäftigten in das Arbeitsverhältnis als vertragsrechtliche Pflicht transformiert (vgl. *Wlotzke*, NZA 1996, 1022, Fußn. 48).

5 Mit der Grundpflicht des Abs. 1 wird erstmals eine **generelle Vorsorgeverantwortung** der Beschäftigten für die eigene Sicherheit und Gesundheit im Arbeitsprozess eingeführt (*Wlotzke*, NZA 1996, 1022). Sie konkretisiert und erweitert die bisherige, nach allgemeinen arbeitsrechtlichen Grundsätzen aus der abgeleiteten Nebenpflicht des Arbeitnehmers zur Einhaltung von Schutzvorschriften. Die Verpflichtung besteht gem. § 11 Abs. 6 AÜG auch für **Leiharbeitnehmer** (MünchArbR-*Wlotzke*, § 211 Rn. 61; AÜG Rn. 1).

6 Die Vorsorgeverpflichtung der Beschäftigten ist an mehrere **Voraussetzungen** gebunden:
– Sie besteht nur im Rahmen der **Möglichkeiten** der Beschäftigten. Hierzu

§ 15 ArbSchG

muss zum einen die gem. § 7 erforderliche Befähigung der Beschäftigten vorliegen. Zum anderen müssen die erforderlichen sachlichen und organisatorischen Mittel zur Verfügung stehen (vgl. § 9 Abs. 2 und 10 Abs. 1). Die Beschäftigten können sich auch an die betrieblichen Arbeitsschutzexperten wenden (vgl. *Schlüter*, 80; *KJP*, B 3 § 15 ArbSchG Rn. 4).
- Voraussetzung ist weiterhin, dass die gem. § 12 erforderliche **Unterweisung** und **Anweisung** gem. § 4 Nr. 7 erfolgt sind (*Nöthlichs*, 4038, 2; vgl. *Schlüter*, 80; § 12 Rn. 3). Die Unterweisung kann eine Verpflichtung der Beschäftigten gem. § 15 nur insoweit auslösen, als der Beschäftigte aus ihr ein auf eine konkrete Arbeitssituation bezogenes eindeutig bestimmbares Verhalten ableiten kann (zu den Anforderungen an die Unterweisung vgl. § 12 Rn. 3 ff.).
- Fehlt es an der hinreichenden Konkretisierung der Unterweisung, bedarf es einer **Einzelweisung** des Arbeitgebers. Es muss sich um eine vom Direktionsrecht des Arbeitgebers gedeckte Weisung handeln, die sich im Rahmen der Zielsetzungen des ArbSchG, insbesondere der §§ 3 und 4, bewegt (vgl. *Nöthlichs*, a.a.O.; *KJP*, B 3 § 15 ArbSchG Rn. 6).
- § 15 führt nicht zur **Erweiterung** der arbeitsvertraglichen Leistungspflichten, insbesondere nicht zur Pflicht zur Übernahme von vertraglich nicht vorgesehenen Tätigkeiten im Rahmen der Arbeitsschutzorganisation (zur Tätigkeit als Ersthelfer vgl. § 10 Rn. 3).

Mit diesen kumulativ notwendigen Voraussetzungen einer Rechtspflicht der Beschäftigten hält sich das ArbSchG bei aller neuen Akzentsetzung durchaus noch im Rahmen der allgemeinen Kriterien zur Bestimmung vertraglicher **Nebenpflichten**. § 15 macht in dieser Hinsicht vor allem deutlich, dass es zunächst und in erster Linie am Arbeitgeber liegt, die Beschäftigten subjektiv und objektiv zur Übernahme von Eigenverantwortung zu befähigen.

Verletzt ein Beschäftigter seine Pflicht zur Eigenvorsorge, kann der Arbeitgeber hierauf mit den allgemeinen **vertragsrechtlichen Möglichkeiten** reagieren: Schadensersatz und Kündigung nach Abmahnung (vgl. *Nöthlichs*, 4038, 4). Der Arbeitgeber hat jeweils die Voraussetzungen hierfür darzulegen und erforderlichenfalls zu beweisen. Eine Pflichtverletzung des Beschäftigten lässt die eigenen Pflichten des Arbeitgebers gem. §§ 3 ff. unberührt (a.a.O., 3).

7

Die Eigenverantwortlichkeit der Beschäftigten lässt nicht nur die **arbeitsschutzrechtlichen Pflichten** des Arbeitgebers, sondern auch **dessen strafrechtliche Verantwortlichkeit** unberührt (vgl. *Schlüter*, 79). Er ist verpflichtet, die Beschäftigten auch vor bewusster Selbstschädigung zu bewahren. Die strafrechtliche Verantwortlichkeit des Arbeitgebers endet erst, wenn er seinen Verpflichtungen aus § 618 BGB voll genügt. Dazu reicht die bloße Belehrung nicht aus. Vielmehr muss der Arbeitgeber alle rechtlich gebotenen Schritte unternehmen, um den Beschäftigten die Einhaltung der Schutzmaßnahmen ohne Einschränkungen zu ermöglichen (eingehend *OLG Naumburg* v. 25. 3. 1996, NZA-RR 1996, 19 m.w.N.).

8

§ 15 lässt die bisherige Rechtslage hinsichtlich einer Verpflichtung der **Beschäftigten zu einem gesundheitsförderlichen Verhalten** unberührt (vgl. *Schäfer*, NZA 1992, 529 ff.; *Nöthlichs*, 4038, 2; *Schlüter*, 81). Das heißt: Es besteht im Regelfall keine derartige arbeitsvertragliche Verpflichtung. Das kann anders sein z.B. bei Beschäftigten in Betrieben, die sich die Gesundheitsförderung als Ziel gesetzt haben (*Schäfer*, a.a.O., 532; zur betrieblichen Gesundheitsförderung auf der Grundlage von § 20 SGB V bzw. § 14 Abs. 2 SGB VII vgl. Einl. Rn. 54). Führt ein gesundheitsschädigendes Verhalten zu Arbeitsunfähigkeit, so kann diese im Falle einer krankheitsbedingten Kündigung Auswirkungen auf die Gesund-

9

heitsprognose und die Interessenabwägung haben (vgl. *KDZ*, § 1 KSchG Rn. 112). Ein entsprechendes, grob fahrlässiges Verhalten des Arbeitnehmers kann zur Verweigerung der Vergütungsfortzahlung durch den Arbeitgeber führen (vgl. *Schaub*, § 98, II 6a).

3. Pflichten im Hinblick auf andere Personen

10 Die Beschäftigten haben im Rahmen des § 15 Abs. 1 auch Sorge für die Sicherheit und die Gesundheit von **Personen** zu tragen, die von ihren Handlungen oder Unterlassungen **bei der Arbeit betroffen** sind. Diese Regelung setzt die entsprechende Bestimmung in Art. 13 Abs. 1 EG-Rahmenrichtlinie Arbeitsschutz um. Sie betrifft in erster Linie die Beschäftigten, die bei der Arbeit zusammenarbeiten, aber auch Lieferanten, Kunden, Besucher des Betriebs, die von den Handlungen der Beschäftigten betroffen sein können (vgl. *Schlüter*, 81 f.; Kollmer-*Oppenauer*, C 2, § 15 ArbSchG Rn. 38; *Kollmer/Vogl*, Rn. 214; a.A.: MünchArbR-*Wlotzke*, § 211 Rn. 63. m.w.N.; *Leube*, BB 2000, 305; differenziert: *KJP*, B 3 § 15 ArbSchG Rn. 14). Diese Pflicht der Beschäftigten bezieht sich insbesondere auf die in Abs. 2 und § 16 Abs. 1 und 2 festgelegten, konkretisierenden Pflichten zur bestimmungsgemäßen Verwendung von Arbeitsmitteln und PSA sowie zur Unterstützung der für den betrieblichen Arbeitsschutz Verantwortlichen zusammen mit den Arbeitsschutzexperten.

Der Arbeitgeber hat ergänzend zu den präventiven, organisatorischen und technischen Arbeitsschutzmaßnahmen auch die Befähigung der Beschäftigten gem. § 7 zur Erfüllung ihrer Verpflichtung, für die Sicherheit und Gesundheit anderer Personen Sorge zu tragen, zu prüfen.

10a Neben der Verpflichtung der Beschäftigten muss der **Arbeitgeber** für die Sicherheit und Gesundheit **anderer Personen**
– bei **unmittelbarer erheblicher Gefahr** die Maßnahmen gem. § 9 Abs. 2 sowie
– zur **Ersten Hilfe, Brandbekämpfung und Evakuierung** gem. § 10 Abs. 1
durchführen (vgl. § 9 Rn. 7 und § 10 Rn. 1). Die Maßnahmen gem. § 9 Abs. 2 korrespondieren mit § 15 Abs. 1, da sie darauf abzielen, die Beschäftigten in die Lage zu versetzen, die geeigneten Maßnahmen zur Gefahrenabwehr und Schadensbegrenzung bei unmittelbarer erheblicher Gefahr auch selbst treffen zu können, wenn der zuständige Vorgesetzte nicht erreichbar ist. Hieraus leitet sich eine Handlungspflicht der Beschäftigten im Rahmen ihrer Möglichkeiten und nach der Unterweisung und Weisung des Arbeitgebers ab (Kollmer-*Oppenauer*, a.a.O.; § 9 Rn. 7 ff.).

10b Eine **generelle Schutzpflicht** des Arbeitgebers oder der Beschäftigten zugunsten Dritter, die über eine nach allgemeinen zivilrechtlichen Grundsätzen bestehende hinausgeht, kann allerdings weder aus § 15 Abs. 1 noch aus §§ 9, 10 abgeleitet werden (vgl. *Nöthlichs*, 4038, 3; *KJP*, B 3 § 15 ArbSchG Rn. 14).

4. Bestimmungsgemäße Verwendung

11 Die Verpflichtung auch der Beschäftigten zu einem sicherheits- und gesundheitsgerechten Verhalten gilt insbesondere in Bezug auf die **bestimmungsgemäße Verwendung** von Maschinen, Geräten, Werkzeugen, Arbeitsstoffen, Transportmitteln, sonstigen Arbeitsmitteln, Schutzvorrichtungen sowie der persönlichen Schutzausrüstung (Abs. 2). Damit werden die Regelungen in Art. 13 Abs. 2a, b und c EG-Rahmenrichtlinie Arbeitsschutz umgesetzt, die entsprechende Bestimmungen enthalten. Die Verpflichtung entspricht § 15 UVV »Allgemeine Vorschriften« (BGV A 1, GUV 0.1, Anhang Nr. 28; vgl. *Nöthlichs*, 4038). Sie korrespondiert mit § 15 Abs. 1 ArbSchG und unterstreicht seine Bedeutung als generelle Grundnorm für die Verpflichtung der Beschäftigten zu einem sicherheits- und gesundheitsgerechten Verhalten (vgl. *Wlotzke*, NZA 1996, 1022; *Schlüter*, 82).

Die **Voraussetzungen** für eine bestimmungsgemäße Verwendung i.S. von § 15 Abs. 2 ergeben sich aus den vom Arbeitgeber bei der Bereitstellung zu beachtenden Beschaffenheitsanforderungen, die sich z.b. für Maschinen und PSA aus den EG-Richtlinien gem. Art. 95 EGV i.V. m. den Verordnungen zum GSG oder, in nicht harmonisierten Bereichen, aus nationalen Regelungen, z.B. UVV. Darüber hinaus sind die betrieblichen Bedingungen der bestimmungsgemäßen Verwendung zu beachten (vgl. z.B. § 3 AMBV).

11a

§ 16 Besondere Unterstützungspflichten

(1) Die Beschäftigten haben dem Arbeitgeber oder dem zuständigen Vorgesetzten jede von ihnen festgestellte unmittelbare erhebliche Gefahr für die Sicherheit und Gesundheit sowie jeden an den Schutzsystemen festgestellten Defekt unverzüglich zu melden.

(2) Die Beschäftigten haben gemeinsam mit dem Betriebsarzt und der Fachkraft für Arbeitssicherheit den Arbeitgeber darin zu unterstützen, die Sicherheit und den Gesundheitsschutz der Beschäftigten bei der Arbeit zu gewährleisten und seine Pflichten entsprechend den behördlichen Auflagen zu erfüllen. Unbeschadet ihrer Pflicht nach Absatz 1 sollen die Beschäftigten von ihnen festgestellte Gefahren für Sicherheit und Gesundheit und Mängel an den Schutzsystemen auch der Fachkraft für Arbeitssicherheit, dem Betriebsarzt oder dem Sicherheitsbeauftragten nach § 22 des Siebten Buches Sozialgesetzbuch mitteilen.

Im Rahmen einer besonderen Unterstützungspflicht haben die Beschäftigten dem Arbeitgeber oder dem zuständigen Vorgesetzten **unverzüglich Meldung** über jede von ihnen festgestellte **unmittelbare erhebliche Gefahren** für Sicherheit und Gesundheit zu machen (Abs. 1). Dies gilt auch für jeden an den Schutzsystemen festgestellten **Defekt** (vgl. *Schlüter*, 83). Damit wird Art. 13 Abs. 2 Buchst. d EG-Rahmenrichtlinie Arbeitsschutz umgesetzt. Die Regelung soll nicht nur Pflichten der Beschäftigten festlegen, sondern sie stärkt auch ihre Position, sich mit entsprechenden Informationen an den Arbeitgeber zu wenden, ohne Benachteiligungen befürchten zu müssen (vgl. a.a.O., 84).

1

Die Beschäftigten haben die Pflicht zur **Unterstützung des Arbeitgebers** sowie des Betriebsarztes und der Fachkraft für Arbeitssicherheit bei der Erfüllung ihrer Arbeitsschutzaufgaben (Abs. 2; vgl. ASiG Rn. 11). Weiterhin sollen sie diesen oder den nach § 22 SGB VII bestellten Sicherheitsbeauftragten (vgl. SGB VII Rn. 29 ff.) Gefahren für Sicherheit und Gesundheit und Mängel an den betrieblichen Arbeitsschutzsystemen mitteilen. Damit wird Art. 13 Abs. 2 Buchst. e und f EG-Rahmenrichtlinie Arbeitsschutz umgesetzt. Durch diese Regelungen tragen die Beschäftigten ihrerseits dazu bei, dass der Arbeitgeber und die von ihm beauftragten Arbeitsschutzexperten ihre Arbeitsschutzaufgaben erfüllen können (RegE, 20; vgl. *Schlüter*, 84). Die Regelung stärkt, ausgehend vom Grundsatz der Verantwortung des Arbeitgebers für den betrieblichen Arbeitsschutz (vgl. § 13 Rn. 1), die Eigenverantwortung der Beschäftigten.

2

§ 17 Rechte der Beschäftigten

(1) Die Beschäftigten sind berechtigt, dem Arbeitgeber Vorschläge zu allen Fragen der Sicherheit und des Gesundheitsschutzes bei der Arbeit zu machen. Für Beamtinnen und Beamte des Bundes ist § 171 des Bundesbeamtengesetzes anzuwenden. § 60 des Beamtenrechtsrahmengesetzes und entsprechendes Landesrecht bleiben unberührt.

(2) Sind Beschäftigte auf Grund konkreter Anhaltspunkte der Auffassung, daß die vom Arbeitgeber getroffenen Maßnahmen und bereitgestellten Mittel nicht ausreichen, um die Sicherheit und den Gesundheitsschutz bei der Arbeit zu gewährleisten, und hilft der Arbeitgeber darauf gerichteten Beschwerden von Beschäftigten nicht ab, können sich diese an die zuständige Behörde wenden. Hierdurch dürfen den Beschäftigten keine Nachteile entstehen. Die in Absatz 1 Satz 2 und 3 genannten Vorschriften sowie die Vorschriften der Wehrbeschwerdeordnung und des Gesetzes über den Wehrbeauftragten des Deutschen Bundestages bleiben unberührt.

Übersicht

	Rn.
1. Allgemeines	1
2. Vorschlagsrecht	2, 3
3. Außerbetriebliches Beschwerderecht	4–9

1. Allgemeines

1 In § 17 werden **Rechte der Beschäftigten** geregelt, die die vorhandenen Regelungen insbesondere des BetrVG, aber auch weiterer Arbeitsschutzvorschriften (z.B. GefStoffV; *Gach/Rützel*, BB 1997, 1659; GefStoffV, Rn. 65), ergänzen bzw. in Bezug auf Sicherheit und Gesundheitsschutz konkretisieren (vgl. Einl. Rn. 45; BetrVG Rn. 47 ff.). Sie stärken die rechtliche Handlungskompetenz der Beschäftigten und bewirken zusammen mit ihren Pflichten nach §§ 16, 17 ihre aktive Einbeziehung in die betriebliche Arbeitsschutzorganisation (vgl. Abbildung 8).

2. Vorschlagsrecht

2 Die Beschäftigten haben ein allgemeines Vorschlagsrecht zu **allen Fragen der Sicherheit und des Gesundheitsschutzes** (Abs. 1). Dies gilt **direkt** gegenüber dem Arbeitgeber (zum öffentlichen Dienst vgl. Rn. 3). Der Arbeitgeber ist nicht zur Beachtung oder Berücksichtigung der Vorschläge verpflichtet, muss sie jedoch prüfen. Ggf. muss sich der Betriebs- bzw. Personalrat einschalten (vgl. *Schlüter*, 87 f.).

Im Rahmen ihres Vorschlagsrechts können z.B. die Beschäftigten, neben dem Betriebs- oder Personalrat, darauf hinwirken, dass neueste Erkenntnisse aus den in § 4 Nr. 3 genannten Bereichen bei den zu treffenden Arbeitsschutzmaßnahmen berücksichtigt werden (vgl. § 4 Rn. 7).

Durch Abs. 1 wird Art. 11 Abs. 1 Satz 2 zweiter Spiegelstrich EG-Rahmenrichtlinie Arbeitsschutz umgesetzt. Es steht neben dem allgemeinen Vorschlagsrecht gem. § 82 Abs. 1 Satz 2 BetrVG (vgl. BetrVG Rn. 50).

3 Für **Beamte des Bundes** ist § 171 Bundesbeamtengesetz anzuwenden; § 60 Beamtenrechtsrahmengesetz und entsprechendes Landesrecht bleiben unberührt. Bundesbeamte haben danach bei Vorschlägen zu Sicherheit und Gesundheits-

Abbildung 8:

Pflichten und Rechte der Beschäftigten	
Pflichten	**Rechte**
• allgemeine Verpflichtung in Bezug auf Sicherheit und Gesundheitsschutz (§ 15 Abs. 1 ArbSchG, vgl. § 21 Abs. 3 SGB VII, § 14 UVV BGV A 1, GUV 0.1) • bestimmungsgemäße Verwendungspflichten (§ 15 Abs. 2 ArbSchG, § 15 UVV BGV A 1, GUV 0.1) • unverzügliche Meldung von unmittelbaren erheblichen Gefahren (§ 16 Abs. 1 ArbSchG) • Unterstützung des Arbeitgebers gemeinsam mit den betriebl. Arbeitsschutzakteuren (§ 16 Abs. 2 Satz 1 ArbSchG) • Meldung von Gefahren an die Arbeitsschutzakteure (§ 16 Abs. 2 Satz 2 ArbSchG, § 16 UVV BGV A 1, GUV 0.1)	• spezielles Vorschlagsrecht in Bezug auf Sicherheit und Gesundheitsschutz bei der Arbeit (§ 17 Abs. 1 ArbSchG) • außerbetriebliches Beschwerderecht (§ 17 Abs. 2 ArbSchG) • allg. Entfernungsrecht bei unmittelbarer erheblicher Gefahr (§ 9 Abs. 3 ArbSchG) • Individualrecht auf arbeitsmedizinische Vorsorge (§ 11 ArbSchG)
ergänzt durch BetrVG und PersVG / § 14 ArbSchG	

schutz in ihrer Dienststelle den **Dienstweg** einzuhalten (RegE, 20). Für die **Soldaten** gilt Entsprechendes aufgrund § 7 Soldatengesetz (a.a.O.).

3. Außerbetriebliches Beschwerderecht

Die Beschäftigten haben ein außerbetriebliches Beschwerderecht in Bezug auf **Sicherheit und Gesundheitsschutz** gegenüber den zuständigen Behörden (Abs. 2). Dadurch wird Art. 11 Abs. 6 Unterabs. 1 EG-Rahmenrichtlinie Arbeitsschutz umgesetzt. Die Umsetzung kann sich danach an den nationalen Rechtsvorschriften bzw. Praktiken orientieren. Zweck dieser Regelung der Richtlinie ist die Sicherstellung der Autonomie der Beschäftigten im Arbeitsprozess, die Stärkung ihrer Eigenverantwortung und der Herstellung einer Transparenz der Arbeitsbedingungen (vgl. *BFK*, Rn. 264, 266, 606).

Die Ausübung des außerbetrieblichen Beschwerderechts gem. § 17 Abs. 2 wird an bestimmte **Bedingungen** geknüpft:

– Es müssen **konkrete Anhaltspunkte** gegeben sein, dass die vom Arbeitgeber getroffenen Maßnahmen und bereitgestellten Mittel nicht ausreichen, um die Sicherheit und den Gesundheitsschutz bei der Arbeit zu gewährleisten.
– Die Beschäftigten müssen sich darüber hinaus zunächst **an den Arbeitgeber wenden**, bevor sie die zuständigen Behörden einschalten. Das ArbSchG orientiert sich in dieser Hinsicht an der arbeits- und verwaltungsgerichtlichen Rechtsprechung, wonach die Beschäftigten, bevor sie sich an die Aufsichtsbehörde wenden, zuerst beim Arbeitgeber um Abhilfe nachsuchen

haben (RegE, 20; vgl. *Wlotzke*, NZA 1996, 1022; vgl. Rn. 6). Damit hat sich der Gesetzgeber den in Art. 11 Abs. 6 Unterabs. 1 EG-Rahmenrichtlinie Arbeitsschutz festgelegten Umsetzungsspielraum zunutze gemacht.
– Der Arbeitgeber **beseitigt die Mängel nicht** (vgl. *Schlüter*, 89).
Bei Streitfällen kann die Einschaltung des **Betriebs- oder Personalrates** zweckmäßig sein (vgl. a.a.O., 90).

6 Die nationale Rechtsprechung zum Recht auf außerbetriebliche Beschwerde ist **umstritten** und kritisiert worden (vgl. *BFK*, Rn. 614 mit Hinweis auf *LAG Baden-Württemberg* v. 20.12.1976, EzA Nr. 8 zu § 1 KSchG mit abl. Anm. *Weiß*; vgl. *Möx*, AiB 1992, 382 ff.). Die Regelung des § 17 Abs. 2 wird deshalb ebenfalls als sachwidrig bezeichnet (vgl. *BFK*, Rn. 615 zum weitgehend identischen § 18 Abs. 2 ArbSchRGE). Die Sachwidrigkeit wird darin gesehen, dass eine außerbetriebliche Beschwerde i.S. von § 17 Abs. 2 erst dann zum Tragen kommt, wenn die informellen innerbetrieblichen Verfahren nicht mehr greifen, bei denen die Beschäftigten keine Nachteile befürchten müssen und davon ausgehen können, dass die zugrundeliegenden Arbeitsschutzdefizite sachgerecht gelöst werden. Sind diese Voraussetzungen nicht gegeben, kann sich nach dieser Auffassung die Vorschaltung des Arbeitgebers als Hindernis für die Ausübung des Rechts auf außerbetriebliche Beschwerden erweisen: »Eine solche Sanktionierung, die nicht nur haltlose, sondern auch zutreffende Anzeigen erfasst, ist damit weder sachgemäß noch verhältnismäßig, da sie Freiheitsrechte der Beschäftigten mit einem ungeeigneten Mittel einschränkt. Zugleich ist sie geeignet, ein Klima zu schaffen, das nicht durch Offenheit, sondern Misstrauen oder Vorsicht geprägt ist und damit der notwendigen unbefangenen Erörterung von Gesundheitsschutzfragen am Arbeitsplatz entgegensteht« (*BFK*, a.a.O.).

7 § 17 Abs. 2 verlangt jedoch **keine formalistische Anwendung**. Diese Vorschrift steht unter dem Vorbehalt der **Zumutbarkeit** für die Beschäftigten. Daraus folgt, dass eine vorherige Beschwerde beim Arbeitgeber insbesondere in drei Ausnahmefällen nicht erforderlich ist (vgl. MünchArbR-*Wlotzke*, § 209 Rn. 44):
– Die Nichteinhaltung von Arbeitsschutzvorschriften war dem Arbeitgeber bereits **bekannt**, und er hat nichts dagegen unternommen (*LAG Baden-Württemberg* v. 3.2.1987, NZA 1987, 756; *Nöthlichs*, 4042, 5). Ein solcher Fall ist auch dann gegeben, wenn der Arbeitgeber auf eine gleichgelagerte Beschwerde anderer Beschäftigter oder gar eine Intervention des Betriebsrats bzw. Personalrats nicht reagiert hat.
– Die **Gefahrenlage ist groß**, und der darüber unterrichtete Arbeitgeber schafft nicht unverzüglich Abhilfe.
– Bei **vorsätzlichen Straftaten des Arbeitgebers**, besonders gegen die Beschäftigten selbst oder gegen die Umwelt (§ 324 ff. StGB), wäre eine vorherige Beschwerde beim Arbeitgeber ebenfalls unzumutbar (MünchArbR-*Wlotzke*, a.a.O.).

8 Den Beschäftigten dürfen keine **Nachteile** aus der Wahrnehmung ihres Beschwerderechts erwachsen (vgl. MünchArbR-*Wlotzke*, § 209 Rn. 46; *Nöthlichs*, 4042; 5; vgl. § 9 Rn. 8 und Rn. 19; *Schlüter*, 90). Dies gilt auch, wenn sich später herausstellt, dass die vom Arbeitgeber getroffenen Arbeitsschutzmaßnahmen und die bereitgestellten Mittel doch ausgereicht haben, um die Sicherheit und den Gesundheitsschutz bei der Arbeit zu gewährleisten, der Beschäftigte unter Berücksichtigung der konkreten Umstände jedoch das Gegenteil annehmen konnte, er also nicht leichtfertig gehandelt hat (vgl. MünchArbR-*Wlotzke*, a.a.O., Rn. 46, 35). In dieser Hinsicht kommt es auch darauf an, inwieweit der

Arbeitgeber seine Auswahl- und Informationspflichten gem. §§ 7 ff. wahrgenommen hat.

Für **Beamte** sowie für **Soldaten** bleiben die für sie geltenden Vorschriften über Beschwerden unberührt (vgl. § 171 Bundesbeamtengesetz, § 60 Beamtenrechtsrahmengesetz mit den entsprechenden Ländervorschriften sowie die Vorschriften der Wehrbeschwerdeordnung und des Gesetzes über den Wehrbeauftragten des Deutschen Bundestages; RegE, 20). 9

Vierter Abschnitt
Verordnungsermächtigungen

§ 18 Verordnungsermächtigungen

(1) Die Bundesregierung wird ermächtigt, durch Rechtsverordnung mit Zustimmung des Bundesrates vorzuschreiben, welche Maßnahmen der Arbeitgeber und die sonstigen verantwortlichen Personen zu treffen haben und wie sich die Beschäftigten zu verhalten haben, um ihre jeweiligen Pflichten, die sich aus diesem Gesetz ergeben, zu erfüllen. In diesen Rechtsverordnungen kann auch bestimmt werden, dass bestimmte Vorschriften des Gesetzes zum Schutz anderer als in § 2 Abs. 2 genannter Personen anzuwenden sind.

(2) Durch Rechtsverordnungen nach Absatz 1 kann insbesondere bestimmt werden,
1. dass und wie zur Abwehr bestimmter Gefahren Dauer oder Lage der Beschäftigung oder die Zahl der Beschäftigten begrenzt werden muss,
2. dass der Einsatz bestimmter Arbeitsmittel oder -verfahren mit besonderen Gefahren für die Beschäftigten verboten ist oder der zuständigen Behörde angezeigt oder von ihr erlaubt sein muss oder besonders gefährdete Personen dabei nicht beschäftigt werden dürfen,
3. dass bestimmte, besonders gefährliche Betriebsanlagen einschließlich der Arbeits- und Fertigungsverfahren vor Inbetriebnahme, in regelmäßigen Abständen oder auf behördliche Anordnung fachkundig geprüft werden müssen,
4. dass Beschäftigte, bevor sie eine bestimmte gefährdende Tätigkeit aufnehmen oder fortsetzen oder nachdem sie sie beendet haben, arbeitsmedizinisch zu untersuchen sind und welche besonderen Pflichten der Arzt dabei zu beachten hat,
5. dass Ausschüsse zu bilden sind, denen die Aufgabe übertragen wird, die Bundesregierung oder das zuständige Bundesministerium zur Anwendung der Rechtsverordnungen zu beraten, dem Stand der Technik, Arbeitsmedizin und Hygiene entsprechende Regeln und sonstige gesicherte arbeitswissenschaftliche Erkenntnisse zu ermitteln, wie die in den Rechtsverordnungen gestellten Anforderungen erfüllt werden können. Das Bundesministerium für Arbeit und Sozialordnung kann die Regeln und Erkenntnisse amtlich bekannt machen.

Die **Bundesregierung** kann gem. Abs. 1, mit Zustimmung des Bundesrates, durch **Rechtsverordnungen** die Pflichten 1
- der Arbeitgeber
- der Beschäftigten sowie
- sonstiger verantwortlichen Personen (vgl. § 13)

ArbSchG § 19

näher bestimmen. Die Verordnungsermächtigung erstreckt sich auf die Regelungen des 2. und 3. Abschnitts der ArbSchG. Weiterhin kann in derartigen Verordnungen bestimmt werden, dass bestimmte Vorschriften des ArbSchG zum Schutz von Sicherheit und Gesundheit **anderer als in § 2 Abs. 2 genannten Personen** anzuwenden sind. Dies ist für die Fälle z.B. ehrenamtlicher Tätigkeit erforderlich, in denen die Beschäftigteneigenschaft zweifelhaft sein kann (RegE, 20), oder für den Schutz von Schülern und Studenten (*Nöthlichs*, 4044, 2).

Aus Arbeitsschutzverordnungen nach § 18 ergeben sich auf Grund des Betriebsverfassungs- bzw. Personalvertretungsrechts **Rechte und Pflichten** für den **Betriebs- bzw. Personalrat** und die einzelnen **Beschäftigten** (vgl. BetrVG Rn. 1 ff.; BPersVG Rn. 1 ff.).

2 Durch Anführung einzelner Regelungstatbestände beschreibt Abs. 2 **beispielhaft** Art und Ausmaß einer näheren **Konkretisierung** der allgemeinen Pflichten für bestimmte Gefährdungssituationen (RegE, 20):
1. Beschränkung der Dauer und Lage der Beschäftigung und der Zahl der Beschäftigten zur Abwehr bestimmter Gefahren;
2. Einsatz bestimmter Arbeitsmittel oder -verfahren: Verbote, Anzeigepflichten gegenüber den zuständigen Behörden, Erlaubnisvorbehalte der zuständigen Behörden oder Beschäftigungsverbote für besonders gefährdete Personen. Die Regelung des Verfahrens der Anzeige oder Erlaubnis bleibt dem Landesrecht überlassen (RegE, 20);
3. behördliche Anordnungen zur fachkundigen Überprüfung gefährlicher Betriebsanlagen, einschließlich der Arbeits- und Fertigungsverfahren: vor Inbetriebnahme, in regelmäßigen Abständen oder auf behördliche Anordnung;
4. arbeitsmedizinische Vorsorge in Zusammenhang mit bestimmten gefährdenden Tätigkeiten: vor Aufnahme, Fortsetzung oder nach Beendigung der Tätigkeit sowie die Pflichten des untersuchenden Arztes. Hierbei ist nur der Arzt angesprochen, der arbeitsmedizinische Untersuchungen in Wahrnehmung seiner Aufgaben nach dem ASiG oder nach anderen Arbeitsschutzvorschriften durchführt (RegE, 20; vgl. § 11);
5. Ermittlung gesicherter arbeitswissenschaftlicher Erkenntnisse durch Ausschüsse.

3 Aus dieser Aufzählung ergibt sich **keine Verpflichtung** der Bundesregierung zum Erlass von Rechtsverordnungen (RegE, 20). Die **Unfallversicherungsträger** können Rechtsverordnungen der Bundesregierung durch UVV konkretisieren oder erweitern (RegE, 20; *Nöthlichs*, 4044, 3). Soweit der **Bund** als Unfallversicherungsträger Verwaltungsvorschriften mit dem Inhalt von Unfallverhütungsvorschriften erlässt, erfolgt dies für Beamte aufgrund der §§ 79, 200 Bundesbeamtengesetz (und für Arbeitnehmer aufgrund § 115 Abs. 3 SGB VII; a.a.O.).

§ 19 Rechtsakte der EG und zwischenstaatliche Vereinbarungen

Rechtsverordnungen nach § 18 können auch erlassen werden, soweit dies zur Durchführung von Rechtsakten des Rates oder der Kommission der Europäischen Gemeinschaften oder von Beschlüssen internationaler Organisationen oder von zwischenstaatlichen Vereinbarungen, die Sachbereiche dieses Gesetzes betreffen, erforderlich ist, insbesondere um Arbeitsschutzpflichten für andere als in § 2 Abs. 3 genannte Personen zu regeln.

§ 19 ArbSchG

Übersicht
Rn.

1. Allgemeines 1
2. EG-Rechtsakte 2–6
3. Beschlüsse internationaler Organisationen 7, 8
4. Zwischenstaatliche Vereinbarungen 9
5. Arbeitsschutzpflichten anderer Personen 10

1. Allgemeines

Zur Umsetzung von **EG-Rechtsakten**, von **Beschlüssen internationaler Organisationen** oder von **zwischenstaatlichen Vereinbarungen** auf dem Gebiet der Sicherheit und des Gesundheitsschutzes bei der Arbeit enthält das ArbSchG i.V.m. § 18 eine spezielle Ermächtigungsgrundlage zum Erlass von entsprechenden Rechtsverordnungen. Die Rechtsetzungsakte, Beschlüsse und Vereinbarungen müssen **Sachgebiete des Arbeitsschutzes i.S. des ArbSchG** betreffen. Zu diesen Sachgebieten zählt nur die Regelung **materieller Pflichten** (RegE, 20).
Aus Arbeitsschutzverordnungen nach § 18 ergeben sich **Rechte und Pflichten** für den **Betriebs- bzw. Personalrat** und die einzelnen **Beschäftigten** (vgl. im Überblick mit Verweisen auf die kommentierten Verordnungen in Teil III: BetrVG Rn. 14 ff.; BPersVG Rn. 8). 1

2. EG-Rechtsakte

Die Umsetzung von **EG-Rechtsakten** durch Rechtsverordnungen der Bundesregierung, die, wie Verordnungen, die sich ausschließlich auf § 18 stützen, der Zustimmung des Bundesrates bedürfen, ist gegenwärtig das bedeutendste Feld für die Ausübung der erweiterten Ermächtigung nach § 19. 2

EG-Rechtsakte zum Arbeitsschutz, die vor der Änderung des EGV durch die Einheitliche Europäische Akte (EEA) von 1986/87 nur auf **Art. 94 (früher: 100) EGV** gestützt werden konnten und deshalb auf spezielle Arbeitsschutzbereiche beschränkt blieben, basieren seitdem auf Art. 95 (früher: 100a) und Art. 137 Abs. 1 Erster Spiegelstrich (früher: 118a) EGV (vgl. Einl. Rn. 75 ff., 82 ff.; dort auch zur redaktionellen, numerischen Änderung durch den Amsterdamer Vertrag). 3

Auf **Art. 95 EGV** stützen sich EG-Richtlinien, die den **produktbezogenen Arbeitsschutz**, z.B. die Maschinensicherheit oder das Inverkehrbringen und die Kennzeichnung von Gefahrstoffen, zum Gegenstand haben. Richtlinien zur technischen Harmonisierung werden auf der Basis von § 4 Abs. 1 GSG in das deutsche Arbeitsschutzrecht umgesetzt. Es handelt sich um Vorschriften, deren grundlegende Sicherheitsanforderungen weder unter- noch überschritten werden dürfen (Einl. Rn. 76 ff.). Sie beziehen sich nicht auf Sachgebiete des Arbeitsschutzes i.S. des ArbSchG und können daher nicht auf der Grundlage von §§ 18, 19 umgesetzt werden. 4

Auf **Art. 137 Abs. 1 erster Spiegelstrich EGV** stützen sich EG-Richtlinien, die die Sicherung und Verbesserung des **betrieblichen Arbeitsschutzes** in Form von Mindestvorschriften zum Inhalt haben. Diese Richtlinien können auf der Grundlage von §§ 18, 19 umgesetzt werden, es sei denn, in einer spezielleren Rechtsvorschrift ist gleichfalls eine Ermächtigungsgrundlage enthalten (z.B. für die Umsetzung von EG-Arbeitsschutzrichtlinien im Bereich der gefährlichen Stoffe; vgl. dazu die folgende Übersicht). Allein aufgrund der Ermächtigung 5

ArbSchG § 19

des Art. 16 Abs. 1 Richtlinie 89/391/EWG sind inzwischen 14 Einzelrichtlinien gem. Art. 137 Abs. 1 erster Spiegelstrich EGV erlassen worden, die weitgehend in das deutsche Arbeitsschutzrecht umgesetzt worden sind:

EG-Richtlinie	umgesetzt durch
Richtlinie 89/654/EWG des Rates v. 30.11.1989 über Mindestvorschriften für Sicherheit und Gesundheitsschutz in Arbeitsstätten – Erste Einzelrichtlinie i.S. des Art. 16 Abs. 1 der Richtlinie 89/391/EWG – (AblEG Nr. L 393,1)	Art. 4 der VO zur Umsetzung von EG-Richtlinien zur EG-Rahmenrichtlinie Arbeitsschutz, v. 4.12.1996 (BGBl. I, 1481)
Richtlinie 89/655/EWG des Rates v. 30.11.1989 über Mindestvorschriften für Sicherheit und Gesundheitsschutz bei Benutzung von Arbeitsmitteln durch Arbeitnehmer bei der Arbeit – Zweite Einzelrichtlinie i.S. des Art. 16 Abs. 1 der Richtlinie 89/391/EWG – AblEG Nr. L 393, 13, geändert durch Richtlinie 95/63/EG des Rates v. 5.12.1995 zur Änderung der Richtlinie 89/655/EWG – (AblEG Nr. L 335, 28) – 1. Änderungsrichtlinie –, sowie durch Richtlinie 2001/45/EG des Europäischen Parlaments und des Rates v. 25.6.2001 – (AblEG Nr. L 195, 46) – 2. Änderungsrichtlinie	Arbeitsmittelbenutzungsverordnung AMBV v. 11.3.1997 (BGBl. I, 450; die 1. Änderungsrichtlinie sollte bis 5.12.1998 durch VO zur Änderung der AMBV umgesetzt werden; nunmehr ist, zusammen mit der 2. Änderungsrichtlinie, die Einbeziehung in eine Betriebssicherheitsverordnung geplant (vgl. § 1 AMBV Rn. 2)
Richtlinie 89/656/EWG des Rates v. 30.11.1989 über Mindestvorschriften für Sicherheit und Gesundheitsschutz bei der Benutzung persönlicher Schutzausrüstungen durch Arbeitnehmer bei der Arbeit – Dritte Einzelrichtlinie i.S. des Art. 16 Abs. 1 der Richtlinie 89/391/EWG – (AblEG Nr. 393, 18)	Art. 1 der VO v. 4.12.1996 (PSA-Benutzungsverordnung – PSA-BV)
Richtlinie 90/269/EWG des Rates v. 29.5.1990 über die Mindestvorschriften bezüglich der Sicherheit und des Gesundheitsschutzes bei der manuellen Handhabung von Lasten, die für die Arbeitnehmer insbesondere eine Gefährdung der Lendenwirbelsäule mit sich bringt – Vierte Einzelrichtlinie i.S. des Art. 16 Abs. 1 der Richtlinie 89/391/EWG (AblEG Nr. L 156, 9)	Art. 2 der VO v. 4.12.1996 (Lastenhandhabungsverordnung – LasthandhabV)
Richtlinie 90/270/EWG des Rates v. 29.5.1990 über die Mindestvorschriften bezüglich der Sicherheit und des Gesundheitsschutzes bei der Arbeit an Bildschirmgeräten – Fünfte Einzelrichtlinie i.S. des Art. 16 Abs. 1 der Richtlinie 89/391/EWG – (AblEG Nr. L 156, 14)	Art. 3 der VO v. 4.12.1996 (Bildschirmarbeitsverordnung – BildscharbV)

§ 19 ArbSchG

EG-Richtlinie	umgesetzt durch
Richtlinie 90/394/EWG des Rates v. 28.6.1990 über den Schutz der Arbeitnehmer gegen Gefährdung durch Karzinogene bei der Arbeit – Sechste Einzelrichtlinie i.S. des Art. 16 Abs. 1 der Richtlinie 89/391/EWG – (AblEG Nr. L 196, 1), geändert durch Richtlinie 97/42/EG des Rates v. 27.7.1999 zur ersten Änderung der Richtlinie 90/394/EWG über den Schutz der Arbeitnehmer gegen Gefährdung durch Karzinogene bei der Arbeit (AblEG Nr. L 179, 4), geändert durch Richtlinie 1999/38/EG v. 29.4.1999 des Rates zur zweiten Änderung der Richtlinie 90/394/EWG über den Schutz der Arbeitnehmer gegen Gefahren durch Karzinogene bei der Arbeit und zu ihrer Ausdehnung auf Mutagene (AblEG Nr. L 138, 66)	VO zur Novellierung der GefStoffV v. 26.10.1993 (BGBl. I, 1783) und weitere Änderungen (GefstoffV Rn. 5)
Richtlinie 90/679/EWG des Rates v. 26.11.1990 über den Schutz der Arbeitnehmer gegen Gefährdung durch biologische Arbeitsstoffe bei der Arbeit – Siebte Einzelrichtlinie i.S. des Art. 16 Abs. 1 der Richtlinie 89/391/EWG (AblEG Nr. L 374, 1), geändert durch Richtlinie 89/88/EGW des Rates zur Änderung der Richtlinie 90/679/EWG / AblEG Nr. L 268, 71, ber. AblEG Nr. L 217, 18 v. 23.8.1994; angepasst durch die Richtlinie 95/30/EG der Kommission v. 30.6.1995 – (AblEG Nr. L 155, 41); Modifizierung durch Richtlinie 2000/54/EG v. 18.9.2000 – (AblEG Nr. L 262, 21)	Biostoffverordnung v. 27.1.1999 (BGBl. I, 50)
Richtlinie 92/57/EWG des Rates v. 24.6.1992 über die auf zeitlich begrenzten oder ortsveränderlichen Baustellen anzuwendenden Mindestvorschriften für die Sicherheit und den Gesundheitsschutz – Achte Einzelrichtlinie i.S. des Art. 16 Abs. 1 Richtlinie 89/391/EWG – (AblEG Nr. L 245, 6)	Baustellenverordnung (BaustellV) v. 10.6.1998 (BGBl. I, 1283)
Richtlinie 92/58/EWG des Rates v. 24.6.1992 über Mindestvorschriften für die Sicherheits- und/oder Gesundheitsschutz-kennzeichnung am Arbeitsplatz – Neunte Einzelrichtlinie i.S. des Art. 16 Abs. 1 der Richtlinie 89/391/EWG – (AblEG Nr. L 245, 23)	2. Novelle zur GefStoffV v. 19.9.1994 (BGBl. I, 2557) Allgemeine Bundesbergverordnung (ABBergV) v. 23.10.1995 (BGBl. I, 1466) UVV »Sicherheits- und Gesundheitsschutzkennzeichnung am Arbeitsplatz« (BGV A8)

ArbSchG § 19

EG-Richtlinie	umgesetzt durch
Richtlinie 92/85/EWG des Rates v. 19.10. 1992 über die Durchführung von Maßnahmen zur Verbesserung der Sicherheit und des Gesundheitsschutzes von schwangeren Arbeitnehmerinnen, Wöchnerinnen und stillenden Arbeitnehmerinnen am Arbeitsplatz – Zehnte Einzelrichtlinie i.S. des Art. 16 Abs. 1 der Richtlinie 89/391/EWG – (AblEG Nr. L 348, 1)	Gesetz zur Änderung des MuschG v. 20.12.1996 (BGBl. I, 2110) MutterschutzrichtlinienV (MuschRiV) v. 15.4.1997 (BGBl. I, 782)
Richtlinie 92/91/EWG des Rates v. 3.11. 1992 über Mindestvorschriften zur Verbesserung der Sicherheit und des Gesundheitsschutzes der Arbeitnehmer in den Betrieben, in denen durch Bohrungen Mineralien gewonnen werden – Elfte Einzelrichtlinie i.S. des Art. 16 Abs. 1 der Richtlinie 89/391/EWG – (AblEG Nr. L 348, 9)	Allgemeine Bundesbergverordnung (ABBergV) v. 23.10.1995 (BGBl. I, 1466)
Richtlinie 92/104/EWG des Rates v. 3.12. 1992 über Mindestvorschriften zur Verbesserung der Sicherheit und des Gesundheitsschutzes der Arbeitnehmer in übertägigen oder untertägigen mineralgewinnenden Betrieben – Zwölfte Einzelrichtlinie i.S. des Art. 16 Abs. 1 der Richtlinie 89/391/EWG – (AblEG Nr. L 404, 10)	Allgemeine Bundesbergverordnung (ABBergV) v. 23.10.1995 (BGBl. I, 1466)
Richtlinie 93/103/EWG des Rates v. 23.11. 1993 über Mindestvorschriften für Sicherheit und Gesundheitsschutz bei der Arbeit an Bord von Fischereifahrzeugen – Dreizehnte Einzelrichtlinie i.S. des Art. 16 Abs. 1 der Richtlinie 89/391/EWG – (AblEG Nr. L 307, 1)	UVV See (VBG 108); vgl. auch SeemannsG v. 26.7.1957 (BGBl. II, 713)
Richtlinie 98/24/EG des Rates v. 4.4.1998 zum Schutz von Sicherheit und Gesundheit der Arbeitnehmer vor der Gefährdung durch chemische Arbeitsstoffe bei der Arbeit – Vierzehnte Einzelrichtlinie i.S. des Art. 16 Abs. 1 der Richtlinie 89/391/EWG – (AblEG Nr. L 131 v. 5.5.1998); Richtlinie 2000/39/EG der Kommission zur Festlegung einer ersten Liste von Arbeitsplatz-Richtwerten in Durchführung der Richtlinie 98/24/EG v. 8.6.2000 (AblEG Nr. L 142, 47)	Novellierung der GefStoffV in Vorbereitung, Umsetzungsfrist abgelaufen am 1.5.2001

§ 19 ArbSchG

EG-Richtlinie	umgesetzt durch
Richtlinie 99/92/EG des Europäischen Parlaments und des Rates v. 16.12.1999 über Mindestvorschriften zur Verbesserung des Gesundheitsschutzes und der Sicherheit der Arbeitnehmer, die durch explosionsfähige Atmosphären gefährdet werden – Fünfzehnte Einzelrichtlinie im Sinne von Art. 26 Abs. 1 der Richtlinie 89/391/EWG – (AblEG Nr. L 23 v. 28.1.2000, 57)	Umsetzung durch BetrSichV in Vorbereitung; Umsetzungsfrist bis 30.6.2003
Richtlinie 91/383/EWG des Rates v. 25.6.1991 zur Ergänzung der Maßnahmen zur Verbesserung der Sicherheit und des Gesundheitsschutzes von Arbeitnehmern mit befristetem Arbeitsverhältnis oder Leiharbeitsverhältnis (AblEG Nr. L 206, 19)	Gesetz zur Umsetzung der EG-Rahmenrichtlinie Arbeitsschutz und weiterer Arbeitsschutz-Richtlinien v. 7.8.1996 (BGBl. I, 1246)
Richtlinie 93/104/EWG des Rates v. 23.11.1993 über bestimmte Aspekte der Arbeitszeitgestaltung (AblEG Nr. L 307, 18)	ArbZG v. 6.6.1994 (BGBl. I, 1176)
Richtlinie 94/33/EWG des Rates v. 22.6.1994 über den Jugendarbeitsschutz (AblEG Nr. L 216, 12)	2. Gesetz zur Änderung des JArbSchG v. 24.2.1997 (BGBl. I, 311)
Richtlinie 92/29/EWG des Rates v. 31.3.1992 über Mindestvorschriften für die Sicherheit und den Gesundheitsschutz zum Zweck einer besseren medizinischen Versorgung auf Schiffen (AblEG Nr. L 113, 9)	KrankenfürsorgeV
Richtlinie 80/1107/EWG des Rates v. 27.11.1980 zum Schutz der Arbeitnehmer vor der Gefährdung durch chemische, physikalische und biologische Arbeitsstoffe bei der Arbeit (AblEG Nr. L 327, 8), geändert durch Richtlinie 88/642/EWG des Rates v. 16.12.1988 zur Änderung der Richtlinie 80/1107/EWG – (AblEG Nr. L 356, 74) aufgehoben durch Art. 14 Abs. 1 EG-Richtlinie 98/24/EG	GefStoffV v. 26.8.1986 (BGBl. I, 1470)
Richtlinie 82/605/EWG des Rates v. 28.7.1982 über den Schutz der Arbeitnehmer gegen Gefährdung durch metallisches Blei und seine Ionenverbindungen am Arbeitsplatz – Erste Einzelrichtlinie i.S. des Art. 8 der Richtlinie 80/1107/EWG – (AblEG Nr. L 247, 12) aufgehoben durch Art. 14 Abs. 1 EG-Richtlinie 98/24/EG	GefStoffV v. 26.8.1986 (BGBl. I, 1470)

ArbSchG § 19

EG-Richtlinie	umgesetzt durch
Richtlinie 83/477/EWG des Rates v. 19.9.1983 über den Schutz der Arbeitnehmer gegen Gefährdung durch Asbest am Arbeitsplatz – Zweite Einzelrichtlinie i.S. des Art. 8 der Richtlinie 80/1107/EWG – (AblEG Nr. L 263, 25), geändert durch Richtlinie 91/382/EWG des Rates v. 25.6.1991 zur Änderung der Richtlinie 83/477/EWG – (AblEG Nr. L 206, 16)	GefStoffV v. 26.8.1986 (BGBl. I, 1470) VO zur Novellierung der GefStoffV v. 26.10.1993 (BGBl. I, 1788)
Richtlinie 86/188/EWG des Rates v. 12.5.1986 über den Schutz der Arbeitnehmer gegen Gefährdung durch Lärm am Arbeitsplatz – Dritte Einzelrichtlinie i.S. des Art. 8 der Richtlinie 80/1107/EWG – (AblEG Nr. L 137, 28)	Dritte Verordnung zum Gerätesicherheitsgesetz (3. GSGV) v. 18.1.1991 (BGBl. I, 146) und Unfallverhütungsvorschrift »Lärm« (BGV B 3)
Richtlinie 88/364/EWG des Rates v. 9.6.1988 zum Schutz der Arbeitnehmer durch ein Verbot bestimmter Arbeitsstoffe und/oder Arbeitsverfahren – Vierte Einzelrichtlinie i.S. des Art. 8 der Richtlinie 80/1107/EWG – (AblEG Nr. L 179, 44) aufgehoben durch Art. 14 Abs. 1 EG-Richtlinie 98/24/EG	GefStoffV v. 26.8.1986 (BGBl. I, 1470)
Richtlinie 91/322/EWG der Kommission v. 29.5.1991 zur Festsetzung von Richtgrenzwerten zur Durchführung der Richtlinie 80/1107/EWG des Rates über den Schutz der Arbeitnehmer vor der Gefährdung durch chemische, physikalische und biologische Arbeitsstoffe bei der Arbeit – (AblEG Nr. L 177, 22)	VO zur Novellierung der GefStoffV v. 26.10.1993 (BGBl. I, 1783)
Richtlinie 78/610/EWG des Rates v. 29.6.1978 zur Angleichung der Rechts- und Verwaltungsvorschriften der Mitgliedstaaten über den Schutz von Arbeitnehmern, die Vinylchloridmonomer ausgesetzt sind – (AblEG Nr. L 197, 12)	GefStoffV v. 26.8.1986 (BGBl. I, 1470)

6 Ergänzend ist auf **Art. 308 (früher: 235) EGV** hinzuweisen, auf den sich Rechtsakte stützen, die insbesondere den Aufbau von **EG-Institutionen** der Forschung, des Wissenstransfers und der Umsetzung von Forschungsergebnissen zum Inhalt haben. Diese Regelungen bedürfen nicht der Umsetzung in das Recht der EG-Mitgliedstaaten und werden daher von § 19 nicht erfasst. Im Hinblick auf die sich auf den Bereich der Sicherheit und des Gesundheitsschutzes der Beschäftigten beziehenden oder zumindest mit von ihm tangierten Institutionen können die Folgenden genannt werden:
– Die **Europäische Agentur für Sicherheit und Gesundheitsschutz am Arbeitsplatz** mit Sitz in Bilbao, geschaffen durch Verordnung des Rates v.

18.7.1994 (AblEG Nr. L 216, 1), die als Koordinierungsdrehscheibe bzw. als Netzwerk des europäischen Arbeitsschutzes für Information, Beratung und Qualifizierung dienen soll (Anlage Nr. 34; Einl. Rn. 91; vgl. *Rentrop*, BG 1998, 150 ff.)
- die **Europäische Stiftung zur Verbesserung der Lebens- und Arbeitsbedingungen** mit Sitz in Dublin, geschaffen durch Verordnung des Rates v. 26.5.1975 (AblEG Nr. L 139, 1), die den Zweck erfüllen soll, unter Beteiligung der Sozialpartner »...mittel- und langfristige Ziele und Ausrichtungen auf den Arbeitsfeldern zu gewinnen, die Gegenstand der Stiftung sind«. Zu diesen Feldern wird auch der Schutz der Arbeitsumwelt gezählt;
- das **Europäische Zentrum zur Förderung der Berufsausbildung** mit Sitz in Saloniki, geschaffen durch Verordnung des Rates v. 10.2.1975 (AblEG Nr. L 39, 1), das gleichfalls Forschungsaufgaben im Bereich des Arbeitsschutzes erfüllen soll (vgl. Entschließung des Rates über ein Aktionsprogramm der EG für Sicherheit und Gesundheitsschutz am Arbeitsplatz v. 29.6.1978, in: AblEG Nr. C 165, 2, Präambel).

3. Beschlüsse internationaler Organisationen

Von Bedeutung für die Umsetzung von **Beschlüssen internationaler Organisationen** durch Rechtsverordnungen gem. §§ 18, 19 ist z.B. die Internationale Schifffahrtsorganisation (RegE, 20).

Auch **Übereinkommen der Internationalen Arbeitsorganisation (ILO)** auf dem Gebiet der Sicherheit und des Gesundheitsschutzes können, ihre Ratifizierung vorausgesetzt, durch Rechtsverordnungen gem. §§ 18, 19 in das deutsche Arbeitsschutzrecht umgesetzt werden (so auch *KJP*, B 4 § 19 ArbSchG Rn. 12; a.A.: Kollmer-*Schlüter*, C 2 § 19 ArbSchG Rn. 15; vgl. allg. zum Aufbau und zur Funktionsweise der ILO: DKL-*Adamy u.a.*, Einl. zu 200). Historisch wurden auf der Ebene der ILO die ersten internationalen Arbeitsschutzvorschriften erlassen (a.a.O.). Von der Bundesrepublik Deutschland bislang nicht ratifiziert, aber für die Grundgedanken der Rechtsetzung der EG auf dem Gebiet des Arbeitsschutzes von Bedeutung (vgl. *Birk*, FS Wlotzke, 648 f.), sind das Übereinkommen Nr. 155 sowie die Empfehlung Nr. 164 der ILO über Arbeitsschutz und Arbeitsumwelt v. 22.6.1981 (vgl. BT-Drs. 10/2126; vgl. Einl. Rn. 13). In dem Übereinkommen wurde die Notwendigkeit eines präventiven Arbeitsschutzes in den Mittelpunkt gestellt, der »vorrangig auf Verhütung von Unfällen und Gesundheitsschäden orientiert ist und mit (dessen) Hilfe die der Arbeitswelt eigenen Gefahren auf ein nicht zu verhinderndes Mindestmaß verringert werden. Dies verlangt ein dynamisches Konzept, das eine ständige Überprüfung und Verbesserung der Arbeitssicherheit beinhaltet« (*BFK*, Rn. 237, 236). Das Übereinkommen fordert weiterhin den Schutz der Arbeitnehmervertreter vor Disziplinarmaßnahmen, die Zusammenarbeit der Vertreter der Arbeitnehmer mit dem Arbeitgeber sowie die Unterrichtung und die Ausbildung der Arbeitnehmervertreter. Eine Ratifizierung des Übereinkommens hielt die Bundesregierung bislang vor allem deshalb nicht für möglich, weil die Bestimmungen des Übereinkommens über Arbeitnehmervertreter weiter als das innerstaatliche Betriebsverfassungsrecht gehen (DKL-*Adamy u.a.*, Einl. zu 200; vgl. Einl. Rn. 13).

4. Zwischenstaatliche Vereinbarungen

9 Im Hinblick auf **zwischenstaatliche Vereinbarungen** geht es insbesondere um bi- oder multilaterale völkerrechtliche Verträge nach Art. 59 Abs. 2 GG, die der Umsetzung in das nationale Recht bedürfen (*Nöthlichs*, 4046, 2).

5. Arbeitsschutzpflichten anderer Personen

10 Die Erstreckung von Adressaten von Arbeitsschutzpflichten in Rechtsverordnungen auf »**andere Personen**« als in § 2 Abs. 3 ist notwendig für Fälle, in denen ein ausreichender Arbeitsschutz durch die Verpflichtung allein der Arbeitgeber und der Beschäftigten nicht sichergestellt werden kann und entsprechende Verpflichtungen anderer Personen in Umsetzung von EG-Richtlinien erforderlich werden (RegE, 20). Dies trifft z.B. für die EG-Baustellenrichtlinie und ihre Umsetzung durch die BaustellV zu, die entsprechende Verpflichtungen auch für Koordinatoren und Unternehmer ohne Beschäftigte enthält (vgl. § 3 BaustellV, Rn. 1 und § 6 BaustellV, Rn. 1; *KJP*, B 3 § 19 ArbSchG Rn. 14).

11 Soweit für **Betriebs- oder Personalräte** bzw. deren Mitglieder neue Pflichten im Arbeitsschutz begründet werden sollen, sollen diese weiterhin grundsätzlich im Betriebsverfassungs- und Personalvertretungsrecht geregelt werden (RegE, 20). Dies entspricht der Konzeption der Bundesregierung, nur die Regelungen des EG-Arbeitsschutzrechts umzusetzen, die keine Entsprechung im deutschen Arbeitsschutzrecht haben; dies gilt auch für die Regelungen des BetrVG und der Personalvertretungsgesetze.

§ 20 Regelungen für den öffentlichen Dienst

(1) Für die Beamten der Länder, Gemeinden und sonstigen Körperschaften, Anstalten und Stiftungen des öffentlichen Rechts regelt das Landesrecht, ob und inwieweit die nach § 18 erlassenen Rechtsverordnungen gelten.

(2) Für bestimmte Tätigkeiten im öffentlichen Dienst des Bundes, insbesondere bei der Bundeswehr, der Polizei, den Zivil- und Katastrophenschutzdiensten, dem Zoll oder den Nachrichtendiensten, können das Bundeskanzleramt, das Bundesministerium des Innern, das Bundesministerium für Verkehr, Bau- und Wohnungswesen, das Bundesministerium der Verteidigung oder das Bundesministerium der Finanzen, soweit sie hierfür jeweils zuständig sind, durch Rechtsverordnung ohne Zustimmung des Bundesrates bestimmen, dass Vorschriften dieses Gesetzes ganz oder zum Teil nicht anzuwenden sind, soweit öffentliche Belange dies zwingend erfordern, insbesondere zur Aufrechterhaltung oder Wiederherstellung der öffentlichen Sicherheit. Rechtsverordnungen nach Satz 1 werden im Einvernehmen mit dem Bundesministerium für Arbeit und Sozialordnung und, soweit nicht das Bundesministerium des Innern selbst ermächtigt ist, im Einvernehmen mit diesem Ministerium erlassen. In den Rechtsverordnungen ist gleichzeitig festzulegen, wie die Sicherheit und der Gesundheitsschutz bei der Arbeit unter Berücksichtigung der Ziele dieses Gesetzes auf andere Weise gewährleistet werden. Für Tätigkeiten im öffentlichen Dienst der Länder, Gemeinden und sonstigen landesunmittelbaren Körperschaften, Anstalten und Stiftungen des öffentlichen Rechts können den Sätzen 1 und 3 entsprechende Regelungen durch Landesrecht getroffen werden.

1 Für Sachbereiche, die sich durch staatliche Rechtsverordnungen regeln lassen (staatliches Arbeitsschutzrecht), regelt das **Landesrecht**, ob und inwieweit die nach § 18 erlassenen Rechtsverordnungen für die Beamten der Länder, Gemeinden und sonstigen Körperschaften, Anstalten und Stiftungen des öffentlichen Rechts gelten (Abs. 1, RegE, 20). Das Landesrecht kann auch für Beamte der Landkreise, Verwaltungsgemeinschaften, Zweckverbände und sonstige Körperschaften, Anstalten und Stiftungen des öffentlichen Rechts auf kommunaler Ebene regeln, ob und inwieweit Rechtsverordnungen nach § 18 gelten (Ausschuss, 3; vgl. als Beispiel: Verordnung der Landesregierung Baden-Württemberg über die Geltung arbeitsschutzrechtlicher Verordnungen für die Beamten v. 3.5.1999 [GBl. Baden-Württemberg Nr. 9 v. 21.5.1999, 181]; zu weiteren Beispielen: *KJP*, B 3 § 20 ArbSchG Rn. 8). Die Länder müssen als Teil der Bundesrepublik Deutschland mit Ablauf der jeweiligen Umsetzungsfrist eine **umfassende Umsetzung von noch nicht in nationales Recht umgesetzten EG-Richtlinien** sicherstellen. Wird dies unterlassen, sind die entsprechenden Richtlinien auf die genannten Landes-Arbeitgeber unmittelbar anwendbar (vgl. Einl. Rn. 70).

Die gänzliche oder teilweise **Nichtanwendung** der Vorschriften des ArbSchG im **öffentlichen Dienst des Bundes**, insbesondere bei: **2**
- der Bundeswehr,
- der Polizei,
- dem Zivilschutz (einschließlich des Katastrophenschutzdienstes),
- dem Zoll,
- dem Nachrichtendienst,

kann durch **Rechtsverordnungen** des Bundeskanzleramtes, des BMI, des BMV, des BMVg und des BMF – ohne Zustimmung des Bundesrates – bestimmt werden (vgl. im Einzelnen *KJP*, B 3 § 20 ArbSchG Rn. 12 f.). Diese Regelung trägt der Tatsache Rechnung, dass in bestimmten Tätigkeitsbereichen des öffentlichen Dienstes (z.B. Polizeikräfte im Einsatz) die strikte Anwendung des ArbSchG mit der ordnungsgemäßen Erfüllung der öffentlichen Aufgaben in diesen Bereichen in Konflikt kommen könnte (RegE, 21). Sie setzt Art. 2 Abs. 2 EG-Rahmenrichtlinie Arbeitsschutz um. Für den Geschäftsbereich des BMI hat dieses im Einvernehmen mit dem BMA eine entsprechende »**BMI-Arbeitsschutzgesetzanwendungsverordnung** – BMI-ArbSchGAnwV« v. 8.2.2000 (BGBl. I, 114) erlassen.

Einer derartigen Rechtsverordnung muss **ein zwingendes öffentliches Erfordernis** zugrunde liegen (vgl. *KJP*, B 3 § 20 ArbSchG Rn. 18). Hierzu gehört insbesondere die Aufrechterhaltung oder Wiederherstellung der öffentlichen Sicherheit. Für ihren Erlass ist die Herstellung eines Einvernehmens mit dem BMA sowie mit dem BMI notwendig, sofern letzteres nicht selber die Verordnungsermächtigung besitzt. **3**

Die Rechtsverordnungen müssen zugleich festlegen, wie die **Gewährleistung** von Sicherheit und Gesundheitsschutz bei der Arbeit durch **alternative Arbeitsschutzmaßnahmen** unter Berücksichtigung der Ziele des ArbSchG sichergestellt werden kann (*Wlotzke*, NZA 1996, 1023). Die Ziele Sicherheit und Gesundheitsschutz müssen wechselseitig optimiert werden. Die BMI-Arbeitsschutzgesetzanwendungsverordnung sieht hierzu die folgende Regelung vor: **4**

> § 5 Gewährleistung der Sicherheit und des Gesundheitsschutzes
> (1) Die Gewährleistung der Sicherheit und des Gesundheitsschutzes bei Einsatz- und Einsatzvorbereitungstätigkeiten, bei denen nach § 4 von Vorschriften des Arbeitsschutzgesetzes abgewichen wird, regeln die Arbeitsschutzbestimmungen der jeweiligen Dienstvorschriften unter Berücksichtigung der Ziele des Arbeitsschutzgesetzes.

(2) Ist das Abweichenmüssen voraussehbar, sind auf der Grundlage einer Gefährdungsbeurteilung im Sinne von § 5 Abs. 1 des Arbeitsschutzgesetzes geeignete Maßnahmen zum Schutz der Beschäftigten in die Arbeitsschutzbestimmungen der Dienstvorschriften aufzunehmen. Die Maßnahmen beziehen sich insbesondere auf tätigkeitsspezifische Schutzvorrichtungen und Schutzvorkehrungen, angemessene Informations-, Schulungs- und Trainingsangebote und auf die Festlegung von Eignungsvoraussetzungen für die Ausübung solcher Tätigkeiten.
(3) Ist das Abweichenmüssen nicht voraussehbar oder verweist eine Dienstvorschrift bei der Regelung des Arbeits- und Gesundheitsschutzes der Beschäftigten für den Fall des Abweichenmüssens auf die Entscheidungsbefugnis der für den Einsatz vor Ort Verantwortlichen, haben diese bei ihren Entscheidungen die allgemein anerkannten sicherheitstechnischen und arbeitsmedizinischen Regeln zu berücksichtigen. Dasselbe gilt für Entscheidungen der vor Ort Verantwortlichen, wenn die zu leistende Einsatztätigkeit in Dienstvorschriften nicht erfasst ist.

Werden keine alternativen Schutzmaßnahmen festgelegt, ist die Bereichsausnahme insoweit unwirksam. Die entsprechenden Vorschriften des ArbSchG gelten unverändert.

5 Für die Tätigkeiten im öffentlichen Dienst der Länder, Gemeinden und sonstigen landesunmittelbaren Körperschaften, Anstalten und Stiftungen des öffentlichen Rechts können entsprechende Regelungen durch **Landesrecht** getroffen werden.

Fünfter Abschnitt
Schlussvorschriften

§ 21 Zuständige Behörden; Zusammenwirken mit den Trägern der gesetzlichen Unfallversicherung

(1) Die Überwachung des Arbeitsschutzes nach diesem Gesetz ist staatliche Aufgabe. Die zuständigen Behörden haben die Einhaltung dieses Gesetzes und der auf Grund dieses Gesetzes erlassenen Rechtsverordnungen zu überwachen und die Arbeitgeber bei der Erfüllung ihrer Pflichten zu beraten.
(2) Die Aufgaben und Befugnisse der Träger der gesetzlichen Unfallversicherung richten sich, soweit nichts anderes bestimmt ist, nach den Vorschriften des Sozialgesetzbuchs. Soweit die Träger der gesetzlichen Unfallversicherung nach dem Sozialgesetzbuch im Rahmen ihres Präventionsauftrags auch Aufgaben zur Gewährleistung von Sicherheit und Gesundheitsschutz der Beschäftigten wahrnehmen, werden sie ausschließlich im Rahmen ihrer autonomen Befugnisse tätig.
(3) Die zuständigen Landesbehörden und die Träger der gesetzlichen Unfallversicherung wirken bei der Überwachung eng zusammen und fördern den Erfahrungsaustausch. Sie unterrichten sich gegenseitig über durchgeführte Betriebsbesichtigungen und deren wesentliche Ergebnisse.
(4) Die für den Arbeitsschutz zuständige oberste Landesbehörde kann mit Trägern der gesetzlichen Unfallversicherung vereinbaren, dass diese in näher zu bestimmenden Tätigkeitsbereichen die Einhaltung dieses Gesetzes, bestimmter Vorschriften dieses Gesetzes oder der auf Grund dieses Gesetzes erlassenen Rechtsverordnungen überwachen. In der Vereinbarung sind Art und Umfang der Überwachung sowie die Zusammenarbeit mit den staatlichen Arbeitsschutzbehörden festzulegen.

(5) Soweit nachfolgend nichts anderes bestimmt ist, ist zuständige Behörde für die Durchführung dieses Gesetzes und der auf dieses Gesetz gestützten Rechtsverordnungen in den Betrieben und Verwaltungen des Bundes die Zentralstelle für Arbeitsschutz beim Bundesministerium des Innern. Im Auftrag der Zentralstelle handelt, soweit nichts anderes bestimmt ist, die Bundesausführungsbehörde für Unfallversicherung, die insoweit der Aufsicht des Bundesministeriums des Innern unterliegt. Im öffentlichen Dienst im Geschäftsbereich des Bundesministeriums für Verkehr, Bau- und Wohnungswesen führen die Ausführungsbehörde für Unfallversicherung des Bundesministeriums für Verkehr, Bau- und Wohnungswesen und die Eisenbahn-Unfallkasse, soweit diese Träger der Unfallversicherung ist, dieses Gesetz durch. Für Betriebe und Verwaltungen in den Geschäftsbereichen des Bundesministeriums der Verteidigung und des Auswärtigen Amtes hinsichtlich seiner Auslandsvertretungen und für die Nachrichtendienste des Bundes führen das jeweilige Bundesministerium oder das Bundeskanzleramt, soweit sie jeweils zuständig sind, oder die von ihnen jeweils bestimmte Stelle dieses Gesetz durch. Im Geschäftsbereich des Bundesministeriums für Post und Telekommunikation führt die Unfallkasse Post und Telekom dieses Gesetz durch. Die Sätze 1 bis 4 gelten auch für Betriebe und Verwaltungen, die zur Bundesverwaltung gehören, für die aber eine Berufsgenossenschaft Träger der Unfallversicherung ist. Die zuständigen Bundesministerien können mit den Berufsgenossenschaften für diese Betriebe und Verwaltungen vereinbaren, dass das Gesetz von den Berufsgenossenschaften durchgeführt wird; Aufwendungen werden nicht erstattet.

Übersicht   Rn.

1. Allgemeines 1– 6
2. Beratung, Überwachung, Vollzug 7–12
3. Zuständigkeiten der Träger der gesetzlichen Unfallversicherung 13–22
4. Zusammenwirken 23, 24
5. Vereinbarungen .'.. 25, 26
6. Zuständige Behörden im öffentlichen Dienst des Bundes 27–29

1. Allgemeines

Gegenüber dem RegE wurden die Regelungen zur **behördlichen Überwachung** und Unterstützung der Durchführung des ArbSchG erheblich erweitert und konkretisiert. Es wurden hierbei Vorschläge aus der Stellungnahme des Bundesrates zum RegE (vgl. Ausschuss, 3 f.) und aus Konsensgesprächen des BMA mit Bundesländern (*Fischer*, BArbBl. 10/1996, 7 f.) aufgegriffen. Das duale System des überbetrieblichen Arbeitsschutzes (staatliche berufsgenossenschaftliche Überwachung und Unterstützung) und die Befugnisse der Unfallversicherungsträger gem. der Regelungen des SGB VII innerhalb dieses Systems bleiben unberührt (Ausschuss, 3). Allerdings werden die Aufgaben und die Kooperationsmöglichkeiten im dualen System erweitert und den Erfordernissen, die sich durch die neuen Präventionsorientierungen und -methoden des ArbSchG und des SGB VII ergeben, angepasst (vgl. *Kollmer/Vogl*, Rn. 250 ff.; zur Diskussion vgl. die Beiträge in BG 1/1998, 6 ff.). 1

Grundsätzlich wird das **gesamte staatliche Arbeitsschutzrecht** – von Ausnahmen abgesehen (vgl. z.B. § 15 GSG, § 24 ChemG, § 17 Abs. 3 ArbZG) von den zuständigen Behörden i.S. des ArbSchG, d.h. vor allem von den **Arbeits-** 2 schutzbehörden der Bundesländer, überwacht und ggf. durchgesetzt (vgl. Art. 83, 84 GG; vgl. *KJP*, B 3 § 21 ArbSchG Rn. 2 f.; MünchArbR-*Wlotzke*, § 208 Rn. 54; vgl. *Anzinger/Bieneck*, § 12 Rn. 5). Dieser Grundsatz gilt auch für das ArbSchG und die auf dem ArbSchG gestützten Rechtsverordnungen (§ 21 Abs. 1 Satz 1; vgl. *Fischer*, BArbBl. 10/1996, 8). Da den Ländern auch die Organisation und die Zuständigkeitsregelung für die Aufsichtsbehörden obliegen, sind Verwaltungsaufbau und Zuständigkeiten in den einzelnen Ländern nicht einheitlich (a.a.O., m.w.N.; zur Zuständigkeit im öffentlichen Dienst des Bundes vgl. Rn. 27 ff.).

3 Die wesentlichen, auf die Überwachung des Arbeitsschutzes durch die zuständigen Behörden bezogenen **Regelungen der GewO** sind in das ArbSchG übernommen worden. Damit ist nach dem ArbZG ein weiterer Beitrag zur Rechtsbereinigung erfolgt. Andere Regelungen der GewO sind dagegen bestehen geblieben. Dazu gehört vor allem § 139b GewO, der es den zuständigen Behörden insbesondere ermöglicht, die noch in der GewO verbleibenden Arbeitsschutzpflichten des Arbeitgebers zu überwachen.

Diese **Pflichten** sind:
– Diejenigen Einrichtungen zu treffen und zu unterhalten und diejenigen Vorschriften über das Verhalten der Arbeitnehmer im Betriebe zu erlassen, welche erforderlich sind, um die Aufrechterhaltung der guten Sitten und des Anstandes zu sichern (vgl. im Weiteren § 120b GewO);
– Gemeinschaftsunterkünfte zu gestalten, auszustatten und zu belegen, dass die Gesundheit und das sittliche Empfinden der Arbeitnehmer nicht beeinträchtigt werden (vgl. im Weiteren § 120c GewO).

Der BT-Ausschuss für Arbeit und Sozialordnung hat bei seinen Beratungen zum RegE aufgrund der zu diesem Zeitpunkt drängenden Umsetzung der EG-Rahmenrichtlinie Arbeitsschutz hervorgehoben, dass weitere Schritte mit dem Ziel einer – auch im Interesse der Betriebe liegenden – **umfassenden Rechtsbereinigung** auf diesem Gebiet erst zu einem späteren Zeitpunkt nach sorgfältiger Prüfung und ausführlicher Erörterung mit allen am Arbeitsschutz Beteiligten eingeleitet werden können (Ausschuss, 5). Die GewO ist in ihrer bereinigten Fassung im BGBl. am 22.2.1999 bekannt gemacht worden (BGBl. I, 202).

4 Durch die Regelungen der §§ 22 bis 24 soll vor allem eine **bundeseinheitliche behördliche Durchführung** des ArbSchG und der auf seiner Grundlage erlassenen Rechtsverordnungen gewährleistet werden, was insbesondere im Interesse von Unternehmen liegt, die länderübergreifend tätig sind (Ausschuss, 4).

5 Die Überwachung und Durchsetzung der Präventionsmaßnahmen im Rahmen der **gesetzlichen Unfallversicherung** ist Aufgabe ihrer Träger (Abs. 2; vgl. § 17 i.V.m. §§ 18, 19 SGB VII; SGB VII Rn. 17 ff.). Der Vollzug des staatlichen Arbeitsschutzrechts gehört nicht zu dieser Aufgabe (*Nöthlichs*, 4050, 3). Vollzugskompetenzen, bezogen auf das ArbSchG und VO nach §§ 18, 19 ArbSchG, können allerdings in Vereinbarungen mit den zuständigen obersten Landesbehörden vereinbart werden (vgl. Rn. 25 f.). Bezogen auf die **Beratung** können die Unfallversicherungsträger auch im Hinblick auf die Umsetzung der staatlichen Arbeitsschutzvorschriften tätig werden (vgl. SGB VII, Rn. 19).

6 **Zuständige Behörden** i.S. des ArbSchG, und damit zuständig für die überbetriebliche Durchführung des Gesetzes, sind die staatlichen Arbeitsschutzaufsichtsbehörden (Ausschuss, 3; zur Regelung im öffentlichen Dienst des Bundes vgl. Rn. 27 ff.):

§ 21 ArbSchG

- die Staatlichen Ämter für Arbeitsschutz (teilweise noch unter der Bezeichnung Gewerbeaufsichtsämter) als untere Verwaltungsbehörden (vgl. *Anzinger/Bieneck*, § 12 Rn. 5),
- die Arbeitsministerien bzw. -senate der Länder als zuständige oberste Landesbehörden bzw. als oberste Verwaltungsbehörden.

2. Beratung, Überwachung, Vollzug

Die **überbetriebliche Durchführung** des ArbSchG durch die zuständigen Behörden umfasst die Bereiche Beratung, Überwachung und Vollzug, die dazu dienen, die Einhaltung des ArbSchG und der auf seiner Grundlage erlassenen Rechtsverordnungen sicherzustellen (zu entsprechenden neuen Konzepten im Bereich Präventionsdienstleistung vgl. *Cernavin/Wilken* (Hrsg.), 1998; Rn. 9). 7

Die Aufgabe der **Beratung des Arbeitgebers** bei der Erfüllung seiner Pflichten (vgl. MünchArbR-*Wlotzke*, § 208 Rn. 60, der die Beratung als Teil der Überwachung definiert) ist jetzt eigenständige gesetzliche Verpflichtung der zuständigen Behörden bei der Durchführung des ArbSchG (Abs. 1 Satz 2). Eine Beratungspflicht besteht nicht auch gegenüber den Beschäftigten, wohl aber gegenüber dem **Betriebs- oder Personalrat** (vgl. § 89 Abs. 2 BetrVG bzw. § 81 Abs. 2 BPersVG; *Schlüter*, 113). Der Beratungsauftrag kam den zuständigen Behörden schon früher zu, war allerdings nur in Dienstanweisungen, d.h. Verwaltungsvorschriften, geregelt (*Nöthlichs*, 4050, 4; vgl. *Kollmer/Vogl*, 298). Eine ausreichende Beratung ist nach dem Grundsatz der Verhältnismäßigkeit Voraussetzung für den Erlass einer Anordnung durch die zuständige Behörde (so bereits die genannten Dienstanweisungen). Insofern gilt der Grundsatz **Beratung geht vor Anordnung**. Bei **Gefahr für Leben und Gesundheit** ist dagegen eine sofort vollziehbare Anordnung zu treffen (vgl. § 22 Abs. 3 Nr. 1; § 22 Rn. 11). Die gesetzliche Verankerung der Beratung entspricht Art. 3 Nr. 1 Buchst. b des IAO-Abkommens 81 über die Arbeitsaufsicht für Handel und Gewerbe (Ausschuss, 3). Danach obliegt der Arbeitsaufsicht die Belehrung der Arbeitgeber und der Arbeitnehmer durch technische Aufklärung und Ratschläge über die wirksamsten Mittel zur Einhaltung der gesetzlichen Vorschriften (zur Diskussion der Weiterentwicklung der Beratungskompetenz vgl. die Beiträge in BG 1/1998, 7, 9 f.). 8

Die Beratungsverpflichtung bezieht sich auf die Aufklärung über die vom Arbeitgeber anzuwendenden **Regelungen des ArbSchG** und der **Verordnungen nach §§ 18, 19** sowie sonstiger Rechtsvorschriften (z.B. GefStoffV, GenTSV, GSG/GSGV usw.) und ihre Umsetzung in konkrete Arbeitsschutzmaßnahmen (vgl. *Nöthlichs*, 4050, 4; *Kollmer/Vogl*, 299). Sie erstreckt sich also insbesondere auch auf die Erfüllung der grundlegenden Arbeitsschutzpflichten: 9
- Beurteilung der Arbeitsbedingungen und Dokumentation,
- Verhütung von Unfällen bei Arbeit und von arbeitsbedingten Gesundheitsgefahren,
- menschengerechte Gestaltung der Arbeit, Prävention,
- dynamische Verbesserung von Sicherheit und Gesundheitsschutz,
- Wirksamkeitsüberprüfung von Arbeitsschutzmaßnahmen,
- Integration des Arbeitsschutzes in die Aufbau- und Ablauforganisation (Arbeitsschutzorganisation, Arbeitsschutzmanagement, Arbeitsschutzcontrolling),

ArbSchG § 21

– Berücksichtigung des Stands von Technik, Arbeitsmedizin und Arbeitshygiene und sonstiger arbeitswissenschaftlicher Erkenntnisse,
– ganzheitliche Planung und Durchführung von Arbeitsschutzmaßnahmen,
– Unterweisung der Beschäftigten.

Die zuständigen Behörden werden nicht auf spezielle **Formen und Instrumente** der Beratung festgelegt. Beratung bzw.»Aufklärung« kann also auch heißen: Unterstützung z.B. durch Informationsmaterialien und Handlungsleitfäden, Initiierung von überbetrieblichen Formen der Kooperation, projektorientierte Beratung (zu entsprechenden neuen Konzepten vgl. beispielhaft *Cernavin/Wilken* (Hrsg.), 1998; *Lehmann*, SiS 1998, 113 ff.; *Weise*, SiS 12/1997, 625 ff. u. 1/1998, 31 ff.; *Meyer-Falcke/Schäffer*, WSI-Mitt. 1997, 858 ff.; vgl. auch die Informationsverpflichtungen der Sozialleistungsträger gem. § 13 ff. SGB I; vgl. *Kittner/Reinhard*, SGB I zu §§ 13 15).

10 Die zuständigen Behörden können zur Durchführung ihres Beratungsauftrags auch **Sachverständige** und sonstige Dritte hinzuziehen (vgl. *Kollmer/Vogl*, Rn. 299: *Nöthlichs*, 4050, 4). Die konkrete Ausarbeitung und Ausführung von Schutzmaßnahmen sowie Beratungen, die über den auf die Einhaltung der Vorschriften des ArbSchG abzielenden Beratungsauftrag hinausgehen, ist nicht Aufgabe der gesetzlichen Behörden. Sie kann in solchen Fällen darauf hinwirken, dass entsprechende Fachexperten und -institutionen vom Arbeitgeber eingeschaltet werden (vgl. a.a.O.).

11 Die Beratung des Arbeitgebers durch die zuständige Behörde ist **kostenfrei** (*Nöthlichs*, 4050, 4). Die Länder können etwas anderes in ihren Kostenvorschriften bestimmen (vgl. *Kollmer/Vogl*, 302).

12 Eine **fehlerhafte Beratung** kann zum **Schadensersatz** wegen Amtspflichtverletzung nach § 839 BGB i.V.m. Art. 34 GG führen (vgl. *BGH*, NJW 1985, 1338; *Nöthlichs*, 4050, 4; *Kollmer/Vogl*, 302; zur Situation im Sozialrecht vgl. *Kittner/Reinhard*, SGB I zu §§ 13 15).

13 Parallel zur Aufgabe der zuständigen Behörden ist es Aufgabe der Träger der **gesetzlichen Unfallversicherung**, die Unternehmer und die Versicherten im Rahmen ihres gesetzlichen Auftrages zu beraten (§ 17 Abs. 1 Satz 1 SGB VII; SGB VII Rn. 19). Hinsichtlich einer Koordinierung der Inhalte, Formen und Organisation der Beratung besteht demnach der Bedarf und die Möglichkeit einer Kooperation zwischen staatlichem und berufsgenossenschaftlichem Arbeitsschutz i. S. d. § 21 Abs. 3 ArbSchG (Rn. 23 f.; vgl. § 20 Abs. 1, 2 SGB VII; SGB VII Rn. 24 ff.).

14 Die **Überwachung** gehört neben dem Vollzug (Rn. 17) zum Kernbereich des klassischen Aufgabenspektrums der zuständigen Behörden. Die Überwachung des ArbSchG und der auf dem ArbSchG gestützten Rechtsverordnungen ist staatliche Aufgabe (§ 21 Abs. 1 Satz 1; zu den Befugnissen der zuständigen Behörden vgl. § 22). Daneben sind Überwachungsbefugnisse und -pflichten der zuständigen Behörden in sonstigen Rechtsvorschriften verankert (§ 139b GewO, § 13 ASiG, § 21 ChemG, § 25 GenTG, § 17 ArbZG, § 51 JArbSchG, §§ 19, 20 MuSchG; MünchArbR-*Wlotzke*, § 208 Rn. 61, 48).

15 Die **Art der Überwachung** ist in Dienstanweisungen der Länder geregelt. Danach sollen die Betriebe u.a. grundsätzlich ohne vorherige Ankündigung besichtigt werden, und zwar auch gegen den Willen des Arbeitgebers, wenn dies zur Erfüllung der Überwachungsaufgabe notwendig ist (*KJP*, B 3 § 21 ArbSchG Rn. 6; MünchArbR-*Wlotzke*, § 208 Rn. 62). Die zuständigen Behörden sind im Rahmen ihres pflichtgemäßen Ermessens (vgl. MünchArbR-*Wlotzke*, § 208

Rn. 67) zu einer gleichmäßigen Überwachung der Betriebe verpflichtet. Sie dürfen die Überwachung nicht auf bestimmte Betriebe beschränken oder Verstöße in gleichgelagerten Fällen dulden.

Parallel kommt den Trägern der **gesetzlichen Unfallversicherung** die Verpflichtung zur Überwachung im Rahmen ihres gesetzlichen Auftrages zu (§ 17 Satz 1 SGB VII; vgl. MünchArbR-*Wlotzke*, § 208; Rn. 77 ff.). Diese Aufgabe wird durch das Aufsichtspersonal gem. §§ 18, 19 SGB VII gewährleistet (vgl. SGB VII Rn. 20 ff.). Die Überwachung der Einhaltung des ArbSchG und der auf ihm gestützten Rechtsverordnungen ist nicht Aufgabe der Unfallversicherungsträger. Sie kann jedoch mit den zuständigen obersten Landesbehörden vereinbart werden (§ 21 Abs. 4; Rn. 25 f.). 16

Am Ende der Kette der Durchführung des ArbSchG durch die zuständigen Behörden stehen der **Vollzug** der Vorschriften des ArbSchG und der auf ihm gestützten Rechtsverordnungen durch **Anordnungen** im Einzelfall sowie die Durchsetzung und Sanktionierung dieser Anordnungen (vgl. § 22 Abs. 3 i.V.m. § 25). 17

3. Zuständigkeiten der Träger der gesetzlichen Unfallversicherung

Parallel haben auch die Träger der **gesetzlichen Unfallversicherung** Kompetenzen zum Vollzug des Arbeitsschutzrechts, allerdings ausschließlich im Rahmen der Durchführung ihres gesetzlichen Auftrags (vgl. § 17 Abs. 1 Satz 2 SGB VII; Rn. 19). 18

Insofern ist im ArbSchG festgelegt, dass sich die Aufgaben und Befugnisse der Träger der gesetzlichen Unfallversicherung nach den Bestimmungen des **Sozialgesetzbuches** richten (Abs. 2 Satz 1). Nehmen die Unfallversicherungsträger im Rahmen ihres **Präventionsauftrages** (vgl. § 14 SGB VII; SGB VII Rn. 20 ff.) auch Aufgaben zur Gewährleistung von Sicherheit und des Gesundheitsschutzes der Beschäftigten wahr, werden sie ausschließlich im Rahmen ihrer **autonomen Befugnisse** tätig (vgl. Abs. 2 Satz 2). Dies entspricht Regelungen im Zweiten Kapitel des SGB VII (Ausschuss, 3). Insofern bleiben trotz materiell-rechtlicher Überschneidung die Verantwortungsbereiche von Staat und Unfallversicherungsträgern **formalrechtlich getrennt** (*Wlotzke*, NZA 1996, 1020). Das duale Arbeitsschutzsystem bleibt damit grundsätzlich erhalten. Es wird durch das ArbSchG und das SGB VII in Form von Kooperationsregelungen gestärkt (vgl. a.a.O.; § 21 Abs. 3, 4 ArbSchG; § 20 SGB VII; Einl. Rn. 39). Die analog zur Verpflichtung des Arbeitgebers gem. § 2 Abs. 1 i.V.m. § 3 ArbSchG festgelegte Erweiterung des Präventionsauftrags der Unfallversicherungsträger auf die Verhütung arbeitsbedingter Gesundheitsgefahren ist im SGB VII geregelt (§ 14 Abs. 1 SGB VII; vgl. SGB VII Rn. 5 ff.). 19

Unfallversicherungsträger und zuständige Landesbehörden werden gem. § 20 Abs. 3 ArbSchG, erstmals auf gesetzlicher Grundlage (*Wlotzke*, NZA 1996, 1023), zum engen **Zusammenwirken** bei der Überwachung der Unternehmen und zur Förderung des Erfahrungsaustauschs verpflichtet (näher Rn. 23 f.; vgl. die analoge Regelung in § 20 Abs. 1 SGB VII; SGB VII Rn. 24). Über die bisherigen Zusammenarbeitsformen hinaus ermöglicht § 20 Abs. 4 ArbSchG **Vereinbarungen** zwischen der für den Arbeitsschutz zuständigen obersten Landesbehörde und den Unfallversicherungsträgern, nach denen letztere in bestimmten Tätigkeitsbereichen die Überwachung des ArbSchG oder entsprechender Rechtsverordnungen übernehmen können (näher Rn. 25 f.). 20

ArbSchG § 21

21 Die Kooperation von Unfallversicherungsträgern und zuständigen Behörden wird institutionell durch die **Verpflichtung der Unfallversicherungsträger** gem. § 20 Abs. 2 SGB VII abgesichert, für jedes Land eine **gemeinsame Stelle** zu bilden, über die sie der obersten zuständigen Landesbehörde Informationen zu ihrer Überwachungstätigkeit im jeweiligen Land zur Verfügung stellen und mit ihnen gemeinsame Überwachungstätigkeiten abstimmen sowie den Erfahrungsaustausch planen und abstimmen (*Wlotzke*, NZA 1996, 1023; vgl. SGB VII Rn. 26). Die Bildung dieser gemeinsamen Stellen ist seit 1996 verfolgt worden (vgl. im Überblick *KJP*, B 5 § 21 ArbSchG Rn. 33).

22 Eine **Konkretisierung** der Kooperation gem. § 20 Abs. 2 SGB VII erfolgt **durch allgemeine Verwaltungsvorschriften**; z.B. die AVV über das Zusammenwirken der Träger der gesetzlichen Unfallversicherung und der Gewerbeaufsichtsbehörden (§ 20 Abs. 1 Satz 3, Abs. 3 Nr. 2 SGB VII; vgl. SGB VII Rn. 27; Anhang Nr. 4).

4. Zusammenwirken

23 Die staatlichen Arbeitsschutzbehörden und die Träger der gesetzlichen Unfallversicherung sind zum **Zusammenwirken** verpflichtet (Abs. 3). Eine Verpflichtung zum Zusammenwirken enthält auch § 20 Abs. 3 SGB VII (Rn. 20; SGB VII Rn. 24). Dieses Zusammenwirken bezieht sich auf die Überwachung, auf die Förderung des Erfahrungsaustausches sowie auf die gegenseitige Unterrichtung über durchgeführte Betriebsbesichtigungen und deren wesentliche Ergebnisse. Die Regelung war zuvor lediglich in einer AVV enthalten (AVV über das Zusammenwirken der Träger der Unfallversicherung und der Gewerbeaufsichtsbehörden v. 21.6.1968 in der Fassung v. 28.11.1977; BAnz. 1977, Nr. 225; Anhang Nr. 4). Einzelheiten der Abstimmung der Überwachungstätigkeiten der Landesbehörden und der Unfallversicherungsträger sollen durch AVV geregelt werden (Ausschuss, 4). Ziel der Regelung ist es, die Zusammenarbeit der verschiedenen Aufsichtsdienste auf der Basis des ArbSchG und des SGB VII insgesamt zu verbessern und effektiver zu gestalten (a.a.O.; vgl. *Fischer*, BArbBl. 10/1996, 8).

24 Zusammenarbeit kann sich z.B. auch auf die **Beratung** der Arbeitgeber gem. § 22 Abs. 1 Satz 2 (vgl. Rn. 8) oder auf die **Aus- und Fortbildung** des jeweiligen Aufsichtspersonals beziehen (für die zuständigen Behörden durch Länderregelungen, für das technische Aufsichtspersonal der Unfallversicherungsträger vgl. SGB VII).

5. Vereinbarungen

25 Durch **Vereinbarung** kann die **gesamte oder teilweise Überwachung des ArbSchG und der Rechtsverordnungen** gem. §§ 18, 19 auf die Träger der gesetzlichen Unfallversicherung übertragen werden (Abs. 4; vgl. *Kollmer/Vogl*, Rn. 260 ff.). Dieser Weg, auch bezeichnet als so genannte »Experimentierklausel« bietet sich insbesondere für Betriebe und Verwaltungen an, für die die Arbeitsschutzbehörden der Länder neue Überwachungsaufgaben erhalten (z.B. in der Landwirtschaft oder im öffentlichen Dienst der Länder; Ausschuss, 4; *Wlotzke*, NZA 1996, 1023; *Fischer*, SichIng 7/1998, 24). Mit der Regelung soll die Zusammenarbeit im dualen System verbessert und Doppelprüfungen, die statisch allerdings eher zu vernachlässigen sind, in den Betrieben vermieden werden (vgl. Fischer, BArbBl. 10/1996, 8; *Coenen/Waldeck*, BG 1996, 579 f.). Dies

§ 21 ArbSchG

entspricht der mit der Erweiterung des Präventionsauftrages der Unfallversicherungsträger einhergehenden »weiteren Annäherung der Aufgabenbereiche und insgesamt knapper Überwachungskapazitäten« (a.a.O.).
Die Vorschrift gibt für den Inhalt der Vereinbarungen einen **weiten Rahmen**. Sowohl im Interesse beider Institutionen als auch der zu überwachenden Betriebe müssen jedoch die Einzelheiten der zu übertragenden Überwachungsaufgaben in der Vereinbarung eindeutig festgelegt werden; hierzu gehören auch Kostentragungsregelungen im Verhältnis zwischen Ländern und Unfallversicherungsträgern (Ausschuss, 4; vgl. *Kollmer/Vogl*, Rn. 263). 26

Gegen die Regelung des § 21 Abs. 4 sind seitens der Länder erhebliche Bedenken geltend gemacht worden. Diese Bedenken haben zu einem Beschluss des LASI vom 24./25.6.1998 geführt, wonach von i.E. von der »Experimentierklausel« kein Gebrauch gemacht werden soll (vgl. Kollmer-*Getsberger*, C2 § 21 ArbSchG Rn. 22f.). Grundlage für den Beschluss ist ein im Auftrag des Hessischen Ministeriums für Frauen, Arbeit und Sozialordnung in Auftrag gegebenes Gutachten von *Denninger* (vgl. Verfassungs- und verwaltungsrechtliche Prüfung 3/1998), in dem dieser im Kern in der Regelung des Abs. 4 eine Verletzung des grundrechtlichen Verbots der so genannten **Mischverwaltung** und weiterer grundgesetzlicher Grundsätze vermutet (vgl. Kollmer-*Getsberger*, a.a.O., Rn. 20f.). Die von *Denninger* vertretene Auffassung wird seitens der Bundesregierung mit dem Hinweis auf die **Verfassungsgemäßheit** des Abs. 4 bestritten, ohne allerdings die praktische Frage der Mischverwaltung anzusprechen, die dann von Relevanz sein dürfte, wenn eine bundesunmittelbare Körperschaft, d.h. ein Aufsichtsdienst eines Trägers der gesetzlichen Unfallversicherung, im Rahmen einer konkreten Vereinbarung nach Abs. 4 im Ländervollzug tätig wird (vgl. *KJP*, B 5 § 21 ArbSchG Rn. 39 f.). Aktuell wird von der Regelung nur zögerlich, vornehmlich im Bereich der Landwirtschaft, Gebrauch gemacht (ebd., Rn. 41; a.A., ohne Beachtung des offenen Konflikts zwischen Bund und Ländern, offensichtlich MünchArbR-*Wlotzke*, § 208 Rn. 51). Ob dies im Interesse einer effizienten und kooperativen Durchführung des seit 1996 geschaffenen Arbeitsschutzrechts und der Verwirklichung seiner Ziele ist, dürfte bezweifelt werden. 26a

6. Zuständige Behörden im öffentlichen Dienst des Bundes

Die jeweils zuständigen Behörden im **öffentlichen Dienst des Bundes** sind (Abs. 5): 27
- in Betrieben und Verwaltungen des Bundes die *Zentralstelle für Arbeitsschutz* beim *BMI*. Im Auftrag der Zentralstelle handelt, soweit nichts anderes bestimmt ist, die *Bundesausführungsbehörde für Unfallversicherung*, die insoweit der Aufsicht des *BMI* unterliegt;
- im Geschäftsbereich des *BMV* (seit 1998 Bundesministerium für Verkehr, Bau- und Wohnungswesen) die Ausführungsbehörde für Unfallversicherung des *BMV* und die Eisenbahn-Unfallkasse, soweit dieser Träger der Unfallversicherung ist;
- in den Geschäftsbereichen des *BMVg* und des Auswärtigen Amtes hinsichtlich seiner Auslandsvertretungen und der Nachrichtendienste das jeweilige Bundesministerium oder das *Bundeskanzleramt*;
- im Geschäftsbereich des *BMPost und Telekommunikation* (inzwischen aufgelöst und auf andere Ministerien verteilt) die *Unfallkasse Post und Telekom*.

ArbSchG § 22

28 Soweit die Durchführung des ArbSchG den Ausführungsbehörden des Bundes, der Eisenbahn-Unfallkasse oder Unfallkasse Post und Telekom obliegt, finden die Vorschriften über die Selbstverwaltung der Träger der Sozialversicherung **keine Anwendung** (RegE, 21).

29 Diese Regelungen gelten auch für Betriebe und Verwaltungen, die zur **Bundesverwaltung** gehören, für die aber eine Berufsgenossenschaft **Träger der Unfallversicherung** ist. Die zuständigen Bundesministerien können mit den Berufsgenossenschaften für diese Betriebe und Verwaltungen vereinbaren, dass das Gesetz von den Berufsgenossenschaften durchgeführt wird; Aufwendungen werden nicht erstattet.

§ 22 Befugnisse der zuständigen Behörden

(1) Die zuständige Behörde kann vom Arbeitgeber oder von den verantwortlichen Personen die zur Durchführung ihrer Überwachungsaufgabe erforderlichen Auskünfte und die Überlassung von entsprechenden Unterlagen verlangen. Die auskunftspflichtige Person kann die Auskunft auf solche Fragen oder die Vorlage derjenigen Unterlagen verweigern, deren Beantwortung oder Vorlage sie selbst oder einen ihrer in § 383 Abs. 1 Nr. 1 bis 3 der Zivilprozessordnung bezeichneten Angehörigen der Gefahr der Verfolgung wegen einer Straftat oder Ordnungswidrigkeit aussetzen würde. Die auskunftspflichtige Person ist darauf hinzuweisen.

(2) Die mit der Überwachung beauftragten Personen sind befugt, zu den Betriebs- und Arbeitszeiten Betriebsstätten, Geschäfts- und Betriebsräume zu betreten, zu besichtigen und zu prüfen sowie in die geschäftlichen Unterlagen der auskunftspflichtigen Person Einsicht zu nehmen, soweit dies zur Erfüllung ihrer Aufgaben erforderlich ist. Außerdem sind sie befugt, Betriebsanlagen, Arbeitsmittel und persönliche Schutzausrüstungen zu prüfen, Arbeitsverfahren und Arbeitsabläufe zu untersuchen, Messungen vorzunehmen und insbesondere arbeitsbedingte Gesundheitsgefahren festzustellen und zu untersuchen, auf welche Ursachen ein Arbeitsunfall, eine arbeitsbedingte Erkrankung oder ein Schadensfall zurückzuführen ist. Sie sind berechtigt, die Begleitung durch den Arbeitgeber oder eine von ihm beauftragte Person zu verlangen. Der Arbeitgeber oder die verantwortlichen Personen haben die mit der Überwachung beauftragten Personen bei der Wahrnehmung ihrer Befugnisse nach den Sätzen 1 und 2 zu unterstützen. Außerhalb der in Satz 1 genannten Zeiten, oder wenn die Arbeitsstätte sich in einer Wohnung befindet, dürfen die mit der Überwachung beauftragten Personen ohne Einverständnis des Arbeitgebers die Maßnahmen nach den Sätzen 1 und 2 nur zur Verhütung dringender Gefahren für die öffentliche Sicherheit oder Ordnung treffen. Die auskunftspflichtige Person hat die Maßnahmen nach den Sätzen 1, 2 und 5 zu dulden. Die Sätze 1 und 5 gelten entsprechend, wenn nicht feststeht, ob in der Arbeitsstätte Personen beschäftigt werden, jedoch Tatsachen gegeben sind, die diese Annahme rechtfertigen. Das Grundrecht der Unverletzlichkeit der Wohnung (Artikel 13 des Grundgesetzes) wird insoweit eingeschränkt.

(3) Die zuständige Behörde kann im Einzelfall anordnen,
1. welche Maßnahmen der Arbeitgeber und die verantwortlichen Personen oder die Beschäftigten zur Erfüllung der Pflichten zu treffen haben, die sich aus diesem Gesetz und den auf Grund dieses Gesetzes erlassenen Rechtsverordnungen ergeben,

2. welche Maßnahmen der Arbeitgeber und die verantwortlichen Personen zur Abwendung einer besonderen Gefahr für Leben und Gesundheit der Beschäftigten zu treffen haben.

Die zuständige Behörde hat, wenn nicht Gefahr im Verzug ist, zur Ausführung der Anordnung eine angemessene Frist zu setzen. Wird eine Anordnung nach Satz 1 nicht innerhalb einer gesetzten Frist oder eine für sofort vollziehbar erklärte Anordnung nicht sofort ausgeführt, kann die zuständige Behörde die von der Anordnung betroffene Arbeit oder die Verwendung oder den Betrieb der von der Anordnung betroffenen Arbeitsmittel untersagen. Maßnahmen der zuständigen Behörde im Bereich des öffentlichen Dienstes, die den Dienstbetrieb wesentlich beeinträchtigen, sollen im Einvernehmen mit der obersten Bundes- oder Landesbehörde oder dem Hauptverwaltungsbeamten der Gemeinde getroffen werden.

Übersicht   Rn.

1. Allgemeines... 1
2. Auskunfts- und Besichtigungsrechte............................. 2–10
3. Anordnungen... 11–14

1. Allgemeines

§ 22 regelt die Befugnisse der Überwachungsbehörden und ihrer Dienstkräfte **1**
bei der Durchführung ihrer Überwachungsaufgaben. Ergänzende Regelungen können in Verwaltungsverfahrensgesetzen geregelt werden (*Nöthlichs*, 4052, 3). Mit den Regelungen wird ein **bundeseinheitlicher Vollzug** des ArbSchG und der auf seiner Grundlage erlassenen Rechtsverordnungen gewährleistet (*Fischer*, BArbBl. 10/1996, 8). Die Befugnisse nach § 22 dürfen nur zur Erfüllung von Überwachungsaufgaben wahrgenommen werden (*Nöthlichs*, 4052, 3). Die den Befugnissen zugrundeliegenden Maßnahmen müssen zur Erfüllung der Überwachungsaufgabe geeignet, erforderlich, auf das notwendige Maß beschränkt sein und dem Grundsatz der Verhältnismäßigkeit entsprechen (a.a.O., m.w.N.).

2. Auskunfts- und Besichtigungsrechte

Abs. 1 und 2 enthalten Auskunfts- und Besichtigungsbefugnisse für die zustän- **2**
digen Behörden und lehnen sich weitgehend am **geltenden Recht** an (vgl. § 139b Abs. 1 Satz 2, Abs. 4 GewO; § 13 ASiG; § 21 Abs. 3 bis 5 ChemG; § 17 Abs. 4 bis 6 ArbZG; Ausschuss, 4; *Kollmer/Vogl*, 269).
Der Arbeitgeber oder die verantwortlichen Personen gem. § 13 haben die Ver- **3**
pflichtung, auf Verlangen der zuständigen Behörden die zur Durchführung der Überwachungsaufgaben erforderlichen **Auskünfte** zu erteilen (vgl. *Nöthlichs*, 4052, 4) und entsprechende Unterlagen zu überlassen (a.a.O., 4 f.)
Das Auskunftsverlangen setzt nicht voraus, dass der Verdacht eines bestimm- **4**
ten **Gesetzesverstoßes** vorliegt (*BVerwG* v. 5.11.1987, DVBl. 1988, 440). Eine Auskunft ist allerdings unzulässig, wenn sie lediglich den Zweck hat, die behördliche Aufsicht zu erleichtern (ebenso MünchArbR-*Wlotzke*, § 208 Rn. 61; a.A. *KJP*, B 5 § 22 ArbSchG Rn. 3). Auch kann eine fortlaufende Unterrichtung nicht verlangt werden (*OVG Berlin*, GewArch 1982, 279; *Nöthlichs*, 4052, 4).
Der Arbeitgeber oder die verantwortlichen Personen können gem. Abs. 1 Satz 2 **5**

ArbSchG § 22

die Auskunft sowie die Vorlage der Unterlagen **verweigern**, wenn sie sich selbst oder einen ihrer in § 383 Abs. 1 Nr. 1 bis 3 ZPO bezeichneten Angehörigen (das sind der Verlobte, der Ehegatte, auch wenn die Ehe nicht mehr besteht, oder in gerader Linie Verwandte oder in der Seitenlinie bis zum dritten Grad Verwandte oder bis zum zweiten Grad Verschwägerte, auch wenn die Ehe, die die Schwägerschaft begründet, nicht mehr besteht) der Gefahr der Verfolgung oder Ordnungswidrigkeit aussetzen würde. Die auskunftspflichtige Person ist durch die zuständigen Behörden darauf hinzuweisen (*Nöthlichs*, 4052, S 4; kritisch *Kollmer/Vogl*, Rn. 269).

6 Abs. 2 Satz 1 und 2 legen **Befugnisse** der zuständigen Behörden fest (vgl. umfassend *Nöthlichs*, 4052, 5 ff.):
– das Betreten, Besichtigen und Prüfen der Betriebsstätten, Geschäfts- und Betriebsräume zu den Betriebs- und Arbeitszeiten,
– die Einsicht in geschäftliche Unterlagen,
– die Prüfung von Betriebsanlagen, Arbeitsmitteln, persönlichen Schutzausrüstungen,
– die Untersuchung von Arbeitsverfahren und -abläufen,
– die Vornahme von Messungen,
– die Feststellung von arbeitsbedingten Gesundheitsgefahren,
– die Untersuchung von Arbeitsunfallursachen, arbeitsbedingten Erkrankungen und Schadensursachen.

7 Der **Arbeitgeber** oder die verantwortlichen Personen nach § 13 sind gem. Abs. 2 Satz 4 gegenüber den mit der Überwachung beauftragten Personen verpflichtet, diese z.B. bei Betriebsbesichtigungen zu **begleiten** und sie zu **unterstützen** (zu den Beteiligungsrechten des Betriebs- bzw. Personalrats vgl. BetrVG Rn. 9 ff., BPersVG Rn. 6).

8 **Außerhalb der Betriebs- und Arbeitszeiten**, oder wenn sich die Arbeitsstätte in einer **Wohnung** befindet (vgl. umfassend *Nöthlichs*, 4052, 8 f.), dürfen die mit der Überwachung beauftragten Personen **ohne Einverständnis des Arbeitgebers** die Maßnahmen zur Durchführung der Überwachung des ArbSchG gem. Abs. 2 Satz 5 nur zur Verhütung **dringender Gefahren für die öffentliche Sicherheit und Ordnung** treffen (vgl. *Kollmer/Vogl*, Rn. 273, m.w.N.).

9 Die Maßnahmen zum Vollzug können gem. Abs. 2 Satz 7 auch dann durchgeführt werden, wenn nicht feststeht, ob in der Arbeitsstätte **Personen beschäftigt werden**, jedoch Tatsachen gegeben sind, die diese Annahme rechtfertigen. Das Grundrecht der Unverletzlichkeit der Wohnung gem. Artikel 13 GG wird insoweit **eingeschränkt**.

10 Die auskunftspflichtige Person hat gem. Abs. 2 Satz 6 die Maßnahmen zur Durchführung der Überwachung des ArbSchG und der Verordnungen nach §§ 18, 19 zu **dulden**.

3. Anordnungen

11 Im **Einzelfall** kann die zuständige Behörde Anordnungen treffen. Dabei kann es sich um
– Anordnungen zur **Erfüllung der Pflichten des Arbeitgebers oder der Beschäftigten** nach dem ArbSchG und den von ihm abgeleiteten Rechtsvorschriften (Nr. 1) handeln (Abs. 3 Nr. 1) und
– um Anordnungen, mit denen **besondere Gefahren**, die nicht unbedingt ihre Ursache in der Nichterfüllung von Arbeitsschutzpflichten haben, von den

§ 23 ArbSchG

Beschäftigten abgewendet werden sollen (Abs. 3 Nr. 2; vgl. *Kollmer/Vogl*, Rn. 282 ff.).

Vergleichbare Bestimmungen enthalten die §§ 120d, 120f, 139b Abs. 1 GewO (jetzt nur noch bezogen auf die Verpflichtungen des Gewerbeunternehmers gem. §§ 120b, 120c sowie die Ermächtigungen in § 120e GewO), § 1a ChemG und § 12 Abs. 1, 3 GSG (vgl. RegE, 21; vgl. umfassend *Nöthlichs*, 4052, 12 ff.).

Sofern nicht Gefahr im Verzug ist, hat die zuständige Behörde zur Ausführung der Anordnung eine **angemessene Frist** zu setzen (vgl. *Nöthlichs*, 4052, 18 f.; *Kollmer/Vogl*, Rn. 289). Kommt der Arbeitgeber der Anordnung nicht fristgerecht nach, so kann die zuständige Behörde die von der Anordnung betroffene Arbeit oder die Verwendung oder den Betrieb der von der Anordnung betroffenen Arbeitsmittel **untersagen** (*Kollmer/Vogl*, Rn. 290). Diese Regelungen entsprechen weitgehend dem schon bislang geltenden Recht (vgl. § 120d GewO; Ausschuss, 4). 12

Maßnahmen der zuständigen Behörde im Bereich des **öffentlichen Dienstes**, die den Dienstbetrieb wesentlich beeinträchtigen, sollen im Einvernehmen mit der obersten Bundes- oder Landesbehörde oder dem Hauptverwaltungsbeamten der Gemeinde getroffen werden. Diese Regelung dient der Aufrechterhaltung der Funktionsfähigkeit des öffentlichen Dienstes und berücksichtigt, dass ein Konflikt zwischen verschiedenen Aufgabenträgern der Verwaltung aus verfassungsrechtlichen Gründen nicht mit hoheitlichen Maßnahmen gelöst werden kann (Ausschuss, 4; vgl. *Kollmer/Vogl*, Rn. 291). 13

§ 23 Betriebliche Daten; Zusammenarbeit mit anderen Behörden; Jahresbericht

(1) Der Arbeitgeber hat der zuständigen Behörde zu einem von ihr bestimmten Zeitpunkt Mitteilungen über
1. die Zahl der Beschäftigten und derer, an die er Heimarbeit vergibt, aufgegliedert nach Geschlecht, Alter und Staatsangehörigkeit,
2. den Namen oder die Bezeichnung und Anschrift des Betriebs, in dem er sie beschäftigt,
3. seinen Namen, seine Firma und seine Anschrift sowie
4. den Wirtschaftszweig, dem sein Betrieb angehört,

zu machen. Das Bundesministerium für Arbeit und Sozialordnung wird ermächtigt, durch Rechtsverordnung mit Zustimmung des Bundesrates zu bestimmen, daß die Stellen der Bundesverwaltung, denen der Arbeitgeber die in Satz 1 genannten Mitteilungen bereits auf Grund einer Rechtsvorschrift mitgeteilt hat, diese Angaben an die für die Behörden nach Satz 1 zuständigen obersten Landesbehörden als Schreiben oder auf maschinell verwertbaren Datenträgern oder durch Datenübertragung weiterzuleiten haben. In der Rechtsverordnung können das Nähere über die Form der weiterzuleitenden Angaben sowie die Frist für die Weiterleitung bestimmt werden. Die weitergeleiteten Angaben dürfen nur zur Erfüllung der in der Zuständigkeit der Behörden nach § 21 Abs. 1 liegenden Arbeitsschutzaufgaben verwendet sowie in Datenverarbeitungssystemen gespeichert oder verarbeitet werden.

(2) Die mit der Überwachung beauftragten Personen dürfen die ihnen bei ihrer Überwachungstätigkeit zur Kenntnis gelangenden Geschäfts- und Betriebsgeheimnisse nur in den gesetzlich geregelten Fällen oder zur Verfolgung von Gesetzwidrigkeiten oder zur Erfüllung von gesetzlich geregelten Aufgaben zum

Schutz der Versicherten dem Träger der gesetzlichen Unfallversicherung oder zum Schutz der Umwelt den dafür zuständigen Behörden offenbaren. Soweit es sich bei Geschäfts- und Betriebsgeheimnissen um Informationen über die Umwelt im Sinne des Umweltinformationsgesetzes handelt, richtet sich die Befugnis zu ihrer Offenbarung nach dem Umweltinformationsgesetz.

(3) Ergeben sich im Einzelfall für die zuständigen Behörden konkrete Anhaltspunkte für
1. eine Beschäftigung oder Tätigkeit von Ausländern ohne die erforderliche Genehmigung nach § 284 Abs. 1 Satz 1 des Dritten Buches Sozialgesetzbuch,
2. Verstöße gegen die Mitwirkungspflicht gegenüber einer Dienststelle der Bundesanstalt für Arbeit nach § 60 Abs. 1 Nr. 2 des Ersten Buches Sozialgesetzbuch gegenüber einer Dienststelle der Bundesanstalt für Arbeit, einem Träger der gesetzlichen Kranken-, Pflege-, Unfall- oder Rentenversicherung oder einem Träger der Sozialhilfe oder gegen die Meldepflicht nach § 8a des Asylbewerberleistungsgesetzes,
3. Verstöße gegen das Gesetz zur Bekämpfung der Schwarzarbeit,
4. Verstöße gegen das Arbeitnehmerüberlassungsgesetz,
5. Verstöße gegen die Bestimmungen des Vierten und Siebten Buches Sozialgesetzbuch über die Verpflichtung zur Zahlung von Sozialversicherungsbeiträgen,
6. Verstöße gegen das Ausländergesetz,
7. Verstöße gegen die Steuergesetze,

unterrichten sie die für die Verfolgung und Ahndung der Verstöße nach den Nummern 1 bis 7 zuständigen Behörden, die Träger der Sozialhilfe sowie die Behörden nach § 63 des Ausländergesetzes. In den Fällen des Satzes 1 arbeiten die zuständigen Behörden insbesondere mit den Arbeitsämtern, den Hauptzollämtern, den Rentenversicherungsträgern, den Krankenkassen als Einzugsstellen für die Sozialversicherungsbeiträge, den Trägern der gesetzlichen Unfallversicherung, den nach Landesrecht für die Verfolgung und Ahndung von Verstößen gegen das Gesetz zur Bekämpfung der Schwarzarbeit zuständigen Behörden, den Trägern der Sozialhilfe, den in § 63 des Ausländergesetzes genannten Behörden und den Finanzbehörden zusammen.

(4) Die zuständigen obersten Landesbehörden haben über die Überwachungstätigkeit der ihnen unterstellten Behörden einen Jahresbericht zu veröffentlichen. Der Jahresbericht umfasst auch Angaben zur Erfüllung von Unterrichtungspflichten aus internationalen Übereinkommen oder Rechtsakten der Europäischen Gemeinschaften, soweit sie den Arbeitsschutz betreffen.

Übersicht	Rn.
1. Weitergabe betrieblicher Daten	1, 2
2. Geschäfts- und Betriebsgeheimnisse	3, 4
3. Unterrichtung und Zusammenarbeit mit anderen Behörden	5, 6
4. Jahresbericht	7

1. Weitergabe betrieblicher Daten

1 Der Arbeitgeber ist gegenüber der zuständigen Behörde zur **Weitergabe betrieblicher Daten** verpflichtet (Abs. 1, vgl. *Nöthlichs*, 4054, 4). Diese Regelung löst § 139 Abs. 5 und 5a GewO ab. Die Daten müssen die folgenden Angaben umfassen:

§ 23 ArbSchG

- die Zahl der Beschäftigten und der Heimarbeiter, und zwar gegliedert nach Geschlecht, Alter und Staatsangehörigkeit,
- den Namen, die Bezeichnung und die Anschriften des Betriebs,
- den Namen des Arbeitgebers und seiner Firma sowie seine Anschrift,
- den Wirtschaftszweig, dem der Betrieb angehört (vgl. *Kollmer/Vogl*, Rn. 303).

Das BMA hat, nach Zustimmung des Bundesrates, die Ermächtigung zum Erlass von Rechtsverordnungen, die die **Weitergabe von Mitteilungen** gem. Abs. 1, die an die Stellen der Bundesverwaltung gegangen sind, sowie die Art und Weise ihrer Übermittlung, ihre Form und die Fristen der Weiterleitung, an die zuständigen obersten Landesbehörden regeln (vgl. Abs. 1 Satz 2 u. 3). Die weitergeleiteten Angaben dürfen nur zur **Erfüllung der Arbeitsschutzaufgaben** gem. § 21 Abs. 1, d.h. im Rahmen der Überwachung der Einhaltung des ArbSchG und der aufgrund des ArbSchG erlassenen Rechtsverordnungen sowie zur Beratung der Arbeitgeber zur Erfüllung ihrer Pflichten verwendet werden (vgl. Abs. 1 Satz 4). Die Angaben dürfen in **DV-Systemen** gespeichert und verarbeitet werden (vgl. a.a.O.). Durch diese Regelung wird die bisher in § 139b Abs. 5a GewO enthaltene Verordnungsermächtigung übernommen; sie stellt zusammen mit der geltenden Weiterleitungsverordnung durch Vermeidung von Mehrfachmitteilungen eine entsprechende Entlastung der Arbeitgeber sicher (vgl. Ausschuss, 4). 2

2. Geschäfts- und Betriebsgeheimnisse

Geschäfts- und Betriebsgeheimnisse dürfen von den mit der Überwachung nach Abs. 1 beauftragten Personen 3
- nur in den **gesetzlich geregelten Fällen** oder
- zur Erfüllung von gesetzlich geregelten Aufgaben zum **Schutz der Versicherten** dem Träger der gesetzlichen Unfallversicherung oder
- zum **Schutz der Umwelt** den dafür zuständigen Behörden

offenbart werden (Abs. 2). Die Regelung entspricht i.W. dem geltenden § 139b Abs. 1 Satz 3 und 4 GewO, angepasst an moderne Datenschutzerfordernisse (Ausschuss, 4; vgl. umfassend *Nöthlichs*, 4054, 4 ff.).

Mit der **Offenbarungsbefugnis** gem. Abs. 2 Satz 1 auch gegenüber den **Trägern der gesetzlichen Unfallversicherung** zur Erfüllung gesetzlich geregelter Aufgaben zum Schutz der Versicherten soll eine effektive Zusammenarbeit zwischen staatlichen Behörden und Berufsgenossenschaften gesichert werden (Ausschuss, 4; vgl. *Nöthlichs*, 4054, 4; *Fischer*, BArbBl. 10/1996, 8). 4

3. Unterrichtung und Zusammenarbeit mit anderen Behörden

Bei **Verstößen gegen bestimmte gesetzliche Vorschriften** – in Fällen illegaler Ausländerbeschäftigung und Arbeitnehmerüberlassung, Schwarzarbeit und bei Verstößen gegen Steuergesetze – müssen die zuständigen Behörden die für die Verfolgung und Ahndung der Verstöße gegen die jeweiligen Bestimmungen der Gesetze, die Träger der Sozialhilfe sowie die Behörden nach § 63 Ausländergesetz unterrichten (Abs. 3 Satz 1). Die Bestimmungen entsprechen dem geltenden Recht (§ 139b Abs. 3 GewO; Ausschuss, 4). Die Unterrichtungspflicht bezieht sich gem. Abs. 3 Satz 1 auf Verstöße gegen: 5
1. § 284 Abs. 1 Satz 1 SGB III,
2. § 60 Abs. 1 Nr. 2 SGB I,

ArbSchG § 24

3. das Gesetz zur Bekämpfung der Schwarzarbeit,
4. das Arbeitnehmerüberlassungsgesetz,
5. die Verpflichtung zur Zahlung von Sozialversicherungsbeiträgen gem. SGB IV und SGB VII,
6. das Ausländergesetz sowie
7. die Steuergesetze.

6 Die zur Erfüllung der Unterrichtungspflicht notwendige **Zusammenarbeit** mit anderen Behörden bezieht sich gem. Abs. 3 Satz 2 auf die:
- Arbeitsämter,
- Hauptzollämter,
- Rentenversicherungsträger,
- Krankenkassen,
- Träger der gesetzlichen Unfallversicherung,
- nach Landesrecht zuständigen Behörden für die Verfolgung und die Ahndung von Verstößen gegen das Gesetz zur Bekämpfung der Schwarzarbeit,
- Träger der Sozialhilfe,
- in § 63 Ausländergesetz genannten Behörden sowie
- Finanzbehörden.

4. Jahresbericht

7 Der **Jahresbericht**, den die zuständigen obersten Landesbehörden zu veröffentlichen haben, fasst die Tätigkeit der zuständigen Behörde im Rahmen ihrer Befugnisse zusammen (Abs. 4). Er umfasst auch Angaben zur Erfüllung von Unterrichtungspflichten aus internationalen Übereinkommen oder Rechtsakten der EG, soweit sie den Arbeitsschutz betreffen. Die Jahresberichte sollen insbesondere der Bundesregierung ermöglichen, ihren internationalen Berichtspflichten im Arbeitsschutz nachzukommen (Ausschuss, 4). Die Bestimmung korrespondiert mit § 25 SGB VII, nach dem die Bundesregierung dem Deutschen Bundestag und dem Bundesrat alljährlich bis zum 31. Dezember des auf das Berichtsjahr folgenden Jahres einen statistischen Bericht über den Stand von Sicherheit und Gesundheitsschutz bei der Arbeit und das Unfall- und Berufskrankheitengeschehen in der Bundesrepublik Deutschland zu erstatten hat (vgl. § 25 SGB VII; SGB VII Rn. 37).

§ 24 Ermächtigung zum Erlaß von allgemeinen Verwaltungsvorschriften

Das Bundesministerium für Arbeit und Sozialordnung kann mit Zustimmung des Bundesrates allgemeine Verwaltungsvorschriften erlassen
1. **zur Durchführung dieses Gesetzes und der auf Grund dieses Gesetzes erlassenen Rechtsverordnungen, soweit die Bundesregierung zu ihrem Erlaß ermächtigt ist,**
2. **über die Gestaltung der Jahresberichte nach § 23 Abs. 4 und**
3. **über die Angaben, die die zuständigen obersten Landesbehörden dem Bundesministerium für Arbeit und Sozialordnung für den Unfallverhütungsbericht nach § 25 Abs. 2 des Siebten Buches Sozialgesetzbuch bis zu einem bestimmten Zeitpunkt mitzuteilen haben. Verwaltungsvorschriften, die Bereiche des öffentlichen Dienstes einbeziehen, werden im Einvernehmen mit dem Bundesministerium des Innern erlassen.**

§§ 25, 26 ArbSchG

Das BMA wird in Abs. 1 ermächtigt, mit Zustimmung des Bundesrates **allgemeine Verwaltungsvorschriften** zu erlassen (vgl. *Nöthlichs*, 4056, 1 ff.):
- zur Durchführung des ArbSchG und der auf diesem Gesetz gestützten Verordnungen,
- zur Gestaltung der Jahresberichte nach § 23 Abs. 4,
- zu den Angaben, die die zuständigen obersten Landesbehörden dem BMA zur Erstellung des Unfallverhütungsberichts der Bundesregierung nach § 25 Abs. 2 SGB VII mitzuteilen haben.

Die Ermächtigung ist beschränkt auf die Durchführung der bundesrechtlichen Vorschriften (Ausschuss, 4).

Für den Erlass von Verwaltungsvorschriften im **öffentlichen Dienst** ist gem. Abs. 2 das Einvernehmen mit dem *BMI* erforderlich.

1

2

§ 25 Bußgeldvorschriften

(1) Ordnungswidrig handelt, wer vorsätzlich oder fahrlässig
1. einer Rechtsverordnung nach § 18 Abs. 1 oder § 19 zuwiderhandelt, soweit sie für einen bestimmten Tatbestand auf diese Bußgeldvorschrift verweist, oder
2. a) als Arbeitgeber oder als verantwortliche Person einer vollziehbaren Anordnung nach § 22 Abs. 3 oder
   b) als Beschäftigter einer vollziehbaren Anordnung nach § 22 Abs. 3 Satz 1 Nr. 1 zuwiderhandelt.

(2) Die Ordnungswidrigkeit kann in den Fällen des Absatzes 1 Nr. 1 und 2 Buchstabe b mit einer Geldbuße bis zu fünftausend Euro, in den Fällen des Absatzes 1 Nr. 2 Buchstabe a mit einer Geldbuße bis zu fünfundzwanzigtausend Euro geahndet werden.

Ordnungswidrig handelt,
- wer vorsätzlich oder fahrlässig gegen bußgeldwehrte **Tatbestände in Rechtsverordnungen** gem. § 18 Abs. 1 oder 19 verstößt (bis zu 5000 Euro) (vgl. *Nöthlichs*, 4057, 2) oder
- als Arbeitgeber oder verantwortliche Person nach § 13 gem. § 22 Abs. 3 bzw. (bis zu 25 000 Euro) oder als Beschäftigter gem. § 22 Abs. 3 Satz 1 Nr. 1 (bis zu 5000 Euro) **vollziehbare Anordnungen** der zuständigen Behörde zur Erfüllung ihrer Pflichten nach dem ArbSchG und entsprechenden Rechtsverordnungen nicht befolgt (*Nöthlichs*, a.a.O.; vgl. *Kollmer/Vogl*, Rn. 309 ff.).

Die Höhe der Ahndung der Ordnungswidrigkeiten ist wegen der Gefahren, die bei Verwirklichung der Tatbestände auftreten können, notwendig (RegE, 21). Im Unterschied zum Regelungsvorschlag im ArbSchRGE bezieht sich die Bewehrung des ArbSchG mit Bußgeld bzw. Strafen nicht direkt auf die im ArbSchG geregelten Pflichten des Arbeitgebers oder die Pflichten der Beschäftigten.

1

§ 26 Strafvorschriften

Mit Freiheitsstrafe bis zu einem Jahr oder mit Geldstrafe wird bestraft, wer
1. eine in § 25 Abs. 1 Nr. 2 Buchstabe a bezeichnete Handlung beharrlich wiederholt oder
2. durch eine in § 25 Abs. 1 Nr. 1 oder Nr. 2 Buchstabe a bezeichnete vorsätzliche Handlung Leben oder Gesundheit eines Beschäftigten gefährdet.

1 Bis zu einem Jahr Freiheitsstrafe oder Geldstrafe droht demjenigen, der als Arbeitgeber oder verantwortliche Person **wiederholt** eine **vollziehbare Anordnung** der zuständigen Behörde gem. § 25 Abs. 1 Nr. 2 Buchst. a nicht befolgt oder der aufgrund von Verstößen gegen die bußgeldbewehrten Tatbestände gem. § 25 Abs. 1 Nr. 1 oder Nr. 2 **vorsätzlich Leben oder Gesundheit eines Beschäftigten gefährdet**. Kommt es nicht nur zu einer Gefährdung, sondern zu einer Gesundheitsschädigung, kommt eine Straftat nach §§ 223, 230 StGB in Betracht (vgl. *Nöthlichs*, 4057, 1; ders., 4058, 1; vgl. *Kollmer/Vogl*, Rn. 313 ff.).

Teil III
Arbeitsschutzverordnungen –
Verordnungstexte mit Kommentierung

Verordnung über Sicherheit und Gesundheitsschutz bei der Benutzung von Arbeitsmitteln bei der Arbeit (Arbeitsmittelbenutzungsverordnung – AMBV)

vom 11. März 1997 (BGBl. I, S. 450) zuletzt geändert durch Art. 397 der Siebenten Zuständigkeitsanpassungs-Verordnung vom 29. Oktober 2001 (BGBl. I, S. 2785)

§ 1 Anwendungsbereich

(1) Diese Verordnung gilt für die Bereitstellung von Arbeitsmitteln durch Arbeitgeber sowie für die Benutzung von Arbeitsmitteln durch Beschäftigte bei der Arbeit.

(2) Die Verordnung gilt nicht in Betrieben, die dem Bundesberggesetz unterliegen.

(3) Das Bundeskanzleramt, das Bundesministerium des Innern, das Bundesministerium für Verkehr, Bau- und Wohnungswesen, das Bundesministerium der Verteidigung oder das Bundesministerium der Finanzen können, soweit sie hierfür jeweils zuständig sind, im Einvernehmen mit dem Bundesministerium für Arbeit und Sozialordnung und, soweit nicht das Bundesministerium des Innern selbst zuständig ist, im Einvernehmen mit dem Bundesministerium des Innern bestimmen, dass für bestimmte Tätigkeiten im öffentlichen Dienst des Bundes, insbesondere bei der Bundeswehr, der Polizei, den Zivil- und Katastrophenschutzdiensten, dem Zoll oder den Nachrichtendiensten, Vorschriften dieser Verordnung ganz oder zum Teil nicht anzuwenden sind, soweit öffentliche Belange dies zwingend erfordern, insbesondere zur Aufrechterhaltung oder Wiederherstellung der öffentlichen Sicherheit. In diesem Fall ist gleichzeitig festzulegen, wie die Sicherheit und der Gesundheitsschutz der Beschäftigten nach dieser Verordnung auf andere Weise gewährleistet werden.

Übersicht	Rn.
1. Allgemeines	1– 5
2. Zielsetzung	6
3. Anwendungsbereich, Beschaffenheitsanforderungen	7– 9
4. Geltung in allen Tätigkeitsbereichen, persönlicher Anwendungsbereich	10–16

Arbeitsschutzverordnungen

1. Allgemeines

1 Mit der AMBV wird die EG-Richtlinie 89/655/EWG vom 30.11.1989 über Mindestvorschriften für Sicherheit und Gesundheitsschutz bei der Benutzung von Arbeitsmitteln durch Arbeitnehmer bei der Arbeit (AblEG Nr. L 393, 13; im folgenden: **EG-Arbeitsmittelbenutzungsrichtlinie**) in das bundesdeutsche Arbeitsschutzrecht umgesetzt. Ergänzend zu bereits bestehenden Regelungen in sonstigen Arbeitsschutzvorschriften, insbesondere in UVV (vgl. Rn. 5), werden in bezug auf Sicherheit und Gesundheitsschutz für die Benutzung von Arbeitsmitteln bei der Arbeit durch die AMBV einheitliche Vorschriften für alle Tätigkeitsbereiche geschaffen (vgl. Rn. 10 ff.; § 1 Abs. 1 Satz 2 ArbSchG; § 1 ArbSchG Rn. 14 ff.; vgl. im Überblick Abbildung 9, S. 165).

2 Die **erste Richtlinie zur Änderung der Richtlinie 89/655/EWG, die Richtlinie 95/63/EWG** v. 5.12.1995 (AblEG Nr. L 335, S. 28), die bis zum 5.12.1998 in das nationale Arbeitsschutzrecht umzusetzen war (vgl. *Ostermann*, SiS 1997, 395), enthält insbesondere die folgenden Regelungen:
- zusätzliche Mindestvorschriften für besondere Arbeitsmittel (mobile, selbstfahrende oder nicht selbstfahrende Arbeitsmittel; Arbeitsmittel zum Heben von Lasten).
- Verpflichtung des Arbeitgebers, dafür Sorge zu tragen, dass
  - Arbeitsmittel, deren Sicherheit insbesondere von den **Montagebedingungen** abhängt, nach der Montage, nach jeder Aufstellung auf einer neuen Baustelle oder an einem neuen Standort durch eine befähigte Person vor der Inbetriebnahme zu prüfen sind
  - Arbeitsmittel, die **Schäden verursachenden Einflüssen** unterliegen, welche zu gefährlichen Situationen führen können, regelmäßig durch eine hierzu befähigte Person überprüft und ggf. erprobt bzw. ggf. durch diese Person außerordentlich überprüft (bei außergewöhnlichen Ereignissen) werden, damit die Gesundheits- und Sicherheitsvorschriften eingehalten und diese Schäden rechtzeitig entdeckt und behoben werden können (vgl. zu entsprechenden Konzepten *Johannknecht*, BG 2001, 178 ff.).
- Verpflichtung des Arbeitgebers zur Berücksichtigung ergonomischer Grundsätze bei der Anwendung der Mindestvorschriften des Anhangs I.
- Festlegung von Zielen für die Erreichung eines Sicherheitsniveaus für Arbeitsmittel, mit denen ein entsprechendes Risiko verbunden ist, in einem neuen Anhang II.
- Konkretisierung der Unterweisungsverpflichtung des Arbeitgebers im Hinblick auf Gefährdungen durch Arbeitsmittel in der unmittelbaren Arbeitsumgebung sowie entsprechende Veränderungen, auch wenn diese Arbeitsmittel nicht direkt benutzt werden.

Während zunächst eine Umsetzung der Änderungsrichtlinie durch Änderung der AMBV geplant war, erfolgt diese nunmehr voraussichtlich (Stand 12/2001) im Rahmen einer **Betriebssicherheitsverordnung** (BetrSichV) unter Einbeziehung der bisherigen AMBV sowie u.a. von Regelungen zu überwachungsbedürftigen Anlagen (vgl. *Wlotzke*, NZA 2000, 22).

Dies gilt auch für die **2. Richtlinie zur Änderung der Richtlinie 89/655/EWG, die Richtlinie 2001/45/EG** v. 27.6.2001 (AblEG Nr. L 195, 46). Die 2. Änderungsrichtlinie, die bis zum 19.7.2004 in das nationale Recht umzusetzen ist, erweitert den Anhang der Richtlinie 89/655 um einen Abschnitt 4 über »Vorschriften für die Benutzung von Arbeitsmitteln, die für zeitweilige Arbeiten an hoch gelegenen Arbeitsplätzen bereitgestellt werden« (Benutzung von Leitern, Gerüsten, Seilwinden).

Mit der AMBV werden die allgemeinen Vorschriften des ArbSchG durch **spezielle Vorschriften** in Bezug auf die Sicherheit und den Gesundheitsschutz der Beschäftigten bei der Benutzung von Arbeitsmitteln bei der Arbeit ergänzt. Umgekehrt sind bei der betrieblichen Umsetzung der AMBV die allgemeinen Vorschriften des ArbSchG zu beachten: Bei der Übernahme der Mindestvorschriften aus der EG-Arbeitsmittelrichtlinie wurde durch den Verordnungsgeber auf Kohärenz mit dem ArbSchG geachtet, d.h., die Inhalte der Richtlinie, die bereits im ArbSchG geregelt worden sind, sind nicht mehr in die Verordnung übernommen worden (*Doll*, SiS 1997, 172; *Wlotzke*, NJW 1997, 1470; vgl. RegE-AMBV, 9). In der betrieblichen Praxis und bei deren Unterstützung durch die Arbeitsschutzakteure ist es daher notwendig, beide Rechtsvorschriften im Kontext und nicht isoliert voneinander anzuwenden (vgl. im einzelnen §§ 3, 5, 6; allg. Einl. Rn. 110 ff.). 3

Weitere Konkretisierungen der Schutzziele und Vorschriften der AMBV können auf branchen- oder tätigkeitsspezifischer Ebene z.B. durch UVV oder durch Verordnungen nach § 11 GSG (d.h. Regelung von Betreiberpflichten bei überwachungsbedürftigen Anlagen; vgl. *Wlotzke*, NJW 1997, 1475) erfolgen (RegE-AMBV, 10). UVV enthalten bereits für bestimmte, ab dem 31.12.1992 bereitgestellte Arbeitsmittel eine Frist zur Anpassung der Bau- und Ausrüstungsbestimmungen an den Anhang der EG-Arbeitsmittelbenutzungsrichtlinie, die am 31.12.1996 abgelaufen ist (*Doll*, SiS 1997, 172; zu den Anpassungsfristen der AMBV vgl. § 4). 4

Pflichten des Arbeitgebers oder Pflichten und Rechte der Beschäftigten zur Gewährleistung von Sicherheit und Gesundheitsschutz der Beschäftigten bei der Arbeit nach **sonstigen Rechtsvorschriften** i.S.v. § 2 Abs. 4 ArbSchG (vgl. § 2 ArbSchG Rn. 30 f.), die sich auf die Benutzung von Arbeitsmittel beziehen, bleiben unberührt (vgl. § 1 Abs. 3 Satz 1 i.V.m. 2 Abs. 4 ArbSchG; § 1 ArbSchG Rn. 22 ff.; vgl. *Doll*, SiS 1997, 172). Dies sind z.B. Pflichten des Arbeitgebers aufgrund von UVV als Betreiber von Auszügen oder von kraftbetriebenen Arbeitsmitteln (vgl. RegE-AMBV, 10; *Wlotzke*, NJW 1997, 1475). 5

2. Zielsetzung

Ziel der AMBV ist die Sicherung und Verbesserung von Sicherheit und Gesundheitsschutz der Beschäftigten durch Maßnahmen des Arbeitsschutzes bei der Arbeit im Hinblick auf die Benutzung von Arbeitsmitteln (vgl. § 1 Abs. 1 Satz 1 ArbSchG; § 1 ArbSchG Rn. 1 ff.). Die allgemeinen Pflichten des Arbeitgebers und die Pflichten und Rechte der Beschäftigten nach dem ArbSchG sind entsprechend dieser Zielsetzung in bezug auf die Benutzung von Arbeitsmitteln bei der Arbeit umzusetzen (vgl. § 3). Der Arbeitgeber soll angehalten werden, bei der Beschaffung von Arbeitsmitteln nicht ausschließlich wirtschaftliche Gesichtspunkte zu berücksichtigen, sondern auch auf sicherheitstechnische und ergonomische Aspekte zu achten (*Doll*, SiS 1997, 172; vgl. hierzu auch Erwägungsgrund 13 der EG-Rahmenrichtlinie Arbeitsschutz, wonach die Verbesserung von Sicherheit und Gesundheitsschutz der Beschäftigten bei der Arbeit eine Zielsetzung darstellt, die keinen rein wirtschaftlichen Überlegungen untergeordnet werden dürfen. Zugleich ist auf die Bedeutung eines wirksamen Arbeitsschutzes für Wettbewerbsfähigkeit, Produktivität und Motivation hinzuweisen; vgl. Einl. Rn. 105 ff.). 6

3. Anwendungsbereich, Beschaffenheitsanforderungen

7 Der **Anwendungsbereich** der AMBV bezieht sich auf die **Bereitstellung** von Arbeitsmitteln durch Arbeitgeber sowie die **Benutzung** von Arbeitsmitteln durch Beschäftigte bei der Arbeit (vgl. § 1 Abs. 1). In Umsetzung von Art. 1 Abs. 1 und Art. 3 Abs. 1 EG-Arbeitsmittelrichtlinie wird damit der sachliche und persönliche Anwendungsbereich definiert (vgl. RegE-AMBV, 11; vgl. im einzelnen Rn. 10 ff.; zu den Begrifflichkeiten § 2 Rn. 1 ff.).

8 Demgegenüber sind die **Beschaffenheitsanforderungen** für Arbeitsmittel i.S. der AMBV und damit die Pflichten der Inverkehrbringer von Arbeitsmitteln (Hersteller, Importeur) überwiegend in den Vorschriften des GSG, den GSGV und den entsprechenden EG-Richtlinien zur technischen Harmonisierung festgelegt (vgl. Einl. Rn. 60, 74 ff.). Diesen Beschaffenheitsanforderungen müssen die vom Arbeitgeber zur Benutzung bei der Arbeit bereitgestellten Arbeitsmittel genügen (vgl. im einzelnen § 4, insbesondere zum EG-rechtlich harmonisierten und nicht harmonisierten Bereich sowie zu den Regelungen für innerhalb bestimmter Zeiträume bereitgestellte Arbeitsmittel).

9 Die in der AMBV geregelten Arbeitgeberpflichten »bilden die notwendige **Ergänzung** des sog. vorgreifenden (produktbezogenen) Arbeitsschutzes bei technischen Arbeitsmitteln« (*Wlotzke*, NJW 1997, 1475; mit Hinweis auf eine mögliche, ausgleichende Funktion dieser Ergänzung; zum Ausgleich etwaiger Schwächen von grundlegenden Sicherheitsanforderungen im EG-rechtlich harmonisierten Bereich der Beschaffenheitsanforderungen vgl. *Wlotzke*, FS Kehrmann, 154; den Kontext der AMBV und der EG-Maschinenrichtlinie 89/392/EWG hervorhebend: *Ostermann*, SiS 1997, 395; *Doll*, SiS 1997, 170 f.). Die bloße Bereitstellung von Arbeitsmitteln, die den grundlegenden Anforderungen an Sicherheit und Gesundheit, die für ihr Inverkehrbringen gefordert werden (vgl. hierzu Einl. Rn. 60), entsprechen, ist aus der Sicht des betrieblichen Arbeitsschutzes nämlich nicht hinreichend: »Der Arbeitgeber muss zusätzlich bei Auswahl, Erwerb und Einsatz der Arbeitsmittel auch die spezifischen betrieblichen Verhältnisse berücksichtigen, u.a. Gestaltung der Arbeitsstätte, Art der Arbeit und ihre Gefährdungen, Fähigkeiten und Konstitution der vorhandenen Beschäftigten. Dass dies hinreichend geschieht, ist Hauptzweck der Verordnung« (*Wlotzke*, a.a.O., m.w.N.; vgl. hierzu § 3).

4. Geltung in allen Tätigkeitsbereichen, persönlicher Anwendungsbereich

10 Der Anwendungsbereich der AMBV deckt sich entsprechend der Ermächtigungsgrundlage (§ 19 ArbSchG) mit dem des ArbSchG, d.h. von der Verordnung werden grundsätzlich **alle privaten und öffentlichen Tätigkeitsbereiche** erfasst (vgl. § 1 Abs. 1 Satz 2 ArbSchG; § 1 ArbSchG Rn. 14 ff.). Auch der Begriff »Beschäftigte« ist i.S. von § 2 Abs. 2 ArbSchG zu verstehen (RegE-AMBV, S. 11; vgl. Rn. 14).

11 Die AMBV gilt nicht für den Bereich des **Bergbaus**, in dem entsprechende Regelungen durch § 17 Allgemeine Bundesbergverordnung v. 23.10.1995 (BGBl. I, 1466) getroffen wurden (vgl. § 1 Abs. 2; RegE-AMBV, 11, § 1 Abs. 2 Satz 2 ArbSchG; § 1 ArbSchG Rn. 19).

12 Im Bereich der **Seeschifffahrt** gilt die AMBV nur dann, wenn nicht entsprechende Rechtsvorschriften bestehen (vgl. § 1 Abs. 2 Satz 2 ArbSchG; vgl. hierzu Seemannsgesetz v. 26.7.1957, BGBl. II, 713, zuletzt geändert durch Art. 4 des

Arbeitsmittelbenutzungsverordnung

Abbildung 9:

Arbeitsmittelbenutzungsverordnung (AMBV)

Anwendungsbereich
- Benutzung von Arbeitsmitteln bei der Arbeit → § 1 AMBV

Begriffe
- Arbeitsmittel = Maschinen, Geräte, Werkzeuge oder Anlagen
- Benutzung = Ingangsetzen, Stillsetzen, Gebrauch, Transport, Instandhaltung, Umbau

→ § 2 AMBV

Anforderungen an Bereitstellung und Benutzung
- Allgemeine Arbeitsschutzpflichten im Hinblick auf die Bereitstellung
- Bereitstellung von Arbeitsmitteln, die für die Bedingungen am Arbeitsplatz geeignet sind
- Gewährleistung von Sicherheit und Gesundheitsschutz bei bestimmungsgemäßer Verwendung

alternativ
- Gefährdung gering halten
- Berücksichtigung von Gefährdungen durch die Benutzung und durch Wechselwirkungen mit anderen Arbeitsmitteln oder mit Arbeitsstoffen oder mit der Arbeitsumgebung

→ §§ 3, 4, 5 ArbSchG
→ § 3 AMBV

Vorschriften für die Arbeitsmittel (§ 3 AMBV bleibt unberührt)
1. *erstmalige Bereitstellung ab dem 1.4.1997:*
   - Anforderungen aufgrund von umgesetzten EG-Richtlinien

   alternativ (im nicht harmonisierten Bereich)
   - Anforderungen aufgrund sonstiger Rechtsvorschriften, mindestens jedoch Anforderungen des Anhangs zur AMBV
2. *Bereitstellung im Zeitraum zwischen 1.1.1993 und 1.4.1997:*
   Anforderungen entsprechend Vorschriften wie in 1.; sind keine Vorschriften vorhanden oder entsprechen die Vorschriften nicht den Anforderungen des Anhangs: Unverzüglich – spätestens bis 30.6.1998 – Anpassung an die Anforderungen des Anhangs
3. *Bereitstellung vor dem 1.1.1993:*
   bis 30.6.1998 mindestens Anpassung an die Anforderungen des Anhangs

→ § 4 AMBV Anhang AMBV z.B. 9. GSGV

Sonstige Schutzmaßnahmen
- besondere Gefährdungen = besondere Schutzmaßnahmen
- Instandhaltungs- und Wartungsarbeit: spezielle Unterweisung

→ § 5 AMBV

Unterweisung
- Allgemeine Unterweisung
- angemessene Information, ggf. Betriebsanweisung in verständlicher Form und Sprache, Angaben über Einsatzbedingungen, absehbare Betriebsstörungen, Erfahrungen

→ § 12 ArbSchG
→ § 6 AMBV

Arbeitsschutzverordnungen

Gesetzes v. 20.7.1995, BGBl. I, 946 und UVV »See« VBG 108; § 1 ArbSchG Rn. 18).

13 Die AMBV gilt nicht für den Arbeitsschutz von **Hausangestellten in privaten Haushalten** (vgl. § 1 Abs. 2 Satz 1 ArbSchG; § 1 ArbSchG Rn. 17).

14 Die AMBV zielt auf den Schutz von Sicherheit und Gesundheit für alle **Beschäftigten** i.S. von § 2 Abs. 2 ArbSchG ab (Rn. 10; vgl. RegE-AMBV; § 11; § 2 ArbSchG Rn. 12 ff.; zu den auch vom Anwendungsbereich des ArbSchG ausgenommenen Heimarbeitern und ihnen gleichgestellten Personen vgl. § 2 ArbSchG Rn. 23).

15 Für die **Beamten der Länder, Gemeinden und sonstigen Körperschaften, Anstalten und Stiftungen des öffentlichen Rechts** regelt das Landesrecht, ob und inwieweit die AMBV gilt (vgl. § 20 Abs. 1 ArbSchG; vgl. *Hein*, AS-Praxis Beil. 2/1997, 2). Sind durch die Bundesländer noch keine entsprechenden Rechtsvorschriften erlassen worden, gilt die EG-Arbeitsmittelrichtlinie aufgrund der am 31.12.1992 abgelaufenen Umsetzungsfrist unmittelbar (vgl. *Hein*, a.a.O.; Einl. Rn. 69).

16 Im Bereich des **öffentlichen Dienstes des Bundes** gilt die AMBV unmittelbar. Nur für den Ausnahmefall, dass **öffentliche Belange** es **zwingend** erfordern, kann in bestimmten Bereichen des öffentlichen Dienstes des Bundes die AMBV ganz oder teilweise nicht angewendet werden. Dabei ist jedoch gleichzeitig festzulegen, wie Sicherheit und Gesundheitsschutz der Beschäftigten bei der Benutzung von Arbeitsmitteln auf andere Weise gewährleistet werden (vgl. § 1 Abs. 3 i.V.m. § 20 Abs. 2 ArbSchG; RegE-AMBV, 11; *Hein*, AS-Praxis Beil. 2/97, 2). Die Regelung trägt der Tatsache Rechnung, dass in bestimmten Tätigkeitsbereichen des öffentlichen Dienstes die strikte Anwendung der Verordnung mit der ordnungsgemäßen Erfüllung der öffentlichen Aufgaben in Konflikt kommen könnte (RegE-AMBV, a.a.O.).

§ 2 Begriffsbestimmungen

(1) Arbeitsmittel im Sinne dieser Verordnung sind Maschinen, Geräte, Werkzeuge oder Anlagen, die bei der Arbeit benutzt werden.

(2) Benutzung im Sinne dieser Verordnung umfasst alle ein Arbeitsmittel betreffenden Tätigkeiten wie Ingangsetzen und Stillsetzen, Gebrauch, Transport, Instandhaltung sowie Umbau.

(3) Gefahrenbereich im Sinne dieser Verordnung ist der räumliche Bereich innerhalb oder im Umkreis eines Arbeitsmittels, in dem die Sicherheit oder Gesundheit der sich darin aufhaltenden Beschäftigten gefährdet ist.

Übersicht   Rn.

1. Sachlicher Anwendungsbereich, Begriff des »Arbeitsmittels« 1
2. Begriff der »Benutzung« 2–4
3. Begriff des »Gefahrenbereichs« 5–7

1. Sachlicher Anwendungsbereich, Begriff des »Arbeitsmittels«

1 Unter **Arbeitsmitteln** sind Maschinen, Geräte, Werkzeuge oder Anlagen zu verstehen, die bei der Arbeit benutzt werden (§ 2 Abs. 1). Damit sind auch Arbeitsmittel erfasst, die z.B. vom Geltungsbereich des GSG ausgenommen sind, wie z.B. straßenverkehrstaugliche Fahrzeuge oder medizinisch-technische Geräte (*Hein*, AS-Praxis Beil. 2/1997, 2). § 2 Abs. 1 setzt Art. 2 Buchst. a EG-Arbeitsmittel-Richtlinie um.

2. Begriff der »Benutzung«; »Bereitstellung«

Der Begriff »**Benutzung**« umfasst alle ein Arbeitsmittel betreffenden Tätigkeiten, die mit einem Arbeitsmittel durchgeführt werden oder die notwendig sind, um ein Arbeitsmittel bestimmungsgemäß zu benutzen, sowie alle für die Aufrechterhaltung der Funktionsfähigkeit eines Arbeitsmittels erforderlichen Handlungen und dessen Umbau (vgl. § 2 Abs. 2; RegE-AMBV, 12; zur Montage und Demontage von Maschinen vgl. *Viehrig/Rietschel-Meyen/Weber*, 1998, 14). Damit wird Art. 2 Buchst. b und Art. 3 Abs. 1 Satz 1 EG-Arbeitsmittel-Richtlinie umgesetzt. Die der Benutzung vorausgehende **Bereitstellung** umfasst alle Maßnahmen, die der Arbeitgeber zu treffen hat, damit den Beschäftigten sicherheits- und gesundheitsgerechte Arbeitsmittel zur Verfügung gestellt werden können (einschließlich Montage- und Installationsarbeiten). 2

Der in § 2 Abs. 2 verwandte Begriff der **Instandhaltung** deckt sich mit der Definition der DIN 31 051. Danach ist »Instandhaltung« der Oberbegriff für alle Maßnahmen, die die Funktionsfähigkeit eines Arbeitsmittels sicherstellen, wie Wartung, einschließlich Reinigung, Inspektion und Instandsetzung (*Hein*, AS-Praxis Beil. 2/1997, 2; RegE-ABMV, S. 12). 3

Der **Transport** von Arbeitsmitteln ist i.S. der Benutzung nur insoweit betroffen, als Arbeitsmittel zum Zwecke einer oder nach einer anderweitigen Benutzung von Beschäftigten transportiert oder mitgeführt werden (z.B. Transport von Arbeitsmitteln von einer zu einer anderen Arbeitsstätte; *Wlotzke*, NJW 1997, 1475). Da die anderweitige Benutzung z.B. auch die Instandhaltung umfasst, wird auch der Transport zwecks Reparatur erfasst. Steht der Transport eines Arbeitsmittels nicht mit dessen anderweitiger Benutzung in unmittelbarem Zusammenhang, was z.B. beim Transport vom Hersteller zum Händler der Fall ist, unterliegt dieser Transport nicht den Vorschriften der AMBV (RegE-AMBV, 12). 4

3. Begriff des »Gefahrenbereichs«

Der **Gefahrenbereich** ist derjenige räumliche Bereich innerhalb oder im Umkreis eines Arbeitsmittels, in dem die Sicherheit oder die Gesundheit der sich darin aufhaltenden Beschäftigten gefährdet ist, d. h. die Möglichkeit eines Schadenseintritts besteht (§ 2 Abs. 3). Damit wird Art. 2 Buchst. c EG-Arbeitsmittel-Richtlinie umgesetzt. 5

Die **Festlegung** der jeweiligen Gefahrenbereiche muss für den **konkreten Fall** vorgenommen werden (RegE-AMBV, 12). Die Größe des Gefahrenbereichs ist im Einzelfall, abhängig z.B. von den jeweiligen Einwirkungen, in der Arbeitsumgebung, zu bestimmen (vgl. *Hein*, AS-Praxis Beil. 2/1997, 2; Anforderungen an die Gestaltung der Arbeitsumgebung ergeben sich insbesondere aus der ArbStättV). Die Gefahrenbereiche können, je nach energetischen und/oder stofflichen Wirkungen, unterschiedlich sein (vgl. RegE-AMBV, a.a.O.). Eine Orientierung für den Arbeitgeber zur Einschätzung des Gefahrenbereichs ergibt sich aus der Beurteilung der Arbeitsbedingungen (Gefährdungsbeurteilung) nach § 5 ArbSchG (vgl. § 3 AMBV Rn. 5). 6

Arbeitsschutzverordnungen

7 Seitens der Hersteller von Arbeitsmitteln, die in den durch die EG-Maschinenrichtlinie 98/37/EG **harmonisierten Bereich** fallen (vgl. § 4 Rn. 3), müssen, auf der Basis der aufgrund der EG-Maschinenrichtlinie vorgegebenen Verpflichtung zur **Gefahrenanalyse**, entsprechende Vorgaben u.a. für die Einschätzung des Gefahrenbereichs getroffen werden. Diese wiederum müssen Bestandteil der Betriebsanleitung sein (vgl. § 3 Rn. 5; allg. zur Gefahrenanalyse *Ostermann*, SiS 1996, S. 128 ff.; zur Abgrenzung der dem betrieblichen Arbeitsschutz vorgreifenden Gefahrenanalyse gegenüber der betrieblichen Gefährdungsbeurteilung vgl. § 5 ArbSchG Rn. 6; zu Anforderungen an Betriebsanleitungen in Europäischen Maschinennormen vgl. *KAN* 18). Vergleichbares wird auch von Herstellern von technischen Arbeitsmitteln zu verlangen sein, die in den **nicht harmonisierten Bereich** fallen (vgl. § 3 Abs. 1 Satz 2 GSG; § 4 Rn. 4).

§ 3 Bereitstellung und Benutzung

Unbeschadet seiner Pflichten nach den §§ 3, 4 und 5 des Arbeitsschutzgesetzes hat der Arbeitgeber die erforderlichen Vorkehrungen zu treffen, damit nur Arbeitsmittel ausgewählt und den Beschäftigten bereitgestellt werden, die für die am Arbeitsplatz gegebenen Bedingungen geeignet sind und bei deren bestimmungsgemäßer Benutzung Sicherheit und Gesundheitsschutz der Beschäftigten gewährleistet sind. Ist es nicht möglich, demgemäß Sicherheit und Gesundheitsschutz der Beschäftigten in vollem Umfang zu gewährleisten, hat der Arbeitgeber geeignete Möglichkeiten zu treffen, um eine Gefährdung möglichst gering zu halten. Bei den Vorkehrungen und Maßnahmen hat er die Gefährdungen zu berücksichtigen, die mit der Benutzung des Arbeitsmittels selbst verbunden sind und die am Arbeitsplatz durch Wechselwirkungen der Arbeitsmittel untereinander oder mit Arbeitsstoffen oder der Arbeitsumgebung hervorgerufen werden.

Übersicht   Rn.
1. Betriebliche Arbeitsbedingungen, Kohärenz mit dem ArbSchG 1– 3
2. Rangfolge von Schutzmaßnahmen 4
3. Beurteilung der Arbeitsbedingungen; Mitbestimmung 5– 8
4. Regelungen des ArbSchG 9–12

1. Betriebliche Arbeitsbedingungen, Kohärenz mit dem ArbSchG

1 Die AMBV legt in § 4 Abs. 1 allgemeine Anforderungen an die Bereitstellung von Arbeitsmitteln fest, die sich insbesondere aus Verordnungen zum GSG i. V. mit einschlägigen EG-Richtlinien oder, wenn diese keine Anwendung finden, dem Anhang der AMBV ergeben (vgl. § 4 Rn. 5 ff.). Im Hinblick auf die Zielsetzungen der AMBV i.V.m. denen des ArbSchG ist dies jedoch nicht ausreichend (vgl. RegE-AMBV, 12), da die dort festgelegten Beschaffenheitsanforderungen nicht die jeweils spezifischen Bedingungen der Benutzung der Arbeitsmittel bei der Arbeit abdecken (vgl. schon § 1 Rn. 7 ff.; *Wlotzke*, NJW 1997, 1475, *Doll*, SiS 1997, 176). Über diese Regelungen hinaus muss der Arbeitgeber gem. § 3 daher mit Maßnahmen des Arbeitsschutzes i.S. von § 2 Abs. 1 ArbSchG dafür Sorge tragen, dass bei der Benutzung von Arbeitsmitteln bei der Arbeit im Kontext mit den **konkreten betrieblichen Arbeitsbedingungen** die Sicherheit und der Gesundheitsschutz der Beschäftigten gewährleistet sind (vgl. RegE-AMBV, a.a.O.; zu einem konkreten Beispiel anhand von Beschaffung,

Bereitstellung und Benutzung von Maschinen sowie einer Gefährdung durch Lärm vgl. *Hein*, AS-Praxis Beil. 2/1997, 4). Damit wird Art. 3 Abs. 1 und 2 EG-Arbeitsmittelbenutzungsrichtlinie umgesetzt.

Die Verpflichtung des § 3 bezieht sich auf Maßnahmen zur Verhütung von Unfällen bei der Arbeit und arbeitsbedingten Gesundheitsgefahren einschließlich der menschengerechten Gestaltung der Arbeit bzw. der Arbeitsmittel. Die vom Verordnungsgeber angestrebte **Kohärenz** der AMBV mit dem ArbSchG gewinnt an dieser Stelle in besonderem Maße konkrete Gestalt: Bezogen auf Bereitstellung und Benutzung von »normgerecht« beschafften Arbeitsmitteln (vgl. *Wlotzke*, NJW 1997, 1475), muss der Arbeitgeber – auf der Basis der Gefährdungsbeurteilung nach § 5 ArbSchG (vgl. Rn. 5 ff.) – gem. § 3 ArbSchG die erforderlichen Arbeitsschutzmaßnahmen unter Berücksichtigung der Umstände treffen, die die Sicherheit und die Gesundheit der Beschäftigten am Arbeitsplatz beeinflussen. Hierzu bietet sich eine systematische Betrachtungs- und Vorgehensweise an, die nicht isoliert an Einzelfaktoren der Arbeitsbedingungen ansetzt, sondern ihren Zusammenhang in Bezug auf die Arbeitssysteme berücksichtigt (vgl. § 4 ArbSchG Rn. 17). In diesem Kontext kann auf die **ENV 26385** hingewiesen werden, nach der »das Arbeitssystem . . . das Zusammenwirken von Mensch und Arbeitsmitteln im Arbeitsablauf (beinhaltet), um die Arbeitsaufgabe am Arbeitsplatz in der Arbeitsumgebung unter den durch die Arbeitsaufgabe gesetzten Bedingungen zu erfüllen« (vgl. ArbWiss-*Luczak*, 13; § 4 ArbSchG Rn. 13).

Zu beachten sind weiterhin die in § 4 ArbSchG festgelegten allgemeinen **Grundsätze des Arbeitsschutzes**, wobei neben der Beachtung einer Rangfolge von Schutzmaßnahmen insbesondere die Berücksichtigung des Stands der Technik sowie der sonstigen gesicherten arbeitswissenschaftlichen Erkenntnisse hervorzuheben ist (vgl. *Doll*, SiS 1997, 176; § 4 ArbSchG Rn. 11 ff.). Die Wirksamkeit der Arbeitsschutzmaßnahmen ist vom Arbeitgeber zu überprüfen; diese sind erforderlichenfalls an sich ändernde Gegebenheiten anzupassen. Dabei hat der Arbeitgeber eine Verbesserung von Sicherheit und Gesundheitsschutz der Beschäftigten anzustreben (vgl. insgesamt § 3 ArbSchG Rn. 5). Die allgemeinen Verpflichtungen, die sich aus §§ 3, 4 ArbSchG ergeben, sind vom Arbeitgeber bei der Bereitstellung von Arbeitsmitteln zur Benutzung durch Beschäftigte bei der Arbeit zu beachten und umzusetzen (zu Schutzmaßnahmen bei Montage und Demontage von Maschinen am Nutzungsort vgl. *Viehrig/Rietschel-Meyen/Weber*, 1998).

2. Rangfolge von Schutzmaßnahmen

Unbeschadet der allgemeinen Pflichten nach dem ArbSchG hat der Arbeitgeber die erforderlichen Vorkehrungen zu treffen, dass nur Arbeitsmittel ausgewählt und den Beschäftigten bereitgestellt werden, die für **die am Arbeitsplatz gegebenen Bedingungen** geeignet und bei deren bestimmungsgemäßer Verwendung die Sicherheit und der Gesundheitsschutz der Beschäftigten gewährleistet sind (vgl. § 3 Satz 1; RegE-AMBV, 12). Falls die Sicherheit und der Gesundheitsschutz der Beschäftigten nicht in vollem Umfang durch Bereitstellung geeigneter Arbeitsmittel gewährleistet werden können, ist der Arbeitgeber verpflichtet, weitere Vorkehrungen zu treffen, um eine entsprechende Gefährdung möglichst gering zu halten (§ 3 Satz 2; vgl. RegE-AMBV, 12 f.). Dies entspricht der auch hier zu beachtenden **Rangfolge von Arbeitsschutzmaßnahmen** (vgl. § 4 Nr. 1, 2 und 5 ArbSchG; § 4 ArbSchG Rn. 5).

3. Beurteilung der Arbeitsbedingungen; Mitbestimmung

5 Auch für die Bereitstellung und Benutzung von Arbeitsmitteln sowie im Hinblick auf die zu ergreifenden Maßnahmen des Arbeitsschutzes bedarf es der **Beurteilung der Arbeitsbedingungen** (Gefährdungsbeurteilung) nach § 5 ArbSchG (vgl. *Doll*, SiS 1997). Sie kann insbesondere auf der Basis von Betriebsanleitungen der Hersteller (zu Anforderungen an Betriebsanleitungen in Europäischen Maschinennormen vgl. *KAN* 18), der Beurteilung der konkreten Einsatz- und Arbeitsbedingungen sowie vorhandener Erfahrungswerte bei der Benutzung von Arbeitsmitteln vorgenommen werden. Dabei sind die entsprechenden für die Beschäftigten mit der Arbeit verbundenen Gefährdungen zu ermitteln, die sich insbesondere aus Gestaltung, Auswahl und Einsatz der Arbeitsmittel sowie aus dem Umgang mit ihnen ergeben können (vgl. § 5 Abs. 2 Nr. 3 ArbSchG; § 5 ArbSchG Rn. 13). Darüber hinaus können sich Gefährdungen aus der Gestaltung des Arbeitsprozesses (vgl. § 5 Abs. 2 Nr. 4 ArbSchG) sowie einer unzureichenden Qualifikation und Unterweisung der Beschäftigten ergeben (§ 5 Abs. 2 Nr. 5 ArbSchG Nr. 5; vgl. § 6).

6 Bei der Gefährdungsbeurteilung nach § 5 ArbSchG im Hinblick auf die Benutzung von Arbeitsmitteln hat der Arbeitgeber die **Gefährdungen** zu berücksichtigen, **die mit der Benutzung des Arbeitsmittels selbst verbunden sind** und die am Arbeitsplatz durch **Wechselwirkungen** der Arbeitsmittel untereinander oder mit Arbeitsstoffen oder der Arbeitsumgebung hervorgerufen werden (vgl. § 3 Satz 3; vgl. RegE-AMBV, 13). Konkrete Hinweise auf entsprechende Gefährdungsfaktoren enthält z.B. der BAuA-Ratgeber, insbesondere im Hinblick auf mechanische und elektrische Gefährdungen, Gefährdungen durch Vibration und Lärm, aber auch im Hinblick auf Umgebungsfaktoren wie Kälte- und Hitzebelastung, Beleuchtung sowie auf physische (z.B. manuelles Handhaben von Lasten) und psychische Belastungen (z.B. Arbeitsorganisation). Weiterhin kann der Arbeitgeber zur Beurteilung den Anhang verwenden (vgl. Anhang-AMBV Rn. 2; zu Gefährdungen bei Montage und Demontage von Maschinen am Nutzungsort vgl. *Viehrig/Rietschel-Meyen/Weber*, 1998). Auf Basis dieser Gefährdungsbeurteilung hat der Arbeitgeber die erforderlichen **Maßnahmen des Arbeitsschutzes** i.S. von § 2 Abs. 1 ArbSchG zu treffen.

7 Die Beurteilung der Arbeitsbedingungen gem. § 5 ArbSchG in Bezug auf die Bereitstellung und Benutzung von Arbeitsmitteln ist in Betrieben mit mehr als zehn Beschäftigten zu **dokumentieren** (vgl. § 6 ArbSchG). Kleineren Betrieben ist dies aus Beweisgründen und aus fachlicher Sicht ebenfalls zu empfehlen (vgl. § 6 ArbSchG Rn. 9).

8 § 3 ist eine **Rahmenvorschrift** i.S. des § 87 Abs. 1 Nr. 7 BetrVG und lässt dem Arbeitgeber einen Entscheidungsspielraum darüber, welche Maßnahmen er zur sicheren und gesundheitsgerechten Bereitstellung und Benutzung von Arbeitsmitteln trifft. Sie unterliegt daher der **Mitbestimmung** des Betriebsrates gem. § 87 Abs. 1 Nr. 7 BetrVG (vgl. DKK-*Klebe*, § 87 BetrVG Rn. 204 m.w.N.; *Kohte/Bücker*, FS Reich, 459 [470]; vgl. BetrVG Rn. 14 ff.) bzw. des Personalrats gem. § 75 Abs. 3 Nr. 11 BPersVG (vgl. BPersVG Rn. 8 ff.; vgl. Rn. 10).

4. Regelungen des ArbSchG

Ausgehend vom Grundsatz der Kohärenz der AMBV mit dem ArbSchG hat der Arbeitgeber, neben den in § 3 ausdrücklich genannten Pflichten aus §§ 3, 4 und 5 ArbSchG, auch alle übrigen **Regelungen des ArbSchG** in Bezug auf Sicherheit und Gesundheitsschutz bei der Benutzung von Arbeitsmitteln zu erfüllen. Hierzu gehören insbesondere: 9
- die Beachtung der Befähigung der Beschäftigten im Hinblick auf die Übertragung von Aufgaben (§ 7 ArbSchG),
- die Zusammenarbeit mehrerer Arbeitgeber (§ 8 Abs. 1 ArbSchG) sowie
- die Vergewisserung über den Stand der Arbeitsschutzqualifikation von Fremdfirmenbeschäftigten (§ 8 Abs. 2 ArbSchG).

Die **Pflichten und Rechte der Beschäftigten** gem. §§ 15–17 ArbSchG gelten auch für die Benutzung von Arbeitsmitteln. Dazu kommen Aufgaben und Rechte der Vertretungen der Beschäftigten nach dem BetrVG und den Personalvertretungsgesetzen (vgl. BetrVG; BPersVG; vgl. Rn. 8): Betriebs- bzw. Personalrat haben die Einhaltung der AMBV zu **überwachen** und sich für ihre Durchführung **einzusetzen** (§§ 80 Abs. 1 Nr. 1, 89 BetrVG bzw. §§ 68 Abs. 1 Nr. 2, 81 BPersVG). Bei allen Regelungen der AMBV, die dem Arbeitgeber einen Entscheidungsspielraum lassen, greift die **Mitbestimmung** des Betriebsrates nach § 87 Abs. 1 Nr. 7 BetrVG bzw. des Personalrates nach § 75 Abs. 3 Nr. 11 BPersVG (§ 4 Rn. 15; § 5 Rn. 4; vgl. BetrVG; BPersVG). 10

Zur Erfüllung der Verpflichtungen nach der AMBV hat der Arbeitgeber eine geeignete **Arbeitsschutzorganisation** und die erforderlichen Mittel bereitzustellen (vgl. § 3 Abs. 2 ArbSchG). Dazu kann er die Fach- und Handlungskompetenz der von ihm zu bestellenden Fachkräfte für Arbeitssicherheit und Betriebsärzte nutzen (vgl. ASiG Rn. 62 ff.). Ergänzend ist auf die Aufgaben der vom Arbeitgeber nach § 22 SGB VII zu bestellenden Sicherheitsbeauftragten hinzuweisen, die allerdings im Wesentlichen auf die Unterstützung der Durchführung der Maßnahmen zur Verhütung von Arbeitsunfällen und Berufskrankheiten beschränkt ist (vgl. § 22 Abs. 2 SGB VII; SGB VII Rn. 29 ff.). 11

Kosten, die dem Arbeitgeber aufgrund von Arbeitsschutzmaßnahmen nach der AMBV entstehen, dürfen nicht den Beschäftigten auferlegt werden (vgl. § 3 Abs. 3 ArbSchG; § 3 ArbSchG Rn. 14 f.). 12

§ 4 Vorschriften für die Arbeitsmittel

(1) Der Arbeitgeber darf den Beschäftigten erstmalig nur Arbeitsmittel bereitstellen, die
1. solchen Rechtsvorschriften entsprechen, durch die andere einschlägige Gemeinschaftsrichtlinien in deutsches Recht umgesetzt werden, oder,
2. wenn solche Rechtsvorschriften keine Anwendung finden, den sonstigen Rechtsvorschriften entsprechen, mindestens jedoch den Vorschriften des Anhangs.

(2) Arbeitsmittel, die den Beschäftigten zwischen dem 1. Januar 1993 und dem 1. April 1997 erstmalig bereitgestellt worden sind, müssen
1. den im Zeitpunkt der erstmaligen Bereitstellung geltenden Rechtsvorschriften entsprechen, durch die andere einschlägige Gemeinschaftsrichtlinien in deutsches Recht umgesetzt worden sind, aber,
2. wenn solche Rechtsvorschriften keine Anwendung finden, den im Zeitpunkt

der erstmaligen Bereitstellung geltenden sonstigen Rechtsvorschriften entsprechen.
Sofern im Zeitpunkt der erstmaligen Bereitstellung Rechtsvorschriften nach den Nummern 1 und 2 keine Anwendung finden oder die zu diesem Zeitpunkt geltenden sonstigen Rechtsvorschriften hinter den Anforderungen des Anhangs zurückbleiben, sind die Arbeitsmittel unverzüglich, spätestens bis zum 30. Juni 1998, mindestens an die Anforderungen des Anhangs anzupassen.
(3) Sofern die Arbeitsmittel den Beschäftigten bereits bis zum 31. Dezember 1992 erstmalig bereitgestellt worden sind, sind sie unverzüglich, spätestens bis zum 30. Juni 1998, mindestens an die Anforderungen des Anhangs anzupassen.
(4) Der Arbeitgeber hat die erforderlichen Vorkehrungen zu treffen, daß die Arbeitsmittel während der gesamten Benutzungsdauer den Anforderungen der Absätze 1 bis 3 entsprechen.
(5) § 3 bleibt unberührt.

Übersicht   Rn.
1. Beschaffenheitsanforderungen.......................................   1– 4
2. Zeitpunkt der Bereitstellung; erstmalige Bereitstellung ab dem 1.4.1997 ......   5– 8
3. Frühere erstmalige Bereitstellung   9–13
4. Benutzungsdauer... 14, 15
5. Bereitstellung und Benutzung   16

1. Beschaffenheitsanforderungen

1 Den auf die konkreten betrieblichen Benutzungsbedingungen von Arbeitsmitteln bezogenen Pflichten des § 3 gewissermaßen vorgelagert ist § 4. Er legt fest, welchen allgemeinen **Beschaffenheitsanforderungen** die vom Arbeitgeber bereitgestellten Arbeitsmittel entsprechen müssen und innerhalb welcher Frist ggf. eine Apassung an den Anhang zur AMBV erfolgen muss (vgl. Anhang-AMBV Rn. 1). Hierfür ist der Zeitpunkt ihrer erstmaligen Bereitstellung entscheidend. Damit wird Art. 4 Abs. 1 Buchst. a EG-Arbeitsmittelrichtlinie umgesetzt.

2 Die Pflichten bezüglich der Beschaffenheit von sicheren Arbeitsmitteln richten sich insbesondere an den **Inverkehrbringer** (Hersteller, Importeur und eingeschränkt auch Händler) und werden nicht durch die AMBV, sondern durch den vorgelagerten Arbeitsschutz geregelt (GSG, GSGV, EG-Richtlinien zur technischen Harmonisierung und Normung; vgl. § 1 Rn. 8; allg. Einl. Rn. 60; umfassend zum Bau und Handel von neuen und gebrauchten Maschinen *Ostermann*, SiS 1997, 396 ff.; *Becker*, BG 1997, 304 ff.; *Grass*, BG 1997, 78 ff.; vgl. zur EG-Maschinenrichtlinie *Doll*, SiS 1997, 170 f.; *Ostermann*, SiS 1995, 597 ff.; zu Qualitätssicherungsmaßnahmen bei der Gestaltung technischer Arbeitsmittel vgl. *Li/Schmager/Spanner-Ulmer/Sprenger*, 1997).

3 Arbeitsmittel im EG-rechtlich **harmonisierten** Bereich – insbesondere Maschinen i.S. der 9. GSGV (Maschinenverordnung) bzw. der i.S. der durch diese VO umgesetzten EG-Maschinenrichtlinie 89/392/EWG – dürfen gem. § 3 Abs. 1 Satz 1 GSG nur in Verkehr gebracht werden, wenn sie den in den Rechtsverordnungen nach § 4 Abs. 1 GSG (z.B. der 9. GSGV) enthaltenen sicherheitstechnischen Anforderungen und sonstigen Voraussetzungen für ihr Inverkehrbringen entsprechen und Leben oder Gesundheit und sonstige in den Rechtsverordnungen aufgeführte Rechtsgüter der Benutzer oder Dritter bei bestimmungsgemäßer Verwendung nicht gefährden (vgl. *Wlotzke*, FS Kehrmann, 151 ff.).

Arbeitsmittelbenutzungsverordnung

Die Inverkehrbringer von Arbeitsmitteln im EG-rechtlich **nicht harmonisierten** 4
Bereich müssen bei Konstruktion und Herstellung und eingeschränkt auch
beim Handel (vgl. *Wlotzke*, FS Kehrmann, 151) darauf achten, dass die Arbeitsmittel, die in den **Anwendungsbereich des GSG** fallen, nach den allgemein
anerkannten Regeln der Technik sowie den Arbeitsschutz- und Unfallverhütungsvorschriften so beschaffen sind, dass Benutzer oder Dritte bei ihrer bestimmungsgemäßen Verwendung gegen Gefahren aller Art für Leben oder Gesundheit soweit geschützt sind, wie es die Art der bestimmungsgemäßen
Verwendung gestattet (vgl. § 3 Abs. 1 Satz 2 GSG; vgl. *Jeiter*, § 3 GSG Rn. 44 ff.).
Von den allgemein anerkannten Regeln der Technik sowie den Arbeitsschutz-
und Unfallverhütungsvorschriften darf gem. § 3 Abs. 1 Satz 3 GSG abgewichen
werden, soweit die gleiche Sicherheit auf andere Weise gewährleistet ist (vgl.
Jeiter, § 3 GSG Rn. 63 ff.).

2. Zeitpunkt der Bereitstellung; erstmalige Bereitstellung ab dem 1. 4. 1997

Mit der Differenzierung der Beschaffenheitsanforderungen von Arbeitsmitteln 5
bezüglich des **Zeitpunkts ihrer erstmaligen Bereitstellung** wird der Tatsache
Rechnung getragen, dass aufgrund der verspäteten Umsetzung der Richtlinie in
das nationale Recht entsprechende Übergangsregelungen geschaffen werden
mussten (vgl. *Hein*, AS-Praxis Beil. 2/1997, 4).
Grundsätzlich darf der Arbeitgeber erstmalig, d.h. nach In-Kraft-Treten der 6
AMBV am 01. 04. 97 (vgl. § 7), nur Arbeitsmittel bereitstellen, die den Vorschriften
entsprechen, durch die einschlägige EG-Richtlinien in das nationale Recht umgesetzt worden sind, z.B. das GSG mit der auf § 4 GSG gestützten Maschinenverordnung (9. GSGV; vgl. § 4 Abs. 1 Nr. 1; RegE-AMBV, 13) oder das Medizinproduktegesetz (vgl. *Hein*, AS-Praxis Beil. 2/1997, 3). Zu diesen Vorschriften zählen
auch Übergangsbestimmungen zur Umsetzung von entsprechenden Übergangsregelungen in den einschlägigen EG-Richtlinien (vgl. a.a.O.). Mit Blick auf das
EG-Recht nach Art. 95 (früher: 100a) EGV umfasst diese Bestimmung den EG-rechtlich **harmonisierten Bereich** für die Konstruktion, Herstellung bzw. das
Inverkehrbringen von Arbeitsmitteln (vgl. § 3 Abs. 1 Satz 1 GSG; Rn. 3).
Falls Bestimmungen aus dem harmonisierten Bereich keine Anwendung finden, müssen die ab dem 1.4.1997 erstmalig bereitgestellten Arbeitsmittel den 7
Bestimmungen des Anhangs entsprechen (vgl. Anhang-AMBV Rn. 1 ff.), sofern
nicht in sonstigen nationalen Rechtsvorschriften (vgl. § 2 Abs. 4 ArbSchG; § 1
Rn. 5) über diesen Anhang hinausgehende Anforderungen festgelegt sind. Enthalten diese nationalen Vorschriften dem Anhang entsprechende oder darüber
hinausgehende Anforderungen, sind diese maßgebend (vgl. RegE-AMBV, 13).
In der Regel kann z.B. davon ausgegangen werden, dass Beschaffenheitsanforderungen für Arbeitsmittel in den UVV mindestens den Anforderungen des
Anhangs entsprechen. Mit dem Hinweis auf die sonstigen geltenden nationalen
Vorschriften wird sichergestellt, dass im EG-rechtlich **nicht harmonisierten Bereich** nationale Vorschriften, die über die im Anhang der EG-Arbeitsmittelrichtlinie festgelegten Anforderungen hinausgehen, vom Arbeitgeber zu beachten
sind und nur diesen Vorschriften entsprechende Arbeitsmittel zur Verfügung
gestellt werden dürfen (vgl. a.a.O., 13 f.; vgl. § 3 Abs. 1 Satz 2 GSG): Es soll dem
Arbeitgeber verwehrt werden, auf ein niedrigeres als das derzeit in der Bundesrepublik Deutschland bestehende Schutzniveau herunterzurüsten (*Hein*, AS-Praxis Beil. 2/1997, 3). Die Anforderungen des Anhangs sind z.B. für Maschi-

Arbeitsschutzverordnungen

nen i.S. der Maschinenverordnung (9. GSGV) maßgebend, die in der EU bereits benutzt werden, vom Arbeitgeber aber beschafft wurden und erstmalig in seinem Betrieb bereitgestellt wurden (**gebrauchte Maschinen**) (vgl. RegE-AMBV, a.a.O.; vgl. *Hein*, a.a.O.).

8 Dies und damit die Anforderungen des Anhangs gelten **nicht**,
 – wenn diese Maschinen **aufgearbeitet** oder **wesentlich geändert** wurden und deshalb dem Anwendungsbereich des GSG bzw. der 9. GSGV (vgl. § 2 Abs. 3 GSG i.V.m. § 3 Abs. 4 Satz 2 9. GSGV) unterliegen oder
 – wenn in **sonstigen Rechtsvorschriften** Anforderungen an diese gebrauchten Maschinen gestellt werden (vgl. RegE-AMBV a.a.O.; vgl. *Hein*, a.a.O., 3f.).

3. Frühere erstmalige Bereitstellung

9 Für Arbeitsmittel, die vom Arbeitgeber im Zeitraum **zwischen dem 1.1.1993 und dem 1.4.1997** erstmalig bereitgestellt worden sind (vgl. § 4 Abs. 2), gilt folgendes:
 – Sie müssen den im Zeitpunkt der erstmaligen Bereitstellung geltenden Rechtsvorschriften entsprechen. Dies können Rechtsvorschriften sein, die andere einschlägige EG-Richtlinien in nationales Recht umsetzen (EG-rechtlich harmonisierter Bereich; vgl. Rn. 3), oder, wenn solche Rechtsvorschriften keine Anwendung finden, sonstige Rechtsvorschriften wie z.B. UVV (EG-rechtlich nicht harmonisierter Bereich; vgl. Rn. 4; vgl. RegE-AMBV, 14).
 – Sofern im Zeitpunkt der erstmaligen Bereitstellung der Arbeitsmittel keine Rechtsvorschriften vorhanden sind oder die geltenden sonstigen Rechtsvorschriften hinter den Sicherheitsanforderungen des Anhangs (Anhang-AMBV Rn. 1ff.) zurückbleiben, waren diese Arbeitsmittel unverzüglich, spätestens bis zum 30.6.1998, mindestens an die Anforderungen des Anhangs anzupassen (vgl. RegE-AMBV, 14; zu Umsetzungsproblemen und zur diesbezüglichen Tätigkeit der zuständigen Behörden vgl. *Dalum*, SiS 1999, 217f.).

10 Für Arbeitsmittel, die **vor dem 31.12.1992**, d.h. dem In-Kraft-Treten der EG-Maschinenrichtlinie, erstmalig bereitgestellt worden sind, sieht die AMBV in § 4 Abs. 3 eine Übergangsregelung für ihre Nachrüstung vor. Diese Arbeitsmittel waren unverzüglich, spätestens bis zum 30.6.1998, mindestens an die im Anhang der EG-Arbeitsmittelrichtlinie genannten Anforderungen anzupassen (vgl. RegE-AMBV, 14).

11 Von der Übergangsfrist in § 4 Abs. 3 unberührt blieb – entsprechend der Rechtsprechung des EuGH – die **Verpflichtung des Staates**, die Mindestvorschriften der EG-Arbeitsmittelrichtlinie mit Ablauf der für ihre Umsetzung vorgesehenen Frist, ab dem 1.1.1993 i.S. der Direktwirkung von EG-Richtlinien zu beachten (vgl. RegE-AMBV, 14; *Hein*, AS-Praxis Beil. 2/1997, 4; Einl. Rn. 69).

12 Die Übergangsfrist in § 4 Abs. 3 fand keine Anwendung, soweit in sonstigen Rechtsvorschriften, z.B. in entsprechenden UVV, **kürzere Übergangsfristen** genannt sind. In diesem Fall waren die kürzeren Übergangsfristen maßgeblich (vgl. RegE-AMBV, 15).

13 Maßnahmen, die der Arbeitgeber ggf. zur Anpassung von Arbeitsmitteln an die Anforderungen des Anhangs zu treffen hat und bei denen ein Entscheidungsspielraum besteht, unterliegen der **Mitbestimmung** des Betriebsrats gem. § 87 Abs. 1 Nr. 7 BetrVG (vgl. DKK-*Klebe*, § 87 BetrVG, Rn. 204 m.w.N.; vgl. BetrVG Rn. 14ff.) bzw. des Personalrats gem. § 75 Abs. 3 Nr. 11 BPersVG (vgl. BPersVG Rn. 8ff.).

4. Benutzungsdauer

Die Anforderungen aus § 4 Abs. 1 bis 3 müssen während der **gesamten Benutzungsdauer** der Arbeitsmittel gewährleistet sein (§ 4 Abs. 4). Diese Regelung setzt Art. 4 Abs. 2 EG-Arbeitsmittelrichtlinie um. Der Arbeitgeber muss die entsprechenden erforderlichen Vorkehrungen treffen. Dies ist durch geeignete Vorkehrungen, z.B. entsprechende Instandhaltungsmaßnahmen, sicherzustellen (vgl. RegE-AMBV, 15; § 2 Rn. 3). Der Arbeitgeber kann sich hierbei durch die von ihm bestellte Fachkraft für Arbeitssicherheit unterstützen lassen (vgl. ASiG Rn. 91). 14

Da diese Regelung dem Arbeitgeber einen Entscheidungsspielraum darüber lässt, welche erforderlichen Vorkehrungen er zu treffen hat, unterliegt sie der **Mitbestimmung** des Betriebsrats gem. § 87 Abs. 1 Nr. 7 BetrVG (vgl. DKK-*Klebe*, § 87 BetrVG Rn. 204 m.w.N.; BetrVG Rn. 14ff.) bzw. des Personalrats gem. § 75 Abs. 3 Nr. 11 BPersVG (vgl. BPersVG Rn. 8ff.). 15

5. Bereitstellung und Benutzung

Die Regelungen des § 3 zur **Bereitstellung und Benutzung** bleiben von den Regelungen des § 4 unberührt (§ 4 Abs. 5). Damit wird die entsprechende Formulierung in Art. 4 Abs. 1 EG-Arbeitsmittelrichtlinie umgesetzt. Damit wird unterstrichen, dass der Arbeitgeber sich nicht darauf beschränken kann, nur solche Arbeitsmittel bereitzustellen, die für sich den vorgeschriebenen Beschaffenheitsanforderungen entsprechen. Vielmehr sind die konkreten **betrieblichen Einsatzbedingungen** zu berücksichtigen, die Gefährdungen für Sicherheit und Gesundheit der Beschäftigten mit sich bringen können (vgl. Näheres bei den Erläuterungen zu § 3). 16

§ 5 Sonstige Schutzmaßnahmen

Ist die Benutzung eines Arbeitsmittels mit einer besonderen Gefährdung der Sicherheit oder Gesundheit der Beschäftigten verbunden, hat der Arbeitgeber die erforderlichen Vorkehrungen zu treffen, damit die Benutzung des Arbeitsmittels den hierzu beauftragten Beschäftigten vorbehalten bleibt. Handelt es sich um Instandhaltungs- oder Umbauarbeiten, hat der Arbeitgeber auch die erforderlichen Vorkehrungen zu treffen, damit die mit der Durchführung beauftragten Beschäftigten eine angemessene spezielle Unterweisung erhalten.

Bei der Benutzung von Arbeitsmitteln, die mit einer besonderen Gefährdung für Sicherheit und Gesundheitsschutz der Beschäftigten verbunden ist, hat der Arbeitgeber **besondere Verpflichtungen**. 1

Der Arbeitgeber muss die erforderlichen Vorkehrungen treffen, damit die Benutzung des Arbeitsmittels den hierzu **beauftragten Beschäftigten** vorbehalten bleibt (vgl. RegE-AMBV, 15). Dies gilt z.B. für die Benutzung von Kranen, Argon-Schweißgeräten, Gabelstaplern etc. 2

Bei **Instandhaltungs- und Umbauarbeiten** von solchen Arbeitsmitteln hat der Arbeitgeber auch die erforderlichen Vorkehrungen zu treffen, damit die mit der Durchführung dieser Arbeiten beauftragten Beschäftigten eine angemessene **spezielle Unterweisung** erhalten (RegE-AMBV, a.a.O.; zum Begriff der Instandhaltung vgl. § 2 Rn. 3). Es obliegt dem Arbeitgeber, diesen Beschäftigten die für 3 diese Arbeiten notwendigen Kenntnisse und Fertigkeiten zu vermitteln (a.a.O.). Er ist dafür verantwortlich, dass diese Personen eine angemessene spezielle Unterweisung erhalten (*Hein*, AS-Praxis Beil. 2/1997, 5; *Wlotzke*, NJW 1997, 1476).

4 § 5 ist eine **Rahmenvorschrift** i.S. des § 87 Abs. 1 Nr. 7 BetrVG und lässt dem Arbeitgeber einen Entscheidungsspielraum darüber, welche Vorkehrungen er hinsichtlich besonders gefährlicher Arbeitsmittel trifft. Sie unterliegt daher der **Mitbestimmung** des Betriebsrats (vgl. DKK-*Klebe*, § 87 BetrVG Rn. 204 m.w.N.; BetrVG Rn. 14ff.) bzw. des Personalrats gem. § 75 Abs. 3 Nr. 11 (vgl. BPersVG Rn. 8ff.).

§ 6 Unterweisung

Bei der Unterweisung nach § 12 des Arbeitsschutzgesetzes hat der Arbeitgeber die erforderlichen Vorkehrungen zu treffen, daß den Beschäftigten angemessene Informationen und, soweit erforderlich, Betriebsanweisungen für die bei der Arbeit benutzten Arbeitsmittel in für die Beschäftigten verständlicher Form und Sprache zur Verfügung stehen. Die Informationen und die Betriebsanweisungen müssen mindestens Angaben über die Einsatzbedingungen, über absehbare Betriebsstörungen und über die bezüglich der Benutzung des Arbeitsmittels vorliegenden Erfahrungen enthalten.

1 § 6 konkretisiert die allgemeine **Unterweisungspflicht** des § 12 ArbSchG für die Benutzung von Arbeitsmitteln (vgl. § 12 ArbSchG). Aufgrund des Grundsatzes der Kohärenz der AMBV mit dem ArbSchG (§ 1 Rn. 3) war es nicht notwendig, Art. 7 Spiegelstrich 1 EG-Arbeitsmittelbenutzungsrichtlinie, der dies konkret regelt, in der AMBV gesondert umzusetzen. Die Unterweisung umfasst Anweisungen und Erläuterungen, die eigens auf den Arbeitsplatz oder den Aufgabenbereich der Beschäftigten ausgerichtet sind (vgl. § 12 ArbSchG Rn. 3ff.).

2 **Konkrete Anforderungen** an solche Informationen enthält Art. 6 EG-Arbeitsmittelbenutzungsrichtlinie, die für die Auslegung von § 6 erheblich sind. Dort werden diesbezügliche Mindestangaben festgelegt, die für die Beschäftigten bei der Benutzung von Arbeitsmitteln relevant sind (vgl. RegE-AMBV, 15). Bei der Durchführung der Unterweisung der Beschäftigten nach § 12 ArbSchG und § 6 AMBV hat der Arbeitgeber die erforderlichen Vorkehrungen zu treffen, dass den Beschäftigten angemessene Informationen und ggf. Betriebsanweisungen für die bei der Arbeit benutzten Arbeitsmittel zur Verfügung stehen. Diese sollten mindestens Angaben über die Einsatzbedingungen, über absehbare Betriebsstörungen und über die bezüglich der Benutzung des Arbeitsmittels vorliegenden Erfahrungen enthalten. Diese Angaben versetzen die Beschäftigten in den Stand, sich gesundheits- und sicherheitsgerecht zu verhalten. Sie müssen so abgefasst sein, dass die Beschäftigten sie verstehen. Wenn keine Übersetzung in die jeweiligen Muttersprachen der Beschäftigten vorliegt, muss sich der Arbeitgeber vergewissern, dass die Texte verstanden werden. Der Arbeitgeber kann bei der Erstellung solcher Betriebsanweisungen ggf. auf mitgelieferte Unterlagen der Hersteller zurückgreifen (vgl. RegE-AMBV, 15 f.).

3 § 6 ist, wie § 12 ArbSchG, eine Rahmenvorschrift i.S. des § 87 Abs. 1 Nr. 7 BetrVG und lässt dem Arbeitgeber einen Entscheidungsspielraum bezüglich Form, Inhalt, Anpassung und Wiederholung der Unterweisung. Sie unterliegt daher der **Mitbestimmung** des Betriebsrats (vgl. DKK-*Klebe*, § 87 BetrVG

Rn. 188b m.w.N.; BetrVG Rn. 14 ff.) bzw. des Personalrats gem. § 75 Abs. 3 Nr. 11 (vgl. BPersVG Rn. 8 ff.).

§ 7 Inkrafttreten
Diese Verordnung tritt am 1. April 1997 in Kraft.

§ 7 regelt das In-Kraft-Treten. **1**

Anhang über an Arbeitsmittel zu stellende Anforderungen

1. Vorbemerkung

Die Anforderungen dieses Anhangs gelten nach Maßgabe dieser Verordnung in den Fällen, in denen mit der Benutzung des betreffenden Arbeitsmittels eine entsprechende Gefahr für Sicherheit und Gesundheit der Beschäftigten verbunden ist.

2. Für Arbeitsmittel geltende allgemeine Vorschriften

2.1 Die Befehlseinrichtungen eines Arbeitsmittels, die Einfluß auf die Sicherheit haben, müssen deutlich sichtbar und als solche identifizierbar sein und gegebenenfalls entsprechend gekennzeichnet werden.

Abgesehen von einigen gegebenenfalls erforderlichen Ausnahmen müssen die Befehlseinrichtungen außerhalb des Gefahrenbereichs so angeordnet sein, daß ihre Betätigung keine zusätzlichen Gefahren mit sich bringen kann. Aus einer unbeabsichtigten Betätigung darf keine Gefahr entstehen.

Vom Hauptbedienungsstand aus müssen sich die Beschäftigten erforderlichenfalls vergewissern können, daß sich keine Personen im Gefahrenbereich aufhalten. Ist dies nicht möglich, muß dem Ingangsetzen automatisch ein sicheres System, wie z.B. ein akustisches oder optisches Warnsignal, vorgeschaltet sein. Beschäftigte müssen die Zeit oder die Möglichkeit haben, sich den Gefahren in Verbindung mit dem Ingangsetzen bzw. Stillsetzen des Arbeitsmittels rasch zu entziehen.

Die Befehlseinrichtungen müssen sicher sein, Störungen oder Beschädigungen dieser Einrichtungen dürfen nicht zu gefährlichen Situationen führen.

2.2 Das Ingangsetzen eines Arbeitsmittels darf nur durch absichtliche Betätigung einer hierfür vorgesehenen Befehlseinrichtung möglich sein.

Dies gilt auch

- für das Wiederingangsetzen nach einem Stillstand, ungeachtet der Ursache für diesen Stillstand,
- für die Steuerung einer wesentlichen Änderung des Betriebszustandes (z.B. der Geschwindigkeit, des Druckes usw.),

sofern dieses Wiederingangsetzen oder diese Änderung für die Beschäftigten nicht völlig gefahrlos erfolgen kann.

Diese Anforderung gilt nicht für das Wiederingangsetzen oder die Änderung des Betriebszustandes während des normalen Programmablaufs im Automatikbetrieb.

2.3 Jedes Arbeitsmittel muß mit einer Befehlseinrichtung zum sicheren Stillsetzen des gesamten Arbeitsmittels ausgerüstet sein.

Jeder Arbeitsplatz muß mit Befehlseinrichtungen ausgerüstet sein, mit denen sich entsprechend der Gefahrenlage das gesamte Arbeitsmittel oder nur bestimmte Teile stillsetzen lassen, um das Arbeitsmittel in einen sicheren Zustand zu versetzen. Der Befehl zum Stillsetzen des Arbeitsmittels muß den Befehlen zum Ingangsetzen übergeordnet sein. Nach dem Stillsetzen des Arbeitsmittels oder seiner gefährlichen Teile muß die Energieversorgung des Antriebs unterbrochen werden.

2.4 Die Arbeitsmittel müssen entsprechend der von dem Arbeitsmittel ausgehenden Gefahr und der normalerweise erforderlichen Zeit für das Stillsetzen mit einer Not-Befehlseinrichtung versehen sein.

Arbeitsmittelbenutzungsverordnung

2.5 Jedes Arbeitsmittel, von dem eine Gefahr durch herabfallende oder herausschleudernde Gegenstände ausgeht, muß mit entsprechenden Schutzvorrichtungen gegen diese Gefahren versehen sein.
Jedes Arbeitsmittel, von dem eine Gefahr durch Ausströmen von Gasen oder Dämpfen oder durch Austreten von Flüssigkeiten oder Stäuben ausgeht, muß mit entsprechenden Vorrichtungen zum Zurückhalten oder Ableiten der austretenden Stoffe an der Quelle versehen sein.
2.6 Die Arbeitsmittel und ihre Teile müssen durch Befestigung oder auf anderem Wege stabilisiert werden, sofern dies für die Sicherheit und den Gesundheitsschutz der Beschäftigten erforderlich ist.
2.7 Besteht bei Teilen eines Arbeitsmittels Splitter- oder Bruchgefahr, die die Sicherheit oder die Gesundheit der Beschäftigten erheblich gefährden könnte, so müssen geeignete Schutzvorkehrungen getroffen werden.
2.8 Besteht bei beweglichen Teilen eines Arbeitsmittels die Gefahr eines mechanischen Kontakts, durch den Unfälle verursacht werden können, so müssen sie mit Schutzeinrichtungen ausgestattet sein, die den Zugang zum Gefahrenbereich verhindern oder die die beweglichen Teile vor dem Erreichen des Gefahrenbereichs stillsetzen.
Die Schutzeinrichtungen
– müssen stabil gebaut sein;
– dürfen keine zusätzlichen Gefahren verursachen;
– dürfen nicht auf einfache Weise umgangen oder unwirksam gemacht werden können;
– müssen ausreichend Abstand zum Gefahrenbereich haben;
– dürfen die Beobachtung des Arbeitszyklus nicht mehr als notwendig einschränken;
– müssen die für Einbau oder Austausch von Teilen sowie für die Wartungsarbeiten erforderlichen Eingriffe möglichst ohne Demontage der Schutzeinrichtungen zulassen, wobei der Zugang auf den für die Arbeit notwendigen Bereich beschränkt sein muß.
2.9 Die Arbeits- bzw. Wartungsbereiche eines Arbeitsmittels müssen entsprechend den vorzunehmenden Arbeiten ausreichend beleuchtet sein.
2.10 Sehr heiße oder sehr kalte Teile eines Arbeitsmittels müssen mit Schutzeinrichtungen versehen sein, die verhindern, daß die Beschäftigten die betreffenden Teile berühren oder ihnen gefährlich nahe kommen.
2.11 Die Warnvorrichtungen des Arbeitsmittels müssen leicht wahrnehmbar und unmißverständlich sein.
2.12 Ein Arbeitsmittel darf nur für Arbeitsgänge und unter Bedingungen eingesetzt werden, für die es geeignet ist.
2.13 Wartungsarbeiten müssen bei Stillstand des Arbeitsmittels vorgenommen werden können. Wenn dies nicht möglich ist, müssen für ihre Durchführung geeignete Schutzmaßnahmen ergriffen werden können, oder die Wartung muß außerhalb des Gefahrenbereichs erfolgen können.
Bei Arbeitsmitteln, für die ein Wartungsbuch geführt wird, sind die Eintragungen auf dem neuesten Stand zu halten.
2.14 Jedes Arbeitsmittel muß mit deutlich erkennbaren Vorrichtungen ausgestattet sein, mit denen es von jeder einzelnen Energiequelle getrennt werden kann. Beim Wiederingangsetzen dürfen die betreffenden Beschäftigten keiner Gefahr ausgesetzt sein.
2.15 Jedes Arbeitsmittel muß zur Gewährleistung der Sicherheit der Beschäftig-

ten mit den erforderlichen Kennzeichnungen oder Gefahrenhinweisen versehen sein.

2.16 Bei Produktions-, Einstellungs- und Wartungsarbeiten am Arbeitsmittel müssen die Beschäftigten sicheren Zugang zu allen für die Durchführung dieser Arbeiten notwendigen Stellen haben. An diesen Stellen muß ein gefahrloser Aufenthalt möglich sein.

2.17 Jedes Arbeitsmittel muß für den Schutz der Beschäftigten gegen Gefahren durch Brand oder Erhitzung des Arbeitsmittels oder durch Freisetzung von Gas, Staub, Flüssigkeiten, Dampf oder anderen Stoffen ausgelegt werden, die in dem Arbeitsmittel hergestellt oder verwendet werden.

2.18 Jedes Arbeitsmittel muß für den Schutz gegen Gefahr durch Explosion des Arbeitsmittels oder von Stoffen ausgelegt werden, die in dem Arbeitsmittel hergestellt oder verwendet werden.

2.19 Jedes Arbeitsmittel muß für den Schutz der Beschäftigten gegen direktes oder indirektes Berühren mit elektrischem Strom ausgelegt werden.

1 Der Anhang der AMBV entspricht inhaltsgleich dem Anhang der EG-Arbeitsmittelrichtlinie. Seine Bestimmungen gelten mit dem Ziel, Sicherheit und Gesundheitsschutz der Beschäftigten bei der Benutzung von Arbeitsmitteln zu gewährleisten und zu verbessern (vgl. RegE-AMBV, 16), und zwar für Arbeitsmittel im nicht durch einschlägige EG-Richtlinien geregelten »**nichtharmonisierten**« **Bereich** (vgl. § 4 Rn. 4). Anforderungen aus sonstigen Rechtsvorschriften i.S. von § 2 Abs. 4 ArbSchG (z.B. UVV), die über die im Anhang festgelegten Anforderungen hinausgehen, bleiben daher bestehen.

2 In der Vorbemerkung zum Anhang wird klargestellt, dass seine Anforderungen nur in den Fällen gelten, in denen mit der Benutzung des betreffenden Arbeitsmittels eine entsprechende **Gefahr** für Sicherheit und Gesundheit der Beschäftigten verbunden ist (vgl. RegE-AMBV, 16), d. h. wenn eine hinreichende Wahrscheinlichkeit besteht, dass ein Schaden eintritt (*Hein*, AS-Praxis Beil. 2/97, 5). **Gefährdungen**, die sich aus den konkreten betrieblichen Einsatzbedingungen der Arbeitsmittel ergeben, sind durch die Regelungen des § 3 und die damit korrelierenden Regelungen des ArbSchG erfasst (vgl. § 3 Rn. 5 ff.). Zur Beurteilung der Arbeitsbedingungen nach § 5 ArbSchG im Hinblick auf die Gestaltung, die Auswahl und den Einsatz von Arbeitsmitteln sowie den Umgang damit (vgl. § 5 Abs. 3 Nr. 3 ArbSchG), kann der Arbeitgeber den Anhang allerdings als Handlungshilfe verwenden.

3 Die unter Nr. 2 des Anhangs anschließenden für Arbeitsmittel geltenden allgemeinen Vorschriften stellen an Arbeitsmittel **Mindestanforderungen** bezüglich (vgl. RegE-AMBV S. 16):
   – der Gestaltung, der Anordnung und der Funktionsweise ihrer Befehlseinrichtungen,
   – der Warn- und Not-Befehlseinrichtungen,
   – der vorzusehenden Schutzvorrichtungen, z.B. zum Schutz der Beschäftigten vor herabfallenden oder herausschleudernden Gegenständen, ausströmenden Gasen oder Dämpfen, Splittern, beweglichen Teilen oder gegen direkten oder indirekten Kontakt mit elektrischem Strom,
   – deren Betreiben (z.B. Ingangsetzen, Durchführung von Produktions-, Einstellungs- und Wartungsarbeiten, Wiederingangsetzen),
   – der Anbringung von erforderlichen Kennzeichnungen oder Gefahrenhinweisen.

Verordnung über Arbeitsstätten (Arbeitsstättenverordnung – ArbStättV)

vom 20. März 1975 (BGBl. I, 729), zuletzt geändert durch Art. 4 der Verordnung vom 4. Dezember 1996 (BGBl. I, S. 1841)

Erstes Kapitel
Allgemeine Vorschriften

§ 1 Geltungsbereich

(1) Diese Verordnung gilt für Arbeitsstätten in Betrieben, in denen das Arbeitsschutzgesetz Anwendung findet.
(2) Diese Verordnung gilt nicht für Arbeitsstätten
1. im Reisegewerbe und Marktverkehr,
2. in Straßen-, Schienen- und Luftfahrzeugen im öffentlichen Verkehr,
3. in Betrieben, die dem Bundesberggesetz unterliegen,
4. auf See- und Binnenschiffen.

§ 2 Begriffsbestimmung

(1) Arbeitsstätten sind
1. Arbeitsräume in Gebäuden einschließlich Ausbildungsstätten,
2. Arbeitsplätze auf dem Betriebsgelände im Freien, ausgenommen Felder, Wälder und sonstige Flächen, die zu einem land- oder forstwirtschaftlichen Betrieb gehören und außerhalb seiner bebauten Fläche liegen,
3. Baustellen,
4. Verkaufsstände im Freien, die im Zusammenhang mit Ladengeschäften stehen,
5. Wasserfahrzeuge und schwimmende Anlagen auf Binnengewässern.
(2) Zur Arbeitsstätte gehören
1. Verkehrswege,
2. Lager-, Maschinen- und Nebenräume,
3. Pausen-, Bereitschafts-, Liegeräume und Räume für körperliche Ausgleichsübungen,
4. Umkleide-, Wasch- und Toilettenräume (Sanitärräume),
5. Sanitärräume.
(3) Zu den Arbeitsstätten gehören auch Einrichtungen, soweit für sie in den §§ 5 bis 55 dieser Verordnung besondere Anforderungen gestellt werden.
(4) Arbeitnehmer im Sinne dieser Verordnung sind Beschäftigte im Sinne des § 2 Abs. 2 des Arbeitsschutzgesetzes. Arbeitgeber im Sinne dieser Verordnung ist, wer Personen nach Satz 1 beschäftigt.

§ 3 Allgemeine Anforderungen

(1) Der Arbeitgeber hat
1. die Arbeitsstätte nach dieser Verordnung, den sonst geltenden Arbeitsschutz- und Unfallverhütungsvorschriften und nach den allgemein anerkannten sicherheitstechnischen, arbeitsmedizinischen und hygienischen Regeln sowie den sonstigen gesicherten arbeitswissenschaftlichen Erkenntnissen einzurichten und zu betreiben,
2. den in der Arbeitsstätte beschäftigten Arbeitnehmern die Räume und Einrichtungen zur Verfügung zu stellen, die in dieser Verordnung vorgeschrieben sind.

Soweit in anderen Rechtsvorschriften, insbesondere dem Bauordnungsrecht der Länder, Anforderungen gestellt werden, bleiben diese Vorschriften unberührt.

(2) Der Bundesminister für Arbeit und Sozialordnung stellt unter Hinzuziehung der fachlich beteiligten Kreise einschließlich der Spitzenorganisationen der Arbeitnehmer und Arbeitgeber Arbeitsstätten-Richtlinien auf und gibt diese im Benehmen mit den für den Arbeitsschutz zuständigen obersten Landesbehörden im Bundesarbeitsblatt, Fachteil Arbeitsschutz bekannt. Die Regeln und Erkenntnisse nach Absatz 1 sind insbesondere aus diesen Arbeitsstätten-Richtlinien zu entnehmen.

(3) Die Befugnis der zuständigen Behörde, nach §§ 120d der Gewerbeordnung und § 22 Abs. 3 des Arbeitsschutzgesetzes im Einzelfall zur Abwendung besonderer Gefahren die zum Schutz der Arbeitnehmer erforderlichen Maßnahmen anzuordnen, bleibt unberührt.

§ 4 Ausnahmen

(1) Die zuständige Behörde kann auf schriftlichen Antrag des Arbeitgebers Ausnahmen von den Vorschriften dieser Verordnung zulassen, wenn
1. der Arbeitgeber eine andere, ebenso wirksame Maßnahme trifft oder
2. die Durchführung der Vorschrift im Einzelfall zu einer unverhältnismäßigen Härte führen würde und die Abweichung mit dem Schutz der Arbeitnehmer vereinbar ist.

(2) Der Arbeitgeber darf von den in § 3 genannten Regeln und Erkenntnissen abweichen, wenn er ebenso wirksame Maßnahmen trifft. Auf Verlangen der zuständigen Behörde hat der Arbeitgeber im Einzelfall nachzuweisen, daß die andere Maßnahme ebenso wirksam ist.

Zweites Kapitel
Räume, Verkehrswege und Einrichtungen

Erster Abschnitt – Allgemeine Anforderungen

§ 5 Lüftung

(1) In Arbeitsräumen muß unter Berücksichtigung der angewandten Arbeitsverfahren und der körperlichen Beanspruchung der Arbeitnehmer während der Arbeitszeit ausreichend gesundheitlich zuträgliche Atemluft vorhanden sein. Wird für die nach Satz 1 erforderliche Atemluft durch eine lüftungstechnische Anlage

(Lüftungsanlagen, Klimaanlagen) gesorgt, muß diese jederzeit funktionsfähig sein. Eine Störung an lüftungstechnischen Anlagen muß der für den Betrieb der Anlage zuständigen Person durch eine selbsttätig wirkende Warneinrichtung angezeigt werden können.

§ 6 Raumtemperaturen

(1) In Arbeitsräumen muß während der Arbeitszeit eine unter Berücksichtigung der Arbeitsverfahren und der körperlichen Beanspruchung der Arbeitnehmer gesundheitlich zuträgliche Raumtemperatur vorhanden sein. Satz 1 gilt auch für Bereiche von Arbeitsplätzen in Lager-, Maschinen- und Nebenräumen.
(2) Es muß sichergestellt sein, daß die Arbeitnehmer durch Heizeinrichtungen keinen unzuträglichen Temperaturverhältnissen ausgesetzt sind.
(3) In Pausen-, Bereitschafts-, Liege-, Sanitär- und Sanitätsräumen muß mindestens eine Raumtemperatur von 21 °C erreichbar sein.
(4) Bereiche von Arbeitsplätzen, die unter starker Hitzeeinwirkung stehen, müssen im Rahmen des betrieblich Möglichen auf eine zuträgliche Temperatur gekühlt werden.

§ 7 Beleuchtung

(1) Arbeits-, Pausen-, Bereitschafts-, Liege- und Sanitätsräume müssen eine Sichtverbindung nach außen haben. Dies gilt nicht für
1. Arbeitsräume, bei denen betriebstechnische Gründe eine Sichtverbindung nicht zulassen,
2. Verkaufsräume, sowie Schank- und Speiseräume in Gaststätten einschließlich der zugehörigen anderen Arbeitsräume, sofern die Räume vollständig unter Erdgleiche liegen,
3. Arbeitsräume mit einer Grundfläche von mindestens 2000 m^2, sofern Oberlichter vorhanden sind.

(2) Lichtschalter müssen leicht zugänglich und selbstleuchtend sein. Sie müssen auch in der Nähe der Zu- und Ausgänge sowie längs der Verkehrswege angebracht sein. Dies gilt nicht, wenn die Beleuchtung zentral geschaltet wird. Selbstleuchtende Lichtschalter sind bei vorhandener Orientierungsbeleuchtung nicht erforderlich.
(3) Beleuchtungseinrichtungen in Arbeitsräumen und Verkehrswegen sind so anzuordnen und auszulegen, daß sich aus der Art der Beleuchtung keine Unfall- oder Gesundheitsgefahren für die Arbeitnehmer ergeben können. Die Beleuchtung muß sich nach der Art der Sehaufgabe richten. Die Stärke der Allgemeinbeleuchtung muß mindestens 15 Lux betragen.
(4) Sind auf Grund der Tätigkeit der Arbeitnehmer, der vorhandenen Betriebseinrichtungen oder sonstiger besonderer betrieblicher Verhältnisse bei Ausfall der Allgemeinbeleuchtung Unfallgefahren zu befürchten, muß eine Sicherheitsbeleuchtung mit einer Beleuchtungsstärke von mindestens eins vom Hundert der Allgemeinbeleuchtung, mindestens jedoch von einem Lux, vorhanden sein.

§ 8 Fußböden, Wände, Decken, Dächer

(1) Fußböden in Räumen dürfen keine Stolperstellen haben; sie müssen eben und rutschhemmend ausgeführt und leicht zu reinigen sein. Für Arbeits-, Lager-, Maschinen- und Nebenräume gilt dies insoweit, als es betrieblich möglich und aus

sicherheitstechnischen oder gesundheitlichen Gründen erforderlich ist. Standflächen an Arbeitsplätzen müssen unter Berücksichtigung der Art des Betriebes und der körperlichen Tätigkeit der Arbeitnehmer eine ausreichende Wärmedämmung aufweisen.
(2) Die zulässige Belastung der Fußbodenfläche in Lagerräumen, unter denen sich andere Räume befinden, muß an den Zugängen gut erkennbar angegeben sein. Dies gilt auch für die zulässige Belastung von Zwischenböden und Galerien in Lagerräumen.
(3) Die Oberfläche der Wände und Decken in Räumen muß so beschaffen sein, daß sie leicht zu reinigen oder zu erneuern ist. Für Arbeits-, Lager-, Maschinen- und Nebenräume gilt dies insoweit, als es betrieblich möglich und aus sicherheitstechnischen oder gesundheitlichen Gründen erforderlich ist.
(4) Lichtdurchlässige Wände, insbesondere Ganzglaswände, im Bereich von Arbeitsplätzen und Verkehrswegen müssen aus bruchsicherem Werkstoff bestehen oder so gegen die Arbeitsplätze und Verkehrswege abgeschirmt sein, daß Arbeitnehmer nicht mit den Wänden in Berührung kommen und beim Zersplittern der Wände verletzt werden können.
(5) Dächer aus nicht durchtrittsicherem Material dürfen nur betreten werden können, wenn Einrichtungen vorhanden sind, die ein Abstürzen verhindern.

§ 9 Fenster, Oberlichter

(1) Fensterflügel dürfen in geöffnetem Zustand die Arbeitnehmer am Arbeitsplatz in ihrer Bewegungsfreiheit nicht behindern und die erforderliche Mindestbreite der Verkehrswege nicht einengen.
(2) Fenster und Oberlichter müssen so beschaffen oder mit Einrichtungen versehen sein, daß die Räume gegen unmittelbare Sonneneinstrahlung abgeschirmt werden können.

§ 10 Türen, Tore

(1) Lage, Anzahl, Ausführungen und Abmessungen von Türen und Toren müssen sich nach der Art und Nutzung der Räume richten.
(2) Tore, die auch dem Fußgängerverkehr dienen, müssen so ausgeführt sein, daß sie oder Teile von ihnen vom Benutzer leicht geöffnet oder geschlossen werden können.
(3) In unmittelbarer Nähe von Toren, die vorwiegend für den Fahrzeugverkehr bestimmt sind, müssen Türen für den Fußgängerverkehr vorhanden sein.
(4) Pendeltüren und -tore müssen durchsichtig sein oder Sichtfenster haben.
(5) Bestehen lichtdurchlässige Flächen von Türen nicht aus bruchsicherem Werkstoff und ist zu befürchten, dass sich Arbeitnehmer durch Zersplittern der Türflächen verletzen können, so sind diese Flächen gegen Eindrücken zu schützen.
(6) Schiebetüren und -tore müssen gegen Ausheben und Herausfallen, Türen und Tore, die nach oben öffnen, gegen Herabfallen gesichert sein.
(7) Türen im Verlauf von Rettungswegen müssen gekennzeichnet sein. Die Türen müssen sich von innen ohne fremde Hilfsmittel jederzeit leicht öffnen lassen, solange sich Arbeitnehmer in der Arbeitsstätte befinden.

Arbeitsstättenverordnung

§ 11 Zusätzliche Anforderungen an kraftbetätigte Türen und Tore

(1) An kraftbetätigten Türen und Toren müssen Quetsch- und Scherstellen bis zu einer Höhe von 2,50 m so gesichert sein, daß die Bewegung der Türen oder Tore im Gefahrfall zum Stillstand kommt. Dies gilt nicht, wenn
1. durch besondere Einrichtungen sichergestellt ist, daß die Tür- und Torbewegung nur dann erfolgen kann, wenn sich keine Person im Gefahrbereich befindet oder
2. der Gefahrbereich vom Bedienungsstandort vollständig zu übersehen ist und eine Person mit der Bedienung der Türen und Tore besonders beauftragt ist.

(2) Bei einer Steuerung des Antriebs kraftbetätigter Türen und Tore von Hand muß die Bewegung der Türen und Tore beim Loslassen des Steuerorgans zum Stillstand kommen. Dies gilt nicht, wenn
1. durch besondere Einrichtungen sichergestellt ist, daß die Tür- oder Torbewegung nur dann erfolgen kann, wenn sich keine Person im Gefahrbereich befindet oder
2. die betrieblichen Gegebenheiten eine andere Form der Steuerung erfordern und sich daraus keine Gefährdung der Arbeitnehmer ergibt.

(3) Wird der Antrieb kraftbetätigter Türen und Tore durch Steuerimpulse oder von einer Stelle aus gesteuert, von der aus der Gefahrbereich der Türen und Tore nicht vollständig zu übersehen ist, müssen gut erkennbare und leicht zugängliche Notabschalteinrichtungen vorhanden sein.

(4) Nach Abschalten des Antriebs von kraftbetätigten Türen und Toren oder bei Ausfall der Energieversorgung für den Antrieb muß die Bewegung der Türen und Tore sofort zum Stillstand kommen. Eine unbeabsichtigte erneute Bewegung der Türen und Tore darf nicht möglich sein. Abweichend von Satz 1 müssen sich kraftbetätigte Türen und Tore, die einen Brandabschluß bilden, bei Ausfall der Energieversorgung gefahrlos selbsttätig schließen.

(5) Kraftbetätigte Türen müssen auch von Hand zu öffnen sein.

§ 12 Schutz gegen Absturz und herabfallende Gegenstände

(1) Arbeitsplätze und Verkehrswege, bei denen Absturzgefahren bestehen oder die an Gefahrbereiche grenzen, müssen mit Einrichtungen versehen sein, die verhindern, daß Arbeitnehmer abstürzen oder in die Gefahrbereiche gelangen. § 21 (Laderampen) bleibt unberührt.

(2) Absatz 1 gilt entsprechend bei Boden- und Wandöffnungen, durch die Arbeitnehmer abstürzen können. Es muß ferner durch Einrichtungen verhindert werden, daß Gegenstände durch Boden- und Wandöffnungen fallen und andere Arbeitnehmer gefährden.

(3) Wenn Arbeitnehmer auf Arbeitsplätzen und Verkehrswegen dadurch gefährdet werden können, daß Gegenstände von höher gelegenen Arbeitsplätzen, Verkehrswegen oder Betriebseinrichtungen herabfallen, müssen Schutzvorkehrungen getroffen werden.

§ 13 Schutz gegen Entstehungsbrände

(1) Für die Räume müssen je nach Brandgefährlichkeit der in den Räumen vorhandenen Betriebseinrichtungen und Arbeitsstoffe die zum Löschen möglicher Entstehungsbrände erforderlichen Feuerlöscheinrichtungen vorhanden sein.

(2) Die Feuerlöscheinrichtungen müssen, sofern sie nicht selbsttätig wirken, gekennzeichnet, leicht zugänglich und leicht zu handhaben sein.
(3) Selbsttätige ortsfeste Feuerlöscheinrichtungen, bei deren Einsatz Gefahren für Arbeitnehmer auftreten können, müssen mit selbsttätig wirkenden Warneinrichtungen ausgerüstet sein.

§ 14 Schutz gegen Gase, Dämpfe, Nebel, Stäube

Soweit in Arbeitsräumen das Auftreten von Gasen, Dämpfen, Nebeln oder Stäuben in unzuträglicher Menge oder Konzentration nicht verhindert werden kann, sind diese an ihrer Entstehungsstelle abzusaugen und zu beseitigen. Sind Störungen an Absaugeeinrichtungen nicht ohne weiteres erkennbar, so müssen die betroffenen Arbeitnehmer durch eine selbsttätig wirkende Warneinrichtung auf die Störung hingewiesen werden. Es müssen ferner Vorkehrungen getroffen sein, durch die die Arbeitnehmer im Falle einer Störung an Absaugeeinrichtungen gegen Gesundheitsgefahren geschützt sind.

§ 15 Schutz gegen Lärm

(1) In Arbeitsräumen ist der Schallpegel so niedrig zu halten, wie es nach der Art des Betriebes möglich ist. Der Beurteilungspegel am Arbeitsplatz in Arbeitsräumen darf auch unter Berücksichtigung der von außen einwirkenden Geräusche höchstens betragen:
1. bei überwiegend geistigen Tätigkeiten 55 dB (A),
2. bei einfachen oder überwiegend mechanisierten Bürotätigkeiten und vergleichbaren Tätigkeiten 70 dB (A),
3. bei allen sonstigen Tätigkeiten 85 dB (A); soweit dieser Beurteilungspegel nach der betrieblich möglichen Lärmminderung zumutbarerweise nicht einzuhalten ist, darf er bis zu 5 dB (A) überschritten werden.
(2) In Pausen-, Bereitschafts-, Liege- und Sanitätsräumen darf der Beurteilungspegel höchstens 55 dB (A) betragen. Bei der Festlegung des Beurteilungspegels sind nur die Geräusche der Betriebseinrichtungen in den Räumen und die von außen auf die Räume einwirkenden Geräusche zu berücksichtigen.

§ 16 Schutz gegen sonstige unzuträgliche Einwirkungen

(1) In Arbeits-, Pausen-, Bereitschafts-, Liege- und Sanitätsräumen ist das Ausmaß mechanischer Schwingungen so niedrig zu halten, wie es nach der Art des Betriebes möglich ist.
(2) Für den Menschen spürbare elektrostatische Aufladung in Räumen sind im Rahmen des betrieblich Möglichen zu vermeiden.
(3) Betriebseinrichtungen sind so zu gestalten, aufzustellen und zu betreiben, daß in den Räumen unzuträgliche Gerüche im Rahmen des betrieblich Möglichen vermieden werden. Aus Sanitärräumen darf keine Abluft in andere Räume geführt werden.
(4) Räume, in denen sich Arbeitnehmer aufhalten, müssen so beschaffen oder eingerichtet sein, daß die Arbeitnehmer keiner vermeidbaren Zugluft ausgesetzt sind.
(5) Es sind Vorkehrungen zu treffen, daß betriebstechnisch unvermeidbare Wärmestrahlung nicht in unzuträglichem Ausmaß auf die Arbeitnehmer einwirkt.

§ 17 Verkehrswege

(1) Verkehrswege müssen so beschaffen und bemessen sein, daß sie je nach ihrem Bestimmungszweck sicher begangen oder befahren werden können und neben den Wegen beschäftigte Arbeitnehmer durch den Verkehr nicht gefährdet werden.

(2) Verkehrswege für kraftbetriebene oder schienengebundene Beförderungsmittel müssen so breit sein, daß zwischen der äußeren Begrenzung der Beförderungsmittel und der Grenze des Verkehrsweges ein Sicherheitsabstand von mindestens 0,50 m auf beiden Seiten des Verkehrsweges vorhanden ist.

(3) Verkehrswege für Fahrzeuge müssen in einem Abstand von mindestens 1,00 m an Türen und Toren, Durchgängen, Durchfahrten und Treppenaustritten vorbeiführen.

(4) Die Begrenzungen der Verkehrswege in Arbeits- und Lagerräumen mit mehr als 1000 m² Grundfläche müssen gekennzeichnet sein. Soweit Nutzung, Einrichtung und Belegungsdichte es zum Schutz der Arbeitnehmer erfordern, müssen die Begrenzungen der Verkehrswege bei Arbeits- und Lagerräumen mit weniger als 1000 m² Grundfläche gekennzeichnet sein. Die Kennzeichnung ist nicht notwendig, wenn die Verkehrswege durch ihre Art, durch die Betriebseinrichtungen oder durch das Lagergut deutlich erkennbar sind oder die betrieblichen Verhältnisse eine Kennzeichnung der Verkehrswege nicht zulassen.

§ 18 Zusätzliche Anforderungen an Fahrtreppen und Fahrsteige

(1) Fahrtreppen und umlaufende stufenlose Bänder für den Personenverkehr (Fahrsteige) müssen so beschaffen sein, daß sie sicher benutzt werden können. An den Zu- und Abgängen muß ausreichend bemessener Raum als Stauraum vorhanden sein.

(2) An Fahrtreppen und Fahrsteigen müssen Quetsch- und Scherstellen gesichert sein.

(3) Fahrtreppen und Fahrsteige müssen im Gefahrfall vom Benutzer oder von dritten Personen durch gut erkennbare und leicht zugängliche Notabschalteinrichtungen stillgesetzt werden können. Fahrtreppen und Fahrsteige müssen bei einem technischen Mangel, der zu einer Gefährdung der Benutzer führen kann, selbsttätig zum Stillstand kommen. Bei Fahrtreppen und Fahrsteigen, die erst beim Betreten in Betrieb gesetzt werden, muß die Laufrichtung gut erkennbar angegeben sein. Nach dem Abschalten des Antriebs von Fahrtreppen und Fahrsteigen darf eine unbeabsichtigte erneute Bewegung nicht möglich sein.

§ 19 Zusätzliche Anforderungen an Rettungswege

Anordnung, Abmessung und Ausführung der Rettungswege müssen sich nach der Nutzung, Einrichtung und Grundfläche der Räume sowie nach der Zahl der in den Räumen üblicherweise anwesenden Personen richten. Rettungswege müssen als solche gekennzeichnet sein und auf möglichst kurzem Weg ins Freie oder in einen gesicherten Bereich führen. Bei Gefahr muß sichergestellt sein, daß die Arbeitnehmer die Räume schnell verlassen und von außen schnell gerettet werden können.

Arbeitsschutzverordnungen

§ 20 Steigleitern, Steigeisengänge

Fest angebrachte Leitern (Steigleitern) und Steigeisengänge sind nur zulässig, wenn der Einbau einer Treppe betrieblich nicht möglich oder wegen der geringen Unfallgefahr nicht notwendig ist. Steigleitern oder Steigeisengänge müssen an ihren Austrittstellen eine Haltevorrichtung haben. Wenn die Steigleitern oder Steigeisengänge länger als 5,00 m sind und es betrieblich möglich ist, müssen sie mit Einrichtungen zum Schutz gegen Absturz ausgerüstet sein. Bei Steigleitern oder Steigeisengängen mit mehr als 80° Neigung zur Erdoberfläche müssen in Abständen von höchstens 10 m Ruhebühnen vorhanden sein.

§ 21 Laderampen

(1) Laderampen müssen mindestens 0,80 m breit sein.
(2) Laderampen müssen mindestens einen Abgang haben. Laderampen mit mehr als 20 m Länge müssen, soweit dies betriebstechnisch möglich ist, in jedem Endbereich einen Abgang haben. Abgänge müssen als Treppen oder als geneigte sicher begeh- und befahrbare Flächen ausgeführt sein. Treppenöffnungen innerhalb von Rampen müssen so gesichert sein, dass Arbeitnehmer nicht abstürzen und Fahrzeuge nicht in die Treppenöffnungen abkippen können.
(3) Laderampen von mehr als 1,00 m Höhe sollen im Rahmen des betriebstechnisch Möglichen mit Einrichtungen zum Schutz gegen Absturz ausgerüstet sein. Das gilt insbesondere für die Bereiche von Laderampen, die keine ständigen Be- und Entladestellen sind.
(4) Laderampen, die neben Gleisanlagen liegen und mehr als 0,80 m über Schienenoberkante hoch sind, müssen so ausgeführt sein, daß Arbeitnehmer im Gefahrfall unter der Rampe Schutz finden können.

§ 22 Nicht allseits umschlossene Räume

Auf nicht allseits umschlossene Räume sind die §§ 5 bis 21 sinngemäß anzuwenden.

Zweiter Abschnitt
Anforderungen an bestimmte Räume

Erster Titel
Arbeitsräume

§ 23 Raumabmessungen, Luftraum

(1) Arbeitsräume müssen eine Grundfläche von mindestens 8,00 m² haben.
(2) Räume dürfen als Arbeitsräume nur genutzt werden, wenn die lichte Höhe
– bei einer Grundfläche von nicht mehr als 50 m² mindestens 2,50 m,
– bei einer Grundfläche von mehr als 50 m² mindestens 2,75 m,
– bei einer Grundfläche von mehr als 100 m² mindestens 3,00 m,
– bei einer Grundfläche von mehr als 2000 m² mindestens 3,25 m
beträgt.

Arbeitsstättenverordnung

Bei Räumen mit Schrägdecken darf die lichte Höhe im Bereich von Arbeitsplätzen und Verkehrswegen an keiner Stelle 2,50 m unterschreiten.

(3) Die in Absatz 2 genannten Maße können bei Verkaufsräumen, Büroräumen und anderen Arbeitsräumen, in denen überwiegend leichte oder sitzende Tätigkeit ausgeübt wird, oder aus zwingenden baulichen Gründen um 0,25 m herabgesetzt werden, wenn hiergegen keine gesundheitlichen Bedenken bestehen. Die lichte Höhe darf nicht weniger als 2,50 m betragen.

(4) In Arbeitsräumen muß für jeden ständig anwesenden Arbeitnehmer als Mindestluftraum
- 12 m^3 bei überwiegend sitzender Tätigkeit,
- 15 m^3 bei überwiegend nichtsitzender Tätigkeit,
- 18 m^3 bei schwerer körperlicher Arbeit

vorhanden sein. Der Mindestluftraum darf durch Betriebseinrichtungen nicht verringert werden. Wenn sich in Arbeitsräumen mit natürlicher Lüftung neben den ständig anwesenden Arbeitnehmern auch andere Personen nicht nur vorübergehend aufhalten, ist für jede zusätzliche Person ein Mindestluftraum von 10 m^3 vorzusehen. Satz 3 gilt nicht für Verkaufsräume sowie Schank- und Speiseräume in Gaststätten.

§ 24 Bewegungsfläche am Arbeitsplatz

(1) Die freie unverstellte Fläche am Arbeitsplatz muß so bemessen sein, daß sich die Arbeitnehmer bei ihrer Tätigkeit unbehindert bewegen können. Für jeden Arbeitnehmer muß an seinem Arbeitsplatz mindestens eine freie Bewegungsfläche von 1,50 m^2 zur Verfügung stehen. Die freie Bewegungsfläche soll an keiner Stelle weniger als 1,00 m breit sein.

(2) Kann aus betrieblichen Gründen an bestimmten Arbeitsplätzen eine freie Bewegungsfläche von 1,50 m^2 nicht eingehalten werden, muß dem Arbeitnehmer in der Nähe des Arbeitsplatzes mindestens eine gleich große Bewegungsfläche zur Verfügung stehen.

§ 25 Ausstattung

(1) Kann die Arbeit ganz oder teilweise sitzend verrichtet werden, sind den Arbeitnehmern am Arbeitsplatz Sitzgelegenheiten zur Verfügung zu stellen. Die Sitzgelegenheiten müssen dem Arbeitsablauf und der Handhabung der Betriebseinrichtungen entsprechen und unfallsicher sein. Können aus betrieblichen Gründen keine Sitzgelegenheiten unmittelbar am Arbeitsplatz aufgestellt werden, obwohl es der Arbeitsablauf zuläßt, sich zeitweise zu setzen, sind in der Nähe der Arbeitsplätze Sitzgelegenheiten bereitzustellen.

(2) In Arbeitsräumen müssen Abfallbehälter zur Verfügung stehen. Die Behälter müssen verschließbar sein, wenn die Abfälle leicht entzündlich, unangenehm riechend oder unhygienisch sind. Bei leicht entzündlichen Abfällen müssen die Behälter aus nicht brennbarem Material bestehen.

§ 26 Steuerstände und Steuerkabinen von maschinellen Anlagen, Pförtnerlogen und ähnliche Einrichtungen

Auf Steuerstände und Steuerkabinen von maschinellen Anlagen sowie Pförtnerlogen, Kassenboxen und ähnliche Einrichtungen sind § 7 Abs. 1 (Sichtverbindung nach außen) und § 23 (Raumabmessungen und Luftraum) nicht anzuwenden, wenn es die Art der Einrichtung nicht zuläßt.

§ 27 Arbeitsplätze mit erhöhter Unfallgefahr

An Einzelarbeitsplätzen mit erhöhter Unfallgefahr, die außerhalb der Ruf- oder Sichtweite zu anderen Arbeitsplätzen liegen und nicht bewacht werden, müssen Einrichtungen vorhanden sein, mit denen im Gefahrfall Hilfspersonen herbeigerufen werden können.

§ 28 Nicht allseits umschlossene Arbeitsräume

(1) Nicht allseits umschlossene Arbeitsräume sind nur zulässig, soweit es betriebstechnisch erforderlich ist. Dies gilt auch, sofern Türen oder Tore von Arbeitsräumen, die unmittelbar ins Freie führen, ständig offengehalten werden.
(2) Arbeitsplätze in nicht allseits umschlossenen Arbeitsräumen oder Arbeitsräume, die ständig offengehalten werden, müssen so eingerichtet sein, daß die Arbeitnehmer gegen Witterungseinflüsse geschützt sind.

Zweiter Titel
Pausen-, Bereitschafts-, Liegeräume, Räume für körperliche Ausgleichsübungen

§ 29 Pausenräume

(1) Den Arbeitnehmern ist ein leicht erreichbarer Pausenraum zur Verfügung zu stellen, wenn mehr als zehn Arbeitnehmer beschäftigt sind oder gesundheitliche Gründe oder die Art der ausgeübten Tätigkeit es erfordern. Dies gilt nicht, wenn die Arbeitnehmer in Büroräumen oder vergleichbaren Arbeitsräumen beschäftigt sind und dort die Voraussetzungen für eine gleichwertige Erholung während der Pausen gegeben sind.
(2) Die lichte Höhe von Pausenräumen muß den Anforderungen des § 23 Abs. 2 (Raumabmessungen) entsprechen.
(3) In Pausenräumen muß für jeden Arbeitnehmer, der den Raum benutzen soll, eine Grundfläche von mindestens 1,00 m² vorhanden sein. Die Grundfläche eines Pausenraumes muß mindestens 6,00 m² betragen.
(4) Pausenräume müssen entsprechend der Zahl der Arbeitnehmer, die sich gleichzeitig in den Räumen aufhalten sollen, mit Tischen, die leicht zu reinigen sind, Sitzgelegenheiten mit Rückenlehne sowie mit Kleiderhaken, Abfallbehältern und bei Bedarf auch mit Vorrichtungen zum Anwärmen und zum Kühlen von Speisen und Getränken ausgestattet sein. Trinkwasser oder ein anderes alkoholfreies Getränk muß den Arbeitnehmern zur Verfügung gestellt werden.

§ 30 Bereitschaftsräume

Fällt in die Arbeitszeit regelmäßig und in erheblichem Umfang Arbeitsbereitschaft und stehen keine Pausenräume bereit, so sind Bereitschaftsräume zur Verfügung zu stellen, in denen sich die Arbeitnehmer während der Dauer der Arbeitsbereitschaft aufhalten können. Bereitschaftsräume müssen den Anforderungen des § 29 Abs. 2 und 3 (Raumhöhe, Grundfläche) entsprechen. Sitzgelegenheiten mit Rückenlehne müssen vorhanden sein.

§ 31 Liegeräume

Werdenden oder stillenden Müttern ist es während der Pausen und, wenn es aus gesundheitlichen Gründen erforderlich ist, auch während der Arbeitszeit zu ermöglichen, sich in einem geeigneten Raum auf einer Liege auszuruhen. Satz 1 gilt entsprechend für andere Arbeitnehmerinnen, wenn sie mit Arbeiten beschäftigt sind, bei denen es der Arbeitsablauf nicht zuläßt, sich zeitweise zu setzen.

§ 32 Nichtraucherschutz

In Pausen-, Bereitschafts- und Liegeräumen hat der Arbeitgeber dafür Sorge zu tragen, daß geeignete Maßnahmen zum Schutz der Nichtraucher vor Belästigungen durch Tabakrauch getroffen werden.

§ 33 Räume für körperliche Ausgleichsübungen

Werden Arbeitnehmer auf Grund ihrer Tätigkeit bei der Arbeit einseitig beansprucht, sollen Räume für körperliche Ausgleichsübungen zur Verfügung stehen, wenn die Übungen nicht in den Arbeitsräumen oder an geeigneter Stelle im Freien durchgeführt werden können.

Dritter Titel
Sanitärräume

§ 34 Umkleideräume, Kleiderablagen

(1) Den Arbeitnehmern sind Umkleideräume zur Verfügung zu stellen, wenn die Arbeitnehmer bei ihrer Tätigkeit besondere Arbeitskleidung tragen müssen und es den Arbeitnehmern aus gesundheitlichen oder sittlichen Gründen nicht zuzumuten ist, sich in einem anderen Raum umzukleiden. Die Umkleideräume sollen für Männer und Frauen getrennt sein.
(2) Bei Betrieben, in denen die Arbeitnehmer bei ihrer Tätigkeit starker Hitze ausgesetzt sind, müssen sich die Umkleideräume in der Nähe der Arbeitsplätze befinden.
(3) Umkleideräume müssen eine lichte Höhe von mindestens 2,30 bei einer Grundfläche bis einschließlich 30 m^2 und mindestens 2,50 m bei einer Grundfläche von mehr als 30 m^2 haben.
(4) In Umkleideräumen muß für die Arbeitnehmer, die den Raum gleichzeitig benutzen sollen, je nach Art der Kleiderablage so viel freie Bodenfläche vorhanden sein, daß sich die Arbeitnehmer unbehindert umkleiden können. Bei jeder Kleiderablage muß eine freie Bodenfläche, einschließlich der Verkehrsfläche, von mindestens 0,50 m^2 zur Verfügung stehen. Die Grundfläche eines Umkleideraumes muß mindestens 6,00 m^2 betragen.
(5) Nach Absatz 1 erforderliche Umkleideräume müssen mit Einrichtungen ausgestattet sein, in denen jeder Arbeitnehmer seine Kleidung unzugänglich für andere während der Arbeitszeit aufbewahren kann. Den Arbeitnehmern muß es außerdem möglich sein, die Arbeitskleidung außerhalb der Arbeitszeit zu lüften oder zu trocknen und unzugänglich für andere aufzubewahren. Wenn die Arbeitskleidung bei der Arbeit stark verschmutzt, hat der Arbeitgeber dafür zu sorgen, daß die Arbeitskleidung gereinigt werden kann. Zum Umkleiden müssen Sitzgelegenheiten vorhanden sein.

(6) Wenn Umkleideräume nach Absatz 1 nicht erforderlich sind, müssen für jeden Arbeitnehmer eine Kleiderablage und ein abschließbares Fach zur Aufbewahrung persönlicher Wertgegenstände vorhanden sein.

§ 35 Waschräume, Waschgelegenheiten

(1) Den Arbeitnehmern sind Waschräume zur Verfügung zu stellen, wenn es die Art der Tätigkeit oder gesundheitliche Gründe erfordern. Die Waschräume sollen für Frauen und Männer getrennt sein.
(2) Waschräume müssen eine lichte Höhe von mindestens 2,30 m bei einer Grundfläche bis einschließlich 30 m^2 und mindestens 2,50 m bei einer Grundfläche von mehr als 30 m^2 haben.
(3) In Waschräumen muß vor jeder Waschgelegenheit soviel freie Bodenfläche zur Verfügung stehen, daß sich die Arbeitnehmer unbehindert waschen können. Die freie Bodenfläche vor einer Waschgelegenheit muß mindestens 0,70 m x 0,70 m betragen. Waschräume müssen eine Grundfläche von mindestens 4,00 m^2 haben.
(4) Waschräume müssen mit Einrichtungen ausgestattet sein, die es jedem Arbeitnehmer ermöglichen, sich den hygienischen Erfordernissen entsprechend zu reinigen. Es muß fließendes kaltes und warmes Wasser vorhanden sein. Die hygienischen erforderlichen Mittel zum Reinigen und Desinfizieren sowie zum Abtrocknen der Hände müssen zur Verfügung stehen.
(5) Wenn Waschräume nach Absatz 1 nicht erforderlich sind, müssen Waschgelegenheiten mit fließendem Wasser in der Nähe der Arbeitsplätze vorhanden sein. Die hygienisch erforderlichen Mittel zum Reinigen und Abtrocknen der Hände müssen zur Verfügung gestellt werden.

§ 36 Verbindung von Wasch- und Umkleideräumen

Wasch- und Umkleideräume müssen einen unmittelbaren Zugang zueinander haben, aber räumlich voneinander getrennt sein.

§ 37 Toilettenräume

(1) Den Arbeitnehmern sind in der Nähe der Arbeitsplätze besondere Räume mit einer ausreichenden Zahl von Toiletten und Handwaschbecken (Toilettenräume) zur Verfügung zu stellen. Wenn mehr als fünf Arbeitnehmer verschiedenen Geschlechts beschäftigt werden, sollen für Frauen und Männer vollständig getrennte Toilettenräume vorhanden sein. Werden mehr als fünf Arbeitnehmer beschäftigt, müssen die Toilettenräume ausschließlich den Betriebsangehörigen zur Verfügung stehen.
(2) In unmittelbarer Nähe von Pausen-, Bereitschafts-, Umkleide- und Waschräumen müssen Toilettenräume vorhanden sein.

Vierter Titel
Sanitätsräume, Mittel und Einrichtungen zur Ersten Hilfe

§ 38 Sanitätsräume

(1) Es muß mindestens ein Sanitätsraum oder eine vergleichbare Einrichtung vorhanden sein, wenn

1. mehr als 1000 Arbeitnehmer beschäftigt sind oder
2. mit besonderen Unfallgefahren zu rechnen ist und mehr als 100 Arbeitnehmer beschäftigt sind.

(2) Sanitätsräume und vergleichbare Einrichtungen sowie Zugänge müssen als solche gekennzeichnet sein. Die Räume oder Einrichtungen müssen mit einer Krankentrage leicht zu erreichen sein. Sie müssen mit den für die Erste Hilfe und die ärztliche Erstversorgung erforderlichen Einrichtungen und Mitteln ausgestattet sein; die Räume und Einrichtungen müssen dementsprechend bemessen sein.

§ 39 Mittel und Einrichtungen zur Ersten Hilfe

(1) In den Arbeitsstätten müssen die zur Ersten Hilfe erforderlichen Mittel vorhanden sein. Sie müssen im Bedarfsfall leicht zugänglich und gegen Verunreinigung, Nässe und hohe Temperaturen geschützt sein. Wenn es die Art des Betriebes erfordert, müssen Krankentragen vorhanden sein.
(2) Bei Arbeitsstätten mit großer räumlicher Ausdehnung müssen sich Mittel zur Ersten Hilfe und, sofern es die Art des Betriebes erfordert, Krankentragen an mehreren gut erreichbaren Stellen befinden.
(3) Die Aufbewahrungsstellen von Mitteln zur Ersten Hilfe und Krankentragen müssen als solche gekennzeichnet sein.

Fünfter Titel
Räume in Behelfsbauten

§ 40 Baracken, Tragluftbauten und ähnliche Einrichtungen

(1) Auf Räume in Bauten, die nach der Art ihrer Ausführung für eine dauernde Nutzung nicht geeignet sind und die für eine begrenzte Zeit aufgestellt werden (Behelfsbauten) wie Baracken, Tragluftbauten und ähnliche Einrichtungen, gelten die Anforderungen der §§ 5 bis 39 sinngemäß. Bei Behelfsbauten, ausgenommen Tragluftbauten, ist eine lichte Höhe von 2,30 m ausreichend.
(2) Bei Tragluftbauten müssen unabhängig von Absatz 1 besondere Arbeitsschutzmaßnahmen getroffen werden; dabei sind Lage, Größe und Art der Nutzung des Tragluftbaues zu berücksichtigen. Tragluftbauten dürfen nicht als Pausenräume verwendet werden.

Drittes Kapitel
Arbeitsplätze auf dem Betriebsgelände im Freien

§ 41 Allgemeine Anforderungen an Arbeitsplätze, Verkehrswege und Einrichtungen im Freien

(1) Arbeitsplätze auf dem Betriebsgelände im Freien sind so herzurichten, daß sich die Arbeitnehmer bei jeder Witterung sicher bewegen können. Je nach Brandgefährlichkeit der auf den Arbeitsplätzen befindlichen Betriebseinrichtungen und Arbeitsstoffe müssen die zum Löschen möglicher Entstehungsbrände erforderlichen Feuerlöscheinrichtungen vorhanden sein. Die Arbeitnehmer müssen sich bei Gefahr schnell in Sicherheit bringen und schnell gerettet werden können.

(2) Auf Arbeitsplätze, Verkehrswege und Einrichtungen im Freien sind ferner § 11 (zusätzliche Anforderungen an kraftbetätigte Türen und Tore), § 12 (Schutz gegen Absturz und herabfallende Gegenstände), § 17 Abs. 1 bis 3 (Verkehrswege), § 18 (zusätzliche Anforderungen an Fahrtreppen und Fahrsteige), § 20 (Steigleitern, Steigeisengänge) und § 21 (Laderampen) anzuwenden.

(3) Arbeitsplätze und Verkehrswege im Freien müssen zu beleuchten sein, wenn das Tageslicht nicht ausreicht. Die Beleuchtung muß sich nach der Art der Sehaufgabe richten.

§ 42 Ortsgebundene Arbeitsplätze im Freien

(1) Ortsgebundene Arbeitsplätze im Freien, auf denen nicht nur vorübergehend Arbeitnehmer beschäftigt werden, sind nur zulässig, wenn es betriebstechnisch erforderlich ist.

(2) Ortsgebundene Arbeitsplätze im Freien, auf denen nicht nur vorübergehend Arbeitnehmer beschäftigt werden, sind im Rahmen des betrieblich Möglichen so einzurichten und auszustatten, daß die Arbeitnehmer
1. gegen Witterungseinflüsse geschützt sind
2. keinem unzuträglichen Lärm und keinen unzuträglichen mechanischen Schwingungen, Gasen, Dämpfen, Nebeln oder Stäuben ausgesetzt sind,
3. nicht ausgleiten und abstürzen können und
4. Sitzgelegenheiten in der Nähe der Arbeitsplätze zur Verfügung haben, wenn es der Arbeitsablauf zuläßt, sich zu setzen.

(3) Werden Arbeitnehmer nicht nur vorübergehend an ortsgebundenen Arbeitsplätzen im Freien mit leichter körperlicher Arbeit beschäftigt, so müssen die Arbeitsplätze in der Zeit vom 1. November bis 31. März zu beheizen sein, wenn die Außentemperatur weniger als +16 °C beträgt.

Viertes Kapitel
Baustellen

§ 43 Anwendung von Vorschriften auf Baustellen

Auf Baustellen sind die Vorschriften des ersten, siebenten und achten sowie dieses Kapitels anzuwenden.

§ 44 Arbeitsplätze und Verkehrswege auf Baustellen

(1) Arbeitsplätze und Verkehrswege auf Baustellen sind so herzurichten, daß sich die Arbeitnehmer bei jeder Witterung sicher bewegen können. Verkehrswege müssen sicher zu befahren sein, wenn eine Benutzung mit Fahrzeugen erforderlich ist. Die Arbeitsplätze und Verkehrswege müssen zu beleuchten sein, wenn das Tageslicht nicht ausreicht. Arbeitsplätze und Verkehrswege, bei denen Absturzgefahren bestehen oder die an Gefahrbereiche grenzen, müssen mit Einrichtungen versehen sein, die unter Berücksichtigung der besonderen Verhältnisse des Baubetriebes verhindern, daß Arbeitnehmer abstürzen oder in den Gefahrenbereich gelangen. Entsprechende Einrichtungen sind bei Boden- und Wandöffnungen erforderlich, durch die Arbeitnehmer abstürzen können. Die Arbeitnehmer sind gegen herabfallende Gegenstände zu schützen. Für Baugerüste gelten die hierfür erlassenen besonderen Vorschriften.

Arbeitsstättenverordnung

(2) Auf Baustellen im Freien sind ortsgebundene Arbeitsplätze, an denen nicht nur vorübergehend Arbeitnehmer beschäftigt sind, sowie Bedienungsplätze auf Baumaschinen im Rahmen des betrieblich Möglichen so einzurichten und auszustatten, daß die Arbeitnehmer
1. gegen Witterungseinflüsse geschützt sind und
2. keinem unzuträglichen Lärm und keinen unzuträglichen mechanischen Schwingungen, Gasen, Dämpfen, Nebeln oder Stäuben ausgesetzt sind.

(3) Bei Baustellen in allseits umschlossenen Räumen muß dafür gesorgt sein, daß
1. die Arbeitsplätze zu belüften sind,
2. die Arbeitnehmer sich bei Gefahr schnell in Sicherheit bringen können,
3. etwa auftretende unzuträgliche Gase, Dämpfe, Nebel oder Stäube beseitigt werden, ohne daß die Arbeitnehmer gefährdet werden und
4. für die Arbeitsplätze je nach Brandgefährlichkeit der vorhandenen Betriebseinrichtungen und Arbeitsstoffe die zum Löschen möglicher Entstehungsbrände erforderlichen Feuerlöscheinrichtungen vorhanden sind.

§ 45 Tagesunterkünfte auf Baustellen

(1) Auf jeder Baustelle hat der Arbeitgeber für die Arbeitnehmer Tagesunterkünfte zur Verfügung zu stellen. Die Tagesunterkünfte dürfen sich nur an ungefährdeter Stelle befinden.

(2) Die lichte Höhe von Tagesunterkünften muß mindestens 2,30 m betragen. In den Tagesunterkünften muß für jeden regelmäßig auf der Baustelle anwesenden Arbeitnehmer nach Abzug der Fläche für die vorgeschriebenen Einrichtungen eine freie Bodenfläche von mindestens 0,75 m^2 vorhanden sein.

(3) Fußböden, Wände und Decken der Tagesunterkünfte müssen gegen Feuchtigkeit und Zugluft geschützt und wärmedämmend ausgeführt sein. Die Tagesunterkünfte müssen Fenster haben, die zu öffnen sind.

(4) In der Zeit vom 15. Oktober bis 30. April müssen
1. Tagesunterkünfte Heizeinrichtungen haben, die eine Raumtemperatur von +21 °C ermöglichen und so installiert sind, daß die Arbeitnehmer gegen Vergiftungs-, Erstickungs-, Brand- und Explosionsgefahren geschützt sind und
2. die unmittelbar ins Freie führenden Ausgänge von Tagesunterkünften als Windfang ausgebildet sein.

(5) Tagesunterkünfte müssen mit Tischen, die sich leicht reinigen lassen, Sitzgelegenheiten mit Rückenlehne, Kleiderhaken oder Kleiderschränke und mit Abfallbehältern ausgestattet sein. Tagesunterkünfte müssen künstlich zu beleuchten sein. Trinkwasser oder ein anderes alkoholfreies Getränk muß den Arbeitnehmern zur Verfügung gestellt werden.

(6) Statt der Tagesunterkünfte können auch Baustellenwagen oder Räume in vorhandenen Gebäuden verwendet werden, wenn sie und ihre Einrichtungen den Anforderungen der Absätze 1 bis 5 entsprechen. Für Baustellenwagen, die als Tagesunterkünfte dienen, ist eine lichte Höhe von mindestens 2,30 m im Scheitel ausreichend; dies gilt auch für absetzbare Baustellenwagen mit abnehmbaren Rädern.

(7) Ist nach dem Umfang des Bauvorhabens zu erwarten, daß auf der Baustelle vom Arbeitgeber ständig nicht mehr als vier Arbeitnehmer längstens eine Woche beschäftigt werden, braucht eine Tagesunterkunft nicht vorhanden zu sein. Der Arbeitgeber muß dann dafür sorgen, daß die Arbeitnehmer, gegen Witterungseinflüsse geschützt, sich umkleiden, waschen, wärmen und ihre Mahlzeiten ein-

Arbeitsschutzverordnungen

nehmen können. Der Arbeitgeber muß jedem Arbeitnehmer außerdem einen abschließbaren Schrank mit Lüftungsöffnungen zur Aufbewahrung der Kleidung und Einrichtungen zum Trocknen der Arbeitskleidung zur Verfügung stellen.

§ 46 Weitere Einrichtungen auf Baustellen

(1) Auf jeder Baustelle, ausgenommen Baustellen nach § 45 Abs. 7, muß der Arbeitgeber zur Verfügung stellen:
1. Vorrichtungen zum Wärmen von Speisen und Getränken;
2. abschließbare Schränke mit Lüftungsöffnungen zur Aufbewahrung der Kleidung für jeden regelmäßig auf der Baustelle anwesenden Arbeitnehmer, vor jedem Schrank muß so viel Bodenfläche zur Verfügung stehen, daß sich die Arbeitnehmer unbehindert umkleiden können;
3. Waschgelegenheiten möglichst mit fließendem kalten und warmen Wasser sowie den hygienisch erforderlichen Reinigungsmitteln, wobei eine Wasserzapfstelle für jeweils höchstens fünf Arbeitnehmer vorhanden sein muß;
4. Einrichtungen zum Trocknen der Arbeitskleidung,

Die Einrichtungen unter den Nummern 1 und 2 können in der Tagesunterkunft untergebracht werden. Anderenfalls müssen sie sich wie die Einrichtungen unter den Nummern 3 und 4 in besonderen abgeschlossenen, wetterfesten Räumen, möglichst in der Nähe der Tagesunterkunft befinden. Räume für Einrichtungen unter den Nummern 1 bis 4 müssen in der Zeit vom 15. Oktober bis 30. April zu beheizen sein.

(2) Kehren die Arbeitnehmer einer Baustelle regelmäßig nach Beendigung der Arbeitszeit in Betriebsgebäude mit Umkleide- und Waschräumen zurück, so brauchen die Einrichtungen nach Absatz 1 Nr. 2 und 4 nicht auf der Baustelle vorhanden zu sein; abweichend von Absatz 1 Nr. 3 ist eine Wasserzapfstelle mit fließendem Wasser nur für jeweils höchstens zehn Arbeitnehmer erforderlich.

§ 47 Waschräume bei zehn und mehr Arbeitnehmern auf Baustellen

(1) Werden auf einer Baustelle von einem Arbeitgeber zehn und mehr Arbeitnehmer länger als zwei Wochen beschäftigt, so muß der Arbeitgeber besondere Waschräume zur Verfügung stellen. Dies gilt nicht, wenn die Arbeitnehmer der Baustelle regelmäßig nach der Beendigung der Arbeitszeit in Betriebsgebäude mit Waschräumen zurückkehren.

(2) Die lichte Höhe der Waschräume muß 2,30 m betragen. Bei Verwendung von Waschwagen genügt eine lichte Höhe von 2,30 m Höhe im Scheitel.

(3) In den Waschräumen müssen für jeweils höchstens fünf Arbeitnehmer eine Waschstelle und für jeweils höchstens 20 Arbeitnehmer eine Dusche mit fließendem kalten und warmen Wasser vorhanden sein. Vor jeder Waschgelegenheit muß so viel freie Bodenfläche zur Verfügung stehen, daß sich die Arbeitnehmer unbehindert waschen können. Die hygienisch erforderlichen Reinigungsmittel müssen in den Waschräumen vom Arbeitgeber bereitgestellt werden.

(4) Die Waschräume müssen sich, soweit betrieblich möglich, in der Nähe der Räume zum Umkleiden befinden, wobei die Verbindungswege gegen Witterungseinflüsse zu schützen sind.

(5) Waschräume müssen zu lüften, zu beleuchten und zu beheizen sein. Die Heizeinrichtungen müssen eine Raumtemperatur von mindestens +21 °C ermöglichen. Wände, Decken und Fußböden müssen wärmedämmend ausgeführt sein. Wände und Fußböden müssen sich leicht reinigen lassen.

Arbeitsstättenverordnung

§ 48 Toiletteneinrichtungen auf Baustellen

(1) Auf jeder Baustelle oder in deren Nähe muß mindestens eine abschließbare Toilette zur Verfügung stehen.
(2) Werden von einem Arbeitgeber auf einer Baustelle mehr als 15 Arbeitnehmer länger als zwei Wochen beschäftigt, muß er Toilettenräume mit einer ausreichenden Zahl von Toiletten, Bedürfnisständen und Waschgelegenheiten zur Verfügung stellen. Die Toilettenräume müssen zu belüften, zu beleuchten und in der Zeit vom 15. Oktober bis 30. April zu beheizen sein.

§ 49 Sanitätsräume, Mittel und Einrichtungen zur Ersten Hilfe auf Baustellen

(1) Werden auf der Baustelle von einem Arbeitgeber mehr als 50 Arbeitnehmer beschäftigt, muß mindestens ein Sanitätsraum oder eine vergleichbare Einrichtung vorhanden sein. Sanitätsräume und vergleichbare Einrichtungen sowie ihre Zugänge müssen gekennzeichnet sein. Die Räume oder Einrichtungen müssen mit einer Krankentrage leicht erreicht werden können. Sie müssen mit den für die Erste Hilfe und die ärztliche Erstversorgung erforderlichen Einrichtungen und Mitteln ausgestattet sein; die Räume und die vergleichbaren Einrichtungen müssen dementsprechend bemessen sein.
(2) Auf der Baustelle müssen die zur Ersten Hilfe erforderlichen Mittel und bei Beschäftigung von mehr als 20 Arbeitnehmern Krankentragen vorhanden sein. Sie müssen leicht zugänglich und gegen Verunreinigung und Nässe geschützt sein. Die Aufbewahrungsstellen von Mitteln zur Ersten Hilfe und Krankentragen müssen als solche gekennzeichnet sein.

Fünftes Kapitel
Verkaufsstände im Freien, die im Zusammenhang mit Ladengeschäften stehen

§ 50 Anforderungen

(1) An Verkaufsständen im Freien, die im Zusammenhang mit Ladengeschäften stehen, dürfen in der Zeit vom 15. Oktober bis 30. April Arbeitnehmer nur dann beschäftigt werden, wenn die Außentemperatur am Verkaufsstand mehr als +16 °C beträgt.
(2) Verkaufsstände im Freien sind so einzurichten, daß die Arbeitnehmer gegen Witterungseinflüsse geschützt sind.
(3) An Verkaufsständen im Freien muß für jeden Arbeitnehmer eine freie Bodenfläche von mindestens 1,50 m² vorhanden sein. Sitzgelegenheiten müssen zur Verfügung stehen.
(4) Verkaufsstände im Freien dürfen nur so aufgestellt werden, daß die Arbeitnehmer keinem unzuträglichen Lärm und keinen unzuträglichen mechanischen Schwingungen, Stäuben, Dämpfen, Nebeln oder Gasen, insbesondere Abgasen von Verbrennungsmotoren, ausgesetzt sind.
(5) Die Absätze 1 bis 4 gelten nicht für Warenauslagen, wenn sich die Arbeitnehmer im Ladengeschäft befinden und die Waren dort verkauft werden.

Sechstes Kapitel
Wasserfahrzeuge und schwimmende Anlagen auf Binnengewässern

§ 51 Anforderungen

(1) Auf Wasserfahrzeuge und schwimmende Anlagen auf Binnengewässern sind die Vorschriften des ersten, siebenten und achten Kapitels sowie der nachfolgenden Absätze anzuwenden.

(2) Auf Wasserfahrzeugen und schwimmenden Anlagen müssen die Räume, die von Arbeitnehmern betreten werden, und die Arbeitsplätze sicher zugänglich sein. Räume, Arbeitsplätze und Verkehrswege müssen so beschaffen sein und bemessen sein, daß die Arbeitnehmer sich unbehindert und ungefährdet bewegen können. Räume müssen so beschaffen sein, daß sich die Arbeitnehmer bei Gefahr schnell in Sicherheit bringen und schnell gerettet werden können.

(3) In Räumen, die von den Arbeitnehmern betreten werden, muß jederzeit gesundheitlich zuträgliche Atemluft vorhanden sein. Diese Räume müssen zu beleuchten sein. Eine Sichtverbindung nach außen ist bei Pausenräumen erforderlich, bei Arbeitsräumen sollte sie vorhanden sein.

(4) Arbeits- und Pausenräume müssen so gelegen und beschaffen sein, daß die Arbeitnehmer gegen unzuträglichen Lärm und unzuträgliche mechanische Schwingungen geschützt sind. Soweit das Auftreten von Gasen, Dämpfen, Nebeln oder Stäuben in unzuträglicher Menge und Konzentration nicht verhindert werden kann, sind diese an ihrer Entstehungsstelle abzusaugen und zu beseitigen. Sind Störungen an Absaugeeinrichtungen nicht ohne weiteres erkennbar, so müssen die betroffenen Arbeitnehmer durch eine selbsttätig wirkende Warneinrichtung auf die Störung hingewiesen werden. Es müssen ferner Vorkehrungen getroffen sein, durch die die Arbeitnehmer im Falle einer Störung an Absaugeeinrichtungen gegen Gesundheitsgefahren geschützt sind.

(5) Auf Wasserfahrzeugen und schwimmenden Anlagen müssen ausreichende Pausenräume vorhanden sein, sofern nicht andere Möglichkeiten für eine gleichwertige Erholung während der Pausen gegeben sind.

(6) Auf Wasserfahrzeugen und schwimmenden Anlagen müssen die zur Ersten Hilfe erforderlichen Mittel vorhanden sein. Sie müssen leicht zugänglich und gegen Verunreinigungen und Nässe geschützt sein.

(7) Auf Wasserfahrzeugen und schwimmenden Anlagen müssen entsprechend der Zahl der Besatzungsmitglieder und der sonst beschäftigten Arbeitnehmer ausreichende Umkleide-, Wasch- und Toiletteneinrichtungen vorhanden sein. Bei ortsfesten schwimmenden Anlagen, die eine unmittelbare Verbindung zum Land haben, dürfen sich die Sanitäreinrichtungen in der Nähe der Anlagen an Land befinden. Dies gilt auch bei stilliegenden Schubleichtern, auf denen sich Arbeitnehmer aufhalten müssen.

Siebentes Kapitel
Betrieb der Arbeitsstätten

§ 52 Freihalten der Arbeitsplätze und Verkehrswege

(1) Verkehrswege müssen freigehalten werden, damit sie jederzeit benutzt werden können. Insbesondere dürfen Türen im Verlauf von Rettungswegen oder andere Rettungsöffnungen nicht verschlossen, versperrt oder in ihrer Erkennbarkeit beeinträchtigt werden, solange sich Arbeitnehmer in der Arbeitsstätte befinden.

(2) An Arbeitsplätzen dürfen Gegenstände oder Stoffe nur in solcher Menge aufbewahrt werden, daß die Arbeitnehmer nicht gefährdet werden. Gefährliche Arbeitsstoffe dürfen nur in solcher Menge am Arbeitsplatz vorhanden sein, wie es der Fortgang der Arbeit erfordert.

(3) In Pausen-, Bereitschafts-, Sanitär- und Sanitätsräumen, in Tagesunterkünften, sanitären Einrichtungen und Sanitätsräumen auf Baustellen sowie in Pausen- und Sanitärräumen auf Wasserfahrzeugen und schwimmenden Anlagen auf Binnengewässern dürfen keine Gegenstände und Stoffe aufbewahrt werden, die nicht zur zweckentsprechenden Einrichtung dieser Räume gehören.

§ 53 Instandhaltung, Prüfungen

(1) Der Arbeitgeber hat die Arbeitsstätte instandzuhalten und dafür zu sorgen, daß festgestellte Mängel möglichst umgehend beseitigt werden. Können Mängel, mit denen eine dringende Gefahr verbunden ist, nicht sofort beseitigt werden, ist die Arbeit insoweit einzustellen.

(2) Sicherheitseinrichtungen zur Verhütung oder Beseitigung von Gefahren, z.B. Sicherheitsbeleuchtung, Feuerlöscheinrichtungen, Absaugeeinrichtungen, Signalanlagen, Notaggregate und Notschalter sowie lüftungstechnische Anlagen mit Luftreinigung müssen regelmäßig gewartet und auf ihre Funktionsfähigkeit geprüft werden. Die Prüfungen müssen bei Sicherheitseinrichtungen, ausgenommen bei Feuerlöschern, mindestens einmal jährlich und bei Feuerlöschern und lüftungstechnischen Anlagen mindestens alle zwei Jahre durchgeführt werden.

(3) Mittel und Einrichtungen zur Ersten Hilfe müssen regelmäßig auf ihre Vollständigkeit und Verwendungsfähigkeit überprüft werden.

§ 54 Reinhaltung der Arbeitsstätte

Arbeitsstätten müssen den hygienischen Erfordernissen entsprechend gereinigt werden. Verunreinigungen und Ablagerungen, die zu Gefahren führen können, müssen unverzüglich beseitigt werden.

§ 55 Flucht- und Rettungsplan

Der Arbeitgeber hat für die Arbeitsstätte einen Flucht- und Rettungsplan aufzustellen, wenn Lage, Ausdehnung und Art der Nutzung der Arbeitsstätte dies erfordern. Der Flucht- und Rettungsplan ist an geeigneter Stelle in der Arbeitsstätte auszulegen oder auszuhängen. In angemessenen Zeitabständen ist entsprechend dem Plan zu üben, wie sich die Arbeitnehmer im Gefahr- oder Katastrophenfall in Sicherheit bringen oder gerettet werden können.

Arbeitsschutzverordnungen

Achtes Kapitel
Schlußvorschriften

§ 56 Übergangsvorschriften

(1) Soweit beim Inkrafttreten dieser Verordnung eine Arbeitsstätte errichtet ist oder mit ihrer Errichtung begonnen worden ist und in dieser Verordnung Anforderungen gestellt werden, die umfangreiche Änderungen der Arbeitsstätte, der Betriebseinrichtungen, Arbeitsverfahren oder Arbeitsabläufe notwendig machen, ist diese Verordnung vorbehaltlich des Absatzes 2 nicht anzuwenden.
(2) Die nach Landesrecht zuständige Behörde kann verlangen, daß in Arbeitsstätten nach Absatz 1 den Vorschriften dieser Verordnung entsprechende Änderungen vorgenommen werden, soweit
1. die Arbeitsstätten oder die Betriebseinrichtungen wesentlich erweitert oder umgebaut oder die Arbeitsverfahren oder Arbeitsabläufe wesentlich umgestaltet werden,
2. die Nutzung der Arbeitsstätte wesentlich geändert wird oder
3. nach der Art des Betriebes vermeidbare Gefahren für Leben oder Gesundheit der Arbeitnehmer zu befürchten sind.
(3) Für Arbeitsstätten, für die die Gewerbeordnung bisher keine Anwendung findet, ist der maßgebende Zeitpunkt im Sinne des Absatzes I der 20. Dezember 1996. Diese Arbeitsstätten müssen jedoch bis spätestens am 1. Januar 1999 mindestens den Anforderungen des Anhangs II der Richtlinie 89/654/EWG des Rates vom 30. November 1989 über Mindestvorschriften für Sicherheit und Gesundheitsschutz in Arbeitsstätten (ABl. EG Nr. L 393 S. 1) entsprechen. Absatz 2 ist entsprechend anzuwenden.

§ 57 Berlin-Klausel *(gegenstandslos)*

§ 58 Inkrafttreten

(1) Diese Verordnung tritt am 1. Mai 1976 in Kraft.
(2) (nicht abgedruckt; Außerkrafttreten von Vorschriften)

Übersicht Rn.

1. Allgemeines... 1– 7
2. Zielsetzung 8, 9
3. Sachlicher Anwendungsbereich................................. 10–19
4. Persönlicher Anwendungsbereich............................... 20–22
5. Übergangsregelungen für Alt-Arbeitsstätten..................... 23–34
6. Allgemeine Anforderungen an Arbeitsstätten; Kohärenz mit dem ArbSchG ... 35–59
7. Ausnahmen von den Anforderungen 60–68
8. Einzelne Anforderungen an Arbeitsstätten 69–92
9. Vollzug der ArbStättV.. 93, 94

1. Allgemeines

1   Die ArbStättV vom 20.3.1975, die am 1.5.1976 in Kraft geteten ist, dient der Sicherheit und dem Gesundheitsschutz der Beschäftigten bei Einrichtung und Betrieb von Arbeitsstätten (vgl. MünchArbR-*Wlotzke*, § 204 Rn. 1; *Opfermann*/

Streit, Einl. S. 1 ff.; *Kämmerer/Kühs*, Einl. 3 ff.; zu Änderungen der ArbStättV, vgl. *Opfermann/Streit*, Eingangsformel, Rn. 14 ff.; *Nahrmann/Schierbaum*, AiB 1998, 273; *dies.*, PersR 1997, 470 für den öffentlichen Dienst; vgl. im Überblick Abbildung 10, S. 204). Die Regelungen der ArbStättV sind vor dem Hintergrund eines erheblichen **Handlungsbedarfs** im Hinblick auf die Sicherung und Verbesserung von Sicherheit und Gesundheitsschutz der Beschäftigten zu sehen. Dieser Handlungsbedarf ergibt sich insbesondere aus der Tatsache, dass ein gewichtiger Teil des **Arbeitsunfall- und Berufskrankheitengeschehens** (vgl. Unfallverhütungsbericht; zu den Begriffen: § 2 ArbSchG Rn. 4; SGB VII Rn. 3 ff.) auf die nicht ordnungsgemäße Beschaffenheit, Einrichtung und Unterhaltung der Arbeitsstätten zurückgeführt werden muss (*Opfermann/Streit*, Einl. Rn. 9). Typische Unfälle sind Sturzunfälle auf schadhaften Fußböden oder Treppen, Unfälle wegen ungeeigneter oder zu gering bemessener Verkehrswege sowie Unfälle beim Zersplittern von Glaswänden oder von Glaseinsätzen in Türen. Daneben ist an einige Berufskrankheiten zu denken, die auf eine unzureichende Beseitigung von gesundheitsschädlichen Gasen, Dämpfen und Stäuben am Arbeitsplatz zurückzuführen sind, oder Gehörschädigungen durch zu hohen Schallpegel in Arbeitsräumen (*Opfermann/Streit*, a.a.O.). Hinzu kommt Handlungsbedarf im Hinblick auf weitere **arbeitsbedingte Gesundheitsgefahren**, die z.B. durch Stress, Mobbing, Überbeanspruchung des Muskel-Skelett-Systems hervorgerufen werden können (zum Begriff vgl. § 2 ArbSchG Rn. 5; SGB VII Rn. 6). Diese können insbesondere zu **arbeitsbedingten Erkrankungen** führen, die über die vom Berufskrankheitenrecht erfassten Erkrankungen hinausgehen (vgl. *Opfermann/Streit*, § 3 ArbStättV Rn. 2). **2**

Rechtsgrundlage für die ArbStättV waren § 120e sowie § 139h Abs. 1 und 3 GewO i.V.m. Art. 129 Abs. 1 Satz 1 GG. Diese Ermächtigungsgrundlagen sind durch Art. 4 Nr. 1 EASUG aufgehoben worden (vgl. Einl. Rn. 99). Da nichts dafür spricht, dass der Gesetzgeber damit der ArbStättV die sachliche Grundlage entziehen wollte, ist deren **Wirksamkeit unberührt** geblieben (*BVerwG* 31.1.1997, NZA 1997, 482; zum Zweck der ArbStättV vgl. Rn. 8 f.). Künftige VO zum Arbeitsstättenrecht können sich auf § 18 ArbSchG stützen (vgl. § 18 ArbSchG Rn. 2). Im Übrigen ist auf den Grundsatz der Kohärenz der (geänderten) ArbStättV mit dem ArbSchG zu verweisen (vgl. RegE-ArtV, 14; Rn. 5). **3**

Europarechtliche Grundlage des Arbeitsstättenrechts ist die Richtlinie 89/654/ EWG des Rates vom 30.11.1989 über Mindestvorschriften für Sicherheit und Gesundheitsschutz in Arbeitsstätten (ABl. EG Nr. L 393 v. 30.12.1989, 1; im folgenden: **EG-Arbeitsstättenrichtlinie**). Sie ist durch Art. 4 EG-UmsetzungsV in das bundesdeutsche Arbeitsschutzrecht umgesetzt worden (vgl. RegE-ArtV, 34). Da die Regelungen der schon vorhandenen ArbStättV bei der Schaffung der EG-Arbeitsstättenrichtlinie als wesentliches Vorbild gedient hatten (*Opfermann/ Streit*, Eingangsformel, Rn. 24) konnte sich die Umsetzung auf die EG-rechtlich erforderlichen Änderungen beschränken: **4**
- die Ausdehnung des Geltungsbereichs der ArbStättV (vgl. Rn. 20) und
- die Schaffung einer Übergangsfrist für schon bis zum 20.12.96 bestehende Arbeitsstätten, die neu in den Geltungsbereich der ArbStättV einbezogen worden sind (vgl. Rn. 25; vgl. *Wlotzke*, NJW 1997, 1474; *Doll*, AS Recht Beil. 2/1997, 7).

Mit der ArbStättV werden die allgemeinen Vorschriften des ArbSchG durch **spezielle Vorschriften** in Bezug auf die Sicherheit und den Gesundheitsschutz der Beschäftigten bein Einrichtung und Betrieb von Arbeitsstätten ergänzt. Um- **5**

Arbeitsschutzverordnungen

gekehrt sind bei der betrieblichen Umsetzung der ArbStättV die allgemeinen Vorschriften des ArbSchG zu beachten: Bei der Anpassung der ArbStättV an die Regelungen der EG-Arbeitsstättenrichtlinie wurde durch den Verordnungsgeber auf **Kohärenz mit dem ArbSchG** geachtet. D.h., die Inhalte der Richtlinie, die bereits im ArbSchG oder in sonstigen Rechtsvorschriften geregelt worden sind (z.B. zur Unterrichtung sowie zur Anhörung und Beteiligung der Beschäftigten), mussten nicht mehr in die Verordnung übernommen werden (vgl. RegE-ArtV, 14; *Doll*, SiS 1997, 7; *Wlotzke*, NJW 1997, 1470). In der betrieblichen Praxis und bei deren Unterstützung durch die Arbeitsschutzakteure ist es daher notwendig, beide Rechtsvorschriften im Kontext und nicht isoliert voneinander anzuwenden (vgl. im Einzelnen Rn. 42ff.; allg. Einl. Rn. 114). Das entspricht auch dem fachlichen Erfordernis einer zusammenhängenden und nicht isolierten Anwendung von Rechtsvorschriften des Arbeitsschutzes unter Beachtung ihrer **Wechselwirkungen** (vgl. § 4 Rn. 4 ArbSchG Rn. 59), das vom arbeitswissenschaftlich begründeten Begriff des »Arbeitssystems« ausgeht (Rn. 43).

6   **Konkretisierungen** oder **Ergänzungen** der Regelungen der ArbStättV erfolgen auf branchen- oder tätigkeitsspezifischer Ebene durch sonstige Rechtsvorschriften des Arbeitsschutzes i.S. von § 2 Abs. 4 ArbSchG (vgl. § 2 ArbSchG Rn. 30f.), insbesondere durch weitere Arbeitsschutzgesetze und -verordnungen (vgl. z.B. JArbSchG, BildscharbV, LasthandhabV, PSA-BV, BaustellV, GefStoffV) sowie durch UVV (z.B. UVV Bauarbeiten BGV C22). Diese Rechtsvorschriften hat der Arbeitgeber bei Errichtung und Betrieb von Arbeitsstätten zu beachten (vgl. § 3 Abs. 1 Satz 1 Nr. 1; Rn. 36; zur Funktion der rechtlich nicht verbindlichen Arbeitsstättenrichtlinien – ASR – vgl. Rn. 58).

7   **Andere Rechtsvorschriften**, die Anforderungen an Arbeitsstätten enthalten, bleiben gemäß § 3 Abs. 1 Satz 2 ArbStättV unberührt. Hierzu zählt insbesondere das Bauordnungsrecht der Länder, aber auch die FriseurVO der Länder, das Gaststättengesetz/GaststättenVO der Länder, das Lebensmittelrecht/LebensmittelVO der Länder, das Fleischhygienerecht oder das Tierkörperbeseitigungsrecht (vgl. umfassend *Opfermann/Streit*, § 3 ArbStättV Rn. 76ff.; MünchArbR-*Wlotzke*, § 212 Rn. 23f.).

2. Zielsetzung

8   **Ziel** der ArbStättV ist im Kontext mit dem ArbSchG die Sicherung und Verbesserung von Sicherheit und Gesundheitsschutz der Beschäftigten bei der Arbeit durch Maßnahmen des Arbeitsschutzes im Hinblick auf Einrichtung und Betrieb von Arbeitsstätten (vgl. § 1 ArbSchG Rn. 1ff.; *Opfermann/Streit*, § 3 ArbStättV Rn. 1). Der ArbStättV liegt dabei im Einklang mit dem ArbSchG ein weiter Gesundheitsbegriff zugrunde, der auch das psychische Wohlbefinden insoweit einschließt, als es durch die Gestaltung der Arbeitsverhältnisse und -bedingungen betroffen werden kann (*BVerwG* 31.1.1997, NZA 1997, 482, 483; vgl. § 2 ArbSchG Rn. 8; § 1 ArbSchG Rn. 8).

9   Ziel der ArbStättV ist im Einklang mit dem ArbSchG auch die Anpassung von Arbeitsstätten an die Grundsätze der **menschengerechten Gestaltung der Arbeit** (vgl. *BVerwG*, 31.1.1997, NZA 1997, 482, 483). Dies erfolgt durch entsprechende Maßnahmen des Arbeitsschutzes – insbesondere zur ergonomischen Gestaltung der Arbeitsumgebung, einschließlich der Betriebsanlagen, Arbeitsmaschinen sowie Arbeitsplätze/Arbeitsbereiche (*Opfermann/Streit*, § 3 ArbStättV Rn. 1; vgl. Rn. 43f.; § 2 ArbSchG Rn. 8). Dem dienen ihre Vorschriften,

Arbeitsstättenverordnung

Abbildung 10:

Arbeitsstättenverordnung

Geltungsbereich
- Betriebe, in denen das Arbeitsschutzgesetz Anwendung findet
- »Arbeitnehmer«: Beschäftigte i.S. des ArbSchG

— § 1 ArbStättV
§ 2 Abs. 4 ArbStättV
§ 2 Abs. 2 ArbSchG

Begriff der Arbeitsstätte
Arbeitsstätten sind (z.B.):
- Arbeitsräume in Gebäuden einschließlich Ausbildungsstätten
- Arbeitsplätze auf dem Betriebsgelände im Freien (Ausnahme Felder, Wälder etc.)
- Baustellen

»Arbeitsstätte« umfasst:
- Verkehrsweg
- Lager-, Maschinen- und Nebenräume
- Sanitärräume
- Sanitätsräume
- Einrichtungen nach §§ 5 bis 55 ArbStättV

— § 2 Abs. 1 ArbStättV

— § 2 Abs. 2, 3 ArbStättV

Allgemeine Anforderungen
Gestaltung der Arbeitsstätte nach:
- Vorschriften der ArbStättV
- sonstigen Arbeitsschutz- und Unfallverhütungsvorschriften
- allgemein anerkannten sicherheitstechnischen, arbeitsmedizinischen und hygienischen Regeln
- sonstigen gesicherten arbeitswissenschaftlichen Erkenntnissen
- Arbeitsstätten-Richtlinien

— § 3 ArbStättV
§§ 5 bis 55 ArbStättV

— §§ 3, 4, 5, 6 ArbSchG

— ASR

Ausnahmen/Abweichungen
- Treffen von anderen, ebenso wirksamen Maßnahmen
- unverhältnismäßige Härten im Einzelfall und Vereinbarkeit mit Schutz der Arbeitnehmer

Voraussetzung:
Genehmigung der zuständigen Behörde

— § 4 ArbStättV

Übergangsvorschriften
Anpassung z.B. im öffentlichen Dienst bis spätestens 1.1.1999 an Mindestvorschriften der EG-Arbeitsstättenrichtlinie 89/654/EWG

— § 56 ArbStättV

Arbeitsschutzverordnungen

mit denen gesundheitlich zuträgliche Luft-, Klima- und Beleuchtungsverhältnisse sowie einwandfreie soziale Einrichtungen, insbesondere Pausen- und Sanitärräume, sichergestellt werden sollen (vgl. *Opfermann/Streit*, a.a.O., Rn. 10; vgl. eingehend Rn. 69 ff.).

3. Sachlicher Anwendungsbereich

10 Der **sachliche Anwendungsbereich** der ArbStättV ist durch Art. 4 Nr. 1 EG-UmsetzungsV grundsätzlich auf alle Betriebe im Anwendungsbereich des ArbSchG ausgedehnt worden (vgl. § 1 Abs. 1 ArbStättV; RegE-ArtV, 34; zur Ausdehnung des persönlichen Anwendungbereichs vgl. Rn. 20). Damit bestehen in Bezug auf den Arbeitsschutz bei Einrichtung und Betrieb von Arbeitsstätten **einheitliche Vorschriften für alle privaten und öffentlichen Tätigkeitsbereiche** (vgl. *Opfermann/Streit*, § 1 ArbStättV Rn. 16 ff. und § 2 ArbStättV, Rn. 77 f.; § 1 Abs. 1 Satz 2 ArbSchG; § 1 ArbSchG Rn. 14 ff.). Sie geben auch den bereits bestehenden, allerdings vereinzelten Regelungen in **sonstigen Arbeitsschutzvorschriften**, insbesondere in UVV (Rn. 6 f.), einen gemeinsamen Rahmen.

11 Zum **Begriff** der Arbeitsstätte zählen in der Hauptsache **Arbeitsräume in Gebäuden** einschließlich Ausbildungsstätten. Dazu kommen Arbeitsplätze auf dem Betriebsgelände im **Freien** (zu Ausnahmen vgl. Rn. 12 ff.), **Baustellen** sowie **Verkaufsstände** im Freien, die im Zusammenhang mit Ladengeschäften stehen (vgl. § 2 Abs. 1 Nr. 1 bis 4). Zusammen mit den Elementen und Einrichtungen in § 2 Abs. 2 Nr. 1 bis 5 und Abs. 3 strukturieren diese Begrifflichkeiten zugleich den sachlichen Anwendungsbereich (vgl. zur Entwicklung *Opfermann/Streit*, § 2 ArbStättV Rn. 1 f.; vgl. umfassend auch *Kämmerer/Kühs*, Erläuterungen zu § 2; MünchArbR-*Wlotzke*, § 212 Rn. 7 ff.).

12 Vom Anwendungsbereich der ArbStättV sind bestimmte Tätigkeitsbereiche **ausgenommen**.

13 Die ArbStättV findet keine Anwendung für das **Reisegewerbe** und den **Marktverkehr** (§ 1 Abs. 2 Nr. 1; vgl. *Opfermann/Streit*, § 1 ArbStättV Rn. 22).

14 Die ArbStättV findet keine Anwendung im Bereich von **Straßen-, Schienen- und Luftfahrzeugen im öffentlichen Verkehr** (vgl. § 1 Abs. 2 Nr. 2). Anforderungen an Arbeitsstätten in diesem Bereich sind durch das Verkehrsrecht geregelt (vgl. *Opfermann/Streit*, § 1 ArbStättV Rn. 23 f.).

15 Die ArbStättV gilt nicht für den Bereich des **Bergbaus**, in dem entsprechende Regelungen durch die Allgemeine Bundesbergverordnung (vom 23.10.1995, BGBl. I 1466), z.T. auch durch die Gesundheitsschutz-Bergverordnung getroffen worden sind (vgl. § 1 Abs. 2 Nr. 3; umfassend: *Opfermann/Streit*, § 1 ArbStättV Rn. 25 ff. und § 3 ArbStättV Rn. 27; vgl. § 1 Abs. 2 Satz 2 ArbSchG; § 1 ArbSchG Rn. 19; *dies.*, § 1 ArbStättV Rn. 20).

16 Die ArbStättV gilt nicht im Bereich der **Seeschifffahrt**, in dem entsprechende Regelungen in der UVV »See« (VBG 108) getroffen worden sind (vgl. § 1 Abs. 2 Nr. 4; *Opfermann/Streit*, § 1 ArbStättV Rn. 30; vgl. § 1 Abs. 2 Satz 2 ArbSchG; § 1 ArbSchG Rn. 20; *dies.*; § 1 ArbStättV, Rn. 20).

17 Der Bereich der **Binnenschifffahrt**, der bis zum 20.12.96 in den Geltungsbereich der ArbStättV einbezogen war, ist durch Art. 4 Nr. 1 EG-UmsetzungsV von diesem ausgenommen worden (vgl. § 1 Abs. 2 Nr. 4). Im Bereich der Binnenschifffahrt sind allerdings in den entsprechenden Vorschriften des Verkehrsrechts und den UVV grundsätzlich die diesbezüglichen Regelungen der ArbStättV enthalten (vgl. RegE-ArtV, 34; vgl. *Opfermann/Streit*, § 1 ArbStättV Rn. 31).

Der Verordnungsgeber hat diese, durch die EG-Arbeitsstättenrichtlinie nicht vorgegebene Ausnahmeregelung mit einer Verbesserung der Transparenz und zwecks Vereinfachung der anzuwendenden Regelungen in diesem Bereich begründet (vgl. a.a.O.).

Über die Regelungen des § 1 Abs. 2 hinaus gilt die ArbStättV nicht für den Arbeitsschutz von **Hausangestellten in privaten Haushalten**, für die jedoch ggf. Regelungen in UVV der Gemeindeunfallversicherungsträger Anwendung finden (vgl. § 1 Abs. 2 Satz 1 ArbSchG; § 1 ArbSchG Rn. 17; *Opfermann/Streit*, § 1 ArbStättV, Rn. 20). **18**

Auf der Grundlage von Art. 1 Abs. 2 Buchst. e EG-Arbeitsstättenrichtlinie sind – zuvor in die ArbStättV einbezogene – **Arbeitsplätze im Freien** in der Land- und Forstwirtschaft, die sich nicht auf dem Betriebsgelände, sondern **auf Feldern, Weiden, Wäldern und entsprechenden Flächen** befinden, in § 2 Abs. 1 Nr. 2 aus der Begriffsdefinition und damit vom sachlichen Anwendungsbereich der ArbStättV ausgenommen worden. Der Regierungsbegründung zur EG-UmsetzungsV zufolge können die in der ArbStättV enthaltenen Anforderungen bei diesen Arbeitsplätzen aus »objektiven« Gründen nicht eingehalten werden (vgl. RegE-ArtV, 34; vgl. *Opfermann/Streit*, § 2 ArbStättV Rn. 29a). **19**

4. Persönlicher Anwendungsbereich

Der **persönliche Anwendungsbereich** der ArbStättV ist durch Art. 4 Nr. 2b EG-UmsetzungsV dem des ArbSchG angepasst worden. Gem. § 2 Abs. 4 ArbStättV werden alle Beschäftigten i.S. von § 2 Abs. 2 ArbSchG einbezogen (vgl. *Opfermann/Streit*, § 1 ArbStättV, Rn. 18 f. und § 2 ArbStättV, Rn. 78). Die ArbStättV zielt daher auf den Schutz von Sicherheit und Gesundheit für alle **Beschäftigten** i.S. von § 2 Abs. 2 ArbSchG ab (vgl. § 2 ArbSchG Rn. 11 ff.). **20**

Heimarbeiter und mit ihnen Gleichgestellte sind keine Beschäftigten i.S. des § 2 Abs. 2 ArbSchG (vgl. *Opfermann/Streit*, § 1 ArbStättV, Rn. 21; vgl. § 2 ArbSchG Rn. 23). Sie fallen daher **nicht** in den Anwendungsbereich der ArbStättV, sondern in den des HAG, das den Arbeitsschutz für die in Heimarbeit Beschäftigten regelt. **21**

Für die **Beamten der Länder, Gemeinden und sonstigen Körperschaften, Anstalten und Stiftungen des öffentlichen Rechts** regelt das Landesrecht, ob und inwieweit die ArbStättV gilt (vgl. § 20 Abs. 1 ArbSchG). Sind durch die Bundesländer noch keine entsprechenden Rechtsvorschriften erlassen worden (vgl. hierzu *Opfermann/Streit*, § 1 ArbStättV Rn. 9 f.), gilt die EG-Arbeitsstättenrichtlinie aufgrund der am 31.12.1992 abgelaufenen Umsetzungsfrist unmittelbar (Einl. Rn. 70). Im Bereich des **öffentlichen Dienstes des Bundes** gilt die ArbStättV unmittelbar. **22**

5. Übergangsregelungen für Alt-Arbeitsstätten

Arbeitsstätten, mit deren **Errichtung in den alten Bundesländern vor dem 1.5.1976**, d.h. dem In-Kraft-Treten der ArbStättV, begonnen worden ist (vgl. *Opfermann/Streit*, § 56 ArbStättV Rn. 3), bzw. die vor diesem Zeitpunkt bereits errichtet waren (im Folgenden: **Alt-Arbeitsstätten**), fallen dann nicht in den Anwendungsbereich der ArbStättV, wenn zur Erfüllung der entsprechenden Anforderungen **umfangreiche Änderungen** der Arbeitsstätte sowie der Betriebseinrichtungen, Arbeitsverfahren oder Arbeitsabläufe (zu den Begrifflich- **23** keiten vgl. *Opfermann/Streit*, a.a.O., Rn. 6 ff.; Rn. 28) notwendig wären (vgl. § 56 Abs. 1; vgl. MünchArbR-*Wlotzke*, § 212 Rn. 11 zu den auch für diese Arbeitsstätten geltenden Anforderungen; vgl. *Opfermann/Streit*, a.a.O., Rn. 2 zu Anforderungen des Baurechts im Hinblick auf diese Alt-Arbeitsstätten).

24 Diese Übergangsvorschrift – und damit die Anforderungen der ArbStättV – gilt in den **neuen Bundesländern** für die **am 3.10.1990 bestehenden** Arbeitsstätten (vgl. a.a.O., Rn. 4 mit Verweis auf Anlage 1, Kap. VIII Sachgebiet B Abschnitt III Nr. 10 Einigungsvertrag).

25 Die bisherige Übergangsregelung der ArbStättV zu Alt-Arbeitsstätten ist durch Art. 4 Nr. 5 Buchst. b EG-UmsetzungV im Hinblick auf **am 20.12.1996 bestehende Arbeitsstätten, die neu in den Anwendungsbereich der ArbStättV einbezogen wurden** (vgl. Rn. 4), ergänzt worden. Soweit die ArbStättV Anforderungen enthält, die umfangreiche Änderungen der Arbeitsstätten, der Betriebseinrichtungen, Arbeitsverfahren oder -abläufe notwendig machen, findet die ArbStättV auf diese Arbeitsstätten grundsätzlich keine Anwendung (§ 56 Abs. 3 Satz 1; vgl. RegE-ArtV, 34). Auch hier gilt der Vorbehalt in § 56 Abs. 2 (§ 56 Abs. 3 Satz 3; vgl. Rn. 28 f.).

26 Die neu in den Anwendungsbereich der ArbStättV einbezogenen, schon vor dem 20.12.1996 bestehenden Arbeitsstätten sind allerdings an die **Mindestanforderungen** des Anhangs II EG-Arbeitsstättenrichtlinie anzupassen (vgl. § 56 Abs. 3 Satz 2; vgl. umfassend *Opfermann/Streit*, § 56 ArbStättV Rn. 5c ff.). Die **Anpassungsfrist** für diese Arbeitsstätten ist angesichts der verspäteten Umsetzung der EG-Arbeitsstättenrichtlinie gegenüber der in Art. 4 Satz 1 dieser Richtlinie festgelegten Umsetzungsfrist (1.1.96) um drei weitere Jahre auf den **1.1.1999** verschoben worden, um den Betrieben eine angemessene Frist einzuräumen (vgl. § 56 Abs. 3 Satz 2 ArbStättV; vgl. RegE-ArtV, 34 f.; *Opfermann/Streit*, a.a.O., Rn. 5d). Die Mindestanforderungen müssen spätestens seit diesem Zeitpunkt erfüllt sein.

27 Von der Übergangsfrist für bis zum 20.12.1996 bereits bestehende und neu in den Anwendungsbereich der ArbStättV einbezogene Arbeitsstätten unberührt bleibt – entsprechend der Rspr. des EuGH – die Direktwirkung der EG-Arbeitsstättenrichtlinie im Bereich des **öffentlichen Dienstes** und damit die Verpflichtung des Staates, die Richtlinie mit Ablauf der für ihre Umsetzung vorgesehenen Frist, d.h. ab dem 1.1.1993, zu beachten (vgl. RegE-ArtV, 35; Einl. Rn. 70).

28 **Umfangreiche und damit unzumutbare Änderungen** i.S. von § 56 Abs. 1 können allgemein dann vorliegen, wenn die Kosten einer Anpassungsmaßnahme für den Arbeitgeber wirtschaftlich unzumutbar sind (vgl. *Opfermann/Streit*, § 56 ArbStättV Rn. 10a).

Dies kann insbesondere der Fall sein, wenn zur Anpassung der Alt-Arbeitsstätte an die Anforderungen der ArbStättV **bauliche Maßnahmen** größeren Umfanges erforderlich sind, z.B. die Vergrößerung der Grundfläche oder der lichten Höhe eines Raumes oder der Zahl und Fläche der Sichtverbindungen, die Erstellung zusätzlicher Räume (*Opfermann/Streit*, § 56 ArbStättV Rn. 7). Ein wichtiges Kriterium für den Umfang ist hierbei das Erfordernis einer baurechtlichen Genehmigung für eine Anpassungsmaßnahme (vgl. a.a.O.).

Umfangreiche Änderungen können auch im Hinblick auf die Anpassung von **Betriebseinrichtungen** (Beschaffung kostenintensiver Arbeitsmittel), **Arbeitsverfahren** (kostenintensive Umstellung von Produktionsverfahren) und **Arbeitsablauf** (kostenintensive Umstellung z.B. von Fließbandarbeit) an die Anforderungen der ArbStättV gegeben sein (vgl. a.a.O., Rn. 8 ff.).

Arbeitsstättenverordnung

Im Umkehrschluss aus § 56 Abs. 1 gelten die Anforderungen der ArbStättV **29**
auch für alle jene Alt-Arbeitsstätten, bei denen **keine umfangreichen Änderungen** i.S. von § 56 Abs. 1 2. Halbsatz notwendig sind (vgl. im Einzelnen *Opfermann/Streit*, § 56 ArbStättV Rn. 11). Anforderungen der ArbStättV, die keine umfangreichen Änderungen auslösen, sind:
– die Regelungen zum Betrieb der Arbeitsstätte (§§ 52 Abs. 1 und 2, 53, 54, 55 ArbStättV; vgl. a.a.O., Rn. 12)
– ein größerer Teil der Sicherheits- und Gesundheitsschutzvorschriften (§§ 5, 6, 8 Abs. 2, 9 Abs. 2, 10 Abs. 6, 12, 21 Abs. 2 und 3, 14, 17 Abs. 4, 41, 42; vgl. a.a.O., Rn. 13) sowie
– die Einrichtungs- und Ausstattungsvorschriften (§§ 13, Abs. 1, 39 Abs. 1, 25 Abs. 1, 34 Abs. 6, 35 Abs. 4 und 5, 29 Abs. 1, 30; vgl. a.a.O., Rn. 14).

Die Anwendung einzelner oder sämtlicher Vorschriften der ArbStättV auf Alt- **30**
Arbeitsstätten, die keine umfangreichen Änderungen i.S. von § 56 Abs. 1 bewirken, muss bezogen auf den **Einzelfall** entschieden werden (vgl. *Opfermann/Streit*, § 56 ArbStättV, Rn. 15).

Bei Maßnahmen zur Anwendung von Vorschriften der ArbStättV, die einen **31**
Regelungsspielraum enthalten, fällt die Entscheidung darüber unter die **Mitbestimmung** des Betriebs- bzw. Personalrats gem. § 87 Abs. 1 Nr. 7 BetrVG bzw. § 75 Abs. 3 Nr. 11 BPersVG (vgl. *Opfermann/Streit*, § 56 ArbStättV Rn. 15). Dementsprechend kann der Betriebs- bzw. Personalrat zur Anpassung von Alt-Arbeitsstätten an den Standard der ArbStättV auch von seinem **Initiativrecht** Gebrauch machen (vgl. BetrVG Rn. 38; BPersVG Rn. 5).

Weiterhin kann die zuständige Behörde gem. § 120f. GewO bzw. § 22 Abs. 3 **32**
ArbSchG (bei neu in den Anwendungsbereich der ArbStättV einbezogenen Arbeitsstätten; vgl. Rn. 25ff.) entsprechende **Anordnungen** erlassen (vgl. *Opfermann/Streit*, § 56 ArbStättV Rn. 15).

Ungeachtet der Übergangsregelungen für Alt-Arbeitsstätten nach § 56 Abs. 1 **33**
und 3 kann die **zuständige Behörde** entsprechende Anpassungen der Arbeitsstätten an die Anforderungen der ArbStättV **verlangen**, soweit
– die Arbeitsstätten wesentlich erweitert oder die Betriebseinrichtungen **wesentlich erweitert** oder umgebaut werden oder die Arbeitsverfahren wesentlich umgestaltet werden (§ 56 Abs. 2 Nr. 1)
– die Nutzung der Arbeitsstätte **wesentlich geändert** wird (§ 56 Abs. 2 Nr. 2) oder
– nach Art des Betriebes **vermeidbare Gefahren** für Leben und Gesundheit der Arbeitnehmer zu befürchten sind (§ 56 Abs. 2 Nr. 3; vgl. im Einzelnen *Opfermann/Streit*, § 56 ArbStättV Rn. 19ff.).

Es handelt sich dabei um eine auf den **Einzelfall** zu beziehende »**Kann-Vorschrift**«. Ihre Anwendung steht im pflichtgemäßen Ermessen der zuständigen Behörde (vgl. a.a.O., Rn. 17f.).

Über entsprechende Planungen zu Maßnahmen nach § 56 Abs. 2 Nr. 1 und 2 hat **34**
der Arbeitgeber den Betriebs- bzw. den Personalrat gem. § 90 BetrVG bzw. § 75 Abs. 3 BPersVG zu **unterrichten** (vgl. *Opfermann/Streit*, § 56 ArbStättV Rn. 29; vgl. BetrVG Rn. 7; BPersVG Rn. 4). Die bei der Durchführung der Anpassungsmaßnahmen (auch zur Abwehr von Gefahren nach § 56 Abs. 2 Nr. 3) nach dem Grundsatz der Kohärenz der ArbStättV mit dem ArbSchG (vgl. Rn. 42) zu beachtenden Regelungen des ArbSchG (insbesondere §§ 3 bis 6 ArbSchG) lösen entsprechende **Mitbestimmungsrechte** nach § 87 Abs. 1 Nr. 7 BetrVG bzw. § 75 Abs. 3 BPersVG aus (vgl. BetrVG Rn. 14ff.; BPersVG Rn. 8ff.).

6. Allgemeine Anforderungen an Arbeitsstätten; Kohärenz mit dem ArbSchG

35 Ausgehend von der Zielsetzung der ArbStättV (vgl. Rn. 8, 9) sind in § 3 generalklauselartig **allgemeine Anforderungen** an Arbeitsstätten festgelegt worden, die durch die speziellen Anforderungen in §§ 5 bis 55 konkretisiert werden (vgl. im Überblick MünchArbR-*Wlotzke*, § 212 Rn. 27 ff.; mit Bezug auf Büroarbeitsplätze *Nahrmann/Schierbaum*, AiB 1998, 274 f.). Die Verpflichtung zur Erfüllung dieser Anforderungen liegt bei allen Arbeitgebern, die Personen i.S. von § 2 Abs. 2 ArbSchG beschäftigen (vgl. § 2 Abs. 4 Satz 2).

36 Allgemein ist der Arbeitgeber verpflichtet, die Arbeitsstätte nach den Vorschriften der ArbStättV, den sonst geltenden Arbeitsschutz- und Unfallverhütungsvorschriften und nach den allgemein anerkannten sicherheitstechnischen, arbeitsmedizinischen und hygienischen Regeln sowie den sonstigen gesicherten arbeitswissenschaftlichen Erkenntnissen einzurichten und zu betreiben (§ 3 Abs. 1 Nr. 1).

37 **Einrichten** ist jede Handlung, die sich auf die Ausgestaltung oder Änderung der Arbeitsstätte i.S. von § 2 Abs. 1 und 2 oder auf die Herstellung bzw. Beschaffung oder Änderung der Ausstattung der Arbeitsstätte i.S. von § 2 Abs. 3 bezieht (zu Beispielen vgl. MünchArbR-*Wlotzke*, § 212 Rn. 19; *Opfermann/Streit*, § 3 ArbStättV Rn. 22); entsprechende Anforderungen an die Einrichtung einer Arbeitsstätte ergeben sich aus §§ 5 bis 51 ArbStättV (vgl. MünchArbR-*Wlotzke*, a.a.O.; vgl. Rn. 69 ff.; zum Verhältnis dieser Bestimmung der ArbStättV zum Bauordnungsrecht vgl. *Opfermann/Streit*, § 3 ArbStättV Rn. 17 ff.).

38 **Betreiben** ist das bestimmungsgemäße Nutzen und Instandhalten der Arbeitsstätte sowie ihrer Elemente und Einrichtungen i.S. von § 2 Abs. 1, 2 und 3. Maßgeblich hierfür sind die Regelungen in §§ 52 bis 55 ArbStättV (vgl. MünchArbR-*Wlotzke*, § 212 Rn. 19; vgl. *Opfermann/Streit*, § 3 ArbStättV Rn. 23 ff.; vgl. Rn. 92).

39 An erster Stelle der allgemeinen Anforderungen nennt § 3 die Regelungen der **ArbStättV selber**, d.h. die besonderen Anforderungen in §§ 5 bis 55. Diese Vorschriften »enthalten z.T. konkrete, unmittelbar nachvollziehbare Anforderungen, z.T. handelt es sich um Rahmenvorschriften, in denen nur das Schutzziel vorgegeben ist und die durch andere Rechtsvorschriften (vgl. Rn. 53 f.) oder durch Regeln (Rn. 55) und Erkenntnisse (vgl. Rn. 55 ff.) ausgefüllt werden müssen« (*Opfermann/Streit*, § 3 ArbStättV Rn. 25; vgl. *Nahrmann/Schierbaum*, AiB 1998, 276). Diese Unterscheidung ist auch für die **Mitbestimmung** des Betriebs- bzw. Personalrates nach § 87 Abs. 1 Nr. 7 BetrVG bzw. § 75 Abs. 3 BPersVG entscheidend (vgl. allg. zur Beteiligung Rn. 50). Mitbestimmungspflichtig sind danach diejenigen Anforderungen, die einen Regelungsspielraum für den Arbeitgeber eröffnen (vgl. *Nahrmann/Schierbaum*, AiB 1998, 280; BetrVG Rn. 14 ff.; BPersVG Rn. 8 ff.).

40 Weitere Anforderungen an Errichtung und Betrieb von Arbeitsstätten können sich aus sonst geltenden **Arbeitsschutzvorschriften** ergeben, d.h. aus staatlichen Arbeitsschutzregelungen in Arbeitsschutzgesetzen, ArbeitsschutzVO, in Vorschriften des sozialen Arbeitsschutzes, aber auch in Gesetzen oder VO zum Umwelt- und Verbraucherschutz (vgl. *Opfermann/Streit*, § 3 ArbStättV Rn. 26).

41 Allgemein hervorzuheben sind zunächst das **ArbSchG**, in dessen Rahmen sich auch die ArbStättV einordnet (vgl. Rn. 42 ff.), die Wechselwirkungen der Arb-

Arbeitsstättenverordnung

StättV mit den auf den ArbSchG gestützten **ArbeitsschutzVO** (vgl. Rn. 5 und Rn. 59) sowie das **ASiG** im Hinblick auf die betriebliche Arbeitsschutzorganisation (vgl. Rn. 51).

Die allgemeinen Pflichten des Arbeitgebers und die Pflichten und Rechte der Beschäftigten nach dem ArbSchG sind entsprechend der Zielsetzung in Bezug auf die Einrichtung und den Betrieb von Arbeitsstätten umzusetzen; es gilt der Grundsatz der **Kohärenz mit dem ArbSchG** (vgl. Rn. 5). 42

Bezogen auf Einrichtung und Betrieb von Arbeitsstätten muss der Arbeitgeber – auf der Basis der Gefährdungsbeurteilung nach § 5 ArbSchG (vgl. Rn. 47) – gem. § 3 Abs. 1 Satz 1 ArbSchG die erforderlichen **Arbeitsschutzmaßnahmen** unter Berücksichtigung der Umstände treffen, die die Sicherheit und die Gesundheit der Beschäftigten am Arbeitsplatz beeinflussen. Konkretisiert wird diese Verpflichtung durch die entsprechenden Regelungen der ArbStättV. Hinsichtlich des Vorgehens bei der Durchführung der Arbeitsschutzmaßnahmen bietet sich eine systematische und systemische Beurteilungs- und Vorgehensweise an, die nicht isoliert an Einzelfaktoren der Arbeitsbedingungen ansetzt, sondern ihren Zusammenhang in Bezug auf die Arbeitssysteme berücksichtigt (vgl. § 4 Nr. 4 ArbSchG; § 4 ArbSchG Rn. 13). Diese Methodik ergibt sich aus der arbeitswissenschaftlichen Erkenntnis, nach der das Arbeitssystem das Zusammenwirken von Mensch und Arbeitsmitteln im Arbeitsablauf beinhaltet, um die Arbeitsaufgabe am Arbeitsplatz in der Arbeitsumgebung unter den durch die Arbeitsaufgabe gesetzten Bedingungen zu erfüllen (vgl. ENV 26385; Arb-Wiss-*Luczak*, 13). So lassen sich die allgemeinen Anforderungen an Räume, Verkehrswege und Einrichtungen in Gebäuden (§§ 5–22 ArbStättV) und an Arbeitsräume (§§ 23–38) nicht isoliert voneinander anwenden. Z.B. wird das Vorhandensein einer ausreichend gesundheitlich zuträglichen Atemluft (§ 5) wesentlich bestimmt von den Anforderungen an Raumtemperatur (§ 6), den Schutz gegen Gase, Dämpfe, Nebel, Stäube (§ 14) sowie an Raumabmessungen, Luftraum (§ 23) unter Einbeziehung sonstiger Gefährdungsfaktoren und entsprechender Arbeitsschutzmaßnahmen (vgl. GefStoffV). 43

Bei Maßnahmen des Arbeitsschutzes im Hinblick auf das Einrichten und das Betreiben von Arbeitsstätten sind weiterhin die in § 4 ArbSchG festgelegten **Grundsätze** des Arbeitsschutzes zu beachten. Dazu gehört insbesondere 44
- die Beachtung einer Rangfolge von Schutzmaßnahmen (§ 4 Nr. 1 ArbSchG),
- die Gefahrenbekämpfung an der Quelle (§ 4 Nr. 2 ArbSchG),
- der Grundsatz der Planung von Maßnahmen mit dem Ziel, Technik, Arbeitsorganisation, sonstige Arbeitsbedingungen, soziale Beziehungen und Einfluss der Umwelt auf den Arbeitsplatz sachgerecht zu verknüpfen (§ 4 Nr. 4 ArbSchG),
- die Berücksichtigung von allgemein anerkannten Regeln und gesicherten Erkenntnissen (vgl. § 4 Nr. 3 ArbSchG; vgl. Rn. 55 ff.; § 4 ArbSchG Rn. 7 ff.).

Die **Wirksamkeit** der Arbeitsschutzmaßnahmen im Hinblick auf die Errichtung und den Betrieb von Arbeitsstätten (insbesondere aufgrund von §§ 5 bis 55 ArbStättV) ist vom Arbeitgeber gem. § 3 Abs. 1 Satz 2 ArbSchG zu überprüfen; diese sind erforderlichenfalls an sich ändernde Gegebenheiten anzupassen. Dabei hat der Arbeitgeber eine Verbesserung von Sicherheit und Gesundheitsschutz der Beschäftigten anzustreben (§ 3 Abs. 1 Satz 3 ArbSchG; vgl. insgesamt § 3 ArbSchG Rn. 3). 45

Die **allgemeinen Verpflichtungen**, die sich aus §§ 3, 4 ArbSchG ergeben, sind vom Arbeitgeber bei der Einrichtung und beim Betrieb von Arbeitsstätten gem. 46

Arbeitsschutzverordnungen

§ 3 ArbStättV i.V. m. den Maßnahmen zur Erfüllung der Anforderungen an Arbeitsstätten in §§ 5 bis 55 ArbStättV zu beachten und umzusetzen.

47 Grundlage für Arbeitsschutzmaßnahmen im Hinblick auf Einrichtung und Betrieb von Arbeitsstätten ist – wie auch sonst – die **Beurteilung der Arbeitsbedingungen** (Gefährdungsbeurteilung) nach § 5 ArbSchG. Mittels der Gefährdungsbeurteilung sind die entsprechenden für die Beschäftigten mit der Arbeit verbundenen Gefährdungen zu ermitteln (vgl. umfassend *BAuA*-Ratgeber). Bezogen auf die Einrichtung und den Betrieb von Arbeitsstätten gibt § 5 Abs. 2 ArbSchG den Hinweis, dass sich Gefährdungen insbesondere aus ihrer Gestaltung und Einrichtung (vgl. § 5 Abs. 2 Nr. 1 ArbSchG) sowie durch physikalische, chemische und biologische Einwirkungen (vgl. § 5 Nr. 2 ArbSchG) ergeben können. Darüber hinaus können Gefährdungen aus einer Gestaltung des Arbeitsprozesses (vgl. § 5 Nr. 4 ArbSchG) sowie einer unzureichenden Qualifikation und Unterweisung der Beschäftigten folgen (§ 5 Nr. 5 ArbSchG Nr. 1).

48 In Betrieben mit mehr als zehn Beschäftigten ist die Beurteilung der Arbeitsbedingungen zu **dokumentieren** (vgl. § 6 ArbSchG).

49 Ausgehend vom Grundsatz der Kohärenz der ArbStättV mit dem ArbSchG (Rn. 5) hat der Arbeitgeber neben den Pflichten aus §§ 3 bis 6 ArbSchG auch alle **übrigen Regelungen des ArbSchG**, die sich auf die Sicherheit und den Gesundheitsschutz bei Einrichtung und beim Betrieb von Arbeitsstätten beziehen lassen, zu erfüllen. Hierzu gehören insbesondere:
- die Beachtung der Befähigung der Beschäftigten im Hinblick auf die Übertragung von Aufgaben (§ 7 ArbSchG),
- die Zusammenarbeit mehrerer Arbeitgeber (§ 8 Abs. 1 ArbSchG),
- die Vergewisserung über den Stand der Arbeitsschutzqualifikation von Fremdfirmenbeschäftigten (§ 8 Abs. 2 ArbSchG),
- die Durchführung von Maßnahmen bei besonderen Gefahren (§ 9 ArbSchG),
- die Durchführung von Maßnahmen in Bezug auf die Erste Hilfe und sonstige Notfallmaßnahmen (§ 10 ArbSchG),
- die Unterweisung der Beschäftigten (§ 12 ArbSchG).

50 Ergänzend zu den Pflichten des Arbeitgebers in Bezug auf die Beurteilung sowie den Betrieb von Arbeitsstätten ist auf **Pflichten und Rechte der Beschäftigten** hinzuweisen, die sich aus §§ 15–17 ArbSchG ergeben. Dazu kommen Aufgaben und Rechte der Vertretungen der Beschäftigten nach dem BetrVG und den PersVG (vgl. BetrVG; BPersVG; vgl. *Opfermann/Streit*, Einl., 10).

51 Zur Erfüllung seiner Verpflichtungen nach der ArbStättV steht dem Arbeitgeber, ausgehend von seiner allgemeinen Verpflichtung zur Bereitstellung einer geeigneten **Arbeitsschutzorganisation** und der erforderlichen Mittel (vgl. § 3 Abs. 2 ArbSchG), die Sach- und Handlungskompetenz der von ihm zu bestellenden **Fachkräfte für Arbeitssicherheit** und **Betriebsärzte** zur Verfügung (vgl. ASiG Rn. 62 ff.; *Opfermann/Streit*, Einl., 10). Dies gilt insbesondere auch für die Beratung im Hinblick auf die Beurteilung der Arbeitsbedingungen (vgl. Rn. 47). Ergänzend ist auf die Aufgaben der vom Arbeitgeber nach § 22 SGB VII zu bestellenden **Sicherheitsbeauftragten** hinzuweisen, die allerdings im Wesentlichen auf die Unterstützung der Durchführung der Maßnahmen zur Verhütung von Arbeitsunfällen und Berufskrankheiten beschränkt ist (vgl. § 22 Abs. 2 SGB VII; SGV VII Rn. 29 ff.).

52 **Kosten**, die dem Arbeitgeber wegen Arbeitsschutzmaßnahmen bei Errichtung und Betrieb von Arbeitsstätten aufgrund der Anforderungen der ArbStättV oder sonstiger Rechtsvorschriften entstehen, dürfen nicht den Beschäftigten auferlegt werden (vgl. § 3 Abs. 3 ArbSchG; § 3 ArbSchG Rn. 14 f.).

Konkrete Anforderungen an Errichtung und Betrieb von Arbeitsstätten können sich aus **weiteren Gesetzen und VO** ergeben (vgl. insbesondere §§ 11, 22, 28, 30 JArbSchG, § 2 MuSchG, § 81 Abs. 4 SGB IX und WerkstättenVO, WinterarbeitsschutzVO, DruckluftVO, StörfallVO, § 11 GSG und VO zum GSG, AtomG und StrahlenschutzVO und RöntgenVO, SprengstoffG und VO, ChemG und GefStoffV; vgl. *Opfermann/Streit*, § 3 ArbStättV Rn. 27; MünchArbR-*Wlotzke*, § 204 Rn. 16). 53

Bei Errichtung und beim Betrieb von Arbeitsstätten sind insbesondere auch **UVV** zu beachten, die teilweise die Anforderungen in §§ 5 bis 55 ArbStättV konkretisieren bzw. auch erweitern (z.B. in §§ 18ff. UVV »Allgemeine Vorschriften« BGV A 1, UVV »Lärm« BGV B 3, UVV »Bauarbeiten« BGV C 22 oder für spezielle Arbeitsstätten wie Kohlenstaubanlagen, Wärmekraftwerke, Walzwerke, chemische Reinigungen, Fleischereien usw.; vgl. MünchArbR-*Wlotzke*, § 212 Rn. 20; zu den unterschiedlichen Trägern der gesetzlichen Unfallversicherung vgl. *Opfermann/Streit*, § 3 ArbStättV Rn. 28ff.). 54

Eine Dynamisierung der allgemeinen sowie der Anforderungen nach §§ 5 bis 55 ArbStättV an Einrichtung und Betrieb von Arbeitsstätten (sofern diese Gestaltungsspielräume aufweisen) wird durch die Verpflichtung des Arbeitgebers zur Beachtung der **allgemein anerkannten** sicherheitstechnischen, arbeitsmedizinischen und hygienischen **Regeln** bewirkt (vgl. MünchArbR-*Wlotzke*, § 212 Rn. 20; *Opfermann/Streit*, § 3 ArbStättV Rn. 65; zur Definition der verschiedenen Regeln vgl. ausführlich a.a.O., Rn. 30ff.; § 4 ArbSchG Rn. 7ff.). 55

Darüber hinaus ist auf die Regelung in § 4 Nr. 3 ArbSchG zu verweisen, wonach der Arbeitgeber bei Maßnahmen des Arbeitsschutzes u.a. den **Stand von Technik, Arbeitsmedizin und Hygiene** zu berücksichtigen hat, was sich auch auf Errichtung und Betrieb von Arbeitsstätten bezieht und eine zusätzliche Dynamisierung bei der Anpassung von Arbeitsstätten an die sich ändernden Bedingungen von Sicherheit und Gesundheitsschutz bewirkt (vgl. § 4 ArbSchG Rn. 7ff.). 56

Schließlich muss der Arbeitgeber neben den o.a. Regeln auch **sonstige gesicherte arbeitswissenschaftliche Erkenntnisse** bei Errichtung und Betrieb von Arbeitsstätten beachten (vgl. *Opfermann/Streit*, § 3 ArbStättV Rn. 53ff., Rn. 62ff.; zum Begriff vgl. § 4 ArbSchG Rn. 11ff.). Diese Regelung geht über die bloße Berücksichtigung von gesicherten arbeitswissenschaftlichen Erkenntnissen hinaus, wie sie vom Arbeitgeber allg. in Bezug auf Arbeitsschutzmaßnahmen durch § 4 Nr. 3 ArbSchG gefordert wird (vgl. a.a.O., Rn. 7). 57

Um dem Arbeitgeber die Orientierung bei der Gestaltung der Arbeitsstätten gem. den Anforderungen nach den o.a. Regeln und Erkenntnissen zu erleichtern, sieht § 3 Abs. 2 Satz 1 die Möglichkeit für das BMA vor, **Arbeitsstätten-Richtlinien** (ASR) aufzustellen und bekanntzugeben (vgl. MünchArbR-*Wlotzke*, § 212 Rn. 21; *Opfermann/Streit*, § 3 ArbStättV Rn. 85). Bei den ASR handelt es sich um allg. anerkannte Regeln i.S. von § 3 Abs. 1 Satz 1 Nr. 1 (a.a.O., Rn. 86; vgl. ebd., Rn. 87ff., auch umfassend zu Zweck, Reichweite und Inhalt von ASR); sie entfalten insofern auch keine rechtlich bindende Wirkung (keine Rechtsnorm), haben aber aufgrund ihrer Verknüpfung mit der Generalklausel des § 3 Abs. 1 Satz 1 Nr. 1 einen hohen Verbindlichkeitsgrad (vgl. a.a.O., Rn. 102ff.; *BVerwG* 31.1.1997, NZA 1997, 482; MünchArbR-*Wlotzke*, § 212 Rn. 22; *Nahrmann/Schierbaum*, AiB 1998, 275f.). Von ASR ist auszugehen, wenn und soweit 58 keine Fehlbeurteilungen vorliegen (*BVerwG*, a.a.O.). Die Aufstellung der ASR erfolgt unter Hinzuziehung der fachlich beteiligten Kreise einschließlich der Spitzenorganisationen der Arbeitnehmer und Arbeitgeber (vgl. *Opfermann/ Streit*, a.a.O., Rn. 96 ff.); die Bekanntmachung im Benehmen mit den für den Arbeitsschutz zuständigen obersten Landesbehörden im BArbBl. (vgl. a.a.O., Rn. 99; zum Verfahren vgl. a.a.O., Rn. 100 ff.).

59 Neben den Regelungen des ArbSchG hat der Arbeitgeber bei Errichtung und beim Betrieb von Arbeitsstätten auch etwaige **Wechselwirkungen** mit den Regelungen in **weiteren ArbeitsschutzVO** zu beachten (vgl. Rn. 6). Hieraus entstehen zwar keine zusätzlichen rechtlichen Verpflichtungen im Hinblick auf die Gestaltungsanforderungen für die Arbeitsstätten selbst. Ausgehend von einer auf das Arbeitssystem bezogenen Vorgehensweise, die auch aus arbeitswissenschaftlicher Sicht angezeigt ist (vgl. Rn. 43), ergeben sich allerdings **Synergieeffekte**, die den Nutzen von Arbeitsschutzmaßnahmen im Hinblick auf Errichtung und Betrieb von Arbeitsstätten erhöhen können. Dies bezieht sich z.B. auf:
– den Begriff des Gefahrenbereichs in § 2 Abs. 3 AMBV (vgl. § 2 AMBV Rn. 5 ff.) sowie die Wechselwirkung der Arbeitsmittel mit den betrieblichen Bedingungen, innerhalb derer normgerechte Arbeitsmittel zur Verfügung gestellt werden (vgl. § 3 AMBV Rn. 6),
– die Verpflichtungen, die sich aus der BaustellV ergeben (vgl. § 1 BaustellV Rn. 3),
– die Verpflichtungen bei der Gestaltung der Arbeitsumgebung bei Bildschirmarbeitsplätzen (vgl. § 2 BildscharbV Rn. 11; § 4 BildscharbV Rn. 2),
– die Verpflichtung zur Durchführung von Arbeitsschutzmaßnahmen bei der manuellen Handhabung von Lasten, von der Gefährdungen für die Beschäftigten ausgehen (vgl. § 2 LasthandhabV Rn. 7),
– die Verpflichtungen bei der Bereitstellung und Benutzung von PSA durch Beschäftigte bei der Arbeit (vgl. § 2 PSA-BV Rn. 2 f.),
– die Verpflichtungen bei Tätigkeiten mit biologischen Arbeitsstoffen einschließlich Tätigkeiten in deren Gefahrenbereich (vgl. § 1 BioStoffV),
– die Sicherheitsanforderungen an gentechnischen Arbeiten in gentechnischen Anlagen einschließlich der Tätigkeiten im Gefahrenbereich (vgl. §§ 1 Satz 1, 8 ff. GenTSV; vgl. § 1 BioStoffV),
– die Verpflichtungen beim Umgang mit Gefahrstoffen einschließlich Tätigkeiten im Gefahrenbereich (vgl. insbes. §§ 16 ff. GefStoffV).

7. Ausnahmen von den Anforderungen

60 Die Gestaltungsanforderungen der ArbStättV sind auf den »**Normalfall**« ausgelegt. Sie enthalten daher z.T. nur **Schutzziele**, die spezifischen betrieblichen Erfordernissen an Errichtung und Betrieb von Arbeitsstätten Rechnung tragen (vgl. z.B. §§ 5, 6 Abs. 1 und 2, 7 Abs. 3, 10 Abs. 1; *Opfermann/Streit*, § 4 ArbStättV Rn. 1). Weiterhin enthält die ArbStättV ausdrückliche **Ausnahmeregelungen** (vgl. a.a.O., Rn. 2, 3):
– Treffen von ebenso wirksamen Maßnahmen in Bezug auf die
  • Vorschriften der ArbStättV (§§ 3 Abs. 1 Nr. 2, 5–55) und
  • sonst geltenden Arbeitsschutzvorschriften und UVV (§ 3 Abs. 1 Nr. 1; § 4 Abs. 1 Nr. 1) sowie
  • Regeln und Erkenntnisse gem. § 3 Abs. 1 Nr. 1 und Abs. 2 (§ 4 Abs. 3)

- Ausnahmeregelungen im Einzelfall aufgrund von unverhältnismäßigen Härten für den Arbeitgeber bei Vereinbarkeit mit dem Schutz der Beschäftigten (§ 4 Abs. 1 Nr. 2)
- Ausnahmeregelungen für Alt-Arbeitsstätten (§ 56; vgl. *Opfermann/Streit*, a.a.O., Rn. 10, Rn. 23 ff.).

Voraussetzung der Ausschöpfung jeder Alternativ- bzw. Ausnahmemöglichkeit ist die Beachtung des Grundsatzes, dass durch die ArbStättV oder die Regeln und Erkenntnisse vorgegebene **Sicherheits- und Gesundheitsschutzniveau** nicht unterschritten werden darf (*Opfermann/Streit*, § 4 ArbStättV Rn. 15; zur Differenzierung zwischen den Ausnahmen des § 4 Abs. 1 Nr. 1 und 2 vgl. Rn. 65 f.). Die Entscheidungen des Arbeitgebers, ob er von der ArbStättV abweichen und welche Ersatzmaßnahmen er ergreifen möchte, unterliegen der **Mitbestimmung** des Betriebs- bzw. Personalrates nach § 87 Abs. 1 Nr. 7 BetrVG bzw. § 75 Abs. 3 Nr. 11 BPersVG (vgl. *Opfermann/Streit*, § 4 ArbStättV Rn. 16; BetrVG Rn. 14 ff.; BPersVG Rn. 8 ff.). Die Ausnahmetatbestände in § 4 Abs. 1 Nr. 1 und 2 sind außerdem an ein förmliches **Verfahren** geknüpft (Rn. 64). **61**

Unabhängig von den ausdrücklichen Ausnahmeregelungen in § 4 ArbStättV enthalten schon die Anforderungen der §§ 5 bis 55 ArbStättV selbst Bestimmungen, die **Abweichungen** bzw. eine alternative Arbeitsstättengestaltung durch den Arbeitgeber erlauben, **ohne** dass eine **Genehmigung durch die zuständige Behörde** vorliegen muss (vgl. MünchArbR-*Wlotzke*, § 212 Rn. 25; *Opfermann/Streit*, § 4 ArbStättV Rn. 4). Der Arbeitgeber muss jedoch, wie bei der möglichen Abweichung von Regeln und Erkenntnissen gem. § 3 Abs. 1 Nr. 1 und Abs. 2 (vgl. Rn. 67), in der Lage sein, gegenüber den zuständigen Behörden **nachzuweisen**, dass die Voraussetzungen für Abweichungen gegeben sind und dass der Unfall- und Gesundheitsschutz der Beschäftigten gewährleistet ist (*Opfermann/Streit*, a.a.O.). Unterschieden werden können die folgenden Ausnahmetypen: **62**
- technisch und wirtschaftlich begründete (§§ 6 Abs. 4, 8 Abs. 1 Satz 2 und Abs. 3, 15 Abs. 1 Nr. 3, 16 Abs. 2 und 3, 20 Satz 1 und 3, 24 Abs. 2, 25 Abs. 1, 42 Abs. 2, 44 Abs. 2, 47 Abs. 4; vgl. a.a.O., Rn. 6),
- technisch begründete (§§ 7 Abs. 1 Nr. 1, 8 Abs. 1 Satz 3, 15 Abs. 1 Satz 1, 16 Abs. 1 und 5, 21 Abs. 2 Satz 2 und Abs. 3 Satz 1, 28 Abs. 1, 39 Abs. 1 und Abs. 2, 42 Abs. 1, 44 Abs. 1; vgl. a.a.O., Rn. 7),
- auf bestimmte Arbeitsstätten bzw. Teile von Arbeitsstätten bezogene Ausnahmen (§§ 7 Abs. 1 Nr. 2 und Nr. 3, 17 Abs. 4 Satz 3, 26, 40 Abs. 1, 51 Abs. 5, 55; vgl. a.a.O., Rn. 8) sowie
- durch Soll-Bestimmungen bestimmte Ausnahmen (§§ 24 Abs. 1 Satz 33; vgl. a.a.O., Rn. 9).

Darüber hinaus sieht § 4 Abs. 1 ArbStättV ausdrückliche Möglichkeiten vor, um durch behördlich genehmigte **Ausnahmen** den sich ggf. abweichend vom Anforderungs-Durchschnitt der erfassten Arbeitsstätten ergebenden Besonderheiten Rechnung tragen zu können. Diese Regelungen beziehen sich auf die Anforderungen, die sich aus § 3 Abs. 1 und §§ 5 bis 55 ArbStättV ergeben (vgl. *Opfermann/Streit*, § 4 ArbStättV Rn. 11 ff., 18 ff.). **63**

Die Ausnahmen nach § 4 Abs. 1 ArbStättV haben einen schriftlichen Antrag des Arbeitgebers bei der zuständigen Behörde zur **formalen Voraussetzung** (zu Einzelheiten des Verfahrens vgl. *Opfermann/Streit*, § 4 ArbStättV Rn. 21; zu verfahrensrechtlichen Fragen bei der Beantragung von Ausnahmen in Bezug auf UVV als sonstige Rechtsvorschriften i.S. von § 3 Abs. 1 Nr. 1 und auf andere Rechtsvorschriften i.S. von § 3 Satz 2 vgl. a.a.O., Rn. 12 f.). **64**

Arbeitsschutzverordnungen

65 Im Rahmen von § 4 kann der Arbeitgeber andere, **ebenso wirksame Maßnahmen** treffen, wie sie die ArbStättV an Errichtung und Betrieb von Arbeitsstätten vorsieht (vgl. § 4 Abs. 1 Nr. 1). Dass die Maßnahmen den **gleichen Grad** an Sicherheit und Gesundheitsschutz aufweisen, muss der Arbeitgeber nachweisen können (*Opfermann/Streit*, § 4 ArbStättV Rn. 23). So kann z.B. das Schutzziel »Vermeidung von Kollisionen« durch durchsichtige oder mit einem Sichtfenster versehene Pendeltüren (§ 10 Abs. 4) auch durch den Einbau von Lichtschranken sichergestellt werden (vgl. a.a.O., mit weiteren Beispielen). Keine ebenso wirksame Maßnahme ist die »herausgehobene Atmosphäre« eines Juweliergeschäftes, um keine bautechnisch möglichen Sichtverbindungen nach außen i.S. von § 7 Abs. 1 zu schaffen (*BVerwG* 31.1.1997, NZA 1997, 484).

66 Weiterhin können Ausnahmen zugelassen werden, wenn die Durchführung von Vorschriften der ArbStättV im Einzelfall zu einer **unverhältnismäßigen Härte** führen würde und die Abweichung mit dem Schutz der Beschäftigten vereinbar ist (vgl. § 4 Abs. 1 Nr. 2; vgl. *Opfermann/Streit*, § 4 ArbStättV Rn. 24 ff.). Die Vorschrift muss den Arbeiter in nicht vertretbarer Weise treffen (vgl. a.a.O., Rn. 24). Ausschließlich betriebswirtschaftliche oder Rentabilitätserwägungen können nicht anerkannt werden. Der Arbeitgeber muss den Nachweis darüber führen können, dass eine **Vereinbarkeit** der beabsichtigten Ausnahme mit der Sicherheit und dem Gesundheitsschutz der Beschäftigten besteht, die zwar nur eine zwingend notwendige untere Sicherheitsschwelle nicht unterschreiten darf (vgl. *Opfermann/Streit*, a.a.O., Rn. 24 m.w.N.), nicht jedoch das durch die ArbStättV vorgegebene Sicherheitsniveau (vgl. a.a.O., Rn. 15; Rn. 65). Bei der Durchführung entsprechender Arbeitsschutzmaßnahmen muss der Arbeitgeber die Grundsätze des Arbeitsschutzes in § 4 ArbSchG beachten. Die Ausnahmemöglichkeiten beschränken sich in der Regel auf die Vorschriften der ArbStättV, die **nicht zwingende Schutzziele** enthalten. Zwingende Schutzziele ergeben sich z.B. aus §§ 7 Abs. 4, 8 Abs. 5, 12 (vgl. a.a.O., Rn. 26). Härtefälle i.S. von § 4 Abs. 1 Nr. 2 können sich insbesondere aus **betriebstechnischen** (z.B. Stand der Technik lässt eine Lärmminderung auf weniger als 90 dB [A] an einer lärmintensiven Anlage gem. § 15 Abs. 1 Nr. 3 nicht zu; Rn. 80 ff.), aber auch aus einer unverhältnismäßigen Relation zwischen Schutzziel und dem dafür erforderlichen **finanziellen Aufwand** (z.B. bei einer nicht mit Sichtverbindungen gem. § 7 ausgestatteten großen Halle, wo die Möglichkeit besteht, den »Bunkereffekt« (Rn. 74) durch wechselnde Tätigkeiten der Beschäftigten in anderen Räumen oder im Freien zu minimieren) ergeben (vgl. *Opfermann/Streit*, a.a.O., Rn. 27, 28, mit weiteren Beispielen).

67 Eine weitere Ausnahmemöglichkeit enthält die Regelung des § 4 Abs. 2, nach der der Arbeitgeber von den in § 3 Abs. 1 Nr. 1 und Abs. 2 genannten **Regeln und Erkenntnissen** (vgl. Rn. 55 ff.) abweichen kann, wenn er ebenso wirksame Maßnahmen trifft (vgl. § 4 Abs. 2 Satz 1; vgl. *Opfermann/Streit*, § 4 ArbStättV Rn. 29, 30). Hierzu ist, im Unterschied zu § 4 Abs. 1, ein vorheriger **schriftlicher Antrag** bei der zuständigen Behörde **nicht erforderlich**. Allerdings kann die zuständige Behörde im Einzelfall vom Arbeitgeber den **Nachweis** verlangen, dass die andere Maßnahme tatsächlich ebenso wirksam ist (vgl. § 4 Abs. 2 Satz 2; vgl. a.a.O., Rn. 31 ff.) Ein **Beispiel** für eine Ausnahme nach § 4 Abs. 2 ist die Anbringung eines seitlichen Handlaufs an eine Schrägrampe, die die in der ASR 17/1 festgelegte höchstzulässige Neigung von 7 % aufgrund der räumlichen Gegebenheiten überschreitet (vgl. a.a.O., Rn. 30).

Ein **besonderer Fall** der Abweichungen von den Anforderungen der ArbStättV 68
an Errichtung und Betrieb von Arbeitsstätten, bei dem die **Initiative** allerdings
nicht vom Arbeitgeber ausgeht, bezieht sich auf die besondere **Anordnungsbefugnis** der zuständigen Behörden gem. § 120 d GewO und § 22 Abs. 3
ArbSchG zur **Abwendung besonderer Gefahren** (vgl. Rn. 94). Die hierbei angeordneten Maßnahmen können nämlich über die Anforderungen der ArbStättV hinausgehen bzw. müssen dort, weil z.b. nicht auf Errichtung oder Betrieb von Arbeitsstätten ausgerichtet, auch nicht geregelt sein (vgl. *Opfermann/Streit*, § 3 ArbStättV Rn. 112). Beispiele hierfür sind die Unfallverhütung, der
Maschinenschutz, die Anlagensicherheit oder die Beseitigung gefährlicher chemischer Stoffkonzentrationen in der Innenraumluft (*Opfermann/Streit*, a.a.O.).
Voraussetzung ist in jedem Fall das Vorliegen einer besonderen bzw. dringenden, das Leben und die Gesundheit bedrohenden Gefahr (vgl. § 22 Abs. 3 Nr. 2
ArbSchG; § 120d Abs. 2 GewO; vgl. *Opfermann/Streit*, a.a.O.).

8. Einzelne Anforderungen an Arbeitsstätten

Die Regelungen in §§ 5 bis 55 ArbStättV **konkretisieren** die Generalklausel des 69
§ 3 Abs. 1 Nr. 1 im Hinblick auf die Anforderungen an Errichtung und Betrieb
von Arbeitsstätten. Sie enthalten z.T. Vorschriften, die dem Arbeitgeber Handlungsalternativen lassen; z.T. lassen sie keinen Handlungsspielraum. Diese Unterscheidung ist von Bedeutung im Hinblick auf die **Mitbestimmung** des Betriebs- bzw. Personalrats gem. § 87 Abs. 1 Nr. 7 BetrV bzw. § 75 Abs. 3 Nr. 11
BPersVG (vgl. Rn. 39; BetrVG Rn. 14 ff.; BPersVG Rn. 8 ff.).

Allgemeine Anforderungen an **Räume, Verkehrswege und Einrichtungen in** 70
Gebäuden werden in §§ 5 bis 22 getroffen. Hervorzuheben sind hierbei die
folgenden Regelungen.

Die **Lüftung** in Arbeitsräumen und der damit verbundene Bereich des Nicht- 71
raucherschutzes (vgl. § 5 ArbStättV i.V.m. ASR 5 »Lüftung« sowie § 32 ArbStättV
»Nichtraucherschutz«; vgl. zusammenfassend: MünchArbR-*Wlotzke*, § 212 Rn.
32 ff.; *Nahrmann/Schierbaum*, AiB 1998, 277 f.; beide m.w.N.). Danach muss in
Arbeitsräumen unter Berücksichtigung der angewandten Arbeitsverfahren
und der körperlichen Beanspruchung der Arbeitnehmer bzw. der Beschäftigten
während der Arbeitszeit ausreichend gesundheitlich zuträgliche Atemluft vorhanden sein (§ 5 Satz 1). Bei entsprechenden Schutzmaßnahmen kann sich der
Arbeitgeber an den Vorhaben des ASR 5 »Lüftung« orientieren (vgl. *BAuA*-ArbStättV, 41 ff.). Werden alternative oder ergänzende Schutzmaßnahmen getroffen,
die geeignet sind, das Schutzziel »ausreichend gesundheitlich zuträgliche Atemluft« zu realisieren, greift die **Mitbestimmung** des Betriebs- bzw. des Personalrats nach § 87 Abs. 1 Nr. 7 BetrVG bzw. nach § 75 Abs. 3 Nr. 11 BPersVG (vgl.
BetrVG Rn. 14 ff.; BPersVG Rn. 8 ff.).

Schutzmaßnahmen, die der Arbeitgeber in Bezug auf den **Nichtraucherschutz** 71a
zu treffen hat (§ 32), konkretisieren »das ausfüllungsfähige und -bedürftige Tatbestandsmerkmal ›ausreichend gesundheitlich zuträgliche Atemluft‹ in § 5 Satz
1« und sind daher ebenfalls mitbestimmungspflichtig (vgl. MünchArbR-*Wlotzke*, § 212 Rn. 39). Im Zuge der geplanten Rechtsvereinfachung im Bereich der
Sicherheit und des Gesundheitsschutzes bei der Bereitstellung von Arbeitsmitteln etc. durch die BetrSichV ist auch eine der Rechtsprechung des BAG angemessene Änderung der ArbStättV zum Nichtraucherschutz vorgesehen. Danach soll § 32 aufgehoben und durch einen § 3a ersetzt werden.

Arbeitsschutzverordnungen

> »§ 3a Nichtraucherschutz
> (1) Der Arbeitgeber hat die erforderlichen Maßnahmen zu treffen, damit die nichtrauchenden Beschäftigten wirksam vor den Gesundheitsgefahren durch Tabakrauch geschützt sind.
> (2) In Arbeitsstätten mit Publikumsverkehr hat der Arbeitgeber Schutzmaßnahmen nach Absatz 1 nur insoweit zu treffen, als die Natur des Betriebes und die Art der Beschäftigung es zulassen.«

72 Ergänzend zu § 5 ist auf die Regelung in § 14 hinzuweisen, nach der **Gase, Dämpfe, Nebel oder Stäube** an der Entstehungsstelle abzusaugen und zu beseitigen sind, wenn ihr Auftreten in Arbeitsräumen in unzuträglicher Menge oder Konzentration nicht verhindert werden kann (§ 14 Satz 1). Wird die Unzuträglichkeit durch Gefahrstoffe i.S. der GefStoffV verursacht, greifen die entsprechenden Schutzvorschriften der GefStoffV (vgl. insbesondere §§ 16 ff. i.V.m. § 1 GefStoffV; vgl. MünchArbR-*Wlotzke*, § 212 Rn. 44, m.w.N.; vgl. *BAuA*-Ratgeber, 85 ff.). Wird die Unzuträglichkeit durch Tätigkeiten mit biologischen Arbeitsstoffen bzw. im Gefahrenbereich dieser Tätigkeiten i.S. der BioStoffV verursacht, greifen die dort festgelegten Schutzmaßnahmen (vgl. § 1 BioStoffV). Schutzmaßnahmen, die der Arbeitgeber zur Verhinderung von »unzuträglicher Menge oder Konzentration« ergreift, unterliegen aufgrund des bestehenden Regelungsspielraums des Arbeitgebers der **Mitbestimmung** des Betriebs- bzw. Personalrats gem. § 87 Abs. 1 Nr. 7 BetrVG bzw. § 75 Abs. 3 Nr. 11 BPersVG (vgl. BetrVG Rn. 14 ff.; BPersVG Rn. 8 ff.).

73 In Arbeitsräumen und im Bereich von Arbeitsplätzen in Lager-, Maschinen- und Nebenräumen muss während der Arbeitszeit eine unter Berücksichtigung der Arbeitsverfahren und der körperlichen Beanspruchung der Arbeitnehmer bzw. der Beschäftigten gesundheitlich zuträgliche **Raumtemperatur** vorhanden sein (vgl. § 6 Abs. 1 Satz 1 und 2). Für bestimmte Einrichtungen und Räumlichkeiten in Arbeitsstätten werden in § 6 Abs. 2 bis 4 besondere Anforderungen aufgestellt. Konkretisiert werden die Regelungen in § 5 durch die ASR 6/1,3 »Raumtemperaturen« (vgl. *BAuA*-ArbStättV, 46 f.; MünchArbR-*Wlotzke*, § 212 Rn. 40, m.w.N.). Werden alternative oder ergänzende Schutzmaßnahmen getroffen, die geeignet sind, das Schutzziel »gesundheitlich zuträgliche Raumtemperatur« zu realisieren, greift die **Mitbestimmung** des Betriebs- bzw. Personalrats nach § 87 Abs. 1 Nr. 7 bzw. nach § 75 Abs. 3 Nr. 11 BPersVG (vgl. BetrVG Rn. 14 ff.; BPersVG Rn. 8 ff.).

74 Aus den Anforderungen der ArbStättV an die **Beleuchtung** in Arbeitsstätten geht hervor, dass Arbeits-, Pausen-, Bereitschafts-, Liege- und Sanitätsräume grundsätzlich eine Sichtverbindung nach außen haben müssen (vgl. § 7 Abs. 1; vgl. *BVerwG* 31.1.1997, NZA 1997, 482; diese Regelung wird konkretisiert durch die ASR 7/1 »Sichtverbindung nach außen«): Hierdurch soll für die Beschäftigten ein »Bunkereffekt« vermieden werden (MünchArbR-*Wlotzke*, § 212 Rn. 41; vgl. *Nahrmann/Schierbaum*, AiB 1998, 278 f., m.w.N.).

75 Nur für bestimmte Arbeitsräume werden aus betriebstechnischen, räumlichen (Standort unter der Erdgleiche) oder raumgrößenbezogenen (Arbeitsräume mit mehr als 2000 qm Grundfläche, sofern Oberlichter vorhanden sind) Gründen **Ausnahmen** zugelassen (vgl. § 7 Abs. 1 Nr. 1–3). Betriebstechnische Gründe sind z.B.: fertigungstechnische Gründe, höchste Anforderungen an eine gleichmäßige Ausleuchtung, gleichmäßiges Raumklima, Schutz vor Gesundheitsgefahren, Brand- und Explosionsschutz oder Gefahren von außen (vgl. *Nahrmann/ Schierbaum*, AiB 1998, 279 mit Verweis auf *Opfermann/Streit*, § 7 ArbStättV,

Rn. 75 ff.). Keine betriebstechnischen Gründe sind u. a.: Ablenkung der Beschäftigten durch den Ausblick ins Freie, erhöhte Kosten, Erschwernis der Reinigung, Einschränkung der Nutzungsmöglichkeiten (z.B. Stellwände in Kaufhäusern; vgl. MünchArbR-*Wlotzke*, § 212 Rn. 42, m.w.N.).

Die Stärke der **Allgemeinbeleuchtung** der Arbeitsstätten muss mindestens 15 Lux betragen (vgl. § 7 Abs. 3 Satz 3). **76**

Ist eine **Sicherheitsbeleuchtung** erforderlich (vgl. § 7 Abs. 4 i.V.m. ASR 7/4 »Sicherheitsbeleuchtung«, *BAuA*-ArbStättV, 65 ff.), muss diese eine Beleuchtungsstärke von mindestens 1% der Allgemeinbeleuchtung, mindestens jedoch von einem Lux aufweisen (vgl. § 7 Abs. 4). **77**

Die Anforderungen an die **Beleuchtung von Arbeitsräumen und Verkehrswegen** gehen wesentlich über die Anforderungen an Allgemein- und Sicherheitsbeleuchtung hinaus. Diese muss so ausgelegt sein, dass sich aus der Art der Beleuchtung keine Unfall- oder Gesundheitsgefahren für die Arbeitnehmer bzw. die Beschäftigten ergeben können (vgl. § 7 Abs. 3 Satz 1; zur Art von Gefährdungen und deren Wirkungen vgl. *BAuA*-Ratgeber, 218 f.). Die Beleuchtung muss sich nach der **Art der Sehaufgabe** richten (§ 7 Abs. 3 Satz 2). Als Faustregel gilt, dass an **ständig besetzten Arbeitsplätzen** eine Beleuchtungsstärke von mindestens 200 Lux vorhanden sein muss (vgl. MünchArbR-*Wlotzke*, § 212 Rn. 42). Diese Anforderungen werden durch die ASR 7/3 »Künstliche Beleuchtung« konkretisiert (vgl. *BAuA*-ArbStättV, 49 ff.; vgl. auch zur Normung *BAuA*-Ratgeber, 219 ff.; zu Schutzmaßnahmen vgl. a.a.O., 158 f.). Im Hinblick auf die Auswahl von Schutzmaßnahmen zur Beleuchtung bzw. bei alternativen oder ergänzenden Schutzmaßnahmen greift die **Mitbestimmung** des Betriebs- bzw. des Personalrats nach § 87 Abs. 1 Nr. 7 bzw. nach § 75 Abs. 3 Nr. 11 BPersVG (vgl. BetrVG Rn. 14 ff.; BPersVG Rn. 8 ff.). **78**

Fußböden in Räumen dürfen keine Stolperstellen haben; sie müssen eben und rutschhemmend ausgeführt und leicht zu reinigen sein (vgl. § 8 Abs. 1; *Jäger*). **79**

Im Hinblick auf den Schutz der Beschäftigten gegen **Lärm** ist zunächst der Schallpegel in Arbeitsräumen so niedrig zu halten, wie es nach der Art des Betriebes möglich ist (§ 15 Abs. 1 Satz 1). Lärm ist hierbei als derjenige Schall zu verstehen, der den Menschen in seiner Gesundheit beeinträchtigen kann (vgl. *BAuA*-Ratgeber, 236 ff.; vgl. dort auch zur Art der Gefährdungen und deren Wirkungen durch Lärm). **80**

Darüber hinaus legt die ArbStättV in § 15 Abs. 1 Satz 2 Nr. 1–3 tätigkeitsspezifische **Beurteilungspegel** fest (bei überwiegend geistigen Tätigkeiten = höchstens 55 db [A] [Nr. 1], bei einfachen oder überwiegend mechanisierten Bürotätigkeiten und vergleichbaren Tätigkeiten = höchstens 70 db [A] [Nr. 2] sowie bei sonstigen Tätigkeiten = höchstens 85 db [A], in Ausnahmefällen bis zu 90 db [A] [vgl. Nr. 3]). Für Pausen-, Bereitschafts-, Liege- und Sanitätsräume darf der Beurteilungspegel höchstens 55 db (A) betragen, wobei bei der Festlegung des Pegels nur die Geräusche der Betriebseinrichtungen in den Räumen und die von außen auf die Räume einwirkenden Geräusche zu berücksichtigen sind (vgl. § 15 Abs. 2; zu den Kenngrößen vgl. *BAuA*-Ratgeber, 239 f.). **81**

Im Hinblick auf die für die Tätigkeitsbereiche in § 15 Abs. 1 Nr. 1–3 **anzustrebenden Werte** werden in der ISO 11690-1 **höhere Anforderungen** als in der ArbStättV gestellt (Nr. 1 = 35–45 db [A], Nr. 2 = 45–55 db [A], Nr. 3 = 75–80, im Ausnahmefall bis 85 db [A]; vgl. *BAuA*-Ratgeber, 168). Steht als Tätigkeitsanforderung die **sprachliche Kommunikation** im Vordergrund, ergeben sich zusätzliche Beurteilungskriterien aus weiteren Normen (VDI 2058 Blatt 3, VDI 2569, DIN ISO 9921-1; **82**

Arbeitsschutzverordnungen

vgl. *BAuA*-Ratgeber, 169): hohe Anforderung = 30–40 db (A), mittelmäßige Anforderung = 45–55 db (A), geringe Anforderung = 55–65 db (A) (vgl. a.a.O.). Diese Orientierungen entsprechen den vom Arbeitgeber zu beachtenden gesicherten arbeitswissenschaftlichen Erkenntnissen bzw. dem zu berücksichtigenden Stand der Technik (vgl. § 3 Abs. 1 Nr. 1 ArbStättV, § 4 Nr. 3 ArbSchG), die möglichst noch unterschritten werden sollten (*BAuA*-Ratgeber, 239 f.).

83   Spezielle Schalldruckpegelkriterien, die sich auf die **Vermeidung von Gesundheitsschäden**, insbesondere von Gehörschäden und von erhöhten Unfallrisiken beziehen, ergeben sich aus der UVV »Lärm« (BGV B 3). Danach gelten als **Lärmbereiche** die Bereiche, in denen der Beurteilungspegel bei 85 db (A) und mehr liegt oder der Spitzenschalldruckpegel (vgl. *BAuA*-Ratgeber, 167) bei 140 db (A) und mehr liegt. **Kennzeichnungspflichtig**, weil besonders gefährlich, sind diejenigen Lärmbereiche, in denen der Beurteilungspegel bei 90 db (A) und mehr oder der Spitzenpegel bei 140 db (A) und mehr liegt (vgl. a.a.O., 170).

84   Bei Belastungen durch **Infra- oder Ultraschall** sollte die Norm VDI 2058 Blatt 2 beachtet werden (vgl. *BAuA*-Ratgeber, 241).

85   Ausgehend vom **Grundsatz**, Gefährdungen entsprechend dem Stand der Lärmminderungstechnik soweit wie möglich zu verringern (vgl. 9. GSGV, ArbStättV, UVV BGV B 3; *BAuA*-Ratgeber, 242), zielen **Schutzmaßnahmen** vorrangig auf den Einsatz lärmarmer Arbeitsmittel und Arbeitsverfahren (vgl. a.a.O., 171 ff.), auf die schalltechnische Gestaltung von Arbeitsräumen (vgl. a.a.O., S. 173 ff.) sowie auf weitere Schallschutzmaßnahmen (Kapselung, Schallabschirmung, Schallschutzkabine; vgl. a.a.O., 246 f.) ab.

86   Für **Lärmbereiche** (Rn. 83) sind **besondere Schutzmaßnahmen** durchzuführen (vgl. *BAuA*-Ratgeber, 177): Beschäftigte, für die eine Gehörschädigungsgefahr besteht, sind zu erfassen (§ 7 UVV BGV B 3). Den Beschäftigten sind geeignete Gehörschutzmittel zur Verfügung zu stellen (§ 10 UVV BGV B 3). Außerdem kommen für die Beschäftigten Gehörvorsorgeuntersuchungen in Betracht (§ 9 DA, UVV »Arbeitsmedizinische Vorsorge« BGV A 4).

87   Sofern **kennzeichnungspflichtige Lärmbereiche** (Rn. 83) festgestellt worden sind, ist ein besonderes **Lärmminderungsprogramm** aufzustellen. Diese Verpflichtung ergibt sich insbesondere aus § 6 UVV »Lärm« (BGV B 3) und enthält die folgenden Punkte: Ermittlung der Lärmschwerpunkte, Beschaffung lärmarmer Maschinen, Analyse der Geräuschursachen, Prüfung der Schallausbreitungsbedingungen, Festlegung von Maßnahmen, Durchführung einer Immissionsprognose, Aufstellung eines Zeitplans mit Prioritätenstufung, Festlegung von befristeten sekundären Schutzmaßnahmen (Gehörschutzmittel-PSA), Wirksamkeitsüberprüfung, Aktualisierung (vgl. im Einzelnen *BAuA*-Ratgeber, 247 f.). Daneben sind zusätzlich die folgenden Maßnahmen zu ergreifen: die Bereiche sind mit dem Schild »Gehörschutz tragen« zu kennzeichnen (§ 7 UVV BGV B 3), Beschäftigte haben die bereitgestellten Gehörschutzmittel zu benutzen (vgl. § 10 UVV BGV B 3; vgl. § 15 Abs. 2 ArbSchG).

88   Besondere **Anforderungen für bestimmte Räume** werden an Arbeitsräume (§§ 23–28), an Pausen-, Bereitschafts-, Liegeräume und Räume für körperliche Ausgleichsübungen (§§ 29–37), an Sanitätsräume, Mittel und Einrichtungen zur Ersten Hilfe (§§ 38, 39) sowie an Räume in Behelfsbauten (§ 40) gestellt.

89   Von besonderer Bedeutung sind hierbei die Anforderungen an die **Größe** der Arbeitsräume sowie an die **Bewegungsfläche** am Arbeitsplatz (§§ 23, 24). Die entsprechenden Mindestmaße sind durch die ArbStättV eindeutig vorgegeben (vgl. MünchArbR-*Wlotzke* § 212 Rn. 47 f.; *Nahrmann/Schierbaum*, AiB 1998, 279).

Im Hinblick auf **Büro- und Bildschirmarbeitsplätze** ist auf die Orientierungen in den von der Verwaltungs-BG herausgegebenen Sicherheitsregeln für Büro-Arbeitsplätze (ZH 1/535) sowie für Bildschirmarbeitsplätze im Bürobereich (ZH 1/618) hinzuweisen (vgl. § 1 BildscharbV Rn. 14). Aus ersterer (Abschnitt 4.10.1) ergibt sich die Empfehlung, dass in Büroräumen herkömmlicher Art die Fläche je Arbeitsplatz nicht weniger als 8–10 qm betragen soll, wobei der obere Wert bei Bildschirmarbeitsplätzen nicht unterschritten werden soll (ZH 1/618 Abschnitt 4.9.1; vgl. *Nahrmann/Schierbaum*, AiB 1998, 279f.). In Großraumbüros soll die je Arbeitsplatz zur Verfügung stehende Fläche 12–15 qm betragen (ZH 1/535 Abschnitt 4.10.2; vgl. a.a.O., 280). **90**

Weitere **spezifische Anforderungen** werden an Arbeitsplätze auf dem Betriebsgelände im Freien (§§ 41, 42), an Baustellen (§§ 43–49; vgl. hierzu auch BaustellV Rn. 3), an Verkaufsstände im Freien, die in Zusammenhang mit Ladenlokalen stehen (§ 50), sowie an Wasserfahrzeuge und schwimmende Anlagen auf Binnengewässern (§ 51) gestellt. **91**

Besondere Anforderungen an den **Betrieb von Arbeitsstätten** (§§ 52–55; vgl. zusammenfassend: MünchArbR-*Wlotzke*, § 212 Rn. 49, m. w. N.) beziehen sich auf das Freihalten der Arbeitsplätze und Verkehrswege (§ 52), auf Instandhaltungen und Prüfungen (§ 53), auf die Reinhaltung der Arbeitsstätte (§ 52) sowie auf den Flucht- und Rettungsplan (§ 55). **92**

9. Vollzug der ArbStättV

Die **allgemeinen Befugnisse** der zuständigen Behörden hinsichtlich des Vollzugs der ArbStättV richten sich grundsätzlich nach den Regelungen in §§ 21, 22 ArbSchG (zur einzelfallbezogenen Anordnungsbefugnis vgl. § 22 Abs. 3 Nr. 1 ArbSchG). Subsidiär kommen auch noch die Regelungen in § 120f (bei Gewerbebetrieben) und in § 139 i (bei Handelsbetrieben) GewO i.V.m. § 3 Abs. 1 ArbStättV zur Anwendung (vgl. umfassend, auch zur ggf. notwendigen Abstimmung mit den Trägern der gesetzlichen Unfallversicherung, *Opfermann/Streit*, § 3 ArbStättV, Rn. 108ff.). **93**

Im **Einzelfall** ist die zuständige Behörde befugt, nach § 120 d GewO und nach § 22 Abs. 3 ArbSchG zur **Abwendung besonderer Gefahren** (zum Begriff vgl. § 5 ArbSchG Rn. 2f.) die zum Schutz der Beschäftigten erforderlichen Maßnahmen anzuordnen. Eine solche Entscheidung lässt die Verpflichtungen des Arbeitgebers aufgrund der ArbStättV unberührt, sie werden dadurch nicht aufgehoben (vgl. § 3 Abs. 3; vgl. *Opfermann/Streit*, § 3 ArbStättV Rn. 113). Die angeordneten Maßnahmen können über die Anforderungen der ArbStättV hinausgehen bzw. müssen dort, weil z.B. nicht auf Errichtung oder Betrieb von Arbeitsstätten ausgerichtet, nicht geregelt sein (vgl. a.a.O., Rn. 112; vgl. Rn. 68). **94**

Verordnung über Sicherheit und Gesundheitsschutz auf Baustellen – (BaustellV)

vom 10.06.1998 (BGBl. I, S. 1283)

§ 1 Ziele; Begriffe

(1) Diese Verordnung dient der wesentlichen Verbesserung von Sicherheit und Gesundheitsschutz der Beschäftigten auf Baustellen.
(2) Die Verordnung gilt nicht für Tätigkeiten und Einrichtungen im Sinne des § 2 des Bundesberggesetzes.
(3) Baustelle im Sinne dieser Verordnung ist der Ort, an dem ein Bauvorhaben ausgeführt wird. Ein Bauvorhaben ist das Vorhaben, eine oder mehrere bauliche Anlagen zu errichten, zu ändern oder abzubrechen.

Übersicht	Rn.
1. Allgemeines	1– 9
2. Begriffe	10–14

1. Allgemeines

Mit der BaustellV wird die EG-Richtlinie 92/57/EWG vom 24.6.1992 über die auf zeitlich begrenzte oder ortsveränderliche Baustellen anzuwendenden Mindestvorschriften für die Sicherheit und den Gesundheitsschutz (AblEG Nr. L 245 v. 26.8.1992, 6; im Folgenden: EG-Baustellenrichtlinie) in das bundesdeutsche Arbeitsschutzrecht umgesetzt (vgl. *Kollmer*, BaustellV, Einl. Rn. 2 ff.; Abbildung 12). **1**

Nach langwierigen Verhandlungen hatte der **Bundesrat** am 29.5.1998 der BaustellV zugestimmt, zugleich jedoch den politischen Beschluss gefasst, dass die Bundesregierung bei der Europäischen Union auf die Aufhebung der Richtlinie 92/57/EWG hinwirken soll (vgl. BR-Drs. 306/98 v. 29.5.1998, Beschluss; *Kollmer*, BaustellV, Einl. Rn. 10). Begründet wurde dies mit einer angeblichen Überreglementierung durch die EG-Baustellenrichtlinie auf EG-Ebene, einem Verstoß gegen das Subsidiaritätsprinzip (Art. 3b Abs. 2 und 3 EGV), einer Aufgabenerweiterung der Vollzugsorgane sowie mit erhöhten Kosten durch die Bestellung von Koordinatoren und die Aufstellung von Sicherheits- und Gesundheitsschutzplänen (vgl. a.a.O.). Soweit ersichtlich, haben bei der Umsetzung in den anderen EG-Mitgliedsstaaten (von Portugal bis Schweden) derartige Argumente keine wesentliche Rolle gespielt (vgl. BAU-*Riese*, 24). Es wurde auch keine Aufhebung der Richtlinie gefordert (zu Kosten-Nutzen-Aspekten vgl. Rn. 7). Der Bundesratsbeschluss hat in der gegenwärtigen Fachdiskussion um die betriebliche Umsetzung der BaustellV keine Bedeutung. So arbeiten die Länder aktiv im Rahmen eines entsprechenden Aktionsprogramms mit (vgl. Rn. 9). **2**

Ein großer Teil der **materiell-rechtlichen Mindestanforderungen** der EG-Baustellenrichtlinie (insbesondere Anhang IV »Mindestvorschriften für Sicherheit **3**

Arbeitsschutzverordnungen

Abbildung 12:

Baustellenverordnung (BaustellV)	
Zielsetzung/Anwendungsbereich • Wesentliche Verbesserung des Arbeitsschutzes auf Baustellen • Gilt nicht für den Bergbau	§ 1 Abs. 1 BaustellV
Begriffe • Baustelle, Bauvorhaben	§ 1 Abs. 2 BaustellV
Planung der Ausführung des Bauvorhabens – Berücksichtigung der allgemeinen Grundsätze bei der Durchführung von Arbeitsschutzmaßnahmen bei der Planung der Ausführung – Vorankündigung größerer Bauvorhaben gegenüber der zuständigen Behörde; Aushang und Anpassung der Vorankündigung – Erstellung eines Sicherheits- und Gesundheitsschutzplanes, wenn • eine Vorankündigung zu erfolgen hat oder • Beschäftigte mehrerer Arbeitgeber tätig werden oder • gefährliche Arbeiten ausgeführt werden (Anhang II BaustellV)	§ 2 BaustellV § 4 ArbSchG
Koordinierung Benennung eines oder mehrerer geeigneter Koordinatoren *Aufgaben des Koordinators* **während der Planungsphase:** – Koordinierung der Maßnahmen gem. § 2 Abs. 1 – Ausarbeitung des Sicherheits- und Gesundheitsschutzplans – Zusammenstellung einer Unterlage **während der Ausführungsphase:** – Koordinierung der Arbeitsschutzgrundsätze – Überwachung der Erfüllung der Arbeitsschutzpflichten durch Arbeitgeber und Unternehmer gem. BaustellV – Anpassung des Sicherheits- und Gesundheitsschutzplans – Organisation der Zusammenarbeit und Überwachung der ordnungsgemäßen Anwendung der Arbeitsverfahren durch die Arbeitgeber	§ 3 BaustellV Anhang BaustellV
Verantwortung des Bauherrn, Beauftragung eines Dritten	§ 4 BaustellV
Pflichten der Arbeitgeber – Treffen von baustellenspezifischen Arbeitsschutzmaßnahmen und Berücksichtigung der Hinweise des Koordinators – Information der Beschäftigten – Generelle Verantwortlichkeit für den Arbeitsschutz	§ 5 BaustellV
Pflichten der Unternehmer ohne Beschäftigte sowie der selbst auf der Baustelle tätigen Arbeitgeber – Einhaltung der Arbeitsschutzvorschriften – Berücksichtigung der Hinweise des Koordinators sowie des Sicherheits- und Gesundheitsschutzplans	§ 6 BaustellV
Ordnungswidrigkeiten und Strafvorschriften	§ 7 BaustellV
In-Kraft-Treten der BaustellV am 1.7.1998	§ 8 BaustellV

Baustellenverordnung

und Gesundheitsschutz auf Baustellen«; vgl. im Überblick SiS 1994, 294 ff.; 354 ff.) entspricht den in der Bundesrepublik Deutschland schon **bestehenden Bestimmungen**, z.B. in der ArbStättV (vgl. ArbStättV Rn. 91), in Unfallverhütungsvorschriften (insbesondere UVV »Baustellen« BGV C 22) und in den Bauordnungen der Länder. Diese Bestimmungen bleiben unverändert bestehen (vgl. RegE-BaustellV, 8; zum Verhältnis Baurecht und technische Regeln vgl. *Bossenmayer*, DIN-Mitt. 1998, 416 ff.). Durch die BaustellV werden nur noch jene Bestimmungen der EG-Baustellenrichtlinie umgesetzt, die bislang nicht im staatlichen Arbeitsschutzrecht geregelt waren, insbesondere (vgl. Abbildung Nr. 13; RAB 31, BArbBl. 8/2001, 105):
- Bestellung eines **Koordinators**, wenn mehrere Arbeitgeber auf der Baustelle tätig werden,
- Erarbeitung eines **Sicherheits- und Gesundheitsschutzplans** bei größeren Baustellen und bei besonders gefährlichen Arbeiten (z.B. Tunnelbau, Bauarbeiten an Entsorgungsanlagen),
- **Ankündigung** des Vorhabens bei der Behörde bei größeren Baustellen (also nicht bei Einfamilienhäusern; vgl. § 2 Rn. 3) sowie
- Erstellung einer **Unterlage** für spätere Wartungs-, Instandhaltungs- und Umbauarbeiten nach Inbetriebnahme der baulichen Anlage (vgl. RegE-BaustellV, 8; *Horst/Rückert*, BArbBl. 7–8/1998, 28; *Kollmer*, BaustellV, Einl. Rn. 12).

Hervorzuheben ist, dass durch diese Regelungen und die weiteren Regelungen der BaustellV **alle** an der Vorbereitung und Ausführung der Bauarbeiten Beteiligten je nach Verantwortlichkeit und Aufgabe in die Planung und Durchführung von Maßnahmen des Arbeitsschutzes einbezogen werden, also nicht allein Arbeitgeber und Beschäftigte, die Bauarbeiten ausführen, sondern auch Bauherren, von diesen beauftragte Dritte und Unternehmer.

Pflichten der Arbeitgeber sowie Pflichten und Rechte der **Beschäftigten** bzw. 4 ihrer **Vertretungen** nach dem ArbSchG und sonstigen Rechtsvorschriften i.S. von § 2 Abs. 4 ArbSchG bleiben **unberührt** (vgl. RegE-BaustellV, 8; BAU-*Riese*, 21 f.; vgl. § 5 Rn. 3).

Mit der BaustellV werden die allgemeinen Vorschriften des **ArbSchG** durch **spezielle Vorschriften** in Bezug auf die Sicherheit und den Gesundheitsschutz der Beschäftigten auf Baustellen ergänzt. Umgekehrt sind bei der Umsetzung der BaustellV die allgemeinen Vorschriften des ArbSchG sowie die auf Baustellen sonst anzuwendenden Rechtsvorschriften zu beachten. In der betrieblichen Praxis und bei deren Unterstützung durch die Arbeitsschutzexperten ist es daher notwendig, die Rechtsvorschriften im Kontext und nicht isoliert voneinander anzuwenden (vgl. Einl. Rn. 114; *Kollmer*, § 2 BaustellV Rn. 8). Das entspricht auch dem fachlichen Erfordernis einer zusammenhängenden und nicht isolierten Anwendung von Rechtsvorschriften des Arbeitsschutzes unter Beachtung ihrer **Wechselwirkungen** (vgl. § 4 Rn. 4 ArbSchG Rn. 59).

Durch die BaustellV werden **zivilrechtliche Haftungsregelungen** nicht berührt 5 (RegE-BaustellV, 13; vgl. § 4 Rn. 4). Jedoch ergeben sich aus ihr Maßstäbe zur Erfüllung sog. Verkehrspflichten im Rahmen einer deliktischen Haftung gem. § 823 Abs. 1 BGB (vgl. Einl. Rn. 32; *Kittner*, 1998, Rn. 483 ff.).

Beschäftigte im Baubereich sind im Vergleich zu anderen Wirtschaftszweigen 6 einem besonders hohen **Unfall- und Gesundheitsrisiko** ausgesetzt. In der Bundesrepublik Deutschland liegt die Unfallquote (Unfälle pro 1000 Vollbeschäftigte) sowohl bei den gemeldeten als auch den besonders schweren Arbeitsunfällen im Bausektor mehr als doppelt so hoch wie im Durchschnitt der

Arbeitsschutzverordnungen

Abbildung 13:

Baustellenbedingungen		Berücksichtigung allg. Grundsätze nach § 4 ArbSchG bei der Planung	Vorankündigung	Koordinator	SiGe-Plan	Unterlage (§ 3 Abs. 2 Nr. 3)
Arbeitnehmer	Umfang und Art der Arbeiten					
eines Arbeitgebers	kleiner 31 Arbeitstage und 21 Beschäftigte oder 501 Personentage	ja	nein	nein	nein	nein
eines Arbeitgebers	kleiner 31 Arbeitstage und 21 Beschäftigte oder 501 Personentage und gefährliche Arbeiten	ja	nein	nein	nein	nein
eines Arbeitgebers	größer 30 Arbeitstage und 20 Beschäftigte oder 500 Personentage	ja	ja	nein	nein	nein
eines Arbeitgebers	größer 30 Arbeitstage und 20 Beschäftigte oder 500 Personentage und gefährliche Arbeiten	ja	ja	nein	nein	nein
mehrerer Arbeitgeber	kleiner 31 Arbeitstage und 21 Beschäftigte oder 501 Personentage	ja	nein	ja	nein	ja
mehrerer Arbeitgeber	kleiner 31 Arbeitstage und 21 Beschäftigte oder 501 Personentage jedoch gefährliche Arbeiten	ja	nein	ja	ja	ja
mehrerer Arbeitgeber	größer 30 Arbeitstage und 20 Beschäftigte oder 500 Personentage	ja	ja	ja	ja	ja
mehrerer Arbeitgeber	größer 30 Arbeitstage und 20 Beschäftigte oder 500 Personentage und gefährliche Arbeiten	ja	ja	ja	ja	ja

Anmerkung: Der Einsatz von Nachunternehmen bedeutet das Vorhandensein von mehreren Arbeitgebern

gewerblichen Wirtschaft (vgl. RegE-BaustellV, 7). Ca. $^1/_4$ aller meldepflichtigen Unfälle in der gewerblichen Wirtschaft und 30% der neuen Unfallrenten sowie $^1/_3$ aller Todesunfälle ereignen sich auf Baustellen bzw. bei Bauarbeiten (dabei waren 1998 ca. 8% der Erwerbstätigen im Baugewerbe tätig; vgl. *Jäger/Holland*, BG 1999, 257; zur Arbeitsunfähigkeit vgl. BAU-*Kuhn*, 147 ff.).

Besondere Gefahren auf Baustellen ergeben sich insbesondere daraus, dass Arbeiten auf der Baustelle von Beschäftigten verschiedener Arbeitgeber gleichzeitig oder nacheinander ausgeführt werden, was die Abstimmung der Arbeitgeber für die zu treffenden Schutzmaßnahmen erheblich erschwert (a.a.O., 7 f.; vgl. 8. Erwägungsgrund EG-Baustellenrichtlinie). Hinzu kommen äußere, wie z.B. Witterungsverhältnisse, der auf Baustellen zu beobachtende Termindruck und Sprachenprobleme (RegE-BaustellV, 8). Besondere Sicherheitsrisiken ergeben sich auch aus der Vielzahl der am Bau Beteiligten und auf der Baustelle Tätigen (Bauherr, Entwurfsverfasser, Bauleiter, Bauunternehmer, Selbständige, Beschäftigte; vgl. a.a.O., BAU-*Riese*, 19; vgl. 11. Erwägungsgrund EG-Baustellenrichtlinie; zur psychischen Belastung von Bauleitern vgl. *Strobel/Krause*, 1997). Weiterhin haben in mehr als der Hälfte der Arbeitsunfälle auf Baustellen in der EG ungeeignete bauliche oder organisatorische Entscheidungen oder eine schlechte Planung der Arbeiten bei der Vorbereitung des Bauprojekts eine Rolle gespielt (6. Erwägungsgrund EG-Baustellenrichtlinie; zu Beispielen vgl. *Leuschner* u.a., BG 96, 734 f.; *Jäger/Holland*, BG 1999, 256 ff. mit einer umfassenden Analyse der Baustellenunfälle 1993-1997; *Hamacher* u.a., 1999, 25ff. mit dem Fokus auf Kleinbetriebe).

Bei den **Arbeitsunfällen** spielen insbesondere die **Absturzunfälle** eine wesentliche Rolle. So ergab sich für diesen Bereich bei Kontrollen von 14 194 Baustellen im Freistaat Sachsen durch die Gewerbeaufsicht im Jahre 1998 eine Mängelrate von 55,9% *Heidl/Käschel*, 1999, 3, 5; vergleichbare Angaben liegen auch aus anderen Bundesländern vor: SichBeauf 8/1999, 8; zu Sicherungsmaßnahmen vgl. im Überblick SichIng 8/1999, 30).

Hinsichtlich der **arbeitsbedingten Erkrankungen** ist insbesondere auf die branchenmäßig bedingten, besonderen Belastungen durch **manuelles Heben und Tragen von Lasten** (vgl. zu Präventionsmaßnahmen in Form eines Rückenschulprogramms Ergo-Med 1998, 206 ff.; allg. *Haamann*, BG 1999, 270 ff.; vgl. auch Rn. 2, 3 und 9; vgl. LasthandhabV).

Hinzuweisen ist auch auf die Gefährdungen durch den **Umgang mit Gefahrstoffen** auf Baustellen bzw. bei Bauarbeiten. Danach werden im Bereich der Bauwirtschaft ca. 150 Gefahrstoffe eingesetzt. Die Realisierung technischer Arbeitsschutzmaßnahmen, wie sie die GefStoffV vorschreibt (vgl. GefStoffV Rn. 1 ff.), ist aufgrund der ständig wechselnden (instationären) Arbeitsplätze und Arbeitsbedingungen auf Baustellen mit Schwierigkeiten verbunden (vgl. *Hamacher* u.a., 1999, 77 f. m.w.N.; Rn. 2).

Für private Bauherren werden zwar insbesondere durch die Bestellung des Koordinators für Baustellen **Kosten** erwartet (RegE-BaustellV, 9), die aus fachlicher Sicht pauschal auf unter 1% bzw. – je nach Umfang des Bauvorhabens – auf 0,1 bis maximal 0,7% bzw. auf 0,5% bis 0,7% (bei kleineren Bauvorhaben) der Gesamtbaukostensumme beziffert werden (vgl. *Buhr*, Sichere Arbeit 6/1995, 27; *Horst/Rückert*, BArbBl. 7–8/1998, 27). **7**

Es ergeben sich aber andererseits spezifische **Entlastungen** durch einen zügigeren Bauablauf wegen der erwarteten Verringerung der Unfallzahlen, Ausfallzeiten und damit zusammenhängender Folgekosten sowie aus einem optimierten Zusammenwirken der an Planung und Ausführung eines Bauvorhabens Beteiligten (RegE-BaustellV, 9; zu in der Praxis ermittelten Kosten-Nutzen-Analysen vgl. *Buhr*, a.a.O., 27 f.; vgl. *Leuschner* u.a., BG 1996, 738 f.; *Horst/Rückert*, a.a.O., 27 f.).

EG-Baustellenrichtlinie und BaustellV haben das **Ziel**, durch besondere Maßnahmen zu einer **wesentlichen Verbesserung** von Sicherheit und Gesundheitsschutz der Beschäftigten auf der Baustelle beizutragen (RegE-BaustellV, 7; § 1 Abs. 1; zur Gesundheitsförderung in der Bauwirtschaft vgl. BAU-*Kuhn*, 150 ff.). Die BaustellV ist bislang die einzige der auf das ArbSchG gestützten Verordnungen, die mit einer Zielsetzung versehen worden ist. Dies unterstreicht die besondere Bedeutung, die den Regelungen der BaustellV im Hinblick auf den Arbeitsschutz auf Baustellen zukommt. Aus der Zielsetzung der BaustellV lassen sich, wie auch bei anderen Arbeitsschutzvorschriften, keine unmittelbaren Pflichten des Arbeitgebers, der Beschäftigten oder anderer Personen ableiten (vgl. § 1 ArbSchG Rn. 3). **8**

Arbeitsschutzverordnungen

9 Auf der Basis eines **Aktionsprogramms** des BMA vom August 1998, in dessen Rahmen u.a. die Erläuterungen zur BaustellV entstanden sind (BArbBl. 3/1999; 67 ff.) ist ein durch dem BMA ein **Ausschuss** für Sicherheit und Gesundheit gebildet worden (**ASGB**; BArbBl. 1/2000, 76; Anlage Nr. 8). Diesem Ausschuss gehören je zwei Vertreter der Bauherren, der Arbeitnehmer- und der Arbeitgeberseite, der staatlichen Arbeitsschutzverwaltung, der Unfallversicherungsträger sowie zwei Sachverständige an (vgl. *Uhlig/Steinborn*, BArbBl. 1/2001, 7). Der Ausschuss hat die Aufgabe,
- den Grundsätzen des § 4 ArbSchG entsprechende Regeln und Erkenntnisse für Arbeiten auf Baustellen zu ermitteln,
- zu ermitteln, wie die in der BaustellV gestellten Anforderungen erfüllt werden können,
- dem Stand der Technik entsprechende Vorschriften vorzuschlagen sowie
- das BMA in allgemeinen Fragen der Sicherheit und des Gesundheitsschutzes auf Baustellen zu beraten (ebd.).

Die Bestimmungen der BaustellV werden dementsprechend durch Regeln für Arbeitsschutz auf Baustellen (**RAB**) des ASGB konkretisiert. Gegenstand, Zustandekommen, Aufbau, Anwendung und Wirksamwerden der RAB sind in der RAB 01 v. 2.11.2000 festgehalten (BArbBl. 1/2001, 77 f.).

Als **Handlungshilfen** kommen, neben dem Vorschriften- und Regelwerk, insbesondere in Betracht:
- *Bau-BG'n*, SIGEPLAN. Leitfaden zur Erstellung eines Sicherheits- und Gesundheitsschutzplanes, 1998 (vgl. RAB 31, Nr. 2, Rn. 5 ff.)
- *Bau-BG'n*, Unterlage. Leitfaden zur Erstellung einer Unterlage für spätere Arbeiten am Bauwerk, 1998 (vgl. § 3, Rn. 4 f.)
- *Bau-BG'n*, Abbrucharbeiten, Gefährdungs- und Belastungsanalyse. Leitfaden (1998)
- *BMA* u.a., Erläuterungen zur Verordnung über Sicherheit und Gesundheitsschutz auf Baustellen (Fassung: 15.01.1999; BArbBl. 3/1999, 67 ff.; auch als Broschüre des *BMA* erhältlich; im Folgenden in die Kommentierung eingearbeitet; wird sukzessive abgelöst durch RAB 10; vgl. BArbBl. 8/2001, 100 (Stand: 7.12.2001)
- *BMA* u.a., Hilfe für den Bauherrn zur Bestellung eines geeigneten Koordinators
- *Mahlstedt/Waninger/Wienhold* (Hrsg.: BAuA), Anforderungen an Koordinatoren/Koordinatorinnen für Sicherheit und Gesundheitsschutz gem. BaustellV, 2000
- *Hamacher* u.a. (Hrsg.: BAuA), Qualifizierungsstrategie für Unternehmer und Beschäftigte in Kleinbetrieben des Baubereichs zur Verbesserung des Arbeitsschutzes, 1999 (Stand: März 1998; enthält eine wertvolle Bestandsaufnahme der Arbeitsschutzsituation von Kleinbetrieben in der Bauwirtschaft sowie von bisherigen Ansätzen von Informations- und Motivationsmaßnahmen sowie eine strategische;s Konzept für solche Maßnahmen und Bausteine für die Zielgruppe Unternehmer, aufgrund des Bearbeitungsstandes wird auf die Regelungen der BaustellV zur Koordinierung von Sicherheit und Gesundheitsschutz nicht eingegangen)
- *BAuA* (Hrsg.), Bauleitung ohne Stress. Ein Leitfaden zum Stressabbau und Stressmanagement für Bauleiter und ihre Kooperationspartner (Bearbeiter: *Strobel/Krause/Weißgerber*), 1997 und weitere Hilfen, Broschüren der *BAuA*
- *BAuA/LASI*, Arbeitsblatt Heben und Tragen von Lasten (abgedruckt als Anhang Nr. 16),

Baustellenverordnung

- Tepasse (2001)
- zu weiteren Handlungshilfen (z.B. Sammelordner »Bausteine«, Informationen für Planer und Bauherren, Ausschreibungstexte), auch zur Gefährdungsbeurteilung, vgl. den jeweils aktuellen Bau-BG'n-Katalog »Informationsmaterial der Bau-Berufsgenossenschaften«

2. Begriffe

Baustelle i.S. der BaustellV ist der Ort, an dem ein oder mehrere bauliche Anlagen auf Veranlassung eines Bauherrn errichtet, geändert oder abgebrochen und die dazugehörenden Vorbereitungs- und Abschlussarbeiten durchgeführt wurden (RAB 10, Nr. 2, BArbBl. 8/2001, 100). Im Anhang I der EG-Baustellenrichtlinie werden Hoch- und Tiefbauarbeiten aufgeführt, die den Begriff der Baustelle umschreiben: Aushub, Erdarbeiten, Bauarbeiten im engeren Sinne, Errichtung und Abbau von Fertigbauelementen, Einrichtung oder Ausstattung, Umbau, Renovierung, Reparatur, Abbauarbeiten, Abbrucharbeiten, Wartung, Instandhaltungs-, Maler- und Reinigungsarbeiten, Sanierung. Diese Aufzählung ist für die Auslegung der BaustellV verbindlich (vgl. Einl. Rn. 69).   **10**

Bauliche Anlagen sind mit dem Erdboden verbundene, aus Baustoffen oder Bauteilen hergestellte Anlagen. Eine Verbindung mit dem Erdboden besteht auch dann, wenn die Anlage durch eigene Schwere auf dem Boden ruht oder auf ortsfesten Bahnen begrenzt beweglich ist oder wenn die Anlage nach ihrem Verwendungszweck dazu bestimmt ist, überwiegend ortsfest benutzt zu werden (Erläuterungen, BArbBl. 3/1999, 68). Zu den baulichen Anlagen zählen z.B. auch   **10a**
- Aufschüttungen und Abgrabungen,
- Lagerplätze, Deponien, Abstellplätze und Ausstellungsplätze,
- Stellplätze für Kraftfahrzeuge,
- Gerüste,
- Hilfseinrichtungen zur statischen Sicherung von Bauzuständen,
- Bauwerke des Hoch- und Tiefbaus im Zusammenhang mit prozesstechnischen Anlagen.

Nicht zu den baulichen Anlagen gehören **Maschinen** und maschinentechnische Anlagen. Erfolgt der Ein-, Aus- oder Umbau von Maschinen bzw. maschinentechnischen Anlagen orts- und zeitgleich zu Errichtung, Änderung oder Abbruch einer baulichen Anlage, so sind diese Tätigkeiten in die Maßnahmen nach der BaustellV einzubeziehen.

Unter **Änderung einer baulichen Anlage** ist die nicht unerhebliche Umgestaltung der baulichen Anlage, insbesondere die Änderung des konstruktiven Gefüges, zu verstehen. Hierzu gehören insbesondere die Änderung des konstruktiven Gefüges sowie die Änderung oder der Austausch wesentlicher Bauteile (z.B. Dach-, Fassaden- oder Außenputzerneuerung, Entkernung). Diese Änderungen können auch im Rahmen von größeren Instandhaltungs- einschließlich Instandsetzungs- und Sanierungsarbeiten erfolgen (vgl. RAB 10, Nr. 4, BArbBl. 8/2001, Fassung v. 7.12.2001).   **11**

Arbeiten geringeren Umfangs an oder in baulichen Anlagen – Schönheitsreparaturen oder laufende Bauunterhaltungsarbeiten geringen Umfangs (z.B. Innenanstrich in Wohnungen, Austausch von Bodenbelägen, Arbeiten an der Heizung, Badrenovierung, Reparatur der Verschleißschicht von Straßen) – werden nicht von der BaustellV erfasst (vgl. RegE-BaustellV, 10, Erläuterungen, BArbBl. 3/1999, 68; RAB 10, a.a.O.).

Arbeitsschutzverordnungen

12 Die BaustellV **gilt** für Bauvorhaben, mit deren Ausführung **am 1. 7. 1998 begonnen** worden ist (vgl. § 8 Abs. 2; § 8 Rn. 2). Für Bauvorhaben, mit deren Ausführung **vor dem 1. 7. 1998** begonnen worden ist, bleiben die **bisherigen Vorschriften** maßgebend (vgl. a.a.O.). Im **öffentlichen Dienst** war die EG-Baustellenrichtlinie aufgrund der am 31. 12. 1993 abgelaufenen Umsetzungsfrist bereits ab dem 1. 1. 1994 anzuwenden (vgl. a.a.O.).

13 »**Beschäftigte**« i.S. der BaustellV sind Beschäftigte i.S. von § 2 Abs. 2 ArbSchG (vgl. § 2 ArbSchG Rn. 11 ff.).

Im Bereich des **öffentlichen Dienstes des Bundes** gilt die BaustellV für die dort Beschäftigten unmittelbar. Für die **Beamten der Länder, Gemeinden und sonstigen Körperschaften, Anstalten und Stiftungen des öffentlichen Rechts** regelt das Landesrecht, ob und inwieweit die BaustellV gilt (vgl. § 20 Abs. 1 ArbSchG; vgl. RegE-BaustellV, 8). Sind durch die Bundesländer noch keine entsprechenden Rechtsvorschriften erlassen worden, gilt die EG-Baustellenrichtlinie aufgrund der am 31. 12. 1993 abgelaufenen Umsetzungsfrist unmittelbar (Einl. Rn. 70; § 8 Rn. 2).

14 Die BaustellV **gilt nicht** für Tätigkeiten und Einrichtungen im Bereich des **Bergbaus** i.S. von § 2 Bundesberggesetz. Dies entspricht der Regelung in Art. 1 Abs. 2 EG-Baustellenrichtlinie. Bei diesen in der Regel **betriebsplanpflichtigen Tätigkeiten und Einrichtungen** handelt es sich z.B. um:
– das Aufsuchen, Gewinnen und Aufbereiten von Bodenschätzen und die damit zusammenhängende Wiedernutzbarmachung der Oberfläche,
– das Aufsuchen und Gewinnen mineralischer Rohstoffe in alten Halden,
– die Untergrundspeicherung,
– Tätigkeiten in Versuchsgruben und sonstigen bergbaulichen Versuchsanstalten,
– Einrichtungen, die überwiegend den vorstehenden Tätigkeiten dienen oder zu dienen bestimmt sind.

§ 2 Planung der Ausführung des Bauvorhabens

(1) Bei der Planung der Ausführung eines Bauvorhabens, insbesondere bei der Einteilung der Arbeiten, die gleichzeitig oder nacheinander durchgeführt werden, und bei der Bemessung der Ausführungszeiten für diese Arbeiten sind die allgemeinen Grundsätze nach § 4 des Arbeitsschutzgesetzes zu berücksichtigen.
(2) Für jede Baustelle, bei der
1. die voraussichtliche Dauer der Arbeiten mehr als 30 Arbeitstage beträgt und auf der mehr als 20 Beschäftigte gleichzeitig tätig werden, oder
2. der Umfang der Arbeiten voraussichtlich 500 Personentage überschreitet,
ist der zuständigen Behörde spätestens zwei Wochen vor Einrichtung der Baustelle eine Vorankündigung zu übermitteln, die mindestens die Angaben nach Anhang I enthält. Die Vorankündigung ist sichtbar auf der Baustelle auszuhängen und bei erheblichen Änderungen anzupassen.
(3) Ist für eine Baustelle, auf der Beschäftigte mehrerer Arbeitgeber tätig werden, eine Vorankündigung zu übermitteln, oder werden auf einer Baustelle, auf der Beschäftigte mehrerer Arbeitgeber tätig werden, besonders gefährliche Arbeiten nach Anhang II ausgeführt, so ist dafür zu sorgen, daß vor Einrichtung der Baustelle ein Sicherheits- und Gesundheitsschutzplan erstellt wird. Der Plan muß die für die betreffende Baustelle anzuwendenden Arbeitsschutzbestimmungen erkennen lassen und besondere Maßnahmen für die besonders gefährlichen Ar-

Baustellenverordnung

beiten nach Anhang II enthalten. Erforderlichenfalls sind bei Erstellung des Planes betriebliche Tätigkeiten auf dem Gelände zu berücksichtigen.

Übersicht   Rn.

1. Planung der Ausführung 1, 2
2. Vorankündigung 3, 4
3. Sicherheits- und Gesundheitsschutzplan....................... 5–10

1. Planung der Ausführung

Um einen **präventiven Arbeitsschutz** für die Beschäftigten bei der Ausführung von Bauarbeiten besser verwirklichen zu können, besteht die allgemeine Verpflichtung für den Bauherr oder den von ihm gem. § 4 beauftragten Dritten (vgl. § 4 Rn. 2), schon in der Phase der **Planung der Ausführung** eines Bauvorhabens die **allgemeinen Grundsätze** gem. § 4 ArbSchG zu berücksichtigen (Abs. 1; vgl. RegE-BaustellV, 10). Dies gilt insbesondere bei der Einteilung der Arbeiten, die gleichzeitig oder nacheinander durchgeführt werden, und bei der Bemessung der Ausführungszeiten für die Arbeiten.   1

Während dieser Phase werden **Voraussetzungen** für eine effektive Koordination für die Phase der Ausführung geschaffen. Dazu erarbeiten der Bauherr oder die von ihm Beauftragten konkrete Vorgaben für die Bauausführung. Hierzu zählen u.a. die Umsetzung und Weiterentwicklung der vorliegenden Planungen zu Ausschreibungsunterlagen, die exakte Ermittlung des Leistungsumfangs für die Bauaufträge, die Planung von Zwischen- und Endterminen und die Einarbeitung gesetzlicher und behördlicher Vorgaben in die Planungen (vgl. RAB 10, BArbBl. 1/2001, 78, 8/2001, 100).

Die Planung der Ausführung eines Bauvorhabens umfasst demnach die für ein Bauvorhaben erforderlichen Planungsarbeiten für die Ausführung und ist in der Regel mit der Ausschreibung beendet. Die Ergebnisse dieser Planung werden bei der Ausschreibung und Vergabe berücksichtigt (Erläuterungen, BArbBl. 3/1999, 68).

§ 2 Abs. 1 setzt Art. 4 EG-Baustellenrichtlinie um.

Die allgemeinen **Grundsätze** zur Durchführung von Arbeitsschutzmaßnahmen gem. § 4 ArbSchG sind bereits bei der Erstellung der **Baubeschreibung** zu berücksichtigen, damit die Arbeitgeber bei der Angebotsbearbeitung die für die Ausführung der Arbeiten im Hinblick auf die Beachtung von Arbeitsschutzvorschriften erforderlichen Informationen erhalten (vgl. RegE-BaustellV, 18; § 5 Rn. 2). Bei der **Planung** der Ausführung eines Bauvorhabens ist daher z.B. zu berücksichtigen: 2

– Gefahrenbekämpfung an der Quelle gem. § 4 Nr. 2 ArbSchG (z.B. durch Planung der Beschaffung möglichst schadstofffreier bzw. -armer Baustoffe: Zement mit einem geringen Gehalt an Chromat – vgl. hierzu *Rühl/Hadrich*, BArbBl. 2/2000, 18; TRGS 613 »Ersatzstoffe, Ersatzverfahren und Verwendungsbeschränkungen für chromathaltige Zemente und chromathaltige zementhaltige Zubereitungen« – oder durch Bereitstellung lärm- und vibrationsarmer Arbeitsmittel – vgl. BAU-*Hecker*, 69 ff.),

– Berücksichtigung des Stands von Technik, Arbeitsmedizin und Hygiene sowie sonstiger gesicherter arbeitswissenschaftlicher Erkenntnisse gem. § 4 Nr. 3 ArbSchG (z.B. durch vorausschauende Bereitstellung organisatorischer

oder technischer Verfahren zur Minimierung der Belastungen beim manuellen Heben und Tragen von Lasten – vgl. BAU-*Windberg*, 137 ff.)
- Planung der Maßnahmen mit dem Ziel, Technik, Arbeitsorganisation, sonstige Arbeitsbedingungen, soziale Beziehungen und Einfluss der Umwelt auf den Arbeitsplatz sachgerecht zu verknüpfen (z.B. Ausführung des Bauvorhabens nach Grundsätzen des Projektmanagements unter Integration von Sicherheit und Gesundheitsschutz) oder
- Vorrang kollektiver gegenüber individuellen Schutzmaßnahmen gem. § 4 Nr. 5 ArbSchG (z.B. durch vorausschauende Berücksichtigung des Einbaus von Halterungen für Auffangvorrichtungen bei Dacharbeiten).

Diese Grundsätze sind z.B. bei der Erstellung der Baubeschreibung und der Ausschreibung der Bauleistungen zugrunde zu legen, damit die Auftragnehmer (Arbeitgeber) bereits bei der Angebotsbearbeitung sowie bei Sondervorschlägen die für die Ausführung der Arbeiten im Hinblick auf die Beachtung von Arbeitsschutzvorschriften erforderlichen Informationen erhalten und die vorgesehenen Einrichtungen und Maßnahmen berücksichtigen können. Dies gilt insbesondere für gemeinsam genutzte Arbeitsbereiche, Verkehrswege, Arbeitsmittel und Einrichtungen, z.B. Gerüste, Krane, Treppentürme, Seitenschutz, Schutzdächer, Auffangnetze, Baustellenunterkünfte, Toiletten- und Waschanlagen, Sanitätsräume bzw. Einrichtungen für die Untersuchung und Entsorgung kontaminierter Böden und Bauteile. Diese Grundsätze sind auch bei der Erstellung von Sondervorschlägen einzuhalten. Damit verbunden ist ggf. eine Anpassung des Sicherheits- und Gesundheitsschutzplanes, sofern hierdurch die allgemeinen Grundsätze nach § 4 ArbSchG berührt werden (Erläuterungen, BArbBl. 3/1999, 68).

Grundsätzliches für eine **VOB-gerechte Leistungsbeschreibung** ist in VOB Teil C hier DIN 18299 enthalten. Das Standardleistungsbuch für das Bauwesen (StLB) enthält Ausschreibungstexte für Sicherheitseinrichtungen. Darüber hinaus halten andere Stellen, z.B. die Berufsgenossenschaften der Bauwirtschaft, für Bauherren und Planer nach Leistungsbereichen gegliederte Mustertexte bereit (Erläuterungen, BArbBl. 3/1999, 68).

2. Vorankündigung

3 Der für den Arbeitsschutz zuständigen Behörde ist für jede Baustelle, bei der
- die voraussichtliche Dauer der Arbeiten mehr als 30 Arbeitstage beträgt und auf der mehr als 20 Beschäftigte gleichzeitig tätig werden (**Gleichzeitig tätig werden** heißt, dass planmäßig mindestens 21 Beschäftigte auf der Baustelle im gleichen Zeitraum Arbeiten verrichten. Der Zeitraum muss eine Dauer von mehr als einer Arbeitsschicht haben; Erläuterungen, BArbBl. 3/1999, 68) oder
- der Umfang der Arbeiten voraussichtlich 500 Personentage überschreitet (ein **Personentag** umfasst die Arbeitsleistung einer Person über eine Arbeitsschicht; Erläuterungen, BArbBl. 3/1999, 68; RAB 10, Nr. 5, BArbBl. 8/2001, 100),

vor Einrichtung der Baustelle eine **Vorankündigung** zu übermitteln (vgl. RegE-BaustellV, 10; Einfamilienhäuser sind insofern von einer Vorankündigung ausgenommen; vgl. RegE-BaustellV, 8; *Horst/Rückert*, BArbBl. 7–8/1998, 28; Erläuterungen, BArbBl. 3/1999, 68). **Einrichtung der Baustelle** heißt z.B. Freimachen des Baufeldes, Errichten des Bauzaunes, Aufbau der Baustellenunterkünfte, Toiletten- und Waschanlagen, Errichtung von Dekontaminationseinrichtungen und -anlagen (Erläuterungen, BArbBl. 3/1999, 68).

Baustellenverordnung

Die Vorankündigung ist **sichtbar** an exponierter Stelle auf der Baustelle aufzuhängen, damit alle Betroffenen, z.B. die Beschäftigten oder neu auf der Baustelle tätig werdende Arbeitgeber, rasch von ihrem Inhalt Kenntnis nehmen können. Dafür ist auch unverzichtbar, dass die **Lesbarkeit** der Vorankündigung, die z.B. durch Witterungseinflüsse beeinträchtigt wird, während der Bauarbeiten erhalten bleibt. Vom Inhalt der Vorankündigung sollten auch
- die zuständigen **Träger der gesetzlichen Unfallversicherung** im Rahmen der Zusammenarbeit mit den zuständigen Landesbehörden gem. § 21 Abs. 3 ArbSchG sowie
- alle auf der Baustelle tätigen **Arbeitgeber** und **Unternehmer ohne Beschäftigte**

rechtzeitig Kenntnis erhalten (vgl. RegE-BaustellV, 10 f.). Für letztere ist diese Bestandteil der Zusammenarbeit mehrerer Arbeitgeber gem. § 8 ArbSchG (vgl. § 3 Rn. 7; § 5 Rn. 4).

Der **Inhalt der Vorankündigung**, insbesondere die Regelung der Verantwortlichkeit für Sicherheit und Gesundheitsschutz auf der Baustelle, ist durch Anhang I der BaustellV vorgegeben (vgl. Anhang I Rn. 1; siehe auch Abbildung Nr. 14). Treten **erhebliche Änderungen** der dort aufgeführten Angaben ein, ist die Vorankündigung zu **aktualisieren** (vgl. RegE-BaustellV, 11). Verantwortlich für die Maßnahmen nach Abs. 2 ist gem. § 4 der Bauherr oder der von ihm beauftragte Dritte (vgl. § 4 Rn. 2).

»**Erhebliche Änderungen**« bezogen auf den Inhalt der Vorankündigung betreffen z.B.:
- Wechsel des Bauherren oder des von ihm nach § 4 beauftragten Dritten,
- erstmalige Bestellung bzw. Wechsel des Koordinators,
- Verkürzung der Dauer der Bauarbeiten, sofern dadurch verstärkt gleichzeitig oder in nicht geplanter Schichtarbeit gearbeitet werden muss,
- wesentliche Erhöhung der Höchstzahl gleichzeitig Beschäftigter oder der Anzahl der Arbeitgeber oder der Anzahl der Unternehmer ohne Beschäftigte,
- erstmaliges Tätigwerden von Beschäftigten mehrerer Arbeitgeber,
- Aufteilung des Auftrages von nur einem Auftragnehmer auf mehrere Firmen (Erläuterungen, BArbBl. 3/1999, 68 f.; RAB 10, Nr. 4, BArbBl. 8/2001, 100).

Abs. 2 setzt Art. 3 Abs. 3 EG-Baustellenrichtlinie um.

3. Sicherheits- und Gesundheitsschutzplan

Der Bauherr oder der von ihm gem. § 4 beauftragte Dritte ist gem. Abs. 3 verpflichtet, dafür zu sorgen, dass ein **Sicherheits- und Gesundheitsschutzplan** (SiGePlan) erstellt wird (vgl. RAB 31, BArbBl. 8/2001, 104 ff.).
Zweck des Plans ist es, noch vor der Ausschreibung des Bauvorhabens ein Konzept für die sicherheits- und gesundheitsgerechte Ausführung der Bauarbeiten zu entwickeln, um Gefährdungen der Beschäftigten bei der Ausführung besser vermeiden zu können. Der SiGePlan dient vor allem dazu, die Maßnahmen zu koordinieren, die für mehrere Unternehmer relevant sind oder die der einzelne Unternehmer allein nicht ergreifen kann (RAB 31, Nr. 3.1.5, BArbBl. 8/2001, 48). Dementsprechend werden die beauftragten Arbeitgeber und sonstigen Personen durch die Festlegungen im SiGePlan in keiner Weise von ihren Pflichten gem. ArbSchG und anderen für sie zutreffenden Arbeitsschutzbestimmungen entbunden (ebd.).

Arbeitsschutzverordnungen

Abbildung 14:

Vorankündigung
gemäß § 2 der Verordnung über Sicherheit und Gesundheitsschutz auf Baustellen (Baustellenverordnung – BaustellV)

1. Bezeichnung und Ort der Baustelle: ....
   Straße/Nr.: ....
   PLZ/Ort: ....

2. Name und Anschrift des Bauherren: 3. Name und Anschrift des anstelle
   ....   des Bauherren verantw. Dritten:
   ....
   ....
                                           ....

4. Art des Bauvorhabens:
   ....

5. Koordinator(en) (sofern erforderlich) mit Anschrift und Telefon, ggf. Fax, E-Mail
   – für die Planung der Ausführung: ....
   – für die Ausführung des Bauvorhabens: ....

6. Voraussichtlicher Beginn und Ende   7. Voraussichtliche Höchstzahl der
   der Arbeiten: gleichzeitig Beschäftigten auf
   von .... bis ....   der Baustelle: ....

8. Voraussichtliche Zahl der Arbeitgeber: 9. Voraussichtl. Zahl der Unterneh-
   ....   mer ohne Beschäftigte: ....

10. Bereits ausgewählte Arbeitgeber und Unternehmer ohne Beschäftigte:
    1. ....
    2. ....
    3. ....
    4. ....
    5. ....
    6. ....
    7. ....
    8. ....
    9. ....
    10. ....

(weitere Angaben ggf. als Anlage)

(Ort/Datum) .... (Name) .... (Unterschrift) ....

(Bauherr oder anstelle des Bauherren verantwortlicher Dritter)   Verteiler:
                                                                                       1 x zuständige Behörde
                                                                                       1 x Baustellenaushang
                                                                                       1 x Bauherr

Baustellenverordnung

Mit den Regelungen in § 2 Abs. 3 wird Art. 3 Abs. 2 i.V.m. Art. 5 Buchst. b EG-Baustellenrichtlinie umgesetzt.

Ein Sicherheits- und Gesundheitsschutzplan **muss erstellt werden**, wenn: **6**
- es sich um Baustellen handelt, auf denen Beschäftigte **mehrerer Arbeitgeber** tätig werden **und**
- für die entweder
  - der zuständigen Behörde eine **Vorankündigung** übermittelt werden muss (Rn. 3 f.) **oder**
  - auf denen besonders **gefährliche Arbeiten** nach Anhang II der BaustellV aufgeführt werden (vgl. zu Definition und Beispielen Anhang II Rn. 2).

Ein Sicherheits- und Gesundheitsschutzplan ist **nicht notwendig**, wenn lediglich Beschäftigte eines Arbeitgebers auf der Baustelle tätig werden. Führt z.B. ein **Generalunternehmer** oder eine **Arbeitsgemeinschaft** unter einheitlicher Firmierung alle auf der Baustelle anfallenden Arbeiten nur mit eigenem Personal aus, so handelt es sich um einen Arbeitgeber (Erläuterungen, BArbBl. 3/1999, 69). **6a**

Der Einsatz von **Nachunternehmern** bedeutet das Vorhandensein von **mehreren Arbeitgebern**. Werden Maschinen, Geräte oder andere technische Arbeitsmittel einschließlich Personal von einem anderen Unternehmen **gemietet**, so werden auch dann Beschäftigte verschiedener Arbeitgeber im Sinne der Baustellenverordnung tätig, wenn das vermietende Unternehmen als selbständiger Arbeitgeber auf der Baustelle auftritt (Erläuterungen, BArbBl. 3/1999, 69). **6b**

Der Bauherr oder die von ihm nach § 4 beauftragte Person hat dafür zu sorgen, dass der Sicherheits- und Gesundheitsschutzplan **vor der Errichtung der Baustelle** erstellt wird (vgl. RegE-BaustellV, 11). **7**

Diese Erstellung muss daher bereits bei der **Planung der Ausführung** des Bauvorhabens erfolgen (RAB 31, Nr. 3.1.2, BArbBl. 8/2001, 165). Dies bedeutet, dass bereits während der Planung der Ausführung des Bauvorhabens zu ermitteln, zu berücksichtigen und zu dokumentieren ist,
- welche Gefährdungen bei den einzelnen Arbeitsabläufen (gegliedert nach Gewerken) auftreten und ob dabei insbesondere Gefährdungen durch
  - die Beschäftigung mehrerer Arbeitgeber gleichzeitig oder nacheinander
  - anderweitige betriebliche Tätigkeiten auf dem Gelände (z.B. bei Bauarbeiten im bestehenden Betrieb)

entstehen können und
- durch welche Maßnahmen die Gefährdungen vermieden oder verringert werden können.

Mit der **frühzeitigen Planung** der Arbeitsschutzmaßnahmen sowie der **Berücksichtigung bei der Ausschreibung** kann der Bauherr
- die Gefährdungen für alle am Bau Tätigen minimieren,
- die Gefährdungen für unbeteiligte Dritte, die von der Baustelle ausgehen können, minimieren,
- Störungen im Bauablauf vermeiden,
- die Qualität der geleisteten Arbeit erhöhen und
- letztlich auch Kosten einsparen, z.B. durch gemeinsam genutzte Einrichtungen (Erläuterungen, BArbBl. 3/1999, 69).

Der Plan sollte auf der Baustelle während der Arbeitszeit jederzeit **einsehbar** sein (RAB 31, Nr. 3.1.4, BArbBl. 8/2001, 106) und den auf der Baustelle tätigen Arbeitgebern und Unternehmern möglichst frühzeitig, am besten für deren **7a**

Arbeitsschutzverordnungen

Angebotsbearbeitung, zur Verfügung gestellt werden (vgl. RegE-BaustellV, a.a.O.).

7b Der SiGePlan bei der **Ausführung** des Bauvorhabens muss als dynamische Arbeitshilfe dem Arbeitsfortschritt und den eingetretenen Änderungen **angepasst** werden (RAB 31, Nr. 3.1.3, BArbBl. 8/2001, 105 sowie Nr. 11, Stand: 7.12.2001).

8 Der Sicherheits- und Gesundheitsschutzplan muss die **Arbeitsschutzbestimmungen** erkennen lassen, die auf der Baustelle anzuwenden sind (RegE-BaustellV, 11). Die notwendigen **Einrichtungen und Maßnahmen** zur Erfüllung der Arbeitsschutzbestimmungen sind zeitlich und in ihrer Ausführung darzustellen (Erläuterungen, BArbBl. 3/1999, 69). Diese ergeben sich insbesondere aus den Regelungen des ArbSchG, der PSA-BV, der AMBV, der LasthandhabV, der ArbStättV i.V.m. der UVV »Bauarbeiten« (BGV C 22), der DruckluftV und der GefStoffV.

Weiterhin müssen die **Schutzmaßnahmen für die besonders gefährlichen Arbeiten** nach Anhang II der BaustellV enthalten sein (vgl. RegE-BaustellV, 11; Anhang II Rn. 2). Wird der Sicherheits- und Gesundheitsschutzplan für eine Baustelle, auf der Beschäftigte mehrerer Arbeitgeber tätig werden, nicht durch die Überschreitung des Schwellenwertes nach § 2 Abs. 2, sondern ausschließlich durch die Ausführung **besonders gefährlicher Arbeiten** nach Anhang II erforderlich, so sind im Sicherheits- und Gesundheitsschutzplan nur Maßnahmen bezüglich dieser besonders gefährlichen Arbeiten und deren Auswirkung auf die Beschäftigten der beteiligten Arbeitgeber sowie auf ggf. weitere auf der Baustelle Beschäftigte anderer Arbeitgeber festzulegen (Erläuterungen, BArbBl. 3/1999, 69).

Auf dem Gelände der Baustelle ablaufende **betriebliche Tätigkeiten** oder Prozesse (z.B. bei der baulichen Erweiterung einer Arbeitsstätte) sind bei der Erstellung des Plans zu berücksichtigen (vgl. § 5).

Werden Bauvorhaben auf einem oder auf unmittelbar **benachbarten Grundstücken** ganz oder teilweise gleichzeitig durchgeführt, hat jeder Bauherr in seinem Sicherheits- und Gesundheitsschutzplan auch Gefährdungen aus dem benachbarten Bauvorhaben zu berücksichtigen (Erläuterungen, BArbBl. 3/1999, 69).

8a Die in Rn. 8 beschriebenen Vorgaben der BaustellV werden durch die Berücksichtigung der in Nr. 3.2 RAB 31 (BArbBl. 8/2001, 106) formulierten **Mindestanforderungen** an einen Sicherheits- und Gesundheitsplan (SiGePlan) erfüllt:

> 3.2 Inhaltliche Mindestanforderungen
> Grundelemente eines SiGePlans sind:
> – Arbeitsabläufe
> – Räumliche und zeitliche Zuordnung der Arbeitsabläufe
> – Gefährdungen
> – Maßnahmen zur Vermeidung bzw. Minimierung der Gefährdungen
> – Arbeitsschutzbestimmungen
> **Arbeitsabläufe**
> Ermitteln und benennen der nach Gewerken gegliederten Arbeitsabläufe, z.B. in Anlehnung an VOB Teil C ATV DIN 18300 ff. unter Berücksichtigung der DIN 18299.
> **Räumliche und zeitliche Zuordnung der Arbeitsabläufe**
> Darstellen von möglichen Wechselwirkungen zwischen den nach Gewerken gegliederten Arbeitsabläufen, z.B. in Form von Bauzeitenplänen. Für Hochbau-Baustellen bietet sich die Form eines Balkendiagramms an. Für Tiefbau-Baustellen, die sich oftmals als Linienbaustellen darstellen, können daneben auch Weg-Zeit-Diagramme sinnvoll sein.

Baustellenverordnung

Gefährdungen
Bei der Betrachtung des Bauvorhabens kommt es darauf an, dass alle gewerkbezogenen und gewerkübergreifenden Gefährdungen ermittelt und dokumentiert werden.

- **Gewerkbezogene Gefährdungen**
Dies sind die bei der Ausführung eines Gewerkes auftretenden Gefährdungen, z.B. Gefahr des Absturzens von hoch gelegenen Arbeitsplätzen bei Dachdeckungs- und Dachabdichtungsarbeiten; Verschüttungsgefahr bei Erdarbeiten in Baugruben und Gräben.

- **Gewerkübergreifende Gefährdungen**
Dies sind
  - gegenseitige Gefährdungen, die sich durch örtliches und zeitliches Zusammentreffen mehrerer Gewerke ergeben, z.B. Gefährdung eines Maurers durch Schweißrauche, weil sein Arbeitsplatz in der Nähe eines Schweißarbeitsplatzes liegt; Lärmeinwirkung am Arbeitsplatz durch Baumaschinen anderer Gewerke.
  - Gefährdungen, die sich aus den örtlichen Gegebenheiten auf der Baustelle ergeben, z.B. Gefährdungen durch Emissionen jeglicher Art; Gefährdung durch erdverlegte Leitungen bzw. Freileitungen, die über das Baufeld führen.
  - Gefährdungen durch Dritte, z.B. durch weitere betriebliche Nutzung von Teilen des Baufeldes durch den Bauherrn; Gefährdung durch öffentlichen Verkehr; Gefährdungen, die sich durch Nachbarbaustellen ergeben.

Maßnahmen
Festlegen und dokumentieren der Maßnahmen, die zur Vermeidung bzw. Verringerung der zuvor ermittelten Gefährdungen notwendig sind, wie z.B. gemeinsam genutzte Einrichtungen und aufeinander abgestimmte Maßnahmen zur Sicherheit und zum Gesundheitsschutz der Beschäftigten.
Bei der Auswahl der Maßnahmen sind die geltenden Arbeitsschutzbestimmungen und die Erkenntnisse zur Sicherheit und zum Gesundheitsschutz nach dem Stand der Technik, der Arbeitsmedizin und Hygiene sowie gesicherte arbeitswissenschaftliche Erkenntnisse zu berücksichtigen. Insbesondere sind die »Allgemeinen Grundsätze« nach § 4 Arbeitsschutzgesetz anzuwenden.
Ausgenommen sind die Maßnahmen, zu denen der Arbeitgeber nach den Arbeitsschutzbestimmungen verpflichtet ist und die der Direktions- und Entscheidungspflicht des Arbeitgebers gegenüber seinen Beschäftigten unterliegen, z.B. Unterweisungen, Bereitstellung geeigneter und sicherer Arbeitsmittel, persönliche Schutzausrüstung.

Arbeitsschutzbestimmungen
Die BaustellV fordert in § 2 Abs. 3 Satz 2, dass der SiGePlan für die betreffende Baustelle die anzuwendenden Arbeitsschutzbestimmungen erkennen lassen muss. Diese Anforderung wird im Allgemeinen erfüllt, wenn die den ausgewählten Maßnahmen zugeordneten Arbeitsschutzbestimmungen benannt sind. Im Einzelfall kann es erforderlich sein, die anzuwendenden Bestimmungen zu konkretisieren.

Darüber hinaus beeinflussen die Aufgaben des Koordinators (vgl. § 3 Rn. 3ff., 9f.) die Inhalte des SiGePlans. Es kann daher erforderlich sein, neben den Vorgaben, die sich aus der BaustellV ergeben, weitere Aspekte in den SiGePlan einfließen zu lassen. Im Ergebnis dieser Überlegungen unterscheidet die RAB 31 in den Ziffern 3.2 und 3.3 zwischen inhaltlichen Mindestanforderungen und **inhaltlichen Empfehlungen**.

8b

3.3 Inhaltliche Empfehlungen
Es wird empfohlen, zusätzliche Elemente in den SiGePlan aufzunehmen. Dies können je nach Erkenntnisstand bei der Bearbeitung des SiGePlans sein:
- Gefährdungen Dritter
- Vorgesehene bzw. beauftragte Unternehmer
- Mitgeltende Unterlagen

Arbeitsschutzverordnungen

- Informations- und Arbeitsmaterialien zum Arbeits- und Gesundheitsschutz
- Ausschreibungstexte
- Termine

Die aufgeführten Nennungen sind nicht abschließend zu verstehen.

Gefährdungen Dritter
Einarbeitung der Maßnahmen, die sich aus der allgemeinen Verkehrssicherungspflicht des Bauherrn ergeben.

Vorgesehene bzw. beauftragte Unternehmer
Benennung der Unternehmer, die mit der Ausführung der vorgesehenen Arbeitsschutzmaßnahmen beauftragt werden sollen, z.b. »Spezialtiefbaufirma« oder »Fliesenleger«. Nach Auftragsvergabe namentliche Benennung der Ausführenden.

Mitgeltende Unterlagen
Benennung der den gewählten Maßnahmen zugeordneten mitgeltenden Unterlagen, wie z.b. Leistungsverzeichnis (LV-Nr.), Pläne (z.b. Abbruchplan) und Anweisungen (z.b. Montageanweisung), Baustellenordnung.

Informations- und Arbeitsmaterialien zu Sicherheit und Gesundheitsschutz
Hinweise auf Informations- und Arbeitsmaterial zu den ausgewählten Maßnahmen, z.b. von den Berufsgenossenschaften oder den Arbeitsschutzbehörden der Länder. Darüber hinaus sollte die Unterlage nach § 3 Abs. 2 Ziffer 3 BaustellV, z.B. beim Bauen im Bestand als Informationsquelle herangezogen werden.

Ausschreibungstexte
Hinweise auf Ausschreibungstexte zu den ausgewählten Maßnahmen. Diese Hinweise sollen dem Koordinator als Organisationsmittel dienen, um vorzuschlagen, ob die gewählten Maßnahmen z.B. als besondere Leistungen gemäß VOB ausgeschrieben werden oder in die Baustellenordnung einfließen sollen.

Termine
Festlegung und Dokumentation der für die Koordination wichtigen Termine. Dazu zählen u.a. die Termine, zu denen die mitgeltenden Unterlagen vorliegen sollen.

9 Gliederung, Umfang und äußeres Erscheinungsbild eines Sicherheits- und Gesundheitsschutzplanes bleiben dem Bauherren überlassen, z.B. kann er auch die **Form** eines entsprechend ergänzten Bauablaufplanes haben (Erläuterungen, BArbBl. 3/1999, 69; vgl. RAB 31, Nr. 3.4, BArbBl. 8/2001, 106). Auf jeden Fall sollte auf Verständlichkeit und Übersichtlichkeit geachtet werden.

Ein **Leitfaden** der Bau-BG'n (§ 1 Rn. 9) enthält eine entsprechende Handlungsanleitung, Unterlagen zur Baustellenorganisation, einen Gefährdungskatalog zur Baustellenvorbereitung, Checklisten zur Baustelleneinrichtung, Gefährdungskataloge zu gewerkspezifischen Gefährdungen, und je ein Beispiel aus dem Hochbau (Wohn- und Geschäftshaus) und aus dem Tiefbau (Überführungsbauwerk Bundesautobahn).

10 Für die Erstellung des Sicherheits- und Gesundheitsschutzplanes wird empfohlen, mindestens die nachfolgend abgebildeten **Arbeitsschritte** auszuführen. Der Sicherheits- und Gesundheitsschutzplan ist das übersichtlich und verständlich dargestellte Ergebnis dieser Arbeitsschritte (Abb. 14; Erläuterungen, BArbBl. 3/1999, 69).

Baustellenverordnung

Abbildung 15:

Arbeitsschritte	Inhalte des Sicherheits- und Gesundheitsschutzplanes

Planung der Ausführung

Bestandsaufnahme zum Bauvorhaben (Beschreibung, Gutachten, Pläne, Genehmigungen etc.) und Erfassung aller Tätigkeiten (Gewerke) entsprechend der vorgesehenen Bauablaufplanung; ggf. Berücksichtigung anderweitiger betrieblicher Tätigkeiten auf dem Gelände	• Auflistung aller Tätigkeiten (Gewerke) unter Berücksichtigung ihres zeitlichen Ablaufes (ggf. in Anlehnung an den Bauablaufplan, z.B. in Form eines Balkendiagramms)
Festlegung der wesentlichen tätigkeits-(gewerks-)spezifischen Maßnahmen (einschließlich der Maßnahmen für »besonders gefährliche Arbeiten« nach Anh. II). Ermittlung der Auswirkungen auf spätere Arbeiten an der baulichen Anlage für die Unterlage nach § 3 Abs. 2 Nr. 3 BaustellV.	• Erforderliche Maßnahmen, Verweis auf die anzuwendenden Arbeitsschutzbestimmungen • Verweis auf Pläne und Anweisungen
Ermittlung und Beurteilung möglicher gegenseitiger Gefährdungen, die sich aus örtlicher und zeitlicher Nähe ergeben.	• Koordinierungsmaßnahmen zur Beseitigung bzw. Minimierung der gegenseitigen Gefährdungen (z.B. Regelungen bei Schweiß- und Montagearbeiten)
Festlegung baustellenspezifischer Maßnahmen (z.B. Regelungen zur Ersten Hilfe, Rettungsmaßnahmen, Brandschutz, Verkehrs-, Flucht- und Rettungswege) und Koordinierung der erforderlichen (Sicherheits-)Einrichtungen unter Berücksichtigung des Bauablaufes (z.B. Sozialeinrichtungen, Einrichtungen zur Ersten Hilfe, Baustromverteilung, Seitenschutz, Gerüste) und ggf. vorliegender Gefährdungsbeurteilungen der beteiligten Unternehmen	• Verweis auf baustellenspezifische Regelungen • Einrichtungen, die zur Verwendung durch mehrere Gewerke geplant sind bzw. gestellt werden • Ausschreibung der gemeinsam genutzten Einrichtungen einschließlich deren Vorhaltung bzw. Überprüfung, Verweis auf Position im Leistungsverzeichnis

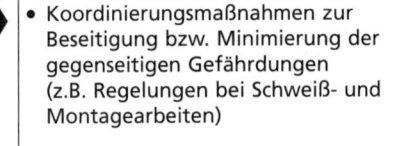

Ausführung

Überprüfung der festgelegten Maßnahmen bei erheblichen Änderungen in der Bauausführung während der gesamten Planung der Ausführung sowie der Ausführung des Bauvorhabens	• Fortschreibung durch Anpassung bzw. Änderung der Angaben

Arbeitsschutzverordnungen

§ 3 Koordinierung

(1) Für Baustellen, auf denen Beschäftigte mehrerer Arbeitgeber tätig werden, sind ein oder mehrere geeignete Koordinatoren zu bestellen. Der Bauherr oder der von ihm nach § 4 beauftragte Dritte kann die Aufgaben des Koordinators selbst wahrnehmen.

(2) Während der Planung der Ausführung des Bauvorhabens hat der Koordinator
1. die in § 2 Abs. 1 vorgesehenen Maßnahmen zu koordinieren,
2. den Sicherheits- und Gesundheitsschutzplan auszuarbeiten oder ausarbeiten zu lassen und
3. eine Unterlage mit den erforderlichen, bei möglichen späteren Arbeiten an der baulichen Anlage zu berücksichtigenden Angaben zu Sicherheit und Gesundheitsschutz zusammenzustellen.

(3) Während der Ausführung des Bauvorhabens hat der Koordinator
1. die Anwendung der allgemeinen Grundsätze nach § 4 des Arbeitsschutzgesetzes zu koordinieren,
2. darauf zu achten, daß die Arbeitnehmer und die Unternehmer ohne Beschäftigte ihre Pflichten nach dieser Verordnung erfüllen,
3. den Sicherheits- und Gesundheitsschutzplan bei erheblichen Änderungen in der Ausführung des Bauvorhabens anzupassen oder anpassen zu lassen,
4. die Zusammenarbeit der Arbeitgeber zu organisieren und
5. die Überwachung der ordnungsgemäßen Anwendung der Arbeitsverfahren durch die Arbeitgeber zu koordinieren.

Übersicht	Rn.
1. Allgemeines	1– 2
2. Koordinierungsaufgaben während der Planung der Ausführung	3, 3a
3. Unterlage für spätere Arbeiten	4, 5
4. Koordinierungsaufgaben während der Ausführung	6
5. Freiwilliger Baustellensicherheitsausschuss	7– 7b
6. Koordinierungsbefugnisse	8
7. Fachkunde	9, 10

1. Allgemeines

1 Besondere Probleme für die Sicherheit und den Gesundheitsschutz der Beschäftigten auf Baustellen ergeben sich insbesondere dadurch, dass die Bauarbeiten durch Beschäftigte mehrerer, d.h. mindestens zwei Arbeitgeber **gleichzeitig oder nacheinander** ausgeführt werden müssen (vgl. RAB 10, Nr. 9, BArbBl. 8/2001, Stand: 7.12.2001; *Leuschner* u.a., BG 1996, 735f.; *Horst/Rückert*, BArbBl. 7–8/1998, 27). In diesem Fall muss der Bauherr oder der gem. § 4 von ihm beauftragte Dritte
– für die Planung der Ausführung und
– für die Ausführung von Bauvorhaben
einen oder mehrere **geeignete Koordinatoren bestellen**, die die in Abs. 2 und 3 genannten Aufgaben wahrnehmen (vgl. Rn. 3 und 6). Die Bestellung muss so **rechtzeitig** erfolgen, dass die während der Planung der Ausführung des Bauvorhabens zu erfüllenden Aufgaben des Koordinators angemessen erledigt werden können (Erläuterungen, BArbBl. 3/1999, 70).

1a **Koordinierung** i.S. der BaustellV bedeutet, Informationen verständlich und verfügbar machen und dafür Sorge zu tragen, dass die für die einzelnen Ar-

Baustellenverordnung

beiten vorzusehenden Maßnahmen aufeinander abgestimmt und falls erforderlich im Rahmen eines SiGePlans zusammengefasst und optimiert werden (RAB 10, Nr. 12, Stand: 7.12.2001).

Die Verpflichtung besteht für alle Bauvorhaben, bei denen Bauarbeiten durch Beschäftigte mehrerer Arbeitgeber gleichzeitig oder nacheinander ausgeführt werden, also auch für den Bau von **Einfamilienhäusern** (vgl. *Kollmer*, § 3 BaustellV, Rn. 14ff.). Natürlich ist der Koordinierungsaufwand bei einer solchen Baumaßnahme gegenüber einer Großbaustelle (z.B. Kraftwerks- oder Eisenbahntunnelbau) entsprechend geringer (vgl. Rn. 9, 10). Außerdem entfallen bei kleineren Bauvorhaben die Koordinierungsaufgaben »Vorankündigung« sowie »Sicherheits- und Gesundheitsschutzplan«. Beim Bau von Eigenheimen nur in **Nachbarschaftshilfe** besteht keine Pflicht zur Bestellung eines Koordinators (Erläuterungen, BArbBl. 3/1999, 70). **1b**

Koordinatoren können auch bereits am Bauvorhaben **beteiligte Personen** sein (vgl. RegE-BaustellV, 11), z.B. der Entwurfsverfasser **(Architekt)** oder der **Bauleiter**. Koordinator kann auch der **Bauherr** oder der von ihm nach § 4 **beauftragte Dritte** selbst sein (vgl. a.a.O., 11 f.; vgl. § 4 Rn. 2). In jedem Fall muss die mit der Koordination befasste Person »geeignet« i.S. von Abs. 1 Satz 1 sein (vgl. Rn. 9). **2**

2. Koordinierungsaufgaben während der Planung der Ausführung

Die **Aufgaben** zur Koordinierung von Sicherheit und Gesundheitsschutz während der **Planung** der Ausführung des Bauvorhabens sind in Abs. 2 Nr. 1 bis 3 festgelegt (vgl. RAB 30, Nr. 3.1, BArbBl. 8/2001, 101): **3**
- **Koordinierung der Maßnahmen aus den allgemeinen Grundsätzen** in § 4 ArbSchG gem. § 2 Abs. 1 BaustellV schon bei der Planung der Ausführung, insbesondere bei der Einteilung der Arbeiten, die gleichzeitig oder nacheinander durchgeführt werden, und bei der Bemessung der Ausführungszeiten für diese Arbeiten,
- **Ausarbeitung des Sicherheits- und Gesundheitsschutzplans** (ggf. Beauftragung Dritter) sowie
- **Zusammenstellung einer Unterlage** mit den erforderlichen, bei möglichen späteren Arbeiten an der baulichen Anlage zur berücksichtigenden Angaben zu Sicherheit und Gesundheitsschutz (vgl. Rn. 4f.).

Mit dieser Regelung wird Art. 5 EG-Baustellenrichtlinie umgesetzt.

Die **Planung der Ausführung eines Bauvorhabens** i.S. dieser Verordnung umfasst die für ein Bauvorhaben erforderlichen Planungsarbeiten für die Ausführung und ist in der Regel mit der Ausschreibung beendet (Erläuterungen, BArbBl. 3/1999, 70f.; vgl. schon § 2 Rn. 1). Der Koordinator wirkt bereits zu diesem Zeitpunkt z.B. darauf hin, dass **3a**
- die für die einzelnen Gewerke vorgesehenen Sicherheitsmaßnahmen aufeinander abgestimmt sind und (sofern dieser erstellt werden muss) im Sicherheits- und Gesundheitsschutzplan zusammengestellt werden,
- auch bei der Bemessung der Ausführungszeiten die allgemeinen Grundsätze nach § 4 ArbSchG berücksichtigt werden,
- die in der Regel für eine Vielzahl von Gewerken gemeinsam nutzbaren sicherheitstechnischen Einrichtungen gesondert ausgeschrieben werden. Dazu steht z.B. eine Musterausschreibungsmappe der Berufsgenossenschaften der Bauwirtschaft zur Verfügung. Soweit alternative Lösungen in Frage kommen,

Arbeitsschutzverordnungen

berät der Koordinator den Bauherrn oder die Ausschreibenden hinsichtlich der Auswirkungen,
- Gefahrstoffe durch Anwendung von Ersatzverfahren oder Ersatzstoffen vermieden werden,
- für Erdarbeiten Untersuchungen bezüglich erdverlegter Kabel, Rohrleitungen etc. durchgeführt werden und, soweit erforderlich, Standsicherheitsnachweise in Auftrag gegeben werden,
- bei Sonderkonstruktionen, z.B. Fassaden, die keine Gerüstverankerungen entsprechend der Regelausführung ermöglichen, oder Dachflächen, die nicht begehbar sind, besondere Sicherheitseinrichtungen eingeplant und ausgeschrieben werden,
- bei Montagearbeiten Montageanweisungen vorliegen,
- bei Abbrucharbeiten Abbruchpläne vorhanden und Abbruchverantwortliche bestellt sind,
- sicherheitstechnische Einrichtungen für die Instandhaltung baulicher Anlagen eingeplant werden, z.B. für die Reinigung von Glasflächen, für Schornsteinfegerarbeiten und für Reparaturen an Dächern (Erläuterungen, BArbBl. 3/1999, 71).

3. Unterlage für spätere Arbeiten

4   Die in Abs. 1 Nr. 3 geforderte **Unterlage** resultiert aus der Tatsache, dass **spätere Arbeiten** an bereits fertiggestellten Bauwerken (Reinigung, Wartung, Instandhaltung) die Sicherheit und den Gesundheitsschutz der diese Arbeiten Ausführenden gefährden können (vgl. *Buhr* u.a., Hochbau 1/1998, 20; RAB 10, Nr. 14, Stand: 7.12.2001). Zweck der Unterlage ist es, durch die in ihr enthaltenen Angaben diese Gefährdungen auszuschließen bzw. zu minimieren. Außerdem kann die Unterlage bei späteren Bauvorhaben (Änderung, Abbruch) eine wichtige Hilfe zur Erfüllung der Pflichten der BaustellV sein. Mit der in § 3 Abs. 2 Nr. 3 geforderten Unterlage soll also bereits vor der Ausschreibung der Bauleistungen ein **Konzept** für sichere und gesundheitsgerechte spätere Arbeiten an der baulichen Anlage, z.B. Wartungs- und Instandsetzungsarbeiten, aufgestellt werden (Erläuterungen, BArbBl. 3/1999, 71).
Die Unterlage ist bei **Änderungen** in der Planung und/oder Ausführung **anzupassen**, wenn sich diese Änderungen auf die Durchführung späterer Arbeiten auswirken können.
Nach Beendigung des Bauvorhabens wird sie dem **Bauherrn übergeben**. Der Bauherr erhält durch die Unterlage Informationen, z.B. über sicherheitstechnische Einrichtungen und deren Nutzungsmöglichkeiten.

5   Die Unterlage (Abbildung Nr. 16; Erläuterungen, BArbBl. 3/1999, 75) soll insbesondere **Angaben** enthalten über
- alle rechnerischen und zeichnerischen Unterlagen (Statik, Versorgungsleitungen, Gebäudeleittechnik) sowie die Genehmigungs- und Prüfunterlagen (ist schon Gegenstand der HOAI, vgl. *Buhr* u.a., Hochbau 1/1998, 20),
- die installierten sicherheitstechnischen Einrichtungen für spätere Wartungs- und Instandhaltungsarbeiten (vgl. a.a.O.; z.B. für spätere Gerüstarbeiten),
- die verwendeten Baumaterialien und etwaige erforderliche Schutzmaßnahmen.

Ein **Leitfaden** der Bau-BG'n (Rn. 9) enthält eine entsprechende Handlungsanleitung, Kataloge für spätere Arbeiten zu Außenanlagen, Hochbauten und

Abbildung 16:

Beispiel für den Aufbau einer Unterlage nach § 3 Abs. 2 Nr. 3 BaustellV							
Anlage- bzw. Bauteil	Arbeiten		Gefähr- dung	Sicherheits- technische Einrichtung	Pläne- Nr.	Position im LV	Bemerkungen/ Hinweise
	Art	Häufig- keit					
1 Bestandsaufnahme und Ermittlung der zu erwartenden späteren Arbeiten sowie deren Häufigkeit			2 Gefährdungsbeurteilung und Auswahl sicherheitstechnischer Einrichtungen		3 Planung und zeichnerische Darstellung der sicherheitstechnischen Einrichtungen	4 Ausschreibungstexte/LV	

Ingenieurbauwerken im Zuge von Straßen und Wegen (z.B. Brücken, Tunnel) sowie ein konkretes Beispiel aus dem Hochbau zu einem Wohn- und Geschäftshaus (zu **Abbrucharbeiten** vgl. *Bau-BG'n*, Abbrucharbeiten, Gefährdungs- und Belastungsanalyse. Leitfaden [1998]; im Hinblick auf die präventive Berücksichtigung von Sicherheit und Gesundheitsschutz umfassend *Wangler/Opitz/Röbenack/Steinmetzger*, 1999).

4. Koordinierungsaufgaben während der Ausführung

Die **Aufgaben** zur Koordinierung von Sicherheit und Gesundheitsschutz während der **Ausführung** des Bauvorhabens sind in § 2 Abs. 3 Nr. 1 bis 5 festgelegt (vgl. RAB 30, Nr. 3.2, BArbBl. 8/2001, 101):
- Koordinierung der Anwendung der allgemeinen Grundsätze nach § 4 ArbSchG, d.h. z.B. bei der Gefahrenbekämpfung an der Quelle, bei der Berücksichtigung des Stands der Technik und sonstiger gesicherter arbeitswissenschaftlicher Erkenntnisse, bei der Durchsetzung des Vorrangs von kollektiven gegenüber individuellen Schutzmaßnahmen (vgl. Rn. 9),
- Kontrolle, dass die Arbeitgeber und die Unternehmer ohne Beschäftigte ihre Pflichten nach der BaustellV erfüllen (vgl. § 5 Rn. 1; § 6 Rn. 1),
- Anpassung des Sicherheits- und Gesundheitsschutzplans bei erheblichen Änderungen in der Ausführung des Bauvorhabens (ggf. Beauftragung von Dritten),
- Organisation der Zusammenarbeit der Arbeitgeber (vgl. Rn. 7) sowie
- Koordinierung der Überwachung der ordnungsgemäßen Anwendung der Arbeitsverfahren durch die Arbeitgeber.

Arbeitsschutzverordnungen

Der Koordinator wirkt bei **örtlichen und/oder zeitlichen Überschneidungen** des Einsatzes einzelner Unternehmen auf der Baustelle u.a. dementsprechend darauf hin, dass
- die Arbeitsschutzmaßnahmen der einzelnen Unternehmen aufeinander abgestimmt sind,
- gemeinsam genutzte Sicherungseinrichtungen in ordnungsgemäßem Zustand sind,
- Gefahrenstellen gekennzeichnet sind,
- gemeinsam genutzte elektrische Anlagen und Betriebsmittel den elektrotechnischen Regeln entsprechend auf ihren ordnungsgemäßen Zustand geprüft sind,
- die Sicherheit von gemeinsam genutzten Gerüsten nachgewiesen ist,
- Wechselwirkungen zu betrieblichen Tätigkeiten auf dem Gelände berücksichtigt werden,
- der bei der Planung der Ausführung erstellte Sicherheits- und Gesundheitsschutzplan berücksichtigt und aktualisiert wird (Erläuterungen, BArbBl. 3/1999, 71).

Mit dieser Regelung wird Art. 6 EG-Baustellenrichtlinie umgesetzt.

5. Freiwilliger Baustellensicherheitsausschuss

7 Insbesondere für größere Baustellen kann für die Ausführung des Bauvorhabens eine Einrichtung zur Koordinierung der am Arbeitsschutz Beteiligten sinnvoll sein, eine Art **Baustellen-Sicherheitsausschuss** (so jetzt auch *Kollmer*, § 3 BaustellV, Rn. 53 f.). Die Einrichtung eines derartigen Ausschusses ist durch die BaustellV allerdings **nicht vorgeschrieben.**

In diesem Zusammenhang kann jedoch auf die Pflicht der Arbeitgeber gem. § 8 Abs. 1 ArbSchG verwiesen werden, wonach diese bei der Durchführung der Sicherheits- und Gesundheitsschutzbestimmungen **zusammenarbeiten** und sich ggf. **unterrichten** und **abstimmen** müssen, wenn Beschäftigte mehrerer Arbeitgeber an einem Arbeitsplatz tätig werden (vgl. § 8 ArbSchG Rn. 1 ff.). Parallel besteht die, allerdings nicht so weitgehende Verpflichtung für den Unternehmer, wenn dieser Aufträge übernimmt, deren Durchführung zeitlich und örtlich mit Aufträgen anderer Unternehmer zusammenfällt, sich mit den anderen Unternehmern **abzustimmen**, soweit dies zur Vermeidung einer gegenseitigen Gefährdung erforderlich ist (§ 6 Abs. 2 UVV BGV A 1; Anhang Nr. 28). Für diese Abstimmung könnte im Hinblick auf die Ausführung von Bauvorhaben ein freiwillig eingerichteter Baustellen-Sicherheitsausschuss die institutionelle Basis schaffen.

Darüber hinaus könnte ein derartiger Ausschuss auch bei den Verpflichtungen gem. § 2 BaustellV, bei den übrigen Koordinierungsaufgaben gem. § 3 Abs. 2 und 3 sowie im Hinblick auf die Pflichten der Arbeitgeber gem. § 5 und der sonstigen Personen gem. § 6 (die ggf. bei Ausschusssitzungen beteiligt werden sollten) wesentliche Unterstützungsbeiträge leisten und insbesondere zu einer Bündelung der erforderlichen Maßnahmen beitragen (zur Verzahnung von Arbeitsschutzorganisation, Unternehmens- und Baustellenmanagement vgl. *Leuschner* u.a., BG 1996, 737 ff.).

7a In **Frankreich** ist zur Organisation der Zusammenarbeit bei Bauvorhaben mit mehr als 10 000 Manntagen und mehr als 10 Auftragnehmern bzw. mehr als 5 Ingenieurbüros ein Sicherheitsausschuss vorgesehen (vgl. Ausführungsver-

Baustellenverordnung

ordnung Nr. 95 – 543 v. 4.5.1995 des Gesetzes Nr. 93 – 1418 vom 31.12.1993 »Sicherheit und Gesundheitsschutz bei Bauvorhaben«; *Hesse*, Hochbau 2/1998, 22, 24). In die BaustellV ist eine derartige Regelung nicht aufgenommen worden, da sie die EG-Baustellenrichtlinie nicht vorsieht.

Die freiwillige Einrichtung eines Baustellen-Sicherheitsausschusses kann sich an der **Struktur** und **Zusammensetzung** des gem. § 11 ASiG im Betrieb zu errichtenden Arbeitsschutzausschusses orientieren wobei hierbei auch die sonstigen Personen nach § 6 BaustellV einbezogen werden sollten. **7b**

Ein **gemeinsamer Arbeitsschutzausschuss** für eine Baustelle, auf der Beschäftigte mehrerer Arbeitgeber tätig werden, ist durch § 11 ASiG **nicht vorgeschrieben**. Vielmehr muss ein Arbeitsschutzausschuss in jedem Betrieb mit mehr als 20 Arbeitnehmern gebildet werden. Genauso wie die Bildung eines gesetzlich ebenfalls nicht vorgeschriebenen Arbeitsschutzausschusses auf Unternehmensebene (vgl. ASiG Rn. 130) kann aber auch die freiwillige Bildung eines **Baustellen-Arbeitsschutzausschusses** unter federführender Einbeziehung des Koordinators aus fachlicher Sicht sinnvoll sein, um z.B. die Zusammenarbeit der Arbeitgeber und die Koordinierung von Sicherheit und Gesundheitsschutz auf Baustellen zu organisieren. Aus Effizienz- und Effektivitätsgründen könnte dieser Ausschuss zugleich die Funktion eines freiwilligen Baustellen-Sicherheitsausschusses übernehmen, oder umgekehrt.

6. Koordinierungsbefugnisse

Weder die EG-Baustellenrichtlinie noch die BaustellV macht Vorgaben hinsichtlich der **Befugnisse** der Koordinatoren zur Erfüllung ihrer Aufgaben. Sind Koordinator und Bauherr oder Bauleiter dieselbe Person, ergibt sich insoweit kein Regelungsbedarf. Zur Erfüllung seiner Aufgaben nach § 3 Abs. 3, d.h. in der Ausführungsphase, wird ansonsten eine **Weisungsbefugnis** zumindest bei unmittelbaren erheblichen Gefahren für Sicherheit und Gesundheit der Beschäftigten zweckmäßig sein (vgl. *Jenisch*, in: *BAU* (Hrsg.), 1996, 35; weitergehend: *Buhr*, Sichere Arbeit 5/1995, 26f.). Sinnvoll ist die Regelung dieser und ggf. weiterer Kompetenzen in **vertraglicher** Form (so auch *Kollmer*, § 3 BaustellV Rn. 57ff.). **Verantwortlich** für die Erfüllung ihrer Pflichten aufgrund der Arbeitsschutzvorschriften bleiben allerdings die **Arbeitgeber** (vgl. § 5 Abs. 3; § 5 Rn. 3). **8**

7. Fachkunde

Hinsichtlich der **Fachkunde** der Koordinatoren stellen weder EG-Baustellenrichtlinie noch BaustellV konkrete Anforderungen. Die BaustellV sieht in § 3 Abs. 1 Satz 1 lediglich vor, dass die Koordinatoren »**geeignet**« sein müssen. Die Konkretisierung dieses unbestimmten Rechtsbegriffs ließ sich bislang nur indirekt aus den **Aufgaben** in § 3 Abs. 2 und 3 sowie aus dem Umfang (Kriterium: Vorankündigung gem. § 2 Abs. 3; vgl. § 2 Rn. 3f.) und der Gefährlichkeit der Bauarbeiten (vgl. Anhang II) ableiten (zur Regelung in Frankreich vgl. *Hesse*, Hochbau 2/1998, 23). **9**

Mit den in der RAB 30 (BArbBl. 8/2001, 101ff.) genannten Anforderungen hat sich diese auslegungskritische Situation wesentlich verbessert:

> **4 Qualifikation**
> Geeigneter Koordinator im Sinne der BaustellV ist, wer über ausreichende und einschlägige

Arbeitsschutzverordnungen

- baufachliche Kenntnisse,
- arbeitsschutzfachliche Kenntnisse und
- Koordinatorenkenntnisse sowie
- berufliche Erfahrung in der Planung und/oder der Ausführung von Bauvorhaben verfügt, um die in § 3 Abs. 2 und 3 BaustellV genannten Aufgaben fachgerecht erledigen zu können.

Der Koordinator muss bereit und in der Lage sein, sich für Sicherheit und Gesundheitsschutz auf Baustellen aktiv einzusetzen. Er muss die Fähigkeit besitzen, Arbeitsabläufe systematisch, vorausschauend und gewerkeübergreifend zu durchdenken, sich anbahnende Gefährdungen zu erkennen und die gebotenen Koordinierungsmaßnahmen zu treffen. Der Koordinator muss neben diesen Kenntnissen und Fähigkeiten auch über ein hinreichendes Maß an Sozialkompetenz zur Wahrnehmung seiner Aufgaben verfügen. Er muss insbesondere die Fähigkeit zur Arbeit im Team, zur Führung kooperativer Prozesse sowie zur sachdienlichen Kommunikation besitzen. Seine Funktion und Stellung muss so ausgestaltet sein, dass er die erforderliche Akzeptanz anderer Planungs- und Ausführungsbeteiligter erfährt und er sich seiner Aufgabe auch in zeitlicher Hinsicht ausreichend und wirkungsvoll widmen kann.

Die dem Koordinator im Einzelfall abzuverlangenden Kenntnisse und Erfahrungen hängen von Art und Umfang des Bauvorhabens, den sich daraus ergebenden Gefährdungen und vom Zeitpunkt seines Einsatzes in der Phase der Planung der Ausführung oder Ausführung ab.

Die nachfolgend genannten Kriterien dienen dem Bauherrn als Anhaltspunkte bei der Auswahl eines geeigneten Koordinators und orientieren sich an den objektspezifischen Rahmenbedingungen. Die einzelnen Kriterien sind vom Bauherrn entsprechend Art und Umfang des Bauvorhabens individuell zu wichten.

- Komplexität der Planung wie zum Beispiel Bauen im Bestand,
- Anzahl der Planungsbeteiligten,
- Vorgesehene Bauzeit,
- Komplexität der Bauausführung wie zum Beispiel beengte Baustellenverhältnisse und technische Schwierigkeitsgrade,
- Anzahl der an der Bauausführung beteiligten Unternehmen,
- Anforderungen aufgrund der zu berücksichtigenden späteren Arbeiten.

Anlage A enthält Beispiele, die der Orientierung dienen.

4.1 Baufachliche Kenntnisse

Baufachliche Kenntnisse können je nach Art und Umfang des Bauvorhabens, soweit sich daraus Auswirkungen für Sicherheit und Gesundheitsschutz ergeben, in folgenden Bereichen erforderlich sein:

- Funktionelle, technische und organisatorische Planung von baulichen Anlagen,
- Technische Regelwerke,
- Standsicherheit von baulichen Anlagen und Hilfsbauwerken,
- Baustoffe,
- Bauverfahren, Baugeräte,
- Bauausführung, Baustelleneinrichtungsplanung, Bauablaufplanung, Baustellenorganisation,
- Technischer Ausbau, Innenausbau und Technische Ausrüstung,
- Wartung, Unterhaltung und Erhaltung baulicher Anlagen,
- Ausschreibung, Vergabe, Bauvertragsrecht.

4.2 Arbeitsschutzfachliche Kenntnisse

Arbeitsschutzfachliche Kenntnisse umfassen solche zu Sicherheit und Gesundheitsschutz und zum Arbeitsschutzrecht, insbesondere über:

- Allgemeine Grundsätze des Arbeitsschutzes gemäß § 4 ArbSchG,
- Ermittlung und Beurteilung von Gefährdungen auf Baustellen und bei späteren Arbeiten an den baulichen Anlagen,
- Organisation des Arbeitsschutzes auf Baustellen.

Baustellenverordnung

Die arbeitsschutzfachlichen Kenntnisse können entweder im Rahmen der beruflichen Ausbildung, durch Fort- oder Weiterbildung oder durch entsprechende berufliche Erfahrungen erworben sein. Die wesentlichen arbeitsschutzfachlichen Kenntnisse ergeben sich aus den Inhalten der Anlage B (vgl. BArbBl. 8/2001, 103). Sofern im Zuge der Baumaßnahme besonders gefährliche Arbeiten gemäß Anhang II BaustellV durchgeführt werden, muss der Koordinator auch über Kenntnisse zur Vermeidung solcher Gefährdungen verfügen. Je nach Art und Umfang des Bauvorhabens können zum Schutz des Lebens und der Gesundheit der Beschäftigten auf Baustellen weitere Kenntnisse erforderlich sein, wie zum Beispiel bei speziellen Abbrucharbeiten.

4.3 Spezielle Koordinatorenkenntnisse
Die Tätigkeit als Koordinator erfordert spezielle Kenntnisse zur BaustellV über
– Sinn und Zweck der BaustellV sowie ihre Stellung im Arbeitsschutzsystem,
– Anwendungsbereich der BaustellV,
– Inhaltliche Anforderungen der BaustellV,
– Aufgaben und Pflichten des Koordinators, seine rechtliche Stellung im Verhältnis zum Bauherrn und zu den anderen am Bau Beteiligten,
– Zweck und Inhalt der Vorankündigung, des Sicherheits- und Gesundheitsschutzplanes und der Unterlage für spätere Arbeiten an der baulichen Anlage,
– Instrumente der Koordinierung.
Die speziellen Koordinatorenkenntnisse ergeben sich aus den Inhalten der Anlage C (vgl. BArbBl. 8/2001, 104).

4.4 Berufserfahrung
Der Koordinator soll in Abhängigkeit von Art und Umfang des Bauvorhabens mindestens 2 Jahre Berufserfahrung in Planung und/oder Ausführung je nach Koordinationsaufgabe haben.

5 Nachweis der Kenntnisse und Erfahrungen
Die Koordinatoren können ihre baufachlichen Kenntnisse in der Regel im Rahmen einer baufachlichen Berufsausbildung als Architekt, Ingenieur, Techniker, Meister oder geprüfter Polier erworben haben. Arbeitsschutzfachliche Kenntnisse sowie die speziellen Koordinatorenkenntnisse können in der Regel entweder im Rahmen der beruflichen Ausbildung, durch Fort- oder Weiterbildung oder durch entsprechende berufliche Erfahrungen erworben sein. Die Kenntnisse und Erfahrungen können als vorhanden angesehen werden, wenn sie durch Zeugnisse, Bescheinigungen oder Referenzen nachgewiesen werden.

Anlage A zur RAB 30

Erforderliche Kenntnisse und Erfahrungen mit beispielhafter Zuordnung zu Planungs- und Baumaßnahmen
Die Anlage A zur RAB 30 gibt anhand von Beispielen Hinweise zur Qualifikation von Koordinatoren nach der Baustellenverordnung.

Stufe 1
Planungs- und Baumaßnahmen mit geringen bis mittleren sicherheitstechnischen Anforderungen
Die in Stufe 1 einzugruppierenden Bauwerke sind gekennzeichnet durch:
– geringe bis mittlere sicherheitstechnische Anforderungen,
– geringe organisatorische Anforderungen,
– geringe bauaufgabenspezifische Anforderungen,
– geringe Anzahl Beschäftigter und
– geringe Anzahl gleichzeitig auf der Baustelle tätiger Arbeitgeber und Unternehmer ohne Beschäftigte.
Zu Stufe 1 gehören in der Regel keine Ingenieurbau- und Spezialtiefbaumaßnahmen und keine Baumaßnahmen mit besonders gefährlichen Arbeiten nach Anhang II Nr. 2, 3, 6, 7, 8, 9 und 10 der BaustellV.

Arbeitsschutzverordnungen

Beispiele:
- Ein- und Mehrfamilienhäuser (kein Geschosswohnungsbau)
- Reihen- oder Doppelhäuser
- kleinere Verwaltungs- und Gewerbebauten
- einfache Erschließungsanlagen für Wohn- und Gewerbegebiete.

Erforderliche baufachliche Ausbildung:	mindestens Geprüfter Polier, Meister oder Techniker.
Erforderliche arbeitsschutzfachliche Kenntnisse:	Nachweisbare Kenntnisse und Erfahrungen in der Anwendung der Arbeitsschutzvorschriften auf entsprechenden Baustellen oder Fachkraft für Arbeitssicherheit.
Notwendige berufliche Erfahrungen:	mindestens 2 Jahre in Planung und/oder Ausführung.
Spezielle Koordinatorenkenntnisse:	Kenntnisse der speziellen, einem Koordinator nach der BaustellV obliegenden Aufgaben und Verpflichtungen.

Stufe 2
Alle anderen Planungs- und Baumaßnahmen

Erforderliche baufachliche Ausbildung:	in der Regel Architekt oder Ingenieur.
Erforderliche arbeitsschutzfachliche Kenntnisse:	Nachweisbare umfassende Kenntnisse und Erfahrungen in der Anwendung der Arbeitsschutzvorschriften auf entsprechenden Baustellen oder Fachkraft für Arbeitssicherheit.
Notwendige berufliche Erfahrungen:	mindestens 2 Jahre in Planung und/oder Ausführung.
Spezielle Koordinatorenkenntnisse:	Kenntnisse der speziellen, einem Koordinator nach der BaustellV obliegenden Aufgaben und Verpflichtungen.

10   **Weiterführende Hinweise** zu den Anforderungen an Koordinatoren enthält ein Forschungsanwendungsbericht der BAuA (*Mahlstedt/Waninger/Wienhold*, 2000). Ein »**Amateurkoordinator**« für »**Kleinstbaustellen**« mit einem Bauvolumen bis 250 000 Euro (z.B. Eigenbau von Einfamilienhäuser; *Kollmer*, a.a.O., Rn. 27) ist aufgrund der auch mit diesen Bauvorhaben verbundenen Risiken für Sicherheit und Gesundheit **abzulehnen**. Hier kann, auch aus Wirtschaftlichkeitsgründen, z.B. der Entwurfsverfasser (Architekt) durch den Bauherrn gem. § 4 beauftragt werden, wenn dieser geeignet i.S. von § 3 ist.

§ 4 Beauftragung

Die Maßnahmen nach § 2 und § 3 Abs. 1 Satz 1 hat der Bauherr zu treffen, es sei denn, er beauftragt einen Dritten, diese Maßnahmen in eigener Verantwortung zu treffen.

1   Grundsätzlich hat der **Bauherr** die Maßnahmen zur Planung der Ausführung eines Bauvorhabens gem. § 2 zu treffen (§ 2 Rn. 1) und den Koordinator bzw. die

Baustellenverordnung

Koordinatoren nach § 3 Abs. 1 Satz 1 zu bestellen (§ 3 Rn. 1; vgl. RegE-BaustellV, 12).
Bei den in § 2 und § 3 Abs. 1 Satz 1 geforderten **Maßnahmen** handelt es sich vornehmlich um
– die Beachtung der allgemeinen Grundsätze nach § 4 des Arbeitsschutzgesetzes,
– die Übermittlung der Vorankündigung,
– die Erstellung eines Sicherheits- und Gesundheitsschutzplanes sowie
– die Bestellung eines oder mehrerer Koordinatoren (Erläuterungen, BArbBl. 3/1999, 71).

Der Bauherr kann gem. § 4 einen **Dritten** beauftragen, diese Maßnahmen zu treffen, mit der Folge, dass ausschließlich der Dritte dafür verantwortlich ist (RegE-BaustellV, 12). **2**
Die Vorschrift trägt auch der Tatsache Rechnung, dass in der Praxis viele Bauherrn sogenannte **Baubetreuungsverträge** mit Unternehmen abschließen, die dem Bauherrn Vorbereitung und Errichtung einer baulichen Anlage abnehmen (vgl. a.a.O.; *Kittner*, 1998, Rn. 863). **Dritte**, die mit der Durchführung dieser Maßnahmen **beauftragt** werden, können z.B. Bau- bzw. Generalunternehmer, Ingenieur- oder Architekturbüros oder Unternehmen, die mit der Errichtung einer baulichen Anlage einschließlich Planung und Ausführung beauftragt wurden, sein (Erläuterungen, BArbBl. 3/1999, 71; RegE-BaustellV, 12; RAB 10, Nr. 16, Stand: 7.12.2001).
Die Beauftragung kann sich auf einen **Teil** der in Rn. 1 genannten Maßnahmen beziehen. In diesem Fall ist der Bauherr verpflichtet, die verbleibenden Maßnahmen selbst zu treffen. Je nach Umfang der Beauftragung ist er dann von seinen Pflichten nach § 2 und § 3 Abs. 1 Satz 1 befreit (Erläuterungen).
Überträgt der Bauherr einem Dritten die **Bestellung** eines oder mehrerer Koordinatoren, kann dieser – soweit er hierzu fachlich geeignet ist – auch selbst die Koordination übernehmen (Erläuterungen, BArbBl. 3/1999, 71).

Die Bestellung des Koordinators bzw. der Koordinatoren und die Beauftragung eines Dritten sind **formfrei**. Zur Dokumentation der Verantwortlichkeit empfiehlt sich jedoch die **schriftliche Form**. Festgelegt werden sollte hierbei auch, dass die **Verantwortung** vom Bauherrn vollständig auf den Dritten **übergeht** (*Kollmer*, § 4 BaustellV Rn. 91 ff.). **3**
Die Beauftragung muss außerdem **rechtzeitig** erfolgen (Erläuterungen, BArbBl. 3/1999, 71), d.h. so, dass die nach § 3 zu übernehmenden Koordinierungsaufgaben erfüllt werden können. Erfolgt die Beauftragung nicht rechtzeitig (z.B. nicht fristgemäße Übermittlung der Vorankündigung, Bestellung des Koordinators nicht mit Beginn der Planung der Ausführung und/oder Erstellung des Sicherheits- und Gesundheitsschutzplanes nach Einrichtung der Baustelle), ist diese nicht zulässig (RAB 10, Nr. 16, BArbBl. 8/2001, Stand: 7.12.2001).

Nicht zulässig ist damit auch die **pauschale Übertragung** aller Pflichten des Bauherrn auf eines der **bauausführenden Unternehmen** im Rahmen üblicher Ausschreibungen von Bauleistungen, da zu diesem Zeitpunkt die Planung der Vorbereitung der Bauausführung bereits abgeschlossen ist und die Bestellung zumindest des Koordinators für die Planung der Ausführung sowie ggf. die Erstellung des Sicherheits- und Gesundheitsschutzplanes bereits hätte erfolgen müssen (Erläuterungen, BArbBl. 3/1999, 71). **3a**

Durch die Verordnung bleiben **zivilrechtliche Haftungsregelungen** unberührt (RAB 10, Nr. 16, BArbBl. 8/2001, Stand: 7.12.2001; vgl. umfassend *Kollmer*, § 4 BaustellV, Rn. 17 ff.). **4**

Arbeitsschutzverordnungen

§ 5 Pflichten der Arbeitgeber

(1) Die Arbeitgeber haben bei der Ausführung der Arbeiten die erforderlichen Maßnahmen des Arbeitsschutzes insbesondere in bezug auf die
1. Instandhaltung der Arbeitsmittel,
2. Vorkehrungen zur Lagerung und Entsorgung der Arbeitsstoffe und Abfälle, insbesondere der Gefahrstoffe,
3. Anpassung der Ausführungszeiten für die Arbeiten unter Berücksichtigung der Gegebenheiten auf der Baustelle,
4. Zusammenarbeit zwischen Arbeitgebern und Unternehmern ohne Beschäftigte,
5. Wechselwirkungen zwischen den Arbeiten auf der Baustelle und anderen betrieblichen Tätigkeiten auf dem Gelände, auf dem oder in dessen Nähe die erstgenannten Arbeiten ausgeführt werden,

zu treffen sowie die Hinweise des Koordinators und den Sicherheits- und Gesundheitsschutzplan zu berücksichtigen.

(2) Die Arbeitgeber haben die Beschäftigten in verständlicher Form und Sprache über die sie betreffenden Schutzmaßnahmen zu informieren.

(3) Die Verantwortlichkeit der Arbeitgeber für die Erfüllung ihrer Arbeitsschutzpflichten wird durch die Maßnahmen nach den §§ 2 und 3 nicht berührt.

1   Die Arbeitgeber müssen die erforderlichen **Maßnahmen** des Arbeitsschutzes **treffen** und dabei **Grundpflichten** (vgl. § 3 ArbSchG) und die allgemeinen **Grundsätze** des Arbeitsschutzes nach § 4 ArbSchG **beachten** (vgl. Abs. 1; RegE-BaustellV, 13). Für die Ausführung der Bauarbeiten wird dies in Abs. 1 Nr. 1 bis 5 **konkretisiert** (vgl. a.a.O.):
– Instandhaltung der Arbeitsmittel,
– Vorkehrungen zur Lagerung und Entsorgung der Arbeitsstoffe und Abfälle, insbesondere der Gefahrstoffe,
– Anpassung der Ausführungszeiten für die Arbeiten unter Berücksichtigung der Gegebenheiten auf der Baustelle,
– Zusammenarbeit zwischen Arbeitgebern und Unternehmern ohne Beschäftigte.
– Eine Baustelle kann sich auch auf einem bereits bestehenden Betriebsgelände befinden, auf dem betriebliche Aktivitäten stattfinden. Die ausdrückliche **Einbeziehung der Wechselwirkungen zwischen den Arbeiten auf der Baustelle und anderen betrieblichen Tätigkeiten auf dem Gelände** ist in Bezug auf die zu treffenden Maßnahmen erforderlich, da einerseits durch die parallel zu den Bauarbeiten weiterlaufenden betrieblichen Abläufe, z.B. Produktionsprozesse, innerbetrieblicher Transport, Energieleitung, Gefährdungen für die mit den Bauarbeiten Beschäftigten, anderseits durch die Bauarbeiten Gefährdungen der anderen Beschäftigten entstehen können (Erläuterungen, BArbBl. 3/1999, 72).

Die **Hinweise des Koordinators** sowie der **Sicherheits- und Gesundheitsschutzplan** sind zu **berücksichtigen** (RegE-BaustellV, a.a.O.). Handelt der Arbeitgeber nicht entsprechend der Hinweise des Koordinators, sollte dieser den Bauherrn oder den von ihm nach § 4 beauftragten Dritten darüber **informieren** (Erläuterungen, BArbBl. 3/1999, 72).

Mit dieser Regelung werden Art. 8 und 9 EG-Baustellenrichtlinie umgesetzt.

2   Die Beschäftigten sind in **verständlicher Form und Sprache** über die sie be-

treffenden Schutzmaßnahmen zu **informieren** (Abs. 2). Diese Verpflichtung trägt der besonderen Situation auf einer Vielzahl von Baustellen Rechnung, bei der **Beschäftigte verschiedener Nationalitäten** Bauarbeiten ausführen (vgl. RegE-BaustellV, 13). Die Beschäftigten benötigen angesichts der Gefahren für Leben und Gesundheit, die von diesen Arbeiten ausgehen können, regelmäßig oder anlassbezogen eine entsprechende Information. Dies bedeutet nicht zwingend, dass eine Übersetzung in die jeweiligen Muttersprachen der Beschäftigten vorliegen muss (a.a.O.). Sichergestellt werden muss allerdings, dass der Beschäftigte die Information **verstehen** kann (a.a.O.; z.B. durch Piktogramme; vgl. RAB 10, Nr. 18, BArbBl. 8/2001, Stand: 7.12.2001). Dadurch wird den Beschäftigten ermöglicht, Sicherheit und Gesundheitsschutz auf der Baustelle zu praktizieren.

Durch diese Regelung wird Art. 11 Abs. 2 EG-Baustellenrichtlinie umgesetzt.

Abs. 3 stellt klar, dass der **Arbeitgeber** durch die Regelungen zur Planung der Ausführung des Bauvorhabens in § 2 und zur Koordinierung in § 3, d.h. durch die Pflichten des Bauherrn oder des gem. § 4 von ihm beauftragten Dritten, **nicht** von seinen Pflichten in Bezug auf Sicherheit und Gesundheitsschutz der Beschäftigten entlastet wird (vgl. RegE-BaustellV, 13; dadurch wird Art. 7 Abs. 2 EG-Baustellenrichtlinie umgesetzt). **3**

Der Arbeitgeber muss also in Bezug auf die Ausführung von Bauarbeiten insbesondere die folgenden Pflichten erfüllen:
- Grundpflichten zur Sicherung und Verbesserung der Sicherheit und des Gesundheitsschutzes (§ 3 ArbSchG),
- Beachtung der Grundsätze des Arbeitsschutzes (§ 4 ArbSchG),
- Beurteilung und Dokumentation der Arbeitsbedingungen (§§ 5, 6 ArbSchG),
- Unterweisung der Beschäftigten (§ 12 ArbSchG),
- Maßnahmen beim manuellen Heben und Tragen von Lasten (LasthandhabV),
- Maßnahmen bei der Bereitstellung von Arbeitsmitteln (AMBV),
- Maßnahmen bei der Bereitstellung von PSA (PSA-BV),
- Gestaltung der Arbeitsstätte »Baustelle« (ArbStättV, UVV BGV C 22),
- Schutzmaßnahmen im Hinblick auf den Umgang mit Gefahrstoffen (vgl. GefStoffV),
- Schutzmaßnahmen im Hinblick auf Tätigkeiten mit biologischen Arbeitsstoffen (vgl. BiostoffV; AuG 2/2001, 12f.),
- Bestellung von Betriebsärzten und Fachkräften für Arbeitssicherheit zur Beratung und Unterstützung bei der Erfüllung der Pflichten nach § 5 BaustellV (vgl. ASiG Rn. 26ff.).

Zu den Pflichten des Arbeitgebers nach Abs. 3 gehört weiterhin, dass wenn **Beschäftigte mehrerer Arbeitgeber** auf der Baustelle tätig werden, die Arbeitgeber gem. § 8 Abs. 1 Satz 1 ArbSchG bei der Durchführung dieser Sicherheits- und Gesundheitsschutzbestimmungen **zusammenarbeiten** müssen. Soweit dies für die Sicherheit und den Gesundheitsschutz der Beschäftigten bei der Arbeit erforderlich ist, haben die Arbeitgeber je nach Art der Tätigkeiten insbesondere sich gegenseitig und ihre Beschäftigten über die mit den Arbeiten verbundenen Gefahren für Sicherheit und Gesundheit zu unterrichten und Maßnahmen zur Verhütung dieser Gefahren abzustimmen (§ 8 Abs. 1 Satz 2 ArbSchG; vgl. § 8 ArbSchG Rn. 1ff.). In diese Unterrichtung und Abstimmung sollte bei Baustellen der Koordinator gem. § 3 BaustellV entsprechend seiner Aufgaben einbezogen sein (zur möglichen Form eines freiwilligen Baustellensicherheitsausschusses vgl. § 3 Rn. 7). **4**

Arbeitsschutzverordnungen

5   Aufgabe der vom Arbeitgeber zu bestellenden **Betriebsärzte** und **Fachkräfte für Arbeitssicherheit** ist es, ihn bei der Durchführung seiner Verpflichtungen nach § 5 zu unterstützen (vgl. *Schliephacke*, SichIng 7/1999, 19; zur Durchführung im Rahmen eines freiwilligen Baustellensicherheitsausschusses vgl. § 3 Rn. 7).

6   Der **Betriebsrat** hat die Durchführung der Verpflichtungen nach § 5 zu **überwachen** (§§ 80 Abs. 1 Nr. 1, 89 BetrVG bzw. §§ 68 Abs. 1 Nr. 2, 81 BPersVG). Im Rahmen der **Informationsrechte** gem. § 80 Abs. 2 BetrVG sind die Informationen zur Durchführung des betrieblichen Arbeitsschutzes dem Betriebsrat zur Verfügung zu stellen. **Kenntnisse über den neuesten Stand der Technik und damit auch der Bautechnik** (vgl. § 3 ArbSchG Rn. 5) hat der Arbeitgeber an den Betriebsrat weiterzugeben, um eine bessere Sicherheit und einen besseren Gesundheitsschutz der Beschäftigten gewährleisten zu können (vgl. allgemein zu den Informationsrechten BetrVG Rn. 6 ff.; zu den Informationsrechten der einzelnen Beschäftigten vgl. BetrVG Rn. 47 ff.).

Da es dem Arbeitgeber überlassen bleibt, wie er den betrieblichen Arbeitsschutz durchführt, und damit vom Gesetzgeber entsprechende Entscheidungsspielräume geschaffen worden sind, greift die **Mitbestimmung** des Betriebsrates nach § 87 Abs. 1 Nr. 7 BetrVG.

§ 6 Pflichten sonstiger Personen

Zur Gewährleistung von Sicherheit und Gesundheitsschutz der Beschäftigten haben auch die auf einer Baustelle tätigen Unternehmer ohne Beschäftigte die bei den Arbeiten anzuwendenden Arbeitsschutzvorschriften einzuhalten. Sie haben die Hinweise des Koordinators sowie den Sicherheits- und Gesundheitsschutzplan zu berücksichtigen. Die Sätze 1 und 2 gelten auch für Arbeitgeber, die selbst auf der Baustelle tätig sind.

1   Im Rahmen der Ausführung von Bauarbeiten führen auch Unternehmer ohne Beschäftigte, d.h. Personen, die **keine Arbeitgeber** im Sinne des § 2 Abs. 3 ArbSchG sind (vgl. § 2 ArbSchG Rn. 28 f.), Bauarbeiten auf der Baustelle aus. **Sonstige Personen** i.S. der BaustellV sind demzufolge Selbstständige und Arbeitgeber, die selbst auf der Baustelle tätig sind. Die Pflicht der sonstigen Personen, die anzuwendenden Arbeitsschutzvorschriften einzuhalten, dient der Gewährleistung von Sicherheit und Gesundheitsschutz der Beschäftigten. Unberührt hiervon bleiben im Übrigen sonstige Rechtsvorschriften (z.B. Unfallverhütungsvorschriften), die Regelungen zum Selbstschutz sonstiger Personen treffen (vgl. Erläuterungen, BArbBl. 3/1999, 72; RegE-BaustellV, 14).
Durch § 6 wird Art. 10 EG-Baustellenrichtlinie umgesetzt.
Die Verpflichtung nach § 6 bezieht sich insbesondere auf die
– Grundsätze des Arbeitsschutzes (§ 4 ArbSchG),
– Zusammenarbeit mehrerer Arbeitgeber (§ 8 Abs. 1 ArbSchG),
– Pflichten der Beschäftigten (§ 15 ArbSchG),
– Vorschriften für Arbeitsmittel (§§ 3, 4 und Anhang AMBV),
– Bereitstellung und Benutzung von PSA (§ 2 PSA-BV),
– Schutzmaßnahmen im Hinblick auf den Umgang mit Gefahrstoffen (GefStoffV),
– Schutzmaßnahmen im Hinblick auf Tätigkeiten mit biologischen Arbeitsstoffen (BioStoffV; vgl. § 2 Abs. 8 BioStoffV; AuG 1/2001, 12 f.),

Baustellenverordnung

– Anforderungen an Baustellen gem. des 4. Kapitels ArbStättV und gem. der UVV »Bauarbeiten« BGV C 22.
Die Verpflichtungen nach § 6 gelten auch für **Arbeitgeber**, die selbst auf der Baustelle **tätig** sind (RegE-BaustellV, 14). **2**

§ 7 Ordnungswidrigkeiten und Strafvorschriften

(1) Ordnungswidrig im Sinne des § 25 Abs. 1 Nr. 1 des Arbeitsschutzgesetzes handelt, wer vorsätzlich oder fahrlässig
1. entgegen § 2 Abs. 2 Satz 1 in Verbindung mit § 4 der zuständigen Behörde eine Vorankündigung nicht, nicht richtig, nicht vollständig oder nicht rechtzeitig übermittelt oder,
2. entgegen § 2 Abs. 3 Satz 1 in Verbindung mit § 4 nicht dafür sorgt, daß vor Einrichtung der Baustelle ein Sicherheits- und Gesundheitsschutzplan erstellt wird.
(2) Wer durch eine im Absatz 1 bezeichnete vorsätzliche Handlung Leben oder Gesundheit eines Beschäftigten gefährdet, ist nach § 26 Nr. 2 des Arbeitsschutzgesetzes strafbar.

§ 7 Abs. 1 regelt, das ein Verstoß gegen § 2 Abs. 2 Satz 1 und § 2 Abs. 3 Satz 1 i.V. m. 3–4 eine **Ordnungswidrigkeit** i.S. des § 25 Abs. 1 Nr. 1 ArbSchG darstellt, die nach § 25 Abs. 2 ArbSchG mit Geldbuße bis zu zehntausend DM bewehrt ist (vgl. RegE-BaustellV, 14; vgl. § 25 ArbSchG Rn. 1). **1**
§ 7 Abs. 2 verweist auf die **Strafvorschriften** des § 26 ArbSchG (RegE-BaustellV, 14; vgl. § 26 ArbSchG Rn. 1). **2**

§ 8 Inkrafttreten

(1) Diese Verordnung tritt am ersten Tage des auf die Verkündung folgenden Kalendermonats in Kraft.
(2) Für Bauvorhaben, mit deren Ausführung bereits vor dem 1. Juli 1998 begonnen worden ist, bleiben die bisherigen Vorschriften maßgebend.

§ 8 Abs. 1 regelt das **In-Kraft-Treten**. **1**
Für Bauvorhaben, mit deren Ausführung **vor dem 1.7.1998** begonnen worden **2**
ist, bleiben die bisherigen Vorschriften maßgeblich (vgl. § 1 Rn. 12). Für den **öffentlichen Dienst** ist dagegen der **1.1.1994** maßgebend, weil an diesem Tag die Frist für die Umsetzung der EG-Baustellenrichtlinie abgelaufen war (vgl. RegE-BaustellV, 14). Unter öffentlichem Dienst sind der Staat, alle staatlichen Stellen sowie alle Rechtssubjekte, die dem Staat oder seiner Aufsicht unterstehen oder mit Rechten ausgestattet sind, die über solche hinausgehen, die nach den Vorschriften für die Beziehung unter Privaten gelten, zu verstehen. Diese Regelungen dürften mit dem weiteren Zeitablauf keine Bedeutung mehr haben.

Anhang I

1. **Ort der Baustelle,**
2. **Name und Anschrift des Bauherrn,**
3. **Art des Bauvorhabens,**

Arbeitsschutzverordnungen

4. Name und Anschrift des anstelle des Bauherrn verantwortlichen Dritten,
5. Name und Anschrift des Koordinators,
6. voraussichtlicher Beginn und voraussichtliche Dauer der Arbeiten,
7. voraussichtliche Höchstzahl der Beschäftigten auf der Baustelle,
8. Zahl der Arbeitgeber und Unternehmer ohne Beschäftigte, die voraussichtlich auf der Baustelle tätig werden,
9. Angabe der bereits ausgewählten Arbeitgeber und Unternehmer ohne Beschäftigte.

1 Anhang I dient der Umsetzung von Anhang III der EG-Baustellenrichtlinie und führt die Angaben auf, die in der Vorankündigung nach § 2 Abs. 2 BaustellV aufzunehmen sind (vgl. RegE-BaustellV, 15).

Anhang II

Besonders gefährliche Arbeiten im Sinne des § 2 Abs. 3 sind:
1. Arbeiten, bei denen die Beschäftigten der Gefahr des Versinkens, des Verschüttetwerdens in Baugruben oder in Gräben mit einer Tiefe von mehr als 5 m oder des Absturzes aus einer Höhe von mehr als 7 m ausgesetzt sind,
2. Arbeiten, bei denen die Beschäftigten explosionsgefährlichen, hochentzündlichen, krebserzeugenden (Kategorie 1 oder 2), erbgutverändernden, fortpflanzungsgefährdenden oder sehr giftigen Stoffen und Zubereitungen im Sinne der Gefahrstoffverordnung oder biologischen Arbeitsstoffen der Risikogruppen 3 und 4 im Sinne der Richtlinie 90/679/EWG des Rates vom 26. November 1990 über den Schutz der Arbeitnehmer gegen Gefährdung durch biologische Arbeitsstoffe bei der Arbeit (ABl. EG Nr. L 374 S. 1[1]) ausgesetzt sind,
3. Arbeiten mit ionisierenden Strahlungen, die die Festlegung von Kontroll- oder Überwachungsbereichen im Sinne der Strahlenschutz- sowie im Sinne der Röntgenverordnung erfordern,
4. Arbeiten in einem geringeren Abstand als 5 m von Hochspannungsleitungen,
5. Arbeiten, bei denen die unmittelbare Gefahr des Ertrinkens besteht,
6. Brunnenbau, unterirdische Erdarbeiten und Tunnelbau,
7. Arbeiten mit Tauchgeräten,
8. Arbeiten in Druckluft,
9. Arbeiten, bei denen Sprengstoff oder Sprengschnüre eingesetzt werden,
10. Aufbau oder Abbau von Massivbauelementen mit mehr als 10 t Einzelgewicht.

1 Der Anhang II zur BaustellV führt Bauarbeiten auf, die i.S. der VO mit **besonderen Gefahren** für Sicherheit und Gesundheit der Beschäftigten verbunden sind (RegE-BaustellV, 15; umfassend RAB 10, Nr. 19, BArbBl. 8/2001, Stand: 7.12.2001). Dadurch wird Anhang II EG-Baustellenrichtlinie umgesetzt.
2 Die **Gefährlichkeit** der Arbeit ergibt sich aus den Einflussfaktoren, die in den jeweiligen Nummern des Anhangs aufgeführt werden (RegE-BaustellV, 15). Für

---
1 kodifiziert durch Richtlinie 2000/54/EG des Europäischen Parlaments und des Rates über den Schutz der Arbeitnehmer gegen Gefährdung durch biologische Arbeitsstoffe bei der Arbeit (Siebte Einzelrichtlinie im Sinne von Artikel 16 Absatz 1 der Richtlinie 89/391/EWG) vom 18. September 2000 (ABl. EG vom 17.10.2000 Nr. L 262, 21).

Baustellenverordnung

die gefährlichen Arbeiten i.s. des Anhangs bestehen **sonstige Rechtsvorschriften**, die von den Arbeitgebern bei der Ausführung von Bauarbeiten zum Schutz von Sicherheit und Gesundheit der Beschäftigten zu beachten sind (z.b. ArbStättV, UVV – insbesondere UVV »Bauarbeiten« BGV C 22 –, GefStoffV, BioStoffV, StrahlenschutzVO, DruckluftVO; vgl. RegE-BaustellV, 15).

»Ausgesetzt sein« (vgl. Nr. 2) bedeutet im Sinne dieser Verordnung, dass im Arbeitsbereich der Beschäftigten Stoffe freigesetzt werden, die auf einen Umgang mit Gefahrstoffen oder biologischen Arbeitsstoffen der Risikogruppen 3 und 4 zurückzuführen sind. Dies ist z.b. gegeben, wenn die Exposition der Beschäftigten über der ubiquitären Luftverunreinigung liegt oder wenn ein Kontakt zu Gefahrstoffen oder biologischen Arbeitsstoffen besteht, die über die Haut oder den Magen-Darm-Trakt aufgenommen werden können.

Stoffe und Zubereitungen (vgl. Nr. 2) sind

- **explosionsgefährlich**, wenn sie in festem, flüssigem, pastenförmigen oder gelatinösem Zustand auch ohne Beteiligung von Luftsauerstoff exotherm und unter schneller Entwicklung von Gasen reagieren können und unter festgelegten Prüfbedingungen detonieren, schnell deflagrieren oder beim Erhitzen unter teilweisem Einschluss explodieren (z.b. Peroxide wie Dibenzoylperoxid),
- **hochentzündlich**, wenn sie in flüssigem Zustand einen extrem niedrigen Flammpunkt und einen niedrigen Siedepunkt haben oder als Gase bei gewöhnlicher Temperatur und Normaldruck in Mischung mit Luft einen Explosionsbereich haben (z.b. Acetylen, Propan, Butan, Dimethylether),
- **krebserzeugend**, wenn sie beim Einatmen, Verschlucken oder Aufnahme über die Haut Krebs erregen oder die Krebshäufigkeit erhöhen können (z.b. Asbest, Azofarbstoffe, Benz[a]pyren, Buchenholzstaub, Cadmium/-verbindungen, 4,4'-Diaminodiphenylmethan, Dieselmotoremissionen in nicht ausreichend durchlüfteten Bereichen, Eichenholzstaub, Keramikfasern, Nickeloxide),
- **erbgutverändernd**, wenn sie bei Einatmen, Verschlucken oder Aufnahme über die Haut vererbbare genetische Schäden zur Folge haben oder deren Häufigkeit erhöhen können (z.b. Benz[a]pyren),
- **fortpflanzungsgefährdend**, wenn sie bei Einatmen, Verschlucken oder Aufnahme über die Haut nicht vererbbare Schäden der Nachkommenschaft hervorrufen oder deren Häufigkeit erhöhen (fruchtschädigend) oder eine Beeinträchtigung der männlichen oder weiblichen Fortpflanzungsfunktionen oder -fähigkeit zur Folge haben können (z.b. Benz[a]pyren, Blei/-verbindungen, Kohlenmonoxid, 2-Methoxyethanol, Polychlorierte Biphenyle [PCB]),
- **sehr giftig**, wenn sie in geringer Menge bei Einatmen, Verschlucken oder Aufnahme über die Haut zum Tode führen oder akute oder chronische Gesundheitsschäden verursachen können (z.b. chromhaltige ›CKB‹-Holzschutzmittel).

Biologische Arbeitsstoffe der Risikogruppe 3 i.S. der o.a. Richtlinie (vgl. Nr. 2) sind Stoffe, die eine schwere Krankheit beim Menschen hervorrufen können und eine ernste Gefahr für die Arbeitnehmer darstellen können; die Gefahr einer Verbreitung in der Bevölkerung kann bestehen, doch ist normalerweise eine wirksame Vorbeugung oder Behandlung möglich (z.B. Bacillus anthracis, der Erreger des Milzbrandes).

Biologische Arbeitsstoffe der Risikogruppe 4 i.S. der o.a. Richtlinie (vgl. Nr. 2) sind Stoffe, die eine schwere Krankheit beim Menschen hervorrufen können

Arbeitsschutzverordnungen

und eine ernste Gefahr für die Arbeitnehmer darstellen können; die Gefahr einer Verbreitung in der Bevölkerung ist unter Umständen groß; normalerweise ist eine wirksame Vorbeugung oder Behandlung nicht möglich (z.B. Ebola-Viren).

4 Nach § 58 Abs. 1 der Strahlenschutzverordnung sind **Kontrollbereiche** (vgl. Nr. 3) Bereiche, in denen Personen infolge des Umgangs mit radioaktiven Stoffen oder des Betriebs von Anlagen zur Erzeugung ionisierender Strahlen durch äußere oder innere Strahlenexposition im Kalenderjahr höhere Körperdosen als die Grenzwerte in der nachfolgenden Tabelle 1a **Spalte 3** bei einem Aufenthalt von 40 Stunden je Woche und 50 Wochen im Kalenderjahr erhalten können. Betriebliche **Überwachungsbereiche** (vgl. Nr. 3) nach § 60 Strahlenschutzverordnung sind nicht zum Kontrollbereich gehörende betriebliche Bereichen, in denen Personen infolge des Umgangs mit radioaktiven Stoffen odes des Betriebs von Anlagen zur Erzeugung ionisierender Strahlen bei dauerndem Aufenthalt im Kalenderjahr höhere Körperdosen als die Grenzwerte in der nachfolgenden Tabelle 1a **Spalte 4** erhalten können. Außerbetriebliche Überwachungsbereiche sind unmittelbar an den Kontrollbereich oder an den betrieblichen Überwachungsbereich anschließende Bereiche, in denen Personen bei dauerndem Aufenthalt im Kalenderjahr höhere Körperdosen als die in **Tabelle 2** genannten Grenzwerte erhalten können.

5 **Hochspannungsleitungen** (vgl. Nr. 4) sind nicht isolierte freiliegende Leitungen mit einer Spannung über 1 kV AC bzw. 1,5 kV DC. Der einzuhaltende Abstand von mindestens 5,00 m ist zu ermitteln zwischen der größten arbeitsbedingten Reichweite eines Menschen einschließlich Arbeitmittel oder der größten Reichweite einer eingesetzten Maschine und der spannungsführenden Leitung.

6 **Brunnenbauarbeiten** (vgl. Nr. 6) sind Arbeiten zur Errichtung, Änderung, Instandhaltung oder Instandsetzung von Brunnen jeder Art, bei denen die Gefahr des Hineinfallens, des Verschüttetwerdens, des Ertrinkens, des Vergiftetwerdens oder Verpuffungsgefahr aufgrund eines explosiven Gas-Luft-Gemisches besteht.

Verordnung über Sicherheit und Gesundheitsschutz bei der Arbeit an Bildschirmgeräten (Bildschirmarbeitsverordnung – BildscharbV)

vom 4. Dezember 1996 (BGBl. I, S. 1843), zuletzt geändert durch Art. 396 der Siebenten Zuständigkeitsanpassungs-Verordnung vom 29. Oktober 2001 (BGBl. I, S. 2785)

§ 1 Anwendungsbereich

(1) Diese Verordnung gilt für die Arbeit an Bildschirmgeräten.
(2) Diese Verordnung gilt nicht für die Arbeit an
1. Bedienerplätzen von Maschinen oder an Fahrerplätzen von Fahrzeugen mit Bildschirmgeräten,
2. Bildschirmgeräten an Bord von Verkehrsmitteln,
3. Datenverarbeitungsanlagen, die hauptsächlich zur Benutzung durch die Öffentlichkeit bestimmt sind,
4. Bildschirmgeräten für den ortsveränderlichen Gebrauch, sofern sie nicht regelmäßig an einem Arbeitsplatz eingesetzt werden,
5. Rechenmaschinen, Registrierkassen oder anderen Arbeitsmitteln mit einer kleinen Daten- oder Meßwertanzeigevorrichtung, die zur unmittelbaren Benutzung des Arbeitsmittels erforderlich ist, sowie
6. Schreibmaschinen klassischer Bauart mit einem Display.
(3) Die Verordnung gilt nicht in Betrieben, die dem Bundesberggesetz unterliegen.
(4) Das Bundeskanzleramt, das Bundesministerium des Innern, das Bundesministerium für Verkehr, Bau- und Wohnungswesen, das Bundesministerium der Verteidigung oder das Bundesministerium der Finanzen können, soweit sie hierfür jeweils zuständig sind, im Einvernehmen mit dem Bundesministerium für Arbeit und Sozialordnung und, soweit nicht das Bundesministerium des Innern selbst zuständig ist, im Einvernehmen mit dem Bundesministerium des Innern bestimmen, daß für bestimmte Tätigkeiten im öffentlichen Dienst des Bundes, insbesondere bei der Bundeswehr, der Polizei, den Zivil- und Katastrophenschutzdiensten, dem Zoll oder den Nachrichtendiensten, Vorschriften dieser Verordnung ganz oder zum Teil nicht anzuwenden sind, soweit öffentliche Belange dies zwingend erfordern, insbesondere zur Aufrechterhaltung oder Wiederherstellung der öffentlichen Sicherheit. In diesem Fall ist gleichzeitig festzulegen, wie die Sicherheit und der Gesundheitsschutz der Beschäftigten nach dieser Verordnung auf andere Weise gewährleistet werden.

Übersicht	Rn.
1. Allgemeines	1– 3
2. Zielsetzung, Kohärenz mit dem ArbSchG	4–14
3. Sachlicher Anwendungsbereich	15–23
4. Geltung in allen Tätigkeitsbereichen, persönlicher Anwendungsbereich	24–31
5. Pflichten von Herstellern und Inverkehrbringern	32, 33
6. Beteiligung des Betriebsrats/Personalrats	34

Arbeitsschutzverordnungen

1. Allgemeines

1   Mit der BildscharbV ist die EG-Richtlinie 90/270/EWG vom 29.5.1990 über die Mindestvorschriften bezüglich der Sicherheit und des Gesundheitsschutzes bei der Arbeit an Bildschirmgeräten (AblEG Nr. L 156 v. 21.6.1990, 14; *DKL* Nr. 443; im Folgenden: **EG-Bildschirmrichtlinie**) in das bundesdeutsche Arbeitsschutzrecht umgesetzt worden. Bislang bestanden lediglich rechtlich unverbindliche Sicherheitsregeln der BG sowie Normen (vgl. *Doll*, SiS 1997, 9; mit Blick auf die potentiellen Gefährdungen für Sicherheit und Gesundheit durch Bildschirmarbeit hierzu kritisch: *Wlotzke*, NJW 1997, 1472f.; im Überblick: *RPW*, 15ff., vgl. umfassend und kritisch zum Stand der Normung im Bereich Bildschirmarbeit vgl. *KAN* 16; zur Normung insgesamt vgl. § 4 Rn. 9).

2   Mit der BildscharbV (Abbildung Nr. 17) werden die allgemeinen Vorschriften des ArbSchG durch **spezielle Vorschriften** in Bezug auf die Sicherheit und den Gesundheitsschutz der Beschäftigten bei der Arbeit an Bildschirmgeräten ergänzt. Umgekehrt sind bei der betrieblichen Umsetzung der BildscharbV die allgemeinen Vorschriften des ArbSchG zu beachten: Bei der Übernahme der Mindestvorschriften aus der EG-Bildschirmrichtlinie wurde durch den Verordnungsgeber auf Kohärenz mit dem ArbSchG geachtet, d.h. die Inhalte der Richtlinie, die bereits im ArbSchG geregelt worden sind, sind nicht mehr in die Verordnung übernommen worden (vgl. *Doll*, SiS 1997, 7; *Wlotzke*, NJW 1997, 1470). Beispiele hierfür sind etwa Vorschriften über Maßnahmen auf der Grundlage der Beurteilung der Arbeitsbedingungen oder zur Unterrichtung und Unterweisung der Beschäftigten. Sie sind in der BildscharbV nicht ausdrücklich aufgegriffen worden, weil ihre Umsetzung bereits durch die entsprechenden grundlegenden Bestimmungen des ArbSchG in allgemeiner Form erfolgt ist (vgl. RegE-ArtV, 25). Die Vorschriften der BildscharbV und des ArbSchG müssen im Kontext und nicht isoliert voneinander angewendet werden (vgl. *Riese*, CR 1997, 28; im Einzelnen Rn. 10ff.; allg. Einl. Rn. 110ff.; vgl. im Überblick Abb. 11).

3   **Weitere Konkretisierungen** der Regelungen der BildscharbV können auf branchen- oder tätigkeitsspezifischer Ebene durch sonstige Rechtsvorschriften des Arbeitsschutzes erfolgen. Seit März 1995 liegt der Grundentwurf der Verwaltungs-BG für eine UVV »Arbeit an Bildschirmgeräten« (VBG 104) vor (abgedruckt bei *RPW*, 237 ff.). Dieser Grundentwurf kann zwar keine Rechtsverbindlichkeit beanspruchen. Er enthält jedoch wichtige Hinweise auf die in Fachkreisen überwiegende Meinung und damit auf gesicherte arbeitswissenschaftliche Erkenntnisse zur sicherheits- und gesundheitsgerechten Gestaltung von Bildschirmarbeit (vgl. *RPW*, 17; *Keller*, 12). Weitere Konkretisierungen ergeben sich bereits aus bestehenden sonstigen Rechtsvorschriften, die von der BildscharbV unberührt bleiben (vgl. § 1 Abs. 3 Satz 1 i.V.m. 2 Abs. 4 ArbSchG; § 1 ArbSchG Rn. 22 ff.; vgl. § 4 Rn. 8 insbesondere zur Bedeutung der ArbStättV; vgl. ArbStättV Rn. 59).

2. Zielsetzung, Kohärenz mit dem ArbSchG

4   Die **quantitative Verbreitung** von Bildschirmgeräten als Arbeitsmittel ist inzwischen erheblich und wird noch zunehmen. Es fehlen allerdings gesicherte statistische Erhebungen, und die hierzu angestellten **Schätzungen** weichen erheblich voneinander ab. Eine Meinung ging Mitte der neunziger Jahre davon aus, dass allein in der Bundesrepublik Deutschland über 5 Mio. Arbeitsplätze

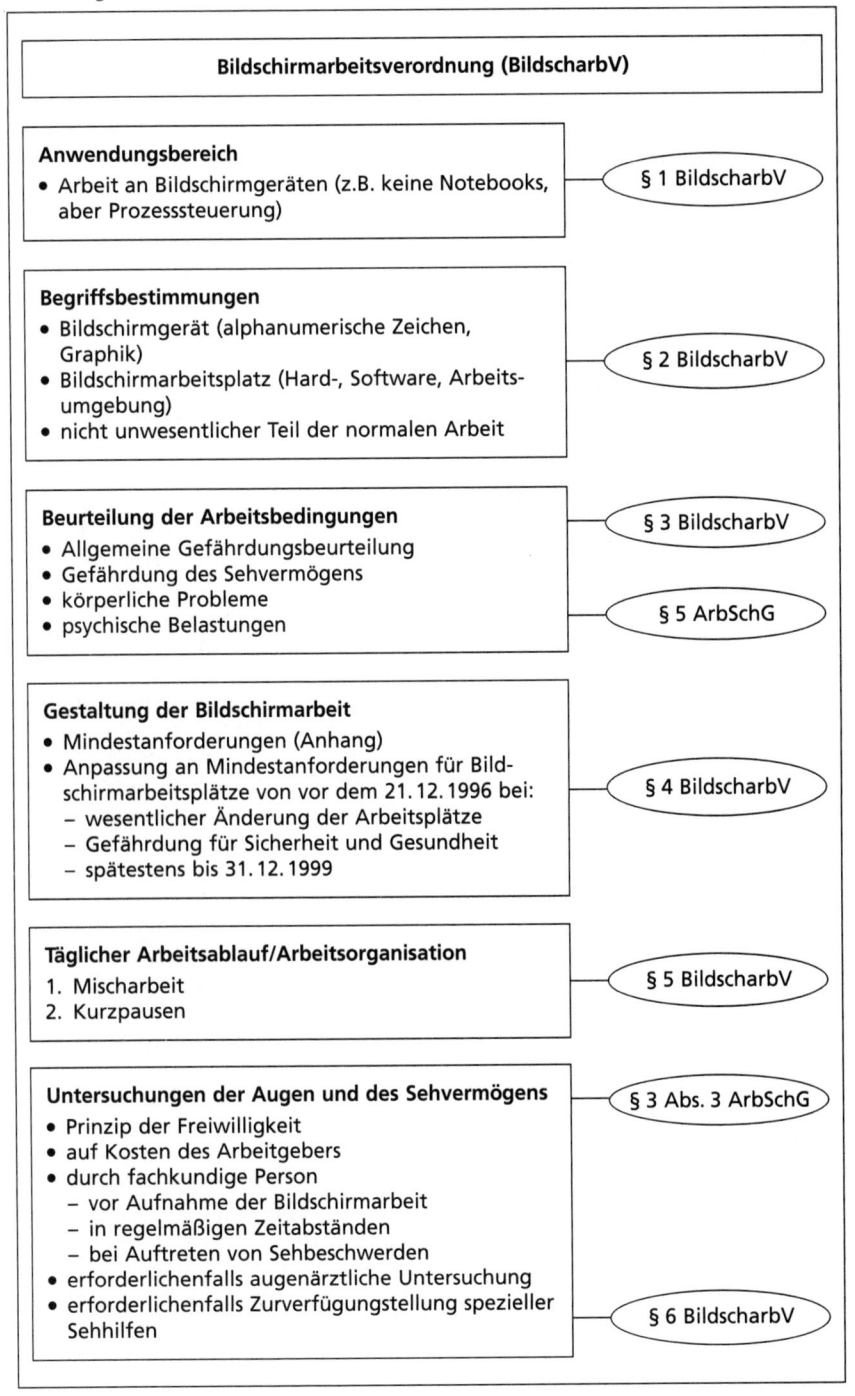

Bildschirmarbeitsverordnung

Abbildung 17:

Bildschirmarbeitsverordnung (BildscharbV)

Anwendungsbereich
- Arbeit an Bildschirmgeräten (z.B. keine Notebooks, aber Prozesssteuerung) — § 1 BildscharbV

Begriffsbestimmungen
- Bildschirmgerät (alphanumerische Zeichen, Graphik)
- Bildschirmarbeitsplatz (Hard-, Software, Arbeitsumgebung)
- nicht unwesentlicher Teil der normalen Arbeit

§ 2 BildscharbV

Beurteilung der Arbeitsbedingungen
- Allgemeine Gefährdungsbeurteilung
- Gefährdung des Sehvermögens
- körperliche Probleme
- psychische Belastungen

§ 3 BildscharbV
§ 5 ArbSchG

Gestaltung der Bildschirmarbeit
- Mindestanforderungen (Anhang)
- Anpassung an Mindestanforderungen für Bildschirmarbeitsplätze von vor dem 21.12.1996 bei:
  - wesentlicher Änderung der Arbeitsplätze
  - Gefährdung für Sicherheit und Gesundheit
  - spätestens bis 31.12.1999

§ 4 BildscharbV

Täglicher Arbeitsablauf/Arbeitsorganisation
1. Mischarbeit
2. Kurzpausen

§ 5 BildscharbV

Untersuchungen der Augen und des Sehvermögens
- Prinzip der Freiwilligkeit
- auf Kosten des Arbeitgebers
- durch fachkundige Person
  - vor Aufnahme der Bildschirmarbeit
  - in regelmäßigen Zeitabständen
  - bei Auftreten von Sehbeschwerden
- erforderlichenfalls augenärztliche Untersuchung
- erforderlichenfalls Zurverfügungstellung spezieller Sehhilfen

§ 3 Abs. 3 ArbSchG
§ 6 BildscharbV

Arbeitsschutzverordnungen

mit Bildschirmen ausgestattet sind und dass sich diese Zahl bis zur Jahrtausendwende noch um die Hälfte erhöhen sollte (vgl. *Kiesau/Lorenz*, Mensch & Büro 6/1995, 134). Andere Schätzungen gingen für 1996 bereits von ca. 10 Mio. Bildschirmarbeitsplätzen (vgl. *Schubert*, Mensch & Büro 1/1997, S. 124) bzw. von 10 Mio. Beschäftigten mit Tätigkeiten am Computer (*RPW*, Buchrückseite, 1. Aufl.) aus. Neuere Untersuchungen weisen nach, dass 1998 25 Millionen PC in Deutschland installiert waren (das sind 30 PC auf 100 Einwohner); hierbei sind jedoch die privat genutzten PC (deren Zahl erheblich sein dürfte) abzuziehen (vgl. *Fachverband Informationstechnik*, Wege in die Informationsgesellschaft – Update 1999). Die Unterschiede zwischen diesen Schätzungen beruhen offensichtlich auf der Verwendung unterschiedlicher Definitionen (vgl. im Einzelnen § 2).

5 **Ziel** der BildscharbV ist die Sicherung und Verbesserung von Sicherheit und Gesundheitsschutz der Beschäftigten durch Maßnahmen des Arbeitsschutzes bei der Arbeit im Hinblick auf die Arbeit an Bildschirmgeräten (vgl. § 1 Abs. 1 Satz 1 ArbSchG; § 1 ArbSchG Rn. 1 ff.). Die **allgemeinen Pflichten** des Arbeitgebers nach dem ArbSchG sind entsprechend dieser Zielsetzung in Bezug auf die Arbeit an Bildschirmgeräten umzusetzen (vgl. im Einzelnen §§ 3, 4).

6 Die BildscharbV stellt einen **Rahmen** dar, der Spielräume für an die Situation der Betriebe angepasste Arbeitsschutzmaßnahmen lässt (vgl. RegE-ArtV, 26; *Wlotzke*, NJW 1997, 1473): »In der Verordnung werden grundsätzlich nur Schutzziele vorgegeben. Dies ist auch sachgerecht. Denn starre und detaillierte Vorschriften auf dem Gebiet der Bildschirmgeräte mit seinen ständigen technischen Veränderungen würden schon sehr bald veraltet sein« (*Wlotzke*, a.a.O., m.w.N., vgl. *Riese*, CR 1997, 28). Im Übrigen ist der Arbeitgeber schon nach dem ArbSchG verpflichtet, durch Maßnahmen des Arbeitsschutzes eine Verbesserung für Sicherheit und Gesundheitsschutz der Beschäftigten anzustreben und dabei u.a. den Stand der Technik sowie sonstige gesicherte arbeitswissenschaftliche Erkenntnisse zu berücksichtigen (vgl. §§ 3 Abs. 1, 4 Nr. 3 ArbSchG). Diese Grundsätze gelten auch für die Gestaltung von Bildschirmarbeitsplätzen (vgl. § 4 Rn. 4) sowie weiterer Arbeitsbedingungen für Beschäftigte i.S. der BildscharbV (vgl. § 5 Rn. 1).

7 Ausgangspunkt für die Durchführung von Arbeitsschutzmaßnahmen i.S. der BildscharbV sind die potenziellen **Belastungen**, die durch Arbeitsaufgabe und Arbeitsorganisation an Bildschirmarbeitsplätzen bedingt sein können (zu den besonderen Bedingungen bei sog. **Call-Centern** sowie zur **Telearbeit** vgl. Rn. 29). Insbesondere geht es um z.B. unzureichende ergonomische Gestaltung der Bildschirmarbeit, Zeitdruck, das Fehlen von Mischarbeit bzw. Erholungspausen sowie unzureichende arbeitsmedizinische Vorsorge.

8 Belastungen durch Bildschirmarbeit (Rn. 7), gesteigert durch ihre Kombination, können zu entsprechenden **Beanspruchungen** führen, die die Sicherheit und die Gesundheit der Beschäftigten gefährden (vgl. *König* u.a.; 1995, 8 ff.; allg. zu Belastungs- und Beanspruchungskonzepten vgl. ArbWiss-*Luczak/Rohmert*, 326 ff.). Zu spezifischen Beanspruchungen und Beanspruchungsfolgen am Bildschirmarbeitsplatz gehören u.a. Beanspruchungen der Augen und des Sehvermögens, Kopfschmerzen, Schmerzen und Verspannungen des Stütz- und Bewegungsapparats durch Stress- und Zwangshaltungen, ferner Schmerzen und Verschleiß in Muskeln, Sehnen sowie Gelenken der Unterarme, Händen und Handgelenken und auch psychische Beanspruchungen (vgl. *Wlotzke*, a.a.O., 1472 f.; *LASI*, 1997, S. 6 ff.; *König* u.a., 1995, 9 f.; vgl. § 3 Rn. 7).

Bildschirmarbeitsverordnung

Die BildscharbV sieht hinsichtlich der sich aus diesen Belastungen und Beanspruchungen ergebenden potenziellen Gefährdungen für die Sicherheit und die Gesundheit vor, dass der **Arbeitgeber** zunächst die für Bildschirmarbeit spezifischen Sicherheits- und Gesundheitsbedingungen **ermitteln und beurteilen** muss (vgl. § 3). Der Arbeitgeber muss auf der Grundlage dieser Beurteilung die geeigneten **Maßnahmen** treffen, damit die Bildschirmarbeitsplätze die Anforderungen des Anhangs zur BildscharbV erfüllen, der ergonomische Anforderungen an die Gestaltung der Arbeitsmittel, der Arbeitsumgebung und der Mensch-Maschine-Schnittstelle enthält (vgl. § 4). Der Arbeitgeber hat die Tätigkeit der Beschäftigten so zu **organisieren**, dass die tägliche Arbeit an Bildschirmgeräten regelmäßig durch Pausen oder durch andere Tätigkeiten unterbrochen wird, die die Belastung durch die Bildschirmarbeit verringern (vgl. § 5). Eine fachkundliche, ggf. ärztliche **Untersuchung** der Augen und des Sehvermögens muss den Beschäftigten angeboten werden (vgl. § 6). Es bleibt deren freier Entscheidung überlassen, ob sie dieses Angebot annehmen (vgl. RegE-ArtV, a.a.O.). 9

Ausgehend vom Grundsatz der Kohärenz der BildscharbV mit dem ArbSchG (Rn. 2) hat der Arbeitgeber, neben den Pflichten aus §§ 3 bis 6 ArbSchG, auch alle übrigen **Regelungen des ArbSchG** in Bezug auf Sicherheit und Gesundheitsschutz bei der Bildschirmarbeit zu erfüllen. Hierzu gehören insbesondere:
– die Beachtung der Befähigung der Beschäftigten im Hinblick auf die Übertragung von Aufgaben (§ 7 ArbSchG),
– die Zusammenarbeit mehrerer Arbeitgeber (§ 8 Abs. 1 ArbSchG) sowie
– die Vergewisserung über den Stand der Arbeitsschutzqualifikation von Fremdfirmenbeschäftigten (§ 8 Abs. 2 ArbSchG),
– die Unterweisung der Beschäftigten (§ 12 ArbSchG). 10

Zur Erfüllung seiner Verpflichtungen nach der BildscharbV steht dem Arbeitgeber, ausgehend von seiner allgemeinen Verpflichtung zur Bereitstellung einer geeigneten **Arbeitsschutzorganisation** und der erforderlichen Mittel (vgl. § 3 Abs. 2 ArbSchG), die Sach- und Handlungskompetenz der von ihm zu bestellenden **Fachkräfte für Arbeitssicherheit** und **Betriebsärzte** zur Verfügung (vgl. ASiG Rn. 62 ff.). Dies gilt insbesondere auch für die Beratung bei der Beurteilung der Arbeitsbedingungen (vgl. § 3 Rn. 16). Ergänzend ist auf die Aufgaben der vom Arbeitgeber nach § 22 SGB VII zu bestellenden **Sicherheitsbeauftragten** hinzuweisen, die allerdings im Wesentlichen auf die Unterstützung bei Maßnahmen zur Verhütung von Arbeitsunfällen und Berufskrankheiten beschränkt ist (vgl. § 22 Abs. 2 SGB VII; § 22 SGB VII Rn. 29 ff.). 11

Kosten, die dem Arbeitgeber aufgrund von Arbeitsschutzmaßnahmen entstehen, die auf der Basis der Beurteilung der Arbeitsbedingungen nach § 3 BildscharbV i.V.m. § 5 ArbSchG getroffen werden, dürfen nicht den Beschäftigten auferlegt werden (vgl. § 3 Abs. 3 ArbSchG; § 3 ArbSchG Rn. 14, 15). Dies gilt insbesondere im Hinblick auf die Gestaltungsanforderungen in § 4 (vgl. § 4 Rn. 4), die unabhängig davon, ob Beschäftigte i.S. der BildscharbV am Bildschirmarbeitsplatz tätig sind, zu erfüllen sind (vgl. § 2 Rn. 12 f.). 12

Ergänzend zu den Pflichten des Arbeitgebers in Bezug auf die Beurteilung und die Gestaltung von Bildschirmarbeitsplätzen sowie die Organisation von Bildschirmarbeit ist auf **Pflichten und Rechte der Beschäftigten** hinzuweisen, die sich aus §§ 15–17 ArbSchG ergeben. Dazu kommen Aufgaben und Rechte der **Vertretungen** der Beschäftigten nach dem BetrVG und den PersVG (vgl. § 87 BetrVG; § 75 BPersVG; vgl. *Riese*, CR 1997, 33; Rn. 34). 13

Als allgemeine **Handlungshilfen** zur Gestaltung von Bildschirmarbeit bzw. 14

309

Arbeitsschutzverordnungen

-plätzen stehen, neben den Bestimmungen der BildscharbV selbst (Anhang), insbesondere folgende Materialien (zur Bedeutung dieser und weiterer Handlungshilfen für die Beurteilung der Arbeitsbedingungen an Bildschirmarbeitsplätzen vgl. § 3 Rn. 15):
- Regeln der Träger der gesetzlichen Unfallversicherung, insbesondere ZH 1/ 618 bzw. GUV 17.8 »Sicherheitsregeln für Bildschirm-Arbeitsplätze im Bürobereich« (vgl. *Rentrop*, BG 1998, 199);
- Normen, insbesondere: DIN 66234 »Bildschirmarbeitsplätze«; (DIN)/EN 29241 bzw. (EN)/(DIN EN)/ISO 9241 »Ergonomische Anforderungen für Bürotätigkeiten mit Bildschirmgeräten« bzw. »Ergonomic requirements for office work with visual display terminals (VDT's)« (diese Normenreihe soll die DIN 66234 sukzessive ablösen; vgl. im Überblick: *RPW*, S. 247 ff., *Burmester* u.a., 1997, Teil III, Nr. 3; vgl. *Riese*, CR 1997, 31; *Rentrop*, BG 1998, 199; vgl. umfassend und kritisch: *KAN* 16; zur Bedeutung von Normen für die Gestaltung von Bildschirmarbeitsplätzen vgl. § 4 Rn. 9);
- Grundentwurf UVV »Arbeit an Bildschirmgeräten« (VBG 104) (vgl. Rn. 3);
- *Bechmann* u.a., Der Arbeitsplatz am PC (1999);
- *BG Feinmechanik und Elektrotechnik* (Hrsg.), Bildschirmarbeitsplätze (1996);
- *BIA* (Hrsg.), Sicherheits-Check für Büroarbeitsplätze, 1996;
- *BMA* (Hrsg.), Der Bildschirmarbeitsplatz, 1997a; auch als Diskette und CD-ROM für allgemeine Anwender und für Ergonomie-Experten;
- *Burmester* u.a. (Hrsg.: BAuA), Das SANUS-Handbuch – Bildschirmarbeit EU-konform (1997); enthält das SANUS-Vorgehensmodell sowie Instrumente zur Analyse;
- *DGB Technologieberatungsstelle Hessen/Institut für sozialverträgliche Technikgestaltung (SOVT)*, Ergo-Online (http://www.sozialnetz-hessen.de/ergo-online.de);
- *DPG/hbv/IG Medien* (Hrsg.), Die neue Bildschirmarbeitsverordnung, 1997;
- *Görner/Bullinger*, Leitfaden Bildschirmarbeit, 1997;
- *Hahn* (Hrsg.: BAU), Mischarbeit in Büro und Verwaltung, 1992;
- *Hahn* u.a. (Hrsg.: BAU), Arbeitssystem Bildschirmarbeit, 1995; liegt auch als Softwareversion vor (Hrsg.: *Akzente-Studiengemeinschaft*, Systemische Arbeitsplatzanalyse. Mensch und Bildschirmarbeit, 1996);
- *Hahn/Lorenz* (Hrsg.: BAuA), Die systemische Beurteilung von Bildschirmarbeit. Eine Arbeitshilfe für die Fachkraft für Arbeitssicherheit, 1997;
- *Keller* (Hrsg.: BDA), Die Bildschirmarbeitsverordnung. Ein Vorschlag zur praktischen Umsetzung, 1996;
- *Kreutner/Johst/Pleiss* (Hrsg.: *DGB Technologieberatung e.V. Berlin*), Leitfaden zur Beurteilung der Arbeitsbedingungen an Bildschirmarbeitsplätzen nach dem BALY-Verfahren (Beteiligungsorientierte Arbeitsplatzanalyse), 1997;
- *Krüger/Nagel/Niehues/Walschek/Allmer* (Hrsg.: BAuA): Bewegungsergonomie bei Arbeitsplätzen mit informationsverarbeitenden Dienstleistungen, 1997;
- *LASI* (Hrsg.), Bildschirmarbeitsverordnung – Auslegungshinweise zu den unbestimmten Rechtsbegriffen, 2000 (zit.: LASI-BildscharbV; ist in die Kommentierung eingearbeitet);
- *LASI* (Hrsg.), Handlungsanleitung zur Beurteilung der Arbeitsbedingungen bei der Bildschirmarbeit, 1997; enthält das »Arbeitsblatt Bildschirmarbeit« (abgedruckt als Anhang Nr. 9);
- *Richter* (Hrsg.: BAuA), Psychische Belastung und Beanspruchung, 1997;
- *RPW*, Handbuch Bildschirmarbeit, 1998, 2. Aufl.;
- *Verwaltungs-BG* (Hrsg.), Ergonomie im Büro, 1997; als CD.

3. Sachlicher Anwendungsbereich

Der umfassende **Anwendungsbereich** der BildscharbV schließt grundsätzlich alle Arten von Tätigkeiten mit Bildschirmgeräten ein und ist damit umfassend definiert (§ 1 Abs. 1; RegE-ArtV, 26) vgl. *Doll*, SiS 1997, 9; zum Begriff »Bildschirmgerät« vgl. § 2 Rn. 5; zum persönlichen Anwendungsbereich vgl. Rn. 28 ff.). Nur für ganz bestimmte, im folgenden aufgeführte Arbeitsplätze und Bildschirmgeräte wird dieser Anwendungsbereich eingeschränkt (vgl. § 1 Abs. 2), womit Art. 1 Abs. 3 EG-Bildschirmrichtlinie umgesetzt wird. Die Aufzählung in § 1 Abs. 2 ist abschließend (*RPW*, 181). Demgemäß fallen folgende Arbeitsplätze nicht unter die BildscharbV: 15

Bedienerarbeitsplätze von Maschinen: Dies sind Plätze, an denen bei einzelnen Maschinen (wie z.b. Industrieroboter oder computergestützte Werkzeugmaschinen – CNC-Maschinen) in der Produktion über eine Steuereinrichtung mit Bildschirm, die integraler Bestandteil der Maschine ist, **unmittelbar in den Produktionsablauf** dieser Maschine eingegriffen wird (RegE-ArtV, 26). Der Bildschirm hat an diesen Arbeitsplätzen nur eine untergeordnete Funktion oder wird nur kurzzeitig verwendet. Der Begriff »Bedienerarbeitsplätze von Maschinen« ist dementsprechend eng auszulegen (*EuGH* 6.7.2000, AuR 2000, 384, Rn. 49, 50 m. Anm. *Lörcher*). 16

Nicht unter diese Ausnahmen fallen daher Steuerstände, Leitstände und auch CNC-Maschinen, wenn Beschäftigte an letzteren auch vorbereitend, steuernd und optimierend und damit ohne direkten Eingriff in den Produktionsablauf arbeiten (*RPW*, 182; vgl. *Keller*, 15; zu Gestaltungsanforderungen an Leitstände vgl. § 4 Rn. 17). Für diese Arbeitsplätze gelten die Anforderungen der BildscharbV hinsichtlich ihrer Gestaltung. Dies gilt auch für entsprechende Bildschirmgeräte in **Studios** der Laufbild- und Tonbearbeitung (Rundfunk- und Fernsehanstalten; zu Gestaltungsanforderungen vgl. a.a.O.), ebenso für Bildschirmgeräte zur **Be- und Verarbeitung von Druck-Erzeugnissen** (vgl. a.a.O.). Dementsprechend fallen in den Anwendungsbereich der BildscharbV auch Bildschirmgeräte, auf denen **Filmaufnahmen** in analoger oder in digitalisierter Form dargestellt werden. Ein Arbeitsplatz, auf dem derartiges Bildmaterial mit Hilfe von technischen Einrichtungen und/oder Computerprogrammen bearbeitet wird (**»Cutter-Arbeitsplatz«**), fällt **nicht** unter den Begriff »Bedienerplätze von Maschinen« (*EuGH* 6.7.2000, a.a.O.; vgl. *Kohte*, BB 2000, 2579; zur Konkretisierung vgl. *ArbG Siegen* 8.5.2001, NZA-RR 2001, 629).

Fahrerarbeitsplätze von Fahrzeugen: Darunter sind z.B. Displays zu verstehen, mit deren Hilfe der Einsatz eines Staplers koordiniert wird. Ferner sind hierunter die Anzeigen von Verkehrsleitsystemen u.ä. zu verstehen (vgl. *Keller*, 15). 17

Bildschirmgeräte an Bord von **Verkehrsmitteln:** Dies betrifft Bildschirmgeräte, die nicht an Fahrerplätzen eingesetzt werden, sondern an anderer Stelle eines Verkehrsmittels (z.B. Bildschirme zur Radarüberwachung an Bord von Schiffen oder Flugzeugen; vgl. *RPW*, 182; *Keller*, 15). Dagegen sind Arbeitsplätze von Fluglotsen, die mit Bildschirmgeräten ausgestattet sind, von der BildscharbV erfasst (vgl. *Riese*, CR 1997, 29). 18

Datenverarbeitungsanlagen, die hauptsächlich für die **Benutzung durch die Öffentlichkeit** bestimmt sind: Dies betrifft hauptsächlich Automaten mit Bildschirm (z.B. Geldautomaten). Diese sind vom Geltungsbereich der BildscharbV ausgenommen, weil hier die Benutzung durch die Öffentlichkeit (vgl. RegE-ArtV, a.a.O.) und nicht ihre Benutzung bei der Arbeit im Vordergrund steht. 19

Die nur kurzzeitige Benutzung lässt typischerweise keinerlei gesundheitliche Auswirkungen erwarten (vgl. a.a.O.; vgl. *RPW*, 182).

20 Bildschirmgeräte für den **ortsveränderlichen Gebrauch**: Hierbei handelt es sich insbesondere um Laptops oder Notebooks. Diese Geräte fallen dann nicht in den Anwendungsbereich der BildscharbV, sofern sie nicht regelmäßig an einem Arbeitsplatz eingesetzt werden (vgl. RegE-ArtV, a.a.O.). Umfasst daher die Arbeitsplatzbeschreibung den Einsatz des ortveränderlichen Gerätes am festen Arbeitsplatz, z.B. Laptop oder Notebook, und ist das Gerät zur Erfüllung der gestellten Aufgabe notwendig, liegt ein Bildschirmarbeitsplatz vor. Tragbare Bildschirmgeräte, die nicht den ergonomischen Forderungen insbesondere bezüglich der Tastaturausführung, der Trennung von Tastatur und Bildschirm oder der Qualität der Zeichendarstellung erfüllen, sind für die dauernde Benutzung an einem festen Arbeitsplatz nicht geeignet (Allgemeine Auslegungshinweise des BMI zur EG-Richtlinie 90/270/EWG, Dezember 1995; LASI-BildscharbV, 7). Sie müssen daher, wenn sie nicht allein für den ortsveränderlichen Gebrauch, sondern auch stationär eingerichtet werden, den Bestimmungen des Anhang der BildscharbV entsprechen (vgl. *RPW*, 182 f.; *Keller*, 16).

21 Rechenmaschinen, Registrierkassen oder andere **Arbeitsmittel mit einer kleinen Daten- oder Messwertanzeigevorrichtung**, die zur unmittelbaren Benutzung des Arbeitsmittels erforderlich ist (z.B. Taschenrechner, Anzeige bei Fotokopierern, wissenschaftliche bzw. medizinische Apparate mit Status- oder Ergebnisanzeigen), fallen nicht in den Anwendungsbereich der BildscharbV (vgl. *RPW*, 183; *Keller*, 16; *Rentrop*, BG 1998, 199). Dies darf jedoch nicht zu einem Unterlaufen der BildscharbV bzw. ihrer Schutzziele führen, indem Arbeiten an Bildschirmgeräten mit kleiner Datenanzeige- oder Messwertvorrichtung durchgeführt werden, die über die unmittelbare Benutzung des entsprechenden Arbeitsmittels hinausgehen (vgl. *RPW*, 183). **Wesentlich** für die Beurteilung einer kleinen Daten- oder Messwertanzeigevorrichtung ist die Funktion der Anzeige und nicht allein die Größe. »Klein« beschreibt die Größe der Anzeige, die nur wenige Zeilen umfassen darf. Üblicherweise ist auf derartigen Anzeigen der Betriebszustand oder ein Momentanmesswert bzw. Preis dargestellt. Die Anzeigen sollten den Anforderungen genügen, wie sie beispielhaft in der DIN EN 894 – Teil 2, Ergonomische Anforderungen an die Gestaltung von Anzeigen und Stellteilen, festgelegt sind (LASI-BildscharbV, 8).

Unabhängig von der Größe der Daten- oder Messwertanzeigevorrichtung liegt ein **Bildschirmarbeitsplatz** vor, wenn
– die Anzeigevorrichtung des Arbeitsmittels zur mehrzeiligen Datenerfassung oder -bearbeitung verwendet wird oder
– den Beschäftigten bei der Ausführung ihrer Arbeitsaufgabe eine Software zur Verfügung steht, die nicht für die unmittelbare Funktion des Arbeitsmittels (z.B. als Rechenmaschine, Registrierkasse oder Telefon) benötigt wird.

Für Kassen mit Monitor (Katodenstrahlröhren oder TFT) gilt die BildscharbV (ebd.).

22 **Schreibmaschinen** klassischer Bauart mit einem **Display** sind vom Anwendungsbereich der BildscharbV ausgenommen, weil die Anzeige der Zeichen bei ihnen nur von untergeordneter Bedeutung für die Tätigkeit ist (RegE-ArtV, a.a.O.). Auch hier dürfen die Schutzziele der BildscharbV nicht unterlaufen werden (vgl. *RPW*, 183 f.). Für Arbeitsplätze, die mit derartigen Schreibmaschinen (auch ohne Display) ausgestattet sind, gelten die allgemeinen Vorschriften des ArbSchG und insbesondere auch der ArbStättV.

Bildschirmarbeitsplätze i.S. der BildscharbV (vgl. § 2 Rn. 6ff.), die zwar nicht 23
unter die obigen Ausnahmetatbestände fallen, bei denen sich jedoch andere
Schwierigkeiten zur Erfüllung der ergonomischen Gestaltungsanforderungen
der BildscharbV gem. § 4 Abs. 1, 2 i.V. m. dem Anhang ergeben, fallen ggf. unter
die **Ausnahmeregelung** des § 4 Nr. 1 (vgl. *Riese*, CR 1997, 29; *Keller*, 15; § 4
Rn. 17).

4. Geltung in allen Tätigkeitsbereichen, persönlicher Anwendungsbereich

Die BildscharbV gilt in allen **Tätigkeitsbereichen** und schafft für diese einheit- 24
liche Vorschriften (vgl. § 1 Abs. 1 Satz 2 ArbSchG; § 1 ArbSchG Rn. 14ff.). Der
persönliche Anwendungsbereich entspricht gem. der Ermächtigungsgrundlage (§ 19 ArbSchG) dem des ArbSchG, d.h. von der Verordnung werden grundsätzlich alle privaten und öffentlichen Tätigkeitsbereiche erfasst. Auch der Begriff »Beschäftigte« ist daher i.S. von § 2 Abs. 2 ArbSchG zu verstehen (vgl.
Rn. 28).

Die BildscharbV gilt nicht für den Bereich des **Bergbaus**, in dem entsprechende 25
Regelungen durch die GesBergV v. 31.7.1990¹ getroffen worden sind (vgl. § 1
Abs. 3; RegE-ArtV, 27; § 1 Abs. 2 Satz 2 ArbSchG; § 1 ArbSchG Rn. 19; *Opfer-
mann/Rückert*, AuA 1997, 70).

Im Bereich der **Seeschifffahrt** gilt die BildscharbV nur dann, wenn nicht ent- 26
sprechende Rechtsvorschriften bestehen (vgl. hierzu die UVV »Seeschifffahrt«
VBG 108; § 1 Abs. 2 Satz 2 ArbSchG; § 1 ArbSchG Rn. 18).

Die BildscharbV gilt nicht für den Arbeitsschutz von **Hausangestellten in pri-** 27
vaten Haushalten (vgl. § 1 Abs. 2 Satz 1 ArbSchG; § 1 ArbSchG Rn. 17).

Die BildscharbV zielt auf den Schutz von Sicherheit und Gesundheit für alle 28
Beschäftigten i.S. von § 2 Abs. 2 ArbSchG ab (Rn. 10; vgl. § 2 ArbSchG
Rn. 12ff.). In Bezug auf die Arbeit an Bildschirmarbeitsplätzen wird der Begriff
des Beschäftigten i.S. der BildscharbV jedoch eingeschränkt (vgl. § 2 Rn.12f.).

Besondere Belastungen und Beanspruchungen (vgl. allg. Rn. 7ff.), aber auch 29
Chancen für Beschäftigte zur Verbesserung ihrer Arbeitsbedingungen können
sich durch **spezifische Beschäftigungsformen** und daraus resultierende Arbeitsaufgaben, Tätigkeiten und Formen der Arbeitsorganisation an Bildschirmarbeitsplätzen ergeben (vgl. allg. zu kombinierten Belastungen bei Tätigkeiten
an Arbeitsplätzen mit modernen Kommunikationstechnologien vgl. *König u.a.*,
1995).

Dies gilt z.B. für die sogenannte **Telearbeit**, eine Arbeitsform, die sich quantitativ immer mehr ausbreitet (vgl. *Hofmann/Klein*, 2000; *Konradt/Schmook*, Arbeit
1/1999, 40ff.; *BAuA* (Hrsg.), 1997a, S. 5ff.; *Kleinsorge/Koberski/Warnken*, BArbBl.
12/1997, 12f.;). Begrifflich ist zu unterscheiden zwischen Telearbeit zu Hause,
alternierender Telearbeit, Telearbeit in Satelliten- oder Nachbarschaftsbüros sowie mobiler Telearbeit. Wird Telearbeit von Beschäftigten i.S. von § 2 Abs. 2
ArbSchG erbracht, gelten die staatlichen Arbeitsschutzvorschriften (insbesondere: ArbSchG, ArbStättV, BildscharbV); bei in Heimarbeit Beschäftigten und
ihnen Gleichgestellten gelten die Arbeitsschutzvorschriften des HAG (vgl. § 2
ArbSchG Rn. 16, 23). Vorschläge zur arbeits(schutz)rechtlichen **Gestaltung** von
Telearbeit enthält ein Forschungsbericht des *BMA*, die sich auf Statusfragen und
Probleme der Scheinselbständigkeit, individualrechtliche Fragen, Zutrittsrech-

---

1 BGBl. I, 1751; zuletzt geändert durch Art. 3 Nr. 7 der VO v. 26.10.1993 (BGBl. I, 1782).

Arbeitsschutzverordnungen

te, Sicherheit und Gesundheitsschutz, den arbeitsrechtlichen Betriebsbegriff und Beteiligungsrechte von Betriebs- und Personalräten beziehen (vgl. BMA (Hrsg.), 1997b; zu Vorschlägen zur sicherheits- und gesundheitsgerechten Gestaltung von Telearbeitsplätzen vgl. BAuA (Hrsg.), 1997a; *Hofmann/Klein*, 2000). Hinzuweisen ist weiterhin auf die besonderen Arbeitbedingungen in sogenannten **Call-Centern** (vgl. allg. *Henn/Kruse/Strawe*, 1998; im Überblick zu »Realität« und »Vision« bei der Gestaltung von Call Center-Arbeitsplätzen *Beutert/Hess*, CF 1999, 19 ff.; CF 11/1997, S. 4 ff.; zur Förderung von entsprechenden Modellvorhaben des BMA zur Bekämpfung arbeitsbedingter Erkrankungen vgl. BArbBl. 4/2000, 35 f. und *Doll*, BArbBl. 10/2000, 21 ff.).

30 Für die **Beamten der Länder, Gemeinden und sonstigen Körperschaften, Anstalten und Stiftungen des öffentlichen Rechts** regelt das Landesrecht, ob und inwieweit die BildscharbV gilt (vgl. § 20 Abs. 1 ArbSchG). Sind durch die Bundesländer noch keine entsprechenden Rechtsvorschriften erlassen worden, gilt die EG-Bildschirmrichtlinie aufgrund der am 31.12.1992 abgelaufenen Umsetzungsfrist unmittelbar (vgl. Einl. Rn. 70).

31 Im Bereich des **öffentlichen Dienstes des Bundes** gilt die BildscharbV unmittelbar. Nur für den Ausnahmefall, nämlich wenn **öffentliche Belange** es **zwingend** erfordern, kann in bestimmten Bereichen des öffentlichen Dienstes des Bundes (insbesondere Bundeswehr, Polizei und Zoll) die BildscharbV ganz oder teilweise nicht angewendet werden, wobei gleichzeitig festzulegen ist, wie Sicherheit und Gesundheitsschutz der Beschäftigten nach dieser Verordnung auf andere Weise gewährleistet werden (vgl. § 1 Abs. 4 BildscharbV i.V.m. § 20 Abs. 2 ArbSchG; RegE-ArtV, 27; *Riese*, CR 1997, 29; § 20 ArbSchG Rn. 2 ff.). Die Regelung trägt der Tatsache Rechnung, dass in bestimmten Tätigkeitsbereichen des öffentlichen Dienstes die strikte Anwendung der Verordnung mit der ordnungsgemäßen Erfüllung der öffentlichen Aufgaben in diesen Bereichen in Konflikt kommen könnte (RegE-ArtV, a.a.O.). Von der Regelung werden also Ausnahmetatbestände abgedeckt, die zur Aufrechterhaltung oder Wiederherstellung der öffentlichen Sicherheit notwendig sind, z.B. die Einsätze des Technischen Hilfswerks oder der Polizei, der Verteidigungsfall, etc. (LASI-BildscharbV, 8).

5. Pflichten von Herstellern und Inverkehrbringern

32 Die BildscharbV enthält keine unmittelbaren Pflichten für **Hersteller** bzw. **Inverkehrbringer** von Bildschirmgeräten und von sonstigen Arbeitsmitteln, die für Einrichtung und Betrieb von Bildschirmarbeitsplätzen erforderlich sind. Dies gilt auch für den Anhang, der Gestaltungsanforderungen an Bildschirmarbeitsplätze festlegt, die der Arbeitgeber, nicht der Inverkehrbringer, bei der Gestaltung zu beachten hat (vgl. § 4 Rn. 1). Das Inverkehrbringen der Arbeitsmittel, aus denen sich ein Bildschirmarbeitsplatz zusammensetzt, richtet sich nach den Vorschriften des GSG. Da EG-rechtliche, harmonisierte Anforderungen an diese Arbeitsmittel im Hinblick auf ihre ergonomische Gestaltung nicht bestehen (im Hinblick auf die elektrische Betriebssicherheit gelten die harmonisierten Anforderungen der 1. GSGV i.V.m. der EG-Niederspannungsrichtlinie, im Hinblick auf die elektromagnetische Verträglichkeit gelten die harmonisierten Anforderungen des EMVG i.V.m. der EG-Richtlinie über die elektromagnetische Verträglichkeit), sie also dem »**nicht harmonisierten**« Bereich zuzuordnen sind (vgl. § 4 AMBV Rn. 7), müssen die Inverkehrbringer

Bildschirmarbeitsverordnung

dieser Arbeitsmittel, wozu auch der Importeur gehört, die Regelung aus § 3 Abs. 1 Satz 2 GSG beachten. Danach müssen diese Arbeitsmittel nach den allgemein anerkannten Regeln der Technik sowie den Arbeitsschutz- und Unfallverhütungsvorschriften so beschaffen sein, das Benutzer oder Dritte bei ihrer bestimmungsgemäßen Verwendung gegen Gefahren aller Art für Leben oder Gesundheit soweit geschützt sind, wie es die Art der bestimmungsgemäßen Verwendung gestattet (vgl. § 3 Abs. 1 Satz 2 GSG; vgl. *Jeiter*, § 3 GSG Rn. 44 ff.). Dies bedeutet, dass die nationalen Hersteller sich bei Konstruktion und Produktion von Bildschirmgeräten und weiterer, zum Bildschirmarbeitsplatz gehörender Arbeitsmittel (vgl. § 2 Rn. 5 ff.) grundsätzlich an den Gestaltungsanforderungen insbesondere der BildscharbV, des Regelwerks der Träger der gesetzlichen Unfallversicherung und der Normen zu orientieren haben. Von den allgemein anerkannten Regeln der Technik sowie den Arbeitsschutz- und Unfallverhütungsvorschriften darf gem. § 3 Abs. 1 Satz 3 GSG abgewichen werden, soweit die gleiche Sicherheit auf andere Weise gewährleistet ist (vgl. *Jeiter*, § 3 GSG Rn. 63 ff.).

Die Tatsache, dass die Arbeitsmittel, aus denen sich der Bildschirmarbeitsplatz zusammensetzt, seitens der ergonomischen Gestaltung zum »nicht harmonisierten Bereich« gehören und gerade nicht in ihren auf Konstruktion und Herstellung bezogenen, grundlegenden Sicherheits- und Gesundheitsanforderungen harmonisiert sind, hat weiterhin zur Konsequenz, dass durch nationale Standards mit einem höheren **Schutzniveau** als in anderen EU-Mitgliedsstaaten keine Handelshemmnisse aufgebaut werden, die gegen EG-Wettbewerbsrecht verstoßen. Auf der anderen Seite darf jedoch nach der Rspr. des *EuGH* zu Art. 30, 36 EGV das Inverkehrbringen entsprechender Arbeitsmittel aus anderen EU-Mitgliedsstaaten dann nicht untersagt werden, wenn das Schutzniveau gleichwertig ist. Der *EuGH* geht hierbei von dem Grundsatz aus, dass ein in einem Mitgliedsstaat rechtmäßig hergestelltes und in den Verkehr gebrachtes und nicht als gesundheitsgefährdend beurteiltes Produkt grundsätzlich auch in allen anderen Mitgliedsstaaten als solches betrachtet werden muss (*EuGH*, Rs 8/74, 120/78, 188/84; vgl. *Opfermann*, FS Wlotzke, 737 f.; *Streffer*, ebd., 772; vgl. Einl Rn. 74).

33

6. Beteiligung des Betriebsrats/Personalrats

Betriebs- bzw. Personalrat haben die Einhaltung der BildscharbV zu **überwachen** (vgl. § 80 Abs. 1 Nr. 1 BetrVG; § 68 Abs. 1 Nr. 2 BPersVG) und sich für ihre Durchführung einzusetzen (vgl. § 89 BetrVG, § 81 BPersVG). Bei allen Regelungen der BildscharbV, die dem Arbeitgeber einen Entscheidungsspielraum lassen, greift die **Mitbestimmung** des Betriebsrats nach § 87 Abs. 1 Nr. 7 BetrVG bzw. des Personalrats nach § 75 Abs. 3 Nr. 11 BPersVG (vgl. LAG *Hamburg* 21.9.2000, NZA-RR 2000, 190; DKK-*Klebe*, § 87 BetrVG Rn. 200 ff. m.w.N.; § 3 Rn. 10; § 4 Rn. 10, 19; § 5 Rn. 5; § 6 Rn. 6; BetrVG Rn. 14 ff.; BPersVG Rn. 8 ff.).

34

§ 2 Begriffsbestimmungen

(1) Bildschirmgerät im Sinne dieser Verordnung ist ein Bildschirm zur Darstellung alphanumerischer Zeichen oder zur Grafikdarstellung, ungeachtet des Darstellungsverfahrens.

(2) Bildschirmarbeitsplatz im Sinne dieser Verordnung ist ein Arbeitsplatz mit einem Bildschirmgerät, der ausgestattet sein kann mit

Arbeitsschutzverordnungen

1. Einrichtungen zur Erfassung von Daten,
2. Software, die den Beschäftigten bei der Ausführung ihrer Arbeitsaufgaben zur Verfügung steht,
3. Zusatzgeräten und Elementen, die zum Betreiben oder Benutzen des Bildschirmgeräts gehören, oder
4. sonstigen Arbeitsmitteln,
5. sowie die unmittelbare Arbeitsumgebung.

(3) Beschäftigte im Sinne dieser Verordnung sind Beschäftigte, die gewöhnlich bei einem nicht unwesentlichen Teil ihrer normalen Arbeit ein Bildschirmgerät benutzen.

Übersicht   Rn.

1. Allgemeines.. 1– 4
2. Bildschirmgerät..   5
3. Bildschirmarbeitsplatz... 6–11
4. Beschäftigte i.S. der BildscharbV................................ 12, 13

1. Allgemeines

1   Die BildscharbV trennt **begrifflich** zwischen Bildschirmgeräten, Bildschirmarbeitsplätzen und Beschäftigten. Damit wird Art. 2 EG-Bildschirmrichtlinie umgesetzt (RegE-ArtV, 27). Diese Begriffe sind von erheblicher Bedeutung für den **Anwendungsbereich** der BildscharbV, ohne dass hierdurch unterschiedlich hohe Schutzniveaus festlegt werden (so jedoch *RPW*, 187f.). Hieraus erwachsen zwei verschiedene Normtypen: Gestaltungsanforderungen an den Bildschirmarbeitsplatz als solchen (Rn. 5 ff.) und personenbezogene Schutzvorschriften für die Beschäftigten (Rn. 12).

2   Die **Gestaltungsanforderungen** der BildscharbV für Bildschirmarbeitsplätze (vgl. § 4 und Anhang-BildscharbV) gelten **unabhängig** davon, wie sie von Beschäftigten i.S. von § 2 Abs. 3 (Rn. 12) genutzt werden. Die Begriffe »Bildschirmgerät« (Rn. 5) und »Bildschirmarbeitsplatz« (Rn. 6 ff.) sind ausschließlich an **objektiven Merkmalen** orientiert (vgl. *EuGH* 12.12.1996 mit Anm. *Kohte*, CR 10/1997, 620). Die entsprechenden Gestaltungsanforderungen haben unabhängig davon Geltung, ob und wie lange Beschäftigte an derartigen Arbeitsplätzen tätig werden: »Die Pflichten zur Gestaltung der Arbeitsplätze, also z.B. zur Beschaffung von geeigneter Soft- und Hardware, sind ... unabhängig von der zeitlichen Belastung an diesem Arbeitsplatz zu berücksichtigen« (*EuGH*, a.a.O., 621; vgl. *Schuch*, SichIng 1/1998, 20; *RPW*, 187; *Riese*, CR 1997, 29; *Keller*, 18).

3   Unabhängig von den objektiven Gestaltungsanforderungen sind die **personenbezogenen Regelungen** zum »Täglichen Arbeitsablauf« (§ 5) und zur »Untersuchung der Augen und des Sehvermögens« (§ 6) an den Beschäftigtenbegriff i.S. der BildscharbV geknüpft (vgl. Rn. 12f.; geknüpft vgl. *LASI*, 1997, 11; *Rentrop*, BG 1998, 200). Sie gelten für die Beschäftigten i.S. der BildscharbV (Rn. 12).

4   Schon aus dem Kontext der Begrifflichkeiten der BildscharbV ergibt sich die Notwendigkeit eines **systematischen und umfassenden Vorgehens**, und zwar mit Blick auf (vgl. *Wlotzke*, NJW 1997, 1473; *Opfermann/Rückert*, AuA 1997, 71; *Keller*, 24):
– die Beurteilung der Arbeitsbedingungen an Bildschirmarbeitsplätzen (vgl. § 3 Rn. 8),
– deren entsprechender Gestaltung (§ 4 Rn. 4, Anhang-BildscharbV),

Bildschirmarbeitsverordnung

- die Organisation der täglichen Bildschirmarbeit durch Beschäftigte i.S. der BildscharbV (§ 5 Rn. 1) und
- die spezielle arbeitsmedizinische Vorsorge (§ 6 Rn. 1).

Die Notwendigkeit eines systematischen und umfassenden Vorgehens kann allgemein aus der ENV 26385 »Prinzipien der Ergonomie in der Auslegung von Arbeitssystemen« (12/1990; ISO 6385: 1981) abgeleitet werden, nach der »das Arbeitssystem ... das Zusammenwirken von Mensch und Arbeitsmitteln im Arbeitsablauf (beinhaltet), um die Arbeitsaufgabe am Arbeitsplatz in der Arbeitsumgebung unter den durch die Arbeitsaufgabe gesetzten Bedingungen zu erfüllen« (vgl. *Hahn* u.a., 1995, S. 5 ff.; ArbWiss-*Luczak*, 13; vgl. § 4 ArbSchG Rn. 17; zur Vorteilhaftigkeit eines systemischen Ansatzes bei der Beurteilung der Arbeitsbedingungen vgl. *Hahn/Lorenz*, a.a.O.; *Hahn* u.a., 1995, 3 ff.; vgl. § 3 Rn. 8).

2. Bildschirmgerät

Die Definition des Begriffs »**Bildschirmgerät**« (§ 2 Abs. 1) umfasst alle Bildschirme zur Darstellung alphanumerischer Zeichen oder zur Grafikdarstellung. Die Art des Darstellungsverfahrens ist dabei gleichgültig (z.B. Kathodenstrahlröhre, Flüssigkristallanzeige oder andere – z.T. noch in der Entwicklung begriffene – Technologien; RegE-ArtV, 27). Durch diese Definition ist die BildscharbV offen für technische Veränderungen (vgl. *Riese*, CR 97, 29; kritisch: *Keller*, 18; zum Stand der Technik z.B. in der Norm ISO 13406 »Ergonomische Anforderungen an Flachbildschirme vgl. *KAN* 16, 117 ff.; vgl. § 4 Rn. 13). Die Definition des Begriffs »Bildschirmgerät« ist weiterhin nicht auf Bildschirmgeräte beschränkt, die üblicherweise im Büro Anwendung finden, sondern umfasst auch Bildschirmgeräte zur **Prozesssteuerung** und **nicht elektronische Darstellungssysteme** wie z.B. Microfiche- und Microfilmlesegeräte (vgl. RegE-ArtV, 27; *Doll*, SiS 1997, 9). Der Ausschluss bestimmter Bildschirmgeräte aus dem Anwendungsbereich der BildscharbV ist in § 1 Abs. 2 geregelt (vgl. § 1 Rn. 16 ff.). Bildschirmgeräte, deren Hauptzweck es ist, Fernseh- oder Rundfunkbilder zu zeigen, werden vom Anwendungsbereich der BildscharbV erfasst, wenn an ihnen nicht unmittelbar in den Produktionsablauf eingegriffen (vgl. § 1 Rn. 16) wird oder diese Geräte nicht hauptsächlich zur Benutzung durch die Öffentlichkeit bestimmt sind (vgl. § 1 Rn. 19; zu speziellen Gestaltungsanforderungen vgl. § 4 Rn. 16 ff.).

5

3. Bildschirmarbeitsplatz

Der **Bildschirmarbeitsplatz** besteht aus einem Arbeitsplatz mit einem Bildschirmgerät (Rn. 5; vgl. § 2 Abs. 2). Die Auflistung in § 2 Abs. 2 Nr. 1 bis 4 stellt klar, dass auch **weitere Elemente** zum Bildschirmarbeitsplatz gehören können, aber nicht müssen (vgl. RegE-ArtV, 28; *Riese*, CR 1997, 29). Diese weiteren Elemente unterliegen ebenfalls den Gestaltungsanforderungen des § 4 i.V. m. dem Anhang zur BildscharbV. Die Auflistung ist nicht abschließend (*RPW*, 187).

6

Mit Einrichtungen zur **Erfassung von Daten** (§ 2 Abs. 2 Nr. 1) werden Daten in DV-Anlagen eingegeben oder geändert (z.B. Tastatur, Maus, Lichtstift, Belegleser, Scanner; vgl. RegE-ArtV, 28). Ihre ergonomische Gestaltung beeinflusst Belastungen und Beanspruchungen bei der Bildschirmarbeit (vgl. *Keller*, 19; *RPW*, 34 ff.; § 3 Rn. 7; § 4 Rn. 7; Anhang-BildscharbV).

7

8 Zur Ausstattung des Bildschirmgeräts gehört in der Regel **Software** (vgl. § 2 Abs. 2 Nr. 2), die das Zusammenwirken zwischen Mensch und Maschine (»Mensch-Maschine-Schnittstelle«) bestimmt. Es handelt sich insbesondere um Anwenderprogramme (z.B. zur Textverarbeitung) und Betriebssysteme (RegE-ArtV, 28). Diese können die psychischen Belastungen/Beanspruchungen der Beschäftigten beeinflussen (vgl. *Keller*, 19; *RPW*, 68 f.; zur Beurteilung und Gestaltung von Software nach ergonomischen Grundsätzen vgl. § 3 Rn. 12, 15, § 4 Rn. 7 und Anhang-BildscharbV, Rn. 4).

9 Typischerweise werden bei der Arbeit mit Bildschirmgeräten optionale **Zusatzgeräte** und Anlagenelemente (vgl. § 2 Abs. 2 Nr. 3) verwendet, z.B. Ausgabegeräte (Drucker, Plotter), externe Speichergeräte (Diskettenlaufwerke, Magnetbandgeräte) und Dialoggeräte (Modem). Beim Einsatz von Druckern sind insbesondere die Regelungen der UVV »Lärm« (BGV B 3) zu beachten (vgl. *RPW*, 39 f.; 58; vgl. § 3 Rn. 7; Anhang-BildscharbV).

10 **Sonstige Arbeitsmittel** (vgl. § 2 Abs. 2 Nr. 4) sind solche Arbeitsmittel, die nicht nur speziell bei der Arbeit mit Bildschirmgeräten verwendet werden (z.B. Arbeitstisch, Arbeitsfläche, Arbeitsstuhl, Manuskripthalter, ggf. Fußstütze) (vgl. § 4 Rn. 7; Anhang-BildscharbV). Für die Bereitstellung und Benutzung dieser Arbeitsmittel gelten die Regelungen der AMBV (vgl. § 4 Rn. 7; Anhang-BildscharbV).

11 Die **unmittelbare Arbeitsumgebung** (vgl. § 2 Abs. 2 Nr. 4) ist der Teil der Arbeitsumgebung, der unmittelbaren Einfluss auf die Arbeit mit dem Bildschirmgerät haben kann (RegE-ArtV, 28). Es handelt sich um einen Sammelbegriff für alle physikalischen, chemischen und biologischen Faktoren, die auf den Beschäftigten unmittelbar an seinem Bildschirmarbeitsplatz wirken (vgl. *RPW*, 187; *Keller*, 18). Maßgeblich für die Beurteilung und die entsprechende Gestaltung der unmittelbaren Arbeitsumgebung sind die Regelungen des Anhangs, die Vorschriften der ArbStättV und die ASR (vgl. *Keller*, 24) sowie sonstige Rechtsvorschriften i.S. von § 2 Abs. 4 ArbSchG (insbesondere UVV; vgl. § 4 Rn. 2). Bei der Gestaltung von Bildschirmarbeitsplätzen ist die Arbeitsumgebung daher einzubeziehen (vgl. zur ergonomischen Gestaltung von Büroräumen *Döbele-Martin*, *Martin*, CF 5/1999, 12 ff.).

4. Beschäftigte i.S. der BildscharbV

12 **Beschäftigte** i.S. der BildscharbV sind alle Beschäftigten i.S. von § 2 Abs. 2 ArbSchG (vgl. § 2 ArbSchG Rn. 11 ff.). Hinzu kommen muss, dass sie gewöhnlich bei einem **nicht unwesentlichen Teil ihrer normalen Arbeit** ein Bildschirmgerät benutzen. Diese Einschränkung entspricht wörtlich Art. 2 Buchst. e EG-Bildschirmrichtlinie. Die Regelung ist ein Kompromiss zwischen der Auffassung, Beschäftigter sei jeder Benutzer eines Bildschirmgeräts unabhängig von Intensität und Dauer der Benutzung, und der Auffassung, dass die Arbeit mit dem Bildschirmgerät bestimmend für die Tätigkeit sein müsse (RegE-ArtV, 28; vgl. *Riese*, CR 1997, 30).

Bildschirmarbeit liegt jedenfalls dann vor, wenn die Tätigkeit ohne Bildschirm nicht ausführbar ist. Das wesentliche Kriterium ist die Belastung bei der Arbeit am Bildschirmgerät, die sich aus Intensität und Dauer dieser Arbeit ergibt. Die vorhandene Arbeitsbelastung muss sich aus der Beurteilung der Arbeitsbedingungen nach § 3 BildscharbV ergeben. Die Frage, ob es sich um einen Beschäftigten im Sinne der BildscharbV handelt, ist hauptsächlich entscheidend für die

Bildschirmarbeitsverordnung

Anforderungen der §§ 5 und 6 der BildscharbV (LASI-BildscharbV, 9). Dagegen ist nach § 4 Abs. 1 BildscharbV jeder Bildschirmarbeitsplatz ergonomisch gemäß den Mindestvorschriften im Anhang zu gestalten, unabhängig davon, ob ein Beschäftigter im Sinne von § 2 Abs. 3 BildscharbV daran arbeitet oder nicht, d.h. auch unabhängig davon wie lange der Bildschirmarbeitsplatz genutzt wird (a.a.O.).

In den **Niederlanden** ist Beschäftigter i.S. des dortigen Rechtsaktes zur Umsetzung der EG-Bildschirmrichtlinie, wer **mindestens zwei Stunden pro Arbeitstag** ein Bildschirmgerät benutzt (vgl. umfassend: *Riese*, a.a.O., m.w.N.; *RPW*, 190; *Rentrop*, BG 1998, 200, m.w.N.; mit Hinweis auf die Definition des berufsgenossenschaftlichen Grundsatzes »Bildschirmarbeits-Plätze« [G 37; vgl. *RPW*, 246]; vgl. *LASI*, 1997, 11). **12a**

Bei einer 35-Stunden-Woche und einem Arbeitstag von durchschnittlich 7 Stunden ist eine Bildschirmarbeit von durchschnittlich **30 bis 45 Minuten pro Arbeitstag** jedenfalls **nicht unwesentlich** i.S. der BildscharbV (*ArbG Neumünster* 20.1.2000, AiB 2001, 244 m. Anm. *Bertelsmann*). Begründet wird diese Auslegung mit Blick auf § 4 ArbZG: Wenn im Arbeitsrecht bei einer Arbeitszeit von mehr als 6 bis zu 9 Stunden eine 30-minütige Ruhepause zur Regeneration des Arbeitsnehmers zwingend vorgeschrieben ist, und 30 Minuten in einem Arbeitstag eine solche regenerierende Wirkung haben können, dann handelt es sich bei einem solchen Zeitraum in einem Arbeitsalltag um einen »nicht unwesentlichen«, d.h. nicht unwichtigen, nicht belanglosen Zeitraum (ebd.).

Bei **Telearbeit** (§ 1 Rn. 29) ist arbeitsschutzrechtlich zu unterscheiden, ob es sich um eine Form **abhängiger Arbeit** handelt oder um Heimarbeit. Im ersteren Falle gelten das ArbSchG, die ArbStättV und die BildscharbV unmittelbar. Für selbständige **Heimarbeiter** (z.B. bei häuslicher Schreibarbeit ohne organisatorische und technische Einbindung; vgl. *BAG* 17.7.1988, NZA 1989, 141) gilt das ArbSchG nicht (§ 2 Abs. 2 Nr. 3 ArbSchG; § 2 ArbSchG Rn.16). Es kommen vielmehr die Arbeitsschutzvorschriften des HAG zu Geltung (vgl. *Kleinsorge/Koberski/Warnken*, BArbBl. 12/1997, 12f.). **13**

§ 3 Beurteilung der Arbeitsbedingungen

Bei der Beurteilung der Arbeitsbedingungen nach § 5 des Arbeitsschutzgesetzes hat der Arbeitgeber bei Bildschirmarbeitsplätzen die Sicherheits- und Gesundheitsbedingungen insbesondere hinsichtlich einer möglichen Gefährdung des Sehvermögens sowie körperlicher Probleme und psychischer Belastungen zu ermitteln und zu beurteilen.

Übersicht

	Rn.
1. Allgemeines	1–4
2. Gefährdungen des Sehvermögens	5
3. Körperliche Probleme	6
4. Psychische Belastungen	7
5. Durchführung der Beurteilung	8–16

Arbeitsschutzverordnungen

1. Allgemeines

1 Bei der **Beurteilung der Arbeitsbedingungen** gem. § 5 ArbSchG, der Grundlage für Maßnahmen des Arbeitsschutzes, hat der Arbeitgeber bei Bildschirmarbeitsplätzen die Sicherheits- und Gesundheitsbedingungen zu ermitteln und zu beurteilen. Dabei sind Belastungen und Beanspruchungen einzubeziehen, die typisch für die Tätigkeit an Bildschirmarbeitsplätzen sind (vgl. Rn. 5 ff.) und aus denen sich Gefährdungen für Sicherheit und Gesundheit der Beschäftigten ergeben können. § 3 setzt Art. 3 Abs. 1 EG-Bildschirmrichtlinie um. Die Regelung nimmt ausdrücklich Bezug auf § 5 ArbSchG, weil die in der EG-Bildschirmrichtlinie vorgeschriebene Arbeitsplatzanalyse im Gesamtrahmen der vom ArbSchG geforderten Beurteilung der Arbeitsbedingungen zu sehen ist (RegE-ArtV, 28 f.).

2 Die Beurteilung der Arbeitsbedingungen muss gem. § 3 an **allen Bildschirmarbeitsplätzen** – ggf. in standardisierter Form (vgl. Rn. 11) – erfolgen, also unabhängig davon, ob Beschäftigte i.S. der BildscharbV (vgl. § 2 Rn. 12 f.) an diesen tätig werden (vgl. *RPW*, 190). Entsprechende Schutzmassnahmen ergeben sich aus § 4 i.V.m. dem Anhang. Werden an den Bildschirmarbeitsplätzen Beschäftigte i.S. der BildscharbV tätig – und dies wird bei der überwiegenden Zahl der Arbeitsplätze der Fall sein – sind zusätzlich diejenigen Gefährdungsfaktoren einzubeziehen, die sich nicht allein aus den objektiven Gestaltungsanforderungen ergeben und aus deren Beurteilung sich insbesondere Maßnahmen nach §§ 5 und 6 ableiten lassen (vgl. § 5 Rn. 2 f.; § 6 Rn. 2 f., 7).

3 Bei der Beurteilung der Arbeitsbedingungen bei Bildschirmarbeit hat der Arbeitgeber insbesondere auf eine mögliche **Gefährdung** des Sehvermögens, auf körperliche Probleme und auf psychische Belastungen zu achten (vgl. RegE-ArtV, 29; allg. zu Belastungen und Beanspruchungen am Bildschirmarbeitsplatz vgl. schon § 1 Rn. 7 f., zum Begriff der »Gefährdung« vgl. § 4 ArbSchG Rn. 2 f.). Diese Auflistung ist nicht abschließend, sie hebt lediglich die für Bildschirmarbeit besonders relevanten Belastungen/Beanspruchungen sowie die damit verbundenen Gefährdungen hervor.

4 Der **Gesundheitsbegriff** der BildscharbV umfasst – wie schon allgemein der des ArbSchG (vgl. § 1 ArbSchG Rn. 8) – auch solche physischen und psychomentalen Faktoren, die sich auf die Gesundheit der Beschäftigten auswirken und in unmittelbarem Zusammenhang mit der Sicherheit und der Gesundheit bei der Bildschirmarbeit stehen (vgl. RegE-ArtV, 28). Insoweit ist auch die menschengerechte Gestaltung der Bildschirmarbeit Bestandteil des Gesundheitsbegriffs (vgl. a.a.O.; vgl. im einzelnen: § 4 Rn. 4 und § 5 Rn. 1; zum Begriff der menschengerechten Gestaltung der Arbeit vgl. § 2 ArbSchG Rn. 8 ff.).

2. Gefährdungen des Sehvermögens

5 **Gefährdungen des Sehvermögens** können sich aus Beanspruchungen der Sehfähigkeit ergeben, wie z.B. alle mit den Augen zusammenhängenden, ansonsten aber unspezifischen (asthenopischen) Augenbeschwerden oder Veränderungen der Augenfunktionen, insbesondere der Akkomodationsfähigkeit, d.h. des »Einstellens« zwischen »nah« und »fern« (vgl. *RPW*, 120, m.w.N.; *LASI*, 1997, 6, 8 f.). In Bezug auf Bildschirmarbeit können diese Beanspruchungen aus unterschiedlichen Faktoren resultieren (vgl. *Keller*, 24):

Bildschirmarbeitsverordnung

- Darstellungsqualität der Informationen auf dem Bildschirm (unter Einbeziehung der verwendeten Software),
- Darstellungsqualität von Vorlagen,
- optische Rahmenbedingungen wie natürliche/künstliche Beleuchtung und deren eventuelle Störfaktoren wie Blendung und Spiegelung (vgl. *BAuA*-Ratgeber, 152 f.).

3. Körperliche Probleme

Körperliche Probleme sind alle gesundheitlichen Beanspruchungen, die sich nicht aus Beanspruchungen des Sehvermögens, sondern des Muskel-Skelett-Systems (Verspannungen, Rückenschmerzen, Veränderungen der Sehnenansätze im Hand-Arm-Schulter-Bereich) oder des vegetativen Nervensystems (Kopfschmerzen) bei der Bildschirmarbeit ergeben können (z.b. durch repetitive Bewegungsabläufe und erzwungene Körperhaltung bzw. statische Haltearbeit; vgl. *RPW* 121; *LASI*, 1997, 6, 8; *BAuA*-Ratgeber, 212). Auch das **RSI-Syndrom** fällt darunter: RSI bedeutet »Repetitive Strain Injury« und ist ein Sammelbegriff für Beschwerden im Hand-Arm-Schulter-Bereich (*RPW*, 121, m.w.N.). Körperliche Probleme können an Bildschirmarbeitsplätzen dann auftreten, wenn die Komponenten des Arbeitsplatzes (vgl. § 2 Rn. 5, 6 ff.) keine optimale Gestaltungskombination zulassen, um es dem Beschäftigten zu ermöglichen, ergonomisch günstige Körperhaltungen einzunehmen (vgl. *Keller*, 24; *BAuA*-Ratgeber, 212).

6

4. Psychische Belastungen

Psychische Belastungen, die die Sicherheit und die Gesundheit bei Bildschirmarbeit durch hieraus resultierende Beanspruchungen gefährden können, können sich allgemein aus der Gesamtheit aller erfassbaren Einflüsse ergeben, die von außen auf den Menschen zukommen und psychisch auf ihn einwirken (vgl. DIN 33405 bzw. DIN EN ISO 10075 (Entwurf), S. 4; *RPW*, 112, 121 allg. zur Normung im Bereich Bildschirmarbeit: *Nachreiner* u.a., 1998). An Bildschirmarbeitsplätzen können sich aus Belastungsquellen, die durch Arbeitsaufgabe und Arbeitsorganisation bedingt sind (Zeitdruck, hohe Verantwortung, mangelnde Unterstützung, eintönige Aufgaben), die folgenden psychischen Beanspruchungen ergeben: psychische Ermüdung, Monotonie, psychische Sättigung und Stress (vgl. *RPW*, a.a.O.; *Burmester* u.a., 1997, Teil II, 3., S. 3; *Keller*, 24 ff.; *Junghanns/Ertel/Ullsperger*, 1998; zur Kombination von Belastungen bei Tätigkeiten an Arbeitsplätzen mit modernen Kommunikationstechnologien vgl. *König* u.a., 1995; allg.: *BAuA*-Ratgeber, 228). Weitere Belastungen, die zu Beanspruchungen an Bildschirmarbeitsplätzen führen können, können aus Überforderung oder Unterforderung, zu späten oder unvollständigen Informationen, zu häufigen Unterbrechungen, zu geringem Handlungsspielraum oder fehlenden sozialen Kontakten resultieren. Auch schlechte Ausführungsbedingungen wie z.B. Lärm oder mangelhafte Beleuchtung in der unmittelbaren Arbeitsumgebung können Belastungsquellen sein, die psychische Beeinträchtigungen hervorrufen, die zur Gefährdung der Sicherheit und Gesundheit am Bildschirmarbeitsplatz führen können (vgl. a.a.O.).

7

5. Durchführung der Beurteilung

8 Bei der Beurteilung der Arbeitsbedingungen schreibt die BildscharbV kein bestimmtes **Instrumentarium** vor (RegE-ArtV, 29). In der Regel ist jeder Betrieb in der Lage, diese Gefährdungsbeurteilung selbst vorzunehmen (vgl. RegE-ArtV, a.a.O.; zur Durchführung vgl. Rn. 9). Im Hinblick auf den Kontext der Definitionen in § 2 und der am Begriff des Arbeitssystems (§ 2 Rn. 4) ausgerichteten Anforderungen an die Beurteilung der Arbeitsbedingungen ist es vorteilhaft, von einem systemischen, alle Einflussfaktoren ganzheitlich und nicht isoliert voneinander einbeziehenden Ansatz auszugehen, dessen Aufbau es dem Arbeitgeber erlaubt und erleichtert, neben der Beurteilung der Arbeitsbedingungen und potenziellen/tatsächlichen Gefährdungen auch die Maßnahmen des Arbeitsschutzes gem. §§ 4, 5 und 6 BildscharbV i.V.m. §§ 3, 4 ArbSchG festzulegen (vgl. *Hahn/Lorenz*, 1997, 5; *Hahn* u.a., 1995; Rn. 2; zu Handlungshilfen Rn. 15; mit Hinweis auf das Erfordernis einer systematischen und umfassenden Vorgehensweise: *Wlotzke*, NJW 1997, 1473; *Opfermann/Rückert*, AuA 1997, 71; *Keller*, 24).

9 Bei der Durchführung der Beurteilung nach § 3 wird in der Regel ein **Soll-Ist-Vergleich** des Bildschirmarbeitsplatzes mit dem Vorschriften- und Regelwerk erfolgen (RegE-ArtV, 29; vgl. *Riese*, CR 97, 30; *RPW*, 191 ff.; vgl. allg. § 5 ArbSchG Rn. 7 ff.). Die allgemeine Vorgehensweise sollte hierbei die Schritte Grobanalyse, Feinanalyse, Maßnahmen, Wirksamkeitsüberprüfung und ggf. Anpassung der Maßnahmen umfassen (vgl. *RPW*, 127; *Burmester* u.a., 1997, Teil I, Nr. 3; *LASI* [Hrsg.], 1997).

10 Die **Beteiligung** der Beschäftigten, z.B. durch Befragung (vgl. *Doll*, SiS 97, 9) bzw. Einrichtung einer Projektgruppe (*Burmester* u.a., 1997, Teil I, Nr. 4.2 und 4.3) ist mindestens hilfreich, in vielen Fällen unerlässlich.
§ 3 ist, wie § 5 ArbSchG (vgl. BetrVG Rn. 29), eine **Rahmenvorschrift** i.S. des § 87 Abs. 1 Nr. 7 BetrVG und lässt dem Arbeitgeber einen Entscheidungsspielraum bezüglich Methode, Inhalt, Anpassung und Wiederholung der Gefährdungsbeurteilung. Sie unterliegt daher der **Mitbestimmung** des Betriebsrats gem. § 87 Abs. 1 Nr. 7 (vgl. LAG *Hamburg* 21.9.2000, NZA-RR 2000, 192; DKK-*Klebe*, § 87 BetrVG Rn. 200 m.w.N.; vgl. BetrVG Rn. 8 ff.) bzw. des Personalrats gem. § 75 Abs. 3 Nr. 11 (vgl. BPersVG Rn. 14 ff.).

11 Ausgehend von der nach § 5 Abs. 2 Satz 2 ArbSchG möglichen **Standardisierung** bzw. Typisierung der Beurteilung von Arbeitsplätzen oder Tätigkeiten bei gleichartigen Arbeitsbedingungen (vgl. § 5 ArbSchG Rn. 11), bietet sich dies auch bei der Beurteilung von Bildschirmarbeitsplätzen an. Gleichartig sind Arbeitsbedingungen, »wenn alle wesentlichen Belastungsfaktoren gleich oder arbeitswissenschaftlich vergleichbar sind« (*RPW*, 124; *Keller*, 38, spricht von dem Erfordernis einer »hohen Vergleichbarkeit« und sieht als Anwendungsfelder große Arbeitsbereiche in Banken, Versicherungen und Verwaltungen). Die Vergleichbarkeit bezieht sich insbesondere auf die unmittelbare Arbeitsumgebung, die verwendeten Arbeitsmittel einschließlich der hauptsächlich verwendeten Software und die zu erledigenden Arbeitsaufgaben (*RPW*, a.a.O.; *Keller*, 38 ff.). Möglicherweise auftretende besondere Beanspruchungen bei einzelnen Beschäftigten, die durch eine standardisierte Beurteilung der Arbeitsbedingungen an Bildschirmarbeitsplätzen nicht erfasst werden (können), ist im Rahmen von Einzelfallregelungen, bei der Festlegung von Schutzmaßnahmen, ggf. auch im Rahmen von Wirksamkeitsüberprüfung zur Anpassung dieser Maßnahmen, Rechnung zu tragen (vgl. *RPW*, 124).

Bildschirmarbeitsverordnung

Die Pflicht des Arbeitgebers, geeignete **Maßnahmen des Arbeitsschutzes** i.S. **12**
von § 2 Abs. 1 ArbSchG auf der Basis der Beurteilung der Sicherheits- und
Gesundheitsschutzbedingungen nach Art. 3 Abs. 2 EG-Bildschirmrichtlinie
zu treffen, ist bereits durch § 5 Abs. 1 ArbSchG umgesetzt (RegE-ArtV, 29;
vgl. *Riese*, CR 97, 30). Diese Maßnahmen müssen im Zusammenhang und
nicht in einzelnen Schritten, d.h. sukzessiv, getroffen werden (*Hahn/Lorenz*,
1997, 5). Dazu gehört die Gestaltung der objektiven, ergonomischen Anforderungen an den Bildschirmarbeitsplatz (einschließlich der Software) und
seiner unmittelbaren Umgebung (vgl. § 4 Rn. 7; Anhang-BildscharbV, Rn. 4;
§ 2 Rn. 6ff.) sowie die Organisation der Bildschirmarbeit (vgl. § 5) und die
arbeitsmedizinische Vorsorge (vgl. § 6) für die am Bildschirmarbeitsplatz
tätigen Beschäftigten (vgl. § 2 Rn. 12). Weiterhin ist auf die, auch für Bildschirmarbeitsplätze geltenden, allgemeinen Regelungen des ArbSchG sowie
sonstiger Rechtsvorschriften (z.B. die ArbStättV) hinzuweisen, die die Berücksichtigung des Stands der Technik, der Arbeitsmedizin und sonstiger
gesicherter arbeitswissenschaftlicher Erkenntnisse mit einschließt (vgl. § 1
Rn. 3; § 4 Rn. 2).

Hinsichtlich der **Dokumentation** des Ergebnisses der Beurteilung der Arbeits- **13**
bedingungen und der getroffenen Maßnahmen des Arbeitsschutzes hat der Arbeitgeber die Regelungen des § 6 ArbSchG zu beachten. Für Betriebe mit 10
oder weniger Beschäftigten ist diese Dokumentation zwar grundsätzlich nicht
verpflichtend (§ 6 Satz 2 ArbSchG; vgl. *Riese*, CR 1997, 71; *Doll*, SiS 1997, 9;
RegE-ArtV, 29), aber zweckmäßig (vgl. § 6 ArbSchG Rn. 10). Die Dokumentation muss seit dem 21.8.1997 in allen betroffenen Betrieben vorliegen (vgl.
Art. 6 EASUG; § 6 ArbSchG Rn. 1).

Zur Erstellung von **allgemeinen Handlungshilfen** bei der Gefährdungsbeur- **14**
teilung nach § 5 ArbSchG liegen Gemeinsame Grundsätze des BMA, der oberste
Arbeitsschutzbehörden der Länder und der Spitzenverbände der Unfallversicherungsträger vor (abgedruckt als Anhang Nr. 5), die der Qualitätssicherung
dienen und auch Hinweise für das betriebliche Auswahlverfahren bei der Entscheidung über die jeweils anzuwendende und am besten auf die betrieblichen
Verhältnisse passenden Methode geben (vgl. § 5 ArbSchG Rn. 15; vgl. *RPW*,
126f., die im Hinblick auf § 3 BildscharbV die folgenden allgemeinen Kriterien
nennen: Praktikabilität, Flexibilität, Transparenz und Kooperation).

Spezielle Handlungshilfen (vgl. schon allgemein zur Bildschirmarbeit § 1 **15**
Rn. 14), die sich insbesondere auf die Beurteilung der Arbeitsbedingungen
bei Bildschirmarbeit beziehen, sind z.B.:

a) allg. zur Beurteilung der Arbeitsbedingungen am Bildschirmarbeitsplatz,
einschließlich körperlicher Probleme:
– *BAuA*-Ratgeber, 140 (Klima); 153ff. (Beleuchtung); 166ff. (Lärm), 197f.
(Aufnahme von Informationen, Handhabung von Stellteilen); 212 (erzwungene Körperhaltung); gibt allg. Hinweise, die nicht auf Bildschirmarbeitsplätze beschränkt sind;
– *BIA* (Hrsg.), Sicherheits-Check für Büroarbeitsplätze (1996); für Grobanalyse;
– *BMA* (Hrsg.), Der Bildschirmarbeitsplatz (1997a); enthält als CD- bzw.
Diskettenversion eine Grob- und Feinanalyse; die Broschüre eignet sich
für die Grobanalyse;
– *Burmester* u.a. (Hrsg.: BAuA), Das SANUS-Handbuch. Bildschirmarbeit
EU-konform (1997); enthält ein komplettes Verfahren zur Beurteilung;

Arbeitsschutzverordnungen

- *DPG/hbv/IG Medien* (Hrsg.), Die neue Bildschirmarbeitsverordnung, 1997, 75 ff.;
- *Hahn/Lorenz* (Hrsg.: *BAuA*), Die systemische Beurteilung von Bildschirmarbeit. Eine Arbeitshilfe für die Fachkraft für Arbeitssicherheit, 1997;
- *Hahn* u.a. (Hrsg.: *BAuA*), Arbeitssystem Bildschirmarbeit, 1995; auch als Software-Version erhältlich (vgl. *Akzente-Studiengemeinschaft*, Systemische Arbeitsplatzanalyse. Mensch und Bildschirmarbeit, 1996);
- *Hess. Ministerium für Frauen, Arbeit und Sozialordnung*, ASCA-Modul Bildschirmarbeit;
- *LASI* (Hrsg.), Handlungsanleitung zur Beurteilung der Arbeitsbedingungen bei der Bildschirmarbeit, 1997; enthält das »Arbeitsblatt Bildschirmarbeit«, das sich zur Grobanalyse von Bildschirmarbeitsplätzen eignet (abgedruckt als Anhang Nr. 7);
- *Keller* (Hrsg.: *BDA*), Die Bildschirmarbeitsverordnung. Ein Vorschlag zur praktischen Umsetzung, 1996, 38 ff.;
- *Kreutner/Johst/Pleiss* (Hrsg.: *DGB Technologieberatung e.V. Berlin*), Leitfaden zur Beurteilung der Arbeitsbedingungen an Bildschirmarbeitsplätzen nach dem BALY-Verfahren (Beteiligungsorientierte Arbeitsplatzanalyse), 1997;
- *RPW*, Handbuch Bildschirmarbeit, 1998, 2. Aufl.; enthält einen Überblick zum Verfahren »Arbeitsplatzbeurteilung nach Bildschirmarbeitsverordnung und EU-Richtlinie der *TBS Oberhausen* (ABETO) (S. 133 ff.) sowie den »Easy-Checker-Software zur Grobanalyse eines Bildschirmarbeitsplatzes« als Disketten-Version;
- *Verwaltungs-BG*, DiaL.O.G., 1997; als CD zusammen mit der Software »Ergonomie im Büro«; vgl. *Neumann*, BG 4/98, S. 204 ff.;

b) speziell zur Beurteilung der Software-Ergonomie:
- *Burmester* u.a.; 1997, Teil II, Nr. 2;
- *Döbele-Martin/Martin* (Hrsg.: *TBS Oberhausen*), Ergonomie-Prüfer, 1993;
- *Rudolf/Becker-Töpfer*, Software-Ergonomie und Arbeitsgestaltung, 1997;
- im Überblick: *Stary/Riesenecker-Caba/Kalkhofer*, ZArbWiss 1997, 20 ff., m.w.N. zu konkreten Verfahren;

c) speziell zur Beurteilung psychischer Belastungen:
- *BAuA-Ratgeber*, 229 ff.; nicht auf Bildschirmarbeit beschränkt;
- *Burmester* u.a., 1997, Teil II, Nr. 3 und 4; enthält konkrete Verfahren;
- *Richter*, 1997, 78 ff.; nicht auf Bildschirmarbeit beschränkt;
- im Überblick: *Strohm/Ulich*, ZArbWiss 1997, 11 ff., m.w.N. zu konkreten Verfahren; *Fricke*, CF 1999, 16 ff.

16 Der Arbeitgeber sollte bei der Beurteilung der Arbeitsbedingungen die **betrieblichen Arbeitsschutzakteure** (Betriebsärzte und Fachkräfte für Arbeitssicherheit; überbetriebliche Dienste) hinzuziehen, die nach dem ASiG entsprechende Unterstützungsverpflichtungen haben (RegE-ArtV, 29; vgl. *Riese*, CR 1997, 30; *Opfermann/Rückert*, AuA 1997, 70 f.; *RPW*, 191; vgl. §§ 6 Nr. 1 Buchst. a, 3 Abs. 1 Nr. 1 Buchst. g ASiG; ASiG Rn. 62 ff.; § 1 Rn. 11). In jedem Fall besteht eine Zuständigkeit des Arbeitsschutzausschusses zur Behandlung dieser Fragen (vgl. ASiG Rn. 129 ff.).

§ 4 Anforderungen an die Gestaltung

(1) Der Arbeitgeber hat geeignete Maßnahmen zu treffen, damit die Bildschirmarbeitsplätze den Anforderungen des Anhangs und sonstiger Rechtsvorschriften entsprechen.
(2) Bei Bildschirmarbeitsplätzen, die bis zum 20. Dezember 1996 in Betrieb sind, hat der Arbeitgeber die geeigneten Maßnahmen nach Absatz 1 dann zu treffen,
1. wenn diese Arbeitsplätze wesentlich geändert werden oder
2. wenn die Beurteilung der Arbeitsbedingungen nach § 3 ergibt, daß durch die Arbeit an diesen Arbeitsplätzen Leben oder Gesundheit der Beschäftigten gefährdet ist, spätestens jedoch bis zum 31. Dezember 1999.
(3) Von den Anforderungen des Anhangs darf abgewichen werden, wenn
1. die spezifischen Erfordernisse des Bildschirmarbeitsplatzes oder Merkmale der Tätigkeit diesen Anforderungen entgegenstehen oder
2. der Bildschirmarbeitsplatz entsprechend den jeweiligen Fähigkeiten der daran tätigen Behinderten unter Berücksichtigung von Art und Schwere der Behinderung gestaltet wird und dabei Sicherheit und Gesundheitsschutz auf andere Weise gewährleistet sind.

Übersicht	Rn.
1. Allgemeines	1–3
2. Maßnahmen	4–11
3. Übergangsfrist	12–15
4. Maßnahmen an besonderen Bildschirmarbeitsplätzen	16–19

1. Allgemeines

Bildschirmarbeitsplätze müssen allgemeinen arbeitswissenschaftlichen **Gestaltungsanforderungen** genügen, die sich aus dem Anhang zur BildscharbV und sonstigen Rechtsvorschriften des Arbeitsschutzes ergeben (vgl. RegE-ArtV, 29; *Doll*, SiS 1997, 10). Hierzu muss der Arbeitgeber, auf der Basis der Beurteilung der Arbeitsbedingungen nach § 3, geeignete Maßnahmen treffen (*Keller*, 28; im einzelnen vgl. Rn. 4 ff.; vgl. § 3 Rn. 12). Mit § 4 werden Art. 4 und 5 und die einleitende Bemerkung des Anhangs zur EG-Bildschirmrichtlinie umgesetzt. **1**

Zu den **sonstigen Rechtsvorschriften** gehört i.S. von § 2 Abs. 4 ArbSchG in erster Linie die ArbStättV mit den grundlegenden Anforderungen an Arbeitsstätten (RegE-ArtV, 29; vgl. *Riese*, CR 1997, 31; *Opfermann/Rückert*, AuA 1997, 71, Fußn. 3; vgl. Rn. 8). **2**

Kosten, die dem Arbeitgeber aufgrund der Gestaltungsmaßnahmen nach § 4 entstehen, dürfen nicht den Beschäftigten auferlegt werden (vgl. § 3 Abs. 3 ArbSchG; § 3 ArbSchG Rn. 14, 15). Dies gilt unabhängig davon, ob Beschäftigte i.S. der BildscharbV am Bildschirmarbeitsplatz tätig sind (vgl. § 2 Rn. 12, 13). **3**

2. Maßnahmen

Maßnahmen i.S. der BildscharbV sind zunächst alle **allgemeinen Maßnahmen des Arbeitsschutzes** i.S. von § 2 Abs. 1 ArbSchG. Sie umfassen Maßnahmen zur Verhütung von Unfällen bei der Arbeit und arbeitsbedingten Gesundheitsge- **4** fahren sowie Maßnahmen zur menschengerechten Arbeitsgestaltung (vgl. *RPW*, 194; vgl. zum Gesundheitsbegriff der BildscharbV § 3 Rn. 4). Die Maßnahmen nach § 3 Abs. 1 Satz 2 ArbSchG müssen auf ihre Wirksamkeit hin überprüft und sich ändernden Gegebenheiten angepasst werden. Der Arbeitgeber hat dabei von den allgemeinen Grundsätzen des § 4 ArbSchG auszugehen und auf eine Verbesserung von Sicherheit und Gesundheit der Beschäftigten hinzuwirken (Satz 3; vgl. § 1 Rn. 5). Dazu gehört insbesondere die Berücksichtigung gesicherter arbeitswissenschaftlicher Erkenntnisse (vgl. § 4 ArbSchG Rn. 11 ff.) und des Stands der Technik (vgl. § 4 ArbSchG Rn. 8; vgl. ausführlich *RPW*, 194 ff.).

5   Dazu kommen **besondere Maßnahmen**, die der Bildschirmarbeit gelten. Hierzu gehört z.B. die Beschaffung der geeigneten Geräte und Arbeitsmittel sowie die Gestaltung der entsprechenden Arbeitsumgebung (vgl. RegE-ArtV, 29; *Opfermann/Rückert*, AuA 1997, 71; *Riese*, CR 1997, 31).

6   **Geeignet** i.S. von § 1 Abs. 1 ist eine Maßnahme, wenn sie die Gewähr dafür bietet, dass die Anforderungen des Anhangs eingehalten werden (vgl. RegE-ArtV, 29; *Opfermann/Rückert*, a.a.O.; *RPW*, 193; *Keller*, 28). Voraussetzung hierfür ist, dass die entsprechenden Elemente eines Bildschirmarbeitsplatzes auch vorhanden sind (*RPW*, a.a.O.; *Riese*, a.a.O.).

7   Der **Anhang** enthält die vom Arbeitgeber bei der Gestaltung von Bildschirmarbeitsplätzen zu erfüllenden, objektiven Anforderungen an Bildschirmgeräte und Tastatur, an sonstige Arbeitsmittel, an die Arbeitsumgebung, an das Zusammenwirken Mensch-Arbeitsmittel (insbesondere bezogen auf die Software-Ergonomie) sowie die Anforderung, dass ohne Wissen des Benutzers keine Kontrolleinrichtungen verwendet werden dürften (vgl. *Riese*, CR 1997, 31; *Wlotzke*, NJW 1997, 1473; zum Verhältnis von Beschaffenheits-(Herstellerpflichten) und Benutzungsanforderungen (Arbeitgeberpflichten) im Anhang der EG-Bildschirmrichtlinie vgl. *KAN* 16, 40 ff.; vgl. Anhang-BildscharbV, Rn. 1 ff.; zu Pflichten des Herstellers bzw. Inverkehrbringers vgl. § 1 Rn. 32, 33). In Bezug auf die Anordnung der Arbeitsmittel und die unmittelbare Arbeitsumgebung ist die Bedeutung der Bewegungsergonomie hervorzuheben (vgl. *Krüger* u.a., 1997; zur nicht auf die objektiven Gestaltungsanforderungen bezogenen Mischarbeit vgl. § 5 Rn. 3; zur Büroraumplanung vgl. *Martin*, AiB 1998, 62 ff.; *Hahn* u.a., 1995, Teilsystem Fläche, 9 ff.).

8   Weitere Gestaltungsanforderungen an Bildschirmarbeitsplätze sind in **sonstigen Rechtsvorschriften** festgelegt, insbesondere (vgl. Rn. 1 f.):
    – in der ArbStättV (zur Gestaltung der Arbeitsumgebung),
    – teilweise auch in der AMBV (zur Bereitstellung und Benutzung von Arbeitsmitteln; vgl. vor allem § 3 AMBV).

9   **Sicherheitsregeln** der Träger der gesetzlichen Unfallversicherung und **Normen** (vgl. § 1 Rn. 14) sind zwar rechtlich unverbindlich. Sie können jedoch bei der Auslegung und Konkretisierung der Bestimmungen und Schutzziele der BildscharbV herangezogen werden (vgl. RegE-ArtV, 29 f.; vgl. *Opfermann/Rückert*, AuA 1997, 71; *Riese*, CR 1997, 31; *Wlotzke*, NJW 1997, 1473; *RPW*, 194, die auch den Grundentwurf der VBG 104 einbeziehen; vgl. § 1 Rn. 3; kritisch zum Stand der internationalen Normung vgl. *KAN* 16). Insbesondere werden Bildschirmgeräte, die diesen Regelungen entsprechen und das GS-Zeichen i.S. des § 3 Abs. 4 GSG (vgl. Einl. Rn. 60) tragen, in der Regel auch den Bestimmungen der BildscharbV entsprechen (RegE-ArtV, 30; vgl. *Riese*, a.a.O., 31; *Wlotzke*, a.a.O.; *Keller*, 28 mit Hinweis auf einen »Einkaufsführer« der Verwaltungs-BG, der eine Auflistung der zertifizierten Produkte aus dem Bereich der elektroni-

Bildschirmarbeitsverordnung

schen Datenverarbeitung, Entsorgungseinrichtungen, Büromaschinen und -geräte, Lagereinrichtungen und Arbeitsmöbel enthält).
§ 4 Abs. 1 ist eine **Rahmenvorschrift** i.S. des § 87 Abs. 1 Nr. 7 BetrVG und lässt **10** dem Arbeitgeber einen Entscheidungsspielraum zur Gestaltung von Bildschirmarbeitsplätzen gem. der Vorgaben des Anhangs und sonstiger Rechtsvorschriften, die ihrerseits auch Entscheidungsspielräume aufweisen. Sie unterliegt daher der **Mitbestimmung** des Betriebsrats (vgl. LAG *Hamburg*, 21. 9. 2001, NZA-RR 2000, 195; DKK-*Klebe*, § 87 BetrVG Rn. 201 m.w.N.; vgl. BetrVG Rn. 14 ff.) bzw. des Personalrats gem. § 75 Abs. 3 Nr. 11 (vgl. BPersVG Rn. 8 ff.).
Die folgenden **Handlungshilfen** (vgl. schon § 1 Rn. 14 und § 3 Rn. 15) enthalten **11** Maßnahmenvorschläge zur Erfüllung der objektiven Gestaltungsanforderungen nach § 4 (einschließlich des Anhangs und sonstiger Rechtsvorschriften unter Berücksichtigung von Sicherheitsregeln und Normen):
– *BAuA*-Ratgeber, 141 f. (Klima); 158 f. (Beleuchtung); 170 ff. (Lärm), 198 ff. (Aufnahme von Informationen, Handhabung von Stellteilen); 213 ff. (erzwungene Körperhaltung); gibt allg. Hinweise, die nicht auf Bildschirmarbeitsplätze beschränkt sind;
– *BMA* (Hrsg.), 1997; kann zur groben Orientierung für die Gestaltung eines Bildschirmarbeitsplatzes dienen;
– *Bundesverwaltungsamt*, Ergonomie: Arbeitsplätze und Bürosysteme, 1997;
– *Burmester* u.a., 1997, Teil I, Nr. 7.1, 7.2 (zur Wirksamkeitsüberprüfung vgl. Nr. 8);
– *Döble-Martin, Martin*, CF 5/1999, 12 ff., zur ergonomischen Gestaltung von Büroräumen;
– *Hahn* u.a, 1995; bezogen auf die folgenden Teilsysteme des Arbeitssystems Bildschirmarbeit: »Fläche«, »Sitzen und Bewegen«, »Sehen und Wahrnehmen« sowie »Unfallschutz« (auch als Software-Version: *Akzente Studiengemeinschaft*, Systemische Arbeitsplatzanalyse. Mensch und Bildschirmarbeit, 1996; vgl. auch *Hahn/Lorenz*, 1997);
– *Krüger* u.a., 1997; enthält u.a. Gestaltungsanforderungen im Hinblick auf die Bewegungsergonomie;
– *LASI* (Hrsg.), 1997, 25 ff.; kann zur groben Orientierung dienen;
– *RPW*, 18 ff. (Hardware, Möbel, Arbeitumgebung), 68 ff. (Software-Gestaltung).

3. Übergangsfrist

Bei Bildschirmarbeitsplätzen, die bereits vor dem Inkrafttreten der BildscharbV, **12** d.h. **vor dem 20. 12. 1996**, in Betrieb waren, musste der Arbeitgeber die geeigneten Maßnahmen nach § 1 Abs. 1 dann treffen, wenn diese Arbeitsplätze wesentlich geändert werden oder wenn die Beurteilung der Arbeitsbedingungen nach § 3 ergibt, dass durch die Arbeit an diesen Bildschirmarbeitsplätzen Leben oder Gesundheit der Beschäftigten gefährdet sind (vgl. RegE-ArtV, 30).
Diese Arbeitsplätze müssen jedoch spätestens **seit dem 31. 12. 1999** den Anforderungen des Anhangs entsprechen (vgl. a.a.O.). Die Übergangsfrist **galt nicht** für die übrigen Bestimmungen der BildscharbV (vgl. *Riese*, CR 1997, 31).
Gegenüber der in der **EG-Bildschirmrichtlinie** vorgesehenen Übergangsfrist **13** (bis 31. 12. 1996) ist die Frist in der BildscharbV um drei Jahre auf den 31. 12. 1999 verlängert worden; dies wurde wegen der erheblich verspäteten Umsetzung (Umsetzungstermin war eigentlich der 31. 12. 1992) erforderlich, um den Betrieben eine angemessene Übergangsfrist zu gewähren (RegE-ArtV,

30; *Opfermann/Rückert*, AuA 1997, 71; *Wlotzke*, NJW 1997, 1473; kritisch: *RPW*, 197). Sollten jedoch die Arbeitsplätze vor diesem Zeitraum wesentlich geändert werden oder die Beurteilung der Arbeitsbedingungen Gefährdungen für Leben und Gesundheit der Beschäftigten ergeben, sind die geeigneten Maßnahmen bereits vorher zu treffen (RegE-ArtV, a.a.O.).

14 Ist im Zeitraum zwischen dem Inkrafttreten der BildscharbV und dem 31.12. 1999 an einem Bildschirmarbeitsplatz ein **neues Bildschirmgerät** in Betrieb genommen worden, ist der gesamte Bildschirmarbeitsplatz als neu anzusehen. Dies trifft nicht zu für die im Anhang beschriebenen Anforderungen an das Zusammenwirken Mensch-Arbeitsmittel, d.h. die Software-Ergonomie (vgl. RegE-ArtV, 30; kritisch: *RPW*, 197).

15 Von der Übergangsfrist unberührt bleibt der **öffentliche Dienst**. Dies entspricht der Rechtsprechung des *EuGH* über die Verpflichtung des Staates (im weitesten Sinne), EG-Richtlinien nach ihrer Umsetzungsfrist zu beachten (vgl. Einl., Rn. 70). Damit hat die EG-Bildschirmrichtlinie für den öffentlichen Dienst bereits mit Ablauf der für ihre Umsetzungsfrist vorgesehenen Frist, d.h. ab dem 01.01.1993 gegolten (vgl. RegE-ArtV, 30; *Opfermann/Rückert*, AuA 1997, 71; *Riese*, CR 1997, 31).

4. Maßnahmen an besonderen Bildschirmarbeitsplätzen

16 Mit § 4 Abs. 3 werden Möglichkeiten eröffnet, von den Anforderungen des Anhangs **abzuweichen**, wenn Sicherheit und Gesundheitsschutz der Beschäftigten auch auf andere Weise gewährleistet sind (vgl. RegE-ArtV, 31). Derartige Abweichungen dürfen jedoch nicht zu einer Aushöhlung der Schutzziele der BildscharbV führen (vgl. *RPW, 199)*.

17 Mit § 4 Abs. 3 Nr. 1 wird der Tatsache Rechnung getragen, dass es eine nicht unbeträchtliche Zahl von Arbeiten mit Bildschirmgeräten gibt, bei denen die spezifischen Erfordernisse des Bildschirmarbeitsplatzes oder die Merkmale der Tätigkeit diesen Anforderungen **zwingend entgegenstehen**. Mit spezifischen Erfordernissen des Bildschirmarbeitsplatzes oder Merkmalen der Tätigkeit sind zwingende technische Parameter gemeint, die Abweichungen von einzelnen Forderungen des Anhangs begründen können. Beispielhaft ist hier zu nennen: Anforderungen an Klimatisierung und Beleuchtung in Lagern, Werkstätten, Hallen, etc.; keine Möglichkeit zur Helligkeitsverstellung bei Bildschirmgeräten in der Prozesskontrolle oder bei Alarmsignaldarstellungen, soweit sie unter den Anwendungsbereich dieser Verordnung fallen. Registrierkassen mit Monitor verlangen sonstige Arbeitsmittel (vgl. Anhang zur BildscharbV, Ziffer 10–13), wie sie in der »Handlungsanleitung zur Beurteilung der Arbeitsbedingungen an Kassenarbeitsplätzen (LV 20)« beschrieben sind (LASI-BildscharbV, 9f.; vgl. *RPW*, 198 f.; *Rentrop*, BG 1998, 201 f.; § 1 Rn. 16).

18 Eine weitere Ausnahmeregelung bezieht sich auf die Tätigkeit von **Behinderten** an Bildschirmarbeitsplätzen, die sich besonders für deren Beschäftigung eignet. Es wird die Möglichkeit eröffnet, von den Anforderungen des Anhang abzuweichen, wenn der Bildschirmarbeitsplatz entsprechend den jeweiligen Fähigkeiten der daran tätigen Behinderten unter Berücksichtigung von Art und Schwere der Behinderung gestaltet wird (vgl. RegE-ArtV, 31).

19 § 4 Abs. 3 ist eine Rahmenvorschrift i.S. des § 87 Abs. 1 Nr. 7 BetrVG und lässt dem Arbeitgeber einen Entscheidungsspielraum bezüglich der besonderen Gestaltung der Bildschirmarbeitsplätze unter Berücksichtigung der Gewährleis-

Bildschirmarbeitsverordnung

tung von Sicherheit und Gesundheit. Sie unterliegt daher der **Mitbestimmung des Betriebsrats** (*LAG Hamburg*, 21.9.2000, NZA-RR 2000, 195 f.; vgl. DKK-*Klebe*, § 87 BetrVG Rn. 201 m.w.N.; BetrVG Rn. 14 ff.) bzw. des Personalrats gem. § 75 Abs. 3 Nr. 11 (vgl. BPersVG Rn. 8 ff.).

§ 5 Täglicher Arbeitsablauf

Der Arbeitgeber hat die Tätigkeit der Beschäftigten so zu organisieren, daß die tägliche Arbeit an Bildschirmgeräten regelmäßig durch andere Tätigkeiten oder durch Pausen unterbrochen wird, die jeweils die Belastung durch die Arbeit am Bildschirmgerät verringern.

Besondere Schutzmaßnahmen hat der Arbeitgeber bei der **Gestaltung des täglichen Arbeitsablaufs** zu treffen. Damit wird Art. 7 EG-Bildschirmrichtlinie umgesetzt. Mit dieser Verpflichtung soll den bei der Arbeit an Bildschirmgeräten häufig entstehenden Belastungen (besser: Beanspruchungen; vgl. *RPW*, 199, z.B. durch monotone oder ermüdende Tätigkeiten oder einseitige Körperhaltungen, die zu Muskelermüdungen führen) entgegengewirkt werden (vgl. *Doll*, SiS 1997, 10). Damit wird erfolgt eine Konkretisierung des Begriffs der menschengerechten Arbeitsgestaltung, die zu den Maßnahmen des Arbeitsschutzes gehört (vgl. § 2 ArbSchG Rn. 8 ff.), die der Arbeitgeber auf der Basis einer Beurteilung der Arbeitsbedingungen (§ 5 ArbSchG, § 3 BildscharbV) und unter Beachtung von allgemeinen Grundsätzen (§ 4 ArbSchG) zu treffen hat (§ 3 ArbSchG). **Voraussetzung** für § 5 ist, dass Beschäftigte i.S. der BildscharbV (vgl. § 2 Rn. 12) an Bildschirmarbeitsplätzen tätig sind. 1

Im Sinne einer **Rangfolge von Schutzmaßnahmen** ist zunächst zu versuchen, die Arbeit an Bildschirmgeräten so zu organisieren, dass sie durch andere belastungsreduzierende Tätigkeiten unterbrochen wird. Erst in zweiter Linie kommen Unterbrechungen durch Pausen in Frage (vgl. RegE-ArtV, 31; *Opfermann/Rückert*, AuA 1997, 71; *Riese*, CR 1997, 31 f.; *Keller*, 30; *RPW*, 199). 2

Mit der Forderung nach regelmäßiger Unterbrechung der Bildschirmarbeit durch andere Tätigkeiten, die die Belastung durch diese Arbeit verringern, ist das Konzept der »**Mischarbeit**« angesprochen. Ziel von »Mischarbeit« ist es, dass das Bildschirmgerät ein »normales« Arbeitsmittel des Beschäftigten ist, das nicht Inhalt und Art der Aufgabenerledigung diktiert oder dominiert. Mischarbeitsmodelle für die unterschiedlichen Tätigkeitsfelder sind im Rahmen des Programms der *Bundesregierung* »Arbeit und Technik« bzw. seitens der *BAuA* entwickelt worden (vgl. RegE-ArtV, 31; vgl. zu entsprechenden **Gestaltungsmaßnahmen**: *RPW*, 106 ff.; *Hahn*, 1992; *Hahn* u.a., 1995, Teilsystem »Täglicher Arbeitsablauf«, 69 ff.; *Burmester* u.a., 1997, Teil I, Nr. 8). 3

Alternativ zur Mischarbeit besteht die Möglichkeit regelmäßiger **Pausen**, die die Belastung am Bildschirmgerät verringern. Bei ihnen handelt es sich nicht um die im Arbeitszeitrecht geforderten Ruhepausen (vgl. RegE-ArtV, 31; *Opfermann/Rückert*, AuA 1997, 71; *Keller*, 30). Diese kurzzeitigen Pausen sollen vielmehr dem Auftreten von Ermüdung entgegenwirken. Aus ergonomischer Sicht ist der Erholungswert mehrerer Pausen (oder Unterbrechungen der Tätigkeit am Bildschirmgeräte) größer als der von wenigen langen Pausen (vgl. RegE-ArtV, 31 f.). Es ist daher nicht gestattet, die Kurzpausen über den Tag anzusammeln und so die tägliche Arbeitszeit zu verkürzen. Vielmehr sollten zusammenhängende Arbeitszeiten am Bildschirmgerät einen Zeitraum von 2 Stunden 4

Arbeitsschutzverordnungen

nicht überschreiten (LASI-BildscharbV, 11). Die (Kurz-)Pausen sollten, wenn sie erforderlich werden, hinsichtlich ihrer Lage von den Beschäftigten nach Bedarf frei gewählt werden können, d.h. vor dem Einsetzen einer spürbaren Ermüdung. Das dürfte auch im Interesse einer flexiblen Unternehmensorganisation und eines gesundheitszuträglichen Arbeitsablaufs sein (vgl. RegE-ArtV, 32; *Opfermann/Rückert*, AuA 1997, 71 f.; vgl. zu entsprechenden **Gestaltungsmaßnahmen**: *RPW*, 108 ff.; *Hahn* u.a., 1995, Teilsystem »Täglicher Arbeitsablauf«, 65 ff.).

5 § 5 ist eine **Rahmenvorschrift** i.S. des § 87 Abs. 1 Nr. 7 BetrVG und lässt dem Arbeitgeber einen Entscheidungsspielraum bezüglich der Form der Regelung des täglichen Arbeitsablaufs (Mischarbeit, Kurzpausen) und ihrer Gestaltung. Sie unterliegt daher der **Mitbestimmung** des Betriebsrats (LAG *Hamburg* 21.9.2000, NZA-RR, 190, 195; vgl. DKK-*Klebe*, § 87 BetrVG Rn. 202 m.w.N.; vor Erlass der BildscharbV hatte das *BAG* dieses Mitbestimmungsrecht des Betriebsrats schon in Bezug auf Art. 7 EG-Bildschimrichtlinie anerkannt, vgl. *BAG* 2.4.1996, CR 1996, 606 mit Anm. *Kohte*, 610; vgl. BetrVG Rn. 14 ff.) bzw. des Personalrats gem. § 75 Abs. 3 Nr. 11 (BVerwG 8.1.2001, PersR 2001, 154 ff. = NZA 2001, 570 ff.; vgl. BPersVG Rn. 8 ff.).

§ 6 Untersuchung der Augen und des Sehvermögens

(1) Der Arbeitgeber hat den Beschäftigten vor Aufnahme ihrer Tätigkeit an Bildschirmgeräten, anschließend in regelmäßigen Zeitabständen sowie bei Auftreten von Sehbeschwerden, die auf die Arbeit am Bildschirmgerät zurückgeführt werden können, eine angemessene Untersuchung der Augen und des Sehvermögens durch eine fachkundige Person anzubieten. Erweist sich aufgrund der Ergebnisse einer Untersuchung nach Satz 1 eine augenärztliche Untersuchung als erforderlich, ist diese zu ermöglichen.

(2) Den Beschäftigten sind im erforderlichen Umfang spezielle Sehhilfen für ihre Arbeit an Bildschirmgeräten zur Verfügung zu stellen, wenn die Ergebnisse einer Untersuchung nach Absatz 1 ergeben, dass spezielle Sehhilfen notwendig und normale Sehhilfen nicht geeignet sind.

Übersicht   Rn.
1. Durchführung von Untersuchungen 1–6
2. Spezielle Sehhilfen. 7–8

1. Durchführung von Untersuchungen

1 § 6 entspricht im Wesentlichen der bisherigen Praxis in der Bundesrepublik Deutschland. **Arbeitsmedizinische Vorsorgeuntersuchungen** bei Bildschirmarbeit sind hier seit Beginn der 80er Jahre eingeführt (Untersuchungen nach dem berufsgenossenschaftlichen Grundsatz G 37 »Bildschirm-Arbeitsplätze«). Diese Untersuchungen sind mit fast 790 000 Untersuchungen im Jahre 1995 die zweithäufigste arbeitsmedizinische Vorsorgeuntersuchung (nach Untersuchungen auf Lärmschwerhörigkeit mit über 850 000; vgl. RegE-ArtV, 32; *Weihrauch* u.a., 1998, 51, 52). Mit § 6 wird Art. 9 EG-Bildschirmrichtlinie umgesetzt.

2 Im Hinblick auf die arbeitsmedizinische Vorsorge bei Bildschirmarbeit ist der Arbeitgeber verpflichtet, den Beschäftigten i.S. der BildscharbV (vgl. § 2 Rn. 12) eine **angemessene Untersuchung** der Augen und des Sehvermögens durch eine fachkundige Person **anzubieten**. Dies muss vor Aufnahme der Arbeit an Bildschirm-

Bildschirmarbeitsverordnung

geräten erfolgen. Das Angebot ist anschließend in regelmäßigen Zeitabständen sowie bei Auftreten von Sehbeschwerden, die auf die Arbeit am Bildschirmgerät zurückgeführt werden können, zu wiederholen (vgl. RegE-ArtV, 32; *Opfermann/ Rückert*, AuA 1997, 72; *Riese*, CR 1997, 32). Unter regelmäßigen Zeitabständen ist i.S. des berufsgenossenschaftlichen Grundsatzes der Verwaltungs-BG »Bildschirm-Arbeitsplätze« (G 37; vgl. *RPW*, 246) ein altersabhängiger Abstand von fünf Jahren bis zum Erreichen des 40sten Lebensjahres und ein Abstand von drei Jahren bei Personen in einem Alter über 40 Lebensjahre zu verstehen (vgl. *Keller*, 32). Der berufsgenossenschaftlichen Grundsatzes G 37 enthält Empfehlungen für die Mindestanforderungen an die Sehschärfe. Bei der Indikation für eine vorzeitige Nachuntersuchung gilt das Arbeitsschutzgesetz, wonach der Arbeitgeber auf Wunsch eines Beschäftigten, unbeschadet der Pflichten aus anderen Rechtsvorschriften, je nach den Gefahren für die Sicherheit und die Gesundheit bei der Arbeit regelmäßige arbeitsmedizinische Untersuchungen ermöglichen muss, es sei denn aufgrund der Beurteilung der Arbeitsbedingungen und der getroffenen Schutzmaßnahmen sei nicht mit einem Gesundheitsschaden zu rechnen (LASI-BildscharbV, 11 f.).

Wenn es sich aufgrund dieser Untersuchung als notwendig erweist, z.B. bei einer nicht ausreichenden Sehschärfe, haben die Beschäftigten i.S. der BildscharbV (vgl. § 2 Rn. 12) das Recht auf eine **augenärztliche Untersuchung** (vgl. RegE-ArtV, 23; *Opfermann/Rückert*, AuA 1997, 72; *Riese*, CR 1997, 32). **3**

Die Durchführung einer Untersuchung der Augen und des Sehvermögens ist **nicht Vorbedingung** für die Beschäftigung am Arbeitsplatz. Es gilt daher, wie bei der allgemeinen Regelung des § 11 ArbSchG, das Prinzip der **Freiwilligkeit**: Es ist die alleinige Entscheidung des Beschäftigten, ob er das Angebot des Arbeitgebers annimmt (vgl. RegE-ArtV, 32; *Riese*, CR 1997, 32). **4**

Die Untersuchung sollte nach Möglichkeit durch den **Betriebsarzt** durchgeführt werden, weil dieser aufgrund seiner Kenntnisse der Beschäftigten und der Arbeitsplätze am ehesten in der Lage ist, eventuell erforderlich werdende arbeitsplatzbezogene oder personenbezogene Maßnahmen vorzuschlagen. **5**
Teile dieser Untersuchung (z.B. der Seh- oder Siebtest) können auch unter der Verantwortung des Betriebsarztes von **fachkundigen Personen** durchgeführt werden (vgl. RegE-ArtV, 32; LASI-BildscharbV, 11 f.; *Riese*, CR 1997, 32; *Opfermann/Rückert*, AuA 1997, 72). Die Anforderungen des werden jedoch nur durch das Anbieten einer angemessenen Untersuchung der Augen **und** des Sehvermögens erfüllt (Standpunkt des Länderausschusses für Arbeitsschutz und Sicherheitstechnik, in: a.a.O.). Das **Recht der freien Arztwahl** der Beschäftigten bleibt bestehen (vgl. RegE-ArtV, 32), so dass die Beschäftigten eine Untersuchung durch den Betriebsarzt ablehnen können.

Hinweise mit **allgemein anerkannten Regeln** der Arbeitsmedizin für die Durchführung der Untersuchung enthält der berufsgenossenschaftliche Grundsatz der Verwaltungs-BG »Bildschirm-Arbeitsplätze« (G 37; vgl. *RPW*, 246).

§ 6 Abs. 1 ist im Hinblick auf den Ermessensspielraum des Arbeitgebers bezogen auf die Häufigkeit der Untersuchung durch eine fachkundige Person eine Rahmenvorschrift i.S. des § 87 Abs. 1 Nr. 7 BetrVG und unterliegt daher der **Mitbestimmung** des Betriebsrates (LAG *Hamburg*, 21.9.2000, NZA-RR 2000, 196; vgl. DKK-*Klebe*, § 87 BetrVG Rn. 203 m.w.N.; BetrVG Rn. 16 ff.; mit Verweis auf den durch §§ 3, 4 ArbSchG inzwischen abgelösten § 120a GewO hatte das *BAG* 2.4.1996, CR 1996, 608 eine Mitbestimmung des Betriebsrats noch abgelehnt; vgl. hierzu kritisch Anm. *Kohte*, CR 1996, 610; zur Mitbestimmung des Personalrats vgl. BPersVG Rn. 8 ff.). **6**

2. Spezielle Sehhilfen

7 Ergeben die Untersuchungen gem. Abs. 1 , dass eine normale Sehhilfe nicht ausreicht und der Beschäftigte eine **spezielle Sehhilfe** (z.B. Spezialbrille) für die Arbeit an Bildschirmgeräten benötigt, ist sie ihm zur Verfügung zu stellen (Abs. 2; vgl. RegE-ArtV, 33; *Opfermann/Rückert*, AuA 1997, 72; *Riese* CR 1997, 32).

7a **Normale Sehhilfen** sind Alltagsbrillen, die zur Korrektur einer Fehlsichtigkeit notwendig sind und auf die Benutzung im Alltag angepasst sind.

Spezielle Sehhilfen sind dagegen Sehhilfen, die auf die besonderen Bedingungen und die spezifische Sehanforderungen am Bildschirmarbeitsplatz angepasst sind. Eine spezielle Sehhilfe kann nur verschrieben werden, wenn ein Ausgleich der Sehschwäche am spezifischen Bildschirmarbeitsplatz mit einer normalen Sehhilfe nicht möglich ist (LASI-BildscharbV, 11 f.; zur arbeitsmedizinischen Diskussion vgl. *Methling/Hanke*, Arbeitsmed.Sozialmed.Umweltmed., 2000, 85 ff.; *Trittelvitz*, ebd., 443 f.; *Methling*, ebd. 444). Die für Beschäftigte anzufertigende Sehhilfe muss individuell bestimmt, angefertigt und angepasst werden (RegE-ArtV, 33).

7b Maßgeblich für die Entscheidung über die **Notwendigkeit** einer speziellen Sehhilfe ist die als Ergebnis einer medizinischen Untersuchung **ärztliche bescheinigte Erforderlichkeit** einer speziellen Sehhilfe (*ArbG Neumünster* 20.1.2000, AiB 2001, 244 m. Anm. *Bertelsmann*; *ArbG Kaiserslautern* 12.6.2001, NZA-RR 2001, 628).

8 Der Arbeitgeber darf die **Kosten** für Maßnahmen des Arbeitsschutzes und damit für Maßnahmen nach § 6 nicht den Beschäftigten auferlegen (§ 3 Abs. 3 ArbSchG; vgl. § 3 ArbSchG Rn. 14 f.). Die Kosten für die Untersuchungen und ggf. für eine spezielle Sehhilfe trägt der Arbeitgeber.

Er ist allerdings nur verpflichtet, spezielle Sehhilfen im erforderlichen Umfang zur Verfügung zu stellen, wenn der Betriebsarzt (untersuchende Arzt nach G 37) bescheinigt, dass eine spezielle Sehhilfe an dem spezifischen Arbeitsplatz notwendig und die normale Sehhilfe nicht ausreichend ist (Rn. 7b). Die Kosten für **qualitative Ausstattungsmerkmale** dieser Sehhilfen, z.B. Entspiegelung und Lichtabsorption, können nur übernommen werden, wenn die Notwendigkeit durch einen pathologischen Augenbefund belegt wird (augenärztliches Attest; LASI-BildscharbV, 12; vgl. LAG *Hamm* 29.10.1999, NZA-RR 2000, 353).

Die frühere Praxis der **Krankenkassen**, die Kosten für diese Sehhilfen unter bestimmten Umständen zu übernehmen (vgl. noch RegE-ArtV, 33; *Opfermann/ Rückert*, AuA 1997, 72), ist ab dem 1.1.1997 im Rahmen der Heilmittel- und Hilfsmittelrichtlinie (vgl. BAnz. Nr. 66 v. 9.4.1997, 4682) geändert worden; die Kosten sind seitdem, sofern eine normale Sehhilfe nicht ausreicht, vollständig vom Arbeitgeber zu tragen (vgl. *Schuch*, SichIng 2/1998, 24 f.).

Soweit die Kosten für ein **Bildschirmbrille in Normalausführung** (d.h. ohne Entspiegelung) dennoch von den Krankenkassen getragen werden, entfällt mangels Erforderlichkeit, ein gegen den Arbeitgeber gerichteter allgemeiner Erstattungsanspruch insgesamt (vgl. LAG *Hamm* 29.10.1999, NZA-RR 2000, 351). Etwas anderes liegt nur dann vor, wenn für die **Entspiegelung** aufgrund eines individuellen, untypischen Krankheitsbildes ein **Erfordernis** besteht (vgl. LAG *Hamm*, a.a.O., 353).

9 Im Übrigen muss der **Beschäftigte**, wenn die betreffenden Gesundheitsbeschwerden unmittelbar durch die **Arbeitsumgebung** beeinflusst sind, auf die

Herstellung solcher Arbeitsbedingungen drängen, die eine Blendung am Bildschirm ausschließt (vgl. Anhang BildscharbV, Bildschirmgerät und Tastatur, Nr. 4), so dass die Notwendigkeit der Verwendung entspiegelter Brillengläser entfällt (vgl. LAG *Hamm* v. 29.10.1999, NZA-RR 2000, 353). Nur wenn eine solche Arbeitsumgebung **nicht möglich** ist, oder zu Unrecht vom Arbeitgeber verweigert wird, so dass die Verwendung einer entspiegelten Bildschirmbrille wegen irreguläre Arbeitsbedingungen erforderlich bleibt, lässt sich ein Erstattungspflicht des Arbeitgebers begründen (ebd.). Daraus folgt freilich kein »Abkaufen« dieser Arbeitsbedingungen in dem Sinne, dass sie durch das Tragen der Brille geheilt werden. Vielmehr hat der Arbeitnehmer den Erstattungsanspruch jedenfalls solange diesen Bedingungen nicht abgeholfen worden ist. Der Arbeitnehmer könnte sich in einer solchen Situation auch dafür entscheiden, von seinem Leistungsverweigerungsrecht Gebrauch zu machen (vgl. § 9 ArbSchG Rn. 16).

Die Erstattungspflicht besteht darüber hinaus auch bei **medizinischer Notwendigkeit** (Rn. 8).

§ 6 Abs. 2 ist im Hinblick auf den Ermessensspielraum des Arbeitgebers beim Zurverfügungstellen der speziellen Sehhilfe eine Rahmenvorschrift i.S. des § 87 Abs. 1 Nr. 7 BetrVG und unterliegt daher der **Mitbestimmung** des Betriebsrates (LAG *Hamburg* v. 21.9.2000, NZA-RR 2000, 190) bzw. des Personalrates gem. § 75 Abs. 3 Nr. 11 BPersVG (BetrVG Rn. 16ff.; BPersVG Rn. 8ff.).

10

§ 7 Ordnungswidrigkeiten

Ordnungswidrig im Sinne des § 25 Abs. 1 Nr. 1 des Arbeitsschutzgesetzes handelt, wer vorsätzlich oder fahrlässig entgegen § 6 Abs. 1 Satz 1 die dort bezeichneten Untersuchungen nicht oder nicht rechtzeitig anbietet.

Ein Verstoß gegen § 6 Abs. 1 Satz 1 stellt eine Ordnungswidrigkeit i.S. des § 25 Abs. 1 Nr. 1 ArbSchG dar (RegE-ArtV, 33; vgl. § 25 ArbSchG 1). Sie ist nach § 25 Abs. 2 ArbSchG mit Geldbuße bis zu 5.000 EURO bedroht (RegE-ArtV, a.a.O.; vgl. § 25 ArbSchG Rn. 1; *Riese*, CR 1997, 32).

1

Anhang über an Bildschirmarbeitsplätze zu stellende Anforderungen

Bildschirmgerät und Tastatur

1. **Die auf dem Bildschirm dargestellten Zeichen müssen scharf, deutlich und ausreichend groß sein sowie einen angemessenen Zeichen- und Zeilenabstand haben.**
2. **Das auf dem Bildschirm dargestellte Bild muss stabil und frei von Flimmern sein; es darf keine Verzerrungen aufweisen.**
3. **Die Helligkeit der Bildschirmanzeige und der Kontrast zwischen Zeichen und Zeichenuntergrund auf dem Bildschirm müssen einfach einstellbar sein und den Verhältnissen der Arbeitsumgebung angepasst werden können.**
4. **Der Bildschirm muss frei von störenden Reflexionen und Blendungen sein.**
5. **Das Bildschirmgerät muss frei und leicht drehbar und neigbar sein.**
6. **Die Tastatur muss vom Bildschirmgerät getrennt und neigbar sein, damit die Benutzer eine ergonomisch günstige Arbeitshaltung einnehmen können.**

Arbeitsschutzverordnungen

7. Die Tastatur und die sonstigen Eingabemittel müssen auf der Arbeitsfläche variabel angeordnet werden können. Die Arbeitsfläche vor der Tastatur muss ein Auflegen der Hände ermöglichen.
8. Die Tastatur muss eine reflexionsarme Oberfläche haben.
9. Form und Anschlag der Tasten müssen eine ergonomische Bedienung der Tastatur ermöglichen. Die Beschriftung der Tasten muss sich vom Untergrund deutlich abheben und bei normaler Arbeitshaltung lesbar sein.

Sonstige Arbeitsmittel

10. Der Arbeitstisch beziehungsweise die Arbeitsfläche muss eine ausreichend große und reflexionsarme Oberfläche besitzen und eine flexible Anordnung des Bildschirmgeräts, der Tastatur, des Schriftguts und der sonstigen Arbeitsmittel ermöglichen. Ausreichender Raum für eine ergonomisch günstige Arbeitshaltung muss vorhanden sein. Ein separater Ständer für das Bildschirmgerät kann verwendet werden.
11. Der Arbeitsstuhl muss ergonomisch gestaltet und standsicher sein.
12. Der Vorlagenhalter muss stabil und verstellbar sein sowie so angeordnet werden können, dass unbequeme Kopf- und Augenbewegungen so weit wie möglich eingeschränkt werden.
13. Eine Fußstütze ist auf Wunsch zur Verfügung zu stellen, wenn eine ergonomisch günstige Arbeitshaltung ohne Fußstütze nicht erreicht werden kann.

Arbeitsumgebung

14. Am Bildschirmarbeitsplatz muss ausreichender Raum für wechselnde Arbeitshaltungen und -bewegungen vorhanden sein.
15. Die Beleuchtung muss der Art der Sehaufgabe entsprechen und an das Sehvermögen der Benutzer angepasst sein; dabei ist ein angemessener Kontrast zwischen Bildschirm und Arbeitsumgebung zu gewährleisten. Durch die Gestaltung des Bildschirmarbeitsplatzes sowie Auslegung und Anordnung der Beleuchtung sind störende Blendwirkungen, Reflexionen oder Spiegelungen auf dem Bildschirm und den sonstigen Arbeitsmitteln zu vermeiden.
16. Bildschirmarbeitsplätze sind so einzurichten, dass leuchtende oder beleuchtete Flächen keine Blendung verursachen und Reflexionen auf dem Bildschirm soweit wie möglich vermieden werden. Die Fenster müssen mit einer geeigneten verstellbaren Lichtschutzvorrichtung ausgestattet sein, durch die sich die Stärke des Tageslichteinfalls auf den Bildschirmarbeitsplatz vermindern lässt.
17. Bei der Gestaltung des Bildschirmarbeitsplatzes ist dem Lärm, der durch die zum Bildschirmarbeitsplatz gehörenden Arbeitsmittel verursacht wird, Rechnung zu tragen, insbesondere um eine Beeinträchtigung der Konzentration und der Sprachverständlichkeit zu vermeiden.
18. Die Arbeitsmittel dürfen nicht zu einer erhöhten Wärmebelastung am Bildschirmarbeitsplatz führen, die unzuträglich ist. Es ist für eine ausreichende Luftfeuchtigkeit zu sorgen.
19. Die Strahlung muss – mit Ausnahme des sichtbaren Teils des elektromagnetischen Spektrums – so niedrig gehalten werden, dass sie für Sicherheit und Gesundheit der Benutzer des Bildschirmgerätes unerheblich ist.

Bildschirmarbeitsverordnung

Zusammenwirken Mensch – Arbeitsmittel

20. Die Grundsätze der Ergonomie sind insbesondere auf die Verarbeitung von Informationen durch den Menschen anzuwenden.
21. Bei Entwicklung, Auswahl, Erwerb und Änderung von Software sowie bei der Gestaltung der Tätigkeit an Bildschirmgeräten hat der Arbeitgeber den folgenden Grundsätzen insbesondere im Hinblick auf die Benutzerfreundlichkeit Rechnung zu tragen:
   21.1 Die Software muss an die auszuführende Aufgabe angepasst sein.
   21.2 Die Systeme müssen den Benutzern Angaben über die jeweiligen Dialogabläufe unmittelbar oder auf Verlangen machen.
   21.3 Die Systeme müssen den Benutzern die Beeinflussung der jeweiligen Dialogabläufe ermöglichen sowie eventuelle Fehler bei der Handhabung beschreiben und deren Beseitigung mit begrenztem Arbeitsaufwand erlauben.
   21.4 Die Software muss entsprechend den Kenntnissen und Erfahrungen der Benutzer im Hinblick auf die auszuführende Aufgabe angepasst werden können.
22. Ohne Wissen der Benutzer darf keine Vorrichtung zur qualitativen oder quantitativen Kontrolle verwendet werden.

Der Anhang zu § 4 BildscharbV entspricht dem Anhang der EG-Bildschirmrichtlinie (vgl. *RPW,* 19). Die Anforderungen wurden im Interesse einer leichteren Anwendung in der Praxis systematisiert (RegE-ArtV, 33). Der Anhang enthält **Gestaltungsziele** für Bildschirmarbeitsplätze, schreibt aber nicht vor, wie diese Ziele zu erreichen sind (vgl. a.a.O.). Die Formulierungen des Anhangs bedürfen daher der Konkretisierung, damit überhaupt festgestellt werden kann, welche Maßnahmen geeignet sind. Dazu können Arbeitsschutz- und Unfallverhütungsvorschriften sowie Normen herangezogen werden (vgl. § 1 Rn. 14; *RPW,* 194; KAN Nr. 16). **1**

Die Bestimmungen des Anhangs gelten – wie die gesamte BildscharbV – dem Ziel Sicherheit und Gesundheitsschutz der **Beschäftigten** i.S. von § 2 Abs. 2 ArbSchG, die mit Bildschirmgeräten arbeiten, zu gewährleisten (vgl. RegE-ArtV, 33), und zwar unabhängig davon, ob es sich hierbei um Beschäftigte i.S. der BildscharbV handelt (vgl. § 2 Rn. 12). Die Bestimmungen gelten selbstverständlich nur, soweit die entsprechenden Elemente am Bildschirmarbeitsplatz vorhanden sind (RegE-ArtV, 33). **2**

Die **Anforderungen** entsprechen im Wesentlichen den allgemein anerkannten Regeln der Technik, wie sie insbesondere in den berufsgenossenschaftlichen »Sicherheitsregeln für Bildschirm-Arbeitsplätze im Bürobereich« (vgl. § 1 Rn. 14) und in den einschlägigen Normen niedergelegt sind (vgl. RegE-ArtV, 33). Sie werden außerdem durch weitere Rechtsvorschriften des Arbeitsschutzes konkretisiert (vgl. im einzelnen: *RPW,* 196 mit einem Überblick auf die jeweils detaillierten Erläuterungen; zusammenfassend: *Schuch,* SichIng 1/1998, 20 ff.; *Pflug,* 1997). **3**

Die zum Zusammenwirken von Mensch-Arbeitsmittel (vgl. Nr. 20 bis 22), d.h. insbesondere zur **Software-Ergonomie** (vgl. *Kiesche/Schierbaum,* AiB 11/1997, 626 ff.; § 3 Rn. 7) aufgeführten Anforderungen entsprechen inhaltlich Nr. 3 des Anhangs der EG-Bildschirmrichtlinie. Sie wurden jedoch zum Zwecke der leichteren betrieblichen Anwendung redaktionell an die Formulierungen der inzwischen verabschiedeten internationalen Norm ISO 9241 Teil 10 angepasst, **4**

335

Arbeitsschutzverordnungen

die den weltweit gültigen Standard für die ergonomische Software-Gestaltung setzt (vgl. RegE-ArtV, 33; kritisch zur Normenreihe ISO 9241: *KAN* 16).

5 Nr. 22 stellt eine zusätzliche arbeitsrechtliche Anforderung hinsichtlich der **Kontrolle** von Beschäftigten mit den Möglichkeiten von Bildschirmgeräten dar. Sie ist auch von den Betriebsparteien bei der Gestaltung von Kontrolleinrichtungen gem. § 87 Abs. 1 Nr. 7 BetrVG (bzw. den entsprechenden Personalvertretungsvorschriften) zu beachten (vgl. DKK-*Klebe*, § 87 BetrVG Rn. 163).

Verordnung über Sicherheit und Gesundheitsschutz bei Tätigkeiten mit biologischen Arbeitsstoffen (Biostoffverordnung – BioStoffV)[1]

vom 27. Januar 1999 (BGBl. I, 50) geändert durch Art. 2 der Verordnung vom 18. Oktober 1999 (BGBl. I, 2059, 2065)

§ 1 Anwendungsbereich und Zielsetzung

Diese Verordnung gilt für Tätigkeiten mit biologischen Arbeitsstoffen einschließlich Tätigkeiten in deren Gefahrenbereich. Zweck der Verordnung ist der Schutz der Beschäftigten vor der Gefährdung ihrer Sicherheit und Gesundheit bei diesen Tätigkeiten. Diese Verordnung gilt nicht für Tätigkeiten, die dem Gentechnikrecht unterliegen, soweit dort gleichwertige oder strengere Regelungen bestehen.

Übersicht	Rn.
1. Allgemeines	1–16
2. Anwendungsbereich (Allgemeines)	17–28
3. Zielsetzung; Zweckbestimmung	29
4. Abgrenzung: Tätigkeiten mit gentechnisch veränderten biologischen Arbeitsstoffen	30–36
5. Abgrenzung: Umgang mit Gefahrstoffen	37–40

1. Allgemeines

Mit der BioStoffV ist die EG-Richtlinie 90/679/EWG des Rates v. 26.11.1990 über den Schutz der Arbeitnehmer gegen Gefährdung durch biologische Arbeitsstoffe bei der Arbeit (AblEG Nr. L 374, 1; **Kodifizierung** durch Richtlinie 2000/54/EG v. 18.9.2000, AblEG Nr. L 262 v. 17.10.2000, 21); im Folgenden: **EG-Biostoffrichtlinie** in das bundesdeutsche Arbeitsschutzrecht umgesetzt worden. **1**

Die EG-Biostoffrichtlinie enthält **Mindestanforderungen** für Tätigkeiten mit Mikroorganismen, Zellkulturen und Humanendoparasiten unter Berücksichtigung des **Gefährdungspotenzials** dieser biologischen Arbeitsstoffe (zu den Begriffen vgl. § 2 Rn. 1; zu den Gefährdungen vgl. vor §§ 5–8 Rn. 2) und trägt damit zu einer Annäherung der in der EG bestehenden Sicherheitsanforderungen bei (vgl. RegE-BioStoffV, 19). Über die bereits in Teilbereichen bestehenden, bisherigen Regelungen in UVV hinaus (vgl. Rn. 15), wird durch die BioStoffV ein **branchenübergreifender rechtlicher Rahmen** für Sicherheit und Gesundheitsschutz bei Tätigkeiten mit allen biologischen Arbeitsstoffen bei der Arbeit **2**

---

1 Diese Verordnung dient in Verbindung mit dem Arbeitsschutzgesetz der Umsetzung der EG-Richtlinie 90/679/EWG des Rates vom 26. November 1990 über den Schutz der Arbeitnehmer gegen Gefährdung durch biologische Arbeitsstoffe bei der Arbeit (7. Einzelrichtlinie im Sinne von Artikel 16 Abs. 1 der Richtlinie 89/391/EWG) (ABl. EG Nr. L 374 S. 1), geändert durch die Richtlinie 93/88/EWG des Rates vom 12. Oktober 1993 (ABl. EG Nr. L 268 S. 71), angepasst durch die Richtlinien der Kommission 95/30/EG vom 30. Juni 1995 (ABl. EG Nr. L 155 S. 41), 97/59/EG vom 7. Oktober 1997 (ABl. EG Nr. L 282 S. 33) und 97/65/EG vom 26. November 1997 (ABl. EG Nr. L 335 S. 17).

Arbeitsschutzverordnungen

geschaffen (vgl. RegE-BioStoffV, 20; vgl. § 1 Abs. 1 Satz 2 ArbSchG; § 1 ArbSchG Rn. 14ff.). Dieser Rahmen lässt **Spielräume** für an die Situation der Betriebe angepasste Arbeitsschutzmaßnahmen und entspricht einer zeitgemäßen Arbeitsschutzphilosophie (vgl. Einl. Rn. 119; § 1 ArbSchG Rn. 4). Daneben bleiben die von der EG verabschiedeten **Gentechnik-Richtlinien** 90/219/EWG (geändert durch Richtlinie 98/81/EG) und 90/220/EWG sowie ihre Umsetzung durch das Gentechnikrecht in der Bundesrepublik Deutschland bestehen (vgl. RegE-BioStoffV, 19). Diese kommen in Bezug auf die Schutzziele der BioStoffV dann zur Geltung, wenn dort gleichwertige oder strengere Vorschriften festgelegt sind (vgl. § 1 Satz 3; vgl. Rn. 30ff.).

3 Die Umsetzung der EG-Biostoffrichtlinie ist im Rahmen einer **Artikelverordnung** erfolgt (»Verordnung zur Umsetzung von EG-Richtlinien über den Schutz der Beschäftigten gegen Gefährdung durch biologische Arbeitsstoffe bei der Arbeit«; im Folgenden: ArtV-Bio). Die ArtV-Bio stützt sich hierbei nicht allein auf die **Ermächtigungsgrundlagen** in §§ 18, 19 ArbSchG sondern auch auf § 13 HAG (vgl. Rn. 21) sowie auf §§ 19 Abs. 1 und 3, 20b ChemG (vgl. Rn. 13, 37ff.). Art. 1 der VO enthält die BioStoffV. Art. 2 passt die GefStoffV an. Art. 3 regelt das **In-Kraft-Treten**, das am 1.4.1999 erfolgt ist.

4 Mit der BioStoffV werden die **allgemeinen Vorschriften des ArbSchG** durch **spezielle Vorschriften** in Bezug auf die Sicherheit und den Gesundheitsschutz der Beschäftigten bei **Tätigkeiten mit biologischen Arbeitsstoffen** ergänzt und konkretisiert (vgl. *Pipke*, Amtl.Mitt.BAuA 1/1999 3). Umgekehrt sind bei der betrieblichen Umsetzung der BioStoffV die allgemeinen Vorschriften des ArbSchG zu beachten. In der betrieblichen Praxis und bei der Unterstützung durch die Arbeitsschutzakteure ist es daher notwendig, beide Rechtsvorschriften, unter Einbeziehung weiterer in Frage kommender Regelungen (z.B.: GefStoffV, PSA-BV, AMBV, ArbStättV), im Kontext und nicht isoliert voneinander anzuwenden.

5 In der Bundesrepublik Deutschland üben nach Erhebungen der BAuA ca. **5 Millionen Beschäftigte** Tätigkeiten mit biologischen Arbeitsstoffen aus und zwar mit steigender Tendenz (Stand: 1998). Diese Tätigkeiten erfolgen, z.T. historisch schon weit zurück reichend, in einer **Vielzahl von Branchen** und an entsprechend vielen Arbeitsplätzen (z.B. Landwirtschaft, Forstwirtschaft, Nahrungsmittelindustrie, Gesundheitswesen, Entsorgungswirtschaft, Abwasseraufbereitung, Bauwirtschaft). Die Relevanz für eine Verbesserung des Arbeitsschutzes in diesem Bereich ergibt sich also gerade nicht nur in Bereichen der bio- bzw. gentechnologischen Forschung, die zwar ein besonderes öffentliches Interesse genießt aber quantitativ, d.h. in Bezug auf die Anzahl der Beschäftigten, eher einen geringen Anteil ausmacht (vgl. *Allescher*, BArbBl. 5/1999, 15; Bregau-*Hüsing*, 30ff.). Das Bewusstsein für die Notwendigkeit eines arbeitsschutzpolitischen und rechtlichen Handelns ist allerdings durch die Auswirkungen des aus der Forschung resultierenden **Innovationspotenzials** für die wirtschaftliche Verwertung von Biotechnologie erst entstanden (vgl. *Dolata*, WSI-Mitt. 2/1999, 132ff.; *Allescher*, BArbBl. 5/1999, 15). Der Einsatz von Biotechnologien wird zunehmend auch als **Chance** für den Arbeitsschutz sowie für den Umweltschutz gesehen (vgl. *Jeiter/Pipke*, Amtl. Mitt. BAU 4/1995, 3ff.; *Heiden/Bock/Antrankian* (Hrsg.), 1999).

6 Die BioStoffV (Abbildung Nr. 18) sieht vor, dass der **Arbeitgeber** zunächst, nach einer Einstufung der biologischen Arbeitsstoffe in definierte Risikogruppen (vgl. §§ 3, 4), die für gezielte bzw. ungezielte Tätigkeiten mit diesen Stoffen spezifischen Sicherheits- und Gesundheitsbedingungen und daraus resultieren-

Biostoffverordnung

Abbildung 18:

Biostoffverordnung (BioStoffV)

Anwendungsbereich
Tätigkeiten mit biologischen Arbeitsstoffen (einschließlich Gefahrenbereich)
Gentechnikrecht gilt bei dort gleichwertigen oder strengeren Regelungen — § 1 BioStoffV

Begriffe
- Biologische Arbeitsstoffe: Mikroorganismen
- Tätigkeiten, gezielte und ungezielte
- Kontamination
- Schutzstufen
- Arbeitgeber: auch Auftraggeber und Zwischenmeister nach HAG
- Beschäftigte: auch Heimarbeiter

§ 2 BioStoffV

Risikogruppen 1 bis 4 — § 3 BioStoffV

Einstufung der biologischen Arbeitsstoffe in Risikogruppen
- Einstufung nach EG-Recht
- Bei nicht erfassten Stoffen Einstufung nach dem Stand von Wissenschaft und Technik bei gezielten Tätigkeiten
- Jeweils höchste Risikoeinstufung bei gezielten Tätigkeiten

§ 4 BioStoffV

Informationen für die Gefährdungsbeurteilung
- Beschaffung zugänglicher, tätigkeitsbezogener Informationen durch den Arbeitgeber
- Zuordnung zu gezielten oder ungezielten Tätigkeiten

§ 5 BioStoffV

Gefährdungsbeurteilung bei
- gezielten Tätigkeiten
- ungezielten Tätigkeiten

§§ 6, 7 BioStoffV

Durchführung der Gefährdungsbeurteilung
- vor Aufnahme der Tätigkeiten
- Wiederholung bei
  - Änderungen der Arbeitsbedingungen, die zu einer erhöhten Gefährdung der Beschäftigten führen können,
  - der Feststellung einer Kontamination des Arbeitsplatzes sowie
  - Infektionen und bei gesundheitlichen Bedenken § 15 Abs. 3 Satz 1 und des § 15 Abs. 6 Satz 5
- Überprüfung spätestens nach Ablauf eines Jahres
- Beteiligung von: Betriebs- oder Personalrat, Betriebsarzt oder Arzt nach § 15 Abs. 5 sowie Fachkraft für Arbeitssicherheit
- Dokumentation der Gefährdungsbeurteilung auch in Betrieben mit zehn oder weniger vorliegen bei Tätigkeiten mit Stoffen oberhalb der Risikogruppe 1 und/oder mit sensibilisierender oder toxischer Wirkung

§ 8 Bio StoffV

§ 6 ArbSchG

Tätigkeiten mit biologischen Arbeitsstoffen der Risikogruppe 1
- Nichtgeltung der §§ 10 bis 16, ausgenommen § 10 Abs. 1, 3 und 4 und § 14 Abs. 1

§ 9 BioStoffV

Arbeitsschutzverordnungen

Schutzmaßnahmen
- Pflicht des Arbeitgebers unter Berücksichtigung der TRBA
- Ersatzstoffpflicht
- Bei Heimarbeit nur Tätigkeiten mit biologischen Arbeitsstoffen der Risikogruppe 1 ohne sensibilisierende oder toxische Wirkungen
- Bei allen Tätigkeiten Einhaltung der allgemeinen Hygienemaßnahmen
- Fachkunde und Einweisung der Beschäftigten
- Beratung des Arbeitgebers
- Rangfolge von Schutzmaßnahmen, allgemeine Schutzmaßnahmen
- Pflicht zur Ermittlung und Durchführung von Sicherheitsmaßnahmen bei Störungen und Unfällen
- Maßnahmen bei Verfahren in technischen Anlagen oder unter Verwendung von technischen Arbeitsmitteln nach dem Stand der Technik
- Anpassung von Arbeitsverfahren
  Sicherheit bei Lagerung, Transport, Beseitigung

— § 10 BioStoffV

Hygienemaßnahmen, Schutzausrüstungen
- Durchführung von Hygienemaßnahmen zur Desinfektion und Dekontamination zu treffen
- Zurverfügungstellung von PSA
- Wirksamkeitsüberprüfung der technischen Schutzmaßnahmen, Messungen

— § 11 BioStoffV

Unterrichtung der Beschäftigten
- Erstellung einer Betriebsanweisung
- Unterweisung der Beschäftigten
- Zusätzliche Anweisungen bei besonders gefährlichen Tätigkeiten
- Unterrichtung über Betriebsstörungen

— § 12 BioStoffV

Anzeige- und Aufzeichnungspflichten — § 13 BioStoffV

Behördliche Ausnahmen — § 14 BioStoffV

Arbeitsmedizinische Vorsorge
- Verpflichtende arbeitsmedizinische Untersuchung und Beratung der Beschäftigten vor Aufnahme von Tätigkeiten nach Anhang IV und
  - Wiederholung in regelmäßigen Abständen sowie
  - Angebot zur Untersuchung am Ende der Beschäftigung
- Freiwillige Vorsorge bei sonstigen Tätigkeiten mit biologischen Arbeitsstoffen der Risikogruppe 3, ggf. auch der Risikogruppe 2, vor Aufnahme der Tätigkeiten und danach in regelmäßigen Abständen
- Bei Infektion oder einer Erkrankung unverzügliches Anbieten von Vorsorgeuntersuchungen anzubieten
- Angebot zur Impfung
- Fachkenntnisse und Ermächtigung der untersuchenden Ärzte und ihre Rechte
- Dokumentation und Verfahren der Untersuchung
- Empfehlung zur Arbeitsplatzüberprüfung bei gesundheitlichen Bedenken
- Übergabe von ärztlichen Aufzeichnungen

— § 15 BioStoffV

Biostoffverordnung

Unterrichtung der Behörde
• über
  – das Ergebnis der Gefährdungsbeurteilung und die der Beurteilung zugrundeliegenden Informationen,
  – die Tätigkeiten, bei denen Beschäftigte tatsächlich oder möglicherweise gegenüber biologischen Arbeitsstoffen exponiert worden sind, und die Anzahl dieser Beschäftigten,
  – nach § 13 ArbSchG verantwortliche Personen,
  – die getroffenen Schutz- und Vorsorgemaßnahmen einschließlich der Betriebs- und Arbeitsanweisungen sowie
  – die nach § 10 Abs. 6 Satz 3 Nr. 2 getroffenen Vorkehrungen und den nach § 10 Abs. 6 Satz 3 Nr. 3 erstellten Plan
• unverzüglich über jeden Unfall und jede Betriebsstörung bei Tätigkeiten mit biologischen Arbeitsstoffen der Risikogruppe 3 und 4
• Mitteilung von Krankheits- und Todesfällen
	§ 16 BiostoffV

Ausschuss für biologische Arbeitsstoffe • Bildung • Zusammensetzung • Aufgaben • Geschäftsführung durch BAuA	§ 17 BiostoffV
Ordnungswidrigkeiten und Straftaten	§ 18 BiostoffV
Übergangsvorschrift	§ 19 BiostoffV
Symbol für Biogefährdung	Anhang I
Sicherheitsmaßnahmen bei Tätigkeiten mit biologischen Arbeitsstoffen in Laboratorien und laborähnlichen Einrichtungen	Anhang II
Sicherheitsmaßnahmen bei gezielten und nicht gezielten Tätigkeiten, die nicht unter Anhang II fallen	Anhang III
Verpflichtende arbeitsmedizinische Vorsorge nach § 15 Abs. 1 Satz 1	Anhang IV

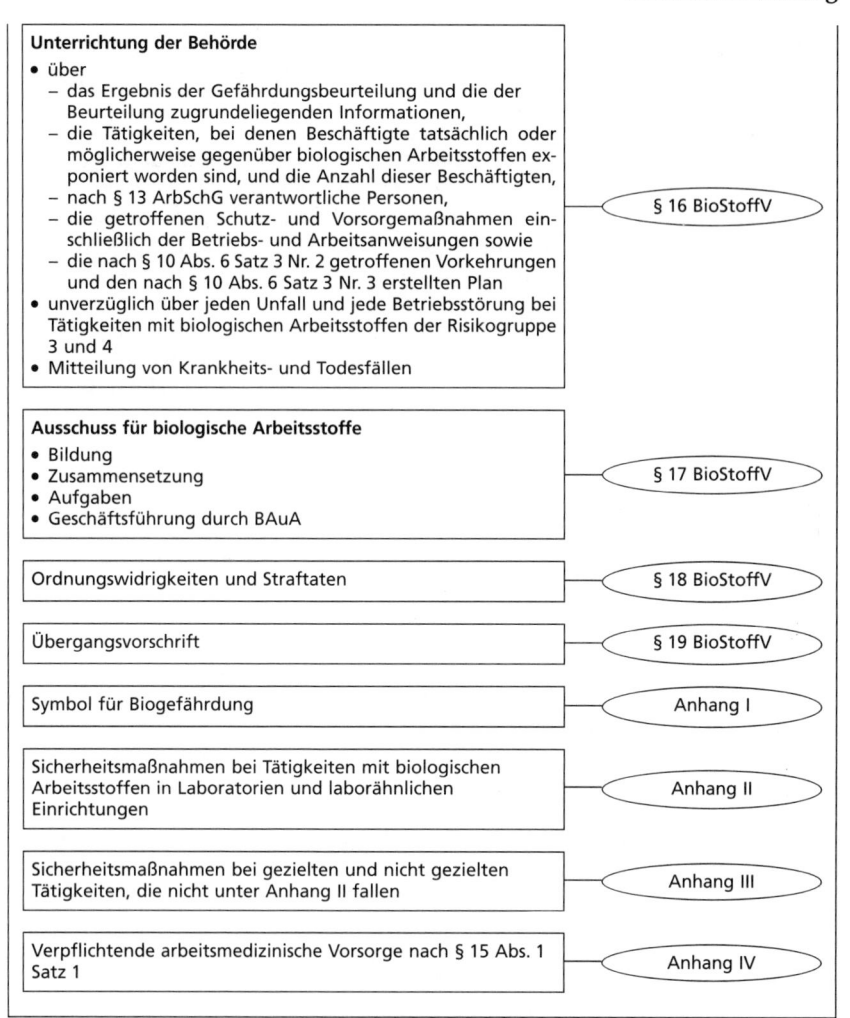

de Gefährdungen **ermitteln und beurteilen** muss (vgl. §§ 5–8). Der Arbeitgeber muss auf der Grundlage dieser Beurteilung die geeigneten **Arbeitsschutzmaßnahmen** treffen (§ 10, Anhang II und III sowie alle weiteren Maßnahmen nach §§ 11 bis 16). Technische **Regeln** für biologische Arbeitsstoffe (TRBA), die die Regelungen der BioStoffV konkretisieren und den Arbeitgeber sowie die anderen betrieblichen Arbeitsschutzakteuren bei der Umsetzung der BioStoffV unterstützen sollen werden vom Ausschuss bür biologische Arbeitsstoffe *(ABAS)* entwickelt (vgl. § 17 Rn. 1 ff.; im Überblick vgl. Anhang Nr. 11).

Bei Tätigkeiten mit biologischen Arbeitsstoffen ist bei Arbeitsschutzmaßnahmen eine systemische Betrachtungs- und Vorgehensweise sinnvoll, die nicht isoliert an Einzelfaktoren der Arbeitsbedingungen ansetzt, sondern ihren Zusammenhang in Bezug auf das gesamte **Arbeitssystem** berücksichtigt (vgl. § 4 ArbSchG Rn. 17). In diesem Kontext kann auf die ENV 26385 hingewiesen werden, nach der »das Arbeitssystem … das Zusammenwirken von Mensch und Arbeitsmit-

7

Arbeitsschutzverordnungen

teln im Arbeitsablauf (beinhaltet), um die Arbeitsaufgabe am Arbeitsplatz in der Arbeitsumgebung unter den durch die Arbeitsaufgabe gesetzten Bedingungen zu erfüllen« (vgl. ArbWiss-*Luczak*, 13; § 4 ArbSchG Rn. 13).

Ausgehend von diesen arbeitswissenschaftlichen Grundlagen hat der Arbeitgeber, nach dem Grundsatz der **Kohärenz** der BioStoffV mit dem ArbSchG, neben den grundlegenden Pflichten aus §§ 3 bis 6 ArbSchG, die durch §§ 5 ff. und 10 ff. BioStoffV z.T. konkretisiert werden, auch alle übrigen, bei Tätigkeiten mit biologischen Arbeitsstoffen in Frage kommenden Regelungen des ArbSchG sowie sonstiger Rechtsvorschriften in Bezug auf Sicherheit und Gesundheitsschutz zu erfüllen (vgl. vor §§ 9–15 Rn. 4).

8 Zur Erfüllung seiner Verpflichtungen nach der BioStoffV steht dem Arbeitgeber, ausgehend von seiner allgemeinen Verpflichtung zur Bereitstellung einer geeigneten **Arbeitsschutzorganisation** und der erforderlichen Mittel (vgl. § 3 Abs. 2 ArbSchG), die Sach- und Handlungskompetenz der von ihm zu bestellenden **Fachkräfte für Arbeitssicherheit** und **Betriebsärzte** zur Verfügung (vgl. ASiG Rn. 62 ff.). Dies gilt insbesondere auch für die Beratung und Unterstützung bei der Beurteilung der Arbeitsbedingungen (vgl. § 8 Satz 2; § 8 Rn. 2). Ergänzend ist auf die Aufgaben der vom Arbeitgeber nach § 22 SGB VII zu bestellenden **Sicherheitsbeauftragten** hinzuweisen, die allerdings im Wesentlichen auf die Unterstützung bei Maßnahmen zur Verhütung von Arbeitsunfällen und Berufskrankheiten beschränkt ist (vgl. § 22 Abs. 2 SGB VII; § 22 SGB VII Rn. 29 ff.).

9 **Kosten**, die dem Arbeitgeber aufgrund von Arbeitsschutzmaßnahmen aufgrund der BioStoffV entstehen, dürfen nicht den Beschäftigten auferlegt werden (vgl. § 3 Abs. 3 ArbSchG; § 3 ArbSchG Rn. 14, 15).

10 Ergänzend zu den Pflichten des Arbeitgebers in Bezug auf Tätigkeiten mit biologischen Arbeitsstoffen ist auf **Pflichten und Rechte der Beschäftigten** hinzuweisen, die sich aus §§ 15–17 ArbSchG ergeben. Dazu kommen Aufgaben und Rechte der **Interessenvertretung (Betriebs- bzw. Personalrat)** der Beschäftigten nach dem BetrVG und den PersVG (vgl. BetrVG Rn. 1 ff.; BPersVG Rn. 1 ff.; zur Beteiligung an der Gefährdungsbeurteilung gem. §§ 5-8 BioStoffV vgl. vor §§ 5–8 Rn. 8, 14; § 8 Rn. 2). Betriebs- bzw. Personalrat haben die Einhaltung der BioStoffV zu **überwachen** und sich für ihre Durchführung **einzusetzen** (§§ 80 Abs. 1 Nr. 1, 89 BetrVG bzw. §§ 68 Abs. 1 Nr. 2, 81 BPersVG). Zur Wahrnehmung seiner Überwachungsaufgabe gem. § 80 Abs. 1 Nr. 1 wie der sonstigen Beteiligungsrechte nach dem BetrVG muss der Arbeitgeber den Betriebsrat rechtzeitig und umfassend **unterrichten** sowie ihm auf Verlangen die zur Durchführung dieser Aufgabe erforderlichen Unterlagen zur Verfügung stellen (vgl. § 80 Abs. 2 BetrVG; BetrVG Rn. 3 ff.) Zur Erfüllung seiner Aufgaben kann der Betriebsrat auch Sachverständige hinzuziehen (§ 80 Abs. 3 BetrVG; BetrVG Rn. 6). Bereits im **Planungsstadium** ist der Betriebsrat über die Gestaltung von Arbeitsräumen, technischen Anlagen, Arbeitsmitteln, Arbeitsverfahren, Arbeitsabläufen oder Arbeitsplätzen in Zusammenhang mit Tätigkeiten mit biologischen Arbeitsstoffen, rechtzeitig zu unterrichten (vgl. § 90 Abs. 1 BetrVG; BetrVG Rn. 7). Der Betriebsrat hat darüber hinaus den Anspruch auf eine entsprechende Beratung mit dem Arbeitgeber (vgl. § 90 Abs. 2 BetrVG). Das muss so rechtzeitig erfolgen, dass Vorschläge und Bedenken des Betriebsrats bei der Planung berücksichtigt werden können (vgl. § 90 Abs. 2 Satz 1 BetrVG). Arbeitgeber und Betriebsrat haben bei ihren Beratungen auch die gesicherten arbeitswissenschaftlichen Erkenntnisse über die menschengerechte Gestaltung der Ar-

Biostoffverordnung

beit zu berücksichtigen (vgl. § 90 Abs. 2 Satz 2 BetrVG; § 4 ArbSchG Rn. 7 ff.). Bei allen Regelungen der BioStoffV, die dem Arbeitgeber einen Entscheidungsspielraum lassen, greift die **Mitbestimmung** des Betriebsrates nach § 87 Abs. 1 Nr. 7 BetrVG bzw. des Personalrates nach § 75 Abs. 3 Nr. 11 BPersVG (vgl. BetrVG Rn. 14 ff.; BPersVG Rn. 8 ff.; vgl. insbesondere vor §§ 5–8 Rn. 8 ff. und § 8 Rn. 2).

Als **allgemeine Handlungshilfen** zu Tätigkeiten mit biologischen Arbeitsstoffen stehen, neben den Regelungen der BioStoffV selbst, insbesondere die folgenden Materialien zur Verfügung (vgl. auch vor §§ 5–8, Rn. 3 zur Gefährdungsbeurteilung; § 12 Rn. 1 ff. zur Unterrichtung der Beschäftigten): **11**
- Technische Regeln für biologische Arbeitsstoffe (TRBA; vgl. im Überblick Anhang Nr. 11);
- *LASI-Arbeitskreis »Biologische Arbeitsstoffe/Gentechnik«*, Die Biostoffverordnung und Tätigkeiten mit biologischen Arbeitsstoffen aus Sicht des Arbeitsschutzes – Eine Einführung;
- Veröffentlichungen insbesondere der *BAuA*, des *BIA*, des *LASI* sowie der Länder (diese werden in der Kommentierung zu den jeweiligen Regelungen der BioStoffV aufgeführt).

Für **Tätigkeiten mit gentechnisch veränderten biologischen Arbeitsstoffen** bestehen neben der BioStoffV sonstige Rechtsvorschriften durch das GenTG und insbesondere die GenTSV. Sofern diese gleichwertige oder strengere Regelungen enthalten, gilt die BioStoffV nicht für entsprechende Tätigkeiten (vgl. § 1 Satz 3; vgl. Rn. 30 ff.). **12**

Der **Umgang mit Gefahrstoffen** ist durch die GefStoffV geregelt; diese wurde durch Art. 2 ArtV-Bio entsprechend geändert (vgl. Rn. 37 ff.). **13**

Bei der Übernahme der Mindestvorschriften aus der EG-Biostoffrichtlinie wurden **Konkretisierungen** nur vorgenommen, wo dies aus Gründen der Rechtssicherheit oder zur Sicherung des bereits bestehenden Schutzniveaus erforderlich gewesen ist (vgl. RegE-BioStoffV, 20; *Pipke*, Amt.Mitt.BAuA 2/1999, 3 f.). **14**

Weitere Konkretisierungen der Schutzziele und Vorschriften der BioStoffV können auf branchen- oder tätigkeitsspezifischer Ebene insbesondere durch **UVV** erfolgen, die für Teilbereiche bei **gezielten Tätigkeiten** (vgl. § 2 Rn. 6) mit biologischen Arbeitsstoffen bereits seit längerem vorliegen, insbesondere in **15**
- der bis 31.12.2000 geltenden, und inzwischen abgelösten (vgl. unten), UVV »Biotechnologie« von 1988 (VBG 102; vgl. LASI-Bio, 11 f.; jetzt BGV B 12 = Anhang Nr. 10) und
- UVV »Gesundheitsdienst« von 1982/83 (VBG 103, GUV 8.1; vgl. LASI-Bio 12 f.).

Infolge der BioStoffV bestand im Hinblick auf diese UVV inhaltlicher **Anpassungsbedarf** ggf. auch die Notwendigkeit für ihre Aufhebung oder Überführung in eine TRBA.

In der DA zu § 1 UVV VBG 102 wurde ausdrücklich darauf hingewiesen, dass die UVV keine Anwendung findet, soweit spezielle gesetzliche Regelungen abschließende Festlegungen enthalten. Die UVV VBG 102 wurde inzwischen durch die **UVV »Biologische Arbeitsstoffe«** (BGV B 12; Anhang Nr. 10) abgelöst, die insbesondere Regelungen zur Erteilung von Aufträgen an Fremdunternehmen enthält (vgl. vor §§ 5–8, Rn. 6; vor §§ 9–15 Rn. 8). Darüber hinaus werden in der UVV BGV B 12 die Kompetenzen der Berufsgenossenschaft gegenüber den zuständigen Behörden abgegrenzt. Danach entscheiden über Genehmigungen, Anzeigen und Ausnahmebewilligungen gem. BioStoffV und

Arbeitsschutzverordnungen

Gentechnikrecht die jeweils zuständigen staatlichen Behörden. Anzeige-, Vorlage- und Benachrichtigungspflichten bestehen nur gegenüber den zuständigen Behörden mit Ausnahme der Regelungen in § 2 UVV BGV B 12 (vgl. § 1 Abs. 3 UVV BGV B 12; vgl. § 13 Rn. 6 und § 16 Rn. 3).
Die Regelungen der UVV VBG 103 sind bis zu ihrer eventuellen Änderung oder Aufhebung i.S. der BioStoffV und der TRBA auszulegen.

16   Zur weiteren Präzisierung der BioStoffV bedarf es branchen- und tätigkeitsbezogener **Regeln**, damit die Arbeitgeber und die staatlichen Arbeitsschutzbehörden erkennen können, wie den in der BioStoffV niedergelegten Grundsätzen konkret entsprochen werden kann (**Technische Regeln Biologische Arbeitsstoffe – TRBA**; im Überblick Anhang Nr. 11). Die Aufgabe, diese Regeln zu ermitteln, ist dem in § 17 BioStoffV übernommen, bis zum Inkrafttreten der BioStoffV bereits auf der Grundlage eines Ministererlasses seit 1995 bestehenden *Ausschuss für biologische Arbeitsstoffe (ABAS)* übertragen worden. Diesem Ausschuss gehören Vertreter aller beteiligten Kreise an (vgl. RegE-BioStoffV, 20; ausführlich § 17 Rn. 1 ff.). Dieses Vorgehen entspricht der auch im Gefahrstoffbereich üblichen Regelungssystematik (vgl. den *Ausschuss für Gefahrstoffe [AGS]* – in § 52 GefStoffV, GefStoffV Rn. 47). Mit Inkrafttreten der BioStoffV ist der bisherige Ministererlass aufgehoben und der *ABAS* aufgelöst worden, um sich auf Grundlage der BioStoffV neu konstituieren zu können (vgl. BArbBl. 4/1999, 47 und 6/1999, 82; *Allescher* BArbBl. 5/1999, 19).

2. Anwendungsbereich (Allgemeines)

17   Der **Anwendungsbereich** der BioStoffV bezieht sich auf Tätigkeiten mit biologischen Arbeitsstoffen (vgl. § 1 Satz 1; zur Definition vgl. § 2 Abs. 1; § 2 Rn. 1). In Umsetzung von Art. 1 EG-Biostoffrichtlinie wird durch § 1 der allgemeine, **sachliche und persönliche Anwendungsbereich** der BioStoffV festgelegt, der durch die Definitionen in § 2 näher konkretisiert wird (vgl. § 2 Rn. 1 ff.).

18   Der Begriff »**Tätigkeiten**« umfasst Handlungen von Beschäftigten (zu Begriff vgl. § 2 Rn. 3 ff.) bei der Arbeit, die sich sowohl auf das Herstellen und Verwenden biologischer aber auch auf den Umgang mit Menschen, Tieren, Pflanzen usw. beziehen (vgl. RegE-BioStoffV, 22; § 2 Abs. 4; § 2 Rn. 4; zur Differenzierung in gezielte und nicht gezielte Tätigkeiten vgl. § 2 Abs. 5; § 2 Rn. 5 ff.).

19   Die BioStoffV gilt gem. § 1 Satz 1 auch für Tätigkeiten im **Gefahrenbereich von biologischen Arbeitsstoffen** (vgl. § 1 Abs. Satz 1 UVV BGV B 12). Diese Formulierung wurde aus dem Gefahrstoffrecht und Gentechnikrecht (vgl. § 1 GenTSV und § 2 Abs. 3 GefStoffV; vgl. Rn. 37 ff.) als Abgrenzung zum Arbeitsstättenrecht übernommen (vgl. RegE-BioStoffV, 22; ArbStättV Rn. 10 ff.; vgl. *KPA*, § 1 Nr. 4). Durch die Einbeziehung von Tätigkeiten im Gefahrenbereich von biologischen Arbeitsstoffen wird sichergestellt, dass der Schutzbereich der jeweiligen VO auch **Dritte** erfasst, d.h. solche Personen, die nicht unmittelbar mit der Durchführung von Arbeiten mit den jeweiligen Stoffen befasst sind, jedoch auf Grund ihrer beruflichen Tätigkeit möglichen Gefahren ausgesetzt sein können, wie etwa Reinigungskräfte in Krankenhäusern, Fahrer von Radladern auf Mülldeponien (vgl. *Allescher*, BArbBl. 5/1999, 15). Entsprechende **Gefahren** können sich z.B. durch biologische Arbeitsstoffe ergeben, die an Aerosole oder Stäube gebunden sind (ebd.; vgl. § 2 Rn. 2). Die **Festlegung** der jeweiligen Gefahrenbereiche muss auch bei Tätigkeiten mit biologischen Arbeitsstoffen für den **konkreten Fall**

vorgenommen werden. Die Größe des Gefahrenbereichs ist im Einzelfall, abhängig z.b. von den jeweiligen Einwirkungen in der Arbeitsumgebung, zu bestimmen. Die Gefahrenbereiche können, je nach stofflichen Wirkungen, unterschiedlich sein. Eine Orientierung für den Arbeitgeber zur Einschätzung des Gefahrenbereichs ergibt sich aus der Beurteilung der Arbeitsbedingungen (Gefährdungsbeurteilung) nach §§ 5 ff. BioStoffV i.V.m. § 5 ArbSchG.

Der Anwendungsbereich der BioStoffV deckt sich entsprechend der Ermächtigungsgrundlage (§ 19 ArbSchG) mit dem des ArbSchG, d.h. von der Verordnung werden grundsätzlich **alle privaten und öffentlichen Tätigkeitsbereiche** erfasst (vgl. § 1 Abs. 1 Satz 2 ArbSchG; § 1 ArbSchG Rn. 14ff.). **20**

Der Begriff »**Beschäftigte**« gem. § 2 Abs. 8 Satz 2 BioStoffV erstreckt sich über § 2 Abs. 2 ArbSchG hinaus auch auf die in **Heimarbeit** Beschäftigten sowie **Schüler, Studenten** und sonst **an Hochschulen Tätige** (vgl. § 2 Abs. 8; Näheres unter § 2 Rn. 14). **21**

Der Begriff »**Arbeitgeber**« bezieht sich gem. § 2 Abs. 8 Satz 1 auch auf **Unternehmer ohne Beschäftigte und Zwischenmeister** i.S. des HAG (vgl. a.a.O.; § 2 Rn. 13). Die Definitionen sind an die in der GefStoffV angelehnt (vgl. § 3 Abs. 4 GefStoffV; RegE-BioStoffV, 24). **22**

Im Bereich des **Bergbaus** gilt die BioStoffV nur dann, wenn nicht entsprechende Rechtsvorschriften bestehen (vgl. § 1 ArbSchG Rn. 19). **23**

Im Bereich der **Seeschifffahrt** gilt die BioStoffV nur dann, wenn nicht entsprechende Rechtsvorschriften bestehen (vgl. § 1 Abs. 2 Satz 2 ArbSchG; vgl. § 1 ArbSchG Rn. 20). **24**

Im Bereich der **Binnenschifffahrt** gilt die BioStoffV uneingeschränkt (*Nöthlichs*, 6715, 4). **25**

Die BioStoffV gilt nicht für den Arbeitsschutz von **Hausangestellten in privaten Haushalten** (vgl. § 1 Abs. 2 Satz 1 ArbSchG; § 1 ArbSchG Rn. 17; *Nöthlichs*, 6715, 4). **26**

Für die **Beamten der Länder, Gemeinden und sonstigen Körperschaften, Anstalten und Stiftungen des öffentlichen Rechts** regelt das Landesrecht, ob und inwieweit die BioStoffV gilt (vgl. § 20 Abs. 1 ArbSchG). Sind durch die Bundesländer noch keine entsprechenden Rechtsvorschriften erlassen worden, gilt die EG-Biostoffrichtlinie aufgrund der am 29.11.1993 abgelaufenen Umsetzungsfrist unmittelbar (vgl. § 20 ArbSchG Rn. 1; *Nöthlichs*, 6715, 4 m.w.N.). **27**

Im Bereich des **öffentlichen Dienstes des Bundes** gilt die BioStoffV unmittelbar. Nur für den Ausnahmefall, dass **öffentliche Belange** es **zwingend** erfordern, kann in bestimmten Bereichen des öffentlichen Dienstes des Bundes die BioStoffV ganz oder teilweise nicht angewendet werden. Dabei ist jedoch gleichzeitig festzulegen, wie Sicherheit und Gesundheitsschutz der Beschäftigten bei Tätigkeiten mit biologischen Arbeitsstoffen auf andere Weise gewährleistet werden (vgl. § 20 Abs. 2 ArbSchG; vgl. § 20 ArbSchG Rn. 2ff.). Diese, im Unterschied z.B. zu § 1 Abs. 3 AMBV (vgl. § 1 AMBV Rn. 16) nicht auch parallel in der BioStoffV verankerte Regelung trägt der Tatsache Rechnung, dass in bestimmten Tätigkeitsbereichen des öffentlichen Dienstes die strikte Anwendung der Verordnung mit der ordnungsgemäßen Erfüllung der öffentlichen Aufgaben in Konflikt kommen könnte. **28**

3. Zielsetzung; Zweckbestimmung

29 Allgemeines **Ziel** der BioStoffV ist die Sicherung und Verbesserung von Sicherheit und Gesundheitsschutz der Beschäftigten durch Maßnahmen des Arbeitsschutzes bei der Arbeit im Hinblick auf die Tätigkeiten mit biologischen Arbeitsstoffen (vgl. § 1 Abs. 1 Satz 1 ArbSchG; § 1 ArbSchG Rn. 1 ff.). Die **Zweckbestimmung** in § 1 Satz 2 unterstreicht diese Zielsetzung. Die allgemeinen Pflichten des Arbeitgebers und die Pflichten und Rechte der Beschäftigten nach dem ArbSchG sind entsprechend dieser Zielsetzung in Bezug auf die Tätigkeiten mit biologischen Arbeitsstoffen umzusetzen und werden durch die BioStoffV ergänzt und konkretisiert.

4. Abgrenzung: Tätigkeiten mit gentechnisch veränderten biologischen Arbeitsstoffen

30 Tätigkeiten mit gentechnisch veränderten biologischen Arbeitsstoffen werden durch das **Gentechnikrecht** geregelt, sofern dort gleichwertige oder strengere Regelungen bestehen (vgl. § 1 Satz 3; vgl. § 1 Abs. 2 UVV BGV B 12). Die BioStoffV bildet also vorbehaltlich dieser Einschränkung den rechtlichen Rahmen für Tätigkeiten mit allen biologischen Arbeitsstoffen, einschließlich gentechnisch veränderter Mikroorganismen (vgl. § 2 Abs. 1; § 2 Rn. 1). Strengere oder gleichwertige Regelungen enthält insbesondere die **GenTSV** i.V.m. dem GenTG (vgl. *KPA*, § 1 BioStoffV Nr. 3). Mit In-Kraft-Treten des **ArbSchG** sind auch im Bereich des Sonderrechts »Gentechnik« die allgemeinen Bestimmungen des ArbSchG zu beachten (vgl. a.a.O.).

31 Mit dem **GenTG** i.d.F. v. 16.12.1993 (BGBl. I, 2066; 1994, 1416; 1997, 2390) soll zum einen »Leben und Gesundheit von Menschen, Tieren, Pflanzen sowie die sonstige Umwelt in ihrem Wirkungsgefüge und Sachgüter vor möglichen Gefahren gentechnischer Verfahren und Produkte« geschützt werden (§ 1 Nr. 1 GenTG). Zum anderen soll mit dem Gesetz ein rechtlicher Rahmen für die Erforschung, Entwicklung, Nutzung und Förderung der wissenschaftlichen und technischen Möglichkeiten der Gentechnik geschaffen werden (§ 1 Nr. 2 GenTG). Für diese Zwecke legt das Gesetz eine Reihe von Instrumentarien fest:
– die gesetzliche Verankerung der »*Zentralen Kommission für biologische Sicherheit*« *(ZKBS)*, die die Aufgaben hat »sicherheitsrelevante Fragen nach den Vorschriften dieses Gesetzes« zu prüfen und zu bewerten, die Bundesregierung und die Länder in sicherheitsrelevanten Fragen der Gentechnik zu beraten und jährliche Berichte zu erstellen (vgl. §§ 4, 5 GenTG);
– die Verpflichtung der Hersteller bzw. Anwender (Verwendung in geschlossenen Systemen und Freisetzung) und Inverkehrbringer gentechnischer Produkte sowie der Betreiber gentechnischer Anlagen zur **Bewertung der Risiken** (§ 6 Abs. 1 GenTG);
– die Verpflichtung der Betreiber zur **Umsetzung des Schutzziels** nach § 1 Nr. 1 GenTG auf der Grundlage des Stands von Wissenschaft und Technik (§ 6 Abs. 2 GenTG) sowie zur **Erstellung schriftlicher Aufzeichnungen** (§ 6 Abs. 3 GenTG);
– die Verpflichtung der Hersteller bzw. Anwender zur **Bestellung von Projektleitern und Beauftragten für biologische Sicherheit** (§ 6 Abs. 4 GenTG);
– die Einführung eines **Sicherheitsstufenkonzeptes** für geschlossene gentechnische Anlagen, das von gentechnischen Arbeiten, bei denen nicht von einem

Biostoffverordnung

Risiko für die menschliche Gesundheit und die Umwelt auszugehen ist (Stufe 1) bis zur gentechnischen Arbeiten, bei denen von einem hohen Risiko bzw. einem begründeten Verdacht auszugehen ist, reicht (§ 7 GenTG);
- die Verankerung eines **Genehmigungsverfahrens** für geschlossene gentechnische Anlagen, das von den Ländern auszuführen ist, unter Einbeziehung der *ZKBS* (§ 11 GenTG), sowie eines Anmeldeverfahrens (§ 12 GenTG). Analoge Verfahren sind auch für die Freisetzung gentechnisch veränderter Organismen und Produkte vorgesehen (§ 16 GenTG);
- die Verankerung eines **öffentlichen Anhörungsverfahrens** sowohl für die Errichtung und den Betrieb gentechnischer Anlagen der Sicherheitsstufen 2,3 oder 4 sowie für die Freisetzung gentechnisch veränderter Organismen, sofern die Ausbreitung der Organismen nicht begrenzbar ist (§ 16 GenTG);
- die Regelung einer **speziellen Gefährdungshaftung** für Schäden, die jemand »infolge von Eigenschaften eines Organismus, die auf gentechnischen Anlagen beruhen« erleidet (§§ 32 ff. GenTG) bis zu einem Höchstbetrag von DM 160 Millionen (§ 33 GenTG).

Das GenTG wird via einer ausführlichen Ermächtigungsgrundlage (§ 30 GenTG) durch Verordnungen ergänzt, von denen insbesondere die **GenTSV** vom 24.10.1990 (BGBl. I, 2340; geändert durch die VO vom 14.3.1995, BGBl. I, 285), für den Arbeitsschutz von Bedeutung ist. Sie bildet die Grundlage für Sicherheit und Gesundheitsschutz des gesamten Gentechnikrechts und konkretisiert diesbezüglich die Bestimmungen der BioStoffV. Von ihrem Aufbau her hat die GenTSV Parallelen zur GefStoffV:
- die **Allgemeine Vorschriften** (erster Abschnitt) regeln den Anwendungsbereich, die Sicherheitsstufen und Sicherheitsmaßnahmen und Begriffsbestimmungen (§§ 1 bis 2 GenTSV);
- im zweiten Abschnitt werden **Grundlagen und Durchführung der Sicherheitseinstufung** festgelegt (§§ 4 bis 7 GenTSV);
- die zentralen **Sicherheitsmaßnahmen** regelt der dritte Abschnitt (§§ 8 bis 13 GenTSV);
- der vierte und der dritte Abschnitt legen die **Anforderungen an den Projektleiter und den Beauftragten für die biologische Sicherheit** fest (§§ 14, 15 sowie 16 bis 19 GenTSV i.V.m. § 6 Abs. 4 GenTG);
- schließlich werden in der Verordnung **Bußgeldvorschriften** und **Schlussvorschriften** geregelt (sechster und siebter Abschnitt, §§ 20 bzw. 21 f. GenTSV);
- sechs **Anhänge** legen Kriterien zur Risikobewertung, Maßnahmen zur Sicherheit in speziellen, gentechnischen Arbeitsbereichen sowie zu Vorsorgeuntersuchungen und zur Beteiligung der Beschäftigten fest.

Es wird vorgeschlagen, alle Arbeitsschutzbestimmungen zu biologischen Arbeitsstoffen **zusammenzufassen**, um so die historisch und in der verspäteten nationalen Umsetzung der EG-Biostoffrichtlinie begründete Aufteilung aufzuheben (*KPA*, § 1 BioStoffV Nr. 3 mit Hinweis auf die europäische Entwicklung). Analog zu Regelungen in sonstigen Rechtsvorschriften wird durch die GenTSV eine **allgemeine Schutzpflicht** des Betreibers gentechnischer Anlagen festgelegt, die darin besteht, zur Erreichung der Schutzziele des § 1 Nr. 1 GenTG die erforderlichen Maßnahmen nach den Vorschriften dieser Verordnung einschließlich ihrer Anhänge und den für ihn geltenden Arbeitsschutz- und Unfallverhütungsvorschriften sowie die nach dem Stand von Wissenschaft und Technik erforderlichen Vorsorgemaßnahmen zu treffen. Insbesondere sind die allgemein anerkannten sicherheitstechnischen, arbeitsmedizinischen und hy-

Arbeitsschutzverordnungen

gienischen Regeln, die sonstigen gesicherten arbeitswissenschaftlichen Erkenntnisse sowie allgemeine Empfehlungen der ZKBS zu beachten (§ 8 Abs. 1 GenTSV).

34 Im Hinblick auf den Schutz der Beschäftigten und zur Feststellung der erforderlichen Maßnahmen hat der Betreiber »mögliche Gefahren zu ermitteln und zu beurteilen«, d.h. eine **Gefährdungsbeurteilung** vorzunehmen (vgl. § 8 Abs. 4 Satz 1 GenTSV). Die Beurteilung verfolgt jedoch ein anderes Konzept und bezieht sich auf die gentechnische Arbeit als Ganzes (KPA, § 1 BioStoffV Nr. 3). Neben den besonderen Regelungen der GenTSV zur Gefährdungsbeurteilung sind daher die Bestimmungen der **BioStoffV** zur Gefährdungsbeurteilung zu beachten (vgl. vor §§ 5–8 BioStoffV Rn. 1 ff.).

35 Schließlich wird eine, gegenüber der GefStoffV modifizierte, **Rangfolge von Schutzmaßnahmen** festgelegt (vgl. § 8 Abs. 5 GenTSV). Diese Modifizierung ergibt sich daraus, dass gentechnisch manipulierte Organismen nicht per se als Gefahrstoffe betrachtet werden. Der Betreiber gentechnischer Anlagen hat allerdings im Sinne eines Substitutionsgebots (vgl. § 10 Rn. 8 ff.) zu prüfen, »ob gentechnische Arbeiten mit einem für die Beschäftigten geringerem gesundheitlichen Risiko als die von ihm in Aussicht genommenen durchgeführt werden können« (§ 8 Abs. 5 Satz 1 GenTSV).

36 Über die allgemeine Schutzpflicht des § 8 GenTSV hinaus werden **spezielle Arbeitssicherheitsmaßnahmen** festgelegt, die durch den Betreiber gentechnischer Anlagen auszuführen ist (§ 12 GenTSV):
– eine ausreichende Qualifizierung und Einweisung der Beschäftigten;
– die Erstellung einer Betriebsanweisung;
– die Durchführung besonderer Unterweisungen für Beschäftigte über Organismen der Risikogruppen 2 bis 4 sowie für besonders gefährdete Arbeitnehmer (Schwangere);
– die Erstellung besonderer sicherheitstechnischer Arbeitsanweisungen bei Arbeitsverfahren mit erhöhten Unfallgefahren oder potenziellen, schweren Unfallfolgen;
– besondere Schutzmaßnahmen bei Instandhaltungs-, Änderungs- oder Abbrucharbeiten;
– die Anpassung der gentechnischen Anlage an den Stand der Entwicklung der Sicherheitstechnik;
– die Überwachung möglicher Kontaminationen sowie
– die Durchführung von Vorsorgeuntersuchungen und
– die Beteiligung der Beschäftigten.

5. Abgrenzung: Umgang mit Gefahrstoffen

37 Der Umgang mit Gefahrstoffen i.S. von § 19 Abs. 2 ChemG wird durch die **GefStoffV** geregelt (das ChemG ist abgedruckt in BAuA [Hrsg.], RW 7). Durch die Umsetzung der EG-Biostoffrichtlinie waren **Änderungen** der GefStoffV erforderlich. Die BioStoffV stützt sich hinsichtlich der **Ermächtigungsgrundlagen** ergänzend auf §§ 19 Abs. 1 und 3, 20b ChemG.

38 Die **Gefahrstoffdefinition** in § 19 Abs. 2 **ChemG** erfasst in Nr. 5 auch Stoffe, Zubereitungen und Erzeugnisse, die erfahrungsgemäß Krankheitserreger übertragen können. Damit regelte die GefStoffV bis zum Inkrafttreten der BioStoffV einen Teilbereich der Tätigkeiten mit biologischen Arbeitsstoffen. Durch ihren umfassenden Anwendungsbereich fällt dieser Bereich unter die Regelung der

BioStoffV. Der **Anwendungsbereich der GefStoffV** ist entsprechend angepasst worden (vgl. Art. 2 Nr. 1 ArtV-Bio). Als Folgeänderung ist auch die Definition des »Gefahrstoffbegriffs« der GefStoffV angepasst worden. Nunmehr umfasst dieser in der GefStoffV nur noch Stoffe, Zubereitungen und Erzeugnisse nach § 19 Abs. 2 Nr. 1 bis 3 ChemG (vgl. Art. 2 ArtV-Bio Nr. 2). Die Änderung in § 15c Abs. 1 GefStoffV (Streichung der Wörter »oder Gefahrstoffe, die ihrer Art nach erfahrungsgemäß Krankheitserreger übertragen können«) ergibt sich als weitere Folgeänderung (vgl. Art. 2 ArtV-Bio Nr. 3).

Unabhängig von der rechtlichen Abgrenzung ist auf **Wechselwirkungen** zwischen den Schutzvorschriften der GefStoffV und der BioStoffV hinzuweisen. Dies betrifft insbesondere ggf. bestehende **sensibilisierende oder toxische Wirkungen** biologischer Arbeitsstoffe (vgl. § 6 Rn. 5) auf der einen und chemischer Stoffe und Zubereitungen auf der anderen Seite. Die erforderlichen Arbeitsschutzmaßnahmen sind je nach Stoff aus der entsprechenden Rechtsvorschrift abzuleiten und führen so zu ihrem sinnvollen Nebeneinander (vgl. *KPA*, § 1 BioStoffV Nr. 2). 39

Die infolge der **EG-Gefahrstoffrichtlinie 98/24/EG** notwendige Novellierung der GefStoffV (vgl. GefStoffV Rn. 9) wird aufgrund der rechtlichen Abgrenzung keinen unmittelbaren Einfluss auf die BioStoffV haben. 40

§ 2 Begriffsbestimmungen

(1) Biologische Arbeitsstoffe sind Mikroorganismen, einschließlich gentechnisch veränderter Mikroorganismen, Zellkulturen und humanpathogener Endoparasiten, die beim Menschen Infektionen, sensibilisierende oder toxische Wirkungen hervorrufen können. Ein biologischer Arbeitsstoff im Sinne von Satz 1 ist auch ein mit transmissibler, spongiformer Enzephalopathie assoziiertes Agens, das beim Menschen eine Infektion oder eine übertragbare Krankheit verursachen kann.

(2) Mikroorganismen sind alle zellulären oder nichtzellulären mikrobiologischen Einheiten, die zur Vermehrung oder zur Weitergabe von genetischem Material fähig sind.

(3) Zellkulturen sind in-vitro-Vermehrungen von aus vielzelligen Organismen isolierten Zellen.

(4) Tätigkeiten im Sinne dieser Verordnung sind das Herstellen und Verwenden von biologischen Arbeitsstoffen, insbesondere das Isolieren, Erzeugen und Vermehren, das Aufschließen, das Ge- und Verbrauchen, das Be- und Verarbeiten, Ab- und Umfüllen, Mischen und Abtrennen sowie das innerbetriebliche Befördern, das Lagern einschließlich Aufbewahren, das Inaktivieren und das Entsorgen. Zu den Tätigkeiten zählt auch der berufliche Umgang mit Menschen, Tieren, Pflanzen, biologischen Produkten, Gegenständen und Materialien, wenn bei diesen Tätigkeiten biologische Arbeitsstoffe freigesetzt werden können und dabei Beschäftigte mit den biologischen Arbeitsstoffen direkt in Kontakt kommen können.

(5) Gezielte Tätigkeiten liegen vor, wenn
1. biologische Arbeitsstoffe mindestens der Spezies nach bekannt sind,
2. die Tätigkeiten auf einen oder mehrere biologische Arbeitsstoffe unmittelbar ausgerichtet sind und
3. die Exposition der Beschäftigten im Normalbetrieb hinreichend bekannt oder abschätzbar ist.

Arbeitsschutzverordnungen

Nicht gezielte Tätigkeiten liegen vor, wenn mindestens eine der Voraussetzungen nach Satz 1 Nr. 1, 2 oder 3 nicht gegeben ist.
(6) Als Kontamination ist die über die gesundheitlich unbedenkliche Grundbelastung hinausgehende Belastung des Arbeitsplatzes mit biologischen Arbeitsstoffen anzusehen.
(7) Eine Schutzstufe umfaßt die technischen, organisatorischen und persönlichen Sicherheitsmaßnahmen, die für Tätigkeiten mit biologischen Arbeitsstoffen entsprechend ihrer Gefährdung zum Schutz der Beschäftigten festgelegt oder empfohlen sind. Sicherheitsmaßnahmen sind besondere Schutzmaßnahmen, die in den Anhängen II und III genannt und der jeweiligen Schutzstufe zugeordnet sind.
(8) Dem Arbeitgeber stehen der Unternehmer ohne Beschäftigte sowie der Auftraggeber und Zwischenmeister im Sinne des Heimarbeitsgesetzes gleich. Den Beschäftigten stehen die in Heimarbeit Beschäftigten sowie Schüler, Studenten und sonst an Hochschulen Tätige gleich. Für Schüler und Studenten gelten die Regelungen dieser Verordnung über die Beteiligung der Personalvertretungen nicht.

Übersicht   Rn.
1. Definitionen (Biologische Arbeitsstoffe, Mikroorganismen, Zellkulturen)......   1, 2
2. Begriff der »Tätigkeiten« 3– 9
3. Begriff der »Schutzstufen«; »Schutz- und Sicherheitsmaßnahmen«...........   10–12
4. Begriff des »Arbeitgebers« und des »Beschäftigten«....................   13, 14

1. Definitionen

1   Die **Definitionen** zu »Biologische Arbeitsstoffe«, »Mikroorganismus« und »Zellkulturen« (Abs. 1 bis 3) sind inhaltlich aus Art. 2a bis c EG-Biostoffrichtlinie übernommen worden und stimmen mit den Definitionen aus § 3 GenTG überein (vgl. RegE-BioStoffV, 22). Darüber hinaus wurden folgende Ergänzungen bzw. Modifikationen vorgenommen:
1. Die Definition der **biologischen Arbeitsstoffe** (Abs. 1) erfasst alle Mikroorganismen (vgl. 2.), die beim Menschen Infektionen (vgl. Rn. 2), sensibilisierende oder toxische Wirkungen (vgl. § 4 Rn. 1) hervorrufen können (vgl. umfassend *KPA*, § 2, Nr. 2).
Diese Definition ist im Vergleich zur EG-Biostoffrichtlinie um den Begriff des mit transmissibler, spongiformer Enzepahlopathien assoziierten Agens erweitert worden (vgl. ebd. Nr. 2.2.4). Diese Begriffserweiterung ist nötig, da neuere Forschungsergebnisse gezeigt haben, dass verschiedene spongiforme Enzepahlopathien durch die Akkumulation abnormaler, krankheitsauslösender Formen von Prion-Proteinen ausgelöst werden (z.B. der B[ovine]S[pongiforme]E[nzepahlopathien]-Erreger: »**Rinderwahnsinn**«; vgl. *Allescher*, BArbBl. 5/1999, 15). Die Erkrankung tritt beim Menschen nur vereinzelt auf, wobei sowohl vererbbare Formen als auch Infektionen (z.B. iatrogen) bekannt sind. Dieses bisher nicht berücksichtigte infektiöse Agens wird durch die Begriffserweiterung von den Regelungen der BioStoffV mit erfasst (vgl. zu BSE auch die Beschlüsse 602 und 603 des ABAS).
Die Begriffe stimmen überein mit den Definitionen des Infektionsschutzgesetzes v. 20.7.2000 (BGBl. I, 1045; vgl. RegE-BioStoffV, 22).
2. Der Begriff »**Mikroorganismus**« (Abs. 2) erfasst Bakterien, Pilze, humanpathogene Endoparasiten (vgl. umfassend *KPA*, § 2, Nr. 2.2.2) sowie, in Über-

Biostoffverordnung

einstimmung mit der EG-Gentechnik-Richtlinie 90/219/EWG, auch Viren und Viroide, tierische und pflanzliche Zellkulturen, nicht jedoch Plasmide und freie Nukleinsäuren (vgl. RegE-BioStoffV, 22; LASI-Bio, 5; umfassend: *KPA*, § 2, Nr. 3). Gentechnisch veränderte Mikroorganismen sind insofern ausdrücklich mit erfasst (*Allescher*, BArbBl. 5/1999, 15; vgl. zur Abgrenzung der BioStoffV mit der GenTSV Rn. 30 ff.).

3. Der aus der EG-Biostoffrichtlinie übernommene Begriff »**Zellkulturen**« als In-vitro-Vermehrungen von aus vielzelligen Organismen isolierten Zellen (Abs. 3) entspricht der in der Fachwelt gebräuchlichen Bedeutung (vgl. RegE-BioStoffV, 23; LASI-Bio, 5; umfassend: *KPA*, § 2, Nr. 4).

Weitere wichtige, in Zusammenhang mit Tätigkeiten mit biologischen Arbeitsstoffen verwendete **Begriffe** im Hinblick auf Tätigkeiten mit biologischen Arbeitsstoffen sind (vgl. umfassend TRBA 450 »Einstufungskriterien für Biologische Arbeitsstoffe«, Nr. 5 Glossar; zu »Tätigkeiten«, »Schutzstufen«, »Schutz- und Sicherheitsmaßnahmen sowie zu »Arbeitgeber« und »Beschäftigte« vgl. weiter unten):

2

- »**Bioaerosole**«: Luftgetragene Teile biologischer Herkunft (Nr. 2.6 TRBA 500; Anhang Nr. 12). Z.B. in der Luft befindliche Bakterien und Pilze, die an Staubteilchen gebunden sind, durch Luftbewegungen hochgewirbelt und über weite Strecken transportiert werden können; anders als gröbere können Teilchen mit einem Durchmesser unter 10 µm beim Einatmen direkt in die Lungenalveolen gelangen und Mikroorganismen übertragen, die als Ursache von Krankheiten und Allergien eine Gefährdung darstellen (LASI-Bio, 5);
- »**Endotoxine**«: jedes Toxin (Giftstoff), das erst bei Auflösung von Zellen freigesetzt wird bzw. frei werdende Bestandteile von abgestorbenen, Gram-negativen Bakterien, deren Inhalation zur einer speziellen Atemwegserkrankung, dem »organic dust toxic syndrome« (ODTS) führen kann (TRBA 450, unter 5; LASI-Bio, 5).
- »**Hygiene, Hygienemaßnahmen**«: Beinhaltet vorbeugende Maßnahmen für die Gesunderhaltung des Menschen, d.h. i.V. m. dem Arbeitsschutz die Verhütung von Infektion und Erkrankung der Beschäftigten (Nr. 2.4 TRBA 500; vgl. § 10 Rn. 12 f.).
- Eine »**Infektion**« entwickelt sich immer im Zusammenspiel von Erreger (Mikroorganismus) und Wirt (Mensch) und im Zusammenhang mit äußeren Faktoren (LASI-Bio, 7). Je nach Erregerart sind für eine Infektion die folgenden Faktoren entscheidend:
  • die Anzahl an Keimen,
  • die Wahrscheinlichkeit einer Infektion,
  • die Fähigkeit des Bakteriums, Virus oder Pilzes in den Wirtsorganismus einzudringen, sich dort anzusiedeln, sich zu vermehren und sich auszubreiten,
  • die Pathogenität,
  • das Eindringvermögen, die Haftfähigkeit oder die Schleimkapselung, mit denen sich der Mikroorganismus vor der körpereigenen Abwehr schützt (vgl. a.a.O.).
- »**Luftgetragene Kontaminanten**«: flüchtige, von Organismen freigesetzte Verbindungen (z.B. Aceton, Aldehyde, Alkohole, Amine, Schwefelwasserstoff, Ammoniak, Schwefeldioxid) und biologische Nebenprodukte (z.B. Enzyme, Mykotoxine; LASI-Bio, 5);
- Mit der Definition des Begriffs »**Kontamination**« als über die gesundheitlich unbedenkliche Grundbelastung hinausgehende Belastung des Arbeitsplatzes

mit biologischen Arbeitsstoffen (Abs. 6; vgl. Nr. 2.3 TRBA 500; Anhang Nr. 12) wird eine Abgrenzung zu Belastungen mit biologischen Arbeitsstoffen erreicht, die gesundheitlich nicht relevant sind, z.B. weil in der natürlichen Umwelt ein Grundbelastung vorhanden ist (vgl. RegE-BioStoffV, 24; vgl. *KPA*, § 2 Nr. 7).

2. Begriff der »Tätigkeiten«

3 Der aus der EG-Biostoffrichtlinie übernommene Begriff »**Tätigkeit**« wird in Abs. 4 Satz 1 als Herstellen und Verwenden von biologischen Arbeitsstoffen beschrieben. In Ergänzung zur EG-Biostoffrichtlinie orientiert sich diese Definition in großem Maße an der aus dem Gefahrstoffrecht bekannten Definition des »Umgangs« (*Pipke*, Amtl. Mitt. BAuA 1/1999, 3). Es werden beispielhaft Tätigkeiten aufgelistet, die unter dem Begriff der Tätigkeit zusammengefasst werden (umfassend: *KPA*, § 2 Nr. 5.2).

4 Die Definition »Tätigkeit« wird in Abs. 4 Satz 2 um den **beruflichen Umgang** mit Menschen, Tieren, Pflanzen, biologischen Produkten, Gegenständen und Materialien erweitert, wenn bei dieser Tätigkeit biologische Arbeitsstoffe freigesetzt werden können und dabei Beschäftigte mit dem biologischen Arbeitsstoff direkt in Kontakt kommen können (vgl. RegE-BioStoffV, 23; BR-Bio, Nr. 1; umfassend: *KPA*, § 2 Nr. 5.3). Maßgebend ist die **Ausrichtung der beruflichen Tätigkeit**. Umfasst die berufliche Aufgabe Tätigkeiten, bei deren Ausübung wegen des möglichen Kontakts mit biologischen Arbeitsstoffen ein Infektionsrisiko besteht, wird eine Tätigkeit i.S. der BioStoffV ausgeübt (a.a.O.). Dies ist z.B. bei der Krankenschwester der Fall, die bei der Pflege von Patienten mit biologischen Arbeitsstoffen in Berührung kommen kann, nicht jedoch bei einem Busfahrer, der einen kranken Fahrgast transportiert (RegE-BioStoffV, a.a.O.). D.h. das bloße passive Ausgesetztsein gegenüber Krankheitserregern wird in solchen Fällen nicht von der BioStoffV erfasst. Diese Abgrenzung entspricht dem Vorgehen im Gefahrstoffrecht (*Allescher*, BArbBl. 5/1999, 15).

5 Die BioStoffV **unterscheidet** definitorisch in »gezielte« und »ungezielte« Tätigkeiten (Abs. 5; in der Literatur findet sich außerdem die analog zu verstehende Unterscheidung in »beabsichtigten« und »nicht beabsichtigten Umgang«; vgl. z.B. *Hüsing/Knorr/Menrad/Strauß*, 1995, *Simon/Tichy*, 1997 oder auch Art. 4 Abs. 2 EG-Biostoffrichtlinie). Die Dominanz, die in der EG-Biostoffrichtlinie der Bereich der gezielten Tätigkeiten einnimmt, wurde bei der Umsetzung in die BioStoffV zurückgenommen, da hier aufgrund des quantitativen Ausmaßes auch der Schwerpunkt für die Durchführung von Maßnahmen des Arbeitsschutzes liegt (vgl. *Pipke*, Amt. Mitt. BAuA 2/1999, 4).

6 **Gezielte Tätigkeiten** (Abs. 5 Satz 1) liegen dann vor, wenn die
1. biologischen Arbeitsstoffe mindestens der Spezies nach bekannt sind,
2. Tätigkeiten auf einen oder mehrere biologische Arbeitsstoffe unmittelbar ausgerichtet sind und die
3. Exposition der Beschäftigten im Normalfall hinreichend bekannt oder abschätzbar ist (vgl. *KPA*, § 2, Nr. 6.2).

Die Voraussetzungen sind **eng gefasst**, so dass gezielte Tätigkeiten vor allem an Laborarbeitsplätzen in der Forschung und Entwicklung (z.B. **Forschungslaboratorien**) und an industriellen Arbeitsplätzen in der Biotechnologie (z.B. **biotechnische Anlagen**) vorzufinden sind (vgl. RegE-BioStoffV, 23; LASI-Bio, 7; *Pipke*, Amt. Mitt. BauA 1/1999, 3; *Riegel*, BArbBl. 6/1999, 83 f.).

Biostoffverordnung

Tätigkeiten mit biologischen Arbeitsstoffen, die mindestens eine der drei in Abs. 5 Satz 1 Nr. 1 bis 3 genannten Kriterien nicht erfüllen, sind **nicht gezielte Tätigkeiten** (vgl. *KPA*, § 2 Nr. 6.3). D.h. hier kann eine Gefährdung durch biologische Arbeitsstoffe vorliegen, ohne dass die Tätigkeit auf die Stoffe selbst ausrichtet sein muss. Diese Tätigkeiten umfassen naturgemäß ein breites Spektrum von Tätigkeiten in sehr verschiedenen Branchen (vgl. *Pipke*, Amtl.Mitt.-BAuA 1/1999, 3; RegE-BioStoffV, 23). Gerade in den letzten Jahren haben sich verstärkt Tätigkeitsbereiche herausgebildet, in denen nicht gezielte Tätigkeiten mit biologischen Arbeitsstoffen durchgeführt werden und die für den Arbeitsschutz besonders relevant sind, z.b. bei der **Sammlung, Sortierung und Beseitigung von Abfällen**, in **Kompostierungsanlagen**, in **Abwasserkläranlagen** oder in der **Landwirtschaft** (vgl. a.a.O.; *Pipke*, a.a.O.; im Überblick die Beiträge in BAuA-Bio; tabellarische Übersicht in LASI-Bio, 15; *Buschhausen-Denker*, BArbBl. 6/1999, 84). 7

Darüber hinaus fällt i.d.R. auch der Bereich des **Gesundheitswesens** unter die nicht gezielten Tätigkeiten. Dies gilt z.B. für Tätigkeiten in Zusammenhang mit der Betreuung infektiöser Patienten bei denen, Pflegepersonal mit biologischen Arbeitsstoffen in Kontakt kommen kann oder aber auch bei Untersuchungen, da in den meisten Fällen der Erreger, auf den untersucht bzw. der nachgewiesen werden soll, nicht bekannt ist. Blut- oder Speichelproben können ein ganzes Erregerspektrum enthalten. Bei den Untersuchungen steht der Nachweis des Erregers im Vordergrund und nicht die Konzentrierung und Isolierung desselben. Dies gilt in besonderem Maße für die Entnahme von Untersuchungsproben (vgl. RegE-BioStoffV, 24; vgl. hierzu die an die Regelungen der BioStoffV noch anzupassende, ggf. auch aufzuhebende oder in einer TRBA zu überführende UVV »Gesundheitswesen« VBG 103). 8

Auf das **Schutzniveau** für die Beschäftigten hat die Differenzierung nach gezielten und nicht gezielten Tätigkeiten keinen Einfluss (RegE-BioStoffV, 23; *KPA*, § 2, Nr. 6.1). Sie dient lediglich der zielgerichteten Durchführung der Gefährdungsbeurteilung und der Ableitung entsprechender Schutz- und Sicherheitsmaßnahmen (vgl. vor §§ 5 bis 8). 9

3. Begriff der »Schutzstufen«; Schutz- und Sicherheitsmaßnahmen

»Schutzstufen« (Abs. 7) sind definiert als die technischen, organisatorischen und persönlichen Sicherheitsmaßnahmen, die in den Anhängen II und III für Tätigkeiten mit biologischen Arbeitsstoffen in Abhängigkeit von der Gefährdung festgelegt oder empfohlen werden (vgl. RegE-BioStoffV, 24; vgl. § 6 Abs. 2 und § 7; § 6 Rn. 3 ff., § 7 Rn. 4 ff.). Die jeweilige Schutzstufe für Tätigkeiten mit biologischen Arbeitsstoffen ergibt sich aus der Risikogruppe, in die der entsprechende Stoff eingeordnet wird (vgl. §§ 3, 4). Die speziellen Sicherheitsmaßnahmen in Anhang II und III sind i.V.m. den allgemeinen Schutzmaßnahmen nach § 10 auf der Basis der Gefährdungsbeurteilung (vgl. §§ 5ff.) zu treffen. Der Begriff »Schutzmaßnahmen« umfasst daher alle technischen und organisatorischen Maßnahmen zum Schutz der Beschäftigten vor Gefährdungen durch biologische Arbeitsstoffe bei der Arbeit (vgl. RegE-BioStoffV, 32). 10

Die definitorische Klarstellung in § 2 Abs. 7 Satz 2 ist auf Vorschlag des Bundesrates eingefügt worden. Danach wird in der EG-Biostoffrichtlinie zwischen allgemeinen Schutzmaßnahmen und den konkreten Sicherheitsmaßnahmen **unterschieden**. Mit Satz 2 wird dies klargestellt: 11

Arbeitsschutzverordnungen

- Die **Sicherheitsmaßnahmen** der Anhänge II und III der BioStoffV sind **spezielle Schutzmaßnahmen** und bereits in der EG-Biostoffrichtlinie gefährdungsabhängig den einzelnen Schutzstufen zugeordnet. Sie müssen entsprechend beachtet werden.
- Bei den **allgemeinen Schutzmaßnahmen** nach § 10 legt der Arbeitgeber hingegen im Rahmen der Gefährdungsbeurteilung fest, welche geeigneten Maßnahmen tätigkeitsbezogen und gefährdungsabhängig erforderlich sind (vgl. BR-Bio Nr. 3).

12 Die **allgemeinen Schutzmaßnahmen** nach § 10 legen grundsätzliche Arbeitsschutzanforderungen und Schutzziele fest, die bei Tätigkeiten mit biologischen Arbeitsstoffen zu beachten sind (*Allescher*, BArbBl. 5/1999, 18; vgl. im Einzelnen § 10 Rn. 1 ff.). Sie stehen im Kontext mit den allgemeinen **Arbeitsschutzmaßnahmen**, die das **ArbSchG** tätigkeits- und branchenübergreifend festlegt, bzw. konkretisieren diese (vgl. vor §§ 9 bis 15, Rn. 1 ff.). Maßnahmen des Arbeitsschutzes i.s. des ArbSchG sind Maßnahmen zur Verhütung von Unfällen bei der Arbeit und arbeitsbedingten Gesundheitsgefahren einschließlich Maßnahmen der menschengerechten Gestaltung der Arbeit (vgl. § 2 ArbSchG Rn. 1 ff.).

4. Begriff des »Arbeitgebers« und des »Beschäftigten«

13 Die **Arbeitgeberdefinition** nach § 2 Abs. 3 ArbSchG (vgl. § 2 ArbSchG Rn. 8 f.) wird um **Unternehmer ohne Beschäftigte** sowie um die **Auftraggeber und Zwischenmeister i.S. des HAG** erweitert (Abs. 8 Satz 1). Damit gelten die Regelungen der BioStoffV und die hierbei festgelegten Verpflichtungen auch für diese Personengruppen.

14 Der **Begriff des Beschäftigten** nach § 2 Abs. 2 ArbSchG (vgl. § 2 ArbSchG Rn. 11 ff.) wird um die **Schüler und Studenten und sonst an Hochschulen Tätige** (Doktoranden und Forschungsstipendiaten – auch wenn sie ohne Arbeitsvertrag tätig sind) sowie auf die in **Heimarbeit Beschäftigten** erweitert (Abs. 8 Satz 2). Damit gelten die Regelungen der BioStoffV auch für diese Personengruppen.

Einzig die Regelungen über die **Beteiligung der Personalvertretungen** werden in Bezug auf Schüler und Studenten hiervon **ausgenommen** (vgl. Abs. 8 Satz 3; letztere Bestimmung sowie die Einbeziehung der sonst an Hochschulen Tätigen ist durch einen Änderungsvorschlag des Bundesrates in die BioStoffV aufgenommen worden; vgl. BR-Bio Nr. 4 und 5).

§ 3 Risikogruppen für biologische Arbeitsstoffe

Biologische Arbeitsstoffe werden entsprechend dem von ihnen ausgehenden Infektionsrisiko in vier Risikogruppen eingeteilt:
1. **Risikogruppe 1: Biologische Arbeitsstoffe, bei denen es unwahrscheinlich ist, daß sie beim Menschen eine Krankheit verursachen.**
2. **Risikogruppe 2: Biologische Arbeitsstoffe, die eine Krankheit beim Menschen hervorrufen können und eine Gefahr für Beschäftigte darstellen können; eine Verbreitung des Stoffes in der Bevölkerung ist unwahrscheinlich; eine wirksame Vorbeugung oder Behandlung ist normalerweise möglich.**
3. **Risikogruppe 3: Biologische Arbeitsstoffe, die eine schwere Krankheit beim Menschen hervorrufen können und eine ernste Gefahr für Beschäftigte darstellen können; die Gefahr einer Verbreitung in der Bevölkerung kann be-**

Biostoffverordnung

stehen, doch ist normalerweise eine wirksame Vorbeugung oder Behandlung möglich.

4. **Risikogruppe 4**: Biologische Arbeitsstoffe, die eine schwere Krankheit beim Menschen hervorrufen und eine ernste Gefahr für Beschäftigte darstellen; die Gefahr einer Verbreitung in der Bevölkerung ist unter Umständen groß; normalerweise ist eine wirksame Vorbeugung oder Behandlung nicht möglich.

Ausgehend vom **Infektionsrisiko**, d.h. von den humanpathogenen Eigenschaften, nicht jedoch von anderen Wirkungen biologischer Arbeitsstoffe (vgl. hierzu § 4 Rn. 1), und in Umsetzung von Art. 2d EG-Biostoffrichtlinie werden **vier Risikogruppen** für biologische Arbeitsstoffe definiert. Diese Definitionen sind maßgeblich für
– die Einstufung biologischer Arbeitsstoffe in die entsprechende Gruppe auf der Basis von Anhang III EG-Biostoffrichtlinie (vgl. § 4),
– die Ableitung entsprechender allgemeiner Arbeitsschutzmaßnahmen (vgl. §§ 10ff.) auf der Basis von Gefährdungsbeurteilungen bei gezielten bzw. bei ungezielten Tätigkeiten (vgl. §§ 5 ff.) sowie
– die Zuordnung der bei Tätigkeiten verwendeten biologischen Arbeitsstoffe zu Schutzstufen verbunden mit entsprechenden speziellen Sicherheitsmaßnahmen nach Anhang II und III (vgl. §§ 5, 6, 7; vgl. LASI-Bio, 6).
Die Definitionen des § 3 Nr. 1 bis 4 wurden wortwörtlich aus dem EU-Recht übernommen (*Pipke*, Amtl.Mitt.BAuA 1/1999, 3).

Wichtigstes **Unterscheidungskriterium** für die Einteilung der Risikogruppen ist die Wahrscheinlichkeit des Eintretens und das Ausmaß einer Erkrankung für den Beschäftigten (vgl. RegE-BioStoffV, 24; TRBA 450). Darüber hinaus wird nach Prophylaxe- und Therapiemöglichkeiten sowie Verbreitungsgefahr in der Bevölkerung differenziert (a.a.O.; vgl. *KPA* § 3, Nr. 1: zu den Konsequenzen für die Einstufung).

Mikroorganismen, für die wissenschaftlich nachgewiesen ist, dass sie beim Menschen **keine Infektionen *und* keine toxischen oder sensibilisierenden Wirkungen** hervorrufen, fallen nicht unter den Anwendungsbereich der BioStoffV. Für Tätigkeiten mit derartigen Mikroorganismen gilt die Verordnung folglich nicht (§ 1 i.V. m. § 2 Abs. 1 Satz 1; vgl. RegE-BioStoffV, 24; vgl. § 4 Rn. 1).

Zu biologischen Arbeitsstoffen der **Risikogruppe 1** gehören Stoffe, bei denen es **unwahrscheinlich** ist, dass sie beim Menschen eine Krankheit verursachen und damit **wahrscheinlich keine Gefahr für Beschäftigte darstellen** (§ 3 Nr. 1; z.B. Acetobacter methanolicus; vgl. LASI-Bio, 5).

Entsprechend Anhang VI Nr. 1 EG-Biostoffrichtlinie werden zur Risikogruppe 1 auch **abgeschwächte Lebendimpfstoffe** gezählt (vgl. *KPA*, § 3, Nr. 2). Dem liegt der Gedanke zugrunde, dass die in Lebendimpfstoffen enthaltenen biologischen Arbeitsstoffe ihre pathogene Wirkung weitestgehend verloren haben. Das Gesundheitsrisiko für das (medizinische) Pflegepersonal ist daher bei der Verabreichung der Impfstoffe erheblich reduziert. Es ist weiterhin davon auszugehen, dass dem (medizinischen) Pflegepersonal Hygieneanforderungen hinreichend bekannt sind. Bei Anwendung der im medizinischen Bereich üblichen Hygienemaßnahmen kann dabei das Infektionsrisiko zusätzlich reduziert werden (vgl. hierzu die an die Regelungen der BioStoffV noch anzupassende, ggf. auch aufzuhebende oder in eine TRBA zu überführende UVV »Gesundheitswesen« VBG 103; § 11 Rn. 5ff.). Sofern im Rahmen der Impfstoffproduktion abgeschwächte Organismenstämme oder Stämme, die bekannter-

Arbeitsschutzverordnungen

maßen ihre Virulenzgene verloren haben, eingesetzt werden, sind auch diese Tätigkeiten in der Regel der Risikogruppe 1 zuzuordnen (RegE-BioStoffV, 24 f.).

6 Zu biologischen Arbeitsstoffen der **Risikogruppe 2** gehören Stoffe, die eine Krankheit beim Menschen hervorrufen und eine **Gefahr für Beschäftigte darstellen können**; eine Verbreitung des Stoffes in der Bevölkerung ist unwahrscheinlich; eine wirksame Vorbeugung oder Behandlung ist normalerweise möglich (§ 3 Nr. 2; z.b. Nesseria meningidites; vgl. LASI-Bio, 5f.).

7 Zu biologischen Arbeitsstoffen der **Risikogruppe 3** gehören Stoffe, die ein schwere Krankheit beim Menschen hervorrufen können und eine **ernste Gefahr für Beschäftigte darstellen können**; die Gefahr einer Verbreitung in der Bevölkerung kann bestehen, doch ist normalerweise eine wirksame Vorbeugung oder Behandlung möglich (§ 3 Nr. 3; z.b. Hepatitis-B-Virus; vgl. LASI-Bio, 6).

8 Zu biologischen Arbeitsstoffen der **Risikogruppe 4** gehören Stoffe, die eine schwere Erkrankung beim Menschen hervorrufen und eine **ernste Gefahr für Beschäftigte darstellen**; die Gefahr einer Verbreitung in der Bevölkerung ist unter Umständen groß; normalerweise ist eine wirksame Vorbeugung oder Behandlung nicht möglich (§ 3 Nr. 4; z.b. Ebola-Virus; vgl. LASI-Bio, 6).

§ 4 Einstufung biologischer Arbeitsstoffe in Risikogruppen

(1) Für die Einstufung biologischer Arbeitsstoffe in die Risikogruppen 2 bis 4 gilt Anhang III der Richtlinie 90/679/EWG des Rates vom 26. November 1990 (ABl. EG Nr. L 374 S. 1), geändert durch die Richtlinie 93/88/EWG des Rates vom 12. Oktober 1993 (ABl. EG Nr. L 268 S. 71), zuletzt angepaßt durch die Richtlinie der Kommission 97/65/EG vom 26. November 1997 (ABl. EG Nr. L 335 S. 17). Wird Anhang III der Richtlinie 90/679/EWG im Verfahren nach ihrem Artikel 19 an den technischen Fortschritt angepaßt, so gilt er nach Ablauf der in der Anpassungsrichtlinie festgelegten Umsetzungsfrist in der geänderten Fassung. Die geänderte Fassung kann bereits ab Inkrafttreten der Anpassungsrichtlinie angewendet werden.

(2) Werden biologische Arbeitsstoffe nicht nach Absatz 1 erfaßt, hat der Arbeitgeber bei gezielten Tätigkeiten eine Einstufung in die Risikogruppen entsprechend dem Stand von Wissenschaft und Technik vorzunehmen. Im übrigen sind die Bekanntmachungen nach § 17 Abs. 4 zu beachten.

(3) Kommt bei gezielten Tätigkeiten eine Einstufung in mehrere Risikogruppen in Betracht, so ist die Einstufung in die Risikogruppe mit dem höchsten Gefährdungsgrad vorzunehmen.

Übersicht Rn.

1. Allgemeines.. 1– 9
2. Einstufung nach Anhang III EG-Biostoffrichtlinie..................... 10–12
3. Einstufung bei gezielten Tätigkeiten in Sonderfällen................. 13, 14

1. Allgemeines

1 **Ausschlaggebend** für die Einstufung von biologischen Arbeitsstoffen in die Risikogruppen gem. § 3 ist **ausschließlich** das **Infektionspotenzial**, nicht jedoch die toxische oder etwaige sensibilisierende Wirkung (vgl. *Pipke*, Amt. Mitt. BAuA, 1/1999, 3; *Allescher*, BArbBl. 5/1999, 16). Hierauf beschränkt sich auch die gemeinschaftliche Einstufung.

Biostoffverordnung

Für einige biologische Arbeitsstoffe werden in der Organismenliste (Anhang III EG-Biostoffrichtlinie, vgl. Rn. 1) auch **Hinweise zur sensibilisierenden oder toxischen Wirkung** gegeben. Das entsprechende Potenzial wird bei der Einstufung aber nicht berücksichtigt. Deren Angabe ist jedoch deshalb relevant, weil in diesen Fällen auf der Basis der Gefährdungsbeurteilung entsprechende Maßnahmen zum Schutz der Beschäftigten ergriffen werden müssen (vgl. RegE-BioStoffV, 25; vgl. beispielhaft BAuA-Bio-*Pipke*, 32; § 6 Rn. 4; § 7 Rn. 5). Kriterien zur Bewertung der sensibilisierenden Wirkung von Gefahrstoffen ergeben sich aus Nr. 2 Abs. 1 TRGS 907 (vgl. TRGS 908; BArbBl. 12/1997, 65 bzw. 1/1998, 41). Danach wird die Entwicklung einer **Allergie** von mehreren Einflussfaktoren bestimmt. Dazu gehören 2

- das Sensibilisierungsvermögen des Gefahrstoffes bzw. seiner im Organismus entstehenden Metabolite,
- die Konzentration,
- Dauer und Art der Einwirkung,
- die genetisch determinierte Disposition der Exponierten und
- der aktuelle Zustand der Gewebe, auf die der sensibilisierende Gefahrstoff trifft.

Die Feststellungen zum Sensibilisierungsvermögen eines Stoffes werden abgeleitet aus medizinischen Erfahrungen über Krankheitserscheinungen beim Menschen, aus speziellen Tests im Tierversuch oder aus Struktur-Wirkungs-Betrachtungen über die jeweilige Substanz.

Die Einstufung der biologischen Arbeitsstoffe bezieht sich generell auf »Menschen« und nicht speziell auf »Beschäftigte«. Dem liegt, übereinstimmend mit der EG-Biostoffrichtlinie, die Überlegung zugrunde, dass es für die Einstufung nur auf die **humanpathogenen Eigenschaften** des biologischen Arbeitsstoffes, nicht jedoch auf die **arbeitsplatzspezifischen Übertragungsmöglichkeiten** ankommt. Wie bei der Einbeziehung sensibilisierender oder toxischer Wirkungen (Rn. 1) spielen der Ort des Umgangs mit biologischen Arbeitsstoffen, sowie Art, Ausmaß und Dauer der Exposition erst bei der Beurteilung der Gefährdung und bei den zu ergreifenden Maßnahmen (vgl. §§ 5 ff. und 10 ff.) eine maßgebliche Rolle (RegE-BioStoffV, 25). 3

Unberücksichtigt bleibt, dass bestimmte Organismen, d.h. biologische Arbeitsstoffe, auch **schädlichen Einfluss auf die Umwelt** (Tiere, Pflanzen) haben können (vgl. LASI-Bio, 6). Hier greifen jedoch ggf. umweltrechtliche Bestimmungen. 4

Wissenschaftlich begründete, verbindliche **Grenzwerte** liegen für Tätigkeiten mit biologischen Arbeitsstoffen **nicht** vor (BAuA-Ratgeber, 166; zum Konzept des Technischen Kontrollwerts [TKW] vgl. § 11 Rn. 15). Bei allen luftgetragenen Expositionen gegenüber biologischen Arbeitsstoffen, die an Partikeln anhaften (**Bioaerosole**; vgl. § 2 Rn. 2), ist der in der TRGS 900 enthaltene **allgemeine Staubgrenzwert** von 6 mg/m^3 für die Feinstaubkonzentration einzuhalten (vgl. a.a.O.). 5

Sinnvoll für eine praxisgerechte Einstufung ist eine **weitere Konkretisierung** der zugrundeliegenden Kriterien über die Elemente der Risikogruppendefinition (vgl. BAuA-Bio-*Pipke*, 35; vgl. hierzu TRBA 450 »Einstufungskriterien für Biologische Arbeitsstoffe«, BArbBl. 6/2000, 58). **Faktoren**, die die Einstufung beeinflussen können, sind z.B. der Infektionsweg, die Infektionsdosis, das natürliche Reservoir der biologischen Arbeitsstoffe usw. In einem weiteren Schritt wären die Kriterien mit der Zuordnung zu einer bestimmten Risikogruppe zu 6

Arbeitsschutzverordnungen

verbinden (*Pipke*, a.a.O., mit Hinweis auf zu erarbeitende Leitlinien für die Transparenz von Entscheidungen; *von Hoerschelheim*, BArbBl. 6/1999, 85f.).

7 Der LASI stellt zur Einteilung von biologischen Arbeitsstoffen in Risikogruppen und zur Einstufung der Stoffe in die entsprechende Gruppe fest: Die Einteilung..., in deren Folge bestimmte Schutzmaßnahmen zu treffen sind, stellt nur eine **Orientierungshilfe** im Umgang mit pathogenen Mikroorganismen dar. Die Varianz der Gefährdungspotenziale in den einzelnen Gruppen bedingt, dass in speziellen Fällen vom Standard abweichende Schutzmaßnahmen durchgeführt werden müssen. Deshalb ist in der Praxis immer der **individuelle Einzelfall** zu berücksichtigen. Unabhängig von der Einstufung sind beim Umgang mit Mikroorganismen – aus Gründen der Arbeitssicherheit und ggf. auch zur Qualitätssicherung (z.B. in der Nahrungsmittelindustrie) – die Grundregeln guter mikrobiologischer Technik bzw. die allgemeinen Grundregeln der Hygiene (vgl. TRBA 500; Anhang Nr. 12; § 10 Rn. 12f.) zu beachten (vgl. LASI-Bio, 6). Letzterer Grundsatz ist für biologische Arbeitsstoffe ab der Risikogruppe 1 verbindlich festgeschrieben (vgl. Anhang II, Nr. 1 und Anhang III, Nr. 1) und ergibt sich zudem aus den Grundsätzen für Schutzmaßnahmen nach § 10.

8 Die Verpflichtung zur Einstufung richtet sich an den **Arbeitgeber** i.S. von § 2 Abs. 8 (vgl. § 2 Rn. 13ff.). Er kann sich hierbei von den betrieblichen **Arbeitsschutzexperten** (Betriebsarzt, Fachkraft für Arbeitssicherheit) beraten und unterstützen lassen (BR-Bio Nr. 11).

9 **Betriebs- bzw. Personalrat** sind über die Einstufung zu **unterrichten**, da diese i.V.m. der Gefährdungsbeurteilung nach §§ 5ff. die Grundlage für die zu treffenden Arbeitsschutzmaßnahmen ist nach § 10 bzw. Anhang II und III ist (vgl. BetrVG Rn. 3ff.; BPersVG Rn. 3ff.).

2. Einstufung nach Anhang III EG-Biostoffrichtlinie

10 Eine **Liste** der bereits EG-weit eingestuften biologischen Arbeitsstoffe und deren Zuordnung zu den Risikogruppen 2, 3 und 4 enthält Anhang I der Änderungsrichtlinie 93/88/EWG, der Anhang III EG-Biostoffrichtlinie ausfüllt (RegE-BioStoffV, 25; vgl. Abs. 1 Satz 1). Bei der Einstufung hat sich der Arbeitgeber hieran zu orientieren. Durch die Regelungen zur Einstufung in Abs. 1 wird Art. 18 EG-Biostoffrichtlinie umgesetzt.

11 Im Hinblick auf die **Einstufung von biologischen Arbeitsstoffen der Risikogruppe 1**, die durch die EG-Biostoffrichtlinie nicht vorgesehen ist, wird eine Positivliste von Gruppe-1-Organismen vorgeschlagen, damit der Arbeitgeber dennoch weiß, wie er seiner auch im Hinblick auf diese Stoffe bestehenden Ersetzungspflicht gem. § 10 Abs. 2 (vgl. § 10 Rn. 8ff.) nachkommen kann (vgl. BAuA-Bio-*Pipke*, 35).

12 Wird Anhang III EG-Biostoffrichtlinie durch technische Richtlinien der EG-Kommission an die Entwicklung des technischen Fortschritts **angepasst** (vgl. Abs. 1 Satz 1; zur Dynamik der Einstufung vgl. exemplarisch anhand der Einstufung des BSE-Erregers: BAuA-Bio-*Pipke*, 33), gilt diese Änderung nach Ablauf der in der Anpassungsrichtlinie festgelegten Umsetzungsfrist, ohne dass es einer Änderung der BioStoffV bedarf (Abs. 1 Satz 2). Die geänderte Fassung des Anhangs III kann vom Arbeitgeber bereits früher, d.h. nach In-Kraft-Treten der Anpassungsrichtlinie angewandt werden (Abs. 1 Satz 3; vgl. RegE-BioStoffV, 25).

3. Einstufung bei gezielten Tätigkeiten in Sonderfällen

Für (noch) **nicht** nach § 4 Abs. 1 eingestufte biologische Arbeitsstoffe bei gezielten Tätigkeiten wird eine Einstufung in Risikogruppen nach dem **Stand von Wissenschaft und Technik** gefordert (Abs. 2 Satz 1; vgl. § 4 ArbSchG Rn. 16). Empfehlungen zu noch nicht auf der Basis der EG-Biostoffrichtlinie eingestuften biologischen Arbeitsstoffe, die der Arbeitgeber zu beachten hat (Abs. 2 Satz 2 i.V.m. § 17 Abs. 4; BR-Bio Nr. 7) enthalten im Übrigen die TRBA 460 »Einstufung von Pilzen in Risikogruppen« (BArbBl. 12/1998, 39) und TRBA 462 »Einstufung von Viren in Risikogruppen« (BArbBl. 12/1998, 41), die Einstufungsmerkblätter der BG Chemie (vgl. LASI-Bio, 17; Stand 3/1999) sowie die Bekanntmachung der Organismenliste der *ZKBS* nach § 5 Abs. 6 GenTSV (vgl. *Allescher*, BArbBl. 5/1999, 16; *KPA*, § 4, Nr. 2). Dem *ABAS* (vgl. § 17) obliegt die Aufgabe, die nationalen Einstufungen der Mikroorganismen zu überprüfen und mit den Einstufungen gem. Anhang III EG-Biostoffrichtlinie in Form einer einheitlichen Liste zusammenzuführen (vgl. a.a.O.).

13

Für den Fall, dass ein biologischer Arbeitsstoff bei gezielten Tätigkeiten nicht eindeutig einer Risikogruppe nach § 3 zugeordnet werden kann, wird die Vorgabe gemacht, dass dann der biologische Arbeitsstoff bei **mehreren in Betracht kommenden Risikogruppen** in diejenige mit dem **höchsten Gefährdungsgrad** einzustufen ist (vgl. RegE-BioStoffV, 26). Damit wird Art. 18 Abs. 4 EG-Biostoffrichtlinie umgesetzt.

14

vor §§ 5–8 Gefährdungsbeurteilung

Übersicht

Rn.

1. Allgemeines, Fremdunternehmen 1– 8
2. Informationsgewinnung für die Durchführung der Gefährdungsbeurteilung... 9–10
3. Unterscheidung nach gezielten und nicht gezielten Tätigkeiten 11
4. Durchführung der Gefährdungsbeurteilung 12–14
5. Ableitung von Schutz- und Sicherheitsmaßnahmen 15–18

1. Allgemeines

Die allgemeine Verpflichtung des Arbeitgebers zur **Beurteilung der Arbeitsbedingungen** und zur Dokumentation dieser Beurteilung ergibt sich aus §§ 5, 6 ArbSchG. Diese Gefährdungsbeurteilung bildet die Grundlage für Maßnahmen des Arbeitsschutzes. In § 5 Abs. 3 Nr. 2 wird bereits darauf hingewiesen, dass sich eine Gefährdung u.a. aus biologischen Einwirkungen ergeben kann (vgl. § 5 ArbSchG Rn. 13). Die Regelungen in §§ 5–8 BioStoffV **konkretisieren** die in § 5 ArbSchG geforderte Beurteilung der Arbeitsbedingungen. Die Beurteilung der Gefährdung ist **Teil der (Gesamt-)Beurteilung** der Arbeitsbedingungen nach § 5 ArbSchG für den Bereich der biologischen Arbeitsstoffe (*Allescher*, BArbBl. 5/1999, 16). Dazu werden Anforderungen festgelegt (zur Durchführung vgl. § 8 Rn. 1 ff.; Rn. 12 ff.), die vom Arbeitgeber berücksichtigt und bewertet werden müssen (vgl. RegE-BioStoffV, 28). Eine **Handlungsanleitung** zur Gefährdungsbeurteilung bei Tätigkeiten mit biologischen Arbeitsstoffen enthält die TRBA 400 (BArbBl. 8/2001, 89 ff.). Demnach hat der Arbeitgeber auf der Basis einer umfassenden Verpflichtung zur Beschaffung von ausreichenden Informationen (vgl. Rn. 9 f.; § 5 Rn. 1 ff.) bei Tätigkeiten mit biologischen Arbeits-

1

stoffen die Sicherheits- und Gesundheitsbedingungen zu ermitteln und zu beurteilen und zwar differenziert nach gezielten und ungezielten Tätigkeiten (vgl. Rn. 11; § 6 Rn. 1 ff. und § 7 Rn. 1 ff.). Dabei sind Belastungen und Beanspruchungen einzubeziehen, die typisch für Tätigkeiten mit biologischen Arbeitsstoffen sind und aus denen sich Gefährdungen für Sicherheit und Gesundheit der Beschäftigten ergeben können. Bei Tätigkeiten mit **gentechnisch** veränderten biologischen Arbeitsstoffen hat der Betreiber gentechnischer Anlagen zum Schutz der Beschäftigten und zur Feststellung der erforderlichen Maßnahmen hat der Betreiber »mögliche Gefahren zu ermitteln und zu beurteilen«, d.h. eine **Gefährdungsbeurteilung** vorzunehmen (vgl. § 8 Abs. 4 Satz 1 GenTSV; vgl. § 2 Rn. 32). Neben dieser Regelung der GenTSV zur Gefährdungsbeurteilung sind die ausführlicheren Bestimmungen der **BioStoffV** zur Gefährdungsbeurteilung zu beachten.

2 **Gefährdungen** bei Tätigkeiten mit biologischen Arbeitsstoffen mit Gefährdungspotenzial können sich ergeben durch die folgenden **Aufnahmepfade**:
- Verschlucken, z.B. bei der Nahrungsaufnahme,
- Einatmen, z.B. durch Bioaerosole (zum Begriff vgl. § 2 Rn. 2),
- Kontakt mit der unverletzten oder (insbesondere) verletzten Haut bzw. Schleimhaut sowie durch
- Stiche z.B. mittels Kanülen oder Bisse und Schnitte.

Dadurch können beim Menschen **Infektionen** sowie **sensibilisierende Wirkungen oder toxische Wirkungen** hervorgerufen werden (vgl. zu den möglichen Aufnahmepfaden ausführlich Nr. 3.2 TRBA 500; Anhang Nr. 12; BAuA-Ratgeber, 134; LASI-Bio, 7; zum Begriff »Infektion« vgl. § 2 Rn. 2; § 4 Rn. 1).

3 **Tätigkeits- bzw. branchenbezogene Hinweise** auf Gefährdungspotenziale finden sich in:
- *Schappler-Scheele* u.a., 1999 **(Kompostierungsanlagen)**,
- *Simon/Tichy*, 1997 **(Laborarbeitsplätze mit hoher Gefährdung)**.

3a Die Regelungen zur Gefährdungsbeurteilung bei Tätigkeiten mit biologischen Arbeitsstoffen sind die **wichtigsten** der BioStoffV (*Allescher*, BArbBl. 5/1999, 16; *Pipke*, Amtl.Mitt. BAuA 1/1999, 3), weil sich aus ihr, wie schon allgemein aus der Beurteilung nach § 5 ArbSchG, die entsprechenden Arbeitsschutzmaßnahmen zur Vermeidung von Gefährdungen für Sicherheit und Gesundheitsschutz der Beschäftigten ableiten. Dies bezieht sich insbesondere auf Art und Umfang von:
- allgemeinen Schutzmaßnahmen nach § 10,
- speziellen Sicherheitsmaßnahmen nach Anhang II (Laboratorien) und III (industrielle Verfahren),
- Hygienemaßnahmen und Zurverfügungstellung von Schutzausrüstung nach § 11,
- Unterrichtung der Beschäftigten nach § 12,
- Arbeitsmedizinischen Vorsorgemaßnahmen nach § 15 i.V. m. Anhang IV.

4 Anders als in der EG-Biostoffrichtlinie sind in der BioStoffV die Schritte zur Vorbereitung und zur Durchführung der Gefährdungsbeurteilung **gegliedert und strukturiert** worden (*Pipke*, a.a.O.). Dies erleichtert die Anwendung der BioStoffV in der betrieblichen Praxis und unterstreicht zugleich die zentrale Bedeutung der Regelungen in §§ 6 bis 8 für wirksamen Arbeitsschutz bei Tätigkeiten mit biologischen Arbeitsstoffen.

5 Die Beurteilung der Arbeitsbedingungen muss an **allen Arbeitsplätzen** – ggf. in standardisierter Form (vgl. § 5 ArbSchG Rn. 11) – erfolgen, an den Tätigkeiten

Biostoffverordnung

mit biologischen Arbeitsstoffen erfolgen. Auf der Basis dieser Beurteilung zu treffende Maßnahmen des Arbeitsschutzes ergeben sich aus §§ 10 ff. unter Einbeziehung der Sicherheitsmaßnahmen in Anhang II (Laboratorien) und III (industrielle Verfahren).

Bei Erteilung von Aufträgen an **Fremdunternehmen** (vgl. allgm. § 1 Rn. 15) hat der Unternehmer dafür zu sorgen, dass im Hinblick auf die biologischen Arbeitsstoffe und den organisatorischen Ablauf die mit den Tätigkeiten verbundenen Gefahren ermittelt und beurteilt werden, wobei eine **gemeinsame Gefährdungsbeurteilung** zu erstellen ist (vgl. § 3 Abs. 1 Nr. 1 UVV BGV B 12). **6**

Alle wichtigen **Akteure des betrieblichen Arbeitsschutzes**, wozu auch die Betriebs- und Personalräte gehören, sind an der Durchführung der Gefährdungsbeurteilung zu **beteiligen** (§ 8 Satz 2; vgl. Rn. 14; § 8 Rn. 2 f.). **7**

Die Regelungen in §§ 5–8 sind **Rahmenvorschriften** i.S. des § 87 Abs. 1 Nr. 7 BetrVG und lassen dem Arbeitgeber Entscheidungsspielräume darüber, welche Maßnahmen er zur Vorbereitung, Durchführung und Anpassung der Gefährdungsbeurteilung trifft. Sie unterliegt daher der **Mitbestimmung** des Betriebsrats gem. § 87 Abs. 1 Nr. 7 BetrVG (vgl. DKK-*Klebe*, § 87 BetrVG Rn. 204 m.w.N.; BetrVG Rn. 14 ff.) bzw. des Personalrats gem. § 75 Abs. 3 Nr. 11 BPersVG (vgl. BPersVG Rn. 8 ff.; zur speziellen Beteiligungsregelung in § 8 vgl. § 8 Rn. 2 f.). **8**

2. Informationsgewinnung für die Durchführung der Gefährdungsbeurteilung

Wesentliche **Voraussetzungen** für die sachgerechte Durchführung der Beurteilung Gefährdung bei Tätigkeiten mit biologischen Arbeitsstoffen sind der **Umfang** und die **Qualität** der dazu verfügbaren Informationen (RegE-BioStoffV, 26 mit Hinweis auf § 5 ArbSchG). Die Informationsbeschaffung ist demnach von zentraler Bedeutung für die Durchführung der Gefährdungsbeurteilung (a.a.O.; vgl. *Allescher*, BArbBl. 5/1999, 17). Dies gilt insbesondere für die Gefährdungsbeurteilung bei ungezielten Tätigkeiten mit biologischen Arbeitsstoffen (vgl. § 7 Rn. 1 f.). **9**

Informationen i.S. von § 5 sind insbesondere Informationen über: **10**
– Identität und Einstufung (vgl. § 4 i.V.m. Anhang III EG-Biostoffrichtlinie, TRBA 460 und 462), das Infektionspotenzial sowie die sensibilisierenden oder toxischen Eigenschaften der biologischen Arbeitsstoffe,
– Betriebsabläufe und Arbeitsverfahren,
– Art und Dauer der Tätigkeiten und damit verbundene mögliche Übertragungswege sowie über die Exposition der Beschäftigten,
– Erfahrungen aus vergleichbaren Tätigkeiten, Belastungs- und Expositionssituationen und über bekannte tätigkeitsbezogene Erkrankungen sowie die ergriffenen Gegenmaßnahmen (vgl. *Allescher*, BArbBl. 5/1999, 17; *Pipke*, Amtl. Mitt. BAuA 1/1999, 4; vgl. im Überblick LASI-Bio, 7 ff. sowie Nr. 4.2 und Anlage 1 TRBA 400 »Zusammenfassung relevanter Fragen zur Informationsbeschaffung«, BArbBl. 8/2001, 89 ff.; § 5 Rn. 1 ff.).

3. Unterscheidung nach gezielten und nicht gezielten Tätigkeiten

Gem. § 5 Abs. 2 hat der Arbeitgeber auf der Grundlage der ermittelten Informationen zu entscheiden, ob die zu beurteilende Tätigkeit nach den Definitionen der BioStoffV den gezielten oder den nicht gezielten Tätigkeiten zuzuord- **11**

Arbeitsschutzverordnungen

nen ist (RegE-BioStoffV, 27; vgl. zu den Begriffen § 2 Rn. 3 ff.). Dies ist notwendig, weil in den nachfolgenden Vorschriften für die beiden Tätigkeitsgruppen eine **unterschiedliche Vorgehensweise** gewählt wird, um eine gleichwertige **Einhaltung des Schutzniveaus** sicherzustellen und gleichzeitig die Vorgaben der EG-Biostoffrichtlinie zu erfüllen (a.a.O.; vgl. Nr. 4.2.3 TRBA 400, BArbBl. 8/2001, 89 ff.; vgl. § 5 Rn. 6).

4. Durchführung der Gefährdungsbeurteilung

12   Die Gefährdungsbeurteilung bei Tätigkeiten mit biologischen Arbeitsstoffen ist **immer**
– vor **Aufnahme der Tätigkeit** durchzuführen und
– danach **einmal jährlich** zu überprüfen (vgl. § 8 Satz 1).
Unabhängig davon ist die Gefährdungsbeurteilung unter **besonderen Voraussetzungen** zu wiederholen (vgl. § 8 Satz 1 Nr. 1 bis 3; Nr. 4.1 TRBA 400, BArbBl. 8/2001, 6; § 8 Rn. 1).

13   Hinsichtlich der **Dokumentation** müssen **alle Betriebe**, bei denen
– gezielte Tätigkeiten mit biologischen Arbeitsstoffen oberhalb der Risikogruppe 1 mit sensibilisierenden oder toxischen Wirkungen oder
– nicht gezielte Tätigkeiten mit vergleichbarer Gefährdung
durchgeführt werden, über Unterlagen nach § 6 Abs. 1 Satz 1 und 2 ArbSchG verfügen, d.h. auch Betriebe mit zehn und weniger Beschäftigten (vgl. § 8 Satz 3; § 8 Rn. 4).

14   Alle wichtigen **Akteure des betrieblichen Arbeitsschutzes** sind an der Durchführung der Gefährdungsbeurteilung zu **beteiligen** (§ 8 Satz 2; vgl. § 8 Rn. 2 f.). Dieser Grundsatz unterstreicht die speziell zu dieser Regelung aber auch überhaupt im Hinblick auf die betriebliche Umsetzung der BioStoffV bestehenden Unterstützungs- und Beratungsverpflichtungen seitens der vom Arbeitgeber zu bestellenden **Betriebsärzte** (oder Ärzte nach § 15 Abs. 5; § 15 Rn. 16 f.) und **Fachkräfte für Arbeitssicherheit** (vgl. ASiG) sowie die Überwachungspflichten und die Beteiligungs-, d.h. Informations- und Mitbestimmungsrechte der **Betriebs- oder Personalräte** (vgl. BetrVG Rn. 1 ff. und BPersVG Rn. 1 ff.). Dazu kommen die Aufgaben der **Sicherheitsbeauftragten** nach § 22 Abs. 2 SGB VII (vgl. SGB VII, Rn. 29 ff.). Hervorzuheben sind in diesem Kontext die für eine wirksame Prävention erforderlichen Kooperationsgebote des ASiG und deren Institutionalisierung z.B. im Arbeitsschutzausschuss (§§ 9, 10 und 11 ASiG; vgl. ASiG Rn. 189 ff.).

5. Ableitung von Schutz- und Sicherheitsmaßnahmen

15   Auf der Grundlage der Informationsgewinnung nach § 6 und der Gefährdungsbeurteilung nach § 6 (gezielte Tätigkeiten) bzw. nach § 7 (ungezielte Tätigkeiten) hat der Arbeitgeber die notwendigen Arbeitsschutzmaßnahmen zu treffen. Hierzu gehören die:
– allgemeinen Maßnahmen des Arbeitsschutzes gem. ArbSchG (insbesondere §§ 3, 4 ArbSchG),
– allgemeinen Schutzmaßnahmen gem. § 10 (vgl. zum Begriff § 2 Rn. 11 f.) und die in §§ 11 ff. festgelegten Maßnahmen, z.B. zu Hygienemaßnahmen, Schutzausrüstung, Unterrichtung oder arbeitsmedizinischer Vorsorge sowie die
– in Anhang II und III für Laboratorien bzw. industrielle Verfahren festgelegten

Biostoffverordnung

Sicherheitsmaßnahmen (vgl. die tabellarische Übersicht in BAuA-Ratgeber, 137).
Wenn **16**
– gezielte Tätigkeiten mit biologischen Arbeitsstoffen der **Risikogruppe 1 ohne sensibilisierende oder toxische Wirkungen** oder
– nicht gezielte Tätigkeiten mit **vergleichbarer Gefährdung**
durchgeführt werden, sind nur die **grundlegenden Schutzmaßnahmen** zu treffen (vgl. § 9).
Bei Tätigkeiten mit **gentechnisch veränderten** biologischen Arbeitsstoffen gelten die Regelungen des Gentechnikrechts, soweit diese gleichwertig oder strenger sind (vgl. BAuA-Ratgeber, 137; § 1 Rn. 30 ff.). **17**
Die Maßnahmen sind gem. § 3 Abs. 1 Satz 2 ArbSchG auf ihre **Wirksamkeit** zu überprüfen. Erforderlichenfalls sind die Maßnahmen sich ändernden Gegebenheiten anzupassen (vgl. TRBA 400, Nr. 5, BArbBl. 8/2001, 89 ff.; § 3 ArbSchG Rn. 3). Diese allgemeine **Anpassungsverpflichtung** wird durch § 10 Abs. 9 konkretisiert wonach der Arbeitgeber unter dort näher festgelegten Bedingungen im Falle einer Fortentwicklung der Sicherheitstechnik entsprechende Arbeitsverfahren anzupassen hat (vgl. § 10 Rn. 25). **18**

§ 5 Informationen für die Gefährdungsbeurteilung

(1) Für die Gefährdungsbeurteilung hat der Arbeitgeber ausreichende Informationen zu beschaffen. Insbesondere sind folgende Informationen zu berücksichtigen:
1. die ihm zugänglichen tätigkeitsbezogenen Informationen über die Identität, die Einstufung und das Infektionspotential der vorkommenden biologischen Arbeitsstoffe sowie die von ihnen ausgehenden sensibilisierenden und toxischen Wirkungen,
2. tätigkeitsbezogene Informationen über Betriebsabläufe und Arbeitsverfahren,
3. Art und Dauer der Tätigkeiten und damit verbundene mögliche Übertragungswege sowie Informationen über eine Exposition der Beschäftigten,
4. Erfahrungen aus vergleichbaren Tätigkeiten, Belastungs- und Expositionssituationen und über bekannte tätigkeitsbezogene Erkrankungen sowie die ergriffenen Gegenmaßnahmen.
(2) Ausgehend von den Informationen nach Absatz 1 ist die Zuordnung zu gezielten oder nicht gezielten Tätigkeiten vorzunehmen.

Der Arbeitgeber ist verpflichtet, vor Aufnahme der Tätigkeiten mit biologischen Arbeitsstoffen die erforderlichen **Informationen** zu beschaffen (RegE-BioStoffV, 26). **1**
In der Regel sind für die **Informationsbeschaffung** keine umfangreichen Recherchen, Messungen oder Bestimmungen der biologischen Arbeitsstoffe durchzuführen. Vielmehr ist davon auszugehen, dass aufgrund der **betrieblichen Praxis** und aufgrund der Kenntnisse vergleichbarer Tätigkeiten und Arbeitsplatzverhältnisse derselben oder ähnlicher Branchen ausreichende Kenntnisse und **Erfahrungen** zu den Arbeitsplatz- und Expositionsverhältnissen sowie hinsichtlich möglicher oder tatsächlich aufgetretener Infektionserkrankungen der Beschäftigten vorliegen (RegE-BioStoffV, 26; zur Neugründung oder Erweiterung von Betrieben vgl. Rn. 4). **2**

Arbeitsschutzverordnungen

3 Bei **bekannten Arbeitsabläufen** kann ein Großteil der erforderlichen Informationen auch durch Berufsverbände, Kassen, Innungen etc. zusammengestellt und dem Arbeitgeber zur Verfügung gestellt werden (RegE-BioStoffV, 26). Durch diese **Hilfestellung** kann dem Arbeitgeber die weitere Durchführung der Gefährdungsbeurteilung erleichtert werden (a.a.O., vgl. § 8 Rn. 1 ff.).

4 Im Rahmen der Informationsbeschaffung müssen insbesondere folgende Angaben und Sachverhalte berücksichtigt werden (vgl. *KPA*, § 5, Nr. 3.1 ff.):
1. Die ihm zugänglichen, tätigkeitsbezogenen Informationen über die **Identität, die Einstufung und das Infektionspotenzial** der vorkommenden biologischen Arbeitsstoffe, sowie die von ihnen ausgehenden sensibilisierenden und toxischen Wirkungen (RegE-BioStoffV, 26):
   - bei **gezielten Tätigkeiten** liegen die geforderten Informationen in der Regel vor (a.a.O., 27; vgl. § 6 Rn. 1);
   - bei **nicht gezielten Tätigkeiten** muss sich der Arbeitgeber zumindest über das Spektrum der an diesen Arbeitsplätzen üblicherweise vorkommenden biologischen Arbeitsstoffe Kenntnisse verschaffen (a.a.O.; vgl. § 7 Rn. 1).
2. Tätigkeitsbezogene Informationen über **Betriebsabläufe und Arbeitsverfahren**: Die unterschiedlichen Betriebsabläufe, Arbeitsverfahren und Arbeitsweisen der Beschäftigten stehen in direktem Zusammenhang mit einer möglichen Gefährdung durch biologische Arbeitsstoffe (a.a.O.). Oft können bereits relativ geringe technische Änderungen am Arbeitsverfahren oder organisatorische Änderungen im Verfahrensablauf zu einer erheblichen Reduzierung der Exposition führen, wodurch die Gesundheitsgefährdung der Beschäftigten reduziert werden kann (a.a.O.)
3. **Art und Dauer** der Tätigkeiten und damit verbundene mögliche **Übertragungswege** sowie Informationen über eine **Exposition der Beschäftigten** (a.a.O.). Im Rahmen der Informationsbeschaffung muss der Arbeitgeber die Arbeitsbereiche und Tätigkeiten mit biologischen Arbeitsstoffen festlegen und sich über die Arbeits- und Expositionsverhältnisse informieren (a.a.O.).
4. **Erfahrungen** aus vergleichbaren Tätigkeiten, Belastungs- und Expositionssituationen und über bekannte tätigkeitsbezogene Erkrankungen sowie die ergriffenen Gegenmaßnahmen (a.a.O.). Liegen dem Arbeitgeber selbst noch keine oder nur geringe Informationen vor, wie z.B. bei der **Neugründung oder Erweiterung eines Betriebes**, sind Informationen aus vergleichbaren Tätigkeiten, Belastungs- und Expositionssituationen und bekannte tätigkeitsbezogene Erkrankungen sowie die ergriffenen Gegenmaßnahmen zu beschaffen. Auch wenn bereits Erfahrungen vorliegen, können zusätzliche Informationen oft hilfreich sein (a.a.O.).

5 Die Aufzählung der Informationen ist **nicht abschließend** (RegE-BioStoffV, 27). In eine Gefährdungsbeurteilung sollten möglichst alle Informationen einfließen, um das Ergebnis der Beurteilung auf eine breite Basis zu stellen. Dies ist auch deshalb sinnvoll, weil die Informationen von Branche zu Branche selbst bei vergleichbaren Tätigkeiten sehr unterschiedlich sein können (a.a.O.)

6 Auf der Grundlage der ermittelten Informationen hat der Arbeitgeber zu entscheiden, ob die zu beurteilende Tätigkeit nach den Definitionen der BioStoffV den gezielten oder nicht gezielten Tätigkeiten **zuzuordnen** ist. Dies ist notwendig, weil in den nachfolgenden Vorschriften für die beiden Tätigkeitsgruppen eine **unterschiedliche Vorgehensweise** gewählt wird, um eine gleichwertige **Einhaltung des Schutzniveaus** sicherzustellen und gleichzeitig die Vorgaben

der EG-Biostoffrichtlinie zu erfüllen (RegE-BioStoffV, 27). Damit wird auch die Anwendung der BioStoffV in der betrieblichen Praxis erleichtert (vgl. *Pipke*, Amt. Mitt. BAuA, 1/1999, 4). Dies gilt insbesondere für den Bereich der **ungezielten Tätigkeiten**, wobei die dort eröffneten Entscheidungsspielräume für den Arbeitgeber nicht im Sinne von »weichen« Schutzstandards, sondern im Sinne von hoher Verantwortung des Arbeitgebers für Sicherheit und Gesundheitsschutz der Beschäftigten vor dem Hintergrund des mit dem ArbSchG verankerten zeitgemäßen Arbeitsschutzkonzepts auszulegen sind (vgl. *Allescher*, BArbBl. 5/1999, 18; Einl. Rn. 119).

§ 6 Gefährdungsbeurteilung bei gezielten Tätigkeiten

**(1) Der Arbeitgeber hat die Gefährdungsbeurteilung bei gezielten Tätigkeiten gemäß Satz 2 und 3 und Absatz 2 auf der Grundlage der Einstufung nach § 4 und der nach § 5 beschafften Informationen durchzuführen. In Gemischen von biologischen Arbeitsstoffen sind die einzelnen biologischen Arbeitsstoffe für sich zu bewerten. Umfaßt eine Tätigkeit mehrere biologische Arbeitsstoffe verschiedener Risikogruppen, ist für die Festlegung nach Absatz 2 die Risikogruppe des biologischen Arbeitsstoffes mit dem höchsten Gefährdungsgrad maßgebend.
(2) Im Rahmen der Gefährdungsbeurteilung sind für alle gezielten Tätigkeiten mit biologischen Arbeitsstoffen die in Betracht kommenden Schutzmaßnahmen zu ermitteln. Es sind immer mindestens die allgemeinen Hygienemaßnahmen der Schutzstufe 1 nach Anhang II und III festzulegen. Zusätzlich sind für biologische Arbeitsstoffe
1. der Risikogruppe 2 die Sicherheitsmaßnahmen der Schutzstufe 2,
2. der Risikogruppe 3 die Sicherheitsmaßnahmen der Schutzstufe 3,
3. der Risikogruppe 4 die Sicherheitsmaßnahmen der Schutzstufe 4,
nach Anhang II oder III festzulegen. Die dort als empfohlen bezeichneten Sicherheitsmaßnahmen sind festzulegen, wenn dadurch die Gefährdung der Beschäftigten verringert werden kann. Bei der Gefährdungsbeurteilung sind sensibilisierende und toxische Wirkungen zusätzlich zu berücksichtigen und geeignete Schutzmaßnahmen festzulegen.**

Übersicht	Rn.
1. Ermittlung der Gefährdungen	1, 2
2. Festlegung von Schutz- und Sicherheitsmaßnahmen	3–6

1. Ermittlung der Gefährdungen

Grundlagen für die Gefährdungsbeurteilung bei gezielten Tätigkeiten mit biologischen Arbeitsstoffen sind die Einstufung nach § 4 und die beschafften Informationen (vgl. Abs. 1 Satz 1; BR-Bio Nr. 8). **Voraussetzungen** für eine Beurteilung von gezielten, nach der Definition in § 2 Abs. 5 also auf den biologischen Arbeitsstoff selbst ausgerichteten Tätigkeiten (vgl. § 2), sind dementsprechend:
– der biologische Arbeitsstoff muss u.a. der Spezies nach bekannt sein, so dass
  • entweder mit Hilfe der Listen der eingestuften biologischen Arbeitsstoffe (vgl. § 4) oder
  • nach dem Stand von Wissenschaft und Technik (zum Begriff vgl. § 4 ArbSchG)

Arbeitsschutzverordnungen

eine Einstufung und damit eine Zuordnung zu einer Risikogruppe möglich ist (RegE-BioStoffV, 28);
- die Arbeits- und Expositionsbedingungen müssen reproduzierbar und auch auf längere Sicht nur geringen Veränderungen unterworfen sein.

Diese Verhältnisse sind z.b. an vielen industriellen Arbeitsplätzen (z.b. Biotechnologie, Teile der Lebensmittelindustrie) anzutreffen (RegE-BioStoffV, 28).

2 In **Gemischen** von biologischen Arbeitsstoffen oder wenn bei gezielten Tätigkeiten **mehrere biologische** Arbeitsstoffe gleichzeitig auftreten, ist jeder einzelne Stoff für sich zu beurteilen (Abs. 1 Satz 2 und 3 BioStoffV; vgl. RegE-BioStoffV, 28). Sind die biologischen Arbeitsstoffe dabei verschiedenen Risikogruppen zuzuordnen, ist für die Gefährdungsbeurteilung der biologische Arbeitsstoff mit dem höchsten Gefährdungsgrad (Risikogruppe) maßgebend (Abs. 1 Satz 3).

2. Festlegung von Schutz- und Sicherheitsmaßnahmen

3 Im Rahmen der Gefährdungsbeurteilung sind für alle gezielten Tätigkeiten mit biologischen Arbeitsstoffen die in Betracht kommenden Schutzmaßnahmen zu ermitteln. Ausgehend von der Einstufung der biologischen Einstufung der biologischen Arbeitsstoffe in eine Risikogruppe nach §§ 3 und 4 entsprechend der EG-Biostoffrichtlinie (vgl. § 4 Rn. 10 ff.) ist die **feste bzw. starre Zuordnung** der Tätigkeiten zu den Sicherheitsmaßnahmen einer Schutzstufe (zu den Begriffen vgl. § 2 Rn. 10 ff.) wie folgt geregelt (vgl. Abs. 2; vgl. *Pipke*, Amt.Mitt. BAuA 1/1999, 4):
- für alle gezielten Tätigkeiten mit biologischen Arbeitsstoffen sind immer die allgemeinen Hygienemaßnahmen der Schutzstufe I nach Anhang II (Laboratorien) oder III (industrielle Verfahren) festzulegen (vgl. § 10 Rn. 12 f.; vgl. BR-Bio Nr. 9);
- zusätzlich sind für biologische Arbeitsstoffe der Risikogruppen 2, 3 oder 4 die jeweiligen Sicherheitsmaßnahmen der entsprechenden Schutzstufen 2, 3 oder 4 nach Anhang II oder III zuzuordnen.

Die empfohlenen Maßnahmen in den Anhängen II und III, d.h. für Laboratorien bzw. industrielle Verfahren sind immer dann zu treffen, wenn dadurch die Gefährdung der Beschäftigten verringert werden kann (RegE-BioStoffV, 28).

4 Für Tätigkeiten mit biologischen Arbeitsstoffen der **Risikogruppe 3**** sind schon vor Verabschiedung der BioStoffV konkretisierende Sicherheitsmaßnahmen in der TRBA 105 »Sicherheitsmaßnahmen beim Umgang mit biologischen Arbeitsstoffen der Risikogruppe 3**« vorgeschlagen worden (BArbBl. 4/1998, 78). Die TRBA 105 enthält Bestimmungen, die für alle Mikroorganismen gemeinsam sind. Sie hat auch in Bereichen, die ansonsten den Regelungen des GenTG und seinen Rechtsverordnungen unterliegen, Anwendung gefunden (*Riegel*, BArbBl. 6/1999, 83 f.).

5 Die in der EG-Biostoffrichtlinie vorgesehene Einstufung berücksichtigt nicht die **sensibilisierenden und toxischen Wirkungen** der biologischen Arbeitsstoffe, sondern nimmt dazu im Einzelfall nur Anmerkungen vor (*KPA*, § 6, Nr. 3.4; vgl. § 4 Rn. 1). Deshalb müssen bei der Gefährdungsbeurteilung diese Wirkungen zusätzlich berücksichtigt und geeignete Schutzmaßnahmen festgelegt werden (§ 6 Abs. 2 Satz 5; RegE-BioStoffV, 28 f.). Im Gefahrstoffbereich wurden durch den *AGS* bereits konkrete Maßnahmen bei Tätigkeiten mit sensibilisierenden Stoffen erarbeitet (vgl. TRGS 907, 908; BArbBl. 12/1997, 65 bzw. 1/1998, 41).

Biostoffverordnung

Danach sind für den Umgang mit sensibilisierenden Stoffen die allgemeinen Umgangsvorschriften des Fünften Abschnittes der GefStoffV zu beachten (Nr. 1 Abs. 1 TRGS 907; vgl. § 2 Rn. 39; GefStoffV Rn. 39 ff.). Handelt es sich bei den sensibilisierenden Stoffen auch um krebserzeugende oder erbgutverändernde Gefahrstoffe der Kategorien 1 oder 2 nach Anhang I Nr. 1.4.2.1 oder 1.4.2.2 GefStoffV, sind über die Vorschriften nach Absatz 1 hinaus auch die besonderen Vorschriften für den Umgang mit diesen Stoffen in den §§ 36 und 37 zu beachten (Nr. 1 Abs. 2 TRGS 907). Künftig sollen *ABAS* und *AGS* im untergesetzlichen Bereich bei der Erarbeitung von Maßnahmen zur sensibilisierenden Eigenschaft von biologischen Arbeitsstoffen und chemischen Stoffen eng kooperieren (RegE-BioStoffV, 29; hierzu liegt ein ABAS-Beschluss 1/2000 bzw. AGS-Beschluss III 28/3 vor [BArbBl. 5/2001, 61]; vgl. § 17 Rn. 1 ff.).

Durch § 6 BioStoffV wird Art. 3 EG-Biostoffrichtlinie für gezielte Tätigkeiten umgesetzt. **6**

§ 7 Gefährdungsbeurteilung bei nicht gezielten Tätigkeiten

(1) Der Arbeitgeber hat die Gefährdungsbeurteilung bei nicht gezielten Tätigkeiten gemäß Satz 2 bis 4 und Absatz 2 oder 3 durchzuführen. Dabei ist zu prüfen, ob die nach § 5 beschafften Informationen eine abschließende Gefährdungsbeurteilung und die Zuordnung der Tätigkeit zu einer Schutzstufe nach Anhang II oder III ermöglichen. Treten bei einer Tätigkeit mehrere biologische Arbeitsstoffe gleichzeitig auf, sind die einzelnen biologischen Arbeitsstoffe, soweit dies möglich ist, jeweils für sich zu bewerten. Auf der Grundlage der Einzelbeurteilungen ist eine Gesamtbeurteilung der Infektionsgefährdung vorzunehmen.

(2) Kann die Tätigkeit einer Schutzstufe zugeordnet werden, sind im Rahmen der Gefährdungsbeurteilung für Tätigkeiten, die hinsichtlich der Gefährdung den Tätigkeiten nach § 6 Abs. 2 Satz 3 Nr. 1 bis 3 vergleichbar sind, die in Betracht kommenden Schutzmaßnahmen zu ermitteln und die erforderlichen Sicherheitsmaßnahmen aus der entsprechenden Schutzstufe so auszuwählen und festzulegen, daß die Gefährdung der Beschäftigten dadurch soweit wie möglich verringert wird. Mindestens sind die allgemeinen Hygienemaßnahmen der Schutzstufe 1 nach Anhang II oder III festzulegen. Sensibilisierende und toxische Wirkungen sind zusätzlich zu berücksichtigen und geeignete Schutzmaßnahmen festzulegen.

(3) Kann die Tätigkeit einer Schutzstufe nicht zugeordnet werden, sind nach dem Stand der Technik Art, Ausmaß und Dauer der Exposition der Beschäftigten gegenüber biologischen Arbeitsstoffen zu ermitteln und die Gefährdung zu beurteilen. Die erforderlichen Schutzmaßnahmen sind nach dem Stand der Technik festzulegen. Absatz 2 Satz 2 und 3 gelten entsprechend.

Übersicht Rn.

1. Ermittlung der Gefährdungen; Mindestmaßnahmen 1– 3
2. Festlegung von Schutz- und Sicherheitsmaßnahmen bei zuzuordnenden Tätigkeiten 4– 8
3. Festlegung von Schutz- und Sicherheitsmaßnahmen bei nicht zuzuordnenden Tätigkeiten 9–11

Arbeitsschutzverordnungen

1. Ermittlung der Gefährdungen, Mindestmaßnahmen

1 Grundsätzlich ist bei der Gefährdungsbeurteilung für nicht gezielte Tätigkeiten mit biologischen Arbeitsstoffen wie bei gezielten Tätigkeiten vorzugehen. Da jedoch **Umfang und Qualität der ermittelten Informationen** in entscheidender Weise die Durchführung der Gefährdungsbeurteilung für nicht gezielte Tätigkeiten beeinflussen, enthält die BioStoffV ein **zweistufiges Verfahren** (RegE-BioStoffV, 29):
Stufe 1: Reichen die ermittelten Informationen aus, um die Tätigkeit einer Schutzstufe zuordnen zu können, ist die Gefährdungsbeurteilung auf der Grundlage dieser Information durchzuführen (Abs. 2; vgl. Rn. 2 ff.);
Stufe 2: Reichen die ermittelten Informationen nicht aus, sind Art, Ausmaß und Dauer der Exposition nach dem Stand der Technik zu beurteilen (Abs. 3; vgl. Rn. 9 ff.).
Wie bei den gezielten Tätigkeiten sind **sensibilisierende und toxische Wirkungen** zusätzlich zu berücksichtigen und geeignete Maßnahmen auf Grundlage der Regelungen der GefStoffV festzulegen (vgl. RegE-BioStoffV, 29).

2 Der Arbeitgeber ist verpflichtet, die im Rahmen von § 5 beschafften Informationen zu prüfen und eines Aussage zu treffen, ob diese eine abschließende Gefährdungsbeurteilung und die **Zuordnung der Tätigkeit** zu einer Schutzstufe nach Anhang II oder III ermöglichen (Abs. 1 Satz 2; Reg-BioStoffV, 29). Da bei nicht gezielten Tätigkeiten oftmals **mehrere biologische Arbeitsstoffe** gleichzeitig auftreten, müssen die einzelnen, bekannten oder üblicherweise vorhandenen, biologischen Arbeitsstoffe im Hinblick auf die gesundheitliche Gefährdung getrennt voneinander betrachtet und bewertet werden (Abs. 1 Satz 3; vgl. schon § 6 Rn. 2).

3 Die Verpflichtung zur Bewertung bedeutet in der Regel nicht, dass die vorkommenden biologischen Arbeitsstoffe durch aufwendige Laboruntersuchungen einzeln bis zur Spezies identifiziert werden müssen. Die Angaben müssen jedoch eine **Aussage und Einschätzung des Infektionspotenzials** an den zu bewertenden Arbeitsplätzen ermöglichen. Der Arbeitgeber muss auch prüfen, ob Informationen **zu toxischen und sensibilisierenden Wirkungen** vorliegen oder verfügbar sind (vgl. RegE-BioStoffV, 27, 29; *KPA* § 7 Nr. 4). Der Arbeitgeber muss also in der Lage sein, sich aufgrund der ermittelten Informationen, seiner spezifischen betrieblichen Kenntnisse und seiner Erfahrungen aus der täglichen Praxis in der Lage sein, eine **(Gesamt-)Beurteilung** der von den biologischen Arbeitsstoffen ausgehenden Infektionsgefährdung vorzunehmen (Abs. 1 Satz 4; RegE-BioStoffV, 29 f.). Dabei kann er auf Erfahrungen aus vergleichbaren Belastungs- und Expositionssituationen bei Tätigkeiten mit biologischen Arbeitsstoffen zurückgreifen. Die zu erhebenden Daten dürften für die meisten Arbeitsplätze bekannt sein (a.a.O., 30).

2. Festlegung von Schutz- und Sicherheitsmaßnahmen bei zuzuordnenden Tätigkeiten

4 Bezogen auf die Gefährdung der Beschäftigten durch die in Aussicht genommene Tätigkeit hat der Arbeitgeber zu ermitteln, welche **Schutzmaßnahmen** in Betracht kommen und danach die **Sicherheitsmaßnahmen** aus der zugeordneten Schutzstufe nach Anhang II oder III auszuwählen und festzulegen, durch die der festgestellten Gefährdung – insbesondere unter Berücksichtigung der

Biostoffverordnung

bekannten Infektionswege – begegnet werden kann (Abs. 2 Satz 1; RegE-BioStoffV, 30).

Das Vorgehen bei der Gefährdungsbeurteilung orientiert sich im Grundsatz an der Durchführung der Gefährdungsbeurteilung für gezielte Tätigkeiten (vgl. § 6 Rn. 3 ff.), jedoch mit den wesentlichen **Unterschied**, dass bei der Beurteilung für nicht gezielte Tätigkeiten die zum Schutz der Beschäftigten erforderlichen Sicherheitsmaßnahmen aus der entsprechenden Schutzstufe auszuwählen und festzulegen sind (RegE-BioStoffV, 30).

Die Maßnahmen der Schutzstufen 2, 3 und 4 sind immer so auszuwählen, dass die Gefährdung der Beschäftigten soweit wie möglich verringert, d.h. **minimiert** wird. Damit ist sichergestellt, dass bei gezielten und nicht gezielten Tätigkeiten stets das gleiche Schutzniveau erreicht wird. In Einzelfällen kann es erforderlich sein, aus einer höheren Schutzstufe weitere Sicherheitsmaßnahmen auszuwählen, wenn dadurch die Gefährdung der Beschäftigten erheblich reduziert werden kann (Abs. 2 Satz 1; vgl. RegE-BioStoffV, 30). Zur Gewährleistung von **Mindestmaßnahmen** zum Schutz der Beschäftigten sind die **allgemeinen Hygienemaßnahmen** zu ergreifen (vgl. a.a.O., 29; BR-Bio Nr. 10; vgl., auch zur TRBA 500; Anlage 12, § 10 Rn. 12 f.).

Die Möglichkeit der Auswahl der erforderlichen Sicherheitsmaßnahmen eröffnet dem Arbeitgeber einen **Beurteilungs- und Entscheidungsspielraum**, um den unterschiedlichen Expositions- und Arbeitsplatzbedingungen bei nicht gezielten Tätigkeiten mit biologischen Arbeitsstoffen Rechnung zu tragen (RegE-BioStoffV, 30).

Sofern für **bestimmte Arbeitsbereiche**, in denen erfahrungsgemäß nicht gezielte Tätigkeiten mit biologischen Arbeitsstoffen durchgeführt werden, **andere gesetzliche Regelungen** bestehen, die gleichwertig den Schutz der Beschäftigten gewährleisten, können diese bei der Gefährdungsbeurteilung berücksichtigt werden (Beispiel: Hygieneanforderungen in landwirtschaftlichen Produktionsbetrieben; RegE-BioStoffV, 30).

3. Festlegung von Schutz- und Sicherheitsmaßnahmen bei nicht zuzuordnenden Tätigkeiten

Wenn die nach § 5 ermittelten Informationen eine Gesamtbewertung nicht ermöglichen und **keine Zuordnung** der nicht gezielten Tätigkeiten zu den Sicherheitsmaßnahmen einer Schutzstufe möglich ist, hat der Arbeitgeber Art, Ausmaß und Dauer der Exposition durch biologische Arbeitsstoffe nach dem **Stand der Technik** zu beurteilen (Abs. 3 Satz 1; RegE-BioStoffV, 30; vgl. § 4 ArbSchG Rn. 8; allg. zum Stand der Technik bei ungezielten Tätigkeiten vgl. *Hüsing* u.a., 1995, bei gezielten Tätigkeiten *Simon/Tichy*, 1997). **Messungen** können dabei die Abschätzung der Exposition unterstützen (*Pipke*, Amt. Mitt. BAuA 1/1999, 4; vgl. zu Meßstrategie bzw. -methode bei luftgetragenen biologischen Arbeitsstoffen TRBA 405 und TRBA 430; dazu sowie allg. zum Problem der Grenzwertbestimmung und der Entwicklung von Messverfahren § 11 Rn. 12 ff.).

Umstände, die eine Gefährdung der Beschäftigten beeinflussen, sind insbesondere der Ort, die Intensität, die Häufigkeit und die Einwirkungsdauer einer Exposition durch biologische Arbeitsstoffe sowie deren bekannten Infektionswege. In die Gefährdungsbeurteilung sind auch die Art der Anlage, mögliche Betriebsabläufe, der gefährdete Personenkreis und die Anwesenheitsdauer der Personen im Gefährdungsbereich einzubeziehen (RegE-BioStoffV, 30).

Arbeitsschutzverordnungen

11 Entsprechend dem ermittelten Gefährdungspotenzial hat der Arbeitgeber die nach dem Stand der Technik erforderlichen und geeigneten **Maßnahmen** in eigener Verantwortung festzulegen (RegE-BioStoffV, 30). Zur Gewährleistung von **Mindestmaßnahmen** zum Schutz der Beschäftigten sind auch hier die **allgemeinen Hygienemaßnahmen** zu ergreifen (vgl. Abs 3 Satz 2; RegE-BioStoffV, 29; vgl., auch zur TRBA 500; Anlage 12, § 10 Rn. 12 f.).

§ 8 Durchführung der Gefährdungsbeurteilung

Die Gefährdungsbeurteilung ist vor Aufnahme der Tätigkeiten durchzuführen und danach
1. bei Änderungen der Arbeitsbedingungen, die zu einer erhöhten Gefährdung der Beschäftigten führen können,
2. bei der Feststellung einer Kontamination des Arbeitsplatzes sowie
3. in den Fällen des § 15 Abs. 3 Satz 1 und des § 15 Abs. 6 Satz 5
zu wiederholen, andernfalls spätestens nach Ablauf eines Jahres zu überprüfen. Der Betriebs- oder Personalrat, der Betriebsarzt oder der Arzt nach § 15 Abs. 5 sowie die Fachkraft für Arbeitssicherheit sind bei der Gefährdungsbeurteilung zu beteiligen. Auch in Betrieben mit zehn oder weniger Beschäftigten müssen Unterlagen nach § 6 Abs. 1 Satz 1 und 2 des Arbeitsschutzgesetzes vorliegen, wenn dort nicht ausschließlich gezielte Tätigkeiten mit biologischen Arbeitsstoffen der Risikogruppe 1 ohne sensibilisierende oder toxische Wirkungen oder hinsichtlich der Gefährdung vergleichbare nicht gezielte Tätigkeiten durchgeführt werden. Die Unterlagen müssen bei gezielten Tätigkeiten ein Verzeichnis der biologischen Arbeitsstoffe enthalten. Bei nicht gezielten Tätigkeiten ist dieses Verzeichnis zu führen, soweit die biologischen Arbeitsstoffe für die Gefährdungsbeurteilung nach § 7 maßgeblich sind.

Übersicht   Rn.

1. Verfahren   1
2. Beteiligung 2, 3
3. Dokumentation 4, 5

1. Verfahren

1 Die Gefährdungbeurteilung ist
– immer **vor Aufnahme der Tätigkeit** mit biologischen Arbeitsstoffen durchzuführen und
– danach **einmal jährlich** zu überprüfen.
Unabhängig davon ist sie unter besonderen Voraussetzungen zu **wiederholen** und zwar bei:
1. Änderungen der Arbeitsbedingungen, die zu einer erhöhten Gefährdung der Beschäftigten führen können,
2. der Feststellung der Kontamination des Arbeitsplatzes,
3. einer möglicherweise auf Tätigkeiten mit biologischen Arbeitsstoffen zurückzuführenden Infektion des Beschäftigten (vgl. § 15 Abs. 3 Satz 1) sowie
4. gesundheitlichen Bedenken des Arztes (§ 15 Abs. 6 Satz 5; vgl. RegE-BioStoffV, 31; umfassend *KPA*, § 8, Nr. 2).

2. Beteiligung

Bei der Gefährdungsbeurteilung sind zu beteiligen: **2**
- Betriebs- oder der Personalrat,
- Fachkraft für Arbeitssicherheit sowie
- Betriebsarzt oder der Arzt nach § 15 Abs. 5 (vgl. RegE-BioStoffV, 31; BR-Bio Nr. 11).

Diese Regelung unterstreicht die schon nach den Bestimmungen des BetrVG **3** sowie der PersVG bestehenden Beteiligungsrechte des **Betriebs- bzw. des Personalrates** (vgl. vor §§ 5–8, Rn. 2).

3. Dokumentation

Die **Dokumentation der Gefährdungsbeurteilung** in Form von Unterlagen **4** nach § 6 Abs. 1 Satz 1 und 2 ArbSchG muss auch in Betriebe mit zehn oder weniger Beschäftigten vorliegen (vgl. § 6 ArbSchG Rn. 5 ff.), es sei denn, dort werden ausschließlich Tätigkeiten mit biologischen Arbeitsstoffen der Risikogruppe 1 ohne sensibilisierende oder toxische Wirkungen oder nicht gezielte Tätigkeiten mit vergleichbarer Gefährdung verrichtet werden (Satz 3). Dies ist erforderlich, weil im Bereich der Biotechnologie zahlreiche Betriebe mit weniger als zehn Beschäftigten gegründet wurden, die erfahrungsgemäß häufig wenige Erfahrungen bezüglich der zu ergreifenden Arbeitsschutzmaßnahmen bei Tätigkeiten mit biologischen Arbeitsstoffen der Risikogruppen 2 bis 4 haben. Für Beschäftigte in diesen Betrieben bestehen jedoch die gleichen Gefährdungen bei entsprechenden Tätigkeiten wie in Betrieben mit mehr als zehn Beschäftigten (vgl. RegE-BioStoffV, 31; BR-Bio Nr. 12). Nach § 14 Abs. 3 kann die zuständige Behörde Ausnahmen erteilen (vgl. § 14 Rn. 3).

Ein **Verzeichnis** der biologischen Arbeitsstoffe ist für die Unterlagen erforderlich: **5**
- bei **gezielten Tätigkeiten** stets (vgl. Satz 4),
- bei **ungezielten Tätigkeiten**, soweit die biologischen Arbeitsstoffe für die Gefährdungsbeurteilung nach § 7 maßgeblich sind (Satz 5; vgl. BR-Bio Nr. 13; vgl. umfassend *KPA*, § 8, Nr. 5).

vor §§ 9–15 Maßnahmen

Übersicht Rn.

1. Allgemeines, Anwendungsbereich von Arbeitsschutzmaßnahmen,
   Kohärenz mit dem ArbSchG, Fremdunternehmen 1– 8
2. Durchführung von Schutzmaßnahmen 9
3. Durchführung von Hygienemaßnahmen 10
4. Technische Schutzmaßnahmen; Zurverfügungstellung von PSA 11, 12
5. Weitere Maßnahmen 13

1. Allgemeines, Anwendungsbereich von Maßnahmen, Kohärenz mit dem ArbSchG, Fremdunternehmen

Definitorisch ist nach Arbeitsschutzmaßnahmen, Schutzmaßnahmen und **1** Sicherheitsmaßnahmen zu unterscheiden (vgl. schon § 2 Rn. 10 ff.; *Allescher*, BArbBl. 5/1999, 18):

Arbeitsschutzverordnungen

– Allgemeine **Arbeitsschutzmaßnahmen**, die auch bei Tätigkeiten mit biologischen Arbeitsstoffen zu beachten sind, werden durch das ArbSchG, ergänzt durch die Arbeitsschutzverordnungen und weitere sonstige Rechtsvorschriften, tätigkeits- und branchenübergreifend festgelegt. Die dort verankerten Arbeitsschutzpflichten bilden die übergreifende **Klammer** für die Schutz- bzw. Sicherheitsmaßnahmen der BioStoffV und werden durch diese konkretisiert bzw. ergänzt (Beispiel für Konkretisierung: Gefährdungsbeurteilung: allgemeine Vorgaben durch §§ 5, 6 ArbSchG, Konkretisierung für Tätigkeiten mit biologischen Arbeiten durch §§ 5–8 BioStoffV; vgl. Rn. 4).

– Bei den **Schutzmaßnahmen** nach § 10, ergänzt durch die Maßnahmen in §§ 11–16, legt der Arbeitgeber im Rahmen der Gefährdungsbeurteilung fest, welche geeigneten Maßnahmen tätigkeitsbezogen und gefährdungsabhängig erforderlich sind. Die Schutzmaßnahmen umfassen alle technischen und organisatorischen Maßnahmen und legen dabei grundsätzliche Arbeitsschutzanforderungen und Schutzziele fest, die bei Tätigkeiten mit biologischen Arbeitsstoffen zu beachten sind (vgl. RegE-BioStoffV, 32).

– Die **Sicherheitsmaßnahmen** der Anhänge II und III der BioStoffV sind **spezielle Schutzmaßnahmen** und bereits in der EG-Biostoffrichtlinie gefährdungsabhängig den einzelnen **Schutzstufen** zugeordnet (vgl. § 2 Rn. 11). Sie müssen entsprechend beachtet werden.

2 Arbeitsschutz-, Schutz- und Sicherheitsmaßnahmen sind je nach Tätigkeitsart (gezielt oder ungezielt) und Einstufung des biologischen Arbeitsstoffes, **auf der Basis der Gefährdungsbeurteilung**, aufeinanderbezogen, also im **Kontext** miteinander durchzuführen. D.h. sie sind mit dem Ziel zu planen, Technik, Arbeitsorganisation, sonstige Arbeitsbedingungen, soziale Beziehungen und Einfluss der Umwelt auf den Arbeitsplatz **sachgerecht zu verknüpfen** (vgl. § 4 Nr. 4 ArbSchG; § 4 ArbSchG Rn. 17).

3 Die in §§ 10–15 festgelegten Arbeitsschutzmaßnahmen müssen bei **allen Tätigkeiten** mit biologischen Arbeitsstoffen der **Risikogruppen 2 bis 4** durchgeführt werden. Eine Differenzierung von Maßnahmen bezogen auf die jeweilige Risikogruppe wird in den Anhängen II und III vorgenommen. Lediglich Tätigkeiten mit biologischen Arbeitsstoffen der **Risikogruppe 1 ohne toxische oder sensibilisierende Wirkung** sind weitgehend von diesen Schutzmaßnahmen **ausgenommen** (vgl. § 9 Rn. 1 f.).

4 Bei der Durchführung der Schutzmaßnahmen ist auf **Kohärenz mit dem ArbSchG** zu achten. D.h. **Arbeitsschutzmaßnahmen**, die dort vorgesehen sind und nicht durch die BioStoffV konkretisiert werden, sind vom Arbeitgeber zu treffen. Dazu gehören die folgenden Punkte:

– Verankerung eines kontinuierlichen Verbesserungsprozesses in Bezug auf Sicherheit und Gesundheitsschutz (vgl. § 3 Abs. 1 ArbSchG; § 3 ArbSchG Rn. 2; § 10 Rn. 25),
– Beachtung der Grundsätze des Arbeitsschutzes (vgl. § 4 ArbSchG; § 10 Rn. 24 f.),
– Beachtung der Befähigung der Beschäftigten im Hinblick auf die Übertragung von Aufgaben (vgl. § 7 ArbSchG; § 10 Rn. 18),
– Zusammenarbeit mehrerer Arbeitgeber, z.B. auf Baustellen oder in Gemeinschaftsunternehmen (§ 8 Abs. 1 ArbSchG),
– Vergewisserung über den Stand der Arbeitsschutzqualifikation von Fremdfirmenbeschäftigten (§ 8 Abs. 2 ArbSchG),
– Vorkehrungen und Maßnahmen bei besonderen Gefahren (§ 9 ArbSchG; vgl. § 10 Rn. 18),

Biostoffverordnung

– Maßnahmen zur Ersten Hilfe und sonstige Notfallmaßnahmen (§ 10 ArbSchG).
Bei Tätigkeiten mit biologischen Arbeitsstoffen sind, resultierend aus einer am 5
Arbeitssystem orientierten, ganzheitlichen Vorgehensweise, auch die Regelungen **sonstiger Arbeitsschutzvorschriften** zu beachten (zu UVV vgl. § 1 Rn. 15), z.B. hinsichtlich der folgenden Punkte:
– Errichtung und Betrieb von Arbeitsstätten (vgl. ArbStättV),
– Bereitstellung und Benutzung von PSA (vgl. PSA-BV; Rn. 11 f.),
– Bereitstellung und Benutzung von Arbeitsmitteln (vgl. AMBV) sowie
– Umgang mit Gefahrstoffen (vgl. GefStoffV; § 1 Rn. 37 ff.).

Die gefährdungsbezogene Festlegung der Schutzmaßnahmen orientiert sich an 6
den tatsächlichen **betrieblichen Verhältnissen** und Expositionssituationen (*Allescher*, BArbBl. 6/1999, 18). Eine schematische Vorgehensweise, welche die tatsächlichen Arbeitsbedingungen nicht einbezieht, ist daher unzulässig.

Die Gestaltungsspielräume, die dem Arbeitgeber infolge der BioStoffV bei der 7
Durchführung von Schutzmaßnahmen gegeben werden (vgl. *Allescher*, BArbBl. 6/1999, 18), eröffnen dem Betriebs- bzw. Personalrat die Wahrnehmung der **Mitbestimmung** gem. § 87 Abs. 1 Nr. 7 BetrVG bzw. § 75 Abs. 3 Nr. 11 BPersVG (vgl. allg. § 1 Rn 10).

Bei Erteilung von Aufträgen an **Fremdunternehmen** (vgl. allg. § 1 Rn. 15) hat 8
der Unternehmer dafür zu sorgen, dass im Hinblick auf die biologischen Arbeitsstoffe und den organisatorischen Ablauf die erforderlichen Maßnahmen getroffen werden (vgl. § 3 Abs. 1 Nr. 2 und 5 UVV BGV B 12). Grundlage hierfür ist die vom Unternehmer und Fremdunternehmer zu erstellende gemeinsame Gefährdungsbeurteilung (Nr. 1; vgl. vor §§ 5–8 Rn. 6). Dazu kommen die folgenden, vom Unternehmer zu treffenden Maßnahmen (vgl. § 3 Abs. 1 Nr. 3, 4 und 6 UVV BGV B 12):
– Abgrenzung und Festlegung der Verantwortungsbereiche aller beteiligten Versicherten, d.h. insbesondere der Beschäftigten,
– Überwachung der Arbeitsabläufe und
– Dokumentation aller Maßnahmen und Festlegungen in gemeinsamen schriftlichen Aufzeichnungen mit dem Fremdunternehmen.

2. Durchführung von Schutzmaßnahmen

Der Arbeitgeber hat gem. § 10 auf der Basis der Informationsbeschaffung sowie 9
der Gefährdungsbeurteilung gem. §§ 5–8 ff. und der sonstigen Vorschriften und der Anhänge der BioStoffV die erforderlichen **Schutzmaßnahmen** zu treffen (vgl. *Allescher*, BArbBl. 6/1999, 18; *Pipke*, Amt. Mitt. BAuA 1/1999, 4). Diese beziehen sich auf
1. Treffen von Schutzmaßnahmen,
2. Verwendung von Ersatzstoffen,
3. Heimarbeit,
4. Allgemeine Hygienemaßnahmen,
5. Fachkunde und Einweisung,
6. Rangfolge von Schutzmaßnahmen,
7. Besondere Schutzmaßnahmen,
8. Technische Anlagen und Arbeitsmittel,
9. Anpassung an den Stand der Technik,
10. Lagerung, Transport, Entsorgung (vgl. im Einzelnen § 10 Rn. 1 ff.).

Arbeitsschutzverordnungen

3. Durchführung von Hygienemaßnahmen

10   Hygienemaßnahmen in Bezug auf Tätigkeiten mit biologischen Arbeitsstoffen gem. § 11 Abs. 1 und 3 beinhalten vorbeugende **Maßnahmen für die Gesunderhaltung** des Menschen, d.h. in Verbindung mit dem Arbeitsschutz die Verhütung von Infektion und Erkrankung der Beschäftigten (vgl. *Allescher*, BArbBl. 6/1999, 18; Nr. 2.4 TRBA 500; Anhang Nr. 12; vgl. § 11 Rn. 5 ff.).

4. Technische Schutzmaßnahmen; Zurverfügungstellung von PSA

11   Im Sinne des **Vorrangs von individuellen gegenüber kollektiven Arbeitsschutzmaßnahmen** (§ 4 Nr. 5 ArbSchG; § 19 GefStoffV) hat der Arbeitgeber im Sinne einer Rangfolge von Schutzmaßnahmen
– zunächst bauliche,
– dann technische,
– dann organisatorische Maßnahmen
zu ergreifen (vgl. z.B. Nr. 4.1 TRBA 210 »Abfallsortieranlagen: Schutzmaßnahmen«; vgl. auch Leitlinie des *LASI* LV 15 »Leitlinien für den Arbeitsschutz in Abfallbehandlungsanlagen«). Hierzu gehören **technische Schutzmaßnahmen**, deren Funktion und Wirksamkeit regelmäßig zu überprüfen ist (vgl. § 11 Abs. 2; § 11 Rn. 12).

12   Auf den **Einzelfall** bezogen, **zeitweilig** und ausschließlich **zusätzlich** kann der Einsatz personenbezogener Maßnahmen, insbesondere durch Bereitstellung von PSA gem. § 11 Abs. 1 notwendig werden (vgl. § 11 Rn. 8 ff.).

5. Weitere Arbeitsschutzmaßnahmen

13   Die Regelungen in §§ 12 bis 16 enthalten weitere Arbeitsschutzmaßnahmen:
– **Unterrichtungspflichten** gegenüber
  • den Beschäftigten, die Tätigkeiten mit biologischen Arbeitsstoffen ausüben (§ 12 Abs. 1 bis 4; § 12 Rn. 1 ff.),
  • der Interessenvertretung der Beschäftigten (vgl. § 12 Abs. 4; § 12 Rn. 12 f.) sowie
  • der zuständigen Behörde (vgl. § 16 Rn. 1 ff.);
– **Anzeige- und Aufzeichnungspflichten** gegenüber der zuständigen Behörde (vgl. § 13 Rn. 1 ff.);
– Regelungen zu **alternativen Schutzmaßnahmen** (vgl. § 14 Rn. 1 ff.);
– **Arbeitsmedizinische Vorsorgemaßnahmen** für die Beschäftigten (vgl. § 15 Rn. 1 ff.).

§ 9 Tätigkeiten mit biologischen Arbeitsstoffen der Risikogruppe 1

Die §§ 10 bis 16, ausgenommen § 10 Abs. 1, 3 und 4 und § 14 Abs. 1, gelten nicht, wenn nach dem Ergebnis der Gefährdungsbeurteilung gezielte Tätigkeiten mit biologischen Arbeitsstoffen der Risikogruppe 1 ohne sensibilisierende oder toxische Wirkungen oder nicht gezielte Tätigkeiten mit vergleichbarer Gefährdung durchgeführt werden.

1   Für gezielte Tätigkeiten mit biologischen Arbeitsstoffen der **Risikogruppe 1 ohne toxische oder sensibilisierende Wirkung** sowie für nicht gezielte Tätig-

Biostoffverordnung

keiten mit vergleichbarer Gefährdung gelten die Regelungen in §§ 10 bis 16 der BioStoffV nicht. Anzuwenden sind jedoch:
- das Treffen von erforderlichen Schutzmaßnahmen gem. § 10 Abs. 1,
- das Verwendungsverbot von biologischen Arbeitsstoffen oberhalb der Risikogruppe 1 sowie mit sensibilisierenden oder toxischen Wirkungen gem. § 10 Abs. 3,
- die Einhaltung der allgemeinen Hygienemaßnahmen gem. § 10 Abs. 4 und
- die Anzeige von gezielten Tätigkeiten mit biologischen Arbeitsstoffen gem. § 14 Abs. 1 (vgl. *KPA*, § 9).

Die Ausnahmen für Tätigkeiten mit biologischen Arbeitsstoffen der Risikogruppe 1 ohne sensibilisierende oder toxische Wirkungen oder nicht gezielte Tätigkeiten mit vergleichbarer Gefährdung ist aus fachlicher Sicht gerechtfertigt, da bei diesen Tätigkeiten nur von einer **sehr geringen Gesundheitsgefährdung** der Beschäftigten auszugehen ist, so dass über die allgemeine Hygienemaßnahmen hinaus (vgl. § 10 Rn. 12f.) keine weiteren Schutzmaßnahmen erforderlich sind (vgl. *KPA*, § 9). Durch § 9 wird Art. 4 Abs. 1 EG-Biostoffrichtlinie umgesetzt.

§ 10 Schutzmaßnahmen

(1) Der Arbeitgeber hat die erforderlichen Schutzmaßnahmen zur Sicherheit und zum Gesundheitsschutz der Beschäftigten entsprechend dem Ergebnis der Gefährdungsbeurteilung und nach den sonstigen Vorschriften dieser Verordnung einschließlich der Anhänge zu treffen. Dabei sind die vom Ausschuß für biologische Arbeitsstoffe ermittelten und vom Bundesministerium für Arbeit und Sozialordnung im Bundesarbeitsblatt bekanntgegebenen Regeln und Erkenntnisse zu berücksichtigen. Sie müssen nicht berücksichtigt werden, wenn gleichwertige Schutzmaßnahmen getroffen werden; dies ist auf Verlangen der zuständigen Behörde im Einzelfall nachzuweisen.

(2) Biologische Arbeitsstoffe, die eine Gesundheitsgefahr für Beschäftigte darstellen, sind, soweit dies zumutbar und nach dem Stand der Technik möglich ist, durch biologische Arbeitsstoffe zu ersetzen, die für die Beschäftigten weniger gefährlich sind.

(3) Zur Heimarbeit dürfen nur biologische Arbeitsstoffe der Risikogruppe 1 ohne sensibilisierende oder toxische Wirkungen überlassen oder verwendet werden. Satz 1 gilt entsprechend für nicht gezielte Tätigkeiten mit vergleichbarer Gefährdung.

(4) Bei allen Tätigkeiten mit biologischen Arbeitsstoffen müssen die allgemeinen Hygienemaßnahmen der Schutzstufe 1 nach Anhang II oder III eingehalten werden.

(5) Beschäftigten dürfen gezielte Tätigkeiten mit biologischen Arbeitsstoffen der Risikogruppe 3 oder 4 nur übertragen werden, wenn sie ausreichend fachkundig und eingewiesen sind. Dies gilt entsprechend für nicht gezielte Tätigkeiten mit vergleichbarer Gefährdung. Der Arbeitgeber hat sich vor Übertragung der Tätigkeiten über die erforderlichen Schutzmaßnahmen fachkundig beraten zu lassen, soweit er nicht selbst über entsprechende Kenntnisse verfügt.

(6) Das Arbeitsverfahren und die technischen Schutzmaßnahmen sind grundsätzlich so zu gestalten, daß biologische Arbeitsstoffe am Arbeitsplatz nicht frei werden. Kann dies nicht vermieden werden, oder werden biologische Arbeitsstoffe bestimmungsgemäß freigesetzt, sind insbesondere folgende technische und organisatorische Schutzmaßnahmen zu treffen, um die Exposition der Beschäftigten so gering wie möglich zu halten:

1. Auswahl und Gestaltung geeigneter und sicherer Arbeitsverfahren für Tätigkeiten mit biologischen Arbeitsstoffen einschließlich deren Entsorgung,
2. Begrenzung der Anzahl der exponierten Beschäftigten entsprechend dem Ergebnis der Gefährdungsbeurteilung.

Darüber hinaus sind folgende weitere Schutzmaßnahmen zu treffen:
1. Kennzeichnung der Arbeitsplätze und Gefahrenbereiche mit dem Symbol für Biogefährdung nach Anhang I entsprechend dem Ergebnis der Gefährdungsbeurteilung,
2. Vorkehrungen gegen Unfälle und Betriebsstörungen vor Aufnahme der Tätigkeiten mit biologischen Arbeitsstoffen,
3. Erstellung eines Plans zur Abwendung der Gefahren, die beim Versagen einer Einschließungsmaßnahme durch die Freisetzung biologischer Arbeitsstoffe auftreten können, bei gezielten Tätigkeiten mit biologischen Arbeitsstoffen der Risikogruppe 3 oder 4 sowie bei nicht gezielten Tätigkeiten mit vergleichbarer Gefährdung.

(7) Ist aufgrund außergewöhnlicher Umstände oder bei nicht bestimmungsgemäßem Betrieb einer Anlage mit einer ernsten Gefährdung der Beschäftigten durch biologische Arbeitsstoffe zu rechnen und ist es kurzfristig nicht möglich, Art, Ausmaß und Dauer der Exposition zu beurteilen, sind unverzüglich Sicherheitsmaßnahmen nach Anhang II oder III zu ermitteln und zu treffen, die mindestens der Schutzstufe 3 genügen müssen.

(8) Werden Verfahren eingesetzt, bei denen Tätigkeiten mit biologischen Arbeitsstoffen in technischen Anlagen oder unter Verwendung von technischen Arbeitsmitteln durchgeführt werden, hat der Arbeitgeber die zum Schutz der Beschäftigten erforderlichen Maßnahmen und Vorkehrungen nach dem Stand der Technik zu treffen.

(9) Ist die Sicherheitstechnik eines Arbeitsverfahrens fortentwickelt worden, hat sich diese bewährt und erhöht sich die Arbeitssicherheit hierdurch erheblich, ist das Arbeitsverfahren innerhalb einer angemessenen Frist dieser Fortentwicklung anzupassen.

(10) Biologische Arbeitsstoffe sind sicher zu lagern. Es sind nur solche Behälter zur Lagerung, zum Transport oder zur Beseitigung von biologischen Arbeitsstoffen zu verwenden, die hinsichtlich ihrer Beschaffenheit geeignet sind, den Inhalt sicher zu umschließen. Die Behälter sind für die Beschäftigten im Hinblick auf die davon ausgehenden Gefahren in geeigneter Weise deutlich erkennbar zu kennzeichnen. Biologische Arbeitsstoffe dürfen nicht in solchen Behältern gelagert werden, durch deren Form oder Bezeichnung der Inhalt mit Lebensmitteln verwechselt werden kann.

Übersicht Rn.

1. Allgemeines 1, 2
2. Treffen von Schutzmaßnahmen 3, 4
3. Verwendung von Ersatzstoffen 8–10
4. Heimarbeit 11
5. Allgemeine Hygienemaßnahmen 12, 13
6. Fachkunde und Einweisung 14–18
7. Rangfolge von Schutzmaßnahmen, technische und organisatorische Maßnahmen 19–22
8. Besondere Schutzmaßnahmen 23
9. Maßnahmen nach dem Stand der Technik 24

Biostoffverordnung

10. Anpassung an den Stand der Technik 25
11. Lagerung, Transport, Entsorgung 26

1. Allgemeines

§ 10 setzt Art. 16 und Art. 6 EG-Biostoffrichtlinie um und legt die Schutzmaßnahmen für Tätigkeiten mit biologischen Arbeitsstoffen fest (vgl. vor §§ 9–15 Rn. 1 ff.). Speziell Art. 6 EG-Biostoffrichtlinie enthält **Grundpflichten zur Expositionsvermeidung und -verringerung**. Die in § 10 festgelegten Maßnahmen sind im Kontext mit konkretisierenden bzw. ergänzenden Maßnahmen im Vorschriften- und Regelwerk durchzuführen. Sie werden insbesondere durch die Sicherheitsmaßnahmen nach Anhang II und III ergänzt. **1**

Bei Erteilung von Aufträgen an **Fremdunternehmen** (vgl. allg. § 1 Rn. 15) hat der Unternehmer dafür zu sorgen, dass im Hinblick auf die biologischen Arbeitsstoffe und den organisatorischen Ablauf die erforderlichen Maßnahmen getroffen werden (vgl. § 3 Abs. 1 Nr. 2 und 5 UVV BGV B 12). **2**

2. Treffen von Schutzmaßnahmen

Die Verpflichtung des Arbeitgebers, die erforderlichen **Schutzmaßnahmen** zu treffen, richtet sich nach dem **Ergebnis der Gefährdungsbeurteilung** (vgl. vor §§ 5–8 Rn. 1 ff.) und den sonstigen Vorschriften der BioStoffV einschließlich der Anhänge (Abs. 1 Satz 1; vgl. *KPA* § 10 Nr. 2.1). **3**

Neben der Vorschriften der BioStoffV bzw. zu ihrer Konkretisierung sind die bei Tätigkeiten mit biologischen Arbeitsstoffen zu beachtenden **technischen Regeln (TRBA)**, in denen der Stand der Technik (vgl. § 4 ArbSchG Rn. 8) bei diesen Tätigkeiten beschrieben wird, zu berücksichtigen (Abs. 1 Satz 2; vgl. im Überblick Anhang Nr. 11; zum *ABAS*, der dieses unterhalb verbindlicher Rechtsvorschriften angesiedelte Regelwerk erarbeitet vgl. § 17 Rn. 1 ff.; vgl. *KPA*, § 10, Nr. 2.2). **4**

Für das Regelwerk der TRBA ergibt sich im Hinblick auf die zu treffenden Schutzmaßnahmen der folgende **Überblick** (zu **Hygienemaßnahmen** vgl. § 11 Rn. 5 ff.; **zu technischen Schutzmaßnahmen** vgl. § 11 Rn. 13): **5**

(1) Die TRBA 500 sieht, i.S. von **branchen- und tätigkeitsübergreifenden Mindestanforderungen**, als Schutzmaßnahmen technische und bauliche sowie organisatorische Maßnahmen und den Einsatz von PSA (personenbezogenen Maßnahmen) vor (vgl. Nr. 5.1 bis 5.4 TRBA 500).

(2) Die TRBA 210 legt besondere Schutzmaßnahmen für **Abfallsortieranlagen** fest (vgl. auch Leitlinie des *LASI* LV 15 »Leitlinien für den Arbeitsschutz in Abfallbehandlungsanlagen«). Ausgehend von dem Grundschema der TRBA 500 (Anhang Nr. 12; vgl. Nr. 4.1 TRBA 210) werden festgelegt:
– allgemeine Schutzziele; Anforderungen für alle Arbeitsbereiche sowie Maßnahmen in den Bereichen,
– Anlieferung/Zwischenlager,
– Materialaufgabe/Fördertechnik/mechanische Sortierung,
– Handsortierung,
– Verpressung und Lagerung,
– Sozialbereich sowie
– persönliche Schutzmaßnahmen und -ausrüstungen (vgl. Nr. 4.2 bis 4.8 TRBA 210).

377

Arbeitsschutzverordnungen

(3) Die TRBA 100 legt besondere Schutzmaßnahmen für gezielte Tätigkeiten mit biologischen Arbeitsstoffen in **Laboratorien** fest. Allgemein werden dort festgelegt:
- Schutzmaßnahmen – Allgemeines
- Schutzmaßnahmen – Schutzstufe 1 bis 4

6 Auch ohne Einschaltung der Aufsichtsbehörde kann von TRBA **abgewichen** werden, wenn **gleichwertige Maßnahmen** zum Schutz der Beschäftigten getroffen werden. Jedoch muss der Arbeitgeber dies auf Verlangen der zuständigen Behörde im Einzelfall **nachweisen** (Abs. 1 Satz 3; vgl. § 14 Abs. 1 Nr. 1; § 14 Rn. 2).

7 Betriebs- oder Personalrat haben hinsichtlich der Rahmenvorschriften in Abs. 1 ein **Mitbestimmungsrecht** gem. § 87 Abs. 1 Nr. 7 BetrVG bzw. § 75 Abs. 3 Nr. 11 BPersVG (vgl. BetrVG Rn. 14 ff.; BPersVG Rn. 8 ff.).

3. Verwendung von Ersatzstoffen

8 Die BioStoffV formuliert, geknüpft an die Kriterien der Zumutbarkeit und der technischen Machbarkeit, ein **Substitutionsgebot** bei Tätigkeiten mit biologischen Arbeitsstoffen der Risikogruppen 2 bis 4 (Abs. 2; vgl. *KPA*, § 10, Nr. 4.). Dadurch wird Art. 4 EG-Biostoffrichtlinie umgesetzt.

9 Mit der Substitution eines biologischen Arbeitsstoffs durch einen ungefährlicheren kann am **einfachsten und sichersten** die Gefährdung der Beschäftigten reduziert werden (RegE-BioStoffV, 32). Die Regelung entspricht dem Grundsatz der Gefahrenbekämpfung an der Quelle (§ 4 Nr. 2 ArbSchG). In vielen Fällen wird jedoch eine Substitution des Arbeitsstoffs **nicht möglich** sein, mit der Folge, dass Abs. 2 nicht greift. Das trifft z.B. zu, wenn im Krankenhaus, bedingt durch die Betreuung infektiöser Patienten, Pflegepersonal mit biologischen Arbeitsstoffen in Kontakt kommen kann. Die Gefährdung der Beschäftigten muss dann durch andere Schutzmaßnahmen minimiert werden (RegE-BioStoffV, a.a.O.; vgl. § 4 Nr. 1 ArbSchG).

10 Eine vergleichbare Regelung in Bezug auf **gentechnische Arbeiten**, d.h. auf Tätigkeiten mit gentechnisch veränderten biologischen Arbeitsstoffen, die allerdings als Soll-Vorschrift formuliert ist, enthält § 8 Abs. 5 GenTSV (vgl. § 1 Rn. 30 ff.). Danach soll der Betreiber gentechnischer Anlagen grundsätzlich vor der Aufnahme gentechnischer Arbeiten prüfen, ob die von ihm verfolgten Zwecke auch mit gentechnischen Arbeiten, die ein geringeres Risiko darstellen als die in Aussicht genommenen, verfolgt werden können. Kommt der Betreiber auf Grund der Prüfung zu dem Ergebnis, dass die Arbeit mit einem für die Beschäftigten weniger gefährlichen gentechnisch veränderten Organismus durchführen kann – etwa weil sich das Produkt, das er herstellen will, auch mit einem für die Beschäftigten weniger gefährlichen gentechnisch veränderten Organismus herstellen lässt – soll er im Rahmen der Zumutbarkeit nur die ungefährlichere Arbeit durchführen. Der Charakter der Regelung als **Soll-Vorschrift** wird dadurch relativiert, dass § 10 Abs. 2 BioStoffV, wie im Übrigen auch die vergleichbare Regelung in § 16 Abs. 2 GefStoffV in Bezug auf den Umgang mit Gefahrstoffen (vgl. GefStoffV Rn. 42), als Muss-Vorschrift formuliert ist und daher vorgeht.

4. Heimarbeit

Aus Vorsorgegründen dürfen nur biologische Arbeitsstoffe der **Risikogruppe 1 ohne toxische oder sensibilisierende Wirkung** zur Heimarbeit überlassen werden (vgl. Abs. 3). Diese **Beschäftigungsbeschränkung** hinsichtlich der Verwendung biologischer Arbeitsstoffe in Heimarbeit war bisher in § 15c Abs. 1 GefStoffV enthalten (vgl. RegE-BioStoffV, 33; § 2 Rn. 14; zu Heimarbeit allgemein vgl. § 2 ArbSchG Rn. 23).

11

5. Allgemeine Hygienemaßnahmen

Für die Grundsicherheit bei Tätigkeiten mit biologischen Arbeitsstoffen werden als Grundanforderung die allgemeinen Hygienemaßnahmen der **Schutzstufe 1** nach Anhang II oder III, entsprechend Anhang VI Nr. 1 EG-Biostoffrichtlinie vorgegeben (vgl. Abs. 4; § 11 Rn. 5 ff.). Der *ABAS* hat hierzu die **TRBA 500** »Allgemeine Hygienemaßnahmen: Mindestanforderungen« vom Juni 1999 erarbeitet (BArbBl. 6/1999, 81 ff.; Anhang Nr. 12; zum Begriff **technische Regel** vgl. allg. § 4 ArbSchG Rn. 8). Die TRBA 500 enthält die Mindestregelungen bezüglich ihres Anwendungsbereichs, der Begriffsbestimmungen (vgl. § 2), der Einwirkungen, der Gefährdungsbeurteilung sowie der zu treffenden Schutzmaßnahmen.

12

Die TRBA 500 beschreibt bezogen auf ihren Anwendungsbereich allgemeine Hygieneanforderungen, die bei allen Tätigkeiten mit biologischen Arbeitsstoffen anzuwenden sind und stellt einen **Mindestschutz** sicher, der für **gezielte Tätigkeiten der Risikogruppe 1** bzw. **vergleichbare nicht gezielte Tätigkeiten** ausreichend ist (vgl. Nr. 1 Abs. 1 TRBA 500). Es wird ausdrücklich darauf hingewiesen, dass **weitergehende Schutzmaßnahmen** erforderlich sind, wenn die Gefährdungsbeurteilung ergibt, dass die Maßnahmen nach der TRBA nicht ausreichen, z.B. bei toxischem oder sensibilisierendem Potential der biologischen Arbeitsstoffe (vgl. Nr. 1 Abs. 2 TRBA 500; z.B. TRBA 100 »Schutzmaßnahmen für gezielte Tätigkeiten mit biologischen Arbeitsstoffen in Laboratorien«). Darüber hinaus sind die anderen in TRBA festgelegten **branchen- und verfahrensspezifischen Maßnahmen** zu berücksichtigen, wenn sie über die Anforderungen der TRBA 500 hinausgehen oder diese spezifizieren (vgl. z.B. die TRBA 210; vgl. Rn. 5).

13

6. Fachkunde und Einweisung

Die Forderung, dass Beschäftigte fachkundig und eingewiesen sein müssen, wenn sie gezielte Tätigkeiten mit biologischen Arbeitsstoffen der **Risikogruppen 3 oder 4** oder hinsichtlich der Gefährdung vergleichbare nicht gezielte Tätigkeiten durchführen (Abs. 5 Satz 1 und 2), trägt der Tatsache Rechnung, dass diese Tätigkeiten mit einer **erheblichen Gesundheitsgefährdung** verbunden sein können (RegE-BioStoffV, 33).

14

Fachkundig in diesem Zusammenhang sind insbesondere Personen, die über eine entsprechend spezifische Ausbildung verfügen (z.B. Mikrobiologen, Ärzte, ausgebildetes Laborpersonal etc.; RegE-BioStoffV, 33) und in der Lage sind entsprechende Maßnahmen zu ergreifen (vgl. auch die entsprechenden Ausführungen in: Leitlinie des *LASI* LV 15 »Leitlinien für den Arbeitsschutz in Abfallbehandlungsanlagen«).

15

Arbeitsschutzverordnungen

16 Die **Einweisung** muss sich auf die besonderen Bedingungen und Gefährdungen hinsichtlich der durchzuführenden Tätigkeiten sowie die zu treffenden Schutzmaßnahmen beziehen, wie sie in den betriebsspezifischen Arbeitsanweisungen und Verhaltensregeln niedergelegt sind (RegE-BioStoffV, 33).

17 Sofern der Arbeitgeber nicht selbst über die erforderlichen Erkenntnisse verfügt, muss er sich durch Fachleute qualifiziert beraten lassen (Abs. 5 Satz 3). Die **fachkundige Beratung** des Arbeitgebers kann z.B., bei Tätigkeiten mit gentechnisch veränderten biologischen Arbeitsstoffen, durch den Beauftragten für biologische Sicherheit durchgeführt werden (vgl. § 16 ff. GenTSV), andernfalls durch die Fachkraft für Arbeitssicherheit, durch den Betriebsarzt bzw. durch geeignete außerbetriebliche Dienste (vgl. RegE-BioStoffV, 33; vgl. ASiG Rn. 62 ff.).

18 Die Regelung in Abs. 5 konkretisiert die Regelungen des ArbSchG bezüglich der Verpflichtungen des Arbeitgeber
– zur Beachtung der **Befähigung** der Beschäftigten, Arbeitsschutzmaßnahmen durchzuführen (vgl. § 7 ArbSchG; § 7 ArbSchG Rn. 1 ff.) bzw.
– zum Treffen von Maßnahmen hinsichtlich **unmittelbarer, erheblicher Gefahren** (vgl. § 9 Abs. 1 ArbSchG; § 9 ArbSchG Rn. 1 ff.).
Sie entspricht darüber hinaus auch § 12 Abs. 1 GenTSV. Danach dürfen nur Beschäftigte mit ausreichender Ausbildung, Qualifikation und Einweisung bei **gentechnischen Arbeiten**, d.h. bei Tätigkeiten mit gentechnisch veränderten biologischen Arbeitsstoffen tätig werden.

7. Rangfolge von Schutzmaßnahmen, technische und organisatorische Maßnahmen

19 Arbeitsverfahren und **technische Schutzmaßnahmen** sind im Rahmen von Abs. 6 so zu gestalten, **dass biologische Arbeitsstoffe nicht frei werden** und damit eine Exposition der Beschäftigten vermieden wird (Satz 1). In vielen Fällen kann diese Forderung durch geschlossene Systeme erfüllt werden.

20 Sofern dies nicht zu realisieren ist, muss durch gezielte technische und organisatorische Schutzmaßnahmen die Exposition der Beschäftigten **so gering wie möglich** gehalten werden (Satz 2). Dies umfasst
– die Auswahl und Gestaltung geeigneter und sicherer Arbeitsverfahren für Tätigkeiten mit biologischen Arbeitsstoffen einschließlich deren Entsorgung (Satz 2 Nr. 1) sowie
– die Begrenzung der Anzahl der Beschäftigten die entsprechende Tätigkeiten durchführen (Satz 2 Nr. 2).
Diese Festlegungen erfolgen auf der Grundlage der **Gefährdungsbeurteilung** unter Einbeziehung der jeweiligen betrieblichen Gegebenheiten und Arbeitsaufgaben. Im Krankenhaus könnte diese bedeuten, dass bestimmte Bereiche für z.B. Verwaltungspersonal nicht zugänglich sein dürfen (RegE-BioStoffV, 34).

21 **Allgemeine organisatorische Schutzmaßnahmen** werden durch Satz 3 festgelegt (Kennzeichnung, Verkehrungen gegen Unfälle und Betriebsstörungen, Erstellung eines Gefahrenabwehrplans bei Tätigkeiten mit Stoffen der Risikogruppen 3 oder 4 sowie bei gezielten Tätigkeiten mit vergleichbarer Gefährdung; vgl. *KPA*, § 10, Nr. 7).

22 Die Regelungen in Abs. 6 entsprechen insbesondere **Art. 6 Abs. 2 EG-Biostoffrichtlinie**.

8. Besondere Schutzmaßnahmen

Ist es im Fall von **außergewöhnlichen Umständen oder bei nicht bestimmungsgemäßem Betrieb einer Anlage** kurzfristig nicht möglich, eine Gefährdungsbeurteilung durchzuführen, und ist mit einer ernsten Gefährdung der Beschäftigten durch biologische Arbeitsstoffe zu rechnen, sind **unverzüglich** die Sicherheitsmaßnahmen aus den Anhängen II oder III zu ermitteln und zu treffen, die mindestens der Schutzstufe 3 genügen müssen (Abs. 7; vgl. RegE-BioStoffV, 31; BR-Bio Nr. 14). Vorrangige Maßnahme beim nicht bestimmungsgemäßen Betrieb einer Anlage muss es sein, den bestimmungsgemäßen Zustand der Anlage unverzüglich wiederherzustellen und alle Maßnahmen einzuleiten, um eine potenzielle oder tatsächliche Gefährdungssituation für die Beschäftigten zu beseitigen. Dies ist auch bei der Durchführung der Gefährdungsbeurteilung nach § 8 zu berücksichtigen (BR-Bio Nr. 14). Die Regelung entspricht § 16 Abs. 2 EG-Biostoffrichtlinie.

23

9. Maßnahmen nach dem Stand der Technik

Die Verpflichtung zum Treffen von Maßnahmen und Vorkehrungen nach dem Stand der Technik (vgl. § 4 ArbSchG Rn. 8) bei Tätigkeiten mit biologischen Arbeitsstoffen in **technischen Anlagen** oder unter Verwendung von **technischen Arbeitsmitteln** nach Abs. 8 übernimmt die schon bisher für Krankheitserreger geltenden Regelungen aus § 26 Abs. 1 GefStoffV. Dadurch werden insbesondere Art. 6 Abs. 2 und Art. 16 Abs. 2 Buchst. a EG-Biostoffrichtlinie im Hinblick auf die sicherheitstechnischen Erfordernisse umgesetzt (vgl. BR-Bio Nr. 15). Im Unterschied zu § 4 Nr. 3 ArbSchG muss der Arbeitgeber den Stand der Technik nicht nur berücksichtigen, sondern verbindlich **beachten** (vgl. § 4 ArbSchG Rn. 7). Beim **Umgang mit Gefahrstoffen** hat der Arbeitgeber gem. § 26 Abs. 1 GefStoffV die zum Schutz der Arbeitnehmer erforderlichen Maßnahmen und Vorkehrungen nach dem Stand der Technik zu treffen, wenn Herstellungs- oder Verwendungsverfahren eingesetzt werden, bei denen mit Gefahrstoffen in technischen Anlagen oder unter Verwendung von technischen Arbeitsmitteln umgegangen wird.

24

10. Anpassung an den Stand der Technik

Die Forderung der **Anpassung von Arbeitsverfahren** an die Fortentwicklungen in der Sicherheitstechnik (Abs. 9) entspricht § 19 Abs. 4 GefStoffV und § 12 Abs. 6 GenTSV und konkretisiert § 3 Abs. 1 ArbSchG (RegE-BioStoffV, 34; § 1 Rn. 33 ff. und GefStoffV Rn. 59).
Danach hat der Arbeitgeber beim **Umgang mit Gefahrstoffen** bzw. der Betreiber bei **Tätigkeiten mit gentechnisch veränderten biologischen Arbeitsstoffen**, wenn sich der Stand der Sicherheitstechnik eines Arbeitsverfahrens fortentwickelt, sich diese bewährt und die Arbeitssicherheit hierdurch erheblich erhöht hat, das nicht entsprechende Arbeitsverfahren innerhalb einer angemessenen Frist dieser Fortentwicklung anzupassen.
Konkretisiert wird die **Verbesserungs- und Anpassungsverpflichtung** nach § 3 Abs. 1 ArbSchG. Im Unterschied zu § 4 Nr. 3 ArbSchG muss der Arbeitgeber den Stand der Technik nicht nur berücksichtigen, sondern verbindlich **beachten**.

25

Arbeitsschutzverordnungen

11. Lagerung, Transport, Entsorgung

26 Auch beim Transport, Lagerung sowie der Beseitigung (Entsorgung) biologischer Arbeitsstoffe können Beschäftigte erheblichen **Infektionsgefährdungen** ausgesetzt sein (z.b. infektiöse Abfälle aus Krankenhäusern; vgl. umfassend *KPA*, § 10 Nr. 11). Die Regelungen in Abs. 10 enthalten Regelungen zu diesen Gefahrenbereichen und lehnen sich an die Anforderungen in Art. 6 Abs. 2 und Art. 15 Abs. 1 und 2 EG-Biostoffrichtlinie an. Die Regelung übernimmt darüber hinaus die bisherigen, für Krankheitserreger geltenden Anforderungen aus der GefStoffV (BR-Bio, Nr. 16; vgl. § 1 Rn. 38).

§ 11 Hygienemaßnahmen, Schutzausrüstungen

(1) Auf der Grundlage der Gefährdungsbeurteilung sind die erforderlichen Hygienemaßnahmen zur Desinfektion und Dekontamination zu treffen und persönliche Schutzausrüstungen einschließlich geeigneter Schutzkleidung zur Verfügung zu stellen. Es sind geeignete Vorkehrungen zu treffen, insbesondere die erforderlichen Einrichtungen zu schaffen, damit persönliche Schutzausrüstungen beim Verlassen des Arbeitsplatzes abgelegt und getrennt von anderen Kleidungsstücken gelagert und auf ihren Zustand überprüft werden können. Entsprechend dem Ergebnis der Überprüfung müssen die persönlichen Schutzausrüstungen desinfiziert und gereinigt werden. Falls sie schadhaft sind, müssen sie ausgebessert oder ausgetauscht, erforderlichenfalls vernichtet werden.
(2) Um die Kontamination des Arbeitsplatzes und die Exposition der Beschäftigten so gering wie möglich zu halten, sind die Funktion und die Wirksamkeit von technischen Schutzmaßnahmen regelmäßig zu überprüfen. Kann das Freiwerden von biologischen Arbeitsstoffen nicht sicher verhütet werden, ist zu ermitteln, ob der Arbeitsplatz kontaminiert ist. Dabei ist die mikrobielle Belastung in der Luft am Arbeitsplatz zu berücksichtigen.
(3) Beschäftigte dürfen an Arbeitsplätzen, an denen die Gefahr einer Kontamination durch biologische Arbeitsstoffe besteht, keine Nahrungs- und Genußmittel zu sich nehmen. Hierfür sind vor Aufnahme der Tätigkeiten geeignete Bereiche einzurichten.

Übersicht   Rn.

1. Allgemeines...   1– 4
2. Hygienemaßnahmen 5– 7
3. PSA..   8–11
4. Messungen, Wirksamkeitsüberprüfung technischer Schutzmaßnahmen 12–15

1. Allgemeines

1 Im Hinblick auf
– Hygienemaßnahmen,
– Bereitstellung von PSA sowie auf
– Wirksamkeitsüberprüfung von technischen Schutzmaßnahmen
hat der Arbeitgeber bei gezielten und ungezielten Tätigkeiten mit biologischen Arbeitsstoffen der Risikogruppen 2 bis 4 **besondere Verpflichtungen**, die die Schutzmaßnahmen nach § 10 ergänzen (vgl. *KPA*, § 11, Nr. 1).

Umfang und Form dieser Arbeitsschutzmaßnahmen ergeben sich aus dem Ergebnis der Gefährdungsbeurteilung nach §§ 5 bis 8. Auch diese besonderen Verpflichtungen hat der Arbeitgeber im Kontext mit den Regelungen des ArbSchG sowie sonstiger Arbeitsschutzvorschriften zu erfüllen. Hierzu gehören insbesondere die Beachtung der Grundsätze des Arbeitsschutzes gem. § 4 ArbSchG (vgl. § 4 ArbSchG Rn. 1 ff.) sowie die Regelungen der PSA-BV. 2

Die Regelungen in § 11 übernehmen in den Abs. 1 und 3 die wesentlichen Aussagen zu den Hygienemaßnahmen und Schutzausrüstungen des **Art. 8 EG-Biostoffrichtlinie** (vgl. auch § 22 GefStoffV Rn. 67; sowie §§ 9 Abs. 4, 10 und 11 sowie die Anhänge III-V GenTSV; § 1 Rn. 33; RegE-BioStoffV, 34). 3

Bei Erteilung von Aufträgen an **Fremdunternehmen** (vgl. allg. vor §§ 9–11 Rn. 8) hat der Unternehmer dafür zu sorgen, dass im Hinblick auf die biologischen Arbeitsstoffe und den organisatorischen Ablauf die erforderlichen Maßnahmen getroffen werden (vgl. § 3 Abs. 1 Nr. 2 und 5 UVV BGV B 12). 4

2. Hygienemaßnahmen

Erforderlichenfalls hat der Arbeitgeber Hygienemaßnahmen zur **Desinfektion und Dekontamination** zu treffen (vgl. Abs. 1 Satz 1). Das **Erfordernis** für diese Hygienemaßnahmen ergibt sich aus dem Ergebnis der Gefährdungsbeurteilung nach §§ 5–8. **Anhang II und III** enthalten allgemeine Hygienemaßnahmen die bei allen Tätigkeiten mit biologischen Arbeitsstoffen eingehalten werden müssen. Die **TRBA 500** »Allgemeine Hygienemaßnahmen: Mindestanforderungen« vom Juni 1999 (BArbBl. 6/1999, 81 ff.) enthält Mindestregelungen zur Hygiene, die dies konkretisieren (vgl. § 10 Abs. 4; § 10 Rn. 12 f.). 5

Spezielle, branchen- bzw. tätigkeitsbezogene **Hygienemaßnahmen** zur Desinfektion und Dekontamination, die der Arbeitgeber erforderlichenfalls zu treffen hat, sind z.B.: 6

– im Bereich des **Gesundheitswesens**: Händedesinfektion; Aufstellung eines Hygieneplanes, Reinigung von Arbeitsbereichen usw. (vgl. §§ 6, 9, 10 UVV VBG 103; diese UVV wird möglicherweise an die BioStoffV angepasst, aufgehoben oder in eine TRBA überführt);

– bei Tätigkeiten mit **gentechnisch** veränderten biologischen Arbeitsstoffen: bei **Reinigungsarbeiten**, die nur mit schriftlicher Erlaubnis des Betreibers durchgeführt werden dürfen, müssen notwendigen Desinfektionsmaßnahmen vor der Durchführung dieser Arbeiten festgelegt werden; anderenfalls sind technische Schutzmaßnahmen anzuwenden oder es ist geeignete PSA zur Verfügung zu stellen (vgl. §§ 12 Abs. 5 Satz 1 und 4 GenTSV); Hygienemaßnahmen für den **Laborbereich**, den **Produktionsbereich**, für **Gewächshäuser** sowie für **Tierhaltungsräume** sind in den Anhängen II bis V GenTSV festgelegt;

– bei Tätigkeiten mit biologischen Arbeitsstoffen in **Abfallsortieranlagen**:
  • die Aufstellung und Durchführung eines Wartungs- und **Reinigungsplans** im Bereich **Anlieferung/Zwischenlager** (TRBA 210 Nr. 4.3.4 Abs. 7) bzw. eines Reinigungs- und **Hygieneplans** im Bereich **Handsortierung** (TRBA 210 Nr. 4.5.3 Abs. 1 Satz 3),
  • ein **Hautschutz-** bzw. **Hygieneplan** sowie bauliche Maßnahmen im **Sozialbereich** (vgl. TRBA 210 Nr. 4.7.2; vgl. auch Leitlinie des *LASI* LV 15 »Leitlinien für den Arbeitsschutz in Abfallbehandlungsanlagen«).

– bei gezielten Tätigkeiten mit biologischen Arbeitsstoffen in **Laboratorien**:
  • die Erstellung eines **Hygieneplans** und der Einsatz wirksamer **Desinfek-**

tionsmaßnahmen für Tätigkeiten mit biologischen Arbeitsstoffen ab der Risikogruppe 2 (vgl. TRBA 100 Nr. 5.1 Abs. 6; für die einzelnen Schutzstufen 1 werden spezielle Hygienemaßnahmen festgelegt).

7 Zu den Hygienemaßnahmen gehört auch, dass an Arbeitsplätzen, an denen die Gefahr einer Kontamination durch biologische Arbeitsstoffe besteht, die Beschäftigten **keine Nahrungs- und Genussmittel** zu sich nehmen dürfen. Dafür müssen vor Aufnahme der Tätigkeiten **geeignete Bereiche** eingerichtet werden (Abs. 3). Mit dieser Regelung korrespondiert § 29 Abs. 1 Satz 1 ArbStättV, wonach den Beschäftigten ein leicht erreichbarer Pausenraum zur Verfügung zu stellen ist, wenn mehr als zehn Beschäftigte tätig sind oder gesundheitliche Gründe oder die Art der ausgeübten Tätigkeit es erfordern.

3. PSA

8 Erforderlichenfalls hat der Arbeitgeber geeignete PSA zur Verfügung zu stellen (vgl. Abs. 1 Satz 1). Das **Erfordernis** für diese Arbeitsschutzmaßnahmen ergibt sich aus dem Ergebnis der Gefährdungsbeurteilung nach §§ 5–8. Bei der Durchführung von Arbeitsschutzmaßnahmen hat der Arbeitgeber hierbei den Grundsatz zu beachten, dass individuelle Schutzmaßnahmen **nachrangig** zu anderen Maßnahmen sind (§ 4 Nr. 5 ArbSchG; vgl. § 4 ArbSchG Rn. 18). Dies unterstreicht auch die Regelung in Nr. 5.4 Abs. 1 TRBA 500 (Anhang Nr. 12; vgl. auch Nr. 5.1 Abs. 1 Satz 2; TRBA 100 Nr. 5.1 Abs. 2), wonach der Einsatz von PSA im **Einzelfall** aufgrund der Ergebnisse der Gefährdungsbeurteilung **zusätzlich** zu den technischen und baulichen sowie organisatorischen Maßnahmen **zeitweilig** notwendig werden kann. Im Übrigen sind die Regelungen der **PSA-BV** zu beachten (vgl. auch die in der TRBA 210 aufgeführten Literaturhinweise zu berufsgenossenschaftlichen Regeln für PSA; § 1 PSA-BV Rn. 5). Als **PSA** kommt in Betracht: Hautschutz, Handschutz, Augenschutz/Gesichtsschutz, Partikelschutzfilter (Nr. 5.4 Abs. 2 TRBA 500).

9 Beispiele für Regelungen hinsichtlich PSA sind:
– In **Abfallsortieranlagen** ist PSA für Tätigkeiten im Bereich der manuellen Sortierung entsprechend einer dafür durchgeführten Gefährdungsbeurteilung und Belastungsermittlung zur Verfügung zu stellen (Nr. 4.8 Abs. 1 Satz 1 TRBA 210).
– In **Laboratorien** ist für Tätigkeiten mit biologischen Arbeitsstoffen der Risikogruppe 2 in Abhängigkeit von den durchzuführenden Tätigkeiten geeignete PSA zur Verfügung zu stellen (vgl. Nr. 5.3 Abs. 6 TRBA 100; zu Tätigkeiten in der Schutzstufe 3 vgl. Nr. 5.4 Abs. 2 Satz 3).

10 Neben den Hygienemaßnahmen hat der Arbeitgeber **technische und organisatorische Maßnahmen** im Hinblick auf die **Bereitstellung, Wartung und Hygiene von PSA** zu treffen. Dies sind:
– Schaffung von Einrichtungen
  • zur Ablage von PSA beim Verlassen des Arbeitsplatzes,
  • zur getrennten Lagerung von anderen Kleidungsstücken sowie
  • zur Überprüfung der PSA auf ihren Zustand;
– Desinfektion und Reinigung der PSA auf der Basis des Ergebnisses der Überprüfung;
– bei Schadhaftigkeit: Ausbesserung, Austausch und erforderlichenfalls Vernichtung der PSA.

11 Bei Tätigkeiten mit **gentechnisch** veränderten biologischen Arbeitsstoffen ist

Biostoffverordnung

ausdrücklich festgelegt, dass die technischen und organisatorischen Maßnahmen für den Labor- und Produktionsbereich nach Anhang III GenTSV so zu gestalten sind, dass PSA nur als **Ergänzung** zu diesen Maßnahmen erforderlich sind (vgl. § 9 Abs. 4 GenTSV). Allgemein ist auch bei diesen Tätigkeiten auf den Grundsatz in § 4 Nr. 5 ArbSchG zu verweisen (vgl. Rn. 8).

4. Messungen, Wirksamkeitsüberprüfung von technischen Schutzmaßnahmen

Der Arbeitgeber hat die Pflicht zur **Überprüfung der Wirksamkeit** der getroffenen technischen Schutzmaßnahmen und zur **Kontrolle** der Arbeitsplätze auf mögliche Kontaminationen mit biologischen Arbeitsstoffen (Abs. 2). Diese Regelung konkretisiert die allgemeine Bestimmung zur Wirksamkeitsüberprüfung von Arbeitsschutzmaßnahmen gem. § 3 ArbSchG (vgl. § 3 ArbSchG Rn. 3). **12**

Technische Schutzmaßnahmen (vgl. allg. zu Schutzmaßnahmen § 10 Rn. 3 ff.) sind z.B. **13**
– Empfehlung zum Einbau einer automatischen Beschickung (vgl. Nr. 4.3.2. TRBA 210),
– verbindliche Ausstattung von Sortierkabinen mit technischer Lüftung bei Abfallsortieranlagen (vgl. Nr. 4.5.2 TRBA 210; vgl. auch Leitlinie des *LASI* LV 15 »Leitlinien für den Arbeitsschutz in Abfallbehandlungsanlagen«),
– Durchführung von gezielten Tätigkeiten mit biologischen Arbeitsstoffen der Risikogruppe 2 in Laboratorien, bei denen mit Bioaerosolen (vgl. § 2 Rn. 2) zu rechnen ist, in mikrobiologischen Sicherheitswerkbänken oder vergleichbaren Einrichtungen (z.B. Abzug mit Hochleistungsschwebstoff-Filter; vgl. Nr. 5.1 Abs. 10 TRBA 100).

Die **Feststellung der Belastung der Luft am Arbeitsplatz mit biologischen Arbeitsstoffen** kann ein geeignetes Mittel für die Überprüfung der Funktionsfähigkeit und der Wirksamkeit der getroffenen Schutzmaßnahmen darstellen. Die zu diesem Zweck ermittelten Keimbelastungen liefern in der Regel jedoch keine Aussage über die Infektionsgefährdung der Beschäftigten am Arbeitsplatz (RegE-BioStoffV, 34; zu den Problemen für ein Grenzwertkonzept bei Tätigkeiten mit biologischen Arbeitsstoffen vgl. KPA, § 11, Nr. 3.2). **14**

Die Anwendung von **Messverfahren** für luftgetragene biologische Arbeitsstoffe wird in der TRBA 405 behandelt (BArbBl. 5/2001, 58); Kernstück der dort festgelegten Messstrategie ist der Technische Kontrollwert (TKW), der die Konzentration biologischer Arbeitsstoffe in der Luft für einen bestimmten Arbeitsbereich, ggf. auch für ein bestimmtes Verfahren oder einen bestimmten Anlagentyp festlegt, die grundsätzlich nach dem Stand der Technik erreicht werden kann (Nr. 2.2 TRBA 405). Verfahren zur Bestimmung der **Schimmelpilzkonzentration** in der Luft am Arbeitsplatz finden sich in der TRBA 430 (BArbBl. 1/1997, 50); 1. Anpassung an den Stand des Wissens, BArbBl. 10/1997, 74; vgl. zusammenfassend zur Arbeitsplatzbewertung *Blome*, BArbBl. 6/1999, 86 f.). Ein **TKW** ist erstmalig in der TRBA 211 »Biologische Abfallbehandlungsanlagen – Schutzmaßnahmen« festgelegt worden. **15**

§ 12 Unterrichtung der Beschäftigten

(1) Auf der Grundlage der Gefährdungsbeurteilung ist vor Aufnahme der Tätigkeiten eine arbeitsbereichs- und stoffbezogene Betriebsanweisung zu erstellen. Darin ist auf die mit den vorgesehenen Tätigkeiten verbundenen Gefahren für die Beschäftigten hinzuweisen. Die erforderlichen Schutzmaßnahmen und Verhaltensregeln sowie Anweisungen über das Verhalten bei Unfällen und Betriebsstörungen und zur Ersten Hilfe sind in ihr festzulegen. Die Betriebsanweisung ist in einer für die Beschäftigten verständlichen Form und Sprache abzufassen und an geeigneter Stelle in der Arbeitsstätte bekanntzumachen und zur Einsichtnahme auszulegen oder auszuhängen.

(2) Beschäftigte, die Tätigkeiten mit biologischen Arbeitsstoffen ausführen, müssen anhand der Betriebsanweisung über die auftretenden Gefahren und über die Schutzmaßnahmen unterwiesen werden. Die Unterweisung ist vor Aufnahme der Tätigkeiten mündlich und arbeitsplatzbezogen durchzuführen sowie in den Fällen des § 8 Satz 1 zu wiederholen. Zeitpunkt und Gegenstand der Unterweisungen sind im Anschluß an die Unterweisung schriftlich festzuhalten und vom Unterwiesenen durch Unterschrift zu bestätigen.

(3) Für Tätigkeiten, bei denen erfahrungsgemäß aufgrund erhöhter Unfallgefahr mit einem Infektionsrisiko oder, als Folge eines Unfalles, mit schweren Infektionen zu rechnen ist, müssen zusätzlich Arbeitsanweisungen zur Vermeidung von Betriebsunfällen am Arbeitsplatz vorliegen. Dies gilt auch für
1. Verfahren für die Entnahme, die Handhabung und die Verarbeitung von Proben menschlichen oder tierischen Ursprungs,
2. Instandhaltungs-, Reinigungs-, Änderungs- oder Abbrucharbeiten in oder an kontaminierten Anlagen, Geräten oder Einrichtungen.

(4) Die im Gefahrenbereich Beschäftigten und der Betriebs- oder Personalrat sind über Betriebsstörungen, die die Sicherheit oder Gesundheit der Beschäftigten gefährden können, und über Unfälle unverzüglich zu unterrichten. Dem Betriebs- oder Personalrat sind die in § 13 Abs. 1 bis 3 genannten Angaben zur Verfügung zu stellen.

Übersicht   Rn.

1. Allgemeines, Fremdfirmen 1, 2
2. Betriebsanweisung 3– 6
3. Unterweisung 7– 9
4. Zusätzliche Arbeitsanweisungen 10, 11
5. Unterrichtung 12, 13

1. Allgemeines, Fremdfirmen

1 § 12 übernimmt die in **Art. 10 Biostoffrichtlinie** enthaltenen Unterrichtungspflichten und konkretisiert die §§ 8, 12 und 14 ArbSchG (vgl. § 20 GefStoffV, § 12 Abs. 2, 3 und 4 GenTSV).

2 Bei Tätigkeiten mit biologischen Arbeitsstoffen, die für einen Unternehmer von **Fremdfirmen** durchgeführt werden, hat dieser die mit diesen Tätigkeiten befassten Versicherten über die schriftliche Bestellung eines **Verantwortlichen** sowie dessen Weisungsbefugnisse zu unterrichten (vgl. § 3 Abs. 2 Nr. 1 BGV B 12).

Biostoffverordnung

2. Betriebsanweisung

Der Arbeitgeber hat die Verpflichtung auf der Basis der Gefährdungsbeurteilung nach §§ 5 bis 8 für Tätigkeiten mit biologischen Arbeitsstoffen der Risikogruppen 2 bis 4 eine **Betriebsanweisung** zu erstellen (vgl. Abs. 1). Diese Erstellung hat **vor Aufnahme** der Tätigkeit zu erfolgen.

Bezüglich ihrer **Inhalte** muss die Betriebsanweisung **arbeitsbereichs- und stoffbezogen** sein und auf die mit den vorgesehenen Tätigkeiten verbundenen **Gefahren** für die Beschäftigten hinweisen. In ihr müssen festgelegt sein
- erforderliche Schutzmaßnahmen,
- Verhaltensregeln,
- Anweisungen über das Verhalten bei Unfällen und Betriebsstörungen und zur Ersten Hilfe (vgl. *KPA*, § 12, Nr. 2).

Die Betriebsanweisung ist in einer für die Beschäftigten **verständlichen Form und Sprache** abzufassen. Sie ist an geeigneter Stelle in der Arbeitsstätte **bekanntzumachen** und zur Einsichtnahme auszulegen oder auszuhängen.

Die Betriebsanweisung muss nicht ausschließlich für biologische Arbeitsstoffe erstellt werden, sondern kann auch mit Anweisungen für **andere Gefährdungen** kombiniert werden, sofern diese gleichzeitig gegeben sind. Werden an einem Arbeitsplatz z.B. neben Tätigkeiten mit biologischen Arbeitsstoffen auch Tätigkeiten mit Gefahrstoffen durchgeführt, kann eine gemeinsame Betriebsanweisung erstellt werden, in der sowohl auf Gefahren im Umgang mit Gefahrstoffen als auch bei Tätigkeiten mit biologischen Arbeitsstoffen hingewiesen sowie auf die erforderlichen Maßnahmen eingegangen wird (RegE-BioStoffV, 35).

3. Unterweisung

Die Beschäftigten sind anhand der Betriebsanweisung über die Gefahren und die getroffenen Schutzmaßnahmen zu **unterweisen** (Abs. 2). Diese Unterweisung ist vor Aufnahme der Tätigkeiten **mündlich** und **arbeitsplatzbezogen** durchzuführen.

Die Unterweisung ist zu **wiederholen**, bei
1. Änderungen der Arbeitsbedingungen, die zu einer erhöhten Gefährdung der Beschäftigten führen können,
2. der Feststellung der Kontamination des Arbeitsplatzes,
3. einer möglicherweise auf Tätigkeiten mit biologischen Arbeitsstoffen zurückzuführenden Infektion des Beschäftigten (vgl. § 15 Abs. 3 Satz 1) sowie
4. gesundheitlichen Bedenken des Arztes (§ 15 Abs. 6 Satz 5; vgl. RegE-BioStoffV, 35, 31; *KPA*, § 12, Nr. 3).

Zeitpunkt und **Gegenstand** der Unterweisungen sind im Anschluss an die Unterweisung **schriftlich** festzuhalten und vom Unterwiesenen durch **Unterschrift** zu bestätigen.

4. Zusätzliche Arbeitsanweisungen bei Tätigkeiten mit besonderem Risiko

In Fällen, in denen ein **Infektionsrisiko** aufgrund einer **erhöhten Unfallgefahr** besteht, oder bei **Unfällen**, bei denen mit **besonders schweren Infektionen** gerechnet werden muss, müssen die Beschäftigten zusätzlich zu der Betriebsanweisung besondere Informationen erhalten (Abs. 3). Diese zusätzliche Informationsverpflichtung des Arbeitgebers bezieht sich außerdem auf die folgenden **Tätigkeiten** (vgl. *KPA*, § 12, Nr. 4):

Arbeitsschutzverordnungen

- Verfahren für die Entnahme, die Handhabung und die Verarbeitung von Proben menschlichen oder tierischen Ursprungs (z.B. bei Arbeit mit AIDS-infizierten Blutproben; *Allescher*, BArbBl. 6/1999, 18),
- Instandhaltungs-, Reinigungs-, Änderungs- oder Abbrucharbeiten in oder an kontaminierten Anlagen, Geräten oder Einrichtungen.

11 Die Informationen sind in Form von **Arbeitsanweisungen** zu vermitteln, die sich auf die bestimmte Tätigkeit beziehen und konkret umfassen, welche einzelnen Arbeitsschritte auszuführen sind (RegE-BioStoffV, 35). Die Arbeitsanweisungen müssen sinnvollerweise integraler Bestandteil der Betriebsanweisung nach Abs. 1 und der Unterweisung nach Abs. 2 sein.

5. Unterrichtung bei Betriebsstörungen oder Unfällen

12 Die im Gefahrenbereich tätigen **Beschäftigten** sowie der **Betriebs- oder Personalrat** sind unverzüglich zu unterrichten über
- **Betriebsstörungen**, die die Sicherheit oder Gesundheit der Beschäftigten gefährden können oder
- über **Unfälle** (Abs. 4 Satz 1; RegE-BioStoffV, 35).

13 Weiterhin sind dem **Betriebs- oder Personalrat** die **Angaben** zur Verfügung zu stellen, die sich aus den Anzeige- und Aufzeichnungspflichten nach § 13 Abs. 1 bis 3 ergeben (Abs. 4 Satz 2; vgl. *KPA*, § 12 Nr. 5).

§ 13 Anzeige- und Aufzeichnungspflichten

(1) Der Arbeitgeber hat der zuständigen Behörde spätestens 30 Tage vor Aufnahme der Tätigkeiten die erstmalige Durchführung von gezielten Tätigkeiten mit einem biologischen Arbeitsstoff der Risikogruppe 2, 3 oder 4 anzuzeigen. Die Anzeige enthält:
1. Name und Anschrift des Arbeitgebers und der nach § 13 Abs. 1 Nr. 1 bis 3 des Arbeitsschutzgesetzes verantwortlichen Personen,
2. Name und Befähigung der für Sicherheit und Gesundheitsschutz am Arbeitsplatz verantwortlichen Personen,
3. das Ergebnis der Gefährdungsbeurteilung nach § 6,
4. die Art des biologischen Arbeitsstoffes,
5. die vorgesehenen Maßnahmen zum Arbeitsschutz.
(2) Einer erneuten Anzeige bedürfen:
1. für die Sicherheit und Gesundheit der Beschäftigten bedeutsame Änderungen der Tätigkeiten,
2. die Aufnahme von Tätigkeiten mit jedem weiteren biologischen Arbeitsstoff der Risikogruppe 3, soweit dieser nicht in Anhang III der Richtlinie 90/679/EWG in der jeweils geltenden Fassung aufgeführt ist, und
3. die Aufnahme von Tätigkeiten mit jedem weiteren biologischen Arbeitsstoff der Risikogruppe 4.
(3) Über Beschäftigte, die gezielte Tätigkeiten mit biologischen Arbeitsstoffen der Risikogruppe 3 oder 4 durchführen, ist ein Verzeichnis zu führen, in dem die Art der Tätigkeiten, der verwendete biologische Arbeitsstoff sowie Unfälle und Betriebsstörungen anzugeben sind. Die betroffenen Beschäftigten oder von ihnen bevollmächtigte Personen sind berechtigt, die sie betreffenden Angaben einzusehen.
(4) Das Verzeichnis nach Absatz 3 ist für die Dauer von mindestens zehn Jahren nach Beendigung der Tätigkeit aufzubewahren. Das Verzeichnis ist bis zu 40 Jah-

Biostoffverordnung

re aufzubewahren, wenn es die Art einer Erkrankung oder die Zeitdauer zwischen einer Exposition und dem Auftreten einer möglichen Infektionskrankheit erforderlich machen. Es ist der zuständigen Behörde auf Verlangen zur Verfügung zu stellen. Bei einer Betriebsauflösung ist das Verzeichnis dem zuständigen Unfallversicherungsträger unaufgefordert zur Aufbewahrung zu übergeben.

(5) Die Absätze 1 bis 4 gelten entsprechend für nicht gezielte Tätigkeiten, die hinsichtlich der Gefährdung mit Tätigkeiten nach § 6 Abs. 2 Satz 3 Nr. 2 oder 3 vergleichbar sind.

(6) Lassen sich die für die Anzeige erforderlichen Angaben gleichwertig aus Anzeigen nach anderen Rechtsvorschriften entnehmen, kann die Anzeigepflicht auch durch Übermittlung einer Durchschrift dieser Anzeigen an die zuständige Behörde erfüllt werden.

Für die erste Aufnahme bei **gezielten Tätigkeiten** mit biologischen Arbeitsstoffen der Risikogruppen 2, 3 oder 4 ist eine **Anzeige bei der zuständigen Behörde** durch den Arbeitgeber erforderlich (Abs. 1). 1
Bei **nicht gezielten Tätigkeiten** gilt dies für biologische Arbeitsstoffe, die hinsichtlich der Gefährdung mit Tätigkeiten der Risikogruppen 3 oder 4 vergleichbar sind (vgl. Abs. 5 i.V.m. § 6 Abs. 2 Satz 3 Nr. 2 und 3; § 6 Rn. 3 ff.).
Mit den Regelungen in § 13 werden Art. 13 und 11 EG-Biostoffrichtlinie umgesetzt (vgl. BR-Bio, Nr. 20, 21).
Die Anzeige hat **30 Tage vor Beginn der Tätigkeiten** zu erfolgen. Abs. 1 regelt ebenfalls die in Anzeige zu machenden Angaben (vgl. BR-Bio, Nr. 22). 2
Ein **vereinfachtes Verfahren** zur Anzeige kommt zur Anwendung, wenn die erforderlichen Angaben **gleichwertig** aus Anzeigen nach **anderen Rechtsvorschriften** entnommen werden können (Abs. 6). Für gentechnische Arbeiten gelten z.B. die Genehmigungsverfahren nach dem Gentechnikgesetz (vgl. § 1 Rn. 31). 3
Eine **erneute Anzeige** hat zu erfolgen 4
– bei für die Sicherheit und Gesundheit der Beschäftigten bedeutsamen Änderung der Tätigkeiten,
– bei Aufnahme von Tätigkeiten mit jedem weiteren biologischen Arbeitsstoff der Risikogruppe 3, soweit dieser nicht in Anhang III der EG-Biostoffrichtlinie in der jeweils geltenden Fassung aufgeführt ist (vgl. § 4 Rn. 10 ff.),
– bei Aufnahme von Tätigkeiten mit jedem weiteren biologischen Arbeitsstoff der Risikogruppe 4 (Abs. 2).
Der Arbeitgeber hat ein **Verzeichnis** über Beschäftigte zu führen, die Tätigkeiten mit biologischen Arbeitsstoffen der Risikogruppen 3 oder 4 durchführen (Abs. 3). In diesem Verzeichnis sind anzugeben: 5
– die Art der Tätigkeiten,
– der verwendete biologische Arbeitsstoff sowie
– Unfälle und Betriebsstörungen.
Für die betroffenen Beschäftigten oder die von Ihnen bevollmächtigten Personen besteht ein **Einsichtsrecht**. Die entsprechenden Auszüge aus dem Verzeichnis sind vom Arbeitgeber dementsprechend zur Verfügung zu stellen.
Das Verzeichnis ist der **zuständigen Behörde** auf Verlangen zur Verfügung zu stellen (Abs. 4 Satz 3). Es ist für die Dauer von mindestens 10 Jahren – ggf. bis zu 40 Jahre – nach Beendigung der Tätigkeit **aufzubewahren** (vgl. Satz 1 und 2). Bei einer **Betriebsauflösung** ist das Verzeichnis dem zuständigen Unfallversicherungsträger zur Aufbewahrung zu übergeben (Satz 4; vgl. § 2 Abs. 2 UVV BGV B 12). 6

Arbeitsschutzverordnungen

§ 14 Behördliche Ausnahmen

(1) Die zuständige Behörde kann auf schriftlichen Antrag des Arbeitgebers Ausnahmen von den Vorschriften des § 10 einschließlich der Anhänge II und III erteilen, wenn
1. der Arbeitgeber andere gleichwertige Schutzmaßnahmen trifft oder
2. die Durchführung der Vorschrift im Einzelfall zu einer unverhältnismäßigen Härte führen würde und die Abweichung mit dem Schutz der betroffenen Beschäftigten vereinbar ist.

(2) Die zuständige Behörde kann auf schriftlichen Antrag des Arbeitgebers für Betriebe mit weniger als zehn Beschäftigten eine Ausnahme von der Pflicht zur Dokumentation der Gefährdungsbeurteilung erteilen. Satz 1 gilt nicht für gezielte Tätigkeiten mit biologischen Arbeitsstoffen der Risikogruppen 3 oder 4 sowie für nicht gezielte Tätigkeiten mit vergleichbarer Gefährdung.

1 Die Regelungen zu behördlichen Ausnahmen, die **abweichend von den Schutzmaßnahmen nach § 10 sowie nach Anhang II und III** erteilt werden können, wenn der Arbeitgeber einen schriftlichen Antrag stellt lehnen sich an § 44 GefStoffV an. Derartige Anträge kommen in Betracht, wenn der Arbeitgeber
– andere gleichwertig Schutzmaßnahmen trifft oder
– für ihn zu einer unverhältnismäßigen Härte führen würde und die Abweichung mit dem Schutz der betroffenen Beschäftigten vereinbar ist (vgl. Abs. 1 Nr. 1 und 2; vgl. *KPA*, § 14 Nr. 2).

2 Eine behördliche Ausnahme ist nur erforderlich, wenn der Arbeitgeber von den in der BioStoffV vorgeschriebenen konkreten Maßnahmen abweichen will. Über **Abweichungen von technischen Regeln** (TRBA) entscheidet der Arbeitgeber in eigener Verantwortung (vgl. RegE-BioStoffV, 36; vgl. § 10 Abs. 1 Satz 3; § 10 Rn. 6).

3 Die zuständige Behörde hat nach Abs. 2 die Möglichkeit, auf schriftlichen Antrag des Arbeitgebers für **Betriebe mit weniger als 10 Beschäftigten eine Ausnahme von der Dokumentationspflicht** erteilen (Satz 1). Dies gilt ausdrücklich nicht bei gezielten Tätigkeiten mit biologischen Arbeitsstoffen der Risikogruppen 3 oder 4 sowie oder bei vergleichbaren nicht gezielten Tätigkeiten (Satz 2). Damit wird eine Erleichterung speziell für **Kleinbetriebe**, z.B. in der **Landwirtschaft** ermöglicht (vgl. RegE-BioStoffV, 36; *KPA*, § 14, Nr. 3; zur Sinnhaftigkeit der Dokumentation der allgemeinen Gefährdungsbeurteilung auch in Kleinbetrieben vgl. § 6 ArbSchG Rn. 10).

§ 15 Arbeitsmedizinische Vorsorge

(1) Der Arbeitgeber hat Beschäftigte vor Aufnahme von Tätigkeiten mit biologischen Arbeitsstoffen nach Anhang IV arbeitsmedizinisch untersuchen und beraten zu lassen. Diese arbeitsmedizinischen Vorsorgeuntersuchungen sind in regelmäßigen Abständen zu wiederholen sowie am Ende der Beschäftigung anzubieten. Der untersuchende Arzt kann bei gesundheitlichen Bedenken arbeitsmedizinische Vorsorgeuntersuchungen in kürzeren Zeitabständen festsetzen.

(2) Beschäftigten sind bei sonstigen gezielten Tätigkeiten mit biologischen Arbeitsstoffen der Risikogruppe 3 und sonstigen nicht gezielten Tätigkeiten mit vergleichbarer Gefährdung vor Aufnahme der Tätigkeiten und danach in regel-

mäßigen Abständen arbeitsmedizinische Vorsorgeuntersuchungen anzubieten. Satz 1 gilt entsprechend für die Risikogruppe 2, es sei denn, aufgrund der Gefährdungsbeurteilung und der getroffenen Schutzmaßnahmen ist nicht mit einem Gesundheitsschaden zu rechnen.
(3) Beschäftigten, die sich eine Infektion oder eine Erkrankung zugezogen haben, die auf Tätigkeiten mit biologischen Arbeitsstoffen zurückzuführen sein kann, sind unverzüglich arbeitsmedizinische Vorsorgeuntersuchungen anzubieten. Dies gilt für alle Beschäftigten des gleichen Tätigkeitsbereichs, es sei denn, die Infektion oder Erkrankung ist auf eine personenbezogene Schädigung zurückzuführen und eine Übertragung auf andere Beschäftigte ist auszuschließen.
(4) Beschäftigten, die biologischen Arbeitsstoffen ausgesetzt sein können, ist eine Impfung anzubieten, wenn ein wirksamer Impfstoff zur Verfügung steht. Der Arzt hat die Beschäftigten über die zu verhütende Krankheit, über den Nutzen der Impfung und über mögliche Nebenwirkungen und Komplikationen aufzuklären.
(5) Arbeitsmedizinische Vorsorgeuntersuchungen sind durch Ärzte, die die erforderlichen Fachkenntnisse besitzen und von der zuständigen Behörde ermächtigt worden sind, durchzuführen. Dem Arzt sind auf Verlangen die zur Durchführung der Vorsorgeuntersuchungen erforderlichen Auskünfte über die Arbeitsplatzverhältnisse zu erteilen und eine Besichtigung des Arbeitsplatzes zu ermöglichen.
(6) Der Arzt hat den Untersuchungsbefund schriftlich festzuhalten. Er hat die untersuchte Person arbeitsmedizinisch zu beraten und ihr eine Bescheinigung darüber auszustellen, ob und inwieweit gegen die Ausübung der Tätigkeit gesundheitliche Bedenken bestehen (Bescheinigung über das Untersuchungsergebnis). Nur bei Vorsorgeuntersuchungen nach Absatz 1 übermittelt der Arzt dem Arbeitgeber eine Kopie der Bescheinigung über das Untersuchungsergebnis. Halten die untersuchte Person oder der Arbeitgeber das Untersuchungsergebnis für unzutreffend, entscheidet auf Antrag die zuständige Behörde. Bei gesundheitlichen Bedenken hat der Arzt dem Arbeitgeber zu empfehlen, den Arbeitsplatz zu überprüfen, wenn die Gesundheit des untersuchten Beschäftigten infolge der Arbeitsbedingungen gefährdet erscheint. Hat der Arbeitgeber eine Empfehlung nach Satz 5 erhalten, hat er dies dem Betriebs- oder Personalrat mitzuteilen und die zuständige Behörde zu unterrichten.
(7) Ärztliche Aufzeichnungen über Vorsorgeuntersuchungen nach Absatz 1 sind nach Beendigung der Tätigkeit des Arztes seinem Nachfolger im Amt oder der nach Landesrecht für den medizinischen Arbeitsschutz zuständigen Stelle zu übergeben.

Übersicht

	Rn.
1. Allgemeines.	1, 2
2. Vorsorge bei Tätigkeiten nach Anhang IV	3– 8
3. Freiwillige Vorsorge bei sonstigen Tätigkeiten.	9–11
4. Infektionen, Erkrankungen	12
5. Impfung	13–15
6. Durchführung durch fachkundige und ermächtigte Ärzte	16, 17
7. Durchführung der Untersuchungen; Aufzeichnungen	18–21

1. Allgemeines

§ 15 **konkretisiert** die allgemeinen Regelungen zur arbeitsmedizinischen Vorsorge gem. § 11 ArbSchG (vgl. § 11 ArbSchG Rn. 1 ff.) im Hinblick auf Tätigkeiten mit biologischen Arbeitsstoffen und setzt Art. 14 EG-Biostoffrichtlinie um. Damit wird im Unterschied zu den Regelungen der GefStoffV ein neues Konzept zur arbeitsmedizinischen Vorsorge eingeführt (*Allescher*, BArbBl. 5/1999, 18).

2 Der Arbeitgeber ist nach ArbSchG nicht automatisch der **Normadressat**. Das ArbSchG ermächtigt in § 18 Abs. 2 die Bundesregierung, in Rechtsverordnungen nicht nur Pflichten der Arbeitgeber festzulegen, sondern für den Bereich der arbeitsmedizinischen Untersuchungen auch besondere Pflichten des Arztes zu regeln. Aus diesem Grund ist der Normadressat in § 15 benannt worden (vgl. BR-Bio Nr. 25).

2. Vorsorge bei Tätigkeiten nach Anhang IV (Pflichtuntersuchungen)

3 Für Personen, die Tätigkeiten mit biologischen Arbeitsstoffen nach Anhang IV ausführen, wird die Durchführung allgemeiner **arbeitsmedizinischer Vorsorgeuntersuchungen verpflichtend** geregelt (Abs. 1; vgl. allgemein zur arbeitsmedizinischen Vorsorge § 11 ArbSchG Rn. 1 ff.; *KPA*, § 15, Nr. 1).

4 Der Katalog in Anhang IV enthält in Anbetracht des **sehr hohen Gefährdungspotenzials** die Tätigkeiten mit biologischen Arbeitsstoffen der Risikogruppe 4 und weitere ausgewählte biologische Arbeitsstoffe der Risikogruppen 2 oder 3, die bei spezifischen Tätigkeiten und Arbeitsverfahren eine **besondere Gefährdung der Gesundheit der Beschäftigten** darstellen können und für die deshalb ebenfalls arbeitsmedizinische Vorsorgeuntersuchungen mit Beratungen angezeigt sind (RegE-BioStoffV, 37; vgl. Anhang IV Rn. 1; *KPA*, § 15, Nr. 2).

5 Die arbeitsmedizinischen Vorsorgeuntersuchungen nach Abs. 1 sind durch den Arbeitgeber im Hinblick auf ihre **zeitliche Durchführung**
– **vor Aufnahme der Beschäftigung und**
– danach in **regelmäßigen Abständen**
durchzuführen, die Teilnahme daran ist also für die Beschäftigten **verpflichtend** (Satz 1 und 2; vgl. *Allescher*, BArbBl. 5/1999, 18).

6 Am **Ende der Beschäftigung** sind die Untersuchungen **anzubieten** (RegE-BioStoffV, 37; vgl. BR-Bio, Nr. 25), die Teilnahme daran ist also **freiwillig**.

7 Die für den Regelfall geltenden **Untersuchungsfristen** sollen bezogen auf die Tätigkeitsbereiche und die einzelnen biologischen Arbeitsstoffe durch den *ABAS* in einer TRBA festgelegt werden. Im Hinblick auf die Festlegung der zeitlichen Abfolge der Untersuchungen (Erst- und Nachuntersuchungen) wird der *ABAS* Vorschläge erarbeiten.

8 Bei **gesundheitlichen Bedenken** kann der untersuchende Arzt im Einzelfall kürzere Fristen festsetzen (Abs. 1 Satz 3; vgl. RegE-BioStoffV, 37).

3. Freiwillige Vorsorge bei sonstigen Tätigkeiten

9 Bei gezielten Tätigkeiten mit biologischen Arbeitsstoffen, der **Risikogruppe 3**, die nicht in Anhang IV enthalten sind und sonstigen nicht gezielten Tätigkeiten mit vergleichbarer Gefährdung hat der Arbeitgeber den Beschäftigten arbeitsmedizinische Vorsorgeuntersuchungen mit Beratungen vor Aufnahme der Beschäftigung und danach in regelmäßigen Abständen **anzubieten** (Abs. 2; *KPA*, § 15, Nr. 3; vgl. RegE-BioStoffV, 37); die Teilnahme ist also freiwillig. Dies gilt auch bei gezielten Tätigkeiten der **Risikogruppe 2** oder nicht gezielten Tätigkeiten mit vergleichbarer Gefährdung (ebd.).

10 Die Verpflichtung für den Arbeitgeber besteht **nicht**, wenn es aufgrund der Gefährdungsbeurteilung und der getroffenen Schutzmaßnahmen als unwahr-

Biostoffverordnung

scheinlich angesehen werden kann, dass mit einem Gesundheitsschaden zu rechnen ist (RegE-BioStoffV, 37).
Die Entscheidung ob bei einem Angebot die arbeitsmedizinische Vorsorgeuntersuchung nach Abs. 2 auch in Anspruch genommen wird, bleibt im Unterschied zu Abs. 1 den Beschäftigten überlassen, ist also **freiwillig** (RegE-BioStoffV, 37; *Allescher*, BArbBl. 5/1999, 18).

4. Infektionen, Erkrankungen

Im Falle einer am Arbeitsplatz aufgetretenen Infektion oder Erkrankung, die auf Tätigkeiten mit biologischen Arbeitsstoffen zurückzuführen sind, hat der Arbeitgeber **allen dort Beschäftigten** eine Vorsorgeuntersuchung anzubieten (Abs. 3; vgl. RegE-BioStoffV, 37; BR-Bio Nr. 26; *KPA*, § 15, Nr. 4). Dies gilt nicht, wenn die Infektion oder Erkrankung auf eine personenbezogene Schädigung, z.B. in Folge eines individuellen Unfalls, zurückzuführen und eine Übertragung auf andere Beschäftigte auszuschließen ist (a.a.O.). Durch den Begriff »Erkrankung« ist sichergestellt, dass neben der eigentlichen Infektion auch die sensibilisierende oder toxische Wirkung von biologischen Arbeitsstoffen einbezogen sind (BR-Bio, Nr. 26).

5. Impfung

Zur arbeitsmedizinischen Vorsorge nach § 15 gehört auch die Verpflichtung des Arbeitgebers, eine Impfung **anzubieten**, wenn ein wirksamer Impfstoff zur Verfügung steht (Abs. 4). Hinweise auf verfügbare Impfstoffe sind für wichtige biologische Arbeitsstoffe im Anhang III EG-Biostoffrichtlinie enthalten (vgl. § 4 Rn. 10 ff.). Darüber hinaus wird der *ABAS* entsprechende Empfehlungen erarbeiten.
Eine Pflicht des Beschäftigten zur Duldung der Impfung besteht nicht (RegE-BioStoffV, 38); wie bei den Vorsorgeuntersuchungen gilt das Prinzip der **Freiwilligkeit** (Rn. 11).
Die Regelungen in Abs. 4 sind auf Art. 14 Abs. 3 in Verbindung mit Anhang VII EG-Biostoffrichtlinie zurückzuführen.

6. Durchführung durch fachkundige und ermächtigte Ärzte

Arbeitsmedizinische Vorsorgeuntersuchungen sind nur durch Ärzte durchzuführen, die neben der Berechtigung zur Ausübung des ärztlichen Berufes die erforderlichen Fachkenntnisse besitzen und von der zuständigen Behörde ermächtigt worden sind (Abs. 5). Voraussetzung für die Untersuchungen ist weiterhin, daß der Arzt über die notwendige Einrichtung und Ausstattung verfügt (vgl. RegE-BioStoffV, 38; BR-Bio, Nr. 27). Auch bei Fachärzten für Arbeitsmedizin ist im Einzelfall zu prüfen, ob diese vorhanden ist (a.a.O.).
Um den Arzt in die Lage zu versetzen, eine arbeitsplatz- und tätigkeitsbezogene Vorsorgeuntersuchung bei den Beschäftigten durchzuführen, muss der Arbeitgeber dem Arzt
– die erforderlichen **Auskünfte** erteilen und
– eine **Besichtigung** des Arbeitsplatzes ermöglichen.
Dies gilt sowohl für vorgeschriebene als auch für freiwillige Vorsorgeuntersuchungen (RegE-BioStoffV, 38).

7. Durchführung der Untersuchungen; Aufzeichnungen

18 Der Arzt muss den untersuchten Beschäftigten arbeitsmedizinisch **beraten** und ihm das Untersuchungsergebnis in **schriftlicher Form** übergeben (Abs. 6). Diese Bescheinigung muss auch eine Aussage darüber beinhalten, ob gegen die Beschäftigung des untersuchten Beschäftigten **gesundheitliche Bedenken** bestehen (vgl. RegE-BioStoffV, 38).

19 Eine **Kopie** des Untersuchungsergebnisses erhält der **Arbeitgeber** nur bei **vorgeschriebenen Vorsorgeuntersuchungen** nach Abs. 1. In den anderen Fällen bleibt es dem Beschäftigten vorbehalten, den Arbeitgeber über das Untersuchungsergebnis zu unterrichten. Sofern der Arbeitgeber oder der untersuchte Beschäftigte das Untersuchungsergebnis in Zweifel ziehen, kann eine Entscheidung der zuständigen Behörde beantragt werden (RegE-BioStoffV, 38).

20 Hat der Arzt aufgrund der arbeitsmedizinischen Vorsorgeuntersuchungen gesundheitliche **Bedenken** bei dem untersuchten Beschäftigten, muss er dem Arbeitgeber im Kontext mit § 8 Abs. 1 Nr. 1 empfehlen, die Beurteilung der Arbeitsbedingungen zu **wiederholen** (vgl. RegE-BioStoffV, 38). Außerdem muss der Arbeitgeber in diesem Falle, d.h. bei gesundheitlichen Bedenken, die ursächlich mit den Arbeitsbedingungen in Verbindung stehen, die entsprechenden Informationen dem **Betriebs- oder Personalrat mitteilen** und die **zuständige Behörde unterrichten**, um eine Kontrolle der Arbeitsschutzmaßnahmen zu ermöglichen und ggf. geeignete Gegenmaßnahmen veranlassen zu können (vgl. BR-Bio, Nr. 28).

21 Im Falle der Beendigung der Tätigkeit des untersuchenden Arztes sind die **Aufzeichnungen** bei vorgeschriebenen Vorsorgeuntersuchungen an seinen Nachfolger im Amt oder der nach Landesrecht für den medizinischen Arbeitsschutz zuständigen Stelle zu übergeben (Abs. 7).

§ 16 Unterrichtung der Behörden

(1) Unbeschadet des § 22 des Arbeitsschutzgesetzes ist die zuständige Behörde auf ihr Verlangen über
1. das Ergebnis der Gefährdungsbeurteilung und die der Beurteilung zugrundeliegenden Informationen,
2. die Tätigkeiten, bei denen Beschäftigte tatsächlich oder möglicherweise gegenüber biologischen Arbeitsstoffen exponiert worden sind, und die Anzahl dieser Beschäftigten,
3. die nach § 13 des Arbeitsschutzgesetzes verantwortlichen Personen,
4. die getroffenen Schutz- und Vorsorgemaßnahmen einschließlich der Betriebs- und Arbeitsanweisungen sowie
5. die nach § 10 Abs. 6 Satz 3 Nr. 2 getroffenen Vorkehrungen und den nach § 10 Abs. 6 Satz 3 Nr. 3 erstellten Plan

zu unterrichten.

(2) Die zuständige Behörde ist unverzüglich über jeden Unfall und jede Betriebsstörung bei Tätigkeiten mit biologischen Arbeitsstoffen der Risikogruppe 3 und 4 oder bei nicht gezielten Tätigkeiten mit vergleichbarer Gefährdung zu unterrichten, die zu einer Gesundheitsgefahr der Beschäftigten führen können. Krankheits- und Todesfälle, die auf Tätigkeiten mit biologischen Arbeitsstoffen zurückzuführen sind, sind der zuständigen Behörde unverzüglich unter Angabe der Tätigkeit mitzuteilen.

Biostoffverordnung

Der Arbeitgeber hat die zuständige Behörde auf deren Verlangen über die Arbeitsbedingungen, die festgelegten Verantwortlichkeiten und die getroffenen Schutzmaßnahmen zu **unterrichten** (vgl. Abs. 1; RegE-BioStoffV, 38). Damit wird Art. 7 EG-Biostoffrichtlinie umsetzt. Die Unterrichtung erfolgt **unbeschadet** von § 22 ArbSchG. Die Befugnisse der zuständigen Behörde sind dort umfassend geregelt. Die Aufzählung in Abs. 1 konkretisiert die Auskunftspflicht speziell für die BioStoffV (BR-Bio, Nr. 29). 1

Der Arbeitgeber ist verpflichtet, die zuständige Behörde **unverzüglich zu unterrichten**: 2
– bei Tätigkeiten mit biologischen Arbeitsstoffen der Risikogruppe 3 oder 4 über jeden Unfall und jede Betriebsstörung,
– über Unfälle und Betriebsstörungen, die zu einer Gesundheitsgefahr der Beschäftigten führen können,
– über Krankheits- und Todesfälle, die auf Tätigkeiten mit biologischen Arbeitsstoffen zurückzuführen sind (vgl. Abs. 2; RegE-BioStoffV, 38 f.).
Damit wird Art. 14 Abs. 9 EG-Biostoffrichtlinie umgesetzt.

Gegenüber der zuständigen **Berufsgenossenschaft** besteht eine analoge Auskunftspflicht gem. § 2 Abs. 1 UVV VBG B 12. Diese kann vom Arbeitgeber verlangen, alle für Sicherheit und Gesundheitsschutz bedeutsamen Angaben über Tätigkeiten mit biologischen Arbeitsstoffen und über gentechnische Arbeiten in gentechnischen Anlagen zu machen (zur Abgrenzung der Kompetenzen gegenüber den zuständigen Behörden vgl. § 1 Rn. 15). 3

§ 17 Ausschuß für biologische Arbeitsstoffe

(1) Zur Beratung in allen Fragen des Arbeitsschutzes zu biologischen Arbeitsstoffen wird beim Bundesministerium für Arbeit und Sozialordnung der Ausschuß für biologische Arbeitsstoffe gebildet, in dem sachverständige Mitglieder der öffentlichen und privaten Arbeitgeber, der Gewerkschaften, der Länderbehörden, der Träger der gesetzlichen Unfallversicherung, der Hochschulen und der Wissenschaft angemessen vertreten sein sollen. Die Gesamtzahl der Mitglieder soll 16 Personen nicht überschreiten. Die Mitgliedschaft im Ausschuß für biologische Arbeitsstoffe ist ehrenamtlich.

(2) Das Bundesministerium für Arbeit und Sozialordnung beruft die Mitglieder des Ausschusses und für jedes Mitglied einen Stellvertreter. Der Ausschuß gibt sich eine Geschäftsordnung und wählt den Vorsitzenden aus seiner Mitte. Die Geschäftsordnung und die Wahl des Vorsitzenden bedürfen der Zustimmung des Bundesministeriums für Arbeit und Sozialordnung.

(3) Zu den Aufgaben des Ausschusses gehört es:
1. den Grundsätzen des § 4 des Arbeitsschutzgesetzes entsprechende Regeln und Erkenntnisse für Tätigkeiten mit biologischen Arbeitsstoffen sowie Regeln und Erkenntnisse zu der Einstufung nach § 4 Abs. 1 und 2 Satz 1 zu ermitteln,
2. zu ermitteln, wie die in dieser Verordnung gestellten Anforderungen erfüllt werden können;
3. dem jeweiligen Stand von Wissenschaft, Technik und Medizin entsprechende Vorschriften vorzuschlagen,
4. das Bundesministerium für Arbeit und Sozialordnung in allgemeinen Fragen der biologischen Sicherheit zu beraten.

(4) Das Bundesministerium für Arbeit und Sozialordnung kann die vom Ausschuß für biologische Arbeitsstoffe nach Absatz 3 Nr. 1 ermittelten Regeln und

Arbeitsschutzverordnungen

Erkenntnisse sowie die nach Absatz 3 Nr. 2 ermittelten Verfahrensregeln im Bundesarbeitsblatt bekanntgeben.
(5) Die Bundesministerien sowie die zuständigen obersten Landesbehörden können zu den Sitzungen des Ausschusses Vertreter entsenden. Diesen ist auf Verlangen in der Sitzung das Wort zu erteilen.
(6) Die Geschäfte des Ausschusses führt die Bundesanstalt für Arbeitsschutz und Arbeitsmedizin.

1   Die BioStoffV hat einen sehr weiten und umfassenden Anwendungsbereich mit zum Teil sehr inhomogenen Tätigkeitsbereichen (vgl. § 1 Rn. 5, 17 ff.). Mit Ausnahme einzelner berufsgenossenschaftlicher Merkblätter (vgl. § 1 Rn. 11 ff.; dort auch zu UVV BGV B 12) und einiger Festlegungen der Bundesländer (vgl. a.a.O.) fehlte bislang ein **technisches Regelwerk**, das die Vorschriften der BioStoffV untersetzen kann (vgl. RegE-BioStoffV, 39). Um diese Lücke zu schließen, wurde im Vorgriff auf die BioStoffV der Ausschuss für biologische Arbeitsstoffe *(ABAS)* beim *BMA* eingerichtet. Mit Inkrafttreten der BioStoffV ist der entsprechende, bisherige Ministererlass aufgehoben und der Ausschuss aufgelöst worden, um sich auf Grundlage der BioStoffV, analog des *AGS* in der GefStoffV (GefStoffV Rn. 85) neu konstituieren zu können (vgl. Abs. 1; BArbBl. 4/1999, 47 und 6/1999, 82; *Allescher* BArbBl. 5/1999, 19; vgl. *KPA* § 17, Nr. 2.1).

2   Die Einrichtung des *ABAS* sichert die **Mitwirkung** der beteiligten Kreise und gewährleistet dadurch die breite Akzeptanz der von ihm ermittelten TRBA (vgl. Abs. 1; Abs. 5; vgl. umfassend *KPA*, § 17). Die **Mitglieder** des *ABAS* und deren Stellvertreter werden durch das *BMA* berufen, wählt aus seiner Mitte einen Vorsitzenden und gibt sich mit Zustimmung des *BMA* eine Geschäftsordnung (vgl. Abs. 2) Die **Geschäftsführung** obliegt der *BAuA* um den dort vorhandenen Sachverstand und die im Bereich des *AGS* gesammelten Erfahrungen zu nutzen (vgl. Abs. 6; RegE-BioStoffV, 40). Durch die Mitgliedschaft der betroffenen Kreise im Ausschuss wird ein ausgewogenes und streng am Bedarf ausgerichtetes Regelwerk sichergestellt (RegE-BioStoffV, 39). Die Einbeziehung auch der öffentlichen Arbeitgeber und Hochschulen ist deshalb erforderlich, weil die BioStoffV neben dem rein gewerblich-/industriellen Anwendungsbereich in vergleichbarem Umfang den Hochschulbereich einschließlich der Hochschulmedizin berührt (vgl. Abs. 1 Satz 1). Dies wird der Bedeutung dieses für Wissenschaft und Forschung arbeitsrelevanten Regelungsinhaltes der BioStoffV ausreichend gerecht (vgl. BR-Bio, Nr. 31, 32). Die **Bundesministerien und die für den Arbeitsschutz zuständigen obersten Landesbehörden** haben das Recht, zu den Sitzungen des *ABAS* Vertreter zu entsenden (Abs. 5). Diesen Vertretern ist auf Verlangen in der Sitzung das Wort zu erteilen. Die Geschäftsordnung des *ABAS* sah bislang vor, dass die genannten Stellen nachrichtlich sowohl die Tagesordnung als auch die Niederschrift zu den Sitzungen erhalten. Erheben z.B. andere Ressorts Einwände zu Beschlussvorlagen des *ABAS*, sollten diese dem *BMA* umgehend, möglichst vor Beschlussfassung des *ABAS* mitgeteilt werden. Das *BMA* wird dann entsprechend der Geschäftsordnung der Bundesregierung eine Einigung herbeiführen. Diese Vorgehensweise folgt dem seit mehr als 25 Jahren bewährten Verfahren in den anderen technischen Ausschüssen beim *BMA*, insbesondere dem *AGS*.

3   Die Arbeit des *ABAS* hat sich in der Zeit seines bisherigen Bestehens bewährt (dokumentiert in: BArbBl. 6/1999, 82 ff.; vgl. BAuA-Bio-*Brauer*, 9 ff.). Sie gewährleistet durch einen Verzicht auf die Erarbeitung besonderer Verwaltungsvorschriften eine **Entlastung** des Verordnungsgebers sowie der zuständigen

Biostoffverordnung

Behörden der Länder und der Unfallversicherungsträger (RegE-BioStoffV, 39). Außerdem sind die Voraussetzungen geschaffen worden, die es den Arbeitgebern ermöglicht haben, schon beim Inkrafttreten der BioStoffV deren Anforderungen zu erfüllen, indem sie auf ein bereits bestehendes Regelwerk zurückgreifen konnten (vgl. *Allescher*, BArbBl. 6/1999, 19).

Vorrangige **Aufgabe** des *ABAS* ist es 4
- Regeln und Erkenntnisse, die die allgemeinen Anforderungen des § 4 ArbSchG konkretisieren sowie solche zur Einstufung biologischer Arbeitsstoffe zu ermitteln;
- zu ermitteln, wie darüber hinausgehende Anforderung der BioStoffV in der Praxis umgesetzt werden können;
- dem *BMA* Vorschriften nach dem Stand von Wissenschaft, Technik und Medizin zur Anpassung der BioStoffV vorzuschlagen und
- das *BMA* in allgemeinen Fragen der biologischen Sicherheit zu beraten (Abs. 3; RegE-BioStoffV, 39).

Die vom *ABAS* ermittelten TRBA können vom *BMA* im BArbBl. **bekanntgegeben** werden (Abs. 4; vgl. die Übersicht in TRBA 002, Anhang Nr. 11).

Zur **Zusammenarbeit** von *ABAS* und *AGS* sowie zur Zusammenarbeit mit anderen regelsetzenden Gremien wurde der folgende Beschluss gefasst (BArbBl. 5/2001, 61): 5

ABAS-Beschluss 1/2000 bzw. AGS-Beschluss III. 28/3:
Empfehlung von ABAS und AGS über ihre Zusammenarbeit mit anderen regelsetzenden Gremien – insbesondere den Berufsgenossenschaften (Kooperationsmodell)

Der Ausschuss für biologische Arbeitsstoffe hat in seiner Sitzung am 19. Januar 2000 und der Ausschuss für Gefahrstoffe (AGS) in seiner Sitzung am 9. Mai 2000 folgende Empfehlung beschlossen:
- Mit dem Ziel der Vermeidung von Doppelarbeit im Technischen Regelwerk zur Biostoff- bzw. Gefahrstoffverordnung,
- anerkennend, dass auch von anderen regelsetzenden Gremien – insbesondere durch die Berufsgenossenschaften – ein fachlich qualifiziertes Regelwerk zum Schutz vor biologischen Arbeitsstoffen bzw. Gefahrstoffen erstellt wurde und fortgeschrieben werden muss,
- vor dem Hintergrund der Tatsache, dass der Ausschuss für biologische Arbeitsstoffe (ABAS) bzw. der Ausschuss für Gefahrstoffe (AGS) u. a. ermittelt, wie die in der Biostoffverordnung bzw. der Gefahrstoffverordnung gestellten Anforderungen erfüllt werden können und dazu die dem jeweiligen Stand von Wissenschaft, Technik und Medizin entsprechenden Vorschriften vorschlägt,
- unter Berücksichtigung, dass die beteiligten Institutionen im Interesse des Arbeitsschutzes eine enge Kooperation anstreben,

empfehlen der ABAS und der AGS folgende Vorgehensweise:
a) der ABAS bzw. der AGS erstellt Technische Regeln für biologische Arbeitsstoffe (TRBA) bzw. Technische Regeln für Gefahrstoffe (TRGS) unter Beteiligung der berührten Kreise/Institutionen.
b) Der ABAS bzw. der AGS kann von Dritten, z.B. den berufsgenossenschaftlichen Fachausschüssen, erstellte Regelungen nach Behandlung in dem zuständigen Unterausschuss durch Vergabe einer TRBA- bzw. TRGS-Nummer in das technische Regelwerk aufnehmen.

Die Urheberschaft der Regelung bleibt davon unberührt und wird kenntlich gemacht. Hält der ABAS bzw. der AGS Änderungen für erforderlich, so bittet er die erstellende Institution, die Möglichkeit der Anpassung zu überprüfen. Der erstellenden Institution obliegt die Fortschreibung der Regeln. Die Koordinierung zwischen

Arbeitsschutzverordnungen

erstellender Institution und ABAS bzw. AGS wird dabei insbesondere durch die personelle Besetzung gewährleistet.

c) In einigen Fällen kann es sinnvoll sein, in TRBA oder TRGS auf Regelungen Dritter hinzuweisen, die nach Auffassung des ABAS bzw. des AGS geeignet sind, bei der Erfüllung der Anforderungen der Biostoffverordnung bzw. der Gefahrstoffverordnung hilfreich zu sein (z.B. Empfehlungen der Berufsgenossenschaften, des BIA oder der Länder).

§ 18 Ordnungswidrigkeiten und Straftaten

(1) Ordnungswidrig im Sinne des § 25 Abs. 1 Nr. 1 des Arbeitsschutzgesetzes handelt, wer vorsätzlich oder fahrlässig

1. entgegen § 6 Abs. 1 Satz 1 oder § 7 Abs. 1 Satz 1 eine Gefährdungsbeurteilung nicht, nicht richtig oder nicht vollständig oder nicht nach den in § 8 Satz 1 Nr. 2 oder 3 genannten Voraussetzungen durchführt,
2. entgegen § 11 Abs. 1 Satz 3 oder 4 persönliche Schutzausrüstungen nicht, nicht richtig oder nicht rechtzeitig desinfiziert, reinigt, ausbessert, austauscht oder vernichtet,
3. entgegen § 11 Abs. 2 die Wirksamkeit von technischen Schutzmaßnahmen nicht regelmäßig überprüft,
4. entgegen § 11 Abs. 3 Satz 2 dort genannte Bereiche nicht oder nicht rechtzeitig einrichtet,
5. entgegen § 12 Abs. 1 Satz 1 oder 4 eine Betriebsanweisung nicht, nicht richtig, nicht vollständig, nicht in der vorgeschriebenen Weise oder nicht rechtzeitig erstellt, nicht oder nicht rechtzeitig bekanntmacht oder nicht oder nicht rechtzeitig auslegt oder nicht oder nicht rechtzeitig aushängt,
6. entgegen § 12 Abs. 2 Satz 1 oder 3 Beschäftigte nicht, nicht in der vorgeschriebenen Weise oder nicht rechtzeitig unterweist oder den Zeitpunkt oder den Gegenstand der Unterweisung nicht, nicht in der vorgeschriebenen Weise oder nicht rechtzeitig festhält,
7. entgegen § 12 Abs. 4 Satz 1 über Betriebsstörungen oder Unfälle nicht, nicht richtig, nicht vollständig oder nicht rechtzeitig unterrichtet,
8. entgegen § 13 Abs. 1 Satz 1 eine Anzeige nicht, nicht richtig, nicht vollständig oder nicht rechtzeitig erstattet,
9. entgegen § 13 Abs. 3 Satz 1 ein Verzeichnis nicht, nicht richtig oder nicht vollständig führt,
10. entgegen § 13 Abs. 4 ein Verzeichnis nicht oder nicht für die vorgeschriebene Dauer aufbewahrt, nicht oder nicht rechtzeitig zur Verfügung stellt oder nicht oder nicht rechtzeitig übergibt,
11. entgegen § 15 Abs. 1 arbeitsmedizinische Vorsorgeuntersuchungen nicht oder nicht rechtzeitig veranlaßt oder anbietet,
12. entgegen § 15 Abs. 2 Satz 1 arbeitsmedizinische Vorsorgeuntersuchungen nicht oder nicht rechtzeitig anbietet,
13. entgegen § 15 Abs. 3 Satz 1 oder Abs. 4 Satz 1 eine arbeitsmedizinische Untersuchung oder eine Impfung nicht oder nicht rechtzeitig anbietet,
14. entgegen § 15 Abs. 5 Satz 2 eine Besichtigung des Arbeitsplatzes nicht oder nicht rechtzeitig ermöglicht,
15. entgegen § 16 Abs. 1 oder 2 Satz 1 die zuständige Behörde nicht, nicht richtig, nicht vollständig oder nicht rechtzeitig unterrichtet oder
16. entgegen § 16 Abs. 2 Satz 2 eine Mitteilung nicht, nicht richtig, nicht vollständig oder nicht rechtzeitig macht.

Biostoffverordnung

(2) Ordnungswidrig im Sinne des § 32 Abs. 1 Nr. 1 des Heimarbeitsgesetzes handelt, wer vorsätzlich oder fahrlässig entgegen § 10 Abs. 3 Satz 1, auch in Verbindung mit Satz 2, einen biologischen Arbeitsstoff überläßt oder verwendet.

(3) Wer durch eine in Absatz 1 bezeichnete vorsätzliche Handlung Leben oder Gesundheit eines Beschäftigten gefährdet, ist nach § 26 Nr. 2 des Arbeitsschutzgesetzes strafbar.

(4) Wer durch eine in Absatz 2 bezeichnete vorsätzliche Handlung in Heimarbeit Beschäftigte in ihrer Arbeitskraft oder Gesundheit gefährdet, ist nach § 32 Abs. 3 oder 4 des Heimarbeitsgesetzes strafbar.

Normadressat der bußgeldbewehrten Vorschriften in Abs. 1 ist der Arbeitgeber, was sich aus den Nr. 2 bis 16 aus der Regelung in § 10 Abs. 1 Satz 1 ergibt, wonach der Arbeitgeber die erforderlichen Schutzmaßnahmen zur Sicherheit und zum Gesundheitsschutz der Beschäftigten entsprechend dem Ergebnis der Gefährdungsbeurteilung und nach den sonstigen Vorschriften der BioStoffV einschließlich der Anhänge zu treffen hat (vgl. § 10 Rn. 3 ff.; RegE-BioStoffV, 40). 1

Die Begründung für eine Bußgeldbewehrung des Tatbestandes in Nr. 1 ergibt sich daraus, dass die in den §§ 6 und 7 vorgeschriebenen **Gefährdungsbeurteilungen** mehrere Arbeitsschritte einschließlich konkreter Festlegungen hinsichtlich der anzuwendenden Schutzmaßnahmen umfassen (BR-Bio, Nr. 34; vgl. vor §§ 5–8 Rn. 4). Erfahrungsgemäß werden solche Beurteilung häufig nicht richtig oder nicht vollständig durchgeführt. Daher wird ein entsprechendes Fehlverhalten, wie z.B. in den vergleichbaren Fällen der Betriebsanweisung oder der Anzeigeerstattung (vgl. § 18 Abs. 1 Nr. 5 und 8), als Ordnungswidrigkeit geahndet (vgl. BR-Bio, a.a.O.). 2

Die Begründung für eine Bußgeldbewehrung des Tatbestandes in Nr. 3 ergibt sich daraus, dass der Schutz der Beschäftigten von der zuverlässigen **Wirksamkeit technischer Schutzmaßnahmen** in erheblichem Maße abhängt (vgl. § 11 Rn. 12 ff.). Deshalb wird die Unterlassung der Wirksamkeitsüberprüfung als Ordnungswidrigkeit geahndet (vgl. BR-Bio, NR. 35). 3

Die Begründung für eine Bußgeldbewehrung des Tatbestandes in Nr. 11 ergibt sich daraus, dass die Gefährdung bei Tätigkeiten mit biologischen Arbeitsstoffen der Risikogruppe 4 oder bei den in Anhang IV Spalte 1 genannten Tätigkeiten so hoch bewertet worden ist, dass Beschäftigte gem. § 15 Abs. 1 **arbeitsmedizinisch vor Aufnahme der Tätigkeit und wiederholt in regelmäßigen Abständen zu untersuchen und zu beraten sind**. Der Arbeitgeber hat zu veranlassen, dass diese Untersuchungen auch fristgerecht erfolgen. Überträgt der Arbeitgeber Aufgaben an Beschäftigte, ohne sie vor der Aufnahme der Tätigkeit und danach regelmäßig arbeitsmedizinisch untersuchen zu lassen, handelt er ordnungswidrig (vgl. BR-Bio, Nr. 36; § 50 Nr. 20 GefStoffV; § 15 Rn. 3 ff.). 4

Am **Ende der Beschäftigung** ist Beschäftigten eine arbeitsmedizinische Untersuchung anzubieten (§ 15 Abs. 1). Bietet der Arbeitgeber dieser Untersuchung nicht oder nicht rechtzeitig an, handelt er ebenfalls ordnungswidrig (vgl. § 7 BildscharbV).

Bietet der Arbeitgeber arbeitsmedizinische Untersuchungen gem. § 15 Abs. 2 **nicht an**, handelt er ordnungswidrig (vgl. § 7 BildscharbV).

Ordnungswidrigkeiten im Sinne des § 32 Abs. 1 Nr. und Abs. 2 **HAG** werden durch Abs. 2 geregelt. 5

Wer vorsätzlich oder fahrlässig den Bestimmungen der §§ 2 oder 3 **UVV BGV B 12** zuwiderhandelt handelt ordnungswidrig i.S. des § 209 Abs. 1 Nr. 1 SGB VII (§ 4 UVV BGV B 12). 6

Arbeitsschutzverordnungen

§ 19 Übergangsvorschrift

Anzeigepflichtige Tätigkeiten, die bei Inkrafttreten der Verordnung bereits aufgenommen sind, müssen der zuständigen Behörde innerhalb von sechs Monaten nach Inkrafttreten der Verordnung angezeigt werden. § 13 Abs. 1 Satz 2 gilt entsprechend.

1 Im Hinblick auf bereits vor Inkrafttreten der BioStoffV aufgenommen anzeigepflichtige Tätigkeiten mit biologischen Arbeitsstoffen wurde eine **praxisgerechte Übergangsregelung** getroffen, nach der diese Tätigkeiten der zuständigen Behörde durch den Arbeitgeber bis zum 01.10.1999 angezeigt werden mussten (vgl. BR-Bio, Nr. 37). Hierbei waren die Angaben nach § 13 Abs. 1 Satz 2 zu machen (vgl. § 13 Rn. 2).

Anhang I

Symbol für Biogefährdung

Ausführung der Kennzeichnung: Schwarzes Symbol auf gelbem Grund

1 Anhang I entspricht Anhang II EG-Biostoffrichtlinie (RegE-BioStoffV, 40).

Anhang II
Sicherheitsmaßnahmen bei Tätigkeiten mit biologischen Arbeitsstoffen in Laboratorien und laborähnlichen Einrichtungen

(1) Die Schutzstufe 1 umfasst allgemeine Hygienemaßnahmen entsprechend den vom Ausschuss für biologische Arbeitsstoffe festgelegten technischen Regeln.
(2) Die Schutzstufen 2, 3 und 4 umfassen die nachfolgenden Sicherheitsmaßnahmen:

A Sicherheitsmaßnahmen	B Schutzstufen		
	2	3	4
1. Der Arbeitsplatz ist von anderen Tätigkeiten in demselben Gebäude abzutrennen	nein	verbindlich, - wenn die Infizierung über die Luft erfolgen kann	verbindlich

Biostoffverordnung

A Sicherheitsmaßnahmen	B Schutzstufen		
	2	3	4
2. Zu- und Abluft am Arbeitsplatz müssen durch Hochleistungsschwebstoff-Filter oder eine vergleichbare Vorrichtung geführt werden	nein	verbindlich für Abluft	verbindlich für Zu- und Abluft
3. Der Zugang ist auf benannte Beschäftigte zu beschränken	verbindlich	verbindlich	verbindlich mit Luftschleuse
4. Der Arbeitsplatz muß zum Zweck der Desinfektion hermetisch abdichtbar sein	nein	empfohlen	verbindlich
5. Spezifische Desinfektionsverfahren	verbindlich	verbindlich	verbindlich
6. Am Arbeitsplatz muss ein Unterdruck aufrecht erhalten werden	nein	verbindlich, - wenn die Infizierung über die Luft erfolgen kann	verbindlich
7. Wirksame Vektorkontrolle, z. B. Nagetiere und Insekten	empfohlen	verbindlich	verbindlich
8. Wasserundurchlässige und leicht zu reinigende Oberflächen	verbindlich für Werkbänke	verbindlich für Werkbänke und Böden	verbindlich für Werkbände, Wände, Böden und Decken
9. Gegen Säuren, Laugen, Lösungs- und Desinfektionsmittel widerstandsfähige Oberflächen	empfohlen	verbindlich	verbindlich
10. Sichere Aufbewahrung eines biologischen Arbeitsstoffes	verbindlich	verbindlich	verbindlich unter Verschluss
11. Der Raum muss mit einem Beobachtungsfenster oder einer vergleichbaren Vorrichtung versehen sein, damit die im Raum anwesenden Personen bzw. Tiere beobachtet werden können	empfohlen	verbindlich	verbindlich
12. Jedes Laboratorium muss über eine eigene Ausrüstung verfügen	nein	empfohlen	verbindlich
13. Der Umgang mit infiziertem Material, einschließlich aller Tiere, muss in einer Sicherheitswerkbank oder einem Isolierraum oder einem anderen geeigneten Raum erfolgen	wo angebracht	verbindlich, - wenn die Infizierung über die Luft erfolgt	verbindlich
14. Verbrennungsofen für Tierkörper	empfohlen	verbindlich, zugänglich	verbindlich vor Ort

Anhang II Nr. 1 definiert die Schutzstufe 1 als die vom *ABAS* festgelegten **allgemeinen Hygieneregeln** (TRBA 500; Anlage Nr. 12). Die allgemeinen Hygieneregeln bei Tätigkeiten in Laboratorien, Isolierstationen und Räumen zur Haltung von Labortieren werden durch den *ABAS* erarbeitet und als TRBA veröffentlicht (vgl. RegE-BioStoffV, 40f.; TRBA 100; TRBA 120; *KPA*, Anhang II). Abs. 2 entspricht inhaltlich Anhang V EG-Biostoffrichtlinie und beschreibt **spezielle Maßnahmen** für Tätigkeiten in Laboratorien, Isolierstationen und Räumen zur Haltung von Labortieren (RegE-BioStoffV, 41).

Arbeitsschutzverordnungen

Anhang III
Sicherheitsmaßnahmen bei gezielten und nicht gezielten Tätigkeiten, die nicht unter Anhang II fallen

(1) Die Schutzstufe 1 umfasst allgemeine Hygienemaßnahmen entsprechend den vom Ausschuss für biologische Arbeitsstoffe festgelegten technischen Regeln.

(2) Die Schutzstufen 2, 3 und 4 umfassen die nachfolgenden Sicherheitsmaßnahmen:

A Sicherheitsmaßnahmen	B Schutzstufen		
	2	3	4
1. Arbeiten mit lebensfähigen Organismen müssen in einem System durchgeführt werden, das den Prozess physisch von der Umwelt trennt	verbindlich	verbindlich	verbindlich
2. Abgase aus dem abgeschlossenen System müssen so behandelt werden, dass:	das Freiwerden minimal gehalten wird	das Freiwerden verhütet wird	das Freiwerden verhütet wird
3. Sammlung von Proben, Hinzufügung von Werkstoffen zu einem abgeschlossenen System und Übertragung lebensfähiger Organismen in ein anderes abgeschlossenes System müssen so durchgeführt werden, dass:	das Freiwerden minimal gehalten wird	das Freiwerden verhindert wird	das Freiwerden verhindert wird
4. Kulturflüssigkeiten dürfen nicht aus dem abgeschlossenen System genommen werden, wenn die lebensfähigen Organismen nicht:	durch erprobte Mittel inaktiviert worden sind	durch erprobte chemische oder physikalische Mittel inaktiviert worden sind	durch erprobte chemische oder physikalische Mittel inaktiviert worden sind
5. Der Verschluss der Kulturgefäße muss so ausgelegt sein, dass:	ein Freiwerden minimal gehalten wird	ein Freiwerden verhütet wird	ein Freiwerden verhütet wird
6. Abgeschlossene Systeme müssen innerhalb kontrollierter Bereiche angesiedelt sein	empfohlen	empfohlen	verbindlich
a) Biogefahrenzeichen müssen angebracht werden	empfohlen	verbindlich	verbindlich
b) der Zugang muss ausschließlich auf das dafür vorgesehene Personal beschränkt sein	empfohlen	verbindlich	verbindlich über Luftschleuse
c) das Personal muss Schutzkleidung tragen	verbindlich	verbindlich	vollständige Umkleidung
d) Dekontaminations- und Waschanlagen müssen für das Personal bereitstehen	verbindlich	verbindlich	verbindlich
e) das Personal muss vor dem Verlassen des kontrollierten Bereiches duschen	nein	empfohlen	verbindlich
f) Abwässer aus Waschbecken und Duschen müssen gesammelt und vor der Ableitung inaktiviert werden	nein	empfohlen	verbindlich

Biostoffverordnung

A Sicherheitsmaßnahmen	B Schutzstufen		
	2	3	4
g) der kontrollierte Bereich muss entsprechend belüftet sein, um die Luftverseuchung auf einem Mindeststand zu halten	empfohlen	verbindlich, - wenn die Infizierung über die Luft erfolgen kann	verbindlich
h) der kontrollierte Bereich muss stets in atmosphärischem Unterdruck gehalten werden	nein	empfohlen	verbindlich
i) Zu- und Abluft zum kontrollierten Bereich müssen durch Hochleistungsschwebstoff-Filter geführt werden	nein	empfohlen	verbindlich
j) der kontrollierte Bereich muss so ausgelegt sein, dass er ein Überlaufen des gesamten Inhalts des abgeschlossenen Systems abblockt	nein	empfohlen	verbindlich
k) der kontrollierte Bereich muss versiegelt werden können, um eine Begasung zuzulassen	nein	empfohlen	verbindlich
l) Abwasserbehandlung vor der endgültigen Ableitung	inaktiviert durch erprobte Mittel	inaktiviert durch erprobte chemische oder physikalische Mittel	inaktiviert durch erprobte chemische oder physikalische Mittel

Anhang III Abs. 1 definiert die Schutzstufe 1 als die vom *ABAS festgelegten* **allgemeinen Hygieneregeln (TRBA 500; Anlage Nr. 12).** 1

Abs. 2 entspricht inhaltlich Anhang VI EG-Biostoffrichlinie und beschreibt 2 Maßnahmen bei allen übrigen gezielten und nicht gezielten Tätigkeiten mit biologischen Arbeitsstoffen (RegE-BioStoffV, 41; vgl. *KPA*, Anhang III).

Anhang IV
Verpflichtende arbeitsmedizinische Vorsorge nach § 15 Abs. 1 Satz 1

1. Gezielte Tätigkeiten mit biologischen Arbeitsstoffen der Risikogruppe 4 oder hinsichtlich der Gefährdung vergleichbare nicht gezielte Tätigkeiten.
2. Tätigkeiten (Spalte 1), bei denen biologische Arbeitsstoffe (Spalte 2) entsprechend der nachstehenden Tabelle eingesetzt werden oder vorkommen können:

Arbeitsschutzverordnungen

Spalte 1	Spalte 2
Tätigkeiten	**Biologischer Arbeitsstoff**
a) in der Human-, Zahnmedizin, Wohlfahrtspflege sowie in Notfall- und Rettungsdiensten	Hepatitis-B-Virus (HBV) Hepatitis-C-Virus (HCV)
in Kinderabteilungen zusätzlich	Bordetella pertussis Corynebacterium diphtheriae Hepatitis-A-Virus (HAV) Masernvirus Mumpsvirus Rubivirus Varizella-Zoster-Virus (VZV)
in Infektionsstationen und Stuhllaboratorien zusätzlich	Hepatitis-A-Virus (HAV)
in Tuberkuloseabteilungen und anderen pulmologischen Einrichtungen zusätzlich	Mycobacterium tuberculosis Mycobacterium bovis
in der Pathologie (Obduktion, Sektion) zusätzlich	Hepatitis-D-Virus (HDV) Mycobacterium tuberculosis Mycobacterium bovis
b) in der Medizinprodukte- und Arzneimittelherstellung	
bei allen nicht gezielten Tätigkeiten mit Blutprodukten	Hepatitits-B-Virus (HBV) Hepatitis-C-Virus (HCV)
bei gezielten Tätigkeiten mit einem der nebenstehend genannten biologischen Arbeitsstoffe	Hepatitis-B-Virus (HBV) Hepatitis-C-Virus (HCV) Bordetella pertussis Corynebacterium diphtheriae Frühsommermeningoenzephalitis-(FSME-)Virus Hepatitis-A-Virus (HAV) Hepatitis-D-Virus (HDV) Masernvirus Mumpsvirus Mycobacterium tuberculosis Mycobacterium bovis Rubivirus Tollwutvirus Varizella-Zoster-Virus (VZV)
c) in der Veterinärmedizin bei Tätigkeiten mit tollwutverdächtigen Tieren	Tollwutvirus
d) bei Tätigkeiten in Endemiegebieten in der Land-, Forst- und Holzwirtschaft, im Gartenbau, Tierhandel, der Jagd und in Bereichen mit tierischen und pflanzlichen Rohstoffen für Nichtlebensmittelzwecke einschließlich Lehr- und Versuchsanstalten sowie sonstigen Bereichen der Wissenschaft	Frühsommermenigoenzephalitis-(FSME-)Virus

1 Anhang IV enthält eine **Liste** der biologischen Arbeitsstoffe und Tätigkeiten, bei denen arbeitsmedizinische Vorsorgeuntersuchungen nach § 15 Abs. 1 obligatorisch durchzuführen sind (vgl. umfassend *KPA*, Anhang IV).

Verordnung zum Schutz vor gefährlichen Stoffen (Gefahrstoffverordnung – GefStoffV)

vom 26. Oktober 1993 (BGBl. I, S. 1782, 2049), in der Fassung der Bekanntmachung vom 15. November 1999 (BGBl. I, S. 2233), zuletzt geändert durch Art. 2 § 38 des Gesetzes vom 25. Juli 2000 (BGBl. I, S. 1045)

Übersicht   Seite

Text der Gefahrstoffverordnung 405
Text der Gefahrstoffrichtlinie (98/24/EG) 442
Kommentierung 454

Inhaltsverzeichnis GefStoffV

Erster Abschnitt
Zweck, Anwendungsbereich und Begriffsbestimmungen
§ 1   Grundsatz
§ 1a Bezugnahme auf Richtlinien der Europäischen Gemeinschaften
§ 2   Anwendungsbereich
§ 3   Begriffsbestimmungen

Zweiter Abschnitt
Einstufung
§ 4   Gefährlichkeitsmerkmale
§ 4a Einstufung von Stoffen
§ 4b Einstufung von Zubereitungen

Dritter Abschnitt
Kennzeichnung und Verpackung beim Inverkehrbringen
§ 5   Grundpflichten
§ 6   Kennzeichnung von Stoffen
§ 7   Kennzeichnung von Zubereitungen
§ 8   (weggefallen)
§ 9   (weggefallen)
§ 10 Verpackung
§ 11 (weggefallen)
§ 12 Weitere Anforderungen an die Kennzeichnung und Verpackung
§ 13 (weggefallen)
§ 14 Sicherheitsdatenblatt

Vierter Abschnitt
Verbote und Beschränkungen
§ 15   Herstellungs- und Verwendungsverbote
§ 15a Allgemeine Beschäftigungsverbote und -beschränkungen
§ 15b (weggefallen)
§ 15c Verwendungsverbote für die Heimarbeit
§ 15d Begasungen
§ 15e Schädlingsbekämpfung

Arbeitsschutzverordnungen

Fünfter Abschnitt
Allgemeine Umgangsvorschriften für Gefahrstoffe
§ 16   Ermittlungspflicht
§ 17   Allgemeine Schutzpflicht
§ 18   Überwachungspflicht
§ 19   Rangfolge der Schutzmaßnahmen
§ 20   Betriebsanweisung
§ 21   Unterrichtung und Anhörung der Arbeitnehmer in besonderen Fällen
§ 22   Hygienemaßnahmen
§ 23   Verpackung und Kennzeichnung beim Umgang
§ 24   Aufbewahrung, Lagerung
§ 25   Besondere Vorschriften für den Umgang mit bestimmten Gefahrstoffen
§ 26   Sicherheitstechnik, Maßnahmen bei Betriebsstörungen und Unfällen
§ 27   (weggefallen)
§ 28   Vorsorgeuntersuchungen
§ 29   Zeitpunkt der Vorsorgeuntersuchungen
§ 30   Ermächtigte Ärzte
§ 31   Ärztliche Bescheinigungen
§ 32   (weggefallen)
§ 33   Maßnahmen nach der Vorsorgeuntersuchung
§ 34   Vorsorgekartei und Aufbewahren der ärztlichen Bescheinigungen

Sechster Abschnitt
Zusätzliche Vorschriften für den Umgang mit krebserzeugenden und erbgutverändernden Gefahrstoffen
§ 35   Begriffsbestimmungen
§ 36   Zusätzliche Ermittlungspflichten, Vorsorge- und Schutzmaßnahmen beim Umgang mit krebserzeugenden Gefahrstoffen
§ 37   Anzeige
§ 38   (weggefallen)
§ 39   Umgang mit Asbest bei Abbruch- und Sanierungsarbeiten
§ 40   Erbgutverändernde Gefahrstoffe

Siebter Abschnitt
Behördliche Anordnungen und Entscheidungen
§ 41   Behördliche Anordnungen und Befugnisse
§ 42   Ausnahmen von den Vorschriften des Dritten Abschnitts
§ 43   Ausnahmen von den Vorschriften des Vierten Abschnitts
§ 44   Ausnahmen von den Vorschriften des Fünften und Sechsten Abschnitts

Achter Abschnitt
Straftaten und Ordnungswidrigkeiten
§ 45   (weggefallen)
§ 46   (weggefallen)
§ 47   Heimarbeitsgesetz
§ 48   Chemikaliengesetz – Kennzeichnung und Verpackung
§ 49   Chemikaliengesetz – Anzeige
§ 50   Chemikaliengesetz – Umgang
§ 51   Chemikaliengesetz – Herstellungs- und Verwendungsverbote

Neunter Abschnitt
Schlußvorschriften
§ 52   Ausschuß für Gefahrstoffe
§ 53   (weggefallen)
§ 54   Übergangsvorschriften

Anhang I
In Bezug genommene Richtlinien der Europäischen Gemeinschaften
(nicht abgedruckt)

Anhang II
(weggefallen)

Anhang III
(weggefallen)

Anhang IV
Herstellungs- und Verwendungsverbote
(nicht abgedruckt)

Anhang V
Besondere Vorschriften für bestimmte Gefahrstoffe und Tätigkeiten
(nicht abgedruckt)

Anhang VI
Liste der Vorsorgeuntersuchungen
(nicht abgedruckt)

Erster Abschnitt
Zweck, Anwendungsbereich und Begriffsbestimmungen

§ 1 Grundsatz

Zweck dieser Verordnung ist es, durch Regelungen über die Einstufung, über die Kennzeichnung und Verpackung von gefährlichen Stoffen, Zubereitungen und bestimmten Erzeugnissen sowie über den Umgang mit Gefahrstoffen den Menschen vor arbeitsbedingten und sonstigen Gesundheitsgefahren und die Umwelt vor stoffbedingten Schädigungen zu schützen, insbesondere sie erkennbar zu machen, sie abzuwenden und ihrer Entstehung vorzubeugen, soweit nicht in anderen Rechtsvorschriften besondere Regelungen getroffen sind.

§ 1a Bezugnahme auf Richtlinien der Europäischen Gemeinschaften

(1) Die in dieser Verordnung in Bezug genommenen Richtlinien der Europäischen Gemeinschaften sind im Anhang I aufgeführt; sie sind in der jeweils geltenden Fassung anzuwenden. Werden diese Richtlinien geändert oder nach den in diesen Richtlinien vorgesehenen Verfahren an den technischen Fortschritt angepasst, gelten sie in der geänderten im Amtsblatt der Europäischen Gemeinschaften veröffentlichten Fassung nach Ablauf der in der Änderungs- oder Anpassungsrichtlinie festgelegten Umsetzungsfrist. Die geänderte Fassung kann bereits ab Inkrafttreten der Änderungs- oder Anpassungsrichtlinie angewendet werden.

(2) Abweichend von Absatz 1 gelten anstelle der Kennzeichnungsbestimmungen in Anhang I Nr. 23 und 32 der Richtlinie 76/769/EWG die Kennzeichnungsbestimmungen des § 12 Abs. 9 und 10.

§ 2 Anwendungsbereich

(1) Der Zweite und Dritte Abschnitt gelten
1. für gefährliche Stoffe und Zubereitungen im Sinne des § 3a des Chemikaliengesetzes,
2. für bestimmte Stoffe, Zubereitungen und Erzeugnisse, die nach Maßgabe der Richtlinien 76/769/EWG, 88/379/EWG und 96/59/EG mit zusätzlichen Kennzeichnungen zu versehen sind.

Satz 1 Nr. 1 und 2 gilt für Stoffe und Zubereitungen, die brandfördernd, hochentzündlich, leichtentzündlich oder entzündlich sind, lediglich insoweit, als das Inverkehrbringen gewerbsmäßig, im Rahmen sonstiger wirtschaftlicher Unternehmungen oder unter Beschäftigung von Arbeitnehmern erfolgt.

(2) Der Dritte Abschnitt gilt nicht für Stoffe, Zubereitungen oder Erzeugnisse, die in § 2 Abs. 1 und 2 des Chemikaliengesetzes aufgeführt sind mit Ausnahme der in § 2 Abs. 2 Satz 2 des Chemikaliengesetzes genannten Futtermittel und Zusatzstoffe sowie der dort genannten Lebensmittel, die auf Grund ihrer stofflichen Eigenschaften in unveränderter Form nicht zum unmittelbaren Verzehr durch den Verbraucher im Sinne des § 6 Abs. 1 des Lebensmittel- und Bedarfsgegenständegesetzes bestimmt sind.

(3) Die §§ 15a bis 15e und der Fünfte Abschnitt gelten für den Umgang mit Gefahrstoffen einschließlich Tätigkeiten in deren Gefahrenbereich. Der Sechste Abschnitt gilt zusätzlich für den Umgang mit krebserzeugenden und erbgutverändernden Gefahrstoffen nach § 35 mit Ausnahme von solchen der Kategorie 3 nach Anhang VI der Richtlinie 67/548/EWG. Für die nach Satz 2 ausgenommenen Gefahrstoffe gelten die Vorschriften des Vierten und Fünften Abschnitts für gesundheitsschädliche Gefahrstoffe entsprechend.

(4) Die §§ 15a bis 15e und der Fünfte und Sechste Abschnitt gelten nicht für den Umgang
1. in Betrieben des untertägigen Bergwesens, soweit dort die Gesundheitsschutz-Bergverordnung auf die Verhältnisse des Bergbaues abgestimmte gleichwertige Regelungen enthält,
2. in Haushalten.

(5) Die Gefahrstoffverordnung gilt nicht für Stoffe, die biologische Arbeitsstoffe im Sinne des § 2 Abs. 1 der Biostoffverordnung vom 27. Januar 1999 (BGBl. I S. 50) sind.

§ 3 Begriffsbestimmungen

(1) Gefahrstoffe im Sinne dieser Verordnung sind die in § 19 Abs. 2 Nr. 1 bis 3 des Chemikaliengesetzes bezeichneten Stoffe, Zubereitungen und Erzeugnisse.

(2) Umgang ist das Herstellen einschließlich Gewinnen oder das Verwenden im Sinne des § 3 Nr. 10 des Chemikaliengesetzes.

(3) Lagern ist das Aufbewahren zur späteren Verwendung sowie zur Abgabe an andere. Es schließt die Bereitstellung zur Beförderung ein, wenn diese nicht binnen 24 Stunden nach ihrem Beginn oder am darauffolgenden Werktag erfolgt. Ist dieser Werktag ein Sonnabend, so endet die Frist mit Ablauf des nächsten Werktages.

Gefahrstoffverordnung

(4) Arbeitgeber ist, wer Arbeitnehmer beschäftigt einschließlich der zu ihrer Berufsbildung Beschäftigten. Dem Arbeitgeber steht gleich, wer in sonstiger Weise selbständig tätig wird, sowie der Auftraggeber und Zwischenmeister im Sinne des Heimarbeitsgesetzes. Dem Arbeitnehmer stehen andere Beschäftigte, insbesondere Beamte und in Heimarbeit Beschäftigte sowie Schüler und Studenten gleich.
(5) Maximale Arbeitsplatzkonzentration (MAK) ist die Konzentration eines Stoffes in der Luft am Arbeitsplatz, bei der im allgemeinen die Gesundheit der Arbeitnehmer nicht beeinträchtigt wird.
(6) Biologischer Arbeitsplatztoleranzwert (BAT) ist die Konzentration eines Stoffes oder seines Umwandlungsproduktes im Körper oder die dadurch ausgelöste Abweichung eines biologischen Indikators von seiner Norm, bei der im allgemeinen die Gesundheit der Arbeitnehmer nicht beeinträchtigt wird.
(7) Technische Richtkonzentration (TRK) ist die Konzentration eines Stoffes in der Luft am Arbeitsplatz, die nach dem Stand der Technik erreicht werden kann.
(8) Auslöseschwelle ist die Konzentration eines Stoffes in der Luft am Arbeitsplatz oder im Sinne des Absatzes 6 im Körper, bei deren Überschreitung zusätzliche Maßnahmen zum Schutze der Gesundheit erforderlich sind. Der Überschreitung der Auslöseschwelle steht es gleich, wenn Verfahren angewendet werden, bei denen Maßnahmen nach Satz 1 erforderlich sind oder wenn ein unmittelbarer Hautkontakt besteht.
(9) Stand der Technik im Sinne dieser Verordnung ist der Entwicklungsstand fortschrittlicher Verfahren, Einrichtungen oder Betriebsweisen, der die praktische Eignung einer Maßnahme zum Schutz der Gesundheit der Beschäftigten gesichert erscheinen lässt. Bei der Bestimmung des Standes der Technik sind insbesondere vergleichbare Verfahren, Einrichtungen oder Betriebsweisen heranzuziehen, die mit Erfolg in der Praxis erprobt worden sind. Gleiches gilt für den Stand der Arbeitsmedizin und Hygiene.

Zweiter Abschnitt
Einstufung

§ 4 Gefährlichkeitsmerkmale

(1) Gefährlich sind Stoffe und Zubereitungen, die eine oder mehrere der in § 3a Abs. 1 des Chemikaliengesetzes genannten und in Anhang VI der Richtlinie 67/548/EWG näher bestimmten Eigenschaften aufweisen. Sie sind
 1. explosionsgefährlich, wenn sie in festem, flüssigem, pastenförmigem oder gelatinösem Zustand auch ohne Beteiligung von Luftsauerstoff exotherm und unter schneller Entwicklung von Gasen reagieren können und unter festgelegten Prüfbedingungen detonieren, schnell deflagrieren oder beim Erhitzen unter teilweisem Einschluss explodieren,
 2. brandfördernd, wenn sie in der Regel selbst nicht brennbar sind, aber bei Berührung mit brennbaren Stoffen oder Zubereitungen, überwiegend durch Sauerstoffabgabe, die Brandgefahr und die Heftigkeit eines Brandes beträchtlich erhöhen,
 3. hochentzündlich, wenn sie
    a) in flüssigem Zustand einen extrem niedrigen Flammpunkt und einen niedrigen Siedepunkt haben,

b) als Gase bei gewöhnlicher Temperatur und Normaldruck in Mischung mit Luft einen Explosionsbereich haben,
4. leichtentzündlich, wenn sie
    a) sich bei gewöhnlicher Temperatur an der Luft ohne Energziezufuhr erhitzen und schließlich entzünden können,
    b) in festem Zustand durch kurzzeitige Einwirkung einer Zündquelle leicht entzündet werden können und nach deren Entfernen in gefährlicher Weise weiterbrennen oder weiterglimmen,
    c) in flüssigem Zustand einen sehr niedrigen Flammpunkt haben,
    d) bei Berührung mit Wasser oder mit feuchter Luft hochentzündliche Gase in gefährlicher Menge entwickeln,
5. entzündlich, wenn sie in flüssigem Zustand einen niedrigen Flammpunkt haben,
6. sehr giftig, wenn sie in sehr geringer Menge bei Einatmen, Verschlucken oder Aufnahme über die Haut zum Tode führen oder akute oder chronische Gesundheitsschäden verursachen können,
7. giftig, wenn sie in geringer Menge bei Einatmen, Verschlucken oder Aufnahme über die Haut zum Tode führen oder akute oder chronische Gesundheitsschäden verursachen können,
8. gesundheitsschädlich, wenn sie bei Einatmen, Verschlucken oder Aufnahme über die Haut zum Tode führen oder akute oder chronische Gesundheitsschäden verursachen können,
9. ätzend, wenn sie lebende Gewebe bei Berührung zerstören können,
10. reizend, wenn sie – ohne ätzend zu sein – bei kurzzeitigem, länger andauerndem oder wiederholtem Kontakt mit Haut oder Schleimhaut eine Entzündung hervorrufen können,
11. sensibilisierend, wenn sie bei Einatmen oder Aufnahme über die Haut Überempfindlichkeitsreaktionen hervorrufen können, so dass bei künftiger Exposition gegenüber dem Stoff oder der Zubereitung charakteristische Störungen auftreten,
12. krebserzeugend, wenn sie bei Einatmen, Verschlucken oder Aufnahme über die Haut Krebs erregen oder die Krebshäufigkeit erhöhen können,
13. fortpflanzungsgefährdend (reproduktionstoxisch), wenn sie bei Einatmen, Verschlucken oder Aufnahme über die Haut nichtvererbbare Schäden der Nachkommenschaft hervorrufen oder deren Häufigkeit erhöhen (fruchtschädigend) oder eine Beeinträchtigung der männlichen oder weiblichen Fortpflanzungsfunktionen oder -fähigkeit zur Folge haben können,
14. erbgutverändernd, wenn sie bei Einatmen, Verschlucken oder Aufnahme über die Haut vererbbare genetische Schäden zur Folge haben oder deren Häufigkeit erhöhen können,
15. umweltgefährlich, wenn sie selbst oder ihre Umwandlungsprodukte geeignet sind, die Beschaffenheit des Naturhaushalts, von Wasser, Boden oder Luft, Klima, Tieren, Pflanzen oder Mikroorganismen derart zu verändern, dass dadurch sofort oder später Gefahren für die Umwelt herbeigeführt werden können.

(2) Gefahrstoffe im Sinne des § 19 Abs. 2 des Chemikaliengesetzes sind auch Stoffe und Zubereitungen, die explosionsfähig oder auf sonstige Weise chronisch schädigend sind. Sie sind
1. explosionsfähig,
   – wenn sie auch ohne Luft durch Zündquellen wie äußere thermische Einwir-

kungen, mechanische Beanspruchungen oder Detonationsstöße zu einer chemischen Umsetzung gebracht werden können, bei der hochgespannte Gase in so kurzer Zeit entstehen, dass ein sprunghafter Temperatur- und Druckanstieg hervorgerufen wird, oder
- im Gemisch mit Luft, wenn nach Wirksamwerden einer Zündquelle eine selbsttätig sich fortpflanzende Flammenausbreitung stattfindet, die im Allgemeinen mit einem sprunghaften Temperatur- und Druckanstieg verbunden ist,
2. auf sonstige Weise chronisch schädigend, wenn sie bei weiderholter oder länger andauernder Exposition einen in den Nummern 12 bis 14 nicht genannten Gesundheitsschaden verursachen können.

§ 4a Einstufung von Stoffen

(1) Für Stoffe, die in Anhang I der Richtlinie 67/548/EWG aufgeführt sind, gilt die dort festgelegte Einstufung.
(2) (weggefallen)
(3) Stoffe, die nicht in Anhang I der Richtlinie 67/548/EWG aufgeführt sind, muss der Hersteller oder Einführer nach Anhang VI der Richtlinie 67/548/EWG einstufen. Bei der Einstufung der Stoffe hat er alle gefährlichen Eigenschaften nach
1. den Ergebnissen der Prüfungen nach den §§ 7, 9 und 9a des Chemikaliengesetzes oder
2. gesicherter wissenschaftlicher Erkenntnis durch Zuordnung zu den Gefährlichkeitsmerkmalen des § 4 oder
3. den in einem Zulassungsverfahren gewonnenen Erkenntnissen
zu berücksichtigen. Ferner hat er für alte Stoffe im Sinne des § 3 Nr. 2 des Chemikaliengesetzes, die noch nicht in Anhang I der Richtlinie 67/548/EWG aufgeführt sind, Nachforschungen anzustellen, um sich die einschlägigen und zugänglichen Angaben zu den Eigenschaften dieser Stoffe zu beschaffen.
(4) (weggefallen)
(5) Die Absätze 1 und 3 gelten entsprechend bei der Ermittlung nach § 16 Abs. 1.

§ 4b Einstufung von Zubereitungen

(1) Zubereitungen, die einen Stoff mit mindestens einem Gefährlichkeitsmerkmal nach § 4 enthalten, sind nach der Richtlinie 88/379/EWG einzustufen.
(2) Abweichend von Absatz 1 sind Schädlingsbekämpfungsmittel im Sinne der Richtlinie 78/631/EWG nach dieser Richtlinie mit Ausnahme von deren Artikel 3 Abs. 3 einzustufen. Schädlingsbekämpfungsmittel, die mehrere Wirkstoffe enthalten, sind nach Anhang II der Richtlinie 78/631/EWG einzustufen, wenn im Übrigen die Voraussetzungen des Artikels 3 Abs. 2 dieser Richtlinie vorliegen. Schädlingsbekämpfungsmittel sind im Hinblick auf die Eigenschaften nach § 4 Abs. 1 Satz 2 Nr. 2 bis 5, 9 und 10 ergänzend nach Anhang VI der Richtlinie 67/548/EWG einzustufen.
(3) Die Absätze 1 und 2 gelten entsprechend bei der Ermittlung nach § 16 Abs. 1.

Dritter Abschnitt
Kennzeichnung und Verpackung beim Inverkehrbringen

§ 5 Grundpflichten

(1) Wer als Hersteller oder Einführer gefährliche Stoffe oder Zubereitungen in den Verkehr bringt, hat sie zuvor nach § 4 a oder § 4b einzustufen und entsprechend der Einstufung zu verpacken und zu kennzeichnen. Die Verpflichtungen des Herstellers oder Einführers nach den Vorschriften des Dritten Abschnitts gelten im Fall des erneuten Inverkehrbringens nach Maßgabe des § 15 des Chemikaliengesetzes auch für den Vertreiber.

(2) Ist der Informationsgehalt der Kennzeichnung einer Zubereitung oder die Information über eine Verunreinigung oder Beimengung auf dem Kennzeichnungsschild eines Stoffes nicht ausreichend, um anderen Herstellern, die die Zubereitung oder den Stoff als Bestandteil einer oder mehrerer eigener Zubereitungen verwenden möchten, eine ordnungsgemäße Einstufung und Kennzeichnung zu ermöglichen, hat der für das Inverkehrbringen der ursprünglichen Zubereitung Verantwortliche den anderen Herstellern auf begründete Anfrage unverzüglich alle für eine ordnungsgemäße Einstufung und Kennzeichnung der neuen Zubereitung erforderlichen Daten über die enthaltenen gefährlichen Stoffe zur Verfügung zu stellen.

(3) Stuft der Hersteller oder Einführer einen alten Stoff im Sinne des § 3 Nr. 2 des Chemikaliengesetzes, der nicht in Anhang I der Richtlinie 67/548/EWG aufgeführt ist, auf Grund der Kriterien in Anhang VI der Richtlinie 67/548/EWG als krebserzeugend, erbgutverändernd oder fortpflanzungsgefährdend ein, so hat er die seiner Einstufung zugrunde liegenden Daten unverzüglich der Anmeldestelle nach dem Chemikaliengesetz mitzuteilen.

(4) Verfügt der Hersteller oder Einführer zu alten Stoffen im Sinne des § 3 Nr. 2 des Chemikaliengesetzes, die in Anhang I der Richtlinie 67/548/EWG aufgeführt sind, über neue Daten, die für eine Einstufung als krebserzeugend, erbgutverändernd oder fortpflanzungsgefährdend von Bedeutung sind, hat er diese Daten unverzüglich der Anmeldestelle nach dem Chemikaliengesetz mitzuteilen.

(5) Die nach den Absätzen 3 und 4 zu übermittelnden Daten sollten eine Bibliographie aller wichtigen Literaturangaben enthalten und jegliche einschlägigen unveröffentlichten Daten einschließen.

§ 6 Kennzeichnung von Stoffen

(1) Stoffe müssen nach Artikel 23, 24 Abs. 1 bis 4 und 6 Satz 1 und Anhang VI der Richtlinie 67/548/EWG gekennzeichnet werden. Die in Anhang I dieser Richtlinie aufgeführten Stoffe sind mit den dort festgelegten Angaben zu kennzeichen. Die dort nicht aufgeführten Stoffe sind entsprechend der Einstufung nach § 4a Abs. 3 zu kennzeichnen.

(2) Stoffe, die nach § 5 Abs. 1 des Chemikaliengesetzes von der Anmeldung ausgenommen und deren Eigenschaften nicht hinreichend bekannt sind, sind nach Artikel 13 Abs. 3 der Richtlinie 67/548/EWG zu kennzeichnen. Zusätzlich ist eine Kennzeichnung nach Absatz 1 anzubringen, soweit die Angaben bekannt sind.

§ 7 Kennzeichnung von Zubereitungen

(1) Zubereitungen im Sinne der Richtlinie 88/379/EWG müssen nach dieser Richtlinie mit Ausnahme von deren Artikel 8 Abs. 4 und deren Artikel 9 gekennzeichnet werden.
(2) Abweichend von Absatz 1 müssen Schädlingsbekämpfungsmittel im Sinne der Richtlinie 78/631/EWG nach dieser Richtlinie mit Ausnahme von deren Artikel 7 Abs. 4 gekennzeichnet werden.
(3) Beabsichtigt der Hersteller oder Einführer von der in Artikel 7 Abs. 1 Buchstabe c der Richtlinie 88/379/EWG festgelegten Möglichkeit zur abweichenden Bezeichnung von gefährlichen Stoffen bei der Kennzeichnung von Zubereitungen Gebrauch zu machen, hat er der Anmeldestelle nach dem Chemikaliengesetz die erforderlichen Informationen und Nachweise vorzulegen.

§ 8 (weggefallen)

§ 9 (weggefallen)

§ 10 Verpackung

(1) Die Verpackungen gefährlicher Stoffe und Zubereitungen müssen so beschaffen sein, dass vom Inhalt nichts ungewollt nach außen gelangen kann. Die Verpackungen müssen den zu erwartenden Beanspruchungen sicher widerstehen und aus Werkstoffen hergestellt sein, die von dem Stoff oder der Zubereitung nicht angegriffen werden und keine gefährlichen Verbindungen mit ihnen eingehen. Diese Voraussetzungen gelten als erfüllt, wenn die Verpackung des Versandstücks den verkehrsrechtlichen Vorschriften entspricht.
(2) Die Vorschriften über die Verpackung gelten nicht für feste gefährliche Stoffe oder Zubereitungen, wenn bei bestimmungsgemäßer Verwendung Gefahren für Leben und Gesundheit des Menschen und die Umwelt nicht entstehen.
(3) Gefährliche Stoffe und Zubereitungen dürfen nicht in solche Behälter verpackt oder bei der Abgabe abgefüllt werden, durch deren Form oder Bezeichnung der Inhalt mit Lebensmitteln verwechselt werden kann.

§ 11 (weggefallen)

§ 12 Weitere Anforderungen an die Kennzeichnung und Verpackung

(1) Die Kennzeichnung gefährlicher Stoffe, Zubereitungen und Erzeugnisse ist in deutscher Sprache abzufassen.
(2) Die in Anhang I der Richtlinie 76/769/EWG genannten und mit einer Kennzeichnungsverpflichtung versehenen Stoffe und Zubereitungen müssen zusätzlich nach den Maßgaben dieser Richtlinie gekennzeichnet werden. Der Inverkehrbringer hat die in Anhang I der Richtlinie 76/769/EWG genannten und mit einer Kennzeichnungsverpflichtung versehenen Erzeugnisse nach den Maßgaben dieser Richtlinie unverzüglich zu kennzeichnen.
(3) Aerosolpackungen und deren Verpackungen sind zusätzlich nach der Richtlinie 75/324/EWG zu kennzeichnen.
(4) Behälter mit bestimmten gefährlichen Stoffen und Zubereitungen, die für jedermann erhältlich sind, müssen mit kindergesicherten Verschlüssen oder fühlbaren Warnzeichen nach Artikel 22 Abs. 1 Buchstabe e und f der Richtlinie 67/

548/EWG und Artikel 6 Abs. 2 und 3 der Richtlinie 88/379/EWG in Verbindung mit den Richtlinien 90/35/EWG und 91/442/EWG ausgestattet sein.
(5) Behälter bis zu drei Liter Fassungsvermögen für Schädlingsbekämpfungsmittel, die nach § 7 Abs. 2 als sehr giftig, giftig oder ätzend zu kennzeichnen und die für jedermann erhältlich sind, müssen mit kindergesicherten Verschlüssen ausgestattet sein.
(6) Werden gefährliche Stoffe und Zubereitungen nach § 10 Abs. 2 unverpackt in den Verkehr gebracht, ist jeder Liefereinheit eine Mitteilung für den Verwender mitzugeben, die eine vollständige Kennzeichnung enthält.
(7) Behälter, die gefährliche Stoffe oder Zubereitungen enthalten und die für jedermann erhältlich sind, dürfen
1. weder eine Form oder graphische Dekoration aufweisen, die die aktive Neugierde von Kindern wecken oder fördern oder die beim Verbraucher zu Verwechslung führen kann,
2. noch Aufmachungen oder Bezeichnungen aufweisen, die für Lebensmittel, Futtermittel, Arzneimittel oder Kosmetika verwendet werden.
(8) Dekontaminierte PCB-haltige Geräte im Sinne der Richtlinie 96/59/EG müssen nach dem Anhang dieser Richtlinie gekennzeichnet werden.
(9) Pentachlorphenol, seine Salze und Ester sowie Zubereitungen, die diese Stoffe enthalten, dürfen nur mit nachfolgender Aufschrift in den Verkehr gebracht werden: »Nur für Fachleute im Bereich Forschung und Analyse«.
(10) Die Verpackung von Holzschutzmitteln nach Anhang IV Nr. 13, die mehr als 50 mg/kg (ppm) Benzo(a)pyren enthalten, ist mit der Aufschrift »Verwendung nur zur Druckimprägnierung mit Schlussvakuum von Bahnschwellen und Leitungsmasten« zu versehen.

§ 13 (weggefallen)

§ 14 Sicherheitsdatenblatt

(1) Wer als Hersteller, Einführer oder erneuter Inverkehrbringer gefährliche Stoffe oder Zubereitungen in den Verkehr bringt, hat den Abnehmern spätestens bei der ersten Lieferung des Stoffes oder der Zubereitung ein Sicherheitsdatenblatt nach Artikel 27 der Richtlinie 67/548/EWG, Artikel 10 der Richtlinie 88/379/EWG sowie den Artikeln 1 und 3 der Richtlinie 91/155/EWG zu übermitteln. Das Sicherheitsdatenblatt ist an den Abnehmer kostenlos sowie in deutscher Sprache und mit Datum versehen abzugeben.
(2) Für Zubereitungen mit den in § 35 Abs. 3 genannten krebserzeugenden Stoffen ist ein Sicherheitsdatenblatt nach Absatz 1 zu übermitteln, wenn die Konzentration des Stoffes in der Zubereitung gleich oder größer als die dort genannte Konzentrationsgrenze ist.
(3) Im Sicherheitsdatenblatt zu Mineralwolle (Eintrag »No. 650-016-00-2« im Anhang I der Richtlinie 67/548/EWG) ist auf die besonderen Arbeitsschutzmaßnahmen nach Anhang V Nr. 7 hinzuweisen, sofern die Mineralwolle in dessen Anwendungsbereich fällt.
(4) Die Absätze 1 bis 3 gelten nicht
1. für die Abgabe an den privaten Endverbraucher und
2. für Schädlingsbekämpfungsmittel im Sinne der Richtlinie 78/631/EWG.

Gefahrstoffverordnung

Vierter Abschnitt
Verbote und Beschränkungen

§ 15 Herstellungs- und Verwendungsverbote

(1) Nach Maßgabe des Anhangs IV bestehen Herstellungs- und Verwendungsverbote für:
1. Asbest,
2. 2-Naphthylamin, 4-Aminobiphenyl, Benzidin, 4-Nitrobiphenyl,
3. Arsen und seine Verbindungen,
4. Benzol,
5. Antifoulingfarben,
6. Bleikarbonate,
7. Quecksilber und seine Verbindungen,
8. zinnorganische Verbindungen,
9. Di-µ-oxo-di-n-butylstanniohydroxyboran,
10. Dekorationsgegenstände, die flüssige gefährliche Stoffe oder Zubereitungen enthalten,
11. aliphatische Chlorkohlenwasserstoffe,
12. Pentachlorphenol und seine Verbindungen,
13. Teeröle,
14. Polychlorierte Biphenyle und Terphenyle sowie Monomethyltetrachlordiphenylmethan, Monomethyldichlordiphenyimethan und Monomethyldibromdiphenylmethan,
15. Vinylchlorid,
16. Starke Säure-Verfahren zur Herstellung von Isopropanol,
17. Cadmium und seine Verbindungen,
18. (aufgehoben)
19. Kühlschmierstoffe,
20. DDT,
21. Hexachlorethan,
22. Biopersistente Fasern.

Das Verwendungsverbot nach Satz 1 beinhaltet kein Gebot des Entfernens, es sei denn, in Anhang IV ist eine abweichende Regelung getroffen.
(2) Absatz 1 gilt nicht für die ordnungsgemäße Abfallentsorgung, sofern in § 43 Abs. 2 und 3 oder Anhang IV nicht etwas Besonderes bestimmt ist.

§ 15a Allgemeine Beschäftigungsverbote und -beschränkungen

(1) Arbeitnehmer dürfen den nachfolgend genannten besonders gefährlichen krebserzeugenden Gefahrstoffen nicht ausgesetzt sein:
- 6-Amino-2-ethoxynaphthalin,
- 4-Aminobiphenyl und seinen Salzen,
- Asbest,
- Benzidin und seinen Salzen,
- Bis(chlormethyl)ether,
- Cadmiumchlorid (in atembarer Form),
- Chlormethyl-methylether,
- Dimethylcarbamoylchlorid,
- Hexamethylphosphorsäuretriamid,

- 2-Naphthylamin und seinen Salzen,
- 4-Nitrodiphenyl,
- 1,3-Propansulton,
- N-Nitrosaminverbindungen,
- Tetranitromethan,
- 1,2,3-Trichlorpropan.

Satz 1 gilt nicht
1. für Abbruch-, Sanierungs- oder Instandhaltungsarbeiten an bestehenden Anlagen, Fahrzeugen, Gebäuden, Einrichtungen oder Geräten, die die in Satz 1 genannten Gefahrstoffe enthalten, soweit die Einhaltung des Gebotes nach Satz 1 nach dem Stand der Technik nicht möglich ist,
2. für die besonders gefährlichen krebserzeugenden Nitrosamine nach Satz 1, die nach dem Stand der Technik unvermeidbar entstehen,
3. für
    - N-Nitroso-methyl-tert.butylamin,
    - N-Nitroso-dibenzylamin,
    - N-Nitroso-dicyclohexylamin,
    - N-Nitroso-ethyl-tert.butylamin,
    - N-Nitroso-n-butyl-tert.butylamin,
    - N-Nitroso-diallylamin,
    - N-Nitroso-prolin,
    - N-Nitroso-N-methyl-3-aminopyridin,
    - N-Nitroso-N-methyl-4-aminopyridin,
    - Dinitrosopentamethylentetramin

und soweit sich bei den in Satz 1 genannten N-Nitrosaminverbindungen in Prüfungen ein Hinweis auf krebserzeugende Wirkungen nicht ergeben hat.

(2) Bei Sanierungs- und Instandhaltungsarbeiten müssen beim Austausch die besonders gefährlichen krebserzeugenden Gefahrstoffe nach dem Stand der Technik durch Stoffe, Zubereitungen oder Erzeugnisse mit einem geringeren gesundheitlichen Risiko ersetzt werden.

(3) Abbruch-, Sanierungs- und Instandhaltungsarbeiten im Sinne des Absatzes 1 Satz 2 Nr. 1 dürfen nur durchgeführt werden, wenn sichergestellt ist, dass die personelle und sicherheitstechnische Ausstattung des Unternehmens für diese Arbeiten geeignet ist. Eine ausreichende personelle Ausstattung liegt nur vor, wenn sachkundige Personen beschäftigt werden. Der Nachweis der Sachkunde wird durch die erfolgreiche Teilnahme an einem von der zuständigen Behörde anerkannten Sachkundelehrgang erbracht. Abweichend von Satz 3 bedarf ein Sachkundelehrgang für Instandhaltungsarbeiten mit geringer Exposition der Arbeitnehmer lediglich einer Anzeige, jedoch nicht der behördlichen Anerkennung.

(4) Wird die Auslöseschwelle für krebserzeugende Gefahrstoffe überschritten, dürfen Arbeitnehmer ohne persönliche Schutzausrüstung nicht mit Arbeiten beschäftigt werden, bei denen es auf Grund des Arbeitsverfahrens, der Arbeitsorganisation oder der räumlichen oder klimatischen Verhältnisse am Arbeitsplatz zu einer erhöhten Aufnahme der Gefahrstoffe über die Atmungsorgane oder die Haut kommen kann.

(5) Wird die Auslöseschwelle für krebserzeugende Gefahrstoffe überschritten, dürfen Arbeitnehmer täglich nicht länger als acht Stunden und wöchentlich nicht länger als 40 Stunden – bei Vierschichtbetrieben 42 Stunden pro Woche im Durchschnitt von vier aufeinanderfolgenden Wochen – beschäftigt werden.

Gefahrstoffverordnung

§ 15b (weggefallen; Regelungen zu besonderen Beschäftigungsbeschränkungen für besondere Personengruppen aufgenommen in JArbSchG bzw. MuSchRiV)

§ 15c Verwendungsverbote für die Heimarbeit

(1) Sehr giftige, giftige, explosionsgefährliche, hochentzündliche, krebserzeugende, fortpflanzungsgefährdende, erbgutverändernde oder in sonstiger Weise den Menschen chronisch schädigende Gefahrstoffe dürfen nicht zur Verwendung in Heimarbeit überlassen werden.

(2) In Heimarbeit Beschäftigte dürfen nur solche Gefahrstoffe verwenden, die ihnen vom Auftraggeber oder Zwischenmeister überlassen worden sind.

(3) Wer Heimarbeit ausgibt oder weitergibt, hat für die in Heimarbeit Beschäftigten in der nach § 20 Abs. 1 aufzustellenden Betriebsanweisung auch Maßnahmen festzulegen, die nach Art der Heimarbeit, der verwendeten Arbeitseinrichtungen und Arbeitsverfahren zur Erfüllung der Vorschriften der §§ 17, 19 und 22 erforderlich sind. Die Betriebsanweisung ist den in Heimarbeit Beschäftigten vom Auftraggeber oder Zwischenmeister auszuhändigen.

§ 15d Begasungen

(1) Begasungen mit sehr giftigen und giftigen Stoffen und Zubereitungen (Begasungsmitteln) dürfen nur mit folgenden Stoffen und Zubereitungen durchgeführt werden:
1. Brommethan (Methylbromid),
2. Cyanwasserstoff (Blausäure) sowie Stoffen und Zubereitungen, die zum Entwickeln oder Verdampfen von Cyanwasserstoff oder leicht flüchtigen Cyanwasserstoffverbindungen dienen,
3. Ethylenoxid,
4. Phosphorwasserstoff und Phosphorwasserstoff entwickelnden Stoffen und Zubereitungen,
5. Formaldehyd sowie Stoffen und Zubereitungen, die zum Entwickeln oder Verdampfen von Formaldehyd dienen.

Die Verwendung der in Satz 1 Nr. 1 bis 5 genannten Stoffe und Zubereitungen als Begasungsmittel darf nur unter den Voraussetzungen der Absätze 2 bis 4 erfolgen. Für portionsweise verpackte Zubereitungen, die nicht mehr als 15 Gramm Phosphorwasserstoff entwickeln und zur Schädlingsbekämpfung im Freien verwendet werden, bedarf es lediglich eines Befähigungsscheines nach Anhang V Nr. 5. Satz 2 gilt auch, wenn die zuständige Behörde andere Begasungsmittel nach § 43 Abs. 8 zugelassen hat. Die Verwendung von Brommethan darf nur erfolgen zum Holzschutz in Bauwerken sowie für Erzeugnisse zum Export in Staaten, die eine Begasung mit Brommethan zwingend vorschreiben.

(2) Wer Begasungen mit den in Absatz 1 aufgeführten Begasungsmitteln durchführen will, bedarf der Erlaubnis der zuständigen Behörde entsprechend der Maßgabe des Anhangs V Nr. 5.2. Bei allen Begasungen nach Satz 1 sind die allgemeinen und besonderen Vorschriften dieser Verordnung, insbesondere Anhang V Nr. 5 zu beachten.

(3) Als Begasungsmittel nach Absatz 1 Satz 1 Nr. 1, 2 und 4 dürfen nur solche Stoffe und ihre Zubereitungen verwendet werden, die von der Biologischen Bundesanstalt für Land- und Forstwirtschaft zugelassen sind; in anderen Fällen kann

die zuständige Behörde eine Prüfung durch das Bundesinstitut für gesundheitlichen Verbraucherschutz und Veterinärmedizin oder die Bundesanstalt für Materialforschung und -prüfung verlangen.
(4) Während der Beförderung dürfen Schiffe nur mit Phosphorwasserstoff und Transportbehälter nur mit Phosphorwasserstoff und Brommethan begast werden. Ethylenoxid darf nur in vollautomatischen Begasungsanlagen verwendet werden.

§ 15e Schädlingsbekämpfung

Wer Schädlingsbekämpfung
1. gewerbsmäßig oder selbstständig im Rahmen sonstiger wirtschaftlicher Unternehmungen bei einem Dritten oder
2. nicht nur gelegentlich und in geringem Umfang im eigenen Betrieb, in dem Lebensmittel hergestellt, behandelt oder in Verkehr gebracht werden, oder in seiner in § 36 des Infektionsschutzgesetzes vom 20. Juli 2000 (BGBl. I S. 1045) genannten Einrichtung

durchführt, hat die allgemeinen und besonderen Vorschriften der Verordnung, insbesondere Anhang V Nr. 6, zu beachten.

Fünfter Abschnitt
Allgemeine Umgangsvorschriften für Gefahrstoffe

§ 16 Ermittlungspflicht

(1) Der Arbeitgeber, der mit einem Stoff, einer Zubereitung oder einem Erzeugnis umgeht, hat festzustellen, ob es sich im Hinblick auf den vorgesehenen Umgang um einen Gefahrstoff handelt. Der Arbeitgeber, der nicht über andere Erkenntnisse verfügt, kann davon ausgehen, dass eine Kennzeichnung, die sich auf der Verpackung befindet, und dass Angaben, die in einer beigefügten Mitteilung oder einem Sicherheitsdatenblatt enthalten sind, zutreffend sind. Das Ergebnis der Ermittlung nach Satz 1 ist, soweit dabei Gefahrstoffe festgestellt worden sind, der zuständigen Behörde auf Verlangen darzulegen.
(2) Der Arbeitgeber muss prüfen, ob Stoffe, Zubereitungen oder Erzeugnisse mit einem geringeren gesundheitlichen Risiko als die von ihm in Aussicht genommenen erhältlich sind. Ist ihm die Verwendung dieser Stoffe, Zubereitungen und Erzeugnisse zumutbar und ist die Substitution zum Schutz von Leben und Gesundheit der Arbeitnehmer erforderlich, so darf er nur diese verwenden. Kann der Schutz von Leben und Gesundheit der Arbeitnehmer vor Gefährdung durch das Auftreten von Gefahrstoffen am Arbeitsplatz nicht durch andere Maßnahmen gewährleistet werden, muss der Arbeitgeber prüfen, ob durch Änderung des Herstellungs- und Verwendungsverfahrens oder durch den Einsatz von emissionsarmen Verwendungsformen von Gefahrstoffen deren Auftreten am Arbeitsplatz verhindert oder vermindert werden kann. Ist dies technisch möglich und dem Arbeitgeber zumutbar, muss der Arbeitgeber die erforderliche Verfahrensänderung vornehmen oder die emissionsarmen Verwendungsformen anwenden. Das Ergebnis der Prüfung nach den Sätzen 1 und 3 ist schriftlich festzuhalten und der zuständigen Behörde auf Verlangen vorzulegen.
(3) Verbleiben bei der Ermittlung nach Absatz 1 Ungewissheiten über die Gefährdung, hat der Hersteller oder Einführer dem Arbeitgeber auf Verlangen die ge-

Gefahrstoffverordnung

fährlichen Inhaltsstoffe der Gefahrstoffe sowie die von den Gefahrstoffen ausgehenden Gefahren und die zu ergreifenden Maßnahmen mitzuteilen. Der Arbeitgeber kann, auch soweit diese Angaben nach den Vorschriften des Dritten Abschnitts oder nach anderen Rechtsvorschriften nicht erforderlich sind, mindestens Angaben entsprechend Artikel 3 der Richtlinie 91/155/EWG verlangen.

(3a) Der Arbeitgeber ist verpflichtet, ein Verzeichnis aller nach den Absätzen 1 und 3 ermittelten Gefahrstoffe zu führen. Dies gilt nicht für Gefahrstoffe, die im Hinblick auf ihre gefährlichen Eigenschaften und Menge keine Gefahr für die Beschäftigten darstellen. Das Verzeichnis muss mindestens folgende Angaben enthalten:
1. Bezeichnung des Gefahrstoffes,
2. Einstufung des Gefahrstoffes oder Angabe der gefährlichen Eigenschaften,
3. Mengenbereiche des Gefahrstoffes im Betrieb,
4. Arbeitsbereiche, in denen mit dem Gefahrstoff umgegangen wird.

Die Angaben können schriftlich festgehalten oder auf elektronischen Datenträgern gespeichert werden. Das Verzeichnis ist bei wesentlichen Änderungen fortzuschreiben und mindestens einmal jährlich zu überprüfen. Es ist kurzfristig verfügbar aufzubewahren und der zuständigen Behörde auf Verlangen vorzulegen.

(4) Bevor der Arbeitgeber Arbeitnehmer beim Umgang mit Gefahrstoffen beschäftigt, hat er zur Feststellung der erforderlichen Maßnahmen die mit dem Umgang verbundenen Gefahren zu ermitteln und zu beurteilen. Welche Maßnahmen zur Abwehr der Gefahren zu treffen sind, die beim Umgang mit Gefahrstoffen entstehen können, hat der Arbeitgeber zu regeln, bevor er mit Gefahrstoffen umgeht.

§ 17 Allgemeine Schutzpflicht

(1) Der Arbeitgeber, der mit Gefahrstoffen umgeht, hat die zum Schutz des menschlichen Lebens, der menschlichen Gesundheit und der Umwelt erforderlichen Maßnahmen nach den allgemeinen und besonderen Vorschriften des Fünften und Sechsten Abschnitts einschließlich der dazugehörigen Anhänge und den für ihn geltenden Arbeitsschutz- und Unfallverhütungsvorschriften zu treffen. Im Übrigen sind die allgemein anerkannten sicherheitstechnischen, arbeitsmedizinischen und hygienischen Regeln einschließlich der Regeln über Einstufung, Sicherheitsinformation und Arbeitsorganisation sowie die sonstigen gesicherten arbeitswissenschaftlichen Erkenntnisse zu beachten.

(2) Maßnahmen zur Abwehr unmittelbarer Gefahren sind unverzüglich zu treffen.

(3) Bei den zu treffenden Schutzmaßnahmen sind die Kennzeichnungen nach den §§ 6, 7 und 12, insbesondere die Hinweise auf die besonderen Gefahren (R-Sätze) und die Sicherheitsratschläge (S-Sätze) sowie die Angaben in den Sicherheitsdatenblättern nach § 14 zu beachten.

§ 18 Überwachungspflicht

(1) Ist das Auftreten eines oder verschiedener gefährlicher Stoffe in der Luft am Arbeitsplatz nicht sicher auszuschließen, so ist zu ermitteln, ob die Maximale Arbeitsplatzkonzentration, die Technische Richtkonzentration oder der Biologische Arbeitsplatztoleranzwert unterschritten oder die Auslöseschwelle überschritten sind. Die Gesamtwirkung verschiedener gefährlicher Stoffe in der Luft am Arbeitsplatz ist zu beurteilen.

(2) Wer Messungen durchführt, muss über die notwendige Sachkunde und über die notwendigen Einrichtungen verfügen. Der Arbeitgeber, der eine Messstelle beauftragt, kann davon ausgehen, dass die von einer Messstelle festgestellten Erkenntnisse zutreffend sind, wenn die Messstelle von den Ländern anerkannt ist. Die Länder regeln einvernehmlich das Verfahren der Anerkennung. Das Bundesministerium für Arbeit und Sozialordnung gibt die anerkannten Messstellen im Bundesarbeitsblatt bekannt.

(3) Die Ergebnisse der Ermittlungen und Messungen nach den Absätzen 1 und 2 sind aufzuzeichnen und mindestens dreißig Jahre aufzubewahren. Sie sind der zuständigen Behörde auf Verlangen mitzuteilen; hinsichtlich der Biologischen Arbeitsplatztoleranzwerte gilt § 31 Abs. 1 entsprechend. Bei Betriebsstilllegung sind die Aufzeichnungen dem zuständigen Unfallversicherungsträger auszuhändigen.

(4) Der Arbeitgeber hat bei den Ermittlungen und Messungen nach den Absätzen 1 und 2 die vom Ausschuss für Gefahrstoffe aufgestellten Verfahren und Messregeln heranzuziehen, in die die Verfahren und Messregeln der Richtlinien
1. 88/642/EWG des Rates vom 16. Dezember 1988 zur Änderung der Richtlinie 80/1107/EWG zum Schutz der Arbeitnehmer vor der Gefährdung durch chemische, physikalische und biologische Arbeitsstoffe bei der Arbeit (ABl. EG Nr. L 356 S. 74),
2. 91/322/EWG der Kommission vom 29. Mai 1991 zur Durchführung der Richtlinie 88/642/EWG (ABl. EG Nr. L 177 S. 22),
3. 82/605/EWG des Rates vom 28. Juli 1982 über den Schutz der Arbeitnehmer gegen Gefährdung durch metallisches Blei und seine Ionenverbindungen am Arbeitsplatz (ABl. EG Nr. L 247 S. 12),
4. 78/610/EWG des Rates vom 29. Juni 1978 zur Angleichung der Rechts- und Verwaltungsvorschriften der Mitgliedstaaten über den Schutz der Gesundheit von Arbeitnehmern, die Vinylchlorid ausgesetzt sind (ABl. EG Nr. L 197 S. 12),
5. 83/477/EWG des Rates vom 19. September 1983 über den Schutz der Arbeitnehmer gegen Gefährdung durch Asbest am Arbeitsplatz (ABl. EG Nr. L 263 S. 25)

in ihrer jeweiligen geänderten, im Amtsblatt der Europäischen Gemeinschaften veröffentlichten Fassung übernommen sind. Die Verfahren und Messregeln werden vom Bundesministerium für Arbeit und Sozialordnung im Bundesarbeitsblatt bekanntgemacht.

(5) Die Absätze 1 bis 4 gelten nicht, wenn die Auslöseschwelle für Gefahrstoffe bei bestimmungsgemäßer Anwendung behördlich oder berufsgenossenschaftlich anerkannter Verfahren oder Geräte nicht überschritten wird. Satz 1 gilt nicht für die besonders gefährlichen krebserzeugenden Gefahrstoffe nach § 15a Abs. 1.

§ 19 Rangfolge der Schutzmaßnahmen

(1) Das Arbeitsverfahren ist so zu gestalten, dass gefährliche Gase, Dämpfe oder Schwebstoffe nicht frei werden, soweit dies nach dem Stand der Technik möglich ist. Das Arbeitsverfahren ist ferner so zu gestalten, dass die Arbeitnehmer mit gefährlichen festen oder flüssigen Stoffen oder Zubereitungen nicht in Hautkontakt kommen, soweit dies nach dem Stand der Technik möglich ist.

(2) Kann durch Maßnahmen nach Absatz 1 nicht unterbunden werden, dass gefährliche Gase, Dämpfe oder Schwebstoffe frei werden, sind diese an ihrer Austritts- oder Entstehungsstelle vollständig zu erfassen und anschließend ohne Ge-

fahr für Mensch und Umwelt zu entsorgen, soweit dies nach dem Stand der Technik möglich ist.
(3) Ist eine vollständige Erfassung nach Absatz 2 nicht möglich, so sind die dem Stand der Technik entsprechenden Lüftungsmaßnahmen zu treffen.
(4) Ist die Sicherheitstechnik eines Arbeitsverfahrens fortentwickelt worden, hat sich diese bewährt und erhöht sich die Arbeitssicherheit hierdurch erheblich, so hat der Arbeitgeber das nicht entsprechende Arbeitsverfahren soweit zumutbar innerhalb einer angemessenen Frist dieser Fortentwicklung anzupassen.
(5) Werden nach Durchführung der Maßnahmen nach den Absätzen 1 bis 3 die Maximale Arbeitsplatzkonzentration oder der Biologische Arbeitsplatztoleranzwert nicht unterschritten, hat der Arbeitgeber
1. wirksame und hinsichtlich ihrer Trageeigenschaften geeignete persönliche Schutzausrüstungen zur Verfügung zu stellen und diese in gebrauchsfähigem, hygienisch einwandfreiem Zustand zu halten und
2. dafür zu sorgen, dass die Arbeitnehmer nur so lange beschäftigt werden, wie es das Arbeitsverfahren unbedingt erfordert und es mit dem Gesundheitsschutz vereinbar ist.
Satz 1 gilt auch, wenn mit allergischen Reaktionen zu rechnen ist. Die Arbeitnehmer müssen die zur Verfügung gestellten persönlichen Schutzausrüstungen benutzen. Das Tragen von Atemschutz und von Vollschutzanzügen darf keine ständige Maßnahme sein.
(6) Die Absätze 1 bis 3 und 5 gelten nicht für Verfahren, bei denen bestimmungsgemäß Gefahrstoffe freigesetzt werden und Lüftungsmaßnahmen dem Verwendungszweck entgegenstehen. Die Überwachungspflicht nach § 18 Abs. 1 entfällt in diesen Fällen. Werden in diesen Fällen die Maximale Arbeitsplatzkonzentration oder der Biologische Arbeitsplatztoleranzwert nicht unterschritten, sind Maßnahmen nach Absatz 5 zu treffen.

§ 20 Betriebsanweisung

(1) Der Arbeitgeber hat eine arbeitsbereichs- und stoffbezogene Betriebsanweisung zu erstellen, in der auf die mit dem Umgang mit Gefahrstoffen verbundenen Gefahren für Mensch und Umwelt hingewiesen wird sowie die erforderlichen Schutzmaßnahmen und Verhaltensregeln festgelegt werden; auf die sachgerechte Entsorgung entstehender gefährlicher Abfälle ist hinzuweisen. Die Betriebsanweisung ist in verständlicher Form und in der Sprache der Beschäftigten abzufassen und an geeigneter Stelle in der Arbeitsstätte bekanntzumachen. In der Betriebsanweisung sind auch Anweisungen über das Verhalten im Gefahrfall und über die Erste Hilfe zu treffen.
(2) Arbeitnehmer, die beim Umgang mit Gefahrstoffen beschäftigt werden, müssen anhand der Betriebsanweisung über die auftretenden Gefahren sowie über die Schutzmaßnahmen unterwiesen werden. Die Unterweisungen müssen vor der Beschäftigung und danach mindestens einmal jährlich mündlich und arbeitsplatzbezogen erfolgen. Inhalt und Zeitpunkt der Unterweisungen sind schriftlich festzuhalten und von den Unterwiesenen durch Unterschrift zu bestätigen. Der Nachweis der Unterweisung ist zwei Jahre aufzubewahren.

§ 21 Unterrichtung und Anhörung der Arbeitnehmer in besonderen Fällen

(1) Der Arbeitgeber hat die betroffenen Arbeitnehmer oder, wenn ein Betriebs- oder Personalrat vorhanden ist, diesen
1. bei der Ermittlung und Beurteilung nach § 16 Abs. 2 und 4 Satz 1 sowie bei der Regelung der Maßnahmen nach § 16 Abs. 4 Satz 2 und § 17 Abs. 2 zu hören,
2. wenn er Messungen nach § 18 durchführt, über das Ergebnis der Messungen zur Überwachung der Maximalen Arbeitsplatzkonzentrationen, der Technischen Richtkonzentrationen oder über das nicht personenbezogene Ergebnis der Messungen zur Überwachung der Biologischen Arbeitsplatztoleranzwerte zu unterrichten, Einsicht in die Aufzeichnungen dieser Ergebnisse zu gewähren und Auskünfte über deren Bedeutung zu geben,
3. wenn er persönliche Schutzausrüstungen nach § 19 Abs. 5 zur Verfügung zu stellen hat, zur Auswahl der geeigneten Schutzausrüstungen und den Bedingungen, unter denen sie zu benutzen sind, zu hören.

Satz 1 Nr. 1 gilt entsprechend bei den Ermittlungen und Beurteilungen nach § 36 Abs. 1 und 2 Satz 1 und 2 sowie bei der Regelung der Maßnahmen nach § 36 Abs. 2 Satz 3.

(2) Eine Überschreitung der Maximalen Arbeitsplatzkonzentration, der Technischen Richtkonzentration oder der Auslöseschwelle hat der Arbeitgeber den betroffenen Arbeitnehmern und dem Betriebs- oder Personalrat unverzüglich unter Angabe der Gründe mitzuteilen. Arbeitnehmer und Betriebs- oder Personalrat sind zu den zu treffenden Maßnahmen zu hören. In dringenden Fällen hat der Arbeitgeber sie über die getroffenen Maßnahmen unverzüglich zu unterrichten. Satz 2 gilt auch, wenn Maßnahmen nach der Überprüfung des Arbeitsplatzes nach § 33 getroffen werden.

(3) Über Messungen nach § 18 zur Überwachung der Maximalen Arbeitsplatzkonzentration oder der Technischen Richtkonzentration sind Messprotokolle zu erstellen. Abschriften der Messprotokolle hat der Arbeitgeber dem Betriebs- oder Personalrat zugänglich zu machen. Er hat Abschriften der Messprotokolle dem Betriebs- oder Personalrat auf Verlangen zu überlassen.

(4) Die Betriebs- oder Personalräte haben das Recht, über die in den Vorschriften der §§ 16 bis 20 vorgesehenen Maßnahmen hinaus zur Abwendung gesundheitlicher Schäden dem Arbeitgeber im Einzelfall zusätzliche Schutzmaßnahmen vorzuschlagen. Unterrichtungs- und Beteiligungspflichten nach anderen Rechtsvorschriften bleiben unberührt.

(5) Unterrichtungs- und Beteiligungspflichten gegenüber dem Betriebs- oder Personalrat sowie den Arbeitnehmern bestehen nur insoweit, als die betroffenen Arbeitnehmer Arbeitnehmer oder Beschäftigte im Sinne des Betriebsverfassungsgesetzes oder der Personalvertretungsgesetze sind.

(6) Wird die Maximale Arbeitsplatzkonzentration oder die Technische Richtkonzentration oder der Biologische Arbeitsplatztoleranzwert nicht unterschritten und hilft der Arbeitgeber der dagegen erhobenen oder veranlassten Beschwerde nicht unverzüglich ab, so kann sich der einzelne Arbeitnehmer nach Ausschöpfung der innerbetrieblichen Möglichkeiten unmittelbar an die für die Überwachung zuständigen Stellen wenden. Besteht durch die Überschreitungen nach Satz 1 eine unmittelbare Gefahr für Leben oder Gesundheit, hat der einzelne Arbeitnehmer das Recht, die Arbeit zu verweigern. Aus der Ausübung der in den Sätzen 1 und 2 genannten Rechte dürfen dem Arbeitnehmer keine Nachteile entstehen.

Gefahrstoffverordnung

§ 22 Hygienemaßnahmen

(1) Für den Verbrauch durch Arbeitnehmer im Betrieb bestimmte Nahrungs- und Genussmittel dürfen nur so aufbewahrt werden, dass sie mit Gefahrstoffen nicht in Berührung kommen.
(2) Arbeitnehmer, die beim Umgang mit sehr giftigen, giftigen, krebserzeugenden, fortpflanzungsgefährdenden oder erbgutverändernden Gefahrstoffen beschäftigt werden, dürfen in Arbeitsräumen oder an ihren Arbeitsplätzen im Freien keine Nahrungs- und Genussmittel zu sich nehmen. Für diese Arbeitnehmer sind Bereiche einzurichten, in denen sie Nahrungs- oder Genussmittel ohne Beeinträchtigung ihrer Gesundheit durch Gefahrstoffe zu sich nehmen können.
(3) Arbeitnehmern, die beim Umgang mit sehr giftigen, giftigen, krebserzeugenden, fortpflanzungsgefährdenden oder erbgutverändernden Gefahrstoffen beschäftigt werden, sind Waschräume sowie Räume mit getrennten Aufbewahrungsmöglichkeiten für Straßen- und Arbeitskleidung zur Verfügung zu stellen. Wenn es aus gesundheitlichen Gründen erforderlich ist, sind Umkleideräume für Straßen- und Arbeitskleidung zur Verfügung zu stellen, die durch einen Waschraum mit Duschen voneinander getrennt sind. Arbeits- und Schutzkleidung ist vom Arbeitgeber zu reinigen. Erforderlichenfalls ist sie geordnet zu entsorgen und vom Arbeitgeber zu ersetzen.

§ 23 Verpackung und Kennzeichnung beim Umgang

(1) Gefährliche Stoffe, Zubereitungen und Erzeugnisse, die nach dem Dritten Abschnitt verpackungs- und kennzeichnungspflichtig sind, sind auch bei der Verwendung entsprechend dem Dritten Abschnitt zu kennzeichnen und zu verpacken.
(1a) Sichtbar verlegte Rohrleitungen, in denen nach dem Dritten Abschnitt kennzeichnungspflichtige gefährliche Stoffe oder Zubereitungen transportiert werden, sind entsprechend diesen Vorschriften zu kennzeichnen. Die Kennzeichnung muss in ausreichender Häufigkeit und gut sichtbar in unmittelbarer Nähe der gefahrenträchtigen Stellen, wie Schiebern und Anschlussstellen, angebracht werden.
(2) Ammoniumnitrat und ammoniumnitrathaltige Zubereitungen nach Anhang V Nr. 2 sind mit der Aufschrift »Gefahrstoffverordnung« und der Bezeichnung »Ammoniumnitrat« oder »Düngemittel mit Ammoniumnitrat« und der Gruppe nach Anhang V Nr. 2.2 zu kennzeichnen.
(3) Abweichend von Absatz 1 sind
1. Behälter, die mit dem Boden fest verbunden sind,
2. in Laboratorien und wissenschaftlichen Instituten sowie in Apotheken Standflaschen, in denen gefährliche Stoffe und Zubereitungen in einer für den Handgebrauch erforderlichen Menge enthalten sind,
mindestens mit der Angabe
a) der chemischen Bezeichnung des Stoffes oder der Zubereitung und der Bestandteile der Zubereitung,
b) des Gefahrensymbols mit der zugehörigen Gefahrenbezeichnung
zu kennzeichnen.
(4) Absatz 1 gilt nicht für
1. Stoffe und Zubereitungen, die sich als Ausgangsstoffe oder Zwischenprodukte im Produktionsgang befinden, sofern den beteiligten Arbeitnehmern bekannt ist, um welche gefährlichen Stoffe oder Zubereitungen es sich handelt,

Arbeitsschutzverordnungen

2. zugelassene Pflanzenschutzmittel, die sich in Pflanzenschutzgeräten befinden.

(5) Die Kennzeichnung muss wegen ihrer Warnfunktion jederzeit gut lesbar sein; sie ist bei Bedarf zu reinigen, zu überprüfen und zu erneuern.

§ 24 Aufbewahrung, Lagerung

(1) Gefahrstoffe sind so aufzubewahren oder zu lagern, dass sie die menschliche Gesundheit und die Umwelt nicht gefährden. Es sind dabei geeignete und zumutbare Vorkehrungen zu treffen, um den Missbrauch oder einen Fehlgebrauch nach Möglichkeit zu verhindern. Bei der Aufbewahrung zur Abgabe oder zur sofortigen Verwendung müssen die mit der Verwendung verbundenen Gefahren erkennbar sein.

(2) Gefahrstoffe dürfen nicht in solchen Behältern, durch deren Form oder Bezeichnung der Inhalt mit Lebensmitteln verwechselt werden kann, aufbewahrt oder gelagert werden. Gefahrstoffe dürfen nur übersichtlich geordnet und nicht in unmittelbarer Nähe von Arzneimitteln, Lebens- oder Futtermittel einschließlich der Zusatzstoffe aufbewahrt oder gelagert werden.

(3) Mit T+ oder T gekennzeichnete Stoffe und Zubereitungen sind unter Verschluss oder so aufzubewahren oder zu lagern, dass nur fachkundige Personen Zugang haben. Satz 1 gilt nicht für Ottokraftstoffe an Tankstellen.

§ 25 Besondere Vorschriften für den Umgang mit bestimmten Gefahrstoffen

Wer als Arbeitgeber die in Anhang V bezeichneten Gefahrstoffe herstellt oder verwendet oder den dort genannten Tätigkeiten nachgeht, hat vorbehaltlich des Satzes 2 und unbeschadet der Vorschriften des Vierten und fünften Abschnitts die in Anhang V festgelegten Vorschriften zu beachten. Anhang V Nr. 6 ist nur anzuwenden, soweit der Arbeitgeber die Voraussetzungen des § 15e erfüllt.

§ 26 Sicherheitstechnik, Maßnahmen bei Betriebsstörungen und Unfällen

(1) Werden Herstellungs- oder Verwendungsverfahren eingesetzt, bei denen mit Gefahrstoffen in technischen Anlagen oder unter Verwendung von technischen Arbeitsmitteln umgegangen wird, hat der Arbeitgeber die zum Schutz der Arbeitnehmer erforderlichen Maßnahmen und Vorkehrungen nach dem Stand der Technik zu treffen.

(2) Der Arbeitgeber hat die erforderlichen Vorkehrungen zu treffen, um Betriebsstörungen, bei denen Arbeitnehmer gefährdet werden können, zu verhindern und bei Betriebsstörungen und bei Unfällen die Gefahren für die Arbeitnehmer nach dem Stand der Technik zu begrenzen. Satz 1 gilt nicht, soweit entsprechende Vorschriften nach dem Bundes-Immissionsschutzgesetz bestehen.

(3) Der Arbeitgeber hat die Arbeitnehmer unverzüglich zu unterrichten, wenn diese bei Betriebszuständen, die vom Normalbetrieb abweichen, außergewöhnlich erhöhten Konzentrationen von Gefahrstoffen ausgesetzt sein können. Dies kann insbesondere der Fall sein bei Betriebsstörungen, bestimmten Instandhaltungsarbeiten oder Unfällen.

(4) Solange die außergewöhnlich erhöhten Konzentrationen nicht beseitigt und dadurch Arbeitnehmer gefährdet sind, dürfen nur die für Reparaturen und sons-

tige notwendige Arbeiten benötigten Arbeitnehmer Zugang zu den betroffenen Arbeitsbereichen haben. Den Arbeitnehmern müssen Schutzkleidung und Atemschutzgeräte zur Verfügung gestellt werden. Die Exposition darf nicht von unbegrenzter Dauer sein und ist für jeden Arbeitnehmer auf das unbedingt erforderliche Mindestmaß zu beschränken. Arbeitnehmer ohne persönliche Schutzausrüstung dürfen nicht in den betroffenen Arbeitsbereichen beschäftigt werden.
(5) Die Arbeitnehmer sind verpflichtet, die nach Absatz 4 zur Verfügung gestellten persönlichen Schutzausrüstungen zu benutzen.

§ 27 (weggefallen)

§ 28 Vorsorgeuntersuchungen

(1) Vorsorgeuntersuchungen sind
1. arbeitsmedizinische Erstuntersuchungen vor Aufnahme der Beschäftigung und
2. arbeitsmedizinische Nachuntersuchungen während dieser Beschäftigung
durch einen ermächtigten Arzt nach § 30.
(2) Wird am Arbeitsplatz die Auslöseschwelle für die in Anhang VI aufgeführten gefährlichen Stoffe oder Zubereitungen überschritten, so dürfen Arbeitnehmer dort nur beschäftigt werden, wenn sie innerhalb der in Anhang VI genannten Fristen Vorsorgeuntersuchungen unterzogen worden sind. Soweit ein arbeitsmedizinisch begründeter stoffspezifischer Wert festgelegt ist, tritt dieser an die Stelle der Auslöseschwelle nach Satz 1. Der Arbeitgeber hat die Untersuchungen auf seine Kosten zu veranlassen.
(3) Das Benutzen von Atemschutzgeräten befreit nicht von der Verpflichtung nach Absatz 2 Satz 1.
(4) Der Arbeitgeber hat dem Arzt auf Verlangen die zur Durchführung der Vorsorgeuntersuchungen erforderlichen Auskünfte über die Arbeitsplatzverhältnisse zu erteilen und eine Besichtigung des Arbeitsplatzes zu ermöglichen.

§ 29 Zeitpunkt der Vorsorgeuntersuchungen

(1) Die Erstuntersuchung muss vor Beginn der Beschäftigung vorgenommen werden. Sie darf nicht länger als zwölf Wochen zurückliegen.
(2) Die Frist für die Nachuntersuchung beginnt mit dem Zeitpunkt der letzten Vorsorgeuntersuchung. Nachuntersuchungen müssen innerhalb von sechs Wochen vor Ablauf der Nachuntersuchungsfrist vorgenommen werden. Abweichend von Satz 1 ist eine vorzeitige Nachuntersuchung erforderlich, wenn
1. eine Bescheinigung über eine Vorsorgeuntersuchung nach § 31 Abs. 2 befristet oder unter einer entsprechenden Bedingung erteilt worden ist oder
2. eine Erkrankung oder eine körperliche Beeinträchtigung eine vorzeitige Nachuntersuchung angezeigt erscheinen lässt oder
3. Arbeitnehmer, die einen ursächlichen Zusammenhang zwischen ihrer Erkrankung und ihrer Tätigkeit am Arbeitsplatz vermuten, eine Untersuchung wünschen.
(3) Ist der Arbeitgeber innerhalb von sechs Monaten nach dieser Verordnung oder nach anderen Rechtsvorschriften mehr als einmal einer Nachuntersuchung zu unterziehen, können die Nachuntersuchungen an einem Termin vorgenom-

men werden. Satz 1 gilt nicht, wenn die Nachuntersuchungsfrist weniger als ein Jahr beträgt.

§ 30 Ermächtigte Ärzte

Ärzte, die Vorsorgeuntersuchungen vornehmen, müssen von der zuständigen Behörde nach § 41 Abs. 5 hierzu ermächtigt sein.

§ 31 Ärztliche Bescheinigungen

(1) Der Arzt hat den Untersuchungsbefund schriftlich festzuhalten und den Untersuchten über den Untersuchungsbefund zu unterrichten.
(2) Der Arzt hat dem Arbeitgeber und dem untersuchten Arbeitnehmer eine Bescheinigung darüber auszustellen, ob und inwieweit der Arbeitnehmer zur Verwendung an dem Arbeitsplatz geeignet ist (Bescheinigung über das Untersuchungsergebnis) und dieser Bescheinigung etwaige Empfehlungen nach Absatz 3 Nr. 1 beizufügen. In der Bescheinigung ist darauf hinzuweisen, dass eine Entscheidung der zuständigen Behörde nach Absatz 5 herbeigeführt werden kann, wenn die Bescheinigung für unzutreffend gehalten wird.
(3) Im Falle gesundheitlicher Bedenken hat der Arzt
1. dem Arbeitgeber schriftlich eine Überprüfung des Arbeitsplatzes zu empfehlen, wenn der untersuchte Arbeitnehmer infolge der Arbeitsplatzverhältnisse gefährdet erscheint und
2. den untersuchten Arbeitnehmer in schriftlicher Form medizinisch zu beraten.
(4) Hat der Arzt dem Arbeitgeber eine Bescheinigung mit einer Empfehlung nach Absatz 3 Nr. 1 ausgestellt, hat der Arbeitgeber dies dem Betriebs- oder Personalrat mitzuteilen. Im Falle eines Beschäftigungsverbotes hat er auch die zuständige Behörde zu unterrichten.
(5) Hält der Arbeitgeber oder der untersuchte Arbeitnehmer die vom Arzt ausgestellte Bescheinigung für unzutreffend, so kann er die Entscheidung der zuständigen Behörde beantragen.

§ 32 (weggefallen)

§ 33 Maßnahmen nach der Vorsorgeuntersuchung

Hat der Arzt eine Bescheinigung mit einer Empfehlung nach § 31 Abs. 3 Nr. 1 erteilt, darf der Arbeitgeber den Untersuchten an seinem Arbeitsplatz nur beschäftigen oder weiterbeschäftigen, wenn die Wirksamkeit der Maßnahmen nach § 19 überprüft worden ist und für den Untersuchten gesundheitliche Bedenken nicht mehr bestehen. Auf dem Arbeitsplatz dürfen andere Arbeitnehmer nur beschäftigt werden, wenn feststeht, dass sie durch Maßnahmen nach § 19 ausreichend geschützt werden können.

§ 34 Vorsorgekartei und Aufbewahren der ärztlichen Bescheinigungen

(1) Für Arbeitnehmer, die nach dieser Verordnung ärztlich untersucht worden sind, ist von ihrem Arbeitgeber eine Vorsorgekartei zu führen. Der betroffene Arbeitnehmer oder eine von ihm bevollmächtigte Person hat das Recht auf Einsichtnahme in die ihn betreffenden Angaben.

(2) Die Kartei muss für jeden Arbeitnehmer folgende Angaben enthalten:
1. Vor- und Familienname, Geburtsdatum des betroffenen Arbeitnehmers,
2. Wohnanschrift,
3. Tag der Einstellung und des Ausscheidens,
4. Ordnungsnummer,
5. zuständiger Krankenversicherungsträger,
6. Art der vom Arbeitsplatz ausgehenden Gefährdungsmöglichkeiten,
7. Art der Tätigkeit mit Angabe des Beginns und des Endes der Tätigkeit,
8. Angabe von Zeiten über frühere Tätigkeiten, bei denen eine Gefährdungsmöglichkeit bestand (soweit bekannt),
9. Datum und Ergebnis der ärztlichen Vorsorgeuntersuchungen,
10. Datum der nächsten regelmäßigen Nachuntersuchung,
11. Name und Anschrift des untersuchenden Arztes,
12. Name dessen, der die Vorsorgekartei führt.

Die Angaben können in Dateiform auch auf sonstigen Datenträgern gespeichert werden.

(3) Der Arbeitgeber hat die Kartei und die ärztlichen Bescheinigungen für jeden Arbeitnehmer bis zu dessen Ausscheiden aufzubewahren. Danach sind dem Arbeitnehmer der ihn betreffende Auszug aus der Kartei und die ärztlichen Bescheinigungen auszuhändigen. Der Arbeitgeber hat einen Abdruck des dem Arbeitnehmer ausgehändigten Auszugs wie Personalunterlagen aufzubewahren.

(4) Der Arbeitgeber hat die Kartei so aufzubewahren, dass Unbefugte keinen Zugang haben. Die in der Kartei enthaltenen Angaben dürfen unbefugten Dritten nicht offenbart werden.

Sechster Abschnitt
Zusätzliche Vorschriften für den Umgang mit krebserzeugenden und erbgutverändernden Gefahrstoffen

§ 35 Begriffsbestimmungen

(1) Krebserzeugende oder erbgutverändernde Gefahrstoffe im Sinne des Sechsten Abschnitts sind Stoffe und Zubereitungen, die krebserzeugend oder erbgutverändernd sind, sowie Stoffe, Zubereitungen und Erzeugnisse, aus denen bei der Herstellung oder Verwendung krebserzeugende oder erbgutverändernde Stoffe oder Zubereitungen entstehen oder freigesetzt werden können.

(2) Stoffe sind krebserzeugend im Sinne des Absatzes 1, wenn sie mit den Hinweisen auf besondere Gefahren R45 oder R49 gekennzeichnet sind oder in Anhang I der Richtlinie 67/548/EWG mit R45 oder R49 bezeichnet oder auf Grund sonstiger Erkenntnisse des Arbeitgebers als krebserzeugend in die Kategorie 1 oder 2 nach Anhang VI der Richtlinie 67/548/EWG einzustufen sind. Die Bekanntmachungen des Bundesministeriums für Arbeit und Sozialordnung nach § 52 Abs. 3 sind zu beachten.

(3) Zubereitungen sind als krebserzeugend im Sinne des Absatzes 1 anzusehen, sofern der Massengehalt – bei gasförmigen Stoffen der Volumengehalt – an einem krebserzeugenden Stoff gleich oder größer als 0,1 vom Hundert beträgt, soweit nicht in Anhang I der Richtlinie 67/548/EWG andere stoffspezifische Konzentrationsgrenzen festgelegt sind. Abweichend von Satz 1 gelten für die nach-

folgend genannten krebserzeugenden Stoffe die jeweils zugeordneten besonderen Gehaltsgrenzen für den Massengehalt in der Zubereitung in Hundertteilen:
- 6-Amino-2-ethoxynaphthalin 0,01
- o-Aminoazotoluol 0,01
- 4-Aminobiphenyl und seine Salze 0,01
- Alpha, alpha, alpha-trichlor-toluol 0,01
- Benzidin und seine Salze 0,01
- Benzo(a)pyren 0,005
- Bis(chlormethylether) 0,0005
- 2,4-Butansulton 0,01
- Cadmiumchlorid (in atembarer Form) 0,01
- Chlormethyl-methylether 0,01
- 4-Chlor-o-toluidin 0,01
- 1,4-Dichlorbuten-2 0,01
- 2,2'-Dichlordiethylsulfid 0,01
- 3,3'-Dimethoxybenzidin und seine Salze 0,05
- 3,3'-Dimethylbenzidin und seine Salze 0,05
- Dimethylcarbamoylchlorid 0,0005
- 1,2-Dimethylhydrazin 0,01
- Hexamethylphosphorsäuretriamid 0,0005
- p-Kresidin 0,01
- N-Methyl-bis(2-chlorethyl)amin 0,01
- 2-Naphthylamin und seine Salze 0,01
- 4-Nitrodiphenyl 0,01
- N-Nitrosodiethanolamin 0,0005
- N-Nitrosodiethylamin 0,0001
- N-Nitrosodimethylamin 0,0001
- N-Nitrosodi-n-butylamin 0,0001
- N-Nitrosodi-n-propylamin 0,0001
- N-Nitrosodi-i-propylamin 0,0005
- N-Nitrosoethylphenylamin 0,0001
- N-Nitrosomethylethylamin 0,0001
- N-Nitrosomethylphenylamin 0,0001
- N-Nitrosomorpholin 0,0001
- N-Nitrosopiperidin 0,0001
- N-Nitrosopyrrolidin 0,0005
- 1,3-Propansulton 0,01
- 2,3,7,8-Tetrachlordibenzo-p-dioxin 0,0000002
- Tetranitromethan 0,001
- 1,2,3-Trichlorpropan 0,01

(4) Krebserzeugende Gefahrstoffe im Sinne des Sechsten Abschnitts sind auch
1. Buchenholzstaub und Eichenholzstaub. Die Vorschriften der §§ 36 bis 38 gelten jedoch nur dann, wenn in einem Betrieb, Betriebsteil oder Arbeitsbereich, bezogen auf den gesamten jährlichen Holzeinsatz, in erheblichem Umfang Buchen- oder Eichenholz be- oder verarbeitet wird,
2. Azofarbstoffe mit einer krebserzeugenden Aminkomponente. Zubereitungen von Azofarbstoffen mit krebserzeugenden Aminokomponente sind nach Absatz 3 entsprechend ihrem Gehalt an potenziell durch reduktive Azospaltung freisetzbarem krebserzeugenden Amin und dem Gehalt des Azofarbstoffes in der Zubereitung als krebserzeugend einzustufen,

Gefahrstoffverordnung

3. Pyrolyseprodukte aus organischem Material. Es ist zulässig, als Bezugssubstanz für Pyrolyseprodukte mit krebserzeugenden polyzyklischen aromatischen Kohlenwasserstoffen den Stoff Benzo(a)pyren zu wählen,
4. Dieselmotoremissionen.

(5) Den krebserzeugenden Gefahrstoffen gleichgestellt sind ferner
a) die Herstellung von Auramin,
b) Arbeiten, bei denen Arbeitnehmer Staub, Rauch oder Nebel beim Rösten oder bei der elektrolytischen Raffination von Nickelmatte ausgesetzt sind.

(6) Stoffe sind erbgutverändernd im Sinne des Absatzes 1, wenn sie beim Inverkehrbringen mit den Hinweisen auf besondere Gefahren R46 gekennzeichnet oder in Anhang I der Richtlinie 67/548/EWG mit R46 bezeichnet oder auf Grund sonstiger Erkenntnisse des Arbeitgebers nach Anhang VI der Richtlinie 67/548/EWG in die Kategorie 1 oder 2 als erbgutverändernd einzustufen sind. Die Bekanntmachungen des Bundesministeriums für Arbeit und Sozialordnung nach § 52 Abs. 3 sind zu beachten.

(7) Zubereitungen sind erbgutverändernd im Sinne des Absatzes 1, sofern der Massengehalt – bei gasförmigen Stoffen der Volumengehalt – an einem erbgutverändernden Stoff gleich oder größer als 0,1 vom Hundert beträgt, soweit nicht in Anhang I der Richtlinie 67/548/EWG andere stoffspezifische Konzentrationsgrenzen festgelegt sind. Abweichend von Satz 1 gelten für die in Absatz 3 Satz 2 genannten Stoffe die dort zugeordneten besonderen Gehaltsgrenzen.

§ 36 Zusätzliche Ermittlungspflichten, Vorsorge- und Schutzmaßnahmen beim Umgang mit krebserzeugenden Gefahrstoffen

(1) Der Arbeitgeber hat vor dem Umgang mit krebserzeugenden Gefahrstoffen zur umfassenden Bewertung aller Gefahren für jede Tätigkeit, bei der eine Exposition gegenüber krebserzeugenden Gefahrstoffen auftreten kann, Art, Ausmaß und Dauer der Exposition der Arbeitnehmer zu ermitteln. Diese Bewertung muss in regelmäßigen Abständen und bei jeder Änderung der Bedingungen, die sich auf die Exposition der Arbeitnehmer gegenüber krebserzeugenden Gefahrstoffen auswirken können, erneut vorgenommen werden.

(2) Krebserzeugende Gefahrstoffe müssen, soweit dies zumutbar und nach dem Stand der Technik möglich ist, durch Stoffe, Zubereitungen oder Erzeugnisse mit einem geringeren gesundheitlichen Risiko ersetzt werden, auch wenn dies mit einer Änderung des Herstellungs- oder Verwendungsverfahrens verbunden ist. Das Herstellungs- und Verwendungsverfahren muss, soweit dies zumutbar und nach dem Stand der Technik möglich ist, geändert werden, wenn dadurch auf die Verwendung des krebserzeugenden Gefahrstoffes verzichtet oder das Auftreten des krebserzeugenden Gefahrstoffes am Arbeitsplatz verhindert werden kann. Ist eine Substitution nach Satz 1 oder 2 nicht möglich, so sind zur Vermeidung der Exposition der Arbeitnehmer technische und organisatorische Maßnahmen nach den Absätzen 3 bis 8 zu treffen.

(3) Ist eine Substitution nach Absatz 2 Satz 1 oder 2 nicht möglich, so sind krebserzeugende Gefahrstoffe in geschlossenen Anlagen herzustellen oder zu verwenden, soweit dies nach dem Stand der Technik möglich ist. Arbeitnehmer dürfen krebserzeugenden Gefahrstoffen nur ausgesetzt werden, wenn dies nach dem Stand der Technik unvermeidbar ist. Am Ende der Reaktion oder des Arbeitsvorgangs dürfen krebserzeugende Gefahrstoffe als Verunreinigung oder Beimi-

schung im isolierten End- oder Zwischenprodukt nur in einer Konzentration vorhanden sein, die nach dem Stand der Technik unvermeidbar ist.

(4) Zur Einhaltung des Expositionsverbotes nach § 15a Abs. 1 dürfen besonders gefährliche krebserzeugende Gefahrstoffe nur in geschlossenen Anlagen hergestellt oder verwendet werden. Werden Arbeitnehmer im Rahmen der Ausnahmebestimmungen des § 15a Abs. 1 Satz 2, des § 43 Abs. 7 oder der Übergangsbestimmungen des § 54 Abs. 1 den besonders gefährlichen krebserzeugenden Gefahrstoffen ausgesetzt, so muss Bildung und Ausbreitung der Gefahrstoffe nach dem Stand der Technik soweit wie möglich begrenzt werden.

(5) Ist eine Exposition gegenüber krebserzeugenden Stoffen unvermeidbar, so hat der Arbeitgeber dafür zu sorgen, dass die Technische Richtkonzentration unterschritten wird. Wird die Technische Richtkonzentration nicht unterschritten, gilt § 19 Abs. 5 entsprechend. Wird eine Auslöseschwelle nicht unterschritten, gilt § 19 Abs. 5 Satz 1, 2 und 4 entsprechend.

(6) Beim Umgang mit krebserzeugenden Gefahrstoffen am Arbeitsplatz sind zusätzlich folgende Maßnahmen zu ergreifen:
1. Die Menge der krebserzeugenden Gefahrstoffe am Arbeitsplatz ist so weit wie möglich zu begrenzen.
2. Die Zahl der in den betroffenen Arbeitsbereichen jeweils tätigen Arbeitnehmer ist so gering wie möglich zu halten.
3. Arbeitsbereiche, in denen mit krebserzeugenden Stoffen umgegangen wird, sind von anderen Arbeitsbereichen deutlich abzugrenzen und nur solchen Arbeitnehmern zugänglich zu machen, die sie zur Ausübung ihrer Arbeit oder zur Durchführung bestimmter Aufgaben betreten müssen. Unbefugten ist der Zutritt zu untersagen. Die betroffenen Arbeitsbereiche sind so zu gestalten, dass ihre Reinigung jederzeit möglich ist.
4. Arbeitsbereiche, in denen mit krebserzeugenden Gefahrstoffen umgegangen wird, sind durch geeignete Warm- und Sicherheitszeichen sowie mit dem Zeichen »Essen, Trinken und Rauchen verboten« zu kennzeichnen.
5. Krebserzeugende Gefahrstoffe sind in geeigneten, dicht verschließbaren und gekennzeichneten Behältern zu lagern, aufzubewahren und zu transportieren.
6. Reststoffe und Abfälle, die krebserzeugende Gefahrstoffe enthalten, sind in geeigneten, sicher verschließbaren und gekennzeichneten Behältern ohne Gefahr für Mensch und Umwelt zu sammeln, zu lagern und zu entsorgen. Im Falle von Buchenholzstaub und Eichenholzstaub ist eine Kennzeichnung der Behälter nicht erforderlich.
7. Die Behälter für krebserzeugende Gefahrstoffe und für Abfälle, die krebserzeugende Gefahrstoffe enthalten, sind beim Umgang klar, eindeutig und sichtbar mindestens mit den Angaben
    a) der Bezeichnung des Stoffes oder der Zubereitung und der Bestandteile der Zubereitung und
    b) der Gefahrensymbole und der dazugehörigen Gefahrenbezeichnungen
    zu kennzeichnen. Satz 1 gilt nicht in den Fällen des § 23 Abs. 4. Bei Behältnissen für Abfälle aus Laboratorien, die krebserzeugende Gefahrstoffe enthalten, kann die Kennzeichnung entfallen; diese sind mit einer charakterisierenden Bezeichnung des Abfalls, die weitgehend die enthaltenen Stoffe und Stoffgruppen berücksichtigt, und den Gefahrensymbolen und -bezeichnungen zu versehen. Bei der Einstufung der Abfälle hinsichtlich der krebserzeugenden und reproduktionstoxischen Eigenschaften ist von der höchsten zu erwartenden Gefahr auszugehen.

Gefahrstoffverordnung

8. Für Notfälle, bei denen Arbeitnehmer ungewöhnlich hohen Konzentrationen an krebserzeugenden Gefahrstoffen ausgesetzt sein können, sind geeignete Vorkehrungen zu treffen.
9. Alle Räume, Anlagen und Geräte sind regelmäßig zu reinigen.

(7) In Arbeitsbereiche, in denen mit krebserzeugenden Gefahrstoffen umgegangen wird, darf abgesaugte Luft nicht zurückgeführt werden. Abweichend von Satz 1 darf die in einem Arbeitsbereich abgesaugte Luft dorthin zurückgeführt werden, wenn sie unter Anwendung behördlicher oder berufsgenossenschaftlich anerkannter Verfahren oder Geräte ausreichend von krebserzeugenden Stoffen gereinigt ist. Die Luft muss dann so geführt oder gereinigt werden, dass krebserzeugende Stoffe nicht in die Atemluft anderer Arbeitnehmer gelangen.

(8) Absatz 7 Satz 2 und 3 gilt nicht für die besonders gefährlichen krebserzeugenden Gefahrstoffe nach § 15a Abs. 1. Satz 1 gilt nicht für Asbest, sofern bei Arbeiten nach § 15a Abs. 1 Satz 2 Nr. 1 eine Entsorgung nur mit ortsbeweglichen Einrichtungen, deren Abluft nach dem Stand der Technik nicht ins Freie geleitet werden kann, möglich ist.

§ 37 Anzeige

(1) Der zuständigen Behörde sind unverzüglich, spätestens 14 Tage vor Beginn der Herstellung oder Verwendung anzuzeigen:
1. Herstellungsverfahren, in welchen ein krebserzeugender Gefahrstoff vorkommt, entstehen oder freigesetzt werden kann, sowie die
2. Verwendung eines krebserzeugenden Gefahrstoffes.

(2) Die Anzeige muss insbesondere folgende Angaben enthalten:
1. die Stoffidentität, die Eigenschaften und die Menge des krebserzeugenden Gefahrstoffes,
2. eine Beschreibung des Herstellungs- oder des Verwendungsverfahrens oder der Verwendung einschließlich der durchzuführenden Tätigkeiten, des Verwendungszwecks, der Verwendungsart sowie der vorgesehenen Funktion des Gefahrstoffes,
3. die getroffenen Schutzmaßnahmen und, falls vorgesehen, Art und Qualität der zu verwendenden Schutzausrüstung,
4. das Ergebnis der Ermittlung nach § 36 Abs. 1 und begründende Angaben, warum
   a) keine Substitution nach § 36 Abs. 2 Satz 1 möglich ist,
   b) das Auftreten des Gefahrstoffes am Arbeitsplatz nicht zu vermeiden ist,
5. die Zahl der Arbeitnehmer, die mit dem Gefahrstoff umgehen,
6. Art und Ausmaß der Exposition durch den Gefahrstoff, insbesondere Messergebnisse, soweit sie vorliegen.

(3) Der zuständigen Behörde ist unverzüglich nach Auswertung, spätestens jedoch innerhalb von sechs Monaten nach der erstmaligen Anzeige, das Ergebnis der Ermittlungen nach § 18 Abs. 1 mitzuteilen.

(4) In der Anzeige ist bei Abbruch-, Sanierungs- oder Instandhaltungsarbeiten an und in bestehenden Anlagen, Einrichtungen, Fahrzeugen (mit Ausnahme von Straßenfahrzeugen), Gebäuden oder Geräten, die besonders gefährliche krebserzeugende Gefahrstoffe nach § 15a Abs. 1 enthalten, zusätzlich der Nachweis zu erbringen, dass die personelle und sicherheitstechnische Ausstattung des Unternehmens nach § 15a Abs. 3 für diese Arbeiten geeignet ist. Abweichend von

Satz 1 kann bei zugelassenen Unternehmen nach § 39 Abs. 1 die Beifügung der Zulassung in der Anzeige genügen.
(5) Die Anzeige nach Absatz 2 ist zu wiederholen beim Wechsel der Arbeitsstätte sowie bei wesentlichen Änderungen
1. des Herstellungsverfahrens oder der Verwendung,
2. der Schutzmaßnahmen,
3. der Zahl der Arbeitnehmer, die mit dem Gefahrstoff umgehen,
4. des Ergebnisses der Prüfung nach § 16 Abs. 2 in Verbindung mit § 36 Abs. 2, spätestens jedoch nach fünf Jahren. Satz 1 gilt nicht für gleichartige Tätigkeiten geringen Umfanges.
(6) Der Arbeitgeber hat den betroffenen Arbeitnehmern oder, wenn ein Betriebs- oder Personalrat vorhanden ist, diesem Abdrucke der Anzeigen nach den Absätzen 1 bis 5 zur Kenntnis zu geben.
(7) Die Absätze 1 und 2 gelten nicht, wenn krebserzeugende Gefahrstoffe
1. zum Zweck der Überprüfung ihrer Eigenschaften oder ihrer Zusammensetzung oder
2. als Vergleichssubstanz für analytische Untersuchungen
verwendet werden.
(8) Die Absätze 1 und 2 gelten nicht, wenn krebserzeugende Gefahrstoffe zum Zweck der Forschung oder für Lehr- und Ausbildungszwecke hergestellt und verwendet werden, soweit es sich bezogen auf den krebserzeugenden Gefahrstoff und das Arbeitsziel nicht um regelmäßig wiederkehrende Tätigkeiten handelt. Die nach Satz 1 notwendigen Anzeigen für regelmäßig wiederkehrende Tätigkeiten sind abweichend von Absatz 1 bereitzuhalten und zu aktualisieren und der zuständigen Behörde auf Anfrage zu übermitteln.
(9) Die Absätze 1 und 5 gelten nicht für den Umgang mit Dieselmotoremissionen im Freien und in geschlossenen Arbeitsbereichen ohne Freisetzung von Dieselmotoremissionen in den Arbeitsbereich sowie für die Abgabe von benzolhaltigen Ottokraftstoffen an Tankstellen.

§ 38 (weggefallen)

§ 39 Umgang mit Asbest bei Abbruch- und Sanierungsarbeiten

(1) Abbruch- und Sanierungsarbeiten an oder in bestehenden Anlagen, Bauten oder Fahrzeugen, die schwach gebundene Asbestprodukte enthalten, dürfen nur von Unternehmen durchgeführt werden, die von der zuständigen Behörde zur Durchführung dieser Arbeiten zugelassen worden sind. Die Zulassung ist auf schriftlichen Antrag des Unternehmers zu erteilen, wenn die Nachweise nach § 37 Abs. 4 im notwendigen Umfang vorgelegt wurden.
(2) Vor dem Beginn von Abbruch- und Sanierungsarbeiten an baulichen Anlagen und vor dem Entfernen von asbesthaltigen Materialien aus Gebäuden, Geräten sowie auf Schiffen ist ein Arbeitsplan aufzustellen und mit der Anzeige nach § 37 der zuständigen Behörde vorzulegen. Der Arbeitsplan muss mindestens folgende Angaben enthalten:
1. Art und voraussichtliche Dauer der Arbeiten,
2. Ort und Ausführung der Arbeiten,
3. vorgesehene Arbeitsweise und die vorgesehenen Schutzmaßnahmen,
4. Angaben über persönliche Schutzausrüstungen,

5. Einrichtungen zum Schutz und zur Dekontamination der Arbeitnehmer und anderer Personen, die im Gefahrenbereich tätig sind,
6. Nachweis über die vorgesehene ordnungsgemäße Entsorgung.

Vor dem Beginn von Abbrucharbeiten an baulichen Anlagen sind asbesthaltige Produkte nach dem Stand der Technik zu entfernen und geordnet zu entsorgen. Bei Sanierungsarbeiten sind vor dem Beginn der Arbeiten asbesthaltige Produkte, soweit notwendig, zu entfernen sowie geordnet zu entsorgen.

§ 40 Erbgutverändernde Gefahrstoffe

Für den Umgang mit erbgutverändernden Gefahrstoffen gelten die Vorschriften der §§ 36 bis 38 entsprechend.

Siebter Abschnitt
Behördliche Anordnungen und Entscheidungen

§ 41 Behördliche Anordnungen und Befugnisse

(1) Ist damit zu rechnen, dass ein Arbeitnehmer an seiner Gesundheit geschädigt werden kann, wenn er mit Gefahrstoffen umgeht, kann die zuständige Behörde anordnen, dass der Arbeitnehmer nur weiter beschäftigt werden darf, nachdem er von einem Arzt untersucht worden ist. Die Vorschriften der §§ 28 bis 34 sind entsprechend anzuwenden.

(2) Die zuständige Behörde kann die in dieser Verordnung vorgesehenen Fristen für Vorsorgeuntersuchungen
1. für Arbeitnehmer verkürzen, für die festgestellt worden ist, dass sie den Gefahrstoffen in besonders starkem Maße ausgesetzt sind oder für die es der Arzt infolge ihres Gesundheitszustandes für notwendig hält,
2. für Arbeitnehmer verlängern, für die festgestellt worden ist, dass sie Gefahrstoffen in besonders geringem Maße ausgesetzt sind.

(3) Die zuständige Behörde kann verlangen, dass sie von dem Arzt, der eine arbeitsmedizinische Vorsorgeuntersuchung durchgeführt hat, in anonymisierter Form über den Untersuchungsbefund unterrichtet wird, soweit es sich um die Konzentration eines Stoffes oder seines Umwandlungsproduktes im Körper oder die dadurch ausgelöste Abweichung eines biologischen Indikators von seiner Norm handelt.

(4) Die zuständige Behörde kann vor einer Entscheidung nach § 31 Abs. 5 ein ärztliches Gutachten einholen. Die Kosten des ärztlichen Gutachtens sind vom Arbeitgeber zu tragen.

(5) Die zuständige Behörde kann die Ermächtigung nach § 30 erteilen, wenn der Antragsteller
1. zur Ausübung des ärztlichen Berufes berechtigt ist,
2. die erforderlichen besonderen Fachkenntnisse besitzt und
3. über die notwendige Einrichtung und Ausstattung verfügt.

(6) Die zuständige Behörde kann über die nach § 23 des Chemikaliengesetzes möglichen Anordnungen hinaus die Maßnahmen anordnen, die der Arbeitgeber im Einzelfall zur Erfüllung der sich aus dem Vierten, Fünften und Sechsten Abschnitt dieser Verordnung ergebenden Pflichten zu treffen hat. Dabei kann sie insbesondere anordnen, dass der Arbeitgeber

1. unabhängig von einer bestehenden Rechtsverordnung nach § 19 des Chemikaliengesetzes die zur Abwendung besonderer Gefahren notwendigen Maßnahmen treffen muss,
2. festzustellen hat, ob und in welchem Umfang ein vermuteter Gefahrenzustand tatsächlich besteht und welche Maßnahmen zur Abwendung der Gefahren getroffen werden müssen,
3. die Arbeit einzustellen hat, bei der die Arbeitnehmer gefährdet sind, wenn er die zur Abwendung der Gefahr angeordneten notwendigen Maßnahmen nicht innerhalb der gesetzten Frist oder sofort ausführt.

Bei Gefahr im Verzug können die Anordnungen auch gegen Aufsichtspersonen erlassen werden.

(7) Die zuständige Behörde kann im Einzelfall über die Verpflichtung des Arbeitgebers nach § 18 Abs. 1 hinaus verlangen zu ermitteln, ob sowohl die Maximale Arbeitsplatzkonzentration oder die Technische Richtkonzentration als auch der Biologische Arbeitsplatztoleranzwert unterschritten werden.

(8) Die zuständige Behörde kann dem Arbeitgeber die Verwendung krebserzeugender Gefahrstoffe untersagen:
1. bei besonders gefährlichen krebserzeugenden Gefahrstoffen nach § 15a Abs. 1, wenn deren Verwendung nicht erforderlich ist,
2. bei krebserzeugenden sowie erbgutverändernden Gefahrstoffen der Kategorie 1 oder 2 mit Ausnahme der in Nummer 1 genannten, wenn deren Verwendung nicht erforderlich ist und durch ein Verbot keine unverhältnismäßige Härte entstehen würde.

Satz 1 gilt nicht, wenn krebserzeugende oder erbgutverändernde Gefahrstoffe zum Zweck der Forschung hergestellt oder verwendet werden oder zum Zweck der Prüfung ihrer Eigenschaften oder ihrer Zusammensetzung oder als Vergleichssubstanz für analytische Untersuchungen verwendet werden.

(9) (weggefallen)

(10) Die zuständige Behörde kann verlangen, dass Verzeichnisse, die auf elektronischen Datenträgern bereit gehalten werden, jederzeit lesbar gemacht werden.

(11) Die zuständige Behörde kann verlangen, dass ihr Sicherheitsdatenblätter nach § 14 vorgelegt werden.

§ 42 Ausnahmen von den Vorschriften des Dritten Abschnitts

Die zuständige Behörde kann im Einzelfall zulassen, dass die Vorschriften der §§ 6 und 7 auf das Inverkehrbringen von Stoffen oder Zubereitungen ganz oder teilweise nicht angewendet werden, wenn es sich um brandfördernde, leichtentzündliche, entzündliche, gesundheitsschädliche oder reizende Stoffe oder Zubereitungen in so geringer Menge handelt, dass eine Gefährdung beim Umgang nicht zu befürchten ist.

§ 43 Ausnahmen von den Vorschriften des Vierten Abschnitts

(1) Die zuständige Behörde kann auf schriftlichen Antrag des Arbeitgebers Ausnahmen von den Verboten des § 15a Abs. 4 und 5, der §§ 15c und 15d sowie des Anhangs IV Nr. 3, 4, 5, 6, 7, 8, 10, 11 Abs. 1 und 22 in Verbindung mit § 15 zulassen, wenn
1. der Arbeitgeber eine andere, ebenso wirksame Maßnahme trifft oder
2. die Durchführung der Vorschrift im Einzelfall zu einer unverhältnismäßigen

Gefahrstoffverordnung

Härte führen würde und die Abweichung mit dem Schutz der betroffenen Arbeitnehmer vereinbar ist.

(2) Die zuständige Behörde kann auf schriftlichen Antrag Ausnahmen von den Verboten des Anhangs IV Nr. 12 Abs. 1 zulassen, wenn die Stoffe, Zubereitungen oder Erzeugnisse
1. zur Synthese anderer Stoffe eingesetzt werden oder als Nebenprodukt anfallen oder
2. zu Forschungszwecken verwendet werden

und ausreichende Sicherheitsvorkehrungen zum Schutz der Arbeitnehmer und der Umwelt getroffen sind, sowie die schadlose Abfallentsorgung gewährleistet ist.

(3) Die zuständige Behörde kann auf schriftlichen Antrag Ausnahmen von den Verboten des Anhangs IV Nr. 13.1 Abs. 1 und 2 für Forschungs- und Analysezwecke zulassen, wenn ausreichende Sicherheitsvorkehrungen zum Schutz der Arbeitnehmer und der Umwelt getroffen worden sind.

(3a) Abweichend von Anhang IV Nr. 13.1 Abs. 2 dürfen die dort genannten Erzeugnisse, die bis zum 1. April 1992 in den Verkehr gebracht worden sind, weiter verwendet werden.

(4) (aufgehoben)

(5) Die zuständige Behörde kann auf schriftlichen Antrag für einen Zeitraum von bis zu zwei Jahren Ausnahmen von dem Verbot der Verwendung nach Anhang IV Nr. 14 Abs. 1 zulassen, sofern die dort genannten Stoffe, Zubereitungen und Erzeugnisse zum Zweck der Verarbeitung unter chemischer Umwandlung des in ihnen enthaltenen PCB und PCT als Ausgangs- oder Zwischenprodukte in einer immissionsschutzrechtlich genehmigten oder dieser gleichgestellten Anlage eingesetzt werden sollen, die Endprodukte nicht dem Verbot des Anhangs IV Nr. 14 Abs. 1 unterliegen und Gefahren für Leben oder Gesundheit des Menschen oder für die Umwelt nicht entstehen können; dieser Zeitraum kann auf schriftlichen Antrag jeweils um ein Jahr verlängert werden. Die Verlängerung nach Satz 1 ist längstens bis zum 31. Dezember 2010 zulässig.

(6) In besonders begründeten Einzelfällen kann die zuständige Behörde auf schriftlichen Antrag, längstens für fünf Jahre mit der Möglichkeit der Verlängerung, Ausnahmen von dem Verbot der Verwendung nach Anhang IV Nr. 14 Abs. 1 zulassen, wenn
1. PCB- oder PCT-haltige Hydraulikflüssigkeiten für untertägige Bergwerksanlagen gegen Hydraulikflüssigkeiten, die kein PCB oder PCT enthalten oder weniger gefährlich sind als PCB oder PCT, ausgetauscht werden sollen oder
2. PCB- oder PCT-haltige Transformatoren zum Ausgleich des normalen Schwunds der Kühlflüssigkeit mit Stoffen oder Zubereitungen, die kein PCB oder PCT enthalten oder weniger gefährlich sind als PCB oder PCT, wieder aufgefüllt werden sollen,

sofern sich die Geräte in gutem Betriebszustand befinden und Vorkehrungen getroffen sind, dass Gefahren für Leben oder Gesundheit des Menschen oder für die Umwelt nicht entstehen können. Die Verlängerung nach Satz 1 ist längstens bis zum 31. Dezember 2010 zulässig. Geräte nach Satz 1, die mehr als fünf Liter PCB-haltiger Flüssigkeit enthalten, sind durch ein leicht erkennbares schwarz umrandetes Warnschild mit schwarzer Aufschrift »PCB« auf gelbem oder weißem Grund zu kennzeichnen, das mindestens die Abmessung 148 x 297 Millimeter haben soll. Die Buchstaben sollen eine Höhe von 80 Millimeter und eine Breite von 15 Millimeter aufweisen. Bilden mehrere Geräte auf Grund ihres engen räumlichen Zusammenhangs eine Gruppe mit einem Gesamtinhalt von mehr als fünf Litern PCB-haltiger Flüssigkeit, gilt Satz 3 entsprechend. Sind PCB-haltige Geräte in einem besonderen Betriebsraum untergebracht, ist auch dieser an den Zugängen nach Satz 3 gesondert zu kennzeichnen.

(7) Die zuständige Behörde kann im Einzelfall auf schriftlichen Antrag Ausnahmen von den Verboten des § 15a Abs. 1 und Anhang IV Nr. 1 zulassen, wenn nach dem Stand der Technik die Einhaltung der Verbote nicht möglich ist.

(7a) Die zuständige Behörde hat im Einzelfall auf schriftlichen Antrag Ausnahmen von den Verboten des § 15a Abs. 1 Satz 1 und des Anhangs IV Nr. 1 Abs. 1 für die Herstellung und für das Verwenden chrysotilhaltiger Diaphragmen für die Chloralkalielektrolyse in bestehenden Anlagen einschließlich der zu ihrer Herstellung benötigten asbesthaltigen Rohstoffe zuzulassen, soweit und solange
1. asbestfreie Ersatzstoffe, Zubereitungen oder Erzeugnisse nicht auf dem Markt angeboten werden oder
2. die Verwendung der asbestfreien Ersatzstoffe, Zubereitungen oder Erzeugnisse zu einer unzumutbaren Härte führt und

sofern die Konzentration an Asbestfeinstaub in der Luft am Arbeitsplatz unterhalb von 1000 F/m^3 liegt.

(8) Die zuständige Behörde kann im Einzelfall auf schriftlichen Antrag des Arbeitgebers abweichend von § 15d Abs. 1 die Verwendung anderer Begasungsmittel zulassen, wenn diese von der Biologischen Bundesanstalt für Land- und Forstwirtschaft zugelassen sind; in anderen Fällen kann die zuständige Behörde eine Prüfung durch das Bundesinstitut für gesundheitlichen Verbraucherschutz und Veterinärmedizin oder die Bundesanstalt für Materialforschung und -prüfung verlangen. Satz 1 gilt auch für Begasungen, die zur Prüfung und Anerkennung von Begasungsverfahren mit neuen Begasungsmitteln erforderlich sind.

(9) Das Bundesinstitut für gesundheitlichen Verbraucherschutz und Veterinärmedizin kann Ausnahmen von dem Verbot nach Anhang IV Nr. 20 in Verbindung mit § 15 Abs. 1 zu Forschungs- und Analysezwecken sowie zur Synthese anderer Stoffe zulassen. Die Genehmigung kann unter Bedingungen erteilt und mit Auflagen verbunden werden.

§ 44 Ausnahmen von den Vorschriften des Fünften und Sechsten Abschnitts

(1) Die zuständige Behörde kann auf schriftlichen Antrag des Arbeitgebers Ausnahmen von den Vorschriften des § 17 Abs. 1 Satz 1 zulassen, wenn
1. der Arbeitgeber eine andere, ebenso wirksame Maßnahme trifft oder
2. die Durchführung der Vorschrift im Einzelfall zu einer unverhältnismäßigen Härte führen würde und die Abweichung mit dem Schutz der betroffenen Arbeitnehmer vereinbar ist.

(2) Von den in § 17 Abs. 1 Satz 2 genannten Regeln und Erkenntnissen darf abgewichen werden, wenn eine ebenso wirksame Maßnahme getroffen wird. Auf Verlangen der zuständigen Behörde ist dies im Einzelfall nachzuweisen.

(3) Die zuständige Behörde kann auf schriftlichen Antrag des Arbeitgebers abweichend von § 37 Abs. 2 eine vereinfachte Anzeige zulassen.

Achter Abschnitt
Straftaten und Ordnungswidrigkeiten

§ 45 (weggefallen)

§ 46 (weggefallen)

§ 47 Heimarbeitsgesetz

(1) Ordnungswidrig im Sinne des § 32 Abs. 1 Nr. 1 des Heimarbeitsgesetzes handelt, wer vorsätzlich oder fahrlässig
1. entgegen § 15c Abs. 1 die dort genannten Stoffe zur Verwendung in Heimarbeit überlässt oder
2. entgegen § 15c Abs. 3 Satz 2 einem in Heimarbeit Beschäftigten keine Betriebsanweisung aushändigt.
(2) Wer durch eine in Absatz 1 bezeichnete vorsätzliche Zuwiderhandlung einen in Heimarbeit Beschäftigten in seiner Arbeitskraft oder Gesundheit gefährdet, ist nach § 32 Abs. 3, 4 des Heimarbeitsgesetzes strafbar.

§ 48 Chemikaliengesetz – Kennzeichnung und Verpackung

Ordnungswidrig im Sinne des § 26 Abs. 1 Nr. 5 Buchstabe c des Chemikaliengesetzes handelt, wer vorsätzlich oder fahrlässig
1. entgegen § 12 Abs. 2 Satz 2 ein dort genanntes Erzeugnis nicht, nicht richtig, nicht vollständig oder nicht rechtzeitig kennzeichnet,
2. entgegen § 14 Abs. 1 oder 2 ein Sicherheitsdatenblatt nicht, nicht richtig, nicht vollständig oder nicht rechtzeitig übermittelt,
3. entgegen § 14 Abs. 3 einen Hinweis nicht, nicht richtig oder nicht rechtzeitig gibt.

§ 49 Chemikaliengesetz – Anzeige

(1) Ordnungswidrig im Sinne des § 26 Abs. 1 Nr. 6b des Chemikaliengesetzes handelt, wer vorsätzlich oder fahrlässig entgegen § 5 Abs. 3 oder 4 eine Mitteilung nicht, nicht richtig, nicht vollständig oder nicht rechtzeitig macht.
(2) Ordnungswidrig im Sinne des § 26 Abs. 1 Nr. 7 des Chemikaliengesetzes handelt, wer vorsätzlich oder fahrlässig
1. entgegen § 17 Abs. 1 in Verbindung mit Anhang V Nr. 2.4.2.3 Abs. 1 oder 2, jeweils auch in Verbindung mit Abs. 3, oder Nr. 5.2 Abs. 1 Satz 2 oder Nr. 5.2.2 Abs. 1 Satz 1 oder Abs. 2 oder Nr. 6.3.2 Abs. 1 in Verbindung mit Abs. 2 oder
2. entgegen § 37 Abs. 1, 2, 3 oder 4 Satz 1 oder Abs. 5
eine Anzeige nicht, nicht richtig, nicht vollständig oder nicht rechtzeitig erstattet.

§ 50 Chemikaliengesetz – Umgang

(1) Ordnungswidrig im Sinne des § 26 Abs. 1 Nr. 8 Buchstabe b des Chemikaliengesetzes handelt, wer als Arbeitgeber vorsätzlich oder fahrlässig
1. entgegen § 15a Abs. 1 Satz 1 Arbeitnehmer den dort genannten Gefahrstoffen aussetzt,
2. entgegen § 15a Abs. 2 nicht die dort genannten Gefahrstoffe durch die vorgeschriebenen Stoffe, Zubereitungen und Erzeugnisse ersetzt,

3. entgegen § 15a Abs. 3 Satz 1 bis 3 Abbruch-, Sanierungs- und Instandhaltungsarbeiten ohne die dort geforderte personelle Ausstattung des Unternehmens durchführt,
4. entgegen § 15a Abs. 4 Arbeitnehmer ohne persönliche Schutzausrüstung bei Überschreiten der Auslöseschwelle mit den dort genannten Arbeiten beschäftigt,
5. (weggefallen),
6. (weggefallen),
7. entgegen § 16 Abs. 2 Satz 5 das Ergebnis der Prüfung nicht vorlegt,
8. entgegen § 16 Abs. 3a Satz 1 in Verbindung mit Satz 3 ein Verzeichnis nicht, nicht richtig oder nicht vollständig führt,
9. entgegen § 17 Abs. 1 in Verbindung mit Anhang V Nr. 1.2.1.1 Abs. 1 Nr. 2, 3, 4, 5, 6 oder 7 einen Arbeitnehmer mit den dort genannten Arbeiten an Innenflächen und Einbauten von Räumen und Behältern beschäftigt,
10. (weggefallen),
11. entgegen § 17 Abs. 1 in Verbindung mit Anhang V Nr. 4.2.1 nicht dafür sorgt, dass Waschräume mit Duschen zur Verfügung gestellt werden,
11a. entgegen § 17 Abs. 1 in Verbindung mit Anhang V Nr. 7.3 Abs. 1 Satz 1 oder Abs. 4 Satz 1 eine Anzeige nicht, nicht richtig, nicht vollständig, nicht in der vorgeschriebenen Weise oder nicht rechtzeitig erstattet,
12. entgegen § 18 Abs. 3 Satz 2 erster Halbsatz die ermittelten Werte nicht, nicht richtig, nicht vollständig oder nicht rechtzeitig mitteilt,
13. entgegen § 19 Abs. 5 Satz 1 Nr. 1, auch in Verbindung mit Abs. 6 Satz 3, geeignete persönliche Schutzausrüstungen nicht zur Verfügung stellt oder nicht in ordnungsgemäßem Zustand hält,
14. entgegen § 20 Abs. 1 Satz 1 eine Betriebsanweisung nicht erstellt oder entgegen § 20 Abs. 1 Satz 2 nicht in der Sprache der Beschäftigten abfasst oder nicht an geeigneter Stelle bekannt macht,
15. entgegen § 20 Abs. 1, 3 oder 4 die Arbeitnehmer nicht vor der Beschäftigung oder danach mindestens einmal jährlich unterweist oder Inhalt oder Zeitpunkt der Unterweisungen nicht schriftlich festhält oder nicht durch Unterschrift bestätigen lässt,
16. (weggefallen),
17. entgegen § 23 Abs. 1 oder 2 dort bezeichnete Stoffe, Zubereitungen oder Erzeugnisse nicht vorschriftsgemäß verpackt oder kennzeichnet,
18. entgegen § 23 Abs. 3 ortsfeste Behälter oder Standflaschen nicht oder nicht in der vorgeschriebenen Weise kennzeichnet,
19. entgegen § 24 Abs. 3 Satz 1 die dort aufgeführten Stoffe oder Zubereitungen nicht in der vorgeschriebenen Weise aufbewahrt oder lagert,
20. entgegen § 28 Abs. 2 Satz 1 einen Arbeitnehmer, bei dem die Vorsorgeuntersuchung nicht vorgenommen worden ist, beschäftigt oder weiter beschäftigt,
21. entgegen § 33 Satz 1 oder 2 einen Arbeitnehmer beschäftigt oder weiter beschäftigt oder
22. entgegen § 39 Abs. 1 Satz 1 die dort genannten Arbeiten ohne Zulassung durch die zuständige Behörde durchführt.

(2) Wer durch eine in Absatz 1 bezeichnete Handlung das Leben oder die Gesundheit eines anderen oder fremde Sachen von bedeutendem Wert gefährdet, ist nach § 27 Abs. 2 bis 4 des Chemikaliengesetzes strafbar.

Gefahrstoffverordnung

§ 51 Chemikaliengesetz – Herstellungs- und Verwendungsverbote

Nach § 27 Abs. 1 Nr. 1, Abs. 2 bis 4 des Chemikaliengesetzes wird bestraft, wer vorsätzlich oder fahrlässig
1. entgegen § 15 in Verbindung mit Anhang IV Nr. 1 Abs. 1, Nr. 2 Satz 1, Nr. 9 Satz 1, Nr. 12 Abs. 1, Nr. 13.1 Abs. 1, Nr. 14 Abs. 1, Nr. 15 Satz 1, Nr. 18 Abs. 1 oder Nr. 20 die dort aufgeführten Stoffe, Zubereitungen oder Erzeugnisse herstellt oder verwendet,
2. entgegen § 15 in Verbindung mit Anhang IV Nr. 4 Satz 1, Nr. 5 Abs. 1, Nr. 13.1 Abs. 2, Nr. 17.1 Abs. 2 Satz 1 oder Nr. 19 Abs. 1 die dort aufgeführten Stoffe, Zubereitungen oder Erzeugnisse verwendet,
3. entgegen § 15 in Verbindung mit Anhang IV Nr. 3 Abs. 1 oder 2, Nr. 6 Abs. 1, Nr. 7, Nr. 8, Nr. 17.1 Abs. 1 Satz 1, Nr. 17.2 Abs. 1 oder Nr. 17.3 Abs. 1 die dort aufgeführten Stoffe, Zubereitungen oder Erzeugnisse zu den in diesen Vorschriften jeweils genannten Zwecken verwendet,
4. entgegen § 15 in Verbindung mit Anhang IV Nr. 10 die dort genannten Dekorationsgegenstände herstellt,
5. entgegen § 15 in Verbindung mit Anhang IV Nr. 11 Abs. 1 die dort aufgeführten Stoffe, Zubereitungen oder Erzeugnisse außerhalb geschlossener Anlagen verwendet,
6. entgegen § 15 in Verbindung mit Anhang IV Nr. 11 Abs. 2 Satz 1 die dort aufgeführten Stoffe, Zubereitungen oder Erzeugnisse in anderen als gewerblich genutzten Räumen verwendet,
7. entgegen § 15 in Verbindung mit Anhang IV Nr. 16 Isopropanol nach dem Starke Säure-Verfahren herstellt,
8. entgegen § 15d Abs. 1 Satz 1, 2, 4 oder 5 Begasungen durchführt,
9. entgegen § 15d Abs. 2 Satz 1 Begasungen ohne Erlaubnis durchführt oder
10. entgegen § 15e in Verbindung mit § 25 Schädlingsbekämpfungen durchführt, ohne die in Anhang V Nr. 6 vorgesehene Sachkunde nachweisen zu können.

Neunter Abschnitt
Schlussvorschriften

§ 52 Ausschuss für Gefahrstoffe

(1) Zur Beratung in Fragen des Arbeitsschutzes einschließlich der Einstufung und Kennzeichnung nach dieser Verordnung wird beim Bundesministerium für Arbeit und Sozialordnung der Ausschuss für Gefahrstoffe gebildet, der sich aus folgenden sachverständigen Mitgliedern zusammensetzt:
- 7 Vertreter der Gewerkschaften,
- 1 Vertreter der Bundesvereinigung der Deutschen Arbeitgeberverbände,
- 1 Vertreter des Bundesverbandes der Deutschen Industrie,
- 1 Vertreter des Verbandes der Chemischen Industrie,
- 2 Vertreter der Hersteller von Gefahrstoffen,
- 2 Vertreter von Betrieben, die Gefahrstoffe in den Verkehr bringen,
- 2 Vertreter von Betrieben, in denen mit Gefahrstoffen umgegangen wird,
- 6 Vertreter der zuständigen Behörden der Länder,
- 1 Vertreter der Bergbehörden,
- 3 Vertreter der Träger der gesetzlichen Unfallversicherung,

- 1 Vertreter der Kommission zur Prüfung gesundheitsschädlicher Arbeitsstoffe der Deutschen Forschungsgemeinschaft,
- 1 Vertreter der Bundesanstalt für Arbeitsschutz und Arbeitsmedizin,
- 1 Vertreter der Biologischen Bundesanstalt für Land- und Forstwirtschaft,
- 1 Vertreter der Bundesanstalt für Materialforschung und -prüfung,
- 1 Vertreter des Umweltbundesamtes,
- 1 Vertreter des Bundesinstitutes für gesundheitlichen Verbraucherschutz und Veterinärmedizin,
- 1 Vertreter der Physikalisch-Technischen Bundesanstalt,
- 1 Vertreter des Verbandes Deutscher Werks- und Betriebsärzte,
- 1 Vertreter des Vereins Deutscher Sicherheitsingenieure,
- 3 Vertreter der Wissenschaft,
- 1 Vertreter der Hochschulverwaltungen,
- 1 Vertreter der Arbeitsgemeinschaft der Verbraucher.

(2) Zu den Aufgaben des Ausschusses nach Absatz 1 gehört es,
1. die in § 17 Abs. 1 Satz 2 bezeichneten Regeln und Erkenntnisse über den Umgang mit Gefahrstoffen zu ermitteln,
2. zu ermitteln, wie die in den Vorschriften der Verordnung gestellten Anforderungen erfüllt werden können,
3. dem jeweiligen Stand von Wissenschaft, Technik und Medizin entsprechende Vorschriften vorzuschlagen.

Das Bundesministerium für Arbeit und Sozialordnung kann die in § 17 Abs. 1 Satz 2 bezeichneten Regeln und Erkenntnisse, insbesondere die vom Ausschuss für Gefahrstoffe nach Satz 1 Nr. 1 ermittelten Regeln und Erkenntnisse sowie die vom Ausschuss für Gefahrstoffe nach Satz 1 Nr. 2 ermittelten Verfahrensregeln zur Erfüllung der von der Verordnung gestellten Anforderungen im Bundesarbeitsblatt bekannt geben.

(3) Das Bundesministerium für Arbeit und Sozialordnung kann nach Beratung durch den Ausschuss für Gefahrstoffe Stoffe bekannt geben, bei denen nach gesicherter wissenschaftlicher Erkenntnis von einer krebserzeugenden, erbgutverändernden oder fortpflanzungsgefährdenden Wirkung für die Beschäftigten auszugehen ist.

(4) Das Bundesministerium für Arbeit und Sozialordnung kann nach Beratung durch den Ausschuss für Gefahrstoffe die Maximalen Arbeitsplatzkonzentrationen, die Technischen Richtkonzentrationen und die Biologischen Arbeitsplatztoleranzwerte sowie den arbeitsmedizinisch begründeten stoffspezifischen Wert nach § 28 Abs. 2 bekannt geben.

(5) Die Mitgliedschaft im Ausschuss für Gefahrstoffe ist ehrenamtlich.

(6) Das Bundesministerium für Arbeit und Sozialordnung beruft die Mitglieder des Ausschusses und für jedes Mitglied einen Stellvertreter. Der Ausschuss gibt sich eine Geschäftsordnung und wählt den Vorsitzenden aus seiner Mitte. Die Geschäftsordnung und die Wahl des Vorsitzenden bedürfen der Zustimmung des Bundesministeriums für Arbeit und Sozialordnung.

(7) Die Bundesministerien sowie die zuständigen obersten Landesbehörden haben das Recht, zu den Sitzungen des Ausschusses Vertreter zu entsenden. Diesen Vertretern ist auf Verlangen in der Sitzung das Wort zu erteilen.

(8) Die Geschäfte des Ausschusses führt die Bundesanstalt für Arbeitsschutz.

§ 53 (weggefallen)

§ 54 Übergangsvorschriften

(1) Anhang IV Nr. 1 Abs. 1, § 15a Abs. 1 und § 37 Abs. 2 Nr. 4 gelten bis zum 31. Dezember 2010 nicht für die Herstellung und für das Verwenden chrysotilhaltiger Diaphragmen für die Chloralkalielektrolyse in bestehenden Anlagen einschließlich der zu ihrer Herstellung benötigten asbesthaltigen Rohstoffe, soweit
1. asbestfreie Ersatzstoffe, Zubereitungen oder Erzeugnisse nicht auf dem Markt angeboten werden oder
2. die Verwendung der asbestfreien Ersatzstoffe, Zubereitungen oder Erzeugnisse zu einer unzumutbaren Härte führt und

sofern die Konzentration an Asbestfeinstaub in der Luft am Arbeitsplatz unterhalb 1000 F/m^3 liegt.

(2) Anhang IV Nummer 14 Abs. 1 Nr. 7 und 8 und Abs. 4 gilt nicht für Erzeugnisse, in denen PCB-haltige Bauteile eingebaut sind,
1. bis zur Außerbetriebnahme des Erzeugnisses, spätestens jedoch bis 31. Dezember 2010, sofern das Bauteil mehr als 100 Milliliter, jedoch nicht mehr als ein Liter PCB-haltiger Flüssigkeit enthält,
2. bis zur Außerbetriebnahme des Erzeugnisses, sofern das Bauteil bis zu 100 Milliliter PCB-haltiger Flüssigkeit enthält,

und das Erzeugnis bereits am 29. Juli 1989 in Betrieb war.

(3) Die Vorschriften des Sechsten Abschnitts für die in § 35 Abs. 4 genannten Dieselmotoremissionen gelten für Betriebe des untertägigen Bergbaus nicht bis zum 31. Dezember 2000.

(4) Anhang V Nr. 7.2 und Nr. 7.3 gilt bis zum 1. Oktober 2003 nicht für den Umgang mit künstlichen Mineralfasern, bei denen die Halbwertszeit nach intratrachealer Instillation von 2 mg einer Fasersuspension von Fasern mit einer Länge größer 5 µm, einem Durchmesser kleiner 3 µm und einem Länge-zu-Durchmesser-Verhältnis von größer 3 : 1 (WHO-Fasern) weniger als 65 Tage beträgt und die zur Gewährleistung eines ausreichenden Brandschutzes für die Verwendung in folgenden Einsatzbereichen vorgesehen sind:
1. Schiffsbau bei Brandschutzanforderungen nach A 60,
2. Schalldämpferanlagen für Kraftfahrzeuge oder
3. untertägiger Bergbau. (Inkrafttreten des Abs. 21 zum 1.10.2000)

Vom Abdruck der Anhänge wurde abgesehen.

Gefahrstoffrichtlinie
Richtlinie 98/24/EG des Rates vom 7. April 1998

zum Schutz von Gesundheit und Sicherheit der Arbeitnehmer vor der
Gefährdung durch chemische Arbeitsstoffe bei der Arbeit
(vierzehnte Einzelrichtlinie im Sinne des Artikels 16 Absatz 1 der Richtlinie
89/391/EWG; AblEG Nr. L 131, S. 11)

...

Abschnitt I
Allgemeine Bestimmungen

Artikel 1
Ziel und Geltungsbereich

(1) Mit dieser Richtlinie, der vierzehnten Einzelrichtlinie im Sinne des Artikels 16 Absatz 1 der Richtlinie 89/391/EWG, werden Mindestanforderungen für den Schutz der Arbeitnehmer gegen tatsächliche oder mögliche Gefährdungen ihrer Gesundheit und Sicherheit durch die Wirkungen von am Arbeitsplatz vorhandenen chemischen Arbeitsstoffen oder aufgrund von Tätigkeiten mit chemischen Arbeitsstoffen festgelegt.

(2) Die Anforderungen dieser Richtlinie gelten in allen Fällen, in denen gefährliche chemische Arbeitsstoffe am Arbeitsplatz vorhanden sind oder vorhanden sein können; davon unberührt bleiben Vorschriften für chemische Arbeitsstoffe, die aufgrund von Richtlinien im Rahmen des Vertrags zur Gründung der Europäischen Atomgemeinschaft Strahlenschutzmaßnahmen unterliegen.

(3) Für Karzinogene am Arbeitsplatz gilt die vorliegende Richtlinie unbeschadet strengerer und/oder spezifischer Bestimmungen der Richtlinie 90/394/EWG des Rates vom 28. Juni 1990 über den Schutz der Arbeitnehmer gegen Gefährdung durch Karzinogene bei der Arbeit (sechste Einzelrichtlinie im Sinne des Artikels 16 Absatz 1 der Richtlinie 89/391/EWG).

(4) Die Richtlinie 89/391/EWG gilt unbeschadet strengerer und/oder spezifischer Bestimmungen der vorliegenden Richtlinie in vollem Umfang für den gesamten in diesem Artikel genannten Bereich.

(5) Für die Beförderung gefährlicher chemischer Stoffe gilt die vorliegende Richtlinie unbeschadet strengerer und/oder spezifischer Bestimmungen der Richtlinie 94/55/EG, der Richtlinie 96/49/EG, des IMDG-Codes, des IBC-Codes und des IGC-Codes im Sinne der Begriffsbestimmungen in Artikel 2 der Richtlinie 93/75/EWG, des Europäischen Übereinkommens über die internationale Beförderung gefährlicher Güter auf Binnenwasserstraßen und der Verordnung über die Beförderung gefährlicher Güter auf dem Rhein, wie sie in Gemeinschaftsrecht übernommen worden sind, sowie der technischen Vorschriften für die sichere Beförderung gefährlicher Güter in der zum Zeitpunkt des Inkrafttretens dieser Richtlinie von der Internationalen Zivilluftfahrt-Organisation veröffentlichten Fassung.

Gefahrstoffverordnung

Artikel 2
Begriffsbestimmungen

Im Sinne dieser Richtlinie bezeichnet der Ausdruck
a) »chemische Arbeitsstoffe« alle chemischen Elemente und Verbindungen, einzeln oder in einem Gemisch, wie sie in der Natur vorkommen oder durch eine Arbeitstätigkeit hergestellt, verwendet oder freigesetzt werden – einschließlich der Freisetzung als Abfall –, unabhängig davon, ob sie absichtlich oder unabsichtlich erzeugt und ob sie in Verkehr gebracht werden;
b) »gefährliche chemische Arbeitsstoffe«
  i) alle chemischen Arbeitsstoffe, die die Kriterien für die Einstufung als »gefährliche Stoffe« im Sinne des Anhangs VI der Richtlinie 67/548/EWG erfüllen, unabhängig davon, ob diese Stoffe gemäß der genannten Richtlinie als solche eingestuft werden; dies gilt nicht für Stoffe, die lediglich die Kriterien für die Einstufung als »umweltgefährlich« erfüllen;
  ii) alle chemischen Arbeitsstoffe, die die Kriterien für die Einstufung als »gefährliche Zubereitung« im Sinne der Richtlinie 88/379/EWG erfüllen, unabhängig davon, ob diese Zubereitung gemäß der genannten Richtlinie als solche eingestuft wird; dies gilt nicht für Zubereitungen, die lediglich die Kriterien für die Einstufung als »umweltgefährlich« erfüllen;
  iii) alle chemischen Arbeitsstoffe, die die Kriterien für die Einstufung als »gefährlich« nach den Ziffern i) und ii) nicht erfüllen, aber aufgrund ihrer physikalisch-chemischen, chemischen oder toxikologischen Eigenschaften und der Art und Weise, wie sie am Arbeitsplatz verwendet werden oder dort vorhanden sind, für die Sicherheit und die Gesundheit der Arbeitnehmer ein Risiko darstellen können; dies gilt auch für alle chemischen Arbeitsstoffe, denen im Rahmen des Artikels 3 ein Arbeitsplatzgrenzwert zugewiesen wurde;
c) »Tätigkeit mit chemischen Arbeitsstoffen« jede Arbeit, bei der chemische Arbeitsstoffe im Rahmen eines Prozesses einschließlich Produktion, Handhabung, Lagerung, Beförderung, Entsorgung und Behandlung verwendet werden oder verwendet werden sollen oder bei dieser Arbeit auftreten;
d) »Arbeitsplatzgrenzwert«, sofern nicht anders angegeben, den Grenzwert für die zeitlich gewichtete durchschnittliche Konzentration eines chemischen Arbeitsstoffes in der Luft im Atembereich eines Arbeitnehmers in bezug auf einen gegebenen Referenzzeitraum;
e) »biologischer Grenzwert« den Grenzwert für die Konzentration in dem entsprechenden biologischen Material für den jeweiligen Arbeitsstoff, seinen Metaboliten oder einen Beanspruchungsindikator;
f) »Gesundheitsüberwachung« die Beurteilung eines einzelnen Arbeitnehmers, mit der sein Gesundheitszustand in bezug auf die Exposition gegenüber spezifischen chemischen Arbeitsstoffen bei der Arbeit festgestellt werden soll;
g) »Gefahr« die einem chemischen Arbeitsstoff innewohnende Eigenschaft, potentiell Schaden zu verursachen;
h) »Risiko« die Wahrscheinlichkeit, daß der potentielle Schaden unter den gegebenen Verwendungs- und/oder Expositionsbedingungen auftritt.

Artikel 3
Arbeitsplatzgrenzwerte und biologische Grenzwerte

(1) Die Kommission bewertet die Zusammenhänge zwischen den gesundheitlichen Auswirkungen der gefährlichen chemischen Arbeitsstoffe und dem Niveau der arbeitsbedingten Exposition anhand einer unabhängigen wissenschaftlichen Auswertung der neuesten wissenschaftlichen Daten.

(2) Auf der Grundlage der Bewertung gemäß Absatz 1 schlägt die Kommission nach Anhörung des Beratenden Ausschusses für Sicherheit, Arbeitshygiene und Gesundheitsschutz am Arbeitsplatz europäische Ziele in Form von auf Gemeinschaftsebene festzulegenden Arbeitsplatz-Richtgrenzwerten für den Schutz der Arbeitnehmer vor den Risiken chemischer Arbeitsstoffe vor.

Diese Grenzwerte werden gemäß dem Verfahren des Artikels 17 der Richtlinie 89/391/EWG unter Berücksichtigung der verfügbaren Meßtechniken festgelegt oder geändert. Die Mitgliedstaaten unterrichten die Organisationen der Arbeitnehmer und der Arbeitgeber regelmäßig über die auf Gemeinschaftsebene festgelegten Arbeitsplatzgrenzwerte.

(3) Für jeden chemischen Arbeitsstoff, für den ein Arbeitsplatz-Richtgrenzwert auf Gemeinschaftsebene festgelegt wurde, legen die Mitgliedstaaten unter Berücksichtigung des gemeinschaftlichen Grenzwerts einen nationalen Arbeitsplatzgrenzwert fest, dessen Natur sie gemäß ihren innerstaatlichen Rechtsvorschriften und Gepflogenheiten bestimmen.

(4) Auf Gemeinschaftsebene können verbindliche Arbeitsplatzgrenzwerte festgelegt werden, die zusätzlich zu den Faktoren, die bei der Festlegung der Arbeitsplatz-Richtgrenzwerte berücksichtigt wurden, Durchführbarkeitsfaktoren widerspiegeln und gleichzeitig die Zielsetzung des Schutzes der Gesundheit der Arbeitnehmer bei der Arbeit wahren. Diese Grenzwerte, die nach dem Verfahren des Artikels 118a des Vertrags festgelegt werden, sind in Anhang I wiedergegeben.

(5) Für jeden chemischen Arbeitsstoff, für den ein verbindlicher Arbeitsplatzgrenzwert festgelegt wurde, legen die Mitgliedstaaten einen entsprechenden verbindlichen nationalen Arbeitsplatzgrenzwert fest, der sich auf den gemeinschaftlichen Grenzwert stützt, aber nicht höher als dieser sein darf.

(6) Auf Gemeinschaftsebene können auf der Grundlage der Bewertung gemäß Absatz 1 und der verfügbaren Meßtechniken verbindliche biologische Grenzwerte festgelegt werden, die die Durchführbarkeitsfaktoren widerspiegeln und gleichzeitig die Zielsetzung des Schutzes der Gesundheit der Arbeitnehmer bei der Arbeit wahren. Diese Grenzwerte, die nach dem Verfahren des Artikels 118a des Vertrags festgelegt werden, sind zusammen mit anderen maßgeblichen Angaben zur Gesundheitsüberwachung in Anhang II wiedergegeben.

(7) Für jeden chemischen Arbeitsstoff, für den ein verbindlicher biologischer Grenzwert festgelegt wurde, setzen die Mitgliedstaaten einen entsprechenden nationalen verbindlichen biologischen Grenzwert fest, der sich auf den gemeinschaftlichen Grenzwert stützt, aber nicht höher als dieser sein darf.

(8) Führt ein Mitgliedstaat für einen chemischen Arbeitsstoff einen nationalen Arbeitsplatzgrenzwert oder einen nationalen biologischen Grenzwert ein oder ändert er diese Werte, so unterrichtet er die Kommission und die anderen Mitgliedstaaten davon und übermittelt die entsprechenden wissenschaftlichen und technischen Daten. Die Kommission trifft die geeigneten Maßnahmen.

(9) Auf der Grundlage der von den Mitgliedstaaten gemäß Artikel 15 übermittelten Berichte nimmt die Kommission eine Bewertung der Art und Weise vor, wie

die Mitgliedstaaten den gemeinschaftlichen Richtgrenzwerten bei der Festlegung der entsprechenden nationalen Arbeitsplatzgrenzwerte Rechnung getragen haben.
(10) Standardisierte Verfahren für die Messung und Evaluierung der Konzentrationen in der Luft am Arbeitsplatz in bezug auf die Arbeitsplatzgrenzwerte werden nach Artikel 12 Absatz 2 ausgearbeitet.

Abschnitt II
Pflichten der Arbeitgeber

Artikel 4
Ermittlung und Bewertung des Risikos von gefährlichen chemischen Arbeitsstoffen

(1) Im Rahmen seiner Pflichten gemäß Artikel 6 Absatz 3 und Artikel 9 Absatz 1 der Richtlinie 89/391/EWG stellt der Arbeitgeber zunächst fest, ob es am Arbeitsplatz gefährliche chemische Arbeitsstoffe gibt. Ist dies der Fall, so unterzieht er alle Risiken, die sich aufgrund des Vorhandenseins dieser chemischen Arbeitsstoffe für die Sicherheit und die Gesundheit der Arbeitnehmer ergeben, einer Bewertung, wobei folgenden Aspekten Rechnung zu tragen ist:
– den gefährlichen Eigenschaften;
– den Informationen, die der Lieferant über die Sicherheit und die Gesundheit etwa auf dem entsprechenden Sicherheitsdatenblatt gemäß der Richtlinie 67/548/EWG bzw. der Richtlinie 88/379/EWG vorzulegen hat;
– dem Ausmaß, der Art und der Dauer der Exposition;
– den Arbeitsbedingungen im Zusammenhang mit solchen Arbeitsstoffen, einschließlich ihrer Menge;
– den im Hoheitsgebiet des betreffenden Mitgliedstaats festgelegten Arbeitsplatzgrenzwerten bzw. biologischen Grenzwerten;
– den Wirkungen der getroffenen oder zu treffenden Vorbeugungsmaßnahmen;
– soweit vorhanden, den aus einer bereits durchgeführten Gesundheitsüberwachung zu ziehenden Schlußfolgerungen.
Der Arbeitgeber hat sich die für eine Risikobewertung notwendigen Informationen beim Lieferanten oder bei anderen ohne weiteres zugänglichen Quellen zu beschaffen. Soweit geeignet, gehört zu diesen Informationen auch die besondere Bewertung hinsichtlich des Risikos für die Benutzer, die auf der Grundlage von Gemeinschaftsvorschriften für chemische Stoffe erstellt wird.
(2) Der Arbeitgeber muß im Besitz einer Risikobewertung gemäß Artikel 9 der Richtlinie 89/391/EWG sein und angeben, welche Maßnahmen gemäß den Artikeln 5 und 6 der vorliegenden Richtlinie getroffen worden sind. Die Risikobewertung ist gemäß einzelstaatlichen Vorschriften und Praktiken in geeigneter Form zu dokumentieren und kann eine Begründung des Arbeitgebers einschließen, daß eine detailliertere Risikobewertung aufgrund der Art und des Umfangs der Risiken im Zusammenhang mit chemischen Arbeitsstoffen nicht erforderlich ist. Die Risikobewertung ist insbesondere dann zu aktualisieren, wenn maßgebliche Veränderungen eingetreten sind, so daß sie veraltet sein könnte, oder wenn sich eine Aktualisierung aufgrund der Ergebnisse der Gesundheitsüberwachung als erforderlich erweist.
(3) In die Risikobewertung sind bestimmte Tätigkeiten innerhalb des Unternehmens oder Betriebs, z. B. Wartungsarbeiten, einzubeziehen, bei denen vorherzu-

sehen ist, daß auch nach Ausschöpfung sämtlicher technischer Maßnahmen die Möglichkeit einer maßgeblichen Exposition besteht, oder die sich aus anderen Gründen schädlich auf die Sicherheit und Gesundheit auswirken können.
(4) Im Fall von Tätigkeiten, die mit einer Exposition gegenüber verschiedenen gefährlichen chemischen Arbeitsstoffen verbunden sind, ist die Risikobewertung anhand des Risikos vorzunehmen, das sämtliche betreffenden chemischen Arbeitsstoffe kombiniert darstellen.
(5) Im Fall einer neuen Tätigkeit mit gefährlichen chemischen Arbeitsstoffen darf die Arbeit erst aufgenommen werden, nachdem eine Bewertung des Risikos dieser Tätigkeit vorgenommen worden ist und alle ausgewiesenen Vorbeugungsmaßnahmen durchgeführt worden sind.
(6) Praktische Leitlinien für die Ermittlung und Bewertung des Risikos sowie für ihre Überprüfung und erforderlichenfalls Anpassung werden nach Artikel 12 Absatz 2 aufgestellt.

Artikel 5
Allgemeine Grundsätze für die Verhütung von Risiken im Zusammenhang mit gefährlichen chemischen Arbeitsstoffen und Anwendung der Richtlinie in bezug auf die Risikobewertung

(1) Im Rahmen seiner Verpflichtung, die Gesundheit und die Sicherheit der Arbeitnehmer bei allen Tätigkeiten mit gefährlichen chemischen Arbeitsstoffen sicherzustellen, trifft der Arbeitgeber die erforderlichen Vorbeugungsmaßnahmen nach Artikel 6 Absätze 1 und 2 der Richtlinie 89/391/EWG und schließt darin die in der vorliegenden Richtlinie genannten Maßnahmen mit ein.
(2) Die Risiken für die Gesundheit und die Sicherheit der Arbeitnehmer bei Arbeiten mit gefährlichen chemischen Arbeitsstoffen werden durch folgende Vorkehrungen ausgeschaltet oder auf ein Minimum reduziert:
– Gestaltung des Arbeitsplatzes und Arbeitsorganisation;
– Bereitstellung geeigneter Arbeitsmittel für den Umgang mit chemischen Arbeitsstoffen und entsprechende Wartungsverfahren zur Gewährleistung der Gesundheit und Sicherheit der Arbeitnehmer bei der Arbeit;
– Begrenzung der Anzahl der Arbeitnehmer, die den chemischen Arbeitsstoffen ausgesetzt sind oder ausgesetzt sein können, auf ein Mindestmaß;
– Begrenzung der Dauer und Intensität der Exposition auf ein Mindestmaß;
– angemessene Hygienemaßnahmen;
– Begrenzung der Menge der am Arbeitsplatz vorhandenen chemischen Arbeitsstoffe auf das für die Art der betreffenden Arbeit erforderliche Mindestmaß;
– geeignete Arbeitsverfahren, einschließlich Vorkehrungen für die sichere Handhabung, Lagerung und Beförderung von gefährlichen chemischen Arbeitsstoffen und von Abfällen, die derartige chemische Arbeitsstoffe enthalten, am Arbeitsplatz.
Praktische Leitlinien für Vorbeugungsmaßnahmen zur Risikobegrenzung werden gemäß Artikel 12 Absatz 2 ausgearbeitet.
(3) Ergibt sich aus den Ergebnissen der Bewertung nach Artikel 4 Absatz 1 ein Risiko für die Sicherheit und die Gesundheit der Arbeitnehmer, so sind die besonderen Schutz-, Vorbeugungs- und Überwachungsmaßnahmen der Artikel 6, 7 und 10 anzuwenden.
(4) Ergibt sich aus den Ergebnissen der Risikobewertung nach Artikel 4 Absatz 1, daß aufgrund der am Arbeitsplatz vorhandenen Mengen eines gefährlichen che-

Gefahrstoffverordnung

mischen Arbeitsstoffes nur ein geringfügiges Risiko für die Sicherheit und Gesundheit der Arbeitnehmer besteht, und reichen die nach den Absätzen 1 und 2 ergriffenen Maßnahmen zur Verringerung dieses Risikos aus, so sind die Artikel 6, 7 und 10 nicht anwendbar.

Artikel 6
Besondere Schutz- und Vorbeugungsmaßnahmen

(1) Der Arbeitgeber hat dafür zu sorgen, daß das durch einen gefährlichen chemischen Arbeitsstoff bedingte Risiko für die Sicherheit und die Gesundheit der Arbeitnehmer bei der Arbeit ausgeschaltet oder auf ein Mindestmaß verringert wird.

(2) Bei der Anwendung des Absatzes 1 ist vorrangig eine Substitution vorzunehmen; dabei hat der Arbeitgeber die Verwendung eines gefährlichen chemischen Arbeitsstoffs zu vermeiden und diesen durch einen chemischen Arbeitsstoff oder ein Verfahren zu ersetzen, der bzw. das unter den jeweiligen Verwendungsbedingungen für die Sicherheit und Gesundheit der Arbeitnehmer – je nach Fall – nicht oder weniger gefährlich ist.
Läßt sich unter Berücksichtigung des Arbeitsvorgangs und der Risikobewertung nach Artikel 4 das Risiko aufgrund der Art der Tätigkeit nicht durch Substitution ausschalten, so sorgt der Arbeitgeber dafür, daß das Risiko durch Anwendung von Schutz- und Vorbeugungsmaßnahmen, die mit der Risikobewertung nach Artikel 4 im Einklang stehen, auf ein Mindestmaß verringert wird. Zu diesen Maßnahmen gehören in der angegebenen Rangordnung:
a) Gestaltung geeigneter Arbeitsverfahren und technischer Steuerungseinrichtungen sowie Verwendung geeigneter Arbeitsmittel und Materialien, um die Freisetzung gefährlicher chemischer Arbeitsstoffe, die für die Sicherheit und die Gesundheit der Arbeitnehmer am Arbeitsplatz ein Risiko darstellen können, möglichst gering zu halten;
b) Durchführung kollektiver Schutzmaßnahmen an der Gefahrenquelle, wie z.B. angemessene Be- und Entlüftung und geeignete organisatorische Maßnahmen;
c) sofern eine Exposition nicht mit anderen Mitteln verhütet werden kann, Durchführung von individuellen Schutzmaßnahmen, die auch eine persönliche Schutzausrüstung umfassen.
Praktische Leitlinien für Schutz- und Vorbeugungsmaßnahmen zur Risikobegrenzung werden gemäß Artikel 12 Absatz 2 ausgearbeitet.

(3) Die Maßnahmen gemäß Absatz 2 werden durch eine Gesundheitsüberwachung nach Artikel 10 ergänzt, sofern diese der Art des Risikos angemessen ist.

(4) Sofern der Arbeitgeber nicht mittels anderer Beurteilungen eindeutig nachweist, daß in angemessener Weise Vorbeugung und Schutz gemäß Absatz 2 erzielt worden sind, führt er in bezug auf chemische Arbeitsstoffe, die für die Gesundheit der Arbeitnehmer am Arbeitsplatz ein Risiko darstellen können, insbesondere im Hinblick auf die Arbeitsplatzgrenzwerte die erforderlichen regelmäßigen Messungen durch; diese Messungen sind auch durchzuführen, wenn sich die Bedingungen ändern, welche die Exposition der Arbeitnehmer gegenüber chemischen Arbeitsstoffen beeinflussen können.

(5) Der Arbeitgeber berücksichtigt bei der Erfüllung der in Artikel 4 niedergelegten oder sich aus Artikel 4 ergebenden Verpflichtungen die Ergebnisse der Verfahren nach Absatz 4.

Bei einer Überschreitung eines im Hoheitsgebiet eines Mitgliedstaats wirksam festgelegten Arbeitsplatzgrenzwerts trifft der Arbeitgeber auf jeden Fall unverzüglich unter Berücksichtigung der Natur dieses Grenzwerts Vorbeugungs- und Schutzmaßnahmen, um Abhilfe zu schaffen.

(6) Auf der Grundlage der umfassenden Risikobewertung und der allgemeinen Grundsätze der Risikoverhütung im Sinne der Artikel 4 und 5 ergreift der Arbeitgeber der Art der Tätigkeit angemessene technische und/oder organisatorische Maßnahmen, einschließlich Lagerung, Handhabung und Trennung unvereinbarer chemischer Arbeitsstoffe, um die Arbeitnehmer gegen die aufgrund der physikalisch-chemischen Eigenschaften chemischer Arbeitsstoffe auftretenden Gefahren zu schützen. Insbesondere trifft er Vorkehrungen in der angegebenen Rangordnung, um

a) das Auftreten gefährlicher Konzentrationen von entzündlichen Stoffen bzw. gefährlicher Mengen von chemisch instabilen Stoffen an der Arbeitsstätte zu verhindern; sollte die Art der Arbeit dies nicht zulassen, so gilt folgendes:
b) das Auftreten von Zündquellen, die zu Bränden und Explosionen führen könnten, oder von ungünstigen Bedingungen, durch die chemische instabile Stoffe oder Stoffgemische zu schädlichen physikalischen Wirkungen führen könnten, ist zu vermeiden, und
c) die schädlichen Auswirkungen im Fall eines Brandes oder einer Explosion aufgrund der Entzündung entzündlicher Stoffe auf die Gesundheit und Sicherheit der Arbeitnehmer oder von chemisch instabilen Stoffen oder Stoffgemischen ausgehende schädliche physikalische Wirkungen sind zu verringern.

Arbeitsmittel und Schutzeinrichtungen, die der Arbeitgeber zum Schutz der Arbeitnehmer zur Verfügung stellt, entsprechen im Hinblick auf die Gesundheit und Sicherheit den einschlägigen Gemeinschaftsvorschriften über die Auslegung, die Herstellung und das Inverkehrbringen. Vom Arbeitgeber ergriffene technische und/oder organisatorische Maßnahmen werden unter Berücksichtigung der Einteilung der Gerätegruppen in Kategorien im Sinne des Anhangs I der Richtlinie 94/9/EG des Europäischen Parlaments und des Rates vom 23. März 1994 zur Angleichung der Rechtsvorschriften der Mitgliedstaaten für Geräte und Schutzsysteme zur bestimmungsgemäßen Verwendung in explosionsgefährdeten Bereichen und in Übereinstimmung mit dieser festgelegt.

Der Arbeitgeber ergreift Maßnahmen für eine ausreichende Kontrolle von Anlagen, Geräten und Maschinen oder sieht Explosionsschutzeinrichtungen bzw. Vorkehrungen zur Explosionsdruckentlastung vor.

Artikel 7
Vorkehrungen für das Verhalten bei Unfällen, Zwischenfällen und Notfällen

(1) Um die Sicherheit und den Gesundheitsschutz der Arbeitnehmer bei einem Unfall, Zwischenfall oder Notfall zu gewährleisten, der mit dem Vorhandensein gefährlicher chemischer Arbeitsstoffe am Arbeitsplatz in Verbindung steht, legt der Arbeitgeber unbeschadet der Verpflichtungen nach Artikel 8 der Richtlinie 89/391/EWG Verfahren (Aktionspläne) fest, die beim Eintreten eines derartigen Ereignisses angewendet werden können, damit angemessene Maßnahmen ergriffen werden. Hierzu zählen alle einschlägigen Sicherheitsübungen, die in regelmäßigen Abständen durchzuführen sind, sowie die Bereitstellung angemessener Erste-Hilfe-Einrichtungen.

Gefahrstoffverordnung

(2) Tritt eines der in Absatz 1 genannten Ereignisse ein, so ergreift der Arbeitgeber unverzüglich Maßnahmen zur Minderung der Auswirkungen des Ereignisses und zur Unterrichtung der betroffenen Arbeitnehmer.
Zur Wiederherstellung der normalen Situation
- ergreift der Arbeitgeber so bald wie möglich geeignete Abhilfemaßnahmen;
- dürfen nur diejenigen Arbeitnehmer, die für Instandsetzungsarbeiten und sonstige notwendige Tätigkeiten unbedingt benötigt werden, in dem betroffenen Bereich arbeiten.

(3) Die Arbeitnehmer, die in dem betroffenen Bereich arbeiten dürfen, sind mit geeigneter Schutzkleidung, persönlicher Schutzausrüstung, speziellen Sicherheitseinrichtungen und besonderen Arbeitsmitteln auszustatten, die sie so lange benutzen müssen, wie die Situation fortbesteht; diese Situation darf kein Dauerzustand sein.
Ungeschützte Personen dürfen nicht in dem betroffenen Bereich verbleiben.

(4) Unbeschadet des Artikels 8 der Richtlinie 89/391/EWG ergreift der Arbeitgeber die erforderlichen Maßnahmen, um Warn- und sonstige Kommunikationssysteme zur Verfügung zu stellen, die erforderlich sind, um ein erhöhtes Risiko für die Sicherheit und die Gesundheit anzuzeigen, so daß eine angemessene Reaktion möglich ist und Abhilfemaßnahmen sowie Hilfs-, Evakuierungs- und Rettungsmaßnahmen im Bedarfsfall unverzüglich eingeleitet werden können.

(5) Der Arbeitgeber stellt sicher, daß Informationen über die Notfallvorkehrungen in bezug auf gefährliche chemische Arbeitsstoffe zur Verfügung stehen. Die zuständigen innerbetrieblichen und betriebsfremden Unfall- und Notfalldienste erhalten Zugang zu diesen Informationen. Hierzu zählen:
- Vorabmitteilung von einschlägigen Gefahren bei der Arbeit, von Vorkehrungen zur Feststellung von Gefahren, von Vorsichtsmaßregeln und Verfahren, damit die Notfalldienste ihre eigenen Abhilfemaßnahmen und Sicherheitsvorkehrungen vorbereiten können;
- alle verfügbaren Informationen über spezifische Gefahren, die bei einem Unfall oder Notfall auftreten oder auftreten können, einschließlich Informationen über die nach diesem Artikel vorbereiteten Verfahren.

Artikel 8
Unterrichtung und Unterweisung der Arbeitnehmer

(1) Unbeschadet der Artikel 10 und 12 der Richtlinie 89/391/EWG stellt der Arbeitgeber sicher, daß die Arbeitnehmer und/oder ihre Vertreter folgendes erhalten:
- die gemäß Artikel 4 gewonnenen Daten sowie weitere Informationen, wenn eine größere Veränderung am Arbeitsplatz zu einer Änderung dieser Daten führt;
- Informationen über die am Arbeitsplatz auftretenden gefährlichen chemischen Arbeitsstoffe, wie z. B. Bezeichnung der Arbeitsstoffe, Risiken für die Sicherheit und die Gesundheit, relevante Arbeitsplatzgrenzwerte und sonstige gesetzliche Bestimmungen;
- Unterweisung und Informationen über angemessene Vorsichtsmaßregeln und Vorkehrungen, die der Arbeitnehmer zu seinem eigenen Schutz und zum Schutz der anderen Arbeitnehmer am Arbeitsplatz zu treffen hat;
- Zugang zu allen Sicherheitsdatenblättern, die vom Lieferanten gemäß Artikel 10 der Richtlinie 88/379/EWG und Artikel 27 der Richtlinie 92/32/EWG zur Verfügung gestellt werden.

Der Arbeitgeber stellt ferner sicher, daß die Informationen
- in einer Form zur Verfügung gestellt werden, die dem Ergebnis der Risikobewertung nach Artikel 4 Rechnung trägt, wobei die Spanne der Unterrichtungsmöglichkeiten je nach Art und Umfang des im Zuge der Bewertung nach Artikel 4 festgestellten Risikos von mündlicher Mitteilung bis hin zu individueller Unterweisung und Schulung, verbunden mit schriftlicher Unterrichtung, reichen kann;
- aktualisiert werden, um veränderten Gegebenheiten Rechnung zu tragen.

(2) Sind Behälter und Rohrleitungen, die für gefährliche chemische Arbeitsstoffe bei der Arbeit verwendet werden, nicht in Übereinstimmung mit den einschlägigen gemeinschaftlichen Rechtsvorschriften über die Kennzeichnung von chemischen Arbeitsstoffen und über die Sicherheitskennzeichnung am Arbeitsplatz gekennzeichnet, so stellt der Arbeitgeber unbeschadet der in den vorgenannten Rechtsvorschriften vorgesehenen Abweichungen sicher, daß der Inhalt der Behälter und Rohrleitungen sowie die Art des Inhalts und die davon ausgehenden Gefahren eindeutig identifizierbar sind.

(3) Die Mitgliedstaaten können die erforderlichen Maßnahmen ergreifen, um sicherzustellen, daß die Arbeitgeber, nach Möglichkeit vom Hersteller oder Lieferanten, auf Anfrage alle Informationen über gefährliche chemische Arbeitsstoffe erhalten können, die zur Anwendung des Artikels 4 Absatz 1 erforderlich sind, sofern die Richtlinien 67/548/EWG und 88/379/EWG keine Informationspflicht vorsehen.

Abschnitt III
Sonstige Bestimmungen

Artikel 9
Verbote

(1) Zum Schutz der Arbeitnehmer vor einer Gesundheitsgefährdung durch bestimmte chemische Arbeitsstoffe und/oder Tätigkeiten mit chemischen Arbeitsstoffen sind die Herstellung und Verarbeitung der in Anhang III genannten chemischen Arbeitsstoffe, ihre Verwendung bei der Arbeit sowie die dort genannten Tätigkeiten in dem angegebenen Umfang verboten.

(2) Die Mitgliedstaaten können für folgende Fälle Ausnahmen von Absatz 1 zulassen:
- für ausschließlich wissenschaftliche Forschungs-, Versuchs- und Analysezwecke;
- für Tätigkeiten zur Beseitigung von chemischen Arbeitsstoffen in Form von Neben- und Abfallprodukten;
- für die Herstellung der chemischen Arbeitsstoffe im Sinne des Absatzes 1 als Zwischenprodukte und für deren Verwendung als Zwischenprodukte.

Eine Exposition der Arbeitnehmer gegenüber den chemischen Arbeitsstoffen im Sinne des Absatzes 1 ist insbesondere dadurch zu vermeiden, daß Sorge dafür getragen wird, daß die Herstellung und die möglichst baldige Verwendung dieser Stoffe als Zwischenprodukte in einem einzigen geschlossenen System erfolgen, dem sie nur entnommen werden dürfen, soweit dies für die Kontrolle des Arbeitsvorgangs oder für die Wartung des Systems erforderlich ist.

Die Mitgliedstaaten können Regelungen für Einzelgenehmigungen vorsehen.

(3) Werden gemäß Absatz 2 Ausnahmen zugelassen, so fordert die zuständige Behörde vom Arbeitgeber folgende Angaben an:

- Grund für die Beantragung der Ausnahmeregelung;
- jährlich zu verwendende Menge des chemischen Arbeitsstoffs;
- betroffene Tätigkeiten und/oder Reaktionen oder Verfahren;
- Zahl der voraussichtlich betroffenen Arbeitnehmer;
- geplante Sicherheitsvorkehrungen zur Gewährleistung der Sicherheit und des Gesundheitsschutzes der betroffenen Arbeitnehmer;
- getroffene technische und organisatorische Maßnahmen zur Verhütung der Exposition von Arbeitnehmern.

(4) Der Rat kann nach dem Verfahren des Artikels 118a des Vertrags die Verbotsliste gemäß Absatz 1 ändern, um weitere chemische Arbeitsstoffe oder Tätigkeiten einzubeziehen.

Artikel 10
Gesundheitsüberwachung

(1) Unbeschadet des Artikels 14 der Richtlinie 89/391/EWG treffen die Mitgliedstaaten Vorkehrungen für die Durchführung einer angemessenen Überwachung der Gesundheit der Arbeitnehmer, für die die Ergebnisse der Bewertung nach Artikel 4 ein Gesundheitsrisiko erkennen lassen. Diese Vorkehrungen, einschließlich der Anforderungen für die Gesundheits- und Expositionsakten sowie deren Verfügbarkeit, werden entsprechend den innerstaatlichen Rechtsvorschriften und Gepflogenheiten eingeführt.
Eine Gesundheitsüberwachung, deren Ergebnisse bei der Durchführung von Vorbeugungsmaßnahmen an dem konkreten Arbeitsplatz zu berücksichtigen sind, ist in den Fällen angemessen, in denen
- die Exposition der Arbeitnehmer gegenüber einem gefährlichen chemischen Arbeitsstoff mit einer bestimmbaren Krankheit oder einer gesundheitsschädlichen Auswirkung zusammenhängen kann und
- eine Wahrscheinlichkeit besteht, daß die Krankheit oder Auswirkung unter den besonderen Arbeitsbedingungen des Arbeitnehmers auftritt, und
- das Risikopotential der Untersuchungstechnik für den Arbeitnehmer gering ist.
Zudem müssen anerkannte Techniken zur Feststellung von Anzeichen der Krankheit bzw. Auswirkung zur Verfügung stehen.
In den Fällen, in denen ein verbindlicher biologischer Grenzwert nach Anhang II festgelegt wurde, ist die Gesundheitsüberwachung für Arbeiten mit dem betreffenden Arbeitsstoff gemäß den in Anhang II vorgesehenen Verfahren eine zwingend vorgeschriebene Anforderung. Die Arbeitnehmer sind über diese Anforderung zu unterrichten, bevor ihnen eine Arbeit zugewiesen wird, die mit dem Risiko einer Exposition gegenüber dem angegebenen gefährlichen chemischen Arbeitsstoff verbunden ist.
(2) Die Mitgliedstaaten treffen Vorkehrungen, um sicherzustellen, daß für jeden Arbeitnehmer, der der Gesundheitsüberwachung nach Absatz 1 unterliegt, persönliche Gesundheits- und Expositionsakten geführt und auf dem neuesten Stand gehalten werden.
(3) Gesundheits- und Expositionsakten enthalten eine Zusammenfassung der Ergebnisse der durchgeführten Gesundheitsüberwachung und der für die Exposition der betreffenden Person repräsentativen Überwachungsdaten. Eine biologische Überwachung und damit zusammenhängende Anforderungen können Teil der Gesundheitsüberwachung sein.
Die Akten sind in angemessener Weise zu führen, so daß sie zu einem späteren

Zeitpunkt unter Berücksichtigung der Schweigepflicht konsultiert werden können.

Der zuständigen Behörde ist auf Verlangen eine Kopie der entsprechenden Akten zu übermitteln. Der einzelne Arbeitnehmer erhält auf Verlangen Zugang zu der ihn persönlich betreffenden Gesundheits- und Expositionsakte.

Stellt ein Unternehmen seine Tätigkeit ein, so sind die Gesundheits- und Expositionsakten der zuständigen Behörde zur Verfürung zu stellen.

(4) Ergibt die Gesundheitsüberwachung,
- daß ein Arbeitnehmer an einer bestimmbaren Krankheit leidet oder daß sich bei ihm eine gesundheitsschädliche Auswirkung zeigt, die nach Auffassung eines Arztes oder eines Arbeitsmediziners das Ergebnis der Exposition gegenüber einem gefährlichen chemischen Arbeitsstoff bei der Arbeit ist, oder
- daß ein verbindlicher biologischer Grenzwert überschritten worden ist,

so ist der Arbeitnehmer von dem Arzt oder einer anderen entsprechend qualifizierten Person über die ihn persönlich betreffenden Ergebnisse zu unterrichten, wozu auch Informationen und Beratung über Gesundheitsüberwachungsmaßnahmen, denen er sich nach Abschluß der Exposition unterziehen sollte, zählen, und

so muß der Arbeitgeber
- die gemäß Artikel 4 Absatz 1 vorgenommene Risikobewertung überprüfen;
- die vorgesehenen Maßnahmen zur Ausschaltung oder Verringerung von Risiken gemäß den Artikel 5 oder 6 überprüfen;
- den Rat des Arbeitsmediziners oder einer anderen entsprechend qualifizierten Person oder der zuständigen Behörde berücksichtigen und alle erforderlichen Maßnahmen zur Ausschaltung oder Verringerung des Risikos gemäß Artikel 6 durchführen, wozu auch die Möglichkeit zählt, dem Arbeitnehmer eine andere Tätigkeit zuzuweisen, bei der kein Risiko einer weiteren Exposition besteht;
- Vorkehrungen für eine kontinuierliche Gesundheitsüberwachung treffen und für eine Überprüfung des Gesundheitszustands aller anderen Arbeitnehmer sorgen, die in ähnlicher Weise exponiert waren. In diesen Fällen kann der zuständige Arzt oder Arbeitsmediziner oder die zuständige Behörde vorschlagen, daß exponierte Personen einer ärztlichen Untersuchung unterzogen werden.

Artikel 11
Anhörung und Mitwirkung der Arbeitnehmer

Die Anhörung und Mitwirkung der Arbeitnehmer und/oder ihrer Vertreter in den von dieser Richtlinie und ihren Anhängen erfaßten Angelegenheiten erfolgt gemäßt Artikel 11 der Richtlinie 89/391/EWG.

Artikel 12
Anpassung der Anhänge, Ausarbeitung und Annahme technischer Leitlinien

(1) Rein technische Anpassungen der Anhänge infolge
- der Verabschiedung von Richtlinien im Bereich der technischen Harmonisierung und Normung betreffend chemische Arbeitsstoffe und/oder
- des technischen Fortschritts, der Entwicklung internationaler Normen oder Spezifikationen sowie neuer Erkenntnisse über chemische Arbeitsstoffe

werden nach dem Verfahren des Artikels 17 der Richtlinie 89/391/EWG vorgenommen.
(2) Die Kommission stellt unverbindliche praktische Leitlinien auf. Diese Leitlinien beziehen sich auf die in den Artikeln 3, 4, 5 und 6 sowie in Anhang II Nummer 1 genannten Themen.
Die Kommission hört zunächst den Beratenden Ausschuß für Sicherheit, Arbeitshygiene und Gesundheitsschutz am Arbeitsplatz gemäß dem Beschluß 74/325/EWG.
Im Rahmen der Anwendung dieser Richtlinie berücksichtigen die Mitgliedstaaten soweit wie möglich diese Leitlinien bei der Festlegung ihrer einzelstaatlichen Politik für den Schutz von Gesundheit und Sicherheit der Arbeitnehmer.

Artikel 13
Aufhebung und Änderung früherer Richtlinien

(nicht abgedruckt)

Abschnitt IV
Schlußbestimmungen

Artikel 14

(1) Die Mitgliedstaaten erlassen die erforderlichen Rechts- und Verwaltungsvorschriften, um dieser Richtlinie spätestens am 5. Mai 2001 nachzukommen. Sie setzen die Kommission unverzüglich davon in Kenntnis.
Wenn die Mitgliedstaaten Vorschriften nach Absatz 1 erlassen, nehmen sie in den Vorschriften selbst oder durch einen Hinweis bei der amtlichen Veröffentlichung auf diese Richtlinie Bezug. Sie regeln die Einzelheiten der Bezugnahme.
(2) Die Mitgliedstaaten teilen der Kommission den Wortlaut der innerstaatlichen Rechtsvorschriften mit, die sie auf dem unter diese Richtlinie fallenden Gebiet bereits erlassen haben oder noch erlassen werden.

Artikel 15

Die Mitgliedstaaten berichten der Kommission alle fünf Jahre über die praktische Durchführung dieser Richtlinie und geben dabei auch die Standpunkte der Sozialpartner an.
Die Kommission unterrichtet hierüber das Europäische Parlament, den Rat sowie den Wirtschafts- und Sozialausschuß.

Artikel 16

Diese Richtlinie tritt am zwanzigsten Tage nach ihrer Veröffentlichung im Amtsblatt der Europäischen Gemeinschaften in Kraft.

Artikel 17

Diese Richtlinie ist an die Mitgliedstaaten gerichtet.
...

Arbeitsschutzverordnungen

Übersicht

Rn.

1. Allgemeines.. 1–10
2. Begriffe, Definitionen.. 11–14
3. Einstufung... 15–18
4. Kennzeichnung und Verpackung................................. 19–26
5. Sicherheitsdatenblatt.. 27–32
6. Verbote und Beschränkungen................................... 33–38
7. Allgemeine Umgangsvorschriften für Gefahrstoffe.............. 39–72
   a) Allgemeines; besondere Vorschriften für den Umgang mit
      krebserzeugenden und erbgutverändernden Gefahrstoffen..... 39–40
   b) Ermittlungs- und Beurteilungspflicht, Substitution, Gefahrstoffverzeichnis. 41–45
   c) Treffen von Schutzmaßnahmen.............................. 46–51
   d) Betriebliche Überwachung................................. 52–57
   e) Rangfolge von Schutzmaßnahmen............................ 58–61
   f) Betriebsanweisung, Unterweisung.......................... 62–64
   g) Unterrichtung und Anhörung der Arbeitnehmer in besonderen Fällen.... 65
   h) Ergänzende Maßnahmen..................................... 66–72
8. Arbeitsmedizinische Vorsorgeuntersuchungen................... 73–81
9. Behördliche Anordnungen und Entscheidungen; Straftaten und
   Ordnungswidrigkeiten... 82–84
10. Ausschuss für Gefahrstoffe................................... 85

1. Allgemeines

1 Die Herstellung, der Umgang und die Entsorgung von Gefahrstoffen birgt für Mensch und Umwelt erhebliche **Gefährdungen und Risiken** (vgl. *Pieper/Vorath*, 287 ff.).
Im Weißbuch der europäischen Kommission zur **Chemikalienpolitik der EU** vom 27.2.2001 (download unter: http://www.baua.bund.de/prax/index.htm heißt es dazu: »Die moderne Gesellschaft hängt – z.B. bei der Herstellung von Lebensmitteln, Arzneimitteln, Textilien und Kraftfahrzeugen – vollständig von Chemikalien ab. Diese tragen ferner wesentlich zum wirtschaftlichen und gesellschaftlichen Wohlstand der Bürger in Bezug auf Handel und Beschäftigung bei. Die weltweite Chemieproduktion ist von 1 Million Tonnen im Jahr 1930 auf gegenwärtig 400 Millionen Tonnen gestiegen. Am EU-Markt sind ungefähr 100 000 unterschiedliche Stoffe registriert; davon werden 10 000 in Mengen von über 10 Tonnen und weitere 20 000 in Mengen zwischen 1 Tonne und 10 Tonnen vertrieben. Der Wert der weltweiten Chemieproduktion im Jahr 1998 wurde auf 1244 Mrd. € geschätzt, wovon 31% auf die chemische Industrie der EU entfallen, die einen Außenhandelsüberschuss von 41 Mrd. € erzielte. 1998 war sie damit die größte Chemieindustrie der Welt, gefolgt von der chemischen Industrie der USA mit 28% des Produktionswerts und einem Außenhandelsüberschuss von 12 Mrd. €. Die chemische Industrie ist außerdem der drittgrößte verarbeitende Industriezweig in Europa. Sie beschäftigt unmittelbar 1,7 Millionen Menschen, und bis zu 3 Millionen Arbeitsplätze hängen von ihr ab. Neben einigen führenden multinationalen Unternehmen umfasst sie ungefähr 36 000 kleine und mittlere Unternehmen (KMU). Diese stellen zahlenmäßig 96% der Unternehmen und erzeugen 28% der gesamten Chemieproduktion. Allerdings verursachen bestimmte Chemikalien schwere Gesundheitsschäden, die zu Leiden und vorzeitigem Tod führen, und sind zudem für Umweltschäden verantwortlich. ... Beispiele offenbaren die Schwächen der gegenwärtigen Chemikalienpolitik der

EU. Das Problem ist jedoch nicht ausschließlich auf die Gemeinschaft beschränkt. Regierungsstellen in Kanada und in den Vereinigten Staaten haben unlängst Initiativen ins Leben gerufen, um Prüfdaten für eine Vielzahl von Chemikalien zu erhalten, die bereits in großen Mengen auf dem Markt vorhanden sind und über deren Risiken noch wenig bekannt ist. Bisher hat es praktisch noch kein einziger Staat vermocht, die riesigen Wissenslücken auf dem Gebiet der chemischen Stoffe zu schließen. Die Chemikalienpolitik der EU muss gemäß dem EG-Vertrag sowohl für die gegenwärtige als auch für zukünftige Generationen ein hohes Schutzniveau für *menschliche Gesundheit und Umwelt* gewährleisten und dabei zudem die Funktionsfähigkeit des Binnenmarkts sowie die Wettbewerbsfähigkeit der chemischen Industrie sichern. Eine grundlegende Voraussetzung für die Verwirklichung dieser Ziele ist das *Vorsorgeprinzip*. Wenn es zuverlässige wissenschaftliche Hinweise dafür gibt, dass ein chemischer Stoff nachteilige Auswirkungen auf die menschliche Gesundheit und die Umwelt haben könnte, aber aus wissenschaftlicher Sicht noch Ungewissheiten über die genaue Art und Schwere der möglichen Schäden bestehen, muss die politische Entscheidungsfindung auf dem Prinzip der Vorsorge fußen, um Gesundheits- und Umweltschäden zu verhüten. Ein weiteres Ziel ist die Schaffung von Anreizen für die Substitution gefährlicher durch weniger gefährliche Stoffe, wo geeignete Alternativen zur Verfügung stehen. Ferner sind die Funktionsfähigkeit des Binnenmarktes und die Wettbewerbsfähigkeit der chemischen Industrie zu sichern. Die EU-Chemikalienpolitik sollte Anreize für technische Innovationen und für die Entwicklung sichererer Chemikalien schaffen. Die Erfahrungen der letzten Zeit haben gezeigt, dass Innovationen (z.B. bei der Entwicklung neuer und oft sichererer chemischer Stoffe) durch das derzeitige Notifizierungssystem behindert werden. Ökologische, ökonomische und gesellschaftliche Gesichtspunkte der Entwicklung müssen auf integrierte und ausgewogene Weise berücksichtigt werden, um das Ziel der Nachhaltigkeit zu erreichen.«

Aus Sicht des Arbeitsschutzes und des Umweltschutzes ist an den konzeptionellen Schlussfolgerungen des Weißbuchs Lob, aber auch **Kritik** geübt worden (vgl. hierzu kritisch: Arbeit&Ökologie-Briefe, 3–4 2001, 9, 8/2001, 3, 12–13/2001). In der Stellungnahme des Ausschusses für Gefahrstoffe (*AGS*; vgl. § 52) vom 28.5.2001, der die Vorlage des Weißbuchs begrüßt, wird insbesondere kritisiert, dass dort das Erfordernis der Informationsbeschaffung im Hinblick auf die Gefährdungsbeurteilung nicht in ausreichendem Maße berücksichtigt wird.

Vor dem Hintergrund der Diskussion um eine neue, europäische Chemikalienpolitik ist festzustellen, dass sich gegenüber der Verteilung der Fallzahlen von Verdachtsanzeigen auf die einzelnen Berufskrankheitentarten die **Gesundheitsrisiken der Beschäftigten** bei Betrachtung der jährlichen Fallzahlen über erstmals entschädigte Berufskrankheiten und Berufskrankheiten mit tödlichem Ausgang weiter zu Lasten der Expositionen mit Gefahrstoffen verschieben. Allgemein lässt sich feststellen, das unabhängig von der Betriebsgröße, der Umgang mit Gefahrstoffen Alltag bei vielen Arbeitstätigkeiten ist (vgl. *Hadrich*, BArbBl. 12/1999, 22). Zu den über 100 000 Stoffen als auch deren Zubereitungen von weit über 1 Million (Rn. 1) liegen größtenteils nur unzureichende Informationen über Gesundheitsrisiken vor (vgl. Arbeit&Ökologie-Briefe 9/2001, 10). Für ca. 2600 (d.h. für knapp 3%) aller Stoffe gibt es bislang eine europäisch harmonisierte Einstufungsentscheidung. Nur für ca. 660 Stoffe sind Luftgrenzwerte verzeichnet (vgl. TRGS 900). Im Interesse des Arbeitsschutzes insbesondere in kleinen und mittleren Betrieben ist es nicht weiter hinnehmbar, dass mit

2

Arbeitsschutzverordnungen

Stoffen, über die mangels Informationen keine Aussage über ihre Gefährlichkeit getroffen werden kann, verfahren wird, als ginge von ihnen keine Gefährdung aus. Ein entsprechendes, risikoorientiertes Konzept enthält die EG-Gefahrstoffrichtlinie, die bis zum 5.5.2001 in nationales Recht umzusetzen war.

3 Schon die bisherige Entwicklung des nationalen Gefahrstoffrechts ist eng mit seiner **europäischen** (vgl. Rn. 1) **und auch internationalen Dimension** verknüpft (vgl. *Hadrich*, BArbBl. 12/1999, 22 ff.). Dies wird mit der vollständigen Umsetzung der EG-Gefahrstoffrichtlinie 98/24/EG noch verstärken (vgl. Rn. 9). In diesem Zusammenhang ist zu beachten, dass sich die europäischen Regelungen zum Gefahrstoffrecht, die das nationale Arbeitsschutzrecht im Allgemeinen und das Gefahrstoffrecht im Besondern inzwischen bestimmen, auf unterschiedliche Rechtsgrundlagen stützen, nämlich Art. 95 bzw. Art. 137 EGV, d.h. auf einen »produkt- bzw. stoffbezogenen«, vollharmonisierten Rechtskreis und einen verhaltens- bzw. betriebsbezogenen, mit Mindestvorschriften ausgefüllten Rechtskreis, die gerade im Bereich des Gefahrstoff- bzw. Chemikalienrechts Überschneidungen aufweisen und aufeinander bezogen sind (vgl. Einleitung Rn. 74 ff., 82 ff.; *WKT*, Einführung, 30 ff.; zu Problemen vgl. ebd., 9 ff.). Aus diesem Grund hat die GefStoffV auch **keinen einheitlichen sachlichen oder persönlichen Anwendungsbereich** (vgl. MünchArbR-*Wlotzke*, § 214, Rn. 22). Vielmehr beziehen sich die Regelungen
– des 2. bis 4. Abschnitts zur Einstufung, Kennzeichnung und Verpackung auf **Hersteller und Einführer** und
– die des 5. und 6. Abschnitts zum Umgang auf **Arbeitgeber**.
Der **Arbeitgeberbegriff** der GefStoffV bezieht dabei den Bereich des öffentlichen Dienstes und des HAG (Auftraggeber, Zwischenmeister) mit ein.
Dem entsprechend ist der **Arbeitnehmerbegriff** der GefStoffV weit, d.h. im Sinne des Beschäftigtenbegriffs des ArbSchG einschließlich der Heimarbeiter auszulegen (vgl. MünchArbR-*Wlotzke*, § 214 Rn. 43).

4 Die GefStoff V stützt sich auf das Gesetz zum Schutz vor gefährlichen Stoffen (**Chemikaliengesetz** – ChemG) vom 16.9.1980 (BGBl. I, 1718; Fassung der Bekanntmachung vom 25.7.1994, BGBl. I, 1703; vgl. im Überblick MünchArbR-*Wlotzke*, § 214 Rn. 1 ff.; zuletzt geändert am 20.7.2000 durch Art. 2 § 5 des Gesetzes zur Neuordnung seuchenrechtlicher Vorschriften – Seuchenrechtsneuordnungsgesetz – SeuchRNeuG –, BGBl. I, 1045). Rechtsgrundlagen für die GefStoffV sind insbesondere die §§ 14 (Ermächtigung zu Einstufungs-, Verpackungs- und Kennzeichnungsvorschriften), 17 und 19 (Ermächtigung zu Verboten und Beschränkungen sowie zu Maßnahmen zum Schutz von Beschäftigten) ChemG.
Hervorzuheben sind außerdem die Ermächtigungsgrundlagen für das betriebliche Arbeitsschutzrecht in §§ 18, 19 **ArbSchG**, auf die sich z.B. u.a. (§ 18) die 4. Änderungsverordnung zur GefStoffV vom 18.10.1999 stützt.

5 Mit der **GefStoffV** vom 26.8.1986 (GefStoffV; BGBl. I, 1470) wurden, entsprechend der europäischen Dimension, nicht nur 36 Verordnungen des Bundes und der Länder, insbesondere die Verordnung über gefährliche Arbeitsstoffe (ArbStoffV) aus dem Jahre 1971 (vgl. zur Entwicklung der ArbStoffV *WTK*, Einführung, 9 ff.), abgelöst, sondern auch 14 EG-Richtlinien in das nationale Recht umgesetzt.
Diese Entwicklung hat sich mit den vier Änderungsverordnungen zur GefStoffV und ihrer Novellierung im Jahre 1993 bis heute fortgesetzt (vgl. *WTK*, Einführung, 14 ff.):

Gefahrstoffverordnung

- Mit der ersten Verordnung zur Änderung der GefStoffV v. 16.12.1987 (BGBl. I, 2721) wurden zwei weitere EG-Richtlinien umgesetzt. Sie dient außerdem der vollständigen Ablösung der giftrechtlichen Vorschriften der Länder.
- Mit der zweiten Verordnung zur Änderung der GefStoffV v. 23.4.1990 (BGBl. I, 790) wurde der Schutz vor krebserzeugenden Gefahrstoffen, insbesondere vor Asbest, verbessert. Dabei erfolgte eine Umstufung von Asbest in die Gefährdungsgruppe I (sehr stark gefährdend) in der Liste der krebserzeugenden Gefahrstoffe in Anhang II sowie Einstufung weiterer krebserzeugender Gefahrstoffe in dieselbe Liste. Dazu kam eine Verbesserung der Arbeitsschutzvorschriften für den Umgang mit krebserzeugenden Gefahrstoffen, insbesondere Asbest. Durch die VO wurden sechs EG-Richtlinien in deutsches Recht umgesetzt.
- Die dritte ÄnderungsVO 5.6.1991 (BGBl. I, 1218; ber. BGBl. I, 1931) diente der Umsetzung von EG-Recht in innerstaatliches Recht und der Anpassung an die Novellierung des Chemikaliengesetzes.
- Die bisher grundlegendsten Veränderungen erfuhr die GefStoffV durch ihre Novellierung durch Verordnung vom 26.10.1993 (BGBl. I, 1783). Dadurch wurde die Umsetzung von 18 EG-Richtlinien zum Arbeitsschutz und zur Kennzeichnung von Chemikalien sowie des ILO-Übereinkommens zu Asbest in innerstaatliches Recht vollzogen. Weiterhin erfolgte die Einstellung der Gefährlichkeitsmerkmaleverordnung und der Asbestverbotsverordnung in die GefStoffV sowie die Anpassung der Vorschriften für den Umgang mit krebserzeugenden Gefahrstoffen an geltendes EG-Recht.
- Durch die 4. ÄnderungsVO vom 18.10.1999 (BGBl. I, 2059), wurden 10 EG-Richtlinien in das nationale Gefahrstoffrecht umgesetzt. Hinsichtlich der Einstufung, Verpackung und Kennzeichnung gefährlicher Stoffe erfolgte die Einführung von »**gleitenden Verweisen**« zur leichteren Umsetzung von EG-Recht (vgl. § 1a GefStoffV; *WKT*, § 1, 1 ff., dort auch (2 ff.) eine instruktive Übersichtstabelle mit einem Vergleich der GefStoffV seit 1993 und der GefStoffV ab 1999). Änderungen der »in Bezug genommenen« EG-Richtlinien müssen daher nicht durch Novellierung der GefStoffV umgesetzt werden. Geänderte Richtlinien gelten mit Ablauf der Umsetzungsfrist automatisch. Eine Liste dieser anzuwendenden Richtlinien ist im Anhang I der GefStoffV abgedruckt. Durch diese Neuerungen sind die bisherigen §§ 8, 9, 11 und 13 sowie die früheren Anhänge I–III der GefStoffV weggefallen. Um den Zugang zu den von der GefStoffV in Bezug genommenen EU-Vorschriften zu erleichtern, hat die *BAuA* ein Kompendium »Einstufung und Kennzeichnung« (Rw 28) entwickelt. Die EU-Richtlinien werden dort in konsolidierter Fassung veröffentlicht. Neue EU-Richtlinien, deren Umsetzungsfristen noch nicht abgelaufen sind, werden nicht sofort eingearbeitet, sondern separat abgedruckt. Damit wird dem Anwender einerseits eine aufgearbeitete Fassung der geltenden Regelungen zur Verfügung gestellt und andererseits eine frühzeitige Kenntnisnahme kommender Änderungen ermöglicht. Zusätzlich zu den Rechtstexten ist die »Liste der gefährlichen Stoffe und Zubereitungen nach Anhang I Richtlinie 67/548/EWG« erhältlich. Die Stoffliste wird wie bisher als Rw 23 in der Schriftenreihe der *BAuA* im bisherigen Format als eigenständige Veröffentlichung herausgegeben. Beide Werke – Rw 28 und Rw 23 – sind auch in »elektronischer« Form verfügbar.

Hervorzuheben ist im Rahmen dieses Überblicks das historisch überfällige **Asbestverbot** von 1993 (zur inzwischen erfolgten europäischen Harmonisierung

Arbeitsschutzverordnungen

vgl. *Hadrich*, BArbBl. 12/1999, 22) sowie das Verbot von **biopersistenten Fasern**, d.h. des Herstellens, Verwendens und Inverkehrbringens von bestimmten künstlichen Mineralfasern zu Zwecken der Wärme- und Schalldämmung im Hochbau (vgl. Art. 2 der Verordnung zur Änderung chemikalienrechtlicher Verordnungen v. 25.5.2000; BGBl. I, 747; zur europäisch-deutschen Kontroverse die vorherige Bekanntmachung des *BMA* v. 1.12.1999, BArbBl. 1/2000, 77).

Eine grundlegende **Änderung** insbesondere der **Umgangsvorschriften** der GefStoffV wird durch die noch ausstehende Umsetzung der **EG-Gefahrstoffrichtlinie** 98/24/EG vom 4.4.1998 (AblEG Nr. L 131 v. 5.5.1998) erfolgen (Umsetzungstermin war der 5.5.2001; vgl. Rn. 9).

5a Ziel der GefStoffV ist sowohl der **Schutz der Bevölkerung und der Umwelt** im Allgemeinen wie auch der **Schutz der Arbeitnehmer** im Besonderen. Sie reguliert daher auch die Nahtstelle von Arbeitsschutz und Umweltschutz und zwar für die gesamte Bevölkerung (vgl. MünchArbR-*Wlotzke*, § 214 Rn. 19). **Zweck** dieser Verordnung ist es daher, durch Regelungen über die Einstufung, über die Kennzeichnung und Verpackung von gefährlichen Stoffen, Zubereitungen und bestimmten Erzeugnissen sowie über den Umgang mit Gefahrstoffen
– den **Menschen** vor arbeitsbedingten und sonstigen Gesundheitsgefahren und
– die **Umwelt** vor stoffbedingten Schädigungen zu schützen,
insbesondere sie erkennbar zu machen, sie abzuwenden und ihrer Entstehung vorzubeugen, soweit nicht in anderen Rechtsvorschriften besondere Regelungen getroffen sind (vgl. § 1 GefStoffV).

6 **Andere Rechtsvorschriften** sind z.B. das BImSchG oder das Wasserhaushaltsgesetz; vgl. MünchArbR-*Wlotzke*, § 214 Rn. 19).

7 Die für den **betrieblichen Arbeitsschutz** zentralen Bestimmungen sind insbesondere im fünften sowie im sechsten Abschnitt über den Umgang mit Gefahrstoffen, in den Anhängen der Verordnung und in dem, die GefStoffV konkretisierenden Regelwerk enthalten (Technische Regeln Gefahrstoffe – TRGS; vgl. Rn. 47, 85; Anhang Nr. 14).

Die **weiteren Regelungen** des zweiten und dritten Abschnitts der GefStoffV zur Einstufung und Kennzeichnung gefährlicher Stoffe (sog. »Informationsregelungen«; *WKT*, Erster Abschnitt, 1) und auch des vierten Abschnitts über Verbote und Beschränkungen charakterisieren die Nahtstellen mit dem vorgreifenden Arbeitsschutz.

Die allgemeinen Umgangsvorschriften, des 5. Abschnitts die im 6. Abschnitt durch zusätzliche Umgangsvorschriften im Hinblick auf krebserzeugende und erbgutverändernde ergänzt werden, im **Überblick**:
– Der Arbeitgeber hat eine **Ermittlungspflicht zum Einsatz von Gefahrstoffen im Betrieb (§ 16 Abs. 1 GefStoffV; Rn. 41).**
– Wird ein Gefahrstoff ermittelt, so hat der Arbeitgeber zunächst die Verfügbarkeit und den Einsatz eines, wirtschaftlich zumutbaren **Ersatzstoffes** zu prüfen. Bezogen auf die Zumutbarkeit für den Arbeitgeber hat der Schutz des Menschen Vorrang (§ 16 Abs. 2 GefStoffV; Rn. 42).
– Bestehen Zweifel über die Gefährlichkeit des Gefahrstoffes bzw. Ersatzstoffes ist der betreffende Hersteller oder Einführer zur **Beratung** verpflichtet (§ 16 Abs. 3 GefStoffV; Rn. 43).
– Vor der Beschäftigung von Arbeitnehmern mit Gefahrstoffen obliegt dem Arbeitgeber, zur Feststellung der erforderlichen Maßnahmen, die Pflicht zu einer **Ermittlung** und **Beurteilung** der mit dem Umgang verbundenen Gefahren (§ 16 Abs. 4 GefStoffV; Rn. 45).

Gefahrstoffverordnung

- Der Arbeitgeber, der mit Gefahrstoffen umgeht, hat die **Arbeitsschutzmaßnahmen** gem. GefStoffV und sonstiger Arbeitsschutz- und Unfallverhütungsvorschriften zu treffen. Das Regelwerk (TRGS; vgl. Rn. 47, 85) sowie die sonstigen gesicherten arbeitswissenschaftlichen Erkenntnisse sind zu beachten (§ 17 Abs. 1 GefStoffV; Rn. 46 ff.).
- Der Einsatz von Gefahrstoffen ist vom Arbeitgeber zu **überwachen**, wobei in der Verordnung auf die verschiedenen Messwerte bzw. -methoden im Regelwerk (TRGS) verwiesen wird (§ 18 GefStoffV; Rn. 52 ff.).
- Es wird eine **Rangfolge von Schutzmaßnahmen**, die z.B. dem Einsatz von Ersatzstoffen Vorrang und weiteren übergreifenden Maßnahmen gegenüber dem Einsatz von PSA einräumt, festgelegt (§ 19 GefStoffV; Rn. 58 ff.).
- In Form einer **Betriebsanweisung** hat der Arbeitgeber die beim Umgang mit Gefahrstoffen auftretenden Gefahren für Mensch und Umwelt sowie die erforderlichen Schutzmaßnahmen festzulegen; auf die sachgerechte Entsorgung entstehender gefährlicher Abfälle ist hinzuweisen (§ 20 Abs. 1 GefStoffV). Hieraus leitet sich auch das Recht der Arbeitnehmer auf **Unterweisung** ab (§ 20 Abs. 2 GefStoffV; Rn. 62 ff.).
- Durch die GefStoffV werden eine Reihe von **speziellen Rechten der Arbeitnehmer** bzw. ihrer Interessenvertretung festgelegt (§ 21 GefStoffV; Rn. 65), die sich insbesondere auf das Betriebsverfassungsrecht aber auch auf das individuelle Arbeitsrecht im Hinblick auf ein Arbeitsverweigerungs- bzw. Entfernungsrecht auswirken (vgl. § 9 ArbSchG Rn. 9 ff.).
- Schließlich sind **weitere Bestimmungen** über hygienische Vorschriften, Verpackung und Kennzeichnung beim Umgang, Aufbewahrung und Lagerung, Sicherheitstechnik und Maßnahmen bei Betriebsstörungen und Unfällen sowie zur arbeitsmedizinischen Vorsorge zu beachten (§§ 22, 23, 24, 26 und 28 ff. GefStoffV; Rn. 66 ff.).

Ergänzend zu den Pflichten des Arbeitgebers in Bezug auf den Umgang mit Gefahrstoffen ist auf **Pflichten und Rechte der Beschäftigten** hinzuweisen, die sich aus §§ 15 17 ArbSchG sowie aus Regelungen der GefStoffV (§§ 21, 26; Rn. 65, 72) ergeben.

Dazu kommen Aufgaben und Rechte der **Interessenvertretung (Betriebs- bzw. Personalrat)** der Beschäftigten nach dem BetrVG und den PersVG (vgl. BetrVG Rn. 1 ff.; BPersVG Rn. 1 ff.). Betriebs- bzw. Personalrat haben dementsprechend die Einhaltung der GefStoffV zu **überwachen** und sich für ihre Durchführung **einzusetzen** (§§ 80 Abs. 1 Nr. 1, 89 BetrVG bzw. §§ 68 Abs. 1 Nr. 2, 81 BPersVG). Zur Wahrnehmung seiner Überwachungsaufgabe gem. § 80 Abs. 1 Nr. 1 wie der sonstigen Beteiligungsrechte nach dem BetrVG muss der Arbeitgeber den Betriebsrat rechtzeitig und umfassend **unterrichten** sowie ihm auf Verlangen die zur Durchführung dieser Aufgabe erforderlichen Unterlagen zur Verfügung stellen (vgl. § 80 Abs. 2 BetrVG; BetrVG Rn. 3 ff.) Zur Erfüllung seiner Aufgaben kann der Betriebsrat auch Sachverständige hinzuziehen (§ 80 Abs. 3 BetrVG; BetrVG Rn. 6).

Bereits im **Planungsstadium** ist der Betriebsrat über die Gestaltung von Arbeitsräumen, technischen Anlagen, Arbeitsmitteln, Arbeitsverfahren, Arbeitsabläufen oder Arbeitsplätzen in Zusammenhang mit dem Umgang mit Gefahrstoffen, rechtzeitig zu unterrichten (vgl. § 90 Abs. 1 BetrVG; BetrVG Rn. 7). Der Betriebsrat hat darüber hinaus den Anspruch auf eine entsprechende Beratung mit dem Arbeitgeber (vgl. § 90 Abs. 2 BetrVG). Das muss so rechtzeitig erfolgen, dass Vorschläge und Bedenken des Betriebsrats bei der Planung berücksichtigt werden können (vgl. § 90 Abs. 2 Satz 1 BetrVG). Arbeitgeber und Betriebsrat haben bei ihren Beratungen auch die gesicherten arbeitswissenschaftlichen Erkenntnisse über die menschengerechte Gestaltung der Arbeit zu berücksichtigen (vgl. § 90 Abs. 2 Satz 2 BetrVG; § 4 ArbSchG Rn. 7 ff.).

Bei allen Regelungen der GefStoffV, die dem Arbeitgeber einen Entscheidungsspielraum lassen, greift die **Mitbestimmung** des Betriebsrates nach § 87 Abs. 1 Nr. 7 BetrVG bzw. des Personalrates nach § 75 Abs. 3 Nr. 11 BPersVG (vgl. BetrVG Rn. 14 ff.; BPersVG, Rn. 8). Im Überblick bezieht sich dies auf die folgenden Regelungen, die Handlungsspielräume für den Arbeitgeber aufweisen (vgl. DKK-*Klebe*, § 87 BetrVG Rn. 197, m.w.N.; *WKT*, § 21, Nr. 1):
- Ermittlungs- und Beurteilungspflichten (§ 16 Abs. 1 und 4; vgl. hierzu auch § 5 ArbSchG Rn. 2),
- Substitutionsgebot (§ 16 Abs. 2),
- Treffen von Schutzmaßnahmen (§ 17 Abs. 1),
- Einhaltung einer Rangfolge von Schutzmaßnahmen (§ 19),
- Betriebsanweisung und Unterweisung (§ 20),
- Hygienemaßnahmen (§ 22),
- Maßnahmen der Sicherheitstechnik (§ 26 Abs. 1),
- Maßnahmen bei Betriebsstörungen (§ 26 Abs. 2),
- Durchführung von Vorsorgeuntersuchungen (§ 28 ff.),
- Zusätzliche Ermittlungspflichten, Vorsorge- und Schutzmaßnahmen beim Umgang mit krebserzeugenden und erbgutverändernden Gefahrstoffen (§§ 36, 40),
- Abweichungen von den Schutzpflichten des Vorschriften- und Regelwerks gem. § 17 Abs. 1 Satz 1 und 2 (§ 44 Abs. 1 und 2).

9 Eine grundlegende **Novellierung** insbesondere der **Umgangsvorschriften** der GefStoffV wird durch die Umsetzung der EG-Gefahrstoffrichtlinie 98/24/EG vom 4.4.1998 (98/24/EG; AblEG Nr. L 131 vom 5.5.1998) erfolgen (vgl. *Scheel*, DB 1999, 1654; *Hadrich*, BArbBl. 12/1999, 25; umfassend: *WKT*, Fünfter Abschnitt, Nr. 2).

Diese Richtlinie hätte bis zum **5.5.2001** in das nationale Arbeitsschutzrecht umgesetzt werden müssen, was jedoch mit der vierten Änderungsverordnung (Rn. 5) nur zu einem geringen Teil geschehen ist. Es gelten insoweit die Grundsätze zur unmittelbaren Geltung von EG-Richtlinien im nationalen Recht, d.h. die Richtlinie gilt unmittelbar im Bereich des **öffentlichen Dienstes** und es besteht die Möglichkeit des Schadensersatzanspruches gegen die Bundesrepublik Deutschland (vgl. Einl. Rn. 70).

Die **Schwerpunkte** der Novellierung werden, in Übereinstimmung mit den Regelungen des ArbSchG, insbesondere in einer Verbesserung der Instrumente zur betrieblichen Ermittlung und Beurteilung von Gefährdungen sowie in einem zeitgemäßen Konzept der arbeitsmedizinischen Vorsorge liegen. Vorbild der Neuregelung dürfte hierbei die BioStoffV sein (vgl. Arbeit&Ökologie-Briefe, 9/2001, 10). Damit verbunden soll die Anbindung eines Schutzstufen- bzw. »Einfachen Maßnahmenkonzepts« über das technische Regelwerk an die GefStoffV erfolgen, das eine Verbesserung des Arbeitsschutzes beim Umgang mit Gefahrstoffen in kleinen und mittleren Betrieben bewirken soll (vgl. Rn. 49).

10 **Handlungshilfen** für die betriebliche Umsetzung der GefStoffV geben, neben dem technischen Regelwerk (TRGS; Rn. 47, 85; Anlage Nr. 14) insbesondere die Träger der gesetzlichen Unfallversicherung/Berufsgenossenschaften (z.B.

das Informationssystem GISBAU: www.gisbau.de) und die *BAuA* (http://www.baua.bund.de/prax/index.htm).
Daneben ist auf die einschlägige **Kommentierung** hinzuweisen (*WKT, Au/Henn/ Weber, Zerlett; Heilmann* (Hrsg.), 1995; vgl. auch *Kulka*, in: *Meyer-Falke/Leßwing* [Hrsg.]).
Untersuchungen der BAuA haben einen erheblichen **Handlungsbedarf** im Hinblick auf die Entwicklung von Unterstützungskonzepten insbesondere für kleine und mittlere Betriebe ergeben (*Voullaire*, 1995; *Kliemt/Voullaire*, 1999). Von der Novellierung insbesondere der Umgangsvorschriften der GefStoffV durch die EG-Gefahrstoffrichtlinie 98/24/EG sind Beiträge in Richtung einer betriebsnaheren Gestaltung der Regelungen zu erwarten.

2. Begriffe, Definitionen

Der **Gefahrstoffbegriff** dient im bundesdeutschen Arbeitsschutzrecht als **Oberbegriff** für Stoffe, Zubereitungen und Erzeugnisse:
- **Stoffe** sind chemische Elemente oder chemische Verbindungen, wie sie natürlich vorkommen oder hergestellt werden (vgl. § 3 Nr. 1 ChemG, wo dies noch um technische Verunreinigungen ergänzt wird; *WKT*, § 2, Nr. 2.1 und § 3, Nr. 2.1).
- **Zubereitungen** sind aus zwei oder mehreren Stoffen bestehende Gemenge, Gemische oder Lösungen (vgl. § 3 Nr. 4 ChemG, *WKT*, § 2 Nr. 2.2 und § 3, Nr. 2.2).
- **Erzeugnisse** sind Stoffe oder Zubereitungen, die bei der Herstellung eine spezifische Gestalt, Oberfläche oder Form erhalten haben, die deren Funktion mehr bestimmen als ihre chemische Zusammensetzung als solche oder in zusammengefügter Form (vgl. § 3 Nr. 5 ChemG). Einbezogen sind demnach die Stoffe oder Zubereitungen, die bei der Bearbeitung von Erzeugnissen freigesetzt werden, nicht jedoch diese selbst und auch nicht die sonstigen Gefährdungen, die von ihnen ausgehen (*WKT*, § 2 Nr. 2.3 und § 3, Nr. 2.3).

Unter **Gefahrstoffen** versteht man
- Stoffe und Zubereitungen, die eine oder mehrere gefährliche Eigenschaften **(Gefährlichkeitsmerkmale)**, wie explosionsgefährlich, brandfördernd, hochentzündlich, leichtentzündlich, entzündlich, sehr giftig, giftig, gesundheitsschädlich, ätzend, reizend, sensibilisierend, krebserzeugend, fortpflanzungsgefährdend, erbgutverändernd oder umweltgefährlich bzw. sonstige chronisch schädigende Eigenschaften besitzen (vgl. § 4 GefStoffV i.V.m. § 3a Abs. 1, § 19 Abs. 2 ChemG);
- 1. gefährliche Stoffe und Zubereitungen nach § 3a ChemG sowie Stoffe und Zubereitungen, die sonstige chronisch schädigende Eigenschaften besitzen,
  2. Stoffe, Zubereitungen und Erzeugnisse, die explosionsfähig sind,
  3. Stoffe, Zubereitungen und Erzeugnisse, aus denen bei der Herstellung oder Verwendung Stoffe oder Zubereitungen nach Nummer 1 oder 2 entstehen oder freigesetzt werden können,
  4. sonstige gefährliche chemische Arbeitsstoffe im Sinne des Artikels 2 Buchstabe b in Verbindung mit Buchstabe a der Richtlinie 98/24/EG des Rates vom 7. April 1998 zum Schutz von Gesundheit und Sicherheit der Arbeitnehmer vor der Gefährdung durch chemische Arbeitsstoffe bei der Arbeit (ABl. EG Nr. L 131 S. 11),

Arbeitsschutzverordnungen

5. Stoffe, Zubereitungen und Erzeugnisse, die erfahrungsgemäß Krankheitserreger übertragen können (vgl. § 3 Abs. 1 GefStoffV i.V.m. 19 Abs. 2 ChemG).

13 Der Begriff des **Umgangs** (§ 3 Abs. 2) fasst, unter Einbeziehung des Begriffs des Lagerns (§ 3 Abs. 3), alle für Sicherheit und Gesundheitsschutz wichtigen Arten der direkten oder indirekten Handhabung mit einem Gefahrstoff zusammen (*WKT*, § 3, Nr. 3). Erfasst sind also das Herstellen und Verwenden von Gefahrstoffen, wobei das Lagern als Unterfall des Verwendens zu betrachten ist (ebd., Nr. 3.2; vgl. § 3 Nr. 7 und 10 ChemG).

14 Weitere wichtige **Begriffe** des Gefahrstoffrechts (vgl. § 3 Abs. 4 bis 9 GefStoffV):
– **Maximale Arbeitsplatzkonzentration (MAK)** ist die Konzentration eines Stoffes in der Luft am Arbeitsplatz, bei der im allgemeinen die Gesundheit der Arbeitnehmer nicht beeinträchtigt wird (vgl. TRGS 900 und TRGS 905). Der Schwerpunkt der Grenzwertfestlegung liegt bei toxikologischen und arbeitsmedizinischen Erkenntnissen. Die Grenzwerte gelten nur für Einzelstoffe (MünchArbR-*Wlotzke*, § 214 Rn. 54).
– **Biologischer Arbeitsplatztoleranzwert (BAT)** ist die Konzentration eines Stoffes oder seines Umwandlungsproduktes im Körper oder die dadurch ausgelöste Abweichung eines biologischen Indikators von seiner Norm, bei der im allgemeinen die Gesundheit der Arbeitnehmer nicht beeinträchtigt wird (vgl. TRGS 903). Diese Werte, die in der Regel durch Blut- oder Harnuntersuchungen festgestellt werden, dienen in der Regel der individuellen arbeitsmedizinischen Vorsorgeuntersuchung (MünchArbR-*Wlotzke*, *ebd.*; *WKT*, § 28, Nr. 1).
– **Technische Richtkonzentration (TRK)** ist die Konzentration eines Stoffes in der Luft am Arbeitsplatz, die nach dem Stand der Technik erreicht werden kann (vgl. TRGS 102, TRGS 900 und TRGS 905). Die TRK-Werte werden vom *AGS* (vgl. § 52) aufgestellt, und zwar für Stoffe, für die ein MAK-Wert nicht vorhanden ist. Die meisten TRK-Werte sind krebserzeugenden Stoffen zugeordnet. Die Einhaltung der TRK-Werte soll das Risiko einer gesundheitlichen Beeinträchtigung vermindern, ohne es aber voll ausschließen zu können (MünchArbR-*Wlotzke*, a.a.O.).
– **Auslöseschwelle** ist die Konzentration eines Stoffes in der Luft am Arbeitsplatz oder im Körper, bei deren Überschreitung zusätzliche Maßnahmen zum Schutze der Gesundheit erforderlich sind. Der Überschreitung der **Auslöseschwelle** ist auch gegeben, wenn ein unmittelbarer Hautkontakt mit dem Gefahrstoff besteht (vgl. TRGS 101).
– **Stand der Technik** im Sinne der GefStoffV ist der Entwicklungsstand fortschrittlicher Verfahren, Einrichtungen oder Betriebsweisen, der die praktische Eignung einer Maßnahme zum Schutz der Gesundheit der Beschäftigten gesichert erscheinen lässt. Bei der Bestimmung des Standes der Technik sind insbesondere vergleichbare Verfahren, Einrichtungen oder Betriebsweisen heranzuziehen, die mit Erfolg in der Praxis erprobt worden sind. Gleiches gilt für den Stand der Arbeitsmedizin und Hygiene sowie sonstiger gesicherter arbeitswissenschaftlicher Erkenntnisse (vgl. § 4 ArbSchG Rn. 7 ff.).

3. Einstufung

Die **Einstufung von Stoffen und Zubereitungen** (vgl. auch TRGS 200; *BAuA*, Rw 28) ist die Voraussetzung für die Kennzeichnung und für die Festlegung von Arbeitsschutzmaßnahmen beim Umgang mit Gefahrstoffen. Grundlegend hierfür sind die **Gefährlichkeitsmerkmale** in § 4: Gefährlich sind danach Stoffe und Zubereitungen, die eine oder mehrere der in § 3a Abs. 1 ChemG genannten und in Anhang VI Richtlinie 67/548/EWG näher bestimmten Eigenschaften aufweisen (vgl. § 4 Abs. 1 Nr. 1 bis 15). Gefahrstoffe im Sinne des § 19 Abs. 2 ChemG sind auch Stoffe und Zubereitungen, die explosionsfähig oder auf sonstige Weise chronisch schädigend sind (vgl. § 4 Abs. 2 Nr. 1 und 2). **15**

Für **gefährliche Stoffe**, die in **Anhang I EG-Richtlinie 67/548/EWG** (Stoffliste) und späteren Änderungsrichtlinien aufgeführt sind (vgl. *BAuA*, Rw 23), gilt die dort festgelegte Einstufung (§ 4a Abs. 1; sog. »Legaleinstufung«; *WKT*, § 4a, Nr. 2). **16**

Ist ein Stoff **nicht** in die Liste aufgenommen, muss der Hersteller oder Einführer nach Anhang VI Richtlinie 67/548/EWG (Einstufungsleitfaden) einstufen und kennzeichnen (§ 4a Abs. 3; sog. »Selbsteinstufung«; *WKT*, § 4a, Nr. 3; vgl. *BAuA*, Rw 28).

Zubereitungen, die einen Stoff mit mindestens einem Gefährlichkeitsmerkmal enthalten, sind nach Richtlinie **88/379/EWG**[1] einzustufen und zu kennzeichnen (§ 4b Abs. 1; vgl. TRGS 200; *BAuA*, Rw 28; zu **Abweichungen bei Schädlingsbekämpfungsmitteln** vgl. § 4b Abs. 2). **17**

Muss der **Arbeitgeber** im Rahmen der Ermittlungspflicht nach § 16 eine Einstufung vornehmen (z.B. bei der Eigenherstellung von Chemikalien oder der Verwendung von Erzeugnissen), so gelten für ihn die Regelungen gem. § 4a Abs. 1 und 3 bzw. § 4b Abs. 1 und 2 (§ 4a Abs. 5, § 4b Abs. 3; *WKT*, § 4a, Nr. 4 und § 4b, Nr. 4). **18**

4. Kennzeichnung und Verpackung

Wer als Hersteller oder Einführer gefährliche Stoffe oder Zubereitungen **in den Verkehr bringt**, hat sie zuvor einzustufen und entsprechend der Einstufung zu **verpacken** und zu **kennzeichnen** (vgl. § 5). Die europarechtlichen Vorgaben hierfür sind: Richtlinie 67/548/EWG (für Stoffe), Richtlinie 88/379/EWG (für Zubereitungen), Richtlinie 76/769/EWG (besondere Kennzeichnungen; *WKT*, Dritter Abschnitt). **19**

Auf der **Verpackung gefährlicher Stoffe** müssen die folgenden Informationen gegeben werden (vgl. § 6 Abs. 1 i.V.m. Art. 23, 24 und Anhang VI Richtlinie 67/548/EWG): **20**
1. Chemische Bezeichnung des Stoffes (Anhang I Richtlinie 67/548/EWG bzw. wenn nicht genannt, nach international anerkannter Nomenklatur),
2. Gefahrensymbole mit den zugehörigen Gefahrenbezeichnungen (Anhang II 67/548/EWG Richtlinie),
3. Hinweise auf die besonderen Gefahren – R-Sätze (aufgeführt in Anhang III Richtlinie 67/548/EWG; *BAuA*, Rw 28),

---

[1] Die Zubereitungsrichtlinie 1999/45/EG ersetzt die Richtlinie 88/379/EWG. Sie muss von den Mitgliedsstaaten bis zum 30.7.2002 umgesetzt werden. Bei Pflanzenschutzmitteln und Bioziden läuft die Umsetzungsfrist bis 30.7.2004.

4. Sicherheitsratschläge – S-Sätze (aufgeführt in Anhang IV Richtlinie 67/548/EWG; *BAuA*, Rw 28),
5. Name des Herstellers, Einführers oder Vertreibers mit vollständiger Anschrift und Telefonnummer; bei Herstellern mit Sitz außerhalb der EU: Name und vollständige Anschrift dessen, der den Stoff in die EU einführt oder erneut in den Verkehr bringt,
6. die dem alten oder neuen Stoff zugeordnete EG-Nummer (EINECS- oder ELINCS-Nr.),
7. bei Stoffen, die in Anhang I Richtlinie 67/548/EWG aufgeführt sind, der Hinweis »EG-Kennzeichnung«.

21 Bei **Stoffen**, die nach § 5 Abs. 1 ChemG von der Anmeldepflicht **ausgenommen** sind und/oder deren Eigenschaften noch nicht hinreichend bekannt sind, ist die Kennzeichnung auf der Grundlage der bekannten Eigenschaften gem. Art. 13 Abs. 3 Richtlinie 67/548/EWG um folgenden Satz zu ergänzen: »Achtung – noch nicht vollständig geprüfter Stoff« (vgl. § 6 Abs. 2; vgl. auch Rn. 29).

22 Auf der **Verpackung gefährlicher Zubereitungen** müssen angegeben sein (§ 7 Abs. 1 i.V.m. Art. 7 EG-Richtlinie 88/379[1]/EWG):
1. Handelsname oder Bezeichnung der Zubereitung,
2. chemische Bezeichnung des gefährlichen Stoffes oder der gefährlichen Stoffe, die in der Zubereitung enthalten sind (ab bestimmten Konzentrationsgrenzen),
3. Gefahrensymbole mit den zugehörigen Gefahrenbezeichnungen,
4. Hinweise auf die besonderen Gefahren (R-Sätze; vgl. Rn. 20),
5. Sicherheitsratschläge (S-Sätze; vgl. Rn. 20),
6. Name des Herstellers, Einführers oder Vertreibers mit vollständiger Anschrift und Telefonnummer; bei Herstellern mit Sitz außerhalb der EU: Name und Anschrift dessen, der die Zubereitung in die EU einführt oder erneut in den Verkehr bringt,
7. die Nennmenge (Nennmasse oder Nennvolumen) oder Füllmenge des Inhalts bei den für jedermann erhältlichen verpackten Zubereitungen.

23 Zubereitungen, die einen **Stoff nach § 5 (1) Nr. 2–4 ChemG**, für den also eine mit Forschungszwecken oder besonders geringer Handelsmenge begründete **Ausnahme von der Anmeldepflicht** besteht, in einer Konzentration größer oder gleich 1 Hundertteil enthalten, sind zusätzlich mit dem Satz »Achtung – diese Zubereitung enthält einen noch nicht vollständig geprüften Stoff« zu kennzeichnen (vgl. § 6 Abs. 2 i.V.m. Art. 3 Abs. 5 Richtlinie 88/379/EWG; *WKT*, § 7, Nr. 3, 3.).

24 Anhang II Richtlinie 88/379/EWG[1] enthält besondere Kennzeichnungsvorschriften für **bestimmte Stoffe und Zubereitungen** (vgl. *WKT*, § 7 Nr. 3, 4.; *BAuA*, Rw 28).

25 Im Hinblick auf die **Kennzeichnung von Erzeugnissen** sind:
– asbesthaltige Erzeugnisse nach Anhang II A Richtlinie 76/769/EWG zu kennzeichnen,
– Erzeugnisse, die trichlorierte, höher chlorierte Biphenyle (PCB), polychlorierte Terphenyle (PCT) oder deren Zubereitungen enthalten, nach Anhang II B Richtlinie 76/769/EWG zu kennzeichnen (vgl. *BAuA*, Rw 28).

26 Die **Ausführung** der Kennzeichnung und Verpackung hat gem. § 10 GefStoffV i.V.m. Art. 24 Richtlinie 67/548/EWG zu erfolgen (vgl. im einzelnen *BAuA*, Rw 28).

---

1 Vgl. Fußn. 1

Gefahrstoffverordnung

5. Sicherheitsdatenblatt

Für alle gefährlichen Stoffe und Zubereitungen besteht die Verpflichtung, ein Sicherheitsdatenblatt nach Richtlinie 91/155/EWG (vgl. Art. 27 Richtlinie 67/548/EWG; *BAuA, Rw* 28) zu erstellen, das den gewerblichen Verwendern vom Hersteller, Einführer oder erneuten Inverkehrbringer **spätestens bei der ersten Lieferung** zu übermitteln ist (vgl. § 14 Abs. 1 GefStoffV; vgl. *WKT*, § 14, Nr. 2).

Das Sicherheitsdatenblatt ist in deutscher Sprache abzufassen, kostenlos dem Abnehmer zu übermitteln, mit Datum zu versehen (einen **Leitfaden** zur Erstellung des Sicherheitsdatenblattes enthält die TRGS 220 »Sicherheitsdatenblatt für gefährliche Stoffe und Zubereitungen«; in: *BAuA, Rw* 28; vgl. Anhang Richtlinie 91/155/EWG; *WKT*, § 14, Nr. 2.4).

Wird das Sicherheitsdatenblatt aufgrund wichtiger neuer Informationen im Zusammenhang mit der Sicherheit, dem Gesundheitsschutz oder der Umwelt **überarbeitet**, ist es allen Abnehmern, die den Stoff oder die Zubereitung in den vergangenen 12 Monaten erhalten haben, zu übermitteln. Die überarbeitete Fassung des Sicherheitsdatenblattes ist mit den Angaben »Überarbeitet ... (Datum)« zu versehen (vgl. Art. 1 Abs. 2 Satz 2 Richtlinie 91/155/EWG; *BAuA, Rw* 28).

Das Sicherheitsdatenblatt muss **nicht geliefert** werden, wenn gefährliche Stoffe oder Zubereitungen, die für jedermann erhältlich sind, mit **ausreichenden Informationen** versehen sind, die es dem Benutzer ermöglichen, die erforderlichen Maßnahmen für den Gesundheitsschutz und die Sicherheit zu ergreifen (vgl. Art. 1 Abs. 3 Richtlinie 91/155/EWG).

Für **Zubereitungen mit den in § 35 Abs. 3 genannten krebserzeugenden Stoffen** sowie für **Mineralwolle** gelten hinsichtlich des Sicherheitsdatenblatts Sonderregelungen (vgl. § 14 Abs. 2 und 3).

Ein Sicherheitsdatenblatt mit den damit verbundenen Anforderungen gem. § 14 Abs. 1 bis 3 muss **nicht erstellt** werden:
1. für die Abgabe an den **privaten Endverbraucher** und
2. für **Schädlingsbekämpfungsmittel** im Sinne der Richtlinie 78/631/EWG (§ 14 Abs. 4).

6. Verbote und Beschränkungen

Nach Maßgabe des Anhangs IV GefStoffV bestehen **Herstellungs- und Verwendungsverbote** für die in § 15 aufgeführten Stoffe (vgl. § 15 Abs. 1 Nr. 1–21). Dies gilt nicht für die ordnungsgemäße Abfallentsorgung, sofern in Ausnahmevorschriften oder im Anhang IV GefStoffV nicht etwas Besonderes bestimmt ist (vgl. § 15 Abs. 2; vgl. *WKT*, § 15, Nr. 3).

Die vorgreifenden **Verbote des Inverkehrbringens** sind demgegenüber in der ChemVerbotsV geregelt (vgl. *WKT*, § 15, Nr. 1).

Im Rahmen von allgemeinen **Beschäftigungsverboten** und Beschränkungen dürfen Arbeitnehmer den in § 15a Abs. 1 Satz 1 aufgeführten, **besonders gefährlichen krebserzeugenden Gefahrstoffen** nicht ausgesetzt sein (vgl. *WKT*, § 15a, Nr. 2).

Dies gilt nicht für (§ 15a Abs. 1 Satz 2):
– **Abbruch-, Sanierungs- oder Instandhaltungsarbeiten (ASI-Arbeiten)** an bestehenden Anlagen, Fahrzeugen, Gebäuden, Einrichtungen oder Geräten, die die besonders gefährlichen krebserzeugenden Gefahrstoffen enthalten, so-

weit die Einhaltung des Gebotes der Nichtaussetzung von Arbeitnehmern nach dem Stand der Technik nicht möglich ist,
- die **besonders gefährlichen krebserzeugenden Nitrosamine**, die nach dem Stand der Technik unvermeidbar entstehen,
- die in § 15 Abs. 1 Satz 2 Nr. 3 aufgeführten Stoffe und soweit sich bei den **besonders gefährlichen krebserzeugenden N-Nitrosaminverbindungen** in Prüfungen ein Hinweis auf krebserzeugende Wirkungen nicht ergeben hat.

35 Bei **Sanierungs- und Instandhaltungsarbeiten** müssen beim **Austausch** die **besonders gefährlichen krebserzeugenden Gefahrstoffe** nach dem Stand der Technik durch Stoffe, Zubereitungen oder Erzeugnisse mit einem geringeren gesundheitlichen Risiko **ersetzt** werden (§ 15 Abs. 2).

36 **Abbruch-, Sanierungs- und Instandhaltungsarbeiten** an bestehenden Anlagen, Fahrzeugen, Gebäuden, Einrichtungen oder Geräten, die die **besonders gefährlichen krebserzeugenden Gefahrstoffen** enthalten, dürfen nur durchgeführt werden, wenn sichergestellt ist, dass die **personelle und sicherheitstechnische Ausstattung des Unternehmens** für diese Arbeiten geeignet ist. Eine ausreichende **personelle Ausstattung** liegt nur vor, wenn sachkundige Personen beschäftigt werden. Der Nachweis der Sachkunde wird durch die erfolgreiche Teilnahme an einem von der zuständigen Behörde anerkannten Sachkundelehrgang erbracht. Abweichend davon bedarf ein Sachkundelehrgang für **Instandhaltungsarbeiten mit geringer Exposition** der Arbeitnehmer lediglich einer Anzeige, jedoch nicht der behördlichen Anerkennung (§ 15 Abs. 3).

37 Wird die **Auslöseschwelle** (Rn. 14) **für krebserzeugende Gefahrstoffe überschritten**, dürfen Arbeitnehmer
- ohne persönliche Schutzausrüstung nicht mit Arbeiten beschäftigt werden, bei denen es aufgrund des Arbeitsverfahrens, der Arbeitsorganisation oder der räumlichen oder klimatischen Verhältnisse am Arbeitsplatz zu einer erhöhten Aufnahme der Gefahrstoffe über die Atmungsorgane oder die Haut kommen kann (§ 15 Abs. 4);
- täglich nicht länger als 8 Stunden und wöchentlich nicht länger als 40 Stunden – bei Vierschichtbetrieben 42 Stunden pro Woche im Durchschnitt von vier aufeinanderfolgenden Wochen – beschäftigt werden (§ 15 Abs. 5).

38 Im Hinblick auf **Heimarbeit**, **Begasungen** und **Schädlingsbekämpfung** bestehen besondere Verwendungsverbote, Beschränkungen und sonstige Regelungen (vgl. § 15c, d und e).

7. Allgemeine Umgangsvorschriften für Gefahrstoffe

a) Allgemeines; besondere Vorschriften für den Umgang mit krebserzeugenden und erbgutverändernden Gefahrstoffen

39 Bei der folgenden Darstellung der **allgemeinen Umgangsvorschriften** der GefStoffV (§§ 16 bis 34) ist zu beachten, dass diese durch die seit dem 5.5.2001 ausstehende nationale Umsetzung der **EG-Gefahrstoffrichtlinie** 98/24/EG z.T. grundlegend umgestaltet werden (vgl. allg. Rn. 9). Auf eine weiterführende Kommentierung wird daher an dieser Stelle verzichtet (vgl. den umfassenden Vergleich bei *WKT*, Fünfter Abschnitt, Nr. 2; im Folgenden werden die mit den Regelungen der GefStoffV korrespondierenden bzw. sich unterscheidenden Regelungen der EG-Gefahrstoffrichtlinie angezeigt).

Gefahrstoffverordnung

Neben den allgemeinen Umgangsvorschriften des fünften Abschnitts enthält **40**
der sechste Abschnitt **zusätzliche Vorschriften für den Umgang mit krebserzeugenden und erbgutverändernden Gefahrstoffen** (§§ 35 bis 40), die aus der Umsetzung der **EG-Karzinogen(Krebs)-Richtlinie** 90/394/EWG (zuletzt geändert am 29.4.1999 durch Artikel 1 Richtlinie 1999/38/EG des Rates zur zweiten Änderung der Richtlinie 90/394/EWG über den Schutz der Arbeitnehmer gegen Gefährdung durch Karzinogene bei der Arbeit und zu ihrer Ausdehnung auf Mutagene) und Inhalten des bisherigen Anhangs II GefStoffV 1986 resultieren (vgl. *WKT*, Sechster Abschnitt, Nr. 1). Diese zusätzlichen Vorschriften, die die allgemeinen Umgangsvorschriften in §§ 16 bis 35 verstärken, beziehen sich insbesondere auf (auf eine weitere Kommentierung wird im folgenden verzichtet):
– eine umfassende Bewertung aller Gefahren für jede Tätigkeit, bei der eine Exposition gegenüber krebserzeugenden Gefahrstoffen auftreten kann (§ 36 Abs. 1; zu Begriffsbestimmungen vgl. § 35),
– ein verstärktes Substitutionsgebot (§ 36 Abs. 2),
– verstärkte Schutzmaßnahmen nach dem Stand der Technik (§ 36 Abs. 3 bis 8),
– Anzeigepflichten (§ 37),
– Besondere organisatorische Maßnahmen zum Schutz vor Asbest bei Abbruch- und Sanierungsarbeiten (§ 39).
Außerdem hat der Unternehmer bei der Beauftragung von **Fremdfirmen** beim Umgang mit diesen Gefahrstoffen besondere Regelungen zu beachten (vgl. § 3 UVV BGV B 1; Anlage Nr. 13).

b) Ermittlungs- und Beurteilungspflicht, Substitution, Gefahrstoffverzeichnis

Der Arbeitgeber, der mit einem Stoff, einer Zubereitung oder einem Erzeugnis **41**
umgeht, hat festzustellen, ob es sich im Hinblick auf den vorgesehenen Umgang um einen Gefahrstoff handelt (§ 16 Abs. 1 Satz 1; **Ermittlungspflicht**; vgl. hierzu Art. 4 Abs. 1 EG-Gefahrstoffrichtlinie; Rn. 45; *Scheel*, DB 1999, 1655). Diese Ermittlungspflicht gilt für alle entsprechenden Produkte im Betrieb, so dass es nicht ausreicht, allein die gekennzeichneten Produkte zu identifizieren (*WKT*, § 16, Nr. 2).
Die erforderlichen **Informationen** ergeben sich insbesondere aus der Kennzeichnung auf der Verpackung bzw. aus Angaben, die in einer beigefügten Mitteilung oder einem Sicherheitsdatenblatt enthalten sind. Der Arbeitgeber, der nicht über andere Erkenntnisse verfügt, kann davon ausgehen, dass diese Informationen zutreffend sind (§ 16 Abs. 1 Satz 2). Daneben können auch eigene Ermittlungen des Arbeitgebers erforderlich sein, und zwar für den Fall von, aus unterschiedlichen Gründen, nicht gekennzeichneten Gefahrstoffen (vgl. *WKT*, § 16 Nr. 2; vgl. hierzu auch die Auskunftspflicht des Herstellers bzw. Einführers gem. § 16 Abs. 3; Rn. 43).
Das **Ergebnis der Ermittlung** ist, soweit dabei Gefahrstoffe festgestellt worden sind, der zuständigen Behörde auf Verlangen darzulegen (§ 16 Abs. 1 Satz 3; zur spezielleren Regelung der Vorlage des Gefahrstoffverzeichnisses gem. Abs. 3a vgl. Rn. 44).
Der Arbeitgeber muss prüfen, ob Stoffe, Zubereitungen oder Erzeugnisse mit **42**
einem geringeren gesundheitlichen Risiko als die von ihm in Aussicht genommenen erhältlich sind (**Ermittlungspflicht zur Substitution**; § 16 Abs. 2 Satz 1). Ist ihm die Verwendung dieser Stoffe, Zubereitungen und Erzeugnisse zumut-

bar und ist die Substitution zum Schutz von Leben und Gesundheit der Arbeitnehmer erforderlich, so darf er nur diese verwenden (**Substitutionspflicht**; § 16 Abs. 2 Satz 2; vgl. umfassend und kritisch *WKT*, § 16, Nr. 5; vgl. *Kulka*, in: Meyer-Falcke/Leßwing).
Kann der Schutz von Leben und Gesundheit der Arbeitnehmer vor Gefährdung durch das Auftreten von Gefahrstoffen am Arbeitsplatz nicht durch andere Maßnahmen gewährleistet werden, muss der Arbeitgeber, in Ergänzung zur Ermittlung von Substitutionsmöglichkeiten, prüfen, ob durch **Änderung des Herstellungs- und Verwendungsverfahrens** oder durch den **Einsatz von emissionsarmen Verwendungsformen** von Gefahrstoffen deren Auftreten am Arbeitsplatz verhindert oder vermindert werden kann. Ist dies technisch möglich und dem Arbeitgeber zumutbar, muss der Arbeitgeber die erforderliche Verfahrensänderung vornehmen oder die emissionsarmen Verwendungsformen anwenden (vgl. § 16 Abs. 2 Satz 3).
Das **Ergebnis** der Substitutionsprüfung ist schriftlich festzuhalten und der zuständigen Behörde auf Verlangen vorzulegen (vgl. § 16 Abs. 2 Satz 4; eine Handlungsanleitung hierzu enthält die TRGS 440; vgl. *WKT*, § 16 Nr. 5).
Die **TRGS der Reihe 600** enthalten zu einigen Stoffen und Verfahren Hinweise auf Substitutionsmöglichkeiten (z.B. bei Zinkchromaten und Strontiumchromat als Pigment für den Korrosionsschutz, TRGS 602).
Die Substitutionsregelungen in § 16 Abs. 2 werden, im Kontext eines verstärkten Stellenwerts der Gefährdungsbeurteilung, künftig unmittelbar in den Bereich der **Schutzmaßnahmen** einzuordnen sein (vgl. Art. 6 Abs. 2 Satz 2 EG-Gefahrstoffrichtlinie; *Scheel*, DB 1999, 1656).

43 Verbleiben bei der Ermittlung, ob es sich im Hinblick auf den vorgesehenen Umgang bei den vorgesehenen Stoffen, Zubereitungen oder Erzeugnissen um einen Gefahrstoff handelt, **Ungewissheiten** über die Gefährdung, hat der **Hersteller oder Einführer** dem Arbeitgeber auf Verlangen die gefährlichen Inhaltsstoffe der Gefahrstoffe sowie die von den Gefahrstoffen ausgehenden Gefahren und die zu ergreifenden Maßnahmen mitzuteilen (vgl. § 16 Abs. 3).

44 Der Arbeitgeber ist verpflichtet, ein Verzeichnis aller ermittelten Gefahrstoffe zu führen (**Gefahrstoffkataster bzw. -verzeichnis**; § 16 Abs. 3a). Dies gilt nicht für Gefahrstoffe, die im Hinblick auf ihre gefährlichen Eigenschaften und Menge keine Gefahr für die Beschäftigten darstellen. Das Verzeichnis muss mindestens folgende Angaben enthalten:
– Bezeichnung des Gefahrstoffes,
– Einstufung des Gefahrstoffes oder Angabe der gefährlichen Eigenschaften,
– Mengenbereiche des Gefahrstoffes im Betrieb und
– Arbeitsbereiche, in denen mit dem Gefahrstoff umgegangen wird.
Die Angaben können schriftlich festgehalten oder auf elektronischen Datenträgern gespeichert werden. Das Verzeichnis ist bei wesentlichen Änderungen fortzuschreiben und mindestens einmal jährlich zu überprüfen. Es ist kurzfristig verfügbar aufzubewahren und der zuständigen Behörde auf Verlangen vorzulegen.
Die Verpflichtung zur Erstellung eines Gefahrstoffverzeichnisses korrespondiert mit der Regelung zur Dokumentation einer Risikobeurteilung gem. Art. 4 Abs. 2 EG-Gefahrstoffrichtlinie, die zweckmäßigerweise ein solches Verzeichnis enthalten sollte (vgl. *Scheel*, DB 1999, 1656). Aus fachlicher Sicht ist angeregt worden, über Gefahrstoffe hinaus, auch »ungefährliche« Arbeitsstoffe bzw.»kleine Mengen« im Hinblick auf die Aussagefähigkeit der Gefährdungs-

beurteilung und ihre Dokumentation (§§ 5, 6 ArbSchG) zu erfassen (vgl. *WKT*, § 16, Nr. 4 auch in Bezug auf Art. 5 Abs. 4 EG-Gefahrstoffrichtlinie).
Bevor der Arbeitgeber Arbeitnehmer beim Umgang mit Gefahrstoffen beschäftigt, hat er zur Feststellung der erforderlichen Maßnahmen die mit dem Umgang verbundenen Gefahren zu ermitteln und zu beurteilen (§ 16 Abs. 4 Satz 1). Voraussetzung für diese **Gefährdungsbeurteilung** ist die allgemeine Ermittlung des Vorhandenseins von Gefahrstoffen gem. § 16 Abs. 1 (Rn. 41; vgl. *Vater*, SiS 2001, 475 ff.). Die Vorschrift korrespondiert mit der allgemeinen Verpflichtung zur Beurteilung der Arbeitsbedingungen gem. § 5 ArbSchG, was bedeutet, das sie möglichst in ihrem Kontext erfolgen sollte, um eine ganzheitliche Betrachtungs- und Vorgehensweise beim Ausschalten bzw. Verringern von Gefährdungen zu realisieren (vgl. *WKT*, § 16 Nr. 6).

45

Die Ermittlungs- und Beurteilungspflicht gilt auch für Arbeitgeber, die im **Gefahrenbereich** tätig werden, ohne selbst mit Gefahrstoffen umzugehen (z.B. bei Renovierungsarbeiten; *BayObLG*, 17. 3. 1998, DB 1998, 936).

Welche Maßnahmen zur Abwehr der Gefahren zu treffen sind, die beim Umgang mit Gefahrstoffen entstehen können, hat der Arbeitgeber zu regeln, **bevor** er mit Gefahrstoffen umgeht (§ 16 Abs. 4 Satz 2). Diese technischen und organisatorischen **Maßnahmen** ergeben sich im übrigen aus den Vorschriften, die § 17 Abs. 1 in Bezug nimmt (vgl. Rn. 46).

Die **Bedeutung** und der Stellenwert der Beurteilungspflicht gem. § 16 Abs. 4 wird, i.S. einer umfassenden Beurteilung der Arbeitsbedingungen gem. §§ 5, 6 ArbSchG durch Art. 4 EG-Gefahrstoffrichtlinie wesentlich **verstärkt** werden. Diese Regelung der EG-Gefahrstoffrichtlinie wird daher auch als ihr »Herzstück« bezeichnet (*WKT*, Fünfter Abschnitt, Nr. 2.1 sowie Nr. 2.2 zu Art. 4).

c) Treffen von Schutzmaßnahmen

Der Arbeitgeber, der mit Gefahrstoffen umgeht, hat die zum Schutz des menschlichen Lebens, der menschlichen Gesundheit und der Umwelt erforderlichen Maßnahmen nach den für ihn geltenden **Arbeitsschutz- und Unfallverhütungsvorschriften** zu treffen (§ 17 Abs. 1 Satz 1). Hierzu zählen an erster Stelle die in der GefStoffV festgelegten Maßnahmen zum Umgang mit Gefahrstoffen selbst. Dazu kommen alle weiteren für die jeweilige betriebliche Praxis sonst bedeutsamen Maßnahmen in Arbeitsschutzvorschriften, wie z.B. das ArbSchG, die ArbStättV, die AMBV oder die BioStoffV (vgl. die ähnlich formulierte Regelung in § 3 Abs. 1 Nr. 1 ArbStättV; *WKT*, § 17, Nr. 2; MünchArbR-*Wlotzke*, § 214 Rn. 49 mit Hinweis auf § 14 ArbStättV; Einl. Rn. 115).
In Zusammenhang mit dem Verweis auf **UVV** ist weiterhin von Bedeutung, dass die UVV »Umgang mit Gefahrstoffen« (BGV B1; Anhang Nr. 13) die Umgangsvorschriften der GefStoffV, mit Ausnahme der arbeitsmedizinischen Vorsorge (vgl. hierzu UVV »Arbeitsmedizinische Vorsorge« BGV A 4, GUV 0.6), als UVV gelten lässt und damit ihren Vollzug auch durch die Aufsichtspersonen der Träger der gesetzlichen Unfallversicherung ermöglicht (vgl. Sichere Chemiearbeit, 11/1998, 126). Insgesamt ist jedoch von einem **Bedeutungsverlust** der Bezugnahme von § 17 Abs. 1 Satz 1 GefStoffV auf UVV auszugehen, der sich auch im Inhalt der UVV BGV B1 niederschlägt, die als eigenständige Regelungen nur noch Auskunftspflichten des Unternehmers und Vorschriften über die Beauftragung von Fremdfirmen beim Umgang mit krebserzeugenden oder erbgutverändernden Gefahrstoffen enthält (MünchArbR-*Wlotzke*, a.a.O.).

46

Arbeitsschutzverordnungen

Die zuständige Behörde kann auf schriftlichen Antrag des Arbeitgebers **Ausnahmen** von den Vorschriften gem. § 17 Abs. 1 Satz 1 zulassen, wenn
1. der Arbeitgeber eine andere, ebenso wirksame Maßnahme trifft oder
2. die Durchführung der Vorschrift im Einzelfall zu einer unverhältnismäßigen Härte führen würde und die Abweichung mit dem Schutz der betroffenen Arbeitnehmer vereinbar ist (§ 44 Abs. 1; vgl. *WKT*, § 44, Nr. 2).

47 Im Übrigen sind im Hinblick auf die Maßnahmen die allgemein anerkannten sicherheitstechnischen, arbeitsmedizinischen und hygienischen **Regeln** einschließlich der Regeln über Einstufung, Sicherheitsinformation und Arbeitsorganisation sowie die sonstigen gesicherten arbeitswissenschaftlichen **Erkenntnisse** zu beachten (§ 17 Abs. 1 Satz 2; vgl. die ähnlich formulierte Regelung in § 3 Abs. 1 Nr. 1 ArbStättV; ArbStättV Rn. 25 ff.; *WKT*, § 17, Nr. 3). Von besonderer Bedeutung ist in diesem Zusammenhang die Ermittlung der Technischen Regeln für Gefahrstoffe **(TRGS)** durch den *Ausschuss für Gefahrstoffe* (*AGS*; vgl. § 52, Rn. 85; *WKT*, ebd.; http://www.baua.bund.de/prax/index.htm). Dabei enthalten die technischen Regeln der Reihe 500 (vgl. die Übersicht unter Anhang Nr. 14) Schutzmaßnahmen zu unterschiedlichen Fällen des Umgangs mit Gefahrstoffen, z.B. Oberflächenbehandlung in Räumen und Behältern (TRGS 507), Friseurhandwerk (TRGS 530), Feuchtarbeit (TRGS 531), Holzstaub (TRGS 553).

Von den Regeln und Erkenntnissen darf **abgewichen** werden, wenn eine ebenso wirksame Maßnahme getroffen wird. Auf Verlangen der zuständigen Behörde ist dies im Einzelfall nachzuweisen (§ 44 Abs. 2; vgl. *WKT*, § 44, Nr. 3).

48 Das **Maßnahmenkonzept der EG-Gefahrstoffrichtlinie**, enthält, ausgehend von der für das Treffen von Maßnahmen grundlegenden Gefährdungsbeurteilung gem. Art. 4 (Rn. 45), eine differenzierte, risikoorientierte Verfahrensweise (vgl. *Scheel*, DB 1999, 1656; *WKT*, Fünfter Abschnitt, Nr. 2.2 zu Art. 5):

a) In **allen Fällen** des Umgang mit gefährlichen chemischen Arbeitsstoffen sind, unabhängig vom tatsächlichen Risiko einer Gefährdung:
   – Die **Grundpflichten** und Grundsätze des Arbeitsschutzes zu beachten (Art. 6 Abs. 1 und 2 EG-Rahmenrichtlinie 89/391/EWG bzw. §§ 3, 4 ArbSchG; Art. 6 Abs. 1 EG-Gefahrstoffrichtlinie) und, hierauf aufbauend,
   – **Mindestmaßnahmen** zur ergreifen (abstrakt aufgeführt in Art. 6 Abs. 2 EG-Gefahrstoffrichtlinie). Entsprechende Mindestmaßnahmen ergeben sich im nationalen Recht sowohl aus Regelungen der GefStoffV selbst (§§ 19, 22, 24 und 25; *WKT*, Fünfter Abschnitt, Nr. 2.2 zu Art. 5) sowie aus der TRGS 500 »Schutzmaßnahmen: Mindeststandards« (Anhang Nr. 15). Der Vorteil der, mit der TRBA 500 vergleichbaren TRGS 500 (vgl. § 10 Abs. 4 BioStoffV) liegt darin, das sie Schutzmaßnahmen für den Umgang mit Arbeitsstoffen beschreibt, die unabhängig von der Ermittlung, ob es sich um einen Gefahrstoff handelt, anzuwenden sind (»Gute Industriepraxis«; zur Anwendung des hiermit korrespondierenden Schutzstufen- bzw. »Einfachen Maßnahmenkonzepts« für Gefahrstoffe vgl. Rn. 49). Daneben ist insbesondere die TRGS 540 zu erwähnen, die spezifische Schutzmaßnahmen für sensibilisierende Gefahrstoffe festlegt.
   – Die Vorgehensweise nach Art. 6 Abs. 1 und 2 EG-Gefahrstoffrichtlinie gilt auch, wenn sich aus der Gefährdungsbeurteilung aufgrund der am Arbeitsplatz vorhandenen **Mengen** eines gefährlichen chemischen Arbeitsstoffes nur ein geringfügiges Risiko ergibt und die Mindestmaßnahmen gem. Art. 6 Abs. 1 und 2 ausreichen (Art. 6 Abs. 4 EG-Gefahrstoffrichtlinie).

Gefahrstoffverordnung

b) Ergibt sich aus der Gefährdungsbeurteilung ein **Risiko**, sind außerdem die Schutz-, Vorbeugungs- und Überwachungsmaßnahmen gem. Art. 6, 7 und 10 EG-Gefahrstoffrichtlinie anzuwenden (Art. 6 Abs. 3 EG-Gefahrstoffrichtlinie). Zur Lösung von Schwierigkeiten der Umsetzung der GefStoffV in kleinen und mittleren Betrieben (vgl. Rn. 42) wird, vor dem Hintergrund der Umsetzung der EG-Gefahrstoffrichtlinie 98/24/EG die Anwendung eines **Schutzstufen- bzw. »Einfachen« Maßnahmenkonzepts** vorgeschlagen (vgl. *Arndt/Henn/Packroff*, SichIng 7/2001, 16 ff.). Verbunden werden sollen dabei das vorrangige **Substitutionsgebot** (vgl. Rn. 42) als sowie die Durchführung **risikoorientierter Schutzmaßnahmen**, wenn ersteres zunächst nicht durchführbar ist (vgl. a.a.O., 17). Grundlage hierfür soll die Entwicklung eines Konzepts für ein **Chemikalienmanagement** im Betrieb (zu damit korrespondierenden Konzepten für Arbeitsschutzmanagementsysteme, in die sich das Chemikalienmanagement einbetten sollte vgl. § 3 ArbSchG Rn. 11) sowie eine arbeitsschutzgerechte **Gestaltung tätigkeitsspezifischer Formen** des Umgang mit Gefahrstoffen. **49**

Das Schutzstufenkonzept unterscheidet **drei Stufen** von Schutzmaßnahmen (vgl. *Arndt/Henn/Packroff*, a.a.O., 17):
- Stufe 1: Anwendung der Mindestvorschriften der TRGS 500 (Rn. 48; Anhang Nr. 15) für den Umgang mit allen Arbeitsstoffen,
- Stufe 2: Durchführung der Ersatzstoffprüfung und von gefährdungsspezifischen Arbeitsschutzmaßnahmen,
- Stufe 3: Durchführung zusätzlicher Arbeitsschutzmaßnahmen.

Ergänzend zu diesen Schutzstufen ergeben sich aus dem Regelwerk (TRGS 500, TRGS 540, Abschnitt 6 GefStoffV, Verordnung über brennbare Flüssigkeiten – VbF) **Maßnahmengruppen**, die die Vielzahl von stoffbezogenen Einzelmaßnahmen für einzelne Tätigkeiten zusammenfassen und die derzeit fortentwickelt werden (vgl. *Arndt/Henn/Packroff*, a.a.O., 17 f.).

Unterstützende und qualitätssichernde Maßnahmen sollen die Wirksamkeit des Schutzstufenkonzepts garantieren (ebd., 18).

Die **Auswahl** der Schutzstufen und Maßnahmengruppen soll sich zum einen an der Zuordnung von Einstufungen (von »kein R-Satz [vgl. Rn. 20], reizend...« bis »sehr giftig..., krebserzeugend..., erbgutverändernd...«) zu Gefahrengruppen (A bis D) auf der Grundlage der TRGS 440 »Ermitteln von Gefährdungen und Methoden zur Ersatzstoffprüfung« und der britischen Konzeption der sogenannten COSHH-Essentials orientieren. Damit verbunden ergeben sich auch aus dem Freisetzungspotenzial des Gefahrstoffs sowie der verwendeten Menge entsprechende Auswahlkriterien für notwendige Schutzmaßnahmen. Werden Gefährdungsgruppen, Freisetzungspotenzial und verwendete Menge zusammengeführt, ergibt sich eine klare Übersicht, welche Schutzstufe bei welcher Gefahrengruppe greift und welche Maßnahmen dementsprechend zu ergreifen sind (vgl. ebd., 18 f.; vgl. dort auch ein anschauliches Praxisbeispiel).

Maßnahmen zur Abwehr **unmittelbarer Gefahren** sind unverzüglich zu treffen (§ 17 Abs. 2). Hierbei ist insbesondere auf die Maßnahmen bei besonderen Gefahren gem. § 9 ArbSchG zu verweisen (*WKT*, § 17, Nr. 4; vgl. § 9 ArbSchG Rn. 1 ff.; vgl. auch Rn. 72 zu Maßnahmen bei Betriebsstörungen und Unfällen gem. § 26 Abs. 2 bis 4 GefStoffV). **50**

Grundlegend für die Durchführung von Schutzmaßnahmen und damit schon wichtig bei der bei der Ermittlung und Beurteilung von Gefahrstoffen und ihren Gefährdungen gem. § 16 Abs. 1 und 4 sind, i.S. von **Information**, die Kennzeichnungen von gefährlichen Stoffen, Zubereitungen und Erzeugnissen, insbe- **51**

Arbeitsschutzverordnungen

sondere die Hinweise auf die besonderen Gefahren (R-Sätze; vgl. Anhang III EG-Richtlinie 67/548/EWG; *BAuA*, Rw 28) und die Sicherheitsratschläge (S-Sätze; vgl. Anhang IV EG-Richtlinie 67/548/EWG; ebd.) sowie die Angaben in den Sicherheitsdatenblättern von gefährlichen Stoffen und Zubereitungen. Diese sind dementsprechend vom Arbeitgeber zu **beachten** (vgl. § 17 Abs. 3; *WKT*, § 17, Nr. 4).

d) Betriebliche Überwachung

52 Im Hinblick auf die **betriebliche Überwachung** ist derzeit ein Grenzwertkonzept grundlegend: Ist das Auftreten eines oder verschiedener gefährlicher Stoffe in der Luft am Arbeitsplatz nicht sicher auszuschließen, so ist zu ermitteln, ob die MAK, die TRK oder der BAT-Wert unterschritten oder die Auslöseschwelle überschritten sind (vgl. Rn. 11). Die Gesamtwirkung verschiedener gefährlicher Stoffe in der Luft am Arbeitsplatz ist zu beurteilen (§ 18 Abs. 1; vgl. umfassend und kritisch *WKT*, § 18, Nr. 2). Die Ergebnisse der Ermittlungen und Messungen sind **aufzuzeichnen** und mindestens 30 Jahre aufzubewahren. Sie sind der zuständigen Behörde auf Verlangen mitzuteilen. Bei Betriebsstilllegung sind die Aufzeichnungen dem zuständigen Unfallversicherungsträger auszuhändigen (§ 18 Abs. 3).

53 Das grenzwertbezogenen Überwachungskonzepts ist mit **Problemen** behaftet, sowohl bezogen auf seine faktische Beschränkung auf einzelne Gefahrstoffe, für die Grenzwerte festgelegt sind (vgl. Rn. 2) als auch auf die Problematik der Handhabbarkeit gerade dieser Regelung der GefStoffV in kleinen und mittleren Betrieben (vgl. *Voullaire*, 1995), **Verbesserungsperspektiven** ergeben sich zum einen aus einer verbesserten Ersatzstoffpolitik, die aufwendige Überwachungsmaßnahmen grundsätzlich reduziert, sowie aus der EG-Gefahrstoffrichtlinie und dem dort festgelegten risikoorientiertem Vorgehen bei der Ermittlung und Durchführung von Schutzmaßnahmen (vgl. Rn. 41 ff.; *WKT*, § 18, Nr. 1; zum **Grenzwertkonzept der Richtlinie**, das auch die Überwachung vereinfachende Standardbewertungen bestimmter Arbeitsplätze bzw. Arbeitsverfahren zulässt, vgl. *Scheel*, DB 1999, 1656 f. sowie *WKT*, Fünfter Abschnitt, Nr. 2.2 zu Art. 3 und Art. 6 Abs. 4 und 5).

54 Wer Messungen durchführt (vgl. hierzu TRGS 402 und 403), muss gem. § 18 Abs. 2 über die notwendige **Sachkunde** und über die **notwendigen Einrichtungen** verfügen. Der Arbeitgeber, der eine **Messstelle** beauftragt, kann davon ausgehen, dass die von einer Messstelle festgestellten Erkenntnisse zutreffend sind, wenn die Messstelle von den Ländern **anerkannt** ist. Die Länder regeln einvernehmlich das Verfahren der Anerkennung. Das *BMA* gibt die anerkannten Messstellen im BArbBl. bekannt (vgl. BArbBl. 9/1999, 92 und entsprechende Aktualisierungen).

55 Der Arbeitgeber hat bei den Ermittlungen und Messungen die vom Ausschuss für Gefahrstoffe (*AGS*; vgl. § 52) aufgestellten **Verfahren und Messregeln** heranzuziehen, in die die Verfahren und Messregeln der zutreffenden Europäischen Richtlinien in ihrer jeweiligen geänderten, im Amtsblatt der Europäischen Gemeinschaften veröffentlichten Fassung übernommen sind. Die Verfahren und Messregeln werden vom Bundesministerium für Arbeit und Sozialordnung im Bundesarbeitsblatt bekannt gemacht (vgl. § 18 Abs. 4). Hierbei muss nicht direkt auf die Texte der EG-Richtlinien zurückgegriffen werden; deren Inhalte sind vielmehr in die jeweils **aktuellen nationalen Messvorschriften** integriert (*WKT*, § 18, Nr. 3).

Gefahrstoffverordnung

Die vorgenannten **Überwachungspflichten gelten nicht**, wenn die Auslöseschwelle für Gefahrstoffe bei bestimmungsgemäßer Anwendung behördlich oder berufsgenossenschaftlich anerkannter Verfahren oder Geräte nicht überschritten wird, mit der **Ausnahme**, dass es sich um **besonders gefährliche krebserzeugende Gefahrstoffe** handelt (§ 18 Abs. 5). Bei letzteren ist auch bei einem Nichtüberschreiten der Auslöseschwelle von einer Gefährdung der Arbeitnehmer auszugehen (vgl. WKT, § 18, Nr. 4). 56

Eine Ausnahme von der Überwachungspflicht besteht auch für die **bestimmungsgemäße Freisetzung** von Gefahrstoffen (z.B. Schädlingsbekämpfung), bei denen entsprechende Sicherheitsmaßnahmen zu ergreifen sind (vgl. § 19 Abs. 6; WKT § 18, Nr. 4).

Die Einhaltung der Überwachungspflichten, insbesondere des MAK-Grenzwerts, **entbindet nicht** von den Pflichten des Substitutionsgebots gem. § 16 Abs. 2 und der Einhaltung einer Rangfolge von Schutzmaßnahmen gem. § 19, da erstere keinen abschließenden Schutz der Sicherheit und der Gesundheit der Arbeitnehmer garantieren können (vgl. WKT, § 19, Nr. 1). 57

e) Rangfolge von Schutzmaßnahmen

Ausgehend von den Ermittlung- und Beurteilungspflichten gem. § 16 Abs. 1 und 4 sowie vom vorgreifendem Substitutionsgebot in § 16 Abs. 2 legt die GefStoffV in § 19 eine **Rangfolge von Schutzmaßnahmen** gegenüber der Freisetzung von gefährlichen Gasen, Dämpfen und Schwebstoffen fest. Eine vergleichbare Abfolge findet sich in § 4 ArbSchG (vgl. § 4 ArbSchG Rn. 5). Im Zusammenhang der Maßnahmen nach § 19 haben die Maßnahmen nach Abs. 1 **(geschlossenes System)**, nach Prüfung der Substitution, den **Vorrang** gegenüber nachrangigen Maßnahmen nach Abs. 2 (vollständige Absaugung) und Abs. 3 (allgemeine Lüftungsmaßnahmen; vgl. WKT, § 19, Nr. 2, 3 und 4). 58

Eine Verpflichtung zur **kontinuierlichen Verbesserung** enthält Abs. 4, nach dem der Arbeitgeber nicht dem **Stand der Sicherheitstechnik** (vgl. Rn. 14; § 4 ArbSchG Rn. 7 ff.) entsprechende Arbeitsverfahren, die eine Freisetzung verhindern oder minimieren, soweit zumutbar innerhalb einer angemessenen Frist anzupassen hat, wenn sich diese Sicherheitstechnik bewährt hat und die Arbeitssicherheit hierdurch erheblich erhöht wird. Diese an mehrere unbestimmte Rechtsbegriffe geknüpfte Verbesserungspflicht scheint jedoch wenig wirksam zu sein (vgl. WKT, § 19, Nr. 5). Ergänzend ist auf die allgemeine Verbesserungspflicht von Sicherheit und Gesundheitsschutz gem. § 3 Abs. 1 ArbSchG zu verweisen, die auch für die GefStoffV gültig ist (vgl. § 3 ArbSchG Rn. 1 ff.; zum Umgang mit Gefahrstoffen in Zusammenhang mit technischen Anlagen bzw. Arbeitsmitteln gem. § 26 Abs. 1 vgl. Rn. 71). 59

Am Ende der Rangfolge von Arbeitsschutzmaßnahmen steht die, gegenüber technischen und organisatorischen Maßnahmen nachrangige Verpflichtung des Arbeitgebers zur **Bereitstellung von PSA** sowie der Arbeitnehmer zu deren Benutzung (vgl. § 19 Abs. 5; vgl. hierzu die PSA-BV). Ausdrücklich ist hervorzuheben, dass das Tragen von Atemschutz und von Vollschutzanzügen darf keine ständige Maßnahme sein. 60

Die vorgenannten Maßnahmen der Gestaltung des Arbeitsverfahrens, der Lüftungsmaßnahmen und des Einsatzes von persönlichen Schutzausrüstungen gelten nicht für Verfahren, bei denen **bestimmungsgemäß** Gefahrstoffe freige- 61

473

Arbeitsschutzverordnungen

setzt werden und Lüftungsmaßnahmen dem Verwendungszweck entgegenstehen (z.B. bei der Schädlingsbekämpfung). Auch die Überwachungspflichten entfallen in diesen Fällen (vgl. Rn. 56).
Werden in diesen Fällen der MAK- oder der BAT-Wert (Rn. 14) nicht unterschritten, sind die Maßnahmen des Einsatzes von **PSA** zu treffen (§ 19 Abs. 6; vgl. Rn. 58).

f) Betriebsanweisung, Unterweisung

62 Durch die Verpflichtung des Arbeitgebers zur Erstellung einer **arbeitsbereichs- und stoffbezogenen Betriebsanweisung** gem. § 20 Abs. 1 wird die Grundlage für die Unterweisung gem. § 20 Abs. 2 geschaffen (vgl. TRGS 555). Diese spezielle Unterweisung sollte möglichst mit der allgemeinen Unterweisung nach § 12 ArbSchG verbunden werden, um eine ganzheitliche Vermittlung des erforderlichen Handlungs- und Methodenwissens zur Vermeidung bzw. Verringerung von Gefährdungen für Sicherheit und Gesundheit sicherzustellen (vgl. im übrigen § 12 ArbSchG Rn. 7 ff.).

63 **Inhalte** der Betriebsanweisung sind:
– Hinweise auf die mit dem Umgang mit Gefahrstoffen verbundenen Gefahren für Mensch und Umwelt,
– Festlegung der erforderlichen Schutzmaßnahmen und Verhaltensregeln,
– Hinweise auf die sachgerechte Entsorgung entstehender gefährlicher Abfälle,
– Anweisungen über das Verhalten im Gefahrfall und über die Erste Hilfe.
Die Betriebsanweisung ist in verständlicher Form und in der Sprache der Beschäftigten abzufassen und an geeigneter Stelle in der Arbeitsstätte bekannt zumachen (vgl. TRGS 555; *WKT*, § 20, Nr. 2; ein Vorschlag für die Gestaltung einer Betriebsanweisung findet sich unter: http://www.hvbg.de/d/pages/arbeit/praev/betrieb.htm; vgl. auch *Kaulka*, in: Meyer-Falcke/Leßwing).

64 Im Hinblick auf die Konkretisierung der allgemeinen Verpflichtung zur Unterweisung gem. § 12 ArbSchG (vgl. § 12 ArbSchG Rn. 1 ff.), muss der Arbeitgeber, bezogen auf den Umgang mit Gefahrstoffen die **Unterweisung**
– mindestens einmal jährlich mündlich und arbeitsplatzbezogen durchführen,
– Inhalt und Zeitpunkt der schriftlich festhalten,
– durch die Unterwiesenen schriftlich bestätigen lassen und
– ihren Nachweis zwei Jahr aufbewahren (§ 20 Abs. 2; ein Vorschlag für die Bestätigung findet sich unter http://www.hvbg.de/d/pages/arbeit/praev/betrieb.htm).

g) Unterrichtung und Anhörung der Arbeitnehmer in besonderen Fällen

65 Durch § 21 werden **besondere Rechte** der vom Umgang mit Gefahrstoffen sowie mit krebserzeugenden Gefahrstoffen (vgl. §§ 35 bis 40) betroffenen Arbeitnehmer bzw. des Betriebs- oder Personalrats festgelegt (vgl. BetrVG Rn. 47 ff. zu den Unterrichtungs- und Anhörungsrechten; zu den allgemeinen Rechten der Beschäftigten und ihrer Interessenvertretung vgl. Rn. 8; zu weiteren Rechten in Zusammenhang mit Betriebsstörungen und Unfällen gem. § 26 vgl. Rn. 72).
Im **Überblick**:
– Anhörung bei Ermittlung, Beurteilung und Maßnahmenfestlegungen (darüber hinaus besteht ein Mitbestimmungsrecht gem. § 87 Abs. 1 Nr. 7 bzw. § 75 Abs. 3 Nr. 11; Rn. 8; vgl. § 5 ArbSchG Rn. 16),

Gefahrstoffverordnung

- Unterrichtung über das Ergebnis von Messungen zur Überwachung der MAK, TRK oder über das nicht personenbezogene Ergebnis der Messungen zur Überwachung der BAT-Wert,
- Anhörung in Zusammenhang mit Bereitstellung und Benutzung von PSA,
- Mitteilung bei Überschreitung der MAK-Werte, der TRK oder der Auslöseschwelle,
- Anhörung zu Maßnahmen bei Überschreitung,
- Information über Messungen von Gefahrstoffkonzentrationen zur Überwachung der MAK-Werte oder der TRK,
- Vorschlagsrecht für Schutzmaßnahmen zur Abwendung gesundheitlicher Schäden (vgl. § 17 Abs. 1 ArbSchG; § 17 ArbSchG Rn. 2 f.),
- Außerbetriebliches Beschwerderecht bei Überschreitung der MAK, TRK oder BAT (vgl. § 17 Abs. 2 ArbSchG; § 17 ArbSchG Rn. 4 ff.),
- Arbeitverweigerungsrecht bei Gefahr für Leib und Leben durch die Überschreitungen der MAK-Werte, der TRK oder der BAT-Werte; vgl. § 9 Abs. 3 ArbSchG; § 9 ArbSchG Rn. 15).

h) Ergänzende Maßnahmen

Ergänzend zu den allgemeinen organisatorischen, technischen und personenbezogenen Schutzmaßnahmen gem. §§ 16 bis 21 werden in den §§ 22 bis 26 **weitere Schutzmaßnahmen** vorgeschrieben. **66**
- **Hygienemaßnahmen (vgl. TRGS 500; Anhang Nr. 15)** **67**
  - Für den Verbrauch durch Arbeitnehmer im Betrieb bestimmte **Nahrungs- und Genussmittel** dürfen nur so aufbewahrt werden, dass sie mit Gefahrstoffen nicht in Berührung kommen (§ 22 Abs. 1).
  - Arbeitnehmer, die beim Umgang mit sehr giftigen, giftigen, krebserzeugenden, fortpflanzungsgefährdenden oder erbgutverändernden Gefahrstoffen beschäftigt werden, dürfen in Arbeitsräumen oder an ihren Arbeitsplätzen im Freien **keine Nahrungs- und Genussmittel** zu sich nehmen. Für diese Arbeitnehmer sind Bereiche einzurichten, in denen sie Nahrungs- und Genussmittel ohne Beeinträchtigung ihrer Gesundheit durch Gefahrstoffe zu sich nehmen können (§ 22 Abs. 2). Diese Maßnahmen sind auch für Stoffe und Zubereitungen anzuwenden, die nicht entsprechend gekennzeichnet sind, aber entsprechend einzustufen wären (z.B. Holzstäube von Buchen- und Eichenholz; WKT, § 22, Nr. 3).
  - Arbeitnehmern, die beim Umgang mit sehr giftigen, giftigen, krebserzeugenden, fortpflanzungsgefährdenden oder erbgutverändernden Gefahrstoffen beschäftigt werden, sind **Waschräume** sowie Räume mit getrennten Aufbewahrungsmöglichkeiten für Straßen- und Arbeitskleidung (sog. **Schwarz-Weiß-Anlage**) zur Verfügung zu stellen. Wenn es aus gesundheitlichen Gründen erforderlich ist, sind Umkleideräume für Straßen- und Arbeitskleidung zur Verfügung zu stellen, die durch einen Waschraum mit Duschen voneinander getrennt sind. Arbeits- und Schutzkleidung ist vom Arbeitgeber zu reinigen. Erforderlichenfalls ist sie geordnet zu entsorgen und vom Arbeitgeber zu ersetzen (vgl. § 22 Abs. 3).
- **Verpackung und Kennzeichnung beim Umgang (vgl. TRGS 200 und 201)** **68**
  - Gefährliche Stoffe, Zubereitungen und Erzeugnisse, die verpackungs- und kennzeichnungspflichtig sind, sind auch **bei der Verwendung** zu kennzeichnen und zu verpacken (§ 23 Abs. 1).

Arbeitsschutzverordnungen

- Sichtbar verlegte **Rohrleitungen**, in denen kennzeichnungspflichtige gefährliche Stoffe oder Zubereitungen transportiert werden, sind zu kennzeichnen. Die Kennzeichnung muss in ausreichender Häufigkeit und gut sichtbar in unmittelbarer Nähe der gefahrenträchtigen Stellen, wie Schiebern und Anschlussstellen, angebracht werden (§ 26 Abs. 1a).
- Abweichend davon sind zur **vereinfachten Kennzeichnung**
  - Behälter, die mit dem Boden fest verbunden sind,
  - in Laboratorien und wissenschaftlichen Instituten sowie in Apotheken Standflaschen, in denen gefährliche Stoffe und Zubereitungen in einer für den Handgebrauch erforderlichen Menge enthalten sind,

  mindestens mit der Angabe
  - der chemischen Bezeichnung des Stoffes oder der Zubereitung und der Bestandteile der Zubereitung und
  - des Gefahrensymbols mit der zugehörigen Gefahrenbezeichnung

  zu kennzeichnen (vgl. § 23 Abs. 3).
- Die Kennzeichnung muss wegen ihrer Warnfunktion jederzeit **gut lesbar** sein; sie ist bei Bedarf zu reinigen, zu überprüfen und zu erneuern (§ 23 Abs. 5).
- Bei der Verwendung müssen Stoffe und Zubereitungen (einschließlich Pflanzenschutzmittel, die sich in Pflanzenschutzgeräten befinden) die sich als Ausgangsstoffe oder Zwischenprodukte im **Produktionsgang** befinden, sofern den beteiligten Arbeitnehmern bekannt ist, um welche gefährlichen Stoffe oder Zubereitungen es sich handelt (dies gilt demnach nicht für Endprodukte; WKT, § 23, Nr. 3) **nicht gekennzeichnet** und nicht verpackt werden (vgl. § 23 Abs. 4).

69 – **Aufbewahrung und Lagerung (vgl. TRGS 511, 514, 515, 520)**
- Gefahrstoffe sind so aufzubewahren oder zu lagern, dass sie die menschliche Gesundheit und die Umwelt nicht gefährden. Es sind dabei geeignete und zumutbare Vorkehrungen zu treffen, um den Missbrauch oder einen Fehlgebrauch nach Möglichkeit zu verhindern. Bei der Aufbewahrung zur Abgabe oder zur sofortigen Verwendung müssen die mit der Verwendung verbundenen Gefahren erkennbar sein (§ 24 Abs. 1; vgl. auch die Hinweise bei *Pieper/Vorath*, S. 333 ff., 347).
- Gefahrstoffe dürfen nicht in solchen Behältern, durch deren Form oder Bezeichnung der Inhalt mit Lebensmitteln verwechselt werden kann, aufbewahrt oder gelagert werden. Gefahrstoffe dürfen nur übersichtlich geordnet und nicht in unmittelbarer Nähe von Arzneimitteln, Lebens- oder Futtermitteln einschließlich der Zusatzstoffe aufbewahrt oder gelagert werden (§ 24 Abs. 2).
- Mit T+ (sehr giftig) oder T (giftig) gekennzeichnete sehr giftige, giftige, krebserzeugende, fortpflanzungsgefährdende oder erbgutverändernde Stoffe und Zubereitungen sind unter Verschluss oder so aufzubewahren oder zu lagern, dass nur fachkundige Personen Zugang haben. Dies gilt nicht für Ottokraftstoffe an Tankstellen (§ 24 Abs. 3).

70 – **Besondere Anforderungen beim Umgang mit bestimmten Gefahrstoffen**
Wer als Arbeitgeber die Gefahrstoffe Ammoniumnitrat, Blei oder Künstliche Mineralfasern herstellt oder verwendet oder den Tätigkeiten der Oberflächenbehandlung in Räumen und Behältern, der Begasungen oder der Schädlingsbekämpfung nachgeht, hat die in **Anhang V** GefStoffV festgelegten Vorschriften zu beachten (vgl. § 25).

- **Sicherheitstechnik (vgl. TRGS 300)** 71
Nicht an die Möglichkeit der Freisetzung von Gefahrstoffen und ihre Vermeidung gem. § 19 (vgl. Rn. 58), sondern an **sicherheitstechnische Erfordernisse** geknüpft, hat der Arbeitgeber die zum Schutz der Arbeitnehmer erforderlichen sicherheitstechnischen Maßnahmen und Vorkehrungen ebenfalls nach dem Stand der Technik zu treffen, wenn Herstellungs- oder Verwendungsverfahren eingesetzt werden, bei denen mit Gefahrstoffen in **technischen Anlagen** oder unter Verwendung von **technischen Arbeitsmitteln** umgegangen wird, (vgl. § 26 Abs. 1; *WKT*, § 26 Nr. 2; vgl. hierzu auch die Regelungen der AMBV). Eine neue Konzeption zur besseren Verbindung von Gesundheitsschutz und Sicherheitstechnik eröffnet die Umsetzung der entsprechenden Regelungen der EG-Gefahrstoffrichtlinie sowie die geplante Neuordnung der Betriebs- und Anlagensicherheit durch eine Betriebssicherheitsverordnung (vgl. *WKT*, § 26, Nr. 1; § 1 AMBV Rn. 2). Die EG-Gefahrstoffrichtlinie enthält die bislang in der GefStoffV nicht verankerte Verpflichtung zur Durchführung von technischen und/oder organisatorischen Maßnahmen, um die Arbeitnehmer gegen die aufgrund der physikalisch-chemischen Eigenschaften von Gefahrstoffen auftretenden Gefahren zu schützen, z.B. im Hinblick auf Brände und Explosionen (vgl. Art. 5 Abs. 1 und 2 i.V.m. Art. 6 Abs. 6 EG-Gefahrstoffrichtlinie sowie die EG-Explosionsrichtlinie 1999/92/EG, die durch die Betriebssicherheitsverordnung umgesetzt werden soll; 91 AMBV Rn. 2).

- **Maßnahmen bei Betriebsstörungen und Unfällen (vgl. TRGS 300)** 72
  - Der Arbeitgeber hat die erforderlichen Vorkehrungen zu treffen, um Betriebsstörungen, bei denen Arbeitnehmer gefährdet werden können, zu verhindern und bei Betriebsstörungen und bei Unfällen die Gefahren für die Arbeitnehmer nach dem Stand der Technik zu begrenzen. Dies gilt nicht, soweit entsprechende Vorschriften nach dem BImSchG bestehen (§ 26 Abs. 2; vgl. die entsprechenden Regelungen der StörfallV vom 26. April 2000, BGBl. I v. 2.5.2000, 603). Die EG-Gefahrstoffrichtlinie sieht hierzu die präventive Festlegungen von Verfahren (»Aktionsplänen«) vor (vgl. Art. 7 Abs. 1).
  - Der Arbeitgeber hat die Arbeitnehmer unverzüglich zu unterrichten, wenn diese bei Betriebszuständen, die vom Normalbetrieb abweichen, außergewöhnlich erhöhten Konzentrationen von Gefahrstoffen ausgesetzt sein können. Dies kann insbesondere der Fall sein bei Betriebsstörungen, bestimmten Instandhaltungsarbeiten oder Unfällen (§ 26 Abs. 3). Diese Regelung ergänzt die allgemeine Unterrichtung nach § 21 (vgl. Rn. 65).
  - Solange die außergewöhnlich erhöhten Konzentrationen nicht beseitigt und dadurch Arbeitnehmer gefährdet sind, dürfen nur die für Reparaturen und sonstige notwendige Arbeiten benötigten Arbeitnehmer Zugang zu den betroffenen Arbeitsbereichen haben. Den Arbeitnehmern muss PSA zur Verfügung gestellt werden. Die Exposition darf nicht von unbegrenzter Dauer sein und ist für jeden Arbeitnehmer auf das unbedingt erforderliche Mindestmaß zu beschränken. Arbeitnehmer ohne PSA dürfen nicht in den betroffenen Arbeitsbereichen beschäftigt werden (§ 26 Abs. 4). Die Arbeitnehmer sind verpflichtet, dabei die zur Verfügung gestellten PSA zu benutzen (§ 26 Abs. 5; vgl. § 19 Abs. 5; Rn. 61).

8. Arbeitsmedizinische Vorsorgeuntersuchungen

73 Die Regelungen zur arbeitsmedizinischen Vorsorge gem. (§§ 28 bis 34) ergänzen die in der GefStoffV festgelegten Schutzmaßnahmen (vgl. allg. § 11 ArbSchG Rn. 1 ff.; *WKT*, § 28, Nr. 1). Anders als die Untersuchungen nach § 11 ArbSchG oder § 6 Abs. 3 ArbZG haben die Untersuchungen nach § 28 GefStoffV, wie die nach § 15 Abs. 1 BioStoffV (§ 15 BioStoffV Rn. 3 ff.), **verpflichtenden** Charakter (*WKT*, § 28, Nr. 1). Diese Pflichtuntersuchungen ersetzen nicht die allgemeinen arbeitsmedizinischen Untersuchungen sofern für deren Durchführung ein Erfordernis besteht (z.B. § 11 ArbSchG, § 6 Abs. 2 ArbZG, § 5 BildscharbV).

Die Vorsorgeuntersuchungen sind als individuelle Maßnahmen **nachrangig** gegenüber übergreifenden Schutzmaßnahmen nach §§ 16 bis 19 GefStoffV (vgl. § 11 ArbSchG Rn. 2).

Die Regelungen werden im Zuge der Umsetzung der EG-Gefahrstoffrichtlinie **neu konzipiert**. Vorbild werden dabei die Regelungen der BioStoffV sein (vgl. ebd.; § 15 BioStoffV Rn. 1 ff.).

74 Die entsprechenden Untersuchungen (arbeitsmedizinische Erstuntersuchungen vor Aufnahme der Beschäftigung und arbeitsmedizinische Nachuntersuchungen während dieser Beschäftigung; vgl. Rn. 75) dürfen nur durch einen von der zuständigen Behörde **ermächtigten Arzt** vorgenommen werden (vgl. §§ 28 Abs. 1, 30).

Untersuchungsbefunde sind vom Arzt schriftlich festzuhalten. Der Untersuchte ist über den Untersuchungsbefund zu unterrichten. Der Arzt hat dem Arbeitgeber und dem untersuchten Arbeitnehmer eine **Bescheinigung** darüber auszustellen, ob und inwieweit der Arbeitnehmer zur Verwendung an dem Arbeitsplatz geeignet ist (Bescheinigung über das Untersuchungsergebnis) und dieser Bescheinigung etwaige Empfehlungen nach § 31 Abs. 3 Nr. 1 beizufügen. In der Bescheinigung ist darauf hinzuweisen, dass eine Entscheidung der zuständigen Behörde nach § 31 Abs. 5 herbeigeführt werden kann, wenn die Bescheinigung für unzutreffend gehalten wird.

Im Falle **gesundheitlicher Bedenken** hat der Arzt
1. dem Arbeitgeber schriftlich eine Überprüfung des Arbeitsplatzes zu empfehlen, wenn der untersuchte Arbeitnehmer infolge der Arbeitsplatzverhältnisse gefährdet erscheint und
2. den untersuchten Arbeitnehmer in schriftlicher Form medizinisch zu beraten.

Hat der Arzt dem Arbeitgeber eine Bescheinigung mit einer Empfehlung nach § 31 Abs. 3 Nr. 1 ausgestellt, hat der Arbeitgeber dies dem **Betriebs- oder Personalrat** mitzuteilen. Im Falle eines Beschäftigungsverbotes hat er auch die **zuständige Behörde** zu unterrichten.

Hält der Arbeitgeber oder der untersuchte Arbeitnehmer die vom Arzt ausgestellte Bescheinigung für **unzutreffend**, so kann er die Entscheidung der zuständigen Behörde beantragen (§ 31).

Der Arbeitgeber hat die Untersuchungen auf seine **Kosten** zu veranlassen (§ 28 Abs. 2 Satz 3).

75 Die Untersuchungen sind durchzuführen, wenn am Arbeitsplatz die **Auslöseschwelle** für die in Anhang VI GefStoffV aufgeführten gefährlichen Stoffe oder Zubereitungen überschritten wird. Ansonsten dürften Arbeitnehmer dort nicht beschäftigt werden. Diese Untersuchungen sind innerhalb der in Anhang VI GefStoffV genannten Fristen durchzuführen (vgl. § 28 Abs. 2 Satz 1).

Soweit ein arbeitsmedizinisch begründeter **stoffspezifischer Wert** festgelegt ist, tritt dieser an die Stelle der Auslöseschwelle (§ 28 Abs. 2 Satz 2; vgl. *WKT*, § 28, Nr. 3).

Das Benutzen von **Atemschutzgeräten** beim Umgang mit den in Anhang VI GefStoffV aufgeführten gefährlichen Stoffen oder Zubereitungen befreit nicht von der Verpflichtung nur Arbeitnehmer dort zu beschäftigen, die innerhalb der in Anhang VI GefStoffV genannten Fristen Vorsorgeuntersuchungen unterzogen worden sind (§ 28 Abs. 3). 76

Der Arbeitgeber hat dem Arzt auf Verlangen die zur Durchführung der Vorsorgeuntersuchungen erforderlichen **Auskünfte** über die Arbeitsplatzverhältnisse zu erteilen und eine **Besichtigung** des Arbeitsplatzes zu ermöglichen (§ 28 Abs. 4). 77

Die **Erstuntersuchung** muss vor Beginn der Beschäftigung vorgenommen werden. Sie darf nicht länger als 12 Wochen zurückliegen (§ 29 Abs. 1). 78

Die Frist für die **Nachuntersuchung** beginnt mit dem Zeitpunkt der letzten Vorsorgeuntersuchung. Nachuntersuchungen müssen innerhalb von 6 Wochen vor Ablauf der Nachuntersuchungsfrist vorgenommen werden § 29 Abs. 3 Satz 1). 79

Abweichend davon ist eine **vorzeitige Nachuntersuchung** erforderlich, wenn
– eine Bescheinigung über eine Vorsorgeuntersuchung befristet oder unter einer entsprechenden Bedingung erteilt worden ist oder
– eine Erkrankung oder eine körperliche Beeinträchtigung eine vorzeitige Nachuntersuchung angezeigt erscheinen lässt oder
– Arbeitnehmer, die einen ursächlichen Zusammenhang zwischen ihrer Erkrankung und ihrer Tätigkeit am Arbeitsplatz vermuten, eine Untersuchung wünschen (§ 29 Abs. 2 Satz 2).

Ist der Arbeitnehmer innerhalb von sechs Monaten nach der GefStoffV oder nach anderen Rechtsvorschriften mehr als einmal einer Nachuntersuchung zu unterziehen, können die Nachuntersuchungen **an einem Termin** vorgenommen werden. Dies gilt nicht, wenn die Nachuntersuchungsfrist weniger als 1 Jahr beträgt (§ 29 Abs. 3).

Hat der ermächtigte Arzt dem Arbeitgeber eine schriftliche Bescheinigung mit einer Empfehlung zur Überprüfung des Arbeitsplatzes aufgrund gesundheitlicher Bedenken hinsichtlich des untersuchten Arbeitnehmers erteilt, darf der Arbeitgeber den untersuchten Arbeitnehmer an seinem Arbeitsplatz nur beschäftigen oder weiterbeschäftigen, wenn die Wirksamkeit der Maßnahmen nach der **Rangfolge der Schutzmaßnahmen** überprüft worden ist und für den untersuchten Arbeitnehmer gesundheitliche Bedenken nicht mehr bestehen (§ 33 Satz 1). 80

Arbeitsvertragsrechtlich hat ein etwaiges Beschäftigungsverbot keine Konsequenzen für den Bestand des Arbeitsverhältnisses (MünchArbR-*Wlotzke*, § 216 Rn. 62).

Auf dem Arbeitsplatz dürfen **andere Arbeitnehmer** nur beschäftigt werden, wenn feststeht, dass sie durch Maßnahmen nach der **Rangfolge der Schutzmaßnahmen** ausreichend geschützt werden können (§ 33 Satz 2).

Für Arbeitnehmer, die nach der Gefahrstoffverordnung ärztlich untersucht worden sind, ist von ihrem Arbeitgeber eine **Vorsorgekartei** zu führen. Der betroffene Arbeitnehmer oder eine von ihm bevollmächtigte Person hat das Recht auf Einsichtnahme in die ihn betreffenden Angaben (§ 34 Abs. 1). Die Angaben können in Dateiform auch auf sonstigen Datenträgern gespeichert werden. 81

Arbeitsschutzverordnungen

Die Kartei muss für jeden Arbeitnehmer bestimmte **Angaben** enthalten (vgl. § 34 Abs. 2).
Der Arbeitgeber hat die Kartei und die ärztlichen Bescheinigungen für jeden Arbeitnehmer bis zu dessen Ausscheiden **aufzubewahren**. Danach sind dem Arbeitnehmer der ihn betreffende Auszug aus der Kartei und die ärztlichen Bescheinigungen auszuhändigen. Der Arbeitgeber hat einen Abdruck des dem Arbeitnehmer ausgehändigten Auszugs wie Personalunterlagen aufzubewahren. (§ 34 Abs. 3).
Der Arbeitgeber hat die Kartei so aufzubewahren, dass **Unbefugte** keinen Zugang haben. Die in der Kartei enthaltenen Angaben dürfen unbefugten Dritten nicht offenbart werden (§ 34 Abs. 4).

9. Behördliche Anordnungen und Entscheidungen; Straftaten und Ordnungswidrigkeiten

82 Der **Vollzug** der GefStoffV durch die **zuständigen Behörden** (vgl. § 21 ArbSchG Rn. 1 ff.) durchgeführt. Daneben können die Umgangsvorschriften, mit Ausnahme der arbeitsmedizinischen Vorsorge, der GefStoffV auch durch die **Aufsichtsdienste** der Träger der gesetzlichen Unfallversicherung durchgesetzt werden, in dem diese einer UVV gleichgesetzt werden (vgl. § 1 Satz 2 UVV »Umgang mit Gefahrstoffen« (BGV B1; Anlage Nr. 15). Dies gilt ausdrücklich nicht für die Vollzugsregelungen in den §§ 41 bis 44 GefStoffV (§ 1 Satz 3 UVV BGV B1). Allerdings hat das Unternehmen der Berufsgenossenschaft auf Verlangen alle für den Umgang mit Gefahrstoffen bedeutsamen Angaben zu machen (vgl. § 2 UVV BGV B1 und DA zu § 2).

83 Die konkreten **Vollzugsregelungen** der §§ 41 bis 44 beziehen sich auf folgende Bereiche:
– Durchführung der arbeitsmedizinischen Vorsorge (§ 41 Abs. 1 bis 5),
– Anordnungen zur Erfüllung der Umgangsvorschriften des 5. und 6. Abschnitts (§ 41 Abs. 6),
– Anordnungsbefugnis zur betrieblichen Überwachung der Grenzwerte (§ 41 Abs. 7),
– Untersagungsmöglichkeit bei krebserzeugenden Arbeitsstoffen (§ 41 Abs. 8),
– Besondere Befugnisse zu Verzeichnissen und Sicherheitsdatenblätter (§ 41 Abs. 9 und 10),
– Zulassung von Ausnahmen zum 3., 4., 5. und 6. Abschnitt (§§ 42 bis 44).

84 Die Tatbestände zu Ordnungswidrigkeiten und Straftaten beziehen sich auf **Verstöße** gegen folgende Vorschriften:
– Heimarbeitsgesetz (§ 47),
– Regelungen der GefStoffV zur Kennzeichnung und Verpackung, Anzeige, Umgang, Herstellungs- und Verwendungsverbote bezogen auf die im ChemG geregelten Tatbestände (§§ 48 bis 51).

10. Ausschuss für Gefahrstoffe

85 Insbesondere zum Aufbau eines die GefStoffV konkretisierenden technischen Regelwerks (TRGS; vgl. Anhang 14) sieht § 52 die Bildung des *Ausschusses für Gefahrstoffe (AGS)* vor. Die Einrichtung des *AGS* sichert die Mitwirkung der beteiligten Kreise und gewährleistet dadurch die breite Akzeptanz der von ihm ermittelten TRGS (vgl. Rn. 47).

Verordnung über Sicherheit und Gesundheitsschutz bei der manuellen Handhabung von Lasten bei der Arbeit (Lastenhandhabungsverordnung – LasthandhabV)

vom 4. Dezember 1996 (BGBl. I, S. 1842), zuletzt geändert durch Art. 395 der Siebenten Zuständigkeitsanpassungs-Verordnung vom 29. Oktober 2001 (BGBl. I, S. 2785)

§ 1 Anwendungsbereich

(1) Diese Verordnung gilt für die manuelle Handhabung von Lasten, die aufgrund ihrer Merkmale oder ungünstiger ergonomischer Bedingungen für die Beschäftigten eine Gefährdung für Sicherheit und Gesundheit, insbesondere der Lendenwirbelsäule, mit sich bringt.
(2) Manuelle Handhabung im Sinne dieser Verordnung ist jedes Befördern oder Abstützen einer Last durch menschliche Kraft, unter anderem das Heben, Absetzen, Schieben, Ziehen, Tragen oder Bewegen einer Last.
(3) Die Verordnung gilt nicht in Betrieben, die dem Bundesberggesetz unterliegen.
(4) Das Bundeskanzleramt, das Bundesministerium des Innern, das Bundesministerium für Verkehr, Bau- und Wohnungswesen, das Bundesministerium der Verteidigung oder das Bundesministerium der Finanzen können, soweit sie hierfür jeweils zuständig sind, im Einvernehmen mit dem Bundesministerium für Arbeit und Sozialordnung und, soweit nicht das Bundesministerium des Innern selbst zuständig ist, im Einvernehmen mit dem Bundesministerium des Innern bestimmen, daß für bestimmte Tätigkeiten im öffentlichen Dienst des Bundes, insbesondere bei der Bundeswehr, der Polizei, den Zivil- und Katastrophenschutzdiensten, dem Zoll oder den Nachrichtendiensten, Vorschriften dieser Verordnung ganz oder zum Teil nicht anzuwenden sind, soweit öffentliche Belange dies zwingend erfordern, insbesondere zur Aufrechterhaltung oder Wiederherstellung der öffentlichen Sicherheit. In diesem Fall ist gleichzeitig festzulegen, wie die Sicherheit und der Gesundheitsschutz der Beschäftigten nach dieser Verordnung auf andere Weise gewährleistet werden.

Übersicht	Rn.
1. Allgemeines	1– 4
2. Zielsetzung	5– 8
3. Sachlicher Anwendungsbereich	9–12
4. Geltung in allen Tätigkeitsbereichen, persönlicher Anwendungsbereich	13–19

1. Allgemeines

Mit der LasthandhabV wird die EG-Richtlinie 90/269/EWG vom 19.5.1990 über Mindestvorschriften bezüglich der Sicherheit und des Gesundheitsschutzes bei der manuellen Handhabung von Lasten, die für die Arbeitnehmer insbesondere eine Gefährdung der Lendenwirbelsäule mit sich bringt (AblEG **1**

Arbeitsschutzverordnungen

Nr. L 156 v. 21.6.1990, 9; im folgenden: **EG-Lastenhandhabungsrichtlinie**), in das bundesdeutsche Arbeitsschutzrecht umgesetzt. Diese Richtlinie regelt EG-einheitlich den Schutz der Beschäftigten gegen Gefährdung bei der manuellen Handhabung von Lasten (RegE-ArtV, 19; vgl. im Überblick Abb. 12).

2 Mit der LasthandhabV werden die allgemeinen Vorschriften des ArbSchG durch **spezielle Vorschriften** in Bezug auf die Sicherheit und den Gesundheitsschutz der Beschäftigten bei der manuellen Handhabung von Lasten ergänzt. Umgekehrt sind bei der betrieblichen Umsetzung der LasthandhabV die allgemeinen Vorschriften des ArbSchG zu beachten: Bei der Übernahme der Mindestvorschriften aus der EG-Lastenhandhabungsrichtlinie wurde durch den Verordnungsgeber auf Kohärenz mit dem ArbSchG geachtet, d.h. die Inhalte der Richtlinie, die bereits im ArbSchG geregelt worden sind, sind nicht mehr in die Verordnung übernommen worden (*Doll*, SiS 1997, 7; *Wlotzke*, NJW 1997, 1470; vgl. RegE-ArtV, 14). In der betrieblichen Praxis und bei deren Unterstützung durch die Arbeitsschutzakteure ist es daher notwendig, beide Rechtsvorschriften im Kontext und nicht isoliert voneinander anzuwenden (vgl. im einzelnen § 2 Rn. 3, 10 ff.; allg. Einl. Rn. 113).

3 **Weitere Konkretisierungen** der allgemein gehaltenen Schutzziele und Bestimmungen der LasthandhabV können auf branchen- oder tätigkeitsspezifischer Ebene z.B. durch UVV erfolgen (vgl. RegE-ArtV, 14). Arbeitsschutzpflichten der Arbeitgeber bzw. Rechte und Pflichten der Beschäftigten nach sonstigen Rechtsvorschriften bleiben unberührt (vgl. § 1 Abs. 3 i.V. mit § 2 Abs. 4 ArbSchG; vgl. § 1 ArbSchG Rn. 22 ff.; im Überblick zu bestehenden Regelungen, insbesondere zum MuSchG und zur UVV »Gesundheitsdienst« [VBG 103]: *LASI*, 1996, 13 f.; *Opfermann/Rückert*, AuA 1997, 187).

4 Etwa 20% aller **Arbeitsunfälle** in der Bundesrepublik Deutschland mit entsprechenden Folgelasten für die Betriebe und Unfallversicherungsträger ereignen sich derzeit bei manuellen Transportarbeiten (RegE-ArtV, 20). Darüber hinaus zählen Muskel- und Skeletterkrankungen zu den häufigsten Einschränkungen der Leistungsfähigkeit der Beschäftigten in allen Wirtschaftsbereichen (jährlich etwa 160 Millionen **Arbeitsunfähigkeitstage** mit rund 23 Milliarden DM gesamtwirtschaftlicher Ausfälle; vgl. a.a.O.; *Opfermann/Rückert*, AuA 1997, 187). Bei der Lastenhandhabung handelt es sich um einen Bereich, in dem durch wenig Nachdenken und einfachste Maßnahmen erhebliche gesundheitliche Effekte und nennenswerte **Kosteneinsparungen** für die Betriebe und das Sozialversicherungssystem erzielt werden können (RegE-ArtV, a.a.O.). Beispiele von Betriebsprojekten z.B. der *BAuA* belegen dies. Aus Großbritannien ist bekannt, dass man dort bei der Anwendung der Richtlinie mit jährlichen Einsparungen von etwa 170 Millionen Pfund für die Wirtschaft rechnet (a.a.O.).

2. Zielsetzung

5 **Ziel** der LasthandhabV ist die Sicherung und Verbesserung von Sicherheit und Gesundheitsschutz der Beschäftigten durch Maßnahmen des Arbeitsschutzes bei der Arbeit im Hinblick auf die manuelle Handhabung von Lasten, die die Sicherheit und die Gesundheit der Beschäftigten gefährden kann (vgl. § 1 Abs. 1 Satz 1 ArbSchG; § 1 ArbSchG Rn. 1 ff.). Die allgemeinen Pflichten des Arbeitgebers und die Pflichten und Rechte der Beschäftigten nach dem ArbSchG sind entsprechend dieser Zielsetzung in Bezug auf die manuelle Handhabung von Lasten bei der Arbeit umzusetzen (vgl. § 3). In diesem Kontext ist insbesondere

Abbildung 19:

Lastenhandhabungsverordnung (LasthandhabV)	
Anwendungsbereich • Gefährdung durch manuelle Handhabung von Lasten (Anhang) • jedes manuelle Befördern oder Abstützen einer Kraft (Anhang)	§ 1 LasthandhabV
Maßnahmen • geeignete organisatorische Maßnahmen treffen (Anhang) oder • geeignete Arbeitsmittel bereitstellen	§ 2 LasthandhabV §§ 3, 4, 5 ArbSchG AMBV
Übertragung von Aufgaben • körperliche Eignung der Beschäftigten berücksichtigen	§ 3 LasthandhabV
Unterweisung • Grundlage: allgemeine Unterweisung • genaue Angaben über sachgemäße Handhabung • genaue Angaben über Gefahren bei unsachgemäßer Handhabung	§ 4 LasthandhabV § 12 ArbSchG

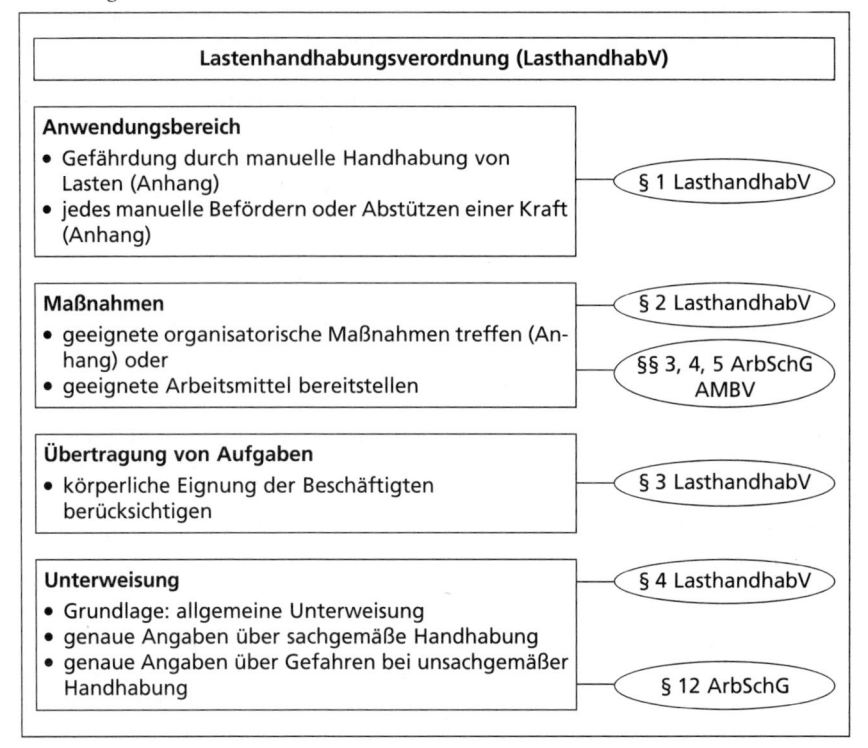

auf die Verpflichtung des Arbeitgebers hinzuweisen, bei Maßnahmen des Arbeitsschutzes i.S. von § 2 Abs. 1 ArbSchG (vgl. § 2 ArbSchG Rn. 1 ff.), von einer Rangfolge von Schutzmaßnahmen, von einer Gefahrenbekämpfung an der Quelle und von der Nachrangigkeit individueller Schutzmaßnahmen gegenüber anderen Maßnahmen auszugehen (vgl. § 4 Nr. 1, 2 und 5 ArbSchG). Weiterhin sind im Hinblick auf die Vermeidung eines die Sicherheit und die Gesundheit gefährdenden manuellen Handhabens von Lasten bei der Durchführung von Arbeitsschutzmaßnahmen der Stand der Technik und sonstige gesicherte arbeitswissenschaftliche Erkenntnisse zu berücksichtigen (vgl. § 4 Nr. 3 ArbSchG; vgl. allg. RegE-ArtV, 20; § 2 Rn. 3).

Die LasthandhabV schreibt bewusst keine starren Maßnahmen vor (vgl. RegE-ArtV, a.a.O.), besonders auch **keine Gewichtsgrenzen** (*Wlotzke*, NJW 1997, 1472; vgl. zur Näherung *Doll*, SiS 1997, 9). Vielmehr verbleiben den Betrieben unter Beachtung der Grundsätze des § 4 ArbSchG Gestaltungsspielräume für an die betrieblichen Gegebenheiten angepasste Arbeitsschutzmaßnahmen (vgl. a.a.O.; zu Handlungshilfen vgl. Rn. 5 und 8 sowie Anhang Nr. 16). Im Sinne ihrer Zielsetzung deckt die LasthandhabV einen breiten **Bereich** von manueller Handhabung von Lasten ab (z.B. in der Bauwirtschaft, im Gesundheitsdienst). Die Gestaltungsspielräume schaffen zugleich die Grundlage für die Mitbestimmung des Betriebs- bzw. Personalrats (vgl. § 2 Rn. 11). **6**

Die LasthandhabV enthält Bestimmungen zur Sicherheit und zum Gesundheitsschutz der Beschäftigten bei manuellen Lastenhandhabungen, die eine Gefähr- **7** dung für die Beschäftigten mit sich bringen; herausgehoben wird die **Gefährdung der Lendenwirbelsäule** (vgl. allg. zu den Grundlagen der Bewertung körperlicher Arbeit, zur Gesundheitsgefährdung und krankhaften Folgeerscheinungen *LASI*, 1996, 8 ff.; *BAuA*-Ratgeber, 207; *Bongwald/Luttmann/Laurig*, 1995). Bestimmte Hebe- und Tragetätigkeiten können sich schädigend auf die **Wirbelsäule** auswirken. So sind mit Wirkung vom 1.1.1993 bandscheibenbedingte Erkrankungen durch langjähriges Heben und Tragen schwerer Lasten als Berufskrankheit (vgl. SGB VII Rn. 4) in die Liste zur BKV aufgenommen worden (vgl. *Becker*, SozSich 1995, 100 ff.; *Feldhoff*, AiB 1995, 400 ff.; *Blome*, BG 1993, 426 ff.; *Eilebrecht* BG 1993, 187 ff.).

8   Als **Handlungshilfen** kommen insbesondere in Betracht:
– *BAuA* (Hrsg.)/*Windberg/Steinberg* (Bearbeiter), Heben und Tragen ohne Schaden (Quartbroschüre auch für die manuelle Lastenhandhabung in Heim und Freizeit);
– *BAuA/LASI*, Arbeitsblatt Heben und Tragen von Lasten (abgedruckt als Anhang Nr. 16);
– *Bongwald/Luttmann/Laurig* (Hrsg.: HVBG), Leitfaden für die Beurteilung von Hebe- und Tragetätigkeiten, 1995 (richtet sich hauptsächlich an Arbeitsschutzexperten):
– *Hettinger/Hahn* (Hrsg.: Bayerisches Staatsministerium für Arbeit, Familie und Sozialordnung), Schwere Lasten leicht gehoben, 1991;
– *LASI* (Hrsg.), Handlungsanleitung zur Beurteilung der Arbeitsbedingungen beim Heben und Tragen von Lasten, 1996;
– *Steinberg/Windberg* (Hrsg.: BAuA), Leitfaden Sicherheit und Gesundheitsschutz bei der manuellen Handhabung von Lasten – Sonderschrift S 43, 1997 (dieser Leitfaden ist erfolgreich modellhaft erprobt worden; vgl. *Steinberg/Caffier/Mohr/Liebers/Behrendt*, 1998);
– *Caffier/Steinberg/Liebers* (Hrsg.: BAuA), Praxisorientiertes Methodeninventar zur Belastungs- und Beanspruchungsbeurteilung im Zusammenhang mit arbeitsbedingten Muskel-Skelett-Erkrankungen, 1999;
– im Überblick auch mit Hinweisen auf die Aufgaben und Möglichkeiten von Betriebsräten *Geray*, AiB 1997, 520.

3. Sachlicher Anwendungsbereich

9   Der **Anwendungsbereich** der LasthandhabV bezieht sich auf die manuelle Handhabung von Lasten, die auf Grund ihrer Merkmale oder ungünstiger ergonomischer Bedingungen eine Gefährdung für Sicherheit und Gesundheit der Beschäftigten mit sich bringt (vgl. § 1 Abs. 1; *Opfermann/Rückert*, AuA 1997, 188; zum persönlichen Anwendungsbereich vgl. Rn. 13, 17 ff.).

10 Den **Begriff** der manuellen Handhabung von Lasten, der den sachlichen Anwendungsbereich konkretisiert, definiert die LasthandhabV entsprechend Art. 2 EG-Lastenhandhabungsrichtlinie als Befördern oder Abstützen einer Last durch menschliche Kraft, u.a. Heben, Absetzen, Schieben, Ziehen, Tragen oder Bewegen (vgl. § 1 Abs. 2; RegE-ArtV, 21; *Opfermann/Rückert*, AuA 1997, 188). Im einzelnen kann der Krafteinsatz über Hände, Arme, Beine, Brust, Rücken, Schulter oder kombiniert erfolgen (vgl. a.a.O.). Beispiele sind: Möbeltragen, Steinesetzen, Bewegen von kranken oder pflegebedürftigen Personen, Bewegen von Kindern, Bewegen von Paletten mit Handhubwagen, Halten von Bohrhämmern (vgl. *BAuA*-Ratgeber, 207).

Lastenhandhabungsverordnung

Vom Anwendungsbereich der LasthandhabV **nicht erfasst** ist das Transportieren von Lasten mit **maschineller Kraft**, z.b. mit Kränen (vgl. RegE-ArtV, 21; zu Schutzmaßnahmen im Hinblick auf den Krantransport bzw. zum Anschlagen von Lasten vgl. *BAuA* [Hrsg.], 1998b). 11

Eine **Last** kann ein Gegenstand, ein Tier oder auch ein Mensch (z.b. im Krankenhaus, Pflegeheim oder im Kindergarten) sein, die durch einen oder mehrere Beschäftigte manuell gehandhabt wird (vgl. RegE-ArtV, 21; vgl. *Doll*, AS-Recht Beil. 1/1997, 4; *Opfermann/Rückert*, AuA 1997, 188). 12

4. Geltung in allen Tätigkeitsbereichen, persönlicher Anwendungsbereich

Die LasthandhabV gilt in allen **Tätigkeitsbereichen** und schafft für diese einheitliche Vorschriften in Bezug auf die manuelle Handhabung von Lasten, die die Sicherheit und die Gesundheit der Beschäftigten gefährden können (vgl. § 1 Abs. 1 Satz 2 ArbSchG; § 1 ArbSchG Rn. 14 ff.). Der persönliche Anwendungsbereich entspricht gem. der Ermächtigungsgrundlage (§ 19 ArbSchG) dem des ArbschG, d.h. von der Verordnung werden grundsätzlich alle privaten und öffentlichen Tätigkeitsbereiche erfasst. Auch der Begriff »Beschäftigte« ist daher i.S. von § 2 Abs. 2 ArbSchG zu verstehen (vgl. RegE-ArtV, 20; vgl. Rn. 17 ff.; vgl. § 2 ArbSchG Rn. 11 ff.). 13

Die LasthandhabV gilt nicht für den Bereich des **Bergbaus**, in dem entsprechende Regelungen durch die GesBergV v. 31.7.1990 getroffen wurden (vgl. § 1 Abs. 3; RegE-ArtV, 21; *Opfermann/Rückert*, AuA 1997, 188; § 1 Abs. 2 Satz 2 ArbSchG; § 1 ArbSchG Rn. 19). 14

Im Bereich der **Seeschiffahrt** gilt die LasthandhabV nur dann, wenn nicht entsprechende Rechtsvorschriften bestehen (vgl. § 1 Abs. 2 Satz 2 ArbSchG; § 1 ArbSchG Rn. 18). 15

Die LasthandhabV gilt nicht für den Arbeitsschutz von **Hausangestellten in privaten Haushalten** (vgl. § 1 Abs. 2 Satz 1 ArbSchG; § 1 ArbSchG Rn. 17). 16

Die LasthabhabV zielt auf den Schutz von Sicherheit und Gesundheit für alle **Beschäftigten** i.S. von § 2 Abs. 2 ArbSchG ab (Rn. 17 ff.; RegE-ArtV, 20; vgl. § 2 ArbSchG Rn. 11 ff.). 17

Für die **Beamten der Länder, Gemeinden und sonstigen Körperschaften, Anstalten und Stiftungen des öffentlichen Rechts** regelt das Landesrecht, ob und inwieweit die LasthandhabV gilt (vgl. § 20 Abs. 1 ArbSchG; RegE-ArtV, 14). Sind durch die Bundesländer noch keine entsprechenden Rechtsvorschriften erlassen worden, gilt die EG-Lastenhandhabungsrichtlinie aufgrund der am 31.12.1992 abgelaufenen Umsetzungsfrist unmittelbar (Einl. Rn. 70). 18

Im Bereich des **öffentlichen Dienstes des Bundes** gilt die LasthandhabV unmittelbar. Nur für den Ausnahmefall, nämlich wenn **öffentliche Belange** es **zwingend** erfordern, kann in bestimmten Bereichen des öffentlichen Dienstes des Bundes die LasthandhabV ganz oder teilweise nicht angewendet werden, wobei gleichzeitig festzulegen ist, wie Sicherheit und Gesundheitsschutz der Beschäftigten nach dieser Verordnung auf andere Weise gewährleistet werden (vgl. § 1 Abs. 4; § 20 Abs. 2 ArbSchG). Die Regelung trägt der Tatsache Rechnung, dass in bestimmten Tätigkeitsbereichen des öffentlichen Dienstes die strikte Anwendung der Verordnung mit der ordnungsgemäßen Erfüllung der öffentlichen Aufgaben in diesen Bereichen in Konflikt kommen könnte (vgl. RegE-ArtV, 21; *Opfermann/Rückert*, AuA 1997, 188). 19

Arbeitsschutzverordnungen

§ 2 Maßnahmen

(1) Der Arbeitgeber hat unter Zugrundelegung des Anhangs geeignete organisatorische Maßnahmen zu treffen oder geeignete Arbeitsmittel, insbesondere mechanische Ausrüstungen, einzusetzen, um manuelle Handhabungen von Lasten, die für die Beschäftigten eine Gefährdung für Sicherheit und Gesundheit, insbesondere der Lendenwirbelsäule mit sich bringen, zu vermeiden.

(2) Können diese manuellen Handhabungen von Lasten nicht vermieden werden, hat der Arbeitgeber bei der Beurteilung der Arbeitsbedingungen nach § 5 des Arbeitsschutzgesetzes die Arbeitsbedingungen insbesondere unter Zugrundelegung des Anhangs zu beurteilen. Aufgrund der Beurteilung hat der Arbeitgeber geeignete Maßnahmen zu treffen, damit eine Gefährdung von Sicherheit und Gesundheit der Beschäftigten möglichst gering gehalten wird.

Übersicht   Rn.

1. Rangfolge von Schutzmaßnahmen 1– 4
2. Beurteilung der Arbeitsbedingungen 5, 6
3. Besondere Arbeitsschutzmaßnahmen zur Minimierung der Gefährdung 7– 9
4. Regelungen des ArbSchG 10–13

1. Rangfolge von Schutzmaßnahmen

1 Grundsätzlich muss der Arbeitgeber zunächst, durch geeignete organisatorische Maßnahmen oder durch den Einsatz geeigneter Arbeitsmittel, eine die Sicherheit und die Gesundheit der Beschäftigten gefährdende **manuelle Handhabung von Lasten vermeiden** (vgl. § 2 Abs. 1; RegE-ArtV, 21; *Doll*, SiS 1997, 8). Dabei ist der Anhang zugrundezulegen. Damit wird Art. 3 Abs. 1 EG-Lastenhandhabungsrichtlinie umgesetzt. Die Vermeidung manueller Handhabung von Lasten könnte z.B. durch Automatisierung oder Mechanisierung geschehen, wobei darauf zu achten ist, dass möglichst keine Mechanisierungslücken entstehen (RegE-ArtV, a.a.O.). In Betracht kommen auch Änderungen hinsichtlich der Arbeitsorganisation, -verfahren oder -abläufe, z.B. durch Vermeidung von Zwischenlagerungen (a.a.O.). Kombinationen der genannten Maßnahmen sind ebenfalls denkbar (a.a.O.; vgl. *Steinberg/Windberg*, 1997, 18).

2 Erst wenn manuelle Handhabungen von Lasten, die zu einer Gefährdung insbesondere der Lendenwirbelsäule der Beschäftigten führen, nicht vermieden werden können, greifen die **sekundären Schutzmaßnahmen** nach § 2 Abs. 2. Damit werden Art. 3 Abs. 2 und Art. 4 EG-Lastenhandhabungsrichtlinie umgesetzt.

3 Die Regelung des § 2 entspricht dem im ArbSchG enthaltenen Grundsatz, eine **Rangfolge der Schutzmaßnahmen** bei der betrieblichen Durchführung von Arbeitsschutzmaßnahmen einzuhalten (vgl. § 4 Nr. 1, 2, 5 ArbSchG; § 4 ArbSchG Rn. 5). Der Arbeitgeber hat bei den vorrangigen Arbeitsschutzmaßnahmen nach § 2 Abs. 1 den Stand von Technik sowie sonstige gesicherte arbeitswissenschaftliche Erkenntnisse zu berücksichtigen (vgl. § 4 Nr. 3 ArbSchG; § 4 ArbSchG Rn. 7 ff.).

4 Abs. 1 und Abs. 2 sind in Verbindung mit dem Anhang **Rahmenvorschriften** i.S. des § 87 Abs. 1 Nr. 7 BetrVG und lassen dem Arbeitgeber Entscheidungsspielräume darüber,
– welche Maßnahmen er zur Vermeidung der manuellen Handhabung von Lasten oder

Lastenhandhabungsverordnung

– welche Maßnahmen er zur Gefährdungsbeurteilung (vgl. Rn. 5) sowie zur Minimierung von Gefährdungen für Sicherheit und Gesundheit beim unvermeidbaren manuellen Heben und Tragen von Lasten (vgl. Rn. 7ff.) zu treffen hat. Diese Regelungen unterliegen daher der **Mitbestimmung** des Betriebsrates gem. § 87 Abs. 1 Nr. 7 BetrVG (vgl. DKK-*Klebe*, § 87 BetrVG Rn. 204 m.w.N.; vgl. BetrVG Rn. 14ff.) bzw. des Personalrats gem. § 75 Abs. 3 Nr. 11 BPersVG (vgl. BPersVG Rn. 8ff.).

2. Beurteilung der Arbeitsbedingungen

Zur Ermittlung der sekundären Schutzmaßnahmen nach § 2 Abs. 2 sind die entsprechenden Gefährdungen in die **Beurteilung der Arbeitsbedingungen** nach § 5 ArbSchG einzubeziehen (vgl. *LASI*, 1996, 15ff.; *Steinberg/Windberg*, 1997, 13; *Bongwald/Luttman/Laurig*, 1995). Die Beurteilung erfolgt unter Zugrundelegung des Anhangs der LasthandhabV (vgl. RegArtV, 22; Anhang, Rn. 1ff.; *Doll*, SiS 1997, 8); mindestens gehört zur Beurteilung die Körperhaltung bei der Lastenhandhabung, das Lastgewicht und die Dauer der Häufigkeit der manuellen Handhabung der Last (*Doll*, a.a.O., 9; zur sog., 2001 aktualisierten, Leitmerkmalsmethode vgl. *Opfermann/Rückert*, AuA 1997, 188; *Steinberg/Windberg*, 1997, S. 13ff.; *BAuA*-Ratgeber, 208f.; *LASI*, 1996; vgl. darüber hinaus das im Anhang Nr. 16 abgedruckte Arbeitsblatt von *BAuA/LASI* zum Heben und Tragen von Lasten; im Überblick vgl. *Caffier/Steinberg/Liebers*, 1999). 5

In Betrieben mit mehr als zehn Beschäftigten ist diese Gefährdungsbeurteilung zu **dokumentieren** (vgl. § 6 ArbSchG; *Wlotzke*, NJW 97, 1472). Betriebe mit zehn oder weniger Beschäftigten sind hiervon zwar im allgemeinen freigestellt (vgl. RegE-ArtV, a.a.O.); diese verschaffen sich jedoch mit einer freiwilligen Dokumentation Vorteile z.B. in Zusammenhang mit der Beweisführung bei Arbeitsunfalluntersuchungen oder im Hinblick auf die Transparenz ihrer betrieblichen Organisation (Schwachstellenanalyse vgl. § 6 ArbSchG Rn. 10). 6

3. Besondere Arbeitsschutzmaßnahmen zur Minimierung der Gefährdung

Auf der Grundlage der Beurteilung der Arbeitsbedingungen nach § 5 ArbSchG trifft der Arbeitgeber geeignete **Maßnahmen**, damit die Gefährdung für Sicherheit und Gesundheit der Beschäftigten möglichst gering gehalten wird (vgl. RegE-ArtV, 22). Hierunter sind die Maßnahmen des Arbeitsschutzes i.S. von § 2 Abs. 1 ArbSchG zu verstehen (vgl. *Doll*. SiS 97, 8; § 2 ArbSchG Rn. 1ff.). Als Maßnahmen kommen z.B. in Betracht: Optimierung der Handhabungsbedingungen, Tätigkeitswechsel, Verringerung der Lastgewichte oder des Arbeitstempos, Einsatz geeigneter Arbeitsmittel (vgl. RegE-ArtV, a.a.O.; *Wlotzke*, NJW 97, 1472). Welche Maßnahmen zur sicheren und gesunden Gestaltung manueller Handhabungen von Lasten in Frage kommen können, wird von der jeweiligen Art und den Umständen der betrieblichen manuellen Handhabungen abhängen (a.a.O.; vgl. *Steinberg/Windberg*, 1997, 19ff.; *BAuA*-Ratgeber, 210ff.; *LASI*, 1996, 26f.). 7

Geeignete Arbeitsmittel i.S. von § 2 Abs. 2 sind Mechanisierungshilfen (z.B. Hebebühnen, verstellbare Arbeitsbühnen), wo das Element der manuellen Handhabung zwar erhalten bleibt, die Körperkraft jedoch effizienter eingesetzt und die Gefährdung reduziert wird (RegE-ArtV, 22; vgl. *Opfermann/Rückert*, AuA 1997, 188). Bereitstellung und Benutzung von geeigneten Arbeitsmitteln, 8

Arbeitsschutzverordnungen

die die manuelle Handhabung von Lasten i.S. der LasthandhabV erübrigt oder verbessern, richten sich nach den Vorschriften der AMBV.

9 Die getroffenen Maßnahmen sind an den Grundsätzen des § 4 ArbSchG auszurichten (vgl. Rn. 3) sowie einer **Wirksamkeitsüberprüfung** zu unterziehen und ggf. sich ändernden Gegebenheiten anzupassen. Dabei hat der Arbeitgeber eine Verbesserung von Sicherheit und Gesundheitsschutz der Beschäftigten anzustreben (vgl. § 3 Abs. 1 Satz 2 und 3 ArbSchG; § 3 ArbSchG Rn. 3, 5).

4. Regelungen des ArbSchG

10 Ausgehend vom Grundsatz der Kohärenz der LasthandhabV mit dem ArbSchG hat der Arbeitgeber, neben den in § 3 ausdrücklich genannten Pflichten aus §§ 3, 4 und 5 ArbSchG, auch alle übrigen **Regelungen des ArbSchG** in Bezug auf Sicherheit und Gesundheitsschutz bei der manuellen Handhabung von Lasten zu erfüllen. Hierzu gehören insbesondere:
– die Beachtung der Befähigung der Beschäftigten im Hinblick auf die Übertragung von Aufgaben (§ 7 ArbSchG; vgl. § 3 LasthandhabV Rn. 4),
– die Zusammenarbeit mehrerer Arbeitgeber (§ 8 Abs. 1 ArbSchG) sowie
– die Vergewisserung über den Stand der Arbeitsschutzqualifikation von Fremdfirmenbeschäftigten (§ 8 Abs. 2 ArbSchG),
– die Ermöglichung einer freiwilligen arbeitsmedizinischen Untersuchung (§ 11 ArbSchG; vgl. *BAuA*-Ratgeber, 211).

11 Ergänzend zu den Pflichten des Arbeitgebers in Bezug auf die manuelle Handhabung von Lasten durch Beschäftigte i.S. der LasthandhabV ist auf **Pflichten und Rechte der Beschäftigten** hinzuweisen, die sich aus §§ 15–17 ArbSchG ergeben. Dazu kommen Aufgaben und Rechte der Vertretungen der Beschäftigten nach dem BetrVG und den Personalvertretungsgesetzen (vgl. *Geray*, AiB 1997, 524 ff.): Betriebs- bzw. Personalrat haben die Einhaltung der LasthandhabV zu **überwachen** und sich für ihre Durchführung **einzusetzen** (§§ 80 Abs. 1 Nr. 1, 89 BetrVG bzw. §§ 68 Abs. 1 Nr. 2, 81 BPersVG). Bei allen Regelungen der LasthandhabV, die dem Arbeitgeber einen Entscheidungsspielraum lassen, greift die **Mitbestimmung** des Betriebsrats nach § 87 Abs. 1 Nr. 7 BetrVG bzw. des Personalrats nach § 75 Abs. 3 Nr. 11 BPersVG (vgl. DKK-*Klebe*, § 87 BetrVG Rn. 204; vgl. Rn. 4; § 3 Rn. 5; § 4 Rn. 3; vgl. BetrVG Rn. 14 ff.; BPersVG Rn. 8 ff.).

12 Zur Erfüllung der Verpflichtungen nach der LasthandhabV steht dem Arbeitgeber, ausgehend von seiner allgemeinen Verpflichtung zur Bereitstellung einer geeigneten **Arbeitsschutzorganisation** und der erforderlichen Mittel (vgl. § 3 Abs. 2 ArbSchG), die Sach- und Handlungskompetenz der von ihm zu bestellenden Fachkräfte für Arbeitssicherheit und Betriebsärzte zu Verfügung (vgl. hierzu ASiG Rn. 9). Ergänzend ist auf die Aufgaben der vom Arbeitgeber nach § 22 SGB VII zu bestellenden Sicherheitsbeauftragten hinzuweisen, die allerdings im Wesentlichen auf die Unterstützung der Maßnahmen zur Verhütung von Arbeitsunfällen und Berufskrankheiten beschränkt ist (vgl. § 22 Abs. 2 SGB VII; SGB VII Rn. 31).

13 **Kosten**, die dem Arbeitgeber aufgrund von Arbeitsschutzmaßnahmen nach der LasthandhabV entstehen, dürfen nicht den Beschäftigten auferlegt werden (vgl. § 3 Abs. 3 ArbSchG; § 3 ArbSchG Rn. 14 f.).

§ 3 Übertragung von Aufgaben

Bei der Übertragung von Aufgaben der manuellen Handhabung von Lasten, die für die Beschäftigten zu einer Gefährdung für Sicherheit und Gesundheit führen, hat der Arbeitgeber die körperliche Eignung der Beschäftigten zur Ausführung der Aufgaben zu berücksichtigen.

Der Arbeitgeber ist verpflichtet, bei der Übertragung von Aufgaben der manuellen Handhabung von Lasten, die für die Beschäftigten zu einer Gefährdung insbesondere der Lendenwirbelsäule führen, die **körperliche Eignung** der Beschäftigten zur Ausführung der Aufgaben zu berücksichtigen (vgl. *Steinberg/Windberg*, 1997, 31 f.). Kriterien dafür sind u.a. Alter, Geschlecht, Geübtheit in der manuellen Handhabung von Lasten (*Opfermann/Rückert*, AuA 1997, 188). Mit § 3 werden Art. 5 und Anhang II der EG-Lastenhandhabungsrichtlinie umgesetzt. 1

Kennt der Arbeitgeber die für die manuelle Lastenhandhabung relevanten körperlichen Eigenschaften der Beschäftigten nicht, hat er sie aufgrund seiner Fürsorgepflicht zu **erfragen**. Für entsprechende **Personalfragebögen** besteht ein **Mitbestimmungsrecht** des Betriebs- bzw. des Personalrats gem. § 94 BetrVG bzw. § 75 BPersVG (vgl. *FKHE*, § 94 Rn. 6 ff.). 2

Ggf., z.B. bei Unsicherheit, kann sich der Arbeitgeber bei der Übertragung von Aufgaben der manuellen Handhabung von Lasten, z.B. von den für seinen Betrieb aufgrund des ASiG bestellten **Arbeitsschutzexperten** (Betriebsarzt, Fachkraft für Arbeitssicherheit), beraten lassen (vgl. RegE-ArtV, 22; *Doll*, SiS 1997, 9; *Opfermann/Rückert*, AuA 1997, 188; § 2 Rn. 12). Aufgrund der Kenntnisse der Arbeitsschutzexperten kann er Empfehlungen geben und konkrete Vorschläge entwickeln. 3

Unberührt bleibt die Vorschrift des § 7 ArbSchG, wonach der Arbeitgeber bei der Übertragung von Aufgaben auf Beschäftigte je nach Art der Tätigkeiten zu berücksichtigen hat, ob die Beschäftigten **befähigt** sind, die für die Sicherheit und den Gesundheitsschutz bei der Aufgabenerfüllung zu beachtenden Bestimmungen und Maßnahmen einzuhalten. Ausgehend vom Grundsatz der Kohärenz der LasthandhabV mit dem ArbSchG, muss der Arbeitgeber bei Maßnahmen nach § 2 diese Vorschrift beachten. 4

Hinsichtlich des Verfahrens zur Bewertung der körperlichen Eignung der Beschäftigten handelt es sich bei § 3 um eine **Rahmenvorschrift** i.S. des § 87 Abs. 1 Nr. 7 BetrVG. Sie unterliegt daher der **Mitbestimmung** des Betriebsrats (vgl. DKK-*Klebe*, § 87 BetrVG Rn. 204 m.w.N.; BetrVG Rn. 14 ff.) bzw. des Personalrats gem. § 75 Abs. 3 Nr. 11 (vgl. BPersVG Rn. 8 ff.). 5

Die **erstmalige Übertragung einer Aufgabe**, die unter die LasthandhabV fällt, ist gem. § 99 BetrVG bzw. entsprechenden PersVG-Vorschriften mitbestimmungspflichtig (*ArbG Berlin*, 25.3.1998, AiB 1999, 227 mit Anm. *Feldhoff*; vgl. BetrVG Rn. 41a).

§ 4 Unterweisung

Bei der Unterweisung nach § 12 des Arbeitsschutzgesetzes hat der Arbeitgeber insbesondere den Anhang und die körperliche Eignung der Beschäftigten zu berücksichtigen. Er hat den Beschäftigten, soweit dies möglich ist, genaue Angaben zu machen über die sachgemäße manuelle Handhabung von Lasten und über die

Arbeitsschutzverordnungen

Gefahren, denen die Beschäftigten insbesondere bei unsachgemäßer Ausführung der Tätigkeit ausgesetzt sind.

1 Der Arbeitgeber muss die Beschäftigten hinsichtlich der an ihren Arbeitsplatz anfallenden Tätigkeiten darin **unterweisen**, wie sie die Lasten sachgemäß handhaben müssen (RegE-ArtV, 22). Damit wird die allgemeine Unterweisungspflicht nach § 12 ArbSchG konkretisiert (vgl. § 12 ArbSchG) und Art. 6 Abs. 2 EG-Lastenhandhabungsrichtlinie umgesetzt. Können manuelle Handhabungen von Lasten nicht durch geeignete organisatorische Maßnahmen oder Einsatz geeigneter Arbeitsmittel vermieden werden (vgl. § 2 Rn. 1 ff.), dann ist die Unterweisung das wichtigste Instrument des Arbeitsschutzes, um die Beschäftigten hinsichtlich der eigenen Gesundheitsgefährdung bei der manuellen Handhabung von Lasten zu sensibilisieren und sie in den Stand zu versetzen, sich gesundheits- und sicherheitsgerecht zu verhalten (RegE-ArtV, 23; vgl. §§ 15, 16 Abs. 2 ArbSchG; vgl. *Steinberg/Windberg*, 1997, 33 ff.).

2 Die Unterweisung soll **Informationen** über rückenschonende Arbeitstechniken und Hebeverfahren enthalten (zu Hilfen vgl. *Opfermann/Rückert*, AuA 1997, 189 m.w.N.). Im einzelnen gehört zur Unterweisung bei der manuellen Handhabung von Lasten insbesondere (*BAuA*-Ratgeber, 211) die Informationen über:
– Risiken anhand der charakteristischen Gesundheitsgefährdung,
– Hebelarmwirkung,
– Auswirkungen auf menschlichen Körper,
– Regeln für körpergerechtes Lastenhandhaben (vgl. a.a.O.),
– Benutzung von Hebehilfen bzw. Hilfsmitteln.
Dazu muss eine praktische Einweisung kommen, bei der der Arbeitgeber sich vergewissern muss, dass die Beschäftigten die theoretischen Hinweise verstanden haben.

3 § 4 ist, wie § 12 ArbSchG (vgl. BetrVG Rn. 28; § 12 ArbSchG Rn. 3a), eine **Rahmenvorschrift** i.S. des § 87 Abs. 1 Nr. 7 BetrVG und lässt dem Arbeitgeber einen Entscheidungsspielraum bezüglich Form, Inhalt, Anpassung und Wiederholung der Unterweisung. Sie unterliegt daher der **Mitbestimmung** des Betriebsrats (vgl. DKK-*Klebe*, § 87 BetrVG Rn. 204 m.w.N.; BetrVG Rn. 14 ff.) bzw. des Personalrats gem. § 75 Abs. 3 Nr. 11 (vgl. BPersVG Rn. 8 ff.).

Anhang

Merkmale, aus denen sich eine Gefährdung von Sicherheit und Gesundheit, insbesondere der Lendenwirbelsäule, der Beschäftigten ergeben kann:
(1) Im Hinblick auf die zu handhabende Last insbesondere
1. ihr Gewicht, ihre Form und Größe,
2. die Lage der Zugriffsstellen,
3. die Schwerpunktlage und
4. die Möglichkeit einer unvorhergesehenen Bewegung.
(2) Im Hinblick auf die von den Beschäftigten zu erfüllende Arbeitsaufgabe insbesondere
1. die erforderliche Körperhaltung oder Körperbewegung, insbesondere Drehbewegung,
2. die Entfernung der Last vom Körper,
3. die durch das Heben, Senken oder Tragen der Last zu überbrückende Entfernung,

4. das Ausmaß, die Häufigkeit und die Dauer des erforderlichen Kraftaufwandes,
5. die erforderliche persönliche Schutzausrüstung,
6. das Arbeitstempo infolge eines nicht durch die Beschäftigten zu ändernden Arbeitsablaufs und
7. die zur Verfügung stehende Erholungs- oder Ruhezeit.

(3) Im Hinblick auf die Beschaffenheit des Arbeitsplatzes und der Arbeitsumgebung insbesondere
1. der in vertikaler Richtung zur Verfügung stehende Platz und Raum,
2. der Höhenunterschied über verschiedene Ebenen,
3. die Temperatur, Luftfeuchtigkeit und Luftgeschwindigkeit,
4. die Beleuchtung,
5. die Ebenheit, Rutschfestigkeit oder Stabilität der Standfläche und
6. die Bekleidung, insbesondere das Schuhwerk.

Der Anhang nennt Kriterien bzw. **Merkmale** für die Gesundheitsgefährdungen aufgrund von manuellen Lastenhandhabungen. Diese Kriterien bzw. Merkmale beziehen sich auf die zu handhabende Last, die von den Beschäftigten zu erfüllende Arbeitsaufgabe sowie die Beschaffenheit des Arbeitsplatzes und der Arbeitsumgebung (vgl. *Opfermann/Rückert*, AuA 1997, 189; zu Gestaltungsmaßnahmen vgl. *Steinberg/Windberg*, 1997, S. 24 ff.). Mit dem Anhang werden Anhang I und II der EG-Lastenhandhabungsrichtlinie umgesetzt. 1

Die Kriterien bzw. Merkmale des Anhangs bedeuten rechtlich eine Art **Pflichtenheft** für Maßnahmen des Arbeitsschutzes gem. § 2 in diesem Bereich (vgl. RegE-ArtV, 23; § 2 Rn. 1, 5). Sie dienen gleichzeitig als Raster für entsprechende Betriebs- bzw. Dienstvereinbarungen (vgl. BetrVG Rn. 37). 2

Zu handhabende Lasten (Anhang Abs. 1) können nicht nur Gegenstände (in Gebinden, unverpackt) sein, sondern auch Menschen (Kinder, Kranke, Pflegebedürftige) und Tiere (lebende, geschlachtete) sein (RegE-ArtV, 23; vgl. § 1 Rn. 9 ff.). Die folgenden Merkmale (Anhang Abs. 1 Nr. 1 bis 4) geben Hinweise auf potentielle Gefährdungen bei der manuellen Lastenhandhabung (zu Gestaltungsmaßnahmen vgl. *Steinberg/Windberg*, 1997, 24 ff.). 3

Verordnung über Sicherheit und Gesundheitsschutz bei der Benutzung persönlicher Schutzausrüstungen (PSA-Benutzungsverordnung – PSA-BV)

vom 4. Dezember 1996 (BGBl. I, S. 1841)

§ 1 Anwendungsbereich

(1) Diese Verordnung gilt für die Bereitstellung persönlicher Schutzausrüstungen durch Arbeitgeber sowie für die Benutzung persönlicher Schutzausrüstungen durch Beschäftigte bei der Arbeit.
(2) Persönliche Schutzausrüstung im Sinne dieser Verordnung ist jede Ausrüstung, die dazu bestimmt ist, von den Beschäftigten benutzt oder getragen zu werden, um sich gegen eine Gefährdung für ihre Sicherheit und Gesundheit zu schützen, sowie jede mit demselben Ziel verwendete und mit der persönlichen Schutzausrüstung verbundene Zusatzausrüstung.
(3) Als persönliche Schutzausrüstungen im Sinne des Absatzes 2 gelten nicht:
1. Arbeitskleidung und Uniformen, die nicht speziell der Sicherheit und dem Gesundheitsschutz der Beschäftigten dienen,
2. Ausrüstungen für Not- und Rettungsdienste,
3. persönliche Schutzausrüstungen für die Bundeswehr, den Zivil- und Katastrophenschutz, die Polizeien des Bundes und der Länder sowie sonstige Einrichtungen, die der öffentlichen Sicherheit oder der öffentlichen Ordnung dienen,
4. persönliche Schutzausrüstungen für den Straßenverkehr, soweit sie verkehrsrechtlichen Vorschriften unterliegen,
5. Sportausrüstungen,
6. Selbstverteidigungs- und Abschreckungsmittel,
7. tragbare Geräte zur Feststellung und Signalisierung von Gefahren und Gefahrstoffen.
(4) Die Verordnung gilt nicht in Betrieben, die dem Bundesberggesetz unterliegen.

Übersicht Rn.

1. Allgemeines. 1– 5
2. Zielsetzung 6
3. Anwendungsbereich, Beschaffenheitsanforderungen 7– 9
4. Sachlicher Anwendungsbereich. 10–14
5. Geltung für alle Tätigkeitsbereiche, persönlicher Anwendungsbereich 15–20

1. Allgemeines

1 Mit der PSA-BV wird die EG-Richtlinie 89/656/EWG vom 30.11.1989 über Mindestvorschriften für Sicherheit und Gesundheitsschutz bei der Benutzung persönlicher Schutzausrüstung durch Arbeitnehmer bei der Arbeit (AblEG Nr. L 393 v. 30.12.1989, 18; im folgenden: **EG-PSA-Benutzungsrichtlinie**) in das bundesdeutsche Arbeitsschutzrecht umgesetzt (zur EG-rechtlichen Entwicklung, auch zu den Beschaffenheitsanforderungen an PSA, vgl. *Rückert*,

PSA-Benutzungsverordnung

KAN 17, 15f.). Die bisherigen Regelungen zur Auswahl, Bereitstellung und Benutzung von PSA in anderen Arbeitsschutzvorschriften (insbesondere in UVV) werden durch einheitliche Vorschriften für alle Tätigkeitsbereiche ergänzt (vgl. *Doll*, SiS 1997, 8; vgl. im Überblick, insbesondere auch zum vorgelagerten Arbeitsschutz in Zusammenhang mit PSA: *Rückert/Bohn/Noetel*, 1996; allgemein zur PSA-BV *Berger*, BG 1997, 216 ff.; im Überblick vgl. Abb. 13).

Nach Art. 6 EG-PSA-Benutzungsrichtlinie sind die Mitgliedstaaten verpflichtet, **2** Regelungen zu treffen, bei welchen **Arbeitsverfahren** für die Beschäftigten PSA bereitzustellen sind, und allgemeine Vorschriften über die Benutzung von PSA zu erlassen. Dieser Vorschrift der EG-Richtlinie ist die Bundesrepublik Deutschland dadurch nachgekommen, als die Träger der gesetzlichen Unfallversicherung entsprechende Regelungen bereits in die UVV aufgenommen haben (vgl. RegE-ArtV, 15; *Doll*, AS-Recht Beil. 1/1997, 2; *Berger*, BG 1998, 82 ff.; *Rückert/ Bohn/Noetel*, 1996, 258 ff.). In den Sicherheitsregeln der Unfallversicherungsträger sind darüber hinaus umfassende Informationen über Funktion, Auswahlkriterien, Benutzung und Instandhaltung der PSA enthalten (vgl. RegArtV, a.a.O.; in Form einer Übersicht: *Opfermann/Rückert*, AuA 1997, 125).

Mit der PSA-BV werden die allgemeinen Vorschriften des ArbSchG durch **spe- 3 zielle Vorschriften** in Bezug auf die Sicherheit und den Gesundheitsschutz der Beschäftigten bei der Benutzung von PSA ergänzt. Umgekehrt sind bei der betrieblichen Umsetzung der PSA-BV die allgemeinen Vorschriften des ArbSchG zu beachten: Bei der Übernahme der Mindestvorschriften aus der EG-PSA-Benutzungsrichtlinie wurde durch den Verordnungsgeber auf Kohärenz mit dem ArbSchG geachtet, d.h. die Inhalte der Richtlinie, die bereits im ArbSchG geregelt worden sind, mussten nicht mehr in die Verordnung übernommen werden (*Doll*, SiS 1997, 7; *Wlotzke*, NJW 1997, 1470; vgl. RegE-ArtV, 14). In der betrieblichen Praxis und bei deren Unterstützung durch die Arbeitsschutzakteure ist es daher notwendig, beide Rechtsvorschriften im Kontext und nicht isoliert voneinander anzuwenden (vgl. im einzelnen § 2 Rn. 3; allg. Einl. Rn. 113). Dies gilt auch für die Arbeitsschutzverordnungen nach § 19 ArbSchG (vgl. a.a.O.).

Pflichten des Arbeitgebers oder Pflichten und Rechte der Beschäftigten zur Ge- **4** währleistung von Sicherheit und Gesundheitsschutz der Beschäftigten bei der Arbeit **nach sonstigen Rechtsvorschriften** i.S. von § 2 Abs. 4 ArbSchG (z.B. UVV; vgl. § 2 ArbSchG Rn. 30 f.), die sich auf die Benutzung von PSA beziehen, bleiben unberührt (vgl. *Berger*, BG 1998, S. 82 ff.; § 1 Abs. 3 Satz 1 i.V. m. § 2 Abs. 4 ArbSchG; § 1 ArbSchG Rn. 22 ff.): »Das neue staatliche Recht zu PSA und das Recht der Unfallversicherungsträger sind eng miteinander verknüpft« (*Rückert*, KAN 17, 17). Zugleich wird ein Modifizierungsbedarf gesehen, um Doppelregelungen oder Widersprüche zum staatlichen Recht zu vermeiden (vgl. a.a.O.; zur berufsgenossenschaftlichen Sicht vgl. *Berger*, KAN 17, 23 ff.; Rn. 5).

Durch sonstige Rechtsvorschriften, z.B. UVV, können auch **weitere Konkreti- 5 sierungen** der allgemein gehaltenen Schutzziele und Bestimmungen der PSA-BV auf branchen- oder tätigkeitsspezifischer Ebene erfolgen (vgl. RegE-ArtV, 14; vgl. zum Entwurf für eine UVV »PSA« [VBG 101] *Berger*, BG 1997, 218 f.). Dazu kommen berufsgenossenschaftliche Regeln wie z.B.:

– BGR 189 »Regeln für den Einsatz von Schutzkleidung«,
– BGR 190 »Regeln für den Einsatz von Atemschutzgeräten«,
– BGR 192 »Regeln für den Einsatz von Augen- und Gesichtsschutz«,
– BGR 195 »Regeln für den Einsatz von Schutzhandschuhen«,
– BGR 197 »Regeln für den Einsatz von Hautschutz«.

Arbeitsschutzverordnungen

Abbildung 20:

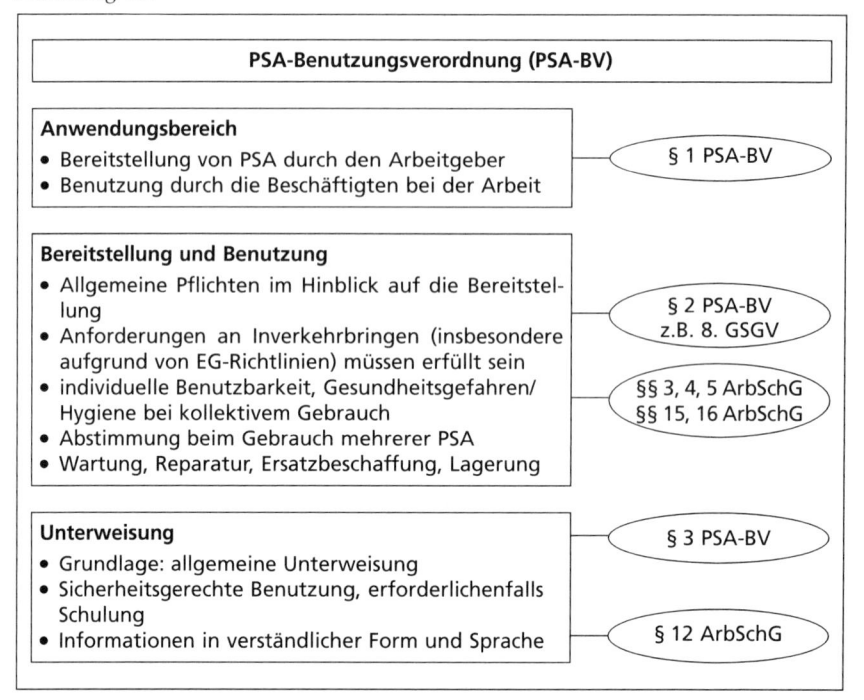

PSA-Benutzungsverordnung (PSA-BV)	
Anwendungsbereich • Bereitstellung von PSA durch den Arbeitgeber • Benutzung durch die Beschäftigten bei der Arbeit	§ 1 PSA-BV
Bereitstellung und Benutzung • Allgemeine Pflichten im Hinblick auf die Bereitstellung • Anforderungen an Inverkehrbringen (insbesondere aufgrund von EG-Richtlinien) müssen erfüllt sein • individuelle Benutzbarkeit, Gesundheitsgefahren/Hygiene bei kollektivem Gebrauch • Abstimmung beim Gebrauch mehrerer PSA • Wartung, Reparatur, Ersatzbeschaffung, Lagerung	§ 2 PSA-BV z.B. 8. GSGV §§ 3, 4, 5 ArbSchG §§ 15, 16 ArbSchG
Unterweisung • Grundlage: allgemeine Unterweisung • Sicherheitsgerechte Benutzung, erforderlichenfalls Schulung • Informationen in verständlicher Form und Sprache	§ 3 PSA-BV § 12 ArbSchG

2. Zielsetzung

6 Ziel der PSA-BV ist die Sicherung und Verbesserung von Sicherheit und Gesundheitsschutz der Beschäftigten durch Maßnahmen des Arbeitsschutzes bei der Arbeit im Hinblick auf die Benutzung von PSA (vgl. § 1 Abs. 1 Satz 1 ArbSchG; § 1 ArbSchG Rn. 1 ff.). Die allgemeinen Pflichten des Arbeitgebers und die Pflichten und Rechte der Beschäftigten nach dem ArbSchG sind entsprechend dieser Zielsetzung in Bezug auf die Benutzung von PSA bei der Arbeit umzusetzen (vgl. § 2 Rn. 2 ff.). In diesem Kontext ist insbesondere auf die Verpflichtung des Arbeitgebers hinzuweisen, bei Maßnahmen des Arbeitsschutzes i.S. von § 2 Abs. 1 ArbSchG (vgl. § 2 ArbSchG Rn. 1 ff.) von der **Nachrangigkeit individueller Schutzmaßnahmen** gegenüber anderen Maßnahmen auszugehen (vgl. § 4 Nr. 5 ArbSchG; vgl. *Rückert*, KAN 17, 16). Dabei sind der Stand der Technik und sonstige gesicherte arbeitswissenschaftliche Erkenntnisse zu berücksichtigen (vgl. § 4 Nr. 3 ArbSchG; vgl. im einzelnen unter § 2 Rn. 7 ff.). Immer dann, wenn durch andere Maßnahmen des Arbeitsschutzes kein ausreichender Schutz der Beschäftigten sichergestellt ist, haben die Arbeitgeber – ob in einem Stahlwerk, auf einer Baustelle oder in einem Krankenhaus – geeignete PSA bereitzustellen (*Doll*, SiS 97, 8; *Opfermann/Rückert*, AuA 1997, 125).

PSA-Benutzungsverordnung

3. Anwendungsbereich, Beschaffenheitsanforderungen

Der **Anwendungsbereich** der PSA-BV bezieht sich auf die Bereitstellung von PSA durch den Arbeitgeber sowie die Benutzung von PSA durch Beschäftigte bei der Arbeit (vgl. § 1 Abs. 1). In Umsetzung von Art. 1 Abs. 1 EG-PSA-Benutzungsrichtlinie wird damit der sachliche (vgl. Rn. 10 ff.) und persönliche (vgl. Rn. 16 ff.) Anwendungsbereich definiert (RegE-ArtV, 15). 7

Demgegenüber sind die **Beschaffenheitsanforderungen** für PSA i.S. der PSA-BV überwiegend in den Vorschriften des GSG, der 8. GSGV und den entsprechenden EG-Richtlinien zur technischen Harmonisierung festgelegt, deren verbindliches Sicherheits- und Gesundheitsschutzniveau durch die europäische Normung konkretisiert wird (vgl. *BAuA*-PSA; zur Praxis von PSA-Normen vgl. *KAN* 17; allg. zur Normung Einl. Rn. 80 f.). Diesen Beschaffenheitsanforderungen müssen die entsprechenden, vom Arbeitgeber zur Benutzung bei der Arbeit bereitgestellten PSA genügen (vgl. § 2 Abs. 1 Nr. 1; § 2 Rn. 1 ff.). 8

Die in der PSA-BV geregelten Arbeitgeberpflichten bilden die notwendige **Ergänzung** des sog. vorgreifenden (produktbezogenen) Arbeitsschutzes bei PSA. Die bloße Bereitstellung von PSA, die den grundlegenden Anforderungen an Sicherheit und Gesundheit entsprechen, die für ihr Inverkehrbringen gefordert werden, ist aus der Sicht des betrieblichen Arbeitsschutz nicht ausreichend: Der Arbeitgeber muss zusätzlich bei Auswahl, Erwerb und Einsatz der PSA die spezifischen betrieblichen Verhältnisse berücksichtigen. Dass dies hinreichend geschieht, ist Hauptzweck der Verordnung (vgl. hierzu im einzelnen § 2 Rn. 1). 9

4. Sachlicher Anwendungsbereich

Die PSA-BV definiert PSA als Ausrüstung, die dazu bestimmt ist, vom Beschäftigten getragen oder gehalten zu werden, um ihn gegen bestehende Risiken zu schützen, die seine Sicherheit oder Gesundheit bei der Arbeit beeinträchtigen (vgl. § 1 Abs. 2; *Doll*, SiS 1997, 8). Diese Regelung des **sachlichen Anwendungsbereichs** steht in Übereinstimmung mit Art. 2 Abs. 1 EG-PSA-Benutzungsrichtlinie und definiert die PSA anhand der auszufüllenden Schutzfunktion und der personengebundenen Nutzung (RegE-ArtV, 16). Um zu verhindern, dass durch die Kombination von Zusatzausrüstungen mit PSA deren Schutzfunktion beeinträchtigt wird, gelten für derartige Kombinationen die gleichen Anforderungen wie für PSA (a.a.O.). 10

Vom sachlichen Anwendungsbereich der PSA-BV **ausgenommen** sind (vgl. RegE-ArtV, 16; *Doll*, AS-Recht Beil. 1/1997, 2; *Rückert*, KAN 17, 18), entsprechend Art. 2 Abs. 2 EG-PSA-Benutzungsrichtlinie, 11

– Ausrüstungen, die entweder keine spezifische Schutzfunktion für Sicherheit und Gesundheit besitzen (z.B. Arbeitskleidung) oder
– ausschließlich durch die Benutzung durch besondere Einrichtungen bestimmt sind (z.B. Ausrüstungen für Not- und Rettungsdienste, Uniformen, PSA für die Bundeswehr, PSA für die Polizeien des Bundes und der Länder), sowie
– Sportausrüstungen (auch wenn sie von Beschäftigten einer Sportschule benutzt werden) und
– PSA für den Straßenverkehr, die verkehrsrechtlichen Vorschriften unterliegen.

Arbeitsschutzverordnungen

12 Soweit es sich bei diesen **besonderen Einrichtungen** um solche handelt, die der **öffentlichen Sicherheit oder der öffentlichen Ordnung** dienen (was durch Landesrecht bestimmt wird), fallen sie nicht in den Anwendungsbereich der PSA-BV, auch wenn sie Beschäftigte i.S. von § 2 Abs. 2 ArbSchG haben (RegE-ArtV, 16). **Private Sicherheitsdienste** zählen jedoch nicht zu solchen besonderen Einrichtungen i.S. des § 1 Abs. 3 Nr. 3 (a.a.O.).

13 **Selbstverteidigungs- und Abschreckungsmittel** sowie **tragbare Geräte zur Feststellung und Signalisierung von Gefahren und Schadstoffen** gelten i.S. der PSA-BV nicht als PSA (RegE-ArtV, 16).

14 Soweit **Beschäftigte an Bord von Seeschiffen** in Notfällen auf See Aufgaben staatlicher Not- und Rettungsdienste an Land wahrnehmen, sind die dabei benutzten Ausrüstungen nach § 1 Abs. 3 Nr. 2 vom Anwendungsbereich der PSA-BV ausgenommen (RegE-ArtV, 16).

5. Geltung für alle Tätigkeitsbereiche, persönlicher Anwendungsbereich

15 Ergänzend zu bereits bestehenden, allerdings vereinzelten Regelungen in sonstigen Arbeitsschutzvorschriften, insbesondere in UVV (Rn. 4 f.), werden in Bezug auf die Sicherung und Verbesserung der Sicherheit und des Gesundheitsschutzes durch Maßnahmen des Arbeitsschutzes bei der Benutzung von PSA durch Beschäftigte bei der Arbeit durch die PSA-BV **einheitliche Vorschriften für alle Tätigkeitsbereiche** geschaffen (vgl. *Opfermann/Rückert*, AuA 1997, 124; § 1 Abs. 1 Satz 2 ArbSchG; § 1 ArbSchG Rn. 14 ff.).

16 Der **persönliche Anwendungsbereich** entspricht gem. der Ermächtigungsgrundlage (§ 19 ArbSchG) dem des ArbschG, d.h. von der Verordnung werden grundsätzlich alle privaten und öffentlichen Tätigkeitsbereiche erfasst. Auch der Begriff »Beschäftigte« ist daher i.S. von § 2 Abs. 2 ArbSchG zu verstehen (vgl. Reg-ArtV, 15 f.; *Doll*, AS-Recht Beil. 1/1997, 2; vgl. § 2 ArbSchG Rn. 11 ff.).

17 Die PSA-BV gilt nicht für den Bereich des **Bergbaus**, in dem entsprechende Regelungen durch § 18 Allgemeine Bundesbergverordnung (v. 23. 10. 1995, BGBl. I 1446) getroffen wurden (vgl. § 1 Abs. 4; RegE-ArtV, 16; *Opfermann/Rückert*, AuA 1997, 125; § 1 Abs. 2 Satz 2 ArbSchG; § 1 ArbSchG Rn. 19).

18 Im Bereich der **Seeschiffahrt** gilt die PSA-BV nur dann, wenn nicht entsprechende Rechtsvorschriften bestehen (vgl. § 1 Abs. 2 Satz 2 ArbSchG; vgl. hierzu die UVV »Seeschiffahrt« VBG 108; § 1 ArbSchG Rn. 18).

19 Die PSA-BV gilt nicht für den Arbeitsschutz von **Hausangestellten in privaten Haushalten** (vgl. § 1 Abs. 2 Satz 1 ArbSchG; § 1 ArbSchG Rn. 17).

20 Für die **Beamten der Länder, Gemeinden und sonstigen Körperschaften, Anstalten und Stiftungen des öffentlichen Rechts** regelt das Landesrecht, ob und inwieweit die PSA-BV gilt (vgl. § 20 Abs. 1 ArbSchG; RegE-ArtV, 14). Sind durch die Bundesländer noch keine entsprechenden Rechtsvorschriften erlassen worden, gilt die EG-PSA-Benutzungsrichtlinie aufgrund der am 31. 12. 1992 abgelaufenen Umsetzungsfrist unmittelbar (Einl. Rn. 70). Im Bereich des **öffentlichen Dienstes des Bundes** gilt die PSA-BV unmittelbar (zu den Ausnahmen beim sachlichen Anwendungsbereich der PSA-BV vgl. Rn. 11).

§ 2 Bereitstellung und Benutzung

(1) Unbeschadet seiner Pflichten nach den §§ 3, 4 und 5 des Arbeitsschutzgesetzes darf der Arbeitgeber nur persönliche Schutzausrüstungen auswählen und den Beschäftigten bereitstellen, die
1. den Anforderungen der Verordnung über das Inverkehrbringen von persönlichen Schutzausrüstungen entsprechen,
2. Schutz gegenüber der zu verhütenden Gefährdung bieten, ohne selbst eine größere Gefährdung mit sich zu bringen,
3. für die am Arbeitsplatz gegebenen Bedingungen geeignet sind und
4. den ergonomischen Anforderungen und den gesundheitlichen Erfordernissen der Beschäftigten entsprechen.

(2) Persönliche Schutzausrüstungen müssen den Beschäftigten individuell passen. Sie sind grundsätzlich für den Gebrauch durch eine Person bestimmt. Erfordern die Umstände eine Benutzung durch verschiedene Beschäftigte, hat der Arbeitgeber dafür zu sorgen, daß Gesundheitsgefahren oder hygienische Probleme nicht auftreten.

(3) Werden mehrere persönliche Schutzausrüstungen gleichzeitig von einer oder einem Beschäftigten benutzt, muß der Arbeitgeber diese Schutzausrüstungen so aufeinander abstimmen, daß die Schutzwirkung der einzelnen Ausrüstungen nicht beeinträchtigt wird.

(4) Durch Wartungs-, Reparatur- und Ersatzmaßnahmen sowie durch ordnungsgemäße Lagerung trägt der Arbeitgeber dafür Sorge, daß die persönlichen Schutzausrüstungen während der gesamten Benutzungsdauer gut funktionieren und sich in einem hygienisch einwandfreien Zustand befinden.

Übersicht   Rn.
1. Allgemeine Anforderungen.. 1
2. Betriebliche Arbeitsbedingungen, Kohärenz mit dem ArbSchG............. 2– 6
3. Spezielle Anforderungen an Bereitstellung und Benutzung................ 7–10
4. Regelungen des ArbSchG.. 11–16

1. Allgemeine Anforderungen

Die PSA-BV legt in § 2 Abs. 1 Nr. 1 **allgemeine Anforderungen** im Hinblick auf die Auswahl und Bereitstellung von PSA fest, die sich insbesondere aus Verordnungen zum GSG i.V.m. einschlägigen EG-Richtlinien ergeben. Damit wird Art. 4 Abs. 1 Satz 1 EG-PSA-Benutzungsrichtlinie umgesetzt. Die dementsprechende, auf Art. 100a (jetzt: 95) EGV gestützte Richtlinie 89/686/EWG zur Angleichung der Rechtsvorschriften der Mitgliedstaaten für PSA, wurde durch die Verordnung über das Inverkehrbringen von PSA – 8. GSGV – in das nationale Recht umgesetzt. § 2 Abs. 1 Nr. 1 nimmt deshalb zur Umsetzung von Art. 4 Abs. 1 Satz 1 dieser Richtlinie auf die 8. GSGV Bezug (RegE-ArtV, 17; vgl. *Rückert*, KAN 17, 19). Nach der dort in § 10 Abs. 2 eingestellten Übergangsvorschrift gilt die 8. GSGV nicht für PSA, die bis zum 30.6.1995 nach den vor dem 1.7.1992 geltenden Vorschriften in den Verkehr gebracht worden sind. Im Umkehrschluss folgt daraus, dass PSA, die der Arbeitgeber vor dem 1.7.1995 erworben hat, weiterbenutzt werden dürfen, sofern sie den vor dem 1.7.1992 geltenden Vorschriften entsprechen (vgl. a.a.O.; vgl. *Opfermann/Rückert*, AuA 97, 126).

1

Arbeitsschutzverordnungen

2. Betriebliche Arbeitsbedingungen, Kohärenz mit dem ArbSchG

2   Im Hinblick auf die Zielsetzungen der PSA-BV i.V.m. denen des ArbSchG ist die Erfüllung der allgemeinen, produktbezogenen Anforderungen aus § 2 Abs. 1 Nr. 1 nicht ausreichend, da die dort festgelegten Beschaffenheitsanforderungen nicht die jeweils spezifischen Bedingungen der Benutzung der PSA bei der Arbeit abdecken (vgl. schon § 1 Rn. 8f.). Über diese Regelungen hinaus muss der Arbeitgeber daher mit Maßnahmen des Arbeitsschutzes i.S. von § 2 Abs. 1 ArbSchG dafür Sorge tragen, dass bei der Benutzung von PSA bei der Arbeit im Kontext mit den **konkreten betrieblichen Arbeitsbedingungen** die Sicherheit und der Gesundheitsschutz der Beschäftigten gewährleistet sind (vgl. RegE-AMBV, a.a.O.).

3   Die vom Verordnungsgeber angestrebte **Kohärenz der PSA-BV mit dem ArbSchG** (vgl. § 1 Rn. 3) gewinnt an dieser Stelle in besonderem Maße konkrete Gestalt: Bezogen auf Auswahl und Bereitstellung von normgerecht beschaffter PSA, muss der Arbeitgeber – auf der Basis der Gefährdungsbeurteilung nach § 5 ArbschG (vgl. *Opfermann/Rückert*, AuA 1997, 125) – gem. § 3 ArbSchG die erforderlichen Arbeitsschutzmaßnahmen unter Berücksichtigung der Umstände treffen, die die Sicherheit und die Gesundheit der Beschäftigten am Arbeitsplatz beeinflussen. Hierzu bietet sich eine systematische und systemische Betrachtungs- und Vorgehensweise an, die nicht isoliert an Einzelfaktoren der Arbeitsbedingungen ansetzt, sondern ihren Zusammenhang berücksichtigt (vgl. § 4 ArbSchG Rn. 13). Zu beachten sind die in § 4 ArbSchG festgelegten Grundsätze des Arbeitsschutzes, wobei insbesondere der **Vorrang von Maßnahmen des objektiven Arbeitsschutzes**, z.B. durch technische Schutzmittel, arbeitsorganisatorische Maßnahmen, gegenüber individuellen Maßnahmen hervorzuheben ist (vgl. RegE-ArtV, 17, unter Bezugnahme auf Art. 3 EG-PSA-Benutzungsrichtlinie; vgl. *Opfermann/Rückert*, a.a.O.; *Rückert*, KAN 17, 19), aber auch die Berücksichtigung des Stands der Technik sowie der sonstigen gesicherten arbeitswissenschaftlichen Erkenntnisse (vgl. § 4 ArbSchG Rn. 7ff.). Diese zusammenhängende Betrachtung bezieht sich auf die Arbeitsschutzverordnungen nach § 19 ArbSchG, insbesondere die LasthandhabV und die AMBV (vgl. Einl. Rn. 113).

4   Die **Wirksamkeit** der Arbeitsschutzmaßnahmen ist vom Arbeitgeber zu **überprüfen**; diese sind erforderlichenfalls an sich ändernde Gegebenheiten anzupassen. Dabei hat der Arbeitgeber eine Verbesserung von Sicherheit und Gesundheitsschutz der Beschäftigten anzustreben (vgl. ingesamt § 3 ArbSchG Rn. 3).

5   Die allgemeinen Verpflichtungen, die sich aus §§ 3, 4 ArbSchG ergeben, sind vom Arbeitgeber bei der **Auswahl und Bereitstellung** von PSA zur Benutzung durch Beschäftigte umzusetzen. Die Pflicht des Arbeitgebers gem. Art. 5 Abs. 1 Satz 2 Buchst. a EG-PSA-Benutzungsrichtlinie, diejenigen Gefahren am Arbeitsplatz, die nicht anders als durch die Bereitstellung von PSA verhindert werden können, zu untersuchen und abzuwägen, ist in der Beurteilungspflicht des Arbeitgebers gem. § 5 ArbSchG enthalten (RegE-ArtV, 17).

6   § 2 ist eine **Rahmenvorschrift** i.S. des § 87 Abs. 1 Nr. 7 BetrVG und lässt dem Arbeitgeber einen Entscheidungsspielraum darüber, welche allgemeinen und besonderen (vgl. Rn. 7ff.) Maßnahmen er zur sicheren und gesundheitsgerechten Bereitstellung und Benutzung von PSA trifft. Sie unterliegt daher der **Mitbestimmung** des Betriebsrates gem. § 87 Abs. 1 Nr. 7 BetrVG (vgl. BetrVG Rn. 14ff.) bzw. des Personalrats gem. § 75 Abs. 3 Nr. 11 BPersVG (vgl. BPersVG Rn. 8ff.; vgl. Rn. 13).

3. Spezielle Anforderungen an Bereitstellung und Benutzung

Ist unbeschadet der Einsatz von PSA unvermeidlich, ist der Arbeitgeber verpflichtet, PSA auszuwählen und bereitzustellen, die den folgenden **benutzungsbezogenen Anforderungen** entsprechen (vgl. § 2 Abs. 1 Nr. 2 bis 4; vgl. *Opfermann/Rückert*, AuA 1997, 126): 7
- Schutz gegenüber der zu verhütenden Gefahr bietet, ohne selbst eine größere Gefährdung mit sich zu bringen;
- Eignung für die am Arbeitsplatz gegebenen Arbeitsbedingungen;
- Entsprechung mit den ergonomischen Anforderungen und den gesundheitlichen Erfordernissen der Beschäftigten.

PSA sind grundsätzlich für den **Gebrauch durch eine Person** bestimmt (§ 2 Abs. 2 Satz 1), d.h. sie müssen dem einzelnen Beschäftigten passen (Grundsatz der personenbezogenen Nutzung). Dies gilt insbesondere beim Schutz gegenüber tödlichen Gefahren oder ernsten und irreversiblen Gesundheitsschäden, z.B. für Atemschutzgeräte (vgl. RegE-ArtV, 18; vgl. *Opfermann/Rückert*, AuA 1997, 126; *Rückert*, KAN 17, 20). Muss wegen besonderer Umstände vom Grundsatz der individuellen Nutzung abgewichen werden, hat der Arbeitgeber für jeden Benutzer die umfassende Wirksamkeit und den einwandfreien hygienischen Zustand der PSA sicherzustellen (§ 2 Abs. 2 Satz 2; vgl. a.a.O.). Mit diesen Bestimmungen wird Art. 4 Abs. 1 Buchst. d und Abs. 4 EG-PSA-Benutzungsrichtlinie umgesetzt. 8

Benutzt ein Beschäftigter **gleichzeitig mehrere PSA**, muss der Arbeitgeber die PSA so aufeinander abstimmen, dass die Schutzwirkung der einzelnen Ausrüstungen nicht beeinträchtigt wird (§ 2 Abs. 3). Diese Abstimmung hat durch Auswahl geeigneter, d.h. miteinander kompatibler PSA zu erfolgen (vgl. RegE-ArtV, 18; vgl. *Opfermann/Rückert*, AuA 1997, 126). Damit wird Art. 4 Abs. 2 EG-PSA-Benutzungsrichtlinie umgesetzt. 9

Der Arbeitgeber muss für die **Funktionsfähigkeit** der PSA und ihren **hygienisch einwandfreien Zustand** sorgen (§ 2 Abs. 4). Damit wird Art. 4 Abs. 6 Satz 1 2. Halbsatz EG-PSA-Benutzungsrichtlinie umgesetzt. 10
Die **Reinigung** von PSA ist ein Bestandteil der Wartungsmaßnahmen.
Der Aspekt der ordnungsgemäßen **Lagerung** von PSA wurde deswegen hinzugefügt, da dies zur Erfüllung der vorgenannten Anforderungen an PSA wichtig ist (RegE-ArtV, 18). So dürfen z.B. Industrieschutzhelme aus thermoplastischen Kunststoffen keiner Sonneneinstrahlung oder aggressiven Stoffen ausgesetzt sein, da sich ansonsten ihre Schutzeigenschaften vermindern (*Opfermann/Rückert*, AuA 1997, 126).
Im übrigen enthalten die **Sicherheitsregeln** der Träger der gesetzlichen Unfallversicherung für die Auswahl von PSA bereits diesbezüglich praxisgerecht aufgearbeitete Konkretisierungen für einzelne PSA-Arten (a.a.O. § 1 Rn. 2).

4. Regelungen des ArbSchG

Ausgehend vom Grundsatz der Kohärenz der PSA-BV mit dem ArbSchG (vgl. § 1 Rn. 3) hat der Arbeitgeber, neben den in § 2 Abs. 1 ausdrücklich genannten Pflichten aus §§ 3, 4 und 5 ArbSchG, auch alle übrigen **Regelungen des ArbSchG** in Bezug auf Sicherheit und Gesundheitsschutz bei der Benutzung von PSA zu erfüllen. Hierzu gehören insbesondere: 11

Arbeitsschutzverordnungen

– die Beachtung der Befähigung der Beschäftigten im Hinblick auf die Übertragung von Aufgaben (§ 7 ArbSchG),
– die Zusammenarbeit mehrerer Arbeitgeber (§ 8 Abs. 1 ArbSchG) sowie
– die Vergewisserung über den Stand der Arbeitsschutzqualifikation von Fremdfirmenbeschäftigten (§ 8 Abs. 2 ArbSchG).

12 Ergänzend zu den Pflichten des Arbeitgebers in Bezug auf die Benutzung von PSA durch Beschäftigte ist auf **Pflichten und Rechte der Beschäftigten** hinzuweisen, die sich aus §§ 15 17 ArbSchG ergeben. Danach sind die Beschäftigten verpflichtet, PSA, die ihnen zur Verfügung gestellt wird, **bestimmungsgemäß zu verwenden** (vgl. vgl. § 15 Abs. Abs. 2 ArbSchG; § 15 ArbSchG Rn. 11; zu Strategien und Handlunganleitungen zur Motivation zum Tragen von PSA vgl. *Strobel/Wittmann/Noetel*, BG 1997, 402 ff.). Um diese Verpflichtung erfüllen zu können, hat der Arbeitgeber gem. § 3 PSA-BV spezielle Unterweisungsverpflichtungen (vgl. § 3 PSA-BV Rn. 1 ff.).

13 Zu den Pflichten der Beschäftigten kommen **Aufgaben und Rechte** des Betriebs- bzw. Personalrats (vgl. BetrVG Rn. 3 ff.; BPersVG Rn. 1 ff.). Diese haben die Einhaltung der PSA-BV zu **überwachen und sich für ihre Durchführung einzusetzen** (§§ 80 Abs. 1 Nr. 1, 89 BetrVG bzw. §§ 68 Abs. 1 Nr. 2, 81 BPersVG). Bei allen Regelungen der PSA-BV, die dem Arbeitgeber einen Entscheidungsspielraum lassen, greift die **Mitbestimmung** des Betriebsrates nach § 87 Abs. 1 Nr. 7 BetrVG bzw. des Personalrates nach § 75 Abs. 3 Nr. 11 BPersVG (vgl. DKK-*Klebe*, § 87 BetrVG Rn. 204; vgl. Rn. 6; § 3 Rn. 4; vgl. BetrVG Rn. 14 ff.; BPersVG Rn. 8 ff.).

14 Zur Erfüllung der Verpflichtungen nach der PSA-BV steht dem Arbeitgeber, ausgehend von seiner allgemeinen Verpflichtung zur Bereitstellung einer geeigneten **Arbeitsschutzorganisation** und der erforderlichen Mittel (vgl. § 3 Abs. 2 ArbSchG), die Sach- und Handlungskompetenz der von ihm zu bestellenden Fachkräfte für Arbeitssicherheit und Betriebsärzte zu Verfügung (vgl. hierzu ASiG Rn. 62 ff.). Ergänzend ist auf die Aufgaben der vom Arbeitgeber nach § 22 SGB VII zu bestellenden Sicherheitsbeauftragten hinzuweisen, die allerdings im Wesentlichen auf die Unterstützung der Durchführung der Maßnahmen zur Verhütung von Arbeitsunfällen und Berufskrankheiten beschränkt ist (vgl. § 22 Abs. 2 SGB VII).

15 Kosten, die dem Arbeitgeber aufgrund von Arbeitsschutzmaßnahmen nach der PSA-BV entstehen, dürfen nicht den Beschäftigten auferlegt werden (vgl. § 3 Abs. 3 ArbSchG; § 3 ArbSchG Rn. 14 f.; vgl. RegE-ArtV, 17 unter Bezug auf Art. 4 Abs. 6 1. Halbsatz EG-PSA-Benutzungsrichtlinie; vgl. *Doll*, AS-Recht Beil. 1/1997, 3; MünchArbR-*Wlotzke*, § 216 Rn. 21; vgl. *Hinrichs*, AiB 1997, 218).

16 Nach der Rspr. des *BAG* sind jedoch individual- oder kollektivrechtliche Vereinbarungen über eine **Kostenbeteiligung** des Beschäftigten dann zulässig, wenn der Arbeitgeber über seine gesetzliche Verpflichtung hinaus dem Beschäftigten Vorteile bei der Benutzung oder Verwendung der PSA anbietet und der Beschäftigte von diesem Angebot freiwillig Gebrauch macht (vgl. MünchArbR-*Wlotzke*, § 216 Rn. 21). Z.B. kann der Beschäftigte die ihm überlassenen Sicherheitsschuhe oder Schutzkleidung auch in der Freizeit benutzen (vgl. a.a.O.). Für PSA, die diese Vorteile für den Beschäftigten aufgrund ihres Verwendungszweck, ihrer Schutzfunktion bzw. der Höhe der Kosten für ihre Beschaffung nicht bieten, ist eine Kostenbeteiligung nicht möglich (vgl. § 3 ArbSchG Rn. 15).

§ 3 Unterweisung

(1) Bei der Unterweisung nach § 12 des Arbeitsschutzgesetzes hat der Arbeitgeber die Beschäftigten darin zu unterweisen, wie die persönlichen Schutzausrüstungen sicherheitsgerecht benutzt werden. Soweit erforderlich, führt er eine Schulung in der Benutzung durch.

(2) Für jede bereitgestellte persönliche Schutzausrüstung hat der Arbeitgeber erforderliche Informationen für die Benutzung in für die Beschäftigten verständlicher Form und Sprache bereitzuhalten.

Im Rahmen seiner Unterweisungspflicht nach § 12 ArbSchG ist der Arbeitgeber dazu verpflichtet, die Beschäftigten speziell in der sicherheitsgerechten Benutzung der PSA zu **unterweisen**. Dadurch kann sowohl die Akzeptanz der Beschäftigten zum Tragen der PSA gefördert als auch die Befähigung zu deren sicherheitsgerechten Benutzung vermittelt werden (RegE-ArtV, 19). Es werden die Voraussetzungen geschaffen, dass die Beschäftigten ihrer Verpflichtung zur bestimmungsgemäßen Verwendung von PSA gem. § 15 Abs. 2 ArbSchG nachkommen können (vgl. § 2 PSA-BV Rn. 12; § 15 ArbSchG Rn. 11). Art und Umfang der Unterweisung müssen den Gefahren, vor denen die PSA schützen soll, und den für die sicherheitstechnische Benutzung erforderlichen Kenntnissen angepasst sein (a.a.O.). Soweit erforderlich, z.B. bei der Benutzung komplexer PSA nach § 7 8. GSGV, muss die Unterweisung auch eine Schulung mit **praktischer Übung** umfassen, z.B. eine Trageübung mit einem angelegten Atemschutzgerät (vgl. a.a.O., *Opfermann/Rückert*, AuA 1997, 126; zur Motivation zum Tragen von PSA vgl. *Strobel/Wittmann/Noetel*, BG 1997, 402 ff.). Durch § 3 Abs. 1 wird Art. 4 Abs. 8 EG-PSA-Benutzungsrichtlinie umgesetzt. 1

Eine sicherheitsgerechte Benutzung von PSA setzt voraus, dass den Beschäftigten die im Hinblick auf die Benutzung wesentlichen Informationen vermittelt und zugänglich gemacht werden. Der Arbeitgeber ist deshalb verpflichtet, für jede am Arbeitsplatz benutzte PSA die erforderlichen **Informationen**, die insbesondere Angaben bezüglich der Regelungen in § 2 Abs. 1 und 3 enthalten, für die Beschäftigten bereitzuhalten (vgl. RegE-ArtV, 19). 2

Diese Informationen müssen die für eine sicherheitsgerechte Benutzung von PSA erforderlichen Hinweise enthalten und so abgefasst sein, dass die Beschäftigten sie **verstehen**. Dies bedeutet aber nicht zwingend, dass eine Übersetzung dieser Informationen in den jeweiligen Muttersprachen der Beschäftigten vorliegen muss (RegE-ArtV, 19). Der Arbeitgeber kann sich ggf. auch Piktogramme bzw. mehrsprachige Gebrauchsanleitungen der Hersteller von PSA zunutze machen. Bei komplexer PSA insbesondere in Verbindung mit gefährlichen Tätigkeiten kann ggf. eine Übersetzung der Information erforderlich sein. 3

Die Informationen könnten darüber hinaus den Beschäftigten auch Reinigungs- und Pflegevorschriften für die PSA vermitteln (a.a.O.). Der Arbeitgeber kann bei der Erstellung dieser Informationen auf die mitgelieferten technischen Unterlagen (Gebrauchsanleitung) der Hersteller oder Importeure von PSA gem. § 3 Abs. 1 Nr. 3 8. GSGV zurückgreifen (a.a.O.; *Rückert*, KAN 17, 21). Der Kontext mit den konkreten betrieblichen Benutzungsbedingungen ist hierbei jedoch sinnvollerweise herzustellen. Der Arbeitgeber muss sich jedenfalls vergewissern, dass die Beschäftigten die Information auch verstanden haben. Durch § 3 Abs. 2 wird Art. 4 Abs. 5 und 9 EG-PSA-Benutzungsrichtlinie umgesetzt.

Arbeitsschutzverordnungen

4 § 3 ist wie § 12 ArbSchG eine **Rahmenvorschrift** i.S. des § 87 Abs. 1 Nr. 7 BetrVG und lässt dem Arbeitgeber einen Entscheidungsspielraum bezüglich Form, Inhalt, Anpassung und Wiederholung der Unterweisung. Sie unterliegt daher der **Mitbestimmung** des Betriebsrats (vgl. § 12 ArbSchG Rn. 3a; DKK-*Klebe*, § 87 BetrVG Rn. 204 m.w.N.; BetrVG Rn. 30) bzw. des Personalrats gem. § 75 Abs. 3 Nr. 11 (vgl. BPersVG Rn. 8 ff.).

Teil IV
Sonstige Rechtsvorschriften –
Gesetzestexte mit Kommentierung

Gesetz zur Regelung der gewerbsmäßigen Arbeitnehmerüberlassung (Arbeitnehmerüberlassungsgesetz – AÜG)

vom 7. August 1972 (BGBl. I, 1393) in der Fassung der Bekanntmachung vom 3. Februar 1995 (BGBl. I Nr. 8 vom 16.02.1995 S. 158) zuletzt geändert durch Art. 7 des Gesetzes vom 10. Dezember 2001 (BGBl. I, S. 3443)

...

§ 11 Sonstige Vorschriften über das Leiharbeitsverhältnis

...
(6) Die Tätigkeit des Leiharbeitnehmers bei dem Entleiher unterliegt den für den Betrieb des Entleihers geltenden öffentlich-rechtlichen Vorschriften des Arbeitsschutzrechts; die hieraus sich ergebenden Pflichten für den Arbeitgeber obliegen dem Entleiher unbeschadet der Pflichten des Verleihers. Insbesondere hat der Entleiher den Leiharbeitnehmer vor Beginn der Beschäftigung und bei Veränderungen in seinem Arbeitsbereich über Gefahren für Sicherheit und Gesundheit, denen er bei der Arbeit ausgesetzt sein kann, sowie über die Maßnahmen und Einrichtungen zur Abwendung dieser Gefahren zu unterrichten. Der Entleiher hat den Leiharbeitnehmer zusätzlich über die Notwendigkeit besonderer Qualifikationen oder beruflicher Fähigkeiten oder einer besonderen ärztlichen Überwachung sowie über erhöhte besondere Gefahren des Arbeitsplatzes zu unterrichten.

...

§ 14 Mitwirkungs- und Mitbestimmungsrechte

(1) Leiharbeitnehmer bleiben auch während der Zeit ihrer Arbeitsleistung bei einem Entleiher Angehörige des entsendenden Betriebs des Verleihers.
(2) Leiharbeitnehmer sind bei der Wahl der Arbeitnehmervertreter in den Aufsichtsrat im Entleihunternehmen und bei der Wahl der betriebsverfassungsrechtlichen Arbeitnehmervertretungen im Entleiherbetrieb nicht wählbar. Sie sind berechtigt, die Sprechstunden dieser Arbeitnehmervertretungen aufzusuchen und an den Betriebs- und Jugendversammlungen im Entleiherbetrieb teilzunehmen. Die §§ 81, 82 Abs. 1 und die §§ 84 bis 86 des Betriebsverfassungsgesetzes gelten im Entleiherbetrieb auch in bezug auf die dort tätigen Leiharbeitnehmer.

Sonstige Rechtsvorschriften

(3) Vor der Übernahme eines Leiharbeitnehmers zur Arbeitsleistung ist der Betriebsrat des Entleiherbetriebs nach § 99 des Betriebsverfassungsgesetzes zu beteiligen. Dabei hat der Entleiher dem Betriebsrat auch die schriftliche Erklärung des Verleihers nach § 12 Abs. 1 Satz 2 vorzulegen. Er ist ferner verpflichtet, Mitteilungen des Verleihers nach § 12 Abs. 2 unverzüglich dem Betriebsrat bekanntzugeben.

(4) Die Absätze 1 und 2 Sätze 1 und 2 sowie Abs. 3 gelten für die Anwendung des Bundespersonalvertretungsgesetzes sinngemäß.
...

1 § 11 Abs. 6 löst die Frage, ob Leiharbeitnehmer im Betrieb des Entleihers »beschäftigt« werden (so Art. 3 Buchst. a der EG-Rahmenrichtlinie-Arbeitsschutz; vgl. § 2 ArbSchG Rn. 20), durch eine **eigenständige gesetzliche Regelung:** Sie unterliegen gem. § 11 Abs. 6 Satz 1 den Arbeitsschutzvorschriften des Entleih-Betriebes, und der entleihende Arbeitgeber ist ihnen gegenüber entsprechend verpflichtet.

2 Neben dem Entleiher bleibt allerdings auch der **Verleiher** in seiner Stellung als Arbeitgeber des Leih-Arbeitnehmers diesem gegenüber zu Einhaltung der für jeden Arbeitseinsatz geltenden Arbeitsschutzvorschriften verpflichtet. Er hat dies durch seinen Vertrag mit dem Entleiher zu gewährleisten und ggf. durch Kontrollen beim Entleiher sicherzustellen (Kasseler Handbuch/*Düwell*, 4.5 Rn. 406; *Ulber*, AÜG, 1998, § 11 Rn. 87 ff.).

3 Verleiher und Entleiher haben **gem. § 8 ArbSchG zusammenzuarbeiten** (Kasseler Handbuch/*Düwell*, 4.5 Rn. 437). Sie unterliegen den allgemeinen hierfür geltenden Grundsätzen (vgl. § 8 ArbSchG Rn. 1 ff.).

4 Der Leiharbeitnehmer – wie alle anderen Arbeitnehmer – hat das Recht zur **Leistungsverweigerung** gem. § 273 BGB, wenn die Voraussetzungen hierfür (§ 9 ArbSchG Rn. 16) vorliegen (Kasseler Handbuch/*Düwell*, 4.5 Rn. 440). In einem solchen Falle wird der Verleiher gegenüber dem Entleiher gem. § 275 BGB von der Pflicht zur Überlassung frei und kann das Entgelt gem. § 324 BGB verlangen, wenn der Entleiher den Anlass der Leistungsverweigerung zu vertreten hat (vgl. *Schüren*, Einl. Rn. 324).

5 Der Entleiher ist dazu verpflichtet, den Leiharbeitnehmer vor der Arbeitsaufnahme und im Falle von Veränderungen in dessen Arbeitsbereich über Gefahren und Vorkehrungen zu deren Abwendung zu **unterrichten** (§ 11 Abs. 6 Satz 2). Das schließt die Pflicht zur Unterrichtung über die Notwendigkeit besonderer Qualifikationen, beruflicher Fähigkeiten, der Notwendigkeit ärztlicher Überwachung oder erhöhter Gefahren ein (§ 11 Abs. 6 Satz 3). Diese Unterrichtung hat nach den für alle Beschäftigten geltenden **Grundsätzen des § 12 ArbSchG** zu erfolgen (vgl. § 12 ArbSchG Rn. 1). In dieser Hinsicht bekräftigt § 12 Abs. 2 ArbSchG die Verpflichtungen gem. § 11 Abs. 6 Satz 2 und 3 (vgl. § 12 ArbSchG Rn. 17).

6 Leiharbeitnehmer bleiben während der Zeit der Arbeitsleistung im entleihenden Betrieb **Arbeitnehmer des Verleihers** (§ 14 Abs. 1). Für sie wird jedoch ausdrücklich eine begrenzte **Zuständigkeit des Betriebsrats des Entleihers** festgelegt. Dabei wird nicht ausdrücklich auf Beteiligungsrechte im Zusammenhang mit dem Arbeitsschutz Bezug genommen. Jedoch kann aus der Inpflichtnahme des Entleihers gegenüber dem Leiharbeitnehmer gem. § 11 Abs. 6 Satz 1 der Schluss gezogen werden, dass der Betriebsrat des Entleih-Betriebes in allen Arbeitsschutzangelegenheiten auch **für Leiharbeitnehmer zuständig** ist. Das schließt insbesondere das Mitbestimmungsrecht gem. § 87 Abs. 1 Nr. 7 BetrVG ein (im Ergebnis ebenso Kasseler Handbuch/*Düwell*, 4.5 Rn. 499; *Schüren*, AÜG, § 14 Rn. 225).

Der **Betriebsrat beim Verleiher** (so es ihn denn gibt!) bleibt zuständig für die aus der Sicht des Verleihers zu erfüllenden Zusammenarbeitspflichten aufgrund § 8 ArbSchG (Rn. 3). Er hat z.B. darüber zu wachen, dass der Verleiher durch seine Vertragsgestaltung und ggf. Kontrollen die Einhaltung von Arbeitsschutzvorschriften beim Entleiher sicherstellt (vgl. Rn. 2). **7**

Gesetz über Betriebsärzte, Sicherheitsingenieure und andere Fachkräfte für Arbeitssicherheit (Arbeitssicherheitsgesetz – ASiG)

vom 12. Dezember 1973 (BGBl. I, S. 1885), zuletzt geändert durch Art. 32 des Gesetzes vom 21.12.2000 (BGBl. I, S. 1983)

Erster Abschnitt

§ 1 Grundsatz

Der Arbeitgeber hat nach Maßgabe dieses Gesetzes Betriebsärzte und Fachkräfte für Arbeitssicherheit zu bestellen. Diese sollen ihn beim Arbeitsschutz und bei der Unfallverhütung unterstützen. Damit soll erreicht werden, daß
1. die dem Arbeitsschutz und der Unfallverhütung dienenden Vorschriften den besonderen Betriebsverhältnissen entsprechend angewandt werden,
2. gesicherte arbeitsmedizinische und sicherheitstechnische Erkenntnisse zur Verbesserung des Arbeitsschutzes und der Unfallverhütung verwirklicht werden können,
3. die dem Arbeitsschutz und der Unfallverhütung dienenden Maßnahmen einen möglichst hohen Wirkungsgrad erreichen.

Zweiter Abschnitt
Betriebsärzte

§ 2 Bestellung von Betriebsärzten

(1) Der Arbeitgeber hat Betriebsärzte schriftlich zu bestellen und ihnen die in § 3 genannten Aufgaben zu übertragen, soweit dies erforderlich ist im Hinblick auf
1. die Betriebsart und die damit für die Arbeitnehmer verbundenen Unfall- und Gesundheitsgefahren,
2. die Zahl der beschäftigten Arbeitnehmer und die Zusammensetzung der Arbeitnehmerschaft und
3. die Betriebsorganisation, insbesondere im Hinblick auf die Zahl und die Art der für den Arbeitsschutz und die Unfallverhütung verantwortlichen Personen.

(2) Der Arbeitgeber hat dafür zu sorgen, daß die von ihm bestellten Betriebsärzte ihre Aufgaben erfüllen. Er hat sie bei der Erfüllung ihrer Aufgaben zu unterstützen; insbesondere ist er verpflichtet, ihnen, soweit dies zur Erfüllung ihrer Aufgaben erforderlich ist, Hilfspersonal sowie Räume, Einrichtungen, Geräte und Mittel zur Verfügung zu stellen. Er hat sie über den Einsatz von Personen zu unterrichten, die mit einem befristeten Arbeitsvertrag beschäftigt oder ihm zur Arbeitsleistung überlassen sind.

(3) Der Arbeitgeber hat den Betriebsärzten die zur Erfüllung ihrer Aufgaben erforderliche Fortbildung unter Berücksichtigung der betrieblichen Belange zu er-

Arbeitssicherheitsgesetz

möglichen. Ist der Betriebsarzt als Arbeitnehmer eingestellt, so ist er für die Zeit der Fortbildung unter Fortentrichtung der Arbeitsvergütung von der Arbeit freizustellen. Die Kosten der Fortbildung trägt der Arbeitgeber. Ist der Betriebsarzt nicht als Arbeitnehmer eingestellt, so ist er für die Zeit der Fortbildung von der Erfüllung der ihm übertragenen Aufgaben freizustellen.

§ 3 Aufgaben der Betriebsärzte

(1) Die Betriebsärzte haben die Aufgabe, den Arbeitgeber beim Arbeitsschutz und bei der Unfallverhütung in allen Fragen des Gesundheitsschutzes zu unterstützen. Sie haben insbesondere
1. den Arbeitgeber und die sonst für den Arbeitsschutz und die Unfallverhütung verantwortlichen Personen zu beraten, insbesondere bei
   a) der Planung, Ausführung und Unterhaltung von Betriebsanlagen und von sozialen und sanitären Einrichtungen,
   b) der Beschaffung von technischen Arbeitsmitteln und der Einführung von Arbeitsverfahren und Arbeitsstoffen,
   c) der Auswahl und Erprobung von Körperschutzmitteln,
   d) arbeitsphysiologischen, arbeitspsychologischen und sonstigen ergonomischen sowie arbeitshygienischen Fragen, insbesondere des Arbeitsrhythmus, der Arbeitszeit und der Pausenregelung, der Gestaltung der Arbeitsplätze, des Arbeitsablaufs und der Arbeitsumgebung,
   e) der Organisation der »Ersten Hilfe« im Betrieb,
   f) Fragen des Arbeitsplatzwechsels sowie der Eingliederung und Wiedereingliederung Behinderter in den Arbeitsprozeß,
   g) der Beurteilung der Arbeitsbedingungen,
2. die Arbeitnehmer zu untersuchen, arbeitsmedizinisch zu beurteilen und zu beraten sowie die Untersuchungsergebnisse zu erfassen und auszuwerten,
3. die Durchführung des Arbeitsschutzes und der Unfallverhütung zu beobachten und im Zusammenhang damit
   a) die Arbeitsstätten in regelmäßigen Abständen zu begehen und festgestellte Mängel dem Arbeitgeber oder der sonst für den Arbeitsschutz und die Unfallverhütung verantwortlichen Person mitzuteilen, Maßnahmen zur Beseitigung dieser Mängel vorzuschlagen und auf deren Durchführung hinzuwirken,
   b) auf die Benutzung der Körperschutzmittel zu achten,
   c) Ursachen von arbeitsbedingten Erkrankungen zu untersuchen, die Untersuchungsergebnisse zu erfassen und auszuwerten und dem Arbeitgeber Maßnahmen zur Verhütung dieser Erkrankungen vorzuschlagen,
4. darauf hinzuwirken, daß sich alle im Betrieb Beschäftigten den Anforderungen des Arbeitsschutzes und der Unfallverhütung entsprechend verhalten, insbesondere sie über die Unfall- und Gesundheitsgefahren, denen sie bei der Arbeit ausgesetzt sind, sowie über die Einrichtungen und Maßnahmen zur Abwendung dieser Gefahren zu belehren und bei der Einsatzplanung und Schulung der Helfer in »Erster Hilfe« und des medizinischen Hilfspersonals mitzuwirken.

(2) Die Betriebsärzte haben auf Wunsch des Arbeitnehmers diesem das Ergebnis arbeitsmedizinischer Untersuchungen mitzuteilen; § 8 Abs. 1 Satz 3 bleibt unberührt.

(3) Zu den Aufgaben der Betriebsärzte gehört es nicht, Krankmeldungen der Arbeitnehmer auf ihre Berechtigung zu überprüfen.

§ 4 Anforderungen an Betriebsärzte

Der Arbeitgeber darf als Betriebsärzte nur Personen bestellen, die berechtigt sind, den ärztlichen Beruf auszuüben, und die über die zur Erfüllung der ihnen übertragenen Aufgaben erforderliche arbeitsmedizinische Fachkunde verfügen.

Dritter Abschnitt
Fachkräfte für Arbeitssicherheit

§ 5 Bestellung von Fachkräften für Arbeitssicherheit

(1) Der Arbeitgeber hat Fachkräfte für Arbeitssicherheit (Sicherheitsingenieure, -techniker, -meister) schriftlich zu bestellen und ihnen die in § 6 genannten Aufgaben zu übertragen, soweit dies erforderlich ist im Hinblick auf
1. die Betriebsart und die damit für die Arbeitnehmer verbundenen Unfall- und Gesundheitsgefahren,
2. die Zahl der beschäftigten Arbeitnehmer und die Zusammensetzung der Arbeitnehmerschaft,
3. die Betriebsorganisation, insbesondere im Hinblick auf die Zahl und Art der für den Arbeitsschutz und die Unfallverhütung verantwortlichen Personen,
4. die Kenntnisse und die Schulung des Arbeitgebers oder der nach § 13 Abs. 1 Nr. 1, 2 oder 3 des Arbeitsschutzgesetzes verantwortlichen Personen in Fragen des Arbeitsschutzes.

(2) Der Arbeitgeber hat dafür zu sorgen, daß die von ihm bestellten Fachkräfte für Arbeitssicherheit ihre Aufgaben erfüllen. Er hat sie bei der Erfüllung ihrer Aufgaben zu unterstützen; insbesondere ist er verpflichtet, ihnen, soweit dies zur Erfüllung ihrer Aufgaben erforderlich ist, Hilfspersonal sowie Räume, Einrichtungen, Geräte und Mittel zur Verfügung zu stellen. Er hat sie über den Einsatz von Personen zu unterrichten, die mit einem befristeten Arbeitsvertrag beschäftigt oder ihm zur Arbeitsleistung überlassen sind.

(3) Der Arbeitgeber hat den Fachkräften für Arbeitssicherheit die zur Erfüllung ihrer Aufgaben erforderliche Fortbildung unter Berücksichtigung der betrieblichen Belange zu ermöglichen. Ist die Fachkraft für Arbeitssicherheit als Arbeitnehmer eingestellt, so ist sie für die Zeit der Fortbildung unter Fortentrichtung der Arbeitsvergütung von der Arbeit freizustellen. Die Kosten der Fortbildung trägt der Arbeitgeber. Ist die Fachkraft für Arbeitssicherheit nicht als Arbeitnehmer eingestellt, so ist sie für die Zeit der Fortbildung von der Erfüllung der ihr übertragenen Aufgaben freizustellen.

§ 6 Aufgaben der Fachkräfte für Arbeitssicherheit

Die Fachkräfte für Arbeitssicherheit haben die Aufgabe, den Arbeitgeber beim Arbeitsschutz und bei der Unfallverhütung in allen Fragen der Arbeitssicherheit einschließlich der menschengerechten Gestaltung der Arbeit zu unterstützen. Sie haben insbesondere
1. den Arbeitgeber und die sonst für den Arbeitsschutz und die Unfallverhütung verantwortlichen Personen zu beraten, insbesondere bei
   a) der Planung, Ausführung und Unterhaltung von Betriebsanlagen und von sozialen und sanitären Einrichtungen,

Arbeitssicherheitsgesetz

   b) der Beschaffung von technischen Arbeitsmitteln und der Einführung von Arbeitsverfahren und Arbeitsstoffen,
   c) der Auswahl und Erprobung von Körperschutzmitteln,
   d) der Gestaltung der Arbeitsplätze, des Arbeitsablaufs, der Arbeitsumgebung und in sonstigen Fragen der Ergonomie,
   e) der Beurteilung der Arbeitsbedingungen,
2. die Betriebsanlagen und die technischen Arbeitsmittel insbesondere vor der Inbetriebnahme und Arbeitsverfahren insbesondere vor ihrer Einführung sicherheitstechnisch zu überprüfen,
3. die Durchführung des Arbeitsschutzes und der Unfallverhütung zu beobachten und im Zusammenhang damit
   a) die Arbeitsstätten in regelmäßigen Abständen zu begehen und festgestellte Mängel dem Arbeitgeber oder der sonst für den Arbeitsschutz und die Unfallverhütung verantwortlichen Person mitzuteilen, Maßnahmen zur Beseitigung dieser Mängel vorzuschlagen und auf deren Durchführung hinzuwirken,
   b) auf die Benutzung der Körperschutzmittel zu achten,
   c) Ursachen von Arbeitsunfällen zu untersuchen, die Untersuchungsergebnisse zu erfassen und auszuwerten und dem Arbeitgeber Maßnahmen zur Verhütung dieser Arbeitsunfälle vorzuschlagen,
4. darauf hinzuwirken, daß sich alle im Betrieb Beschäftigten den Anforderungen des Arbeitsschutzes und der Unfallverhütung entsprechend verhalten, insbesondere sie über die Unfall- und Gesundheitsgefahren, denen sie bei der Arbeit ausgesetzt sind, sowie über die Einrichtungen und Maßnahmen zur Abwendung dieser Gefahren zu belehren und bei der Schulung der Sicherheitsbeauftragten mitzuwirken.

§ 7 Anforderungen an Fachkräfte für Arbeitssicherheit

(1) Der Arbeitgeber darf als Fachkräfte für Arbeitssicherheit nur Personen bestellen, die den nachstehenden Anforderungen genügen: Der Sicherheitsingenieur muß berechtigt sein, die Berufsbezeichnung Ingenieur zu führen und über die zur Erfüllung der ihm übertragenen Aufgaben erforderliche sicherheitstechnische Fachkunde verfügen. Der Sicherheitstechniker oder -meister muß über die zur Erfüllung der ihm übertragenen Aufgaben erforderliche sicherheitstechnische Fachkunde verfügen.

(2) Die zuständige Behörde kann es im Einzelfall zulassen, daß an Stelle eines Sicherheitsingenieurs, der berechtigt ist, die Berufsbezeichnung Ingenieur zu führen, jemand bestellt werden darf, der zur Erfüllung der sich aus § 6 ergebenden Aufgaben über entsprechende Fachkenntnisse verfügt.

Vierter Abschnitt
Gemeinsame Vorschriften

§ 8 Unabhängigkeit bei der Anwendung der Fachkunde

(1) Betriebsärzte und Fachkräfte für Arbeitssicherheit sind bei der Anwendung ihrer arbeitsmedizinischen und sicherheitstechnischen Fachkunde weisungsfrei. Sie dürfen wegen der Erfüllung der ihnen übertragenen Aufgaben nicht benach-

teiligt werden. Betriebsärzte sind nur ihrem ärztlichen Gewissen unterworfen und haben die Regeln der ärztlichen Schweigepflicht zu beachten.

(2) Betriebsärzte und Fachkräfte für Arbeitssicherheit oder, wenn für einen Betrieb mehrere Betriebsärzte oder Fachkräfte für Arbeitssicherheit bestellt sind, der leitende Betriebsarzt und die leitende Fachkraft für Arbeitssicherheit, unterstehen unmittelbar dem Leiter des Betriebs.

(3) Können sich Betriebsärzte oder Fachkräfte für Arbeitssicherheit über eine von ihnen vorgeschlagene arbeitsmedizinische oder sicherheitstechnische Maßnahme mit dem Leiter des Betriebs nicht verständigen, so können sie ihren Vorschlag unmittelbar dem Arbeitgeber und, wenn dieser eine juristische Person ist, dem zuständigen Mitglied des zur gesetzlichen Vertretung berufenen Organs unterbreiten. Ist für einen Betrieb oder ein Unternehmen ein leitender Betriebsarzt oder eine leitende Fachkraft für Arbeitssicherheit bestellt, steht diesen das Vorschlagsrecht nach Satz 1 zu. Lehnt der Arbeitgeber oder das zuständige Mitglied des zur gesetzlichen Vertretung berufenen Organs den Vorschlag ab, so ist dies den Vorschlagenden schriftlich mitzuteilen und zu begründen; der Betriebsrat erhält eine Abschrift.

§ 9 Zusammenarbeit mit dem Betriebsrat

(1) Die Betriebsärzte und die Fachkräfte für Arbeitssicherheit haben bei der Erfüllung ihrer Aufgaben mit dem Betriebsrat zusammenzuarbeiten.

(2) Die Betriebsärzte und die Fachkräfte für Arbeitssicherheit haben den Betriebsrat über wichtige Angelegenheiten des Arbeitsschutzes und der Unfallverhütung zu unterrichten; sie haben ihm den Inhalt eines Vorschlages mitzuteilen, den sie nach § 8 Abs. 3 dem Arbeitgeber machen. Sie haben den Betriebsrat auf sein Verlangen in Angelegenheiten des Arbeitsschutzes und der Unfallverhütung zu beraten.

(3) Die Betriebsärzte und Fachkräfte für Arbeitssicherheit sind mit Zustimmung des Betriebsrats zu bestellen und abzuberufen. Das gleiche gilt, wenn deren Aufgaben erweitert oder eingeschränkt werden sollen; im übrigen gilt § 87 in Verbindung mit § 76 des Betriebsverfassungsgesetzes. Vor der Verpflichtung oder Entpflichtung eines freiberuflich tätigen Arztes, einer freiberuflich tätigen Fachkraft für Arbeitssicherheit oder eines überbetrieblichen Dienstes ist der Betriebsrat zu hören.

§ 10 Zusammenarbeit der Betriebsärzte und der Fachkräfte für Arbeitssicherheit

Die Betriebsärzte und die Fachkräfte für Arbeitssicherheit haben bei der Erfüllung ihrer Aufgaben zusammenzuarbeiten. Dazu gehört es insbesondere, gemeinsame Betriebsbegehungen vorzunehmen. Die Betriebsärzte und die Fachkräfte für Arbeitssicherheit arbeiten bei der Erfüllung ihrer Aufgaben mit den anderen im Betrieb für Angelegenheiten der technischen Sicherheit, des Gesundheits- und des Umweltschutzes beauftragten Personen zusammen.

§ 11 Arbeitsschutzausschuß

Soweit in einer sonstigen Rechtsvorschrift nichts anderes bestimmt ist, hat der Arbeitgeber in Betrieben mit mehr als zwanzig Beschäftigten einen Arbeitsschutzausschuß zu bilden, bei der Feststellung der Zahl der Beschäftigten sind

Teilzeitbeschäftigte mit einer regelmäßigen wöchentlichen Arbeitszeit von nicht mehr als 20 Stunden mit 0,5 und nicht mehr als 30 Stunden mit 0,75 zu berücksichtigen. Dieser Ausschuß setzt sich zusammen aus:
- dem Arbeitgeber oder einem von ihm Beauftragten,
- zwei vom Betriebsrat bestimmten Betriebsratsmitgliedern,
- Betriebsärzten,
- Fachkräften für Arbeitssicherheit und
- Sicherheitsbeauftragten nach § 22 des Siebten Buches Sozialgesetzbuch.

Der Arbeitsschutzausschuß hat die Aufgabe, Anliegen des Arbeitsschutzes und der Unfallverhütung zu beraten. Der Arbeitsschutzausschuß tritt mindestens einmal vierteljährlich zusammen.

§ 12 Behördliche Anordnungen

(1) Die zuständige Behörde kann im Einzelfall anordnen, welche Maßnahmen der Arbeitgeber zur Erfüllung der sich aus diesem Gesetz und den die gesetzlichen Pflichten näher bestimmenden Rechtsverordnungen und Unfallverhütungsvorschriften ergebenden Pflichten, insbesondere hinsichtlich der Bestellung von Betriebsärzten und Fachkräften für Arbeitssicherheit, zu treffen hat.

(2) Die zuständige Behörde hat, bevor sie eine Anordnung trifft,
1. den Arbeitgeber und den Betriebsrat zu hören und mit ihnen zu erörtern, welche Maßnahmen angebracht erscheinen und
2. dem zuständigen Träger der gesetzlichen Unfallversicherung Gelegenheit zu geben, an der Erörterung mit dem Arbeitgeber teilzunehmen und zu der von der Behörde in Aussicht genommenen Anordnung Stellung zu nehmen.

(3) Die zuständige Behörde hat dem Arbeitgeber zur Ausführung der Anordnung eine angemessene Frist zu setzen.

(4) Die zuständige Behörde hat den Betriebsrat über eine gegenüber dem Arbeitgeber getroffene Anordnung schriftlich in Kenntnis zu setzen.

§ 13 Auskunfts- und Besichtigungsrechte

(1) Der Arbeitgeber hat der zuständigen Behörde auf deren Verlangen die zur Durchführung des Gesetzes erforderlichen Auskünfte zu erteilen. Er kann die Auskunft auf solche Fragen verweigern, deren Beantwortung ihn selbst oder einen der in § 383 Abs. 1 Nr. 1 bis 3 der Zivilprozessordnung bezeichneten Angehörigen der Gefahr strafgerichtlicher Verfolgung oder eines Verfahrens nach dem Gesetz über Ordnungswidrigkeiten aussetzen würde.

(2) Die Beauftragten der zuständigen Behörde sind berechtigt, die Arbeitsstätten während der üblichen Betriebs- und Arbeitszeit zu betreten und zu besichtigen; außerhalb dieser Zeit oder wenn sich die Arbeitsstätten in einer Wohnung befinden, dürfen sie nur zur Verhütung von dringenden Gefahren für die öffentliche Sicherheit und Ordnung betreten und besichtigt werden. Das Grundrecht der Unverletzlichkeit der Wohnung (Artikel 13 des Grundgesetzes) wird insoweit eingeschränkt.

§ 14 Ermächtigung zum Erlaß von Rechtsverordnungen

(1) Der Bundesminister für Arbeit und Sozialordnung kann mit Zustimmung des Bundesrates durch Rechtsverordnung bestimmen, welche Maßnahmen der Arbeitgeber zur Erfüllung der sich aus diesem Gesetz ergebenden Pflichten zu

treffen hat. Soweit die Träger der gesetzlichen Unfallversicherung ermächtigt sind, die gesetzlichen Pflichten durch Unfallverhütungsvorschriften näher zu bestimmen, macht der Bundesminister für Arbeit und Sozialordnung von der Ermächtigung erst Gebrauch, nachdem innerhalb einer von ihm gesetzten angemessenen Frist der Träger der gesetzlichen Unfallversicherung eine entsprechende Unfallverhütungsvorschrift nicht erlassen hat oder eine unzureichend gewordene Unfallverhütungsvorschrift nicht ändert.

(2) Der Bundesminister für Arbeit und Sozialordnung kann mit Zustimmung des Bundesrates durch Rechtsverordnung

1. feststellen, daß für bestimmte Betriebsarten unter Berücksichtigung der in § 2 Abs. 1 Nr. 2 und 3 und § 5 Abs. 1 Nr. 2 und 3 genannten Umstände die in den §§ 3 und 6 genannten Aufgaben ganz oder zum Teil nicht erfüllt zu werden brauchen,
2. bestimmen, daß die in den §§ 3 und 6 genannten Aufgaben in bestimmten Betriebsarten nicht oder nur zu einem Teil erfüllt zu werden brauchen, soweit dies unvermeidbar ist, weil nicht genügend Betriebsärzte oder Fachkräfte für Arbeitssicherheit zur Verfügung stehen.

§ 15 Ermächtigung zum Erlaß von allgemeinen Verwaltungsvorschriften

Der Bundesminister für Arbeit und Sozialordnung erläßt mit Zustimmung des Bundesrates allgemeine Verwaltungsvorschriften zu diesem Gesetz und den auf Grund des Gesetzes erlassenen Rechtsverordnungen.

§ 16 Öffentliche Verwaltung

In Verwaltungen und Betrieben des Bundes, der Länder, der Gemeinden und der sonstigen Körperschaften, Anstalten und Stiftungen des öffentlichen Rechts ist ein den Grundsätzen dieses Gesetzes gleichwertiger arbeitsmedizinischer und sicherheitstechnischer Arbeitsschutz zu gewährleisten.

§ 17 Nichtanwendung des Gesetzes

(1) Dieses Gesetz ist nicht anzuwenden, soweit Arbeitnehmer im Haushalt beschäftigt werden.

(2) Soweit im Bereich der Seeschiffahrt die Vorschriften der Verordnung über die Seediensttauglichkeit und der Verordnung über die Krankenfürsorge auf Kauffahrteischiffen gleichwertige Regelungen enthalten, gelten diese Regelungen für die beschäftigten Kapitäne, Besatzungsmitglieder und sonstige an Bord tätigen Personen deutscher Seeschiffe. Soweit dieses Gesetz auf die Seeschiffahrt nicht anwendbar ist, wird das Nähere durch Rechtsverordnung geregelt.

(3) Soweit das Bergrecht diesem Gesetz gleichwertige Regelungen enthält, gelten diese Regelungen. Im übrigen gilt dieses Gesetz.

§ 18 Ausnahmen

Die zuständige Behörde kann dem Arbeitgeber gestatten, auch solche Betriebsärzte und Fachkräfte für Arbeitssicherheit zu bestellen, die noch nicht über die erforderliche Fachkunde im Sinne des § 4 oder § 7 verfügen, wenn der Arbeitgeber sich verpflichtet, in einer festzulegenden Frist den Betriebsarzt oder die Fachkraft für Arbeitssicherheit entsprechend fortbilden zu lassen.

§ 19 Überbetriebliche Dienste

Die Verpflichtung des Arbeitgebers, Betriebsärzte und Fachkräfte für Arbeitssicherheit zu bestellen, kann auch dadurch erfüllt werden, daß der Arbeitgeber einen überbetrieblichen Dienst von Betriebsärzten oder Fachkräften für Arbeitssicherheit zur Wahrnehmung der Aufgaben nach § 3 oder § 6 verpflichtet.

§ 20 Ordnungswidrigkeiten

(1) Ordnungswidrig handelt, wer vorsätzlich oder fahrlässig
1. einer vollziehbaren Anordnung nach § 12 Abs. 1 zuwiderhandelt,
2. entgegen § 13 Abs. 1 Satz 1 eine Auskunft nicht, nicht richtig oder nicht vollständig erteilt oder
3. entgegen § 13 Abs. 2 Satz 1 eine Besichtigung nicht duldet.

(2) Eine Ordnungswidrigkeit nach Absatz 1 Nr. 1 kann mit einer Geldbuße bis zu 25 000 Euro, eine Ordnungswidrigkeit nach Absatz 1 Nr. 2 und 3 mit einer Geldbuße bis zu fünfhundert Euro geahndet werden.

§§ 21–23 *(nicht abgedruckt)*

Übersicht

	Rn.
1. Allgemeines	1– 6
2. Zielsetzung	7– 16
3. Anwendungsbereich	17– 25
4. Bestellung von Betriebsärzten und Fachkräften für Arbeitssicherheit	26– 61
a) Allgemeines	26– 39
b) Kriterien für die Bestellung, Unternehmermodell	40– 49
c) Pflichten des Arbeitgebers	50– 61
5. Aufgaben der Betriebsärzte und der Fachkräfte für Arbeitssicherheit	62– 92
a) Gemeinsames	62– 79
b) Betriebsärzte	80– 88
c) Fachkräfte für Arbeitssicherheit	89– 92
6. Anforderungen an Betriebsärzte und Fachkräfte für Arbeitssicherheit	93–104
7. Weisungsfreiheit, Benachteiligungsverbot	105–108
8. Kooperation im Rahmen der betrieblichen Arbeitsschutzorganisation	109–137
a) Zusammenarbeit	109–113
b) Beteiligung und Mitbestimmung des Betriebs- bzw. Personalrats	114–128
c) Arbeitsschutzausschuss	129–137
9. Vollzug	138–148

1. Allgemeines

Das »Gesetz über Betriebsärzte, Sicherheitsingenieure und andere Fachkräfte für **1** Arbeitssicherheit«, das am 12.12.1974 in Kraft getreten ist, dient dem Aufbau, der Verstetigung und der Verbesserung der **Organisation des betrieblichen Arbeitsschutzes**. Sie soll den Arbeitgeber beim Arbeitsschutz und bei der Unfallverhütung i.S. von Sicherheit und Gesundheitsschutz bei der Arbeit (vgl. Rn. 7) unterstützen (vgl. im Überblick Abb. 14). Das Gesetz zielt daher nicht »auf den Schutz vor oder die Beseitigung von definierten Unfall- und Gesundheitsgefährdungen in der Arbeitswelt, sondern es stellt die Grundlage dar für die Organisation eines wirksamen betriebsbezogenen Arbeitsschutzes« (*Bieneck*, FS Wlotzke, 465; vgl. *Anzinger/Bieneck*, Einf. Rn. 1 ff.). Vor dem Hintergrund des

Sonstige Rechtsvorschriften

mehr als zwanzig Jahre später in Kraft getretenen Arbeitsschutzgesetzes – ArbSchG – wirkt daher die Kurzbezeichnung des Gesetzes: Arbeitssicherheitsgesetz – ASiG – missverständlich. Treffender wäre daher eigentlich eine Bezeichnung wie »Gesetz über die Organisation des betrieblichen Arbeitsschutzes«.

2 ArbSchG und ASiG sind hinsichtlich ihrer Zielsetzungen fachlich eng miteinander **verknüpft** (vgl. im Einzelnen Rn. 8 ff.). Im Regierungsentwurf für ein Arbeitsschutzrahmengesetz vom 3. 2. 1994 (BT-Drs. 12/6752) war dementsprechend eine Integration der Vorschriften des ASiG vorgesehen (vgl. §§ 29–40 ArbSchRGE). In einer ursprünglichen Konzeption zur Umsetzung der EG-Rahmenrichtlinie Arbeitsschutz war das *BMA* sogar von einer Novellierung des ASiG als Basis für diese Umsetzung ausgegangen (vgl. *BMA*, SozSich 1991, 137 f.). Auch nachdem diese Integrationsbemühungen zusammen mit dem ArbSchRGE zunächst gescheitert sind, woraus sich Widersprüchlichkeiten vor allem im Hinblick auf den persönlichen Anwendungsbereich ergeben (vgl. Rn. 24 f.), liegt es nahe, dies nachzuholen (vgl. *Wlotzke*, NZA 1996, 1024; *Wlotzke*, FS Kehrmann, 166).

3 Anders als das ArbSchG ist das ASiG im Hinblick auf seine Präzisierung ausdrücklich **subsidiär** gegenüber den Aktivitäten der Träger der gesetzlichen Unfallversicherung ausgestaltet. Danach kann das *BMA* von seiner Ermächtigung zum Erlass von **Rechtsverordnungen**, welche die Maßnahmen bestimmen, die der Arbeitgeber zur Erfüllung seiner Verpflichtungen nach dem ASiG zu treffen hat, erst dann Gebrauch machen, wenn die Träger der gesetzlichen Unfallversicherung innerhalb einer angemessenen Frist nicht entsprechende **UVV** erlassen oder ändern (vgl. § 14 Abs. 1). Dementsprechend enthält das SGB VII die spiegelbildliche Ermächtigung für die Träger der gesetzlichen Unfallversicherung, UVV als autonomes Recht über »die Maßnahmen, die der Unternehmer zur Erfüllung der sich aus dem (ASiG) ergebenden Pflichten zu treffen hat« zu erlassen (vgl. § 15 Abs. 1 Nr. 6 SGB VII; *Anzinger/Bieneck*, § 14 Rn. 10 ff.; vgl. SGB VII Rn. 10 ff.). Der Subsidiaritätsgrundsatz erstreckt sich sinngemäß auch auf die besondere Verordnungsermächtigung in § 14 Abs. 2 (vgl. *Anzinger/Bieneck*, § 14 Rn. 15, m.w.N.). Da die Unfallversicherungsträger von ihrer Kompetenz weitgehend Gebrauch gemacht haben (zu den maßgeblichen UVV BGV A 6 (vormals VBG 122) und BGV A 7 (vormals VBG 123), GUV 0.5, VSG 1.2; vgl. exemplarisch Anhang Nr. 17, 18, 19), sind seitens des *BMA* keine Rechtsverordnungen nach § 14 und auch keine allgemeinen Verwaltungsvorschriften nach § 15 erlassen worden (vgl. *Anzinger/Bieneck*, Einf. Rn. 16, § 14 Rn. 8 und § 15 Rn. 11).

4 UVV der **bundesunmittelbaren Unfallversicherungsträger**, die das ASiG i.S. von § 14 ausfüllen, bedürfen der Genehmigung des *BMA*. Die Entscheidung hierüber wird im Benehmen mit den zuständigen obersten Verwaltungsbehörden der Länder getroffen (vgl. § 15 Abs. 4 Satz 1 und 2 SGB VII; vgl. SGB VII Rn. 13). Bei UVV der **landesunmittelbaren Unfallversicherungsträger** entscheidet die zuständige oberste Landesbehörde über die Genehmigung im Benehmen mit dem *BMA* (vgl. § 15 Abs. 4 Satz 3 SGB VII; SGB VII Rn. 13; vgl. *Anzinger/Bieneck*, Einf. Rn. 18 ff.; zu den Vorteilen und Problemen des Verfahrens zur Ausfüllung des ASiG durch UVV, das in den achtziger Jahren insbesondere zu einer betriebsärztlichen und sicherheitstechnischen Betreuungslücke von mehr als der Hälfte der Arbeitnehmer geführt hatte, vgl. *Bieneck*, FS Wlotzke, 476 ff.; zu zwischenzeitlichen Veränderungen im Hinblick auf die Betreuung aller Arbeitnehmer vgl. Rn. 41 ff.).

Arbeitssicherheitsgesetz

Die Pflichten des ASiG richten sich, wie die des ArbSchG zur Durchführung **5**
von Maßnahmen des Arbeitsschutzes (vgl. § 3 ArbSchG Rn. 1), an den **Arbeitgeber**. Die **Verantwortung** für die Durchführung des Arbeitsschutzes und der
Unfallverhütung aufgrund des ASiG kann von diesem nicht auf Betriebsärzte
oder Fachkräfte für Arbeitssicherheit übertragen werden. Sie sollen ihn im Rahmen ihrer Aufgaben nach §§ 3, 6 ASiG beim betrieblichen Arbeitsschutz beraten
und unterstützen, nicht jedoch ersetzen (vgl. *Anzinger/Bieneck*, § 1 Rn. 6; kritisch: *Herzberg*, BG 1997, 632 ff.; zur fachlich und rechtssystematisch abzulehnenden Pflichtenübertragung an Betriebsärzte oder Fachkräfte für Arbeitssicherheit nach § 13 Abs. 2 ArbSchG vgl. § 13 ArbSchG Rn. 6).
Als **Handlungshilfen** zur betriebsärztlichen und sicherheitstechnischen Betreu- **6**
ung empfehlen sich insbesondere:
- *BAU* (Hrsg.), Ratgeber Fachkräfte für Arbeitssicherheit, 1990;
- *BMA* (Hrsg.), Sicherheitstechnische Betreuung kleiner Betriebe, 1997, Anlage Nr. 23;
- *BMA* (Hrsg.), Betriebsärztliche Betreuung kleiner Betriebe, 1995, Anlage Nr. 21;
- *BMA* (Hrsg.), Qualitätsmerkmale und Anforderungen an Fachkräfte für Arbeitssicherheit, 1994, Anlage Nr. 26;
- *BMA* (Hrsg.), Ratgeber für die betriebsärztliche Betreuung nach dem Arbeitssicherheitsgesetz (ASiG), 1992;
- *Krastel* u.a. (Hrsg.: *BAuA*), Informationsquellen für den Betriebsarzt, 1998 (Stand: 31.12.1996);
- *VDSI/Hess.Min.*, Anforderungen an die sicherheitstechnische Betreuung. Handlungsanleitung zur Auswahl und Beurteilung der sicherheitstechnischen Betreuung, 3. Auflage, 1999.

Daneben sei auf die Links auf der Homepage der BAuA (http://www.baua.de)
hingewiesen, z.B. zum *VDSI*, zum *VDBW*, zur *GQA* und zur *GQB*.

2. Zielsetzung

Ziel- und Zwecksetzung des ASiG ist die **Unterstützung des Arbeitgebers** beim **7**
betrieblichen Arbeitsschutz und bei der Unfallverhütung durch die von ihm
bestellten Betriebsärzte und Fachkräfte für Arbeitssicherheit bzw. überbetrieblichen Dienste (vgl. § 1 Satz 2 ASiG; MünchArbR-*Wlotzke*, § 208 Rn. 22 und § 210
Rn. 44; vgl. *Anzinger/Bieneck*, Einf. Rn. 1 ff., § 1 Rn. 5 f.). Die Unterstützung des
Arbeitgeber bezieht sich im Hinblick auf den »Arbeitsschutz« zuvorderst auf die
Zielsetzung des ArbSchG und die vom Arbeitgeber zu ergreifenden Maßnahmen des Arbeitsschutzes (vgl. § 1 ArbSchG Rn. 1 ff.; § 2 ArbSchG Rn. 1 ff.; zum
Arbeitsschutzbegriff vgl. Einl. Rn. 9 ff.), im Hinblick auf die »Unfallverhütung«
ist auf die Zielsetzung des SGB VII und die vom Unternehmer zu ergreifenden
Maßnahmen zur Durchführung der Maßnahmen zur Verhütung von Arbeitsunfällen und Berufskrankheiten sowie von arbeitsbedingten Gesundheitsgefahren
hinzuweisen (vgl. § 21 Abs. 1 SGB VII; vgl. SGB VII Rn. 28; Einl. Rn. 57).
Die Zielsetzung des ASiG erhält insbesondere durch die auf die Durchführung **8**
von Maßnahmen des Arbeitsschutzes bezogenen Verpflichtungen des Arbeitgebers nach §§ 3 bis 14 **ArbSchG** und den präventiven und ganzheitlichen
Grundansatz des ArbSchG eine noch größere Bedeutung. Das ASiG ist die
Grundlage für die Organisation eines wirksamen betriebsbezogenen Arbeitsschutzes (*Bieneck*, FS Wlotzke, 465) und wird innerbetrieblich durch die nach

Sonstige Rechtsvorschriften

Abbildung 21:

Arbeitssicherheitsgesetz	
Grundsatz Bestellung von Betriebsärzten und Fachkräften für Arbeitssicherheit durch den Arbeitgeber zu seiner Unterstützung (betrieblich oder überbetrieblich); indirekte Geltung im öffentlichen Dienst	§ 1 Satz 1, 2 ASiG § 16 ASiG
Ziele der Bestellung • Anwendung der Arbeitsvorschriften entsprechend den besonderen Betriebsverhältnissen • Verwirklichung von gesicherten arbeitswissenschaftlichen und sicherheitstechnischen Erkenntnissen zur Verbesserung von Sicherheit und Gesundheitsschutz • Erreichung eines hohen Wirkungsgrades von Arbeitsschutzmaßnahmen	§ 1 Satz 3, Nr. 1 bis 3 ASiG § 4 ArbSchG
Grundsätze der Bestellung, Aufgaben und Anforderungen • an Betriebsärzte • an Fachkräfte für Arbeitssicherheit • an überbetriebliche Dienste	§§ 2, 3, 4 ASiG §§ 5, 6, 7 ASiG § 19 ASiG
Weisungsfreiheit, Benachteiligungsverbot, betriebliche Unterstellung, Vorschlagsrechte bei Streitigkeiten	§ 8 ASiG
Zusammenarbeit mit dem Betriebsrat/Personalrat • Zusammenarbeitsgebot • Unterrichtung des Betriebsrats/Personalrats • Mitbestimmung – Bestellung und Abberufung – Erweiterung oder Einschränkung von Aufgaben – Anhörung bei der Verpflichtung/Abberufung von überbetrieblichen Diensten	§ 9 Abs. 1 ASiG § 9 Abs. 2 ASiG § 9 Abs. 3 ASiG
Zusammenarbeitsgebot für Fachkräfte für Arbeitssicherheit, Betriebsärzte und Betriebsbeauftragte	§ 10 ASiG
Beratung von Anliegen im Bereich Sicherheit und Gesundheitsschutz im Arbeitsschutzausschuss (bei Betrieben mit mehr als 20 Beschäftigten)	§ 11 ASiG
Rechtsverordnungen/Unfallverhütungsvorschriften/AVV • UVV »Fachkräfte für Arbeitssicherheit« (BGV A 6) • UVV »Betriebsärzte« (BGV A 7)	§§ 14, 15 ASiG
Behördliche Anordnungen, Auskunfts- und Besichtigungsrechte	§§ 12, 13 ASiG

§ 22 SGB VII zu benennenden Sicherheitsbeauftragten (vgl. Rn. 113; SGB VII Rn. 20 ff.), durch die Beteiligungsrechte der Betriebs- und Personalräte (vgl. Rn. 13) sowie durch die Rechte der einzelnen Beschäftigten (vgl. §§ 14, 17 ArbSchG; BetrVG Rn. 47 ff.) ergänzt (vgl. Einl. Rn. 45 ff.). Hinzu kommen die Beratungspflichten der staatlichen Arbeitsschutzbehörden gem. § 21 Abs. 1 Satz 2 ArbSchG (§ 21 ArbSchG Rn. 8 ff.) gegenüber den Arbeitgebern sowie der Unfallversicherungsträger gem. § 17 Abs. 1 Satz 1 SGB VII gegenüber den Unternehmern und Versicherten (vgl. SGB VII Rn. 19).

Mit dem ASiG soll die **Anwendung der Arbeitsschutzvorschriften** entsprechend der besonderen Betriebsverhältnisse erreicht werden (vgl. § 1 Satz 2 Nr. 1; vgl. Einl. Rn. 56 ff.). Darüber hinaus soll auch erreicht werden, dass gesicherte arbeitsmedizinische und sicherheitstechnische **Erkenntnisse** zur Verbesserung des Arbeitsschutzes und der Unfallverhütung verwirklicht werden können (vgl. § 1 Satz 2 Nr. 2) und dass die dem Arbeitsschutz und der Unfallverhütung dienenden Maßnahmen einen möglichst hohen **Wirkungsgrad** erreichen (vgl. § 1 Satz 2 Nr. 2 ASiG). Auch diese speziellen Zwecksetzungen des ASiG sind durch die Pflichten des Arbeitgebers im Rahmen des ArbSchG unterstrichen worden, und zwar mit Blick auf die vom Arbeitgeber bei Maßnahmen des Arbeitsschutzes verlangte Berücksichtigung des Stands von Technik, Arbeitsmedizin und Hygiene sowie sonstiger gesicherter arbeitswissenschaftlicher Erkenntnisse (§ 4 Nr. 3 ArbSchG; vgl. § 4 ArbSchG Rn. 7 ff., dort auch zum Begriff einer zeitgemäßen Arbeitsmedizin, sowie § 11 ArbSchG Rn. 2). Das gleiche gilt für erforderliche Wirksamkeitsüberprüfungen dieser Maßnahmen (vgl. § 3 Abs. 1 Satz 2 ArbSchG; § 3 ArbSchG Rn. 2). **9**

Das ASiG konkretisiert die **allgemeine Verpflichtung** des **Arbeitgebers** gem. § 3 Abs. 2 Nr. 1 ArbSchG, zur Planung und Durchführung der erforderlichen Maßnahmen des Arbeitsschutzes für eine geeignete **Organisation** zu sorgen und die erforderlichen Mittel bereitzustellen (vgl. *KJP*, § 3 Rn. 17; § 3 ArbSchG Rn. 6 ff.). Verbunden mit den im ASiG enthaltenen Zusammenarbeitsgeboten (§§ 9, 10) und den institutionellen Regelungen (Arbeitsschutzausschuss; § 11) unterstützen die Bestimmungen des ASiG den Arbeitgeber dabei, Vorkehrungen zu treffen, dass die Maßnahmen des Arbeitsschutzes erforderlichenfalls bei allen Tätigkeiten und eingebunden in die betrieblichen Führungsstrukturen beachtet werden und die Beschäftigten ihren Mitwirkungspflichten nachkommen können (§ 3 Abs. 2 Nr. 2 ArbSchG). **10**

Die **Beschäftigten** sind verpflichtet, den Arbeitgeber **gemeinsam** mit dem Betriebsarzt und der Fachkraft für Arbeitssicherheit darin zu unterstützen, die Sicherheit und den Gesundheitsschutz der Beschäftigten bei der Arbeit zu gewährleisten und seine Pflichten entsprechend den behördlichen Auflagen zu erfüllen (vgl. § 16 Abs. 2 Satz 1 ArbSchG; § 16 ArbSchG Rn. 2). **11**

Daneben sollen die **Beschäftigten** auch der Fachkraft für Arbeitssicherheit, dem Betriebsarzt oder dem Sicherheitsbeauftragten nach § 22 SGB VII von ihnen festgestellte **Gefahren** für Sicherheit und Gesundheit und **Mängel an den Schutzsystemen** mitteilen (vgl. § 16 Abs. 2 Satz 2 ArbSchG; § 16 ArbSchG Rn. 2). Eine zwingende Verpflichtung zu unverzüglichen Meldung von unmittelbaren erheblichen Gefahren und Defekten an Schutzsystemen besteht gegenüber dem Arbeitgeber (vgl. § 16 Abs. 1 ArbSchG; § 16 ArbSchG Rn. 1). **12**

Betriebs- bzw. Personalrat haben die Einhaltung des ASiG zu **überwachen** und sich für ihre Durchführung **einzusetzen** (§§ 80 Abs. 1 Nr. 1, 89 BetrVG bzw. §§ 68 Abs. 1 Nr. 2, 81 BPersVG i.V.m. § 16 ASiG; vgl. *Anzinger/Bieneck*, § 9 **13**

Sonstige Rechtsvorschriften

Rn. 4 ff. und 17 ff., § 16 Rn. 27; BetrVG Rn. 3 ff.; BPersVG Rn. 3 ff.). Betriebsärzte und Fachkräfte für Arbeitssicherheit sind verpflichtet, mit dem Betriebs- bzw. Personalrat zusammenzuarbeiten (vgl. § 9 ASiG). Bei allen Regelungen des ASiG, die dem Arbeitgeber einen Entscheidungsspielraum lassen, greift die **Mitbestimmung** des Betriebsrates nach § 87 Abs. 1 Nr. 7 BetrVG bzw. des Personalrates nach § 75 Abs. 3 Nr. 11 BPersVG i.V.m. § 16 ASiG (vgl. Rn. 114 ff.).

14 Aufgrund der Anforderungen an einen präventiven Arbeitsschutz und damit an die betriebliche Arbeitsschutzorganisation sind seit längerem Aktivitäten zur **Fortentwicklung des ASiG** in den folgenden Bereichen zu beobachten (vgl. *Bieneck/Anzinger*, Einf. Rn. 33 ff.):
- die Art und Weise der **Betreuung** aller Arbeitnehmer (insbesondere Einbeziehung der Kleinbetriebe und angepasste Formen der Betreuung; vgl. Rn. 41 ff.),
- die Verbesserung der **Aus- und Fortbildung**, insbesondere der Fachkräfte für Arbeitssicherheit (vgl. Rn. 9) und
- die **Qualitätssicherung** der Betreuung (vgl. Rn. 49, 101 ff.).

15 Anlass zur Entwicklung angemessener Lösungskonzepte zu den in Rn. 14 genannten Bereichen ergeben sich aus den **geänderten Anforderungen** an die Fachkraft für Arbeitssicherheit sowie an den Betriebsarzt. Diese ergeben sich aus den gesellschaftlichen Rahmenbedingungen und -entwicklungen, aus dem Wandel betrieblicher Strukturen und Prozesse sowie aus dem Wandel der Arbeitssysteme (vgl. umfassend zur Fachkraft für Arbeitssicherheit: *VDSI*, 1999). Hervorzuheben sind hierbei insbesondere »neue betriebliche Organisations- und Leitungskonzepte und ein betriebliches Interesse an übergreifenden, mehrere Ziele verfolgende Instrumentarien – z.B. Qualität, Arbeitsschutz, Umweltschutz –« (vgl. *Anzinger/Bieneck*, Einf. Rn. 41) bis hin zu Konzepten zur Integration des Arbeitsschutzes in systematisierte und formalisierte Führungssysteme, z.B. in Form von **Arbeitsschutzmanagementsystemen** (vgl. Einl. Rn. 8; § 3 ArbSchG Rn. 11; *Ritter/Langhoff*, 1998). Speziell für Kleinbetriebe sind im Kontext der inhaltlichen Zielsetzung von Konzepten für Arbeitsschutzmanagementsysteme angemessene Formen der Integration des Arbeitsschutzes in zeitgemäße Führungs- und Organisationskonzepte erforderlich (vgl. *Ritter/Reim/Schulte*, 2000; *Waldeck*, BG 1995, 641 ff.).

16 Das ASiG als Grundlagengesetz für die Organisation des betrieblichen Arbeitsschutzes enthält zur effizienten **Kooperation** im Rahmen der oben genannten unterschiedlichen betrieblichen Aufgabenbereiche bereits wichtige Regelungen, so z.B. das Gebot an Betriebsärzte und Fachkräfte für Arbeitssicherheit zur Zusammenarbeit untereinander, mit dem Betriebs- bzw. dem Personalrat sowie mit den anderen im Betrieb für Angelegenheiten der technischen Sicherheit, des Gesundheits- und des Umweltschutzes beauftragten Personen (z.B. Sicherheitsbeauftragte, Störfallbeauftragte, Immissionsschutzbeauftragte; vgl. §§ 9, 10). Sie werden durch den Arbeitsschutzausschuss organisatorisch und institutionell gebündelt (§ 11). Weitere organisatorische Anforderungen an die Durchführung des Arbeitsschutzes auf betrieblicher Ebene ergeben sich zum einen aus ökonomisch und technisch bedingten Veränderungen der betrieblichen Aufbau- und Ablauforganisation (z.B. durch Gruppenarbeit; vgl. *Stoll*, 1998; *Freiling/Martin*, 2001), zum anderen aus der mit AMS-Konzepten korrespondierenden Pflicht des Arbeitgebers, Vorkehrungen zu treffen, dass Arbeitsschutzmaßnahmen erforderlichenfalls bei allen Tätigkeiten und eingebunden in die betrieblichen Führungsstrukturen beachtet werden (§ 3 Abs. 2 Nr. 2 ArbSchG; vgl. § 3 ArbSchG Rn. 5; Einl. Rn. 47).

3. Anwendungsbereich

Die Vorschriften des ASiG gelten, bezogen auf den **sachlichen Anwendungsbereich**, in **allen Tätigkeitsbereichen** außer im Bereich des öffentlichen Dienstes (Rn. 18). Der Anwendungsbereich des ASiG deckt sich daher **nicht** mit dem des ArbSchG, das grundsätzlich alle privaten und öffentlichen Tätigkeitsbereiche erfasst (vgl. § 1 Abs. 1 Satz 2 ArbSchG; § 1 ArbSchG Rn. 14 ff.). Auch der Begriff »Beschäftigte« i.S. von § 2 Abs. 2 ArbSchG und damit der **persönliche Anwendungsbereich** ist weiter als der Arbeitnehmerbegriff des ASiG (vgl. *Anzinger/Bieneck*, § 1 Rn. 51; Rn. 24 f.). 17

Das ASiG gilt **nicht unmittelbar** in den Verwaltungen und Betrieben des **öffentlichen Dienstes** (vgl. § 16; MünchArbR-*Wlotzke*, § 208 Rn. 23). Dort ist ein den Grundsätzen des ASiG gleichwertiger arbeitsmedizinischer und sicherheitstechnischer Arbeitsschutz zu gewährleisten (§ 16). Dies wird als Schwachstelle des ASiG bezeichnet (*Bieneck*, FS Wlotzke, 468; vgl. *Wlotzke*, NZA 1996, 1024; *Wlotzke*, FS Kehrmann, 166; zur Differenzierung zwischen Bund und Ländern sowie zu Einzelfällen vgl. *Anzinger/Bieneck*, § 16 Rn. 6 ff., 14 ff.). 18

»**Gleichwertigkeit**« bedeutet in diesem Kontext nämlich nicht, dass eine Vereinheitlichung i.S. einer »Gleichartigkeit« zwischen Privatwirtschaft und öffentlichem Dienst angestrebt werden soll (vgl. *BVerwG* 15.1.1995, ZTR 1995, 524; *Anzinger/Bieneck*, § 16 Rn. 20). Sie wird nach h.M. wie folgt definiert: »Für den öffentlichen Dienst besteht dann ein gleichwertiger Arbeitsschutz, wenn die Grundsätze des ASiG übernommen werden. Die grundlegenden Verpflichtungen des ASiG sind in den §§ 1 bis 11 und 19 enthalten« (*Anzinger/Bieneck*, § 16 Rn. 21). Gleichwertige Regelungen enthalten 19

– für den Bereich des **Bundes** die »Richtlinie für den betriebsärztlichen und sicherheitstechnischen Dienst in den Verwaltungen und Betrieben des Bundes« v. 28.1.1978 (GMBl., 114) i.d.F. v. 10.11.1981 (GMBl., 516; abgedruckt bei: *Anzinger/Bieneck*, Anhang, II 3.) und

– für den Bereich der **Länder** Richtlinien auf der Basis eines Musterentwurfs der 47. Arbeitsministerkonferenz im September 1975 (vgl. *Anzinger/Bieneck*, § 16 Rn. 22 f.; z.B. »Durchführung des ASiG in den Verwaltungen und Betrieben des Landes NRW«, Runderlass des Ministeriums für Arbeit, Gesundheit und Soziales v. 23.11.1979, BArbBl. 3/1980).

UVV der Unfallversicherungsträger im Bereich der Länder und im kommunalen Bereich sowie **AVV** des *BMI* für den Bereich des Bundes füllen den Rahmen dieser gleichwertigen Vorschriften aus (vgl. a.a.O., Rn. 24 f.; für den Bereich der Unfallkassen gilt beispielsweise die UVV GUV 0.5; http://www.unfallkassen.de). Mit Blick auf die faktische Gleichartigkeit der Arbeitsverhältnisse im öffentlichen und im privatwirtschaftlichen Bereich, z.B. im Hinblick auf Verwaltungstätigkeiten (Stichwort: Unterstützung des Arbeitgebers durch den Betriebsarzt und die Fachkraft für Arbeitssicherheit im Hinblick auf die sichere und gesundheitsgerechte Gestaltung von Bildschirmarbeitsplätzen) erscheint diese Trennung des ASiG aus fachlicher Sicht überholt.

Bestimmte Tätigkeitsbereiche werden vom Anwendungsbereich des ASiG **ausgenommen** (§ 17). 20

Das ASiG gilt, wie das ArbSchG, nicht für den Arbeitsschutz von **Hausangestellten in privaten Haushalten** (vgl. *Anzinger/Bieneck*, § 17 Rn. 5; vgl. § 1 Abs. 2 Satz 1 ArbSchG; § 1 ArbSchG Rn. 17). 21

Im Bereich der **Seeschifffahrt** gilt das ASiG, wie das ArbSchG, nur dann, wenn 22

Sonstige Rechtsvorschriften

Abbildung 22:

Ausbildung zur Fachkraft für Arbeitssicherheit
Grundsätze des Fachaufsichtsschreibens des BMA vom 29.12.1997
(nach: Bundesarbeitsblatt 3/1998, S. 71)

Ausbildungsstufe I	Ausbildungsstufe II	Ausbildungsstufe III
Grundausbildung	Vertiefende Ausbildung	Wirtschaftsbereichsbezogene Ausbildung

Begleitendes Praktikum

zur selbständigen, aufgabenorientierten und betriebsbezogenen Anwendung des erworbenen Wissens in der Praxis

• insbesondere Vermittlung von Grundlagenwissen über arbeitsbedingte Belastungen und Gefährdungen sowie zur Gestaltung sicherer und gesundheitsgerechter Arbeitssysteme • Erwerb von Verständnis für die Rolle und das Aufgabenspektrum der Fachkraft für Arbeitssicherheit und das Vorschriften- und Regelwerk des Arbeitsschutzes	• Anwendung des in der Grundausbildung erworbenen Wissens zur Planung, Umsetzung und Lösung komplexer Aufgaben insbesondere anhand von Fallbeispielen	• Vermittlung der erforderlichen wirtschaftsbereichsbezogenen Kenntnisse, i.d.R. aufbauend auf den Ausbildungsstufen I und II • Rahmenanforderungen (5 Themenfelder, die entsprechend der Branchenspezifik zu untersetzen sind): Spezifische Gefährdungsfaktoren, Maschinen/Geräte/Anlagen, Arbeitsverfahren, Arbeitsstätten, personalbezogene Themen

→ Abschluss der gesamten Ausbildung innerhalb von drei Jahren
→ Gesamtdauer der in Seminaren vermittelten Ausbildung (d.h. Abwesenheit vom Betrieb): i.d.R. nicht mehr als 6 Wochen
→ vollständige Vermittlung der vorgesehenen Ausbildungsinhalte durch verstärkten Einsatz moderner Techniken der Wissensvermittlung
→ Abschluss der Praktikumsaufgaben: i.d.R. innerhalb von 8 Wochen

nicht entsprechende Rechtsvorschriften bestehen (vgl. zu den Begrifflichkeiten *Anzinger/Bieneck*, § 17 Rn. 7f.; vgl. § 1 Abs. 2 Satz 2 ArbSchG; vgl. § 1 ArbSchG Rn. 18). Im Unterschied zur Regelung des ArbSchG müssen die Regelungen jedoch »gleichwertig« sein (vgl. *Anzinger/Bieneck*, § 17 Rn. 10). Regelungen zur Bestellungen von Betriebsärzten und Fachkräften für Arbeitssicherheit enthalten entsprechende UVV der *See-BG* (vgl. a.a.O., Rn. 12).

Das ASiG gilt, wie das ArbSchG, nicht für den Bereich des **Bergbaus**, in dem entsprechende (gem. § 17 Abs. 3 Satz 1 ASiG »gleichwertige«; vgl. Rn. 19) Regelungen durch BergpolizeiVO sowie durch UVV der *Bergbau-BG* zur Bestellung von Betriebsärzten und Fachkräften für Arbeitssicherheit getroffen wurden (vgl. *Anzinger/Bieneck*, § 17 Rn. 15; § 1 Abs. 2 Satz 2 ArbSchG; § 1 ArbSchG Rn. 19). Bestünden solche Regelungen nicht, würde im Übrigen das ASiG gelten (vgl. § 17 Abs. 3 Satz 2 ASiG). **23**

Für den **persönlichen Anwendungsbereich** des ASiG ist aufgrund der Regelung in § 16 (vgl. Rn. 18) der **Arbeitnehmerbegriff** maßgeblich (vgl. *Anzinger/ Bieneck*, § 1 Rn. 52ff.), nicht der umfassendere Beschäftigtenbegriff des § 2 Abs. 2 ArbSchG, der neben den Arbeitnehmern und den arbeitnehmerähnlichen Personen in § 2 Abs. 2 Nr. 1 und 2 ArbSchG z.B. auch Beamte, Richter und Soldaten mit einschließt (zum Arbeitnehmerbegriff vgl. § 2 ArbSchG Rn. 13ff.; zu den, vom Anwendungsbereich des ASiG wie auch des ArbSchG ausgenommenen Heimarbeitern und ihnen gleichgestellten Personen vgl. § 2 ArbSchG Rn. 16). **24**

Zwar ist der Anwendungsbereich des ASiG nicht an den des ArbSchG angepasst worden, aber: **25**
– die **Zwecksetzung** des ASiG zur Anwendung der Arbeitsschutzvorschriften entsprechend der besonderen Betriebsverhältnisse in § 1 Satz 2 Nr. 1 (vgl. Rn. 7) bezieht sich auch und zuvorderst auf das ArbSchG sowie die Arbeitsschutzverordnungen nach §§ 18, 19 ArbSchG und damit auf den weiteren persönlichen Anwendungsbereich dieses Gesetzes bzw. der VO, der durch § 16 ASiG in Bezug auf die betriebliche Arbeitsschutzorganisation und die Wahrnehmung der Aufgaben in §§ 3, 6 ASiG wieder aufgespalten wird,
– Betriebsärzte und Fachkräfte für Arbeitssicherheit sind verpflichtet, den Arbeitgeber bei einer **geeigneten Organisation** zur Planung und Durchführung der Arbeitsschutzmaßnahmen gem. § 3 Abs. 2 Nr. 1 ArbSchG zu unterstützen, die sich ebenfalls auf die Verbesserung von Sicherheit und den Gesundheitsschutz der **Beschäftigten** und nicht allein der Arbeitnehmer bezieht,
– durch die Änderung aufgrund von Art. 2 Nr. 7 EASUG richtet sich die Einrichtung des **Arbeitsschutzausschusses** gem. § 11 nach der Zahl der **Beschäftigten** und nicht allein der Arbeitnehmer (a.A.: *Anzinger/Bieneck*, § 11 Rn. 15; vgl. Rn. 131),
– die **Unterstützungspflicht** und die Meldepflicht gem. § 16 Abs. 2 ArbSchG, die explizit auch die Fachkraft für Arbeitssicherheit und den Betriebsarzt aufführt (vgl. Rn. 11), bezieht sich auf die **Beschäftigten** i.S. von § 2 Abs. 2 ArbSchG und nicht nur auf die Arbeitnehmer.

Vor dem Hintergrund der Existenz »gleichwertiger« Vorschriften i.S. von § 16 ASiG werden die Widersprüchlichkeiten zwischen ASiG und ArbSchG zwar gemildert, jedoch nicht aufgehoben (vgl. Rn. 19). Im Regierungsentwurf für ein **Arbeitsschutzrahmengesetz** vom 3.2.1994 (BT-Drs. 12/6752) war im Hinblick auf die Integration des ASiG eine Aufspaltung weder des persönlichen Anwendungsbereichs noch des sachlichen Anwendungsbereichs i.S. von § 16

Sonstige Rechtsvorschriften

ASiG vorgesehen. Vielmehr sollten auch die aus dem ASiG zu übernehmenden Regelungen zur betrieblichen Arbeitsschutzorganisation (§§ 29–40 ArbSchRGE) für alle Beschäftigten gelten (vgl. Rn. 24).

4. Bestellung von Betriebsärzten und Fachkräften für Arbeitssicherheit

a) Allgemeines

26 Das ASiG verpflichtet den Arbeitgeber zur **Bestellung** von Betriebsärzten und Fachkräften für Arbeitssicherheit nach Maßgabe des Gesetzes (§ 1 Satz 1). Der Arbeitgeber kann hierzu auch einen überbetrieblichen Dienst verpflichten (vgl. § 19; SGB VII Rn. 36). Aus dieser **Zweckbestimmung** können alleine noch keine rechtlichen Verpflichtungen des Arbeitgebers abgeleitet werden (vgl. *Anzinger/ Bieneck*, § 1 Rn. 3 f.). Diese ergeben sich vielmehr aus den nachfolgenden Regelungen und aus den das ASiG ausfüllenden bzw. konkretisierenden UVV BGV A 6 u. A 7.

27 Die Bestellung muss gem. § 2 Abs. 1 bzw. § 5 Abs. 1 **schriftlich** erfolgen und die **Übertragung** der Aufgaben in § 3 (Aufgaben der Betriebsärzte) und § 6 (Aufgaben der Fachkräfte für Arbeitssicherheit) beinhalten (vgl. Rn. 62 ff.).

28 Umfang sowie Art und Weise der Bestellung, wie überhaupt die **Ausfüllung** oder Konkretisierung der Regelungen des ASiG, kann durch UVV oder subsidiär durch Rechtsverordnungen des BMA festgelegt werden (vgl. § 14 Abs. 1; zur Bestellung von Betriebsärzten vgl. *Anzinger/Bieneck*, § 2 Rn. 4; vgl. Rn. 3 f. auch zum Verfahren beim Erlass der UVV). Diese Ausfüllung ist durch die UVV »Fachkräfte für Arbeitssicherheit« (BGV A 6, vormals VBG 122) und »Betriebsärzte« (BGV A 7, vormals VBG 123) erfolgt (vgl. exemplarisch Anhang Nr. 17, 18 und 19; zu weiteren Varianten sowie zu den Regelungen im Bereich der landwirtschaftlichen Berufsgenossenschaften (VSG 1.2) und der Unfallkassen (GUV 0.5) vgl. http://www.lsv-d.de/verbaende/01blb/index.html bzw. http://www.unfallkassen.de). Der Vorteil dieser subsidiären Regelung wird darin gesehen, dass durch UVV besser den unterschiedlichen Unfall- und Gesundheitsgefährdungen in den jeweiligen Branchen und bezogen auf die Betriebsgrößen Rechnung getragen werden kann: »Eine staatliche Regelung könnte schwerlich eine vergleichbare Differenzierung vornehmen und käme dadurch leicht in die Gefahr, Verschiedenes über einen einzigen groben Kamm zu scheren« (*Bieneck*, FS Wlotzke, 466 f.; vgl. *BFK*, Rn. 44).

29 »Betriebsarzt« und »Fachkraft für Arbeitssicherheit« sind gesetzlich **nicht definierte Begriffe** und erstmals durch das ASiG eingeführt worden (vgl. *Anzinger/Bieneck*, § 2 Rn. 1, § 5 Rn. 4). Eine Konkretisierung erfolgt über die Anforderungen, denen Betriebsärzte bzw. Fachkräfte für Arbeitssicherheit genügen müssen (§§ 4, 7 ASiG sowie die entsprechenden Regelungen in den UVV BGV A 7 und BGV A 6; vgl. Rn. 93 ff.).

30 Der Begriff des **Betriebsarztes** leitet sich aus dem ärztlichen Berufsrecht ab. Danach ist die Tätigkeit des Betriebsarztes, wie die des Arztes im Allgemeinen, ein **freier Beruf** und kein Gewerbe, was durch die Anforderungen gem. § 4 unterstrichen wird (vgl. Rn. 94; vgl. *Anzinger/Bieneck*, § 8 Rn. 14 und § 4 Rn. 4; zur erforderlichen Fachkunde vgl. Rn. 94 f.; zur Weisungsfreiheit und zur ärztlichen Schweigepflicht vgl. Rn. 105 f.). Der Betriebsarzt im Besonderen ist ein Arzt, der **präventiv** und nicht therapeutisch tätig wird, ausgenommen die ärztliche Hilfe und Erstbehandlung bei Arbeitsunfällen und akuten Erkrankungen (vgl. a.a.O., Rn. 15).

Arbeitssicherheitsgesetz

Der Oberbegriff »**Fachkraft für Arbeitssicherheit**« wird im ASiG in die gleichfalls nicht definierten Begriffe »Sicherheitsingenieure«, »Sicherheitstechniker« und »Sicherheitsmeister« untergliedert, die gem. § 7 Abs. 1 Satz 2 und 3 anforderungs- bzw. bedarfsspezifisch begründet sind (vgl. zur erforderlichen Fachkunde Rn. 96). Dazu kommt die Ausnahmeregelung in § 7 Abs. 2, nach der es die zuständige Behörde (Rn. 138) im Einzelfall zulassen kann, dass an Stelle eines Sicherheitsingenieurs, der berechtigt ist, die Berufsbezeichnung Ingenieur zu führen, jemand bestellt werden darf, der zur Erfüllung der sich aus § 6 ergebenden Aufgaben über entsprechende Fachkenntnisse verfügt (vgl. Rn. 146). Diese Regelung dient nicht nur der Vermeidung unbilliger Härten für Betriebe, bei denen technische Fragen von Sicherheit und Gesundheitsschutz eher im Hintergrund und organisatorische oder arbeitspsychologische Fragen eher im Vordergrund stehen, sondern dient zunehmend auch der Bewältigung der allgemeinen Entwicklung einer Verschiebung von Problemstellungen des betrieblichen Arbeitsschutzes (vgl. *Anzinger/Bieneck*, § 7 Rn. 17 f.). 31

Von welcher spezifischen Ausprägung der Arbeitgeber in der betrieblichen Praxis Gebrauch macht, d.h. ob die Bestellung eines Sicherheitsingenieurs erforderlich ist oder die Bestellung eines Sicherheitstechnikers oder -meisters ausreicht, wird durch das ASiG nicht vorgegeben, sondern steht in seinem **Ermessen**. Seine Entscheidung hängt von den jeweiligen betrieblichen Verhältnissen zur Erfüllung der Aufgaben nach § 6 und den personellen Möglichkeiten des Betriebs ab (vgl. *Anzinger/Bieneck*, § 5 Rn. 7). Der Arbeitgeber muss allerdings berücksichtigen, dass die Fachkraft für Arbeitssicherheit den spezifischen Anforderungen des Betriebs im Hinblick auf die Sicherung und Verbesserung von Sicherheit und Gesundheitsschutz und möglicherweise auftretenden Problemen gewachsen ist (vgl. *VG Ansbach* 29. 7. 1994, GewA 1995, 419; *Anzinger/Bieneck*, a.a.O. und § 7 Rn. 5). Aufgrund entsprechender Regelungen in den UVV BGV A 6 besteht für die jeweilige **Berufsgenossenschaft** die Möglichkeit, im Einzelfall und im Einvernehmen mit der zuständigen Behörde gem. § 12 ASiG (vgl. Rn. 138) die Bestellung eines Sicherheitsingenieurs zu verlangen, sowie die Tätigkeit der Fachkraft im Betrieb eine ingenieurmäßige Ausbildung erfordert (vgl. *Anzinger/Bieneck*, § 7 Rn. 7, m.w.N.; vgl. z.B. § 2 Abs. 7 Satz 2 UVV BGV A 6 der *BG Feinmechanik und Elektrotechnik*; vgl. Anhang Nr. 17). Bei seiner Ermessensentscheidung unterliegt der Arbeitgeber insoweit der Überprüfung durch die Aufsichtsbehörde (vgl. a.a.O.). 32

Als **Formen der Bestellung** von Betriebsärzten bzw. Fachkräften für Arbeitssicherheit, zwischen denen der Arbeitgeber eine Auswahl treffen kann, können unterschieden werden (vgl. im Einzelnen *Anzinger/Bieneck*, § 2 Rn. 10 ff.; § 5 Rn. 12 ff.): 33

– Anstellung als **Arbeitnehmer** im Rahmen eines Arbeitsverhältnisses (kommt insbesondere für Großbetriebe in Betracht),
– Bestellung als **freiberuflich tätige Person** (z.B. Betriebsärzte in Form als niedergelassene Ärzte mit einer zusätzlichen betriebsärztlichen Fachkunde oder als niedergelassene Ärzte für Arbeitsmedizin) im Rahmen eines Werk- bzw. Dienstleistungsvertrages (kommt insbesondere für Klein- und Mittelbetriebe in Betracht; zu Musterverträgen zur betriebsärztlichen Betreuung vgl. http://www.bundesaerztekammer.de/30/Arbeitsmedizin/17Mustervert.html),
– Nutzung eines, ebenfalls auf kleinbetriebliche Bedürfnisse eingehenden, **überbetrieblichen Dienstes** gem. § 19 im Rahmen eines Werk- oder Dienstleistungsvertrages (vgl. *Anzinger/Bieneck*, § 19 Rn. 6 ff.).

Sonstige Rechtsvorschriften

Ab einer **Einsatzzeit** von 800 Stunden/Jahr wird empfohlen, eine **betriebliche Fachkraft für Arbeitssicherheit** zu bestellen; darunter sollte eine freiberufliche Fachkraft bestellt werden (vgl. *VDSI/Hess.Min.*, 1999, 13). Aus Effizienzgründen sollte eine Fachkraft, die vom Arbeitgeber bestellt wird, insgesamt mindestens 160 Arbeitsstunden in ihrer Funktion tätig sein (vgl. a.a.O.; zu branchenmäßigen Differenzierungen vgl. *Anzinger/Bieneck*, § 7 Rn. 39; zur Vorgehensweise bei der Auswahl vgl. *VDSI/Hess.Min.*, 1999). Den besonderen Bedürfnissen von **Kleinbetrieben** kommt das Unternehmermodell der sicherheitstechnischen Betreuung zugute, das teilweise auch bei der betriebsärztlichen Betreuung Anwendung findet (vgl. Rn. 42 ff.).

Empfehlungen zur **Honorierung** von Fachkräften für Arbeitssicherheit bzw. die **Gebührenordnungen** für Ärzte finden sich unter www.vdsi.de/download/Formblatt/Honorar.doc bzw. www.gqb-online.de/vservice/abrechnung/goae_index.html.

b) Überbetriebliche Dienste

34 Die Notwendigkeit und Bedeutung **überbetrieblicher Dienste** gem. § 19 ergibt sich insbesondere aus den spezifischen Bedürfnissen von **Klein- und Mittelbetrieben**, die in der Regel nicht in der Lage sind, einen angestellten Betriebsarzt oder eine angestellte Fachkraft für Arbeitssicherheit zu bestellen. Aus dieser besonderen Anforderungssituation ergibt sich zugleich, dass überbetriebliche Dienste ansonsten **nicht der Regelfall** der Form der betriebsärztlichen oder sicherheitstechnischen Betreuung sein sollen (vgl. *Anzinger/Bieneck*, § 19 Rn. 1 f.).

35 Auch »überbetriebliche Dienste« sind **begrifflich** nicht im Gesetz definiert; zu beachten sind jedenfalls die Anforderungen an die Fachkunde gem. §§ 4, 7 (Rn. 93 ff.) und die Ausstattung gem. § 2 Abs. 2 bzw. § 5 Abs. 2 Satz 2 (Rn. 50 f.) zur Durchführung der Aufgaben in §§ 4, 6 (Rn. 62 ff.; vgl. *Anzinger/Bieneck*, § 19 Rn. 5 und Rn. 30 ff.; zu den spezifischen Pflichten des Arbeitgebers vgl. a.a.O., Rn. 34 ff.). Zum Vollzug gem. §§ 12, 13 ist anzumerken, dass sich die **Befugnisse der zuständigen Behörden** nicht auf den überbetrieblichen Dienst, sondern nur auf den Arbeitgeber beziehen können (vgl. a.a.O., Rn. 45 f.; Rn. 139).

36 Die **Errichtung** von überbetrieblichen Diensten ist in unterschiedlichen Formen möglich (zu den Besonderheiten bei überbetrieblichen arbeitsmedizinischen Diensten vgl. *Anzinger/Bieneck*, § 19 Rn. 25 ff.). Hinweise zur Errichtung gibt die VDSI-Information 11/1999 (http://www.vdsi.de/medien/infos/index.html).

37 Grundsätzlich ist die Errichtung eines überbetrieblichen Dienstes in allen zulässigen **Rechtsformen des privaten Rechts** möglich (insbesondere nicht rechtsfähige, d. h. eingetragene oder rechtsfähige Vereine, nicht rechtsfähige oder rechtsfähige GBR, GmbH oder AG; vgl. *Anzinger/Bieneck*, a.a.O., Rn. 6 ff.). Von privatrechtlichen Formen haben auch die Unfallversicherungsträger Gebrauch gemacht (vgl. a.a.O., Rn. 10; einen Mustervertrag zur sicherheitstechnischen Betreuung durch einen überbetrieblichen Dienst enthält die VDSI-Information 3/2001; http://www.vdsi.de/medien/infos/index.html).

38 Die Errichtung von überbetrieblichen arbeitsmedizinischen und sicherheitstechnischen Diensten durch die **Träger der gesetzlichen Unfallversicherung** richtet sich nach den Bestimmungen in § 24 SGB VII (vgl. SGB VII Rn. 36; zur Mitbestimmung des Betriebs- bzw. des Personalrats vgl. Rn. 120 f.). Diese Diens-

Arbeitssicherheitsgesetz

te können errichtet werden – wobei das Nähere satzungsrechtlich zu regeln ist – und sind von den übrigen Organisationseinheiten der Unfallversicherungsträger zu trennen (§ 24 Abs. 1 Satz 3 SGB VII; vgl. *Anzinger/Bieneck*, a.a.O., Rn. 14; *Kater/Leube*, § 24 SGB VII Rn. 14; *PVW*, § 24 SGB VII, Rn. 3). Die bisherige Regelung zum satzungsrechtlichen **Anschlusszwang** ist aus wettbewerbsrechtlichen Gründen geändert worden und greift nun erst subsidiär nach einer angemessenen Frist, wenn der Arbeitgeber keine Bestellung vornimmt (§ 24 Abs. 2 Satz 1 SGB VII; vgl. *Anzinger/Bieneck*, a.a.O., Rn. 16; *Kater/Leube*, a.a.O., Rn. 18 ff.). Der Anschlusszwang an einen betriebsärztlichen Dienst ist **verfassungsrechtlich zulässig** (*BSG* 2.11.1999, NZS 2000, 254). Von dem Anschlusszwang kann sich ein Arbeitgeber auch nachträglich befreien lassen, wenn er nachweisen kann, dass er seine Pflichten nach dem ASiG erfüllt (vgl. *Anzinger/Bieneck*, a.a.O., Rn. 17; *Kater/Leuble*, a.a.O., Rn. 22 ff.). Ein Anschlusszwang besteht insbesondere bei einigen *Bau-BG*, der *Binnenschifffahrt-BG* und der *See-BG* (vgl. *Anzinger/Bieneck*, a.a.O., Rn. 19).

Eine Errichtung von überbetrieblichen Diensten ist auch durch **andere öffentlich-rechtliche Träger** möglich (z.B. durch Kammern, Innungen, Kreishandwerkerschaften oder Innungskrankenkassen i.V.m. Innungen). Diese Errichtungsform nimmt aufgrund des Gebots der Betreuung aller Betriebe mit mindestens einem Arbeitnehmer an Bedeutung zu (vgl. *Anzinger/Bieneck*, § 19 Rn. 21; zu entsprechenden Formen der betriebsärztlichen Betreuung vgl. *Barth/Glomm/Wienhold*, 2000, 176 ff.). Die Unterhaltung eines entsprechenden überbetrieblichen Dienstes durch eine Kreishandwerkerschaft als **Körperschaft des öffentlichen Rechts** gegenüber entsprechenden Angeboten der Träger der gesetzlichen Unfallversicherung soll nicht wettbewerbswidrig i.S. von § 1 UWG sein, da diese Vorschrift nicht den Zugang der öffentlichen Hand zum Wettbewerb regelt, sondern in erster Linie nur ihr Verhalten und die Art und Weise ihrer Beteiligung (*OLG Hamm*, 23.9.1997, Az. 4 U 37/97). Das Angebot bewegt sich im Rahmen des Zuständigkeitsbereichs einer Kreishandwerkerschaft gem. § 87 Nr. 3 Handwerksordnung (a.a.O.). 39

c) Kriterien für die Bestellung, Unternehmermodell

Die Beantwortung der Frage, ob ein Arbeitgeber überhaupt zur Bestellung von Betriebsärzten bzw. Fachkräften für Arbeitssicherheit verpflichtet ist, ergibt sich aus § 2 Abs. 1 Nr. 1 bis 3 bzw. § 5 Abs. 1 Nr. 1 bis 4. **Kriterien** für die Bestellung sind dabei (vgl. MünchArbR-*Wlotzke*, § 210 Rn. 46; im Einzelnen vgl. *Anzinger/Bieneck*, § 2 Rn. 27 ff. und § 5 Rn. 29): 40
1. die **Betriebsart** und die damit für die Arbeitnehmer verbundenen Unfall- und Gesundheitsgefahren,
2. die **Zahl** der beschäftigten Arbeitnehmer und die Zusammensetzung der Arbeitnehmerschaft,
3. die **Betriebsorganisation**, insbesondere im Hinblick auf die Zahl und die Art der für den Arbeitgeber und die Unfallverhütung verantwortlichen Personen,
4. die **Kenntnisse** und die **Schulung** des Arbeitgebers oder der nach § 13 Abs. 1 Nr. 1, 2 oder Nr. 3 ArbSchG verantwortlichen Personen in Fragen des Arbeitsschutzes (dieses Kriterium gilt nur in Bezug auf die Bestellung von Fachkräften für Arbeitssicherheit; vgl. § 5 Abs. 1 Nr. 4 ASiG; zum Unternehmermodell vgl. Rn. 42 ff.; vgl. *Anzinger/Bieneck*, § 5 Rn. 30 ff.; vgl. Einl. Rn. 95, 99).

Sonstige Rechtsvorschriften

41 Bei der Bestellung von Betriebsärzten und Fachkräften für Arbeitssicherheit kann es nur um den Umfang gehen, da grundsätzlich kein Betrieb ohne Belastungen und Gefährdungen vorstellbar ist und ein Verzicht auf die Bestellung daher nicht in Betracht kommt (*Bieneck*, FS Wlotzke, 475). Gleichwohl gab es bis zum Ende der achtziger Jahre eine der Zwecksetzung des ASiG widersprechende betriebsärztliche und sicherheitstechnische **Betreuungslücke** von ca. 50% der Arbeitnehmer, insbesondere in Kleinbetrieben mit weniger als 30 Arbeitnehmern. Dies war darauf zurückzuführen, dass in den meisten UVV BGV A 6 und A 7 aus Kapazitätsgründen zunächst entsprechende Schwellenwerte zur Bestellung festgelegt worden waren (vgl. *Janning/Vleurinck*, BArbBl. 12/1999, 20), die dann im weiteren zeitlichen Verlauf erhalten blieben. Inhaltliche und rechtliche Impulse zur Überwindung dieser Betreuungslücke gingen von der Entwicklung des europäischen Arbeitsschutzes, insbesondere der EG-Rahmenrichtlinie Arbeitsschutz aus (vgl. *Anzinger/Bieneck*, Einf. Rn. 29; vgl. *Bieneck/ Rückert*, BArbBl. 9/1992, 18).

42 Mit der Einfügung des Kriterium in § 5 Abs. 1 Nr. 4 durch Art. 2 Nr. 3 Buchst. a EASUG findet das so genannte »**Unternehmermodell**« **der sicherheitstechnischen Betreuung** Berücksichtigung, das sich speziell an Kleinst- und Kleinbetriebe richtet (vgl. RegE, 22; der alternativ zum Begriff des Arbeitgebers verwandte Begriff des Unternehmers leitet sich aus den Begrifflichkeiten des Unfallversicherungsrechts ab und überschneidet sich mit diesem; vgl. SGB VII Rn. 28). Das Unternehmermodell ist, auf der Basis eines Modellversuchs in den achtziger Jahren (vgl. *Anzinger/Bieneck*, § 5 Rn. 41), als Teil eines Konzeptes zur Verbesserung des Arbeitsschutzes und der Unfallverhütung im Betrieb in einem Schreiben des *BMA* vom 22.6.1992 enthalten, mit dem die gewerblichen *BG* aufgefordert wurden, bis Ende 1992 Grundsatzentscheidungen zur sicherheitstechnischen Betreuung aller Arbeitnehmer gem. ASiG zu treffen (vgl. BArbBl. 9/1992, 71; vgl. Anhang Nr. 22; vgl. *Bieneck/Rückert*, BG 1992, 477 ff.; *Bieneck/Rückert*, BArbBl. 9/1992, 18 ff.; *Kutscher/Rieder/Siebrecht*, BG 1992, 240 f.; *Bieneck*, BG 1994, 737). Bei diesem Betreuungsmodell geht es darum, für Kleinbetriebe als **Alternative zur Regelbetreuung** (d.h. Betreuung in Form von festgelegten Einsatzzeiten in den jeweiligen UVV BGV A 6; vgl. *Anzinger/Bieneck*, § 5 Rn. 53) die Möglichkeiten einer auf den Grad der jeweiligen Gefährdung im Betrieb bezogenen Beratung durch externe sicherheitstechnische Dienste zu eröffnen. Eine vom *BMA* herausgegebene »Hilfe für den Arbeitgeber« zur sicherheitstechnischen Betreuung kleiner Betriebe enthält wichtige Hinweise zu den alternativen Betreuungsformen (vgl. Anhang Nr. 23). Einzelheiten des Unternehmermodells sind von den Unfallversicherungsträgern, auf der Grundlage von Rahmenanforderungen des *BMA* sowie eines von *BMA*, Ländern und Unfallversicherungsträgern in einer Arbeitsgruppe entwickelten Kriterienkataloges (vgl. *Anzinger/Bieneck*, a.a.O., Rn. 42, 43), in den entsprechenden UVV BGV A 6 festgelegt worden (vgl. a.a.O., Rn. 45; vgl. als Beispiele Anhang Nr. 17, 19 sowie die abgedruckten UVV bei *Anzinger/Bieneck*, Anhang III 1. und 2.). Bis Ende der neunziger Jahre hatten nahezu alle *BG* ihre UVV BGV A 6 den neuen Anforderungen angepasst, die meisten sehen in verschiedenen Varianten das Unternehmermodell als alternative Betreuungsform für Kleinbetriebe vor (vgl. *Jung*, SichIng 10/1997, 42 ff.; *Anzinger/Bieneck*, § 5 Rn. 50 ff.).

43 Damit der Arbeitgeber den Beratungsbedarf für seinen Betrieb ermitteln kann, hat er im Rahmen des Unternehmermodells an entsprechenden **Motivations- und Informationsmaßnahmen** sowie an **Fortbildungsmaßnahmen** teilzuneh-

Arbeitssicherheitsgesetz

men (vgl. *Anzinger/Bieneck*, § 5 Rn. 46, als Beispiel vgl. Anhang Nr. 17, 19 sowie Anhang 3 zur UVV BGV A 6 der *Maschinenbau- und Metall-BG*, in: *Anzinger/ Bieneck*, Anhang III 2., 464). Die Schulung des Arbeitgebers und die bedarfsorientierte sicherheitstechnische Beratung bilden eine **Einheit**. Die Schulung ersetzt daher **nicht** die Beratung durch eine Fachkraft für Arbeitssicherheit oder gar die Fachkraft durch den Arbeitgeber (vgl. *Bieneck*, FS Wlotzke, 479; *Bieneck/ Rückert*, BArbBl. 9/1992, 19). Arbeitgeberschulung und bedarfsgerechte externe Beratung greifen beim Unternehmermodell daher ineinander (vgl. *Bieneck/ Rückert*, a.a.O., 18 f.).

Zur **Ermittlung des konkreten Betreuungsbedarfs** werden in den entsprechenden UVV z.B. Vorgaben für die Durchführung einer **Gefährdungs- und Belastungsanalyse** gemacht (vgl. *Anzinger/Bieneck*, § 5 Rn. 48; vgl. als Beispiel das Modell *der Maschinenbau- und Metall-BG*, a.a.O., Anhang III 2., 465 ff. sowie Anhang Nr. 17, 19; zur Abgrenzung der Gefährdungsanalyse zur Ermittlung des Betreuungsbedarfs gegenüber der Gefährdungsbeurteilung nach § 5 ArbSchG zur Ermittlung der erforderlichen Maßnahmen des Arbeitsschutzes vgl. § 5 ArbSchG Rn. 4). Eine andere Variante besteht, die Teilnahme des Arbeitgebers an den Informations-, Motivations- und Fortbildungsmaßnahmen vorausgesetzt, in der **Reduzierung der Einsatzzeiten** (vgl. *Anzinger/Bieneck*, § 5 Rn. 47; vgl. als Beispiel die Regelung für Betriebe mit mehr als 20 und weniger als 51 Beschäftigten in § 2 Abs. 5 UVV BGV A 6 der *Bau-BG Bayern und Sachsen*; für Betriebe mit weniger als 21 Beschäftigten ist dort in § 2 Abs. 3 die Wahl zwischen Unternehmermodell und Regelbetreuung vorgesehen). **44**

Erfüllt ein Arbeitgeber/Unternehmer seine Pflichten aufgrund des Unternehmermodells nicht, sieht z.B. die UVV BGV A 6 der *Maschinenbau- und Metall-BG* die Möglichkeit vor, dass die BG die Betreuung nach dem Modell der Regeleinsatzzeiten **anordnet** (vgl. Anlage zu § 2 Abs. 4 Nr. 5 UVV BGV A 6; *Anzinger/ Bieneck*, § 5 Rn. 49; vgl. Anhang Nr. 17, VII 3). **45**

Im Hinblick auf die **betriebsärztliche Betreuung** hatte das *BMA* in einem Schreiben vom 9.6.1992 die gewerblichen Berufsgenossenschaften aufgefordert, Grundsatzentscheidungen zur zukünftigen Betreuung der Kleinbetriebe herbeizuführen, und zwar mit der Maßgabe der Betreuung aller Betriebe, die mindestens einen Arbeitnehmer beschäftigen (vgl. BArbBl. 78/1992, 66; vgl. Anhang Nr. 20). Zu beachten waren dabei entsprechende »Rahmenbedingungen« (vgl. a.a.O., 66 ff.). Eine vom *BMA* herausgegebene »Hilfe für den Arbeitgeber« zur betriebsärztlichen Betreuung kleiner Betriebe enthält nützliche Hinweise zur Durchführung der Betreuung (vgl. Anhang Nr. 21). **46**

Eine zunehmend bedeutendere Rolle kommt danach gegenüber der bisherigen Ausrichtung der betriebsärztlichen Betreuung an **Regeleinsatzzeiten** (vgl. *Anzinger/Bieneck*, § 2 Rn. 39 ff.) der Ermittlung des Betreuungsbedarfs anhand einer betrieblichen **Gefährdungsanalyse** zu (vgl. BArbBl. 78/92, 68 f.; *Anzinger/Bieneck*, a.a.O., Rn. 44 ff.; vgl. als Beispiel das Modell der *Holz-BG*, abgedruckt: a.a.O., Anhang III 4., 479 ff., zur Abgrenzung der Gefährdungsanalyse zur Ermittlung des Betreuungsbedarfs gegenüber der Gefährdungsbeurteilung nach § 5 ArbSchG zur Ermittlung der erforderlichen Maßnahmen des Arbeitsschutzes vgl. § 5 ArbSchG Rn. 4). **47**

Demgegenüber spielte das Konzept des **Unternehmermodells** bei der betriebsärztlichen Betreuung eine bislang untergeordnete, eher kritisch eingeschätzte Rolle (vgl. *Anzinger/Bieneck*, § 2 Rn. 50; *Janning/Vleurinck*, BArbBl. 11/1999, 20). Allerdings hat z.B. die *Steinbruchs-BG* zwischenzeitlich eine unbefristete Geneh- **48**

Sonstige Rechtsvorschriften

migung des *BMA* zu ihrem bisherigen Modellversuchs zur **alternativen arbeitsmedizinischen Betreuung** von Kleinbetrieben im Rahmen ihrer UVV BGV A 7 (zu den Erfahrungen vgl. *Ehnes*, in: *BAuA* [Hrsg.], 2000, 123 ff.; *Steinbruchs-BG* [Hrsg.], 1999). Bei der *Fleischerei-BG* besteht eine zeitliche Befristung eines vergleichbaren Modells bis zum 20. 3. 2002 (vgl. Anhang Nr. 18, 19) bei der *BG Nahrungsmittel und Gaststätten* (»**Branchenmodell**« für Betriebe mit zehn und weniger Arbeitnehmern) bis Ende 2003.

49 Mit dem Gebot der arbeitsmedizinischen und sicherheitstechnischen Betreuung aller Arbeitnehmer stellt sich die Aufgabe der **Qualitätssicherung** der Dienste. Hintergrund für entsprechende Initiativen ist die nach wie vor berechtigte Sorge (vgl. Rn. 101) gegenüber sogenannten Billiganbietern und die hiermit verbundenen Befürchtungen hinsichtlich eines ungebremsten Preiswettbewerbs – zu Lasten der Qualität – und eines damit verbundenen Verlustes an Glaubwürdigkeit für die sicherheitstechnische und betriebsärztliche Betreuung (*Bieneck/Knospe*, SiS 1996, 595; *Anzinger/Bieneck*, Einf. Rn. 36). Über gemeinsame wesentliche Grundanforderungen an ein Qualitätssicherungssystem wurde am 2. 5. 1995 zwischen *BMA*, Ländern, Berufsgenossenschaften, Fachinstitutionen, Verbänden und Sozialpartnern Einvernehmen erzielt (vgl. Bekanntmachung des *BMA* v. 30. 6. 1995, BArbBl. 7–8/1995, 71; *Janning/Vleurinck*, BArbBl. 11/1999, 20 f.; *Bieneck/Knospe*, BArbBl. 9/1998, 17 ff.; dies., SiS 1996, 597; zu diesen und weiteren Aktivitäten vgl. ausführlich Rn. 101).

d) Pflichten des Arbeitgebers

50 In § 2 Abs. 2 und 3 bzw. § 5 Abs. 2 und 3 sind organisatorische **Rahmenbedingungen** für die Tätigkeit der Betriebsärzte bzw. der Fachkräfte für Arbeitssicherheit und die entsprechenden Pflichten des Arbeitgebers festgelegt. Zu diesen Pflichten des Arbeitgebers gehört die Überwachung, die Unterstützung und die Information der von Arbeitgeber bestellten Fachleute bzw. Dienste (vgl. MünchArbR-*Wlotzke*, § 210 Rn. 70 f.; *Anzinger/Bieneck*, § 2 Rn. 52 ff. und § 5 Rn. 54 ff.)

51 Die **Überwachungspflicht** des Arbeitgebers besteht im Hinblick auf die Erfüllung der Aufgaben nach §§ 3 und 6 (vgl. Rn. 62 ff.) durch die von ihm bestellten Betriebsärzte und Fachkräfte für Arbeitssicherheit oder überbetrieblichen Dienste und ist mit einer aktiven Handlungspflicht (Vergewisserung, Kontrolle) verbunden (vgl. *Anzinger/Bieneck*, § 2 Rn. 52 und § 5 Rn. 54). Als **Durchsetzungsinstrument** steht dem Arbeitgeber das Direktionsrecht oder der vertragliche Erfüllungsanspruch (bei überbetrieblichen Diensten) zur Verfügung (vgl. *Anzinger/Bieneck*, § 2 Rn. 53). Diese Überwachungsverpflichtung unterstreicht einerseits die Grundverantwortung des Arbeitgebers im Kontext des ASiG (vgl. a.a.O., Rn. 54; vgl. Rn. 5). Andererseits findet sie ihre Grenze in der Unabhängigkeit der Betriebsärzte und der Fachkräfte für Arbeitssicherheit bei der Anwendung der Fachkunde gem. § 8 (vgl. Rn. 105 ff.).

52 Die **allgemeine Unterstützungspflicht** des Arbeitgebers gem. §§ 2 Abs. 2 Satz 2, 5 Abs. 2 Satz 2 wird zwar im ASiG nicht näher konkretisiert, sie ergibt sich jedoch aufgrund der zur Erfüllung der Aufgaben in §§ 3, 6 erforderlichen Einbeziehung der Betriebsärzte und Fachkräfte für Arbeitssicherheit in die betriebliche Aufbau- und Ablauforganisation verbunden mit der Übertragung entsprechender Kompetenzen (vgl. *Anzinger/Bieneck*, § 2 Rn. 57 f. und § 5 Rn. 55). Diese Verpflichtung ergibt sich auch aus der Regelung in § 3 Abs. 2

Arbeitssicherheitsgesetz

Nr. 2 ArbSchG, nach der der Arbeitgeber Vorkehrungen zu treffen hat, dass die Maßnahmen des Arbeitsschutzes i.S. von § 2 Abs. 1 ASiG erforderlichenfalls bei allen Tätigkeiten und eingebunden in die betrieblichen Führungsstrukturen beachtet werden und die Beschäftigten ihren Mitwirkungspflichten (vgl. insbesondere § 16 Abs. 2 ArbSchG) nachkommen können. Zweck der Bestellung von Betriebsärzten und Fachkräften für Arbeitssicherheit ist es, den Arbeitgeber dabei zu unterstützen, dass die dem Arbeitsschutz und der Unfallverhütung dienenden Vorschriften, und damit auch diese Regelung des ArbSchG, den besonderen Betriebsverhältnissen entsprechend angewandt werden (vgl. § 1 Satz 2 Nr. 1 ASiG; Rn. 9).

Eine **besondere Unterstützungsverpflichtung** des Arbeitgebers besteht laut ASiG im Hinblick auf die Bereitstellung von Hilfspersonal sowie sachlicher Ausstattung (Räume, Einrichtungen, Geräte und Mittel; zur Qualitätssicherung vgl. Rn. 49, 101). Im Hinblick auf die **betriebsärztliche Betreuung** ergeben sich Orientierungen für die Erfüllung dieser Verpflichtung aus den 53
– Grundsätzen über Hilfspersonal, Räume, Einrichtungen, Geräte und Mittel für Betriebsärzte im Betrieb (ZH 1/528; abgedruckt a.a.O., Anhang IV 1.) und den
– Grundsätzen für Ärzte, Hilfsmittel, Räume, Einrichtungen, Geräte und Mittel für überbetriebliche arbeitsmedizinische Dienste (ZH 1/529; abgedruckt *Anzinger/Bieneck*, Anhang IV 2.; vgl. a.a.O., § 2 Rn. 59 ff.).

Für die **sicherheitstechnische Betreuung** ergeben sich vergleichbare Orientierungen aus der gemeinsamen Empfehlung von BMA u.a. »Qualitätsmerkmale und Anforderungen an Fachkräfte für Arbeitssicherheit für deren Aufgabenwahrnehmung nach dem ASiG« (BArbBl. 2/1994, 70; vgl. Anhang Nr. 26). 54

Die genannten Anforderungen gelten auch für die **überbetrieblichen Dienste** (vgl. *Anzinger/Bieneck*, § 19 Rn. 30 ff.). 55

Besondere Informationspflichten des Arbeitgeber sind durch Art. 2 Nr. 1 bzw. Nr. 3 Buchst. b EASUG (vgl. Einl. Rn. 95, 99) in § 2 Abs. 2 Satz 3 bzw. § 5 Abs. 2 Satz 3 verankert worden. Danach hat der Arbeitgeber den Betriebsarzt bzw. die Fachkraft für Arbeitssicherheit über den Einsatz von Personen zu unterrichten, die mit einem **befristeten Arbeitsverhältnis** beschäftigt oder ihm zur Arbeitsleistung überlassen (**Arbeitnehmerüberlassung**) sind. Diese Regelung setzt Bestimmungen aus Art. 6 Richtlinie 91/383/EWG zur Ergänzung der Maßnahmen zur Verbesserung der Sicherheit und des Gesundheitsschutzes von Arbeitnehmern mit befristetem Arbeitsverhältnis oder Leiharbeitsverhältnis in das bundesdeutsche Arbeitsschutzrecht um (vgl. RegE, 21; *Anzinger/Bieneck*, § 2 Rn. 62 ff. und § 5 Rn. 56; zu weiteren Arbeitsschutzpflichten in Bezug auf die Arbeitnehmerüberlassung vgl. § 12 ArbSchG Rn. 17; AÜG Rn. 1 ff.). 56

Um die Anpassung der von Fachkräften für Arbeitssicherheit und Betriebsärzten geforderten Fachkunde gem. §§ 4 bzw. 7 (vgl. Rn. 93 ff.) an die Entwicklung des Arbeitsschutzes und seiner technischen, organisatorischen und personellen Rahmenbedingungen zu gewährleisten, verpflichtet § 2 Abs. 3 bzw. § 5 Abs. 3 den Arbeitgeber dazu, eine entsprechende **Fortbildung** zu **ermöglichen**. 57

Eine **Fortbildungsverpflichtung**, die sich an die Betriebsärzte bzw. die Fachkräfte für Arbeitssicherheit richtet, wird dadurch **nicht** begründet (vgl. *Anzinger/Bieneck*, § 2 Rn. 69 und § 5 Rn. 57, m.w.N.). 58

Für die **Betriebsärzte** ergeben sich Fortbildungspflichten jedoch bereits aus dem ärztlichen **Berufsrecht** (vgl. a.a.O., § 2 Rn. 70). Dies beeinflusst auch das Verhältnis zum Kriterium der Erforderlichkeit der Fortbildung in § 2 Abs. 3

Sonstige Rechtsvorschriften

Satz 1, besteht allerdings unabhängig von diesem (vgl. a.a.O., Rn. 75). Im Hinblick auf den Umfang der Fortbildung wird empfohlen, dass für die Teilnahme an entsprechenden Veranstaltungen mindestens drei Wochen in einem Zeitraum von drei Jahren zur Verfügung stehen sollten (*BMA* [Hrsg.], 1992, 14; zu den Bildungsangeboten im medizinischen Arbeitsschutz vgl. *Hamacher*, 1998). Vergleichbare berufsbedingte Fortbildungspflichten bestehen für die **Fachkräfte für Arbeitssicherheit** nicht.

59 Die **Erforderlichkeit** der Fortbildung bestimmt sich allgemein nach den Anforderungen, die sich aus den Aufgaben gem. §§ 3 und 6 ergeben. Für Fachkräfte für Arbeitssicherheit ergaben sich weitere Kriterien aus den Vorgaben des Fachaufsichtsschreibens zur Ausbildung dieser Fachkräfte v. 2.7.1979 (BArbBl. 11/1979, 78; Anhang Nr. 24), das durch das Schreiben vom 29.12.1997 abgelöst worden ist (BArbBl. 3/1998, 71; Anhang Nr. 25; vgl. *Anzinger/Bieneck*, § 5 Rn. 60, 63). Die Grundsätze des Schreiben vom 29.12.1997 sind seit dem 1.1.2001 anzuwenden (vgl. Rn. 99).

Bei der Festlegung der Fortbildungsmaßnahmen sind **betriebliche Belange** zu berücksichtigen. Das bezieht sich allerdings nur auf zeitliche Verschiebungen von Maßnahmen, nicht jedoch auf die Notwendigkeit der Fortbildung an sich (vgl. *Anzinger/Bieneck*, § 2 Rn. 77).

60 Gem. § 2 Abs. 3 Satz 2 bzw. § 5 Abs. 3 Satz 2 besteht ein Anspruch auf **Freistellung** von der Arbeit unter **Fortentrichtung der vollen Arbeitsbezüge**, wobei der Arbeitgeber für eine Vertreterregelung zu sorgen hat (vgl. *Anzinger/Bieneck*, Rn. 79 f.).

Die **Kosten** der Fortbildung sind unter Berücksichtigung der Wirtschaftlichkeit (Kostengünstigkeit) vom Arbeitgeber im Rahmen seiner arbeitsvertraglichen Nebenpflichten gegenüber den Betriebsärzten bzw. Fachkräften für Arbeitssicherheit zu tragen. Diese Kostentragungspflicht entfällt, wenn eine Teilnahme an Fortbildungsveranstaltungen der Träger der gesetzlichen Unfallversicherung erfolgt, deren Kosten gem. § 23 Abs. 2 Satz 1 SGB VII von diesen zu tragen sind (vgl. SGB VII Rn. 35).

61 **Freiberufliche** Betriebsärzte bzw. Fachkräfte für Arbeitssicherheit sind gem. § 2 Abs. 3 Satz 4 bzw. § 5 Abs. 3 Satz 4 für ihre Fortbildung von der Erfüllung ihrer Aufgaben freizustellen. Sie haben die **Kosten** der Fortbildung selbst zu tragen, es sei denn, der Arbeitgeber hat sich dazu vertraglich verpflichtet (*Anzinger/Bieneck*, § 2 Rn. 84, m.w.N.; § 5 Rn. 64).

5. Aufgaben der Betriebsärzte und der Fachkräfte für Arbeitssicherheit

a) Gemeinsames

62 Die **Aufgaben** der Betriebsärzte bzw. der Fachkräfte für Arbeitssicherheit sind in § 3 bzw. § 6 festgelegt. Die jeweils ausdrücklich genannten Aufgabenkataloge sind **nicht abschließend** (Rn. 77). Aus der Abfolge der Aufgaben lässt sich eine innere **Systematik** ableiten, die eine möglichst zusammenhängende, d.h. ganzheitliche Vorgehensweise ihrer Durchführung notwendig macht. So steht z.B. die Beratung des Arbeitgebers bei der Auswahl und Erprobung von Körperschutzmitteln (§§ 3 Abs. 1 Nr. 1 Buchst. c, 6 Nr. 1 Buchst. c; Rn. 65) in engem Zusammenhang mit der Aufgabe, bei der Durchführung des Arbeitsschutzes und der Unfallverhütung auf die Benutzung der Körperschutzmittel zu achten (§§ 3 Abs. 1 Nr. 3 Buchst. b, 6 Nr. 3 Buchst. b; Rn. 73) sowie darauf hinzuwirken,

Arbeitssicherheitsgesetz

dass sich alle im Betrieb Beschäftigten den Anforderungen des Arbeitsschutzes und der Unfallverhütung entsprechend verhalten (vgl. §§ 3 Abs. 1 Nr. 4, 6 Nr. 4; Rn. 73). Erforderlich ist eine **kooperative Aufgabenerledigung** durch die Betriebsärzte und die Fachkräfte für Arbeitssicherheit gem. § 10 unter Beachtung der jeweils fachkundespezifischen Anforderungen (vgl. Rn. 109 ff.).

Die **strafrechtliche Verantwortung** der Betriebsärzte und der Fachkräfte für Arbeitssicherheit richtet sich nach den Kriterien gem. §§ 230, 222 StGB (fahrlässige Körperverletzung, fahrlässige Tötung; vgl. *Anzinger/Bieneck*, § 6 Rn. 41 ff. und § 3 Rn. 140 f., m.w.N.).

63

Die **zivilrechtliche Verantwortung** richtet sich nach den im BGB festgelegten Regelungen (positive Forderungsverletzung gem. § 278 BGB, deliktischer Anspruch gem. § 823 Abs. 1 BGB oder § 831 Abs. 1 Satz 1 i.V.m. § 823 Abs. 1 BGB; vgl. *Anzinger/Bieneck*, § 3 Rn. 128 ff. und § 6 Rn. 47, m.w.N; vgl. insgesamt kritisch zur rechtlichen Verantwortung *Herzberg*, BG 1997, 632 ff.)

Kernaufgabe der Betriebsärzte und der Fachkräfte für Arbeitssicherheit ist die **Unterstützung des Arbeitgebers** beim Arbeitsschutz und bei der Unfallverhütung (vgl. §§ 3 Abs. 1 Satz 1, 6 Abs. 1 Satz 1; vgl. Rn. 7). Diese allgemeine Unterstützungsaufgabe, die die Ziel- und Zwecksetzungen in § 1 konkretisiert, wird jeweils spezifischen Feldern zugeordnet: bei den Betriebsärzten dem »**Gesundheitsschutz**« bei den Fachkräften für Arbeitssicherheit der »**menschengerechten Arbeitsgestaltung**«. Diese teilweise in der Entstehungsgeschichte des ASiG begründete Zuordnung (vgl. *Anzinger/Bieneck*, § 3 Rn. 1 f. und § 6 Rn. 1, 6 ff.) hat durch die im **ArbSchG** festgelegte Präventionsorientierung und die entsprechenden Begrifflichkeiten einen übergreifenden, gemeinsamen Rahmen erhalten, der die Aufgabenstellung der Betriebsärzte und der Fachkräfte für Arbeitssicherheit aufgrund der Zielsetzung in § 1 Nr. 1 (Anwendung der dem Arbeitsschutz und der Unfallverhütung dienenden Vorschriften entsprechend der besonderen Betriebsverhältnisse; vgl. Rn. 9) maßgeblich beeinflusst. Sicherheit und Gesundheitsschutz werden demnach im ArbSchG **aufeinander bezogen** (vgl. § 3 Abs. 1 ArbSchG; § 1 ArbSchG Rn. 10) und die menschengerechte Arbeitsgestaltung ist **integraler** Bestandteil von Maßnahmen des Arbeitsschutzes (vgl. § 2 Abs. 1 ArbSchG; § 2 ArbSchG Rn. 8 ff.). In diesem Kontext ist auf den aufgrund struktureller Veränderungen von Arbeit und Technik geänderten Handlungsrahmen des betrieblichen Arbeitsschutzes hinzuweisen.

64

Dieser **Handlungsrahmen** hat im Hinblick auf die Aufgaben der **Fachkraft für Arbeitssicherheit** zwei Aufgabenkomplexe in den Vordergrund geschoben: die Unterstützung des Arbeitgebers

- bei der sicherheits- und gesundheitsgerechten Gestaltung von Arbeitssystemen (vgl. allg. § 4 ArbSchG Rn. 13) und
- beim Aufbau eines präventiv wirkenden Arbeitsschutzmanagements (vgl. § 3 ArbSchG Rn. 11; vgl. *Seeliger*, SiS 1998, 546 ff.).

Das hat zu einer Neukonzeption der Fachkraftausbildung geführt, die bis zum 1.1.2001 umzusetzen war (vgl. *Bieneck/Knospe*, SichIng 4/1998, 13; vgl. näheres unter Rn. 99).

Vergleichbare Aufgabenakzentuierungen bzw. -anforderungen gelten auch für die **Betriebsärzte** (vgl. *Bieneck/Rückert*, BG 1992, 474, 476; zur Mitwirkung des Betriebsarztes im Arbeitsschutzmanagement vgl. *Tiller/Funke*, SiS 1999, 74 ff.; zum Rollenverständnis vgl. *Wienhold*, SiS 1998, 430 ff.), ohne dass diese jedoch durch Fachkundeanforderungen seitens des *BMA* konkretisiert werden können (vgl. Rn. 100).

Sonstige Rechtsvorschriften

65 Viele der in §§ 3 Abs. 1 Nr. 1 und 6 Nr. 1 genannten **Beratungsaufgaben** (zu Beispielen vgl. *Anzinger/Bieneck*, § 3 Rn. 9 ff. und § 6 Rn. 16 ff.) sind von Betriebsärzten und von Fachkräften für Arbeitssicherheit **parallel** wahrzunehmen:
– Planung, Ausführung und Unterhaltung von Betriebsanlagen und von sozialen und sanitären Einrichtungen (§ 3 Abs. 1 Nr. 1 Buchst. a, § 6 Nr. 1 Buchst. a; vgl. ArbStättV Rn. 51),
– Beschaffung von technischen Arbeitsmitteln und Einführung von Arbeitsverfahren und Arbeitsstoffen (§ 3 Abs. 1 Nr. 1 Buchst. b; § 6 Nr. 1 Buchst. b; vgl. § 3 AMBV Rn. 11; zu fachkundespezifischen Aufgaben der Fachkraft für Arbeitssicherheit vgl. Rn. 89 ff.),
– Auswahl und Erprobung von Körperschutzmitteln (§ 3 Abs. 1 Nr. 1 Buchst. c; § 6 Nr. 1 Buchst. c; vgl. § 2 PSA-BV Rn. 14),
– Beurteilung der Arbeitsbedingungen (§ 3 Abs. 1 Nr. 1 Buchst. g; § 6 Nr. 1 Buchst. e; vgl. Rn. 68).

66 Die jeweils **spezifische Fachkompetenz** (zur Fachkunde vgl. Rn. 93 ff.) bestimmt die Arbeitsteilung im Rahmen dieser parallelen Beratungsbereiche (vgl. *Anzinger/Bieneck*, § 3 Rn. 11 f., 23, 27, 55, 59 f. und § 6 Rn. 17 ff.). Zugleich ist in § 10 festgelegt, dass Betriebsärzte und Fachkräfte für Arbeitssicherheit bei der Erfüllung ihrer Aufgaben **zusammenarbeiten** müssen, was insbesondere der effizienten und effektiven Durchführung des betrieblichen Arbeitsschutzes dient (vgl. *Anzinger/Bieneck*, § 6 Rn. 4, 11 und § 3 Rn. 19, 27; zur Möglichkeit interdisziplinärer Diensten vgl. Rn. 78).

67 Dazu kommen parallele Aufgaben im Beratungsbereich »**Ergonomie**«, bezogen auf die Gestaltung der Arbeitsplätze, des Arbeitsablaufs und der Arbeitsumgebung (vgl. § 3 Abs. 1 Nr. 1 Buchst. d, § 6 Nr. 1 Buchst. d). Diese Aufgaben sind beim **Betriebsarzt fachkundespezifisch** auf arbeitsphysiologische, arbeitspsychologische, arbeitshygienische Fragen – insbesondere auch des Arbeitsrhythmus (vgl. § 2 ArbSchG Rn. 9), der Arbeitszeit und Pausenregelung (vgl. *Anzinger/Bieneck*, § 6 Rn. 28 ff.) – ausgerichtet. Der Betriebsarzt hat weiterhin zusätzliche Beratungsaufgaben im Hinblick auf die Organisation der »Ersten Hilfe« im Betrieb (vgl. § 10 ArbSchG; §§ 38, 39 ArbStättV; UVV »Erste Hilfe« BGV A 5) und auf Fragen des Arbeitsplatzwechsels sowie der Eingliederung und Wiedereingliederung Behinderter in den Arbeitsprozess (§ 3 Abs. 1 Nr. 1 Buchst. e und f; vgl. §§ 81 Abs. 4, 83 SGB IX; § 4 ArbSchG Rn. 19). Auch bei diesen spezifischen Beratungsaufgaben des Betriebsarztes ist i.S. des Kooperationsgebots gem. § 10 (Rn. 109 ff.) die **Hinzuziehung der Fachkraft für Arbeitssicherheit** sinnvoll, um einen möglichst ganzheitlichen und damit effektiven Ansatz bei der Realisierung der Aufgaben verwirklichen zu können (vgl. *Anzinger/Bieneck*, § 6 Rn. 14; zu interdisziplinären Diensten vgl. Rn. 78).

68 Betriebsärzte und Fachkräfte für Arbeitssicherheit haben den Arbeitgeber gleichermaßen bei der **Beurteilung der Arbeitsbedingungen** gem. § 5 ArbSchG und vergleichbaren Regelungen in sonstigen Rechtsvorschriften zu beraten und zu unterstützen (§§ 3 Abs. 1 Nr. 1 Buchst. g, 6 Nr. 1 Buchst. e). Diese Aufgabe ist durch Art. 2 Nr. 2 bzw. Nr. 4 EASUG hinzugefügt worden (Einl. Rn. 95, 99). Hierbei geht es insbesondere um
– Vorschläge zum methodischen Vorgehen,
– Information über Unfallschwerpunkte, Ursachen arbeitsbedingter Gesundheitsgefahren und dadurch bedingter Erkrankungen,
– Information zur Bewertung der Gefährdungen,
– Information über Schutzziele und -maßnahmen,

– Ermittlung von Ursachen für Unfälle und arbeitsbedingte Gesundheitsgefahren bzw. manifeste arbeitsbedingte Erkrankungen einschließlich Berufskrankheiten durch Begehungen und Überprüfungen (vgl. *BAuA*-Ratgeber, 10 f.).

Auch bei den fachkundespezifischen Aufgaben ist die **Einbeziehung** der jeweils nicht unmittelbar mit ihrer Durchführung beauftragten Person zweckmäßig und gem. § 10 Abs. 1 auch erforderlich (vgl. Rn. 109). So können sich im Hinblick auf Untersuchungen nach § 3 Abs. 1 Nr. 2 durch den Betriebarzt Maßnahmen zur sicherheitstechnischen Gestaltung ergeben. Genauso wird es in vielen Fällen notwendig sein, dass bei der Überprüfung von Betriebsanlagen und technischen Arbeitsmitteln sowie von Arbeitsverfahren gem. § 6 Nr. 2 auch arbeitsmedizinische Aspekte einzubeziehen sind (z.B. bei der Einrichtung von Bildschirmarbeitsplätzen oder bei der Inbetriebnahmen von Maschinen, von denen gesundheitsgefährliche Emissionen ausgehen können; vgl. *Anzinger/Bieneck*, § 10 Rn. 8; *KAN* 15). **69**

Die **Beobachtung der Durchführung** des Arbeitsschutzes und der Unfallverhütung wiederum ist weitgehend als **parallele Aufgabe** der Betriebsärzte und der Fachkräfte für Arbeitssicherheit formuliert worden (vgl. §§ 3 Abs. 1 Nr. 3, 6 Nr. 3). **70**

Zu dieser Aufgabe gehört es zunächst, Arbeitsstätten in regelmäßigen Abständen zu **begehen** und festgestellte Mängel dem Arbeitgeber oder der sonst für den Arbeitsschutz verantwortlichen Person **mitzuteilen** (vgl. §§ 3 Abs. 1 Nr. 3 Buchst. a, 6 Nr. 3 Buchst. a). Orientierung für die Begehung ergeben sich aus der ArbStättV und entsprechenden UVV auf der Basis der von Arbeitgeber durchzuführenden Gefährdungsbeurteilung gem. § 5 ArbSchG (vgl. ArbStättV Rn. 47). Die sonst verantwortlichen Personen ergeben sich aus der Regelung in § 13 ArbSchG (vgl. § 13 ArbSchG Rn. 1 ff.) bzw. § 12 UVV BGV A 1 (vgl. Anhang Nr. 28). Über die eigentliche Begehung hinaus ist eine der wichtigsten Informationsquellen das Gespräch mit den **Beschäftigten**. Sie sollen die von ihnen festgestellten Gefahren für Sicherheit und Gesundheit und von ihnen festgestellten Mängel an den Schutzsystemen auch der Fachkraft für Arbeitssicherheit oder dem Betriebsarzt **mitteilen** und gemeinsam mit diesen den Arbeitgeber bei deren Beseitigung **unterstützen** (vgl. § 16 Abs. 2 ArbSchG; vgl. § 16 ArbSchG Rn. 2). Zweckmäßig und im Rahmen von § 10 ASiG erforderlich ist im Regelfall eine **gemeinsame Begehung** von Betriebsarzt und Fachkraft für Arbeitssicherheit (vgl. *Anzinger/Bieneck*, § 6 Rn. 26; vgl. Rn. 110) sowie die Abstimmung und Planung der Begehungen im Rahmen des **Arbeitsschutzausschusses** nach § 11 bzw. eines entsprechenden, dort entwickelten betrieblichen Arbeitsschutzprogramms (vgl. a.a.O., § 3 Rn. 102; Rn. 136, 126). Bei den getrennt hiervon zu sehenden Betriebsbesichtigungen und anderen Maßnahmen (z.B. Beratungen) der **Aufsichtsbehörden** sollten Betriebsarzt und Fachkraft einbezogen werden, um effiziente Problemlösungen zu erreichen (vgl. a.a.O., Rn. 101). An beiden Arten von Begehungen ist der Betriebsrat bzw. Personalrat zu beteiligen (vgl. BetrVG Rn. 8 f.; BPersVG Rn. 6). **71**

Sind Mängel festgestellt worden, haben Betriebsarzt oder Fachkraft für Arbeitssicherheit **Vorschläge** zur Beseitigung der Mängel zu machen und auf die Durchführung entsprechender Maßnahmen **hinzuwirken** (vgl. §§ 3 Abs. 1 Nr. 3 Buchst. a, 6 Nr. 3 Buchst. a; vgl. *Anzinger/Bieneck*, § 3 Rn. 103 ff.). **72**

Betriebsarzt und Fachkraft für Arbeitssicherheit haben auf die **Benutzung der Körperschutzmittel** zu achten (vgl. §§ 3 Abs. 1 Nr. 3 Buchst. a und b, 6 Nr. 3 **73**

Sonstige Rechtsvorschriften

Buchst. a und b). Damit korrespondierende Verpflichtungen des Arbeitgebers ergeben sich aus den Regelungen der PSA-BV, den entsprechenden UVV (vgl. § 1 PSA-BV Rn. 2 ff.) sowie den allgemeinen Verpflichtungen der Beschäftigten zur Benutzung von PSA gem. § 15 Abs. 2 ArbSchG bzw. § 14 Satz 2 UVV BGV A 1 (vgl. *Anzinger/Bieneck*, § 3 Rn. 107 und § 6 Rn. 27; vgl. § 15 ArbSchG Rn. 11; Anhang Nr. 28).

74 **Fachkundespezifische Aufgaben** im Rahmen der Beobachtung der Durchführung des Arbeitsschutzes und der Unfallverhütung und im Hinblick auf Vorschläge zur Prävention ergeben sich aus den Aufgaben
– zur **Untersuchung von arbeitsbedingten Erkrankungen** durch den Betriebsarzt und
– zur **Untersuchung von Arbeitsunfällen** durch die Fachkraft für Arbeitssicherheit (vgl. §§ 3 Abs. 1 Nr. 3 Buchst. c, 6 Nr. 3 Buchst. c; vgl. *Anzinger/Bieneck*, § 3 Rn. 108 ff., § 6 Rn. 28 f.; zu den Begriffen vgl. § 2 ArbSchG Rn. 3 ff.; SGB VII Rn. 2).

75 Die Aufgaben des Betriebsarztes, aber auch der Fachkraft für Arbeitssicherheit haben durch die Einbeziehung der Prävention gegenüber **arbeitsbedingten Gesundheitsgefahren** als Aufgabe des Arbeitgebers bei Maßnahmen des Arbeitsschutzes aufgrund §§ 3, 2 Abs. 1 ArbSchG (vgl. § 2 ArbSchG Rn. 5 ff.) sowie der Unfallversicherungsträger und der Unternehmer aufgrund der Regelungen in §§ 14 Abs. 1, 21 Abs. 1 SGB VII (vgl. SGB VII) eine neue Akzentuierung erhalten (vgl. *Anzinger/Bieneck*, § 3 Rn. 109). Diese Präventionsaufgabe ist zudem eingebettet in die Zusammenarbeit von Trägern der gesetzlichen Unfallversicherung mit den Krankenkassen gem. § 20 Abs. 1 SGB V bzw. § 14 Abs. 2 SGB VII (vgl. SGB VII Rn. 5 f.; *Anzinger/Bieneck*, a.a.O., Rn. 113; allg. zur **betrieblichen Gesundheitsförderung** vgl. Einl. Rn. 54). Die Untersuchungsaufgaben sind systematisch mit aktiven **Handlungsaufgaben** verknüpft: der Erfassung und Auswertung sowie der Aufgabe, dem Arbeitgeber Maßnahmen zur Verhütung derartiger Erkrankungen und Unfälle vorzuschlagen (vgl. a.a.O., Rn. 112 ff. und § 6 Rn. 28 f.). Auch hier gilt das **Kooperationsgebot** gem. § 10 (vgl. Rn. 110 f.).

76 Die Beratungs-, Untersuchungs- und Beobachtungsaufgaben werden komplettiert durch die Aufgabe der Betriebsärzte und der Fachkräfte für Arbeitssicherheit, auf **ein sicherheits- und gesundheitsgerechtes Verhalten** der Arbeitnehmer hinzuwirken (vgl. §§ 3 Abs. 1 Nr. 4, § 6 Nr. 4). Diese Aufgabe korrespondiert mit den Unterweisungsverpflichtungen des Arbeitgebers gem. § 12 ArbSchG (§ 12 ArbSchG Rn. 1 ff.) bzw. des Unternehmers gem. § 7 UVV BGV A 1 (vgl. Anhang Nr. 28) sowie mit den Pflichten der Beschäftigten bzw. der Versicherten gem. §§ 15, 16 ArbSchG bzw. § 14 SGB VII. Das Kooperationsgebot gem. § 10 sorgt für eine Bündelung der Aktivitäten bei der Realisierung dieser Aufgabe zweckmäßigerweise auf der Basis einer programmatischen Abstimmung im Arbeitsschutzausschuss gem. § 11 (vgl. Rn. 136). Zur Erfüllung der Aufgaben sind insbesondere die Erkenntnisse der Arbeitspsychologie einzubeziehen (vgl. *Anzinger/Bieneck*, § 3 Rn. 117 f.; *ArbWiss-Volpert*, 139 ff., m.w.N.).

77 Da die Aufgabenkataloge der §§ 3, 6 **nicht abschließend** sind (Rn. 62), können den Betriebsärzten und Fachkräften für Arbeitssicherheit **zusätzliche Aufgaben** übertragen werden (vgl. *Anzinger/Bieneck*, § 3 Rn. 124 ff. und § 6 Rn. 31 ff.). Diese müssen, um auf die Einsatzzeiten angerechnet werden zu können, der **Prävention** i.S. der Zwecksetzung des ASiG gem. § 1 dienen (vgl. a.a.O., Rn. 124 f., 32 f.). Die Übernahme **anderer Aufgaben** (z.B. die Übernahme von Aufgaben im Be-

reich der betrieblichen Sozialpolitik oder als betrieblicher Beauftragter im Sinne von § 10 Satz 2; vgl. Rn. 112 f.) kann **nicht** auf die Einsatzzeit angerechnet werden (vgl. *Anzinger/Bieneck*, § 3 Rn. 125 ff. und § 6 Rn. 35).

Aus dem Wortlaut des § 19 ergibt sich, dass die in §§ 3, 6 festgelegten Aufgaben auch durch die **überbetrieblichen Dienste** in vollem Umfang wahrzunehmen sind (zu überbetrieblichen Diensten vgl. Rn. 34 ff.). **78**

Die Bildung eines **interdisziplinären** Dienstes, der betriebsärztliche und sicherheitstechnische Dienste zusammenfasst, ist prinzipiell möglich (vgl. *OLG Hamburg* 5.5.1994, MedR 1994, 451; *OLG München* 16.4.1992, NJW 1993, 800) und aufgrund der vielfach verknüpften Aufgaben, aufgrund der betrieblichen Anforderungen und auch in Bezug auf die Unterstützung des Arbeitgebers bei der Durchführung von Maßnahmen des Arbeitsschutzes gem. §§ 3, 4 ArbSchG zweckmäßig (vgl. *Anzinger/Bieneck*, § 19 Rn. 22).

Teilweise wird die Interdisziplinarität zu einer **Multidisziplinarität** ausgeweitet, die auch Beratungsangebote im Hinblick auf den betrieblichen Umweltschutz, die Implementierung von Qualitäts- und Umweltmanagementsystemen u.a. einbezieht (zu Arbeitsschutzmanagementsystemen vgl. Rn. 15). Hierbei ist darauf zu achten, dass die Wahrnehmung weiterer Aufgaben durch überbetriebliche Dienste, wie auch bei betrieblich bestellten Personen (vgl. Rn. 77), nicht zu Lasten der Erfüllung der Aufgaben und Anforderungen nach dem ASiG erfolgt (vgl. a.a.O., Rn. 23 f.). Dies kann durch vertragliche Regelungen ausgeschlossen werden (a.a.O.) und ist eine wichtige Aufgabe für die Qualitätssicherung der betriebsärztlichen und sicherheitstechnischen Betreuung (vgl. Rn. 49, 101).

Der Betriebs- und ggf. der Personalrat hat bei der näheren Bestimmung bzw. Erweiterung oder Einschränkung der Aufgaben der im Rahmen eines Angestelltenverhältnisses bestellten Personen ein **Mitbestimmungsrecht** gem. § 9 Abs. 3 Satz 2 i.V.m. § 87 Abs. 1 Nr. 7 BetrVG bzw. § 75 Abs. 3 Nr. 11 BPersVG i.V.m. § 16 ASiG (vgl. Rn. 126). Bei der Bestellung überbetrieblicher Dienste kann dieses Mitbestimmungsrecht nur im Vorfeld der Auswahl des Betreuungsmodells ausgeübt werden (vgl. Rn. 120). **79**

b) Betriebsärzte

Eine **fachkundespezifische Aufgabe** des **Betriebsarztes** besteht darin, die Arbeitnehmer **zu untersuchen, arbeitsmedizinisch zu beurteilen** und **zu beraten** sowie die Untersuchungsergebnisse zu **erfassen** und **auszuwerten** (§ 3 Abs. 1 Nr. 2; vgl. *Anzinger/Bieneck*, § 3 Rn. 64; zu weiteren fachkundespezifischen Aspekten vgl. Rn. 64, 67). **80**

Hauptkriterium für alle Untersuchungen, Beurteilungen und Beratungen, die vom Betriebsarzt im Rahmen seiner Aufgaben nach dem ASiG oder damit vergleichbarer Tätigkeiten durchgeführt werden, ist die **Freiwilligkeit** für die Arbeitnehmer (vgl. *Anzinger/Bieneck*, § 3 Rn. 72, 76; eine Ausnahme besteht bei der 1. Nachuntersuchung nach § 33 JArbSchG, die allerdings nicht zwingend von einem Betriebsarzt durchgeführt werden muss). Auf **Wunsch des Arbeitnehmers** hat der Betriebsarzt diesem das **Ergebnis** arbeitsmedizinischer Untersuchungen **mitzuteilen**. Ein Recht auf Einsicht in die ärztlichen Unterlagen besteht dagegen nicht (vgl. *Anzinger/Bieneck*, a.a.O., Rn. 120, m.w.N.). **81**

Zu den **Untersuchungen**, die in den Aufgabenbereich des Betriebsarztes fallen bzw. fallen können, gehören (vgl. auch § 11 ArbSchG Rn. 8): **82**

Sonstige Rechtsvorschriften

- allgemeine arbeitsmedizinische Untersuchungen, die nicht oder weniger bekannte tätigkeits- oder arbeitsplatzbezogene Gefahrenmerkmale aufdecken sollen, die auf die Einsatzzeit angerechnet werden (vgl. *Anzinger/Bieneck*, § 3 Rn. 70 ff., m.w.N.),
- ärztliche Nachuntersuchungen nach §§ 33 ff. JArbSchG, die auf die Einsatzzeit angerechnet werden können (vgl. a.a.O., Rn. 89), sowie
- Untersuchungen nach § 11 ArbSchG (vgl. § 11 ArbSchG Rn. 1 ff.),
- arbeitsmedizinische Untersuchungen von Nachtarbeitnehmern (§ 6 Abs. 3 ArbZG),
- Untersuchungen nach § 6 Abs. 1 BildscharbV (vgl. § 6 BildscharbV Rn. 1 ff.; vgl. *Anzinger/Bieneck*, a.a.O., Rn. 73 ff., m.w.N.).

Die drei letztgenannten Untersuchungen können unter Umständen auf die Einsatzzeit angerechnet werden, weil sie der Zwecksetzung in § 1 dienen, sind aber nicht mit den Untersuchungen nach § 3 Abs. 1 Nr. 2 identisch (vgl. a.a.O.).

83 **Spezielle arbeitsmedizinische Untersuchungen** nach staatlichen oder berufsgenossenschaftlichen Vorschriften können vom Betriebsarzt durchgeführt werden (z.B. §§ 28 GefStoffV; § 11 ArbSchG Rn. 7). Die Anrechnung dieser Untersuchungen auf die Einsatzzeit ist umstritten (vgl. *Anzinger/Bieneck*, § 3 Rn. 83, m.w.N.). Nach Auffassung des *BMA* kann die Durchführung spezieller arbeitsmedizinischer Untersuchungen nicht auf die Einsatzzeit angerechnet werden. Mit dieser Position wird der Vorrang präventiver, organisatorischer oder technischer Maßnahmen i.S. der Zwecksetzung gem. § 1 unterstrichen, der derartige Untersuchungen überflüssig machen soll (vgl. a.a.O., Rn. 85).

84 **Erstuntersuchungen nach § 32 JArbSchG** können zwar vom Betriebsarzt durchgeführt, nicht jedoch auf die Einsatzzeit angerechnet werden (vgl. *Anzinger/Bieneck*, § 3 Rn. 88, m.w.N.).

85 **Nicht** zu den betriebsärztlichen Aufgaben nach § 3 Abs. 1 Nr. 2 gehören **Eignungs- und Tauglichkeitsuntersuchungen** sowie **Einstellungsuntersuchungen**. Sie dürfen in keinem Fall auf die Einsatzzeit angerechnet werden (vgl. *Anzinger/Bieneck*, § 3 Rn. 86 f. und 90 f., m.w.N.), da sie nicht auf die Prävention i.S. der Zwecksetzung in § 1 abzielen.

86 Zu den Aufgaben der **Betriebsärzte** gehört es auch **nicht, Krankenmeldungen** der Arbeitnehmer auf ihre Berechtigung zu überprüfen (§ 3 Abs. 3). Mit dieser ausdrücklichen Negativbestimmung wird die Unabhängigkeit bei der Ausübung der Fachkunde unterstrichen (vgl. *Anzinger/Bieneck*, § 3 Rn. 121 ff.; vgl. Rn. 105).

87 **Weitere Aufgaben** des Betriebsarztes im Kontext mit den Untersuchungen nach § 3 Abs. 1 Nr. 2 sind
- die arbeitsmedizinische **Beurteilung** und **Beratung** der Arbeitnehmer sowie
- die **Erfassung** und **Auswertung** der Untersuchungsergebnisse (vgl. *Anzinger/Bieneck*, § 3 Rn. 92 ff.).

88 Ein **zeitliches Verhältnis** von Beratungs- und anderen Aufgaben des Betriebsarztes nach § 3 Abs. 1 Nr. 1, 3 und 4 mit den Untersuchungsaufgaben nach § 3 Abs. 1 Nr. 2 wird durch das ASiG nicht vorgegeben (vgl. *Anzinger/Bieneck*, § 3 Rn. 65 f.). Das Erfordernis einer ganzheitlichen Vorgehensweise bei der Aufgabenerfüllung lässt jedenfalls, je nach den betrieblichen Verhältnissen, eine Gleichgewichtigkeit aus fachlicher Sicht sinnvoll erscheinen.

c) Fachkräfte für Arbeitssicherheit

Eine **fachkundespezifische Aufgabe** der **Fachkraft für Arbeitssicherheit** besteht darin, Betriebsanlagen und die technischen Arbeitsmittel insbesondere vor der Inbetriebnahme und Arbeitsverfahren insbesondere vor ihrer Einführung **sicherheitstechnisch zu überprüfen** (§ 6 Nr. 2 vgl. § 3 AMBV Rn. 11). Sie korrespondiert mit der in § 6 Nr. 1 Buchst. b enthaltenen Aufgabe, den Arbeitgeber u. a. bei der Beschaffung von technischen Arbeitsmitteln und bei der Einführung von Arbeitsverfahren zu beraten. Die rechtliche Verantwortung der Fachkraft für Arbeitssicherheit beschränkt sich in allen Fällen darauf, dass sie ihre Fachkunde gem. § 7 nach bestem Wissen und Gewissen anwendet (*Anzinger/Bieneck*, § 6 Rn. 25; vgl. Rn. 96f.). 89

Sicherheitstechnische Überprüfung kann umfassen: 90
– Abgleichung mit den produktbezogenen Anforderungen (z.B. CE-Zeichen, GS-Zeichen, Betriebsanweisungen),
– Probeläufe,
– Simulation von Störfällen,
– Stand der Unterweisung,
– Prüfungen (vgl. a.a.O.; *Anzinger/Bieneck*, § 6 Rn. 25).

Bezüglich der sicherheitstechnischen Überprüfung von **technischen Arbeitsmitteln** (zum Begriff vgl. § 2 Abs. 1 GSG; § 2 AMBV Rn. 1) ergeben sich wichtige Hinweise für die Fachkraft für Arbeitssicherheit aus dem Regelwerk und den Anforderungen des produktbezogenen Arbeitsschutzes (GSGV i.V.m. GSG; § 4 AMBV; vgl. *Anzinger/Bieneck*, § 6 Rn. 24 m.w.N.; Einl. Rn. 60) sowie aus der einschlägigen Fachliteratur (zum GSG, insbesondere zur Maschinensicherheit, vgl. *Becker/Ostermann* 1995 ff., *Grass/Kraft* 1996, BAuA-Leitfaden – GSG; KAN 18). Darüber hinaus ist es Aufgabe der Fachkraft, den Arbeitgeber dabei zu unterstützen, dass im Hinblick auf die Inbetriebnahme gem. § 3 Satz 1 AMBV nur solche Arbeitsmittel i.S. der AMBV bereitgestellt werden, die für die am Arbeitsplatz gegebenen Bedingungen geeignet sind und bei deren bestimmungsgemäßer Benutzung Sicherheit und Gesundheitsschutz der Beschäftigten gewährleistet sind (vgl. § 3 AMBV Rn. 1 ff.). Davon unberührt bleibt die Unterstützung im Hinblick auf die Arbeitgeberpflichten nach §§ 3, 4, 5 und 6 ArbSchG, die den präventionsorientierten »Kern« des ArbSchG ausmachen (vgl. a.a.O., Rn. 2 f.; § 3 ArbSchG Rn. 5; *BAuA*, 1998d). Die »Inbetriebnahme« wird in § 6 Nr. 2 ASiG besonders hervorgehoben. Darüber hinaus bezieht sich die Aufgabe der sicherheitstechnischen Überprüfung auch auf alle anderen Phasen der Benutzung von technischen Arbeitsmitteln, also auf die Gewährleistung der Sicherheit bei Ingangsetzen und Stillsetzen, Gebrauch, Transport, Instandhaltung sowie Umbau (vgl. § 2 Abs. 2 AMBV; zur Montage und Demontage von Maschinen am Nutzungsort vgl. *Viehrig/Rietschel-Meyen/Weber*, 1998; zur Instandhaltung vgl. *BAuA* [Hrsg.], 1999d). Weiterhin haben die Fachkräfte für Arbeitssicherheit den Arbeitgeber dabei zu unterstützen, dass die Arbeitsmittel während der gesamten Benutzungsdauer den allgemeinen Anforderungen nach § 4 Abs. 1 bis 3 AMBV entsprechen (§ 4 Abs. 4 AMBV; § 4 AMBV Rn. 14). 91

Die sicherheitstechnische Überprüfung von **Arbeitsverfahren** bezieht sich auf die im Betrieb angewandten bzw. anzuwendenden Arbeitsmethoden und Fertigungsverfahren (vgl. *Anzinger/Bieneck*, § 3 Rn. 24). Dazu können arbeitsplatzbezogene (z.B. Einführung von computergesteuerten Werkzeugmaschinen, Einrichtung von Schweißerarbeitsplätzen) und arbeitsbereichsbezogene Verfahren 92

Sonstige Rechtsvorschriften

gezählt werden (z.b. Einführung verketteter Anlagen, Fließfertigung, Produktionsinseln).

6. Anforderungen an Betriebsärzte und Fachkräfte für Arbeitssicherheit

93 Die Anforderungen, die bei der Bestellung an die Betriebsärzte bzw. an die Fachkräfte für Arbeitssicherheit zu stellen sind (**Fachkunde**), ergeben sich aus § 4 bzw. § 7 sowie aus den entsprechenden Regelungen der UVV BGV A 6 bzw. A 7 (vgl. zusammenfassend MünchArbR-*Wlotzke*, § 210 Rn. 49 f.). Die zuständige Behörde i.S. von § 12 (Rn. 138) kann es dem Arbeitgeber gestatten, auch solche Betriebsärzte und Fachkräfte für Arbeitssicherheit zu bestellen, die noch nicht über die erforderliche Fachkunde verfügen (§ 18). Der Arbeitgeber muss sich allerdings verpflichten, in einer festzulegenden Frist die bestellten Personen entsprechend fortbilden zu lassen (vgl. *Anzinger/Bieneck*, § 18 Rn. 2 f.).

94 Als **Betriebsarzt** kann nach § 4 nur tätig werden, wer gem. § 3 Bundesärzteordnung berechtigt ist, den **Beruf des Arztes** auszuüben **und** über eine spezifische **arbeitsmedizinische Fachkunde** verfügt, deren Standard sich am ärztlichen Berufsrecht, den gesetzlichen Aufgaben gem. § 3 ASiG und den Fachkunderegelungen in der UVV BGV A 7 zu orientieren hat (vgl. *Anzinger/Bieneck*, § 4 Rn. 4 ff. und § 2 Rn. 5 ff.). Weitere Konkretisierungen werden durch das ASiG nicht festgelegt und können auch durch das *BMA*, anders als bei der Fachkraft für Arbeitssicherheit (vgl. Rn. 98 f.), nicht vorgenommen werden. Vielmehr werden die materiellen Voraussetzungen für den Erwerb der Fachkunde und auch für die Fortbildung gem. § 2 Abs. 3 durch entsprechende Ordnungen der **Landesärztekammern** festgelegt (vgl. *Anzinger/Bieneck*, § 4 Rn. 7 ff. und § 2 Rn. 69 ff.; Rn. 100).

95 Auch die Regelungen zur Erbringung des **betriebsärztlichen Fachkundenachweises** in § 3 UVV BGV A 7 greifen nicht in die ärztliche Selbstverwaltung ein, sondern geben lediglich formale Orientierungen für den Unternehmer bei der Bestellung von Betriebsärzten vor (vgl. *Anzinger/Bieneck*, § 4 Rn. 14 ff.; *BMA* (Hrsg.), 1992, 11 ff.; zu Sonder-, europäischen und internationalen Regelungen vgl. *Anzinger/Bieneck*, a.a.O., Rn. 22 ff.).

95a Die formale Qualifikation haben in der Bundesrepublik Deutschland ca. 13 000 Ärzte, davon sind über 4000 **Fachärzte für Arbeitsmedizin** und über 6000 Ärzte mit der Zusatzbezeichnung »**Betriebsmedizin**« (zum steigenden Bedarf vgl. *Barth/Glomm/Wienhold*, 2000, 94 ff.). Letztere, verbunden mit einer sog.»Kleinen Fachkunde«, wird seitens der *Bundesärztekammer* als »Auslaufmodell« bezeichnet, was in einer geplanten Neuordnung der Weiterbildung mit entsprechenden Übergangsregelungen für die »Betriebsmedizin« zum Ausdruck kommt (vgl. http://www.bundesaerztekammer.de/30/arbeitsmedizin/45Weiterbild.html; Rn. 100).

96 Als **Fachkraft für Arbeitssicherheit** kann nach § 7 nur tätig werden, wer über eine **sicherheitstechnische Fachkunde** verfügt, die eine Erfüllung der Aufgaben nach § 6 ASiG und ggfs. weiterer Aufgaben i.S. der Zwecksetzung des ASiG gem. § 1 ermöglicht (vgl. Rn. 62 ff.; 89 ff.).

97 Hinsichtlich der Fachkunde wird gem. § 7 **differenziert** nach
– Sicherheitsingenieuren und
– Sicherheitstechnikern bzw. Sicherheitsmeistern (zur Bestellung vgl. Rn. 26 ff.).
Zusätzlich zur sicherheitstechnischen Fachkunde muss der **Sicherheitsingenieur** gem. § 7 Abs. 1 Satz 2 berechtigt sein, die **Berufsbezeichnung Ingenieur** zu führen, was landesgesetzlich geregelt ist (vgl. *Anzinger/Bieneck*, § 7 Rn. 16).

Arbeitssicherheitsgesetz

Die zuständige Behörde i.S. von § 12 (Rn. 138) kann es gem. § 7 Abs. 2 im **Einzelfall** zulassen, dass auch Fachkräfte an Stelle eines Sicherheitsingenieurs bestellt werden, die nicht berechtigt sind, die Berufsbezeichnung Ingenieur zu führen. Diese müssen allerdings über die Fachkenntnisse verfügen, um die sich aus § 6 ergebenden Aufgaben zu erfüllen (vgl. zur Bedeutung im Hinblick auf die Bestellung Rn. 31). Insofern unterscheidet sich die Regelung des § 7 Abs. 2 auch von der historisch bedingten Ausnahmeregelung in § 18, die gerade von einer noch nicht vorhandenen Fachkunde ausgeht (Rn. 93).

Der Nachweis der **sicherheitstechnischen Fachkunde** ist gem. der Regelungen in § 3 UVV BGV A 6 zu erbringen (vgl. umfassend *Anzinger/Bieneck*, § 7 Rn. 31 ff.). Dazu kommen die Regelungen des Einigungsvertrages und des Fachkundenachweises durch ausländische Fachkräfte (vgl. a.a.O., Rn. 43 ff.). 98

Die Fachkundeanforderungen gem. § 7 ASiG und § 3 UVV BGV A 6 werden durch **Anforderungen des BMA** im Rahmen von Fachaufsichtsschreiben an die Träger der gesetzlichen Unfallversicherung konkretisiert. Dabei galten die Grundsätze des Schreibens vom 2.7.1979 (Anhang Nr. 24) nur noch übergangsweise bis zum 1.1.2001 (zum Inhalt vgl. *Anzinger/Bieneck*, § 7 Rn. 28 ff.). Seit diesem Datum ist nach den Grundsätzen des neuen Fachaufsichtsschreibens vom 29.12.1997 zu verfahren (Anhang Nr. 25; Abbildung 22, S. 520). Hintergrund ist, dass durch den Wandel von Arbeit und Technik in den Betrieben, aber auch aufgrund der Präventionsregelungen des ArbSchG und des SGB VII die fachkundlichen Anforderungen an die Fachkraft für Arbeitssicherheit einem stetigen **Wandel** unterworfen sind (vgl. *Seeliger*, SiS 1998, 546 ff.; *Schulz*, SiS 1997, 140 ff.). Er hat eine Anpassung der Fachkundevoraussetzungen und damit der Konzeption der Ausbildung zur Fachkraft für Arbeitssicherheit erforderlich gemacht. 99

Im Vorfeld des Fachaufsichtsschreibens sind dementsprechend, auf der Basis eines Konsenspapiers von *BMA* und *HVBG* (vgl. *Bieneck*, in: BMA/HVBG [Hrsg.] BGZ-Report 1/1995, 13), zunächst zeitgemäße Anforderungsprofile für die Fachkraft entwickelt und die vorhandenen Ausbildungsmaterialien evaluiert worden (vgl. umfassend ebd.). Im Anschluss daran wurde die **neue Ausbildungskonzeption** erarbeitet, die in ihren Grundzügen 1996 vorlag (vgl. *BAU/HVBG* (Hrsg.), 1996; *BAuA* (Hrsg.), 1997d; *Kiesau*, SichIng 11/1996, 16 ff. und 12/1996, 30 ff.; zusammenfassend: *Anzinger/Bieneck*, § 7 Rn. 59 ff.; *Janning/Vleurinck*, BArbBl. 11/1999, 18 ff.; die Kernelemente der Konzeption ergeben sich aus Abbildung 22, S. 520).

Der weitere zeitliche Ablauf machte eine Anpassung der bis 1996 erarbeiteten Konzeption erforderlich. Dazu wurde von *BAuA* und *HVBG* ein »**Referenzmodell**« erarbeitet, das insbesondere eine Verzahnung von Präsenz- und Selbstlernphasen in wechselnder Abfolge sowie durch den Einsatz zeitgemäßer Medien zur Wissensvermittlung enthält (abgedruckt in BGZ-Report 5/1999). Damit soll gewährleistet sein, dass, wie im Fachaufsichtsschreiben vorgesehen, trotz der erweiterten Inhalte der neuen Konzeption, eine Ausbildung in einem zeitlichem Rahmen durchgeführt werden kann, der die betriebliche Abwesenheit der bisherigen Ausbildung (i.d.R. sechs Wochen in Seminarform) nicht übersteigt (vgl. *Janning/Vleurinck*, a.a.O.). An das »Referenzmodell« schloss sich die konkrete Überarbeitung der Ausbildungsmaterialien und die Entwicklung einer bundeseinheitlichen Lernerfolgskontrolle an (vgl. ebd.).

Die Umsetzung der neuen Ausbildungskonzeption soll den **gestiegenen Anforderungen** an die Fachkraft für Arbeitssicherheit gerecht werden, die sich aus

Sonstige Rechtsvorschriften

technischen, organisatorischen und personell-qualifikationsbezogenen Anforderungen in und an die Betriebe sowie aus dem präventiven und ganzheitlichen Arbeitsschutzverständnis der EG-Rahmenrichtlinie Arbeitsschutz (89/391/EWG) bzw. des ArbSchG ergeben (vgl. *Bieneck/Knospe*, SichIng 4/1998, 12 ff.; *VDSI*, 1999; *Kiesau*, SiS 1999, 68 ff.; aus berufsgenossenschaftlicher Sicht vgl. *Fischer*, SichIng 8/1998, 38 ff.).

100 Vergleichbare Konkretisierungen der fachkundlichen Anforderungen an **Betriebsärzte** kann das *BMA* mangels Zuständigkeit nicht vornehmen (vgl. *Anzinger/Bieneck*, § 4 Rn. 7). Allerdings wird bereits seit längerem die Forderung erhoben, ausgehend von der weitgehend erfolgten Realisierung des Facharztniveaus für die heute ausgebildeten Arbeitsmediziner, die **Fortbildung** der Betriebsärzte gem. § 2 Abs. 3 entsprechend den betrieblichen Anforderungen zu verbessern (vgl. *Bieneck*, in: *BAU* [Hrsg.], 1993a, 177 f.; *Bieneck*, FS Wlotzke, 483; vgl. *BMA* (Hrsg.), 1992, 12, 14; *BAuA* [Hrsg.], 2000a; zur Bestandsaufnahme der Bildungsangebote im medizinischen Arbeitsschutz vgl. *Hamacher*, 1998; vgl. Rn. 57 ff.; zum Bedarf vgl. *Kellermann*, 2000). Die Inhalte der Anforderungsprofile für Fachkräfte für Arbeitssicherheit sind diesbezüglich durchaus übertragbar (vgl. Beschluss des *LASI* »Anforderungen an die Weiterbildung zum Facharzt für Arbeitsmedizin aus Sicht der Arbeitsschutzbehörden der Länder«, SiS 1999, 187; Kursbuch Arbeitsmedizin [Hrsg.: *Bundesärztekammer*], 2000).

101 Die Aufgaben in §§ 3, 6 können nur bewältigt werden, wenn die arbeitsmedizinische und sicherheitstechnische Betreuung an die sich wandelnden Anforderungen angepasst werden (vgl. Rn. 14 f.). Eine Erhebung der Bezirksregierung Münster im Jahre 1996 bei kleinen und mittleren Betrieben hat bereits bei den überkommenen Betreuungsstandards z.T. erhebliche Defizite aufgezeigt (vgl. *Bezirksregierung Münster* [Hrsg.], 1997). Dazu kommt die Notwendigkeit, die betriebsärztliche und sicherheitstechnische Betreuung für alle Betriebe ab einem Arbeitnehmer zu realisieren (vgl. Rn. 41 ff.). Diese Entwicklung hat zu einer Reihe von Aktivitäten im Bereich der **Qualitätssicherung** der Betreuung geführt (vgl. schon Rn. 49; *Anzinger/Bieneck*, § 4 Rn. 38 ff., § 5 Rn. 24 und § 19 Rn. 48 ff.; *Bieneck/Knospe*, SiS 1996, 596 ff.). Im Rahmen einer Besprechung zwischen *BMA*, Bundesländern, Berufsgenossenschaften, Fachinstitutionen, Verbänden und Sozialpartnern am 2.5.1995 wurde zur Qualitätssicherung bei sicherheitstechnischen und betriebsärztlichen Diensten Einvernehmen über folgende Grundanforderungen an ein Qualitätssicherungssystem erreicht (veröffentlicht im BArbBl. 78/1995, 71):
– Die freiwillige Gütegemeinschaft hat Vorrang vor einem Qualitätssicherungssystem auf der Basis staatlicher Anerkennung.
– Das Qualitätssicherungssystem muss für alle Anbieter grundsätzlich offen sein (»anbieterneutral«).
– Vor dem Hintergrund der unterschiedlichen Rahmenbedingungen auf dem Sektor der sicherheitstechnischen und betriebsärztlichen Betreuung sollen spezifische Lösungen für beide Bereiche getrennt voneinander entwickelt werden.
– Das Qualitätssicherungssystem muss für alle Betreuungsformen anwendbar sein und soll sich nicht nur auf externe Dienste beschränken.
– Das Qualitätssicherungssystem bedarf einer Legitimation durch die Aufsichtsinstitution.

102 Auf der Grundlage der o.g. Kriterien sind zwischenzeitlich durch den *VDSI* und den *VDBW* **Qualitätssicherungskonzepte** in ihrem jeweiligen Bereich entwickelt worden:

- Im Bereich der Qualitätssicherung der **sicherheitstechnischen Betreuung** hat dies zur Gründung der *Gesellschaft für Qualität im Arbeitsschutz mbH (GQA)* geführt (http://www.gqa.de; vgl. *Russow*, SichIng, 2/1996, 20 ff.; *VDSI*-Informationen 1/1997; *VDSI*, SiS 1997, 391).
- Im Bereich der **betriebsärztlichen Betreuung** sind zunächst Pilotprojekte durchgeführt und Qualitätskriterien erarbeitet worden (vgl. *Anzinger/Bieneck*, § 4 Rn. 47, 48; *Schmeißer*, BG 1998, 91; *Bieneck/Knospe*, BArbBl. 9/1998, 17 ff.). Analog zur *GQA* ist seitens des *VDBW* am 17.2.1999 die Gesellschaft zur Qualitätssicherung in der betriebsärztlichen Betreuung *(GQB)* gegründet worden (http://www.gqb-online.de; vgl. SichIng 4/1999, 37).

Die Beiräte von GQA und GQB haben am 25.09.2000 eine gemeinsame **Erklärung** zur Qualität der Betreuung der Betriebe nach dem ASiG herausgegeben (Anlage Nr. 27).

Handlungshilfen zur Qualitätssicherung enthalten bereits die folgenden Regelungen und Schriften (vgl. die Hinweise auf Informationsangebote im Internet unter Rn. 102): 103

- *BMA* (Hrsg.), Qualitätsmerkmale und Anforderungen an Fachkräfte für Arbeitsicherheit und deren Aufgabenwahrnehmung (BArbBl. 2/1994, 70; Anhang Nr. 26),
- *BMA* (Hrsg.), Ratgeber für die betriebsärztliche Betreuung nach dem ASiG, 1992, 46 f.,
- Grundsätze über Hilfspersonal, Räume, Einrichtungen, Geräte und Mittel für Betriebsärzte im Betrieb (ZH 1/528),
- Grundsätze für Ärzte, Hilfsmittel, Räume, Einrichtungen, Geräte und Mittel für überbetriebliche arbeitsmedizinische Dienste (ZH 1/529),
- *VDSI/Hess.Min.*, Anforderungen an die sicherheitstechnische Betreuung. Handlungsanleitung zur Auswahl und Beurteilung der sicherheitstechnischen Betreuung, 1999.

Synergieeffekte im Hinblick auf die Qualitätssicherung der betriebsärztlichen und sicherheitstechnischen Betreuung können sich durch integrierte Ansätze in den Bereichen Qualitätsmanagement (ISO 9001:2000 ff.), Umweltschutzmanagement (ISO 14000 ff.) und Arbeitsschutzmanagement (AMS) ergeben (vgl. *Anzinger/Bieneck*, § 4 Rn. 49 ff.; Einl. Rn. 6; § 3 ArbSchG Rn. 11; zur Bedeutung dieser Diskussion Im Hinblick auf die Aufgaben der Betriebsärzte und Fachkräfte für Arbeitsicherheit vgl. Rn. 64). 104

7. Weisungsfreiheit, Benachteiligungsverbot

Die Weisungsfreiheit der Betriebsärzte und der Fachkräfte für Arbeitsicherheit gem. § 8 Abs. 1 Satz 1 sowie das Benachteiligungsverbot gem. § 8 Abs. 1 Satz 2 soll die **Unabhängigkeit** bei der Anwendung der Fachkunde zur Durchführung der Aufgaben nach §§ 3, 6 ASiG sicherstellen. Die Betriebsärzte sind überdies nur ihrem ärztlichen Gewissen unterworfen und haben die Regeln der ärztlichen Schweigepflicht zu beachten (§ 8 Abs. 1 Satz 3; vgl. *Anzinger/Bieneck*, § 8 Rn. 14 ff. und 19 ff., m.w.N.). Das die Weisungsfreiheit gem. § 8 Abs. 1 Satz 1 ergänzende **Benachteiligungsverbot** ist durch Art. 2 Nr. 5 EASUG eingefügt worden (vgl. Einl. Rn. 95, 99). Dadurch wird Art. 7 Abs. 2 Unterabs. 1 EG-Rahmenrichtlinie Arbeitsschutz umgesetzt (vgl. *Anzinger/Bieneck*, § 8 Rn. 13, m.w.N.). 105

Die Weisungsfreiheit und das Benachteiligungsverbot entfalten ihre Wirkung nur, wenn Betriebsarzt oder Fachkraft für Arbeitsicherheit im Rahmen eines 106

Sonstige Rechtsvorschriften

Arbeitsverhältnisses bestellt worden sind (vgl. *Anzinger/Bieneck*, § 8 Rn. 8, m.w.N.; vgl. Rn. 33). Es lässt sich daher auf **überbetriebliche Dienste** oder freiberufliche, bestellte Personen nur insoweit anwenden, als die Zweckbestimmung des § 8 im Rahmen entsprechender Betreuungsverträge Berücksichtigung findet.

107 Die Regelungen zur Weisungsfreiheit und zum Benachteiligungsverbot werden dadurch ergänzt, dass Betriebsärzte und Fachkräfte für Arbeitssicherheit im Betrieb unmittelbar dem **Betriebsleiter** unterstellt werden (§ 8 Abs. 2; vgl. § 13 ArbSchG Rn. 4; vgl. *Anzinger/Bieneck*, § 8 Rn. 32 ff., m.w.N.).

108 Wenn keine Einigung über eine von ihnen vorgeschlagene arbeitsmedizinische oder sicherheitstechnische Maßnahme zustande kommt, erhalten die bestellten Personen, ggfs. ein leitender Betriebsarzt oder eine leitende Fachkraft für Arbeitssicherheit, ein umfangreiches **Vorschlagsrecht**. Damit wird ihnen bei Konflikten mit dem Betriebsleiter, die Möglichkeit eingeräumt, sich direkt an den Arbeitgeber zu wenden (vgl. § 8 Abs. 3 Satz 1 und Satz 2 ASiG; vgl. *Anzinger/ Bieneck*, § 8 Rn. 43 ff., m.w.N.). Lehnt auch der Arbeitgeber den Vorschlag ab, so muss der Vorschlagende eine schriftliche Mitteilung mit Begründung für die Ablehnung erhalten, wovon der Betriebsrat bzw. der Personalrat eine Abschrift erhält (vgl. § 8 Abs. 3 Satz 3; vgl. *Anzinger/Bieneck*, § 8 Rn. 51 ff.; Rn. 116).

8. Kooperation im Rahmen der betrieblichen Arbeitsschutzorganisation

a) Zusammenarbeit

109 Ausgehend von der inneren Systematik und der weitgehenden Parallelität der Aufgabenkataloge in §§ 3 und 6, den fachkundlichen Ergänzungen bei spezifischen Aufgaben sowie dem ganzheitlichen und kooperativen Ansatz des ASiG (vgl. Rn. 62 ff.; vgl. *Anzinger/Bieneck*, § 10 Rn. 7 f.) wird durch § 10 Satz 1 eine **Verpflichtung zur Zusammenarbeit** festgelegt. Die im ArbSchG enthaltene Arbeitsschutzkonzeption unterstützt einen derartigen Ansatz und die Einlösung dieser Verpflichtung, zumal Betriebsärzte und Fachkräfte für Arbeitssicherheit den Arbeitgeber bei der Umsetzung seiner Pflichten nach dem ArbSchG zu unterstützen haben (Rn. 64; vgl. § 3 ArbSchG Rn. 3). Die Regelung gilt für betriebliche und freiberufliche Betriebsärzte und Fachkräfte sowie für überbetriebliche Dienste gleichermaßen. Im Hinblick auf überbetriebliche Dienste ist auf die Möglichkeit hinzuweisen, inter- bzw. multidisziplinäre Dienste zu bestellen (vgl. *Anzinger/Bieneck*, § 10 Rn. 17; vgl. Rn. 78).

110 Das ASiG legt **keine Einzelheiten** zur Zusammenarbeit zwischen Betriebsärzten und Fachkräften für Arbeitssicherheit fest. Hervorgehoben wird lediglich die Durchführung **gemeinsamer Betriebsbegehungen** (vgl. § 10 Satz 2 ASiG; *Anzinger/Bieneck*, § 10 Rn. 18 ff.). Die Zusammenarbeit erfolgt **gleichberechtigt** und nicht etwa in einem Über- oder Unterordnungsverhältnis (a.a.O., Rn. 6). Der **Arbeitgeber** hat im Rahmen seiner öffentlich-rechtlichen Verpflichtung gem. § 10 die Voraussetzungen zu schaffen und dafür zu sorgen, dass im Interesse einer effektiven Durchführung des Arbeitsschutzes und der Unfallverhütung die Zusammenarbeit erfolgt. Die zuständige Behörde kann gem. § 12 entsprechende Anordnungen aussprechen (vgl. *Anzinger/Bieneck*, § 10 Rn. 9; vgl. Rn. 142).

111 Zur kooperativen Bewältigung der Aufgaben in §§ 3, 6 ergibt sich der folgende **Katalog von Maßnahmen** im Hinblick auf die Zusammenarbeit gem. § 10 Satz 1:

Arbeitssicherheitsgesetz

- Rechtzeitige und vollständige gegenseitige Unterrichtung,
- gegenseitige Vorlage von erforderlichen Unterlagen, auch wenn diese Betriebs- und Geschäftsgeheimnisse beinhalten, sowie
- kooperative Beratung und Durchführung von Maßnahmen des Arbeitsschutzes und der Unfallverhütung im Hinblick auf die Unterstützung des Arbeitgebers (vgl. a.a.O., Rn. 10 ff.).

Weitere Kooperationsgebote im Rahmen der betrieblichen Arbeitsschutzorganisation (vgl. Einl. Rn. 45 ff.) ergeben sich aus der Verpflichtung der Fachkräfte für Arbeitssicherheit und der Betriebsärzte zur **Zusammenarbeit mit dem Betriebsrat** (§ 9 Abs. 1, 2 ASiG: über § 16 ASiG auch mit dem Personalrat; vgl. hierzu Rn. 115 ff.) sowie mit den **anderen betrieblichen Beauftragten**, d.h. den Personen, die im Betrieb für Angelegenheiten der technischen Sicherheit, des Gesundheits- und Umweltschutzes beauftragt sind (§ 10 Satz 2 ASiG). Diese Ausdehnung der bisherigen Verpflichtung zur Zusammenarbeit zwischen Betriebsärzten und Fachkräften für Arbeitssicherheit in § 10 Satz 2 ASiG resultiert aus Art. 2 Nr. 6 EASUG (vgl. Einl. Rn. 95, 99). Ihr liegt die Notwendigkeit zu einer entsprechenden, koordinierten Aufgabenwahrnehmung in Hinblick auf die Durchführung des Arbeitsschutzes und der Unfallverhütung i.S. der Zwecksetzung des ASiG gem. § 1 zugrunde. Diese Zielsetzung schließt auch überbetriebliche Dienste ein (vgl. *Anzinger/Bieneck*, § 19 Rn. 52 f.; vgl. Rn. 34 ff.) und muss damit auch für Kleinbetriebe verstärkt zur Anwendung kommen. **112**

Von den anderen betrieblichen Beauftragten sind zunächst die **Sicherheitsbeauftragten** hervorzuheben, die der Unternehmer nach § 22 Abs. 1 SGB VII in Unternehmen mit regelmäßig mehr als 20 Beschäftigten zu bestellen hat (vgl. SGB VII Rn. 29 ff.). Im Hinblick auf die anderen mit Angelegenheiten der technischen Sicherheit und des Umweltschutzes beauftragten Personen sind beispielhaft zu nennen (vgl. RegE, 22; im Überblick: *Bauer/Prinz*, SichIng 1/2000, 18 ff.; *VDSI/Hess.Min.*, 1999, 35; *Anzinger/Bieneck*, § 10 Rn. 23 ff.; vgl. *Heilmann/Taeger*, 1998): **113**

- **Immissionsschutzbeauftragte** (§ 53 BImSchG, 5. BImSchV),
- **Gefahrgutbeauftragte** (Gefahrgutbeförderungsgesetz),
- **Strahlenschutzbeauftragte** (§ 30 Abs. 3 StrSchV),
- **Beauftragte für biologische Sicherheit** (§ 18 Abs. 1 GenTSV i.V.m. § 3 Nr. 9 GenTG).

Umgekehrt verpflichtet z.B. § 55 Abs. 3 Satz 3 BImSchG die dort genannten Beauftragten zur Zusammenarbeit mit den Betriebsärzten bzw. Fachkräften für Arbeitssicherheit (RegE, a.a.O.).

b) Beteiligung und Mitbestimmung des Betriebs- bzw. Personalrats

Im Hinblick auf Pflichten und Rechte des Betriebs- bzw. des Personalsrates bei der Durchführung des ASiG gelten die allgemeinen Vorschriften zur Unterrichtung, Beteiligung und Mitbestimmung gem. des BetrVG und der Personalvertretungsgesetze (vgl. Rn. 13). Insofern wird im Folgenden hauptsächlich auf die **besonderen**, im ASiG selbst verankerten Unterrichtungs-, Beteiligungs- und Mitbestimmungsrechte eingegangen. **114**

Allgemein haben die Betriebsärzte und die Fachkräfte für Arbeitssicherheit bei der Erfüllung ihrer Aufgaben mit dem Betriebs- bzw. Personalrat **zusammenzuarbeiten** (vgl. § 9 Abs. 1 ASiG; zu weiteren Zusammenarbeitsverpflichtungen vgl. Rn. 109 ff.). Diese Regelung ist als Ergänzung zur Regelung in § 89 BetrVG **115**

Sonstige Rechtsvorschriften

Abs. 1 und 2 bzw. § 81 Abs. 1 und 2 BPersVG zu verstehen, aufgrund derer der Betriebs- bzw. Personalrat die Pflicht hat, bei der Bekämpfung von Unfall- und Gesundheitsgefahren die für den Arbeitsschutz zuständigen Behörden, die Träger der gesetzlichen Unfallversicherung und die sonstigen in Betracht kommenden Stellen (und damit auch die Betriebsärzte und die Fachkräfte für Arbeitssicherheit) durch Anregung, Beratung und Auskunft zu unterstützen hat (vgl. *Anzinger/Bieneck*, § 9 Rn. 47 f.; BetrVG Rn. 9 ff.; BPersVG Rn. 6).

116 Verbunden damit hat der Betriebs- bzw. Personalrat gem. § 9 Abs. 2 Satz 1 ein Recht auf **Unterrichtung** durch die Betriebsärzte und die Fachkräfte für Arbeitssicherheit über **wichtige Angelegenheiten** des Arbeitsschutzes und der Unfallverhütung. **Vorschläge** der Betriebsärzte oder der Fachkräfte für Arbeitssicherheit über **arbeitsmedizinische oder sicherheitstechnische Maßnahmen** an den **Betriebsleiter**, dem sie gem. § 8 Abs. 2 direkt unterstellt sind (Rn. 107 f.), sind dementsprechend dem Betriebs- bzw. Personalrat mitzuteilen, was möglichst in Form einer Abschrift geschehen sollte, damit Beteiligungs- und Mitbestimmungsrechte sowie Überwachungspflichten im Interesse der effektiven Durchführung des Arbeitsschutzes und der Unfallverhütung und einer vertrauensvollen Zusammenarbeit frühzeitig wahrgenommen werden können. Dies gilt analog auch für Vorschläge, die nach Ablehnung durch den Betriebsleiter im Rahmen des Verfahren nach § 8 Abs. 3 direkt an den **Arbeitgeber** gerichtet werden (vgl. § 9 Abs. 2 Satz 1 erster Halbsatz; vgl. *Anzinger/Bieneck*, § 8 Rn. 52 f.). Wird ein derartiger Vorschlag des Betriebsarztes oder der Fachkraft für Arbeitssicherheit in der Folge auch vom Arbeitgeber **abgelehnt**, so muss der Betriebsrat bzw. der Personalrat gem. § 8 Abs. 3 Satz 3 eine **Abschrift** der Mitteilung über die Ablehnung an den Vorschlagenden samt Begründung erhalten (vgl. § 8 Abs. 3 Satz 3; Rn. 108).

117 Zusammen mit den Grundsätzen zur Zusammenarbeit und zur Unterrichtung nach § 9 Abs. 1 und Abs. 2 Satz 1 unterstützt das Recht des Betriebs- bzw. Personalrates auf **Beratung** durch die Betriebsärzte und Fachkräfte für Arbeitssicherheit in Angelegenheiten des Arbeitsschutzes und der Unfallverhütung diesen bei seiner Verpflichtung zur Überwachung der Durchführung entsprechender Rechtsvorschriften gem. § 80 Abs. 1 Nr. 1 BetrVG bzw. § 68 Abs. 1 Nr. 2 BPersVG (vgl. BetrVG Rn. 3 f.; BPersVG Rn. 6). Betriebsärzte und Fachkräfte für Arbeitssicherheit sind in diesem Kontext Sachverständige i.S. von § 80 Abs. 3 BetrVG, was allerdings nicht ausschließt, dass auch für Fragen des Arbeitsschutzes und der Unfallverhütung externer Sachverstand herangezogen werden kann (vgl. *Anzinger/Bieneck*, § 9 Rn. 52; z.B. bei der Instandhaltung besonders gefährlicher und technisch komplexer Arbeitsmittel).

118 Die zuständige Behörde hat, bevor sie eine **Anordnung** gem. § 12 Abs. 1 trifft, den Arbeitgeber und den Betriebs- bzw. Personalrat zu **hören** und mit ihnen zu **erörtern**, welche Maßnahmen angebracht erscheinen (vgl. § 12 Abs. 2 Nr. 1; Rn. 143). Über eine gegenüber dem Arbeitgeber getroffene **Entscheidung** ist der Betriebs- bzw. Personalrat durch die zuständige Behörde **schriftlich** in **Kenntnis** zu setzen (vgl. § 12 Abs. 4; Rn. 143).

119 Die **Wahl des Modells** der betriebsärztlichen oder sicherheitstechnischen Betreuung durch den Arbeitgeber (vgl. Rn. 33) unterliegt als typische Rahmenvorschrift der **Mitbestimmung** des Betriebsrats gem. § 87 Abs. 1 Nr. 7 BetrVG (vgl. *BAG* 10.4.1979, AP Nr. 1 zu § 87 BetrVG 1972 Arbeitssicherheit; DKK-*Klebe*, § 87 BetrVG Rn. 189 m.w.N.; *Anzinger/Bieneck*, § 9 Rn. 31 ff., 53 f.; vgl. BetrVG Rn. 14 ff.) bzw. des Personalrats gem. § 75 Abs. 3 Nr. 11 BPersVG (i.V.m. § 16

ASiG; vgl. BPersVG Rn. 8 ff.). Dies schließt das Initiativrecht ein (vgl. *Anzinger/ Bieneck*, a.a.O., Rn. 32). Das Mitbestimmungsrecht bezieht sich auch auf die, für **Kleinbetriebe** relevante Frage, ob bei der sicherheitstechnischen Betreuung das Modell der Regeleinsatzzeiten oder das so genannte »Unternehmermodell« gewählt wird (vgl. Rn. 42 ff.). Voraussetzung ist hierbei, dass die jeweilige UVV BGV A 6 das Unternehmermodell vorsieht, was überwiegend der Fall ist (vgl. *Jung*, SichIng 10/1997, 42 ff.).

Das Mitbestimmungsrecht bezieht sich auch auf die Möglichkeit der **Auswahl eines überbetrieblichen Dienstes** gem. § 19 (vgl. *Anzinger/Bieneck*, § 19 Rn. 35; *PVW*, § 24 SGB VII Rn. 1). Eine **Einschränkung** dieses Mitbestimmungsrechts besteht nur dann, wenn ein Betrieb dem satzungsrechtlichen **Anschlusszwang an einen überbetrieblichen Dienst** eines Trägers der gesetzlichen Unfallversicherung nach § 24 Abs. 2 Satz 1 SGB VII unterliegt (vgl. Rn. 38), also keine Wahlmöglichkeit und damit kein Entscheidungsspielraum besteht (vgl. SGB VII Rn. 36). Außerdem kann sich ein Betrieb nachträglich von einem Anschlusszwang befreien, wenn er den Nachweis führt, dass er die Pflichten des ASiG erfüllt (vgl. § 24 Abs. 2 Satz 1 und 2 SGB VII). Diese **Befreiung** kann der Betriebsbzw. Personalrat anregen, nicht jedoch über eine Einigungsstelle durchsetzen, da seitens des Arbeitgebers gem. § 9 Abs. 3 Satz 3 ASiG nur eine Anhörungspflicht besteht (vgl. *Anzinger/Bieneck*, § 9 Rn. 36 und § 19 Rn. 38; vgl. Rn. 121). 120

Bei der **Ver-** oder **Entpflichtung** eines freiberuflichen Arztes, einer freiberuflich tätigen Fachkraft für Arbeitssicherheit oder eines **überbetrieblichen Dienstes** gem. § 19 (vgl. Rn. 34 ff.) besteht nur ein **Anhörungsrecht** des Betriebsrats (§ 9 Abs. 3 Satz 3; vgl. *Anzinger/Bieneck*, § 9 Rn. 67 ff., § 19 Rn. 38; DKK-*Klebe*, § 87 BetrVG Rn. 193). Dies erfordert die umfassende Unterrichtung durch den Arbeitgeber vor der Verpflichtung bzw. Entpflichtung und das Einräumen einer angemessenen Frist, um ggf. eine Stellungnahme abgeben zu können (vgl. *Anzinger/Bieneck*, § 9 Rn. 68, 69). Eine fehlende oder mangelnde Anhörung führt nach h.M. nicht zur Unwirksamkeit der Ver- bzw. Entpflichtung (vgl. a.a.O., Rn. 70, m.w.N.). Für den Personalrat gilt i.V.m. § 16 ASiG (Rn. 18) die Einschränkung der Mitbestimmung nicht (vgl. *BVerwG* 25.1.1995, ZTR 1995, 524; vgl. *Anzinger/Bieneck*, § 16 Rn. 30 f.). 121

Bei der **Bestellung** und **Abberufung** von Fachkräften für Arbeitssicherheit oder Betriebsärzten gem. § 1 Satz 1 besteht ein **besonderes Mitbestimmungsrecht** des Betriebs- bzw. des Personalrats, wenn diese Personen im Rahmen eines **Anstellungsverhältnisses** tätig werden sollen (vgl. Rn. 33; zur Beteiligung bei der Bestellung überbetrieblicher Dienst vgl. Rn. 120 f.). Die Maßnahme muss gem. § 9 Abs. 3 Satz 1 mit Zustimmung des Betriebs- bzw. Personalrats erfolgen (vgl. DKK-*Klebe*, § 87 BetrVG Rn. 189a; vgl. *Anzinger/Bieneck*, § 9 Rn. 55, § 16 Rn. 29; BetrVG Rn. 31, 45; BPersVG Rn. 12). Maßgeblich ist das Kriterium der Bestellung oder Abberufung, nicht das individualrechtliche Kriterium der Einstellung oder Versetzung (vgl. *Anzinger/Bieneck*, § 9 Rn. 55 f. auch zur Mitbestimmung des Betriebsrats gem. § 99 BetrVG; zur Mitbestimmung des Personalrats im Hinblick auf personelle Maßnahmen gem. §§ 75 Abs. 1, 76 Abs. 1 BPersVG vgl. a.a.O., § 16 Rn. 28). Wird ein Betriebsarzt gem. § 9 Abs. 3 Satz 1 mit Zustimmung des Betriebsrats abberufen, so kann dies Grund für eine wirksame ordentliche Kündigung sein, wenn kein anderer Arbeitsplatz frei ist (*LAG Bremen* 25.2.1998, NZA-RR 1998, 250). 122

Regelmäßig ist allerdings davon auszugehen, dass die Zustimmung des Betriebsrates gem. § 9 Abs. 3 Satz 1 gleichzeitig als Zustimmung zur **Einstellung** 123

Sonstige Rechtsvorschriften

anzusehen ist (DKK-*Klebe*, § 87 BetrVG Rn. 190; *FKHE*, § 87 BetrVG; vgl. *Anzinger/Bieneck*, § 9 Rn. 59). Bereits im Rahmen der Einstellung einer Fachkraft für Arbeitssicherheit oder eines Betriebsarztes (sofern Einstellung und Bestellung zeitlich auseinanderfallen) kann der Betriebsrat sein Mitbestimmungsrecht im Hinblick auf die Qualifikation der zu bestellenden Personen geltend machen (vgl. *Anzinger/Bieneck*, § 9 Rn. 57). Das muss aber nicht für die **Abberufung** gelten, da diese nicht unbedingt mit einer Kündigung verbunden ist. Allerdings ist eine Kündigung stets als Abberufung anzusehen (DKK-*Klebe*, a.a.O.; vgl. *Anzinger/Bieneck*, § 9 Rn. 59). Die Zustimmung des Betriebsrates zur Abberufung einer Fachkraft für Arbeitssicherheit ist Wirksamkeitsvoraussetzung für den individualrechtlichen Gestaltungsakt (*LAG Brandenburg* 15.1.1998, ArbuR 1998, 331).

124 Wird die aufgrund von § 9 Abs. 3 Satz 1 ASiG erforderliche Zustimmung des Betriebsrates vor der Maßnahme des Arbeitgebers nicht erteilt, ist diese **unwirksam**, es sei denn, dass vorher eine Entscheidung der Einigungsstelle herbeigeführt worden ist (*BAG* v. 24.3.1988, AP Nr. 1 zu § 9 ASiG, m.w.N.; DKK-*Klebe*, § 87 BetrVG Rn, 192; vgl. *Anzinger/Bieneck*, § 9 Rn. 58, m.w.N.).

125 Der Betriebsrat hat ein **Initiativrecht** hinsichtlich der Bestellung und der Abberufung sowie bei der Erweiterung oder Beschränkung des Aufgabenbereichs des Betriebsarztes oder der Fachkraft für Arbeitssicherheit (vgl. DKK-*Klebe*, § 87 BetrVG Rn. 196; *FKHE*, § 87 BetrVG Rn. 218, m.w.N.). Dieses Initiativrecht besteht i.V.m. § 16 ASiG ggf. auch für den Personalrat gem. § 75 Abs. 3 Nr. 11 BPersVG (vgl. *Anzinger/Bieneck*, § 16 Rn. 29).

126 Will der Arbeitgeber die **Aufgaben** des Betriebsarztes oder der Fachkraft für Arbeitssicherheit (vgl. Rn. 62 ff.) **erweitern oder einschränken**, bedarf es gem. § 9 Abs. 3 Satz 2 ebenfalls der Zustimmung des Betriebsrates (DKK-*Klebe*, § 87 BetrVG, Rn. 191; *FKHE*, § 87 BetrVG Rn. 216; *Anzinger/Bieneck*, § 9 Rn. 65). Die Aufgaben sind im Gesetz, wie die Formulierung »insbesondere« in den §§ 3, 6 ASiG verdeutlicht (vgl. Rn. 77), nicht abschließend geregelt, so dass der Betriebsrat sowohl bei einzelnen Erweiterungen oder Einschränkungen, als auch bei der konkreten Festlegung, der Rangordnung der einzelnen Aufgaben und der Durchführung mitbestimmt. Er hat so die Möglichkeit, auf eine Konkretisierung der Aufgaben und eine Schwerpunktsetzung zu einem **betrieblichen Arbeitsschutzprogramm** hinzuwirken (DKK-*Klebe*, a.a.O.), was auch Gegenstand von Beratungen und Empfehlungen des Arbeitsschutzausschusses gem. § 11 sein sollte (vgl. Rn. 136).

127 Regelungen zur Umsetzung des Kooperationsgebotes gem. § 10 Satz 1 und Satz 2 unterliegen aufgrund des Rahmencharakters dieser Vorschrift der **Mitbestimmung** des Betriebs- bzw. Personalrats gem. § 87 Abs. 1 Nr. 7 BetrVG bzw. § 75 Abs. 3 Nr. 11 BPersVG, die ein entsprechendes Initiativrecht haben (vgl. *Anzinger/Bieneck*, § 10 Rn. 39; *Kohte*, Jahrbuch des Umwelt- und Technikrechts 1995, 59 ff.; zur Rechtsstellung von betrieblichen Umweltschutzbeauftragten und zur Mitwirkung des BR bei ihrer Bestellung vgl. *Fischer*, ArbuR 1996, 474 ff.; vgl. BetrVG Rn. 14 ff.; BPersVG Rn. 8 ff.; Rn. 113). Im Geltungsbereich des Personalvertretungsrechts ist je nach Einsatzgebiet der Personalrat oder Gesamtpersonalrat zuständig (*ArbG Kiel* 1.7.1999, NZA-RR 1999, 670).

128 Die Kooperation von Arbeitsschutz und Umweltschutz im Betrieb kann auch Thema von **Veranstaltungen nach § 37 Abs. 6 BetrVG** sein (*BAG* 11.10.1995; AP Nr. 115 zu § 37 BetrVG; vgl. *Kohte*, JR 1997, 132; *Anzinger/Bieneck*, § 10 Rn. 41 ff.; allg. zu Schulungen über Arbeitsschutz vgl. BetrVG Rn. 46; BPersVG Rn. 27).

c) Arbeitsschutzausschuss

Ein wesentlicher Bestandteil der betrieblichen Arbeitsschutzorganisation ist der 129
Arbeitsschutzausschuss (vgl. Einl. Rn. 46). Mit ihm wird die **Kooperation des Arbeitsschutzes auf betrieblicher Ebene** organisiert und institutionalisiert (vgl. *Anzinger/Bieneck*, § 11 Rn. 5 f.). Dies bezieht sich insbesondere auf die
– Unterstützung des Arbeitgebers gem. §§ 3 Abs. 1 Satz 1, 6 Satz 1 (Rn. 64),
– Zusammenarbeit mit dem Betriebs- bzw. Personalrat gem. § 9 (Rn. 109 ff.),
– Zusammenarbeit der Betriebsärzte und der Fachkräfte für Arbeitssicherheit untereinander und mit den anderen im Betrieb für die Angelegenheiten der technischen Sicherheit, des Gesundheits- und des Umweltschutzes beauftragten Personen gem. § 10 (Rn.112 ff.).

Die Einrichtung eines Arbeitsschutzausschusses auf **Unternehmensebene** wird 130
durch § 11 ASiG nicht verlangt (vgl. *LAG Hessen*, 1.2.1996, NZA 1997, 114). Insoweit besteht auch keine originäre Zuständigkeit des Gesamtbetriebsrates gem. § 50 Abs. 1 BetrVG. Für ein Eingreifen des § 50 Abs. 1 BetrVG fehlt es schon an einer Regelungsmaterie. Dem Ausschuss obliegt lediglich die Beratung von Arbeitssicherheits- und Unfallverhütungsangelegenheiten (a.a.O.). Das entspricht auch dem erkennbaren Zweck der Regelung, eine arbeitsplatznahe, die konkreten Sicherheitsprobleme beachtende und betreffende Diskussion »vor Ort« zu befördern (a.a.O.). Es kann allerdings sinnvoll sein, im Hinblick auf die unter Umständen in kleineren Betriebsstätten bestimmter Branchen vergleichsweise häufiger anzutreffenden Defizite im Bereich Sicherheit und Gesundheitsschutz einen unternehmensweit zuständigen Arbeitsschutzausschuss neben eine nur bei unternehmensweitem Einsatz ökonomisch sinnvoll auszulastende, hauptberufliche Fachkraft für Arbeitssicherheit zu stellen (vgl. a.a.O.; vgl. *Anzinger/Bieneck*, § 11 Rn. 12). Das geht indes – wegen der eindeutigen Gesetzesregelung – nicht gegen den Widerstand von örtlichen Betriebsräten, sondern nur mit diesen (vgl. § 50 Abs. 2 Satz 1 BetrVG) oder neben ihnen (vgl. *LAG Hessen*, a.a.O.).

Die bisherige Regelung, nach der der Arbeitgeber im Falle einer Bestellung von 131
Betriebsärzten und Fachkräften für Arbeitssicherheit einen Arbeitsschutzausschuss zu bilden hat, ist aufgrund von Art. 2 Nr. 7 EASUG auf **Betriebe mit mehr als zwanzig Beschäftigten** beschränkt worden (vgl. § 11 Satz 1 ASiG; vgl. Einl. Rn. 95, 99). Begründet wurde diese Regelung insbesondere mit dem Bedarf nach einer Flexibilisierung angeblich zu starrer Regelungen zum Arbeitsschutzausschuss, insbesondere für kleine Betriebe und Betriebe, bei denen die Einsatzzeiten für die erforderliche betriebsärztliche und sicherheitstechnische Betreuung nicht sehr hoch sind (vgl. RegE, 22).

Arbeitgeber in Betrieben mit 20 und weniger Beschäftigten haben allerdings im jedem Fall gem. § 3 Abs. 2 Nr. 1 ArbSchG für eine **geeignete Organisation** zur Durchführung von Maßnahmen des Arbeitsschutzes zu sorgen und die erforderlichen Mittel bereitzustellen (vgl. § 3 ArbSchG Rn. 3). Insofern müssen die Aufgaben des Arbeitsschutzausschusses im Hinblick auf eine effektive Kooperation auch hier wiederfinden.

Teilzeitbeschäftigte sind bei der Feststellung der Zahl der Beschäftigten mit 132
einer regelmäßigen wöchentlichen Arbeitszeit von nicht mehr als 20 Stunden mit 0,5 und nicht mehr als 30 Stunden mit 0,75 zu berücksichtigen (§ 11 Abs. 1 zweiter Halbsatz). Diese Regelung ist durch das »Arbeitsrechtliche Beschäftigungsförderungsgesetz« v. 25.9.1996 (BGBl. I, 1461; ber. 1806) in das ASiG ein-

Sonstige Rechtsvorschriften

gefügt worden. Als Ziel wurde seitens der damaligen Bundesregierung angegeben, dass die Beschäftigung von Teilzeitbeschäftigten nicht behindert werden soll (vgl. BT-Drs. 13/5107, 31 f.). Durch Gesetz vom 19.12.1998 (BGBl. I, 3849) ist die Regelung dergestalt entschärft worden, indem auch Beschäftigte mit nicht mehr als zehn Stunden wöchentlicher Arbeitszeit mit einem Faktor von 0,5 (zuvor 0,25) einbezogen werden müssen. Dies ändert freilich nichts an der Fragwürdigkeit ihrer beschäftigungspolitischen Wirksamkeit. Die pro-rata-Regelung zu § 11 ASiG wird auch insoweit kritisiert, als die Notwendigkeit der Bildung eines Arbeitsausschusses in erster Linie von der Zahl der im Betrieb beschäftigten Arbeitnehmer abhängig ist: »Deren Wochenarbeitszeit ist nur von zweitrangiger Bedeutung« (*Anzinger/Bieneck*, § 11 Rn. 4). Auch der ökonomische Nutzen für die Betriebe, der diese dazu veranlassen könnte, aufgrund der Regelung mehr Teilzeitbeschäftigte anzustellen, wird bezweifelt: »... zumal dann, wenn den vordergründigen Kostenentlastungen der Nutzen aus einer wirksamen Förderung des Arbeitsschutzes gegenübergestellt wird« (a.a.O.; vgl. Einl. Rn. 8).

133 Ein Arbeitsschutzausschuss ist auch dann einzurichten, wenn in Betrieben mit mehr als 20 Beschäftigten freiberufliche Betriebsärzte oder Fachkräfte für Arbeitssicherheit oder **überbetriebliche Dienste** bestellt sind (vgl. *Anzinger/Bieneck*, § 11 Rn. 7).

134 Im Wege eines Beschlussverfahrens kann der **Betriebsrat** gegen den Arbeitgeber die Bildung eines Arbeitsschutzausschusses **durchsetzen**, da hier wegen der Teilnahme von Betriebsratsmitgliedern eine eigenständige Rechtsposition des Betriebsrates besteht (zutreffend *LAG Hessen*, NZA 1997, 114; verfehlt dagegen *LAG Hamburg*, NZA-RR 1996, 213; vgl. *Anzinger/Bieneck*, § 11 Rn. 46).

135 Im Hinblick auf seine **Zusammensetzung** arbeiten im Arbeitsschutzausschuss neben dem Arbeitgeber (oder dem von ihm Beauftragten) zwei Betriebsratsmitglieder, die Fachkräfte für Arbeitssicherheit, die Betriebsärzte und die Sicherheitsbeauftragten zusammen (vgl. im Einzelnen *Anzinger/Bieneck*, § 11 Rn. 23 ff.; zu den Sicherheitsbeauftragten vgl. SGV VII Rn. 29 ff.). Sollen zu Fragen zur Eingliederung oder Wiedereingliederung Behinderter in den Arbeitsprozess (vgl. § 3 Abs. 1 Nr. 1 Buchst. f; Rn. 67) Beratungen und Empfehlungen erfolgen, sollte auch die Schwerbehindertenvertretung gem. §§ 24 ff. SchwbG einbezogen werden. Gleiches gilt für die Beauftragten i.S. von § 10 Satz 2, wenn übergreifende Fragen des Arbeitsschutzes und der Unfallverhütung im Kontext z.B. mit dem betrieblichen Umweltschutz beraten werden sollen (z.B. Einführung eines integrierten Arbeitsschutzmanagements). Im Sinne eines »runden Tisches« der betrieblichen Arbeitsschutzorganisation können auch weitere Personen (**externe Fachleute**, z.B. externe Betriebsärzte oder Fachkräfte für Arbeitssicherheit) in die Tätigkeit des Arbeitsschutzausschusses einbezogen werden, die für eine effektive betriebliche Durchführung des Arbeitsschutzes von Bedeutung sind (vgl. *BFK*, Rn. 51; vgl. a.a.O., Rn. 28 ff.). Gem. § 11 Satz 4 muss der Arbeitsschutzausschuss mindestens einmal **vierteljährlich** während der Arbeitszeit und unter Fortentrichtung der Arbeitsvergütung von im Betrieb angestellten Betriebsärzten, Fachkräften für Arbeitssicherheit und Sicherheitsbeauftragten zusammentreten (vgl. a.a.O., Rn. 39 ff.).

136 Durch die Bildung des Arbeitsschutzausschusses wird der Arbeitgeber nicht aus seiner rechtlichen Verantwortung zur Erfüllung seiner Verpflichtungen aufgrund der Vorschriften des Arbeitsschutzes und der Unfallverhütung entlassen. Darüber hinaus wird durch den Arbeitsschutzausschuss auch kein selbständiges Beschlussorgan geschaffen (vgl. *Anzinger/Bieneck*, § 11 Rn. 32 f., m.w.N.).

Arbeitssicherheitsgesetz

Vielmehr sind gem. § 11 Satz 3 nur Angelegenheiten des Arbeitsschutzes und der Unfallverhütung **gemeinsam zu beraten**. Auf der Basis dieser Beratungen kann der Ausschuss **Empfehlungen** – jedoch keine wirksamen Beschlüssen – treffen, die dann als Entscheidungshilfe für den Arbeitgeber bzw. für den Betriebs- bzw. Personalrat dienen können (vgl. a.a.O.). Orientierung geben hierbei die Aufgabenkataloge der §§ 3, 6, wobei aus Effektivitätsgründen insbesondere fachkundeübergreifende Themen thematisiert werden sollten. Eine fundamentale Aufgabe ist die Integration des Arbeitsschutzes in die betriebliche Aufbau- und Ablauforganisation und in die Unternehmensführung. Der Arbeitsschutzausschuss dient insoweit als Beratungs- und Informationsdrehscheibe im Betrieb, die u.a. dafür Sorge trägt, dass die Maßnahmen des Arbeitsschutzes bei allen Tätigkeiten und eingebunden in die betrieblichen Führungsstrukturen beachtet werden und die Beschäftigten ihren Mitwirkungspflichten nachkommen können (vgl. § 3 Abs. 2 Nr. 2 ArbSchG; § 3 ArbSchG Rn. 12). Hervorzuheben sind weiterhin die menschengerechte Gestaltung der Arbeit (vgl. § 3 i.V.m. § 2 Abs. 1 ArbSchG § 2 ArbSchG Rn. 8 ff.) und die Verhütung arbeitsbedingter Gesundheitsgefahren (vgl. § 3 i.V. mit § 2 Abs. 1 ArbSchG, § 14 Abs. 1 SGB VII, § 20 Abs. 1 SGB V; vgl. *Anzinger/Bieneck*, § 11 Rn. 37 f. § 2 ArbSchG Rn. 5 ff.; SGB VII Rn. 5 f.). Sinnvoll ist die Entwicklung und Begleitung eines betrieblichen Arbeitsschutzprogramms (vgl. Rn. 126).

Es ist möglich, in sonstigen Rechtsvorschriften i.S. von § 2 Abs. 4 ArbSchG – z.B. auch in UVV – oder auf Eigeninitiative der Betriebe, ergänzende Mechanismen der Kooperation aller für Sicherheit und Gesundheitsschutz im und für den Betrieb verantwortlichen, mitwirkenden und beratenden Personen zu verankern. Freiwillige Initiativen können z.B. in Form von **Netzwerken** erfolgen (vgl. *Kiesau*, in: *BAU* [Hrsg.], 1995, 161 ff.). Mit derartigen Netzwerken können die begrenzten Kräfte und Kompetenzen gerade in Kleinbetrieben mit weniger als 20 Beschäftigten wirksamer mit außerbetrieblichen Institutionen (Arbeitsschutzbehörden, Aufsichtspersonen der Berufsgenossenschaften, Fachverbände, Kammern, Wirtschaftsverbände insbesondere des Handwerks, Träger der Aus- und Weiterbildung, sonstige Beratungsstellen, Sozialpartner, Fachinstitutionen) gekoppelt werden, um Sicherheit und Gesundheitsschutz der Beschäftigten zu verstetigen und zu verbessern (vgl. a.a.O.; zum Konzept eines multimedial strukturierten Kompetenznetzes »Arbeitsschutz in NRW« vgl. *MAGS* (Hrsg.), 1997; http://www.komnet.nrw.de).

137

9. Vollzug, Ordnungswidrigkeiten

Parallel zu §§ 21 ff. ArbSchG bestehen in §§ 12, 13 ASiG besondere Regelungen zum **Vollzug** im Hinblick auf die betriebliche Durchführung des ASiG durch den Arbeitgeber, die sich an die **zuständige Behörde** richten (das sind Staatliche Ämter für Arbeitsschutz bzw. Gewerbeaufsichtsämter sowie i.d.R. das Bergamt für Betriebe des Bergbaus; vgl. im Überblick *Anzinger/Bieneck*, § 12 Rn. 5). Damit wird der öffentlich-rechtliche Charakter des ASiG unterstrichen (vgl. a.a.O. Rn. 4). **Normadressat** einer Anordnung nach § 12 Abs. 1 ist der Arbeitgeber (a.a.O., Rn. 10). Hat der Arbeitgeber einen überbetrieblichen Dienst gem. § 19 bestellt, so kann die zuständige Behörde nur gegenüber dem Arbeitgeber Anordnungen gem. § 12 treffen (vgl. *Anzinger/Bieneck*, § 19 Rn. 45 f.; Rn. 142 ff.).

138

139

Parallel zu §§ 12, 13 ASiG bestehen für die **Träger der gesetzlichen Unfallversicherung** Vollzugsbefugnisse gem. §§ 17 ff. SGB VII im Hinblick auf Überwa-

140

Sonstige Rechtsvorschriften

chung und Beratung ihres Auftrages sowie zur Anordnung von Maßnahmen zur Erfüllung von Pflichten der Unternehmer oder der Versicherten aufgrund von UVV, die nach § 15 Abs. 1 Nr. 6 SGB VII Maßnahmen festlegen, die der Unternehmer zur Erfüllung der sich aus dem ASiG ergebenden Pflichten zu treffen hat (vgl. UVV BGV A 6, A 7; Anhang Nr. 17, 18, 19; *Anzinger/Bieneck*, § 19 Rn. 37 ff., m.w.N.; SGB VII Rn. 10 ff.).

141 Der den zuständigen Behörden obliegende **Beratungsauftrag** gem. § 21 Abs. 1 ArbSchG lässt sich auch auf die Verpflichtungen des Arbeitgeber bei der Durchführung des ASiG beziehen (vgl. § 21 ArbSchG Rn. 8 ff.). Dies gilt nicht nur im Hinblick auf die vorgeschriebene Anhörung und Erörterung bei Anordnungen gem. § 12 Abs. 2 Nr. 1 ASiG, sondern auch allgemein im Hinblick auf die Beratung bei Fragen des Arbeitsschutzes und der Unfallverhütung, die der Verwirklichung des Zwecks des ASiG gem. § 1 dienen kann. Im Sinne der durch das ArbSchG geprägten und auch bereits im ASiG enthaltenen Arbeitsschutzkonzeption ist von dem Grundsatz auszugehen: **Beratung geht vor Anordnung**, sofern dies der Zwecksetzung »Sicherung und Verbesserung der Sicherheit und des Gesundheitsschutzes der Beschäftigten« dient und nicht Gefahr für Leben und Gesundheit, z.B. durch Pflichtverletzungen des Arbeitgebers, im Verzug ist (vgl. § 21 ArbSchG Rn. 7).

142 Im **Einzelfall** kann die zuständige Behörde nach § 12 Abs. 1 **anordnen**, welche **Maßnahmen** der Arbeitgeber zur Erfüllung der sich aus dem ASiG und den die gesetzlichen Pflichten näher bestimmenden Rechtsverordnungen und UVV ergebenden Pflichten zu treffen hat. Hervorgehoben werden beispielhaft **Maßnahmen** im Hinblick auf die Bestellung von Betriebsärzten und Fachkräften für Arbeitssicherheit gem. §§ 2 Abs. 1, 5 Abs. 1. Weiterhin kommen in Betracht Maßnahmen zur:
- Ausstattung der Betriebsärzte und der Fachkräfte für Arbeitssicherheit mit personellen und sächlichen Mitteln zur Erfüllung ihrer Aufgaben gem. §§ 2 Abs. 2 Satz 2, 5 Abs. 2 Satz 2 (Rn. 53),
- Übereinstimmung der Fähigkeiten der bestellten Personen mit den fachkundlichen Anforderungen gem. §§ 4, 7 Abs. 1 (Rn. 93 ff.),
- Sicherung der Weisungsfreiheit und des Benachteiligungsverbotes gem. § 8 Abs. 1 ASiG (vgl. Rn. 105 ff.),
- Sicherung der Stellung der Betriebsärzte und der Fachkräfte für Arbeitssicherheit in der Hierarchie des Betriebes gem. § 8 Abs. 2 (Rn. 107 f.),
- Zusammenarbeit mit dem Betriebsrat gem. § 9 ASiG (vgl. *Anzinger/Bieneck*, § 9 Rn. 71; Rn. 112 ff.),
- Zusammenarbeit der Betriebsärzte und der Fachkräfte für Arbeitssicherheit untereinander und mit den anderen im Betrieb für die mit Angelegenheiten der technischen Sicherheit, des Gesundheits- und des Umweltschutzes beauftragten Personen gem. § 10 ASiG (Rn. 112 f.),
- Errichtung und Organisation des Arbeitsschutzausschusses gem. § 11 ASiG (vgl. *Anzinger/Bieneck*, § 11 Rn. 12; Rn. 129 ff.).

143 **Bevor** die zuständige Behörde eine Anordnung gem. § 12 Abs. 1 trifft, hat sie den **Arbeitgeber** und den **Betriebs- bzw. Personalrat** zu **hören** und mit ihnen zu **erörtern**, welche Maßnahmen angebracht erscheinen (vgl. § 12 Abs. 2 Nr. 1; vgl. *Anzinger/Bieneck*, § 12 Rn. 17 ff.). Über eine gegenüber dem Arbeitgeber getroffene **Entscheidung** ist der Betriebs- bzw. Personalrat durch die zuständige Behörde **schriftlich** in **Kenntnis** zu setzen (vgl. § 12 Abs. 4; vgl. a.a.O., Rn. 26 f.; vgl. Rn. 108).

Arbeitssicherheitsgesetz

Vor einer Anordnung sind gem. § 12 Abs. 2 Nr. 2 die zuständigen **Träger der** **144** **gesetzlichen Unfallversicherung** zu beteiligen, wobei die zuständige Behörde diesen Gelegenheit geben muss, an der Erörterung mit dem Arbeitgeber **teilzunehmen** und **Stellung** zu der von der zuständigen Behörde in Aussicht gestellten Anordnung zu nehmen.

Wird eine Anordnung getroffen, so ist dem Arbeitgeber eine **angemessene Frist** **145** zur Ausführung zu setzen (§ 12 Abs. 3). Hierzu muss zwischen den zeitlichen Notwendigkeiten zur Realisierung der Anordnung und dem Interesse des Staates an einer zeitnahen Erfüllung gesetzlicher Pflichten durch den Rechtsunterworfenen ein stimmiges Verhältnis bestehen. Eine Abstimmung im Rahmen des Anhörungsverfahrens gem. § 12 Abs. 2 ist empfehlenswert (*Anzinger/Bieneck*, § 12 Rn. 24).

Besondere Kompetenzen hat die zuständige Behörde bei **Ausnahmeregelungen** **146** zur:
- Bestellung einer **fachkundigen Person** gem. § 7 Abs. 2 als Fachkraft für Arbeitssicherheit an Stelle eines Sicherheitsingenieurs, der berechtigt ist, die Berufsbezeichnung Ingenieur zu führen (vgl. Rn. 97) und
- zur Bestellung von **Betriebsärzten und Fachkräften für Arbeitssicherheit**, die noch **nicht** über die **Fachkunde** i.S. der §§ 3, 7 verfügen (§ 18; vgl. Rn. 93).

Die in § 13 festgelegten **Auskunfts- und Besichtigungsrechte** der zuständigen **147** Behörde decken sich weitgehend mit den Regelungen in § 22 Abs. 1 und 2 ArbSchG (vgl. § 22 ArbSchG Rn. 2ff.).

Verstöße gegen die Regelungen in §§ 12, 13 können als **Ordnungswidrigkeit** **148** geahndet werden (vgl. § 20; umfassend: *Anzinger/Bieneck*, § 20 ASiG, m.w.N.).

Betriebsverfassungsgesetz (BetrVG)

vom 15. Januar 1972 in der Fassung der Bekanntmachung vom
25. September 2001 (BGBl. I, S. 2518), zuletzt geändert durch Art. 8 des
Gesetzes vom 10. Dezember 2001 (BGBl. I, S. 3443)

...

§ 80 Allgemeine Aufgaben

(1) Der Betriebsrat hat folgende allgemeine Aufgaben:
1. darüber zu wachen, daß die zugunsten der Arbeitnehmer geltenden Gesetze, Verordnungen, Unfallverhütungsvorschriften, Tarifverträge und Betriebsvereinbarungen durchgeführt werden;
2. Maßnahmen, die dem Betrieb und der Belegschaft dienen, beim Arbeitgeber zu beantragen;
2a. die Durchsetzung der tatsächlichen Gleichstellung von Frauen und Männern, insbesondere bei der Einstellung, Beschäftigung, Aus-, Fort- und Weiterbildung und dem beruflichen Aufstieg, zu fördern;
2b. die Vereinbarkeit von Familie und Erwerbstätigkeit zu fördern;
3. Anregungen von Arbeitnehmern und der Jugend- und Auszubildendenvertretung entgegenzunehmen und, falls sie berechtigt erscheinen, durch Verhandlungen mit dem Arbeitgeber auf eine Erledigung hinzuwirken; er hat die betreffenden Arbeitnehmer über den Stand und das Ergebnis der Verhandlungen zu unterrichten;
4. die Eingliederung Schwerbehinderter und sonstiger besonders schutzbedürftiger Personen zu fördern;
5. die Wahl einer Jugend- und Auszubildendenvertretung vorzubereiten und durchzuführen und mit dieser zur Förderung der Belange der in § 60 Abs. 1 genannten Arbeitnehmer eng zusammenzuarbeiten; er kann von der Jugend- und Auszubildendenvertretung Vorschläge und Stellungnahmen anfordern;
6. die Beschäftigung älterer Arbeitnehmer im Betrieb zu fördern;
7. die Integration ausländischer Arbeitnehmer im Betrieb und das Verständnis zwischen ihnen und den deutschen Arbeitnehmern zu fördern, sowie Maßnahmen zur Bekämpfung von Rassismus und Fremdenfeindlichkeit im Betrieb zu beantragen;
8. die Beschäftigung im Betrieb zu fördern und zu sichern;
9. Maßnahmen des Arbeitsschutzes und des betrieblichen Umweltschutzes zu fördern.

(2) Zur Durchführung seiner Aufgaben nach diesem Gesetz ist der Betriebsrat rechtzeitig und umfassend vom Arbeitgeber zu unterrichten. Ihm sind auf Verlangen jederzeit die zur Durchführung seiner Aufgaben erforderlichen Unterlagen zur Verfügung zu stellen; in diesem Rahmen ist der Betriebsausschuß oder

ein nach § 28 gebildeter Ausschuß berechtigt, in die Listen über die Bruttolöhne und -gehälter Einblick zu nehmen.

(3) Der Betriebsrat kann bei der Durchführung seiner Aufgaben nach näherer Vereinbarung mit dem Arbeitgeber Sachverständige hinzuziehen, soweit dies zur ordnungsgemäßen Erfüllung seiner Aufgaben erforderlich ist. Für die Geheimhaltungspflicht der Sachverständigen gilt § 79 entsprechend.

§ 81 Unterrichtungs- und Erörterungspflicht des Arbeitgebers

(1) Der Arbeitgeber hat den Arbeitnehmer über dessen Aufgabe und Verantwortung sowie über die Art seiner Tätigkeit und ihre Einordnung in den Arbeitsablauf des Betriebs zu unterrichten. Er hat den Arbeitnehmer vor Beginn der Beschäftigung über die Unfall- und Gesundheitsgefahren, denen dieser bei der Beschäftigung ausgesetzt ist, sowie über die Maßnahmen und Einrichtungen zur Abwendung dieser Gefahren und die nach § 10 Abs. 2 des Arbeitsschutzgesetzes getroffenen Maßnahmen zu belehren.

(2) Über Veränderungen in seinem Arbeitsbereich ist der Arbeitnehmer rechtzeitig zu unterrichten. Absatz 1 gilt entsprechend.

(3) In Betrieben, in denen kein Betriebsrat besteht, hat der Arbeitgeber die Arbeitnehmer zu allen Maßnahmen zu hören, die Auswirkungen auf Sicherheit und Gesundheit der Arbeitnehmer haben können.

(4) Der Arbeitgeber hat den Arbeitnehmer über die auf Grund einer Planung von technischen Anlagen, von Arbeitsverfahren und Arbeitsabläufen oder der Arbeitsplätze vorgesehenen Maßnahmen und ihre Auswirkungen auf seinen Arbeitsplatz, die Arbeitsumgebung sowie auf Inhalt und Art seiner Tätigkeit zu unterrichten. Sobald feststeht, daß sich die Tätigkeit des Arbeitnehmers ändern wird und seine beruflichen Kenntnisse und Fähigkeiten zur Erfüllung seiner Aufgaben nicht ausreichen, hat der Arbeitgeber mit dem Arbeitnehmer zu erörtern, wie dessen beruflichen Kenntnisse und Fähigkeiten im Rahmen der betrieblichen Möglichkeiten den künftigen Anforderungen angepaßt werden können. Der Arbeitnehmer kann bei der Erörterung ein Mitglied des Betriebsrats hinzuziehen.

§ 82 Anhörungs- und Erörterungsrecht des Arbeitnehmers

(1) Der Arbeitnehmer hat das Recht, in betrieblichen Angelegenheiten, die seine Person betreffen, von den nach Maßgabe des organisatorischen Aufbaus des Betriebs hierfür zuständigen Personen gehört zu werden. Er ist berechtigt, zu Maßnahmen des Arbeitgebers, die ihn betreffen, Stellung zu nehmen sowie Vorschläge für die Gestaltung des Arbeitsplatzes und des Arbeitsablaufs zu machen.
...

§ 84 Beschwerderecht

(1) Jeder Arbeitnehmer hat das Recht, sich bei den zuständigen Stellen des Betriebs zu beschweren, wenn er sich vom Arbeitgeber oder von Arbeitnehmern des Betriebs benachteiligt oder ungerecht behandelt oder in sonstiger Weise beeinträchtigt fühlt. Er kann ein Mitglied des Betriebsrats zur Unterstützung oder Vermittlung hinzuziehen.

(2) Der Arbeitgeber hat den Arbeitnehmer über die Behandlung der Beschwerde zu bescheiden und, soweit er die Beschwerde für berechtigt erachtet, ihr abzuhelfen.

(3) Wegen der Erhebung einer Beschwerde dürfen dem Arbeitnehmer keine Nachteile entstehen.
...

§ 87 Mitbestimmungsrechte

(1) Der Betriebsrat hat, soweit eine gesetzliche oder tarifliche Regelung nicht besteht, in folgenden Angelegenheiten mitzubestimmen:
...
7. Regelungen über die Verhütung von Arbeitsunfällen und Berufskrankheiten sowie über den Gesundheitsschutz im Rahmen der gesetzlichen Vorschriften oder der Unfallverhütungsvorschriften.
...

§ 88 Freiwillige Betriebsvereinbarungen

Durch Betriebsvereinbarung können insbesondere geregelt werden
1. zusätzliche Maßnahmen zur Verhütung von Arbeitsunfällen und Gesundheitsschädigungen;
...

§ 89 Arbeits- und betrieblicher Umweltschutz

(1) Der Betriebsrat hat sich dafür einzusetzen, dass die Vorschriften über den Arbeitsschutz und die Unfallverhütung im Betrieb sowie über den betrieblichen Umweltschutz durchgeführt werden. Er hat bei der Bekämpfung von Unfall- und Gesundheitsgefahren die für den Arbeitsschutz zuständigen Behörden, die Träger der gesetzlichen Unfallversicherung und die sonstigen in Betracht kommenden Stellen durch Anregung, Beratung und Auskunft zu unterstützen sowie sich für die Durchführung der Vorschriften über den Arbeitsschutz und die Unfallverhütung im Betrieb einzusetzen.
(2) Der Arbeitgeber und die in Absatz 1 Satz 2 genannten Stellen sind verpflichtet, den Betriebsrat oder die von ihm bestimmten Mitglieder des Betriebsrats bei allen im Zusammenhang mit dem Arbeitsschutz oder der Unfallverhütung stehenden Besichtigungen und Fragen und bei Unfalluntersuchungen hinzuzuziehen. Der Arbeitgeber hat den Betriebsrat auch bei allen im Zusammenhang mit dem betrieblichen Umweltschutz stehenden Besichtigungen und Fragen hinzuzuziehen und ihm unverzüglich die den Arbeitsschutz und die Unfallverhütung betreffenden Auflagen und Anordnungen der zuständigen Stellen mitzuteilen.
(3) Als betrieblicher Umweltschutz im Sinne dieses Gesetzes sind alle personellen und organisatorischen Maßnahmen sowie alle die betrieblichen Bauten, Räume, technische Anlagen, Arbeitsverfahren, Arbeitsabläufe und Arbeitsplätze betreffenden Maßnahmen zu verstehen, die dem Umweltschutz dienen.
(4) An den Besprechungen des Arbeitgebers mit den Sicherheitsbeauftragten im Rahmen des § 22 Abs. 2 des Siebten Buches Sozialgesetzbuch nehmen vom Betriebsrat beauftragte Betriebsratsmitglieder teil.
(5) Der Betriebsrat erhält die Niederschriften über Untersuchungen, Besichtigungen und Besprechungen, zu denen er nach den Absätzen 2 und 3 hinzuzuziehen ist.

(6) Der Arbeitgeber hat dem Betriebsrat eine Durchschrift der nach § 193 Abs. 5 des Siebten Buches Sozialgesetzbuch vom Betriebsrat zu unterschreibenden Unfallanzeige auszuhändigen.

§ 90 Unterrichtungs- und Beratungsrechte

(1) Der Arbeitgeber hat den Betriebsrat über die Planung
1. von Neu-, Um- und Erweiterungsbauten von Fabrikations-, Verwaltungs- und sonstigen betrieblichen Räumen,
2. von technischen Anlagen,
3. von Arbeitsverfahren und Arbeitsabläufen oder
4. der Arbeitsplätze

rechtzeitig unter Vorlage der erforderlichen Unterlagen zu unterrichten.

(2) Der Arbeitgeber hat mit dem Betriebsrat die vorgesehenen Maßnahmen und ihre Auswirkungen auf die Arbeitnehmer, insbesondere auf die Art ihrer Arbeit sowie die sich daraus ergebenden Anforderungen an die Arbeitnehmer so rechtzeitig zu beraten, daß Vorschläge und Bedenken des Betriebsrats bei der Planung berücksichtigt werden können. Arbeitgeber und Betriebsrat sollen dabei die gesicherten arbeitswissenschaftlichen Erkenntnisse über die menschengerechte Gestaltung der Arbeit berücksichtigen.

§ 91 Mitbestimmungsrecht

Werden die Arbeitnehmer durch Änderungen der Arbeitsplätze, des Arbeitsablaufs oder der Arbeitsumgebung, die den gesicherten arbeitswissenschaftlichen Erkenntnissen über die menschengerechte Gestaltung der Arbeit offensichtlich widersprechen, in besonderer Weise belastet, so kann der Betriebsrat angemessene Maßnahmen zur Abwendung, Milderung oder zum Ausgleich der Belastung verlangen. Kommt eine Einigung nicht zustande, so entscheidet die Einigungsstelle. Der Spruch der Einigungsstelle ersetzt die Einigung zwischen Arbeitgeber und Betriebsrat.

...

Übersicht	Rn.
1. Beteiligungsrechte des Betriebsrats	1–46
a) Allgemeines	1–2a
b) Beteiligungsrechte des Betriebsrats	3–13
c) Mitbestimmungsrecht gem. § 87 Abs. 1 Nr. 7	14–40
d) Besondere Problemkomplexe	41–44
e) Beteiligungsrechte außerhalb des BetrVG	45
f) Schulungsveranstaltungen	46
2. Individualrechte	47–52

1. Beteiligungsrechte des Betriebsrats

a) Allgemeines

Der Betriebsrat nimmt wie der Personalrat im öffentlichen Dienst (s. BPersVG Rn. 1) – eine **Schlüsselrolle im betrieblichen Arbeitsschutz** ein. Er ist Repräsentant der Arbeitnehmer, also derjenigen, um deren Gesundheit willen sich

1

alles beim Arbeitsschutz dreht. Als solchem räumt ihm das Betriebsverfassungsrecht eine inhaltlich wie prozedural bedeutende Stellung bei der Umsetzung des Arbeitsschutzrechts zu. Das äußert sich in Form von zwei unterschiedlichen Typen von Beteiligungsrechten, die jeweils durch institutionelle Vorkehrungen flankiert werden:
1. Bei ausfüllungsbedürftigen Rahmenvorschriften hat der Betriebsrat ein volles **Mitbestimmungsrecht** gem. § 87 Abs. 1 BetrVG (Rn. 14);
2. für Vorschriften ohne Gestaltungsspielraum für den Arbeitgeber kommt das **Überwachungsrecht** gem. § 80 Abs. 1 Nr. 1 BetrVG zum Tragen (Rn. 3). Sanktion für den Fall, dass der Arbeitgeber daraufhin bestimmte Normverstöße nicht abstellt, ist die Einschaltung außerbetrieblicher Aufsichtsstellen (Arbeitsschutzamt, Berufsgenossenschaft). Nach § 80 Abs. 1 Nr. 9 BetrVG n.F. hat der Betriebsrat Maßnahmen des Arbeitsschutzes zu fördern.
3. § 89 BetrVG bindet den Betriebsrat in das **Beziehungsgeflecht** Arbeitgeber-Arbeitsschutzamt-Berufsgenossenschaft ein (Einl. Rn. 51), und § 9 ASiG verpflichtet die betrieblichen Akteure des Arbeitsschutzes zur Zusammenarbeit mit dem Betriebsrat, institutionalisiert in der Einrichtung des Arbeitsschutzausschusses gem. § 11 ASiG (Einl. Rn. 46; ASiG Rn. 129 ff.).

1a Mit der am 28.7.2001 in Kraft getretenen Reform des BetrVG (Gesetz v. 23.7.2001, BGBl. I, S. 1852) ist der Arbeitsschutz mit dem **betrieblichen Umweltschutz** verzahnt worden (vgl. *Kiper*, Betrieblicher Umweltschutz, 2001; *Buschmann*, FS Heilmann, 2001). Hierzu ist § 89 dahingehend erweitert worden, dass die Einbeziehung des Betriebsrats in die betriebliche Arbeitsschutzorganisation sich auch auf den Umweltschutz beziehen soll (vgl. § 89 Abs. 1 und 2 BetrVG). Das führt zu einer Erweiterung der Behörden und außenstehenden Stellen, die gem. § 89 einzubeziehen sind (vgl. Rn. 9a). Die Definition des Umweltschutzes ist in dem neuen § 89 Abs. 3 BetrVG geregelt:
»Als betrieblicher Umweltschutz im Sinne dieses Gesetzes sind alle personellen und organisatorischen Maßnahmen sowie alle die betrieblichen Bauten, Räume, technische Anlagen, Arbeitsverfahren und Arbeitsplätze betreffenden Maßnahmen zu verstehen, die dem Umweltschutz dienen.«
Als Schnittstellen zwischen Arbeitsschutz und Umweltschutz nennt der RegE des Betriebsverfassungs-Reformgesetzes das Gefahrstoffrecht (vgl. Kommentierung zur GefStoffV) sowie das Störfallrecht und das Öko-Audit (vgl. Einl. Rn. 7). Die Einbeziehung des Umweltschutzes in § 89 BetrVG hat zwar zu keiner Erweiterung »harter« Mitbestimmungsrechte geführt, insbesondere ist 87 Abs. 1 Nr. 7 BetrVG nicht entsprechend ausgeweitet worden. Da dieses Thema nun jedoch ausdrücklich zu den Aufgaben des Betriebsrat gehört, wird es zum unmittelbaren Gegenstand von Schulungen gem. § 37 Abs. 6 BetrVG (vgl. Rn. 46).

2 Die starke formale Stellung des Betriebsrats lässt auf den ersten Blick die Erwartung zu, dass er gewissermaßen der erste Garant eines wirksamen Arbeitsschutzes sei. Das korrespondiert mit einer zunehmend höheren Bedeutung, die dem Arbeitsschutz von den betrieblichen Interessenvertretungen beigemessen wird (vgl. *Schäfer*, WSI-Mitt. 2001, 65, 70 f.). Jedoch dürfen zwei spezifische **Schwachstellen** einer solchen Erwartung nicht übersehen werden. Zum einen verlangt Arbeitsschutz zu einem bestimmten Teil nicht nur entsprechende Vorkehrungen seitens des Arbeitgebers, sondern aktive Beteiligung durch die Arbeitnehmer bzw. Beschäftigten (zu deren entsprechenden Verpflichtungen vgl. §§ 15, 16 ArbSchG). In dieser Hinsicht kann sich der Betriebsrat in der unangenehmen Rolle desjenigen wiederfinden, den seine eigenen Wähler als lästigen »**Vormund**« empfinden. Zum zweiten – und gravierender – werden Arbeitnehmer unter vordergründigen Kostengesichtspunkten nicht selten vor die Alternative gestellt: »**Arbeitsplätze oder Arbeitsschutz**« (zur einzelwirtschaftlichen Auswirkung des Arbeitsschutzes vgl. Einl. Rn. 106). In einer solchen Situation ausgerechnet vom Betriebsrat zu erwarten, dass er die Fahne des Arbeitsschutzes hochhält, mutet ihm möglicherweise allzu viel zu. Das macht, ungeachtet der Notwendigkeit eines dezentralen und beteiligungsorientierten Arbeitsschutzes, die Unverzichtbarkeit wirksamer überbetrieblicher Überwachungsstrukturen deutlich.

Schließlich ist auf die Selbstverständlichkeit hinzuweisen, dass die Gruppe der **Betriebs- und Personalratsmitglieder als Beschäftigte** i.S. von § 2 Abs. 2 ArbSchG selber Zielgruppe für Maßnahmen des Arbeitsschutzes ist. Hierbei spielen die **Belastungen durch Stress** (»Die Last der Verantwortung«) eine besondere Rolle (vgl. *Seidl*, WSI-Mitt. 4/2000, 247 ff.). Als Präventionsmaßnahmen werden vorgeschlagen: Stärkung der Ressourcen (Delegieren und Arbeitsteilung, Qualifizierung, Wissensmanagement, Nachfolgeplanung/Rekrutierung/Mentoring, Reflexion der Beanspruchungssituation/Coaching, Hobby als Ausgleich) und Verminderung der Anforderungen (Delegieren und Arbeitsteilung, Hinterfragen der Anforderungen, Anforderungsprofil formulieren; vgl. a.a.O., 253).

2a

b) Beteiligungsrechte des Betriebsrats

Der Betriebsrat hat die allgemeine Aufgabe, darüber zu **wachen**, dass die zugunsten der Arbeitnehmer geltenden Arbeitsschutz- und Unfallverhütungsvorschriften durchgeführt werden (vgl. § 80 Abs. 1 Nr. 1). In dieser Rolle als »Hüter des zwingenden Rechts« (*Plander*, 1982) ist der Betriebsrat Teil des auf dezentrale Umsetzung angelegten Arbeitsschutzsystems (Einl. Rn. 38 ff.). Nach § 80 Abs. 1 Nr. 9 hat der Betriebsrat Maßnahmen des Arbeitsschutzes zu fördern.

3

Aus dem Überwachungsrecht des Betriebsrats erwächst zugleich eine **selbständige Pflicht**, sich bei der Bekämpfung von Gefahren für Leben und Gesundheit der Arbeitnehmer zu beteiligen (*FKHE*, § 80 Rn. 1). Davon unberührt bleibt freilich die Verantwortlichkeit des Arbeitgebers für die Durchführung und Gewährleistung des betrieblichen Arbeitsschutzes (*FKHE*, § 89 Rn. 6; zu den Pflichten der Beschäftigten vgl. §§ 15, 16 ArbSchG).

4

Dem Betriebsrat stehen zur Erfüllung seiner Überwachungsaufgabe keine besonderen **Sanktionen** zur Verfügung. Er hat z.B. keinen besonderen Unterlassungsanspruch gegenüber dem Arbeitgeber, wenn dieser eine Arbeitsschutznorm nicht einhält. Der Betriebsrat ist insoweit formal auf »gutes Zureden« verwiesen. In dieser Hinsicht gewinnt aber die Einbindung des Betriebsrat in die Gesamtorganisation des Arbeitsschutzes gegenüber Arbeitsschutzbehörde und Berufsgenossenschaft besondere Bedeutung, die deren jederzeitige Einschaltung ermöglicht (Rn. 9). Eine solche Konstellation ist freilich nur im Falle von Normen gegeben, die dem Arbeitgeber keinen Gestaltungsspielraum einräumen. Überall, wo dies der Fall ist, weil das Arbeitsschutzziel nur in einer Rahmenvorschrift festgelegt ist, unterliegt die entsprechende Maßnahme dem vollen Mitbestimmungsrecht des Betriebsrats gem. § 87 Abs. 1 Nr. 1 mit seinen spezifischen Sanktionen, die dem Betriebsrat eine wesentlich stärkere Stellung einräumen (Rn. 14 ff.).

5

Sonstige Rechtsvorschriften

6 Zur Wahrnehmung seiner Überwachungsaufgabe gem. § 80 Abs. 1 Nr. 1 wie der sonstigen Beteiligungsrechte nach dem BetrVG muss der Arbeitgeber den Betriebsrat rechtzeitig und umfassend **unterrichten** sowie ihm auf Verlangen die zur Durchführung dieser Aufgabe erforderlichen Unterlagen zur Verfügung stellen (vgl. § 80 Abs. 2; *FKHE*, § 80 Rn. 37 ff. und 53 ff.; DKK-*Buschmann*, § 80 Rn. 4, 44 ff.). Zur Erfüllung seiner Aufgaben kann der Betriebsrat auch Sachverständige hinzuziehen (§ 80 Abs. 3; vgl. DKK-*Buschmann*, § 80 Rn. 65 ff.; *FKHE*, § 80 Rn. 75 ff.; zu Unterrichtungsrechten der einzelnen Arbeitnehmer vgl. Rn. 47 ff.).

7 Bereits im **Planungsstadium** ist der Betriebsrat über die Gestaltung der Arbeitsumwelt, d.h. von Arbeitsräumen, technischen Anlagen, Arbeitsmitteln, Arbeitsverfahren, Arbeitsabläufen oder Arbeitsplätzen), rechtzeitig zu unterrichten (vgl. § 90 Abs. 1; DKK-*Klebe*, § 90 Rn. 7 ff.; *FKHE*, § 90 Rn. 9 f.). Der Betriebsrat hat darüber hinaus den Anspruch auf eine entsprechende Beratung mit dem Arbeitgeber (vgl. § 90 Abs. 2; *FKHE*, a.a.O. Rn. 15 ff.; DKK-*Klebe*, § 87 Rn. 26 ff.). Das muss so rechtzeitig erfolgen, dass Vorschläge und Bedenken des Betriebsrats bei der Planung berücksichtigt werden können (vgl. § 90 Abs. 2 Satz 1; DKK-*Klebe*, § 90 Rn. 26 ff.). Arbeitgeber und Betriebsrat haben bei ihren Beratungen auch die gesicherten arbeitswissenschaftlichen Erkenntnisse über die menschengerechte Gestaltung der Arbeit zu berücksichtigen (vgl. § 90 Abs. 2 Satz 2; DKK-*Klebe*, § 90 Rn. 30 ff.; § 4 ArbSchG Rn. 7 ff.). Da die Vorschrift des § 90 sowohl den gesetzlichen geregelten Arbeitsschutz als auch den autonomen, durch die Betriebsparteien gestalteten Arbeitsschutz angeht, erhält damit der Betriebsrat bereits im Planungsstadium die Möglichkeit, die Arbeitsschutzprobleme und -erfordernisse anzusprechen, ggf. freiwillige Betriebsvereinbarungen gem. § 88 (vgl. Rn. 18) mit dem Arbeitgeber auszuhandeln und damit die Spielräume des ArbSchG zu nutzen sowie das Mitbestimmungsrecht nach § 87 Abs. 1 Nr. 7 optimal auszuüben (zu § 87 Abs. 1 Nr. 7 vgl. Rn. 14 ff.). Das an § 90 anschließende Mitbestimmungsrecht des § 91 ist freilich durch die mit dem ArbSchG eröffneten Einsatzmöglichkeiten für das Mitbestimmungsrecht des § 87 Abs. 1 Nr. 7 in seiner praktischen Bedeutung stark relativiert worden (Rn. 22).

8 Im Rahmen der **betrieblichen Arbeitsschutzorganisation** haben die gem. § 1 ASiG vom Arbeitgeber bestellten Betriebsärzte und Fachkräfte für Arbeitssicherheit die Verpflichtung, den Betriebsrat über wichtige Angelegenheiten des Arbeitsschutzes und der Unfallverhütung zu unterrichten; sie haben ihm den Inhalt eines Vorschlags über eine arbeitsmedizinische oder sicherheitstechnische Maßnahme mitzuteilen, den sie gem. § 8 Abs. 3 ASiG dem Arbeitgeber machen (§ 9 Abs. 2 Satz 1 ASiG; vgl. ASiG Rn. 116). In Betrieben mit mehr als zwanzig Beschäftigten dient der Arbeitsschutzausschuss gem. § 11 ASiG als Koordinierungs- und Informationsdrehscheibe des betrieblichen Arbeitsschutzes und gibt den Unterrichtungsrechten des Betriebsrats eine wichtige institutionelle Basis (ASiG Rn. 129 ff.).

9 Die Aufgabe aus § 80 Abs. 1 Nr. 1 wird dadurch verstärkt, dass der Betriebsrat gem. § 89 Abs. 1 dazu verpflichtet wird, sich bei der Bekämpfung von Unfall- und Gesundheitsgefahren im Betrieb für die Unterstützung der für den Arbeitsschutz **zuständigen Behörden und Stellen** einzusetzen (vgl. § 89 Abs. 1). Diese Verpflichtung des Betriebsrats umfasst zum einen Anregungen, Beratung und Auskunft und zum anderen die Unterstützung bei der Durchführung der Arbeitsschutzvorschriften. Um dieser Verpflichtung nachkommen zu können, hat der Betriebsrat die folgenden Rechte:

Betriebsverfassungsgesetz

- **Hinzuziehung** bei allen in Zusammenhang mit dem Arbeitsschutz stehenden Besichtigungen und Fragen sowie bei Unfalluntersuchungen (§ 89 Abs. 2 Satz 1),
- unverzügliche **Unterrichtung** durch den Arbeitgeber über die den Arbeitsschutz betreffenden Auflagen der zuständigen Behörden und Stellen (§ 89 Abs. 2 Satz 2),
- Teilnahme an den **Besprechungen** des Arbeitgebers mit den Sicherheitsbeauftragten gem. § 22 SGB VII (§ 89 Abs. 3),
- Erhalt der **Niederschriften** über Untersuchungen, Besichtigungen und Besprechungen, zu denen er aufgrund von § 89 Abs. 2 und 3 hinzuzuziehen ist (§ 89 Abs. 4),
- Aushändigung einer Kopie der nach § 193 Abs. 5 SGB VII vom Betriebsrat zu unterschreibenden **Unfallanzeige (§ 89 Abs. 5).**

Mit der Einbeziehung des **Umweltschutzes** in die betriebliche Arbeitsschutzorganisation durch das BetriebsverfassungsreformG 2001 (vgl. Rn. 1a) ist eine Vielzahl von Behörden und außenstehenden Stellen hinzu gekommen, die gem. § 89 BetrVG einzubeziehen sind (vgl. RegE, Begründung zu Nr. 58). Dies sind insbesondere: **9a**
- Strahlenschutzbeauftragte (30 Abs. 3 StrahlenschutzV und § 14 Abs. 3 RöntgenV),
- Beauftragte für gentechnische Sicherheit (§ 18 Abs. 2 Nr. 3 GentechniksicherheitsV).

Die zuständige Behörde hat auch Informations- und Anhörungspflichten gegenüber dem Betriebsrat, wenn sie im **Einzelfall** anordnet, welche **Maßnahmen** der Arbeitgeber zur Erfüllung der sich aus dem ASiG und den die gesetzlichen Pflichten näher bestimmenden Rechtsverordnungen und UVV ergebenden Pflichten zu treffen hat (vgl. § 12 ASiG; zu den Mitbestimmungsrechten des Betriebsrates bzw. des Personalrates in Zusammenhang mit der betrieblichen Arbeitsschutzorganisation vgl. Rn. 28 und ASiG Rn. 114 ff.). **10**

Beteiligungsrechte des Betriebsrates ergeben sich auch aus den **Dienstanweisungen der Länder** zur Zusammenarbeit der zuständigen Behörden mit der betrieblichen Interessenvertretung (MünchArbR-*Wlotzke*, § 201 Rn. 34, m.w.N.). Unabhängig davon kann der Betriebsrat auch insoweit Einfluss auf Maßnahmen der zuständigen Behörden nehmen, als diese mit dem technischen Aufsichtspersonal der Unfallversicherungsträger zusammenzuwirken haben (vgl. § 21 ArbSchG Rn. 19 ff.) und dabei der Betriebsrat von dem technischen Aufsichtspersonal hinzuzuziehen ist (MünchArbR-*Wlotzke*, a.a.O.). Neue Möglichkeiten der Beteiligung werden sich aus § 21 Abs. 4 ArbSchG ergeben, wonach Vereinbarungen zur gesamten oder teilweisen Überwachung des ArbSchG und der Rechtverordnungen nach §§ 18, 19 getroffen werden können (vgl. § 21 ArbSchG Rn. 25 f.). **11**

In Zusammenhang mit den Präventionsvorschriften für die Träger der **gesetzlichen Unfallversicherung** besteht gem. § 21 Abs. 3 Nr. 1 SGB VII eine AVV über das Zusammenwirken der technischen Aufsichtsbeamten mit den Betriebsvertretungen v. 21.6.1968 (BAnz. Nr. 116; geändert durch AVV v. 28.11.1977, BAnz. Nr. 225; Anhang Nr. 21; eine Anpassung der AVV an die neuen Begrifflichkeiten und Regelungen des ArbSchG und des SGB VII muss noch erfolgen; SGB VII Rn. 27). Diese AVV legt eine Reihe von Mitwirkungs-, Anhörungs- und Unterrichtungsrechten zu den Bereichen Betriebsbesichtigungen, Unfalluntersuchungen, Besprechungen, Unfallanzeige, Ausarbeitung sicher- **12**

559

Sonstige Rechtsvorschriften

heitstechnischer Regeln und Lehrgänge fest (§§ 3, 4 AVV). Außerdem ist dem Betriebsrat Gelegenheit zu geben, über Mängel in der Unfallverhütung zu berichten und Verbesserungsvorschläge zu machen; vor der Bewilligung von Ausnahmen von UVV ist der Betriebsrat zu hören; auf Wunsch ist er auch durch das technische Aufsichtspersonal zu beraten (§§ 6, 7 AVV; MünchArbR-*Wlotzke*, § 201 Rn. 34; zur Zusammenarbeit zwischen Betriebsrat und zuständigen Behörden vgl. Rn. 9).

13 Ein weiteres betriebsverfassungsrechtliches Instrument für den Arbeitsschutz sind die **freiwilligen Betriebsvereinbarungen** gem. § 88 (*FKHE*, 11 ff.). In diesen Vereinbarungen können insbesondere zusätzliche Maßnahmen zur Verhütung von Arbeitsunfällen und Gesundheitsschädigungen geregelt werden, die über die sich aus § 87 Abs. 1 Nr. 7 und aus § 89 ergehenden Mitbestimmungs- und Mitwirkungsrechte hinausgehen (*FKHE*, § 88 Rn. 11; DKK-*Berg*, § 88 Rn. 6, 10). Wie schon bei § 91 wird sich aufgrund der Regelungen des ArbSchG auch die Bedeutung solcher Vereinbarungen sehr reduzieren bzw. auf Bereiche beschränken, die nicht durch die entsprechenden neuen Rahmenvorschriften erfasst werden (vgl. *BAG* 16.6.1998, NZA 1999, 49).

c) Mitbestimmung gem. § 87 Abs. 1 Nr. 7

14 Die **zentrale Vorschrift** für die Beteiligung des Betriebsrats in Zusammenhang mit Arbeitsschutzmaßnahmen des Arbeitgebers ist § 87 Abs. 1 Nr. 7. Danach hat der Betriebsrat im Rahmen der gesetzlichen Vorschriften und der Unfallverhütungsvorschriften mitzubestimmen bei Regelungen über die Verhütung von Arbeitsunfällen und Berufskrankheiten sowie über den Gesundheitsschutz. Zweck der Regelung ist es, das Interesse der Arbeitnehmer am Arbeitsschutz zu stärken und die Erfahrung und Kenntnisse des Betriebsrates für eine Effektivierung des Arbeitsschutzes nutzbar zu machen (MünchArbR-*Matthes*, § 335 Rn. 2). Gestärkt wird zugleich die Durchsetzungsfähigkeit des Betriebsrats, Sicherheit und Gesundheitsschutz im Rahmen der Möglichkeiten des § 87 Abs. 1 Nr. 7 zu sichern und zu verbessern. Der betriebliche Arbeitsschutz tritt damit, in Verbindung mit den Regelungen des ASiG (vgl. ASiG Rn. 16), als dritte Säule neben die staatliche Gesetz- und Verordnungsgebung sowie die Normsetzung der Träger der gesetzlichen Unfallversicherung (DKK-*Klebe*, § 87 Rn. 167; vgl. Einl. Rn. 45 ff.).

15 § 87 Abs. 1 Nr. 7 ist zugleich Mittel zur dezentralen Bewältigung der dem Staat obliegenden Schutzpflicht zur Realisierung des **Grundrechts auf Leben und körperliche Unversehrtheit** gem. Art. 2 Abs. 2 GG (vgl. DKK-*Klebe*, § 87 Rn. 167). Sein aufgrund des ArbSchG erweiterter Einsatzbereich entspricht dem im GG ebenfalls angelegten Grundsatz der **Hilfe zur Selbsthilfe** (vgl. AK-GG-*Kittner*, Art. 20 Abs. 1 3 IV Rn. 76, 81).

16 § 87 Abs. 1 Nr. 7 bezieht sich auf die »**Verhütung von Arbeitsunfällen und Berufskrankheiten**« sowie den »**Gesundheitsschutz**«. Davon ist der »Gesundheitsschutz« der alles umfassende Oberbegriff, der die Verhütung von Arbeitsunfällen und Berufskrankheiten als besonders drastische und im SGB VII formalisierte Anwendungsfälle einschließt. Er wird durch § 2 Abs. 1 ArbSchG definiert und schließt sowohl das **psychische Wohlbefinden** der Arbeitnehmer (*BVerwG* 31.1.1997, NZA 1997, 482, 483) als auch Maßnahmen zur **menschengerechten Gestaltung der Arbeit** ein (*FKHE*, § 87 Rn. 256; eingehend § 2 ArbSchG Rn. 8 ff.).

Die Regelung des § 87 Abs. 1 Nr. 7 setzt voraus, dass **Rahmenvorschriften** bzw. **17**
Generalklauseln für die Sicherheit und den Gesundheitsschutz bestehen, die
durch Regelungen ausgefüllt werden sollen, also nicht aus sich selbst heraus
abschließend und unmittelbar Schutzstandards festlegen (*BAG* 16.6.1998, NZA
1999, 49; *LAG Hamburg* 21.9.2000, NZA-RR 2001, 190; *FKHE*, § 87 Rn. 264
m.w.N.; MünchArbR-*Matthes*, § 335 Rn. 14f.; DKK-*Klebe*, § 87 Rn. 168). Dazu
kommt die generelle Voraussetzung des Mitbestimmungsrechts aufgrund § 87
BetrVG, dass keine abschließende tarifliche Regelung besteht (*BAG* 26.8.1997,
NZA 1998, 441 = AuR 1998, 338 mit Anm. *Ulber*).

Die Rahmenvorschriften müssen dem Arbeitgeber innerhalb der gesetzlichen **18**
Obergrenzen einen **Entscheidungs- bzw. Ermessensspielraum** lassen (vgl. *LAG
Hamburg* 21.9.2000, NZA-RR 2001, 190; DKK-*Klebe*, § 87 Rn. 182 ff., m.w.N.;
FKHE, § 87 Rn. 266):
»Das Mitbestimmungsrecht setzt einen Regelungsspielraum voraus, wie er als
Folge arbeitsschutzrechtlicher Generalklauseln typisch ist. ... § 87 Abs. 1 Nr. 7
setzt nur voraus, dass diese Vorschriften noch betriebliche Regelungen notwendig machen, die festlegen, auf welchem Wege das von der jeweiligen Rahmenvorschrift vorgegebene Ziel zu erreichen ist« (*BAG* 2.4.1996, NZA 1996, 998 –
zweite Bildschirmarbeits-Entscheidung; diese Entscheidung ist hinsichtlich ihres Gegenstands Mitbestimmung bei Bildschirmarbeit – insofern überholt, als
sie noch vor Inkrafttreten der BildscharbV ergangen ist, vgl. BildscharbV Rn. 34;
vgl. *Kohte*, CR 1996, 605 ff.; *Feldhoff*, AuA 1997, 72).

Das ArbSchG ist in Kenntnis der zweiten Bildschirmarbeitsentscheidung des **19**
BAG ergangen. Deshalb kommt seiner Ausrichtung auf **betriebliche Konkretisierung** insbesondere für die Mitbestimmung des Betriebsrats gem. § 87 Abs. 1
Nr. 7 entscheidende Bedeutung zu:
»Bei Übernahme der Bestimmungen der Rahmenrichtlinie wird auf eine hohe
Praktikabilität geachtet. Durch weit gefasste Formulierungen wird bewusst
Spielraum für an die Situation der Betriebe angepasste Arbeitsschutzmaßnahmen gelassen« (RegE, S. 12); »Die Bestimmungen des Arbeitsschutzgesetzes
sind weit gefasst, differenzieren häufig nach Gefährdungspotential und Betriebsgröße und bieten dadurch Ausfüllungsspielräume, welche die Arbeitgeber individuell für jeweils kostengünstige Lösungen nutzen können« (RegE,
S. 14). Den Betrieben werden also gezielt flexible Handlungsmöglichkeiten eröffnet, um die erforderlichen Maßnahmen zu treffen (vgl. *Däubler* BetrR 1998,
31; *Fabricius*, BB 1997, 1254; *Nöthlichs*, 4012, S. 3; *Wlotzke*, NZA 1996, 1019; *Mattik/Ortmann*, BetrR 1996, 129; *FKHE*, § 87 Rn. 288).

Diese Konzeption des ArbSchG führt zwangsläufig zur **Vermehrung von Mit- 20
bestimmungsangelegenheiten**, ohne das Mitbestimmungs*recht* als solches auszuweiten (vgl. *Fabricius*, BB 1997, 1254, 1256). Das ist Konsequenz der gesetzgeberischen Konzeption des § 87 Abs. 1 Nr. 7:
»§ 87 Abs. 1 Nr. 7 BetrVG geht aber nicht nur von einem Vorrang des durch den
Staat oder die Unfallversicherungsträger konkretisierten Arbeitsschutzes aus,
sondern weist diesen die Aufgabe zu, einen Rahmen für Maßnahmen des Gesundheitsschutzes aufzustellen, innerhalb dessen dann Mitbestimmungsrechte
des Betriebsrates zum Tragen kommen können« (*BAG* 6.12.1983, NJW 1984,
1476, 1481 – erste Bildschirmarbeitsentscheidung).
Das bedeutet: Stellt der Staat wenig Rahmenvorschriften auf, gibt es wenig
Mitbestimmung. Es heißt aber auch: Je mehr Rahmenvorschriften der Staat
aufstellt, desto mehr Mitbestimmung gibt es aufgrund § 87 Abs. 1 Nr. 7 BetrVG.

Sonstige Rechtsvorschriften

Diese Vorschrift ist damit auf dem Felde der Mitbestimmung genauso der **Dynamisierung** durch anderwärtige Rechtsentwicklung ausgesetzt wie etwa die »Transformationsnormen« der §§ 618 BGB und 62 HGB, die privatrechtliche Pflichten des Arbeitgebers zum Gesundheitsschutz entsprechend dem jeweiligen Stand des öffentlich-rechtlichen Arbeitsschutzes statuieren (Einl. Rn. 30 ff.).

21 Die **verschiedenen Vorschriften** des BetrVG, die sich auf den Arbeitsschutz beziehen, stehen **selbständig nebeneinander**. Seit die »Gefahr« droht, § 87 Abs. 1 Nr. 7 BetrVG könnte über die EG »mit Leben erfüllt« werden, wird insbesondere die Behauptung wiederholt, diese Bestimmung sei im Rahmen der Anwendungsgebiete anderer Vorschriften des BetrVG (insbesondere §§ 89, 91) nicht anzuwenden (vgl. insbesondere *BDA*, Erläuterungen zum Arbeitsschutzgesetz – Auswirkungen auf Mitbestimmungs- und Mitwirkungsrechte des Betriebsrats vom 5.5.1997). Diese Sicht der Dinge ist dem BetrVG fremd. Jede Vorschrift ist aus sich selbst heraus, nach den eigenen Aufgreifkriterien anzuwenden (vgl. *BAG* 2.4.1996, NZA 1996, 998). Sollte sich damit ein Anliegen, das auch einer anderen Vorschrift zugrunde liegt, erledigt haben bzw. diese weniger bedeutend werden, so mag das sein. Daraus folgt aber kein Rückschluss auf die Interpretation der anderen Vorschriften.

Das BetrVG unterliegt in dieser Hinsicht den normalen Spielregeln **konkurrierender Normen**, wie wir sie als Idealkonkurrenz im Strafrecht und Anspruchskonkurrenz im Schuldrecht kennen. Das findet seinen Niederschlag darin, dass ein Lebenssachverhalt durchaus verschiedene Mitbestimmungsrechte nebeneinander auslösen kann, hinsichtlich derer es am Betriebsrat liegt, ob er sie den jeweiligen gesetzlichen Anforderungen gemäß zum Ansatz für das je spezifische Mitbestimmungsrecht macht (z.B. beim Nebeneinander von § 99 und § 102 im Falle einer Änderungskündigung, beim Zugrundeliegen einer Betriebsänderung kombiniert mit §§ 111 ff.).

22 Insbesondere wird § 87 Abs. 1 Nr. 7 **nicht durch § 91 verdrängt** (*BAG* 16.6.1998, NZA 1999, 49; *LAG Hamburg* 21.9.2000, NZA-RR 2001, 190). Diese Vorschrift wird zwar wegen der Einbeziehung der »menschengerechten Gestaltung der Arbeit« in den Arbeitsschutz (§ 2 ArbSchG Rn. 8 ff.) an Bedeutung verlieren (ebenso *FKHE*, § 90 Rn. 4), sie bleibt aber aus sich selbst heraus ohne »Ausstrahlung« auf § 87 Abs. 1 Nr. 7 anwendbar. Das betrifft all solche Ziele, die über die Vermeidung und Minimierung von Gesundheitsbeeinträchtigungen hinaus gehen (*FKHE*, § 87 Rn. 287). Danach kann der Betriebsrat angemessene Maßnahmen zur Abwendung, Milderung oder zum Ausgleich von Belastungen der Arbeitnehmer verlangen, die aus einem offensichtlichen Widerspruch von Änderungen der Arbeitsplätze, des Arbeitsablaufs oder der Arbeitsumgebung mit den gesicherten arbeitswissenschaftlichen Erkenntnissen über die menschengerechte Gestaltung der Arbeit resultieren (§ 91 Satz 1; vgl. im einzelnen *FKHE*, zu § 91; *DKK-Klebe* zu § 91). Ein Anwendungsbereich verbleibt bei Einzelmaßnahmen des Arbeitgebers, die nicht von Regelungen i.S. des § 87 Abs. 1 Nr. 7 erfasst werden, also keinen kollektiven Bezug aufweisen (Rn. 37), aber das korrigierende Mitbestimmungsrecht nach § 91 auslösen (ebenso *FKHE*, § 91 Rn. 3). Die Anwendung des § 87 Abs. 1 Nr. 7 wiederum ist seit je auch dann anerkannt, wenn es um **Arbeitsumgebung** und **Arbeitsablauf** geht. Z.B. kann über § 87 Abs. 1 Nr. 7 auf die Arbeitsumgebung Einfluss genommen werden, indem eine entsprechende Rahmenvorschrift der ArbStättV, etwa über Lüftung, Raumtemperaturen oder Beleuchtung (§§ 5–7 ArbStättV) ausgefüllt wird (vgl. ArbStättV Rn. 69 ff.). Ebenso kann auf den Arbeitsablauf durch Mitbestimmung über Arbeitsunterbrechungen bei der Bildschirmarbeit durch Ausfüllung von § 5 BildscharbV Einfluss genommen werden kann (vgl. auch *Löwisch/Neumann*, SAE 1997, 85).

Aus dem Verhältnis des § 87 Abs. 1 Nr. 7 zu den übrigen dem Arbeitsschutz dienenden Vorschriften des BetrVG kann **keine restriktive Auslegung** abgeleitet werden. Es wird die Auffassung vertreten, dass § 89 BetrVG umfassend von »Arbeitsschutz« spreche, während § 87 Abs. 1 Nr. 7 BetrVG nur sog. Sachvorschriften des Arbeitsschutzes umfasse, d.h. nur solche, die die Arbeit selbst im Sinne des Gesundheitsschutzes gestalteten (*BDA*, Erläuterungen zum Arbeitsschutzgesetz – Auswirkungen auf Mitbestimmungs- und Mitwirkungsrechte des Betriebsrats vom 5.5.1997; *Löwisch/Neumann*, SAE 1997, 77; *Merten/ Klein*, DB 1998, 673). Dies ist – man kann es nicht anders formulieren – eine juristische Erfindung, die keinen Anhalt im Gesetz findet. Ohne dass diese Begrifflichkeit in der Rechtsprechung benutzt worden wäre, hat das *BAG* in ständiger Rechtsprechung genau das Gegenteil entschieden: § 87 Abs. 1 Nr. 7 BetrVG erfasst auch vorgelagerte Normen des Arbeitsschutzes (*BAG* 10.4.1979, NJW 1979, 2362). Deshalb ist es für eine Anwendung des § 87 Abs. 1 Nr. 7 BetrVG unerheblich, ob eine Vorschrift dem Gesundheitsschutz unmittelbar oder **nur mittelbar** dient (*BAG* 26.8.1997; NZA 1998, 441).

23

Das Mitbestimmungsrecht des § 87 Abs. 1 Nr. 7 BetrVG setzt auch nicht nur ein, wenn eine »**objektiv feststellbare Gefahr**« für Leben oder Gesundheit der Arbeitnehmer besteht (*LAG Hamburg* 21.9.2000, NZA-RR 2001, 190; a.A. *BDA*, Erläuterungen zum Arbeitsschutzgesetz – Auswirkungen auf Mitbestimmungs- und Mitwirkungsrechte des Betriebsrats vom 5.5.1997; *Merten/Klein*, DB 1998, 673). Dieses Kriterium bezog sich auf die Diskussion darum, unter welchen Voraussetzungen § 120a GewO als »Rahmenvorschrift« Grundlage für die Mitbestimmung nach § 87 Abs. 1 Nr. 7 GewO anzusehen sei. Diese Diskussion ist inzwischen gegenstandslos geworden. § 120a GewO ist aufgehoben. An seine Stelle wenn das überhaupt so gesagt werden kann ist das ArbSchG getreten, das erklärtermaßen auf betriebliche Konkretisierung, d.h. auf Rahmenvorschriften i.S. des § 87 Abs. 1 Nr. 7 setzt (Rn. 17). Nach der Legaldefinition des § 2 Abs. 1 ArbSchG dient das ganze Gesetz der »Sicherheit« und dem »Gesundheitsschutz« durch Maßnahmen des Arbeitsschutzes. Es ist mit seinem weiten Gesundheitsbegriff (vgl. § 1 ArbSchG Rn. 8f.) ohne Vorbehalte oder Restriktionen Grundlage für § 87 Abs. 1 Nr. 7 (*LAG Hamburg* 21.9.2000, NZA-RR 2001, 190; unklar in dieser Hinsicht *BAG* 16.6.1998, NZA 1999, 49, 50).

24

Für die Eignung einer Vorschrift als Rahmenvorschrift ist es unerheblich, ob sie dem Arbeitgeber einen Ermessensspielraum einräumt oder ob es sich um einen **unbestimmten Rechtsbegriff** handelt, bei dem dem Arbeitgeber angeblich ein mitbestimmungsfreier **Beurteilungsspielraum** zusteht (vgl. z.B. *Merten/Klein*, DB 1998, 673). Diese Unterscheidung, die im öffentlichen Recht Entscheidungen der Verwaltung in gewissem Umfang der gerichtlichen Kontrolle entziehen soll, ist dem Arbeitsschutz und insbesondere § 87 Abs. 1 Nr. 7 fremd. Im Verwaltungsrecht dient sie der Zubilligung eines Bereichs unüberprüfbarer Letztverantwortung der Verwaltung, die als Ausnahme vom Prinzip der gerichtlichen Kontrolle aller Verwaltungsentscheidungen in engen Grenzen dann hingenommen wird, wenn die besondere Sachnähe der Verwaltung eine Beurteilungsprärogative der Verwaltung als funktional zweckmäßig erscheinen lässt. Eine derartige Entscheidungsprärogative des Arbeitgebers gegenüber dem Betriebsrat als gewissermaßen immanente Grenze der Mitbestimmung kennt das BetrVG nicht (ebenso *FKHE*, § 87 Rn. 264ff. und 267). Für diese Vorschrift kommt es nur

25

Sonstige Rechtsvorschriften

darauf an, ob der Arbeitgeber für eine Maßnahme **mehrere Handlungsalternativen** hat, und zwar unabhängig davon, ob dies in einem anderem Rechtsgebiet als Ermessen oder Beurteilungsspielraum bezeichnet wird (*Fabricius*, BB 1997, 1254, 1256 f. mit ausführlichen Beispielen; vgl. auch *LAG Hamburg* 21.9.2000, NZA-RR 2001, 190). Wenn das der Fall ist, setzt das Mitbestimmungsrecht ein. Es kommt ausschließlich darauf an, ob eine Vorschrift »noch betriebliche Regelungen notwendig macht, die festlegen, auf welchem Wege das von der jeweiligen Rahmenvorschrift vorgegebene Ziel zu erreichen ist« (*BAG* 2.4.1996, NZA 1996, 1003). Oder anders, ausgehend von Wortlaut und Sinn des Begriffs »Mitbestimmen« in § 87 Abs. 1: Wo der Gesetzgeber dem Arbeitgeber etwas zum *Bestimmen* gelassen hat, setzt die *Mit-Bestimmung* des Betriebsrats ein (DKK-*Klebe*, § 87 Rn. 182).

26 In seiner Entscheidung zum Ausgleich für Nachtarbeit (*BAG* 26.8.1997, NZA 1998, 441 = AuR 1998, 338 mit Anm. *Ulber*) erklärt das *BAG* die Entscheidung über die Dauer von Freizeit und die Höhe eines Zuschlags für nicht mitbestimmungspflichtig, weil diese Frage als Rechtsfrage der »**Billigkeit**« gem. § 87 Abs. 1 Eingangssatz BetrVG der Mitbestimmung entzogen sei. Daraus erwächst jedoch kein mitbestimmungsfreier Entscheidungsraum in Arbeitsschutzfragen. Die in § 6 Abs. 5 ArbZG geregelten Themen »freie Tage« und »Höhe des Zuschlag« betreffen Ausschnitte der Arbeitszeitdauer und Entgelthöhe und damit Kernelemente der **arbeitsvertraglichen Austauschbeziehung**. Für sie hat der Gesetzgeber mit der Festlegung auf eine »angemessene« Dauer bzw. Höhe ausnahmsweise selbst festgelegt, wie sie beschaffen sein sollen. Hinsichtlich der arbeitsschützenden Rahmenbedingungen für die Durchführung des Arbeitsvertrages nimmt sich der Gesetzgeber ausweislich des ausdrücklichen Konzepts des ArbSchG vorsätzlich zugunsten betrieblicher Spielräume zurück (Rn. 19). Das heißt: Wenn das *BAG* sagt, bei der im Begriff der »Angemessenheit« zum Ausdruck kommenden Rechtsfrage der Billigkeit handele es sich »trotz der hierbei bestehenden Spielräume letztlich um eine Rechtsfrage«, so ist das vor dem geschilderten Hintergrund (wenn überhaupt) gerade noch als abschließende gesetzliche Regelung i.S. des § 87 Abs. 1 Eingangssatz BetrVG hinnehmbar. Gesetzeswortlaut und gesetzgeberischer Wille in den Vorschriften über den Arbeitsschutz als solchen zielen in eine andere – der Mitbestimmung geöffnete – Richtung (vgl. *Ulber*, AuR 1998, 338, 340).

27 Für die Ausübung des Mitbestimmungsrechts des § 87 Abs. 1 Nr. 7 kommen als ausfüllungsbedürftigen **Rahmenvorschriften des ArbSchG** vor allem in Betracht (vgl. DKK-*Klebe*, § 87 Rn. 178 ff.; *FKHE*, § 82 Rn. 289 ff.):
– die Grundpflichten des Arbeitgebers: das Treffen von Arbeitsschutzmaßnahmen, ihre Wirksamkeitsüberprüfung, ihre Anpassung an sich ändernde Gegebenheiten sowie die Pflicht, mit den Maßnahmen eine Verbesserung des betrieblichen Arbeitsschutzes anzustreben (§ 3 Abs. 1 ArbSchG Rn. 3, 5a);
– die Bereitstellung einer entsprechenden betrieblichen Organisation; Vorkehrungen zu treffen, damit die Arbeitsschutzmaßnahmen bei allen Tätigkeiten sowie eingebunden in die betrieblichen Führungsstrukturen beachtet werden und die Beschäftigten ihren Mitwirkungspflichten nachkommen können (§ 3 Abs. 2 ArbSchG Rn. 13);
– die allgemeinen Grundsätze für Arbeitsschutzmaßnahmen gem. § 4 ArbSchG (vgl. § 4 ArbSchG Rn. 1a);
– die Beurteilung der Arbeitsbedingungen durch den Arbeitgeber gem. § 5 ArbSchG (vgl. § 5 ArbSchG Rn. 16a);

Betriebsverfassungsgesetz

- die Dokumentation nach § 6 ArbSchG (vgl. § 6 ArbSchG Rn. 3a);
- die Zusammenarbeit mehrerer Arbeitgeber, wenn Beschäftigte dieser Arbeitgeber an einem Arbeitsplatz tätig werden gem. § 8 Abs. 1 ArbSchG (vgl. Rn. 43);
- die Vergewisserung über den Stand der Unterweisung von Fremdfirmenbeschäftigten gem. § 8 Abs. 2 ArbSchG (vgl. § 8 ArbSchG Rn. 15);
- die Planung und Durchführung von Arbeitsschutzmaßnahmen bei besonderen Gefahren gem. § 9 ArbSchG (vgl. § 9 ArbSchG Rn. 5);
- die Ermöglichung der arbeitsmedizinischen Vorsorge auf Wunsch der Beschäftigten gem. § 11 ArbSchG (vgl. § 11 ArbSchG Rn. 6);
- die Unterweisung der Beschäftigten gem. § 12 ArbSchG (vgl. § 12 ArbSchG Rn. 3a);
- die Übertragung von Pflichten des Arbeitgebers nach den §§ 3 bis 14 ArbSchG auf Personen gem. § 13 Abs. 2 ArbSchG (vgl. § 13 ArbSchG Rn. 15).

Die o.a. Rahmenvorschriften des ArbSchG können z.B. durch folgende **Gestaltungen** ausgefüllt werden (vgl. *Mattik/Ortmann*, BetrR 96, 129 ff.): **28**

- Aufbau und Weiterentwicklung der Organisation des Arbeitsschutzes, z.B. im Rahmen von Arbeitsschutzmanagementsystemen, einschließlich eines Arbeitsschutz-Controllings (vgl. § 3 Abs. 2 ArbSchG; § 3 ArbSchG Rn. 11);
- Gestaltung der Arbeitsabläufe unter Arbeitsschutzaspekten, z.B. durch Sicherung der Synchronisation, unbedenkliche Tempogestaltung, Übersichtlichkeit der Abläufe und dabei Koordination der Wege für alle im Produktionsablauf existierenden Stoffe und Materialien, ausreichender Informationsfluss und Signalgebung (§ 3 Abs. 2 ArbSchG; auch § 20 GefStoffV [GefahrStoffV Rn. 62]; eingehend *FKHE* § 87 Rn. 291);
- Einführung von Gesundheits- oder Qualitätszirkeln (vgl. § 3 Abs. 2 ArbSchG), Implementierung von Instrumenten der Wirksamkeitskontrolle von Arbeitsschutzmaßnahmen (Arbeitsschutz-Controlling) (vgl. § 3 Abs. 2 ArbSchG);
- Entwicklung von betrieblichen Arbeitsschutz- bzw. Gesundheitsförderungsprogrammen (vgl. § 3 Abs. 1 und 2 ArbSchG), auch in Zusammenhang mit der Führung von Krankenrückkehrgesprächen (vgl. *Schneider/Zinke*, AiB 1/2000, 4 ff.);
- Kostenregelungen zu Arbeitsschutzmaßnahmen, sofern diese nicht vollständig vom Arbeitgeber getragen werden müssen (vgl. § 3 Abs. 3 ArbSchG);
- Verfahren zur Einhaltung der Rangfolge von Schutzmaßnahmen (vgl. § 4 ArbSchG);
- Durchführung ergonomischer Maßnahmen unter Berücksichtigung des Stands der Technik und sonstiger gesicherter arbeitswissenschaftlicher Erkenntnisse (sofern hierbei ein Handlungsspielraum der Betriebsparteien besteht) (vgl. § 4 Nr. 3 ArbSchG);
- Auswahl oder Entwicklung und Einführung von Methoden zur Beurteilung der Arbeitsbedingungen (Gefährdungsbeurteilung) (vgl. § 5 ArbSchG);
- Gestaltung der Dokumentation der Beurteilung der Arbeitsbedingungen (vgl. § 6 Abs. 1 ArbSchG);
- Koordinierung von Sicherheit und Gesundheitsschutz im Falle der Anwesenheit von Beschäftigten mehrerer Arbeitgeber an einem Arbeitsplatz (vgl. § 8 Abs. 1 ArbSchG);
- Art und Weise sowie Umfang der Pflicht des Arbeitgebers, sich über den Stand der Unterweisung von Fremdfirmenbeschäftigten in seinem Betrieb zu vergewissern (vgl. § 8 Abs. 2 ArbSchG);

Sonstige Rechtsvorschriften

- Art und Weise sowie Umfang der arbeitsmedizinischen Vorsorge (vgl. § 11 ArbSchG);
- Art und Weise sowie Umfang der Unterweisung über Sicherheit und Gesundheitsschutz (vgl. § 12 ArbSchG);
- Form und Umfang der Pflichtenübertragung bei der Durchführung von Arbeitsschutzmaßnahmen (vgl. § 13 Abs. 2 ArbSchG).

29 Die hinsichtlich ihrer Mitbestimmungspflichtigkeit umstrittenste Maßnahme aufgrund des ArbSchG ist die **Gefährdungsbeurteilung** gem. § 5 ArbSchG. Allerdings sind die hierfür ins Feld geführten Argumente, § 5 ArbSchG enthalte keine »Sachnorm« und sei dem »eigentlichen« mitbestimmungsfähigen Gesundheitsschutz nur »vorgelagert« (*Löwisch/Neumann*, SAE 1997, 77; *Merten/Klein*, DB 1998, 673), nicht mit dem geltenden Recht vereinbar (Rn. 23).

An ihrem Beispiel lässt sich die Bedeutung nur **»mittelbar« wirkender Normen** für den »die Arbeit selbst« erfassenden Gesundheitsschutz verdeutlichen: Der »Analyse«-Teil der Gefährdungsbeurteilung ist die Grundlage für die zu treffenden Arbeitsschutzmaßnahmen. Mit ihm werden die entsprechenden Maßnahmen des Arbeitsschutzes mittelbar »bestimmt«, was in der Logik des § 87 Abs. 1 Nr. 7 BetrVG ein Recht zur »Mit-Bestimmung« durch den Betriebsrates auslöst (Rn. 25). Oder umgekehrt: Was nicht als Gefährdung ermittelt wird, kann keine Schutzmaßnahmen auslösen (so grundsätzlich auch *ArbG Braunschweig* 15. 10. 1997, NZA-RR 1998, 214; das Gericht verneint allerdings in einem einstweiligen Verfügungsverfahren die Mitbestimmungspflichtigkeit der Gefährdungsbeurteilung in Verkennung der grundlegenden Anforderungen an § 87 Abs. 1 Nr. 7; hierzu *Faber/Richenhagen*, AiB 1998, 317). Die Durchführung einer Gefährdungsbeurteilung ist nach den unterschiedlichsten Methoden möglich (eingehend § 5 ArbSchG Rn. 1 ff.). Sie wird je nach den betrieblichen Strukturen unterschiedlichste Schwerpunkte setzen (vgl. *Bundesanstalt für Arbeitsschutz und Arbeitsmedizin*, Ermittlung gefährdungsbezogener Arbeitsschutzmaßnahmen im Betrieb, 2001, S. 42). Deren Festlegung und die Art ihrer Dokumentation ist Gegenstand der Mitbestimmung (ebenso *FKHE* § 87 Rn. 293; DKK-*Klebe*, § 87 Rn. 188a; *Däubler*, BetrR 1998, 32; *Faber/Richenhagen*, AiB 1998, 323; *LAG Hamburg* 21. 9. 2000, NZA-RR 2001, 190, 193 f.; § 5 ArbSchG Rn. 16a; ArbG *Mannheim* 20. 4. 1998, AiB 8/1998 mit Anm. *Faber*).

30 Weitere wichtige Rahmenvorschriften i.S. d. § 87 Abs. 1 Nr. 7 enthalten die **Verordnungen gem. § 19 ArbSchG** (vgl. *FKHE*, § 87 Rn. 295 ff.). Hierzu gehören die folgenden Regelungen:
- Unterweisung der Beschäftigten durch den Arbeitgeber zur Benutzung persönlicher Schutzausrüstungen (§ 3 PSA-BV Rn. 4);
- Durchführung organisatorischer Maßnahmen des Arbeitgebers zur Vermeidung der manuellen Handhabung von Lasten, die für die Beschäftigten eine Gefährdung für Sicherheit und Gesundheit, insbesondere der Wirbelsäule, mit sich bringen sowie für das Geringhalten nicht vermeidbarer Gefährdungen (§ 2 Abs. 1 und 2 LasthandhabV i.V. m. § 5 ArbSchG; § 2 LasthandhabV Rn. 4);
- Berücksichtigung der körperlichen Eignung der Beschäftigten, denen Aufgaben der manuellen Handhabung von Lasten übertragen werden (§ 3 LasthandhabV Rn. 5);
- Unterweisung der Beschäftigten durch den Arbeitgeber zur manuellen Handhabung von Lasten (§ 4 LasthandhabV Rn. 3);
- Ermittlung und Beurteilung der Sicherheits- und Gesundheitsbedingungen bei Bildschirmarbeitsplätzen insbesondere hinsichtlich einer möglichen Ge-

fährdung des Sehvermögens sowie körperlicher Probleme und psychischer Belastungen im Rahmen der Beurteilung der Arbeitsbedingungen (§ 3 BildscharbV i.V.m. § 5 ArbSchG; § 3 BildscharbV Rn. 10);
- Durchführung von Maßnahmen des Arbeitgebers bei der Gestaltung von Bildschirmarbeitsplätzen (§ 4 BildscharbV Rn. 10);
- Organisation der täglichen Arbeit an Bildschirmgeräten im Hinblick auf die notwendige Unterbrechung der Arbeit durch andere Tätigkeiten oder Pausen, die jeweils die Belastung durch die Arbeit am Bildschirmgerät verringern (§ 5 BildscharbV Rn. 5);
- Anbieten fachkundiger Untersuchungen der Augen und des Sehvermögens durch den Arbeitgeber (§ 6 Abs. 1 BildscharbV Rn. 6);
- Maßnahmen des Arbeitgebers im Hinblick auf die Bereitstellung und Benutzung von Arbeitsmitteln (vgl. § 3 AMBV Rn. 8);
- sonstige Schutzmaßnahmen, die der Arbeitgeber bei der Benutzung von Arbeitsmitteln durch Beschäftigte zu beachten hat, von denen besondere Gefährdungen für Sicherheit und Gesundheit ausgehen (§ 5 AMBV Rn. 4);
- Unterweisung der Beschäftigten durch den Arbeitgeber im Hinblick auf die Benutzung von Arbeitsmitteln (§ 6 AMBV Rn. 3).

Rahmenvorschriften i.S.d. § 87 Abs. 1 Nr. 7 finden sich in **weiteren Arbeitsschutzvorschriften** (vgl. *FKHE*, § 87 Rn. 299 ff.; DKK-*Klebe*, § 87 Rn. 197 ff.; *Kohte*, Jahrbuch des Umwelt- und Technikrechts 1995, S. 61). Das können andere Arbeitsschutzgesetze und auf ihrer Grundlage erlassene Verordnungen oder **Unfallverhütungsvorschriften** der Berufsgenossenschaften sein:
- § 2 UVV »Allgemeine Vorschriften« BGV A 1 (vgl. *BAG* 16.6.1998, DB 1998, 1339: Mitbestimmungspflichtigkeit von verbindlichen Arbeits- und Sicherheitsanweisungen, in Form eines Handbuchs);
- §§ 3, 6, 10, 11 ASiG (zum besonderen Mitbestimmungsrecht bei der Bestellung von Betriebsärzten und Fachkräften für Arbeitssicherheit gem. § 9 ASiG vgl. ASiG Rn. 114 ff.);
- § 3 Abs. 1 Nr. 1 ArbStättV (ArbStättV Rn. 39);
- § 6 Abs. 5 ArbZG (*BAG* 26.8.1997, NZA 1998, 441: Entscheidung zwischen Freizeitausgleich und Zuschlag für Nachtarbeit ist mitbestimmungspflichtig; diese Begründung erscheint nicht unproblematisch, denn § 87 Abs. 1 BetrVG lässt durchaus eine konkretisierende Mitbestimmung in Fällen zu, in denen für das jeweilige Problem eine gesetzliche Regelung besteht, die letztlich eine Lösung durch die Gerichte als Rechtsfrage erlaubt. Der Betriebsrat tritt dann gerade um der für den Arbeitgeber noch verbleibenden Spielräume willen auf den Platz (vgl. § 87 Abs. 1 Nr. 5 vor dem Hintergrund von § 7 BUrlG oder Nr. 6 im Verhältnis zu § 28 BDSG, vgl. DKK-*Klebe*, § 87 Rn. 184);
- §§ 16, Abs. 1, 2 und 4, 17, 19, 20 GefStoffV (GefStoffV Rn. 8);
- § 55 Abs. 3 BImSchG;
- §§ 28–30 JArbSchG;
- § 2 Abs. 1, § 4 MuSchG;
- § 14 Abs. 3 SchwbG;
- § 22 Abs. 2 SGB VII;
- §§ 3 6, 10 StörfallV;
- §§ 3 Abs. 2, 6, 9 UVV »Lärm« (BGV B3) einschl. § 15 ArbStättV (vgl. ArbStättV Rn. 80 ff.).

Keine Rahmenvorschriften sind **Verwaltungsanweisungen** und **Richtlinien** (*BAG* 6.12.1983, DB, 775, 777 für Sicherheitsregeln). Das gilt insbesondere auch

Sonstige Rechtsvorschriften

für die **Arbeitsstättenrichtlinien** (vgl. ArbStättV Rn. 58). Allerdings spricht jeweils eine Vermutung dafür, dass sie das einschlägige Recht konkretisieren (vgl. *FKHE*, § 87 Rn. 263; zum dadurch vorgegebenen Schutzniveau s. Rn. 36).

33 Ob auch die **§§ 618 BGB, 62 HGB Rahmenvorschriften** i.S. des § 87 Abs. 1 Nr. 7 sind, ist strittig (dafür: DKK-*Klebe*, § 87 Rn. 177; dagegen: MünchArbR-*Matthes*, § 335 Rn. 14). Dieses war bedeutsam, solange § 120a GewO noch galt, jedoch vom BAG nicht als Rahmenvorschrift anerkannt worden war. Die Frage ist praktisch gegenstandslos geworden, nachdem mit dem ArbSchG und den EG-veranlassten Verordnungen gem. § 19 ArbSchG (vgl. Teil 2) die für § 87 Abs. 1 Nr. 7 erforderlichen Rahmenvorschriften umfassend bereitgestellt worden sind (ebenso *FKHE*, § 87 Rn. 258; vgl. Rn. 11 ff.).

34 Keine Rahmenvorschriften i.S. des § 87 Abs. 1 Nr. 7 sind Vorschriften, die nicht dem Schutze der Arbeitnehmer, sondern nur dem Schutze **Dritter** oder der **Allgemeinheit** dienen. Das kann z.B. so sein bei Pflichten aus dem BImschG oder hinsichtlich der sicherheitsgerechten Gestaltung von Produkten. Dienen Vorschriften aber zugleich dem Schutze der Arbeitnehmer (z.B. § 5 Abs. 1 Nr. 2 BImschG), unterfallen sie § 87 Abs. 1 Nr. 7 (*FKHE*, § 87 Rn. 260; zur Beeinflussung des Arbeitsschutzes durch das GSG über die PSA-BV vgl. Einl. Rn. 116).

35 Die Mitbestimmung gem. § 87 Abs. 1 Nr. 7 (und damit auch eine mögliche Einigungsstellenentscheidung) bezieht sich auf alle **Maßnahmen**, die zur Erreichung des Regelungsziels der jeweiligen Rahmenvorschrift geeignet ist. Das Mitbestimmungsrecht ist nicht etwa auf kollektive Regelungen über das Verhalten der Arbeitnehmer beschränkt, sondern bezieht sich auf **organisatorische** (vgl. § 3 Abs. 2 ArbSchG), **medizinische** (vgl. § 6 BildscharbV) und **technische** (vgl. § 2 PSA-BV) Maßnahmen (h.M.; *FKHE*, § 87 Rn. 273 m.w.N.). Beantragt der Arbeitgeber bei einer Behörde eine **Ausnahmegenehmigung**, so ist dieser Antrag (abgesehen von der Informations- und Beratungspflicht gem. § 89) als solcher nicht mitbestimmungspflichtig. Wohl aber ist es die anschließende konkrete Maßnahme, mit der der Arbeitgeber von der erteilten Ausnahmegenehmigung Gebrauch machen will. Weder Betriebsrat noch Einigungsstelle sind rechtlich daran gebunden, sich darauf einzulassen (*FKHE*, § 87 Rn. 272; MünchArbR-*Matthes*, § 335 Rn. 11).

36 Die inhaltliche Reichweite des Mitbestimmungsrechts bezieht sich auf das dem Arbeitgeber jeweils vorgeschriebene **Schutzniveau** (vgl. *BAG* 2.4.1996, NZA 1996, 998; 16.12.1983, AP Nr. 5 zu § 87 BetrVG 1972). Dieses Schutzniveau wird insbesondere durch § 4 Abs. 2 ArbSchG definiert (z.B. durch Kategorien wie »gesicherte arbeitswissenschaftliche Erkenntnisse«, »Stand von Technik, Arbeitsmedizin und Arbeitshygiene«; *FKHE*, § 87 Rn. 274 ff.; vgl. § 4 ArbSchG Rn. 7 ff.).

37 Das Mitbestimmungsrecht besteht bei »**Regelungen**« zum Gesundheitsschutz. Das bezieht sich auf einen **kollektiven Tatbestand** und nicht nur auf eine Einzelmaßnahme (*BAG* 10.4.1979, AP Nr. 1 zu § 87 BetrVG 1972 Arbeitssicherheit; DKK-*Klebe*, § 87 Rn. 186; *FKHE*, § 87 Rn. 280. Der Begriff »Regelung« umfasst sowohl die Aufstellung einer kollektiven Ordnung für das Verhalten der Arbeitnehmer, als auch technische, medizinische oder organisatorische Maßnahmen (Rn. 34) des Arbeitgebers, einschließlich arbeitsschutzrelevante Unternehmensleitlinien (vgl. MünchArbR-*Matthes*, § 335 Rn. 23). Sie kann in Form einer **Betriebsvereinbarung** oder auch als bloße **Regelungsabsprache** erfolgen (*FKHE*, § 87 Rn. 282).

Der Betriebsrat hat in Bezug auf sein Mitbestimmungsrecht gem. § 87 Abs. 1 **38**
Nr. 7 nach allgemeinen Kriterien ein **Initiativrecht** (*LAG Niedersachsen* 25.1.
1988, AiB 1988, 110; DKK-*Klebe*, § 87 Rn. 186; *FKHE*, § 87 Rn. 281 m.w.N.).
Die Beachtung des Mitbestimmungsrechts des Betriebsrats ist **Wirksamkeits-** **39**
voraussetzung für entsprechende Maßnahmen gegenüber den Arbeitnehmern
BAG 16.6.1998, NZA 1999, 49, 51). Das Problem ergibt sich hier daraus, dass es
überwiegend nicht die bei der Festlegung von Vertragsinhalten (z.B. Lage der
Arbeitszeit) sonst übliche Konstellation einer einseitigen Gestaltung von Arbeit-
nehmerpflichten durch den Arbeitgeber gibt, vielmehr der Arbeitgeber typischerweise **Arbeitszusammenhänge faktisch gestaltet**, so dass es im Verhältnis
zum Arbeitnehmer zunächst nicht um »Wirksamkeit« oder »Unwirksamkeit«
einer Maßnahme geht. Vielmehr stellt sich die Frage, ob er zur Arbeit unter
nicht-mitbestimmten Bedingungen verpflichtet ist. Mit Blick auf die sonst für
§ 87 Abs. 1 geltenden Grundsätze müsste der Arbeitnehmer ein **Leistungsver-**
weigerungsrecht dann haben, wenn der Arbeitgeber vorhandene Strukturen
ändert, ohne den Betriebsrat zu beteiligen. Geht es dagegen darum, dass ohne
Mitbestimmung des Betriebsrats geschaffene Strukturen schon **bestehen**, unter
denen der Arbeitnehmer bereits unbeanstandet gearbeitet hat, muss er die Aktivitäten des Betriebsrats abwarten (es sei denn, die unzureichende Arbeits-
schutzlage würde nach allgemeinen Kriterien ein Leistungsverweigerungsrecht
rechtfertigen (vgl. § 9 ArbSchG Rn. 16 ff.). Arbeitnehmern kann allerdings praktisch nur empfohlen werden, vom Leistungsverweigerungsrecht wegen nicht
mitbestimmter Veränderungen nur dann Gebrauch zu machen, wenn der Betriebsrat selbst eine Unterlassungsverfügung bewirkt hat (Rn. 40).
Übergeht der Arbeitgeber das Mitbestimmungsrecht des **Betriebsrats**, so hat **40**
dieser grundsätzlich zwei **Möglichkeiten**: sein **Initiativrecht** zur Ausübung des
Mitbestimmungsrechts (Rn. 38) und einen allgemeinen **Unterlassungsan-**
spruch zur Sicherung seines Mitbestimmungsrechts (*BAG* 16.6.1998, NZA
1999, 49; DKK-*Trittin*, § 23 Rn. 117 ff. m.w.N.). Bei hartnäckiger Verletzung seiner Pflichten gegenüber dem Betriebsrat kommt gegenüber dem Arbeitgeber
auch ein Verfahren gem. § 23 in Frage (vgl. DKK-*Trittin*, § 23 Rn. 67 ff.)

d) Besondere Problemkomplexe

Das ArbSchG macht an verschiedenen Stellen eine spezifische **Unterweisung** **41**
bzw. **Qualifizierung der Beschäftigten** zur Tätigkeitsvoraussetzung:
– Befähigung zur Einhaltung der Arbeitsschutzbestimmungen (§ 7 ArbSchG),
– Unterrichtung der Beschäftigten bei Zusammenarbeit mehrerer Arbeitgeber
  (§ 8 ArbSchG),
– Anweisungen und Unterrichtung bei besonderen Gefahren (§ 9 Abs. 1 und 2
  ArbSchG),
– Ausbildung zur Ersten Hilfe usw. (§ 10 Abs. 2 ArbSchG) und
– allgemeine Unterweisung (§ 12 ArbSchG).
Der Betriebsrat hat die Einhaltung dieser Vorschriften gem. § 80 Abs. 1 Nr. 1 zu
überwachen. Erfüllt der Arbeitgeber sie nicht, kann der Betriebsrat die zuständige Behörde einschalten (Rn. 9). Die genannten Anforderungen dienen nicht
nur dem persönlichen Schutz der Beschäftigten, sondern sollen diese zur Sorge
für andere Personen befähigen (§ 15 Abs. 1 Satz 2 ArbSchG). Damit sind sie
Voraussetzung für das betriebliche Arbeitsschutzsystem insgesamt. Die Vernachlässigung dieser Anforderungen ist geeignet, das Mitbestimmungsrecht

Sonstige Rechtsvorschriften

des Betriebsrats gem. § 87 Abs. 1 Nr. 7 zu untergraben. Der Betriebsrat hat deshalb auch einen gerichtlich durchsetzbaren Anspruch darauf, den Einsatz von Beschäftigten ohne die vorgeschriebenen Unterweisungen usw. zu **unterlassen** (vgl. Rn. 40). Einer Einstellung oder Versetzung kann der Betriebsrat gem. § 99 Abs. 2 Nr. 1 die **Zustimmung verweigern**, wenn eine der vorgenannten Tätigkeitsvoraussetzungen nicht oder nicht ausreichend vorliegt (DKK-*Kittner*, § 99 Rn. 175; vgl. § 7 ArbSchG Rn. 4).

42 Das ArbSchG bezieht sich nicht nur auf Arbeitnehmer, sondern auf Beschäftigte (§ 2 ArbSchG Rn. 12). Damit wird die Frage aufgeworfen, ob der Betriebsrat über den ausdrücklich geregelten Fall des § 10 Abs. 2 Satz 3 ArbSchG hinaus für die gem. § 2 Abs. 2 Nr. 3 ArbSchG einbezogenen **arbeitnehmerähnlichen Personen** zuständig ist. Dies betrifft auch Personen, die nach §§ 229 ff. SGB III mit einem Eingliederungsvertrag eingesetzt werden (vgl. § 2 ArbSchG Rn. 17). Einerseits handelt es sich bei diesen gerade nicht um Arbeitnehmer, und sie können an der Wahl des Betriebsrates nicht mitwirken. Andererseits werden mit dem ArbSchG ihnen gegenüber arbeitsrechtliche Pflichten des Arbeitgebers begründet. Außerdem können Maßnahmen des Arbeitsschutzes typischerweise nur für alle Beschäftigte gleich geregelt werden, und in vielen Fällen hat das Vorhandensein und Verhalten der arbeitnehmerähnlichen Personen Auswirkungen auf die Sicherheitslage der Arbeitnehmer-Belegschaft. Es liegt eine vergleichbare Interessenlage vor, wie sie zur Mitbestimmung des Betriebsrats gem. § 14 Abs. 3 AÜG auch für Leiharbeitnehmer führt (zu § 87 vgl. BAG v. 15.12. 1992, DB 93, 888; vgl. DKK-*Klebe*, § 87 Rn. 6 m.w.N.). Daraus folgt ein Mitbestimmungsrecht gem. § 87 Abs. 1 Nr. 7 mit arbeitnehmerähnlichen Personen immer dann,
– wenn diese in für alle übrigen Beschäftigten geltende Maßnahmen des Arbeitsschutzes einbezogen werden oder
– ihre Tätigkeit einen betrieblichen Bezug mit Arbeitssicherheitsrelevanz für die übrigen Beschäftigten vorliegt.

In diesem Rahmen besteht auch in Bezug auf arbeitnehmerähnliche Personen ein **Unterlassungsanspruch** des Betriebsrats (vgl. Rn. 40). In bezug auf das Mitbestimmungsrecht bei **Einstellungen** gem. § 99 hat das ArbSchG neue Grundlagen zur Ausfüllung des Eingliederungsbegriffs für diesen Personenkreis geschaffen. Das gilt sowohl für die Arbeitsschutzpflichten des Arbeitgebers gegenüber den arbeitnehmerähnlichen Personen als auch für deren Pflichten nicht zuletzt gegenüber der Arbeitnehmer-Belegschaft bzw. deren Interesse. Der Betriebsrat kann deshalb bei Vorliegen der entsprechenden Voraussetzungen die Zustimmung zur Einstellung gem. § 99 Abs. 1 Nr. 1 versagen (eingehend DKK-*Kittner*, § 99 Rn. 61). Es gelten auch die §§ 100 und 101.

43 Die Gestaltung der **Zusammenarbeit mit anderen Arbeitgebern** gem. § 8 Nr. 1 ArbSchG unterliegt uneingeschränkt der Mitbestimmung des Betriebsrats (*FKHE*, § 87 Rn. 294). Das betrifft nicht sowohl den Einsatz von Fremdfirmenbeschäftigten im eigenen Betrieb als auch die Entsendung der eigenen Beschäftigten an einen anderen Arbeitsplatz i.S. des § 8 Abs. 1 ArbSchG. Für den Arbeitsschutz der Leiharbeitnehmer im Einsatzbetrieb ist der Betriebsrat des Entleih-Betriebs zuständig, während ein beim Verleiher möglicherweise bestehender Betriebsrat für die Gestaltung der Zusammenarbeit gem. § 8 ArbSchG zuständig ist (vgl. AÜG Rn. 6, 7). Der Betriebsrat ist gem. § 80 Abs. 1 Nr. 1 darüber zu **unterrichten**, ob und in welcher Weise der Arbeitgeber seiner **Pflicht zur Zusammenarbeit** gem. § 8 Abs. 1 ArbSchG nachgekommen ist. Durch dieses Informationsrecht soll

der Betriebsrat in die Lage versetzt werden, sowohl auf die Einhaltung von Arbeitsschutzvorschriften zu achten als auch mögliche Mitbestimmungsinitiativen in Erwägung zu ziehen. Er hat deshalb nach allgemeinen Gesichtspunkten einen Anspruch auf **Unterlassung** der Zusammenarbeit (vgl. Rn. 39), wenn ihm die erforderlichen Informationen nicht vor deren Aufnahme gegeben wurden. Der Unterlassungsanspruch besteht auch, wenn die Pflichten aus § 8 Abs. 1 ArbSchG noch nicht vollständig erfüllt sind. Werden Arbeitnehmer eines anderen Arbeitgebers **im fremden Betrieb** tätig, so besteht nach der bisherigen Rechtsprechung des BAG im Regelfall kein Mitbestimmungsrecht nach § 99 (vgl. *BAG* 18. 10. 1994, NZA 95, 281; DKK-*Kittner*, § 99 Rn. 59). Die neue Rechtslage aufgrund des ArbSchG sollte jedoch Anlass sein, den engen Eingliederungsbegriff des BAG zu überprüfen und bei Verletzung des § 8 Abs. 1 ArbSchG ein Recht der Zustimmungsverweigerung gem. § 99 Abs. 2 Nr. 1 BetrVG zu bejahen (vgl. *Kittner*, AuR 1998, 98, 106). Die Frage, ob Fremdfirmenbeschäftigte direkt § 87 Abs. 1 Nr. 7 unterfallen, kann wegen der Existenz von § 8 ArbSchG offen bleiben, denn jedenfalls erlaubt diese Rahmenvorschrift die Mitbestimmung über alle notwendigen Arbeitsschutzaspekte deren Arbeitseinsatzes.

Hinsichtlich der **inhaltlichen Gesichtspunkte der Zusammenarbeit** (Abstimmung von Maßnahmen) hat der Betriebsrat das Mitbestimmungsrecht des § 87 Abs. 1 Nr. 7 (vgl. Rn. 27). Es kann sich jedoch nur auf die eigenen Beschäftigten beziehen. Zur Sicherung dieser inhaltlichen Mitbestimmungsthemen hat der Betriebsrat nach allgemeinen Gesichtspunkten einen Unterlassungsanspruch (Rn. 21). Da bei anderen Arbeitgebern im Innenverhältnis das gleiche gilt, kann es zu **Komplikationen** kommen, bis eine endgültige Regelung getroffen worden ist. Ihnen kann durch **gemeinsame Arbeitsgruppen** entgegengewirkt werden, an denen von jedem beteiligten Unternehmen Vertreter beider Betriebsparteien teilnehmen. Dabei können im Einverständnis aller Beteiligten **gemeinsame Betriebsvereinbarungen** vereinbart werden (die rechtlich gesehen parallele, inhaltsgleiche Vereinbarungen der jeweils zuständigen Betriebspartner sind). Diesbezüglich kann auch eine gemeinsam besetzte Einigungsstelle mit einem gemeinsamen Vorsitzenden errichtet werden (hierzu eingehend *Kittner*, AuR 1998, 98, 106). **44**

e) Beteiligungsrechte außerhalb des BetrVG

Dem Betriebsrat werden auch außerhalb des BetrVG Beteiligungsrechte in Bezug auf den Arbeitsschutz eingeräumt. Die bedeutendsten ergeben sich im Hinblick auf die sachliche und personelle Gestaltung der betrieblichen **Arbeitsschutzorganisation** aus dem ASiG (vgl. ASiG Rn. 114ff.). Außerdem ist er gem. § 22 Abs. 1 SGB VII an der Bestellung von **Sicherheitsbeauftragten** zu beteiligen (vgl. SGB VII Rn. 34). **45**

f) Schulungsveranstaltungen

Fragen des Arbeitsschutzes können Gegenstand von **Schulungsveranstaltungen** gem. § 37 Abs. 6 BetrVG auf Kosten des Arbeitgebers sein (*BAG* 15.6.1986, AP Nr. 4 zu § 37 BetrVG 1972; DKK-*Blanke/Wedde*, § 37 Rn. 97 m.w.N.). Die Erforderlichkeit derartiger Schulungen hängt nicht davon ab, dass es im Betrieb eine überdurchschnittliche Unfallhäufigkeit gibt, denn Themen der Arbeitssicherheit sind ständig im Fluss und aktuell (*BAG* 15.5.1975 – 1 ABR 108/73; **46**

Sonstige Rechtsvorschriften

5.5.1978 – 6 ABR 132/74; *FKHE*, § 37 Rn. 122). Dieser von der Rechtsprechung bereits unter dem früheren Recht gewürdigte Gesichtspunkt gilt unter dem ArbSchG im Hinblick auf dessen präventiven Ansatz (§ 1 ArbSchG Rn. 4ff.) verstärkt. Im Hinblick auf die breite Bedeutung von Fragen des Arbeitsschutzes muss dieser genauso gesehen werden wie das allgemeine Arbeitsrecht, hinsichtlich dessen eine Schulung für **jedes Betriebsratsmitglied** als erforderlich anerkannt ist (vgl. *BAG* 16.10.1986, AP Nr. 58 zu § 37 BetrVG 1972; vgl. DKK-*Blanke/Wedde*, § 37 Rn. 96; *FKHE*, § 37 Rn. 133).

46a Mit der Einbeziehung des **Umweltschutzes** in die betriebliche Arbeitsschutzorganisation durch das BetriebsverfassungsreformG 2001 (vgl. Rn. 1a) zählt dieses Thema ausdrücklich zu den Aufgaben des Betriebsrats. Schulungen hierüber fallen unter § 37 Abs. 6 BetrVG. Die Neuartigkeit der Aufgabenstellung verstärkt den Gesichtspunkt der Erforderlichkeit.

2. Individualrechte

47 Der Arbeitnehmer hat ein Recht auf **Unterrichtung** (»Belehrung«) über Gefahren für Sicherheit und Gesundheitsschutz und entsprechende Schutzmaßnahmen durch den Arbeitgeber (§ 81 Abs. 1 Satz 2; DKK-*Klebe*, § 81 Rn. 9; für die Beschäftigten des öffentlichen Dienstes ergibt sich dieses Recht aus § 14 ArbSchG; zur darüber hinausgehenden **Unterweisung** der Beschäftigten durch den Arbeitgeber vgl. § 12 ArbSchG). Das Recht aus § 81 Abs. 1 kann zugleich als Konkretisierungspflicht aus §§ 618 Abs. 1 BGB, 62 Abs. 1 HGB verstanden werden (vgl. *Egger*, BB 1992, 629; *Degen*, AiB 1991, 309f.).

Besonders hervorgehoben wird die Unterrichtung über die vom Arbeitgeber zur Übernahme von Aufgaben der **Ersten Hilfe**, Brandbekämpfung und Evakuierung der Beschäftigten benannten Beschäftigten gem. § 10 Abs. 2 ArbSchG (vgl. § 10 ArbSchG Rn. 4).

Unterrichtungsrechte der Beschäftigten zu speziellen Gefährdungen und Arbeitsschutzmaßnahmen sind in sonstigen Rechtsvorschriften festgelegt. So hat z.B. der Betreiber vor der Erstellung von **internen Alarm- und Gefahrenabwehrplänen** die Beschäftigten von Betriebsbereichen i.S. der StörfallV über die vorgesehenen Inhalte zu unterrichten und hierzu anzuhören (§ 10 Abs. 3 Satz 1 StörfallV); zur Unterweisung vgl. § 12 ArbSchG Rn. 1ff.).

48 In Betrieben, in denen kein Betriebsrat besteht, hat der Arbeitgeber die Arbeitnehmer zu allen Maßnahmen zu **hören**, die Auswirkungen auf Sicherheit und Gesundheit der Arbeitnehmer haben können (§ 81 Abs. 3; zur den Inhalten und der analogen Regelung im öffentlichen Dienst vgl. § 14 Abs. 2 ArbSchG; § 14 ArbSchG Rn. 3ff.; § 81 Abs. 2 basiert auf Art. 3 Nr. 2 EASUG; vgl. Einl. Rn. 95, 99).

49 Gem. § 81 Abs. 4 Satz 1 hat der Arbeitgeber den Arbeitnehmer über die auf Grund einer Planung von technischen Anlagen, von Arbeitsverfahren und Arbeitsabläufen oder der Arbeitsplätze vorgesehenen Maßnahmen und ihre Auswirkungen auf seinen Arbeitsplatz, die Arbeitsumgebung sowie auf Inhalt und Art seiner Tätigkeit zu **unterrichten** (DKK-*Klebe*, § 81 Rn. 10ff.). Dies liegt i.S. des ganzheitlichen Arbeitsschutzbegriffs des ArbSchG.

50 § 82 enthält ein allgemeines **Anhörungs- und Erörterungsrecht** des Arbeitnehmers, das das Recht auf Unterrichtung gem. § 81 ergänzt. Es enthält in Satz 2 speziell auch das Recht des Arbeitnehmers, zu Maßnahmen des Arbeitgebers, die ihn betreffen, Stellung zu nehmen sowie **Vorschläge** für die Gestaltung des

Betriebsverfassungsgesetz

Arbeitsplatzes und des Arbeitsablaufs zu machen (vgl. DKK-*Buschmann*, § 82; zum speziellen, sich auf Sicherheit und Gesundheitsschutz beziehenden Vorschlagsrecht des ArbSchG vgl. § 17 Abs. 1 ArbSchG).

In § 84 ist ein allgemeines innerbetriebliches **Beschwerderecht** des Arbeitnehmers gegenüber dem Arbeitgeber festgelegt (vgl. DKK-*Buschmann*, § 84 BetrVG; zum speziellen, weitergehenden außerbetrieblichen Beschwerderecht in Bezug auf Sicherheit und Gesundheitsschutz des ArbSchG vgl. § 17 Abs. 2 ArbSchG). **51**

Das durch das BetrVerf-ReformG neu geschaffene **Vorschlagsrecht** der Arbeitnehmer gem. § 86a kann sich auch auf Maßnahmen des Arbeitsschutzes beziehen. Die Arbeitnehmer können insbesondere auch verlangen, dass der Betriebsrat zu bestimmten Angelegenheiten von seinem Initiativrecht (Rn. 38) Gebrauch macht. **52**

Bundespersonalvertretungsgesetz (BPersVG)

vom 15. März 1974 (BGBl. I, S. 693) zuletzt geändert durch Artikel 9 des Gesetzes vom 9. Juli 2001 (BGBl. I, S. 1510)

...

§ 68

(1) Die Personalvertretung hat folgende allgemeine Aufgaben:
1. Maßnahmen, die der Dienststelle und ihren Angehörigen dienen, zu beantragen,
2. darüber zu wachen, daß die zugunsten der Beschäftigten geltenden Gesetze, Verordnungen, Tarifverträge, Dienstvereinbarungen und Verwaltungsanordnungen durchgeführt werden,
3. Anregungen und Beschwerden von Beschäftigten entgegenzunehmen und, falls sie berechtigt erscheinen, durch Verhandlung mit dem Leiter der Dienststelle auf ihre Erledigung hinzuwirken,
4. die Eingliederung und berufliche Entwicklung Schwerbehinderter und sonstiger schutzbedürftiger, insbesondere älterer Personen zu fördern,
5. Maßnahmen zur beruflichen Förderung Schwerbehinderter zu beantragen,
5a. die Durchsetzung der tatsächlichen Gleichberechtigung von Frauen und Männern, insbesondere bei der Einstellung, Beschäftigung, Aus-, Fort- und Weiterbildung und dem beruflichen Aufstieg, zu fördern,
6. die Eingliederung ausländischer Beschäftigter in die Dienststelle und das Verhältnis zwischen ihnen und den deutschen Beschäftigten zu fördern,
7. mit der Jugend- und Auszubildendenvertretung zur Förderung der Belange der in § 57 genannten Beschäftigten eng zusammenzuarbeiten.

(2) Die Personalvertretung ist zur Durchführung ihrer Aufgaben rechtzeitig und umfassend zu unterrichten. Ihr sind die hierfür erforderlichen Unterlagen vorzulegen. Personalakten dürfen nur mit Zustimmung des Beschäftigten und nur von den von ihm bestimmten Mitgliedern der Personalvertretung eingesehen werden. Dienstliche Beurteilungen sind auf Verlangen des Beschäftigten der Personalvertretung zur Kenntnis zu bringen.

§ 69

(1) Soweit eine Maßnahme der Mitbestimmung des Personalrates unterliegt, kann sie nur mit seiner Zustimmung getroffen werden.
(2) Der Leiter der Dienststelle unterrichtet den Personalrat von der beabsichtigten Maßnahmen und beantragt seine Zustimmung. Der Personalrat kann verlangen, daß der Leiter der Dienststelle die beabsichtigte Maßnahme begründet; der Personalrat kann außer in Personalangelegenheiten auch eine schriftliche Be-

gründung verlangen. Der Beschluß des Personalrates über die beantragte Zustimmung ist dem Leiter der Dienststelle innerhalb von zehn Arbeitstagen mitzuteilen. In dringenden Fällen kann der Leiter der Dienststelle diese Frist auf drei Arbeitstage abkürzen. Die Maßnahme gilt als gebilligt, wenn nicht der Personalrat innerhalb der genannten Frist die Zustimmung unter Angabe der Gründe schriftlich verweigert. Soweit dabei Beschwerden oder Behauptungen tatsächlicher Art vorgetragen werden, die für einen Beschäftigten ungünstig sind oder ihm nachteilig werden können, ist dem Beschäftigten Gelegenheit zur Äußerung zu geben; die Äußerung ist aktenkundig zu machen.

(3) Kommt eine Einigung nicht zustande, so kann der Leiter der Dienststelle oder der Personalrat die Angelegenheit binnen sechs Arbeitstagen auf dem Dienstweg den übergeordneten Dienststellen, bei denen Stufenvertretungen bestehen, vorlegen. In Körperschaften, Anstalten oder Stiftungen des öffentlichen Rechtes ist als oberste Dienstbehörde das in ihrer Verfassung für die Geschäftsführung vorgesehene oberste Organ anzurufen. In Zweifelsfällen bestimmt die zuständige oberste Bundesbehörde die anzurufende Stelle. Absatz 2 gilt entsprechend. Legt der Leiter der Dienststelle die Angelegenheit nach Satz 1 der übergeordneten Dienststelle vor, teilt er dies dem Personalrat unter Angabe der Gründe mit.

(4) Ergibt sich zwischen der obersten Dienstbehörde und der bei ihr bestehenden zuständigen Personalvertretung keine Einigung, so entscheidet die Einigungsstelle (§ 71); in den Fällen des § 77 Abs. 2 stellt sie fest, ob ein Grund zur Verweigerung der Zustimmung vorliegt. Die Einigungsstelle soll binnen zwei Monaten nach der Erklärung eines Beteiligten, die Entscheidung der Einigungsstelle herbeiführen zu wollen, entscheiden. In den Fällen der §§ 76, 85 Abs. 1 Nr. 7 beschließt die Einigungsstelle, wenn sie sich nicht der Auffassung der obersten Dienstbehörde anschließt, eine Empfehlung an diese. Die oberste Dienstbehörde entscheidet sodann endgültig. Soweit es sich in den Fällen des § 75 Abs. 1 um Angelegenheiten der an der Programmgestaltung maßgeblich mitwirkenden Beschäftigten der Rundfunkanstalten des Bundesrechts handelt, gelten die Sätze 3 und 4 entsprechend.

(5) Der Leiter der Dienststelle kann bei Maßnahmen, die der Natur der Sache nach keinen Aufschub dulden, bis zur endgültigen Entscheidung vorläufige Regelungen treffen. Er hat dem Personalrat die vorläufige Regelung mitzuteilen und zu begründen und unverzüglich das Verfahren nach den Absätzen 2 und 4 einzuleiten oder fortzusetzen.

§ 70

(1) Beantragt der Personalrat eine Maßnahme, die nach § 75 Abs. 3 Nr. 1 bis 6 und 11 bis 17 seiner Mitbestimmung unterliegt, so hat er sie schriftlich dem Leiter der Dienststelle vorzuschlagen. Entspricht dieser dem Antrag nicht, so bestimmt sich das weitere Verfahren nach § 69 Abs. 3 und 4.

(2) Beantragt der Personalrat eine Maßnahme, die nach anderen als den in Absatz 1 Satz 1 bezeichneten Vorschriften seiner Mitbestimmung unterliegt, so hat er sie schriftlich dem Leiter der Dienststelle vorzuschlagen. Entspricht dieser dem Antrag nicht, so bestimmt sich das weitere Verfahren nach § 69 Abs. 3; die oberste Dienstbehörde entscheidet endgültig.

...

Sonstige Rechtsvorschriften

§ 75

...

(3) Der Personalrat hat, soweit eine gesetzliche oder tarifliche Regelung nicht besteht, gegebenenfalls durch Abschluß von Dienstvereinbarungen mitzubestimmen über

...

10. Bestellung von Vertrauens- oder Betriebsärzten als Angestellte,
11. Maßnahmen zur Verhütung von Dienst- und Arbeitsunfällen und sonstigen Gesundheitsschädigungen,

...

16. Gestaltung der Arbeitsplätze,

...

§ 76

...

(2) Der Personalrat hat, soweit eine gesetzliche oder tarifliche Regelung nicht besteht, gegebenenfalls durch Abschluß von Dienstvereinbarungen mitzubestimmen über

...

5. Maßnahmen zur Hebung der Arbeitsleistung und Erleichterung des Arbeitsablaufs,
6. allgemeine Fragen der Fortbildung der Beschäftigten,
7. Einführung grundlegend neuer Arbeitsmethoden,

...

§ 81

(1) Der Personalrat hat bei der Bekämpfung von Unfall- und Gesundheitsgefahren die für den Arbeitsschutz zuständigen Behörden, die Träger der gesetzlichen Unfallversicherung und die übrigen in Betracht kommenden Stellen durch Anregung, Beratung und Auskunft zu unterstützen und sich für die Durchführung der Vorschriften über den Arbeitsschutz und die Unfallverhütung in der Dienststelle einzusetzen.

(2) Der Dienststellenleiter und die in Absatz 1 genannten Stellen sind verpflichtet, bei allen im Zusammenhang mit dem Arbeitsschutz oder der Unfallverhütung stehenden Besichtigungen und Fragen und bei Unfalluntersuchungen den Personalrat oder die von ihm bestimmten Personalratsmitglieder derjenigen Dienststelle hinzuzuziehen, in der die Besichtigung oder Untersuchung stattfindet. Der Dienststellenleiter hat dem Personalrat unverzüglich die den Arbeitsschutz und die Unfallverhütung betreffenden Auflagen und Anordnungen der in Absatz 1 genannten Stellen mitzuteilen.

(3) An den Besprechungen des Dienststellenleiters mit den Sicherheitsbeauftragten im Rahmen des § 22 Abs. 2 des Siebten Buches Sozialgesetzbuch nehmen vom Personalrat beauftragte Personalratsmitglieder teil.

(4) Der Personalrat erhält die Niederschriften über Untersuchungen, Besichtigungen und Besprechungen, zu denen er nach den Absätzen 2 und 3 hinzuzuziehen ist.

(5) Der Dienststellenleiter hat dem Personalrat eine Durchschrift der nach § 193 Abs. 5 des Siebten Buches Sozialgesetzbuch vom Personalrat zu unterschreiben-

den Unfallanzeige oder des nach beamtenrechtlichen Vorschriften zu erstattenden Berichts auszuhändigen.
...

Übersicht   Rn.
1. Allgemeines.. 1, 2
2. Beteiligungs- und Mitbestimmungsrechte des Personalrats 3–19
3. Besondere Problemkomplexe. 20–26
4. Beteiligungsrechte außerhalb des Personalvertretungsrechts. 27
5. Schulungsveranstaltungen. 28

1. Allgemeines

Der Personalrat ist nimmt für den öffentlichen Dienst die Stellung des Betriebsrats ein. So wie in der Privatwirtschaft soll durch seine Einschaltung der Arbeitsschutz **dezentral** unter **Beteiligung der Betroffenen** organisiert werden. Insoweit kann auf das zum BetrVG Gesagte verwiesen werden (BetrVG Rn. 1 ff.). **1**

Das Personalvertretungsrecht hat als Teil des öffentlichen Dienstrechts die Eigenart, dass es **kein einheitliches Bundesrecht** gibt. Vielmehr existieren neben dem BPersVG als Personalvertretungsrecht für die Bediensteten des Bundes eigene Personalvertretungsgesetze aller **Bundesländer**. Das BPersVG enthält für sie lediglich sehr allgemeine Rahmenvorschriften. Allerdings kann gesagt werden, dass die Ländergesetze hinsichtlich des Arbeitsschutzes der Regelung des BPerVG doch sehr ähneln, so dass dessen Erläuterung gleichzeitig die **Grundzüge** des für ihren Bereich geltenden Rechts vermittelt. **2**

2. Beteiligungs- und Mitbestimmungsrechte des Personalrats

Der Personalrat hat darüber zu **wachen**, dass die zugunsten der Beschäftigten geltenden Arbeitsschutz- und Unfallverhütungsvorschriften durchgeführt werden (§ 68 Abs. 1 Nr. 2). Zur Durchführung dieser Aufgabe ist der Personalrat rechtzeitig und umfassend zu **unterrichten**; die hierfür notwendigen Unterlagen sind ihm vorzulegen (§ 68 Abs. 2 Satz 1 und 2; diese Regelung entspricht § 80 BetrVG; vgl. BetrVG Rn. 3). Der Dienststellenleiter ist verpflichtet, von sich aus, d.h. auch ohne entsprechende Aufforderung durch den Personalrat, dieser Unterrichtsverpflichtung nachzukommen (*Altvater u.a.*, § 68 Rn. 13, 13a). Der Personalrat kann sich Informationen auch auf **eigene Initiative** beschaffen; z.B. durch das Besichtigen von Arbeitsplätzen, durch das Einholen von Auskünften, durch Hinzuziehung von Sachverständigen oder Auskunftspersonen oder durch Gespräche mit Beschäftigten (a.a.O., § 68 Rn. 18b, 18c m.w.N.; zu den Informationsrechten, die sich aus den Regelungen des ASiG unter der Voraussetzung des § 16 ASiG ergeben vgl. ASiG Rn. 115 ff.). **3**

Vor **grundlegenden Änderungen von Arbeitsverfahren und Arbeitsabläufen** ist der Personalrat **anzuhören** (§ 78 Abs. 5). Dieses mit § 90 Abs. 1 Nr. 3 BetrVG vergleichbare Recht wird jedoch in der Regel durch das Mitbestimmungsrecht des Personalrates bei der Einführung grundlegend neuer Arbeitsmethoden und bei Maßnahmen zur Hebung der Arbeitsleistung gem. § 76 Abs. 2 Nr. 7 und 5 überlagert (*Altvater u.a.*, § 78 Rn. 30; vgl. Rn. 14, 19). **4**

Der Personalrat hat die Möglichkeit, Maßnahmen, die seiner Mitbestimmung **5**

Sonstige Rechtsvorschriften

unterliegen, schriftlich dem Dienststellenleiter vorzuschlagen; ihm steht damit ein **Initiativrecht** zu (§ 70). Dieses Recht bezieht sich insbesondere auf die Mitbestimmung bei Maßnahmen im Bereich der Sicherheit und des Gesundheitsschutzes, die nicht abschließend durch Gesetz oder Tarifvertrag festgelegt sind bzw. im Bereich der Gestaltung der Arbeit (vgl. § 75 Abs. 3 Nr. 11 und 16; Rn. 6). Entspricht der Dienststellenleiter dem Antrag des Personalrates in diesen Fällen nicht, kann der Personalrat die Einigungsstelle anrufen, die das Letztentscheidungsrecht hat (§ 70 Abs. 1 i.V.m. § 69 Abs. 3 und 4). Bei Maßnahmen zur Hebung der Arbeitsleistung und Erleichterung des Arbeitsablaufs und bei der Einführung grundlegend neuer Arbeitsmethoden (§ 76 Abs. 2 Nr. 5 und 7; Rn. 14, 19) endet das Verfahren mit der Entscheidung der obersten Dienstbehörde ohne Einschaltung der Einigungsstelle (§ 70 Abs. 2 i.V.m. § 69 Abs. 3; *Altvater u.a.*, § 70 Rn. 2).

6 Ebenso wie der Betriebsrat (vgl. BetrVG Rn. 3 ff.) hat der Personalrat eine Reihe von Beteiligungsrechten beim Arbeitsschutz. Die Aufgabe aus § 68 Abs. 1 Nr. 2 wird dadurch verstärkt, indem der Personalrat gem. § 81 Abs. 1 dazu verpflichtet wird, sich bei der Bekämpfung von Unfall- und Gesundheitsgefahren für die Unterstützung der für den Arbeitsschutz **zuständigen Behörden und Stellen** einzusetzen. Diese Verpflichtung des Personalrats umfasst zum einen **Anregungen, Beratung und Auskunft** und zum anderen die **Unterstützung** bei der Durchführung der Arbeitsschutzvorschriften in der Dienststelle. Um dieser Verpflichtung nachkommen zu können, hat der Personalrat die folgenden **Rechte**:
– Hinzuziehung bei allen in Zusammenhang mit dem Arbeitsschutz stehenden Besichtigungen und Fragen sowie bei Unfalluntersuchungen (§ 81 Abs. 2 Satz 1; vgl. *OVG Nordrhein-Westfalen* 29.1.1999, PersR 1999, 360: Untersuchungen von Gefahrstoffbelastungen).
– Unverzügliche Unterrichtung durch den Dienststellenleiter über die den Arbeitsschutz betreffenden Anlagen der zuständigen Behörden und Stellen (§ 81 Abs. 2 Satz 2).
– Teilnahme an den Besprechungen des Arbeitgebers mit den Sicherheitsbeauftragten gem. § 22 SGB VII (§ 81 Abs. 3).
– Erhalt der Niederschriften über Untersuchungen, Besichtigungen und Besprechungen, zu denen der Personalrat aufgrund von § 81 Abs. 2 und 3 hinzuzuziehen ist (§ 81 Abs. 4).
– Aushändigung einer Kopie der nach § 193 Abs. 5 SGB VII vom Personalrat zu unterschreibenden Unfallanzeige (§ 81 Abs. 5).

Weitere Beteiligungsrechte ergeben sich aus AVV sowie aus Dienstanweisungen der Länder (vgl. BetrVG Rn. 11).

7 Der Personalrat hat, wie der Betriebsrat, aufgrund der Regelungen der §§ 68 und 81 ein selbständiges **Überwachungsrecht** und eine **Überwachungspflicht** bei der Bekämpfung von Gefahren für Leben und Gesundheit der Beschäftigten (vgl. BetrVG Rn. 4).

8 Der Personalrat hat ein **uneingeschränktes Mitbestimmungsrecht**
– bei der Bestellung von Vertrauens- oder Betriebsärzten als Angestellte (§ 75 Abs. 3 Nr. 10, Rn. 9; die Bestellung von Vertrauens- oder Betriebsärzten als Beamte unterliegt der eingeschränkten Mitbestimmung gem. § 76 Abs. 2 Nr. 4, vgl. Rn. 14),
– bei Maßnahmen zur Verhütung von Dienst- und Arbeitsunfällen und sonstigen Gesundheitsschädigungen (§ 75 Abs. 3 Nr. 11; Rn. 10 f.; vgl. *BVerwG* 23.8.2000, PersR 2001, 20: Asbestsanierung) sowie

– bei der Gestaltung der Arbeitsplätze (§ 75 Abs. 3 Nr. 16; Rn. 13).
Nicht mitbestimmungspflichtig sind technische Gebrauchsanweisungen ohne Bezug zur Verhütung von Arbeitsunfällen (*OVG Nordrhein-Westfalen*, 3. 2. 2000, PersR 2001, 25). Uneingeschränkt sind diese Mitbestimmungsrechte deshalb, weil in den Fällen des § 75 die **Einigungsstelle** gem. §§ 69 Abs. 4 i.V. m. 71 zur **abschließenden Entscheidung**, die beide Seiten bindet, befugt ist (*Altvater u.a.*, § 75 Rn. 1).

Betriebsärzte gem. § 75 Abs. 3 Nr. 10 sind Ärzte, die als **Angestellte** die Beschäftigten medizinisch betreuen und in der Regel die Dienststelle arbeitsmedizinisch beraten (zur betrieblichen Arbeitsschutzorganisation im öffentlichen Dienst und zu § 16 ASiG vgl. ASiG Rn. 18 f.). Das Mitbestimmungsrecht greift bei der Bestellung sowie bei der Abberufung von Betriebsärzten (vgl. *Altvater u.a.*, § 75 Rn. 61). Als »Maßnahme« des Gesundheitsschutzes i.S. des § 75 Abs. 3 Nr. 11 unterliegt auch die Bestellung eines **freiberuflichen Betriebsarztes** der Mitbestimmung (*BVerwG* 25. 1. 1995, PersR 1995, 300, ZTR 95, 524; ASiG Rn. 121). **9**

Das Mitbestimmungsrecht gem. § 75 Abs. 3 Nr. 11 betrifft **allgemeine Regelungen und Anweisungen** zur Verhütung von Dienst- oder Arbeitsunfällen und sonstigen Gesundheitsschädigungen. Es bezieht sich aber auch auf alle **Einzelmaßnahmen**, die die Entstehung von Schäden verhindern sollen, sofern sie darauf abzielen, das Risiko von Gesundheitsschädigung oder Unfällen zu mindern oder einen effektiven Gesundheitsschutz zu gewährleisten (*Altvater u.a.*, § 75 Rn. 62 m.w.N.); der Begriff »sonstige Gesundheitsschädigungen« ist dabei im Lichte des § 2 Abs. 1 ArbSchG auszulegen. Die Mitbestimmung des Personalrats umfasst alle Maßnahmen, die in Erfüllung entsprechender gesetzlicher Auflagen durchzuführen sind, ist aber im Gegensatz zu § 87 Abs. 1 Nr. 7 BetrVG (vgl. BetrVG Rn. 14 ff.) darauf nicht beschränkt (*Altvater u.a.*, § 75 Rn. 62a, m.w.N.). Erfasst werden die Anlage, Änderung, Ingangsetzung oder Außerbetriebnahme **technischer Vorrichtungen** ebenso wie **organisatorische** und **personelle Entscheidungen** (*BVerwG* 25. 1. 1995, PersR 1995, 300; zur Einstellung eines freiberuflichen Betriebsarztes Rn. 9). **10**

Bestehen gesetzliche oder tarifvertragliche Vorschriften, erstreckt sich das Mitbestimmungsrecht bei derartigen **abschließenden Regelungen** auf den **Vollzug** oder, soweit sie nicht abschließend sind, auf deren Ausfüllung. Sind solche Vorschriften nicht vorhanden, bezieht sich das Mitbestimmungsrecht auf die Entscheidung über **Art und Umfang der Maßnahme** und auf ihren Vollzug (*Altvater u.a.*, § 75 Rn. 62a m.w.N.; zu den in Frage kommenden Rechtsvorschriften insbesondere des ArbSchG vgl. BetrVG Rn. 27 ff.). **11**

Das Mitbestimmungsrecht bezieht sich auch auf die Bestellung von **Betriebsärzten** und **Fachkräften für Arbeitssicherheit** gem. den Regelungen des ASiG (vgl. *Altvater u.a.*, § 75 Rn. 62c; näheres ASiG Rn. 119 ff.; zur Bestellung von Vertrauens- und Betriebsärzten als Angestellte vgl. Rn. 9). Das gleiche gilt für **Sicherheitsbeauftragte aufgrund § 22 Abs. 1 SGB VII** (vgl. *OVG Nordrhein-Westfalen* 15. 12. 1999, PersR 2000, 375; SGB VII Rn. 34). **12**

Das Mitbestimmungsrecht des Personalrats bei der **Gestaltung von Arbeitsplätzen** gem. § 75 Abs. 3 Nr. 16 bezieht sich umfassend auf den Bereich, in dem der Beschäftigte seine Arbeitsleistung erbringt (vgl. *Altvater u.a.*, § 75 Rn. 76), sowie auf die Herstellung der Bedingungen, unter denen die Arbeitsleistung erbracht wird (vgl. a.a.O., Rn. 76a). Die Regelung ist weiter gefasst als § 91 BetrVG; es ist insbesondere nicht als lediglich korrigierendes Mitbestimmungsrecht ausgestaltet und bezieht sich sowohl auf die Gestaltung **vorhandener** als **13**

Sonstige Rechtsvorschriften

auch **neu zu schaffender Arbeitsplätze** (a.a.O., Rn. 76, 77). Der Personalrat hat bei seiner Beteiligung darauf hinzuwirken, dass der Arbeitgeber die gesicherten arbeitswissenschaftlichen Erkenntnisse über die menschengerechte Gestaltung der Arbeit berücksichtigt, er ist darauf aber nicht beschränkt (vgl. a.a.O., Rn. 77; zum Begriff der gesicherten arbeitswissenschaftlichen Erkenntnisse vgl. § 4 ArbSchG Rn. 11 ff.; zum Mitbestimmungsrecht des Betriebsrates gem. § 91 BetrVG vgl. BetrVG Rn. 22).

14 Der Personalrat hat ein **eingeschränktes Mitbestimmungsrecht** bei
– der Bestellung von Vertrauens- oder Betriebsärzten als Beamte (§ 76 Abs. 2 Nr. 4; vgl. Rn. 8),
– Maßnahmen zur Hebung der Arbeitsleistung und Erleichterung des Arbeitsablaufs (§ 76 Abs. 2 Nr. 5; Rn. 15 f.),
– allgemeinen Fragen der Fortbildung der Beschäftigten (§ 76 Abs. 2 Nr. 6; Rn. 18) sowie
– der Einführung grundlegend neuer Arbeitsmethoden (§ 76 Abs. 2 Nr. 7; Rn. 19).

Eingeschränkt sind diese Mitbestimmungsrechte deshalb, weil in den Fällen des § 76 die Einigungsstelle gem. §§ 69 Abs. 4 i.V.m. 71 lediglich eine **Empfehlung an die oberste Dienstbehörde** ausspricht, der die letzte Entscheidung obliegt (*Altvater u.a.*, § 76 Rn. 1).

15 Die Mitbestimmung des Personalrats bei der **Hebung der Arbeitsleistung** durch Maßnahmen des Arbeitgebers (§ 76 Abs. 2 Nr. 5) bezieht sich auf jede Erhöhung der in einer vorgegebenen Zeit zu erledigenden Arbeitsmenge, jede Verkürzung der vorgegebenen Zeit bei gleichbleibender Arbeitsmenge oder jede Verbesserung der Qualität des Arbeitsprodukts. Ausschlaggebend ist, dass die Maßnahmen zu einer erhöhten Inanspruchnahme des Beschäftigten durch Steigerung der körperlichen Anforderungen oder durch Vermehrung der psychischen Belastung führt (*BVerwG* 30.8.1985; *Altvater u.a.*, § 76 Rn. 16a).

16 Die Mitbestimmung bezieht sich darüber hinaus auf **jede Erleichterung des Arbeitsablaufs** durch Maßnahmen des Arbeitgebers. Darunter wird die Verbesserung der räumlich, zeitlich oder funktionell aufeinanderfolgenden Arbeitsvorgänge verstanden, indem sie flüssiger, einfacher oder auf sonstige Weise rationeller gestaltet werden. In der Regel sind solche Erleichterungen aber mit einer Anhebung des Pensums verbunden (a.a.O., Rn. 18b).

17 In beiden Fällen des § 76 Abs. 2 Nr. 5 können sich **Gefährdungen** für Sicherheit und Gesundheit der Beschäftigten ergeben, die bei der Beurteilung der Arbeitsbedingungen gem. § 5 Abs. 1 ArbSchG durch den Arbeitgeber zu beachten sind (vgl. § 5 Abs. 3 Nr. 4 ArbSchG). Bei Maßnahmen i.S.v. § 76 Abs. 2 Nr. 5 ist die Beachtung der allgemeinen Grundpflichten sowie der allgemeinen Grundsätze bei der Planung, Durchführung und der Kontrolle der Wirksamkeit von Arbeitsschutzmaßnahmen (§§ 3, 4 ArbSchG) besonders wichtig. Diese Regelungen des ArbSchG unterliegen allerdings der uneingeschränkten Mitbestimmung des Personalrats nach § 75 Abs. 3 Nr. 11.

18 Die Mitbestimmung des Personalrats erstreckt sich auch auf **allgemeine Fragen der Fortbildung** im Bereich der Sicherheit und des Gesundheitsschutzes (§ 76 Abs. 2 Nr. 6; vgl. allgemein *Altvater u.a.*, § 76 Rn. 19 f.). Dies ist insbesondere dann von erheblicher Bedeutung, wenn die Beschäftigten unzureichend qualifiziert und unterwiesen sind und sich hieraus Gefährdungen für Sicherheit und Gesundheit ergeben (§ 5 Abs. 3 Nr. 5 ArbSchG; diese Regelung unterliegt allerdings der uneingeschränkten Mitbestimmung nach § 75 Abs. 3 Nr. 11).

Der Personalrat kann bei der Einführung **grundlegend neuer Arbeitsmethoden** **19** mitbestimmen (§ 76 Abs. 2 Nr. 7), durch die sich u.a. die Anforderungen an Sicherheit und Gesundheitsschutz verändern können. Diese Regelung steht in engem Zusammenhang mit der Mitbestimmung bei der Hebung der Arbeitsleistung und der Erleichterung des Arbeitsablaufs (Rn. 15 f.). Der Begriff der Arbeitsmethode stellt darauf ab, auf welche Art und Weise ein Beschäftigter seine Arbeit zu erledigen hat (*BVerwG* 15.12.1978, PersV 80, 145), und bezeichnet die Konzeption, welche hinter dem in einzelne unselbständige Arbeitsvorgänge gegliederten Arbeitsablauf steht (vgl. *BVerwG* 30.8.1985, PersR 86, 184; *Altvater u.a.*, § 76 Rn. 21). Bei Einführung neuer Arbeitsmethoden ändert sich die Arbeitsweise der Beschäftigten in der Dienststelle oder in Teilen von ihr so stark, dass die Arbeitsleistung in anderer Weise als bisher erbracht werden muss. Die Änderung muss daher für die von ihr betroffenen Beschäftigten ins Gewicht fallende körperliche oder geistige Auswirkungen haben (*BVerwG* 14.3.1986, PersR 86, 195; *Altvater u.a.*, a.a.O.). Die Regelung verweist auf die Bestimmung des § 5 Abs. 3 Nr. 4 ArbSchG, wonach sich Gefährdungen, die bei der Beurteilung der Arbeitsbedingungen gem. § 5 Abs. 1 durch den Arbeitgeber zu ermitteln sind, insbesondere aus der Gestaltung von Arbeits- und Fertigungsverfahren, Arbeitsabläufen und Arbeitszeit und deren Zusammenwirken ergeben können. Diese Regelung unterliegt der uneingeschränkten Mitbestimmung des Personalrats, weshalb die Bedeutung der Regelung nach § 76 Abs. 2 Nr. 7 zurückgehen wird.

3. Besondere Problemkomplexe

Das ArbSchG macht an verschiedenen Stellen eine spezifische **Unterweisung** **20** bzw. **Qualifizierung** der Beschäftigten zur **Tätigkeitsvoraussetzung**:
– Befähigung zur Einhaltung der Arbeitsschutzbestimmungen (§ 7 ArbSchG),
– Unterrichtung der Beschäftigten bei Zusammenarbeit mehrerer Arbeitgeber (§ 8 Abs. 1 ArbSchG),
– Stand der Unterweisung von Fremdfirmenbeschäftigten (§ 8 Abs. 2 ArbSchG),
– Anweisungen und Unterrichtung bei besonderen Gefahren (§ 9 Abs. 1 und 2 ArbSchG),
– Ausbildung zur Ersten Hilfe usw. (§ 10 Abs. 2 ArbSchG),
– allgemeine Unterweisung (§ 12 ArbSchG) und
– Unterrichtung über Gefahren für Sicherheit und Gesundheitsschutz bei der Arbeit (Art. 14 Abs. 1 ArbSchG).
Der Personalrat hat die Einhaltung dieser Vorschriften gem. § 68 Abs. 1 Nr. 2 **21** BPersVG zu **überwachen**. Erfüllt der Arbeitgeber sie nicht, kann der Personalrat die zuständige Behörde einschalten. Die genannten Anforderungen dienen nicht nur dem persönlichen Schutz der Beschäftigten, sondern sollen diese zur Sorge für andere Personen befähigen (§ 15 Abs. 1 Satz 2 ArbSchG). Damit sind sie Voraussetzung für das betriebliche Arbeitsschutzsystem insgesamt. Die Vernachlässigung dieser Anforderungen ist geeignet, das Mitbestimmungsrecht des Personalrats gem. § 76 Abs. 3 Nr. 11 zu untergraben. Der Personalrat hat deshalb auch einen gerichtlich durchsetzbaren Anspruch darauf, den Einsatz von Beschäftigten ohne die vorgeschriebenen Unterweisungen usw. **rückgängig** zu machen, nicht jedoch ihn zu unterlassen (vgl. *Altvater u.a.*, § 69 Rn. 21 ff. m.w.N.). Einer **Einstellung** oder **Versetzung** kann der Personalrat gem. § 75 Abs. 1, 3 die Zustimmung verweigern, wenn die Unterweisung gem. § 12

Sonstige Rechtsvorschriften

ArbSchG nicht vor Aufnahme der Tätigkeit erfolgt. Der Betrieb darf den Eingestellten nicht beschäftigen, solange die Zustimmung des Personalrats, nach erfolgter Unterweisung, nicht vorliegt oder durch die Einigungsstelle ersetzt ist (vgl. *Altvater u.a.*, § 75 Rn. 8 m.w.N.). Bei der Einstellung oder Versetzung von Beamten gilt das eingeschränkte Mitbestimmungsrecht des Personalrats (vgl. § 75 Abs. 1 Nr. 1, 4).

22 Das ArbSchG bezieht sich nicht nur auf Arbeitnehmer sondern auf Beschäftigte (§ 2 ArbSchG Rn. 12). Damit wird die Frage aufgeworfen, ob der Personalrat über den ausdrücklich geregelten Fall des § 10 Abs. 2 Satz 3 ArbSchG hinaus für die gem. § 2 Abs. 2 Nr. 3 ArbSchG einbezogenen **arbeitnehmerähnlichen Personen** zuständig ist. Einerseits handelt es sich bei diesen nicht gerade um Beschäftigte i.S. des BPersVG, und sie können an der Wahl des Personalrats nicht mitwirken. Andererseits werden mit dem ArbSchG ihnen gegenüber arbeitsrechtliche Pflichten des Arbeitgebers begründet. Außerdem können Maßnahmen des Arbeitsschutzes typischerweise nur für alle Beschäftigten gleich geregelt werden, und in vielen Fällen hat das Vorhandensein und Verhalten der arbeitnehmerähnlichen Personen Auswirkungen auf die Sicherheitslage der Arbeitnehmer-Belegschaft. Es liegt eine vergleichbare Interessenlage vor, wie sie zur Mitbestimmung des Personalrats gem. § 14 Abs. 4 AÜG auch für Leiharbeitnehmer führt (vgl. *Altvater u.a.*, § 75 Rn. 7a; AÜG Rn. 6). Daraus folgt ein Mitbestimmungsrecht gem. § 75 Abs. 3 Nr. 11 mit arbeitnehmerähnlichen Personen immer dann,
– wenn diese in für alle übrigen Beschäftigten geltende Maßnahmen des Arbeitsschutzes einbezogen werden oder
– ihre Tätigkeit einen betrieblichen Bezug mit Arbeitssicherheitsrelevanz für die übrigen Beschäftigten aufweist.

23 In diesem Rahmen besteht auch in Bezug auf arbeitnehmerähnliche Personen ein **Rückgängigmachungsanspruch** des Personalrats (vgl. Rn. 21). In Bezug auf das Mitbestimmungsrecht bei **Einstellungen** gem. § 75 Abs. 1 Nr. 1 hat das ArbSchG neue Grundlagen zur Ausfüllung des Eingliederungsbegriffs für diesen Personenkreis geschaffen. Das gilt zum einen für die Arbeitsschutzpflichten des Arbeitgebers gegenüber den arbeitnehmerähnlichen Personen als auch für deren Pflichten nicht zuletzt gegenüber der Arbeitnehmer-Belegschaft bzw. in deren Interesse. Der Personalrat kann deshalb bei Vorliegen der entsprechenden Voraussetzungen der Zustimmung zur Einstellung gem. § 75 Abs. 1 Nr. 1 widersprechen. Es gilt auch die Regelung des § 79 Abs. 5.

24 Die Gestaltung der **Zusammenarbeit mit anderen Arbeitgebern** gem. § 8 ArbSchG unterliegt uneingeschränkt der Mitbestimmung des Personalrats. Das betrifft sowohl den Einsatz von Fremdfirmenbeschäftigten im eigenen Betrieb (§ 8 Abs. 2 ArbSchG) als auch die Entsendung der eigenen Beschäftigten an einen anderen Arbeitsplatz i.S. des § 8 Abs. 1 ArbSchG. Der Personalrat ist gem. § 68 Abs. 2 darüber zu **unterrichten**, ob und in welcher Weise der Arbeitgeber seiner Pflicht zur Zusammenarbeit gem. § 8 Abs. 1 ArbSchG bzw. zur **Überprüfung der Unterweisung** nach § 8 Abs. 2 ArbSchG nachgekommen ist. Durch dieses Informationsrecht soll der Personalrat in die Lage versetzt werden, sowohl auf die Einhaltung von Arbeitsschutzvorschriften zu achten, als auch mögliche Mitbestimmungsinitiativen in Erwägung zu ziehen. Er hat deshalb nach allgemeinen Gesichtspunkten einen Anspruch auf **Rückgängigmachung** der Zusammenarbeit (vgl. Rn. 14), wenn ihm die erforderlichen Informationen nicht vor deren Aufnahme gegeben wurden. Der Unterlassungs-

anspruch besteht auch, wenn die Pflichten aus § 8 ArbSchG noch nicht vorständig erfüllt sind. Werden Arbeitnehmer eines anderen Arbeitgebers **in einer fremden Dienststelle** tätig, so soll im Regelfall kein Mitbestimmungsrecht des Personalrats bestehen (vgl. *OVG Lüneburg* 15.9.1993, PersR 94, 469; *Altvater u.a.*, § 75 Rn. 5e). Die neue Rechtslage aufgrund des ArbSchG sollte jedoch Anlass sein, den zugrundeliegenden engen Eingliederungsbegriff zu überprüfen und bei Verletzungen des § 8 Abs. 1 ArbSchG ein Recht der Zustimmungsverweigerung gem. § 77 Abs. 2 Nr. 1 zu bejahen. Die Frage, ob Fremdfirmenbeschäftigte direkt § 75 Abs. 3 Nr. 11 unterfallen, kann wegen der Existenz von § 8 ArbSchG offen bleiben, denn jedenfalls erlaubt diese Rahmenvorschrift die Mitbestimmung über alle notwendigen Arbeitsschutzaspekte deren Arbeitseinsatzes.

Hinsichtlich **der inhaltlichen Gesichtspunkte der Zusammenarbeit** nach § 8 Abs. 1 ArbSchG (Abstimmung von Maßnahmen) hat der Personalrat das Mitbestimmungsrecht des § 75 Abs. 3 Nr. 11. Es kann sich jedoch nur auf die eigenen Beschäftigten beziehen. Zur Sicherung dieser inhaltlichen Mitbestimmungsthemen hat der Personalrat nach allgemeinen Gesichtspunkten einen Rückgängigmachungsanspruch (Rn. 21). Da bei anderen Arbeitgebern im Innenverhältnis das gleiche gilt, kann es zu **Komplikationen** kommen, bis eine endgültige Regelung getroffen ist. Ihnen kann durch gemeinsame Arbeitsgruppen entgegengewirkt werden, an denen von jedem beteiligten Unternehmen Vertreter beider Betriebsparteien teilnehmen. Dabei können im Einverständnis aller Beteiligten **gemeinsame Dienstvereinbarungen** nach § 73 vereinbart werden (die rechtlich gesehen parallele, inhaltsgleiche Vereinbarungen der jeweils zuständigen Betriebspartner sind). Diesbezüglich kann auch eine gemeinsam besetzte Einigungsstelle mit einem gemeinsamen Vorsitzenden errichtet werden. 25

Das BPersVG kennt **keine Individualrechte** für den einzelnen Beschäftigten im öffentlichen Dienst. Die entsprechenden, durch die Richtlinie 89/391/EWG festgelegten Rechte sind durch §§ 14, 12 sowie durch § 17 ArbSchG umgesetzt worden, während das BPersVG unverändert geblieben ist. 26

4. Beteiligungsrechte außerhalb des Personalvertretungsrechts

Der Personalrat ist gem. § 22 Abs. 1 SGB VII an der Bestellung von **Sicherheitsbeauftragten** zu beteiligen (SGB VII Rn. 34). Die Intensität der Beteiligung ergibt sich aus dem Personalvertretungsrecht. In dessen Kategorien handelt es sich um eine »Maßnahme« i.S. des § 75, die der uneingeschränkten Mitbestimmung unterliegt (vgl. *VG Gelsenkirchen* 22.8.1997, PersR 1998, 201; zur Beteiligung bei der Bestellung von Betriebsärzten s. Rn. 9). 27

5. Schulungsveranstaltungen

Fragen des Arbeitsschutzes können Gegenstand von **Schulungsveranstaltungen** auf Kosten des Arbeitgebers sein (*BVerWG* 27.4.1979 – 6 P 33.78; vgl. *Altvater u.a.*, § 46 Rn. 46). Die Rechtsprechung neigt dazu, dies nur für solche Personalratsmitglieder zu akzeptieren, die innerhalb des Personalrats mit solchen Fragen befasst sind. Andererseits muss die mit dem Präventionsprinzip des ArbSchG (§ 1 ArbSchG Rn. 4ff.) gewachsene Bedeutung des Arbeitsschutzes in der Breite gesehen werden (vgl. *OVG Münster* 3.2.1882 – CB 27/80). Das verlangt mindestens grundlegende Kenntnisse für alle Personalratsmitglieder. 28

Sozialgesetzbuch VII (SGB VII) – Gesetzliche Unfallversicherung

vom 7. August 1996 (BGBl. I, 1254), zuletzt geändert durch Art. 218 der Siebenten Zuständigkeitsanpassungs-Verordnung vom 29. Oktober 2001 (BGBl. I, S. 2785)

Erstes Kapitel
Aufgaben, versicherter Personenkreis, Versicherungsfall

Erster Abschnitt
Aufgaben der Unfallversicherung

§ 1 Prävention, Rehabilitation, Entschädigung

Aufgabe der Unfallversicherung ist es, nach Maßgabe der Vorschriften dieses Buches
1. mit allen geeigneten Mitteln Arbeitsunfälle und Berufskrankheiten sowie arbeitsbedingte Gesundheitsgefahren zu verhüten,
2. nach Eintritt von Arbeitsunfällen oder Berufskrankheiten die Gesundheit und die Leistungsfähigkeit der Versicherten mit allen geeigneten Mitteln wiederherzustellen und sie oder ihre Hinterbliebenen durch Geldleistungen zu entschädigen.

Zweiter Abschnitt
Versicherter Personenkreis

§ 2 Versicherung kraft Gesetzes

(1) Kraft Gesetzes sind versichert
1. Beschäftigte,
2. Lernende während der beruflichen Aus- und Fortbildung in Betriebsstätten, Lehrwerkstätten, Schulungskursen und ähnlichen Einrichtungen,
3. Personen, die sich Untersuchungen, Prüfungen oder ähnlichen Maßnahmen unterziehen, die aufgrund von Rechtsvorschriften zur Aufnahme einer versicherten Tätigkeit oder infolge einer abgeschlossenen versicherten Tätigkeit erforderlich sind, soweit diese Maßnahmen vom Unternehmer oder einer Behörde veranlaßt worden sind,
4. behinderte Menschen, die in anerkannten Werkstätten für behinderte Menschen oder in nach dem Blindenwarenvertriebsgesetz anerkannten Blindenwerkstätten oder für diese Einrichtungen in Heimarbeit tätig sind,
5. Personen, die
   a) Unternehmer eines landwirtschaftlichen Unternehmens sind und ihre im Unternehmen mitarbeitenden Ehegatten,

Sozialgesetzbuch VII

b) im landwirtschaftlichen Unternehmen nicht nur vorübergehend mitarbeitende Familienangehörige sind,

c) in landwirtschaftlichen Unternehmen in der Rechtsform von Kapital- oder Personenhandelsgesellschaften regelmäßig wie Unternehmer selbständig tätig sind,

d) ehrenamtlich in Unternehmen tätig sind, die unmittelbar der Sicherung, Überwachung oder Förderung der Landwirtschaft überwiegend dienen,

e) ehrenamtlich in den Berufsverbänden der Landwirtschaft tätig sind, wenn für das Unternehmen eine landwirtschaftliche Berufsgenossenschaft zuständig ist,

6. Hausgewerbetreibende und Zwischenmeister sowie ihre mitarbeitenden Ehegatten,

7. selbständig tätige Küstenschiffer und Küstenfischer, die zur Besatzung ihres Fahrzeugs gehören oder als Küstenfischer ohne Fahrzeug fischen und regelmäßig nicht mehr als vier Arbeitnehmer beschäftigen, sowie ihre mitarbeitenden Ehegatten,

8. a) Kinder während des Besuchs von Tageseinrichtungen, deren Träger für den Betrieb der Einrichtungen der Erlaubnis nach § 45 des Achten Buches oder einer Erlaubnis aufgrund einer entsprechenden landesrechtlichen Regelung bedürfen,

b) Schüler während des Besuchs von allgemein- oder berufsbildenden Schulen und während der Teilnahme an unmittelbar vor oder nach dem Unterricht von der Schule oder im Zusammenwirken mit ihr durchgeführten Betreuungsmaßnahmen,

c) Studierende während der Aus- und Fortbildung an Hochschulen,

9. Personen, die selbständig oder unentgeltlich, insbesondere ehrenamtlich im Gesundheitswesen oder in der Wohlfahrtspflege tätig sind,

10. Personen, die für Körperschaften, Anstalten oder Stiftungen des öffentlichen Rechts oder deren Verbände oder Arbeitsgemeinschaften, für öffentlich-rechtliche Religionsgemeinschaften oder für die in den Nummern 2 und 8 genannten Einrichtungen ehrenamtlich tätig sind oder an Ausbildungsveranstaltungen für diese Tätigkeit teilnehmen,

11. Personen, die

a) von einer Körperschaft, Anstalt oder Stiftung des öffentlichen Rechts zur Unterstützung einer Diensthandlung herangezogen werden,

b) von einer dazu berechtigten öffentlichen Stelle als Zeugen zur Beweiserhebung herangezogen werden,

12. Personen, die in Unternehmen zur Hilfe bei Unglücksfällen oder im Zivilschutz unentgeltlich, insbesondere ehrenamtlich tätig sind oder an Ausbildungsveranstaltungen dieser Unternehmen teilnehmen,

13. Personen, die

a) bei Unglücksfällen oder gemeiner Gefahr oder Not Hilfe leisten oder einen anderen aus erheblich gegenwärtiger Gefahr für seine Gesundheit retten,

b) Blut oder körpereigene Organe, Organteile oder Gewebe spenden,

c) sich bei der Verfolgung oder Festnahme einer Person, die einer Straftat verdächtig ist, oder zum Schutz eines widerrechtlich Angegriffenen persönlich einsetzen,

14. Personen, die nach den Vorschriften des Dritten Buches odes des Bundessozialhilfegesetzes der Meldepflicht unterliegen, wenn sie einer besonde-

ren, an sie im Einzelfall gerichteten Aufforderung einer Dienststelle der Bundesanstalt für Arbeit nachkommen, diese oder eine andere Stelle aufzusuchen,
15. Personen, die
    a) auf Kosten einer Krankenkasse oder eines Trägers der gesetzlichen Rentenversicherung oder einer landwirtschaftlichen Alterskasse stationäre oder teilstationäre Behandlung oder Leistungen stationärer, teilstationärer oder ambulanter medizinischer Rehabilitation erhalten,
    b) zur Vorbereitung von Leistungen zur Teilhabe am Arbeitsleben auf Aufforderung eines Trägers der gesetzlichen Rentenversicherung oder der Bundesanstalt für Arbeit einen dieser Träger oder eine andere Stelle aufsuchen,
    c) auf Kosten eines Unfallversicherungsträgers an vorbeugenden Maßnahmen nach § 3 der Berufskrankheiten-Verordnung teilnehmen,
16. Personen, die bei der Schaffung öffentlich geförderten Wohnraums im Sinne des Zweiten Wohnungsbaugesetzes im Rahmen der Selbsthilfe tätig sind,
17. Pflegepersonen im Sinne des § 19 des Elften Buches bei der Pflege eines Pflegebedürftigen im Sinne des § 14 des Elften Buches; die versicherte Tätigkeit umfasst Pflegetätigkeiten im Bereich der Körperpflege und – soweit diese Tätigkeiten überwiegend Pflegebedürftigen zugute kommen – Pflegetätigkeiten in den Bereichen der Ernährung, der Mobilität sowie der hauswirtschaftlichen Versorgung (§ 14 Abs. 4 des Elften Buches).

(2) Ferner sind Personen versichert, die wie nach Absatz 1 Nr. 1 Versicherte tätig werden. Satz 1 gilt auch für Personen, die während einer aufgrund eines Gesetzes angeordneten Freiheitsentziehung oder aufgrund einer strafrichterlichen, staatsanwaltlichen oder jugendbehördlichen Anordnung wie Beschäftigte tätig werden.

(3) Absatz 1 Nr. 1 gilt auch für
1. Deutsche, die im Ausland bei einer amtlichen Vertretung des Bundes oder der Länder oder bei deren Leitern, deutschen Mitgliedern oder Bediensteten beschäftigt sind,
2. Entwicklungshelfer im Sinne des Entwicklungshelfer-Gesetzes, die Entwicklungsdienst oder Vorbereitungsdienst leisten.

Soweit die Absätze 1 und 2 weder eine Beschäftigung noch eine selbständige Tätigkeit voraussetzen, gelten sie abweichend von § 3 Nr. 2 des Vierten Buches für alle Personen, die die in diesen Absätzen genannten Tätigkeiten im Inland ausüben; § 4 des Vierten Buches gilt entsprechend. Absatz 1 Nr. 13 gilt auch für Personen, die im Ausland tätig werden, wenn sie im Inland ihren Wohnsitz oder gewöhnlichen Aufenthalt haben.

(4) Familienangehörige im Sinne des Absatzes 1 Nr. 5 Buchstabe b sind
1. Verwandte bis zum dritten Grade,
2. Verschwägerte bis zum zweiten Grade,
3. Pflegekinder (§ 56 Abs. 2 Nr. 2 des Ersten Buches)
der Unternehmer oder ihrer Ehegatten.

§ 3 Versicherung kraft Satzung

(1) Die Satzung kann bestimmen, daß und unter welchen Voraussetzungen sich die Versicherung erstreckt auf
1. Unternehmer und ihre im Unternehmen mitarbeitenden Ehegatten,

2. Personen, die sich auf der Unternehmensstätte aufhalten; § 2 Abs. 3 Satz 2 erster Halbsatz gilt entsprechend.

(2) Absatz 1 gilt nicht für
1. Haushaltsführende,
2. Unternehmer von nicht gewerbsmäßig betriebenen Binnenfischereien oder Imkereien und ihre im Unternehmen mitarbeitenden Ehegatten,
3. Personen, die aufgrund einer vom Fischerei- oder Jagdausübungsberechtigten erteilten Erlaubnis als Fischerei- oder Jagdgast fischen oder jagen,
4. Reeder, die nicht zur Besatzung des Fahrzeugs gehören, und ihre im Unternehmen mitarbeitenden Ehegatten.

§ 4 Versicherungsfreiheit

(1) Versicherungsfrei sind
1. Personen, soweit für sie beamtenrechtliche Unfallfürsorgevorschriften oder entsprechende Grundsätze gelten; ausgenommen sind Ehrenbeamte und ehrenamtliche Richter,
2. Personen, soweit für sie das Bundesversorgungsgesetz oder Gesetze, die eine entsprechende Anwendung des Bundesversorgungsgesetzes vorsehen, gelten, es sei denn, daß
   a) der Versicherungsfall zugleich die Folge einer Schädigung im Sinne dieser Gesetze ist oder
   b) es sich um eine Schädigung im Sinne des § 5 Abs. 1 Buchstabe e des Bundesversorgungsgesetzes handelt,
3. satzungsmäßige Mitglieder geistlicher Genossenschaften, Diakonissen und Angehörige ähnlicher Gemeinschaften, wenn ihnen nach den Regeln der Gemeinschaft Anwartschaft auf die in der Gemeinschaft übliche Versorgung gewährleistet und die Erfüllung der Gewährleistung gesichert ist.

(2) Von der Versicherung nach § 2 Abs. 1 Nr. 5 sind frei
1. Personen, die aufgrund einer vom Fischerei- oder Jagdausübungsberechtigten erteilten Erlaubnis als Fischerei- oder Jagdgast fischen oder jagen,
2. Unternehmer von Binnenfischereien, Imkereien und Unternehmen nach § 123 Abs. 1 Nr. 2, wenn diese Unternehmen nicht gewerbsmäßig betrieben werden und nicht Neben- oder Hilfsunternehmen eines anderen landwirtschaftlichen Unternehmens sind, sowie ihre im Unternehmen mitarbeitenden Ehegatten; das gleiche gilt für Personen, die in diesen Unternehmen als Verwandte oder Verschwägerte bis zum zweiten Grad oder als Pflegekind der Unternehmer oder ihrer Ehegatten unentgeltlich tätig sind.

(3) Von der Versicherung nach § 2 Abs. 1 Nr. 9 sind frei selbständig tätige Ärzte, Zahnärzte, Tierärzte, Psychologische Psychotherapeuten, Kinder- und Jugendlichentherapeuten, Heilpraktiker und Apotheker.

(4) Von der Versicherung nach § 2 Abs. 2 ist frei, wer in einem Haushalt als Verwandter oder Verschwägerter bis zum zweiten Grad oder als Pflegekind der Haushaltsführenden oder der Ehegatten unentgeltlich tätig ist, es sei denn, er ist in einem in § 124 Nr. 1 genannten Haushalt tätig.

§ 5 Versicherungsbefreiung

Von der Versicherung nach § 2 Abs. 1 Nr. 5 werden auf Antrag Unternehmer landwirtschaftlicher Unternehmen im Sinne des § 123 Abs. 1 Nr. 1 bis zu einer Größe von 0,12 Hektar und ihre Ehegatten unwiderruflich befreit; dies gilt nicht für Spezialkulturen. Das Nähere bestimmt die Satzung.

§ 6 Freiwillige Versicherung

(1) Auf schriftlichen Antrag können sich versichern
1. Unternehmer und ihre im Unternehmen mitarbeitenden Ehegatten; ausgenommen sind Haushaltsführende, Unternehmer von nicht gewerbsmäßig betriebenen Binnenfischereien oder Imkereien, von nicht gewerbsmäßig betriebenen Unternehmen nach § 123 Abs. 1 Nr. 2 und ihre Ehegatten sowie Fischerei- und Jagdgäste,
2. Personen, die in Kapital- oder Personenhandelsgesellschaften regelmäßig wie Unternehmer selbständig tätig sind.

(2) Die Versicherung beginnt mit dem Tag, der dem Eingang des Antrags folgt. Die Versicherung erlischt, wenn der Beitrag oder Beitragsvorschuss binnen zwei Monaten nach Fälligkeit nicht gezahlt worden ist. Eine Neuanmeldung bleibt so lange unwirksam, bis der rückständige Beitrag oder Beitragsvorschuss entrichtet worden ist.

Dritter Abschnitt
Versicherungsfall

§ 7 Begriff

(1) Versicherungsfälle sind Arbeitsunfälle und Berufskrankheiten.
(2) Verbotswidriges Handeln schließt einen Versicherungsfall nicht aus.

§ 8 Arbeitsunfall

(1) Arbeitsunfälle sind Unfälle von Versicherten infolge einer den Versicherungsschutz nach § 2, 3 oder 6 begründenden Tätigkeit (versicherte Tätigkeit). Unfälle sind zeitlich begrenzte, von außen auf den Köper einwirkende Ereignisse, die zu einem Gesundheitsschaden oder zum Tod führen.

(2) Versicherte Tätigkeiten sind auch
1. das Zurücklegen des mit der versicherten Tätigkeit zusammenhängenden unmittelbaren Weges nach und von dem Ort der Tätigkeit,
2. das Zurücklegen des von einem unmittelbaren Weg nach und von dem Ort der Tätigkeit abweichenden Weges, um
   a) Kinder von Versicherten (§ 56 des Ersten Buches), die mit ihnen in einem gemeinsamen Haushalt leben, wegen ihrer oder ihrer Ehegatten beruflichen Tätigkeit fremder Obhut anzuvertrauen oder
   b) mit anderen Berufstätigen oder Versicherten gemeinsam ein Fahrzeug zu benutzen,
3. das Zurücklegen des von einem unmittelbaren Weg nach und von dem Ort der Tätigkeit abweichenden Weges der Kinder von Personen (§ 56 des Ersten

Buches), die mit ihnen in einem gemeinsamen Haushalt leben, wenn die Abweichung darauf beruht, daß die Kinder wegen der beruflichen Tätigkeit dieser Personen oder deren Ehegatten fremder Obhut anvertraut werden,
4. das Zurücklegen des mit der versicherten Tätigkeit zusammenhängenden Weges von und nach der ständigen Familienwohnung, wenn die Versicherten wegen der Entfernung ihrer Familienwohnung von dem Ort der Tätigkeit an diesem oder in dessen Nähe eine Unterkunft haben.
5. das mit einer versicherten Tätigkeit zusammenhängende Verwahren, Befördern, Instandhalten und Erneuern eines Arbeitsgeräts oder einer Schutzausrüstung sowie deren Erstbeschaffung, wenn diese auf Veranlassung der Unternehmer erfolgt.
(3) Als Gesundheitsschaden gilt auch die Beschädigung oder der Verlust eines Hilfsmittels.

§ 9 Berufskrankheit

(1) Berufskrankheiten sind Krankheiten, die die Bundesregierung durch Rechtsverordnung[1] mit Zustimmung des Bundesrates als Berufskrankheiten bezeichnet und die Versicherte infolge einer den Versicherungsschutz nach § 2, 3 oder 6 begründenden Tätigkeit erleiden. Die Bundesregierung wird ermächtigt, in der Rechtsverordnung solche Krankheiten als Berufskrankheiten zu bezeichnen, die nach den Erkenntnissen der medizinischen Wissenschaft durch besondere Einwirkungen verursacht sind, denen bestimmte Personengruppen durch ihre versicherte Tätigkeit in erheblich höherem Grade als die übrige Bevölkerung ausgesetzt sind; sie kann dabei bestimmen, daß die Krankheiten nur dann Berufskrankheiten sind, wenn sie durch Tätigkeiten in bestimmten Gefährdungsbereichen verursacht worden sind oder wenn sie zur Unterlassung aller Tätigkeiten geführt haben, die für die Entstehung, die Verschlimmerung oder das Wiederaufleben der Krankheit ursächlich waren oder sein können. In der Rechtsverordnung kann ferner bestimmt werden, inwieweit Versicherte in Unternehmen der Seefahrt auch in der Zeit gegen Berufskrankheiten versichert sind, in der sie an Land beurlaubt sind.
(2) Die Unfallversicherungsträger haben eine Krankheit, die nicht in der Rechtsverordnung bezeichnet ist oder bei der die dort bestimmten Voraussetzungen nicht vorliegen, wie eine Berufskrankheit als Versicherungsfall anzuerkennen, sofern im Zeitpunkt der Entscheidung nach neuen Erkenntnissen der medizinischen Wissenschaft die Voraussetzungen für eine Bezeichnung nach Absatz 1 Satz 2 erfüllt sind.
(3) Erkranken Versicherte, die infolge der besonderen Bedingungen ihrer versicherten Tätigkeit in erhöhtem Maße der Gefahr der Erkrankung an einer in der Rechtsverordnung nach Absatz 1 genannten Berufskrankheit ausgesetzt waren, an einer solchen Krankheit und können Anhaltspunkte für eine Verursachung außerhalb der versicherten Tätigkeit nicht festgestellt werden, wird vermutet, daß diese infolge der versicherten Tätigkeit verursacht worden ist.
(4) Setzt die Anerkennung einer Krankheit als Berufskrankheit die Unterlassung aller Tätigkeiten voraus, die für die Entstehung, die Verschlimmerung oder das Wiederaufleben der Krankheit ursächlich waren oder sein können, haben die Unfallversicherungsträger vor Unterlassung einer noch verrichteten gefährden-

---

1 Berufskrankheiten-Verordnung (BKV) vom 31.10.1997 (BGBl. I, 2683; Anhang Nr. 32).

Sonstige Rechtsvorschriften

den Tätigkeit darüber zu entscheiden, ob die übrigen Voraussetzungen für die Anerkennung einer Berufskrankheit erfüllt sind.

(5) Soweit Vorschriften über Leistungen auf den Zeitpunkt des Versicherungsfalls abstellen, ist bei Berufskrankheiten auf den Beginn der Arbeitsunfähigkeit oder der Behandlungsbedürftigkeit oder, wenn dies für den Versicherten günstiger ist, auf den Beginn der rentenberechtigenden Minderung der Erwerbsfähigkeit abzustellen.

(6) Die Bundesregierung regelt durch Rechtsverordnung mit Zustimmung des Bundesrates
1. Voraussetzungen, Art und Umfang von Leistungen zur Verhütung des Entstehens, der Verschlimmerung oder des Wiederauflebens von Berufskrankheiten,
2. die Mitwirkung der für den medizinischen Arbeitsschutz zuständigen Stellen bei der Feststellung von Berufskrankheiten sowie von Krankheiten, die nach Absatz 2 wie Berufskrankheiten zu entschädigen sind; dabei kann bestimmt werden, daß die für den medizinischen Arbeitsschutz zuständigen Stellen berechtigt sind, Zusammenhangsgutachten zu erstellen sowie zur Vorbereitung ihrer Gutachten Versicherte zu untersuchen oder auf Kosten der Unfallversicherungsträger andere Ärzte mit der Vornahme der Untersuchungen zu beauftragen,
3. die von den Unfallversicherungsträgern für die Tätigkeit der Stellen nach Nummer 2 zu entrichtenden Gebühren; diese Gebühren richten sich nach dem für die Begutachtung erforderlichen Aufwand und den dadurch entstehenden Kosten.

(7) Die Unfallversicherungsträger haben die für den medizinischen Arbeitsschutz zuständige Stelle über den Ausgang des Berufskrankheitenverfahrens zu unterrichten, soweit ihre Entscheidung von der gutachterlichen Stellungnahme der zuständigen Stelle abweicht.

(8) Die Unfallversicherungsträger wirken bei der Gewinnung neuer medizinisch-wissenschaftlicher Erkenntnisse insbesondere zur Fortentwicklung des Berufskrankheitenrechts mit; sie sollen durch eigene Forschung oder durch Beteiligung an fremden Forschungsvorhaben dazu beitragen, den Ursachenzusammenhang zwischen Erkrankungshäufigkeiten in einer bestimmten Personengruppe und gesundheitsschädlichen Einwirkungen im Zusammenhang mit der versicherten Tätigkeit aufzuklären.

(9) Die für den medizinischen Arbeitsschutz zuständigen Stellen dürfen zur Feststellung von Berufskrankheiten sowie von Krankheiten, die nach Absatz 2 wie Berufskrankheiten zu entschädigen sind, Daten erheben, verarbeiten oder nutzen sowie zur Vorbereitung von Gutachten Versicherte untersuchen, soweit dies im Rahmen ihrer Mitwirkung nach Absatz 6 Nr. 2 erforderlich ist; sie dürfen diese Daten insbesondere an den zuständigen Unfallversicherungsträger übermitteln. Die erhobenen Daten dürfen auch zur Verhütung von Arbeitsunfällen, Berufskrankheiten und arbeitsbedingten Gesundheitsgefahren verarbeitet oder genutzt werden. Soweit die in Satz 1 genannten Stellen andere Ärzte mit der Vornahme von Untersuchungen beauftragen, ist die Übermittlung von Daten zwischen diesen Stellen und den beauftragten Ärzten zulässig, soweit dies im Rahmen des Untersuchungsauftrages erforderlich ist.

§ 10 Erweiterung in der See- und Binnenschiffahrt

(1) In der See- und Binnenschiffahrt sind Versicherungsfälle auch Unfälle infolge
1. von Elementarereignissen,
2. der einem Hafen oder dem Liegeplatz eines Fahrzeugs eigentümlichen Gefahren,
3. der Beförderung von Land zum Fahrzeug oder vom Fahrzeug zum Land.

(2) In Unternehmen der Seefahrt gilt als versicherte Tätigkeit auch die freie Rückbeförderung nach dem Seemannsgesetz oder tariflichen Vorschriften oder die Mitnahme auf deutschen Seeschiffen nach dem Gesetz betreffend die Verpflichtung der Kauffahrteischiffe zur Mitnahme heimzuschaffender Seeleute in der im Bundesgesetzblatt Teil III, Gliederungsnummer 9510-3, veröffentlichten bereinigten Fassung, zuletzt geändert durch Artikel 278 des Einführungsgesetzes zum Strafgesetzbuch vom 2. März 1974 (BGBl. I S. 469).

§ 11 Mittelbare Folgen eines Versicherungsfalls

(1) Folgen eines Versicherungsfalls sind auch Gesundheitsschäden oder der Tod von Versicherten infolge
1. der Durchführung einer Heilbehandlung, von Leistungen zur Teilhabe am Arbeitsleben oder einer Maßnahme nach § 3 der Berufskrankheiten-Verordnung,
2. der Wiederherstellung oder Erneuerung eines Hilfsmittels,
3. der zur Aufklärung des Sachverhalts eines Versicherungsfalls angeordneten Untersuchung

einschließlich der dazu notwendigen Wege.

(2) Absatz 1 gilt entsprechend, wenn die Versicherten auf Aufforderung des Unfallversicherungsträgers diesen oder eine von ihm bezeichnete Stelle zur Vorbereitung von Maßnahmen der Heilbehandlung, der Leistungen zur Teilhabe am Arbeitsleben oder von Maßnahmen nach § 3 der Berufskrankheiten-Verordnung aufsuchen. Der Aufforderung durch den Unfallversicherungsträger nach Satz 1 steht eine Aufforderung durch eine mit der Durchführung der genannten Maßnahmen beauftragte Stelle gleich.

§ 12 Versicherungsfall einer Leibesfrucht

Versicherungsfall ist auch der Gesundheitsschaden einer Leibesfrucht infolge eines Versicherungsfalls der Mutter während der Schwangerschaft; die Leibesfrucht steht insoweit einem Versicherten gleich. Bei einer Berufskrankheit als Versicherungsfall genügt, daß der Gesundheitsschaden der Leibesfrucht durch besondere Einwirkungen verursacht worden ist, die generell geeignet sind, eine Berufskrankheit der Mutter zu verursachen.

§ 13 Sachschäden bei Hilfeleistungen

Den nach § 2 Abs. 1 Nr. 11 Buchstabe a und Nr. 13 Buchstabe a und c Versicherten sind auf Antrag Schäden, die infolge einer der dort genannten Tätigkeiten an in ihrem Besitz befindlichen Sachen entstanden sind, sowie die Aufwendungen zu ersetzen, die sie den Umständen nach für erforderlich halten durften. § 116 des Zehnten Buches gilt entsprechend.

Sonstige Rechtsvorschriften

Zweites Kapitel
Prävention

§ 14 Grundsatz

(1) Die Unfallversicherungsträger haben mit allen geeigneten Mitteln für die Verhütung von Arbeitsunfällen, Berufskrankheiten und arbeitsbedingten Gesundheitsgefahren und für eine wirksame Erste Hilfe zu sorgen. Sie sollen dabei auch den Ursachen von arbeitsbedingten Gefahren für Leben und Gesundheit nachgehen.

(2) Bei der Verhütung arbeitsbedingter Gesundheitsgefahren arbeiten die Unfallversicherungsträger mit den Krankenkassen zusammen[1].

§ 15 Unfallverhütungsvorschriften

(1) Die Unfallversicherungsträger erlassen als autonomes Recht Unfallverhütungsvorschriften über

1. Einrichtungen, Anordnungen und Maßnahmen, welche die Unternehmer zur Verhütung von Arbeitsunfällen, Berufskrankheiten und arbeitsbedingten Gesundheitsgefahren zu treffen haben, sowie die Form der Übertragung dieser Aufgaben auf andere Personen,
2. das Verhalten der Versicherten zur Verhütung von Arbeitsunfällen, Berufskrankheiten und arbeitsbedingten Gesundheitsgefahren,
3. vom Unternehmer zu veranlassende arbeitsmedizinische Untersuchungen und sonstige arbeitsmedizinische Maßnahmen vor, während und nach der Verrich-

---

1 Sozialgesetzbuch Fünftes Buch (SGB V) Gesetzliche Krankenversicherung vom 20.12. 1988 (BGBl. I S. 2477, Artikel 1), zuletzt geändert durch Art. 5 des Gesetzes v. 19.6.2001 (BGBl. I, S. 1046)
§ 20 Prävention und Selbsthilfe
(1) Die Krankenkasse soll in der Satzung Leistungen zur primären Prävention vorsehen, die die in den Sätzen 2 und 3 genannten Anforderungen erfüllen. Leistungen zur Primärprävention sollen den allgemeinen Gesundheitszustand verbessern und insbesondere einen Beitrag zur Verminderung sozial bedingter Ungleichheit von Gesundheitschancen erbringen. Die Spitzenverbände der Krankenkassen beschließen gemeinsam und einheitlich unter Einbeziehung unabhängigen Sachverstandes prioritäre Handlungsfelder und Kriterien für Leistungen nach Satz 1, insbesondere hinsichtlich Bedarf, Zielgruppen, Zugangswegen, Inhalten und Methodik.
(2) Die Krankenkassen können den Arbeitsschutz ergänzende Maßnahmen der betrieblichen Gesundheitsförderung durchführen; Absatz 1 Satz 3 gilt entsprechend. Die Krankenkassen arbeiten bei der Verhütung arbeitsbedingter Gesundheitsgefahren mit den Trägern der gesetzlichen Unfallversicherung zusammen und unterrichten diese über die Erkenntnisse, die sie über Zusammenhänge zwischen Erkrankungen und Arbeitsbedingungen gewonnen haben. Ist anzunehmen, dass bei einem Versicherten eine berufsbedingte gesundheitliche Gefährdung oder eine Berufskrankheit vorliegt, hat die Krankenkasse dies unverzüglich den für den Arbeitsschutz zuständigen Stellen und dem Unfallversicherungsträger mitzuteilen.
(3) Die Ausgaben der Krankenkasse für die Wahrnehmung ihrer Aufgaben nach den Absätzen 1 und 2 sollen insgesamt im Jahr 2000 für jeden ihrer Versicherten einen Betrag von fünf Deutschen Mark umfassen; sie sind in den Folgejahren entsprechend der prozentualen Veränderung der monatlichen Bezugsgröße nach § 18 Abs. 1 des Vierten Buches anzupassen.
(4) [nicht abgedruckt]

tung von Arbeiten, die für Versicherte oder für Dritte mit arbeitsbedingten Gefahren für Leben und Gesundheit verbunden sind,
4. Voraussetzungen, die der Arzt, der mit Untersuchungen oder Maßnahmen nach Nummer 3 beauftragt ist, zu erfüllen hat, sofern die ärztliche Untersuchung nicht durch eine staatliche Rechtsvorschrift vorgesehen ist,
5. die Sicherstellung einer wirksamen Ersten Hilfe durch den Unternehmer,
6. die Maßnahmen, die der Unternehmer zur Erfüllung der sich aus dem Gesetz über Betriebsärzte, Sicherheitsingenieure und andere Fachkräfte für Arbeitssicherheit ergebenden Pflichten zu treffen hat,
7. die Zahl der Sicherheitsbeauftragten, die nach § 22 unter Berücksichtigung der in den Unternehmen für Leben und Gesundheit der Versicherten bestehenden arbeitsbedingten Gefahren und der Zahl der Beschäftigten zu bestellen sind.

In der Unfallverhütungsvorschrift nach Satz 1 Nr. 3 kann bestimmt werden, daß arbeitsmedizinische Vorsorgeuntersuchungen auch durch den Unfallversicherungsträger veranlaßt werden können.

(2) Soweit die Unfallversicherungsträger Vorschriften nach Absatz 1 Satz 1 Nr. 3 erlassen, können sie zu den dort genannten Zwecken auch die Erhebung, Verarbeitung und Nutzung von folgenden Daten über die untersuchten Personen durch den Unternehmer vorsehen:
1. Vor- und Familienname, Geburtsdatum sowie Geschlecht,
2. Wohnanschrift,
3. Tag der Einstellung und des Ausscheidens,
4. Ordnungsnummer,
5. zuständige Krankenkasse,
6. Art der vom Arbeitsplatz ausgehenden Gefährdungen,
7. Art der Tätigkeit mit Angabe des Beginns und des Endes der Tätigkeit,
8. Angaben über Art und Zeiten früherer Tätigkeiten, bei denen eine Gefährdung bestand, soweit dies bekannt ist,
9. Datum und Ergebnis der ärztlichen Vorsorgeuntersuchungen; die Übermittlung von Diagnosedaten an den Unternehmer ist nicht zulässig,
10. Datum der nächsten regelmäßigen Nachuntersuchung,
11. Name und Anschrift des untersuchenden Arztes.

Soweit die Unfallversicherungsträger Vorschriften nach Absatz 1 Satz 2 erlassen, gelten Satz 1 sowie § 24 Abs. 1 Satz 3 und 4 entsprechend.

(3) Absatz 1 Satz 1 Nr. 1 bis 5 gilt nicht für die unter bergbehördlicher Aufsicht stehenden Unternehmen.

(4) Die Vorschriften nach Absatz 1 bedürfen der Genehmigung durch das Bundesministerium für Arbeit und Sozialordnung. Die Entscheidung hierüber wird im Benehmen mit den zuständigen obersten Verwaltungsbehörden der Länder getroffen. Soweit die Vorschriften von einem Unfallversicherungsträger erlassen werden, welcher der Aufsicht eines Landes untersteht, entscheidet die zuständige oberste Landesbehörde über die Genehmigung im Benehmen mit dem Bundesministerium für Arbeit und Sozialordnung.

(5) Die Unternehmer sind über die Vorschriften nach Absatz 1 zu unterrichten und zur Unterrichtung der Versicherten verpflichtet.

§ 16 Geltung bei Zuständigkeit anderer Unfallversicherungsträger und für ausländische Unternehmen

(1) Die Unfallverhütungsvorschriften eines Unfallversicherungsträgers gelten auch, soweit in dem oder für das Unternehmen Versicherte tätig werden, für die ein anderer Unfallversicherungsträger zuständig ist.
(2) Die Unfallverhütungsvorschriften eines Unfallversicherungsträgers gelten auch für Unternehmer und Beschäftigte von ausländischen Unternehmen, die eine Tätigkeit von ausländischen Unternehmen, die eine Tätigkeit im Inland ausüben, ohne einem Unfallversicherungsträger anzugehören.

§ 17 Überwachung und Beratung

(1) Die Unfallversicherungsträger haben die Durchführung der Maßnahmen zur Verhütung von Arbeitsunfällen, Berufskrankheiten, arbeitsbedingten Gesundheitsgefahren und für eine wirksame Erste Hilfe in den Unternehmen zu überwachen sowie die Unternehmer und die Versicherten zu beraten. Sie können im Einzelfall anordnen, welche Maßnahmen Unternehmer oder Versicherte zu treffen haben
1. zur Erfüllung ihrer Pflichten aufgrund der Unfallverhütungsvorschriften nach § 15,
2. zur Abwendung besonderer Unfall- und Gesundheitsgefahren.
(2) Soweit in einem Unternehmen Versicherte tätig sind, für die ein anderer Unfallversicherungsträger zuständig ist, kann auch dieser die Durchführung der Maßnahmen zur Verhütung von Arbeitsunfällen, Berufskrankheiten, arbeitsbedingten Gesundheitsgefahren und für eine wirksame Erste Hilfe überwachen. Beide Unfallversicherungsträger sollen, wenn nicht sachliche Gründe entgegenstehen, die Überwachung und Beratung abstimmen und sich mit deren Wahrnehmung auf einen Unfallversicherungsträger verständigen.
(3) Anordnungen nach Absatz 1 können auch gegenüber Unternehmern und Beschäftigten von ausländischen Unternehmen getroffen werden, die eine Tätigkeit im Inland ausüben, ohne einem Unfallversicherungsträger anzugehören.
(4) Erwachsen dem Unfallversicherungsträger durch Pflichtversäumnis eines Unternehmers bare Auslagen für die Überwachung seines Unternehmens, so kann der Vorstand dem Unternehmer diese Kosten auferlegen.
(5) Die Seemannsämter können durch eine Untersuchung der Seeschiffe feststellen, ob die Unfallverhütungsvorschriften befolgt sind.

§ 18 Aufsichtspersonen

(1) Die Unfallversicherungsträger sind verpflichtet, Aufsichtspersonen in der für eine wirksame Überwachung und Beratung gemäß § 17 erforderlichen Zahl zu beschäftigen.
(2) Als Aufsichtsperson darf nur beschäftigt werden, wer seine Befähigung für diese Tätigkeit durch eine Prüfung nachgewiesen hat. Die Unfallversicherungsträger erlassen Prüfungsordnungen. Die Prüfungsordnungen bedürfen der Genehmigung durch die Aufsichtsbehörde.

§ 19 Befugnisse der Aufsichtspersonen

(1) Zur Überwachung der Maßnahmen zur Verhütung von Arbeitsunfällen, Berufskrankheiten, arbeitsbedingten Gesundheitsgefahren und für eine wirksame Erste Hilfe sind die Aufsichtspersonen insbesondere befugt,
1. zu den Betriebs- und Geschäftszeiten Grundstücke und Betriebsstätten zu betreten, zu besichtigen und zu prüfen,
2. von dem Unternehmer die zur Durchführung ihrer Überwachungsaufgabe erforderlichen Auskünfte zu verlangen,
3. geschäftliche und betriebliche Unterlagen des Unternehmens einzusehen, soweit es die Durchführung ihrer Überwachungsaufgabe erfordert,
4. Arbeitsmittel und persönliche Schutzausrüstungen sowie ihre bestimmungsgemäße Verwendung zu prüfen,
5. Arbeitsverfahren und Arbeitsabläufe zu untersuchen und insbesondere das Vorhandensein und die Konzentration gefährlicher Stoffe und Zubereitungen zu ermitteln oder, soweit die Aufsichtspersonen und der Unternehmer die erforderlichen Feststellungen nicht treffen können, auf Kosten des Unternehmers ermitteln zu lassen,
6. gegen Empfangsbescheinigung Proben nach ihrer Wahl zu fordern oder zu entnehmen; soweit der Unternehmer nicht ausdrücklich darauf verzichtet, ist ein Teil der Proben amtlich verschlossen oder versiegelt zurückzulassen,
7. zu untersuchen, ob und auf welche betriebliche Ursachen ein Unfall, eine Erkrankung oder ein Schadensfall zurückzuführen ist,
8. die Begleitung durch den Unternehmer oder eine von ihm beauftragte Person zu verlangen.

Der Unternehmer hat die Maßnahmen nach Satz 1 Nr. 1 und 3 bis 7 zu dulden. Zur Verhütung dringender Gefahren können die Maßnahmen nach Satz 1 auch in Wohnräumen und zu jeder Tages- und Nachtzeit getroffen werden. Das Grundrecht der Unverletzlichkeit der Wohnung (Artikel 13 des Grundgesetzes) wird insoweit eingeschränkt. Die Eigentümer und Besitzer der Grundstücke, auf denen der Unternehmer tätig ist, haben das Betreten der Grundstücke zu gestatten.

(2) Die Aufsichtspersonen sind berechtigt, bei Gefahr im Verzug sofort vollziehbare Anordnungen zur Abwendung von arbeitsbedingten Gefahren für Leben oder Gesundheit zu treffen.

(3) Der Unternehmer hat die Aufsichtsperson zu unterstützen, soweit dies zur Erfüllung ihrer Aufgaben erforderlich ist. Auskünfte auf Fragen, deren Beantwortung den Unternehmer selbst oder einen seiner in § 383 Abs. 1 Nr. 1 bis 3 der Zivilprozessordnung bezeichneten Angehörigen der Gefahr der Verfolgung wegen einer Straftat oder Ordnungswidrigkeit aussetzen würde, können verweigert werden.

§ 20 Zusammenarbeit mit Dritten

(1) Die Unfallversicherungsträger und die für den Arbeitsschutz zuständigen Landesbehörden wirken bei der Überwachung der Unternehmen eng zusammen und fördern den Erfahrungsaustausch. Sie unterrichten sich gegenseitig über durchgeführte Betriebsbesichtigungen und deren wesentliche Ergebnisse. Durch allgemeine Verwaltungsvorschriften nach Absatz 3 Satz 1 Nr. 2 wird festgelegt, in welchen Fällen und wie eine Abstimmung zwischen den Unfallversicherungsträgern und den für den Arbeitsschutz zuständigen Landesbehörden erfolgt.

(2) Die Unfallversicherungsträger benennen zur Förderung der Zusammenarbeit nach Absatz 1 für jedes Land einen Unfallversicherungsträger oder einen Landesverband (gemeinsame landesbezogene Stelle), über den sie den für den Arbeitsschutz zuständigen obersten Landesbehörden Informationen zu ihrer Überwachungstätigkeit in dem jeweiligen Land zur Verfügung stellen und mit ihnen gemeinsame Überwachungstätigkeiten und Veranstaltungen sowie Maßnahmen des Erfahrungsaustauschs planen und abstimmen.

(3) Durch allgemeine Verwaltungsvorschriften, die der Zustimmung des Bundesrates bedürfen, wird geregelt das Zusammenwirken
1. der Unfallversicherungsträger mit den Betriebsräten oder Personalräten,
2. der Unfallversicherungsträger einschließlich der gemeinsamen landesbezogenen Stellen nach Absatz 2 mit den für den Arbeitsschutz zuständigen Landesbehörden,
3. der Unfallversicherungsträger mit den für die Bergaufsicht zuständigen Behörden.

Die Verwaltungsvorschriften nach Satz 1 Nr. 1 und 2 werden vom Bundesministerium für Arbeit und Sozialordnung, nach Nummer 1 im Einvernehmen mit dem Bundesministerium des Innern, die Verwaltungsvorschriften nach Satz 1 Nr. 3 vom Bundesministerium für Arbeit und Sozialordnung und vom Bundesministerium für Wirtschaft gemeinsam erlassen.

§ 21 Verantwortung des Unternehmers, Mitwirkung der Versicherten

(1) Der Unternehmer ist für die Durchführung der Maßnahmen zur Verhütung von Arbeitsunfällen und Berufskrankheiten, für die Verhütung von arbeitsbedingten Gesundheitsgefahren sowie für die wirksame Erste Hilfe verantwortlich.

(2) Ist bei einer Schule der Unternehmer nicht Schulhoheitsträger, ist auch der Schulhoheitsträger in seinem Zuständigkeitsbereich für die Durchführung der in Absatz 1 genannten Maßnahmen verantwortlich. Der Schulhoheitsträger ist verpflichtet, im Benehmen mit dem für die Versicherten nach § 2 Abs. 1 Nr. 8 Buchstabe b zuständigen Unfallversicherungsträger Regelungen über die Durchführung der in Absatz 1 genannten Maßnahmen im inneren Schulbereich zu treffen.

(3) Die Versicherten haben nach ihren Möglichkeiten alle Maßnahmen zur Verhütung von Arbeitsunfällen, Berufskrankheiten und arbeitsbedingten Gesundheitsgefahren sowie für eine wirksame Erste Hilfe zu unterstützen und die entsprechenden Anweisungen des Unternehmers zu befolgen.

§ 22 Sicherheitsbeauftragte

(1) In Unternehmen mit regelmäßig mehr als 20 Beschäftigten hat der Unternehmer unter Beteiligung des Betriebsrates oder Personalrates Sicherheitsbeauftragte unter Berücksichtigung der im Unternehmen für die Beschäftigten bestehenden Unfall- und Gesundheitsgefahren und der Zahl der Beschäftigten zu bestellen. Als Beschäftigte gelten auch die nach § 2 Abs. 1 Nr. 2, 8 und 12 Versicherten. In Unternehmen mit besonderen Gefahren für Leben und Gesundheit kann der Unfallversicherungsträger anordnen, daß Sicherheitsbeauftragte auch dann zu bestellen sind, wenn die Mindestbeschäftigtenzahl nach Satz 1 nicht erreicht wird. Für Unternehmen mit geringen Gefahren für Leben und Gesundheit kann der Unfallversicherungsträger die Zahl 20 in seiner Unfallverhütungsvorschrift erhöhen.

(2) Die Sicherheitsbeauftragten haben den Unternehmer bei der Durchführung der Maßnahmen zur Verhütung von Arbeitsunfällen und Berufskrankheiten zu unterstützen, insbesondere sich von dem Vorhandensein und der ordnungsgemäßen Benutzung der vorgeschriebenen Schutzeinrichtungen und persönlichen Schutzausrüstungen zu überzeugen und auf Unfall- und Gesundheitsgefahren für die Versicherten aufmerksam zu machen.
(3) Die Sicherheitsbeauftragten dürfen wegen der Erfüllung der ihnen übertragenen Aufgaben nicht benachteiligt werden.

§ 23 Aus- und Fortbildung

(1) Die Unfallversicherungsträger haben für die erforderliche Aus- und Fortbildung der Personen in den Unternehmen zu sorgen, die mit der Durchführung der Maßnahmen zur Verhütung von Arbeitsunfällen, Berufskrankheiten und arbeitsbedingten Gesundheitsgefahren sowie mit der Ersten Hilfe betraut sind. Für nach dem Gesetz über Betriebsärzte, Sicherheitsingenieure und andere Fachkräfte für Arbeitssicherheit zu verpflichtende Betriebsärzte und Fachkräfte für Arbeitssicherheit, die nicht dem Unternehmen angehören, können die Unfallversicherungsträger entsprechende Maßnahmen durchführen. Die Unfallversicherungsträger haben Unternehmer und Versicherte zur Teilnahme an Aus- und Fortbildungslehrgängen anzuhalten.
(2) Die Unfallversicherungsträger haben die unmittelbaren Kosten ihrer Aus- und Fortbildungsmaßnahmen sowie die erforderlichen Fahr-, Verpflegungs- und Unterbringungskosten zu tragen. Bei Aus- und Fortbildungsmaßnahmen für Ersthelfer, die von Dritten durchgeführt werden, haben die Unfallversicherungsträger nur die Lehrgangsgebühren zu tragen.
(3) Für die Arbeitszeit, die wegen der Teilnahme an einem Lehrgang ausgefallen ist, besteht gegen den Unternehmer ein Anspruch auf Fortzahlung des Arbeitsentgelts.
(4) Bei der Ausbildung von Sicherheitsbeauftragten und Fachkräften für Arbeitssicherheit sind die für den Arbeitsschutz zuständigen Landesbehörden zu beteiligen.

§ 24 Überbetrieblicher arbeitsmedizinischer und sicherheitstechnischer Dienst

(1) Unfallversicherungsträger können überbetriebliche arbeitsmedizinische und sicherheitstechnische Dienste einrichten; das Nähere bestimmt die Satzung. Die von den Diensten gespeicherten Daten dürfen nur mit Einwilligung des Betroffenen an die Unfallversicherungsträger übermittelt werden; § 203 bleibt unberührt. Die Dienste sind organisatorisch, räumlich und personell von den übrigen Organisationseinheiten der Unfallversicherungsträger zu trennen. Zugang zu den Daten dürfen nur Beschäftigte der Dienste haben.
(2) In der Satzung nach Absatz 1 kann auch bestimmt werden, daß die Unternehmer verpflichtet sind, sich einem überbetrieblichen arbeitsmedizinischen und sicherheitstechnischen Dienst anzuschließen, wenn sie innerhalb einer vom Unfallversicherungsträger gesetzten angemessenen Frist keine oder nicht in ausreichendem Umfang Betriebsärzte und Fachkräfte für Arbeitssicherheit bestellen. Unternehmer sind von der Anschlußpflicht zu befreien, wenn sie nachweisen, daß sie ihre Pflicht nach dem Gesetz über Betriebsärzte, Sicherheitsingenieure und andere Fachkräfte für Arbeitssicherheit erfüllt haben.

Sonstige Rechtsvorschriften

§ 25 Bericht gegenüber dem Bundestag

(1) Die Bundesregierung hat dem Deutschen Bundestag und dem Bundesrat alljährlich bis zum 31. Dezember des auf das Berichtsjahr folgenden Jahres einen statistischen Bericht über den Stand von Sicherheit und Gesundheit bei der Arbeit und über das Unfall- und Berufskrankheitengeschehen in der Bundesrepublik Deutschland zu erstatten, der die Berichte der Unfallversicherungsträger und die Jahresberichte der für den Arbeitsschutz zuständigen Landesbehörden zusammenfasst. Alle vier Jahre hat der Bericht einen umfassenden Überblick über die Entwicklung der Arbeitsunfälle und Berufskrankheiten, ihre Kosten und die Maßnahmen zur Sicherheit und Gesundheit bei der Arbeit zu enthalten.
(2) Die Unfallversicherungsträger haben dem Bundesministerium für Arbeit und Sozialordnung alljährlich bis zum 31. Juli des auf das Berichtsjahr folgenden Jahres über die Durchführung der Maßnahmen zur Sicherheit und Gesundheit bei der Arbeit sowie über das Unfall- und Berufskrankheitengeschehen zu berichten. Landesunmittelbare Versicherungsträger reichen die Berichte über die für sie zuständigen obersten Verwaltungsbehörden der Länder ein.

Drittes Kapitel
Leistungen nach Eintritt eines Versicherungsfalls

Erster Abschnitt
Heilbehandlung, Leistungen zur Teilhabe am Arbeitsleben, Leistungen zur Teilhabe am Leben in der Gemeinschaft, Pflege, Geldleistungen

Erster Unterabschnitt
Anspruch und Leistungsarten

§ 26 Grundsatz

(1) Versicherte haben nach Maßgabe der folgenden Vorschriften und unter Beachtung des Neunten Buches Anspruch auf Heilbehandlung einschließlich Leistungen zur medizinischen Rehabilitation, auf Leistungen zur Teilhabe am Arbeitsleben und am Leben in der Gemeinschaft, auf ergänzende Leistungen, auf Leistungen bei Pflegebedürftigkeit sowie auf Geldleistungen.
(2) Der Unfallversicherungsträger hat mit allen geeigneten Mitteln möglichst frühzeitig
1. den durch den Versicherungsfall verursachten Gesundheitsschaden zu beseitigen oder zu bessern, seine Verschlimmerung zu verhüten und seine Folgen zu mildern,
2. die Versicherten nach ihrer Leistungsfähigkeit und unter Berücksichtigung ihrer Eignung, Neigung und bisherigen Tätigkeit möglichst auf Dauer beruflich einzugliedern,
3. Hilfen zur Bewältigung der Anforderungen des täglichen Lebens und zur Teilnahme am Leben in der Gemeinschaft unter Berücksichtigung von Art und Schwere des Gesundheitsschadens bereitzustellen,
4. ergänzende Leistungen zur Heilbehandlung und zur Rehabilitation zu erbringen,

5. Leistungen bei Pflegebedürftigkeit zu erbringen.
(3) Die Leistungen zur Heilbehandlung und zur Rehabilitation haben Vorrang vor Rentenleistungen.
(4) Qualität und Wirksamkeit der Leistungen zur Heilbehandlung und Rehabilitation haben dem allgemein anerkannten Stand der medizinischen Erkenntnisse zu entsprechen und den medizinischen Fortschritt zu berücksichtigen. Sie werden als Dienst- und Sachleistungen zur Verfügung gestellt, soweit dieses Buch keine Abweichungen vorsieht.
(5) Die Unfallversicherungsträger bestimmen im Einzelfall Art, Umfang und Durchführung der Heilbehandlung und Rehabilitation sowie die Einrichtungen, die diese Leistungen erbringen, nach pflichtgemäßem Ermessen. Dabei prüfen sie auch, welche Leistungen geeignet und zumutbar sind, Pflegebedürftigkeit zu vermeiden, zu überwinden, zu mindern oder ihre Verschlimmerung zu verhüten.
...

Viertes Kapitel
Haftung von Unternehmern, Unternehmensangehörigen und anderen Personen

Erster Abschnitt
Beschränkung der Haftung gegenüber Versicherten, ihren Angehörigen und Hinterbliebenen

§ 104 Beschränkung der Haftung der Unternehmer

(1) Unternehmer sind den Versicherten, die für ihre Unternehmen tätig sind oder zu ihren Unternehmen in einer sonstigen die Versicherung begründenden Beziehung stehen, sowie deren Angehörigen und Hinterbliebenen nach anderen gesetzlichen Vorschriften zum Ersatz des Personenschadens, den ein Versicherungsfall verursacht hat, nur verpflichtet, wenn sie den Versicherungsfall vorsätzlich oder auf einem nach § 8 Abs. 2 Nr. 1 bis 4 versicherten Weg herbeigeführt haben. Ein Forderungsübergang nach § 116 des Zehnten Buches findet nicht statt.
(2) Absatz 1 gilt entsprechend für Personen, die als Leibesfrucht durch einen Versicherungsfall im Sinne des § 12 geschädigt worden sind.
(3) Die nach Absatz 1 oder 2 verbleibenden Ersatzansprüche vermindern sich um die Leistungen, die Berechtigte nach Gesetz oder Satzung infolge des Versicherungsfalls erhalten.

§ 105 Beschränkung der Haftung anderer im Betrieb tätiger Personen

(1) Personen, die durch eine betriebliche Tätigkeit einen Versicherungsfall von Versicherten desselben Betriebs verursachen, sind diesen sowie deren Angehörigen und Hinterbliebenen nach anderen gesetzlichen Vorschriften zum Ersatz des Personenschadens nur verpflichtet, wenn sie den Versicherungsfall vorsätzlich oder auf einem nach § 8 Abs. 2 Nr. 1 bis 4 versicherten Weg herbeigeführt haben. Satz 1 gilt entsprechend bei der Schädigung von Personen, die für denselben Betrieb tätig und nach § 4 Abs. 1 Nr. 1 versicherungsfrei sind. § 104 Abs. 1 Satz 2, Abs. 2 und 3 gilt entsprechend.

Sonstige Rechtsvorschriften

(2) Absatz 1 gilt entsprechend, wenn nicht versicherte Unternehmer geschädigt worden sind. Soweit nach Satz 1 eine Haftung ausgeschlossen ist, werden die Unternehmer wie Versicherte, die einen Versicherungsfall erlitten haben, behandelt, es sei denn, eine Ersatzpflicht des Schädigers gegenüber dem Unternehmer ist zivilrechtlich ausgeschlossen. Für die Berechnung von Geldleistungen gilt der Mindestjahresarbeitsverdienst als Jahresarbeitsverdienst. Geldleistungen werden jedoch nur bis zur Höhe eines zivilrechtlichen Schadenersatzanspruchs erbracht.

§ 106 Beschränkung der Haftung anderer Personen

(1) In den in § 2 Abs. 1 Nr. 2, 3 und 8 genannten Unternehmen gelten die §§ 104 und 105 entsprechend für die Ersatzpflicht
1. der in § 2 Abs. 1 Nr. 2, 3 und 8 genannten Versicherten untereinander,
2. der in § 2 Abs. 1 Nr. 2, 3 und 8 genannten Versicherten gegenüber den Betriebsangehörigen desselben Unternehmens,
3. der Betriebsangehörigen desselben Unternehmens gegenüber den in § 2 Abs. 1 Nr. 2, 3 und 8 genannten Versicherten.

(2) Im Fall des § 2 Abs. 1 Nr. 17 gelten die §§ 104 und 105 entsprechend für die Ersatzpflicht
1. der Pflegebedürftigen gegenüber den Pflegepersonen,
2. der Pflegepersonen gegenüber den Pflegebedürftigen,
3. der Pflegepersonen desselben Pflegebedürftigen untereinander.

(3) Wirken Unternehmen zur Hilfe bei Unglücksfällen oder Unternehmen des Zivilschutzes zusammen oder verrichten Versicherte mehrerer Unternehmen vorübergehend betriebliche Tätigkeiten auf einer gemeinsamen Betriebsstätte, gelten die §§ 104 und 105 für die Ersatzpflicht der für die beteiligten Unternehmen Tätigen untereinander.

(4) Die §§ 104 und 105 gelten ferner für die Ersatzpflicht von Betriebsangehörigen gegenüber den nach § 3 Abs. 1 Nr. 2 Versicherten.

§ 107 Besonderheiten in der Seefahrt

(1) Bei Unternehmen der Seefahrt gilt § 104 auch für die Ersatzpflicht anderer das Arbeitsentgelt schuldender Personen entsprechend. § 105 gilt für den Lotsen entsprechend.

(2) Beim Zusammenstoß mehrerer Seeschiffe von Unternehmen, für die die See-Berufsgenossenschaft zuständig ist, gelten die §§ 104 und 105 entsprechend für die Ersatzpflicht, auch untereinander, der Reeder der dabei beteiligten Fahrzeuge, sonstiger das Arbeitsentgelt schuldender Personen, der Lotsen und der auf den beteiligten Fahrzeugen tätigen Versicherten.

§ 108 Bindung der Gerichte

(1) Hat ein Gericht über Ersatzansprüche der in den §§ 104 bis 107 genannten Art zu entscheiden, ist es an eine unanfechtbare Entscheidung nach diesem Buch oder nach dem Sozialgerichtsgesetz in der jeweils geltenden Fassung gebunden, ob ein Versicherungsfall vorliegt, in welchem Umfang Leistungen zu erbringen sind und ob der Unfallversicherungsträger zuständig ist.

(2) Das Gericht hat sein Verfahren auszusetzen, bis eine Entscheidung nach Absatz 1 ergangen ist. Falls ein solches Verfahren noch nicht eingeleitet ist, be-

stimmt das Gericht dafür eine Frist, nach deren Ablauf die Aufnahme des ausgesetzten Verfahrens zulässig ist.

§ 109 Feststellungsberechtigung von in der Haftung beschränkten Personen

Personen, deren Haftung nach den §§ 104 bis 107 beschränkt ist und gegen die Versicherte, ihre Angehörigen und Hinterbliebene Schadenersatzforderungen erheben, können statt der Berechtigten die Feststellungen nach § 108 beantragen oder das entsprechende Verfahren nach dem Sozialgerichtsgesetz betreiben. Der Ablauf von Fristen, die ohne ihr Verschulden verstrichen sind, wirkt nicht gegen sie; dies gilt nicht, soweit diese Personen das Verfahren selbst betreiben.

Zweiter Abschnitt
Haftung gegenüber den Sozialversicherungsträgern

§ 110 Haftung gegenüber den Sozialversicherungsträgern

(1) Haben Personen, deren Haftung nach den §§ 104 bis 107 beschränkt ist, den Versicherungsfall vorsätzlich oder grob fahrlässig herbeigeführt, haften sie den Sozialversicherungsträgern für die infolge des Versicherungsfalls entstandenen Aufwendungen, jedoch nur bis zur Höhe des zivilrechtlichen Schadenersatzanspruchs. Statt der Rente kann der Kapitalwert gefordert werden. Das Verschulden braucht sich nur auf das den Versicherungsfall verursachende Handeln oder Unterlassen zu beziehen.

(2) Die Sozialversicherungsträger können nach billigem Ermessen, insbesondere unter Berücksichtigung der wirtschaftlichen Verhältnisse des Schädigers, auf den Ersatzanspruch ganz oder teilweise verzichten.

...

Fünftes Kapitel
Organisation

Erster Abschnitt
Unfallversicherungsträger

§ 114 Unfallversicherungsträger

(1) Träger der gesetzlichen Unfallversicherung (Unfallversicherungsträger) sind
1. die in der Anlage 1 aufgeführten gewerblichen Berufsgenossenschaften,
2. die in der Anlage 2 aufgeführten landwirtschaftlichen Berufsgenossenschaften,
3. der Bund,
4. die Eisenbahn-Unfallkasse,
5. die Unfallkasse Post und Telekom,
6. die Unfallkassen der Länder,
7. die Gemeindeunfallversicherungsverbände und Unfallkassen der Gemeinden,
8. die Feuerwehr-Unfallkassen,
9. die gemeinsamen Unfallkassen für den Landes- und den kommunalen Bereich.

(2) Soweit dieses Gesetz die Unfallversicherungsträger ermächtigt, Satzungen zu erlassen, bedürfen diese der Genehmigung der Aufsichtsbehörde. Ergibt sich

nachträglich, daß eine Satzung nicht hätte genehmigt werden dürfen, kann die Aufsichtsbehörde anordnen, daß der Unfallversicherungsträger innerhalb einer bestimmten Frist die erforderliche Änderung vornimmt. Kommt der Unfallversicherungsträger der Anordnung nicht innerhalb dieser Frist nach, kann die Aufsichtsbehörde die erforderliche Änderung anstelle des Unfallversicherungsträgers selbst vornehmen.

§ 115 Bund als Unfallversicherungsträger

(1) Die Aufgaben des Bundes als Unfallversicherungsträger mit Ausnahme der Prävention werden von der Bundesausführungsbehörde für Unfallversicherung, im Bereich des Bundesministeriums für Verkehr von der Ausführungsbehörde für Unfallversicherung des Bundesministeriums für Verkehr, Bau- und Wohnungswesen wahrgenommen.

(2) Soweit die Unfallversicherungsträger ermächtigt sind, Satzungen oder sonstiges autonomes Recht zu erlassen und eine besondere Regelung für den Bund als Unfallversicherungsträger nicht vorgesehen ist, werden diese Vorschriften durch Rechtsverordnung ohne Zustimmung des Bundesrates nach Anhörung der Ausführungsbehörde von dem für die Aufsicht über die Ausführungsbehörde zuständigen Bundesministerium im Einvernehmen mit dem Bundesministerium für Arbeit und Sozialordnung, dem Bundesministerium des Innern und dem Bundesministerium der Finanzen erlassen; dies gilt nicht für den Erlaß von Unfallverhütungsvorschriften. Die in Satz 1 genannten aufsichtführenden Bundesministerien können nach Anhörung der Ausführungsbehörden durch allgemeine Verwaltungsvorschriften Regelungen über die Durchführung der Unfallversicherung, insbesondere über die Ergänzung der Vorschriften über die Selbstverwaltungsorgane, über die Geschäftsführung, über die förmliche Feststellung der Leistungen (Rentenausschüsse) und über die Widerspruchsstellen erlassen; allgemeine Verwaltungsvorschriften des Bundesministeriums für Arbeit und Sozialordnung werden im Einvernehmen mit den sonst beteiligten Bundesministerien erlassen.

(3) § 15 Abs. 1 bis 4 über den Erlaß von Unfallverhütungsvorschriften gilt nicht für den Bund als Unfallversicherungsträger. Das Bundesministerium des Innern erläßt für Unternehmen, für die der Bund Unfallversicherungsträger ist, mit Ausnahme der in Absatz 4 genannten Unternehmen, im Einvernehmen mit dem Bundesministerium für Arbeit und Sozialordnung durch allgemeine Verwaltungsvorschriften Regelungen über Maßnahmen im Sinne des § 15 Abs. 1; die Unfallverhütungsvorschriften der Unfallversicherungsträger sollen dabei berücksichtigt werden. Betrifft eine allgemeine Verwaltungsvorschrift nach Satz 2 nur die Zuständigkeitsbereiche des Bundesministeriums für Verkehr, Bau- und Wohnungswesen des Bundesministeriums der Verteidigung oder des Bundesministeriums der Finanzen, kann jedes dieser Ministerien für seinen Geschäftsbereich eine allgemeine Verwaltungsvorschrift erlassen; die Verwaltungsvorschrift bedarf in diesen Fällen des Einvernehmens mit den Bundesministerien des Innern sowie für Arbeit und Sozialordnung.

(4) Das Bundesministerium des Innern wird ermächtigt, für die Unternehmen, für die der Bund nach § 125 Abs. 1 Nr. 2 bis 7 und Abs. 3 zuständig ist, im Einvernehmen mit dem Bundesministerium für Arbeit und Sozialordnung Rechtsverordnungen ohne Zustimmung des Bundesrates über Maßnahmen im Sinne des § 15 Abs. 1 zu erlassen; die Unfallverhütungsvorschriften der Unfallversicherungsträ-

ger sollen dabei berücksichtigt werden. Betrifft eine Rechtsverordnung nach Satz 1 nur die Zuständigkeitsbereiche des Bundesministeriums für Verkehr, Bau- und Wohnungswesen des Bundesministeriums der Verteidigung oder des Bundesministeriums der Finanzen, ist jedes dieser Ministerien für seinen Geschäftsbereich zum Erlaß einer Rechtsverordnung ermächtigt; die Rechtsverordnung bedarf in diesen Fällen des Einvernehmens mit den Bundesministerien des Innern sowie für Arbeit und Sozialordnung.

(5) Die Aufgaben der Prävention mit Ausnahme des Erlasses von Unfallverhütungsvorschriften in den Unternehmen, für die der Bund Unfallversicherungsträger ist, nimmt die Zentralstelle für Arbeitsschutz beim Bundesministerium des Innern wahr. Im Auftrag der Zentralstelle handelt, soweit nichts anderes bestimmt ist, die Bundesausführungsbehörde für Unfallversicherung, die insoweit der Aufsicht des Bundesministeriums des Innern unterliegt. Abweichend von den Sätzen 1 und 2 werden die Aufgaben in den Geschäftsbereichen des Bundesministeriums der Verteidigung, des Bundesministeriums für Verkehr, Bau und Wohnungswesen und des Auswärtigen Amtes hinsichtlich seiner Auslandsvertretungen und für die Nachrichtendienste des Bundes von dem jeweiligen Bundesministerium oder der von ihm bestimmten Stelle wahrgenommen. Die genannten Bundesministerien stellen sicher, daß die für die Überwachung und Beratung der Unternehmen eingesetzten Aufsichtspersonen eine für diese Tätigkeit ausreichende Befähigung besitzen.

§ 116 Unfallversicherungsträger im Landesbereich

(1) Für die Unfallversicherung im Landesbereich errichten die Landesregierungen durch Rechtsverordnung eine oder mehrere Unfallkassen. Die Landesregierungen können auch gemeinsame Unfallkassen für die Unfallversicherung im Landesbereich und für die Unfallversicherung einer oder mehrerer Gemeinden von zusammen wenigstens 500 000 Einwohnern errichten.
(2) Die Landesregierungen von höchstens drei Ländern können durch gleichlautende Rechtsverordnungen auch eine gemeinsame Unfallkasse entsprechend Absatz 1 errichten, wenn das aufsichtführende Land durch die beteiligten Länder in diesen Rechtsverordnungen oder durch Staatsvertrag der Länder bestimmt ist.
(3) Die Landesregierungen regeln in den Rechtsverordnungen auch das Nähere über die Eingliederung bestehender Unfallversicherungsträger in die gemeinsame Unfallkasse.

§ 117 Unfallversicherungsträger im kommunalen Bereich

(1) Soweit die Unfallversicherung im kommunalen Bereich nicht von einer gemeinsamen Unfallkasse für den Landes- und den kommunalen Bereich durchgeführt wird, errichten die Landesregierungen durch Rechtsverordnung für mehrere Gemeinden von zusammen wenigstens 500 000 Einwohnern einen Gemeindeunfallversicherungsverband.
(2) Die Landesregierungen von höchstens drei Ländern können durch gleichlautende Rechtsverordnungen auch einen gemeinsamen Gemeindeunfallversicherungsverband entsprechend Absatz 1 errichten, wenn das aufsichtführende Land durch die beteiligten Länder in diesen Rechtsverordnungen oder durch Staatsvertrag der Länder bestimmt ist. § 116 Abs. 3 gilt entsprechend.
(3) Die Landesregierungen können durch Rechtsverordnung mehrere Feuerwehr-

Unfallkassen oder die Feuerwehr-Unfallkassen mit den Unfallversicherungsträgern im kommunalen Bereich vereinigen. Für die Feuerwehr-Unfallkassen sind die für die Gemeindeunfallversicherungsverbände geltenden Vorschriften entsprechend anzuwenden. Die beteiligten Gemeinden und Gemeindeverbände gelten als Unternehmer. Die Landesregierung von höchstens drei Ländern können durch gleichlautende Rechtsverordnungen mehrere Feuerwehr-Unfallkassen zu einer Feuerwehr-Unfallkasse vereinigen, wenn das aufsichtführende Land in diesen Rechtsverordnungen oder durch Staatsvertrag der Länder bestimmt ist. § 118 Abs. 1 Satz 3 bis 5 gilt entsprechend.
(4) Die Landesregierungen können durch Rechtsverordnung die Unfallkassen der Gemeinden mit den Unfallversicherungsträgern im kommunalen Bereich vereinigen.

§ 118 Vereinigung von Berufsgenossenschaften

(1) Berufsgenossenschaften können sich auf Beschluß ihrer Vertreterversammlungen zu einer Berufsgenossenschaft vereinigen. Der Beschluß bedarf der Genehmigung der vor der Vereinigung zuständigen Aufsichtsbehörden. Die beteiligten Berufsgenossenschaften legen der nach der Vereinigung zuständigen Aufsichtsbehörde eine Satzung, einen Vorschlag zur Berufung der Mitglieder der Organe und eine Vereinbarung über die Rechtsbeziehungen zu Dritten vor. Die Aufsichtsbehörde genehmigt die Satzung und die Vereinbarung, beruft die Mitglieder der Organe und bestimmt den Zeitpunkt, an dem die Vereinbarung wirksam wird. Mit diesem Zeitpunkt tritt die neue Berufsgenossenschaft in die Rechte und Pflichten des bisherigen Berufsgenossenschaft ein.
(2) Die Vereinigung nach Absatz 1 kann für abgrenzbare Unternehmensarten der aufzulösenden Berufsgenossenschaft mit mehreren Berufsgenossenschaften erfolgen.
(3) Die Einzelheiten hinsichtlich der Aufteilung des Vermögens und der Übernahme der Bediensteten werden durch die beteiligten Berufsgenossenschaften entsprechend der für das Kalenderjahr vor der Vereinigung auf die Unternehmensarten entfallenden Entschädigungslast in der Vereinbarung geregelt.

§ 119 Vereinigung landwirtschaftlicher Berufsgenossenschaften durch Verordnung

Die Landesregierungen derjenigen Länder, in deren Gebiet mehrere landesunmittelbare landwirtschaftliche Berufsgenossenschaften ihren Sitz haben, können durch Rechtsverordnung zwei oder mehrere landwirtschaftliche Berufsgenossenschaften zu einer landwirtschaftlichen Berufsgenossenschaft vereinigen. Das Nähere regelt die Landesregierung in der Rechtsverordnung.

§ 120 Bundes- und Landesgarantie

Soweit durch Rechtsvorschriften des Bundes oder der Länder nicht etwas anderes bestimmt worden ist, gehen mit der Auflösung eines bundesunmittelbaren Unfallversicherungsträgers dessen Rechte und Pflichten auf den Bund und mit der Auflösung eines landesunmittelbaren Unfallversicherungsträgers dessen Rechte und Pflichten auf das aufsichtführende Land über.
...

Sechstes Kapitel
Aufbringung der Mittel

Erster Abschnitt
Allgemeine Vorschriften

Erster Unterabschnitt
Beitragspflicht

§ 150 Beitragspflichtige

(1) Beitragspflichtig sind die Unternehmer, für deren Unternehmen Versicherte tätig sind oder zu denen Versicherte in einer besonderen, die Versicherung begründenden Beziehung stehen. Die nach § 2 versicherten Unternehmer sowie die nach § 3 Abs. 1 Nr. 1 und § 6 Abs. 1 Versicherten sind selbst beitragspflichtig.
(2) Neben den Unternehmern sind beitragspflichtig
1. die Auftraggeber, soweit sie Zwischenmeistern und Hausgewerbetreibenden zur Zahlung von Entgelt verpflichtet sind,
2. die Reeder, soweit beim Betrieb von Seeschiffen andere Unternehmer sind oder auf Seeschiffen durch andere ein Unternehmen betrieben wird.
Die in Satz 1 Nr. 1 und 2 Genannten sowie die in § 130 Abs. 2 Satz 1 und Abs. 3 genannten Bevollmächtigten haften mit den Unternehmern als Gesamtschuldner.
(3) Für die Beitragshaftung bei der Arbeitnehmerüberlassung gilt § 28e Abs. 2 und 4 des Vierten Buches entsprechend.
(4) Bei einem Wechsel der Person des Unternehmers sind der bisherige Unternehmer und sein Nachfolger bis zum Ablauf des Kalenderjahres, in dem der Wechsel angezeigt wurde, zur Zahlung der Beiträge und damit zusammenhängender Leistungen als Gesamtschuldner verpflichtet.

§ 151 Beitragserhebung bei überbetrieblichen arbeitsmedizinischen und sicherheitstechnischen Diensten

Die Mittel für die Einrichtungen nach § 24 werden von den Unternehmern aufgebracht, die diesen Einrichtungen angeschlossen sind. Die Satzung bestimmt das Nähere über den Maßstab, nach dem die Mittel aufzubringen sind, und über die Fälligkeit.

...

Siebtes Kapitel
Zusammenarbeit der Unfallversicherungsträger mit anderen Leistungsträgern und ihre Beziehungen zu Dritten

Zweiter Abschnitt
Beziehungen der Unfallversicherungsträger zu Dritten

§ 191 Unterstützungspflicht der Unternehmer

Die Unternehmer haben die für ihre Unternehmen zuständigen Unfallversicherungsträger bei der Durchführung der Unfallversicherung zu unterstützen; das Nähere regelt die Satzung.

§ 192 Mitteilungs- und Auskunftspflichten von Unternehmern und Bauherren

(1) Die Unternehmer haben binnen einer Woche nach Beginn des Unternehmens dem zuständigen Unfallversicherungsträger
1. die Art und den Gegenstand des Unternehmens,
2. die Zahl der Versicherten,
3. den Eröffnungstag oder den Tag der Aufnahme der vorbereitenden Arbeiten für das Unternehmen und
4. in den Fällen des § 130 Abs. 2 und 3 den Namen und den Wohnsitz oder gewöhnlichen Aufenthalt des Bevollmächtigten

mitzuteilen.
(2) Die Unternehmer haben Änderungen von
1. Art und Gegenstand ihrer Unternehmen, die für die Prüfung der Zuständigkeit der Unfallversicherungsträger von Bedeutung sein können,
2. Voraussetzungen für die Zuordnung zu den Gefahrklassen,
3. sonstigen Grundlagen für die Berechnung der Beiträge

innerhalb von vier Wochen dem Unfallversicherungsträger mitzuteilen.
(3) Die Unternehmer haben ferner auf Verlangen des zuständigen Unfallversicherungsträgers die Auskünfte zu geben und die Beweisurkunden vorzulegen, die zur Erfüllung der gesetzlichen Aufgaben des Unfallversicherungsträgers (§ 199) erforderlich sind. Ist bei einer Schule der Schulhoheitsträger nicht Unternehmer, hat auch der Schulhoheitsträger die Verpflichtung zur Auskunft nach Satz 1.
(4) Den Wechsel von Personen der Unternehmer haben die bisherigen Unternehmer und ihre Nachfolger innerhalb von vier Wochen nach dem Wechsel dem Unfallversicherungsträger mitzuteilen. Den Wechsel von Personen der Bevollmächtigten haben die Unternehmer innerhalb von vier Wochen nach dem Wechsel mitzuteilen.
(5) Bauherren sind verpflichtet, auf Verlangen des zuständigen Unfallversicherungsträgers die Auskünfte zu geben, die zur Erfüllung der gesetzlichen Aufgaben des Unfallversicherungsträgers (§ 199) erforderlich sind. Dazu gehören
1. die Auskunft darüber, ob und welche nicht gewerbsmäßigen Bauarbeiten ausgeführt werden,

2. die Auskunft darüber, welche Unternehmer mit der Ausführung der gewerbsmäßigen Bauarbeiten beauftragt sind.

§ 193 Pflicht zur Anzeige eines Versicherungsfalls durch die Unternehmer

(1) Die Unternehmer haben Unfälle von Versicherten in ihren Unternehmen dem Unfallversicherungsträger anzuzeigen, wenn Versicherte getötet oder so verletzt sind, daß sie mehr als drei Tage arbeitsunfähig werden. Satz 1 gilt entsprechend für Unfälle von Versicherten, deren Versicherung weder eine Beschäftigung noch eine selbständige Tätigkeit voraussetzt.

(2) Haben Unternehmer im Einzelfall Anhaltspunkte, daß bei Versicherten ihrer Unternehmen eine Berufskrankheit vorliegen könnte, haben sie diese dem Unfallversicherungsträger anzuzeigen.

(3) Bei Unfällen der nach § 2 Abs. 1 Nr. 8 Buchstabe b Versicherten hat der Schulhoheitsträger die Unfälle auch dann anzuzeigen, wenn er nicht Unternehmer ist. Bei Unfällen der nach § 2 Abs. 1 Nr. 15 Buchstabe a Versicherten hat der Träger der Einrichtung, in der die stationäre oder teilstationäre Behandlung oder die Leistung stationärer medizinischer Rehabilitation erbracht werden, die Unfälle anzuzeigen.

(4) Die Anzeige ist binnen drei Tagen zu erstatten, nachdem die Unternehmer von dem Unfall oder von den Anhaltspunkten für eine Berufskrankheit Kenntnis erlangt haben. Der Versicherte kann vom Unternehmer verlangen, daß ihm eine Kopie der Anzeige überlassen wird.

(5) Die Anzeige ist vom Betriebs- oder Personalrat mit zu unterzeichnen. Der Unternehmer hat die Sicherheitsfachkraft und den Betriebsarzt über jede Unfall- oder Berufskrankheitenanzeige in Kenntnis zu setzen. Verlangt der Unfallversicherungsträger zur Feststellung, ob eine Berufskrankheit vorliegt, Auskünfte über gefährdende Tätigkeiten von Versicherten, haben die Unternehmer den Betriebs- oder Personalrat über dieses Auskunftsersuchen unverzüglich zu unterrichten.

(6) Ist der Bund Unfallversicherungsträger, ist die Anzeige an die Ausführungsbehörde zu richten.

(7) Bei Unfällen in Unternehmen, die der allgemeinen Arbeitsschutzaufsicht unterstehen, hat der Unternehmer eine Durchschrift der Anzeige der für den Arbeitsschutz zuständigen Landesbehörde zu übersenden. Bei Unfällen in Unternehmen, die der bergbehördlichen Aufsicht unterstehen, ist die Durchschrift an die zuständige untere Bergbehörde zu übersenden. Wird eine Berufskrankheit angezeigt, übersendet der Unfallversicherungsträger eine Durchschrift der Anzeige unverzüglich der für den medizinischen Arbeitsschutz zuständigen Landesbehörde. Wird der für den medizinischen Arbeitsschutz zuständigen Landesbehörde eine Berufskrankheit angezeigt, übersendet sie dem Unfallversicherungsträger unverzüglich eine Durchschrift der Anzeige.

(8) Das Bundesministerium für Arbeit und Sozialordnung bestimmt durch Rechtsverordnung mit Zustimmung des Bundesrates den für Aufgaben der Prävention und der Einleitung eines Feststellungsverfahrens erforderlichen Inhalt der Anzeige, ihre Form sowie die Empfänger, die Anzahl und den Inhalt der Durchschriften.

(9) Unfälle nach Absatz 1, die während der Fahrt auf einem Seeschiff eingetreten sind, sind ferner in das Schiffstagebuch einzutragen und dort oder in einem Anhang kurz darzustellen. Ist ein Schiffstagebuch nicht zu führen, haben die Schiffsführer Unfälle nach Satz 1 in einer besonderen Niederschrift nachzuweisen.

...

Achtes Kapitel
Datenschutz

Zweiter Abschnitt
Datenerhebung und -verarbeitung durch Ärzte

§ 201 Datenerhebung und Datenverarbeitung durch Ärzte

(1) Ärzte und Zahnärzte, die an einer Heilbehandlung nach § 34 beteiligt sind, erheben, speichern und übermitteln an die Unfallversicherungsträger Daten über die Behandlung und den Zustand des Versicherten sowie andere personenbezogene Daten, soweit dies für Zwecke der Heilbehandlung und die Erbringung sonstiger Leistungen erforderlich ist. Ferner erheben, speichern und übermitteln sie die Daten, die für ihre Entscheidung, eine Heilbehandlung nach § 34 durchzuführen, maßgeblich waren. Der Versicherte kann vom Unfallversicherungsträger verlangen, über die von den Ärzten übermittelten Daten unterrichtet zu werden. § 25 Abs. 2 des Zehnten Buches gilt entsprechend. Der Versicherte ist von den Ärzten über den Erhebungszweck, ihre Auskunftspflicht nach den Sätzen 1 und 2 sowie über sein Recht nach Satz 3 zu unterrichten.
(2) Soweit die für den medizinischen Arbeitsschutz zuständigen Stellen und die Krankenkassen Daten nach Absatz 1 zur Erfüllung ihrer Aufgaben benötigen, dürfen die Daten auch an sie übermittelt werden.

§ 202 Anzeigepflicht von Ärzten bei Berufskrankheiten

Haben Ärzte oder Zahnärzte den begründeten Verdacht, daß bei Versicherten eine Berufskrankheit besteht, haben sie dies dem Unfallversicherungsträger oder der für den medizinischen Arbeitsschutz zuständigen Stelle in der für die Anzeige von Berufskrankheiten vorgeschriebenen Form (§ 193 Abs. 8) unverzüglich anzuzeigen. Die Ärzte oder Zahnärzte haben die Versicherten über den Inhalt der Anzeige zu unterrichten und ihnen den Unfallversicherungsträger und die Stelle zu nennen, denen sie die Anzeige übersenden. § 193 Abs. 7 Satz 3 und 4 gilt entsprechend.
...

Dritter Abschnitt
Dateien

§ 204 Errichtung einer Datei für mehrere Unfallversicherungsträger

(1) Die Errichtung einer Datei für mehrere Unfallversicherungsträger bei einem Unfallversicherungsträger oder bei einem Verband der Unfallversicherungsträger ist zulässig,
1. um Daten über Verwaltungsverfahren und Entscheidungen nach § 9 Abs. 2 zu verarbeiten, zu nutzen und dadurch eine einheitliche Beurteilung vergleichbarer Versicherungsfälle durch die Unfallversicherungsträger zu erreichen, gezielte Maßnahmen der Prävention zu ergreifen sowie neue medizinisch-wissenschaftliche Erkenntnisse zur Fortentwicklung des Berufskrankheitenrechts, insbesondere durch eigene Forschung oder durch Mitwirkung an fremden Forschungsvorhaben, zu gewinnen.

2. um Daten in Vorsorgedateien zu erheben, zu verarbeiten oder zu nutzen, damit Versicherten, die bestimmten arbeitsbedingten Gesundheitsgefahren ausgesetzt sind oder waren, Maßnahmen der Prävention oder zur Teilhabe angeboten sowie Erkenntnisse über arbeitsbedingte Gesundheitsgefahren und geeignete Maßnahmen der Prävention und zur Teilhabe gewonnen werden können,
3. um Daten über Arbeits- und Wegeunfälle in einer Unfall-Dokumentation zu verarbeiten, zu nutzen und dadurch Größenordnungen, Schwerpunkte und Entwicklungen der Unfallbelastung in einzelnen Bereichen darzustellen, damit Erkenntnisse zur Verbesserung der Prävention und der Maßnahmen zur Teilhabe gewonnen werden können,
4. um Anzeigen, Daten über Verwaltungsverfahren und Entscheidungen über Berufskrankheiten in einer Berufskrankheiten-Dokumentation zu verarbeiten, zu nutzen und dadurch Häufigkeiten und Entwicklungen im Berufskrankheitengeschehen sowie wesentliche Einwirkungen und Erkrankungsfolgen darzustellen, damit Erkenntnisse zur Verbesserung der Prävention und der Maßnahmen zur Teilhabe gewonnen werden können,
5. um Daten über Entschädigungsfälle, in denen Leistungen zur Teilhabe erbracht werden, in einer Rehabilitations- und Teilhabedokumentation zu verarbeiten, zu nutzen und dadurch Schwerpunkte der Maßnahmen der Rehabilitation darzustellen, damit Erkenntnisse zur Verbesserung der Prävention und der Maßnahmen zur Teilhabe gewonnen werden können,
6. um Daten über Entschädigungsfälle, in denen Rentenleistungen oder Leistungen bei Tod erbracht werden, in einer Renten-Dokumentation zu verarbeiten, zu nutzen und dadurch Erkenntnisse über den Rentenverlauf und zur Verbesserung der Prävention und der Maßnahmen zur Teilhabe zu gewinnen.

In den Fällen des Satzes 1 Nr. 1 und 3 bis 6 findet § 76 des Zehnten Buches keine Anwendung.

(2) In den Dateien nach Absatz 1 dürfen nach Maßgabe der Sätze 2 und 3 nur folgende Daten von Versicherten erhoben, verarbeitet oder genutzt werden:
1. der zuständige Unfallversicherungsträger und die zuständige staatliche Arbeitsschutzbehörde,
2. das Aktenzeichen des Unfallversicherungsträgers,
3. Art und Hergang, Datum und Uhrzeit sowie Anzeige des Versicherungsfalls,
4. Staatsangehörigkeit und Angaben zur regionalen Zuordnung der Versicherten sowie Geburtsjahr und Geschlecht der Versicherten und der Hinterbliebenen,
5. Familienstand und Versichertenstatus der Versicherten,
6. Beruf der Versicherten, ihre Stellung im Erwerbsleben und die Art ihrer Tätigkeit,
7. Angaben zum Unternehmen einschließlich der Mitgliedsnummer,
8. die Arbeitsanamnese und die als Ursache für eine Schädigung vermuteten Einwirkungen am Arbeitsplatz,
9. die geäußerten Beschwerden und die Diagnose,
10. Entscheidungen über Anerkennung oder Ablehnung von Versicherungsfällen und Leistungen,
11. Kosten und Verlauf von Leistungen,
12. Art, Ort, Verlauf und Ergebnis von Vorsorgemanahmen oder Leistungen zur Rehabilitation,

13. die Rentenversicherungsnummer, Vor- und Familienname, Geburtsname, Geburtsdatum, Sterbedatum und Wohnanschrift der Versicherten sowie wesentliche Untersuchungsbefunde und die Planung zukünftiger Vorsorgemaßnahmen,
14. Entscheidungen (Nummer 10) mit ihrer Begründung einschließlich im Verwaltungs- oder Sozialgerichtsverfahren erstatteter Gutachten mit Angabe der Gutachter.

In Dateien nach Absatz 1 Satz 1 Nr. 1 dürfen nur Daten nach Satz 1 Nr. 1 bis 4, 6 bis 10 und 14 verarbeitet oder genutzt werden. In Dateien nach Absatz 1 Satz 1 Nr. 3 bis 6 dürfen nur Daten nach Satz 1 Nr. 1 bis 12 verarbeitet oder genutzt werden.

(3) Die Errichtung einer Datei für mehrere Unfallversicherungsträger bei einem Unfallversicherungsträger oder bei einem Verband der Unfallversicherungsträger ist auch zulässig, um die von den Pflegekassen und den privaten Versicherungsunternehmen nach § 44 Abs. 2 des Elften Buches zu übermittelnden Daten zu verarbeiten.

(4) Die Errichtung einer Datei für mehrere Unfallversicherungsträger bei einem Unfallversicherungsträger oder bei einem Verband der Unfallversicherungsträger ist auch zulässig, soweit dies erforderlich ist, um neue Erkenntnisse zur Verhütung von Versicherungsfällen oder zur Abwendung von arbeitsbedingten Gesundheitsgefahren zu gewinnen, und dieser Zweck nur durch eine gemeinsame Datei für mehrere oder alle Unfallversicherungsträger erreicht werden kann. In der Datei nach Satz 1 dürfen personenbezogene Daten nur verarbeitet werden, soweit der Zweck der Datei ohne sie nicht erreicht werden kann. Das Bundesministerium für Arbeit und Sozialordnung bestimmt in einer Rechtsverordnung, die der Zustimmung des Bundesrates bedarf, die Art der zu verhütenden Versicherungsfälle und der abzuwendenden arbeitsbedingten Gesundheitsgefahren sowie die Art der Daten, die in der Datei nach Satz 1 verarbeitet oder genutzt werden dürfen. In der Datei nach Satz 1 dürfen Daten nach Absatz 2 Satz 1 Nr. 13 nicht gespeichert werden.

(5) Die Unfallversicherungsträger dürfen Daten nach Absatz 2 an den Unfallversicherungsträger oder den Verband, der die Datei führt, übermitteln. Die in der Datei nach Absatz 1 Satz 1 Nr. 1 oder 2 gespeicherten Daten dürfen von der dateiführenden Stelle an andere Unfallversicherungsträger übermittelt werden, soweit es zur Erfüllung ihrer gesetzlichen Aufgaben erforderlich ist.

(6) Der Unfallversicherungsträger oder der Verband, der die Datei errichtet, hat dem Bundesbeauftragten für den Datenschutz oder der nach Landesrecht für die Kontrolle des Datenschutzes zuständigen Stelle rechtzeitig die Errichtung einer Datei nach Absatz 1 oder 4 vorher schriftlich anzuzeigen.

(7) Der Versicherte ist vor der erstmaligen Speicherung seiner Sozialdaten in Dateien nach Absatz 1 Satz 1 Nr. 1 und 2 über die Art der gespeicherten Daten, die speichernde Stelle und den Zweck der Datei durch den Unfallversicherungsträger schriftlich zu unterrichten. Dabei ist er auf sein Auskunftsrecht nach § 83 des Zehnten Buches hinzuweisen.

...

Vierter Abschnitt
Sonstige Vorschriften

§ 206 Übermittlung von Daten für die Forschung zur Bekämpfung von Berufskrankheiten

(1) Ein Arzt oder Angehöriger eines anderen Heilberufes ist befugt, für ein bestimmtes Forschungsvorhaben personenbezogene Daten den Unfallversicherungsträgern und deren Verbänden zu übermitteln, wenn die nachfolgenden Voraussetzungen erfüllt sind und die Genehmigung des Forschungsvorhabens öffentlich bekanntgegeben worden ist. Die Unfallversicherungsträger oder die Verbände haben den Versicherten oder den früheren Versicherten schriftlich über die übermittelten Daten und über den Zweck der Übermittlung zu unterrichten.

(2) Die Unfallversicherungsträger und ihre Verbände dürfen Sozialdaten von Versicherten und früheren Versicherten erheben, verarbeiten und nutzen, soweit dies
1. zur Durchführung eines bestimmten Forschungsvorhabens, das die Erkennung neuer Berufskrankheiten oder die Verbesserung der Prävention oder der Maßnahmen zur Teilhabe bei Berufskrankheiten zum Ziele hat, erforderlich ist und
2. der Zweck dieses Forschungsvorhabens nicht auf andere Weise, insbesondere nicht durch Erhebung, Verarbeitung und Nutzung anonymisierter Daten, erreicht werden kann.

Voraussetzung ist, daß die zuständige oberste Bundes- oder Landesbehörde die Erhebung, Verarbeitung und Nutzung der Daten für das Forschungsvorhaben genehmigt hat. Erteilt die zuständige oberste Bundesbehörde die Genehmigung, sind die Bundesärztekammer und der Bundesbeauftragte für den Datenschutz anzuhören, in den übrigen Fällen der Landesbeauftragte für den Datenschutz und die Ärztekammer des Landes.

(3) Das Forschungsvorhaben darf nur durchgeführt werden, wenn sichergestellt ist, daß keinem Beschäftigten, der an Entscheidungen über Sozialleistungen oder deren Vorbereitung beteiligt ist, die Daten, die für das Forschungsvorhaben erhoben, verarbeitet oder genutzt werden, zugänglich sind oder von Zugriffsberechtigten weitergegeben werden.

(4) Die Durchführung der Forschung ist organisatorisch und räumlich von anderen Aufgaben zu trennen. Die übermittelten Einzelangaben dürfen nicht mit anderen personenbezogenen Daten zusammengeführt werden. § 67c Abs. 5 Satz 2 und 3 des Zehnten Buches bleibt unberührt.

(5) Führen die Unfallversicherungsträger oder ihre Verbände das Forschungsvorhaben nicht selbst durch, dürfen die Daten nur anonymisiert an den für das Forschungsvorhaben Verantwortlichen übermittelt werden. Ist nach dem Zweck des Forschungsvorhabens zu erwarten, daß Rückfragen für einen Teil der Betroffenen erforderlich werden, sind sie an die Person zu richten, welche die Daten gemäß Absatz 1 übermittelt hat. Absatz 2 gilt für den für das Forschungsvorhaben Verantwortlichen entsprechend. Die Absätze 3 und 4 gelten entsprechend.

§ 207 Erhebung, Verarbeitung und Nutzung von Daten zur Verhütung von Versicherungsfällen und arbeitsbedingten Gesundheitsgefahren

(1) Die Unfallversicherungsträger und ihre Verbände dürfen
1. Daten zu Stoffen, Zubereitungen und Erzeugnissen,
2. Betriebs- und Expositionsdaten zur Gefährdungsanalyse

erheben, speichern, verändern, löschen, nutzen und untereinander übermitteln, soweit dies zur Verhütung von Versicherungsfällen und arbeitsbedingten Gesundheitsgefahren erforderlich ist.

(2) Daten nach Absatz 1 dürfen an die für den Arbeitsschutz zuständigen Landesbehörden und an die für den Vollzug des Chemikaliengesetzes sowie des Rechts der Bio- und Gentechnologie zuständigen Behörden übermittelt werden.

(3) Daten nach Absatz 1 dürfen nicht an Stellen oder Personen außerhalb der Unfallversicherungsträger und ihrer Verbände sowie der zuständigen Landesbehörden übermittelt werden, wenn der Unternehmer begründet nachweist, daß ihre Verbreitung ihm betrieblich oder geschäftlich schaden könnte, und die Daten auf Antrag des Unternehmers als vertraulich gekennzeichnet sind.

...

Übersicht   Rn.

1. Allgemeines 1– 3
2. Prävention 4– 9
3. Unfallverhütungsvorschriften   10–16
4. Überwachung und Beratung   17–23
5. Zusammenarbeit mit Dritten   24–27
6. Verantwortlichkeit   28
7. Sicherheitsbeauftragte   29–34
8. Aus- und Fortbildung   35
9. Überbetriebliche Dienste   36
10. Bericht der Bundesregierung   37

1. Allgemeines

1 **Aufgabe** der gesetzlichen Unfallversicherung ist gem. § 1 Nr. 1 und 2 SGB VII die Verhütung von Arbeitsunfällen und Berufskrankheiten, von arbeitsbedingten Gesundheitsgefahren (Nr. 1) sowie die Rehabilitation bzw. die Entschädigung nach Eintritt von Arbeitsunfällen und Berufskrankheiten (Nr. 2; zur Entwicklung der Unfallversicherung vgl. *Krasney*, Festheft Kittner, 423 ff.; *Gitter*, SGb 1993, 297 ff.; *Krasney*, NZS 1993, 89 ff.; *Bauerdick*, 1994). Aus der Abfolge lässt sich eine systematische **Rangfolge** der Aufgaben ableiten: Prävention geht vor Rehabilitation, Rehabilitation geht vor Entschädigung. In § 26 Abs. 3 SGB VII wird dementsprechend der Vorrang der Leistungen zur Heilbehandlung und Rehabilitation gegenüber Rentenleistungen festgelegt (vgl. *PVW*, § 26 SGB VII Rn. 10; zur Bedeutung der Rehabilitation vgl. *Krasney*, BG 1997, 426 ff., *Aulmann*, BG 1997, 432 ff.).

2 Gegenüber der Aufgabenbestimmung in § 537 RVO ist die Erweiterung der Aufgaben der gesetzlichen Unfallversicherung um die **Verhütung arbeitsbedingter Gesundheitsgefahren** hervorzuheben (vgl. § 1 Nr. 1 SGB VII; Näheres unter Rn. 5 f.). Hinsichtlich der Aufgaben zur Rehabilitation und Entschädigung hat dies keine unmittelbaren rechtlichen Auswirkungen (vgl. *HVBG u.a.*, 37 f.). Es ist jedoch von Entlastungseffekten der Sozialversicherungssysteme durch eine konsequente Prävention auszugehen, die mit dieser neuen Aufgabe, parallel zur Zielsetzung des ArbSchG in § 1 Abs. 1 i.V.m. § 2 Abs. 1 ArbSchG, verstärkt wird (vgl. Einl. Rn. 108; zur Kooperation der Unfallversicherungsträger mit den Krankenkassen bei der Verhütung von arbeitsbedingten Gesundheitsgefahren auf der Basis von § 14 Abs. 2 SGB VII bzw. 20 Abs. 1 SGB V vgl. Rn. 8).

Die Einordnung des Rechts der Unfallversicherung in das Sozialgesetzbuch hat **3** die Grundlagen der gesetzlichen Unfallversicherung unberührt gelassen, insbesondere das **soziale Schutzprinzip** sowie die **Beschränkung der Unternehmerhaftung** und die Haftung anderer im Betrieb tätiger Personen bzw. anderer Personen (vgl. §§ 104 ff. SGB VII; vgl. *Krasney*, Festheft Kittner, 423 f.; *Gitter*, BB-Beil. 6/1998, 2 f.; *Maschmann*, SGb 1998, 54 ff.; *Niemeyer/Freund*, NZS 1996, 498; zur Haftungsfreistellung bei Arbeitsunfällen vgl. *Marburger*, BB 2000, 1781 ff.).

2. Prävention

Die Regelungen zur Prävention sind im zweiten Kapitel des SGB VII zusammengefasst (vgl. *Krasney*, Festheft Kittner, 425 f.). Im Rahmen ihres Präventionsauftrags haben die Träger der gesetzlichen Unfallversicherung gem. § 14 Abs. 1 Satz 1 SGB VII mit allen geeigneten Mitteln insbesondere für die Verhütung **(Prävention)** von **4**
- Arbeitsunfällen (Versicherungsfall i.S. von § 7 Abs. 1 SGB VII, definiert in § 8 SGB VII; vgl. *Gitter*, BB-Beil. 6/98, 5 ff.; *Niemeyer/Freund*, NZS 1996, 498 f.; § 2 ArbSchG Rn. 3),
- Berufskrankheiten (Versicherungsfall i.S. von § 7 Abs. 1 SGB VII, definiert in § 9 SGB VII; vgl. *Gitter*, a.a.O., 7 f.; *Niemeyer/Freund*, a.a.O.; *Krasney*, BG 1996, 120 ff.; zur Berufskrankheitenverordnung [BKV] vgl. *Giesen/Schäcke*, 1997; *Brock*, AuA 1998, 47 ff.; *Mehrtens/Perlebach*; vgl. § 2 ArbSchG Rn. 6; abgedruckt unter Anhang Nr. 32) und
- arbeitsbedingten Gesundheitsgefahren (vgl. Rn. 5 f.)

zu sorgen. Diese Bestimmung konkretisiert die Aufgabe der gesetzlichen Unfallversicherung in § 1 Nr. 1 SGB VII (*Kater/Leube*, § 14 SGB VII Rn. 2). Dazu sollen die Unfallversicherungsträger auch Ursache-Wirkungs-Beziehungen ermitteln, d.h. **Forschung** betreiben, um den Ursachen von arbeitsbedingten Gefahren für Leben und Gesundheit nachzugehen (vgl. § 14 Abs. 1 Satz 2 SGB VII; *HVBG u.a.*, 87; *Kater/Leube*, a.a.O., Rn. 3; hierzu sind in §§ 199 ff. SGB VII Regelungen zur Datenerhebung und zum Datenschutz getroffen worden).

Die **Erweiterung** des Präventionsauftrags auf die Verhütung arbeitsbedingter **5** Gesundheitsgefahren gegenüber der RVO ist eine Reaktion des Gesetzgebers auf die Herausforderungen an die Präventionsarbeit: »Die Arbeitsbedingungen, d.h. die Arbeitsverfahren, Arbeitsmittel und -stoffe, aber auch die gesellschaftlichen Auffassungen über einen modernen Gesundheitsschutz im Betrieb, haben sich in den letzten Jahrzehnten derart verändert, dass der klassische Präventionsauftrag der Unfallversicherungsträger, der sich nur auf die Verhütung von Arbeitsunfällen und Berufskrankheiten bezog, nicht mehr ausreicht« (*Niemeyer/Freund*, NZS 1996, 499 f.; *Krasney*, NZS 1996, 261; *Sokoll/Coenen*, BG 1995, 460 ff.). Neben den Auswirkungen sind spätestens jetzt auch die Ursachen von Gefahren für Sicherheit und Gesundheit bei der Arbeit Gegenstand der Prävention der Unfallversicherungsträger (vgl. *Gitter*, BB-Beil. 6/1998, 9 mit Verweis auf die schon vorangegangene Präventionstätigkeit). Überdies stellt diese Aufgabenerweiterung und ihre Implikationen für ihre Umsetzung durch das zur Verfügung stehende Instrumentarium durchaus eine Art Kompensation für den Verlust an autonomer Rechtsetzungskompetenz der Unfallversicherungsträger durch den Erlass von UVV auf dem Gebiet des produktbezogenen Arbeitsschutzes durch die EG-Richtlinien nach Art. 100a (jetzt 95) EGV auf dem Gebiet der

Sonstige Rechtsvorschriften

technischen Harmonisierung und Normung dar (vgl. *Sokoll*, NZS 1993, 9 ff.; Einl. Rn. 76 ff.; *Bauerdick*, 1994, 146 ff.; *Eiermann*, BG 1992, 408 ff.; Rn. 12).

6 Der **Begriff** der **arbeitsbedingten Gesundheitsgefahren** ist gesetzlich nicht definiert. Allgemein wird er als Oberbegriff für die Prävention gegenüber Arbeitsunfällen, Berufskrankheiten und arbeitsbedingten Erkrankungen behandelt (vgl. *Anzinger/Bieneck*, § 3 Rn. 109; *Koll*, § 2 Rn. 3 ff.; vgl. § 2 ArbSchG Rn. 5). Ein Vorschlag für eine Begriffsdefinition in Bezug auf die Aufgaben der Unfallversicherungsträger ist 1997 seitens der *BG der chemischen Industrie*, des *Bundesarbeitgeberverbands Chemie* und der *IG Chemie, Papier, Keramik* gemacht worden: Arbeitsbedingte Gesundheitsgefahren sind **Einflüsse**, die – allgemein oder im Einzelfall – **in nachvollziehbarem Zusammenhang mit dem Arbeitsplatz oder der Tätigkeiten über das allgemeine Lebensrisiko hinaus** die Gesundheit beeinträchtigen können (vgl. *Jäger*, SiS 1998, 121; vgl. *Coenen*, BG 1997, 222 ff.; zur Einbeziehung psychischer Belastungen vgl. *Radek*, BG 1997, 352). Arbeitsbedingte Gesundheitsgefahren können also immer nur solche sein, »die aus der besonderen Gefahrensphäre der Betriebe, für die die jeweiligen Unfallversicherungsträger zuständig sind, erwachsen« (*Gitter*, BB-Beil. 6/1998, 9). Hieran knüpfen auch *Heuchert/Horst/Kuhn* (BArbBl. 2/2001, 24 f.) an: »Arbeitsbedingte Gesundheitsgefahren sind Einflüsse aus der Arbeitswelt, die Gesundheitsstörungen und Erkrankungen verursachen oder mitverursachen bzw. eine außerberuflich erworbene Erkrankung ungünstig beeinflussen können« (vgl. § 2 ArbSchG Rn. 6 zum Begriff der arbeitsbedingten Erkrankungen und zum Programm des BMA zur Förderung von Modellvorhaben zur Bekämpfung arbeitsbedingter Erkrankungen).
Zugleich bezieht sich der Auftrag zur Verhütung arbeitsbedingter Gesundheitsgefahren nur auf die Prävention, nicht aber auf den Bereich der Rehabilitations- oder Entschädigungsleistungen (vgl. *Gitter*, a.a.O.; *Anzinger/Bieneck*, § 3 ASiG Rn. 109; *PVW*, § 14 SGB VII Rn. 1; vgl. *Krasney*, BG 1996, 120 f.).

7 Für die **Durchführung** von Maßnahmen zur Verhütung arbeitsbedingter Gesundheitsgefahren, wie auch zur Verhütung von Arbeitsunfällen und Berufskrankheiten, ist gem. § 21 Abs. 1 SGB VII der **Unternehmer verantwortlich** (*Leichsenring*, BG 1998, 88; vgl. Rn. 28). Die Aufgabe der Unfallversicherungsträger besteht darin, durch die ihr zur Verfügung stehenden Mittel (insbesondere Erlass von UVV, Überwachung und Beratung, Beschäftigung von Aufsichtspersonen, Aus- und Fortbildung) für diese Durchführung die Voraussetzungen und Rahmenbedingungen zu schaffen.

8 Der Auftrag zur Verhütung arbeitsbedingter Gesundheitsgefahren gem. § 14 Abs. 1 SGB VII ist mit dem wechselseitigen Gebot für Unfallversicherungsträger und Krankenkassen verknüpft, im Rahmen dieser Präventionsaufgabe mit den Krankenkassen **zusammenzuarbeiten** (vgl. § 14 Abs. 2 SGB VII; § 20 Abs. 2 Satz 2 SGB V). Insbesondere die Aktivitäten der **Krankenkassen** auf dem Gebiet der **betrieblichen Gesundheitsförderung** in den Jahren ab 1989 haben zur Verhütung arbeitsbedingter Gesundheitsgefahren durch die Entwicklung und Anwendung von Gesundheitsberichten, Gesundheitszirkeln und betrieblichen Gesundheitsförderungsprogrammen wichtige Vorbedingungen geschaffen und Beiträge geliefert (vgl. Einl. Rn. 54). Durch das Beitragsentlastungsgesetz v. 1.11.1996 (BGBl. I, 1631) waren die Möglichkeiten der Krankenkassen zunächst eingeschränkt worden, zugleich hatten sich hieraus jedoch auch Chancen für eine konzeptionelle Weiterentwicklung der (vgl. *Meierjürgen/Knorr*, SozSich 1997, 43 ff.). Aufgrund der wechselseitigen Verpflichtung zur Zusammenarbeit

von Unfallversicherungsträgern und Krankenkassen gem. § 14 Abs. 2 SGB VII bzw. § 20 Abs. 1 SGB V konnten die vorhandenen Erfahrungen auf neuer organisatorischer Basis und unter Beachtung der Grenzen, die im Begriff der arbeitsbedingten Gesundheitsgefahren und bei der Durchführung der Maßnahmen (Verantwortung des Unternehmers) begründet sind, weiterentwickelt werden (vgl. *Niemeyer/Freund*, NZS 1996, 500). Von der Neufassung des § 20 SGB durch Gesetz v. 22.12.1999 (BGBl I, 2626) sind die Möglichkeiten der Krankenkassen zur eigenen Intervention wieder gestärkt worden (vgl. Einl. Rn. 54).

Ein Spiegelbild der Entwicklung der Kooperation liefert das vom *BMA* geförderte Kooperationsprogramm Arbeit und Gesundheit (**KOPAG**; vgl. die Beiträge in *KOPAG/BKK-BV/HVBG*, 1997 und *BDA/KOPAG/BKK-BV/HVBG*, 1997; *Bindzius/Coenen/Perlebach*, BG 1997, 232 ff.). Mit dem Focus auf Klein- und Mittelbetriebe ist im Anschluss an KOPAG das Modellprojekt »Integrationsprogramm Arbeit und Gesundheit« (IPAG) initiiert worden (vgl. Arbeit und Gesundheit, 6/1999, 9).

Eine **Rahmenvereinbarung der Spitzenverbände** der gesetzlichen Krankenkassen und der Träger der gesetzlichen Unfallversicherung enthält, ausgehend von den gesetzlichen Grundlagen und der Zielsetzung der Prävention, Festlegungen zu: den Aufgaben und Pflichten, dem Handlungsrahmen bei der Verhütung arbeitsbedingter Gesundheitsgefahren, der Zusammenarbeit auf betrieblicher und überbetrieblicher sowie auf der Ebene der Spitzenverbände sowie Mitteilung von berufsbedingten gesundheitlichen Gefährdungen oder Berufskrankheiten (Anhang Nr. 29; vgl. *Coenen/Bindzius*, BG 1998, 24 ff.). Aufgrund der Neufassung des § 20 SGB V sind in diesem Kontext Weiterentwicklungen zu erwarten (vgl. Einl. Rn. 54).

Zur **Umsetzung** ihres Präventionsauftrags in § 14 SGB VII erhalten die Unfallversicherungsträger im zweiten Kapitel des SGB VII entsprechende Aufgaben, Kompetenzen und Instrumente in den Bereichen Rechtsetzung, Überwachung, Beratung sowie Aus- und Fortbildung. **9**

3. Unfallverhütungsvorschriften

Die Unfallversicherungsträger haben gem. § 15 Abs. 1 SGB VII die Kompetenz zum Erlass von **Unfallverhütungsvorschriften** (UVV) als autonomes Recht, die i.d.R. Schutzziele festlegen und Mindestnormen enthalten und für Unternehmer und Versicherte verbindlich sind (vgl. *Kater/Leube*, § 15 SGB VII Rn. 3, 4; *PVW*, § 15 SGB VII Rn. 4 f.; zur Unterrichtung über UVV vgl. § 15 Abs. 5 SGB VII). Sie können **Rahmenvorschriften** i.S. des § 87 Abs. 1 Nr. 7 BetrVG enthalten (BetrVG Rn. 31). UVV wurden bislang durch rechtlich nicht verbindliche **Durchführungsanweisungen**, Richtlinien, Sicherheitsregeln, Merkblätter und Grundsätze ergänzt bzw. konkretisiert (vgl. *Kater/Leube*, § 15 SGB VII Rn. 10 ff.; vgl. BetrVG Rn. 32). Durch die Neuordnung des berufsgenossenschaftlichen Vorschriften- und Regelwerks ergeben sich Veränderungen, die u.a. dazu führen, dass die bisherigen Durchführungsanweisungen künftig wegfallen werden. Im Rahmen einer neuen Struktur des Vorschriften- und Regelwerks (Drei-Ebenen-Modell) soll stattdessen den UVV eine ausführliche Begründung beigefügt werden (vgl. Rn. 14). **10**

UVV sind **sonstige Rechtsvorschriften** i.S. von § 2 Abs. 4 ArbSchG und können im Rahmen des Präventionsauftrages der Unfallversicherungsträger zu einer Konkretisierung staatlicher Arbeitsschutzvorschriften beitragen (vgl. *Kater/Leu-* **11**

Sonstige Rechtsvorschriften

be, § 15 SGB VII Rn. 7; § 2 ArbSchG Rn. 30, 31). Grundlegend ist hierbei die UVV »Allgemeine Vorschriften« (BGV A 1; Anhang Nr. 28).

12 Die Kompetenz zum Erlass von UVV bezieht sich auf die in § 15 Abs. 1 SBG VII abschließend festgelegten **Regelungsbereiche**, die – ausgehend von der bisherigen Regelung in § 708 Abs. 1 RVO – erweitert worden sind (vgl. § 15 Nr. 1 bis 7 SGB VII; *HVGB* u.a., 90 f.; vgl. umfassend *Nöthlichs*, 4010, 8 ff.; *Kater/Leube*, § 15 SGB VII Rn. 14 ff.). Eine Einschränkung des Erlasses von UVV ist im Bereich des produktbezogenen Arbeitsschutzes festzustellen, und zwar aufgrund der Umsetzung der in ihrem Sicherheitsniveau verbindlichen Richtlinien nach Art. 95 EGV zur technischen Harmonisierung. Dafür ist der Einfluss der Unfallversicherungsträger bei der europäischen Normung zur Konkretisierung des in den Richtlinien nur grundlegend festgelegten Sicherheits- und Gesundheitsschutzniveaus verstärkt und auf nationaler Ebene durch die Kommission Arbeitsschutz und Normung (KAN) in den Dialog der Sozialpartner eingebunden worden (vgl. Einl. Rn. 80).

13 UVV müssen gem. § 15 Abs. 4 Satz 1 SGB VII vom *BMA* im Benehmen mit den zuständigen obersten Verwaltungsbehörden der Länder **genehmigt**, d.h. einer Kontrolle auf Rechtmäßigkeit unterzogen werden (vgl. *Kater/Leube*, § 15 SGB VII Rn. 35). UVV, die von einem Unfallversicherungsträger erlassen werden, welcher der Aufsicht eines Bundeslandes untersteht, werden gem. § 15 Abs. 4 Satz 2 SGB VII von der zuständigen obersten Landesbehörde im Benehmen mit dem *BMA* genehmigt. **Benehmen** heißt in beiden Fällen, dass eine Kooperation oberhalb der Schwelle der Anhörung aber unterhalb der Schwelle des Einvernehmens oder der Zustimmung erfolgen muss. Eine Willensübereinstimmung muss dagegen nicht vorliegen (vgl. a.a.O., Rn. 37). Bei Meinungsverschiedenheiten ist allein der Wille des Entscheidenden ausschlaggebend (*BSG* 24.8.1994, E 75, 37, 40 m.w.N. zu § 85 Abs. 4 Satz 2 SGB V; *Kater/Leube*, a.a.O.).

14 Seit Ende der neunziger Jahre erfolgt eine komplette **Neuordnung** des gesamten berufsgenossenschaftlichen Regelwerks (vgl. *Rentrop*, BG 4/1999, 208 ff.; *Fischer/Rentrop*, BG 1997, 456 ff.; SichIng 1/1998, 6 f.). Ziel ist, »die Überschaubarkeit und Transparenz zu verbessern, eine Straffung und Rechtsbereinigung zu erwirken, die Akzeptanz zu fördern sowie die Qualität und Aktualität zu gewährleisten«.

15 UVV eines Versicherungsträgers gelten auch für Unternehmen, in dem oder für das Versicherte tätig werden, für die ein **anderer Versicherungsträger** zuständig ist (§ 16 SGB VII). Damit wird weitgehend die bisherige Regelung in § 708 RVO übernommen. Sie gilt allerdings jetzt für alle Unfallversicherungsträger (vgl. *Kater/Leube*, § 16 SGB VII Rn. 1, 5 ff.). Hiervon sind insbesondere Leiharbeitsverhältnisse erfasst (vgl. a.a.O., Rn. 6; *PVW*, § 16 SGB VII Rn. 2). Verbunden damit ist die Möglichkeit des Unfallversicherungsträgers zur **Überwachung** gem. § 17 Abs. 1 SGB VII, allerdings ohne Befugnis zur Anordnung und verbunden mit dem Gebot zur Kooperation der Träger (vgl. § 17 Abs. 2 SGB VII; *Kater/Leube*, § 17 SGB VII Rn. 15 ff.; Rn. 17).

16 Die Geltung von UVV eines Unfallversicherungsträgers ist auf Unternehmer und Beschäftigte von **ausländischen Unternehmen** ausgedehnt worden, die eine Tätigkeit im Inland ausüben, ohne einem Unfallversicherungsträger anzugehören (vgl. § 16 Abs. 2 SGB VII; *HVBG* u.a., 94). Dementsprechend besteht auch eine **Anordnungsbefugnis** der Unfallversicherungsträger gem. § 17 Abs. 1 Satz 2 SGB VII (vgl. § 17 Abs. 3 SGB VII; Rn. 18), die die Einhaltung der einschlägigen UVV sicherstellen soll (BT-Drs. 13/4853, 17). Bedeutung hat

die Regelung in § 16 Abs. 2 insbesondere für Betriebsstätten wie Betriebsgebäude, Baustellen, landwirtschaftliche Flächen, Waldparzellen (a.a.O.). Damit zielt die Regelung vor allem auf Betriebe der Bauwirtschaft und der Land- und Forstwirtschaft ab, in deren Abläufe ausländische Versicherte oder Unternehmer vornehmlich eingegliedert sind (vgl. *Kater/Leube*, § 16 SGB VII Rn. 11; zu verfassungsrechtlichen Bedenken vgl. a.a.O. Rn. 14 ff.; zur Geltung des ArbSchG für ausländische Betriebe im Inland s. § 1 ArbSchG Rn. 15).

4. Überwachung und Beratung

Die Unfallversicherungsträger haben die Verpflichtung zur **Überwachung** der Durchführung der Maßnahmen zur Verhütung von Arbeitsunfällen, Berufskrankheiten und arbeitsbedingten Gesundheitsgefahren und für eine wirksame Erste Hilfe (§ 17 Abs. 1 Satz 1 SGB VII). Durch Vereinbarungen der für den Arbeitsschutz zuständigen obersten Landesbehörde kann der Überwachungsauftrag für bestimmte Tätigkeitsbereiche auf das ArbSchG, bestimmte Vorschriften des ArbSchG und entsprechende Rechtsverordnungen **ausgedehnt** werden (vgl. § 21 Abs. 4 ArbSchG, § 21 ArbSchG Rn. 25 f.). Entsprechende Aktivitäten beschränkten sich bislang, auch aufgrund der ablehnenden Haltung der Länder zu dieser Regelung, auf den Bereich der landwirtschaftlichen Berufsgenossenschaften (vgl. *Fischer*, SichIng 7/1998, 24 f.; *Kater/Leube*, § 17 SGB VII Rn. 33 f.). 17

Zur Umsetzung des Überwachungsauftrags besteht eine einzelfallbezogene **Anordnungsbefugnis** gem. § 17 Abs. 1 Satz 2 SGB VII. Sie bezieht sich 18
– auf die Erfüllung der Pflichten der Unternehmer oder Versicherten aufgrund von UVV nach § 15 SGB VII (§ 17 Abs. 1 Nr. 1 SGB VII) sowie
– auf die Abwendung besonderer Unfall- und Gesundheitsgefahren (§ 17 Abs. 1 Nr. 2 SGV VII; vgl. *HVBG u.a.*, 1996; *Kater/Leube*, § 17 SGB VII Rn. 3 ff.).

Die Unfallversicherungsträger haben die Verpflichtung zur **Beratung** der Unternehmer und der Versicherten (vgl. § 17 Abs. 1 Satz 1; *Kater/Leube*, § 17 SGB VII Rn. 4; vgl. zum Begriff der Beratung sowie zum analogen Beratungsauftrag der staatlichen Arbeitsschutzbehörden § 21 ArbSchG Rn. 8). Diese Beratungsaufgabe bezieht sich sowohl auf die Umsetzung des Präventionsauftrags gem. § 14 und der UVV als auch auf die betriebliche Umsetzung staatlicher Arbeitsschutzvorschriften (z.B. ArbSchG, VO nach §§ 18, 19 ArbSchG). Die Unfallversicherungsträger haften für die Verletzung ihrer Beratungspflicht nach den allgemeinen sozialrechtlichen Kriterien des sog. Herstellungsanspruchs (vgl. *Kittner/Reinhard*, SGB I, IV und X, 1997, § 14 Rn. 10). 19

Die Aufgabe zur Überwachung und Beratung richtet sich an die Unfallversicherungsträger, während sie in der bisherigen Regelung in § 712 RVO sich noch unmittelbar an deren Technische Aufsichtsbeamten richtete (vgl. *HVBG u.a.*, 1996). Diese Umsetzung des Beratungs- und Überwachungsauftrags wird durch § 18 Abs. 1 SGB VII fortgeführt, wonach die Unfallversicherungsträger verpflichtet sind, **Aufsichtspersonen** in der für eine wirksame Überwachung und Beratung gem. § 17 SGB VII erforderlichen Zahl zu beschäftigen. Die Änderung in die Bezeichnung Aufsichtspersonen soll zeitgemäßem Arbeitsschutzverständnis und dem erweiterten Präventionsauftrag Rechnung tragen und die Aufgaben der Unfallversicherungsträger nicht auf technische Sachverhalte beschränken (a.a.O., 98; RegE-UVEG, 81; vgl. *Kater/Leube*, § 18 SGB VII Rn. 4 ff.). Die fachkundlichen **Anforderungen**, denen Aufsichtspersonen genügen müs- 20 sen, sind durch Prüfungsordnungen der Unfallversicherungsträger geregelt (vgl. § 18 Abs. 2 SGB VII; *Kater/Leube*, § 18 SGB VII Rn. 8 ff.; zur Weiterentwicklung der Ausbildung vgl. *Strothotte*, BG 1996, 408 ff.; zum Rollenbild der Aufsichtspersonen vgl. *Wienold/Kliemt*, BG 1998, 92 ff.).

21 Die **Befugnisse** der Aufsichtspersonen richten sich nach § 19 SGB VII (vgl. *HVBG u.a.*, 102 ff.). Sie stehen im Kontext mit den Aufgaben der Unfallversicherungsträger in § 14 Abs. 1 Satz 1 SGB VII und regeln zusammenfassend in nicht abschließender Form die Rechte der Aufsichtspersonen in Bezug auf
– Zugang zum Unternehmen einschließlich der Begleitung durch den Unternehmer oder eine von ihm beauftragte Person,
– Auskünfte und Herausgaben schriftlicher Unterlagen,
– Prüfung von Arbeitsmitteln und PSA sowie ihre bestimmungsgemäße Verwendung,
– Untersuchung von Arbeitsverfahren und -abläufen, einschließlich des Umgangs mit gefährlichen Stoffen sowie der Probeanforderung und -entnahme,
– Untersuchung von Unfällen (vgl. § 19 Abs. 1 Satz 1 Nr. 1 bis 8 SGB VII; vgl. *PVW*, § 19 SGB VII Rn. 1; *Kater/Leube*, § 19 SGB VII Rn. 2 ff.).

22 Maßnahmen der Aufsichtspersonen müssen gem. § 19 Abs. 1 Satz 2 und 3 vom Unternehmer **geduldet** werden und gem. § 19 Abs. 3 SGB VII auch **unterstützt** werden (vgl. *Kater/Leube*, § 19 SGB VII Rn. 20). Bei **dringenden Gefahren** gilt die Duldungsverpflichtung zu jeder Tages- und Nachtzeit sowie in Wohnräumen. Das Grundrecht der Unverletzlichkeit der Wohnung gem. Art. 13 GG wird insoweit eingeschränkt (Satz 4; vgl. *Kater/Leube*, § 19 SGB VII Rn. 11 ff.). Dringende Gefahren liegen vor, wenn eine hohe Wahrscheinlichkeit besteht, dass in kürzester Frist Leben und Gesundheit von »Versicherten« in nicht unerheblichem Umfang bedroht sind (vgl. *PVW, § 19 SGB VII Rn. 3). Bei* **Gefahr im Verzug**, d.h. im Falle einer hohen Wahrscheinlichkeit für Gesundheitsschäden oder Todesfälle durch arbeitsbedingte Gefahren für Leben und Gesundheit für »Versicherte« haben die Aufsichtspersonen gem. § 19 Abs. 2 SGB VII die Befugnis, sofort vollziehbare Anordnungen zur Abwendung dieser Gefahren zu treffen (vgl. *Kater/Leube*, § 19 SGB VII Rn. 15 ff.; *PVW*, § 19 SGB VII Rn. 4 f.).

23 Die **Haftung** der Aufsichtspersonen beschränkt sich auf die zivilrechtliche Haftung; eine strafrechtliche Haftung entfällt mangels Garantenstellung i.S. von § 13 StGB, es sei denn sie entsteht aufgrund aktiven Tuns (*Kater/Leube*, § 18 SGB VII Rn. 17, m.w.N.).

5. Zusammenarbeit mit Dritten

24 Die **Zusammenarbeit** der Unfallversicherungsträger mit Dritten ist in § 20 SGB VII geregelt. Wegen der begrenzten Kapazitäten bei den Aufsichtsdiensten des Staates und der Unfallversicherungsträger muss für eine effektive und kostengünstige Überwachung gesorgt und insbesondere vermieden werden, dass doppelte Überwachungen stattfinden und widersprüchliche Überwachungsmaßnahmen getroffen werden (BT-Drs. 13/4853, 17).

25 Daher sind die Unfallversicherungsträger auf der **betrieblichen Ebene** verpflichtet, mit den für den Arbeitsschutz zuständigen Landesbehörden zusammenzuwirken und den Erfahrungsaustausch zu fördern (§ 20 Abs. 1 Satz 1 SGB VII; vgl. *Fischer*, SichIng 7/1998, 23 ff.). Diese Verpflichtung wird abschließend in § 20 Abs. 1 Satz 2 SGB VII in Form einer gegenseitigen Unterrichtung über durchgeführte Betriebsbesichtigungen und deren wesentliche Ergebnisse kon-

kretisiert (vgl. *Kater/Leube*, § 20 SGB VII Rn. 2). Spiegelbildlich entspricht diese Regelung § 21 Abs. 3 ArbSchG (vgl. § 21 ArbSchG Rn. 23). Eine weitere Konkretisierung des Zusammenwirkens gem. § 20 Abs. 1 Satz 1, 2 SGB VII erfolgt durch **allgemeine Verwaltungsvorschriften** (AVV; § 20 Abs. 1 Satz 3 SGB VII; vgl. *HVBG u.a.*, 106f.; Rn. 27).

Durch **länderbezogene Stellen** der Unfallversicherungsträger soll diese Kooperation koordiniert und unterstützt werden (vgl. § 20 Abs. 2 SGB VII; vgl. *Kater/Leube*, § 20 SGB VII Rn. 3ff.; *Fischer*, SichIng 7/1998, 24; *Coenen/Waldeck*, BG 1996, 579; *HVBG u.a.*, 1996, 107). Die Vorschrift soll die Zusammenarbeit der Aufsichtsorgane auf der Betriebsebene gem. § 20 Abs. 1 SGB VII, insbesondere durch entsprechende Informationen, fördern und zur Abstimmung von Überwachungstätigkeiten, Informations- und Erfahrungsaustausch sowie sonstigen landesspezifischen Maßnahmen des Arbeitsschutzes dienen (BT-Drs. 13/4853, 17). Dazu ist es erforderlich, dass die überwiegend auf Bundesebene zuständigen Unfallversicherungsträger für die obersten Landesbehörden gemeinsame landesbezogene Stellen vorsehen, die eine reibungslose Zusammenarbeit sicherstellen (a.a.O.). Diese Aufgabe sollte nicht durch eine neue Behörde, sondern im Rahmen vorhandener Organisationsstrukturen durch Benennung eines koordinierenden Unfallversicherungsträgers oder eines Landesverbandes wahrgenommen werden (vgl. a.a.O., zum Stand: *Fischer*, a.a.O.). 26

Konkretisierungen der allgemeinen Kooperationsverpflichtung enthalten gem. § 20 Abs. 3 Nr. 1 bis 3 SGB VII noch aus dem Kontext der RVO entstandene AVV der Unfallversicherungsträger zum Zusammenwirken der Unfallversicherungsträger mit den 27
– Betriebs- oder Personalräten (vgl. Anhang Nr. 21; BetrVG Rn. 12; BPersVG Rn. 6),
– für den Arbeitsschutz zuständigen Landesbehörden (Anhang Nr. 3) sowie
– für die Bergaufsicht zuständigen Behörden (vgl. *HVBG u.a.*, 108; *Kater/Leube*, § 20 SGB VII Rn. 10).

In das Zusammenwirken mit den für den Arbeitsschutz zuständigen Landesbehörden gem. § 20 Abs. 3 Nr. 2 sind jetzt auch die gemeinsamen landesbezogenen Stellen gem. § 20 Abs. 2 einbezogen (vgl. BT-Drs. 13/4853, 18). Eine Überarbeitung der AVV steht noch aus (vgl. *Fischer*, SichIng 7/1998, 24).

6. Verantwortlichkeit

Verantwortlich für die Durchführung der Maßnahmen zur Verhütung von Arbeitsunfällen und Berufskrankheiten und für die Verhütung von arbeitsbedingten Gesundheitsgefahren ist der **Unternehmer** (§ 21 Abs. 1 SGB VII). Die Vorschrift regelt die grundlegende Verpflichtung des Unternehmers zum Schutz der Versicherten (RegE-UVEG, 81). Die **Versicherten** haben nach ihren Möglichkeiten derartige Präventionsmaßnahmen des Unternehmers zu **unterstützen** (vgl. RegE-UVEG, 81f.). Die entsprechenden Anweisungen des Unternehmers sind zu befolgen (vgl. § 21 Abs. 3 SGB VII). Mit § 21 Abs. 1 und 3 werden die allgemeinen Grundpflichten der Unternehmer und der Versicherten in grundlegender Form und bezogen auf den Präventionsauftrag der Unfallversicherungsträger geregelt (vgl. *HVBG u.a.*, 109). 28

7. Sicherheitsbeauftragte

29 Der Unternehmer wird bei der Durchführung gem. § 21 Abs. 1 SGB VII durch **Sicherheitsbeauftragte** unterstützt (vgl. im Überblick *Quak*, SichBeauf 5/1999, 16 ff.) grundlegend *Kohte*, FS Wlotzke, 563 ff.). Diese sind in Unternehmen mit regelmäßig **mehr als 20 Beschäftigten** (i.S. von § 2 Abs. 1 Nr. 1, 2, 8 und 12; vgl. § 21 Abs. 1 Satz 2) vom Unternehmer zu bestellen (§ 22 Abs. 1 Satz 1 SGB VII; eine Konkretisierung der Bestellung erfolgt durch § 9 Abs. 1 UVV »Allgemeine Vorschriften« BGV A 1; vgl. Anhang Nr. 28; *Anzinger/Bieneck*, § 1 ASiG Rn. 64). Der Unternehmer hat aktiv darauf hinzuwirken, dass ein oder mehrere geeignete Beschäftigte diese Aufgabe übernehmen. Findet der Unternehmer trotz aller Bemühungen keinen Beschäftigten, der bereit ist, die Aufgabe des Sicherheitsbeauftragten zu übernehmen, muss der Unternehmer den in Frage kommenden Beschäftigten unter **Änderung des bestehenden Arbeitsvertrages** zur Übernahme der Tätigkeit verpflichten (*BSG* 28.5.1975, BSGE 37, 262). Durch das Direktionsrecht des Unternehmers kann die Verpflichtung nach § 22 Abs. 1 SGB VII in der Regel nicht verwirklicht werden (a.a.O.; *Anzinger/Bieneck*, a.a.O., Rn. 67 f.).

30 Im Einzelfall kann der Unfallversicherungsträger gem. § 22 Abs. 1 Satz 3 SGB VII anordnen, dass in Unternehmen mit **besonderen Gefahren** für Leben und Gesundheit Sicherheitsbeauftragte auch dann bestellt sind, wenn weniger als 21 Beschäftigte im Unternehmen tätig sind (RegE-UVEG, 82). Umgekehrt kann bei **geringen Gefahren** für Leben und Gesundheit die Mindestbeschäftigtenzahl zur Bestellung gem. § 22 Abs. 1 Satz 4 durch den Unfallversicherungsträger erhöht werden (vgl. *Anzinger/Bieneck*, § 1 ASiG, Rn. 65).

31 **Aufgabe** der Sicherheitsbeauftragten ist es, den Unternehmer bei der Durchführung der Verhütung von Arbeitsunfällen und Berufskrankheiten zu unterstützen (vgl. § 22 Abs. SGB VII). In nicht abschließender Form bezieht sich diese Aufgabe gem. § 22 Abs. 22. Halbsatz SGB VII auf
– das Überzeugen vom Vorhandensein und der ordnungsgemäßen Benutzung von Schutzeinrichtungen und PSA sowie
– das Wecken von Aufmerksamkeit im Hinblick auf Unfall- und Gesundheitsgefahren (vgl. *Kater/Leube*, § 22 SGB VII Rn. 11 f.; *Anzinger/Bieneck*, § 1 ASiG Rn. 70).

Im Rahmen eines neuen Ausbildungskonzepts (vgl. Rn. 32) wurden diese allgemeinen Aufgaben konkretisiert und systematisiert und damit den betrieblichen Anforderungen angepasst (*Constanz/Herold/Wende*, SichIng 10/2000, S. 40) und zwar unter den Überschriften »Beobachten«, »Hinweisen«, »Melden und Kooperieren«, »Teilnehmen« sowie »Beispiel geben«.

Hervorzuheben ist insbesondere das Erfordernis zur **Kooperation** mit den Betriebsärzten und den Fachkräften für Arbeitssicherheit gem. § 10 Satz 3 ASiG (vgl. ASiG Rn. 113) sowie die Mitarbeit im **Arbeitsschutzausschuss** gem. § 11 ASiG (vgl. ASiG Rn. 129 ff.).

Aufgrund der Funktion des Sicherheitsbeauftragten als **Vertrauensperson** für Sicherheit und Gesundheitsschutz im Betrieb und Kontaktperson »vor Ort« sollten betriebliche Entscheidungsträger und auch Betriebsärzte oder Fachkräfte für Arbeitssicherheit nicht als Sicherheitsbeauftragte bestellt werden (vgl. *Anzinger/Bieneck*, § 1 ASiG Rn. 69). Die Verantwortung für die Durchführung von Maßnahmen gem. § 14 Abs. 1 SGB VII verbleibt beim Unternehmer und kann nicht auf den Sicherheitsbeauftragten übertragen werden (BVerwG 18.5.1994, AP Nr. 1 zu § 719 RVO; *Anzinger/Bieneck*, a.a.O., Rn. 70).

Die sich aus den Aufgaben ergebenden **Anforderungen** sind Gegenstand der 32
Aus- und Fortbildung der Unfallversicherungsträger gem. § 23 SGB VII (vgl.
Anzinger/Bieneck, § 1 ASiG Rn. 73 f.; Rn. 35). Hierzu ist zwischenzeitlich ein neues **Ausbildungskonzept** entwickelt worden. Dieses Konzept beinhaltet das
Ziel, Sicherheitsbeauftragte zu Multiplikatoren in Sachen Sicherheit und Gesundheitsschutz zu entwickeln. Lernziele sind dabei das Erkennen und Bewerten von branchenspezifischen Arbeitsschutzproblemen und die Fähigkeit, Probleme und mögliche Veränderungsmaßnahmen gegenüber den betrieblichen
Arbeitsschutzexperten und den Entscheidungsträgern anzusprechen (vgl. *Constanz/Herold/Wende*, SichIng 10/2000, 38 ff.; *Stix*, SichIng 7/1998, 16 ff.). Die Verwirklichung dieser Lernziele hat eine Verlängerung des **Ausbildungsdauer** von
einer halben auf eine Woche erforderlich gemacht (vgl. *Constanz u.a.*, a.a.O., 38).
Die Sicherheitsbeauftragten dürfen wegen der Erfüllung der ihnen übertrage- 33
nen Aufgaben **nicht benachteiligt** werden (§ 22 Abs. 3 SGB VII; vgl. *Kater/Leube*,
§ 22 SGB VII Rn. 13). Eine straf- oder zivilrechtliche **Verantwortung** besteht
nicht (vgl. a.a.O., Rn. 14, m.w.N.; *PVW*, § 22 SGB VII Rn. 4).
Bei der Bestellung und der Konkretisierung der Aufgaben von Sicherheitsbe- 34
auftragten hat der Betriebs- bzw. der Personalrat ein **Mitbestimmungsrecht**
gem. § 87 Abs. 1 Nr. 7 BetrVG (vgl. BetrVG Rn. 45) bzw. § 75 Abs. 3 Nr. 11
BPersVG (vgl. BPersVG Rn. 27; vgl. BVerwG 18.5.1994, AP Nr. 1 zu § 719
RVO; vgl. *Anzinger/Bieneck*, § 1 ASiG Rn. 75 ff.).

8. Aus- und Fortbildung

Die Unfallversicherungsträger haben unter aktiver Einbeziehung der für den 35
Arbeitsschutz zuständigen Landesbehörden (vgl. § 23 Abs. 4 SGB VII; vgl. *Kater/Leube*, § 23 SGB VII Rn. 11) eine umfassende, sich auf ihre Aufgaben gem.
§ 14 beziehende Verpflichtung, für die sicherheits- und gesundheitsschutzbezogene **Aus- und Fortbildung** der Personen zu sorgen, die mit der Durchführung der Maßnahmen im Rahmen dieser Aufgaben im Unternehmen betraut
sind (vgl. § 23 Abs. 1 Satz 1 SBG VII; *PVW*, § 23 SGB VII Rn. 2). Dies gilt insbesondere für Betriebsärzte (mit Blick auf die Fortbildung; vgl. §§ 2 bis 4 ASiG),
Fachkräfte für Arbeitssicherheit (vgl. §§ 5 bis 7 ASiG; zur Neukonzeption der
Ausbildung zur Fachkraft für Arbeitssicherheit vgl. ASiG Rn. 99), Sicherheitsbeauftragte (§ 22 SGB VII; vgl. Rn. 28 ff.) und Ersthelfer/Betriebssanitäter (vgl.
§ 15 Abs. 1 Nr. 5 SGB VII), aber auch für Unternehmer und Entscheidungsträger
sowie für Betriebs- und Personalräte (vgl. *Kater/Leube*, § 23 SGB VII Rn. 3; *PVW*,
§ 23 SGB VII Rn. 4). Entsprechende Maßnahmen können die Unfallversicherungsträger auch für externe Fachkräfte für Arbeitssicherheit und für Betriebsärzte vorsehen (vgl. 23 Abs. 1 Satz 2 SGB VII). Eine Verpflichtung hierzu besteht
nicht (vgl. RegE-UVEG, 82). Unternehmer und Versicherte sind von den Unfallversicherungsträgern zur Teilnahme **anzuhalten**, d.h. es ist über bloße Einladungen hinaus auch auf die inhaltliche und Rechtssicherheit bietende Bedeutung der Aus- und Fortbildung hinzuweisen (§ 23 Abs. 1 Satz 3 SGB VII; vgl.
Kater/Leube, § 23 SGB VII Rn. 5).

Sonstige Rechtsvorschriften

9. Überbetriebliche Dienste

36 Die Möglichkeit für die Unfallversicherungsträger, **überbetriebliche Dienste** zur arbeitsmedizinischen und betriebsärztlichen Betreuung einzurichten (§ 24 Abs. 1 Satz 1 SGB VII), dient der Realisierung der Zielsetzung des ASiG (vgl. ASiG Rn. 7 ff.; vgl. *PVW*, § 24 SGB VII Rn. 1 f.; *Kater/Leube*, § 24 SGB VII Rn. 2 ff.). Dies wird insbesondere dadurch unterstrichen, dass durch Satzung bestimmt werden kann, dass Unternehmer verpflichtet sind, sich einem überbetrieblichen Dienst anzuschließen **(Anschlusszwang)**, wenn sie innerhalb einer vom Unfallversicherungsträger gesetzten angemessenen Frist keine oder nicht in ausreichendem Umfang Personen nach dem ASiG bestellen (§ 24 Abs. 2 Satz 1 SGB VII; vgl. *Kater/Leube*, § 24 SGB VII Rn. 18 ff.; vgl. ASiG Rn. 38). Von dieser Anschlusspflicht können Unternehmer dann **befreit** werden, wenn sie nachweisen, dass sie ihre Verpflichtungen nach dem ASiG erfüllt haben (vgl. § 24 Abs. 2 Satz 3 SGB VII; *Kater/Leube*, § 24 SGB VII Rn. 22 ff.).

10. Bericht der Bundesregierung

37 Die **Bundesregierung** hat gem. § 25 Abs. 1 SGB VII dem Deutschen Bundestag und dem Bundesrat alljährlich bis zum 31. Dezember des auf das Berichtsjahr folgenden Jahres einen statistischen **Bericht** über den Stand von Sicherheit und Gesundheitsschutz bei der Arbeit und das Unfall- und Berufskrankheitengeschehen in der Bundesrepublik Deutschland zu erstatten, der die Berichte der Unfallversicherungsträger und die Jahresberichte der für den Arbeitsschutz zuständigen obersten Landesbehörden zusammenfasst (Unfallverhütungsbericht Arbeit). Alle vier Jahre hat der Bericht einen umfassenden Überblick über die Entwicklung der Arbeitsunfälle und Berufskrankheiten, ihre Kosten und die Maßnahmen zur Sicherheit und Gesundheit bei der Arbeit zu enthalten (§ 25 Abs. 1 Satz 2 SGB VII). Analog zur Verpflichtung der zuständigen obersten Landesbehörden gem. § 23 Abs. 4 ArbSchG (vgl. § 23 ArbSchG Rn. 7) haben die Unfallversicherungsträger dem BMA alljährlich bis zum 31. Juli des auf das Berichtsjahr folgenden Jahres über die Durchführung der Maßnahmen zur Sicherheit und Gesundheit bei der Arbeit sowie über das Unfall- und Berufskrankheitengeschehen zu berichten (§ 25 Abs. 2 Satz 1 SGB VII).

Teil V
Anhänge

Übersicht

A. Allgemeines
1. Errichtung einer Bundesanstalt für Arbeitsschutz und Arbeitsmedizin.. 625
2. Neuordnung des Arbeitsschutzrechts...................... 628
3. Eckpunkte zur Entwicklung und Bewertung von Konzepten für Arbeitsschutzmanagementsysteme – Managementsysteme im Arbeitsschutz (AMS)................................. 631
4. Zusammenwirken der Träger der Unfallversicherung und der Gewerbeaufsichtsbehörden............................. 639

B. Zum ArbSchG und zu den Arbeitsschutzverordnungen

B.1 Arbeitsschutzgesetz
5. Gemeinsame Grundsätze zur Erstellung von Handlungshilfen zur Gefährdungsbeurteilung nach dem Arbeitsschutzgesetz.... 641
6. Das neue Arbeitsschutzgesetz. Gefährdungen erkennen, bewerten, beseitigen................................... 646
7. Psychische Belastungen 650

B.2 Baustellenverordnung
8. Erlass über die Einrichtung eines Ausschusses für Sicherheit und Gesundheitsschutz auf Baustellen..................... 653

B.3 Bildschirmarbeitsverordnung
9. Arbeitsblatt Bildschirmarbeit 654

B.4 Biostoffverordnung
10. UVV »Biologische Arbeitsstoffe« BGV B 12 658
11. TRBA 002 Übersicht über den Stand der TRBA.............. 660
12. TRBA 500 Allgemeine Hygienemaßnahmen: Mindestanforderungen................................. 663

B.5 Gefahrstoffverordnung
13. UVV »Gefahrstoffe« BGV B 1 667
14. TRGS 002 Übersicht über den Stand der TRGS 671
15. TRGS 500 Schutzmaßnahmen: Mindeststandards............ 678

Teil V

B.6 *Lastenhandhabungsverordnung*
16. Handlungsanleitung für die Beurteilung der Arbeitsbedingungen 685

C. **Zum ASiG**
17. Unfallverhütungsvorschrift »Fachkräfte für Arbeitssicherheit« (BGV A 6)[1] (Auszüge) 690
18. Unfallverhütungsvorschrift »Betriebsärzte« (BGV A 7)[1] (Auszüge) 694
19. Gemeinsame Anlage zu den Unfallverhütungsvorschriften (BGV A 6, A 7)[1] 698
20. Arbeitssicherheitsgesetz. Betriebsärztliche Betreuung von Kleinbetrieben 702
21. Betriebsärztliche Betreuung kleiner Betriebe – Eine Hilfe für den Arbeitgeber 710
22. Konzept zur Verbesserung des Arbeitsschutzes und der Unfallverhütung im Betrieb 714
23. Sicherheitstechnische Betreuung kleiner Betriebe – Eine Hilfe für den Arbeitgeber 715
24. Ausbildung von Fachkräften für Arbeitssicherheit (1979) 721
25. Ausbildung zur Fachkraft für Arbeitssicherheit (1997) 722
26. Qualitätsmerkmale und Anforderungen an Fachkräfte für Arbeitssicherheit für deren Aufgabenwahrnehmung 725
27. Gemeinsame Erklärung zur Qualität der Betreuung der Betriebe nach dem ASiG 729

D. **Zum SGB VII und zum SGB V**
28. UVV »Allgemeine Vorschriften« (BGV A 1) (Auszug) 731
29. Zusammenarbeit bei der Verhütung arbeitsbedingter Gesundheitsgefahren 736
30. Luxemburger Deklaration zur betrieblichen Gesundheitsförderung in der Europäischen Union 741
31. Zusammenwirken der technischen Aufsichtsbeamten der Träger der Unfallversicherung mit den Betriebsvertretungen 745
32. Berufskrankheiten-Verordnung 748

E. **Zum EG-Recht**
33. Konsolidierte Fassung des Vertrages zur Gründung der Europäischen Gemeinschaft (Auszug) 754
34. Europäische Arbeitsschutzagentur (Auszug) 760

---

1 Exemplarisch abgedruckt (weitgehend ohne die branchenspezifischen Regelungen) wird die UVV BGV A 6 und BGV A 7 der *Fleischerei-BG*; zu weiteren Beispielen vgl. *Anzinger/Bieneck*, Anhang III.

A. Allgemeines

Anhang Nr. 1
Errichtung einer Bundesanstalt für Arbeitsschutz und Arbeitsmedizin[1]

Erlass des BMA vom 21. Juni 1996
Bundesanzeiger Nr. 123 vom 5. Juli 1996

1. Die Bundesanstalt für Arbeitsschutz und Arbeitsmedizin wird durch Zusammenlegung der Bundesanstalt für Arbeitsmedizin (BAfAM) und der Bundesanstalt für Arbeitsschutz (BAU) errichtet.
Die Bundesanstalt für Arbeitsschutz und Arbeitsmedizin mit Hauptsitz in Dortmund, Sitz in Berlin und Außenstellen in Dresden und Bremen ist eine nicht rechtsfähige Anstalt des öffentlichen Rechts. Sie untersteht unmittelbar dem Bundesministerium für Arbeit und Sozialordnung.
2. Der Aufgabenbereich der Bundesanstalt für Arbeitsschutz und Arbeitsmedizin wird wie folgt festgelegt:
2.1 Die Bundesanstalt für Arbeitsschutz und Arbeitsmedizin unterstützt das Bundesministerium für Arbeit und Sozialordnung in allen Fragen des Arbeitsschutzes, einschließlich des medizinischen Arbeitsschutzes. Dabei arbeitet sie eng zusammen:
- mit den für den Arbeitsschutz zuständigen Behörden der Länder,
- mit den Trägern der gesetzlichen Unfallversicherung,
- mit allen nationalen und internationalen Institutionen und Personen, die mit Aufgaben der Arbeitssicherheit, der Arbeitsmedizin, der Ermittlung und Verhinderung von arbeitsbedingten Erkrankungen und der menschengerechten Gestaltung der Arbeitsbedingungen befasst sind, insbesondere Betrieben mit ihren betrieblichen Führungskräften, Betriebsräten, Sicherheitsfachkräften, Betriebsärzten, Gewerkschaft, Unternehmens- und Industrieverbänden, Akademien der Arbeitsmedizin, Hochschulinstituten für Arbeitsmedizin und einschlägigen wissenschaftlichen Vereinigungen.
2.2 Die Bundesanstalt für Arbeitsschutz und Arbeitsmedizin beobachtet und analysiert die Arbeitssicherheit, die Gesundheitssituation und die Arbeitsbedingungen in Betrieben und Verwaltungen. Durch die Anwendung epidemiologischer und anderer arbeitsmedizinischer Methoden werden die Auswirkungen der Arbeitsbedingungen auf die Gesundheit der Arbeitnehmer in Betrieben und Verwaltungen beobachtet und analysiert. Ferner werden die wissenschaftlichen und praktischen Entwicklungen auf dem Gebiet des Arbeitsschutzes im In- und Ausland verfolgt und diese regelmäßig von Amts wegen ausgewertet.
2.3 Die Bundesanstalt für Arbeitsschutz und Arbeitsmedizin entwickelt Problemlösungen unter Anwendung sicherheitstechnischer, ergonomischer und sonstiger arbeitswissenschaftlicher Erkenntnisse. Weiterhin bearbeitet sie unter Anwendung epidemiologischer und anderer arbeitsmedizinischer Methoden Probleme, die sich aus der Belastung und Beanspruchung durch Arbeitsstoffe, komplexe Arbeitsplatzeinflüsse und die Gestaltung der Arbeitsplätze und Arbeitsabläufe im Hinblick auf die Gesundheit der Beschäftigten ergeben. Sie leitet aus den Ergebnissen dieser Arbeit Beiträge für die präventive Gestaltung von Arbeitsbedingungen, für die Bekämpfung arbeitsbedingter Erkrankungen einschließlich Berufskrankheiten und für die arbeitsmedizinischen Vorsorgeuntersuchungen ab. Dabei finden arbeitsmedizinische, ergonomische und sonsti-

---

[1] Bundesarbeitsblatt 7–8/1996, 63; die *BAuA* ist mit Wirkung vom 1.6.2001 neu organisiert worden, ein neuer Aufgabenerlass ist in Vorbereitung (vgl. http://www.baua.de).

Teil V

ge arbeitswissenschaftliche Erkenntnisse Berücksichtigung und Anwendung. Die Bundesanstalt für Arbeitsschutz und Arbeitsmedizin forscht hierzu im notwendigen Umfang selbst oder vergibt Forschungsaufträge an Dritte.

2.4 Zur Erfüllung ihrer Aufgaben stellt die Bundesanstalt für Arbeitsschutz und Arbeitsmedizin für jeweils drei Jahre ein Arbeitsprogramm auf.

Sie legt dem Bundesministerium für Arbeit und Sozialordnung und der Öffentlichkeit Jahresberichte über die geleistete Arbeit und die erzielten Ergebnisse vor.

2.5 Die Bundesanstalt für Arbeitsschutz und Arbeitsmedizin fördert die Anwendung der gewonnenen Erkenntnisse, Grundsätze und Lösungsvorschläge in der Praxis durch:
- Veröffentlichung von Informationsmaterialien und Berichten,
- Mitarbeit bei der Regelsetzung,
- Entwicklung von Aus- und Fortbildungsmaterialien, modellhafte Durchführung von Aus- und Fortbildungsveranstaltungen für Fachkräfte für Arbeitssicherheit sowie von Fortbildungsmaterialien für die modellhafte Durchführung von Fortbildungsmaßnahmen für Betriebsärzte und arbeitsmedizinisches Fachpersonal,
- modellhafte Beratung,
- Ausstellungen, insbesondere die Deutsche Arbeitsschutzausstellung (DASA),
- Fachveranstaltungen.

2.6 Die Bundesanstalt für Arbeitsschutz und Arbeitsmedizin ist Anmeldestelle nach dem Chemikaliengesetz.

Sie nimmt die ihr nach dem Gerätesicherheitsgesetz übertragenen Aufgaben wahr.

Sie ist deutsches Zentrum der Internationalen Dokumentationsstelle für Arbeitsschutz (CIS) beim Internationalen Arbeitsamt in Genf.

Die Bundesanstalt führt Sekretariate für die im Geschäftsbereich des Bundesministeriums für Arbeit und Sozialordnung errichteten Sachverständigenausschüsse im Bereich des Arbeitsschutzes.

2.7 Die Bundesanstalt für Arbeitsschutz und Arbeitsmedizin unterhält in Dortmund eine Deutsche Arbeitsschutzausstellung (DASA) als ständige Einrichtung, um die Öffentlichkeit über den Stellenwert des Arbeitsschutzes in der Gesellschaft und die menschengerechte Gestaltung der Arbeitswelt aufzuklären und zu unterrichten.

3. Der Bundesanstalt für Arbeitsschutz und Arbeitsmedizin können weitere Aufgaben übertragen werden. Bei Übertragung von Aufgaben grundsätzlicher Art sollen die beteiligten Kreise angehört werden.

4. Die Bundesanstalt für Arbeitsschutz und Arbeitsmedizin unterhält für ihre Aufgaben,
- Laboratorien,
- eine öffentliche Fachbibliothek sowie
- Dokumentationseinrichtungen.

5. Die Bundesanstalt für Arbeitsschutz und Arbeitsmedizin wird von einem Präsidenten geleitet.

Sie unterhält einen Fachbereich Arbeitsschutz am Hauptsitz in Dortmund und einen Fachbereich Arbeitsmedizin am Sitz in Berlin.

Organisation, Geschäftsverteilung und Geschäftsordnung der Bundesanstalt sowie deren Änderungen bedürfen der Zustimmung des Bundesministeriums für Arbeit und Sozialordnung.

6. Beirat

6.1 Die Bundesanstalt für Arbeitsschutz und Arbeitsmedizin wird durch einen Beirat beraten.

6.2 Der Beirat besteht aus 27 Mitgliedern. Die Gewerkschaften, die Arbeitgeberverbände und Fachverbände der Unternehmen sowie die für den Arbeitsschutz zuständigen Minister und Senatoren der Länder benennen für den Beirat je 9 Mitglieder und stellvertretende Mitglieder.

Das Bundesministerium für Arbeit und Sozialordnung beruft die Mitglieder und stellvertretenden Mitglieder des Beirats auf die Dauer von 4 Jahren. Wiederberufung ist zulässig. Die Mitgliedschaft im Beirat ist ein persönliches Ehrenamt. Die Mitglieder des Beirats erhalten Reisekostenvergütungen und Sitzungsentschädigungen nach den

Anhang Nr. 1

Richtlinien für die Abfindung von Mitgliedern von Beiräten, Ausschüssen, Kommissionen und ähnlichen Einrichtungen des Bundes.

6.3 Der Beirat wählt aus seiner Mitte für die Dauer von 2 Jahren einen Vorsitzenden und dessen Stellvertreter. Wiederwahl ist zulässig.

6.4 Der Beirat gibt sich eine Geschäftsordnung, die der Zustimmung des Bundesministeriums für Arbeit und Sozialordnung bedarf. Das Sekretariat des Beirats führt die Bundesanstalt.

6.5 Zur Erfüllung seiner Aufgaben kann der Beirat im Einvernehmen mit dem Bundesministerium für Arbeit und Sozialordnung Fachausschüsse einsetzen. In den Fachausschüssen können Sachverständige mitarbeiten, die nicht im Beirat vertreten sind. Nummer 5.2 Satz 5 gilt entsprechend.

6.6 Bis zur erstmaligen Bestellung des Beirats bleiben die bisher bei Bundesanstalt für Arbeitsmedizin und Bundesanstalt für Arbeitsschutz gebildeten Beiräte für ihren jeweiligen Fachbereich im Amt.

7. Dieser Erlass tritt am 1. Juli 1996 in Kraft.

Gleichzeitig werden der Erlass über die Bundesanstalt für Arbeitsschutz in der Fassung vom 15. September 1983 (BAnz Nr. 180 vom 24. September 1983) sowie der Erlass über die Bundesanstalt für Arbeitsmedizin in der Fassung vom 29. April 1991 (BAnz. Nr. 98 vom 1. Juni 1991) aufgehoben.

Teil V

Anhang Nr. 2

Neuordnung des Arbeitsschutzrechts[1]

Sicherheit und Gesundheitsschutz am Arbeitsplatz sind in einer modernen Industrie- und Dienstleistungsgesellschaft nicht nur ein Gebot der sozialen Verantwortung, sondern auch der wirtschaftlichen Vernunft. Gesunde, motivierte, leistungsfähige und qualifizierte Mitarbeiter sind das wichtigste Gut für ein Unternehmen, das im globalen Wettbewerb bestehen will.

Der Arbeitsschutz muss sich den neuen Herausforderungen stellen, die wesentlich bedingt sind durch den globalen Wettbewerb, die demografische Entwicklung hin zu einer älter werdenden Erwerbsbevölkerung, das zusammenwachsende Europa, die rasante technologische Entwicklung und das Aufkommen vielfältiger neuer flexibler Arbeitsformen.

Ein Weg, der mit dem Arbeitsschutzgesetz von 1996 und den hierzu erlassenen Rechtsverordnungen bereits eingeschlagen wurde, ist die Ausgestaltung des staatlichen Arbeitsschutzrechts durch einheitliche flexible Grundvorschriften. Dies gibt insbesondere dem Arbeitgeber Spielräume, seiner spezifischen betrieblichen Situation angepasste Maßnahmen zu treffen. Es verlangt von ihm aber auch ein hohes Maß an Eigenverantwortung. Ebenso hat die Unfallversicherung mit der Neuordnung ihres Vorschriften- und Regelwerks mit vergleichbaren Zielstellungen begonnen.

Jetzt kommt es darauf an, staatliches Recht und Satzungsrecht der Unfallversicherung besser aufeinander abzustimmen, die Anwenderfreundlichkeit für die Betriebe zu verbessern, das Zusammenwirken der Aufsichtsdienste in den Betrieben besser zu koordinieren und somit die Vorteile des deutschen dualen Systems, die in einer besonderen Praxis- und Betriebsnähe der Arbeitsschutzinstitutionen bestehen, besser zur Geltung zu bringen.

Um dieses Ziel zu erreichen, hat sich ein beim BMA gebildeter Koordinierungskreis aus Vertretern der Länder, der Spitzenverbände der gesetzlichen Unfallversicherung, der Sozialpartner, der Industrie und des Handwerks auf die nachfolgenden Thesen zur Neuordnung des Arbeitsschutzrechts verständigt.

Thesen zur Neuordnung des Arbeitsschutzrechts

Die Stärkung der Wirtschaftskraft durch nachhaltiges Wachstum und Innovation und die Erhaltung und Schaffung zukunftsfähiger Arbeitsplätze sowie die Modernisierung des Staates, in dem die Verwaltung bürgernäher gestaltet und überflüssige Bürokratie abgebaut wird, sind wesentliche Ziele des neuen Regierungsprogramms. Die weitere Gestaltung des Arbeitsschutzrechts ist auch an diesen Zielen zu messen.

Arbeitsschutzvorschriften müssen Sicherheit und Gesundheit der Beschäftigten bei der Arbeit sowie Dritter gewährleisten. Sie können und sollen aber so ausgestaltet sein, dass sie auch einen Beitrag zur Wettbewerbs- und Innovationsfähigkeit der Betriebe und damit zur Schaffung neuer Arbeitsplätze leisten. Der Arbeitsschutz muss als Teil einer umfassenden Modernisierungsstrategie verstanden werden, die eine menschengerechte Gestaltung der Arbeitsbedingungen zum Ziel hat und die Motivation und die Leistungsfähigkeit der Beschäftigten fördert.

Bei der Neuordnung des Arbeitsschutzrechts geht es um mehr Übersichtlichkeit, bessere Verständlichkeit, Verzicht auf Mehrfachregelungen gleicher Sachverhalte und Abbau überholter oder in sich nicht stimmiger Regelungen bei Gewährleistung eines hohen Niveaus von Sicherheit und Gesundheit bei der Arbeit.

Mit dem Arbeitsschutzgesetz ist der Prozess der Neuordnung des Arbeitsschutzrechts bereits begonnen worden. Das neue Konzept »einheitliche und flexible Grundvorschriften« schafft Raum für eine der konkreten Gefährdungssituation angepasste und betriebsnahe Gestaltung der erforderlichen Arbeitsschutzmaßnahmen und Möglichkeiten für

---

1 Bundesarbeitsblatt 10/1999, 46

Anhang Nr. 2

Eigeninitiativen. Die weitere Gestaltung des Arbeitsschutzrechts muss auch die Ablösung der Arbeitsschutzvorschriften der Gewerbeordnung beinhalten und auch angrenzende Rechtsbereiche wie z.b. Sozialvorschriften im Straßenverkehr oder das Sprengstoffrecht in die Betrachtung einbeziehen.

Wegen der engen Verbindung mit dem staatlichen Arbeitsschutzrecht muss auch das auf der Grundlage des SGB VII entwickelte Vorschriften- und Regelwerk der Unfallversicherungsträger in die Neuordnung des Arbeitsschutzrechts einbezogen werden.

Das Vorschriften- und Regelwerk im Arbeitsschutz muss handhabbar und effektiv sein. Dabei sind die Belange der Klein- und Mittelbetriebe besonders zu berücksichtigen. Gleichzeitig müssen die Wirksamkeit des staatlichen Handelns und des Handelns der Unfallversicherungsträger sowie die Zusammenarbeit von staatlichen Arbeitsschutzbehörden und Unfallversicherungsträgern weiter verbessert werden.

Dieser Prozess der Neuordnung und Fortentwicklung des deutschen Arbeitsschutzrechts muss unter Berücksichtigung entsprechender Beschlüsse der Bundesländer und der Selbstverwaltungen der Unfallversicherungsträger mit einer kritischen Bestandsaufnahme des Vorschriften- und Regelwerks beginnen und unter Beteiligung der Länder, der Unfallversicherungsträger und der Sozialpartner konsequent fortgesetzt werden.

Zur Durchsetzung des Arbeitsschutzrechts in der Praxis müssen den Aufsichtsdiensten von Staat und Unfallversicherungsträgern die notwendigen Kompetenzen eingeräumt werden.

Grundsätze zur Neuordnung des Arbeitsschutzrechts

1. EG-Richtlinien zu Sicherheit und Gesundheitsschutz bei der Arbeit werden regelmäßig durch staatliches Recht umgesetzt.

EG-Richtlinien zu Sicherheit und Gesundheitsschutz bei der Arbeit werden flächendeckend und effizient durch staatliches Recht in nationales Recht umgesetzt. Eine andere Umsetzung, beispielsweise durch Unfallverhütungsvorschriften, würde eine Wiederholung der grundlegenden Pflichten außerhalb des Geltungsbereichs des Satzungsrechts erforderlich machen und somit zu einer unnötigen Vermehrung von Vorschriften führen.

2. Neue Vorschriften werden nur bei Regelungsdefiziten erlassen

Das neue Arbeitsschutzgesetz und die darauf gestützten Verordnungen enthalten flexible und weitgefasste Grundbestimmungen und lassen damit – ebenso wie das SGB VII – Raum für betriebsnahe Gestaltungsmöglichkeiten von Arbeitsschutzmaßnahmen. Dieser Handlungsspielraum für die Betriebe sollte durch Arbeitsschutz- und Unfallverhütungsvorschriften nur dann eingeengt werden, wenn dies zur Vermeidung von mit der Arbeit verbundenen Unfall- und Gesundheitsgefahren erforderlich ist. Aus diesem Grund ist der Bedarf für neue oder konkretisierende Vorschriften unter Berücksichtigung des geltenden Rechts insbesondere für das Verhältnis zwischen staatlichem Recht und Unfallverhütungsrecht begründet darzulegen und, soweit Klärungsbedarf besteht, mit den Beteiligten zu erörtern.

3. Im Vorschriften- und Regelwerk von Staat und Unfallversicherungsträgern werden Doppelregelungen zu gleichen Sachverhalten vermieden.

Das Vorschriften- und Regelwerk von Staat und Unfallversicherungsträgern umfasst
– staatliche Vorschriften,
– Regeln und Richtlinien von Bund und Ländern,
– Verwaltungsvorschriften,
– autonomes Recht der Unfallversicherungsträger,
– Regeln der Unfallversicherungsträger,
– technische Regeln zur Konkretisierung der staatlichen Zielvorgaben.

In diesem Vorschriften- und Regelwerk sind Mehrfachregelungen zu gleichen Sachverhalten enthalten. Eine Konzentration und Straffung würde zu einer erheblichen Reduzierung der Vorschriften- und Regelzahl führen, ohne dabei das Niveau von Sicherheit

Teil V

und Gesundheit der Beschäftigten bei der Arbeit zu senken. Hierfür ist ein abgestimmtes Zusammenwirken aller Vorschriften- und Regelsetzer erforderlich. Aufgrund der allgemeinen Normenhierarchie ist anerkannt, dass staatliche Rechtsvorschriften dem Satzungsrecht vorgehen.

4. **Konkretisierende Vorschriften und Regeln müssen eindeutig erkennen lassen, welche Rechtsvorschriften in welcher Form konkretisiert werden.**
   Um die Anwenderfreundlichkeit von konkretisierenden Rechtsvorschriften und Regeln zu verbessern, müssen diese so gestaltet werden, dass klar erkennbar wird, welche allgemeine Rechtsvorschrift konkretisiert wird.

5. **Der Grad der Konkretisierung muss einen ausreichenden Spielraum für Innovation und Flexibilität offen lassen.**
   Spielraum für Innovation und Flexibilität kann dadurch geschaffen werden, dass Vorschriften mit niedrigem Konkretisierungsgrad durch Regeln erläutert werden, die beispielhaft dem Stand der Technik und arbeitswissenschaftlichen Erkenntnissen entsprechende praxisbezogene Lösungen zur Anwendung der Vorschrift enthalten. Ein anderer Weg besteht in der Aufnahme einer Abweichungsklausel in Vorschriften, die alternative Maßnahmen zulässt, wenn die gleiche Sicherheit auf andere Weise gewährleistet ist.

Anhang Nr. 3

Eckpunkte des BMA, der obersten Arbeitsschutzbehörden der Bundesländer, der Träger der gesetzlichen Unfallversicherung und der Sozialpartner zur Entwicklung und Bewertung von Konzepten für Arbeitsschutzmanagementsysteme

Bek. des BMA v. 1.2.1999 – IIIb 2 – 36004 – (BArbBl. 2/1999, S. 43)

In Deutschland sind, wie auch in anderen Ländern, verschiedene Arbeitsschutzmanagementsystem-Konzepte (AMS-Konzepte) entwickelt worden und haben parallel zu anderen Managementsystemen (z. B. für Qualität und Umwelt) oder integriert in diese bereits Eingang in die betriebliche Praxis gefunden. Weitere AMS-Konzepte sind unter Berücksichtigung der Betriebsgrößen und der Branchen in Vorbereitung.

Das BMA, die obersten Arbeitsschutzbehörden der Bundesländer, die Träger der gesetzlichen Unfallversicherung und die Sozialpartner haben sich im Juni 1997 auf einen gemeinsamen Standpunkt zu Arbeitsschutzmanagementsystemen (AMS) verständigt (siehe Anhang). Dieser gemeinsame Standpunkt sieht die Entwicklung eines einheitlichen Modells für AMS vor. Vor dem Hintergrund der verschiedenen bereits vorliegenden AMS-Konzepte sind sich die oben genannten Partner einig, dass die Entwicklung eines einheitlichen deutschen Konzepts für AMS derzeit nicht angestrebt werden soll. Dagegen sollen Eckpunkte für die Entwicklung und Bewertung von AMS-Konzepten formuliert werden. Im Unterschied zu diesen Eckpunkten wenden AMS-Konzepte sich unmittelbar an die Organisation. Sie dienen der Entwicklung eines organisationsspezifischen AMS sowie dessen Einführung, dem Betreiben und der Weiterentwicklung. AMS-Konzepte sollen unter Berücksichtigung von betriebsgrößen- und branchenspezifischen Erfordernissen formuliert werden.

Die Anwendung von AMS – und damit auch von AMS-Konzepten und dieser Eckpunkte – ist freiwillig. Die von einer Organisation zu erfüllenden Pflichten im Arbeitsschutz ergeben sich allein aus den Vorschriften. Eine Zertifizierungspflicht von AMS darf, in Übereinstimmung mit dem gemeinsamen Standpunkt, aus der Anwendung dieser Eckpunkte nicht abgeleitet werden.

Ziel der Formulierung von Eckpunkten ist es:
– eine einheitliche Orientierungsgrundlage für die Entwicklung und Weiterentwicklung von AMS-Konzepten zu schaffen,
– Bausteine für die Inhalte von AMS-Konzepten zu formulieren und
– die Bewertung vorliegender AMS-Konzepte zu ermöglichen und Entscheidungshilfen für die Auswahl von AMS-Konzepten anzubieten.

Darüber hinaus ist auch beabsichtigt, die Eckpunkte als abgestimmte deutsche Position in die europäischen Beratungen einzubringen.

Eckpunkte für die Entwicklung und Bewertung von AMS-Konzepten

Ein AMS-Konzept soll dem gemeinsamen Standpunkt (siehe Anhang) entsprechen. Hieraus ergeben sich folgende Inhalte:
Es sollen Vorgaben zur Entwicklung, Einführung, zum Betreiben und zur Weiterentwicklung organisationsspezifischer AMS gemacht werden.
Da ein AMS im Wesentlichen aus spezifischen Führungselementen und einer entsprechenden Aufbau- und Ablauforganisation (strukturellen Festlegungen und Prozessen) besteht, soll sich ein AMS-Konzept an den Kernelementen und -prozessen, die zum Betreiben eines AMS erforderlich sind, orientieren; diese sind (siehe im Folgenden die Abschnitte 1 bis 8):

Teil V

1. Arbeitsschutzpolitik und -strategie,
2. Verantwortung, Aufgaben und Befugnisse,
3. Aufbau des AMS,
4. Interner und externer Informationsfluss sowie Zusammenarbeit,
5. Verpflichtungen,
6. Einbindung von Sicherheit und Gesundheitsschutz in betriebliche Prozesse,
7. Dokumentation und Dokumentenlenkung und
8. Ergebnisermittlung, -bewertung und Verbesserung des AMS.

Ein AMS-Konzept soll Hilfestellungen für den Anwender, z.B. in Form von Umsetzungsanleitungen, Anwendungshinweisen und Musterbeispielen geben.

Ein AMS-Konzept soll eine Erklärung des Entwicklers des AMS-Konzeptes beinhalten, welche die Übereinstimmung seines AMS-Konzeptes mit diesen Eckpunkten bestätigt.

Die wesentlichen verwendeten Begriffe des AMS sollen erläutert werden.

Kernelemente und -prozesse für AMS-Konzepte sind:

1. Arbeitsschutzpolitik und -strategie

Die oberste Leitung soll eine auf die Organisation zugeschnittene Politik und Strategie für Sicherheit und Gesundheitsschutz als Teil der Gesamtpolitik der Organisation entwickeln, innerbetrieblich abstimmen und bekannt machen. Grundlage hierfür sind insbesondere die Ziele und Grundsätze der Organisation sowie der Präventionsgedanke des Arbeitsschutzgesetzes.

1.1 Die Arbeitsschutzpolitik und -strategie soll mindestens umfassen:
   a) eine Grundsatzerklärung zum Stellenwert der Sicherheit und des Gesundheitsschutzes;
   b) Ziele grundsätzlicher Art bezüglich Sicherheit und Gesundheitsschutz; diese sollen klar formuliert und durch fest umrissene Einzelziele, die möglichst quantifizierbar sind, konkretisiert werden;
   c) grundsätzliche Aussagen zu den Pflichten und Aufgaben der obersten Leitung, der Führungskräfte und der Beschäftigten sowie zu Handlungs- und Verhaltensgrundsätzen;
   d) einen Hinweis, dass die Pflichten und Rechte der Beschäftigten und der Interessenvertretungen der Beschäftigten nach BetrVG und ArbSchG zu beachten sind;
   e) die Zusicherung, die erforderlichen Mittel bereitzustellen;
   f) die Festlegung, dass die Wirksamkeit des AMS regelmäßig geprüft wird und bei Bedarf Verbesserungsmaßnahmen eingeleitet werden.

1.2 Die Arbeitsschutzpolitik und -strategie soll schriftlich festgelegt, durch Unterschrift der obersten Leitung in Kraft gesetzt und in ihrer praktischen Umsetzung regelmäßig überprüft und bei Bedarf fortgeschrieben werden.

1.3 Die Arbeitsschutzpolitik kann im Interesse der Organisation für die Öffentlichkeit zugänglich gemacht werden.

2. Verantwortung, Aufgaben und Befugnisse

Ein AMS-Konzept soll eine Festlegung von Verantwortlichkeiten, Aufgaben und Befugnissen bezüglich Sicherheit und Gesundheitsschutz enthalten:

2.1 Festlegungen sollen (soweit zutreffend) erfolgen für
   a) die oberste Leitung,
   b) die Führungskräfte,
   c) die besonderen Funktionsträger (insbesondere Fachkräfte für Arbeitssicherheit, Betriebsärzte, Beauftragte im Arbeits- und Gesundheitsschutz und die Interessenvertretung der Beschäftigten),
   d) die weiteren Beschäftigten,
   e) den Beauftragten für das AMS, sofern diese Funktion nicht durch die oberste Leitung wahrgenommen wird, sowie
   f) die Ausschüsse/Arbeitskreise des betrieblichen Arbeitsschutzes.

Anhang Nr. 3

2.2 Bei den Festlegungen soll darauf geachtet werden, dass die für eine sachgerechte Erledigung der übertragenen Aufgaben erforderlichen Befugnisse zugewiesen werden.

2.3 Die für sachgerechte Erledigung der Aufgaben erforderlichen Qualifikationen sollen sichergestellt werden.

2.4 Die Festlegungen sollen schriftlich erfolgen und dokumentiert sowie den Beteiligten bekanntgegeben werden.

3. Aufbau des AMS

Ein AMS-Konzept soll den Aufbau des AMS beschreiben. Hierzu gehören:

3.1 Die organisatorische Struktur (Aufbauorganisation) des AMS soll mindestens folgende Beteiligte und Instanzen umfassen:
   a) Funktionsträger, einschließlich der Funktion eines Beauftragten für das AMS, die leitende, beratende sowie überwachende Aufgaben im Rahmen des AMS übernehmen;
   b) innerbetriebliche Ausschüsse/Arbeitskreise.

3.2 Für die Beteiligten und die Instanzen sollen Regelungen für deren Bestellung bzw. Bildung sowie die Festlegung ihrer Verantwortung, Aufgaben und Befugnisse getroffen werden.

3.3 Der Aufbau des AMS soll eine Mitwirkung der Beschäftigten an der Entwicklung und Weiterentwicklung des AMS sowie der Umsetzung der Arbeitsschutzpolitik und -strategie vorsehen und die Beteiligungsrechte der Interessenvertretung der Beschäftigten berücksichtigen.

3.4 Der Aufbau des AMS soll eine Verknüpfung mit anderen bereits vorhandenen, sich im Aufbau befindlichen oder geplanten Managementsystemen vorsehen und Möglichkeiten der Verknüpfung bzw. Integration beschreiben.

3.5 Der Aufbau des AMS soll dargestellt und dokumentiert werden. Als Beschreibungsform sollte ein AMS-Handbuch mit Verfahrens- und Arbeitsanweisungen empfohlen werden. Dieses AMS-Handbuch kann eigenständig geführt werden oder Teil des Handbuches eines übergreifenden Managementsystems sein.

4. Interner und externer Informationsfluss sowie Zusammenarbeit

Ein AMS-Konzept soll folgende Festlegungen zum Informationsfluss und über Zusammenarbeit im Rahmen des AMS enthalten:

4.1 Für die interne wechselseitige Kommunikation und Zusammenarbeit sollen Verfahrensweisen festgelegt werden (soweit zutreffend) zwischen
   a) Beschäftigten, besonderen Funktionsträgern und Führungskräften,
   b) Fachabteilungen (z.B. mit den Aufgaben Beschaffung, Instandhaltung, Aus- und Weiterbildung) und besonderen Funktionsträgern,
   c) innerbetrieblichen Ausschüssen/Arbeitskreisen, die sich mit Sicherheit und Gesundheitsschutz unmittelbar oder mittelbar befassen,
   d) innerbetrieblichen Ausschüssen/Arbeitskreisen, Führungskräften, besonderen Funktionsträgern und Beschäftigten sowie
   e) der eigenen und anderen Organisationen (z.B. Fremdfirmen und Leiharbeitsunternehmen), die an gemeinsamen Arbeitsplätzen der eigenen Organisation oder in nicht voneinander getrennten Arbeitsbereichen tätig sind.

4.2 Für die Kommunikation und Zusammenarbeit mit externen Stellen sollen ebenfalls Verfahrensweisen festgelegt werden. Diese sollen insbesondere umfassen:
   a) die Anlässe (z.B. Erfüllung von Anzeige- und Meldepflichten),
   b) die Partner (z.B. Behörden, Unfallversicherungsträger, überbetriebliche Dienste, Sachverständige) sowie
   c) Forderungen an die Art der Kommunikation bzw. Zusammenarbeit.

4.3 Im Bedarfsfall soll ein Verfahren für die Bekanntgabe von Sachverhalten, die von öffentlichem Interesse sind, festgelegt und dokumentiert werden (z.B. Ereignisse mit Wirkung auf die Nachbarschaft).

Teil V

5. Verpflichtungen

Ein AMS-Konzept soll die Ermittlung der Verpflichtungen bezüglich Sicherheit und Gesundheitsschutz und die Sicherstellung ihrer Einhaltung regeln:

5.1 Es sollen Verfahrensweisen zur regelmäßigen Ermittlung der relevanten öffentlich-rechtlichen Verpflichtungen, einschließlich von Auflagen, die sich z.B. aus Genehmigungen, Erlaubnissen von Behörden, aus Sachverständigenprüfungen oder aus behördlichen Betriebsrevisionen ergeben, getroffen werden. Hierbei sind auch Tarifverträge, technische Regelwerke, Normen u.a. einzubeziehen. Diese Verfahrensweisen sollen dokumentiert werden.

5.2 Die zu diesen Verpflichtungen ermittelten Dokumente sollen gesammelt und einem festgelegten Personenkreis bekanntgegeben werden.

5.3 Es sollen Verfahren zu deren dauerhafter Einhaltung bereitgestellt (siehe Kernelement 6) und dokumentiert (siehe Kernelement 7) werden.

6. Einbindung von Sicherheit und Gesundheitsschutz in betriebliche Prozesse

Die betrieblichen Prozesse, die sicherheits- oder gesundheitsschutzrelevant sind oder speziell zur Förderung der Sicherheit und des Gesundheitsschutzes initiiert sind, sollen ermittelt, analysiert und bei Bedarf mit dem Ziel einer konsequenten Prävention und weiteren Verbesserung modifiziert werden. Dies richtet sich nach den organisationsspezifischen Gegebenheiten.

6.1 Für die ermittelten sicherheits- und gesundheitsschutzrelevanten Prozesse sollen die bei der täglichen Arbeit zu beachtenden Sicherheits- und Gesundheitsschutzforderungen definiert, mit den Beteiligten beraten und Verfahren zu deren Beachtung mit den Betroffenen festgelegt und dokumentiert werden. Festlegungen sind erforderlichenfalls zu treffen für:
a) den Personaleinsatz,
b) die Beschaffung,
c) die Gestaltung der Arbeitsorganisation (Arbeitszeit, Arbeitsaufgaben und Arbeitsabläufe), Arbeitsstätten und Arbeitsplätze,
d) die Neuplanung oder Änderung des Einsatzes von Arbeitsmitteln und Arbeitsstoffen,
e) die Inbetriebnahme, den Normalbetrieb und die vorübergehende oder dauernde Außerbetriebnahme von Arbeitsmitteln,
f) die Instandhaltung (Inspektion, Wartung und Instandsetzung) von Arbeitsmitteln,
g) spezielle Fertigungsprozesse,
h) Prüfungen (z.B. an Werkstoffen und Arbeitsmitteln),
i) Betriebsstörungen und Notfälle,
j) die Planung des Einsatzes von Fremdfirmen,
k) die Qualifizierung (Schulung, Unterweisung u.a.) der Beschäftigten, einschließlich der Führungskräfte, sowie
l) das betriebliche Vorschlagswesen.

6.2 Die ermittelten, speziell zur Förderung von Sicherheit und Gesundheitsschutz initiierten Prozesse sollen geregelt und dokumentiert werden. Festlegungen sind erforderlichenfalls zu treffen für:
a) die Ermittlung und Bewertung von Gefahren und Gefährdungen,
b) Sicherheitsbegehungen und Sicherheitsunterweisungen,
c) Kennzeichnungspflichten,
d) den Schutz besonderer Personengruppen (z.B. werdende oder stillende Mütter, Jugendliche sowie leistungsgewandelte Mitarbeiter),
e) die Erste Hilfe,
f) die arbeitsmedizinische Vorsorge,
g) die Einbindung der betrieblichen Gesundheitsförderung,
h) Aktionsprogramme,

Anhang Nr. 3

   i) die Auswertung von Unfällen und wesentlichen Betriebsstörungen,
   j) Verfahren zur kontinuierlichen Verbesserung (im Sinne eines Regelkreises) sowie
   k) Abhilfe- bzw. Korrekturmaßnahmen.

7. Dokumentation und Dokumentenlenkung

Ein AMS-Konzept soll die Dokumentation und Dokumentenlenkung regeln:
7.1 Die Dokumentation soll die systematisierte Sammlung und Aufbewahrung aller relevanten Dokumente und Aufzeichnungen umfassen, deren Inhalte
   a) Arbeitsschutzpflichten enthalten (Gesetze, Verordnungen, Unfallverhütungsvorschriften),
   b) eine Wirkung auf die Sicherheit und den Gesundheitsschutz haben (z.b. Regeln, Vereinbarungen),
   c) das AMS und seine Leistungen beschreiben,
   d) einen Nachweis der Einhaltung relevanter Verpflichtungen ermöglichen (z.b. Ergebnis der Gefährdungsbeurteilung, Gefahrstoffverzeichnis, Lärmkataster).

Die Leitung soll unter Beachtung relevanter rechtlicher Vorgaben und organisationsspezifischer Gegebenheiten definieren, was zu dokumentieren ist. Wesentliche Bestandteile der Dokumentation sollten das AMS-Handbuch (z.b. Richtlinien, Verfahrensanweisungen, Arbeitsanweisungen) und Aufzeichnungen sein.
7.2 Durch Verfahrensanweisungen soll festgelegt werden, in welcher Form und durch wen die Dokumentation zu erstellen ist, wie bei Bedarf eine Aktualisierung erfolgt und wie lange die Dokumente aufzubewahren sind.
7.3 Für die Lenkung aller erforderlichen Dokumente sollen geeignete Verfahren festgelegt und dokumentiert werden.
7.4 Es soll eine Regelung zur Einsichtnahme in das AMS, die die Organisation gegebenenfalls Externen gewährt, getroffen und dokumentiert werden.

8. Ergebnisermittlung, -bewertung und Verbesserung des AMS

Managementsysteme sind nur wirksam, wenn sie zielorientierte Verbesserungsprozesse beinhalten. Ein AMS-Konzept soll enthalten:
8.1 Verfahren zur regelmäßigen Ermittlung und Bewertung der Ergebnisse des AMS. Hierfür sollen
   a) Indikatoren und (soweit möglich) Parameter benannt,
   b) Verfahren beschrieben und
   c) die Vorgehensweise sowie die Anforderungen an die Durchführenden festgelegt werden.
8.2 Die Bewertung soll auch Aussagen zur kontinuierlichen Verbesserungen des AMS enthalten und mit den Betroffenen beraten werden. Sie soll gegebenenfalls vorsehen:
   a) die Nutzung vorliegender Ergebnisse,
   b) die Festlegung von Maßnahmenplänen für Verbesserungen,
   c) die Wirkungskontrolle der Verbesserungsmaßnahmen und
   d) erforderlichenfalls die Einleitung eines neuen Verbesserungsprozesses.
   e) Weitere Anlässe für die Einleitung eines Verbesserungsprozesses können z.B. Unfälle oder Schadensfälle, besondere gesundheitsrelevante Problemschwerpunkte sowie gravierende Umstrukturierungsmaßnahmen sein.
8.3 Die Durchführung der Ergebnisbewertung soll durch die oberste Leitung erfolgen. Das Ergebnis der Bewertung soll dokumentiert werden.
8.4 Für Audits sollen folgende Regelungen getroffen und dokumentiert werden:
   a) Sie sollen anhand von vorgegebenen Bewertungskriterien die Prüfung des Aufbaus, der Leistungsfähigkeit und der Ergebnisse des AMS (Systemaudit) sowie gleichzeitig auch die Einhaltung des geltenden Rechts (Compliance-Audit) umfassen.
   b) Die Ergebnisse sollen auch mögliche organisatorische Ursachen sicherheits- und gesundheitsschutzrelevanter Mängel erkennen lassen.

8.5 Für eine externe Systemkontrolle betrieblicher AMS durch die zuständige Behörde sind, falls gewünscht, bilaterale Regelungen zu vereinbaren. Um eine Systemkontrolle betrieblicher AMS durch die zuständige Behörde zu ermöglichen, sollen AMS-Konzepte Verfahrensweisen interner Kontrollen inhaltlich und funktional so ausgestalten, dass ein Vertrauen der Behörden in die Funktionsfähigkeit des Systems und in die Einhaltung der einschlägigen Rechtsvorschriften gerechtfertigt werden kann.

Anhang
Managementsysteme im Arbeitsschutz

Gemeinsamer Standpunkt des BMA, der obersten Arbeitsschutzbehörden der Bundesländer, der Träger der gesetzlichen Unfallversicherung und der Sozialpartner

Bek. des BMA vom Juni 1997 – IIIb2 – 36004 – (BArbBl. 9/1997, S. 85)

Systematisierte und formalisierte Führungssysteme gewinnen weltweit und europäisch an Bedeutung. Im Zusammenhang mit den bei ISO in Erwägung gezogenen Normungsvorhaben zu Arbeitsschutzmanagementsystemen (AMS) haben das BMA, die obersten Arbeitsschutzbehörden der Bundesländer, die Träger der gesetzlichen Unfallversicherung und die Sozialpartner eine gemeinsame Position entwickelt, die Basis für das ablehnende DIN-Votum gegenüber ISO war. BMA, die obersten Arbeitsschutzbehörden der Bundesländer, die Träger der gesetzlichen Unfallversicherung und die Sozialpartner waren sich auch darüber einig, den Antrag der spanischen Normenorganisation zur Entwicklung einer 8-teiligen europäischen Normenreihe aus grundsätzlichen Erwägungen, insbesondere mit Hinweis auf das EU-Memorandum zur Rolle der Normung im Bereich des betrieblichen Arbeitsschutzes abzulehnen.

Ungeachtet dieser Ablehnung haben die Beteiligten verabredet, ein gemeinsames Modell für ein Arbeitsschutzmanagementsystem zu entwickeln.

Vor diesem Hintergrund haben sich BMA, die obersten Arbeitsschutzbehörden der Bundesländer, die Träger der gesetzlichen Unfallversicherung und die Sozialpartner auf die in den nachfolgenden Abschnitten enthaltenen Positionen
- zu Argumenten für ein AMS
- zu Rahmenbedingungen für ein AMS
- zu Anforderungen an ein AMS und
- zum Handlungsbedarf in Europa

verständigt.

Die nachstehenden Grundsatzpositionen sollen die Basis für die Erarbeitung eines nationalen Modells und eines unter Federführung der Kommission zu entwickelnden europäischen Handlungskonzepts für ein AMS bilden.

1. Argumente für ein AMS

Das BMA, die obersten Arbeitsschutzbehörden der Bundesländer, die Träger der gesetzlichen Unfallversicherung und die Sozialpartner sind der Auffassung, dass
- Arbeitsschutzmanagementsysteme, d.h. systematisierte und formalisierte Führungssysteme, ein wirksames Instrument zur Verbesserung des Arbeitsschutzes sind;
- aus humanitären, betriebswirtschaftlichen sowie volkswirtschaftlichen Überlegungen eine Optimierung des Arbeitsschutzes auch unter Berücksichtigung der Wettbewerbsbedingungen geboten ist und dabei auch neue Wege zu beschreiten sind;
- Arbeitsschutzmanagementsysteme Angebote an die Unternehmen sind, für eine verbesserte Organisation zur Planung, Durchführung und Kontrolle der erforderlichen Maßnahmen des Arbeitsschutzes entsprechend den rechtlichen Vorgaben zu sorgen;

Anhang Nr. 3

- derartige Systeme geeignet sind, für eine verbesserte Integration des Arbeitsschutzes in das Unternehmen und damit für eine entsprechende Motivation der Unternehmensleitungen und der Beschäftigten auf allen Ebenen zu sorgen;
- Arbeitsschutzmanagementsysteme mittelbar auch geeignet sind, die Qualität der Produkte und Dienstleistungen und die betrieblichen Umweltbedingungen verbessern zu helfen;
- Arbeitsschutzmanagementsysteme zu einer verbesserten Transparenz nach »innen und außen« führen und damit Unternehmenskultur und Image eines Unternehmens positiv beeinflussen können.

2. Rahmenbedingungen für ein AMS

Nach gemeinsamer Auffassung des BMA, der obersten Arbeitsschutzbehörden der Bundesländer, der Träger der gesetzlichen Unfallversicherung und der Sozialpartner sind bei der Entwicklung eines AMS folgende Bedingungen einzuhalten:
- unabhängig von der Art der Präsentation (Norm, Report, Leitfaden o.ä.), ist die Freiwilligkeit der Anwendung sicherzustellen;
- Arbeitsschutzmanagementsysteme müssen auch den besonderen Bedingungen in Klein- und Mittelbetrieben Rechnung tragen und unnötige Administration vermeiden;
- externe Audits sollen grundsätzlich nicht gefördert werden;
- Zertifizierungszwänge sind auszuschließen;
- das Verhältnis von Aufwand und Ergebnis muss wirtschaftlich vertretbar sein;
- die Konzepte für Arbeitsschutzmanagementsysteme dürfen keine Regelungen enthalten, die Gesetzen, Verordnungen und Unfallverhütungsvorschriften vorbehalten sind;
- der verfassungsmäßige bzw. gesetzliche Auftrag der Überwachungsbehörden darf durch die Konzepte für Arbeitsschutzmanagementsysteme nicht in Frage gestellt werden;
- die Konzepte sollen vorhandene und in Entwicklung befindliche Methoden und Instrumentarien zur Verbesserung des Arbeitsschutzes berücksichtigen.

3. Anforderungen an ein AMS

Unter Berücksichtigung bisheriger Erfahrungen und künftiger Erfordernisse im Arbeitsschutz sollte das System mindestens folgende Anforderungen erfüllen:
- ein AMS soll
  - den Arbeitsschutz weiter verbessern,
  - die Prävention als vorrangiges Ziel im Unternehmen festschreiben,
  - die Eigenverantwortung der Unternehmer fördern,
  - die Einbeziehung der Beschäftigten und ihrer betrieblichen Interessenvertretungen verbessern,
  - die Motivation der Unternehmensleitungen und aller Beschäftigten erhöhen und damit auch die Qualität der Produkte und Dienstleistungen und die betrieblichen Umweltbedingungen verbessern helfen,
  - die betriebswirtschaftlichen Kosten verringern,
  - Synergien mit anderen Führungssystemen nutzbar machen,
  - zu einer verbesserten Transparenz im Unternehmen und gegenüber Externen führen;
- das Konzept muss umfassend sein; das bedeutet, dass alle Führungselemente und Elemente der Aufbau- und Ablauforganisation des Unternehmens hinsichtlich ihrer normativen, strategischen und operativen Funktionen sowie ihre Wirkungsweise im Sinne einer Verifikation beschrieben werden;
- das System muss ganzheitlich und kompatibel zu bestehenden Managementsystemen, wie Umwelt- und Qualitätsmanagementsystemen, sein und die Übernahme in ein universelles Führungssystem (Generic-Management-System) ermöglichen; die Schnittstellen zu anderen Systemen müssen festgelegt und Überschneidungen beschrieben sein;
- es sind spezifische Arbeitsschutzelemente zu entwickeln, die dem umfassenden Präventionsansatz Rechnung tragen und den speziellen Anforderungen bezüglich der Führungselemente und der Elemente der Aufbau- und Ablauforganisation genügen;

- Arbeitsschutzmanagementsysteme müssen gewährleisten, dass Defizite bei der Planung und Durchführung des Arbeitsschutzes und Schwachstellen der Arbeitsschutzorganisation erkannt und die Ursachen derartiger Defizite beschrieben werden sowie die Durchführung der erforderlichen Maßnahmen und die Kontrolle ihrer Wirksamkeit gewährleistet sind (selbständige Regelkreise);
- Arbeitsschutzmanagementsysteme müssen von ihrer Struktur, der Umsetzung und den Ergebnissen her anhand vorgegebener Parameter bewertbar sein;
- Arbeitsschutzmanagementsysteme müssen die eigenverantwortliche innerbetriebliche Überwachungspflicht auf allen Ebenen berücksichtigen;
- die für die Systembewertung und -kontrolle erforderlichen Informationen sind in geeigneter Weise zu dokumentieren;
- Arbeitsschutzmanagementsysteme müssen die Möglichkeit der Systemkontrolle bieten; damit sind wesentliche Voraussetzungen gegeben, die Eigenkontrolle sowie die Aufsichtstätigkeit der zuständigen Behörden/Aufsichtsdienste zu optimieren.

4. Europäischer Handlungsbedarf

Gemäß Artikel 117 EG-Vertrag haben die Mitgliedstaaten für eine stete Verbesserung der Arbeitsbedingungen einzutreten, um dadurch auf dem Wege des Fortschritts eine Angleichung zu erreichen. Die auf Artikel 118a des EG-Vertrages gestützten Richtlinien verfolgen dieses Ziel durch die Festlegung von Mindestvorschriften. Die Rahmenrichtlinie 89/391 geht dabei von einem weiten Arbeitsschutzverständnis aus und verpflichtet u.a. die Arbeitgeber, für eine geeignete Organisation und die Bereitstellung der erforderlichen Mittel zu sorgen sowie Maßnahmen mit dem Ziel einer Verbesserung der Sicherheit und des Gesundheitsschutzes für die Beschäftigten zu treffen. AMS können dazu einen wirksamen Beitrag leisten. Eine Verständigung über die Strukturen von AMS sowie die Methoden und Instrumente solcher Systeme auf europäischer Ebene ist vor dem Hintergrund der harmonisierten Rechtsvorschriften, aber auch wegen der bestehenden Wirtschaftsräume und der fortschreitenden Globalisierung der Märkte ein wichtiger Beitrag, um ein hohes Niveau im Arbeitsschutz zu gewährleisten und Wettbewerbsverzerrungen zu vermeiden.

Die Kommission ist aufgefordert, Maßnahmen zu ergreifen, um mit den Regierungen und den Sozialpartnern eine gemeinsame Haltung in dieser Frage herbeizuführen, insbesondere den »Beratenden Ausschuss für Sicherheit, Arbeitshygiene und Gesundheitsschutz am Arbeitsplatz« sowie den »Ausschuss der hohen Aufsichtsbeamten« zu konsultieren und die erforderliche fachliche Kompetenz und die notwendigen finanziellen Mittel für die Erarbeitung z.B. eines Leitfadens bereitzustellen. Um die Kompatibilität des AMS mit anderen Managementsystemen zu gewährleisten, ist die Kooperation mit denjenigen Gremien sicherzustellen, die mit Qualitäts-, Umwelt- und Generic-Managementsystemen befasst sind.

Anhang Nr. 4

Allgemeine Verwaltungsvorschrift über das Zusammenwirken der Träger der Unfallversicherung und der Gewerbeaufsichtsbehörden

vom 28. November 1977
(BAnz. Nr. 225)

§ 1 Geltungsbereich

Diese allgemeine Verwaltungsvorschrift gilt für
1. die Berufsgenossenschaften, ausgenommen die See-Berufsgenossenschaft, sowie für die Gemeindeunfallversicherungsverbände und die besonderen Träger der Unfallversicherung für die Feuerwehren (im folgenden Unfallversicherungsträger genannt), soweit sie auf dem Gebiet der Unfallverhütung und Ersten Hilfe die §§ 546, 710, 712 bis 715, 717a, 720, 721, 769 Abs. 1 und § 801 Abs. 1 der Reichsversicherungsordnung auszuführen haben, und
2. die Gewerbeaufsichtsbehörden, soweit sie den gleichen Gegenstand regelndes Bundesrecht auszuführen haben.

§ 2 Allgemeiner Grundsatz

Die Unfallversicherungsträger und die Gewerbeaufsichtsbehörden müssen auf dem Gebiet der Unfallverhütung und Ersten Hilfe eng zusammenwirken, damit die Vorschriften auf diesem Gebiet möglichst wirkungsvoll ausgeführt werden können. Hierzu sind unabhängig von den §§ 3 bis 9 alle geeigneten Maßnahmen zu treffen.

§ 3 Erfahrungsaustausch

(1) Die Unfallversicherungsträger und die Gewerbeaufsichtsbehörden haben den Erfahrungsaustausch unter den technischen Aufsichtsbeamten und Gewerbeaufsichtsbeamten zu fördern. Dem Erfahrungsaustausch dienen auch gemeinsame Fachtagungen.
(2) Die Aufsichtsbeamten der Unfallversicherungsträger und der Gewerbeaufsichtsbehörden setzen sich bei der Ausübung ihrer Besichtigungstätigkeit, soweit dies den Umständen nach möglich ist, in Verbindung; sie tauschen hierbei ihre Erfahrungen aus. Überdies teilen sie sich aufgestellte Besichtigungspläne gemeinsam mit.

§ 4 Gemeinsame Betriebsbesichtigungen

(1) Die Aufsichtsbeamten der Unfallversicherungsträger und der Gewerbeaufsichtsbehörden sollen einen Betrieb gemeinsam besichtigen, wenn ein wichtiger Anlass gegeben ist. Ein wichtiger Anlass kann insbesondere gegeben sein, wenn
1. bei der Anwendung von Vorschriften auf bestimmte Betriebsanlagen Zweifel entstanden sind,
2. ein Unternehmer die Bewilligung einer Ausnahme von Vorschriften beantragt hat,
3. ein Unfallversicherungsträger oder eine Gewerbeaufsichtsbehörde beabsichtigt, hinsichtlich bestimmter Betriebsanlagen eine Anordnung im Einzelfall zu erlassen,
4. Schadensfälle von größerem Ausmaß eingetreten sind.
(2) Der Aufsichtsbeamte, der sich zu einer Besichtigung aus den in Absatz 1 genannten Gründen veranlasst sieht, führt die gemeinsame Besichtigung herbei.

§ 5 Besichtigungen aus Anlass eines Arbeitsunfalls (Unfalluntersuchung)

(1) Die Aufsichtsbeamten der Unfallversicherungsträger und der Gewerbeaufsichtsbehörden sollen einen Unfall gemeinsam untersuchen, wenn

Teil V

1. es sich um einen Arbeitsunfall mit tödlichem Ausgang oder um einen Massenunfall handelt,
2. aus der Unfallanzeige ersichtlich ist, dass der Unfall bei der Verwendung neuartiger Maschinen oder bei der Anwendung neuartiger Arbeitsverfahren eingetreten ist.

(2) Der Aufsichtsbeamte, der sich zu einer Untersuchung nach Absatz 1 veranlasst sieht, führt die gemeinsame Untersuchung herbei. Die Pflicht, zur Aufklärung des Arbeitsunfalles die erforderlichen Maßnahmen unverzüglich zu treffen, bleibt unberührt.

§ 6 Gegenseitige Anhörung

(1) Beabsichtigt ein Unfallversicherungsträger oder eine Gewerbeaufsichtsbehörde, eine Maßnahme zu treffen, die für den Aufgabenbereich der jeweils mit der Sache nicht befassten Stelle von erheblicher Bedeutung sein kann, so ist dieser Gelegenheit zu geben, sich zu der beabsichtigten Maßnahme zu äußern. Dies gilt insbesondere, wenn beabsichtigt ist, von einer Vorschrift eine Ausnahme zu bewilligen.

(2) Absatz 1 gilt nicht, wenn die vorgenannten Maßnahmen bei Gefahr im Verzug getroffen werden müssen.

§ 7 Gegenseitige Unterrichtung

Die Unfallversicherungsträger und die Gewerbeaufsichtsbehörden unterrichten sich gegenseitig über Vorgänge, die für die Tätigkeit der anderen Stelle auf dem Gebiet der Unfallverhütung und Ersten Hilfe wichtig sind. Sie unterrichten sich unverzüglich insbesondere über

1. die im Betrieb festgestellten erheblichen Mängel und über die zu ergreifenden Maßnahmen zur Beseitigung dieser Mängel,
2. Ausnahmebewilligungen,
3. die Anhörung des Betroffenen in einem Bußgeldverfahren, das wegen einer Handlung eingeleitet worden ist, die von beiden Stellen als Ordnungswidrigkeit verfolgt werden kann,
4. das Ergebnis einer Unfalluntersuchung in den Fällen des § 5 Abs. 1, wenn eine gemeinsame Untersuchung nicht durchgeführt werden konnte,
5. die Planung und Durchführung von Sonderprogrammen.

§ 8 Gegenseitige Beteiligung an der Ausarbeitung sicherheitstechnischer Regeln

Die Unfallversicherungsträger sorgen dafür, dass die Gewerbeaufsichtsbehörden beteiligt werden, wenn von Fachausschüssen Durchführungsregeln zu Unfallverhütungsvorschriften oder Richtlinien über durch Unfallverhütungsvorschriften noch nicht geregelte Gegenstände erarbeitet werden. Entsprechendes gilt für die Gewerbeaufsichtsbehörden, wenn sie auf einem Gebiet, auf dem sie Vorschriften erlassen könnten, zu denen die Unfallversicherungsträger vorher gutachtlich gehört werden müssten, sicherheitstechnische Regeln erarbeiten.

§ 9 Ausbildung von Fachkräften für Arbeitssicherheit und Sicherheitsbeauftragten

Der Unfallversicherungsträger, der einen Ausbildungslehrgang für Fachkräfte für Arbeitssicherheit oder für Sicherheitsbeauftragte plant, hat dies der für den Arbeitsschutz zuständigen obersten Landesbehörde, in deren Zuständigkeitsbereich der Lehrgang stattfinden soll, mitzuteilen. Hierbei sind Zeitpunkt, Ort und Vortragsfolge anzugeben.

§ 10 In-Kraft-Treten

Diese allgemeine Verwaltungsvorschrift tritt am ersten Tag des auf die Veröffentlichung folgenden Kalendermonats in Kraft.

B. Zum ArbSchG und zu den Arbeitsschutzverordnungen

B.1 Arbeitsschutzgesetz

Anhang Nr. 5

Gefährdungsbeurteilung nach dem Arbeitsschutzgesetz[1]

– Gemeinsame Grundsätze zur Erstellung von Handlungshilfen –

Bek. des BMA vom 1. September 1997 – IIIb1 – 34502/4

Zielsetzung

Am 21. August 1996 ist das Arbeitsschutzgesetz – ArbSchG –[2] in Kraft getreten. Es verpflichtet alle Arbeitgeber, durch eine Beurteilung der Gefährdungen der Beschäftigten bei der Arbeit zu ermitteln, welche Arbeitsschutzmaßnahmen erforderlich sind. Wie der Arbeitgeber die Beurteilung vorzunehmen hat, regelt das Gesetz nicht. Insbesondere die Arbeitgeber kleiner Betriebe rechnen aber damit, dass ihnen bei der Ausfüllung ihrer Pflicht zur Gefährdungsbeurteilung Hilfen an die Hand gegeben werden. Dieser Wunsch nach Hilfe trifft auf zahlreiche Aktivitäten: Handlungshilfen unterschiedlicher Art und von verschiedenen Verfassern werden bereits angeboten. Vor diesem Hintergrund werden das Bundesarbeitsministerium, die für den Arbeitsschutz zuständigen Behörden der Länder und die Unfallversicherungsträger nun häufig gefragt, wie eine Handlungshilfe zur Gefährdungsbeurteilung gestaltet werden soll, was sie denn zu leisten habe und wie in den Betrieben und Verwaltungen sinnvollerweise vorzugehen sei. Dabei sollen Form und Gestaltung spezieller Handlungshilfen der besonderen Situation von kleinen und mittleren Unternehmen entsprechend Rechnung tragen.

Der Gesetzgeber hat bewusst den Betrieben einen breiten Spielraum für die Gefährdungsbeurteilung gelassen. Die folgenden Grundsätze sollen und können diesen Spielraum nicht einengen; sie beanspruchen insofern keine Rechtsverbindlichkeit.

Tatsächlich aber werden Handlungshilfen zur Gefährdungsbeurteilung ein wichtiges Instrument sein, um den Arbeitsschutz gerade in kleinen Betrieben zu verbessern, die Betriebe für einen wirksamen Arbeitsschutz zu gewinnen und diesen in die betrieblichen Arbeitsabläufe zu integrieren.

Bundesarbeitsministerium, die für den Arbeitsschutz zuständigen obersten Landesbehörden und die Spitzenverbände der Unfallversicherungsträger kamen deshalb überein, die folgenden Grundsätze für Handlungshilfen zur Gefährdungsbeurteilung zu formulieren und damit den Erstellern eine Anleitung zu geben. Nutznießer sollen auch die Anwender sein, die sich bei der Auswahl einer Handlungshilfe an den Grundsätzen orientieren können. Anwender sind dabei neben dem Arbeitgeber alle am betrieblichen Arbeitsschutz Beteiligten:
- Beschäftigte;
- Sicherheitsfachkräfte,

---

1 Bundesarbeitsblatt 11/1997, 74
2 Gesetz über die Durchführung von Maßnahmen des Arbeitsschutzes zur Verbesserung der Sicherheit und des Gesundheitsschutzes der Beschäftigten bei der Arbeit (Arbeitsschutzgesetz – ArbSchG) vom 7. August 1996 (Bundesgesetzblatt I, S. 1246)

Teil V

- Betriebsärzte,
- Sicherheitsbeauftragte,
- Beschäftigtenvertretungen,
- Aufsichtsdienste der Unfallversicherungsträger und
- die Staatliche Arbeitsschutzaufsicht.

Die Grundsätze basieren auf einer Auswertung zahlreicher Materialien zur Gefährdungsbeurteilung aus dem nationalen und europäischen Bereich und schlagen vor, was in einer Handlungshilfe abgehandelt und wie sie gestaltet sein sollte.

Rechtliche Situation

§ 3 ArbSchG verpflichtet den Arbeitgeber,
»...die erforderlichen Maßnahmen des Arbeitsschutzes unter Berücksichtigung der Umstände zu treffen, die Sicherheit und Gesundheit der Beschäftigten bei der Arbeit beeinflussen. Er hat die Maßnahmen auf ihre Wirksamkeit zu überprüfen und erforderlichenfalls sich ändernden Gegebenheiten anzupassen. Dabei hat er eine Verbesserung von Sicherheit und Gesundheitsschutz der Beschäftigten anzustreben.«
Eine zentrale Maßnahme des Arbeitsschutzes ist dabei die Beurteilung der Arbeitsbedingungen nach § 5 ArbSchG.
»(1) Der Arbeitgeber hat durch eine Beurteilung der für die Beschäftigten mit ihrer Arbeit verbundene Gefährdung zu ermitteln, welche Maßnahmen des Arbeitsschutzes erforderlich sind.
(2) Der Arbeitgeber hat die Beurteilung je nach Art der Tätigkeit vorzunehmen. Bei gleichartigen Arbeitsbedingungen ist die Beurteilung eines Arbeitsplatzes oder einer Tätigkeit ausreichend.«
Anhaltspunkte dafür, wodurch sich eine Gefährdung für die Beschäftigten ergeben kann, enthält die beispielhafte Aufzählung in § 5 Abs. 3 ArbSchG:
»Eine Gefährdung kann sich insbesondere ergeben durch
1. die Gestaltung und Einrichtung der Arbeitsstätte und des Arbeitsplatzes,
2. physikalische, chemische und biologische Enwirkungen,
3. die Gestaltung, die Auswahl und den Einsatz von Arbeitsmitteln, insbesondere Arbeitsstoffen, Maschinen, Geräten und Anlagen sowie den Umgang damit,
4. die Gestaltung von Arbeits- und Fertigungsverfahren, Arbeitsabläufen und Arbeitszeit und deren Zusammenwirken,
5. unzureichende Qualifikation und Unterweisung der Beschäftigten.«
Im Kontext dieser Vorschriften ist die an den konkreten betrieblichen Arbeitsbedingungen ausgerichtete Gefährdungsbeurteilung logische Voraussetzung dafür, dass alle notwendigen und auf die betriebliche Situation ausgerichteten Maßnahmen des Arbeitsschutzes zielgerichtet getroffen werden: Nur wer die Gefahrenschwerpunkte in seinem Betrieb kennt, kann sinnvolle Schutzmaßnahmen ergreifen und Gefährdungen wirksam vermeiden.
Nach § 6 ArbSchG muss der Arbeitgeber über Unterlagen verfügen, die das Ergebnis der Gefährdungsbeurteilung, die darauf gestützten Maßnahmen des Arbeitsschutzes und das Ergebnis ihrer Überprüfung dokumentieren, sofern sein Betrieb mehr als zehn Beschäftigte oder die zuständige Behörde dies im Einzelfall aufgrund der besonderen Gefährdungssituation angeordnet hat.

Sinn und Zweck von Handlungshilfen

Die Gefährdungssituation in Betrieben einer Branche bzw. bei bestimmten Tätigkeiten ist häufig vergleichbar. Daher bietet es sich an, die Gefährdungen branchen- oder tätigkeitsbezogen zusammenzufassen und Hinweise auf die geeigneten Schutzmaßnahmen und die einschlägigen Arbeitsschutzvorschriften zu geben.
Dies erleichtert dem Arbeitgeber und allen anderen am Arbeitsschutz Beteiligten die Durchführung der notwendigen Arbeitsschutzmaßnahmen im Betrieb.

Anhang Nr. 5

Wendet ein Arbeitgeber eine gute Handlungshilfe zur Gefährdungsbeurteilung an, geht er zielorientiert vor und minimiert damit Aufwand und Kosten. Der Arbeitgeber schafft im Betrieb durch die Verwendung einer Handlungshilfe die notwendige Transparenz und signalisiert den Beschäftigten, daß er ihre Sicherheit und Gesundheit ernst nimmt. Durch das systematische Vorgehen nach einer Handlungshilfe wird dem Arbeitgeber gegenüber den Aufsichtsdiensten der Nachweis erleichtert, daß er seinen Pflichten nach dem Arbeitsschutzgesetz nachgekommen ist.

20 Grundsätze für die Gestaltung von Handlungshilfen für die Gefährdungsbeurteilung

1. Verantwortung des Arbeitgebers
Die Handlungshilfe soll die Verantwortung des Arbeitgebers für die Durchführung der Gefährdungsbeurteilung, das Ergreifen der erforderlichen Arbeitsschutzmaßnahmen und die Wirksamkeitskontrolle deutlich machen.

2. Beteiligung der Beschäftigten und ihrer Vertretungen
Die Handlungshilfe soll bei ihrer Anwendung das Gespräch mit den Beschäftigten und ihren Vertretungen vorsehen, so dass wichtige Erfahrungen aus der täglichen Arbeit beachtet werden und die Akzeptanz von Arbeitsschutzmaßnahmen bei den Beschäftigten erhöht wird.

3. Zielgruppe
Die Handlungshilfe soll die Zielgruppe (z.B. Arbeitgeber im Kleinbetrieb, betriebliche Arbeitsschutzexperten, Betriebs- oder Personalrat) klar definieren und sich in ihrer Sprache und Gestaltung an der Zielgruppe orientieren. Zu berücksichtigen sind die personelle und fachliche Leistungsfähigkeit des Betriebs.

4. Motivation
Die Handlungshilfe soll die Vorteile ihrer Anwendung für den Anwender deutlich machen. Das betriebliche Interesse an gut gestalteten Arbeitsplätzen und Arbeitsbedingungen, die die Gesundheit der Beschäftigten nicht gefährden, soll deutlich aufgezeigt werden.

5. Rechtssituation
Die Handlungshilfe soll die Rechtssituation klar herausstellen. Sie darf nicht den Eindruck erwecken, dass ihre Anwendung durch das Arbeitsschutzgesetz vorgeschrieben oder ihr Inhalt rechtsverbindlich ist.

6. Branchenbezug
Die Handlungshilfe soll tätigkeitsbezogen Schwerpunkte setzen. Diese sollen für eine Branche oder einen Arbeitsbereich zusammengefaßt werden. Sofern es die vorliegende Gefährdungssituation erfordert, soll sie auch arbeitsplatzbezogen sein. Beim Umgang mit Gefahrstoffen oder biologischen Arbeitsstoffen soll die Handlungshilfe stoffbezogene Schwerpunkte setzen.

7. Typische Gefährdungen
Die Handlungshilfe soll die typischen Gefährdungen in der Branche bzw. für den Arbeitsbereich möglichst vollständig aufführen. Hierbei sollen das Unfall- und Krankheitsgeschehen berücksichtigt werden. Die Handlungshilfe soll zugleich deutlich darauf hinweisen, dass konkrete Gefährdungen im einzelnen Betrieb auftreten können, die von ihr nicht abgedeckt sind.

8. Systematisches Vorgehen
Die Handlungshilfe soll die einzelnen Schritte des systematischen Vorgehens bei der Beurteilung darstellen und das Zusammenwirken von verschiedenen Faktoren, die in der

Teil V

Summe erst zur Gefährdung führen, herausstellen. Die Handlungshilfe soll die Beurteilung nicht auf den Normalbetrieb beschränken, sondern auch typische Störungen, Wartungen und Instandhaltung berücksichtigen.

9. Beurteilungskriterien
Die Handlungshilfe soll klare Einschätzungen der Gefährdungen und für den Anwender nachvollziehbare Beurteilungskriterien unter Verweis auf bestehende Rechtsvorschriften geben. Dabei soll eine Abstufung der Gefährdung nach Schwere und Häufigkeit erkennbar und nachvollziehbar sein. Es soll angegeben werden, woher die Erkenntnisse stammen.

10. Konzentrationswirkung
Die Handlungshilfe soll dem Anwender eine Gesamtbeurteilung der Gefährdungen ermöglichen. Soweit die Beurteilung einzelner Gefährdungen spezialgesetzlich geregelt ist (z.b. Gefahrstoffverordnung oder Unfallverhütungsvorschriften), soll die Handlungshilfe hierfür keine Neubewertung vornehmen. Die Beurteilungen sollen zusammengeführt werden.

11. Beurteilungstiefe
Die Handlungshilfe soll sich bei der Prüftiefe bzw. beim Detaillierungsgrad am Gefährdungspotenzial ausrichten. Eine hohe Gefährdung besteht z.B. auf Baustellen und beim Umgang mit explosionsgefährlichen oder krebserzeugenden Stoffen. Die Anforderungen an die Bewertung sollen den Gefährdungen angepasst sein. Je komplexer die Gefährdung, desto detaillierter soll die Handlungshilfe sein. Die Handlungshilfe soll aufzeigen, warum bestimmte Gefährdungen für die Beurteilung nicht relevant sind, obwohl sie naheliegen.

12. Gleichartige Arbeitsbedingungen
Die Handlungshilfe soll klare Hinweise darauf geben, unter welchen Voraussetzungen gleichartige Arbeitsbedingungen unterstellt werden können, so dass entsprechend § 5 Abs. 2 Satz 2 ArbSchG die Beurteilung eines Arbeitsplatzes oder einer Tätigkeit ausreicht.

13. Einschaltung von Experten
Die Handlungshilfe soll Hinweise darauf geben, in welchen Fällen die besondere Gefährdungssituation die Einschaltung von Arbeitsschutzexperten erfordert. Wenn zur Beurteilung der Gefährdung detailliertes Fachwissen oder nur mit erheblichem Aufwand ermittelbare Daten erforderlich sind, soll sie über Schätz- und Ermittlungsverfahren, einschlägige Literatur und bereits aufbereitete Daten informieren.

14. Maßnahmen
Die Handlungshilfe soll auf der Grundlage des geltenden Arbeitsschutzrechts (Gesetze, Verordnungen, Unfallverhütungsvorschriften) für typische Gefährdungen konkrete Maßnahmen vorschlagen, so dass die Gefährdung möglichst vermieden oder die verbleibende Gefährdung möglichst gering gehalten wird. Dabei sollen die Grundsätze des § 4 ArbSchG berücksichtigt werden. So sind z.B. Maßnahmen mit dem Ziel zu planen, Technik, Arbeitsorganisation, sonstige Arbeitsbedingungen, soziale Beziehungen und Einfluss der Umwelt auf den Arbeitsplatz sachgerecht miteinander zu verknüpfen. Die Maßnahmen sollen dem Stand der Technik entsprechen. Gefahren sind an ihrer Quelle zu bekämpfen, individuelle Schutzmaßnahmen sind nachrangig zu anderen Maßnahmen.
Entsprechend ist die Rangfolge der Maßnahmen festzulegen, z.B. technisch, organisatorisch, personenbezogen.
Die Handlungshilfe soll die Dringlichkeit und Wichtigkeit der Schutzmaßnahmen nach dem Grad der Gefährdung aufzeigen.
Die Handlungshilfe soll möglichst Alternativen zu Maßnahmen enthalten, um dem Anwender betriebsbezogene und dem konkreten Gefährdungspotenzial angemessene Entscheidungen zu ermöglichen.

Anhang Nr. 5

15. Überprüfung und Wirksamkeitskontrolle
Die Handlungshilfe soll dem Anwender aufzeigen, ob die bisher getroffenen Maßnahmen ausreichen oder weitere Maßnahmen erforderlich sind. Sie soll eine Wirkungskontrolle der getroffenen Maßnahmen vorsehen.

16. Erneute Gefährdungsbeurteilung
Die Handlungshilfe soll Hinweise geben, wann eine erneute Gefährdungsbeurteilung vorzunehmen ist, z.B. bei Änderungen der Arbeitsorganisation, Anschaffung neuer Maschinen und Produktionsausrüstungen, nach Arbeitsunfällen, Beinaheunfällen und beim Auftreten arbeitsbedingter Gesundheitsbeeinträchtigungen.

17. Praxisgerechte Gestaltung
Die Handlungshilfe soll gut handhabbar und sowohl sprachlich als auch im Umfang praxisgerecht gestaltet sein und dabei insbesondere unterschiedlichen Branchenstrukturen und Betriebsgrößen Rechnung tragen. Zusätzliche Orientierungshilfen können z.B. ein Ablaufschema oder eine Beurteilungsskala für die Einstufung der Gefährdung sein. Die Handlungshilfe soll die Anforderungen von Gesetzen und anderen Arbeitsschutzvorschriften für die betriebliche Praxis konkretisieren und dabei deutlich machen, ob es sich jeweils um eine rechtlich verpflichtende Regelung, um eine Regelung mit Ermessensspielraum oder um eine bloße Empfehlung handelt.

18. Dokumentation
Die Handlungshilfe soll auf einfache Weise ermöglichen, dass sie gleichzeitig als Unterlage zur Erfüllung der Dokumentationspflicht nach § 6 ArbSchG verwandt werden kann.

19. Aktualisierung
Die Handlungshilfe soll darauf hinweisen, dass sie bei Änderungen der Rechtslage oder neuen Erkenntnissen anzupassen ist. Der Stand ihrer Erstellung muss angegeben werden.

20. Information und Beratung
Die Handlungshilfe soll Angaben zu Informationsquellen enthalten und Hinweise auf Stellen geben, die sachkundige Beratung anbieten.

Teil V

Anhang Nr. 6
Das neue Arbeitsschutzgesetz – Gefährdungen erkennen, bewerten, beseitigen

Informationen für Arbeitgeber und Führungskräfte[1]

Das neue Arbeitsschutzgesetz

Das Arbeitsschutzgesetz regelt für alle Tätigkeitsbereiche
- die grundlegenden Pflichten des Arbeitgebers,
- die Pflichten und die Rechte der Beschäftigten,
- die Überwachung des Arbeitsschutzes nach diesem Gesetz durch die zuständigen staatlichen Behörden.

Die Grundlage für das Arbeitsschutzgesetz ist die europäische Rahmenrichtlinie Arbeitsschutz 89/391/EWG.
Diese EG-Richtlinie enthält Mindestanforderungen für den Arbeitsschutz, die in allen Mitgliedstaaten der EU gelten.

Gefährdungsbeurteilung – Grundlage für wirksame Arbeitsschutzmaßnahmen

Eine Ihrer Grundpflichten als Arbeitgeber ist es, erforderliche Maßnahmen festzulegen, um die Sicherheit und den Gesundheitsschutz der Beschäftigten bei der Arbeit zu sichern und zu verbessern.
Eine wesentliche Voraussetzung dafür ist die Gefährdungsbeurteilung.
Das heißt: Die Ermittlung und Bewertung von Ursachen und Bedingungen, die zu Unfällen bei der Arbeit und arbeitsbedingten Gesundheitsgefahren führen können.
Die Gefährdungsbeurteilung hilft Ihnen, zielgerichtete und wirksame Arbeitsschutzmaßnahmen zu treffen. Denn nur wer die Gefährdungen in seinem Betrieb wirklich kennt, kann kosteneffektiv die richtigen Mittel einsetzen, um den Schutz seiner Beschäftigten zu verbessern.

1. Gefährdungen erkennen

Gehen Sie aufmerksam durch Ihren Betrieb und sehen Sie sich alles an, was auf die Sicherheit und die Gesundheit Ihrer Beschäftigten Einfluss haben kann:
- Gestaltung und Einrichtung der Arbeitsstätte und der Arbeitsplätze, z.B. bauliche Gestaltung der Arbeitsräume und Verkehrswege, ergonomische Gestaltung der Arbeitsplätze,
- Gestaltung, Auswahl, Beschaffenheit und Einsatz von Maschinen, Geräten und Anlagen,
- Einsatz oder Entstehung von Gefahrstoffen,
- Gestaltung von Arbeits- und Fertigungsverfahren, Arbeitsabläufen und Arbeitszeit,
- Qualifikation und Unterweisung der Beschäftigten.

Bei gleichartigen Arbeitsbedingungen ist die Beurteilung eines Arbeitsplatzes oder einer Tätigkeit ausreichend.

2. Gefährdungen bewerten

Schätzen Sie ein, ob Ihre Beschäftigten durch die vorhandenen Maßnahmen ausreichend geschützt sind.
Vergleichen Sie mit Vorschriften, Regeln oder mit bewährten Lösungen.

---
[1] Hrsg. *BAuA*, 1996

Anhang Nr. 6

3. Gefährdungen beseitigen

Legen Sie Maßnahmen fest, um die vorhandenen Gefährdungen zu beseitigen oder zu mindern.
- Beachten Sie bei der Auswahl die Rangfolge der Arbeitsschutzmaßnahmen:
  - sichere Technik
  - sicherheitstechnische Mittel
  - organisatorische Maßnahmen
  - individuelle Schutzmaßnahmen
- Berücksichtigen Sie den Stand von Technik, Arbeitsmedizin und Hygiene sowie sonstige gesicherte arbeitswissenschaftliche Erkenntnisse.
- Beachten Sie besonders schutzbedürftige Beschäftigte.

Führen Sie die festgelegten Maßnahmen durch. Legen Sie dazu Prioritäten, Termine und Verantwortlichkeiten fest.

4. Wirkung kontrollieren

Prüfen Sie regelmäßig die Wirksamkeit der Maßnahmen und passen Sie diese erforderlichenfalls geänderten Bedingungen an.
- Holen Sie sich Rat bei Ihrer Fachkraft für Arbeitssicherheit, Ihrem Betriebsarzt und Ihrem Sicherheitsbeauftragten!
- Beziehen Sie Ihre Beschäftigten bzw. deren Vertreter ein!
- Notieren Sie wichtige Ergebnisse!

Einbeziehung der Beschäftigten

Was müssen Sie als Arbeitgeber beachten?
- Informieren Sie alle Beschäftigten über Gefährdungen, mögliche Schädigungen sowie über bestehende, eingeleitete und geplante Schutzmaßnahmen. Unterweisen Sie sie im Umgang mit Schutzvorkehrungen!
- Hören Sie den Betriebsrat oder, wenn ein solcher nicht besteht, die Beschäftigten zu allen Maßnahmen an, die Auswirkungen auf die Sicherheit und die Gesundheit bei der Arbeit haben können!

Was müssen die Beschäftigten beachten?
- Beschäftigte haben im Rahmen ihrer Möglichkeiten sowie gemäß den Unterweisungen und Weisungen des Arbeitgebers sowohl für ihre eigene Sicherheit und Gesundheit als auch für die von ihnen Handlungsweisen betroffenen Personen Sorge zu tragen.
- Sie sind verpflichtet, Vorgesetzten jedes Auftreten einer unmittelbaren Gefahr sowie festgestellte Mängel an Schutzsysteme zu melden.
- Sie können aktiv bei der Gestaltung des betrieblichen Altersschutzes mitwirken, z.B. durch Verbesserungsvorschläge.

Welche Gefährdungsfaktoren können auftreten?
Nachfolgend sind beispielhaft mögliche Gefährdungsfaktoren aufgelistet, die in einem Betrieb vorhanden sein können.
- **Mechanische Gefährdungen**
  ungeschützt bewegte Maschinenteile; gefährliche Oberflächen; bewegte Transportmittel; kippende, pendelnde, rollende, gleitende, herabfallende oder wegfliegende Teile; rutschige Böden; Stolper- oder Absturzstellen
- **Elektrische Gefährdungen**
  Durchströmung, Störlichtbögen
- **Gefahrstoffe**
- **Biologische Arbeitsstoffe**
  Bakterien, Pilze, Parasiten, Viren

Teil V

- Brand- und Explosionsgefährdung
- Heiße oder kalte Oberflächen, Flüssigkeiten, Dämpfe
- Arbeitsumgebungsfaktoren
  Signale, Symbole, Anzeigen
- Handhabung von Stellteilen
- Physische Belastung
  Art der Tätigkeit, Arbeitsaufgabe, Arbeitsteilung, Arbeitszeit, soziale Bedingungen, Arbeitsabläufe
- Unzureichende Qualifikation und Unterweisung der Beschäftigten

Betriebszustände, bei denen Gefährdungen auftreten können

Normalbetrieb
Inbetriebnahme/Probebetrieb
Einrichten
Stillsetzen
Instandsetzung/Wartung/Pflege
Störungen/Havarien
Montage/Demontage

Personengruppen, die von Gefährdungen betroffen sein können

Betriebsangehörige/Leiharbeitnehmer
Beschäftigte aus Fremdbetrieben
besonders schutzbedürftige Personengruppen (z.B. Jugendliche, Schwangere, stillende Mütter, Behinderte)
Besucher

Ihre Unterlagen zur Gefährdungsbeurteilung

Betriebe mit mehr als 10 Beschäftigten müssen ab 21.8.1997 über Unterlagen verfügen, aus denen das Ergebnis der Gefährdungsbeurteilung, die festgelegten Maßnahmen sowie das Ergebnis ihrer Überprüfung ersichtlich sind.
Diese Unterlagen dienen der betrieblichen Transparenz und Kommunikation. Als solche Unterlagen können verwendet werden:
- bereits im Betrieb vorhandene
  - Protokolle von Betriebsbegehungen durch Fachkräfte für Arbeitssicherheit und Betriebsärzte,
  - Eintragungen in Prüflisten, Gefährdungskatalogen u.ä.,
  - Betriebsanweisungen für Tätigkeiten, Arbeitsmittel und Arbeitsstoffe,
- eigenständige, zusammenfassende Gefährdungsdokumentationen.

Wer unterstützt Sie?

Als erfahrener Arbeitgeber können Sie in der Regel auf Grund Ihrer Berufserfahrung die meisten Gefährdungen selbst beurteilen, geeignete Schutzmaßnahmen festlegen und die Wirksamkeit der bestehenden Maßnahmen einschätzen. Sind Sie sich aber nicht sicher, suchen Sie Hilfe bei Ihren Arbeitsschutzfachleuten. Beziehen Sie, sofern vorhanden, Ihren Arbeitsschutzausschuss mit ein.
Als Informationspartner empfehlen wir Ihnen:
das zuständige Gewerbeaufsichtsamt oder
das Amt für Arbeitsschutz,
den Unfallversicherungsträger (z.B. die Berufsgenossenschaft),
die Handwerkskammer,

Anhang Nr. 6

die Industrie- und Handelskammer,
die Bundesanstalt für Arbeitsschutz und Arbeitsmedizin.
Fragen Sie Ihre Informationspartner z.b. nach
- Katalogen, Ratgebern, Prüflisten zur Gefährdungsbeurteilung,
- Dokumentationshilfen,
- Musterbetriebsanweisungen,
- Vorschriften, Regelungen,
- bewährten Schutzmaßnahmen (Musterlösungen),
- Seminaren und Weiterbildungsveranstaltungen.

Bundesanstalt für Arbeitsschutz und Arbeitsmedizin

Dortmund	**Berlin**	**Dresden**	**Bremen**
Postfach 17 02 02	Nöldnerstr. 40–42	Postfach 10 02 43	Parkstr. 58
44061 Dortmund	10317 Berlin	01072 Dresden	28209 Bremen

Ihre Ansprechpartner:
Dr. Kirchberg
Telefon: 03 51 / 8 06 24 30
Fax: 03 51 / 8 06 22 10

Teil V

Anhang Nr. 7

Psychische Belastungen bei der Arbeit[1]

- Schwerpunkte erkennen
- Arbeit menschengerecht gestalten

Wie kann sich psychische Über- oder Unterforderung bei den Beschäftigten auswirken?

Psychische Belastungen und ihre Auswirkungen (z.b. Stress, Ermüdung) werden im Regelwerk des Arbeitsschutzes (Arbeitsschutzgesetz, Bildschirmverordnung, Gerätesicherheitsgesetz, Arbeitsstättenverordnung) angesprochen, um sie bei der Arbeit zu reduzieren, abzubauen bzw. zu vermeiden.

Aufgabe:
Arbeitgeber, Führungskräfte und mit dem Arbeitsschutz befasste Personen sollen psychische Belastung erkennen und beurteilen und, wenn erforderlich, Maßnahmen zur Gestaltung menschengerechter Arbeitstätigkeiten treffen.

Handlungsbedarf:
Wird z.B. signalisiert durch
- Leistungsmängel
- Nichteinhaltung von Terminen
- Fehlzeiten
- Unfälle
- Spannungen und Konflikte zwischen Mitarbeitern (Mobbing)

Begriff:
Psychische Belastung wird als die Gesamtheit aller erfassbaren Einflüsse, die von außen auf den Menschen zukommen und psychisch auf ihn einwirken, verstanden.
(DIN EN 10075-1: 1996-09)

Stress

Stress ist ein subjektiv unangenehmer Zustand, der von der Person als bedrohlich, kritisch, wichtig und unausweichlich erlebt wird. Er entsteht besonders dann, wenn die Person einschätzt, dass sie ihre Aufgaben nicht bewältigen kann.

Mögliche Folgen:
- Befindlichkeitsstörungen, z.B. Schlafstörungen, Angstzustände
- gesundheitliche Beeinträchtigungen, z.B. hoher Blutdruck, nervöse Magenschmerzen, steigendes Herzinfarktrisiko
- sinkende Leistung, steigende Fehlerzahl

Psychische Ermüdung

Psychische Ermüdung ist eine vorübergehende Beeinträchtigung der psychischen und physischen Leistungsfähigkeit einer Person.
Sie kann durch Erholung überwunden werden.

---

[1] Herausgeber: *Bundesanstalt für Arbeitsschutz und Arbeitsmedizin, 2001*

Anhang Nr. 7

Mögliche Folgen:
- Wahrnehmungstäuschungen, z.b. Entfernungen, Anzahl der Signale
- mehr Zeitbedarf für Handlungen
- Vergessen, z.b. von wichtigen Informationen (Terminen), Zwischenergebnissen
- Bewegungsfehler, z.B. Fehlgreifen, Fehltreten

Monotonie

Monotonie besteht in einem Zustand herabgesetzter Aktivierung, der durch einen Reizmangel ausgelöst wird. Monotonie wird als Schläfrigkeit oder Müdigkeit erlebt. Ein Tätigkeitswechsel hat sofort eine gesteigerte Aktivierung zur Folge.

Mögliche Folgen:
- sinkende Leistung
- zunehmende Fehlerzahl
- verlängerte Reaktionszeiten
- Kompetenzverlust

Psychische Sättigung

Psychische Sättigung ist durch das Erleben von Wut, Ärger, Widerwillen, Erbitterung und Unmut gekennzeichnet. Ursachen sind vor allem das Infragestellen der Sinnhaftigkeit einer Tätigkeit oder Widersprüche zwischen Tätigkeitszielen und persönlichen Zielen. Psychische Sättigung kann bereits vor Aufnahme einer Tätigkeit erlebt werden.

Mögliche Folgen:
- Leistungsschwankungen
- ärgerbedingte Erhöhung der Risikobereitschaft
- Demotivierung
- Beschwerden und Erkrankungen, z.b. im Schulter- und Nackenbereich

Gestaltungsziele

Arbeitssicherheit, menschliche Zuverlässigkeit
Wohlbefinden und Gesundheit
Sicheres und gesundes Verhalten

Maßnahmen

Gestaltung der Arbeitsinhalte, z.B.
- ganzheitliche Aufgaben (Aufgaben mit planenden, ausführenden und organisierenden Elementen sowie der Möglichkeit, eigene Ergebnisse zu prüfen)
- ausreichend selbst veranlasste Aktivitäten
- Aufgabenvielfalt
- Kooperations- und Kommunikationserfordernisse
- Lern- und Entwicklungsmöglichkeiten

Vergrößerung des Arbeitsumfangs, z.B.
- systematischer Arbeitsplatzwechsel
- Arbeitserweiterung durch Übergabe anspruchsvollerer Aufgaben
- Einführung von Gruppenarbeit

Verkleinerung des Arbeitsumfangs bzw. Lockerung der Zeitbindung, z.B.
- Verminderung der Menge je Zeiteinheit
- Schaffen von Zeitpuffern

Teil V

- Personaleinstellungen, Personalleasing
- Einführung von Gleitarbeitszeit

Informationsmöglichkeiten der Bundesanstalt für Arbeitsschutz und Arbeitsmedizin

Informationsveranstaltungen

Die Bundesanstalt für Arbeitsschutz und Arbeitsmedizin führt in Dortmund, Berlin, Bremen und Dresden Seminare und Informationsveranstaltungen durch. Fordern Sie unseren kostenlosen Katalog »Lehrgänge und Seminare« an.

Die Bundesanstalt für Arbeitsschutz und Arbeitsmedizin betreibt in Dortmund-Dorstfeld eine ständige Ausstellung, die **Deutsche Arbeitsschutzausstellung (DASA)**. Beispiele zum Thema »Psychische Belastungen« finden Sie u.a. in der »Stresskammer« und im Ausstellungskomplex »Am Bildschirm«.

Literatur

Richter, G.: Psychische Belastung und Beanspruchung – Stress, psychische Ermüdung, Monotonie, psychische Sättigung).
(Schriftenreihe der BAuA – Fa 36, 3. überarb. Auflage)
Bremerhaven: Wirtschaftsverlag NW 2000
Richter, G.: Psychische Belastung und Beanspruchung.
Dortmund (Schriftenreihe der BAuA; Arbeitswissenschaftliche Erkenntnisse Nr. 116)
Bremerhaven: Wirtschaftsverlag NW 2000

Ansprechpartnerin:

Dr. Gabriele Richter
BAuA, Außenstelle Dresden, Telefon: 03 51 / 80 62-4 41
E-Mail: richter.gabriele@baua.bund.de

Bundesanstalt für Arbeitsschutz und Arbeitsmedizin

DORTMUND
Postfach 17 02 02
44061 Dortmund   Tel.: 02 31 / 90 71-9

BERLIN
Nöldnerstraße 40–42
10317 Berlin   Tel.: 0 30 / 5 15 48-0

DRESDEN
Proschhübelstraße 8
01099 Dresden   Tel.: 03 51 / 80 62-0

BREMEN
Parkstraße 58
28209 Bremen   Tel.: 04 21 / 3 47 96 34

B.2 Baustellenverordnung

Anhang Nr. 8
Erlass über die Einrichtung eines Ausschusses für Sicherheit und Gesundheitsschutz auf Baustellen
Vom 18. November 1999

Bundesanzeiger Nr. 226 vom 30. November 1999
Bundesarbeitsblatt 1/2000, 76

1. Einrichtung und Zusammensetzung
   Beim Bundesministerium für Arbeit und Sozialordnung wird ein Ausschuss für Sicherheit und Gesundheitsschutz auf Baustellen eingerichtet, der sich aus fachkundigen Personen aus dem Kreis der Bauherrn, der Arbeitgeber, der Gewerkschaften, der Länder, der Berufsgenossenschaften sowie der Wissenschaft und Sachverständigen zusammensetzt. Alle sechs Gruppen sollen gleichermaßen mit je zwei Mitgliedern vertreten sein. Die Mitgliedschaft im Ausschuss für Sicherheit und Gesundheitsschutz auf Baustellen ist ehrenamtlich. Das Bundesministerium für Arbeit und Sozialordnung beruft die Mitglieder des Ausschusses und für jedes Mitglied einen Stellvertreter.
   Die Bundesministerien sowie die zuständigen obersten Landesbehörden haben das Recht, zu den Sitzungen des Ausschusses Vertreter zu entsenden. Diesen Vertretern ist in der Sitzung auf Verlangen das Wort zu erteilen.
2. Aufgaben
   Der Ausschuss für Sicherheit und Gesundheitsschutz auf Baustellen beim Bundesministerium für Arbeit und Sozialordnung hat die Aufgabe,
   - den Grundsätzen des § 4 des Arbeitsschutzgesetzes entsprechende Regeln und Erkenntnisse für Arbeiten auf Baustellen zu ermitteln,
   - zu ermitteln, wie in der Verordnung über Sicherheit und Gesundheitsschutz auf Baustellen gestellte Anforderungen erfüllt werden können,
   - dem Stand von Wissenschaft und Technik entsprechende Vorschriften vorzuschlagen,
   - das Bundesministerium für Arbeit und Sozialordnung in allgemeinen Fragen der Sicherheit und des Gesundheitsschutzes auf Baustellen zu beraten.
   Das Bundesministerium für Arbeit und Sozialordnung kann die vom Ausschuss ermittelten Regeln und Erkenntnisse im Bundesarbeitsblatt veröffentlichen.
3. Geschäftsordnung
   Der Ausschuss gibt sich eine Geschäftsordnung. Die Geschäftsordnung bedarf der Zustimmung des Bundesministeriums für Arbeit und Sozialordnung.
4. Vorsitz
   Der Ausschuss wählt den Vorsitzenden aus seiner Mitte. Die Wahl bedarf der Zustimmung des Bundesministeriums für Arbeit und Sozialordnung.
5. Geschäftsführung
   Die Geschäftsführung obliegt der Bundesanstalt für Arbeitsschutz und Arbeitsmedizin.

Berlin, den 18. November 1999

Der Bundesminister für Arbeit und Sozialordnung
Walter Riester

Teil V

B.3 Bildschirmarbeitsverordnung

Anhang Nr. 9

Bildschirmarbeit

(gemäß Arbeitsschutzgesetz und Bildschirmarbeitsverordnung)

Arbeitsblatt

- Hilfe für den Arbeitgeber
- Information für alle

Das Arbeitsblatt ist ein orientierendes Verfahren zur Beurteilung der Arbeitsbedingungen. bei Antwort »nein« sind entsprechende Maßnahmen durchzuführen oder weitere Untersuchungen erforderlich.

Betrieb:	Prüfer:
Arbeitsplatz/Tätigkeit:	Datum:

1. Gerätesicherheit ja nein

Die am Arbeitsplatz verwendeten Geräte tragen das GS-Zeichen. ☐ ☐

2. Bildschirm

Die oberste Bildschirmzeile liegt höchstens in Augenhöhe. ☐ ☐
Der Bildschirm ist leicht dreh- und neigbar. ☐ ☐
Er ist strahlungsarm nach Herstellerangabe. ☐ ☐
Die Bildschirmdiagonale beträgt ≥ 15 Zoll (sichtbar 35 cm) bzw. für Grafik- u.ä. Anwendungen ≥ 17 Zoll (sichtbar 40 cm). ☐ ☐
Das Bild ist stabil und flimmerfrei. ☐[2)] ☐
Auf dem Bildschirm sind keine störenden Reflexe oder Spiegelungen. ☐ ☐

3. Zeichengestaltung

Sehabstand	50 cm	60 cm	70 cm
min. Schrifthöhe	2,6 mm	3,2 mm	3,7 mm

Schriftzeichen sind ausreichend groß (Großbuchstabenhöhe ≥ 2,6 mm, auch für Abstände < 50 cm) ☐ ☐
Die Zeichenschärfe entspricht der Qualität von Druckbuchstaben. ☐ ☐
Der Kontrast zwischen Zeichen und Zeichenhintergrund ist ausreichend groß und einstellbar.

Anhang Nr. 9

	ja	nein
4. Tastatur/Maus		
Die Tastatur ist getrennt vom Bildschirm.	☐	☐
Die Tastatur ist geringfügig geneigt, die mittlere Buchstabenreihe hat eine Bauhöhe von ≤ 3 cm.	☐	☐
Vor der Tastatur stehen (5–10) cm freie Tischfläche zum Auflegen der Handballen zur Verfügung.	☐	☐
Maus und Unterlage befinden sich im kleinen Greifraum (≤ 30 cm ab Tischvorderkante).	☐	☐

5. Arbeitstisch

	ja	nein
Tischbreite ≥ 160 cm.	☐	☐
Tischtiefe ≥ 80 cm.	☐	☐
Gesamtfläche bei Tischkombinationen ≥ 1,28 m²	☐	☐
Tischhöhe: verstellbar (68–76) cm oder 72 cm bei nicht höhenverstellbarem Tisch.	☐	☐
Beinraumhöhe ≥ 65 cm.	☐	☐
Beinraumbreite ≥ 58 cm.	☐	☐
Beinraumtiefe ≥ 60 cm.	☐	☐

6. Drehstuhl

Abwechselnd vordere   mittlere   oder hintere Sitzhaltung

	ja	nein
5-Rollen-Untergestell mit gebremsten Rollen, abhängig von der Härte des Fußbodenbelages	☐	☐
höhenverstellbar	☐	☐
gepolsterte Sitzfläche, abgerundete Vorderkante	☐	☐
gepolsterte und verstellbare Rückenlehne mit Unterstützung im Lendenbereich	☐	☐
dynamisches Sitzen (Haltungswechsel) ist möglich	☐	☐

7. Anpassung der Arbeitsmittel an die Körpermaße

	ja	nein
Unterarm etwa waagerecht, Hände in Tastaturhöhe, Winkel zwischen Ober- und Unterarm ≥ 90°	☐	☐
Oberschenkel etwa waagerecht, Winkel zwischen Ober- und Unterschenkel ≥ 90°	☐	☐
Volle Auflage der Füße auf dem Fußboden ist erreichbar (falls nicht, ist Fußstütze erforderlich)	☐	☐
Die Fußstütze ist, falls erforderlich, vorhanden.	☐[1)	☐
Ganzflächige Fußauflage auf der Fußstütze möglich, Fläche ≥ 45 cm x 35 cm	☐[1)	☐

Teil V

Blick vorwiegend auf Monitor notwendig	
Blick vorwiegend auf Vorlage notwendig	
gemischte Tätigkeit	
PC wird selten benutzt	

8. Vorlagenhalter (falls erforderlich)	ja	nein
stabil, mindestens geeignet für DIN-A4-Belege	☐[1]	☐
frei positionierbar	☐[1]	☐
Der Sehabstand zur Vorlage ist etwa gleich dem Sehabstand zum Bildschirm (45–60 cm); die Anordnung entspricht der Arbeitsaufgabe	☐[1]	☐

9. Platzbedarf/Arbeitsplatzanordnung

	ja	nein
Fläche je Arbeitsplatz ≥ 8 m², in Großraumbüros ≥ 12 m²	☐	☐
freie Bewegungsfläche am Arbeitsplatz $\geq 1,5$ m²	☐	☐
Mindesttiefe 1,0 m	☐	☐
Verbindungsgänge zum persönl. Arbeitsplatz $\geq 0,6$ m	☐	☐
stolperfrei (beachte z.B. Leitungsverlegungen)	☐	☐
Blick parallel zur Fensterfront	☐	☐
Blick parallel zu Leuchtenbändern	☐	☐

10. Beleuchtung

hell genug (≥ 500 lx)	☐[2]	☐
Die Lampen/Leuchten blenden nicht.	☐	☐
Die Oberflächen der Geräte und Tische sind matt.	☐	☐
Die Beleuchtung flimmert nicht.	☐	☐
Nur Lampen gleicher Lichtfarbe sind vorhanden.	☐	☐
Außenjalousien oder Innenrollos regulieren den Sonnenlichteinfall.	☐	☐

11. Sonstige Arbeitsumgebung

Lärm: hinreichend leise (Büro ≤ 55 dB [A])	☐[2]	☐
Klima: Raumtemperatur 20 °C bis 26 °C	☐	☐
Luftfeuchtigkeit angenehm (40 bis 65%)	☐[2]	☐
zugluftfrei (Luftgeschw. $\leq 0,15$ m/s)	☐[2]	☐

Anhang Nr. 9

12. Schnittstelle Mensch – Maschine[3]

	ja	nein
Die Informationen werden in Positivdarstellung angeboten (dunkle Zeichen auf hellem Grund).	☐	☐
Das System gibt Angaben/Hilfen über den jeweiligen Ablauf.	☐	☐
Die Informationen werden in einem dem Nutzer angepassten Format und Tempo angezeigt.	☐	☐

13. Organisatorische Maßnahmen

	ja	nein
Es besteht die Möglichkeit, die Bildschirmarbeit durch Tätigkeitswechsel oder Kurzpausen zu unterbrechen.	☐	☐
Die Beschäftigten wurden im Umgang mit dem Bildschirmgerät unterwiesen.	☐	☐
Die Beschäftigten oder ihre Vertretung (Betriebsrat/Personalrat) wurden bei der Einrichtung des Bildschirm-Arbeitsplatzes beteiligt.	☐	☐

14. Vorsorgemaßnahmen

	ja	nein
Die Beschäftigten sind über mögliche Gesundheitsbeeinträchtigungen informiert und kennen Maßnahmen zur Vermeidung.	☐	☐
Eine Erst- bzw. Nachuntersuchung des Sehvermögens der Beschäftigten wurde angeboten.	☐	☐

15. Sonstige Maßnahmen

	ja	nein
Auf eine Überprüfung des Arbeitsplatzes aus sonstigen Gründen kann verzichtet werden.	☐	☐
Eine weitergehende Beurteilung des Arbeitsplatzes ist bei besonderer psychischer Beanspruchung (z.B. bei überwiegender Datenerfassung) erforderlich.		

[1] Nur bewerten, wenn erforderlich.
[2] Subjektive Einschätzung ausreichend.
[3] Bei der Beschaffung der Software ist zu prüfen, ob DIN EN ISO 9241-10 erfüllt ist.

Herausgegeben vom Länderausschuss für Arbeitsschutz und Sicherheitstechnik

Stand: September 1997

Teil V

B.4 Biostoffverordnung

Anhang Nr. 10

UVV Biologische Arbeitsstoffe (BGV B 12; bisherige VBG 102)

vom 1. Januar 2001

Inhalt

Erstes Kapitel – Geltungsbereich
§ 1 Geltungsbereich
Zweites Kapitel – Betrieb
§ 2 Auskunftspflichten
§ 3 Beauftragung von Fremdunternehmen
Drittes Kapitel – Ordnungswidrigkeiten
§ 4 Ordnungswidrigkeiten
Viertes Kapitel – In-Kraft-Treten
§ 5 In-Kraft-Treten

Erstes Kapitel
Geltungsbereich

§ 1 Geltungsbereich

(1) Diese Unfallverhütungsvorschrift gilt für Tätigkeiten mit biologischen Arbeitsstoffen einschließlich Tätigkeiten in deren Gefahrenbereich. Unbeschadet der nachfolgenden Bestimmungen gelten die Vorschriften der Biostoffverordnung als Unfallverhütungsvorschrift entsprechend.
(2) Für Tätigkeiten, die dem Gentechnikrecht unterliegen und für die nach § 1 Satz 3 der Biostoffverordnung diese nicht gilt, gelten die Arbeitsschutzvorschriften des Gentechnikgesetzes, insbesondere die §§ 6 und 7 des Gentechnikgesetzes, sowie die Arbeitsschutzvorschriften der Gentechnik-Sicherheitsverordnung und der Gentechnik-Aufzeichnungsverordnung als Unfallverhütungsvorschrift entsprechend.
(3) Über Genehmigungen, Anzeigen und Ausnahmebewilligungen gemäß Biostoffverordnung und Gentechnikrecht entscheiden die jeweils zuständigen staatlichen Behörden. Anzeige-, Vorlage- und Benachrichtigungspflichten bestehen nur gegenüber den zuständigen Behörden, sofern in dieser Unfallverhütungsvorschrift keine weitergehenden Regelungen getroffen werden.

Zweites Kapitel
Betrieb

§ 2 Auskunftspflichten

(1) Der Unternehmer hat der Berufsgenossenschaft auf Verlangen alle für Sicherheit und Gesundheitsschutz bedeutsamen Angaben über Tätigkeiten mit biologischen Arbeitsstoffen und über gentechnische Arbeiten in gentechnischen Anlagen zu machen.
(2) Bei Betriebsauflösung hat der Unternehmer das Verzeichnis mit den Angaben nach § 13 Abs. 3 der Biostoffverordnung und die arbeitsmedizinischen Bescheinigungen nach § 15 Abs. 6 Satz 3 der Biostoffverordnung sowie nach § 12 Abs. 5 in Verbindung mit Anhang VI der Gentechnik-Sicherheitsverordnung der Berufsgenossenschaft zu übergeben.

§ 3 Beauftragung von Fremdunternehmen

(1) Erteilt ein Unternehmer Aufträge an Fremdunternehmer, die
- gezielte Tätigkeiten mit biologischen Arbeitsstoffen der Risikogruppe 2, soweit sie seuchenrechtlichen Bestimmungen unterliegen, sowie biologischen Arbeitsstoffen der Risikogruppen 3 und 4,
- nicht gezielte Tätigkeiten mit vergleichbarer Gefährdung oder
- Tätigkeiten in den jeweiligen Gefahrenbereichen

einschließen, hat er dafür zu sorgen, dass im Hinblick auf die biologischen Arbeitsstoffe und den organisatorischen Arbeitsablauf
1. die mit den Tätigkeiten verbundenen Gefahren ermittelt und beurteilt werden, wobei eine gemeinsame Gefährdungsbeurteilung zu erstellen ist,
2. die erforderlichen Schutzmaßnahmen für eigene Versicherte und Versicherte der Fremdunternehmer festgelegt werden,
3. die Verantwortungsbereiche aller beteiligten Versicherten einschließlich der vom Fremdunternehmer abgegrenzt und festgelegt werden,
4. alle Arbeitsabläufe überwacht werden,
5. die bei Zwischenfällen erforderlichen Schutz- und Hygienemaßnahmen festgelegt werden,
6. alle Maßnahmen und Festlegungen in gemeinsamen schriftlichen Aufzeichnungen mit den Fremdunternehmern festgehalten werden.

Verfügt der Unternehmer nicht über die hierzu erforderliche Fachkenntnis, hat er sich fachkundig beraten zu lassen.

(2) Der Unternehmer hat bei Tätigkeiten nach Absatz 1 außerdem
1. in Abstimmung mit den Fremdunternehmern einen Verantwortlichen schriftlich zu bestellen. Er hat den Verantwortlichen gegenüber allen Versicherten, die mit den Tätigkeiten nach Absatz 1 befasst sind, mit Weisungsbefugnis auszustatten und diese Versicherten entsprechend zu unterrichten,
2. sicherzustellen, dass die Tätigkeiten durch Aufsichtführende überwacht werden. Er hat dafür zu sorgen, dass alle Aufsichtführenden nur mit der schriftlichen Zustimmung des Verantwortlichen benannt werden,
3. im Einvernehmen mit dem Fremdunternehmer sicherzustellen, dass die festgelegten Schutzmaßnahmen durchgeführt werden.

Drittes Kapitel
Ordnungswidrigkeiten

§ 4 Ordnungswidrigkeiten

Ordnungswidrig im Sinne des § 209 Abs. 1 Nr. 1 Siebtes Buch Sozialgesetzbuch (SGB VII) handelt, wer vorsätzlich oder fahrlässig den Bestimmungen der §§ 2 oder 3 zuwiderhandelt.

Viertes Kapitel
In-Kraft-Treten

§ 5 In-Kraft-Treten

Diese Unfallverhütungsvorschrift tritt am 1. Januar 2001[1] in Kraft. Gleichzeitig tritt die Unfallverhütungsvorschrift »Biotechnologie« (BGV C4, bisherige VBG 102) außer Kraft.

---

1 Zu diesem Zeitpunkt wurde diese Unfallverhütungsvorschrift erstmals von einer Berufsgenossenschaft in Kraft gesetzt.

Teil V

Anhang Nr. 11

TRBA 002 Übersicht über den Stand der TRBA (Hinweise des BMA)

Ausgabe: Dezember 1999 (redakt. ergänzt)

Die Technischen Regeln für Biologische Arbeitsstoffe (TRBA) geben den Stand der sicherheitstechnischen, arbeitsmedizinischen, hygienischen sowie arbeitswissenschaftlichen Anforderungen zum Umgang mit biologischen Arbeitsstoffen wieder. Sie werden vom

Ausschuss für Biologische Arbeitsstoffe (ABAS)

aufgestellt und von ihm der Entwicklung entsprechend angepasst. Die TRBA werden vom Bundesministerium für Arbeit und Sozialordnung im Bundesarbeitsblatt bekannt gegeben.

Inhalt

1 Technische Regeln der Reihe 001–099
   (Allgemeines, Aufbau und Anwendung)
2 Technische Regeln der Reihe 100–299
   (Tätigkeiten mit biologischen Arbeitsstoffen)
3 Technische Regeln der Reihe 300–399
   (Arbeitsmedizinische Vorsorge)
4 Technische Regeln der Reihe 400–499
   (Arbeitsplatzbewertung)
5 Technische Regeln der Reihe 500–599
   (Hygiene- und Desinfektionsmaßnahmen)
6 Technische Regeln der Reihe 600–699
   (Sonstige Bekanntmachungen des Bundesministeriums für Arbeit und Sozialordnung)

1 Technische Regeln der Reihe 001–099 (Allgemeines, Aufbau und Anwendung)

TRBA 001　Allgemeines und Aufbau des Technischen Regelwerks zur Biostoffverordnung – Anwendung von Technischen Regeln für Biologische Arbeitsstoffe (TRBA)
(Hinweise des Bundesministeriums für Arbeit und Sozialordnung)
(BArbBl. Heft 5/2000 S. 52)

TRBA 002　Übersicht über den Stand der Technischen Regeln für Biologische Arbeitsstoffe
(Hinweise des Bundesministeriums für Arbeit und Sozialordnung)
(BArbBl. Heft 12/1999 S. 54)

2 Technische Regeln der Reihe 100–299 (Tätigkeiten mit biologischen Arbeitsstoffen)

TRBA 100　Schutzmaßnahmen für gezielte Tätigkeiten mit biologischen Arbeitsstoffen in Laboratorien
(BArbBl. Heft 9/1999 S. 101)

TRBA 105　Sicherheitsmaßnahmen beim Umgang mit biologischen Arbeitsstoffen der Risikogruppe 3**
(BArbBl. Heft 4/1998 S. 78, zuletzt geändert BArbBl. Heft 5/2000 S. 50–52)

TRBA 120　Versuchstierhaltung
(BArbBl. Heft 5/2000 S. 48–50)

Anhang Nr. 11

TRBA 210	Abfallsortieranlagen: Schutzmaßnahmen (BArbBl. Heft 6/1999 S. 77) 1. Änderung (BArbBl. Heft 8/2001 S. 79)
TRBA 211	Biologische Abfallbehandlungsanlagen: Schutzmaßnahmen (BArbBl. Heft 8/2001 S. 83–89)
TRBA 230	Landwirtschaftliche Nutztierhaltung (BArbBl. Heft 6/2000 S. 57–58)

3 Technische Regeln der Reihe 300–399 (Arbeitsmedinische Vorsorge)

TRBA 310	Arbeitsmedizinische Vorsorge nach Anhang VI Gentechnik – Sicherheitsverordnung (BArbBl. Heft 7–8/1997 S. 87) 1. Ergänzung (BArbBl. Heft 7–8/1997 S. 87) 2. Ergänzung (BArbBl. Heft 12/1998 S. 36)

4 Technische Regeln der Reihe 400-499 (Arbeitsplatzbewertung)

TRBA 400	Handlungsanleitung zur Gefährdungsbeurteilung bei Tätigkeiten mit biologischen Arbeitsstoffen (BArbBl. Heft 8/2001 S. 89–99)
TRBA 405	Anwendung von Messverfahren und technischen Kontrollwerten für luftgetragene Biologische Arbeitsstoffe (BArbBl. Heft 5/2001 S. 58)
TRBA 430	Verfahren zur Bestimmung der Schimmelpilzkonzentration in der Luft am Arbeitsplatz (BArbBl. Heft 8/2001 S. 79–83)
TRBA 450	Einstufungskriterien für Biologische Arbeitsstoffe (BArbBl. Heft 6/2000 S. 58–61)
TRBA 460	Einstufung von Pilzen in Risikogruppen (BArbBl. Heft 12/1998 S. 39)
TRBA 462	Einstufung von Viren in Risikogruppen (BArbBl. Heft 12/1998 S. 41)

5 Technische Regeln der Reihe 500–599 (Hygiene- und Desinfektionsmaßnahmen)

TRBA 500	Allgemeine Hygienemaßnahmen: Mindestanforderungen (BArbBl. Heft 6/1999 S. 81)

6 Technische Regeln der Reihe 600-699 (Sonstige Bekanntmachungen des Bundesministeriums für Arbeit und Sozialordnung)

Beschluss 601	Sicherheitstechnische Anforderungen zur Tuberkulosediagnostik in Laboratorien (BArbBl. Heft 5/2000 S. 53 mit Änderungen und Ergänzungen: BArbBl. Heft 5/2001 S. 61)

Teil V

Beschluss 602   Spezielle Maßnahmen zum Schutz der Beschäftigten vor Infektionen durch BSE-Erreger
(BArbBl. Heft 8/2001 S. 75-77)

Beschluss 603   Empfehlung der Bundesforschungsanstalt für Viruskrankheiten der Tiere für die Probenentnahme und die Durchführung diagnostischer Arbeiten im Rahmen der epidemiologischen BSE- und Scrapie-Überwachungsprogramme sowie der Untersuchung konkreter Verdachtsfälle
(BArbBl. Heft 8/2001 S. 77–79)

Anhang Nr. 12
Technische Regeln für Biologische Arbeitsstoffe Allgemeine Hygienemaßnahmen: Mindestanforderungen – TRBA 500

Ausgabe März 1999

Die Technischen Regeln für Biologische Arbeitsstoffe (TRBA) geben den Stand der sicherheitstechnischen, arbeitsmedizinischen, hygienischen sowie arbeitswissenschaftlichen Anforderungen bei Tätigkeiten mit Biologischen Arbeitsstoffen wieder. Sie werden vom

Ausschuss für biologische Arbeitsstoffe (ABAS)

aufgestellt und von ihm der Entwicklung entsprechend angepasst. Die TRBA werden vom Bundesministerium für Arbeit und Sozialordnung im Bundesarbeitsblatt bekanntgegeben.

Inhalt
1. Anwendungsbereich
2. Begriffsbestimmungen
3. Einwirkungen
4. Gefährdungsbeurteilung
5. Schutzmaßnahmen

1. Anwendungsbereich

(1) Diese TRBA beschreibt allgemeine Hygieneanforderungen, die bei allen Tätigkeiten mit biologischen Arbeitsstoffen anzuwenden sind. Sie stellt einen Mindestschutz der Beschäftigten bei Tätigkeiten mit biologischen Arbeitsstoffen sicher, die für gezielte Tätigkeiten der Risikogruppe 1 bzw. vergleichbaren nicht gezielten Tätigkeiten ausreichend sind. Allgemeine Hygienemaßnahmen ermöglichen eine Verringerung von Keimvorkommen, -besiedelung und -verbreitung in Arbeitsstoffen.
(2) Wenn die Gefährdungsbeurteilung ergibt, dass die Maßnahmen nach dieser TRBA den Gesundheitsschutz der Beschäftigten nicht in ausreichendem Maße sicherstellen, sind weitergehende Schutzmaßnahmen erforderlich. Dies kann bei Vorliegen eines toxischen oder sensibilisierenden Potenzials der biologischen Arbeitsstoffe zutreffen.
(3) Die in anderen TRBA festgelegten branchen- und verfahrensspezifischen Maßnahmen sind zu berücksichtigen, wenn sie über die Anforderungen dieser TRBA hinausgehen oder diese spezifizieren (vgl. TRBA 210).

2. Begriffsbestimmungen

2.1 Biologische Arbeitsstoffe

Der Begriff der biologischen Arbeitsstoffe ist in der BioStoffV abschließend definiert. Im weitesten Sinne handelt es sich dabei um Mikroorganismen, die Infektionen, sensibilisierende oder toxische Wirkungen hervorrufen können.

2.2 Risikogruppe 1

Biologische Arbeitsstoffe, bei denen es unwahrscheinlich ist, dass sie beim Menschen eine Krankheit verursachen.

Teil V

2.3 Kontamination

Als Kontamination ist die über die gesundheitlich unbedenkliche Grundbelastung hinaus gehende Belastung des Arbeitsplatzes mit biologischen Arbeitsstoffen anzusehen.

2.4 Hygiene, Hygienemaßnahmen

Beinhaltet vorbeugende Maßnahmen für die Gesunderhaltung des Menschen, d.h. in Verbindung mit dem Arbeitsschutz die Verhütung von Infektion und Erkrankung der Beschäftigten.

2.5 Schutzstufe

Umfasst die technischen, organisatorischen und persönlichen Sicherheitsmaßnahmen, die für Tätigkeiten mit biologischen Arbeitsstoffen entsprechend ihrer Gefährdung zum Schutz der Beschäftigten festgelegt oder empfohlen sind.

2.6 Bioaerosol

Luftgetragene Teilchen biologischer Herkunft.

3. Einwirkungen

3.1 Tätigkeiten in Schutzstufe 1

Arbeitnehmer können bei verschiedenen Tätigkeiten Stoffen ausgesetzt sein, welche biologische Arbeitsstoffe sind oder diese enthalten. Erkrankungen sind nach vorliegenden Erkenntnissen bei Tätigkeiten im Bereich der Schutzstufe 1 unwahrscheinlich, sie sind jedoch nicht ausschließbar.

3.2 Aufnahmepfade

Eine Reihe von biologischen Arbeitsstoffen können beim Menschen gesundheitliche Gefährdungen (Infektionen, Allergien, toxische Wirkungen) verursachen. Voraussetzung für eine gesundheitliche Gefährdung durch biologische Arbeitsstoffe ist, dass der jeweilige biologische Arbeitsstoff in den Körper gelangt. Folgende Aufnahmewege für biologische Arbeitsstoffe sind beim Menschen möglich:

3.2.1 Aufnahme über den Mund, z.B. durch
– Essen, Trinken, Rauchen ohne vorherige Reinigung der Hände
– am Arbeitsplatz kontaminierte Nahrungs- und Genussmittel

3.2.2 Aufnahme über die Atemwege durch Bioaerosole (kleinste Tröpfchen, Nebel und Stäube, da z.B. eine erhöhte Staubentwicklung i.d.R. eine erhöhte Keimzahl bedeutet). Beispiele für bioaerosolerzeugende Tätigkeiten sind:
– Offenes Einfüllen, Umfüllen oder Mischen von Stoffen, die mit biologischen Arbeitsstoffen kontaminiert sein können
– Unsachgemäße Anlieferung, Lagerung und Transport von staubentwickelnden kontaminierten Materialien
– Reinigung staubbelasteter Bereiche
– Entfernung mikrobakteriell kontaminierter Materialien
– Einsatz von technischer Luftbefeuchtung
– Sprühverfahren, Hochdruckreiniger

3.2.3 Aufnahme über die Haut oder Schleimhäute, z.B. durch
- Eindringen bei Verletzungen
- aufgeweichte Haut (Feuchtarbeiten)
- Spritzer in die Augen
- Biss- oder Stichverletzungen durch Tiere

4. Gefährdungsbeurteilung

(1) Nach § 6 (Gefährdungsbeurteilung bei gezielten Tätigkeiten) oder § 7 (Gefährdungsbeurteilung bei nicht gezielten Tätigkeiten) der Biostoffverordnung muss für jede Tätigkeit mit biologischen Arbeitsstoffen eine Gefährdungsbeurteilung durchgeführt und die erforderlichen Schutzmaßnahmen festgelegt werden. Wesentliche Grundlage für die Gefährdungsbeurteilung ist eine ausreichende Informationsbeschaffung (§ 5 Biostoffverordnung) über die geplanten oder vergleichbaren Tätigkeiten. Dabei ist insbesondere zu prüfen, ob tätigkeitsbezogene Erkrankungen bekannt geworden sind. Im Rahmen der Gefährdungsbeurteilung müssen auch sensibilisierende und toxische Wirkungen berücksichtigt werden.

(2) Ob von biologischen Arbeitsstoffen Gefährdungen für die Gesundheit ausgehen, hängt insbesondere von ihren Eigenschaften, den Übertragungswegen und der Exposition der Beschäftigten nach Konzentration, Häufigkeit, Art und Dauer ab.

(3) Ergibt die Gefährdungsbeurteilung, dass Beschäftigte
- Tätigkeiten mit biologischen Arbeitsstoffen der Risikogruppe 1 durchführen werden oder
- Tätigkeiten mit biologischen Arbeitsstoffen durchführen werden, die hinsichtlich ihrer Gefährdung vergleichbar sind mit Tätigkeiten mit biologischen Arbeitsstoffen der Risikogruppe 1, sind die unter Nr. 5 aufgeführten Maßnahmen durchzuführen, um die Gefährdung zu minimieren.

5. Schutzmaßnahmen

5.1 Allgemeines

(1) Um einer möglichen Gefährdung entgegenzuwirken, hat der Arbeitgeber die erforderlichen technischen und baulichen sowie die organisatorischen Maßnahmen zu ergreifen. Zusätzlich kann der Einsatz von persönlicher Schutzausrüstung notwendig werden.

(2) Der Arbeitgeber hat dazu sicherzustellen, dass die erforderlichen allgemeinen Hygienemaßnahmen durchgeführt werden können. Der Arbeitgeber ist verpflichtet, die Arbeitnehmer über die möglichen Gefahren für die Gesundheit, die Einhaltung der getroffenen Schutzmaßnahmen und das Tragen von persönlicher Schutzausrüstung regelmäßig und in einer für die Beschäftigten verständlichen Form und Sprache zu unterweisen.

(3) Die in dieser TRBA beschriebenen Maßnahmen sind entsprechend der jeweiligen betrieblichen Situation auszuwählen und erforderlichenfalls stoff- und arbeitsplatzbezogen anzupassen.

(4) Die zu treffenden Maßnahmen ergeben sich aus der Reihenfolge der nachstehenden Aufzählung (5.2; 5.3; 5.4).

5.2 Technische und bauliche Maßnahmen

Bei der Einrichtung von Arbeitsstätten sind im Hinblick auf die Tätigkeiten mit biologischen Arbeitsstoffen folgende Anforderungen zu berücksichtigen:
- Leicht reinigbare Oberflächen für Fußböden und Arbeitsmittel (z.B. Maschinen, Betriebseinrichtungen) im Arbeitsbereich, soweit dies im Rahmen der betrieblichen Möglichkeiten liegt
- Maßnahmen zur Vermeidung/Reduktion von Aerosolen, Stäuben und Nebel

Teil V

- Waschgelegenheiten sind zur Verfügung zu stellen
- Vom Arbeitsplatz getrennte Umkleidemöglichkeiten

5.3 Organisatorische Maßnahmen

Der Arbeitgeber hat durch organisatorische Maßnahmen dafür Sorge zu tragen, dass folgende Forderungen eingehalten sind:
- Vor Eintritt in die Pausen und nach Beendigung der Tätigkeit sind die Hände zu waschen
- Mittel zum hygienischen Reinigen und Trocknen der Hände sowie ggf. Hautschutz- und Hautpflegemittel müssen zur Verfügung gestellt werden
- Es sind Möglichkeiten zu einer von den Arbeitsstoffen getrennten Aufbewahrung der Pausenverpflegung und zum Essen und Trinken ohne Beeinträchtigung der Gesundheit vorzusehen
- Arbeitskleidung und persönliche Schutzausrüstung sind regelmäßig und bei Bedarf zu reinigen oder zu wechseln
- Straßenkleidung ist von Arbeitskleidung und persönlicher Schutzausrüstung getrennt aufzubewahren
- Arbeitsräume sind regelmäßig und bei Bedarf mit geeigneten Methoden zu reinigen
- Pausen- oder Bereitschaftsräume bzw. Tagesunterkünfte sollen nicht mit stark verschmutzter Arbeitskleidung betreten werden
- Abfälle mit biologischen Arbeitsstoffen sind in geeigneten Behältnissen zu sammeln
- Mittel zur Wunderversorgung sind bereitzustellen

5.4 Persönliche Schutzausrüstung

(1) Im Einzelfall kann aufgrund der Ergebnisse der Gefährdungsbeurteilung zusätzlich zu den technischen und baulichen sowie den organisatorischen Maßnahmen der Einsatz von persönlicher Schutzausrüstung zeitweilig notwendig werden.
(2) Folgende persönliche Schutzausrüstung kommt in Betracht:
- Hautschutz
- Handschutz
- Augenschutz/Gesichtsschutz
- Partikelschutzfilter.

Literatur

[1] Wallhäußer, K. H.: »Praxis der Sterilisation, Desinfektion, Konservierung, Keimidentifizierung – Betriebshygiene«. Thieme Verlag, Stuttgart. 1995. 3-13-416305-5
[2] ZH 1/700: »Regeln für den Einsatz von Schutzkleidung«
ZH 1/701: »Regeln für den Einsatz von Atemschutzgeräten«
ZH 1/703: »Regeln für den Einsatz von Augen- und Gesichtsschutz«
ZH 1/706: »Regeln für den Einsatz von Schutzhandschuhen«
ZH 1/708: »Regeln für den Einsatz von Hautschutz«
Hauptverband der gewerblichen Berufsgenossenschaften, Carl Heymanns Verlag, Köln.

B.5 Gefahrstoffverordnung

Anhang Nr. 13

Berufsgenossenschaft der chemischen Industrie

Unfallverhütungsvorschrift Umgang mit Gefahrstoffen (BGV B 1; bisherige VBG 91)

vom 1. April 1999

Inhalt	§§
I. Geltungsbereich	1
II. Betrieb	
Auskunftspflichten	2
Beauftragung von Fremdunternehmen beim Umgang mit krebserzeugenden oder erbgutverändernden Gefahrstoffen	3
III. Ordnungswidrigkeiten	4
IV. Änderung und Aufhebung von Unfallverhütungsvorschriften	
Änderung von Unfallverhütungsvorschriften	5
Aufhebung von Unfallverhütungsvorschriften	6
V. In-Kraft-Treten	7

Anhang: Bezugsquellenverzeichnis (nicht abgedruckt)

Unfallverhütungsvorschrift Umgang mit Gefahrstoffen

Zu dieser Unfallverhütungsvorschrift sind Durchführungsanweisungen erlassen. Der Text der Unfallverhütungsvorschrift ist fett, die Durchführungsanweisungen sind normal gedruckt.
Durchführungsanweisungen geben vornehmlich an, wie die in den Unfallverhütungsvorschriften normierten Schutzziele erreicht werden können. Sie schließen andere, mindestens ebenso sichere Lösungen nicht aus, die auch in technischen Regeln anderer Mitgliedstaaten der Europäischen Union oder anderer Vertragsstaaten des Abkommens über den Europäischen Wirtschaftsraum ihren Niederschlag gefunden haben können. Durchführungsanweisungen enthalten darüber hinaus weitere Erläuterungen zu Unfallverhütungsvorschriften.

I. Geltungsbereich

§ 1. Diese Unfallverhütungsvorschrift gilt für den Umgang mit Gefahrstoffen. Unbeschadet der nachfolgenden Bestimmungen gelten die Vorschriften der Gefahrstoffverordnung über den Umgang mit Gefahrstoffen zum Schutze der Versicherten als Unfallverhütungsvorschrift entsprechend mit Ausnahme der Regelungen über die arbeitsmedizinische Vorsorge. Über Erlaubnisse und Ausnahmebewilligungen nach der Gefahrstoffverordnung entscheidet die zuständige Behörde. Anzeige-, Vorlage- und Benachrichtigungspflichten nach der Gefahrstoffverordnung bestehen nur gegenüber der zuständigen Behörde.

Teil V

Zu § 1:
Die Bestimmungen dieser Unfallverhütungsvorschrift ergänzen die Festlegungen der Gefahrstoffverordnung zum Umgang mit Gefahrstoffen einschließlich der dazugehörigen Technischen Regeln für Gefahrstoffe (TRGS).
Zum Umgang gehören auch Tätigkeiten, bei denen arbeits- oder verfahrensbedingt Gefahrstoffe entstehen oder freigesetzt werden können.
Die Gefahrstoffverordnung enthält Regelungen über die arbeitsmedizinische Vorsorge in den §§ 28 bis 34 sowie in Anhang VI; hierfür gilt die UVV »Arbeitsmedizinische Vorsorge« (VBG 100).
Der Begriff »Gefahrstoffe« ist in § 19 Abs. 2 Chemikaliengesetz definiert. Unter anderem sind danach Gefahrstoffe auch solche Stoffe, Zubereitungen und Erzeugnisse, aus denen bei der Herstellung oder Verwendung gefährliche Stoffe oder Zubereitungen arbeits- oder verfahrensbedingt entstehen oder freigesetzt werden können.
Die Bestimmungen dieser Unfallverhütungsvorschrift sind auch anzuwenden bei Arbeiten im Gefahrenbereich von Gefahrstoffen. Gefahrenbereich ist ein Arbeitsbereich, in dem Versicherte durch Gefahrstoffe gefährdet sein können, auch wenn sie selbst mit diesen nicht umgehen.
Diese UVV enthält im Geltungsbereich eine Verweisung auf die Vorschriften über den Umgang mit Gefahrstoffen der geltenden Gefahrstoffverordnung (5. und 6. Abschnitt), deren Fortschreibung von der BG Chemie fortlaufend begleitet wird.
Nur die zuständige Behörde kann Erlaubnisse und Ausnahmebewilligungen nach §§ 41, 43 und 44 Gefahrstoffverordnung erteilen.
Hierzu gehören insbesondere:
– Verbote und Beschränkungen nach § 41 Abs. 8 und 9 Gefahrstoffverordnung,
– Ausnahmen von Verwendungsverboten und -beschränkungen (§ 43 Gefahrstoffverordnung),
– Ausnahmen von den Pflichten des Unternehmens nach § 17 Gefahrstoffverordnung (§ 44 Gefahrstoffverordnung).
Auch sonstige Pflichten gegenüber der Behörde – siehe z.B. § 16 Abs. 3a) oder § 18 Abs. 3 Gefahrstoffverordnung – bestehen nur ihr gegenüber, sofern in den weiteren Bestimmungen keine andere Regelung getroffen wird.

II. Betrieb

Auskunftspflichten

§ 2. Der Unternehmer hat der Berufsgenossenschaft auf Verlangen alle für den Umgang mit Gefahrstoffen bedeutsamen Angaben zu machen.

Zu § 2:
Bedeutsame Angaben sind z.B.:
– Unterlagen zur Prüfung der Möglichkeit, Ersatzstoffe mit geringerem gesundheitlichen Risiko zu verwenden, sowie die Prüfungsergebnisse,
– Unterlagen und Ergebnisse von Ermittlungen und Messungen nach den Technischen Regeln für Gefahrstoffe TRGS 402 »Ermittlung und Beurteilung der Konzentrationen gefährlicher Stoffe in der Luft in Arbeitsbereichen«,
– Herstellungsverfahren, Verwendung, Mengen, Zahl der Beschäftigten, Schutzmaßnahmen,
– Gefahrstoffverzeichnis.

Beauftragung von Fremdunternehmen beim Umgang mit krebserzeugenden oder erbgutverändernden Gefahrstoffen

§ 3 (1) Erteilt ein Unternehmer, der mit krebserzeugenden oder erbgutverändernden Gefahrstoffen umgeht oder umgegangen ist, Aufträge an Fremdunternehmen, hat er

Anhang Nr. 13

dafür zu sorgen, dass im Hinblick auf krebserzeugende oder erbgutverändernde Gefahrstoffe
1. die mit den Arbeiten verbundenen Gefahren ermittelt und beurteilt werden,
2. ein Arbeitsablaufplan erstellt wird,
3. die erforderlichen Schutzmaßnahmen für eigene Versicherte und Versicherte der Fremdunternehmer festgelegt werden,
4. die Verantwortungsbereiche aller beteiligten Versicherten einschließlich der von Fremdunternehmern abgegrenzt und festgelegt werden,
5. alle Arbeitsabläufe überwacht werden,
6. die bei Zwischenfällen erforderlichen Maßnahmen getroffen werden, einschließlich der Festlegung von Flucht- und Rettungswegen sowie
7. alle Maßnahmen und Festlegungen in gemeinsamen schriftlichen Aufzeichnungen mit den Fremdunternehmern festgehalten werden.

Entsprechendes gilt, wenn durch die Tätigkeit des Fremdunternehmers Gefahren durch krebserzeugende oder erbgutverändernde Stoffe entstehen können.

(2) Der Unternehmer hat in Abstimmung mit den Fremdunternehmern einen fachkundigen Verantwortlichen (Koordinator) schriftlich zu bestellen. Er hat den Koordinator gegenüber allen beteiligten Versicherten mit Weisungsbefugnis auszustatten. Er hat den Koordinator allen beteiligten Versicherten bekanntzumachen.

(3) Der Unternehmer hat sicherzustellen, dass Arbeiten ständig durch Aufsichtsführende überwacht werden. Er hat dafür zu sorgen, dass alle Aufsichtsführenden nur mit der schriftlichen Zustimmung des Koordinators benannt werden.

(4) Der Unternehmer hat dafür zu sorgen, dass die beteiligten Versicherten nur mit einer schriftlichen Erlaubnis durch den Koordinator tätig werden, in der die erforderlichen Schutzmaßnahmen aufzuführen sind. Es genüge eine einmal erteilte Erlaubnis, in der der Umfang dieser Arbeiten, die erforderlichen Schutzmaßnahmen und die Namen der Versicherten schriftlich festgehalten sind, wenn Fremdunternehmer sich wiederholende Arbeiten unter gleichen stoff- und verfahrensspezifischen Bedingungen ausführen.

(5) Der Unternehmer hat im Einvernehmen mit dem Fremdunternehmer sicherzustellen, dass die festgelegten Schutzmaßnahmen durchgeführt werden.

Zu § 3 Abs. 1:

Diese Bestimmung gilt auch für Unternehmer, die Anlagen oder Anlagenteile, die mit krebserzeugenden oder erbgutverändernden Stoffen verunreinigt sind, warten, instandhalten, instandsetzen oder sanieren lassen.

Aus dem Arbeitsablaufplan müssen insbesondere hervorgehen:
– Ort und Zeit der einzelnen Arbeiten,
– Zeitablauf,
– beteiligte Personen,
– anzuwendende Arbeitsverfahren,
– gruppenübergreifende Sicherheitsmaßnahmen,
– Gefahrenbereiche und deren Kennzeichnung,
– Maßnahmen für Zwischenfälle.

Arbeiten, die umfangreiche Verhaltens- und Schutzmaßnahmen erforderlich machen oder bei denen einzelne Arbeitsschritte nur in einer bestimmten Reihenfolge ausgeführt werden dürfen, sind zweckmäßigerweise nach einer arbeitsspezifischen Prüf- oder Arbeitsschrittliste durchzuführen.

Zu § 3 Abs. 2:

Als Koordinator darf nur bestellt werden, wer ausreichende Kenntnisse und Erfahrungen insbesondere auf folgenden Gebieten besitzt:
– technische Durchführung der erforderlichen Arbeiten,
– Umgang mit krebserzeugenden oder erbgutverändernden Gefahrstoffen,
– Abwicklung entsprechender Projekte,
– betriebsinterne Organisation.

Teil V

Das schließt die Kenntnis der Arbeitsmethoden, der möglichen Gefahren, der anzuwendenden Schutzmaßnahmen und der einschlägigen Vorschriften und technischen Regeln ein.
Bei umfangreichen Arbeiten kann es erforderlich sein, die Verantwortung für bestimmte Aufgabenbereiche auf weitere Personen zu übertragen. Auch in diesen Fällen ist ein Koordinator für das Gesamtprojekt zu bestellen.
Die Weisungsbefugnis des Koordinators wird zweckmäßigerweise in dem zwischen Auftraggeber und Auftragnehmer abgeschlossenen Vertrag vereinbart.
Die Forderung zur Ausstattung mit Weisungsbefugnis ist erfüllt, wenn die Weisungsbefugnis für alle beteiligten Arbeitsgruppen gilt.
Die Weisungsbefugnis des Koordinators gegenüber allen beteiligten Versicherten bedeutet, dass er in alle Pflichten des Unternehmers, die sich aus dieser Unfallverhütungsvorschrift ergeben, eintritt.

Zu § 3 Abs. 3:
Aufsichtsführender ist, wer die Durchführung von Arbeiten zu überwachen und für die arbeitssichere Ausführung zu sorgen hat. Er muss hierfür ausreichende Kenntnisse und Erfahrungen besitzen sowie weisungsbefugt sein.
Zur »ständigen Anwesenheit« des Aufsichtsführenden siehe Technische Regeln für Gefahrstoffe TRGS 519 »Asbest; Abbruch-, Sanierungs- oder Instandhaltungsarbeiten«.

Zu § 3 Abs. 4:
Zu den Schutzmaßnahmen gehören z.B. organisatorische und technische Maßnahmen, Zurverfügungstellung persönlicher Schutzausrüstungen, arbeitsmedizinische Vorsorgemaßnahmen.
Die schriftliche Erlaubnis kann auch für Arbeitsgruppen von Versicherten erteilt werden, die gleichartige Tätigkeiten durchzuführen haben.
Eine schriftliche Erlaubnis ist z.B. ein Erlaubnis- oder ein Arbeitsfreigabeschein. Für einen einmaligen Auftrag, z.B. bei Reinigungs-, Instandhaltungs- oder Abbrucharbeiten mit besonderen Schutzmaßnahmen, wird ein Erlaubnisschein mit einem begrenzten Gültigkeitszeitraum ausgestellt.
Die Festlegungen auf dem Schein dürfen nachträglich auch durch mündliche Absprachen nicht geändert werden. Ändern sich die Arbeitsverhältnisse, wird der ausgestellte Schein ungültig.
Auf dem Schein ist die ordnungsgemäße Beendigung der Arbeiten vom Aufsichtsführenden durch Unterschrift zu bestätigen.

III. Ordnungswidrigkeiten

§ 4. Ordnungswidrigkeiten im Sinne des § 209 Abs. 1 Nr. 1 Siebtes Buch Sozialgesetzbuch (SGB VII) handelt, wer vorsätzlich oder fahrlässig den Bestimmungen der §§ 2 oder 3
zuwiderhandelt.

IV. Änderung und Aufhebung von Unfallverhütungsvorschriften

(nicht abgedruckt)

V. Inkrafttreten

§ 7. (1) Diese Unfallverhütungsvorschrift tritt am 1. April 1999 in Kraft.
(2) Abweichend von Absatz 1 treten § 5 Nr. 5 und 14 sowie § 6 Nr. 1 am 1. Oktober 1999 in Kraft.
(3) Abweichend von Absatz 1 tritt § 6 Nr. 3 am 1. Oktober 1999 in Kraft.

Anhang Nr. 14

TRGS 002
Übersicht über den Stand der Technischen Regeln für Gefahrstoffe

Ausgabe: März 2001 (überarbeitet: November 2001)

Die Technischen Regeln für Gefahrstoffe (TRGS) geben den Stand der sicherheitstechnischen, arbeitsmedizinischen, hygienischen sowie arbeitswissenschaftlichen Anforderungen an Gefahrstoffe hinsichtlich Inverkehrbringen und Umgang wieder. Sie werden vom

Ausschuss für Gefahrstoffe (AGS)

aufgestellt und von ihm der Entwicklung angepasst.
Die TRGS werden vom Bundesministerium für Arbeit und Sozialordnung im Bundesarbeitsblatt (BArbBl.) bekanntgegeben.
Diese Übersicht enthält alle gültigen Technischen Regeln für Gefahrstoffe (TRGS) einschließlich der bis zum November 2001 im Bundesarbeitsblatt veröffentlichten Änderungen und Ergänzungen.

Inhalt

1 Allgemeines
2 Technische Regeln der Reihe 100 (Begriffsbestimmungen)
3 Technische Regeln der Reihe 200 (Inverkehrbringen von gefährlichen Stoffen, Zubereitungen und Erzeugnissen)
4 Technische Regeln der Reihe 300–600 (Umgang mit Gefahrstoffen)
5 Technische Regeln der Reihe 700 (Gesundheitliche Überwachung)
6 Technische Regeln der Reihe 900 (Richtlinien und sonstige Bekanntmachungen des Bundesministeriums für Arbeit und Sozialordnung)
7 Veröffentlichte Beschlüsse des AGS

1 Allgemeines

TRGS 001 (März 1996)
Allgemeines, Aufbau, Anwendung und Wirksamwerden
(Hinweise des Bundesministeriums für Arbeit und Soziales)
BArbBl. Heft 3/1996 S. 77–78
mit Änderungen und Ergänzungen
BArBl. Heft 12/1000 S. 53

TRGS 002 (Februar 2000)
Übersicht über den Stand der Technischen Regelungen für Gefahrstoffe
BArbBl. Heft 3/2001 S. 94–97

2 Technische Regeln der Reihe 100 (Begriffsbestimmungen)

TRSG 101 (Juli 1995)
Begriffsbestimmungen
BArbBl. Heft 7–8/1995 S. 53
mit Änderungen und Ergänzungen
BArbBl. Heft 11/1996 S. 64

Teil V

TRGS 102   (September 1993)
           Technische Richtkonzentrationen (TRK) für gefährliche Stoffe
           BArbBl. Heft 9/1993 S. 65–70
           zuletzt geändert
           BArbBl. Heft 4/1997 S. 57

TRGS 150   (Juni 1996)
           Unmittelbarer Hautkontakt mit Gefahrstoffen, die durch die Haut resorbiert werden können – Hautresorbierbare Gefahrstoffe
           BArbBl. Heft 6/1996 S. 31–33

3 Technische Regeln der Reihe 200 (Inverkehrbringen von gefährlichen Stoffen, Zubereitungen und Erzeugnissen)

TRGS 200   (März 1999)
           Einstufung und Kennzeichnung von Stoffen, Zubereitungen und Erzeugnissen
           BArbBl. Heft 3/1999 S. 35–45
           mit Änderungen und Ergänzungen
           BArbBl. Heft 3/2001 S. 101–104

TRGS 201   (Dezember 1997)
           Kennzeichnung von Abfällen beim Umgang
           BArbBl. Heft 12/1997 S. 47–49
           mit Änderungen und Ergänzungen
           BArbBl. Heft 3/2001 S. 104

TRGS 220   (Februar 2000)
           Sicherheitsdatenblatt für gefährliche Stoffe und Zubereitungen
           BArbBl. Heft 2/2000 S. 65

4 Technische Regeln der Reihe 300 bis 600 (Umgang mit Gefahrstoffen)

TRGS 300   (Januar 1994)
           Sicherheitstechnik
           BArbBl. Heft 1/1994 S. 39–51
           mit Änderungen und Ergänzungen:
           BArbBl. Heft 5/1995 S. 39

TRGS 400   (März 1998)
           Ermitteln und Beurteilen der Gefährdungen durch Gefahrstoffe am Arbeitsplatz: Anforderungen
           BArbBl. Heft 3/1998 S. 53–56
           mit Änderungen und Ergänzungen:
           BArbBl. Heft 3/1999 S. 62

TRGS 402   (November 1997)
           Ermittlung und Beurteilung der Konzentrationen gefährlicher Stoffe in der Luft in Arbeitsbereichen
           BArbBl. Heft 11/1997 S. 27–33
           Anhang 1 und 2 BArbBl. Heft 10/1988 S. 40–41
           Anhang 3 BArbBl. Heft 9/1993 S. 77–78
           zuletzt geändert:
           BArbBl. Heft 3/1997 S. 76–78

TRGS 403   (Oktober 1989)
           Bewertung von Stoffgemischen in der Luft am Arbeitsplatz
           BArbBl. Heft 10/1989 S. 71–72

Anhang Nr. 14

TRGS 420 (September 1999)
Ermitteln und Beurteilen der Gefährdungen durch Gefahrstoffe am Arbeitsplatz: Verfahrens- und stoffspezifische Kriterien (VSK) die betriebliche Arbeitsbereichsüberwachung
BArbBl. Heft 9/1999 S. 53–58
zuletzt geändert
BArbBl. Heft 7–8/2000 S. 42

TRGS 440 (März 2001)
Ermitteln und Beurteilen der Gefährdungen durch Gefahrstoffe am Arbeitsplatz: Ermitteln von Gefahrstoffen und Ersatzstoffprüfung
BArbBl. Heft 3/2001 S. 105–112
berichtigt: BArbBl. Heft 4/2001 S. 108

TRGS 500 (März 1998)
Schutzmaßnahmen: Mindeststandards
BArbBl. Heft 3/1998 S. 57–58

TRGS 505 (April 1996)
Blei und bleihaltige Gefahrstoffe
BArbBl. Heft 4/1996 S. 41–45

TRGS 507 (Juni 1996)
Oberflächenbehandlung in Räumen und Behältern
BArbBl. Heft 6/1996 S. 33–40

TRGS 511 (Juni 1998)
Ammoniumnitrat
BArbBl. Heft 6/1998 S. 57–73

TRGS 512 (Juni 1996)
Begasungen
BArbBl. Heft 6/1996 S. 40–52
zuletzt geändert:
BArbBl. Heft 9/2001 S. 86–87

TRGS 513 (Juni 1996)
Begasungen mit Ethylenoxid und Formaldehyd in Sterilisations- und Desinfektionsanlagen
BArbBl. Heft 6/1996 S. 53–58
mit Änderungen und Ergänzungen
BArbBl. Heft 2/2000 S. 80

TRGS 514 (September 1998)
Lagern sehr giftiger und giftiger Stoffe in Verpackungen und ortsbeweglichen Behältern
BArbBl. Heft 9/1998 S. 54–59

TRGS 515 (September 1998)
Lagern brandfördernder Stoffe in Verpackungen und ortsbeweglichen Behältern
BArbBl. Heft 9/1998 S. 60–66

TRGS 516 (Juli 1996)
Antifouling-Farben
BArbBl. Heft 7–8/1996 S. 67–70

TRGS 518 (April 1994)
Elektroisolierflüssigkeiten, die mit PCDD oder PCDF verunreinigt sind
BArbBl.Heft 4/1994 S. 50–56

Teil V

TRGS 519 (September 2001)
Asbest: Abbruch-, Sanierungs- oder Instandhaltungsarbeiten
BArbBl. Heft 11/2001 S. 113

TRGS 520 (März 1999)
Errichtung und Betrieb von Sammelstellen und zugehörigen Zwischenlagern
für Kleinmengen gefährlicher Abfälle
BArbBl. Heft 3/1999 S. 45–52

TRGS 521 (Oktober 1996)
Faserstäube
BArbBl. Heft 10/1996 S. 96–105
zuletzt geändert
BArbBl. Heft 4/1999 S. 41

TRGS 522 (Juni 1992)
Raumdesinfektion mit Formaldehyd
BArbBl. Heft 6/1992 S. 35–41
zuletzt geändert:
BArbBl. Heft 9/2001 S. 86

TRGS 523 (März 1996)
Schädlingsbekämpfung mit sehr giftigen, giftigen und gesundheitsschädlichen
Stoffen und Zubereitungen
BArbBl. Heft 3/1996 S. 79–84
zuletzt geändert
BArbBl. Heft 9/2001 S. 86

TRGS 524 (März 1998)
Sanierung und Arbeiten in kontaminierten Bereichen
BArbBl. Heft 3/1998 S. 60–66

TRGS 525 (Mai 1998)
Umgang mit Gefahrstoffen in Einrichtungen zur humanmedizinischen
Versorgung
BArbBl. Heft 5/1998 S. 99–105

TRGS 530 (September 2001)
Friseurhandwerk
BArbBl. Heft 9/2001 S. 79–85

TRGS 531 (September 1996)
Feuchtarbeit
BArbBl. Heft 9/1996 S. 65–67

TRGS 540 (Februar 2000)
Sensibilisierende Stoffe
BArbBl. Heft 2/2000 S. 73

TRGS 551 (Juli 1999)
Teer und andere Pyrolyseprodukte aus organischem Material
BArbBl. Heft 7–8/1999 S. 39–45

TRGS 552 (März 1996)
N-Nitrosamine
BArbBl. Heft 3/1996 S. 65–69
zuletzt geändert
BArbBl. Heft 9/1998 S. 79

Anhang Nr. 14

TRGS 553 (März 1999)
Holzstaub
BArbBl. Heft 3/1999 S. 52–53
mit Änderungen und Ergänzungen
BArbBl. Heft 2/2000 S. 81

TRGS 554 (März 2001)
Dieselmotoremissionen (DME)
BArbBl. Heft 3/2001 S. 112–129

TRGS 555 (Dezember 1997)
Betriebsanweisung und Unterweisung nach § 20 GefStoffV
BArbBl. Heft 12/1997 S. 49–58

TRGS 557 (Juli 2000)
Dioxine (polyhalogenierte Dibenzo-p-Dioxine und Furane)
BArbBl. Heft 7–8/2000 S. 37–42

TRGS 560 (Mai 1996)
Luftrückführung beim Umgang mit krebserzeugenden Gefahrstoffen
BArbBl. Heft 5/1996 S. 54–55

TRGS 602 (Mai 1988)
Ersatzstoffe und Verwendungsbeschränkungen – Zinkchromate und Strontiumchromat als Pigmente für Korrosionsschutz – Beschichtungsstoffe
BArbBl. Heft 5/1988 S. 46–48

TRGS 608 (April 1991)
Ersatzstoffe, Ersatzverfahren und Verwendungsbeschränkungen für Hydrazin in Wasser- und Dampfsystemen
BArbBl. Heft 4/1991 S. 36–41
mit Änderungen und Ergänzungen:
BArbBl. Heft 4/1993 S. 69–70

TRGS 609 (Juni 1992)
Ersatzstoffe, Ersatzverfahren und Verwendungsbeschränkungen für Methyl- und Ethylglykol sowie deren Acetate
BArbBl. Heft 6/1992 S. 41–46

TRGS 610 (März 1998)
Ersatzstoffe und Ersatzverfahren für stark lösemittelhaltige Vorstriche und Klebstoffe für den Bodenbereich
BArbBl. Heft 3/1998 S. 48–50
berichtigt: BArbBl. Heft 5/1998 S. 112

TRGS 611 (April 1997)
Verwendungsbeschränkungen für wassermischbare wassergemischte Kühlschmierstoffe, bei deren Einsatz Nitrosamine auftreten können
BArbBl. Heft 4/1997 S. 53–57
zuletzt geändert
BArbBl. Heft 9/2000 S. 55

TRGS 612 (März 1998)
Ersatzstoffe, Ersatzverfahren und Verwendungsbeschränkungen für dichlormethanhaltige Abbeizmittel
BArbBl. Heft 3/1998 S. 50–52

Teil V

TRGS 613 (Juli 1999)
Ersatzstoffe, Ersatzverfahren und Verwendungsbeschränkungen für chlormathaltige Zemente und chlormathaltige Zubereitungen
BArbBl. Heft 7–8/1999 S. 45–47
mit Änderungen und Ergänzungen
BArbBl. Heft 7–8/2000 S. 45

TRGS 614 (März 2001)
Verwendungsbeschränkungen für Azofarbstoffe, die in krebserzeugende aromatische Amine gespalten werden können
BArbBl. Heft 3/2001 S. 129-133

TRGS 616 (Mai 1994)
Ersatzstoffe, Ersatzverfahren und Verwendungsbeschränkungen für Polychlorierte Biphenyle (PCB)
BArbBl. Heft 5/1994 S. 43–49

TRGS 617 (September 1993)
Ersatzstoffe und Ersatzverfahren für stark lösemittelhaltige Oberflächenbehandlungsmittel für Parkett und andere Holzfußböden
BArbBl. Heft 9/1993 S. 61–63

TRGS 618 (Dezember 1997)
Ersatzstoffe und Verwendungsbeschränkungen für Chrom(IV)-haltige Holzschutzmittel
BArbBl. Heft 12/1997 S. 63–65

5 Technische Regeln der Reihe 700 (Gesundheitliche Überwachung)

TRGS 710 (Februar 2000)
Biomonitoring
BArbBl. Heft 2/2000 S. 60

6 Technische Regeln der Reihe 900 (Richtlinien und sonstige Bekanntmachungen des Bundesministeriums für Arbeit und Sozialordnung)

TRGS 900 (Oktober 2000)
Grenzwerte in der Luft am Arbeitsplatz – Luftgrenzwerte –
BArbBl. Heft 10/2000 S. 34–63
zuletzt geändert
BArbBl. Heft 9/2001 S. 86–89

TRGS 901 (April 1997)
Begründungen und Erläuterungen zu Grenzwerten in der Luft am Arbeitsplatz
BArbBl. Heft 4/1997 S. 42–53
zuletzt geändert
BArbBl. Heft 9/2001 S. 89–96

TRGS 903 (April 2001)
Biologische Arbeitsplatztoleranzwerte – BAT-Werte
BArbBl. Heft 4/2001 S. 53–56

TRGS 905 (März 2001)
Verzeichnis krebserzeugender, erbgutverändernder oder fortpflanzungsgefährdender Stoffe
BArbBl. Heft 3/2001 S. 97-101
zuletzt geändert
BArbBl. Heft 9/2001 S. 96

Anhang Nr. 14

TRGS 907 (Dezember 1997)
Verzeichnis sensibilisierender Stoffe
(Bekanntmachung des BMA nach § 52 Abs. 3 Gefahrstoffverordnung)
BArbBl. Heft 12/1997 S. 65–67
mit Änderungen und Ergänzungen
BArbBl. Heft 2/2000 S. 90

TRGS 954 (Dezember 1997)
Empfehlungen zur Erteilung von Ausnahmegenehmigungen von § 15a Abs. 1 GefStoffV für den Umgang mit asbesthaltigen mineralischen Rohstoffen und Erzeugnissen in Steinbrüchen
BArbBl. Heft 12/1997 S. 67–71

7 Veröffentlichte Beschlüsse des AGS

Begründungen zur Bewertung von Stoffen als krebserzeugend, erbgutverändernd oder fortpflanzungsgefährdend
www.baua.de/prax/

Begründungen zur Bewertung von Stoffen als sensibilisierend
www.baua.de/prax/

Teil V

Anhang Nr. 15
Technische Regeln für Gefahrstoffe
Schutzmaßnahmen: Mindeststandards – TRGS 500
Ausgabe: März 1998

Die Technischen Regeln für Gefahrstoffe (TRGS) geben den Stand der sicherheitstechnischen, arbeitsmedizinischen, hygienischen sowie arbeitswissenschaftlichen Anforderungen an Gefahrstoffe hinsichtlich Inverkehrbringen und Umgang wieder. Sie werden vom

Ausschuss für Gefahrstoffe (AGS)

aufgestellt und von ihm der Entwicklung angepasst.
Die TRGS werden vom Bundesministerium für Arbeit und Sozialordnung im Bundesarbeitsblatt (BArbBl.) bekanntgegeben.
Diese TRGS beschreibt generell anzuwendende Schutzmaßnahmen für den Umgang mit Arbeitsstoffen.

Inhalt

1. Anwendungsbereich
2. Begriffsbestimmungen
3. Gestaltung der Arbeitsstätte
4. Arbeitsorganisation
5. Hautschutz
6. Schutz vor Stäuben
7. Schutz vor Gasen, Dämpfen und Nebeln

1. Anwendungsbereich

(1) Die TRGS 500 beschreibt Schutzmaßnahmen für den Umgang mit Arbeitsstoffen, die unabhängig von der Ermittlung, ob es sich um Gefahrstoffe handelt, anzuwenden sind. Diese Maßnahmen sollen einen Mindestschutz des Arbeitnehmers vor stoffbedingten Gesundheits- und Sicherheitsgefahren sicherstellen, insbesondere vor dem Hintergrund, dass
– in Abhängigkeit von der Exposition (Konzentration, Häufigkeit, Art und Dauer) grundsätzlich alle Stoffe eine Gesundheitsgefahr darstellen;
– auch nicht gekennzeichnete Arbeitsstoffe gefährliche Stoffe enthalten oder freisetzen können;
– bei vielen Stoffen die gefährlichen Eigenschaften noch nicht hinreichend bekannt bzw. nicht vollständig geprüft sind;
– die Erkenntnisse zur Wirkungsstärke von Stoffen und zur Belastung, insbesondere zur Aufnahme über die Haut, für eine Gefährdungsabschätzung häufig nicht ausreichen;
– der wissenschaftliche Erkenntnisstand über das Zusammenwirken verschiedener Stoffe unzureichend ist.
Die Anwendung der Mindeststandards schützt vor
– hautreizenden Einwirkungen durch Lösemittel, raue Oberflächen, Splitter, grobe Fasern, Hitze, Kälte oder Feuchtarbeit;
– Augenreizungen;
– Beeinträchtigungen der Selbstreinigungskraft der Lunge durch Stäube;
– Hautverfärbungen und Geruchsbelästigungen durch Arbeitsstoffe.
(2) Die TRGS enthält neben Maßgaben zur Gestaltung der Arbeitsstätte und zur Arbeitsorganisation auch Mindeststandards zum Hautschutz und zum Schutz vor Stäuben, Gasen, Dämpfen und Nebeln. Diese leiten sich weitgehend aus den Anforderungen des Arbeitsschutzgesetzes (ArbSchG) und der zugehörigen Verordnungen (z.B. Arbeitsstättenverordnung [ArbStättV], PSA-Benutzungsverordnung) ab. Wenn die Maßnahmen aus

Anhang Nr. 15

Gründen der Übersichtlichkeit verkürzt bzw. in Form von Prüfkriterien dargestellt sind, ist die Rechtsquelle angegeben.

(3) Die in dieser TRGS beschriebenen Maßnahmen sind entsprechend der jeweiligen betrieblichen Situation auszuwählen und erforderlichenfalls stoff- und arbeitsplatzbezogen anzupassen.

(4) Beim Umgang mit Gefahrstoffen sind weitergehende Schutzmaßnahmen nach GefStoffV erforderlich, wenn die Schutzmaßnahmen nach dieser TRGS den Gesundheitsschutz der Arbeitnehmer nicht in ausreichendem Maße sicherstellen. Dies ist im Rahmen der Arbeitsplatzbeurteilung nachzuweisen und erforderlichenfalls zu dokumentieren.

(5) Die in anderen technischen oder berufsgenossenschaftlichen Regeln oder LASI-Leitfäden formulierten stoff- und verfahrensspezifischen Schutzmaßnahmen müssen berücksichtigt werden, wenn sie über die Anforderungen dieser TRGS hinausgehen.

2. Begriffsbestimmungen

(1) Arbeitsstoffe sind
- einzelne Stoffe oder Stoffgemische (Zubereitungen),
- Erzeugnisse (z.B. Matten, Platten, Ziegel),
- Stoffe oder Stoffgemische, die beim Umgang mit Zubereitungen oder Erzeugnissen (z.B. durch Bearbeitung) freigesetzt werden.

(2) Stäube sind feine Verteilungen fester Stoffe in Luft, die durch mechanische Prozesse oder durch Aufwirbelung entstehen. Zu den Stäuben gehören auch Rauche aus thermischen oder chemischen Prozessen. Von den gesamten im Atembereich eines Arbeitnehmers vorhandenen Stäuben wird lediglich ein Teil eingeatmet, dieser wird als einatembarer Anteil bezeichnet. Der Anteil, der bis an die Lungenbläschen gelangen kann, wird als alveolengängiger Anteil bezeichnet.

(3) Nebel sind feine Verteilungen flüssiger chemischer Stoffe in Luft. Sie entstehen durch Zerstäuben von Flüssigkeiten, durch Kondensation aus der Dampfphase oder durch chemische Prozesse.

(4) Dämpfe sind gasförmige chemische Stoffe, die durch flüssige oder feste Arbeitsstoffe aufgrund ihres Dampfdruckes freigesetzt werden.

(5) Gase sind Arbeitsstoffe, die bei Normaldruck und Raumtemperatur gasförmig sind.

3. Gestaltung der Arbeitsstätte

(1) Bei der Einrichtung von Arbeitsstätten sind im Hinblick auf den Umgang mit Arbeitsstoffen folgende Anforderungen zu berücksichtigen:
- im Rahmen der betrieblichen Möglichkeiten leicht zu reinigende Oberflächen von Wänden und Decken sowie von verwendeten Arbeitsmitteln (Maschinen, Einrichtungen etc.) im Arbeitsbereich (s. auch § 8 ArbStättV);
- Möglichkeiten zu einer von den Arbeitsstoffen getrennten Aufbewahrung der Pausenverpflegung und zum Essen und Trinken ohne Beeinträchtigung der Gesundheit;
- Waschgelegenheit mit Handtüchern, Hautschutz-, Hautreinigungs- und Hauptpflegemitteln (s. auch ZH 1/708, Nr. 8.2).

(2) Darüber hinaus können folgende Einrichtungen erforderlich sein:
- Pausen- oder Bereitschaftsräume, Tagesunterkünfte auf Baustellen (s. auch §§ 29, 30, 45 ArbStättV);
- Kleiderablage bzw. Umkleideräume (s. auch § 34 ArbStättV);
- Reinigungsmöglichkeit für stark verschmutzte Arbeitskleidung (s. auch § 34 ArbStättv);
- Waschräume bzw. Duschmöglichkeiten (s. auch §§ 35, 46, 47 ArbStättV).

4. Arbeitsorganisation

(1) Der Arbeitgeber ist verpflichtet, die für die Sicherheit und den Gesundheitsschutz der Arbeitnehmer erforderlichen Maßnahmen zu treffen, deren Wirksamkeit zu überprüfen und sie erforderlichenfalls an geänderte Gegebenheiten anzupassen. Er hat sicherzustellen,

dass die Maßnahmen in die betrieblichen Führungsstrukturen eingebunden sind und bei allen Tätigkeiten beachtet werden (s. auch § 3 ArbSchG).

(2) Es sind Vorkehrungen zu treffen, die einen Miss- oder Fehlgebrauch von Arbeitsstoffen nach Möglichkeit verhindern, z.b. durch eine gut erkennbare und aussagefähige Beschriftung des Behälters oder der Verpackung. Es ist sicherzustellen, dass die Beschriftung des Behälters oder der Verpackung mit dem Inhalt übereinstimmt, nicht mehr gültige Beschriftungen bzw. Kennzeichnungen sind zu entfernen bzw. zu ersetzen.

(3) Im Rahmen der betrieblichen Organisation ist sicherzustellen, dass
- nur die vom Arbeitgeber vorgesehenen Arbeitsstoffe verwendet werden;
- Arbeitsstoffe nur in solcher Menge am Arbeitsplatz aufbewahrt werden, dass Arbeitnehmer nicht gefährdet werden (s. auch § 52 ArbStättV);
- nicht mehr Arbeitnehmer als notwendig Arbeitsstoffen ausgesetzt sind, indem Arbeiten räumlich oder zeitlich getrennt werden (z.b. bei mehreren gleichzeitig tätigen Gewerken in Hallen, auf Baustellen oder Werften);
- der Arbeitsplatz aufgeräumt und die Arbeitsgeräte sauber gehalten werden;
- im Arbeitsbereich ausreichend gesundheitlich zuträgliche Atemluft vorhanden ist, die z.b. durch eine ausreichende Lüftung und geeignete Luftführung gewährleistet wird (s. auch § 5 ArbStättV und Arbeitsstätten-Richtlinie ASR 5)
- Verunreinigungen durch ausgelaufene oder verschüttete Arbeitsstoffe unverzüglich mit geeigneten Mitteln beseitigt werden (s. auch § 54 ArbStättV);
- Behälter zur Abfallbeseitigung bereitgestellt werden, nach Möglichkeit mit Deckel oder Abdeckung. Diese müssen deutlich erkennbar und aussagefähig beschriftet sein, nicht mehr gültige Beschriftungen bzw. Kennzeichnungen sind zu entfernen (s. auch § 25 ArbStättV);
- Rückstände von Arbeitsstoffen an den Außenseiten von Behältern bzw. Verpackungen entfernt werden, vor allem bei staubenden, flüssigen oder klebrigen Produkten;
- die Arbeitsstätte mit geeigneten Methoden, z.B. ohne Staubaufwirbelung, gereinigt wird (s. auch § 54 ArbStättV);
- Abfälle und gebrauchte Putzlappen in den dafür bereitgestellten Behältern gesammelt werden.

(4) Arbeitsstoffe sind wie folgt aufzubewahren und zu lagern (Mindestanforderungen):
- in festgelegten (ggf. gekennzeichneten) Bereichen oder Schränken;
- übersichtlich geordnet, möglichst im Originalbehälter oder in der Originalverpackung;
- nicht in Behältern, durch deren Form oder Bezeichnung der Inhalt mit Lebensmitteln verwechselt werden kann;
- nicht in Pausen-, Bereitschafts-, Sanitär-, Sanitätsräumen und Tagesunterkünften (s. auch § 52 ArbStättV).

(5) Bei der Festlegung von Maßnahmen für Notfälle und zur Ersten Hilfe sind die Gefährdungen durch Arbeitsstoffe zu berücksichtigen (z. B. durch Verweis auf eine vorhandene Telefonliste der Giftinformationszentren).

(6) Die Arbeitnehmer sind vor der Verwendung neuer Arbeitsstoffe über die beim Umgang notwendigen Schutz- und Hygienemaßnahmen zu unterweisen. Erforderlichenfalls sind die Unterweisungen regelmäßig zu wiederholen. Unerfahrene Mitarbeiter müssen besonders umfassend unterrichtet und angeleitet werden (s. auch § 12 ArbSchG und § 20 GefStoffV).

(7) Darüber hinaus müssen vorhandene Betriebsanweisungen und sonstige Informationen zu den verwendeten Arbeitsstoffen für jeden Arbeitnehmer einsehbar sein.

(8) Die Arbeitnehmer sind im Rahmen der Unterweisung darauf hinzuweisen, dass sie im Interesse ihrer Gesundheit
- die notwendige Arbeitskleidung tragen;
- auf gute persönliche Hygiene achten, z.b. durch das Sauberhalten der Arbeitskleidung und Reinigung verschmutzter Körperstellen ggf. auch vor Pausen bzw. vor dem Toilettengang;
- zum Essen, Trinken, Rauchen oder Schnupfen die hierfür vorgesehenen Räumlichkeiten oder Bereiche benutzen;

Anhang Nr. 15

– die Pausen- oder Bereitschaftsräume bzw. Tagesunterkünfte nicht mit stark verschmutzter Arbeitskleidung betreten.

(9) Verhaltensregeln, die sich aus den Anforderungen dieser TRGS ergeben, können in den arbeitsplatzspezifischen Teil der Betriebsanweisungen nach § 20 GefStoffV integriert werden.

(10) Die Arbeitnehmer sind verpflichtet, nach ihren Möglichkeiten und gemäß der Unterweisung und Weisung des Arbeitgebers
– für ihre Sicherheit und Gesundheit bei der Arbeit Sorge zu tragen;
– auch für die Gesundheit und sicherheit Dritter zu sorgen, die durch den eigenen Umgang mit Arbeitsstoffen gefährdet werden können;
– Arbeitsstoffe, Schutzvorrichtungen und zur Verfügung gestellte persönliche Schutzausrüstungen bestimmungsgemäß zu verwenden.
(S. auch § 15 ArbSchG)

5. Hautschutz

(1) Bei folgenden beispielhaft genannten Tätigkeiten ist, auch unabhängig von der Verwendung von Gefahrstoffen, mit Gefährdungen durch Hautkontakt zu rechnen:
– Umgang mit Lösemitteln, z.B. bei Entfettungsarbeiten
– Wiegen, Abfüllen, Einfüllen
– Beschichten, Kleben
– Galvanisieren und Härten
– Bearbeitung von Werkstücken
– Schweißen, Schneiden
– Umgang mit Faserprodukten und Mineralwollen (mechanische Einwirkung, Juckreiz!)
– Reinigung und Desinfektion von Arbeitsmitteln, Geräten, Werkzeugen und Räumen
– Instandhaltungs-, Instandsetzungs-, Montage- und Demontagearbeiten
– Wertstoffsortierung
– Feuchtarbeiten.

(2) Beim Umgang mit Arbeitsstoffen, die die Haut gefährden können, ist im Rahmen der betrieblichen Organisation zusätzlich sicherzustellen, dass
– das Verspritzen von Flüssigkeiten, die Freisetzung von Stäuben oder Nebeln sowie Hautverletzungen durch Schnitte oder Stiche durch sachgerechte Arbeitstechniken vermieden werden;
– die Angaben zur Hautgefährdung und zur Anwendung von Hautschutz-, Hautreinigungs- und Hauptpflegemitteln in einem Hautschutzplan zusammengefasst werden, der an geeigneter Stelle bekannt gemacht wird (s. auch ZH 1/708, Nr. 4.5);
– nach Maßgabe des Sicherheitsdatenblattes bzw. Auskunft des Arbeitsstofflieferanten oder anderen Informationen erforderlichenfalls Schutzhandschuhe zur Verfügung gestellt und verwendet werden (unter Beachtung der in der TRGS 531 »Feuchtarbeit« beschriebenen Bedingungen);
– die verwendeten Schutzhandschuhe allergenarm, beständig und für die Einsatzzeit undurchlässig gegenüber dem jeweils verwendeten Arbeitsstoff sind (s. auch ZH 1/706 u. DIN-EN 420) und stets sauber gelagert werden;
– die verwendete Arbeitskleidung den notwendigen Schutz vor Hautkontakt in ausreichendem Maße gewährleistet (s. auch ZH 1/700);
– zum Schutz vor Hautreizungen durch Fasern langärmlige, möglichst geschlossene Arbeitskleidung (z.B. Overalls mit Armbündchen) getragen wird;
– zum Schutz der Augen nach Maßgabe der Angaben im Sicherheitsdatenblatt oder anderen Informationen bzw. Auskunft des Arbeitsstofflieferanten Schutzbrillen zur Verfügung gestellt und getragen werden und erforderlichenfalls Augenduschen in der Nähe des Tätigkeitsbereiches vorhanden sind;
– unterscheidbare Reinigungstücher für Maschinen und Hände zur Verfügung gestellt und benutzt werden.

(3) Bei der Erstellung des Hautschutzplanes ist arbeitsmedizinische Unterstützung angeraten.

Teil V

(4) Maßnahmen des vorbeugenden Hautschutzes für Tätigkeiten, bei denen Arbeitnehmer
– regelmäßig täglich mehr als ca. ¼ der Schichtdauer (ca. 2 Stunden) mit ihren Händen Arbeiten im feuchten Milieu ausführen oder
– in einem entsprechenden Zeitraum feuchtigkeitsdichte Schutzhandschuhe tragen oder
– häufig bzw. intensiv ihre Hände reinigen müssen,
sind nach TRGS 531 zu treffen.

6. Schutz vor Stäuben

(1) Bei folgenden beispielhaft genannten Tätigkeiten ist zumeist mit Gefährdungen durch entstehende oder freiwerdende Stäube zu rechnen:
– Gewinnung und Verarbeitung von mineralischen Rohstoffen
– Zerkleinerungs- und Aufbereitungsprozesse
– offenes Einfüllen, Umfüllen oder Mischen von pulverförmigen bzw. staubentwickelnden Arbeitsstoffen
– mechanische Bearbeitung, z.B. Schleifen, Polieren, Fräsen, Trennen, Bohren
– Trockenstrahlen
– unsachgemäße Lagerung, Verpackung und Beförderung von staubentwickelnden Arbeitsstoffen
– Feuerfestbau
– Einblasen von Dämmstoffen
– Tätigkeiten in Gießereibetrieben, z.B. in Formereien und Gussputzereien
– Umgang mit Filterstäuben
– Abbrucharbeiten
– Wartungsarbeiten, Reinigung staubbelasteter Bereiche
– Tätigkeiten in Bereichen mit unzureichender Lüftung oder ungeeigneter Lüftungsführung.

(2) Staubentwickelnde Arbeitsstoffe sind nach Möglichkeit in geschlossenen Silos, Bunkern, Transportbehältern oder in Säcken aus staubdichtem Material aufzubewahren und zu lagern. Schüttware und offene Container sollten abgedeckt werden, z.B. mit Planen.

(3) Die Ablagerungsmöglichkeiten für Staub sollten durch konstruktive Maßnahmen so weit wie möglich reduziert werden, z.B. durch Abschrägen von Trägern, Vermeidung textiler Oberflächen, Verkleidung schlecht erreichbarer Nischen und Winkel.

(4) Die Höhe von Abwurf-, Füll- und Schüttstellen ist so weit wie möglich zu verringern, erforderlichenfalls sind diese mit flexiblen, staubdichten Umhüllungen zu versehen.

(5) Beim Umgang mit staubentwickelnden Arbeitsstoffen ist im Rahmen der betrieblichen Organisation zusätzlich sicherzustellen, dass
– die Freisetzung von Stäuben durch sachgerechte Arbeitstechniken vermieden wird;
– staubarme Be- und Verarbeitungsverfahren und -geräte angewendet werden;
– Staubablagerungen möglichst nicht entstehen bzw. diese regelmäßig beseitigt werden;
– eine ausreichende Lüftung und geeignete Lüftungsführung gewährleistet sind;
– bei Reinigungsarbeiten Staub nicht unnötig aufgewirbelt und nicht mit Druckluft abgeblasen wird;
– nach Möglichkeit Feucht- oder Nassverfahren angewendet werden, z.B. bei Reinigungs- oder Abbrucharbeiten;
– Schneidwerkzeuge (z.B. Messerwellen) stets funktionsgerecht gewartet und geschärft sind;
– bei Tätigkeiten mit Staubentwicklung im Freien, z.B. bei Abkippvorgängen, mit dem Rücken zum Wind gearbeitet wird und sich keine Arbeitnehmer in der Staubfahne aufhalten;
– entleerte Säcke nach Möglichkeit im Wirkungsbereich einer Staubabsaugung zusammengelegt, gebündelt und gepresst werden;
– Arbeitskleidung von der Straßenkleidung getrennt aufbewahrt und nicht ausgeschüttelt oder abgeblasen wird;

- bei Arbeiten mit kurzzeitiger starker Staubentwicklung oder bei Überkopfarbeiten eine Schutzbrille und ggf. eine geeignete Atemschutzmaske zur Verfügung gestellt und getragen wird (s. auch ZH 1/701 und ZH 1/703).

7. Schutz vor Gasen, Dämpfen und Nebeln

(1) Bei folgenden beispielhaft genannten Tätigkeiten ist zumeist mit Gefährdungen durch Gase, Dämpfe oder Nebel zu rechnen:
- Arbeiten an gasführenden Anlagen
- offener Umgang mit Lösemitteln oder lösemittelhaltigen Zubereitungen, z.B. Reinigungs- und Wartungsarbeiten an verschmutzten Maschinen und Anlagen
- Beschichtungs- und Klebearbeiten
- offenes Abfüllen, Umfüllen, Dosieren flüssiger Arbeitsstoffe
- Umgang mit Arbeitsstoffen bei hohen Temperaturen (Dämpfe und Pyrolyseprodukte)
- Sprühverfahren, Spritzlackierung (Nebel!)
- Hochdruckreinigen (Nebel!)

(2) Beim Umgang mit Arbeitsstoffen, die Gase, Dämpfe oder Nebel freisetzen können, ist im Rahmen der betrieblichen Organisation zusätzlich sicherzustellen, dass
- die Freisetzung durch sachgerechte Arbeitstechniken vermieden wird;
- Gebinde stets geschlossen gehalten und nur zur Entnahme geöffnet werden;
- beim Ab- und Umfüllen sowie bei offener Anwendung eine ausreichende Lüftung und geeignete Luftführung gewährleistet sind;
- verschüttete oder ausgelaufene Arbeitsstoffe unverzüglich beseitigt werden, erforderlichenfalls mit geeigneten Bindemitteln.

(3) Es sind Arbeitsverfahren anzuwenden, bei denen möglichst wenig Gase, Dämpfe oder Nebel freigesetzt werden. Großflächige offene Anwendungen sollten vermieden werden. Auch eine Absenkung der Verarbeitungstemperatur kann die Freisetzung von Lösemitteldämpfen verringern.

(4) Die Verwendung von Tauchrohren (»Unterspiegelbefüllung«) vermeidet das Versprühen und Verspritzen flüssiger Arbeitsstoffe, ebenso die Anwendung von Tauch-, Streich- oder Rollverfahren an Stelle von Spritzverfahren.

Hinweise auf Regelungen und Literatur

Arbeitsschutz (allgemein)
- Gesetz zur Umsetzung der EG-Rahmenrichtlinie Arbeitsschutz und weiterer Arbeitsschutz-Richtlinien (ArbSchG) vom 7. 8. 1996, zuletzt geändert am 27. 9. 1996

Arbeitsstätten
- Arbeitsstättenverordnung (ArbStättV) vom 20. 3. 1975, zuletzt geändert durch die Verordnung zur Umsetzung von EG-Einzelrichtlinien zur EG-Rahmenrichtlinie Arbeitsschutz vom 4. Dez. 1996

Ermittlung
- TRGS 440 »Ermitteln und Beurteilen der Gefährdungen durch Gefahrstoffe am Arbeitsplatz – Vorgehensweise«, Bundesarbeitsblatt (BArbBl.) Heft 10/96

Information der Arbeitnehmer
- TRGS 555 »Betriebsanweisung und Unterweisung nach § 20 GefStoffV«, BArbBl. Heft 12/1997
- ZH 1/124 »Betriebsanweisungen für den Umgang mit Gefahrstoffen«, HVBG 3/95

Persönliche Schutzausrüstungen
- Verordnung über Sicherheit und Gesundheitsschutz bei der Benutzung persönlicher Schutzausrüstungen bei der Arbeit (PSA-Benutzungsverordnung vom 4. Dez. 1996, Umsetzung der Richtlinie 89/656/EWG)
- 8. Verordnung zum Gerätesicherheitsgesetz (Verordnung über das Inverkehrbringen von persönlichen Schutzausrüstungen) vom 10. Juni 1992 (Umsetzung der Richtlinie 89/686/EWG)

Teil V

- ZH 1/700 bzw. GUV 20.19 »Regeln für den Einsatz von Schutzkleidung«, HVBG 4/94 bzw. BAGUV 10/95
- ZH 1/701 bzw. GUV 20.14 »Regeln für den Einsatz von Atemschutzgeräten«, HVBG 10/96 bzw. BAGUV 4/97
- ZH 1/702 bzw. GUV 20.16 »Regeln für den Einsatz von Fußschutz«, HVBG 4/94 bzw. BAGUV 10/95
- ZH 1/703 bzw. GUV 20.13 »Regeln für den Einsatz von Augen- und Gesichtsschutz«, HVBG 4/95 bzw. BAGUV 10/95
- ZH 1/706 bzw. GUV 20.17 »Regeln für den Einsatz von Schutzhandschuhen«, HVBG 4/94 bzw. BAGUV 10/95
- ZH 1/708 »Regeln für den Einsatz von Hautschutz«, HVBG 4/94

Hautschutz
- TRGS 531 »Gefährdung der Haut durch Arbeiten im feuchten Milieu – Feuchtarbeit«, BArbBl. Heft 9/96
- ZH 1/467 »Hautschutz in Metallbetrieben«, Nordd. Metall-BG, 1996

Staub
- Waldner-Sander, Wiens: »Tätigkeitsbezogene Schutzmaßnahmen beim Umgang mit Filterstäuben«, Schriftenreihe der Bundesanstalt für Arbeitsschutz und Arbeitsmedizin, GA 49, Wirtschaftsverlag NW, Postfach 10 11 10, 27511 Bremerhaven.

Gase, Dämpfe, Nebel
- VBG 50 »Arbeiten an Gasleitungen«, 4/88
- VBG 61 bzw. GUV 9.9 »Gase«, 4/95 bzw. BAGUV 1/97
- ZH 1/319 »Lösemittel«, Merkblatt MO17 der BG Chemie, 5/92

B.6 Lastenhandhabungsverordnung

Anhang Nr. 16

Handlungsanleitung für die Beurteilung der Arbeitsbedingungen gemäß Arbeitsschutzgesetz und Lastenhandhabungsverordnung mit der Leitmerkmalmethode

> Achtung!
> DiesesVerfahren dient der orientierenden Beurteilung der Arbeitsbedingungen beim Heben und Tragen von Lasten. Trotzdem ist bei der Bestimmung der Zeitwichtung, der Lastwichtung, der Haltungswichtung und Ausführungsbedingungswichtung eine gute Kenntnis der zu beurteilenden Teiltätigkeit unbedingte Voraussetzung. Ist diese nicht vorhanden, darf keine Beurteilung vorgenommen werden. Grobe Schätzungen oder Vermutungen führen zu falschen Ergebnissen.

Die Beurteilung erfolgt grundsätzlich für Teiltätigkeiten und ist auf einen Arbeitstag zu beziehen. Wechseln innerhalb einer Teiltätigkeit Lastgewichte und/oder Körperhaltungen, so sind Mittelwerte zu bilden. Treten innerhalb einer Gesamttätigkeit **mehrere Teiltätigkeiten** mit deutlich unterschiedlichen Lastenhandhabungen auf, sind diese **getrennt einzuschätzen** und zu dokumentieren.
Zur Beurteilung sind 3 Schritte erforderlich:
1. Bestimmung der Zeitwichtung,
2. Bestimmung der Wichtung der Leitmerkmale und
3. Bewertung.
Bei der Bestimmung der Wichtungen ist grundsätzlich die Bildung von Zwischenstufen (Interpolation) erlaubt. Eine Häufigkeit von 40 ergibt z.B. die Zeitwichtung 3. Einzige Ausnahme ist die wirksame Last von ≥ 40 kg für den Mann und ≥ 25 kg für die Frau. Diese Lasten ergeben kompromisslos eine Lastwichtung von 25.

1. Schritt: Bestimmung der Zeitwichtung

Die Bestimmung der Zeitwichtung erfolgt anhand der Tabelle getrennt für drei mögliche Formen der Lastenhandhabung:
- Für Teiltätigkeiten, die durch **regelmäßiges Wiederholen kurzer Hebe-, Absenk- oder Umsetzvorgänge** gekennzeichnet sind, ist die Anzahl der Vorgänge bestimmend für die Zeitwichtung.
- Für Teiltätigkeiten, die durch **Halten** einer Last gekennzeichnet sind, wird die Gesamtdauer des Haltens zugrunde gelegt.
  Gesamtdauer = Anzahl der Haltevorgänge x Dauer für einen einzelnen Haltevorgang
- Für Teiltätigkeiten, die durch **Tragen** einer Last gekennzeichnet sind, wird der Gesamtweg, der mit Last gegangen wird, zugrunde gelegt. Dabei wird eine mittlere Geschwindigkeit beim Laufen von 4 km/h = 1 m/s angenommen.

2. Schritt: Bestimmung der Wichtung von Last, Haltung und Ausführungsbedingungen

2.1 Lastgewicht

- Die Bestimmung der Lastwichtung erfolgt anhand der Tabelle getrennt für **Männer und Frauen**.

Teil V

- Werden im Verlauf der zu beurteilenden Teiltätigkeit unterschiedliche Lasten gehandhabt, so kann ein **Mittelwert** gebildet werden, sofern die größte Einzellast bei Männern 40 kg und bei Frauen 25 kg nicht überschreitet. Zum Vergleich können auch Spitzenlastwerte verwendet werden. Dann muss jedoch die verringerte Häufigkeit dieser Spitzen zugrunde gelegt werden, auf keinen Fall die Gesamthäufigkeit.
- Bei **Hebe-/Halte-/Trage-/Absetztätigkeiten** ist die wirksame Last zugrunde zu legen. Mit der wirksamen Last ist die Gewichtskraft gemeint, die der Beschäftigte tatsächlich ausgleichen muss. Die Last ist somit nicht immer gleich dem Gewicht des Gegenstandes. Beim Kippen eines Kartons wirken nur etwa 50% des Kartongewichtes.
- Beim **Ziehen und Schieben** von Lasten ist eine gesonderte Beurteilung erforderlich.

2.2 Körperhaltung

Die Bestimmung der Körperhaltungswichtung erfolgt anhand der Piktogramme in der Tabelle. Es sind die für die Teiltätigkeit **charakteristischen Körperhaltungen beim Handhaben der Lasten** zu verwenden. Werden als Folge des Arbeitsfortschritts unterschiedliche Körperhaltungen eingenommen, so kann ein Mittelwert aus den Haltungswichtungen für die zu beurteilende Teiltätigkeit gebildet werden.

2.3 Ausführungsbedingungen

Zur Bestimmung der Ausführungsbedingungsgewichtung sind die zeitlich überwiegenden Ausführungsbedingungen zu verwenden. Gelegentlicher Diskomfort ohne sicherheitstechnische Bedeutung ist nicht zu berücksichtigen. Sicherheitsrelevante Merkmale sind im Textfeld »*Überprüfung des Arbeitsplatzes aus sonstigen Gründen*« zu dokumentieren.

3. Schritt: Die Bewertung

Die Bewertung jeder Teiltätigkeit erfolgt anhand eines **teiltätigkeitsbezogenen Punktwertes** (Berechnung durch Addition der Wichtungen der Leitmerkmale und Multiplikation mit der Zeitwichtung).

- **Bewertungsgrundlage** sind biomechanische Wirkungsmechanismen in Verbindung mit Dosismodellen. Hierbei wird berücksichtigt, dass die interne Belastung der Lendenwirbelsäule entscheidend von der Oberkörpervorneigung und dem Lastgewicht abhängt sowie mit steigender Belastungsdauer und/oder -häufigkeit, Seitneigung und/oder Verdrehung zunimmt.
- **Zusammenfassende Bewertungen** bei mehreren Teiltätigkeiten sind **problematisch**, da sie über die Aussagefähigkeit dieser orientierenden Analyse hinausgehen. Sie erfordern in der Regel weitergehende arbeitsanalytische Verfahren zur Gefährdungsbeurteilung.
- **Ableitbare Gestaltungsnotwendigkeiten**
  Aus dieser Gefährdungsabschätzung sind sofort Gestaltungsnotwendigkeiten und -ansätze erkennbar. Grundsätzlich sind die Ursachen hoher Wichtungen zu beseitigen. Im Einzelnen sind das bei hoher Zeitwichtung organisatorische Regelungen, bei hoher Lastwichtung die Reduzierung des Lastgewichtes oder der Einsatz von Hebehilfen und bei hoher Haltungswichtung die Verbesserung der Arbeitsplatzgestaltung.

Anhang Nr. 16

Beurteilung von Lastenhandhabungen anhand von Leitmerkmalen (Version 2001)

Die Gesamttätigkeit ist ggf. in Teiltätigkeiten zu gliedern. Jede Teiltätigkeit mit erheblichen körperlichen Belastungen ist getrennt zu beurteilen.

Arbeitsplatz/Tätigkeit:
1. Schritt: Bestimmung der Zeitwichtung (Nur eine zutreffende Spalte ist auszuwählen!)

Hebe- oder Umsetzvorgänge (< 5 s)		Halten (> 5 s)		Tragen (> 5 m)	
Anzahl am Arbeitstag	Zeit-wichtung	Gesamtdauer am Arbeitstag	Zeit-wichtung	Gesamtweg am Arbeitstag	Zeit-wichtung
< 10	1	< 5 min	1	< 300 m	1
10 bis < 40	2	5 bis 15 min	2	300 bis < 1 km	2
40 bis < 200	4	15 min bis < 1 Stunde	4	1 km bis < 4 km	4
200 bis < 500	6	1 Stunde bis < 2 Stunden	6	4 km bis < 8 km	6
500 bis < 1000	8	2 Stunden bis < 4 Stunden	8	8 km bis < 16 km	8
≥ 1000	10	≥ 4 Stunden	10	≥ 16 km	10
Beispiele: • Setzen von Mauersteinen • Einlegen von Werkstücken in eine Maschine • Pakete aus einem Container entnehmen und auf ein Band legen		*Beispiele:* • Halten und Führen eines Gussrohlings bei der Bearbeitung an einem Schleifbock • Halten einer Handschleifmaschine • Führen einer Motorsense		*Beispiele:* • Möbeltransport • Tragen von Gerüstteilen vom Lkw zum Aufstellort	

2. Schritt: Bestimmung der Wichtungen von Last, Haltung und Ausführungsbedingungen

Wirksame Last[1] für Männer	Lastwichtung	Wirksame Last[1] für Frauen	Lastwichtung
< 10 kg	1	< 5 kg	1
10 bis < 20 kg	2	5 bis < 10 kg	2
20 bis < 30 kg	4	10 bis < 15 kg	4
30 bis < 40 kg	7	15 bis < 25 kg	7
≥ 40 kg	25	≥ 25 kg	25

[1] Mit der »wirksamen Last« ist die Gewichtskraft bzw. Zug-/Druckkraft gemeint, die der Beschäftigte tatsächlich bei der Lasthandhabung ausgleichen muss. Sie entspricht nicht immer der Lastmasse. Beim Kippen eines Kartons wirken nur etwa 50%, bei der Verwendung einer Schubkarre oder Sackkarre nur 10% der Lastmasse.

Teil V

Charakteristische Körperhaltungen und Lastposition[2]	Körperhaltung, Position der Last	Haltungsgewichtung
	• Oberkörper aufrecht, nicht verdreht • Last am Körper	1
	• geringes Vorneigen oder Verdrehen des Oberkörpers • Last am Körper oder körpernah	2
	• tiefes Beugen oder weites Vorneigen • geringe Vorneigung mit gleichzeitigem Verdrehen der Oberkörpers • Last körperfern oder über Schulterhöhe	4
	• weites Vorneigen mit gleichzeitigem Verdrehen des Oberkörpers • Last körperfern • eingeschränkte Haltungsstabilität beim Stehen • Hocken oder Knien	8

[2] Für die Bestimmung der Haltungswichtung ist die bei der Lastenhandhabung eingenommene charakteristische Körperhaltung einzusetzen; z.B. bei unterschiedlichen Körperhaltungen mit der Last sind mittlere Werte zu bilden – keine gelegentlichen Extremwerte verwenden!

Ausführungsbedingungen	Ausf.-wichtung
Gute ergonomische Bedingungen, z.B. ausreichend Platz, keine Hindernisse im Arbeitsbereich, ebener, rutschfester Boden, ausreichend beleuchtet, gute Griffbedingungen	0
Einschränkung der Bewegungsfreiheit und ungünstige ergonomische Bedingungen (z.B. 1.: Bewegungsraum durch zu geringe Höhe oder durch eine Arbeitsfläche unter 1,5 m² eingeschränkt oder 2.: Standsicherheit durch unebenen, weichen Boden eingeschränkt)	1
Stark eingeschränkte Bewegungsfreiheit und/oder Instabilität des Lastschwerpunktes (z.B. Patiententransfer)	2

3. Schritt: Bewertung
Die für diese Tätigkeit zutreffenden Wichtungen sind in das Schema einzutragen und auszurechnen.

Lastwichtung

+ Haltungswichtung

+ Ausführungsbedingungswichtung

= Summe   x   Zeitwichtung   =   Punktwert

688

Anhang Nr. 16

Anhand des errechneten Punktwertes und der folgenden Tabelle kann eine grobe Bewertung vorgenommen werden.[3] Unabhängig davon gelten die Bestimmungen des Mutterschutzgesetzes.

Risikobereich	Punktwert	Beschreibung
1	< 10	Geringe Belastung, Gesundheitsgefährdung durch körperliche Überbeanspruchung ist unwahrscheinlich.
2	10 < 25	Erhöhte Belastung, eine körperliche Überbeanspruchung ist bei vermindert belastbaren Personen[4] möglich. Für diesen Personenkreis sind Gestaltungsmaßnahmen sinnvoll.
3	25 < 50	Wesentlich erhöhte Belastung, körperliche Überbeanspruchung ist auch für normal belastbare Personen möglich. Gestaltungsmaßnahmen sind angezeigt.[5]
4	≥ 50	Hohe Belastung, körperliche Überbeanspruchung ist wahrscheinlich. Gestaltungsmaßnahmen sind erforderlich.[5]

[3] Grundsätzlich ist davon auszugehen, dass mit steigenden Punktwerten die Belastung des Muskel-Skelett-Systems zunimmt. Die Grenzen zwischen den Risikobereichen sind aufgrund der individuellen Arbeitstechniken und Leistungsvoraussetzungen fließend. Damit darf die Einstufung nur als **Orientierungshilfe** verstanden werden.
[4] Vermindert belastbare Personen sind in diesem Zusammenhang Beschäftigte, die älter als 40 oder jünger als 21 Jahre alt, »Neulinge« im Beruf oder durch Erkrankungen leistungsgemindert sind.
[5] Gestaltungserfordernisse lassen sich anhand der Punktwerte der Tabellen ermitteln. Durch Gewichtsverminderung, Verbesserung der Ausführungsbedingungen oder Verringerung der Belastungszeiten können Belastungen vermieden werden.

Überprüfung des Arbeitsplatzes aus sonstigen Gründen erforderlich

Begründung:

Datum der Beurteilung: Beurteilt von:

Hrsg.: Bundesanstalt für Arbeitsschutz und Arbeitsmedizin und Länderausschuss für Arbeitsschutz und Sicherheitstechnik 2001

Teil V

C. Zum ASiG

Anhang Nr. 17

Unfallverhütungsvorschrift
»Fachkräfte für Arbeitssicherheit«
(BGV A 6) der Fleischerei-BG (Auszüge)

vom 1. April 1997
mit Durchführungsanweisungen vom April 1997

§ 1 Geltungsbereich

Diese Unfallverhütungsvorschrift gilt für Unternehmer, die nach § 2 Fachkräfte für Arbeitssicherheit zu bestellen haben.

Zu § 1:
Nach Artikel 1 § 15 Abs. 1 Nr. 6 des Gesetzes zur Einordnung des Rechts der gesetzlichen Unfallversicherung in das Sozialgesetzbuch (UVEG) vom 7. August 1996 (BGBl. I S. 1254) erlassen die Berufsgenossenschaften Vorschriften über die Maßnahmen, die der Unternehmer zur Erfüllung der sich aus dem Gesetz über Betriebsärzte, Sicherheitsingenieure und andere Fachkräfte für Arbeitssicherheit ergebenden Pflichten zu treffen hat. Diese Unfallverhütungsvorschrift regelt Maßnahmen, die der Unternehmer zur Erfüllung der sich aus § 5 Abs. 1 in Verbindung mit § 7 und § 5 Abs. 3 des Arbeitssicherheitsgesetzes ergebenden Pflichten zu treffen hat.
Fachkräfte für Arbeitssicherheit sind Sicherheitsingenieure, -techniker und -meister.

§ 2 Bestellung

(1) Der Unternehmer hat Fachkräfte für Arbeitssicherheit zur Wahrnehmung der in § 6 des Gesetzes über Betriebsärzte, Sicherheitsingenieure und andere Fachkräfte für Arbeitssicherheit (Arbeitssicherheitsgesetz) bezeichneten Aufgaben für die sich aus den Merkmalen der nachstehenden Tabelle[1] ergebenden erforderlichen Mindesteinsatzzeiten, jedoch betriebsbezogen nicht weniger als 50 Stunden, schriftlich zu bestellen oder zu verpflichten.
(2) Die Berufsgenossenschaft kann im Einzelfall im Einvernehmen mit der nach § 12 des Arbeitssicherheitsgesetzes zuständigen Behörde eine Ausnahme von Absatz 1 bewilligen und geringere Einsatzzeiten festsetzen, soweit im Betrieb, verglichen mit Betrieben der gleichen Art, die Unfall- und Gesundheitsgefahren unterdurchschnittlich gering sind. Die Berufsgenossenschaft kann ferner im Einzelfall im Einvernehmen mit der nach § 12 des Arbeitssicherheitsgesetzes zuständigen Behörde abweichend von Absatz 1 höhere Einsatzzeiten festsetzen, soweit im Betrieb, verglichen mit Betrieben der gleichen Art, überdurchschnittliche Unfall- und Gesundheitsgefahren bestehen, und die Bestellung eines Sicherheitsingenieurs verlangen, soweit die Tätigkeit der Fachkraft im Betrieb eine ingenieurmäßige Ausbildung erfordert.
(3) Der Unternehmer kann nach Maßgabe der Anlage von der Verpflichtung nach Abs. 1 absehen, wenn
1. die Zahl der durchschnittlich beschäftigten Arbeitnehmer weniger als 35 beträgt,
2. der Unternehmer an von der Berufsgenossenschaft festgelegten Informations- und Motivationsmaßnahmen teilgenommen hat und in regelmäßigen Zeitabständen Fortbildungsveranstaltungen der Berufsgenossenschaft besucht und

---
1 nicht abgedruckt

Anhang Nr. 17

3. er eine qualifizierte, bedarfsgerechte Beratung in Fragen der Arbeitssicherheit und des Gesundheitsschutzes nachweist.

Zu § 2 Abs. 1:
1. *Fachkräfte für Arbeitssicherheit können als ständig oder zeitweise tätige Kräfte bestellt werden. Sie können vom Unternehmer eingestellt oder freiberuflich tätig sein oder auch einem überbetrieblichen Dienst angehören, den der Unternehmer nach § 19 des Arbeitssicherheitsgesetzes verpflichtet hat. Eine qualitativ hochwertige sicherheitstechnische Betreuung ist unabhängig von der Betreuungsform zu gewährleisten.*
Die Einsatzzeit ist die Arbeitszeit, die den Fachkräften für Arbeitssicherheit zur Erfüllung ihrer Aufgaben im Betrieb je Jahr und Arbeitnehmer mindestens zur Verfügung stehen muss. So können z.b. Wegzeiten einer nicht im Betrieb eingestellten Fachkraft für Arbeitssicherheit nicht als Einsatzzeit angerechnet werden.
Mit einer Übertragung der Aufgaben nach § 6 des Arbeitssicherheitsgesetzes in Verbindung mit dieser Unfallverhütungsvorschrift an einen überbetrieblichen sicherheitstechnischen Dienst erfüllt der Unternehmer seine gesetzliche Verpflichtung, wenn dieser überbetriebliche Dienst mindestens die Forderungen erfüllt, die eine Fachkraft für Arbeitssicherheit aufgrund des Arbeitssicherheitsgesetzes zu erfüllen hätte.
2. *Den berechneten Einsatzzeiten liegen die Gefährdungspotenziale sowie die Organisations- und Arbeitnehmerstruktur typischer Unternehmenszweige bei Beachtung der Arbeitsschutz- und Unfallverhütungsvorschrift zugrunde. Diese Einsatzzeiten werden benötigt, wenn an den Arbeitsplätzen die Unfallverhütungsvorschriften und sonstigen Vorschriften zum Arbeitsschutz eingehalten sind. Entsprechend ist der Unternehmer verpflichtet, der Fachkraft für Arbeitssicherheit darüber hinausgehende Einsatzzeiten zur Verfügung zu stellen, wenn die besonderen Umstände dies erfordern (z.B. Störfall, Reparaturfall).*
Da unabhängig von der Betriebsgröße und der Betriebsart z.B. auch organisatorische Aufgaben gem. § 6 des Arbeitssicherheitsgesetzes zu erfüllen sind, darf eine Mindesteinsatzzeit von 50 Stunden jährlich nicht unterschritten werden.
3. *Unter »Betrieb« ist eine räumlich und technisch abgegrenzte, nach Aufgabenbereich und Organisation eigenständige, wenn auch nicht vollständig selbständige Unternehmenseinheit zu verstehen.*
Entsprechend der Regelung des § 4 Betriebsverfassungsgesetz gelten Betriebsteile als selbständige Betriebe bei Anwendung der Tabelle, wenn sie
– räumlich weit entfernt vom Hauptbetrieb
oder
– durch Aufgabenbereich und Organisation eigenständig sind.
4. *Bei wechselnden Tätigkeiten in unterschiedlichen Betriebsarten ist die mit dem größten Gefährdungspotenzial bei der Ermittlung der Einsatzzeit anzusetzen.*

Zu § 2 Abs. 3:
Die in § 6 des Arbeitssicherheitsgesetzes bezeichneten Aufgaben können alternativ zur Regelbetreuung nach § 2 Abs. 1 auch durch die Betreuungsform nach § 2 Abs. 3 unter den dort genannten Bedingungen erfüllt werden.
Diese Betreuungsform stellt eine von der Fleischerei-Berufsgenossenschaft in der Praxis erprobte, praktikable Lösung zur Realisierung der Betreuung von Klein- und Mittelbetrieben nach dem Arbeitssicherheitsgesetz dar. Sie ist neben den bislang gültigen Formen der Regelbetreuung für alle Betriebe mit weniger als 35 beschäftigten Arbeitnehmern als gleichwertige Betreuungsform anzusehen.
Die Ausgestaltung erfolgt unter Berücksichtigung der gewerbezweigspezifischen Struktur, der Unternehmensorganisation und der betrieblichen Risikopotenziale auf Grundlage von Gefährdungsermittlungen und -beurteilungen.
Besonderes Augenmerk gilt dabei der Tatsache, dass der Unternehmer des Klein- und Mittelbetriebes die alleinige Entscheidungsgewalt hat. Nur wenn er entsprechend motiviert und informiert ist, kann durch externe, qualifizierte Beratung eine Verbesserung des Arbeitsschutzes im Klein- und Mittelbetrieb erfolgen. Hierauf stellen sowohl die Motivationsmaßnahme als auch die Informationsmaßnahme und der Nachweis einer qualifizierten Beratung im Bedarfsfall ab.

Teil V

Form, Inhalt und Dauer der Motivations- und Informationsmaßnahme für Unternehmer werden von der Berufsgenossenschaft auf der Grundlage der Rahmenanforderung des BMA vom 23.6.1992 festgelegt und sind in der Anlage zu dieser Unfallverhütungsvorschrift enthalten. Dem Unternehmer werden Checklisten und Handlungshilfen zur Durchführung der Gefährdungsermittlung und -beurteilung durch die Fleischerei-Berufsgenossenschaft zur Verfügung gestellt. Im Hinblick auf die Qualitätsanforderungen für Fachkräfte für Arbeitssicherheit als Berater wird auf die gemeinsame Empfehlung von Bundesministerium für Arbeit und Sozialordnung, Ländern, Sozialpartnern, Hauptverband der gewerblichen Berufsgenossenschaften und Verband Deutscher Sicherheitsingenieure (VDSI) zu Qualitätsmerkmalen und Anforderungen an Fachkräfte für Arbeitssicherheit für deren Aufgabenwahrnehmung (Bundesarbeitsblatt 2/1994 S. 70) verwiesen.[1]

§ 3 Fachkunde

(1) Der Unternehmer darf als Fachkräfte für Arbeitssicherheit nur Personen bestellen, die im Jahr regelmäßig mindestens 50 Arbeitsstunden als solche tätig sind.
(2) Bestellt der Unternehmer Fachkräfte für Arbeitssicherheit, die den Anforderungen der Absätze 3 bis 5 nicht genügen, muss er auf Verlangen der Berufsgenossenschaft den Nachweis der Fachkunde auf andere Art und Weise erbringen.
(3) Sicherheitsingenieure erfüllen die Anforderungen, wenn sie
1. berechtigt sind, die Berufsbezeichnung Ingenieur zu führen,
2. danach eine praktische Tätigkeit als Ingenieur mindestens 2 Jahre lang ausgeübt haben und
3. einen staatlichen oder berufsgenossenschaftlichen Ausbildungslehrgang oder einen staatlichen oder berufsgenossenschaftlich anerkannten Ausbildungslehrgang eines anderen Veranstaltungsträgers mit Erfolg abgeschlossen haben.

Ingenieure der Fachrichtung Sicherheitstechnik, die eine einjährige Tätigkeit als Ingenieur ausgeübt haben, erfüllen die Fachkundevoraussetzungen.
(4) Sicherheitstechniker erfüllen die Anforderungen, wenn sie
1. eine Prüfung als staatlich anerkannter Techniker erfolgreich abgelegt haben,
2. danach eine praktische Tätigkeit als Techniker mindestens 2 Jahre lang ausgeübt haben und
3. einen staatlichen oder berufsgenossenschaftlichen Ausbildungslehrgang oder einen staatlich oder berufsgenossenschaftlich anerkannten Ausbildungslehrgang eines anderen Veranstaltungsträgers mit Erfolg abgeschlossen haben.

Die Anforderungen erfüllt im Einzelfall auch, wer ohne Prüfung als staatlich anerkannter Techniker mindestens 4 Jahre lang tätig war und einen staatlichen oder berufsgenossenschaftlichen Ausbildungslehrgang oder einen staatlich oder berufsgenossenschaftlich anerkannten Ausbildungslehrgang eines anderen Veranstaltungsträgers mit Erfolg abgeschlossen hat.
(5) Sicherheitsmeister erfüllen die Anforderungen, wenn sie
1. die Meisterprüfung erfolgreich abgelegt haben,
2. danach eine praktische Tätigkeit als Meister für mindestens 2 Jahre lang ausgeübt haben und
3. einen staatlichen oder berufsgenossenschaftlichen Ausbildungslehrgang oder einen staatlichen oder berufsgenossenschaftlich anerkannten Ausbildungslehrgang eines anderen Veranstaltungsträgers mit Erfolg abgeschlossen haben.

Die Anforderungen erfüllt im Einzelfall auch, wer ohne Meisterprüfung mindestens 4 Jahre lang in gleichwertiger Funktion tätig war und einen staatlichen oder berufsgenossenschaftlichen Ausbildungslehrgang oder einen staatlich oder berufsgenossenschaftlich anerkannten Ausbildungslehrgang eines anderen Veranstaltungsträgers mit Erfolg abgeschlossen hat.

---

1 vgl. Anlage Nr. 26

Anhang Nr. 17

Zu § 3 Abs. 3 bis 5:
Die Ausbildungslehrgänge werden bis zur Neuregelung nach Grundsätzen gestaltet, die der Bundesminister für Arbeit und Sozialordnung im Rahmen der Fachaufsicht mit Schreiben vom 2. Juli 1979 an die Träger der gesetzlichen Unfallversicherung festgelegt hat.[1]

§ 4 Fortbildung

Der Unternehmer hat den Fachkräften für Arbeitssicherheit die Teilnahme an Fortbildungsmaßnahmen zu ermöglichen, soweit die Fortbildungsmaßnahme den betrieblichen Belangen entspricht.

§ 5 Bericht

Der Unternehmer hat Fachkräfte für Arbeitssicherheit nach § 2 Abs. 1 dieser Unfallverhütungsvorschrift zu verpflichten, regelmäßig über die Erfüllung der übertragenen Aufgaben Bericht zu erstatten.

Zu § 5 Abs. 1:
Die Berichtspflicht besteht für jede Fachkraft für Arbeitssicherheit oder für den bestellten überbetrieblichen sicherheitstechnischen Dienst. Hauptamtlich tätige Fachkräfte für Arbeitssicherheit sollten mindestens einmal im Jahr die Ergebnisse ihres Einsatzes im Betrieb in einem Bericht zusammenfassen. Für nebenamtlich tätige Fachkräfte für Arbeitssicherheit oder für überbetriebliche sicherheitstechnische Dienste richtet sich die Berichtsabgabe nach der Häufigkeit, mit der sie für den Betrieb im Einsatz sind. Erfolgt der Einsatz in Abständen von mehr als einem Jahr, so ist mindestens nach jeder Betriebsbegehung schriftlich ein Bericht zu erstatten.

§ 6 Übergangs- und Ausführungsbestimmungen

Die Verpflichtung zum Nachweis einer qualifizierten, bedarfsgerechten Beratung in Fragen der Arbeitssicherheit und des Gesundheitsschutzes nach § 2 Abs. 3 Nr. 3 tritt 5 Jahre nach In-Kraft-Treten dieser Unfallverhütungsvorschrift in Kraft.

§ 7 In-Kraft-Treten

Diese Unfallverhütungsvorschrift tritt am 1. April 1997 in Kraft.
Gleichzeitig tritt die Unfallverhütungsvorschrift »Sicherheitsingenieure und andere Fachkräfte für Arbeitssicherheit« (VBG 122) vom 1. Dezember 1974 in der Fassung vom 1. April 1983 außer Kraft.

---

[1] vgl. Anlagen Nr. 24 und 25

Teil V

Anhang Nr. 18

Unfallverhütungsvorschrift »Betriebsärzte« (BGV A 7) der Fleischerei-BG (Auszüge)

vom 1. April 1997
mit Durchführungsanweisungen vom April 1997

§ 1 Geltungsbereich

Diese Unfallverhütungsvorschrift gilt für Unternehmer, die nach § 2 Betriebsärzte zu bestellen haben.

Zu § 1:
Nach Artikel 1 § 15 Abs. 1 Nr. 6 des Gesetzes zur Einordnung des Rechts der gesetzlichen Unfallversicherung in das Sozialgesetzbuch (UVEG) vom 7. August 1996 (BGBl. I S. 1254) erlassen die Berufsgenossenschaften Vorschriften über die Maßnahmen, die der Unternehmer zur Erfüllung der sich aus dem Gesetz über Betriebsärzte, Sicherheitsingenieure und andere Fachkräfte für Arbeitssicherheit ergebenden Pflichten zu treffen hat. Diese Unfallverhütungsvorschrift regelt Maßnahmen, die der Unternehmer zur Erfüllung der sich aus § 2 Abs. 1 in Verbindung mit § 4 und § 2 Abs. 3 des Arbeitssicherheitsgesetzes ergebenden Pflichten zu treffen hat.

§ 2 Bestellung

(1) Der Unternehmer hat Betriebsärzte zur Wahrnehmung der in § 3 des Gesetzes über Betriebsärzte, Sicherheitsingenieure und andere Fachkräfte für Arbeitssicherheit (Arbeitssicherheitsgesetz) bezeichneten Aufgaben schriftlich zu bestellen oder zu verpflichten; hinsichtlich Art und Umfang der Beauftragung hat der Unternehmer vom Gefährdungspotenzial des Arbeitsplatzes auszugehen, das nach den Merkmalen der nachstehenden Tabelle[1] zu ermitteln ist.
Für sonstige, nicht aufgeführte Tätigkeiten ist die Bewertung und Zuordnung einer Belastungsziffer anhand vergleichbarer Gefährdungen vorzunehmen. Bei wechselnden Tätigkeiten ist stets die höchste Belastungsziffer der Teiltätigkeiten anzusetzen.
(2) Die Berufsgenossenschaft kann im Einzelfall im Einvernehmen mit der nach § 12 des Arbeitssicherheitsgesetzes zuständigen Behörde eine Ausnahme von Absatz 1 bewilligen und geringere Einsatzzeiten festsetzen, soweit im Betrieb, verglichen mit Betrieben der gleichen Art, die Unfall- und Gesundheitsgefahren unterdurchschnittlich gering sind. Die Berufsgenossenschaft kann ferner im Einzelfall im Einvernehmen mit der nach § 12 des Arbeitssicherheitsgesetzes zuständigen Behörde abweichend von Absatz 1 höhere Einsatzzeiten festsetzen, soweit im Betrieb, verglichen mit Betrieben der gleichen Art, überdurchschnittliche Unfall- und Gesundheitsgefahren bestehen.
(3) Der Unternehmer kann nach Maßgabe der Anlage von der Verpflichtung nach Abs. 1 absehen, wenn
1. die nach der Tabelle zu § 2 Abs. 1[1] errechnete Einsatzzeit weniger als 60 Stunden/Jahr beträgt,
2. der Unternehmer an von der Berufsgenossenschaft festgelegten Informations- und Motivationsmaßnahmen teilgenommen hat und in regelmäßigen Zeitabständen Fortbildungsveranstaltungen der Berufsgenossenschaft besucht
und
3. er eine qualifizierte, bedarfsgerechte Beratung in Fragen der Arbeitsmedizin und des Gesundheitsschutzes nachweist.

---
1 nicht abgedruckt

Anhang Nr. 18

Spezielle arbeitsmedizinische Vorsorgeuntersuchungen nach anderen Rechtsvorschriften bleiben hiervon unberührt.

Zu § 2 Abs. 1:
1. *Betriebsärzte können als ständig oder zeitweise tätige Kräfte bestellt werden. Sie können vom Unternehmer eingestellt oder freiberuflich tätig sein oder auch einem überbetrieblichen Dienst angehören, den der Unternehmer nach § 19 des Arbeitssicherheitsgesetzes verpflichtet hat. Eine qualitativ hochwertige arbeitsmedizinische Betreuung ist unabhängig von der Betreuungsform zu gewährleisten.*
Die Einsatzzeit ist die Arbeitszeit, die den Betriebsärzten zur Erfüllung ihrer Aufgaben im Betrieb je Jahr und Arbeitnehmer mindestens zur Verfügung stehen muss. So können z.b. Wegzeiten eines nicht im Betrieb eingestellten Betriebsarztes nicht als Einsatzzeit angerechnet werden.
Mit einer Übertragung der Aufgaben nach § 3 des Arbeitssicherheitsgesetzes in Verbindung mit dieser Unfallverhütungsvorschrift an einen überbetrieblichen arbeitsmedizinischen Dienst erfüllt der Unternehmer seine gesetzliche Verpflichtung, wenn dieser überbetriebliche Dienst mindestens die Forderungen erfüllt, die ein Betriebsarzt aufgrund des Arbeitssicherheitsgesetzes zu erfüllen hätte.
2. *Den berechneten Einsatzzeiten liegen die Gefährdungspotenziale sowie die Organisations- und Arbeitnehmerstruktur typischer Unternehmenszweige bei Beachtung der Arbeitsschutz- und Unfallverhütungsvorschrift zugrunde. Diese Einsatzzeiten werden benötigt, wenn an den Arbeitsplätzen die Unfallverhütungsvorschriften und sonstigen Vorschriften zum Arbeitsschutz eingehalten sind. Entsprechend ist der Unternehmer verpflichtet, dem Betriebsarzt darüber hinausgehende Einsatzzeiten zur Verfügung zu stellen, wenn die besonderen Umstände dies erfordern (z.B. Störfall, Reparaturfall).*
Zur Ermittlung der Einsatzzeit ist die Zahl der einer Gruppe zuzuordnenden Arbeitnehmer mit der für diese Gruppe in § 2 Abs. 1 angegebenen Belastungsziffer zu vervielfältigen. Die für die einzelnen Gruppen errechneten Zahlen geben zusammengenommen die jährliche Einsatzzeit für den Betrieb.
Das Gefährdungspotenzial für die Tätigkeitsgruppen wird durch eine **Belastungsziffer** *ausgedrückt (siehe Tabelle)[1]. Die Belastungsziffer gibt gleichzeitig an, welchen zeitlichen Umfang (Einsatzzeit) eine arbeitsmedizinische Betreuung in Anspruch nehmen sollte und drückt den Bruchteil einer Stunde je zu Betreuendem und Jahr aus, der ohne Vorliegen besonderer Umstände als ausreichend angesehen werden kann. Das* **Betreuungsintervall** *drückt das längste Intervall in Jahren aus, das zwischen den Maßnahmen der arbeitsmedizinischen Betreuung in einer Tätigkeitsgruppe liegen sollte.*
3. *Unter »Betrieb« ist eine räumlich und technisch abgegrenzte, anch Aufgabenbereich und Organisation eigenständige, wenn auch nicht vollständig selbständige Unternehmenseinheit zu verstehen.*
Entsprechend der Regelung des § 4 Betriebsverfassungsgesetz gelten Betriebsteile als selbständige Betriebe bei Anwendung der Tabelle[1], wenn sie
– räumlich weit entfernt vom Hauptbetrieb
oder
– durch Aufgabenbereich und Orgnisation eigenständig sind.
4. *die Zuordnung der Belastungsziffern für die jeweiligen Arbeitsplätze oder Tätigkeitsgruppen sind der Tabelle zu entnehmen.*

Zu § 2 Abs. 3:
Die in § 3 des Arbeitssicherheitsgesetzes bezeichneten Aufgaben können alternativ zur Regelbetreuung nach § 2 Abs. 1 auch durch die Betreuungsform nach § 2 Abs. 3 unter den dort genannten Bedingungen erfüllt werden.
Diese Betreuungsform stellt eine praktikable Lösung zur Realisierung der Betreuung von Klein- und Mittelbetrieben nach dem Arbeitssicherheitsgesetz dar. Sie ist neben den bislang gültigen Formen der

---

1 nicht abgedruckt

Teil V

Regelbetreuung für alle Betriebe, für die sich nach Regeleinsatzzeit weniger als 60 Stunden pro Jahr für den Betriebsarzt ergeben würden, als gleichwertige Betreuungsform anzusehen.
Die Ausgestaltung erfolgt unter Berücksichtigung der gewerbezweigspezifischen Struktur, der Unternehmensorganisation und der betrieblichen Risikopotenziale auf Grundlage von Gefährdungsermittlungen und -beurteilungen.
Besonderes Augenmerk gilt dabei der Tatsache, dass der Unternehmer des Klein- und Mittelbetriebes die alleinige Entscheidungsgewalt hat. Nur wenn er entsprechend motiviert und informiert ist, kann durch externe, qualifizierte Beratung eine Verbesserung des Arbeitsschutzes im Klein- und Mittelbetrieb erfolgen. Hierauf stellen sowohl die Motivationsmaßnahme als auch die Informationsmaßnahme und der Nachweis einer qualifizierten Beratung im Bedarfsfall ab.
Form, Inhalt und Dauer der Motivations- und Informationsmaßnahme für Unternehmer werden von der Berufsgenossenschaft auf der Grundlage der Rahmenanforderungen des BMA vom 23. 6. 1992 festgelegt und sind in der Anlage zu dieser Unfallverhütungsvorschrift enthalten.
Spezielle arbeitsmedizinische Vorsorgeuntersuchungen siehe z.B. Unfallverhütungsvorschrift »Arbeitsmedizinische Vorsorge« (VBG 100).
Dem Unternehmer werden Checklisten und Handlungshilfen zur Durchführung der Gefährdungsermittlung und -beurteilung durch die Fleischerei-Berufsgenossenschaft zur Verfügung gestellt.

§ 3 Fachkunde

(1) Der Unternehmer darf als Betriebsärzte nur Ärzte bestellen, die über die erforderliche arbeitsmedizinische Fachkunde verfügen.
(2) Der Unternehmer darf als Betriebsärzte nur Ärzte bestellen, die im Jahr regelmäßig mindestens 50 Arbeitsstunden als solche tätig sind.
(3) Der Unternehmer kann die erforderliche Fachkunde als gegeben ansehen bei Ärzten, die nachweisen, dass sie berechtigt sind,
1. die Gebietsbezeichnung »Arbeitsmedizin«
   oder
2. die Zusatzbezeichnung »Betriebsmedizin«
zu führen.
(4) Der Unternehmer kann die erforderliche Fachkunde ferner als gegeben ansehen bei Ärzten während ihrer Weiterbildung zum Erwerb der Zusatzbezeichnung »Betriebsmedizin« in der hierfür erforderlichen mindestens zweijährigen durchgehenden regelmäßigen Tätigkeit, wenn sie durch eine von der zuständigen Ärztekammer erteilte Bescheinigung nachweisen, dass sie bereits
1. eine in der Weiterbildung vorgeschriebene klinische oder poliklinische Tätigkeit und
2. mindestens ein Drittel des dreimonatigen theoretischen Kurses über Arbeitsmedizin absolviert haben. Dies gilt nur, wenn gewährleistet ist, dass der theoretische Kurs nach Nummer 2 innerhalb von 2 Jahren nach der Bestellung beendet wird. Den Nachweis hat der Betriebsarzt dem Unternehmer gegenüber zu erbringen.
(5) Der Unternehmer kann abweichend von den Absätzen 2 und 3 davon ausgehen, dass Ärzte über die erforderliche Fachkunde verfügen, wenn sie
1. eine Bescheinigung der zuständigen Ärztekammer darüber besitzen, dass sie vor dem
   1. Januar 1985 ein Jahr klinisch oder poliklinisch tätig gewesen sind und an einem arbeitsmedizinischen Einführungslehrgang teilgenommen haben und
2. a) bis zum 31. Dezember 1985 mindestens 500 Stunden innerhalb eines Jahres betriebsärztlich tätig waren oder
   b) bis zum 31. Dezember 1987 einen dreimonatigen Kurs über Arbeitsmedizin absolviert haben
und über die Voraussetzungen nach Nummer 2 Buchstabe a) oder b) eine von der zuständigen Ärztekammer erteilte Bescheinigung beibringen.
Die Bescheinigung der zuständigen Ärztekammer muss bis spätestens 1. 4. 1997 erteilt sein.

§ 4 Fortbildung

Der Unternehmer hat den Betriebsärzten die Teilnahme an geeigneten arbeitsmedizinischen Fortbildungsmaßnahmen zu ermöglichen, soweit die Fortbildungsmaßnahme den betrieblichen Belangen entspricht.

Zu § 4:
Bezüglich der Teilnahme an arbeitsmedizinischen Fortbildungsmaßnahmen wird auf § 2 Abs. 3 Arbeitssicherheitsgesetz verwiesen. Geeignet sind z.B. Fortbildungsveranstaltungen, zu denen die gewerblichen Berufsgenossenschaften, ihre Landesverbände oder der Hauptverband einladen, sowie Fortbildungsveranstaltungen der Bundes- und Länderanstalten für Arbeitsschutz und Arbeitsmedizin, Deutschen Gesellschaft für Arbeitsmedizin und Umweltmedizin, des Verbandes Deutscher Betriebs- und Werksärzte und ärztlicher Standesorganisationen, soweit deren Inhalt den betrieblichen Belangen entspricht.

§ 5 Bericht

Der Unternehmer hat Betriebsärzte nach § 2 Abs. 1 dieser Unfallverhütungsvorschrift zu verpflichten, über die Erfüllung der übertragenen Aufgaben regelmäßig Bericht zu erstatten.

Zu § 5:
Die Berichtspflicht besteht für jeden Betriebsarzt oder für den bestellten überbetrieblichen arbeitsmedizinischen Dienst. Hauptamtlich tätige Betriebsärzte sollten mindestens einmal im Jahr die Ergebnisse ihres Einsatzes im Betrieb in einem Bericht zusammenfassen. Für nebenamtlich tätige Betriebsärzte oder für überbetriebliche arbeitsmedizinische Dienste richtet sich die Berichtsabgabe nach der Häufigkeit, mit der sie für den Betrieb im Einsatz sind, d.h. erfolgt der Einsatz in Abständen von mehr als einem Jahr, so ist mindestens nach jeder Betriebsbegehung schriftlich ein Bericht zu erstatten.

§ 6 Übergangs- und Ausführungsbestimmungen

Die Verpflichtung zum Nachweis einer qualifizierten, bedarfsgerechten Beratung in Fragen der Arbeitsmedizin und des Gesundheitsschutzes nach § 2 Abs. 3 Nr. 3 tritt 5 Jahre nach In-Kraft-Treten dieser Unfallverhütungsvorschrift in Kraft.

§ 7 In-Kraft-Treten

Diese Unfallverhütungsvorschrift tritt am 1. April 1997 in Kraft und gilt befristet bis zum 31. März 2002. Gleichzeitig tritt die Unfallverhütungsvorschrift »Betriebsärzte« (VBG 123) vom 1. Oktober 1975 in der Fassung vom 1. April 1989 außer Kraft.

Anhang Nr. 19

Gemeinsame Anlage zu § 2 Abs. 3 der Unfallverhütungsvorschriften UVV BGV A 6, A 7 der Fleischerei-BG

Ziel der Betreuungsform nach § 2 Abs. 3

Ziel dieser Betreuungsform ist eine bedarfsgerechte und qualitativ hochstehende Beratung in allen Fragen des Arbeitsschutzes für Klein- und Mittelbetriebe.

Unter Arbeitsschutz werden alle Maßnahmen verstanden, die die Sicherheit und Gesundheit des Arbeitnehmers bei der Arbeit zum Ziel haben.

Der Unternehmer soll durch Motivation
- Arbeitsschutz als unverzichtbares Element in die unternehmenspolitischen Überlegungen integrieren,
- bereit sein, Sicherheit und Gesundheit der Arbeitnehmer zu gewährleisten und alle dazu führenden Maßnahmen auf höchstmöglichem Niveau im Betrieb umzusetzen,
- bereit sein, extern angebotene, qualifizierte Beratung im Arbeitsschutz bedarfsgerecht in Anspruch zu nehmen und die Ergebnisse in die betrieblichen Entscheidungen einzubeziehen

und durch Information
- Probleme des betrieblichen Arbeitsschutzes erkennen, grundsätzlich beurteilen und reagieren können,
- erkennen, wann Beratungsbedarf besteht und dann entsprechend extern angebotene, qualifizierte Beratung anfordern,
- Sicherheit und Gesundheitsschutz der Arbeitnehmer gewährleisten und alle dazu führenden Maßnahmen auf höchstmöglichem Niveau im Betrieb umsetzen können,
- Erkenntnisse hinsichtlich der Verfahren und Maßnahmen der Gefährdungsanalyse erwerben.

Unternehmermotivationsmaßnahme

II.1.1 Form
Die Motivation der Unternehmer erfolgt in seminaristischer Form. Anwesenheit des Unternehmers für die gesamte Seminardauer ist erforderlich.
Die Themen sind insbesondere:
- Einfluss des Arbeitsschutzes auf Gesundheit, Krankenstand, Betriebsklima und Leistungsfähigkeit
- Arbeitsschutz als Teil der Unternehmensziele
  - effiziente Produktion
  - Qualität
  - Konkurrenzfähigkeit
  - Image
- Verantwortung des Unternehmers im Arbeitsschutz
- Arbeitsschutz als Führungsaufgabe des Unternehmers
- Psychologische Aspekte des Arbeitsschutzes
- Methoden der Unterweisung in Belangen des Arbeitsschutzes

II.1.2 Dauer
Das Motivationsseminar hat eine Dauer von 16 Lehreinheiten.

II.1.3 Organisation
Die Themen werden nach anerkannten Methoden der Erwachsenenbildung behandelt. Der Unternehmer ist direkt an den Schritten zur Erreichung der gesteckten Lernziele beteiligt.

Anhang Nr. 19

Die Seminare werden von der Fleischerei-Berufsgenossenschaft durchgeführt; sie setzt dabei Personen ein, die über die erforderliche sicherheitstechnische und arbeitsmedizinische Fachkunde und über umfangreiche Kenntnisse des Arbeitsschutzes in der Fleischwirtschaft verfügen.
Die Unternehmer werden gezielt zu den Seminaren eingeladen und erhalten nach Absolvierung eine Teilnahmebescheinigung.

Informationsmaßnahme

II.2.1 Form
Die Information der Unternehmer erfolgt durch speziell dafür konzipierte Medien oder im Rahmen spezieller Informationsveranstaltungen (z.B. Innungsversammlungen). Damit ist sichergestellt, dass innerhalb von 3 Jahren der Teilnahme an der Informationsmaßnahme ein Informationsstand erzielt wird, der in seminaristischer Form vermittelt, einem Umfang von 1½ Wochen oder 48 Lehreinheiten entsprechen würde.
Die Themen sind insbesondere:
- Verantwortung für Arbeitsschutz – Rechtspflichten und Rechtsfolgen
- Auf dem Gebiet des Arbeitsschutzes tätige Einrichtungen und Organisationen
- Grundlagen für die Durchführung von Gefährdungsanalysen
- Wirtschaftliche Aspekte des Arbeitsschutzes
- Sicherheit auf Arbeits- und Dienstwegen
- Vorschriften und Regelwerke, die für den Arbeitsschutz in der Fleischwirtschaft relevant sind
- Zusammenhänge zwischen Unfällen, Berufskrankheiten sowie sonstigen arbeitsbedingten Erkrankungen einerseits und Expositionsbedingungen und Belastungen der Arbeitnehmer am Arbeitsplatz andererseits
- Maschinen-, Anlagen- und Gerätesicherheit
- Gefahrstoffe
- Arbeitshygiene
- Arbeitsmedizinische Vorsorge
- Berufskrankheiten und Berufskrankheiten-Verfahren
- Biologische Agenzien
- Ergonomie
- Lärmschutz
- Persönliche Schutzausrüstung

II.2.2 Dauer
Die Informationsmaßnahme läuft zeitlich unbegrenzt.

II.2.3 Organisation
Die Lehrinhalte werden spätestens 3 Jahre nach Absolvierung des Motivationsseminares im Rahmen enes Erfahrungsaustausches mit Erfolgskontrolle, z.B. im Rahmen einer Innungsveranstaltung, vertieft.
Danach erhält der Unternehmer ein Zertifikat über den Abschluss des »Grundprogrammes« der Motivations- und Informationsmaßnahme.

Anerkennung von Vorbildungen der Unternehmer

Absolventen der Meisterausbildung oder gleichwertiger Aus- und Fortbildungsmaßnahmen können von der Berufsgenossenschaft ein Zertifikat über den Abschluss des Grundprogrammes der Motivations- und Informationsmaßnahme erhalten, wenn diese Maßnahmen im Rahmen der Ausbildung von der Fleischerei-Berufsgenossenschaft beim Ausbildungsträger durchgeführt wurden. Eine Abschlussprüfung ist mit Erfolg zu absolvieren.

Teil V

Die Bescheinigung kann nur erteilt werden, wenn die Abschlussprüfung der Ausbildung nicht mehr als 5 Jahre zurückliegt.
Unternehmer mit dieser Bescheinigung steigen direkt in die Fortbildung (nach Punkt IV) ein.

Fortbildung

Das Zertifikat über den Abschluss des Grundprogramms der Motivations- und Informationsmaßnahme (II.2.3 oder III) ist Voraussetzung für die Teilnahme an im Abstand von höchstens 5 Jahren stattfindenden Fortbildungsveranstaltungen. Die Fortbildungsveranstaltungen werden entweder von der Fleischerei-Berufsgenossenschaft allein oder zusammen mit geeigneten Veranstaltungen der Unternehmer wie z.B. Innungsveranstaltungen durchgeführt.

Externe Beratung

- Bedarf
Beratungsbedarf ist unter Zugrundelegung einer vom Unternehmer durchzuführenden Gefährdungsermittlung und -beurteilung gegeben bei
  - Neu- und Umbau der Betriebsräume und -anlagen bezogen auf
  - Fußböden
  - Beleuchtung
  - Installation der Energieversorgung
  - Verkehrswege, Rettungswege
  - Umgestaltung der Arbeitsplätze
  - Veränderung der Voraussetzungen für Klima und Temperatur
  - Umrüstung von Maschinen, Anlagen und Einrichtungen
  - Beschaffung von Maschinen, technischen Arbeitsmitteln und persönlicher Schutzausrüstung
  - Änderung von Arbeitsverfahren
  - Erstellung der betrieblichen Gefährdungsermittlung und -beurteilung
  - Betriebs- oder Zweigbetriebseröffnung oder -übernahme
  - Auflagen und Anordnungen von Fleischerei-Berufsgenossenschaften oder Gewerbeaufsicht
  - besonderem Unfall- und Erkrankungsgeschehen.
Diese beispielhafte Aufzählung von Beratungsanlässen wird ergänzt durch die Ergebnisse der vom Unternehmer durchgeführten Gefährdungsermittlung und -beurteilung
- Konzept für Gefährdungsermittlung und -beurteilung.

Dokumentation

Der Unternehmer hat im Betrieb folgende Unterlagen vorzuhalten:
- Nachweis der gewählten Betreuungsform,
- Teilnahmenachweis über Motivations- und Informationsmaßnahmen sowie Fortbildungsveranstaltungen.
Der Unternehmer führt den Nachweis über bedarfsgerechte Beratung durch regelmäßige Ermittlung des Bedarfs anhand von Gefährdungsermittlungen und -beurteilungen.
- Inanspruchnahme der Beratung
- Protokoll über die Beratung
Das Protokoll muss mindestens Angaben enthalten über:
- Beratungstermin
- Teilnehmer an der Beratung
- Beratungsgegenstand und -inhalte.

Unternehmerpflichten nach § 2 Abs. 3

VII.1
Der Unternehmer muss innerhalb einer Frist von 3 Monaten nach In-Kraft-Treten dieser Unfallverhütungsvorschrift seine Entscheidung für diese Betreuungsform der Berufsgenossenschaft schriftlich mitteilen.

VII.2
Mit dieser Mitteilung verpflichtet sich der Unternehmer gleichzeitig zur Teilnahme an einer Motivationsmaßnahme, zu der er von der Fleischerei-Berufsgenossenschaft eingeladen wird.

VII.3
Kommt der Unternehmer der Verpflichtung nach Nr. VII.1 bzw. VII.2 nicht nach, so gelten für ihn die Bedingungen der Regelbetreuung nach § 2 Abs. 1 der Unfallverhütungsvorschriften »Fachkräfte für Arbeitssicherheit« (BGV A 6) und »Betriebsärzte« (BGV A 7). Dies gilt bis zum Ablauf des Kalendervierteljahres, in dem der Unternehmer die Motivationsmaßnahme der Fleischerei-Berufsgenossenschaft absolviert hat.

Teil V

Anhang Nr. 20
Arbeitssicherheitsgesetz
Betriebsärztliche Betreuung von Kleinbetrieben[1]

Schreiben des BMA vom 9. Juni 1992 – III b 7-36021-5 –

Einführung

Die betriebsärztliche Betreuung aller Arbeitnehmer soll zukünftig flächendeckend eingeführt werden. Grundlage hierfür sind die »Rahmenbedingungen für die betriebsärztliche Betreuung von Kleinbetrieben nach dem Arbeitssicherheitsgesetz (ASiG)«, die in einem Arbeitskreis des Bundesministeriums für Arbeit und Sozialordnung mit Vertretern der Bundesvereinigung der Deutschen Arbeitgeberverbände, des Deutschen Gewerkschaftsbundes, des Verbandes Deutscher Betriebs- und Werksärzte, der Bundesärztekammer, der gewerblichen Berufsgenossenschaften und der Bundesländer erarbeitet wurden.

Sie enthalten fachlich begründete Vorgaben zur Einbeziehung von Kleinbetrieben in die betriebsärztliche Betreuung nach dem Arbeitssicherheitsgesetz. Sie sind als Rahmenbedingungen für die zu bildenden konkreten betriebsärztlichen Betreuungsmodelle zu verstehen. Der Bundesminister für Arbeit und Sozialordnung hat mit Schreiben vom 9. Juni 1992 die gewerblichen Berufsgenossenschaften aufgefordert, bis Ende 1992 – unter Einbeziehung der »Rahmenbedingungen« – Grundsatzentscheidungen zur zukünftigen betriebsärztlichen Betreuung der Kleinbetriebe herbeizuführen. Dabei muss letztlich das Ziel darin bestehen, alle Betriebe, die mindestens einen Arbeitnehmer beschäftigen, einzubeziehen (Vollbetreuung). Vor dem Hintergrund der Diskussion über geeignete Formen der Vollbetreuung soll dabei sichergestellt werden, dass im Interesse einer Vielfalt der Organisationsformen – auch ggfs. vorgesehenen eigenen arbeitsmedizinischen Diensten von Berufsgenossenschaften – für die betriebsärztliche Betreuung von Kleinbetrieben sich alle geeigneten Anbieter an der Betreuung beteiligen können.

Rahmenbedingungen für die betriebsärztliche Betreuung von Kleinbetrieben nach dem Arbeitssicherheitsgesetz (ASiG)

Inhalt   Ziffern

Vorbemerkungen 1– 5
Inhalte betriebsärztlicher Betreuung von Kleinbetrieben 6–11
Organisation der betriebsärztlichen Betreuung von Kleinbetrieben 12–15
Weitere Aspekte der betriebsärztlichen Betreuung von Kleinbetrieben 16–18
Umsetzung der Rahmenbedingungen 19
Anhang: Ermittlung von Belastungen und Gefährdungen im Betrieb 20–22

Vorbemerkungen

1. Der betriebsärztlichen Betreuung von Kleinkindern nach dem Arbeitssicherheitsgesetz liegen die im § 3 des ASiG festgelegten Aufgaben der Betriebsärzte zugrunde.
2. Auch Kleinbetriebe benötigen die Beratung durch Betriebsärzte und Fachkräfte für Arbeitssicherheit, da dort die Probleme der Sicherheit und des Gesundheitsschutzes nicht anders zu bewerten sind als in mittleren und größeren Betrieben. Das ASiG bezieht seit 1973 alle Arbeitnehmer in die betriebsärztliche Betreuung ein. Lediglich aus Gründen der Durchführbarkeit des ASiG in der Aufbauphase haben die Unfallversicherungsträger in den Unfallverhütungsvorschriften – mit Ausnahme weniger

---
[1] Bundesarbeitsblatt 7–8/1992, 66

Anhang Nr. 20

Bereiche – Schwellenwerte festgelegt, unterhalb derer ein Arbeitgeber zunächst nicht verpflichtet war, einen Betriebsarzt zu bestellen. Daraus folgt, dass bisher nur rd. 50 Prozent aller Arbeitnehmer durch Betriebsärzte (und Fachkräfte für Arbeitssicherheit) betreut werden. Diese derzeit noch vorhandenen Schwellenwerte in den einschlägigen Unfallverhütungsvorschriften der Unfallversicherungsträger müssen wegfallen, um eine Betreuung aller Arbeitnehmer zu erreichen.

Die Bundesregierung hat sich dieses Ziel bereits in ihrer Antwort auf eine Große Anfrage zum Arbeitssicherheitsgesetz im Jahr 1989 (Drucks. 11/4895) gesetzt. Des weiteren sieht auch die »Rahmenrichtlinie« der Europäischen Gemeinschaft vom 12. Juni 1989 (89/391/EWG) über die Durchführung von Maßnahmen zur Verbesserung der Sicherheit und des Gesundheitsschutzes der Beschäftigten bei der Arbeit eine betriebsärztliche und sicherheitstechnische Betreuung für alle Beschäftigten vor. Bis Ende 1992 ist diese EG-Richtlinie in nationales Recht der Mitgliedstaaten umzusetzen.

3. Arbeitsunfälle, Berufskrankheiten und arbeitsbedingte Erkrankungen haben – über die damit für die Betroffenen verbundenen Leiden und ihre negativen volkswirtschaftlichen Folgen hinaus – auch nicht zu vernachlässigende betriebliche Folgewirkungen. Die Betriebe sind sich vielfach noch nicht hinreichend bewusst, in welchem Maße die betriebliche Leistung (Produktionsleistung, Qualität der Produkte) durch krankheitsbedingte Abwesenheit der Beschäftigten belastet wird, welche zusätzlich die betrieblichen Kosten erhöhen. Durch die geringere Beschäftigtenzahl in einem Kleinbetrieb wird dieser Einfluss verstärkt. Arbeitsschutzmaßnahmen sollten daher auch in Kleinbetrieben selbstverständlicher Bestandteil der betrieblichen Entscheidungen sein.

4. Die spezifischen Gegebenheiten in Kleinbetrieben bringen es mit sich, dass bisher übliche Organisationsformen für die betriebsärztliche Betreuung (Betreuungsmodelle) aus dem Bereich der großen und mittleren Betriebe nicht oder nur mit Einschränkungen auf Kleinbetriebe oder kleinere und kleinste Einheiten ausgelagerter Betriebsstätten von Mittel- und Großbetrieben übertragbar sind.

Einem in einem Kleinbetrieb tätigen Arzt steht beispielsweise kein Stab von Experten anderer Fachrichtungen zur Verfügung, die ihm bei seinen Entscheidungen Hilfestellung leisten. Die betriebsärztliche Betreuung im Kleinbetrieb kann in ihrer Wirksamkeit durch eine ungenügende Zusammenarbeit und einen fehlenden Informationsfluss zwischen Unternehmer, Arbeitnehmer und Betriebsarzt erschwert werden. Es kommt hinzu, dass in kleinen Betrieben häufig die für den Arbeitsschutz notwendigen Instanzen fehlen (Fachkräfte für Arbeitssicherheit, Arbeitsschutzausschuss, Betriebs-/Personalräte u.a.).

Betriebsärztliche Betreuungsformen für Kleinbetriebe müssen
– den erforderlichen Schutz der Arbeitnehmer sicherstellen, aber auch
– die betrieblichen Gegebenheiten, Anforderungen sowie Möglichkeiten des individuellen Kleinbetriebes berücksichtigen;
– praktikabel und zweckmäßig sein, ohne dass
– unzumutbare Belastungen für den Kleinbetrieb entstehen.

5. Die betriebsärztliche Betreuung von Kleinbetrieben auf der Basis des Arbeitssicherheitsgesetzes berührt die Belange von Arbeitgebern, Arbeitnehmern, Betriebs-/Personalräten, Betriebsärzten und beteiligter Fachverbände bzw. -institutionen. Eine wichtige Grundlage für die betriebsärztliche Betreuung ist die Sicherstellung eines Vertrauensverhältnisses zwischen Arbeitgeber, Betriebsarzt und Arbeitnehmer. Die folgenden Ausführungen setzen Rahmenbedingungen für die betriebsärztliche Betreuung von Kleinbetrieben, die durch die zuständigen Fachverbände und -institutionen auszufüllen sind.

Inhalte betriebsärztlicher Betreuung von Kleinbetrieben

6. Die betriebsärztliche Tätigkeit orientiert sich bisher an (Mindest-)Einsatzzeiten, die von den Unfallversicherungsträgern in der Unfallverhütungsvorschrift »Betriebsärzte« (VBG 123) festgelegt werden. Das bisherige System von Einsatzzeiten baut auf einer

Teil V

groben Typisierung der Belastungen und Gefährdungen einer Branche auf. Es berücksichtigt jedoch nicht hinreichend die tatsächlichen Belastungen und Gefährdungen an den Arbeitsplätzen. Weiterhin stellt es nach vorliegenden Erfahrungen daher keine für sich allein ausreichende Basis für die betriebsärztliche Betreuung dar – auch von Kleinbetrieben. Eine wirksame Betreuung sollte vielmehr auf Grundlage betriebsärztlicher Tätigkeitskataloge erfolgen, welche die festgelegten betriebsärztlichen Aufgaben nach § 3 ASiG konkretisieren.

Diese Tätigkeitskataloge haben von einer Analyse der Belastungen und Gefährdungen der Arbeitsplätze im Betrieb bzw. typischer Arbeitsplätze von Gewerbezweigen auszugehen, welche in festzulegenden Zeitabständen bzw. auch bei konkretem Bedarf durchzuführen sind[1,2]. Konkreter Bedarf ist z.b. die Planung neuer Arbeitsplätze. Dies ergibt sich im Übrigen auch als Arbeitgeberverpflichtung aus der EG-Rahmenrichtlinie (89/391/EWG).

7. Belastungen und Gefährdungen am Arbeitsplatz können beim Arbeitnehmer durch die dadurch bewirkte Beanspruchung unter Umständen eine Gesundheitsgefährdung hervorrufen, die individuell unterschiedlich sein kann. Diese Beanspruchung ist durch den Betriebsarzt zu bewerten, um einer Erkrankung des Arbeitnehmers präventiv entgegenwirken zu können.
8. Die aus der Belastungs- und Gefährdungsanalyse abgeleiteten betriebsärztlichen Tätigkeitskataloge enthalten Orientierungshilfen für die Aufgaben des Betriebsarztes, insbesondere die Beratung des Betriebes durch den Betriebsarzt, die Durchführung der Betriebsbegehungen, die arbeitsmedizinischen Untersuchungen, die Information/Aufklärung der Arbeitnehmer hinsichtlich Arbeits- und Gesundheitsschutz usw. Diese Kataloge werden durch die Arbeitsschutz-Fachleute in Zusammenarbeit mit anderen betrieblichen und, soweit notwendig, externen Fachleuten erstellt. Es ist darauf zu achten, dass die betriebsärztlichen Tätigkeitskataloge vom Umfang und Inhalt her in Kleinbetrieben anwendbar sind.
9. Die wesentliche Aufgabe der Betriebsärzte liegt in ihrem Präventionsauftrag. Betriebsärztliches Tätigwerden gemäß § 3 ASiG im Betrieb soll Arbeitsunfälle, Berufskrankheiten und arbeitsbedingte Erkrankungen verhindern.

Die Untersuchungen der Arbeitnehmer sollen deshalb aus einer Basisuntersuchung zu allgemeinen arbeitsmedizinischen Fragestellungen sowie den betrieblich erforderlichen speziellen Untersuchungen bestehen. Dazu sollen die bereits in der Praxis durch Betriebsärzte angewandten standardisierten arbeitsmedizinischen Basisuntersuchungsprogramme (bestehend aus Befragung, Untersuchung, Befunderhebung) als Rahmen für die Betriebsärztliche Untersuchungstätigkeit benutzt werden. Diese gestatten es, aus medizinischer Sicht den individuellen Fähigkeiten des Arbeitnehmers die Anforderungen der jeweiligen Arbeit gegenüberzustellen und rechtzeitig gezielte Präventionsprogramme einzuleiten. Die Basisuntersuchungsprogramme sind um die für den einzelnen Kleinbetrieb aufgrund der dort anzutreffenden Belastungen erforderlichen speziellen arbeitsmedizinischen Vorsorgeuntersuchungen, die für die dortigen Arbeitnehmer vorgeschrieben sind, zu ergänzen.

Um Veränderungen hinsichtlich der Gesundheit der Arbeitnehmer langfristig besser verfolgen und beurteilen sowie daraus Präventionsmaßnahmen entwickeln zu können, sollte der Betriebsarzt die Ergebnisse der Basisuntersuchungsprogramme EDV-gerecht dokumentieren. Dabei sollte geprüft werden, inwieweit der Betriebsarzt unter

---

1 Im Anhang sind Rahmenbedingungen für die Analyse der Belastungen und Gefährdungen im Betrieb dokumentiert. Umfang und Inhalte einer solchen Analyse richten sich jedoch nach den betrieblichen Anforderungen und Gegebenheiten des einzelnen Kleinbetriebes.
2 Ergibt sich als Ergebnis einer Belastungs- und Gefährdungsanalyse ein geringes Belastungs- und Gefährdungspotenzial, so kann dies nicht zu einem Entfallen der betriebsärztlichen Betreuung des Kleinbetriebes führen. Im Einzelfall müsste in diesem Betrieb eine betriebsärztliche Betreuung durch Festlegung einer Mindestbetreuungszeit gewährleistet sein, um gesundheitliche Gefährdungen der Arbeitnehmer sicher auszuschließen.

Anhang Nr. 20

Beachtung des Datenschutzes auch mit externen Institutionen (Unfallversicherungsträgern, Rehabilitationsträgern, Gewerbeärzten, Krankenkassen, Forschungsinstituten u.a.) zusammenarbeiten könnte. Diese Vorgehensweise erschließt dem Betriebsarzt weitere wichtige Informationen und ermöglicht ihm, besser zu beurteilen, inwieweit sich z.B. die Einführung neuer Formen der Technik, Arbeitsorganisation, Arbeitsstoffe u.a. auf die Gesundheit der Arbeitnehmer auswirkt.

10. Um den Zeitbedarf für die betriebsärztliche Betreuung der Kleinbetriebe zu optimieren, müssen die vorgeschriebenen speziellen arbeitsmedizinischen Vorsorgeuntersuchungen (VBG 100, andere Rechtsvorschriften) enger mit den übrigen betriebsärztlichen Tätigkeiten zusammengeführt werden. Das Ziel ist, die vorgeschriebenen Untersuchungen in die betriebsärztliche Tätigkeit zu integrieren.

Der Betriebsarzt sollte über die Ermächtigung zur Durchführung aller speziellen arbeitsmedizinischen Vorsorgeuntersuchungen verfügen, die durch die Belastungen und Gefährdungen in den von ihm zu betreuenden Betrieben erforderlich sind. Ist dies nicht der Fall, soll er die Steuerungsfunktion hinsichtlich der Durchführung dieser Untersuchungen übernehmen (Einschaltung der ermächtigten Ärzte durch den Betriebsarzt im Wege der ärztlichen Zusammenarbeit). Der Betriebsarzt muss über die Ergebnisse der speziellen Untersuchungen durch die ermächtigten Ärzte informiert werden.

Die stärkere Verknüpfung der betriebsärztlichen Tätigkeit und der Durchführung spezieller arbeitsmedizinischer Vorsorgeuntersuchungen ist zweckmäßig, da der Betriebsarzt den Gesundheitszustand und die Arbeitsbedingungen des Arbeitnehmers kennt. So hat er am ehesten die Möglichkeit, aus den Ergebnissen der Untersuchungen die erforderlichen Konsequenzen für die Prävention zu ziehen. Präventiven Nutzen entfalten die speziellen arbeitsmedizinischen Vorsorgeuntersuchungen insbesondere dann, wenn sie mit den betrieblichen Belastungsdaten zusammengeführt werden.

11. Die dokumentierten Belastungs- und Gefährdungsdaten sowie die Ergebnisse der betriebsärztlichen Tätigkeiten sollten von den Betriebsärzten in Zusammenarbeit mit den Fachkräften für Arbeitssicherheit und anderen Fachleuten zur Entwicklung von Präventionsmaßnahmen ausgewertet werden. Die Ergebnisse dieser Auswertung müssen zwischen den Beteiligten im Betrieb ausgetauscht und besprochen werden. Dies könnte z.B. auch branchenbezogen auf Innungsebene für mehrere Kleinbetriebe gemeinsam geschehen. Der Datenschutz und die ärztliche Schweigepflicht sind dabei zu wahren.

Organisation der betriebsärztlichen Betreuung von Kleinbetrieben

12. Durch geeignete Organisationsformen für die betriebsärztliche Betreuung (Betreuungsmodelle) von Kleinbetrieben muss sichergestellt werden, dass alle Kleinbetriebe in der Bundesrepublik Deutschland wirksam betriebsärztlich betreut werden.

An die Organisation der betriebsärztlichen Betreuung von Kleinbetrieben sind folgende Anforderungen zu stellen:
- Erfüllung der Anforderungen des Ratgebers[1];
- Ermöglichung der Zusammenarbeit verschiedener Fachdisziplinen (u.a. Arbeitsmedizin, Ergonomie, Arbeitssicherheit, Psychologie) bei der Ableitung und Durchführung der Arbeitsschutzmaßnahmen;
- Gewährleistung eines Vertrauensverhältnisses Arbeitgeber-Betriebsarzt-Arbeitnehmer auch durch organisatorische Vorgaben;
- Anwendungen eines geeigneten Systems zur Leistungsabrechnung (s. 15.).

---

[1] Dieser Ratgeber wurde vom Bundesminister für Arbeit und Sozialordnung in Zusammenarbeit mit Vertretern der Bundesärztekammer, des Verbandes Deutscher Betriebs- und Werksärzte, der Gesellschaft für Arbeitsmedizin, einzelner Unfallversicherungsträger sowie (über-)betrieblicher arbeitsmedizinischer Dienste erstellt (Veröffentlichung durch Bundesminister für Arbeit und Sozialordnung vorgesehen; vgl. *BMA* (Hrsg.), 1992; *BMA* (Hrsg.), 1995 = Anhang Nr. 21).

13. Für die Durchführung der betriebsärztlichen Betreuung von Kleinbetrieben kommen alle Organisationsformen in Frage, die die unter 12. genannten Anforderungen erfüllen. Im Interesse einer Vielfalt möglicher Formen sollte es zu keinem Betreuungsmonopol kommen. Die Auswahl des geeigneten Betreuungsmodells ist Aufgabe des Arbeitgebers, wobei er bei Bedarf auf eine Beratung durch Innungen, Kammern, Unfallversicherungsträger u.a. zurückgreifen können sollte.
Mögliche Organisationsformen für die betriebsärztliche Betreuung (Betreuungsmodelle) sind z.b.
 – betriebsärztliche Dienste im Betrieb mit hauptberuflich angestelltem Betriebsarzt;
 – überbetriebliche betriebsärztliche Dienste unterschiedlicher Trägerschaft und unterschiedlicher Organisationsform;
 – Betriebsärzte in freier Praxis oder in Praxisgemeinschaften;
 – nebenberuflich tätige Betriebsärzte.
14. Jedes betriebsärztliche Betreuungsmodell sollte grundsätzlich hinsichtlich seiner Aufgabenerfüllung überprüfbar sein. Diese Überprüfung ist intern vom Eigentümer/Leiter des Betriebes vorzunehmen (z.b. anhand des erwähnten Ratgebers bzw. der betriebsärztlichen Tätigkeitskataloge). Für eine externe Kontrolle des praktizierten Betreuungsmodells durch die Gewerbeaufsicht und die Unfallversicherungsträger sind Prüfkriterien zu entwickeln.
15. Für die Abrechnung von betriebsärztlichen Leistungen sind folgende Verfahren denkbar:
 – der einzelne Arbeitgeber zahlt ein Gehalt oder Honorar unmittelbar an den Betriebsarzt, mit dem er einen Arbeits- bzw. Betreuungsvertrag abgeschlossen hat;
 – der Arbeitgeber zahlt eine Umlage an den Träger des überbetrieblichen Dienstes, dem er sich zur betriebsärztlichen Betreuung angeschlossen hat. Sie richtet sich nach der Zahl der Beschäftigten und dem Gefährdungscharakter des Betriebes.
Bei den betriebsärztlichen Betreuungsmodellen für Kleinbetriebe kann es unter Umständen sachlich erforderlich sein, über neue Formen der Leistungsabrechnung nachzudenken. Angesichts der Unterschiedlichkeit der betriebsärztlichen Aufgaben erscheint es nicht zwingend, die Abrechnung betriebsärztlicher Leistungen ausschließlich auf ein Verfahren zu beschränken. Die gewählte Form der Leistungsabrechnung im Rahmen eines Betreuungsmodelles darf allerdings nicht den Umfang oder die Ausrichtung der betriebsärztlichen Tätigkeit an den Aufgaben im § 3 ASiG unsachgemäß beeinflussen.

Weitere Aspekte der betriebsärztlichen Betreuung von Kleinbetrieben

16. Der präventive Auftrag der Betriebsärzte bedingt, dass die betriebsärztliche Betreuung (grundsätzlich) im Betrieb erfolgen muss. Dies gilt insbesondere für Betriebsbegehungen sowie für die Beratungstätigkeit sowohl gegenüber den Arbeitgebern wie auch gegenüber den Arbeitnehmern Organisationsformen der betriebsärztlichen Betreuung dürfen diesem Grundsatz nicht entgegenstehen.
In Abhängigkeit von den betrieblichen Erfordernissen des Kleinbetriebes ist durch Arbeitgeber, Betriebsarzt und Betriebs-/Personalrat gemeinsam die Durchführung der betriebsärztlichen Betreuung festzulegen. Dazu gehören Inhalte, Zeitpunkt und Zeitabstände der Betreuung. Diese Festlegungen müssen regelmäßig, insbesondere aber bei arbeitsorganisatorischen und technologischen Veränderungen im Kleinbetrieb überprüft und angepasst werden.
17. Die Berufsordnung für Ärzte verpflichtet auch den Betriebsarzt, sich fortzubilden. Entsprechende Fortbildungsveranstaltungen werden (über-)regional von arbeitsmedizinischen Akademien und anderen Einrichtungen angeboten. Die an der Fortbildung beteiligten Einrichtungen (Arbeitsmedizinische Akademien, Ärztekammern, Bundesanstalt für Arbeitsmedizin, Berufsverbände, Unfallversicherungsträger u.a.) entwickeln gemeinsam Grundsätze und Inhalte der arbeitsmedizinischen Fortbildung gemäß der Aufgabenstellung der Betriebsärzte im § 3 ASiG weiter. Hierbei sind auch

Anhang Nr. 20

zusätzliche für die betriebsärztliche Tätigkeit wichtige Themen zu behandeln, wie z.b. grundlegende wirtschaftliche, soziale, organisatorische und rechtliche Fragestellungen im Betrieb; neue Entwicklungen bei Arbeitsmitteln, Arbeitsstoffen, Arbeitsverfahren; Methoden zur Aufbereitung betrieblicher Gesundheitsdaten; arbeitspsychologische und weitere arbeitswissenschaftliche Erkenntnisse zur Analyse bzw. gesundheitsgerechten Gestaltung der Arbeit.

In die betriebsärztliche Betreuung, insbesondere von Kleinbetrieben, sollten aktuelle Problemkenntnisse und eine breite betriebsärztliche Erfahrungsbasis einfließen, um eine wirksame Betreuung zu erreichen. Nebenberuflich tätigen Betriebsärzten wird daher empfohlen, dass sie im Rahmen ihrer Fortbildung einen regelmäßigen Erfahrungsaustausch, z.b. mit anderen Betriebsärzten, Gewerbeärzten oder arbeitsmedizinischen Akademien u.a. teilnehmen.

18. Besonders in einem Kleinbetrieb ist es wichtig, dass dem Betriebsarzt bei Bedarf die notwendige Unterstützung durch andere Fachdisziplinen zur Verfügung steht, um einen wirksamen, umfassenden Arbeits- und Gesundheitsschutz im Betrieb zu verwirklichen. Dazu sollte der Betriebsarzt zurückgreifen können auf Externe (Techniker, Chemiker, Ergonomen u.a.), die bei Innungen, Kammern, Unfallversicherungsträgern u.a. angesiedelt sein könnten. Geeignete Vorkehrungen sind von den Beteiligten zu treffen.

Umsetzung der Rahmenbedingungen

19. Die Unfallversicherungsträger treffen bis Ende 1992 Grundsatzentscheidungen zur Einbeziehung der Kleinbetriebe in die betriebsärztliche Betreuung. Dazu gehört die Entwicklung eines Konzeptes zur Vorgehensweise bei der Realisierung der betriebsärztlichen Betreuung aller Arbeitnehmer.

In diesem Rahmenpapier sind in allgemeiner Form weitere Anforderungen festgelegt worden, die durch die zuständigen Fachverbände und -institutionen auszufüllen sind, insbesondere

– Entwicklung geeigneter Organisationsformen der betriebsärztlichen Betreuung;
– Ableitung betriebsärztlicher Tätigkeitskataloge, z.B. auf der Grundlage von Belastungs- und Gefährdungsanalysen;
– Verbesserung betriebsärztlicher Informationsinstrumentarien;
– Konzepte zur Durchführung betriebsärztlicher Betreuung in Kleinbetrieben (z.B. Betriebsbegehungs-, Beratungs-, Untersuchungskonzepte);
– Entwicklung von Prüfkriterien für die betriebsärztliche Aufgabenerfüllung;
– Weiterentwicklung der Grundsätze und Inhalte arbeitsmedizinischer Fortbildung.

Anhang
Ermittlung von Belastungen und Gefährdungen im Betrieb

20. Gefährdungen ergeben sich in der Regel aus physikalisch-chemischen und biologischen Verfahren, aus Energie-, Stoff- und Informationsflüssen, aus Eigenschaften von Stoffen und deren Änderung, aus für die jeweilige Aufgabe ungeeigneten Organisationsstrukturen, aus Planung, Steuerung und Kontrolle von Handlungs- und Arbeitsabläufen, aus zahlenmäßig oder hinsichtlich ihrer Qualifikation unzureichenden Arbeitnehmern.

Direkt werden Belastungen und die möglichen Gefährdungen des Arbeitssystems durch Beobachtungen und Untersuchungen im Betrieb ermittelt. Dadurch wird der »Ist-Zustand« des Arbeitsschutzes in einem Arbeitssystem dokumentiert.

Ein breit angelegter Analysensatz bezieht umfassend Elemente bzw. Gestaltungsaspekte des zu untersuchenden Arbeitssystems ein. Im einzelnen Kleinbetrieb haben jedoch diese Aspekte unterschiedliche Relevanz. D.h., der Umfang einer Belastungs- und Gefährdungsanalyse orientiert sich an den betrieblichen Anforderungen und Gegebenheiten.

An die Durchführung einer Belastungs- und Gefährdungsanalyse sind grundsätzlich folgende Anforderungen zu stellen:
- Durchführung der Analyse durch entsprechend geschulte interne und/oder externe Arbeitsschutzfachleute und -einrichtungen der erforderlichen Disziplinen (Mediziner, Ergonomen, Techniker, Chemiker u.a.): Multidisziplinärer Ansatz. Dabei ist das Praxiswissen der betroffenen Arbeitnehmer über ihren Arbeitsplatz einzubeziehen.
- Die Arbeitsschutzfachleute oder -einrichtungen, die die Belastungs- und Gefährdungsanalyse durchführen, müssen über Kenntnisse der Besonderheiten der Betriebe oder der Gewerbezweige verfügen;
- die regelmäßig durchzuführende Analyse stellt das Belastungs-/Gefährdungspotenzial der Arbeitsplätze des Betriebes (oder an typischen Arbeitsplätzen des jeweiligen Gewerbezweiges) fest;
- erweist sich bei der Durchführung solcher Belastungs- und Gefährdungsanalysen, dass einzelne Gestaltungsaspekte eines Arbeitssystems einer vertieften Überprüfung bedürfen, müssen Möglichkeiten dazu eröffnet werden;
- es besteht eine Dokumentationspflicht für die Durchführenden einer solchen Analyse.

21. Verfahren zur Ermittlung der Belastungen und Gefährdungen am Arbeitsplatz sollten den nachfolgenden Anforderungen entsprechen:[1]:
- präventive Ausrichtung;
- breit angelegter Analyseansatz (d.h. Einbeziehung Mensch-Maschine-Arbeitsumgebung);
- Übersichtlichkeit (sinnfällige Gliederung der Inhalte);
- objektive, zuverlässige Datengewinnung und -registrierung;
- ausführliche Handlungsanleitung;
- geringer Schulungs- und Einarbeitungsaufwand;
- EDV-gerechter Aufbau;
- Auswerte-/Protokollblätter als Kopiervorlage enthalten.

Folgende Gesichtspunkte eines Arbeitssystems spielen für die mögliche Gefährdung der Arbeitnehmer eine Rolle;
- Arbeitsobjekte (Art, Form, Material, Oberfläche, Größe, Gewicht, Gefährlichkeit u.a.);
- technische Anlagen, Arbeitsmittel (technische Gestaltung, Regelung der Anlagen, Schnittstellen Technik-Mensch, Eingriffsmöglichkeiten des Menschen u.a.);
- Arbeitsumgebung:
  • physikalische Arbeitsumgebung (Beleuchtung, Klima, Schwingungen, Lärm, chemische Substanzen, Staub, Gas, Rauch, Unter-/Überdruck u.a.);
  • räumliche Arbeitsumgebung (Anpassung an menschliche Körpermaße und Bewegungsbereiche, Körperhaltungen u.a.);
  • arbeitsorganisatorische und soziale Arbeitsumgebung (Arbeitszeit, Schicht-/Nachtarbeit, Pausen, Tätigkeits-/Erholzeitregime, Gruppen-/Einzelarbeit, Grad der Arbeitsteilung, Verantwortlichkeit, erforderliche Kommunikation u.a.);
- Arbeitstätigkeiten (an stofflich/abstrakten Arbeitsobjekten oder menschbezogen, Technisierungsstufe, Anzahl der Tätigkeiten, Wiederholungsfrequenz u.a.);
- Anforderungen an den Menschen (Arbeitsform: körperlich, nicht körperlich; Komplexität der Entscheidung, Entscheidungsspielraum u.a.).

22. Die indirekte Ermittlung der Belastungen und Gefährdungen der Beschäftigten geht von den gesamten Erkrankungs- und Verletzungsgeschehen im Betrieb aus. Alle arbeitsbedingten Erkrankungen und Verletzungen sind Hinweise für Gefährdungen im Arbeitssystem.

---

1 Das Bundesministerium für Arbeit und Sozialordnung hat in einem Buch mit dem Titel »Prävention im Betrieb – Arbeitsbedingungen gesundheitsgerecht gestalten«, solche Verfahren zusammengestellt.

Anhang Nr. 20

Aus diesem Grunde sind in die Gefährdungsermittlung alle Hinweise auf das Wirksamwerden von betrieblichen Risiken einzubeziehen und nicht nur jene, die zu einer Arbeitsunfähigkeit von mehr als drei Tagen führten.
Zur Feststellung von Erkrankungs- und Verletzungsschwerpunkten ist es erforderlich, z.B. innerhalb einer Fertigungsstufe den Arbeitsablauf bis hin zu Tätigkeiten zu gliedern. Diesen Tätigkeiten werden Erkrankungen und Verletzungen zugeordnet. Durch eine solche Zuordnung zu Tätigkeiten werden Schwerpunkte erkennbar. Somit können Häufigkeitskonzentrationen im Hinblick auf Erkrankungen und Verletzungen der Arbeitnehmer festgestellt werden.
Die unter 21. angeführte Vorgehensweise der direkten Ermittlung hat jedoch den Vorteil, rechtzeitig noch nicht wirksam gewordene, mögliche Belastungen und Gefährdungen der Arbeitnehmer zu erkennen.

Teil V

Anhang Nr. 21

Betriebsärztliche Betreuung kleiner Betriebe

Eine Hilfe für den Arbeitgeber[1]

Vorwort

Im Jahr 1974 wurde das betriebliche Arbeitsschutzsystem mit dem Arbeitssicherheitsgesetz (ASiG) auf eine gesetzliche Basis gestellt. Seither ist der Arbeitgeber, der für die Sicherheit und die Gesundheit bei der Arbeit aller in seinem Betrieb beschäftigten Arbeitnehmer zu sorgen hat, verpflichtet, **Betriebsärzte** und Fachkräfte für Arbeitssicherheit zu seiner Beratung zu bestellen.

In der Praxis werden zur Zeit etwa 50% aller Arbeitnehmer betriebsärztlich betreut. Diese Betriebsärzte betreuen hauptsächlich mittlere und größere Betriebe. Um diesen Mangel auszugleichen, sind zwischenzeitlich erste Schritte eingeleitet worden, um die Arbeitnehmer kleiner Betriebe stufenweise in die betriebsärztliche Betreuung einzubeziehen. Die Unfallversicherungsträger bereiten Änderungen der Unfallverhütungsvorschrift »Betriebsärzte« vor. Das bedeutet, **zukünftig muss auch ein Kleinbetrieb umfassend betriebsärztlich betreut werden.**

Diese **Praxishilfe** wurde erarbeitet, um dem Arbeitgeber die Auswahl eines für seinen Betrieb geeigneten Betriebsarztes aus der Vielfalt der möglichen Betreuungsformen zu erleichtern und aufzuzeigen, wie das hochspezialisierte Wissen der Betriebsärzte und deren umfangreiche Erfahrungen bestens für den Betrieb genutzt werden können. Sie informiert über

- die erforderliche **Qualifikation** der Betriebsärzte,
- an Betriebsärzte zusätzlich **zu stellende Anforderungen**,
- zu erfüllende **Aufgaben** nach dem Arbeitssicherheitsgesetz sowie
- mögliche Formen der betriebsärztlichen Betreuung.

Denn **vorausschauendes** Einbringen von Sicherheits- und Gesundheitsschutzaspekten als **selbstverständlichen** Bestandteil in die betrieblichen Abläufe ist **immer billiger** als eine spätere »Reparatur« bereits entstandener Gesundheitsschäden. Daher ist es für jeden im Interesse seiner Arbeitnehmer und wirtschaftlich handelnden Arbeitgeber erforderlich, sich mit diesem Thema zu befassen und die im Rahmen der betriebsärztlichen Betreuung seines Betriebes gewonnenen Erkenntnisse in die Praxis umzusetzen.

Warum betriebsärztliche Betreuung?

Wesentliche Aufgabe des Arbeitgebers im Rahmen seiner Verantwortlichkeiten im Arbeitsschutz ist das **frühzeitige** Erkennen und Beseitigen arbeitsbedingter Gesundheitsgefahren und Erkrankungen.

Denn diese können beispielsweise Folgen mit verursachen, wie
- erhöhte Beanspruchung der verbleibenden Arbeitnehmer im Betrieb,
- Störungen im Arbeitsablauf,
- Qualitätsmangel,
- Termindruck,
- Nichteinhaltung von Lieferverpflichtungen

und führen letztendlich auch zu **betrieblichen Mehrkosten.**

Auch bei der Erfüllung dieser Arbeitsschutzaufgabe unterstützt der Betriebsarzt den Arbeitgeber.

Rechtliche Grundlage für die Bestellung eines Betriebsarztes bzw. die Verpflichtung eines überbetrieblichen arbeitsmedizinischen Dienstes ist das **Gesetz über Betriebsärzte,**

---

1 *BMA* (Hrsg.) 1995

Anhang Nr. 21

Sicherheitsingenieure und andere **Fachkräfte für Arbeitssicherheit** (Arbeitssicherheitsgesetz; ASiG) in Verbindung mit der Unfallverhütungsvorschrift »Betriebsärzte«. Ergänzend sind für die Durchführung arbeitsmedizinischer Vorsorgeuntersuchungen weitere staatliche Rechtsvorschriften und u.a. die Unfallverhütungsvorschrift »Arbeitsmedizinische Vorsorge« relevant.

Was macht ein Betriebsarzt?

Die Aufgaben eines Betriebsarztes sind im § 3 des Arbeitssicherheitsgesetzes beschrieben. Im wesentlichen handelt es sich dabei um:
- **Beratung des Arbeitgebers** zur gesundheitsgerechten Gestaltung des Betriebs,
- arbeitsmedizinische **Untersuchung, Beurteilung und Beratung der Arbeitnehmer**,
- **regelmäßige Begehung** des gesamten Betriebs,
- **Feststellen** von Ursachen arbeitsbedingter Gesundheitsgefahren und Erkrankungen und Mitarbeit bei deren Verhütung und Beseitigung,
- **Verbesserung** des betrieblichen Arbeits- und Gesundheitsschutzes durch Auswertung gewonnener Ergebnisse.

Hat der Kleinbetrieb einen Betriebs-/Personalrat, so wird auch dieser vom Betriebsarzt in Fragen des Arbeits- und Gesundheitsschutzes beraten. Der Betriebsarzt kooperiert mit anderen im Arbeits- und Gesundheitsschutz Verantwortlichen.
Welche Schwerpunkte der Betriebsarzt in jedem einzelnen Betrieb setzt, hängt u.a. ab von
- spezifischen gesundheitlichen Gefährdungen und Unfallgefahren,
- Betriebsgröße,
- örtliche Gegebenheiten.

Dafür kann der Betriebsarzt zukünftig branchenspezifische Tätigkeitskataloge verwenden. Diese dienen zum einen der Vereinheitlichung der praktischen Tätigkeit des Betriebsarztes in Kleinbetrieben, zum anderen geben sie dem Arbeitgeber Informationen über den Ablauf der betriebsärztlichen Tätigkeit.
Der Betriebsarzt kontrolliert aber **nicht** Krankmeldungen der Arbeitnehmer.
Bei der Ausübung seiner arbeitsmedizinischen Fachkunde ist der Betriebsarzt weisungsfrei.

Wer kann Betriebsarzt sein?

Ärzte, die zum Betriebsarzt bestellt werden sollen, müssen über **eine arbeitsmedizinische Fachkunde** verfügen.
Sie ist gegeben bei
- Ärzten mit der Gebietsbezeichnung Arbeitsmedizin,
- Ärzten mit der Zusatzbezeichnung Betriebsmedizin.

Darüber hinaus gibt es einige Sonderregelungen, die in der Unfallverhütungsvorschrift »Betriebsärzte« aufgeführt sind. In jedem Fall **muss** der zu bestellende Betriebsarzt eine entsprechende **Bescheinigung** einer Ärztekammer vorweisen.
Falls betriebsspezifische Gefährdungen vorliegen, die eine spezielle arbeitsmedizinische Vorsorgeuntersuchung nach staatlichen Rechtsvorschriften oder der Unfallverhütungsvorschrift »Arbeitsmedizinische Vorsorge« erfordern, so soll der zu bestellende Betriebsarzt zusätzlich über eine Ermächtigung zur Durchführung dieser Untersuchungen verfügen.
Der Betriebsarzt muss über **Branchenkenntnisse** verfügen bzw. diese kurzfristig erwerben.

Welche Anforderungen sind zusätzlich an den Betriebsarzt zu stellen?

Bei der Auswahl eines geeigneten Betriebsarztes bzw. eines überbetrieblichen arbeitsmedizinischen Dienstes kommt es auf die arbeitsmedizinische Fachkunde, die Ermächtigungen zur Durchführung spezieller arbeitsmedizinischer Vorsorgeuntersuchungen und auf die branchenspezifischen Kenntnisse an.

Teil V

Wichtig ist auch
- seine Erreichbarkeit/Verfügbarkeit in angemessener Zeit,
- dass er persönlich in der Lage ist, alle Betriebsteile begehen zu können,
- die Möglichkeit zur Teilnahme an Fortbildung.

Die **Ausstattung** des Betriebsarztes mit Geräten und sonstigen Hilfsmitteln muss dem Gefährdungspotential im Betrieb entsprechen. Dazu gibt es Empfehlungen der Unfallversicherungsträger.

Des Weiteren soll er über arbeitsmedizinisch qualifiziertes Assistenzpersonal verfügen. Weiterhin muss der Betriebsarzt dem Arbeitgeber regelmäßig einen Bericht vorlegen. Dieser soll die Entwicklung des Arbeitsschutzes im Betrieb erkennen lassen sowie Art, Umfang und Maßnahmen seiner betriebsärztlichen Tätigkeit belegen.

Welche Möglichkeiten der betriebsärztlichen Betreuung gibt es?

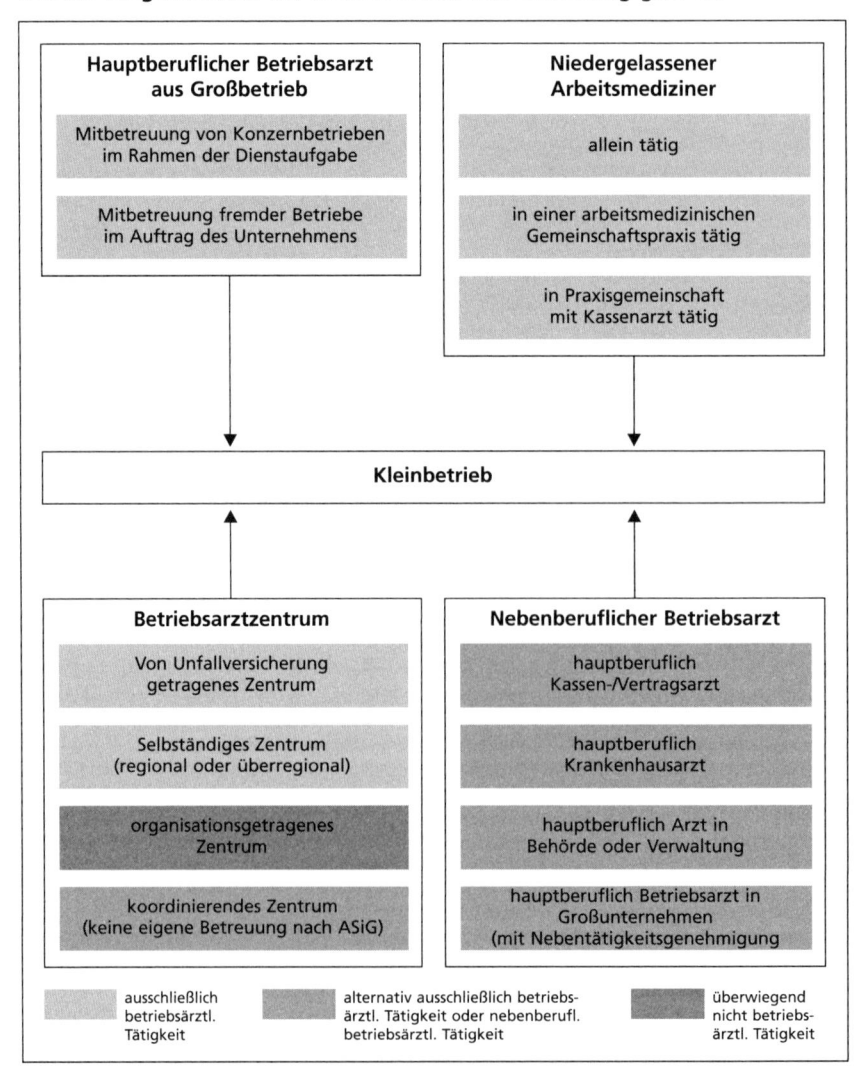

Hauptberuflicher Betriebsarzt aus Großbetrieb
- Mitbetreuung von Konzernbetrieben im Rahmen der Dienstaufgabe
- Mitbetreuung fremder Betriebe im Auftrag des Unternehmens

Niedergelassener Arbeitsmediziner
- allein tätig
- in einer arbeitsmedizinischen Gemeinschaftspraxis tätig
- in Praxisgemeinschaft mit Kassenarzt tätig

↓

Kleinbetrieb

↑

Betriebsarztzentrum
- Von Unfallversicherung getragenes Zentrum
- Selbständiges Zentrum (regional oder überregional)
- organisationsgetragenes Zentrum
- koordinierendes Zentrum (keine eigene Betreuung nach ASiG)

Nebenberuflicher Betriebsarzt
- hauptberuflich Kassen-/Vertragsarzt
- hauptberuflich Krankenhausarzt
- hauptberuflich Arzt in Behörde oder Verwaltung
- hauptberuflich Betriebsarzt in Großunternehmen (mit Nebentätigkeitsgenehmigung)

Legende:
- ausschließlich betriebsärztl. Tätigkeit
- alternativ ausschließlich betriebsärztl. Tätigkeit oder nebenberufl. betriebsärztl. Tätigkeit
- überwiegend nicht betriebsärztl. Tätigkeit

Anhang Nr. 21

Wie gehe ich als Arbeitgeber vor?

Bei der Auswahl eines Betriebsarztes bzw. eines überbetrieblichen arbeitsmedizinischen Dienstes sind folgende Schritte zu beachten:
1. Bedarfsermittlung anhand der Unfallverhütungsvorschrift »Betriebsärzte« (zu beziehen bei den Unfallversicherungsträgern).
2. Informationen über Betreuungsmöglichkeiten einholen u.a. bei der Innung/Kreishandwerkerschaft, der Berufsgenossenschaft und bei der Ärztekammer.
3. Angebote einholen und Preis-Leistungs-Verhältnis kritisch prüfen; der Billigste muss nicht der Beste sein.
4. Vorauswahl treffen und Verhandlungen mit den Betriebsärzten bzw. überbetrieblichen arbeitsmedizinischen Diensten führen.
5. Betriebs-/Personalrat beteiligen.
6. Abschluss eines schriftlichen Vertrags mit dem ausgewählten Betriebsarzt bzw. überbetrieblichen arbeitsmedizinischen Dienst.

Bestandteile des Vertrages sollten sein:

- rechtliche Grundlagen der Aufgabenwahrnehmung,
- formelle Aufgabenübertragung nach dem ASiG,
- Vertretungsregelung bei länger andauernder Abwesenheit des Betriebsarztes,
- Berichtspflicht des Betriebsarztes,
- Regelungen zur Fortbildung des Betriebsarztes,
- Schweigepflicht des Betriebsarztes,
- Unterstützungsleistungen des Arbeitgebers bei der Erfüllung der betriebsärztlichen Aufgaben,
- Haftungs- und Haftpflichtversicherungsumfang des Betriebsarztes,
- Honorarvereinbarungen,
- Kündigungsregelungen.

Selbstverständlich können zusätzliche Leistungen, z.B. im Rahmen der allgemeinen betrieblichen Gesundheitsvorsorge, mit dem Betriebsarzt bzw. dem überbetrieblichen arbeitsmedizinischen Dienst vertraglich vereinbart werden. Dafür muss dem Betriebsarzt gesonderte Einsatzzeit zur Verfügung gestellt werden.
Wegezeiten des Betriebsarztes sind keine Einsatzzeiten.
Der Arbeitgeber muss sich vergewissern, dass der Betriebsarzt die ihm übertragenen Aufgaben erfüllt.
Diese **Praxishilfe** wurde erstellt durch:
- BMA
- BAfAM
- Bundesländer
- VDBW
- Deutsche Gesellschaft für Arbeitsmedizin und Umweltmedizin
- Bundesärztekammer
- HVBG
- BDA
- DGB

Teil V

Anhang Nr. 22

Arbeitssicherheitsgesetz – Konzept zur Verbesserung des Arbeitsschutzes und der Unfallverhütung im Betrieb[1]

Schr. des BMA vom 26. Juni 1992 – IIIb 7-36024-1 –

Das Bundesministerium für Arbeit und Sozialordnung hat in der Antwort der Bundesregierung auf eine Große Anfrage der Fraktion DIE GRÜNEN zum Arbeitssicherheitsgesetz (Bundestags-Drucksache 11/5619) im Jahre 1989 angekündigt, dass die Betreuung der Arbeitnehmer auf der Grundlage des Arbeitssicherheitsgesetzes verbessert werden soll.
Mit Schreiben des Bundesministers für Arbeit und Sozialordnung vom 26. Juni 1992 sind die gewerblichen Berufsgenossenschaften aufgefordert worden, bis Ende 1992 Grundsatzentscheidungen zur zukünftigen sicherheitstechnischen Betreuung aller Arbeitnehmer gemäß Arbeitssicherheitsgesetz zu treffen.
Bei der Umsetzung des Arbeitssicherheitsgesetzes zur sicherheitstechnischen Betreuung von Kleinbetrieben sieht das BMA Konzept vor, dass sich der Unternehmer frei entscheiden kann zwischen der bisher in Mittel- und Großbetrieben praktizierten Regelberatung (d.h. Beratung durch im Betrieb angestellte Fachkraft für Arbeitssicherheit oder alleinige Beratung durch überbetriebliche sicherheitstechnische Dienste unterschiedlicher Träger unter Vorgabe einer festgelegten Sockeleinsatzzeit) und dem sogenannten »Unternehmermodell«.
Das Unternehmermodell besteht aus zwei ineinandergreifenden Bestandteilen: Teilnahme des Unternehmers an Informations- und Motivationsmaßnahmen bezüglich des betrieblichen Arbeits- und Gesundheitsschutzes, ergänzt durch bedarfsgerechte externe Beratung des Unternehmers durch Fachkräfte für Arbeitssicherheit. Das Bundesministerium für Arbeit und Sozialordnung hat zur Ausgestaltung des Unternehmermodells Rahmenanforderungen entwickelt (BMA Papier vom 23. Juni 1992 – IIIb 7-36024-1), die in und mit den Fachgremien bzw. -verbänden erörtert wurden. Auf deren Grundlage entwickeln die einzelnen gewerblichen Berufsgenossenschaften die für die jeweiligen Branchenverhältnisse geeigneten Unternehmermodelle.
Die von den gewerblichen Berufsgenossenschaften zu treffenden Grundsatzentscheidungen beinhalten auch Festlegungen über den bedarfsgerechten Einsatz von Sicherheitsingenieuren und Sicherheitstechnikern/Meistern, die auf branchen- oder betriebsbezogene Analysen der Belastungen und Gefährdungen der Arbeitnehmer basieren sollten.

---

1 Bundesarbeitsblatt 9/1992, 71

Anhang Nr. 23
Sicherheitstechnische Betreuung kleiner Betriebe
Eine Hilfe für den Arbeitgeber[1]

Vorwort

Im Jahre 1974 wurde das betriebliche Arbeitsschutzprogramm mit dem Arbeitssicherheitsgesetz (ASiG) auf eine gesetzliche Basis gestellt. Seither ist der Arbeitgeber, der für die Sicherheit und die Gesundheit bei der Arbeit aller in seinem Betrieb beschäftigten Arbeitnehmer zu sorgen hat, verpflichtet, **Fachkräfte für Arbeitssicherheit** und Betriebsärzte zu seiner Unstützung und Beratung zu bestellen.

Bislang wurde etwa die Hälfte aller Arbeitnehmer in den Betrieben sicherheitstechnisch durch **Fachkräfte für Arbeitssicherheit** betreut. Davon erfasst sind vorwiegend mittlere und größere Betriebe. Die Betreuung auch kleiner Betriebe ist ein Ziel, dessen schrittweises Erreichen nunmehr eingeleitet ist. Das bedeutet, dass zukünftig jeder Betrieb sicherheitstechnisch betreut werden muss. Die Grundlage hierfür bildet die Unfallverhütungsvorschrift »Fachkräfte für Arbeitssicherheit« (VBG 122).

Die vorliegende »Hilfe für den Arbeitgeber« soll ihm die Auswahl einer für seinen Betrieb geeigneten Betreuungsform erleichtern und zeigen, wie das Wissen der Fachkräfte für Arbeitssicherheit und deren umfangreiche Erfahrungen für den Betrieb genutzt werden können. Sie informiert über:
- die **Möglichkeiten der sicherheitstechnischen Betreuung,**
- Die **Aufgaben** der Fachkräfte für Arbeitssicherheit nach dem Arbeitssicherheitsgesetz,
- die **Anforderungen** an die Fachkräfte für Arbeitssicherheit und deren erforderliche Qualifikation,
- die Vorgehensweise und **konkrete Arbeitsschritte** des Arbeitgebers.

Warum sicherheitstechnische Betreuung?

Wesentliche Aufgaben des Arbeitgebers im Rahmen seiner Verantwortung im Arbeitsschutz sind die sichere und gesundheitsgerechte Gestaltung der Arbeitsplätze, das frühzeitige Erkennen von Gefährdungen und das Ergreifen der erforderlichen Maßnahmen zur Beseitigung von arbeitsbedingten Unfall- und Gesundheitsgefahren. Da der Arbeitgeber diese Aufgabe in der Regel nicht allein wahrnehmen kann, bedarf es der fachkundigen Unterstützung und Beratung durch eine Fachkraft für Arbeitssicherheit.

Unfälle und arbeitsbedingte Gesundheitsgefahren können schwerwiegende Folgen nach sich ziehen und führen u.a. zu
- Ausfall von Mitarbeitern,
- Störungen im Betriebsablauf,
- Qualitätsmängeln,
- Termindruck,
- Nichteinhaltung von Lieferverpflichtungen, schlechtem Betriebsklima und führen letztendlich auch zu **betrieblichen Mehrkosten.**

Das **vorausschauende** Ergreifen von Maßnahmen zur Erhaltung von Sicherheit und Gesundheit sollte selbstverständlicher Bestandteil der betrieblichen Arbeitsabläufe sein. Diese **präventive** Vorgehensweise ist stets **kostengünstiger** als eine spätere »Reparatur« bereits eingetretener Gesundheitsschäden. Für den wirtschaftlich handelnden Arbeitgeber ist es deshalb erforderlich, sich mit diesem Thema zu befassen und die im Rahmen der sicherheitstechnischen Betreuung gewonnenen Erkenntnisse in die betriebliche Praxis umzusetzen.

---
1 *BMA* (Hrsg.), 1997

Teil V

Rechtliche Grundlage für die sicherheitstechnische Betreuung ist das **Gesetz über Betriebsärzte, Sicherheitsingenieure und andere Fachkräfte für Arbeitssicherheit** (Arbeitssicherheitsgesetz, ASiG) in Verbindung mit der **Unfallverhütungsvorschrift »Fachkräfte für Arbeitssicherheit«**.

Welche Möglichkeiten der sicherheitstechnischen Betreuung gibt es?

Um den besonderen Erfordernissen kleinerer Unternehmen zu entsprechen, kann der Arbeitgeber vielfach zwischen **zwei Möglichkeiten der sicherheitstechnischen Betreuung** wählen:

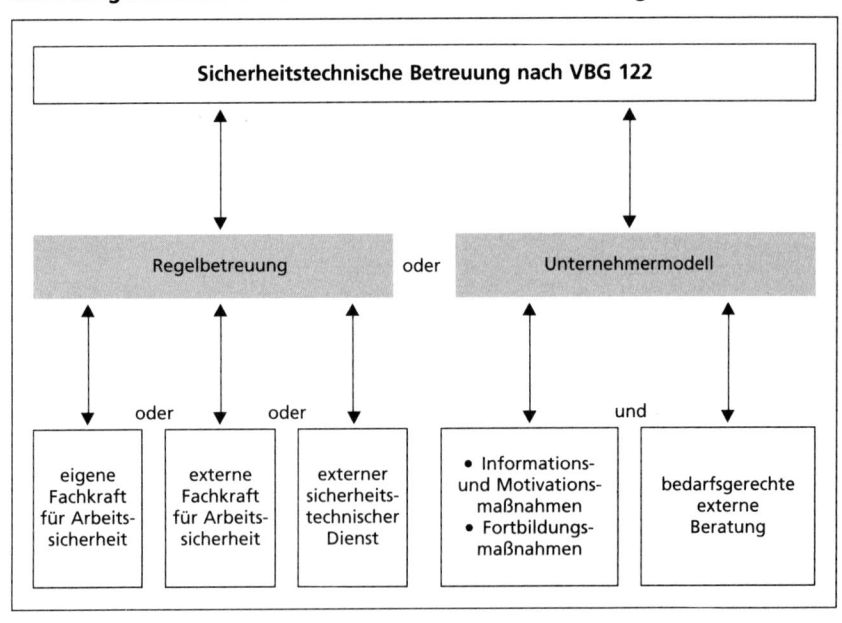

1. **Regelbetreuung:** Der Unternehmer gewährleistet die fachliche Unterstützung und die betriebliche Beratung durch
   - eine eigene Fachkraft für Arbeitssicherheit oder
   - eine externe Fachkraft für Arbeitssicherheit oder
   - einen externen sicherheitstechnischen Dienst.
2. **Unternehmermodell:** Dieses besteht aus der
   - Unternehmerschulung und der
   - bedarfsgerechten externen Beratung.

Das Unternehmermodell kann ab einer bestimmten Betriebsgröße gewählt werden. Die Unternehmerschulung besteht aus der Teilnahme an Informations- und Motivationsveranstaltungen sowie aus der Inanspruchnahme von Fortbildungsmaßnahmen[1]. Die Unternehmerschulung ersetzt nicht die Beratung durch eine Fachkraft für Arbeitssicherheit. Der Umfang der externen Beratung durch eine Fachkraft für Arbeitssicherheit im Rahmen des Unternehmermodells wird anhand der spezifischen betrieblichen Gefährdungen ermittelt[2].

Zwei Möglichkeiten der sicherheitstechnischen Betreuung:

```
                    Sicherheitstechnische Betreuung nach VBG 122
                    
         Regelbetreuung          oder          Unternehmermodell
         
    oder      oder                                    und
    
  eigene    externe    externer      • Informations-      bedarfsgerechte
  Fachkraft Fachkraft  sicherheits-  und Motivations-     externe
  für       für        technischer   maßnahmen            Beratung
  Arbeits-  Arbeits-   Dienst        • Fortbildungs-
  sicherheit sicherheit              maßnahmen
```

---

1 Nähere Einzelheiten hierzu sind bei der zsuständigen Berufsgenossenschaft zu erfragen.
2 Vergleiche hierzu die Unfallverhütungsvorschrift »Fachkräfte für Arbeitssicherheit« (VBG 122) der zuständigen Berufsgenossenschaft.

Anhang Nr. 23

Was macht eine Fachkraft für Arbeitssicherheit?

Die Fachkraft für Arbeitssicherheit hat die Aufgabe, den Arbeitgeber in allen Fragen des Arbeitsschutzes einschließlich der menschengerechten Gestaltung der Arbeit zu unterstützen. Die Unterstützung zielt im Wesentlichen auf
- das Ermitteln und Erkennen von betrieblichen Gefährdungen und Belastungen,
- das Beurteilen der sich daraus ergebenden Risiken,
- das Ableiten und Vorschlagen von Arbeitsschutzmaßnahmen und
- das Überprüfen der Wirksamkeit der durchgeführten Arbeitsschutzmaßnahmen.

Welche Schwerpunkte die Fachkraft für Arbeitssicherheit in jedem einzelnen Betrieb setzt, hängt u.a. ab von
- den spezifischen gesundheitlichen Gefährdungen und Unfallgefahren,
- der Betriebsgröße und der Zusammensetzung der Arbeitnehmerschaft und
- von der Betriebsorganisation.

Bei der Anwendung ihrer sicherheitstechnischen Fachkunde ist die Fachkraft für Arbeitssicherheit **weisungsfrei**.

Die Fachkraft für Arbeitssicherheit hat bei der Erfüllung ihrer Aufgaben mit
- den Betriebsärzten,
- dem Betriebs-/Personalrat und
- den anderen im Betrieb für Fragen der technischen Sicherheit, des Gesundheits- und des Umweltschutzes beauftragten Personen zusammenzuarbeiten.

Die Aufgabenwahrnehmung der Fachkräfte für Arbeitssicherheit ist mit bestimmten **Anforderungen** verknüpft:
1. Die **sachliche** Ausstattung der Fachkraft für Arbeitssicherheit muss eine wirksame Aufgabenwahrnehmung ermöglichen (z. B. durch die Bereitstellung von Arbeitsmitteln und Fachliteratur).
2. In **organisatorischer** Hinsicht sind verschiedene Dinge zu beachten, so z. B.:
    - Die **Bestellung** einer eigenen Fachkraft für Arbeitssicherheit bedarf der Schriftform. Ist ein Betriebs- bzw. Personalrat vorhanden, so muss dieser der Bestellung **zustimmen**.

    Wird eine externe Fachkraft für Arbeitssicherheit oder ein externer sicherheitstechnischer Dienst beauftragt, so ist ein schriftlicher Vertrag abzuschließen. In einem solchen Fall ist der Betriebs- bzw. Personalrat zu hören.
    - Die **Mindesteinsatzzeiten** für die Aufgabenwahrnehmung sind in der Unfallverhütungsvorschrift »Fachkräfte für Arbeitssicherheit« festgelegt. Die für das Unternehmermodell erforderliche Einsatzzeit wird bedarfsorientiert erbracht.
    - Die Fachkraft für Arbeitssicherheit bzw. der externe sicherheitstechnische Dienst hat seine Aufgabenwahrnehmung zu dokumentieren. Dabei sind folgende Anforderungen zu erfüllen:
        - Dokumentation in Form eines schriftlichen Berichtes (übersichtlich gegliederte Form, verständliche Sprache, Verwendung von Formularen, Prüflisten)
        - Dokumentation der Einsatzzeiten.
3. Für die Aufgabenwahrnehmung der Fachkraft für Arbeitssicherheit gelten **u. a. folgende personelle** Anforderungen:
    - Die Fachkraft für Arbeitssicherheit muss gemäß Arbeitssicherheitsgesetz über die erforderliche **sicherheitstechnische Fachkunde** verfügen. Einzelheiten des Fachkundeerwerbs sind in der Unfallverhütungsvorschrift »Fachkräfte für Arbeitssicherheit« geregelt. Danach ist die Fachkunde in staatlichen, berufsgenossenschaftlichen oder in staatlich oder berufsgenossenschaftlich anerkannten Ausbildungslehrgängen zu erwerben.
    - Der Arbeitgeber hat der Fachkraft für Arbeitssicherheit die zur Erfüllung ihrer Aufgaben erforderliche Fortbildung unter Berücksichtigung der betrieblichen Erfordernisse zu ermöglichen.

Teil V

Kooperationspartner der Fachkraft für Arbeitssicherheit

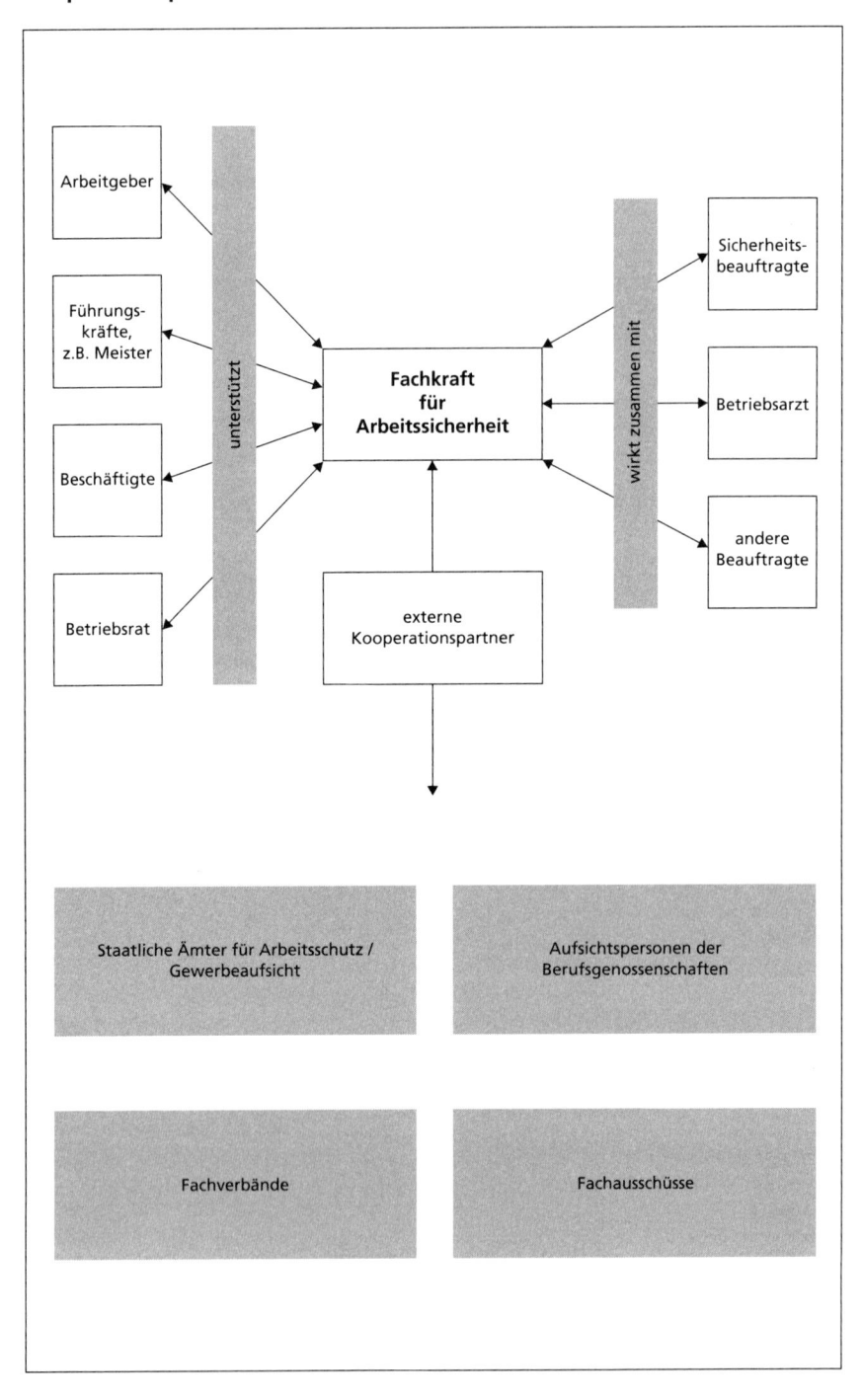

- Arbeitgeber
- Führungskräfte, z.B. Meister
- Beschäftigte
- Betriebsrat

unterstützt → **Fachkraft für Arbeitssicherheit** ← wirkt zusammen mit

- Sicherheitsbeauftragte
- Betriebsarzt
- andere Beauftragte

externe Kooperationspartner

- Staatliche Ämter für Arbeitsschutz / Gewerbeaufsicht
- Aufsichtspersonen der Berufsgenossenschaften
- Fachverbände
- Fachausschüsse

Anhang Nr. 23

Wer kann als Fachkraft für Arbeitssicherheit bestellt werden?

Der Arbeitgeber darf als Fachkräfte für Arbeitssicherheit grundsätzlich[1] nur Personen bestellen, die hinsichtlich der Fachkunde die folgenden Voraussetzungen erfüllen:
- **Sicherheitsingenieure** erfüllen die Voraussetzungen, wenn sie
  1. berechtigt sind, die Berufsbezeichnung Ingenieur zu führen,
  2. nach Studienabschluss eine praktische Tätigkeit als Ingenieur **mindestens** zwei Jahre lang ausgeübt haben und
  3. einen staatlichen oder berufsgenossenschaftlichen oder einen staatlich oder berufsgenossenschaftlich anerkannten Ausbildungslehrgang eines anderen Veranstaltungsträgers mit Erfolg abgeschlossen haben.

Die Anforderungen erfüllen auch Ingenieure der Fachrichtung Sicherheitstechnik, die eine einjährige praktische Tätigkeit als Ingenieur ausgeübt haben.
- **Sicherheitstechniker** erfüllen die Voraussetzungen, wenn sie
  1. eine Prüfung als staatlich anerkannter Techniker erfolgreich abgelegt haben,
  2. danach eine praktische Tätigkeit als Techniker **mindestens** zwei Jahre lang ausgeübt haben und
  3. einen staatlichen oder berufsgenossenschaftlichen oder einen staatlich oder berufsgenossenschaftlich anerkannten Ausbildungslehrgang eines anderen Veranstaltungsträgers mit Erfolg abgeschlossen haben.
- **Sicherheitsmeister** erfüllen die Voraussetzungen, wenn sie
  1. die Meisterprüfung erfolgreich abgelegt haben,
  2. danach eine praktische Tätigkeit als Meister **mindestens** zwei Jahre lang ausgeübt haben und
  3. einen staatlichen oder berufsgenossenschaftlichen oder einen staatlich oder berufsgenossenschaftlich anerkannten Ausbildungslehrgang eines anderen Veranstaltungsträgers abgeschlossen haben.

Wie gehe ich als Arbeitgeber vor?

Bei der Auswahl einer (eigenen oder externen) Fachkraft für Arbeitssicherheit bzw. eines externen sicherheitstechnischen Dienstes sind folgende Schritte zu beachten:
1. Bedarfsermittlung anhand der Unfallverhütungsvorschrift »Fachkräfte für Arbeitssicherheit« (zu beziehen bei den zuständigen Berufsgenossenschaften),
2. Informationen über Betreuungsmöglichkeiten einholen, u.a. bei der Innung, der Kreishandwerkerschaft, der Handwerkskammer, der Industrie- und Handelskammer oder bei der Berufsgenossenschaft,
3. Angebote einholen und Preis-Leistungsverhältnis kritisch prüfen; der Billigste muss nicht der Beste sein,
4. Vorauswahl treffen und Verhandlungen mit der Fachkraft für Arbeitssicherheit bzw. dem externen sicherheitstechnischen Dienst führen,
5. Betriebs-/Personalrat beteiligen (soweit vorhanden),
6. Bestellung eines eigenen Mitarbeiters zur Fachkraft für Arbeitssicherheit bzw. Abschluss eines schriftlichen Vertrages mit einer externen Fachkraft für Arbeitssicherheit oder mit einem externen sicherheitstechnischen Dienst.

Bestandteile der Bestellung/des Vertrages sollten sein:

- rechtliche Grundlage der Aufgabenwahrnehmung
- formelle Aufgabenübertragung nach dem Arbeitssicherheitsgesetz
- Vertretungsregelung bei länger andauernder Abwesenheit der Fachkraft für Arbeitssicherheit

---

1 Die zuständige Behörde kann im Einzelfall Ausnahmen zulassen.

Teil V

- ein auf Prävention ausgerichtetes, betriebsspezifisches Pflichtenheft, in dem die zu erbringenden Leistungen aufgeführt sind
- Wahrung der Betriebsgeheimnisse
- Wahrung des Datenschutzes
- Unterstützungsleistungen des Arbeitgebers bei der Erfüllung der sicherheitstechnischen Aufgaben
- Haftungs- und Haftpflichtversicherungsumfang
- Honorarvereinbarung
- Kündigungsregelungen
- Regelungen zur Fortbildung der Fachkraft für Arbeitssicherheit.

Selbstverständlich können zusätzliche Leistungen mit der Fachkraft für Arbeitssicherheit bzw. mit dem externen sicherheitstechnischen Dienst vertraglich vereinbart werden. Dafür muss zusätzliche Einsatzzeit zur Verfügung gestellt werden.

Fahrtzeiten der Fachkraft für Arbeitssicherheit sind keine Einsatzzeiten.

Der Arbeitgeber muss sich vergewissern, dass die Fachkraft für Arbeitssicherheit die ihr übertragenen Aufgaben erfüllt. Bei externen sicherheitstechnischen Diensten, die sich freiwillig einer **Gütegemeinschaft**[1] angeschlossen haben, gewährleistet in der Regel ein **Gütesiegel** die Qualität der sicherheitstechnischen Betreuung.

Diese »Hilfe für den Arbeitgeber« wurde erstellt durch:

- BMA
- BAuA
- Bundesländer
- HVBG
- BDA
- DGB
- VDSI

---

1 Auskünfte erteilt z. B. die GQA-Gesellschaft für Qualität im Arbeitsschutz mbH, Gesellschaft für Qualitätssicherung und -beratung bei betrieblichen und überbetrieblichen sicherheitstechnischen Diensten im Arbeitsschutz; Böhmerwaldstraße 7, 86833 Ettringen – Tel.: 08249 / 1776.

Anhang Nr. 24
Ausbildung von Fachkräften für Arbeitssicherheit

Schreiben des BMA vom 2. Juli 1979[1]

Das BMA hat zur Ausbildung der Fachkräfte für Arbeitssicherheit ein Schreiben an die Berufsgenossenschaften gerichtet (Az: IIIb 7-3718.32 vom 2. Juli 1979). Der Inhalt dieses Schreibens wird wegen der allgemeinen Bedeutung hiermit veröffentlicht:
In meinem Fachaufsichtsschreiben vom 31. Oktober 1974 hatte ich Grundsätze für die erste Stufe der Ausbildung von Fachkräften für Arbeitssicherheit festgelegt. Diese erste Stufe umfasste einen zweiwöchigen Lehrgang zur Grundausbildung von Fachkräften für Arbeitssicherheit (Sicherheitsingenieure, Sicherheitstechniker, Sicherheitsmeister) – Grundlehrgang A. Es war vorgesehen, dass anhand der gesammelten Erfahrungen der Zeitplan ergänzt und Grundsätze für weitere Ausbildungslehrgänge aufgestellt werden.
Aufgrund der bisher gewonnenen Erfahrungen und der mit den beteiligten Fachkreisen geführten Gespräche über die Ausbildung der Fachkräfte für Arbeitssicherheit wird das Fachaufsichtsschreiben vom 31. Oktober 1974 durch mein heutiges Schreiben ersetzt. Als Grundsätze für die Ausbildung nach dem Arbeitssicherheitsgesetz sind in Zukunft anzuwenden:
1. Die theoretische Ausbildung der Fachkräfte für Arbeitssicherheit hat mindestens 5 Wochen zu betragen. Dazu gehören die Grundlehrgänge A und B von je 2 Wochen Dauer. Die Inhalte dieser Grundlehrgänge sind in Anlehnung an die vom Fachausschuss des Kuratoriums entwickelten und von der Bundesanstalt für Arbeitsschutz und Unfallforschung herausgegebenen »Grundlehrgänge A und B« zu gestalten. Aufbauend auf dem Stoff der Grundlehrgänge ist ein branchenorientiertes Aufbauseminar von mindestens 1-wöchiger Dauer durchzuführen. Die dafür benötigten Ausbildungsbausteine sind fachorientiert festzulegen. Die Aufbauseminare müssen dort über den Zeitraum von einer Woche hinaus verlängert werden, wo dies von der spezifischen Branchensituation und der Zahl der erforderlichen Bausteine her notwendig erscheint.
2. Die einzelnen Ausbildungsabschnitte können aufgeteilt werden; Grundlehrgänge sowie das Aufbauseminar sollen jedoch im Interesse der Ausbildung in einem überschaubaren Zeitraum abgewickelt werden.
3. Für die erforderliche Teilnahme an den Grundlehrgängen und dem Aufbauseminar ist ein erwachsenengerechter Nachweis vorzusehen.

Ich bitte, nach diesen Grundsätzen zu verfahren.
Zur Klarstellung weise ich darauf hin, dass unabhängig von der Ausbildung der Fachkräfte für Arbeitssicherheit auch eine laufende, fachliche Fortbildung zur Erfüllung der Aufgaben nach dem Arbeitssicherheitsgesetz notwendig ist und entsprechende Fortbildungskurse angeboten werden sollten.

---
1 Bundesarbeitsblatt 11/1979, 78

Teil V

Anhang Nr. 25

Arbeitssicherheitsgesetz – Fachaufsichtsschreiben zur Ausbildung zur Fachkraft für Arbeitssicherheit[1]

Schreiben des BMA an die Träger der gesetzlichen Unfallversicherung vom 29. Dezember 1997 – IIIb 7-36042-5 –

In meinem Fachaufsichtsschreiben vom 2. Juli 1979 hatte ich Grundsätze für die Ausbildung von Fachkräften für Arbeitssicherheit festgelegt. Die theoretische Ausbildung der Fachkräfte für Arbeitssicherheit umfasste darin mindestens 5 Wochen. Sie setzte sich zusammen aus den Grundlehrgängen A und B von je 2 Wochen Dauer, deren Inhalte nach den von der damaligen Bundesanstalt für Arbeitsschutz und Unfallverhütung (BAU) herausgegebenen Unterlagen »Grundlehrgänge A und B« zu gestalten waren und einem darauf aufbauenden branchenorientierten Aufbauseminar von mindestens einwöchiger Dauer.

Das bisher gültige Ausbildungskonzept der Fachkräfte für Arbeitssicherheit kann aufgrund der vielfältigen Entwicklungen in der Arbeitswelt, der Zunahme wissenschaftlicher Erkenntnisse und der inzwischen erfolgten rechtlichen Änderungen den aktuellen und zukünftigen Anforderungen an den betrieblichen Arbeitsschutz nicht mehr gerecht werden, so dass nach einhelliger Auffassung der Fachkreise eine Weiterentwicklung der bisherigen Ausbildungskonzeption notwendig ist.

Leitlinie der neuen Ausbildungskonzeption ist ein zeitgemäßes, ganzheitliches Arbeitsschutzverständnis, welches konsequent auf Prävention setzt. Charakteristisch für die neue Ausbildungskonzeption ist ein aufgaben- und handlungsbezogenes Lernen, welches den Erwerb fachlich-inhaltlicher, methodischer und betriebspraktischer Kompetenz in geeigneter Weise miteinander verknüpft.

Aufgrund der bisherigen Erfahrungen und der in drei umfangreichen Forschungsprojekten gewonnenen Erkenntnisse über die Ausbildung der Fachkräfte für Arbeitssicherheit wird das Fachaufsichtsschreiben vom 2. Juli 1979 durch mein heutiges Schreiben ersetzt. Auf die dazu geführten Abstimmungen, insbesondere das Gespräch am 30. Oktober 1997, nehme ich Bezug.

Als Grundsätze für die Ausbildung nach dem Arbeitssicherheitsgesetz sind in Zukunft anzuwenden:

1. Die theoretische Ausbildung der Fachkräfte für Arbeitssicherheit umfasst drei aufeinander aufbauende Ausbildungsstufen, nach deren erfolgreicher Absolvierung die erforderliche Fachkunde als nachgewiesen angesehen werden kann.
2. Um das unterschiedliche Anforderungsprofil sowie unterschiedliche Lernvoraussetzungen berücksichtigen zu können, werden für Sicherheitsingenieure einerseits und Sicherheitstechniker bzw. Sicherheitsmeister andererseits spezifische Ausbildungslehrgänge durchgeführt.
3. Die Ausbildungsstufen I bis III sind in einem zeitlichen Rahmen durchzuführen, der die betriebliche Abwesenheitszeit der bisherigen Ausbildung (i.d.R. 6 Wochen in Seminarform) nicht übersteigt. Um die vorgesehenen Ausbildungsinhalte vollständig vermitteln zu können, sollen insbesondere moderne Techniken der Wissensvermittlung (z.B. mediengestützte Lernmethoden, Lernen im Betrieb) verstärkt eingesetzt werden.
4. In der Ausbildungsstufe I (Grundausbildung) wird insbesondere Grundlagenwissen über arbeitsbedingte Belastungen und Gefährdungen sowie zur Gestaltung sicherer und gesundheitsrechtlicher Arbeitssysteme vermittelt. Die Teilnehmer erwerben Verständnis für die Rolle und das Aufgabenspektrum der Fachkraft für Arbeitssicherheit sowie Kenntnisse über das überbetriebliche Arbeitsschutzsystem und das Vorschriften- und Regelwerk des Arbeitsschutzes.

---
1 Bundesarbeitsblatt 3/1998, 71

Anhang Nr. 25

5. In der Ausbildungsstufe II (vertiefende Ausbildung) wird das in der Grundausbildung erworbene Wissen zur Planung, Umsetzung und Lösung komplexerer Aufgaben insbesondere anhand von Fallbeispielen angewendet.
6. Die konkreten Inhalte der Ausbildungsstufen I und II sind entsprechend der von der Bundesanstalt für Arbeitsschutz und Arbeitsmedizin und dem Hauptverband der gewerblichen Berufsgenossenschaften erarbeiteten Ausbildungskonzeption und den darauf aufbauenden Ausbildungsmaterialien zu gestalten.
7. In der Ausbildungsstufe III (bereichsbezogene Ausbildung) werden die erforderlichen bereichsbezogenen Kenntnisse vermittelt, wobei i.d.R. auf das in den Ausbildungsstufen I und II erworbene Wissen aufgebaut wird. Die konkrete Ausgestaltung der Ausbildungsstufe III wird durch die zuständigen Unfallversicherungsträger entsprechend dem Bedarf an bereichsbezogener Vervollständigung der Fachkunde in ihren Unfallverhütungsvorschriften »Fachkräfte für Arbeitssicherheit« festgelegt. Dabei sind die in der Anlage aufgeführten Rahmenanforderungen gemäß der Ausbildungskonzeption zu berücksichtigen. Die zeitliche Abfolge einzelner Ausbildungseinheiten kann bereichsbezogen variieren, soweit die erforderlichen fachlichen Voraussetzungen vorhanden sind.
8. Soweit Kenntnisse in Arbeits- und Gesundheitsschutz nachgewiesen werden können, entscheidet die zuständige Berufsgenossenschaft über eine mögliche Anrechnung. Die obersten Arbeitsschutzbehörden der Länder und die Unfallversicherungsträger vereinbaren hierzu ein geeignetes Verfahren, um den Belangen der nach § 12 Arbeitssicherheitsgesetz zuständigen Behörde Rechnung zu tragen.
9. Begleitend zu der theoretischen Ausbildung ist ein Praktikum durchzuführen, in dem das erworbene Wissen in der Praxis selbstständig, aufgabenorientiert und betriebsbezogen angewendet wird; dies kann insbesondere in Form von Arbeitsaufgaben zur Lösung konkreter betrieblicher Arbeitsschutzprobleme geschehen. Die Praktikumsaufgaben sollen i.d.R. innerhalb von 8 Wochen abgeschlossen werden.
10. Die theoretische Ausbildung und das Praktikum sollen innerhalb eines angemessenen Zeitraums von höchstens 3 Jahren absolviert werden.
11. Als Qualifikationsnachweis für den Erwerb der sicherheitstechnischen Fachkunde gemäß § 7 Arbeitssicherheitsgesetz sind den Vorgaben der Gesamtkonzeption folgende und nach bundeseinheitlichen Kriterien erarbeitete Lernerfolgskontrollen durchzuführen.
12. Bereits bestellte Fachkräfte für Arbeitssicherheit können auch weiterhin als solche tätig sein. Eine nach dem alten Konzept begonnene Ausbildung kann innerhalb von 2 Jahren nach dem alten Konzept abgeschlossen werden.
13. Bei einem Branchenwechsel der Fachkraft für Arbeitssicherheit entscheidet die Berufsgenossenschaft über den erforderlichen Umfang an bereichsbezogener Fortbildung. Die obersten Arbeitsschutzbehörden der Länder und die Unfallversicherungsträger vereinbaren hierzu ein geeignetes Verfahren, um den Belangen der nach § 12 Arbeitssicherheitsgesetz zuständigen Behörde Rechnung zu tragen.
14. Auch externe Fachkräfte für Arbeitssicherheit und Fachkräfte für Arbeitssicherheit in überbetrieblichen Diensten müssen über die erforderlichen Branchenkenntnisse verfügen.

Ich bitte ab 1. Januar 2001 nach diesen Grundsätzen zu verfahren.

Im Auftrag
Bieneck

Teil V

Anlage

Rahmenanforderungen an die wirtschaftsbereichsbezogene Erweiterung und Vertiefung der Fachkunde in Ausbildungsstufe III

Die Ausbildungsstufe III sollte die nachgenannten 5 Themenfelder umfassen, die entsprechend der Branchenspezifik zu untersetzen sind:
1. Spezifische Gefährdungsfaktoren
2. Spezifische Maschinen/Geräte/Anlagen
3. Spezifische Arbeitsverfahren
4. Spezifische Arbeitsstätten
5. Spezifische personalbezogene Themen.

Anhang Nr. 26
Qualitätsmerkmale und Anforderungen an Fachkräfte für Arbeitssicherheit für deren Aufgabenwahrnehmung[1]

Gemeinsame Empfehlung von Bundesarbeitsministerium, Bundesländern, Verein Deutscher Sicherheitsingenieure, Hauptverband der gewerblichen Berufsgenossenschaften, Bundesvereinigung der Deutschen Arbeitgeberverbände und Deutschem Gewerkschaftsbund

Die nachfolgenden Ausführungen beschränken sich auf einige, für die Aufgabenwahrnehmung der Fachkräfte für Arbeitssicherheit in den Betrieben wesentliche Aspekte. Weitergehende Auskünfte erteilen die Träger dieser Empfehlung.
Im weiteren werden die Fachkräfte für Arbeitssicherheit Sicherheitsfachkräfte genannt.

1. Vorbemerkungen

1.1 Ziel des Arbeitsschutzes ist es, die Sicherheit und Gesundheit der Arbeitnehmer bei der Arbeit zu gewährleisten. Dies dient letztlich auch einer wirtschaftlichen Betriebsführung.
Die rechtliche Verantwortung für den betrieblichen Arbeitsschutz trägt der Arbeitgeber. Dieser wird er u. a. gerecht, indem er zu seiner Unterstützung im Betrieb Betriebsärzte und Sicherheitsfachkräfte bestellt oder externe Dienste beauftragt, welche die Aufgaben nach dem Arbeitssicherheitsgesetz auf einem qualitativ hochwertigen Niveau wahrnehmen.
1.2 Zur Sicherstellung dieses Niveaus bezüglich der Aufgabenwahrnehmung durch Sicherheitsfachkräfte bzw. externe Dienste werden nachfolgend grundlegende Qualitätsmerkmale in konkretisierter Form dargestellt und durch Anforderungen bewertbar gemacht. Sie sind insbesondere
- Vorgaben für das Tätigwerden von Sicherheitsfachkräften bzw. externer Dienste,
- Bewertungsmaßstäbe (Leitlinien) für die Arbeitgeber,
- Handlungshilfen für Betriebs-/Personalräte,
- Orientierungshilfen für die staatlichen und berufsgenossenschaftlichen Aufsichtsdienste.

1.3 Die Sicherheitsfachkraft bzw. der externe Dienst unterstützt und berät den Arbeitgeber auf der Grundlage von beruflicher Erfahrung und Fachkenntnisse in allen Fragen des Arbeitsschutzes. Dazu gehört insbesondere
- das Ermitteln und Erkennen von betrieblichen Gefährdungen und Belastungen,
- das Beurteilen der daraus resultierenden Risiken,
- das Ableiten und Vorschlagen von Arbeitsschutzmaßnahmen und
- das Überprüfen der Wirksamkeit der durchgeführten Arbeitsschutzmaßnahmen.

Die Sicherheitsfachkraft bzw. der externe Dienst haben bei der Erfüllung ihrer Aufgaben mit dem Betriebs-/Personalrat zusammenzuarbeiten, ihn zu unterrichten und ihn auf dessen Verlangen zu beraten.

---

[1] Bundesarbeitsblatt 2/1994, 70

2. Personelle Anforderungen

2.1 Für die Qualifikation der Sicherheitsfachkräfte bzw. externer Dienste gelten folgende Anforderungen:
- Fachkunde i.S. § 7 Arbeitssicherheitsgesetz i.V.m. § 3 Abs. 2–4 der UVV »Sicherheitsingenieure und andere Fachkräfte für Arbeitssicherheit« (VBG 122),
- Absolvierung von staatlichen oder berufsgenossenschaftlichen Ausbildungslehrgängen oder von staatlich oder berufsgenossenschaftlich anerkannten Ausbildungslehrgängen anderer Ausbildungsträger; diese sind nach den Vorgaben des Fachaufsichtsschreibens des BMA an die gewerblichen Berufsgenossenschaften vom 2. Juli 1979 zu gestalten,
- fachlicher Leiter eines externen Dienstes muss grundsätzlich ein Sicherheitsingenieur mit mind. zweijähriger Berufspraxis als Sicherheitsingenieur sein,
- Sicherheitsfachkräfte, die von einem Arbeitgeber bestellt werden, sollten aus Effizienzgründen im Jahr insgesamt mindestens 160 Arbeitsstunden als Sicherheitsfachkräfte tätig sein. In externen Diensten sollten grundsätzlich keine (Teilzeit-)Sicherheitsfachkräfte beschäftigt werden,
- entsprechend den wahrzunehmenden Aufgaben muss im Betrieb bzw. durch den externen Dienst den Sicherheitsfachkräften qualifiziertes Hilfs-(Fach-)Personal zu deren Unterstützung gestellt werden.

2.2 An die Fortbildung/den Erfahrungsaustausch von Sicherheitsfachkräften im Betrieb bzw. in externen Diensten sind folgende Anforderungen zu stellen:
- Teilnahme an Kongressen und Seminaren
  (Arbeitsschutzthemen; Vermittlung von betrieblichem Handlungswissen, z.B. Kenntnisse über andere betriebliche Funktionsträger, betriebliche Durchsetzungsstrategien, betriebliche Kooperationsfähigkeit; zeitliche Empfehlung: ca. drei Wochen in drei Jahren, bedarfsorientierte Teilnahme, z.B. bei neuen Erkenntnissen über betriebliche Belastungen und Gefährdungen, neue Entwicklungen in der Rechtsetzung) sowie
- regelmäßiges Studium von Fachliteratur,
- regelmäßiger Erfahrungsaustausch mit anderen Arbeitsschutzfachleuten.

3. Sachliche Anforderungen

Die sachliche Ausstattung muss eine wirksame, umfassende Aufgabenwahrnehmung der Sicherheitsfachkräfte bzw. der externen Dienste nach dem Arbeitssicherheitsgesetz ermöglichen.
Dazu gehören im Betrieb bzw. in externen Diensten
- ausreichende Räumlichkeiten nach der Arbeitsstätten-Verordnung mit zeitgemäßer, büroüblicher Ausstattung,
- ausreichende Geräte für die Aufgabenwahrnehmung durch die Sicherheitsfachkräfte bzw. die externen Dienste,
- Schriftgut,
  a) staatliche Rechtsvorschriften mit Kommentaren, Unfallverhütungsvorschriften und Normen,
  b) Fachliteratur, Fachzeitschriften und Fachinformationen für das gesamte Gebiet des Arbeitsschutzes.

4. Organisatorische Anforderungen

4.1 Für das Tätigwerden einer Sicherheitsfachkraft bzw. eines externen Dienstes gelten folgende Anforderungen:
- Der Arbeitgeber muss eine im Betrieb angestellte Sicherheitsfachkraft schriftlich bestellen (dabei hat der Betriebs-/Personalrat nach § 9 Abs. 3 ASiG mitzubestimmen).

Anhang Nr. 26

- Der Arbeitgeber, der einen externen Dienst mit der Aufgabenwahrnehmung verpflichtet (dabei ist der Betriebs-/Personalrat nach § 9 Abs. 3 ASiG zu hören), muss mit diesem Dienst einen schriftlichen Vertrag abschließen.

Die Bestellung bzw. der Vertrag müssen mindestens enthalten:
- rechtliche Grundlagen der Aufgabenwahrnehmung,
- formelle Aufgabenübertragung nach dem ASiG,
- zeitliche Vorgaben für die Aufgabenwahrnehmung unter Berücksichtigung der Mindest-Einsatzzeiten in der VBG 122,
- Verpflichtung der Sicherheitsfachkraft zur Teilnahme an geeigneten Maßnahmen der Fortbildung und des Erfahrungstausches.

Bei der Verpflichtung eines externen Dienstes muss der schriftliche Vertrag die nachfolgenden weiteren Regelungen enthalten:
- erforderliche Fachkunde der Sicherheitsfachkraft,
- Verpflichtung zu bedarfsorientierter Beteiligung externer Experten für spezielle Fragen des Arbeitsschutzes,
- Berichtspflicht und Leistungsdokumentation,
- Wahrung von Betriebsgeheimnissen,
- Initiieren und ggfs. Durchführung mess- und prüftechnischer Leistungen,
- Haftungs- und Haftpflichtversicherungsumfang des externen Dienstes,
- Unterstützungsleistungen, die der Arbeitgeber dem externen Dienst gewährt,
- Verpflichtung der Sicherheitsfachkraft zur Teilnahme an geeigneten Maßnahmen der Fortbildung und des Erfahrungsaustausches.

4.2 Mindest-Einsatzzeiten für die Aufgabenwahrnehmung der Sicherheitsfachkräfte bzw. externer Dienste sind in der Unfallverhütungsvorschrift »Sicherheitsingenieure und andere Fachkräfte für Arbeitssicherheit« (VBG 122) festgelegt.

Nicht zu den Einsatzzeiten gehören:
- Fahrtzeiten (nur bei externen Diensten),
- Durchführung von messtechnischen Leistungen,
- Literaturstudium zur allgemeinen Wissensvermehrung,
- Zeitaufwand für Fortbildungsveranstaltungen (nur bei externen Diensten),
- Zeitaufwand für die Durchführung von Unterweisungen gemäß gesetzlicher Bestimmungen.

Die Sicherheitsfachkraft bzw. der externe Dienst soll die Einsatzzeit regelmäßig dahingehend überprüfen, ob sie zur Erfüllung der spezifischen betrieblichen Anforderungen ausreicht. Der Arbeitgeber muss über das Ergebnis informiert werden, damit dieser geeignete Konsequenzen ziehen kann.

Die Mindest-Einsatzzeiten sind auf Basis von branchenspezifischen bzw. betrieblichen Gefährdungsanalysen zu ermitteln.

Die Einsatzzeit einer Sicherheitsfachkraft soll aus Gründen der Effektivität nicht gesplittet werden.

4.3 Bei der Dokumentation der Aufgabenwahrnehmung von Sicherheitsfachkräften im Betrieb bzw. durch externe Dienste sind die nachfolgenden Anforderungen zu erfüllen:
- Dokumentation der Einsatzzeiten von (Teilzeit-)Sicherheitsfachkräften bzw. externer Dienste,
- Dokumentation der Aufgabenwahrnehmung nach dem Arbeitssicherheitsgesetz in Form eines schriftlichen Berichtes (übersichtlich gegliederte Form, verständliche Sprache, Verwendung geeigneter Formulare/Prüflisten).

Ein solcher Bericht sollte mindestens enthalten:
- Name und Stellung des Bearbeiters im Betrieb bzw. bei externen Diensten Auftraggeber und Auftragnehmer,
- Beschreibung der auszuführenden Aufgabe bzw. des Auftrags,
- Ergebnisse der Analyse und Beurteilung, vorgeschlagene Arbeitsschutzmaßnahmen sowie Aussagen zu deren Durchführung,

Teil V

- Ergebnisse der Überprüfung der Wirksamkeit der durchgeführten Arbeitsschutzmaßnahmen,
- Zeitaufwand,
- Unterschrift (bzw. bei externen Diensten ergänzend Name) des Bearbeiters.

Der Arbeitgeber hat die Berichte aufzubewahren. Eine Ausfertigung des jeweiligen Berichtes ist dem Betriebs-/Personalrat zuzuleiten.

4.4 Bei der Aufgabenwahrnehmung der Sicherheitsfachkräfte bzw. externen Diensten ist auf eine interdisziplinär ausgerichtete inner- und überbetriebliche Zusammenarbeit hinzuwirken.

Innerbetrieblich arbeitet die Sicherheitsfachkraft bzw. der externe Dienst zusammen mit
- Arbeitgeber und sonstigen für den Arbeitsschutz verantwortlichen Personen,
- Betriebs-/Personalrat,
- Arbeitnehmern

und auf der fachlichen Ebene mit
- Betriebsarzt sowie
- Sicherheitsbeauftragten,
- Planungs-, Einkaufs-, Ausbildungs- und Personalabteilung,
- z.B. Ergonomen, Psychologen, Chemikern zu spezifischen Fragestellungen im Rahmen der Aufgabenwahrnehmung (bei Fehlen solcher Fachdisziplinen im Betrieb sollte externer Sachverstand »eingekauft« werden).

Eine Art der betrieblichen Zusammenarbeit schreibt i. ü. bereits § 11 ASiG in Form eines Arbeitsschutzausschusses vor, der regelmäßige Sitzungen durchführen muss. Davon unabhängig fordert ein wirksam betriebener Arbeitsschutz jede nur denkbare Zusammenarbeit im Betrieb.

Überbetrieblich vollzieht sich die Zusammenarbeit insbesondere mit
- den staatlichen Arbeitsschutzbehörden sowie
- den Berufsgenossenschaften.

5. Pflichtenheft für externe Dienste

Der externe Beratungsdienst muss seine Aufgaben auf der Grundlage eines Arbeitsschutzverständnisses nach dem Arbeitssicherheitsgesetz entwickeln.

Darauf aufbauend muss der externe Dienst dem Arbeitgeber grundsätzlich ein auf Prävention ausgerichtetes betriebsspezifisches Pflichtenheft anbieten, das die folgenden Leistungen enthält:
- Analyse- und Beurteilungskonzepte für den ganzen Betrieb (Anzahl, Zeitaufwand von Betriebsbegehungen einschließlich Problemerfassung und -auswertung),
- Beratung auf Basis der Analyse- und Beurteilungskonzepte i.S. eines umfassenden Arbeitsschutzverständnisses (ggfs. auch kurzfristig),
- Maßnahmenkonzept zur Beseitigung von Arbeitsschutzdefiziten entwickeln, vorschlagen und überprüfen (einschl. Aufklärungs- und Informationsarbeit).

6. Maßnahmen zur Qualitätssicherung

Wesentlich zu einer Qualitätssicherung hinsichtlich der Aufgabenwahrnehmung durch Sicherheitsfachkräfte bzw. externe Dienste tragen bei
- Dokumentation der Planung und Entwicklung des betrieblichen Arbeitsschutzes,
- Überprüfen der Wirksamkeit durchgeführter Arbeitsschutzmaßnahmen zur Beseitigung von Arbeitsschutzdefiziten,
- Fortbildung der Sicherheitsfachkräfte im Betrieb bzw. in externen Diensten entsprechend Punkt 2.2,
- interdisziplinäre Zusammenarbeit bei der Lösung von Arbeitsschutzproblemen,
- Überwachung der betrieblichen Arbeitsschutzmaßnahmen durch die staatlichen und berufsgenossenschaftlichen Aufsichtsdienste.

Dabei handelt es sich um Mindestelemente zur Qualitätssicherung.

Anhang Nr. 27
Gemeinsame Erklärung zur Qualität der Betreuung der Betriebe nach dem Arbeitssicherheitsgesetz

vom 25. September 2000 (BArbBl. 11/2000, S. 34)

Die moderne Arbeitswelt steht vor neuen Herausforderungen. Der Charakter der Arbeit wird offener, beweglicher und multifunktionaler. Dabei sind es vor allem die Menschen selbst, die durch ihr Wissen und ihre Handlungskompetenz
- die innovative Kraft eines Unternehmens
- die Qualität von Produkt und Dienstleistungen

bestimmen. Menschen entwickeln Ideen, sie stehen für den Fortschritt, der das Unternehmen im Wettbewerb nach vorn bringt. Dafür sind Sicherheit und Gesundheit der arbeitenden Menschen Grundvoraussetzung.

Es ist eine gemeinsame Aufgabe von Staat, Unfallversicherungsträgern und Sozialpartnern, für die Verhütung von Arbeitsunfällen, Berufskrankheiten und arbeitsbedingten Gesundheitsgefahren und für die menschengerechte Gestaltung der Arbeit Sorge zu tragen und sie zu fördern. Diesem Ziel dient auch eine bedarfsgerechte betriebsärztliche und sicherheitstechnische Betreuung der Betriebe[1]. Es liegt gleichermaßen im Interesse der Unternehmer und der Arbeitnehmer, sowohl der gewerblichen Wirtschaft als auch des öffentlichen Dienstes, dass nachvollziehbare Qualitätsstandards und Qualitätskriterien Grundlage der Beauftragung und Maßstabe für die Beurteilung der erbrachten Leistungen sind.

Ein darauf ausgerichtetes Qualitätssicherungssystem
- trägt zur Entwicklung des notwendigen Niveaus im Arbeitsschutz bei,
- fördert ein Klima des gegenseitigen Vertrauens zwischen Dienstleister, Betrieben, Arbeitsschutzinstitutionen und Öffentlichkeit,
- stärkt die Position des Unternehmens und des Dienstleisters im Markt.

Entsprechend dem europäischen Recht wurde die Pflicht zur betriebsärztlichen und sicherheitstechnischen Betreuung inzwischen auf alle Betriebe und die dort Beschäftigten ausgeweitet. Um die Qualität der Betreuung, auch nach Einbeziehung aller Klein und Kleinstbetriebe, zu fördern und zu sichern, haben der Verband der Deutschen Sicherheitsingenieure (VDSI) und der Verband Deutscher Betriebs- und Werksärzte (VDBW) in enger Abstimmung mit dem Bundesministerium für Arbeit und Sozialordnung, den Ländern, den Sozialpartnern, den Trägern der gesetzlichen Unfallversicherung sowie den entsprechenden Berufsvertretungen jeweils spezifische Qualitätssicherungssysteme entwickelt. Dies erfolgte entsprechend den Rahmenempfehlungen des Bundesministers für Arbeit und Sozialordnung[2], in denen einer freiwilligen Gütegemeinschaft der Vorrang vor einer staatlichen Regelung eingeräumt wird.

Als Träger der Qualitätssicherung haben der VDSI die GQA – Gesellschaft für Qualität im Arbeitsschutz mbH – und der VDBW die GQA – Gesellschaft zur Qualitätssicherung in der betriebsärztlichen Betreuung mbH – gegründet. Ihre Aufgabe ist es, Anbieter betriebsärztlicher und sicherheitstechnischer Dienstleistungen einer freiwilligen und unabhängigen Güteprüfung zu unterziehen. Nach erfolgreicher Prüfung wird das Recht verliehen, das Gütesiegel der GQA bzw. GQB zu führen. Dienstleister mit Gütesiegel werden in eine Liste geprüfter Anbieter aufgenommen. Zertifikat und Gütesiegel signalisieren eine qualifizierte Beratung und Betreuung der Betriebe.

---

1 Es wird der Begriff »Betrieb« im Sinne des § 2 Abs. 5 des Arbeitsschutzgesetzes verwendet
2 Bekanntmachung des Bundesministeriums für Arbeit und Sozialordnung vom 30. Juni 1995, Bundesarbeitsblatt 7/8-1995

Teil V

Es liegt im humanitären und wirtschaftlichen Interesse der Unternehmen, die nicht über eigene Fachkräfte für Arbeitssicherheit und/oder Betriebsärzte verfügen, für die gesetzlich vorgeschriebenen betriebsärztlichen und sicherheitstechnischen Dienstleistungen solche Dienstleister zu beauftragen, die das Prüfsiegel der GQA bzw. GQB führen dürfen und damit nachgewiesen haben, dass sie die notwendigen Leistungen auf dem erforderlich hohen Niveau erbringen können. Auch Betrieben mit eigenen Fachkräften für Arbeitssicherheit bzw. eigenen Betriebsärzten wird empfohlen, diesen eine Güteprüfung durch die GQA bzw. GQB zu ermöglichen. Eine erfolgreiche Güteprüfung versteht sich innerbetrieblich als Leistungsnachweis und führt zu einer Erhöhung der Rechtssicherheit für den Betrieb.

Die unterzeichnenden Institutionen in den Fachbeiräten der GQA und der GQB appellieren an alle Unternehmer, Qualität im Arbeitsschutz
- als intergralen Bestandteil in die Unternehmensziele aufzunehmen,
- den gleichen Stellenwert einzuräumen, wie die Qualität ihrer Produkte und Dienstleistungen

und deshalb mit der betriebsärztlichen und sicherheitstechnischen Betreuung ihres Betriebes möglichst solche Dienste zu beauftragen, die über ein Gütesiegel der GQA bzw. GQB verfügen.

Fachbeirat der GQA

Bundesministerium für Arbeit und
Sozialordnung (BMA)
Länderausschuss für Arbeitsschutz und
und Sicherheitstechnik (LASI)
Hauptverband der gewerblichen
Berufsgenossenschaften (HVBG)
Bundesverband der Unfallkassen (BUK)
Bundesverband der landwirtschaftlichen
Berufsgenossenschaften (BLB)
Deutscher Gewerkschaftsbund (DGB)
Bundesvereinigung der Deutschen
Arbeitgeberverbände (BDA)
Verband Deutscher Sicherheits-
ingenieure e.V. (VDSI)
Verband Deutscher Betriebs- und
Werksärzte e.V. (VDBW)

Beirat der GQB

Bundesministerium für Arbeit und
Sozialordnung (BMA)
Länderausschuss für Arbeitsschutz und
Sicherheitstechnik (LASI)
Hauptverband der gewerblichen
Berufsgenossenschaften (HVBG)
Bundesverband der Unfallkassen (BUK)
Bundesverband der landwirtschaftlichen
Berufsgenossenschaften (BLB)
Deutscher Gewerkschaftsbund (DGB)
Bundesvereinigung der Deutschen
Arbeitgeberverbände (BDA)
Verband Deutscher Sicherheits-
ingenieure e.V. (VDSI)
Verband Deutscher Betriebs- und
Werksärzte e.V. (VDBW)
Deutsche Gesellschaft für Arbeitsmedizin
und Umweltmedizin (DGAUM)
Bundesärztekammer (BÄK)

(Dr. Helmut Deden)
Der Vorsitzende des Fachbeirats der GQA

(Wilfried Coenen)
Der Vorsitzende des Beirates der GQB

D. Zum SGB VII und zum SGB V

Anhang Nr. 28

Unfallverhütungsvorschrift »Allgemeine Vorschriften« (BGV A 1)

vom 1. April 1977
in der Fassung vom 1. März 2000 (Auszug)

I. Allgemeine Vorschriften und Pflichten des Unternehmers

§ 1 Begriffsbestimmungen

(1) Einrichtungen im Sinne dieser BG-Vorschrift sind alle in Mitgliedsunternehmen zum Betriebszweck eingesetzten sächlichen Mittel, ausgenommen Arbeits-, Hilfs- und Betriebsstoffe.
(2) Gefährliche Arbeitsstoffe im Sinne dieser BG-Vorschrift sind alle explosionsgefährlichen, brandfördernden, leicht entzündlichen, entzündlichen, giftigen, gesundheitsschädlichen, ätzenden und reizenden Ausgangs-, Hilfs- und Betriebsstoffe.

§ 2 Allgemeine Anforderungen

(1) Der Unternehmer hat zur Verhütung von Arbeitsunfällen Einrichtungen, Anordnungen und Maßnahmen zu treffen, die den Bestimmungen dieser Unfallverhütungsvorschrift und den für ihn sonst geltenden BG-Vorschriften und im übrigen den allgemein anerkannten sicherheitstechnischen und arbeitsmedizinischen Regeln entsprechen. Soweit in anderen Rechtsvorschriften, insbesondere in Arbeitsschutzvorschriften, Anforderungen gestellt werden, bleiben diese Vorschriften unberührt.
(2) Technische Erzeugnisse, die nicht den BG-Vorschriften entsprechen, dürfen verwendet werden, soweit sie in ihrer Beschaffenheit die gleiche Sicherheit auf andere Weise gewährleisten.
(3) Tritt bei einer Einrichtung ein Mangel auf, durch den für die Versicherten sonst nicht abzuwendende Gefahren entstehen, ist die Einrichtung stillzulegen.

§ 3 Ausnahmen

(1) Die Berufsgenossenschaft kann im Einzelfall auf schriftlichen Antrag des Unternehmers Ausnahmen von BG-Vorschriften zulassen, wenn
1. der Unternehmer eine andere, ebenso wirksame Maßnahme trifft oder
2. die Durchführung der Vorschrift im Einzelfall zu einer unverhältnismäßigen Härte führen würde und die Abweichung mit dem Schutz der Versicherten vereinbar ist.
Dem Antrag ist eine Stellungnahme der Betriebsvertretung beizufügen.
(2) Von den in § 2 Abs. 1 bezeichneten allgemein anerkannten Regeln darf nur abgewichen werden, soweit die gleiche Sicherheit auf andere Weise gewährleistet ist.

Persönliche Schutzausrüstungen

(1) Ist es durch betriebstechnische Maßnahmen nicht ausgeschlossen, dass die Versicherten Unfall- oder Gesundheitsgefahren ausgesetzt sind, so hat der Unternehmer geeignete persönliche Schutzausrüstungen zur Verfügung zu stellen und diese in ordnungsgemäßem Zustand zu halten.

Teil V

(2) Der Unternehmer hat insbesondere zur Verfügung zu stellen:
1. Kopfschutz, wenn mit Kopfverletzungen durch Anstoßen, durch pendelnde, herabfallende, umfallende oder wegfliegende Gegenstände oder durch lose hängende Haare zu rechnen ist;
2. Fußschutz, wenn mit Fußverletzungen durch Stoßen, Einklemmen, umfallende, herabfallende oder abrollende Gegenstände, durch Hineintreten in spitze und scharfe Gegenstände oder durch heiße Stoffe, heiße oder ätzende Flüssigkeiten zu rechnen ist;
3. Augen- oder Gesichtsschutz, wenn mit Augen- oder Gesichtsverletzungen durch wegfliegende Teile, Verspritzen von Flüssigkeiten oder durch gefährliche Strahlung zu rechnen ist;
4. Atemschutz, wenn Versicherte gesundheitsschädlichen, insbesondere giftigen, ätzenden oder reizenden Gasen, Dämpfen, Nebeln oder Stäuben ausgesetzt sein können oder wenn Sauerstoffmangel auftreten kann;
5. Körperschutz, wenn mit oder in der Nähe von Stoffen gearbeitet wird, die zu Hautverletzungen führen oder durch die Haut in den menschlichen Körper eindringen können, sowie bei Gefahr von Verbrennungen, Verbrühungen, Unterkühlungen, elektrischen Druchströmungen, Stich- oder Schnittverletzungen.
(3) Die Vorschriften über die ärztlichen Vorsorgeuntersuchungen sind unabhängig davon anzuwenden, ob persönliche Schutzausrüstungen benutzt werden.

§ 5 Vergabe von Aufträgen

Erteilt der Unternehmer den Auftrag,
1. Einrichtungen zu planen, herzustellen, zu ändern oder instandzusetzen,
2. technische Arbeitsmittel oder Arbeitsstoffe zu liefern,
3. Arbeitsverfahren zu planen oder zu gestalten,
so hat er dem Auftragnehmer schriftlich aufzugeben, die in § 2 Abs. 1 Sätze 1 und 2 bezeichneten Vorschriften und Regeln zu beachten.
Bei technischen Erzeugnissen im Sinne von § 2 Abs. 2 hat der Auftragnehmer eine Bescheinigung über die Gewährleistung der gleichen Sicherheit mitzuliefern.

§ 6 Koordinierung von Arbeiten

(1) Vergibt der Unternehmer Arbeiten an andere Unternehmer, dann hat er, soweit dies zur Vermeidung einer möglichen gegenseitigen Gefährdung erforderlich ist, eine Person zu bestimmen, die die Arbeiten aufeinander abstimmt. Er hat dafür zu sorgen, dass diese Person Weisungsbefugnis gegenüber seinen Auftragnehmern und deren Beschäftigten hat.
(2) Übernimmt der Unternehmer Aufträge, deren Durchführung zeitlich und örtlich mit Aufträgen anderer Unternehmer zusammenfällt, so ist er verpflichtet, sich mit den anderen Unternehmern abzustimmen, soweit dies zur Vermeidung einer gegenseitigen Gefährdung erforderlich ist.

§ 7 Auslegung von BG-Vorschriften, Unterweisung der Versicherten

(1) Der Unternehmer hat die für sein Unternehmen geltenden BG-Vorschriften an geeigneter Stelle auszulegen. Den mit der Durchführung der Unfallverhütung betrauten Personen sind die Arbeitsschutz- und BG-Vorschriften auszuhändigen, soweit sie ihren Arbeitsbereich betreffen.
(2) Der Unternehmer hat die Versicherten über die bei ihren Tätigkeiten auftregenden Gefahren sowie über die Maßnahmen zu ihrer Abwendung vor der Beschäftigung und danach in angemessenen Zeitabständen, mindestens jedoch einmal jährlich, zu unterweisen.

§ 8 Förderung der Mitwirkung der Versicherten an der Unfallverhütung

Der Unternehmer hat die Mitwirkung der Versicherten an der Verhütung von Arbeitsunfällen, Berufskrankheiten und arbeitsbedingte Gesundheitsgefahren zu fördern. Er hat den mit der Durchführung der Maßnahmen zur Verhütung von Berufskrankheiten und arbeitsbedingten Gesundheitsgefahren betrauten Personen die Teilnahme an Ausbildungsveranstaltungen auf dem Gebiet der Unfallverhütung unter Berücksichtigung der betrieblichen Belange zu ermöglichen.

§ 9 Sicherheitsbeauftragte

(1) Die Zahl der nach § 22 SGB VII zu bestellenden Sicherheitsbeauftragten ergibt sich aus der Anlage 1 zu dieser BG-Vorschrift.

(2) Der Unternehmer hat den Sicherheitsbeauftragten Gelegenheit zu geben, ihre Aufgaben zu erfüllen, insbesondere in ihrem Bereich an den Betriebsbesichtigungen und Unfalluntersuchungen der Aufsichtspersonen nach § 18 SGB VII teilzunehmen. Den Sicherheitsbeauftragten sind auf Verlangen die Ergebnisse der Betriebsbesichtigungen und Unfalluntersuchungen zur Kenntnis zu geben.

...

§ 10 Besichtigung des Unternehmens durch Erlass einer Anordnung

(1) Der Unternehmer hat den Aufsichtspersonen nach § 18 SGB VII die Besichtigung seines Unternehmens zu ermöglichen und ihn auf sein Verlangen dabei zu begleiten oder durch einen geeigneten Vertreter begleiten zu lassen.

(2) Erlässt die Berufsgenossenschaft eine Anordnung und setzt sie hierbei eine Frist, innerhalb der die verlangten Maßnahmen zu treffen sind, so hat der Unternehmer nach Ablauf der Frist unverzüglich mitzuteilen, ob er die verlangten Maßnahmen getroffen hat.

§ 11 Auskunftspflicht

Der Unternehmer hat der Berufsgenossenschaft die im Zusammenhang mit der Verhütung von Arbeitsunfällen, Berufskrankheiten und arbeitsbedingte Gesundheitsgefahren stehenden Angaben zu machen und Auskünfte zu erteilen.

§ 12 Pflichtenübertragung

Hat der Unternehmer ihm hinsichtlich der Verhütung von Berufskrankheiten und arbeitsbedingte Gesundheitsgefahren obliegende Pflichten übertragen, so hat er dies unverzüglich schriftlich zu bestätigen. Die Bestätigung ist von dem Verpflichteten zu unterzeichnen; in ihr sind der Verantwortungsbereich und die Befugnisse zu beschreiben. Eine Ausfertigung der schriftlichen Bestätigung ist dem Verpflichteten auszuhändigen.

§ 13 Aufsichtspersonen

Der Unternehmer hat die Verantwortungsbereiche der von ihm zu bestellenden Aufsichtspersonen abzugrenzen und dafür zu sorgen, dass diese ihren Pflichten auf dem Gebiet der Verhütung von Berufskrankheiten und arbeitsbedingte Gesundheitsgefahren nachkommen und sich untereinander abstimmen.

II. Pflichten der Versicherten

§ 14 Befolgung von Weisungen des Unternehmers, Benutzung persönlicher Schutzausrüstungen

Die Versicherten haben nach ihren Möglichkeiten alle Maßnahmen zur Verhütung von Berufskrankheiten und arbeitsbedingte Gesundheitsgefahren sowie für eine wirksame Erste Hilfe und die entsprechenden Anweisungen des Unternehmers zu befolgen. Sie haben die zur Verfügung gestellten persönlichen Schutzausrüstungen zu benutzen. Die Versicherten dürfen sicherheitswidrige Weisungen nicht befolgen.

§ 15 Bestimmungsgemäße Verwendung von Einrichtungen

Die Versicherten dürfen Einrichtungen nur zu dem Zweck verwenden, der vom Unternehmer bestimmt oder üblich ist.

§ 16 Beseitigung von Mängeln

(1) Stellt ein Versicherter fest, dass eine Einrichtung im Hinblick auf die Verhütung von Berufskrankheiten und arbeitsbedingte Gesundheitsgefahren nicht einwandfrei ist, so hat er diesen Mangel unverzüglich zu beseitigen. Gehört dies nicht zu seiner Arbeitsaufgabe oder verfügt er nicht über Sachkunde, so hat er den Mangel dem Vorgesetzten unverzüglich zu melden.
(2) Absatz 1 gilt entsprechend, wenn der Versicherte feststellt, dass
1. Arbeitsstoffe im Hinblick auf die Verhütung von Berufskrankheiten und arbeitsbedingte Gesundheitsgefahren nicht einwandfrei verpackt, gekennzeichnet oder beschaffen sind oder
2. das Arbeitsverfahren oder der Arbeitsablauf im Hinblick auf die Verhütung von Berufskrankheiten und arbeitsbedingte Gesundheitsgefahren nicht einwandfrei gestaltet bzw. geregelt sind.

§ 17 Unbefugte Benutzung von Einrichtungen

Versicherte dürfen Einrichtungen und Arbeitsstoffe nicht unbefugt benutzen. Einrichtungen dürfen sie nicht unbefugt betreten.
...

III. Betriebsanlagen und Betriebsregelungen §§ 18–49

(nicht abgedruckt)

IV. Arbeitsmedizinische Vorsorge §§ 50–60

außer Kraft; ersetzt durch UVV »Arbeitsmedizinische Vorsorge« (BGV A 4)

V. Übergangsbestimmungen §§ 61, 61a, 62

(nicht abgedruckt)

VI. Inkrafttreten § 63

(nicht abgedruckt)

**Anlage zu § 9 Abs. 1
Zahl der Sicherheitsbeauftragten**

(nicht abgedruckt)

**Anlage 1
Muster für die »Erklärung« (§ 12)**

(nicht abgedruckt)

**Anlage 2
Bezugsquellenverzeichnis**

(nicht abgedruckt)

Teil V

Anhang Nr. 29

Rahmenvereinbarung der Spitzenverbände der gesetzlichen Krankenkassen und der Träger der gesetzlichen Unfallversicherung zur Zusammenarbeit bei der Verhütung arbeitsbedingter Gesundheitsgefahren vom 18. Oktober 1997[1]

Die Spitzenverbände der gesetzlichen Krankenkassen
- AOK-Bundesverband
- BKK-Bundesverband
- IKK-Bundesverband
- Bundesverband der landwirtschaftlichen Krankenkassen
- Bundesknappschaft
- Verband der Angestellten-Krankenkassen e.V.
- AEV-Arbeiter-Ersatzkassen-Verband e.V.
- See-Krankenkasse

und die Spitzenverbände der Träger der gesetzlichen Unfallversicherung
- Hauptverband der gewerblichen Berufsgenossenschaften e.V.,
- Bundesverband der Unfallversicherungsträger der öffentlichen Hand e.V.
- Bundesverband der landwirtschaftlichen Berufsgenossenschaften e.V.

kommen überein, die bisherige Empfehlungsvereinbarung der Spitzenverbände der Krankenkassen und der Träger der gesetzlichen Unfallversicherung über die Zusammenarbeit bei der Umsetzung des § 20 Abs. 2 SGB V (Gesundheitsreformgesetz vom 1. Januar 1989) auf der Grundlage der geänderten Rechtslage zu aktualisieren und weiterzuentwickeln. Die neue gemeinsame Rahmenvereinbarung zeigt Wege für die Zusamenarbeit entsprechend der durch das Sozialgesetzbuch, Bücher V und VII gegebenen neuen Rechtslage. Sie ersetzt die Empfehlungsvereinbarung vom 1. Januar 1992.

Präambel

Bei der Verhütung arbeitsbedingter Gesundheitsgefahren arbeiten die Unfallversicherungsträger und die Krankenkassen auf der Grundlage unterschiedlicher, sich ergänzender Handlungsmöglichkeiten partnerschaftlich und unter Wahrung der gesetzlichen Aufgaben und Kompetenzen des jeweiligen Vereinbarungspartners zusammen.

Die Rahmenvereinbarung geht von einem ganzheitlichen Arbeitsschutzverständnis im Sinne des Arbeitsschutzgesetzes aus. Sie will die Zusammenarbeit fördern und keine Einengung der Kreativität der Mitglieder der Vereinbarungspartner durch enge Vorgaben bewirken. Sie definiert den Rahmen, innerhalb dessen die Zusammenarbeit der Vereinbarungspartner und ihrer Mitglieder erfolgen soll und zeigt den Handlungsrahmen durch die Beschreibung von Optionen auf.

Zentrales Anliegen der Träger der gesetzlichen Unfallversicherung und der Krankenkassen ist es, durch ihre Zusammenarbeit den Arbeitgeber in der Durchführung der Maßnahmen zur Verhütung arbeitsbedingter Gesundheitsgefahren in den Betrieben zu unterstützen und deren Effektivität und Effizienz zu steigern. Der Arbeitgeber ist durch das Arbeitsschutzgesetz verpflichtet, die zur Verhütung arbeitsbedingter Gesundheitsgefahren erforderlichen Maßnahmen auf der Basis der von ihm durchzuführenden Gefährdungsbeurteilung[2] zu treffen.

---

1 Berufsgenossenschaft 1/1998, 25
2 § 5 Abs. 1 ArbSchG

Anhang Nr. 29

Die Rahmenvereinbarung soll die Kooperation zwischen den Trägern der gesetzlichen Unfallversicherung und den Krankenkassen sowie ihrer Spitzenverbände fortführen und ausbauen.

1. Gesetzliche Grundlagen und Zielsetzung

Am 1. Januar 1997 ist das Gesetz zur Entlastung der Beiträge in der gesetzlichen Krankenversicherung (Beitragsentlastungsgesetz – BeitrEntlG), am 21. August 1996 Artikel 1, zweites Kapitel »Prävention« des Gesetzes zur Einordnung des Rechts der gesetzlichen Unfallversicherung in das Sozialgesetzbuch (UVEG), das der Unfallversicherung einen erweiterten Präventionsauftrag zuweist, in Kraft getreten.[1] Mit diesen gesetzlichen Grundlagen besteht für die Krankenkassen und die Träger der gesetzlichen Unfallversicherung durch § 20 Abs. 1 SGB V und § 14 Abs. 2 SGB VII die Verpflichtung zur Zusammenarbeit bei der Verhütung arbeitsbedingter Gesundheitsgefahren. Die Krankenkassen haben die Träger der gesetzlichen Unfallversicherung über Erkenntnisse, die sie über Zusammenhänge zwischen Arbeitsbedingungen und Erkrankungen gewonnen haben, zu unterrichten. Betriebsgeheimnisse dürfen dabei nicht verletzt werden.

Die Träger der gesetzlichen Unfallversicherung und die Krankenkassen fördern in Ergänzung hierzu das Ziel, Erkenntnisse über Zusammenhänge zwischen Arbeitsbedingungen und deren gesundheitlichen Auswirkungen zu gewinnen und im Hinblick auf Handlungsbedarf zu beurteilen.

2. Aufgaben und Pflichten

Die Verpflichtung für eine Zusammenarbeit der Träger der gesetzlichen Unfallversicherung und der Krankenkassen bei der Verhütung arbeitsbedingter Gesundheitsgefahren ergibt sich durch die gesetzlich geregelten jeweiligen Kompetenzbereich. Für die Träger der gesetzlichen Unfallversicherung werden diese Aufgaben bzw. Pflichten durch das SGB VII, für die Krankenkassen durch das SGB V geregelt.

Die Träger der gesetzlichen Unfallversicherung haben zur Verhütung von Arbeitsunfällen, Berufskrankheiten und arbeitsbedingten Gesundheitsgefahren einen weitreichenden Auftrag erhalten, der neben den Überwachungstätigkeiten und dem Erlassen von Unfallverhütungsvorschriften auch

- die Ermittlung der Ursachen von arbeitsbedingten Gesundheitsgefahren,
- die Beratung der Betriebe,
- die Durchführung von Motivations- und Schulungsveranstaltungen für Unternehmer,
- die Aus- und Fortbildung der Akteure des betrieblichen Arbeitsschutzes,
- die Möglichkeit der Einrichtung überbetrieblicher arbeitsmedizinischer und sicherheitstechnischer Dienste,
- die Forschung

beinhaltet.

Bei der Verhütung arbeitsbedingter Gesundheitsgefahren arbeiten die Krankenkassen mit den Trägern der gesetzlichen Unfallversicherung zusammen. Aufgaben und Pflichten der Krankenkassen sind dabei

- die Ermittlung von Erkenntnissen über Zusammenhänge zwischen Arbeitsbedingungen und Erkrankungen,
- die Unterrichtung der Träger der gesetzlichen Unfallversicherung über diese Erkenntnisse,
- die Mitteilung von berufsbedingten gesundheitlichen Gefährdungen oder Berufskrankheiten an die Träger der gesetzlichen Unfallversicherung im Einzelfall,
- die Forschung.

---

1 Zur zwischenzeitlichen Änderung dieses Gesetzes vgl. Einl. Rn. 54; die Neuregelung des § 20 SGB V ist abgedruckt unter § 14 Abs. 2 SGB VII.

Teil V

Die Spitzenverbände der Träger der gesetzlichen Unfallversicherung und der Krankenkassen sehen in der vorliegenden Vereinbarung eine Ausgangsbasis zur Förderung der weiteren Zusammenarbeit, die durch die Träger der gesetzlichen Unfallversicherung und die Krankenkassen ausgestaltet werden soll. Sie stecken damit einen Handlungsrahmen ab und beschreiben mögliche Wege und Aktivitäten. Bisherige, gemeinsam durchgeführte Projekte und vorhandene Erfahrungen stellen eine geeignete Grundlage zur Entwicklung neuer Formen und Inhalte der Zusammenarbeit dar.

3. Handlungsrahmen bei der Verhütung arbeitsbedingter Gesundheitsgefahren

Die konkrete Zusammenarbeit von Krankenkassen und Trägern der Unfallversicherung bei der Verhütung arbeitsbedingter Gesundheitsgefahren kann bei Bedarf auf der Ebene der Betriebe, Wirtschaftszweige bzw. Branchen, Innungen und darüber hinausgehend auf der Ebene ihrer Spitzenverbände erfolgen. Die Vereinbarungspartner empfehlen auf betrieblicher und überbetrieblicher (Wirtschaftszweig, Branche, Innung) Ebene eine direkte Zusammenarbeit der Träger der Unfallversicherung und der Krankenkassen. Dabei kann der Anstoß hierfür sowohl von Seiten der Betriebe als auch den Vereinbarungspartnern bzw. der ihnen angeschlossenen Träger erfolgen.

Im Rahmen der Kooperation können unterschiedliche Informationen, Instrumente und Methoden genutzt werden, um Zusammenhänge zwischen Arbeitsbedingungen und Erkrankungen zu untersuchen. Daten- und Informationsquellen sind zum Beispiel
- der Betrieb (z.B. Gefährdungsbeurteilungen, Betriebsarzt, Fachkraft für Arbeitssicherheit),
- die Krankenkasse (z.B. Arbeitsunfähigkeitsdaten und sonstige Leistungsdaten, Informationen aus Gesundheitszirkeln),
- die Träger der Unfallversicherung (z.B. Berufskrankheiten- und Unfalldaten, das spezifische Wissen und die Erkenntnis der Technischen Aufsichtsdienste bzw. Präventionsabteilungen).

Darüber hinaus können bei Bedarf ergänzende Daten und Informationen (z.B. Mitarbeiter- und Expertenbefragungen, Informationen aus betrieblichen Gremien und Projekten) erhoben werden.

Für eine integrierte Auswertung unterschiedlicher Daten von Krankenkassen, Trägern der gesetzlichen Unfallversicherungen und Betrieben ist die Etablierung geeigneter Schnittstellen notwendig. Die Ausarbeitung entsprechender Empfehlungen ist Aufgabe der Spitzenverbände.

Dabei ist vorrangig von einem pragmatischen Einstieg auf der Basis vorhandener Daten und einer Berücksichtigung der Bedarfssituation der Betriebe auszugehen. So können z.B. die seitens der Krankenkassen erstellten betriebs-, innungs- und branchenbezogenen Gesundheitsberichte die Grundlage für eine Auswertung, gemeinsame Interpretation mit Betrieb und Unfallversicherung und ggfs. Ableitung von Präventionsmaßnahmen sein.

Die Träger der gesetzlichen Unfallversicherung und die Krankenkassen tragen dafür Sorge, dass geeignete Instrumente eingesetzt und die Verfahren bzw. Maßnahmen evaluiert werden. Dabei ist eine Ausrichtung z.B. der seitens der Krankenkassen verwendeten Schlüssel auf die Arbeitsbedingungen anzustreben.

4. Zusammenarbeit auf betrieblicher Ebene

Die Zusammenarbeit der Träger der gesetzlichen Unfallversicherung und Krankenkassen soll auf Betriebsebene unter Berücksichtigung des betrieblichen Bedarfs und der festzulegenden Prioritäten und unter Einschluss der betrieblichen Erfahrungen und Erkenntnisse der Arbeitgeber und Arbeitnehmer erfolgen und in den betrieblichen Arbeitsschutz eingebunden sein.

Die Träger der gesetzlichen Unfallversicherung und die Krankenkassen sehen auf der Ebene der krankenkassenseitig erstellten betrieblichen Gesundheitsberichte einen möglichen Einstig in die Zusammenarbeit. Ausgehend von den durch die Träger der Unfall-

versicherung, den Krankenkassen und dem Betrieb vorgenommenen Interpretationen vorhandener betrieblicher Gesundheitsberichte können evtl. weitergehende Schritte erfolgen, z.B. ein Abgleich mit vorhandenen Ergebnissen aus Gefährdungsbeurteilungen oder weitergehenden Ermittlungen.
In die betriebsbezogene Auswertung können je nach Bedarfssituation des Betriebes auch eigens zu erhebende Daten einbezogen werden. Die gemeinsame Bewertung hat das Ziel, hieraus Präventionsvorschläge abzuleiten und umzusetzen. Soweit es sich dabei um die Durchführung von Maßnahmen des Arbeitsschutzes handelt, ist es Sache des Betriebes, sie unter Beratung und Überwachung durch die Träger der gesetzlichen Unfallversicherung zu realisieren. Bei darüber hinausgehenden Maßnahmen kann der Betrieb durch die Krankenkassen und die Träger der gesetzlichen Unfallversicherung im Einzelfall beraten werden.

5. Zusammenarbeit auf überbetrieblicher Ebene (Wirtschaftszweige, Branchen, Innungen)

Ist z.b. aufgrund der Betriebsgröße ein einzelbetriebliches Vorgehen nicht sinnvoll, sollte ein überbetriebliches, regionales Vorgehen unter Berücksichtigung vorhandener Strukturen, wie z. B. Innungen und Kreishandwerkerschaften angestrebt werden. Ein Einstieg in die Kooperation auf der Basis von durch die Krankenkassen erstellten überbetrieblichen Arbeitsunfähigkeitsanalysen wird empfohlen.
Die Zusammenarbeit auf der Ebene von Wirtschaftszweigen bzw. Branchen ergibt sich in erster Linie zwischen Krankenkassen und den Trägern der gesetzlichen Unfallversicherungen unter Einbeziehung von Vertretern der betroffenen Wirtschaftszweige. Empfohlen werden branchenbezogene Aufbereitungen von Krankenkassendaten im Sinne einer branchenbezogenen Gesundheitsberichterstattung. Sie dienen als Ausgangspunkt möglicher weiterer Analyseschritte. Hieraus können sich für die Vereinbarungspartner weitere Handlungsfelder sowie die Ableitung von branchenorientierten Präventionskonzepten ergeben. Soweit es sich um Maßnahmen des Arbeitsschutzes handelt, ist dies Sache der Träger der gesetzlichen Unfallversicherung.
Seitens der Träger der gesetzlichen Unfallversicherung können gezielte expositions- und diagnosebezogene thematische Schwerpunktbildungen mit dem Ziel einer Analyse vorhandener Krankenkassendaten an die Krankenkassen herangetragen werden.
Seitens der Krankenkassen kann angeregt werden, dass vorhandene Informationen und/oder Daten der Träger der gesetzlichen Unfallversicherung ergänzend für Krankenkassenanalysen ausgewertet und zur Verfügung gestellt werden.
Neben einer rein branchenbezogenen Vorgehensweise streben die Träger der gesetzlichen Unfallversicherung und die Krankenkassen auch eine Analyse von über mehrere oder alle Wirtschaftszweige hinweggehenden Schwerpunkten, z.B. Erkrankungshäufungen, bestimmte Tätigkeitsbereiche usw. an.

6. Zusammenarbeit auf der Ebene der Spitzenverbände

Die Spitzenverbände der Krankenkassen und der Träger der gesetzlichen Unfallversicherung streben mit dieser Rahmenvereinbarung eine Intensivierung und Fortführung der begonnenen Zusammenarbeit an. Hierzu gehören:
- ein regelmäßiger Erfahrungsaustausch über den Stand und die Qualität ihrer Zusammenarbeit
- die Entwicklung praktikabler, ökonomischer und valider Methoden für die Auswertung von Daten und die Ableitung von Präventionsmaßnahmen sowie
- das Aufzeigen von Entwicklungs- und Forschungsbedarf.

Die Spitzenverbände der Krankenkassen stellen den Trägern der gesetzlichen Unfallversicherung auf Anfrage routinisierte Krankheitsartenstatistiken oder überbetriebliche Auswertungen von Arbeitsunfähigkeitsdaten, soweit möglich geordnet nach ICD, Regionen, Branchen, Betriebsgrößen, Geschlecht, Altersgruppen, Dauer der Arbeitsunfähigkeit und evtl. weiteren Differenzierungskriterien zur Verfügung.

Teil V

Die Spitzenverbände der Träger der gesetzlichen Unfallversicherung stellen den Krankenkassen auf Anfrage verfügbare Statistiken über meldepflichtige Unfälle und Wegeunfälle, Anzeigen auf Verdacht von Berufskrankheiten und anerkannte Berufskrankheiten, geordnet nach Wirtschaftszweigen, zur Verfügung.
Die Modalitäten über spezifische Analysen werden zwischen den Trägern der gesetzlichen Unfallversicherung und den Krankenkassen abgestimmt.
Die Spitzenverbände der Träger der gesetzlichen Unfallversicherung prüfen im Einvernehmen mit den Krankenkassen, inwieweit Erkenntnisse, die sich aus der Zusammenarbeit ergeben, zu Änderungen oder Ergänzungen ihres Vorschriften- oder Regelwerks führen oder inwieweit die Erkenntnisse geeignet sind, dem Bundesminister für Arbeit und Sozialordnung zur Aktualisierung oder Differenzierung seiner Berufskrankheiten-Liste vorgelegt zu werden.

7. Mitteilung von berufsbedingten gesundheitlichen Gefährdungen oder Berufskrankheiten

Nach § 20 Abs. 1 SGB V[1] sind die Krankenkassen auch verpflichtet, Hinweise auf berufsbedingte gesundheitliche Gefährdungen oder Berufskrankheiten bei einzelnen Versicherten unverzüglich den für den Arbeitsschutz zuständigen Stellen und dem Unfallversicherungsträger mitzuteilen.
Zur Umsetzung dieser Verpflichtung erhalten die Krankenkassen von den Trägern der gesetzlichen Unfallversicherung Anhaltspunkte zur Mitteilung berufsbedingter gesundheitlicher Gefährdungen bei einem Versicherten.
Das Mitteilungsverfahren bei Berufskrankheiten ist in besonderen Vereinbarungen geregelt.[2]

8. Perspektiven

Einer Intensivierung und Weiterentwicklung der Zusammenarbeit dienen insbesondere
- die Erprobung gemeinsamer, praxisnaher Projekte im Bereich der drei genannten Kooperationsebenen
- die gemeinsame Entwicklung von Methoden z.B. zur Optimierung von Verfahren einer aufeinander abgestimmten Datenerhebung und -pflege sowie zur Ableitung von Präventionskonzepten
- die Durchführung eines regelmäßigen Erfahrungsaustausches, die Förderung von gemeinsamen Informations- und Fortbildungsveranstaltungen sowie Konsultationen auf der Ebene der Spitzenverbände und einzelner Krankenkassen und Träger der gesetzlichen Unfallversicherung. Durch die Spitzenverbände wird dabei die Entwicklung kompatibler, bei den einzelnen Datenträgern zu verwendende Schlüsselsystematiken, angestrebt.

9. Inkrafttreten

Die Rahmenvereinbarung tritt mit sofortiger Wirkung in Kraft.

---

1 Jetzt § 20 Abs. 2 Satz 3 SGB V; vgl. Fußnote zu § 14 Abs. 2 SGB VII.
2 Mit Stand vom 28.8.1997 liegen entsprechend von den Spitzenverbänden der Krankenkassen und der Träger der gesetzlichen Unfallversicherung erarbeiteten Mitteilungsverfahren zu den
- Bandscheibenbedingten Wirbelsäulen-Berufskrankheiten nach Nrn. 2108-2110 der Anlage 1 zur Berufskrankheitenverordnung (BeKV) und
- Hauterkrankungen nach Nr. 5101 der Anlage 1 zur BeKV vor.

Anhang Nr. 30
Luxemburger Deklaration zur betrieblichen Gesundheitsförderung in der Europäischen Union

November 1997

Europäisches Netzwerk für betriebliche Gesundheitsförderung

Die Luxemburger Deklaration zur betrieblichen Gesundheitsförderung in der Europäischen Union

Betriebliche Gesundheitsförderung (BGF) umfasst alle gemeinsamen Maßnahmen von Arbeitgebern, Arbeitnehmern und Gesellschaft zur Verbesserung von Gesundheit und Wohlbefinden am Arbeitsplatz.
Dies kann durch eine Verknüpfung folgender Ansätze erreicht werden:
- Verbesserung der Arbeitsorganisation und der Arbeitsbedingungen
- Förderung einer aktiven Mitarbeiterbeteiligung
- Stärkung persönlicher Kompetenzen

Einleitung

Grundlage für die aktuellen Aktivitäten zur BGF bilden zwei Faktoren. Zum einen hat die EG-Rahmenrichtlinie Arbeitsschutz (Richtlinie des Rates 89/391/EWG) eine Neuorientierung des traditionellen Arbeitsschutzes in Gesetzgebung und Praxis eingeleitet. Zum anderen wächst die Bedeutung des Arbeitsplatzes als Handlungsfeld der öffentlichen Gesundheit (Public Health).
Gesunde, motivierte und gut ausgebildete Mitarbeiter sind sowohl in sozialer wie ökonomischer Hinsicht Voraussetzung für den zukünftigen Erfolg der Europäischen Union. Der zuständige Dienst der Europäischen Kommission hat daher eine Initiative zum Aufbau eines Europäischen Netzwerkes für BGF unterstützt. Diese Initiative befindet sich im Einklang mit Artikel 129 des Vertrages zur Gründung der Europäischen Gemeinschaft und dem Aktionsprogramm der Gemeinschaft zur Gesundheitsförderung, -aufklärung, -erziehung und -ausbildung innerhalb des Aktionsrahmens im Bereich der öffentlichen Gesundheit (Nr. 645/96/EG). Mitglieder des Europäischen Netzwerkes sind Organisationen aus allen 15 Mitgliedsstaaten und den Ländern des Europäischen Wirtschaftsraumes. Sie sind gleichzeitig nationale Kontaktstellen.
Ziel des Netzwerkes ist es, auf der Basis eines kontinuierlichen Erfahrungsaustausches, nachahmenswerte Praxisbeispiele zur BGF zu identifizieren und zu verbreiten. Die EU ermutigt damit die Mitgliedsstaaten, der BGF einen höheren Stellenwert einzuräumen und Fragen der Gesundheit am Arbeitsplatz bei politischen Entscheidungen mit einzubeziehen.

Herausforderungen für die Arbeitswelt im 21. Jahrhundert

Die Arbeitswelt befindet sich in einer Phase tiefgreifenden Wandels. Wichtige Rahmenbedingungen sind u.a.:
- Globalisierung
- Arbeitslosigkeit
- wachsende Verbreitung neuer Informationstechnologien
- Veränderungen der Beschäftigungsverhältnisse (z.B. befristete und Teilzeitarbeit, Telearbeit)
- älter werdende Belegschaften

Teil V

- wachsende Bedeutung des Dienstleistungssektors
- Personalabbau (Downsizing)
- wachsender Anteil von Arbeitnehmern in Klein- und Mittelunternehmen (KMU)
- Kundenorientierung und Qualitätsmanagement.

Zukünftiger Unternehmenserfolg hängt von gut qualifizierten, motivierten und gesunden Mitarbeitern ab. BGF spielt eine entscheidende Rolle dabei, Mitarbeiter und Unternehmen auf diese Herausforderungen vorzubereiten.

Betriebliche Gesundheitsförderung: eine Investition in die Zukunft

Der traditionelle Arbeitsschutz hat durch die Verringerung von Arbeitsunfällen und die Prävention von Berufskrankheiten entscheidend zur Verbesserung der Gesundheit am Arbeitsplatz beigetragen. Dennoch reichen seine Mittel offensichtlich nicht, um dem weiten Spektrum der o.g. Probleme zu begegnen.

Unternehmen, die Gesundheit an ihren Arbeitsplätzen fördern, senken damit krankheitsbedingte Kosten und steigern ihre Produktivität. Dies ist das Ergebnis einer gesünderen Belegschaft mit höherer Motivation, besserer Arbeitsmoral und besserem Arbeitsklima.

BGF ist eine moderne Unternehmensstrategie und zielt darauf ab, Krankheiten am Arbeitsplatz vorzubeugen (einschließlich arbeitsbedingter Erkrankungen, Arbeitsunfälle, Berufskrankheiten und Stress), Gesundheitspotenziale zu stärken und das Wohlbefinden am Arbeitsplatz zu verbessern.

Betriebliche Gesundheitsförderung: Gesunde Mitarbeiter in gesunden Unternehmen

Der Arbeitsplatz beeinflusst Gesundheit und Krankheit auf verschiedene Art und Weise. Wenn Beschäftigte unter gesundheitsgefährdenden Bedingungen arbeiten müssen, nicht angemessen qualifiziert sind oder nicht ausreichend von Kollegen unterstützt werden, kann Arbeit krank machen. Arbeit kann aber auch die berufliche und persönliche Entwicklung fördern.

BGF will diejenigen Faktoren beeinflussen, die die Gesundheit der Beschäftigten verbessern. Dazu gehören:
- Unternehmensgrundsätze und -leitlinien, die in den Beschäftigten einen wichtigen Erfolgsfaktor sehen und nicht nur einen Kostenfaktor
- eine Unternehmenskultur und entsprechend Führungsgrundsätze, in denen Mitarbeiterbeteiligung verankert ist, um so die Beschäftigten zur Übernahme von Verantwortung zu ermutigen
- eine Arbeitsorganisation, die den Beschäftigten ein ausgewogenes Verhältnis bietet zwischen Arbeitsanforderungen einerseits und andererseits eigenen Fähigkeiten, Einflussmöglichkeiten auf die eigene Arbeit und sozialer Unterstützung
- eine Personalpolitik, die aktiv Gesundheitsförderungsziele verfolgt
- ein integrierter Arbeits- und Gesundheitsschutz.

Betriebliche Gesundheitsförderung: nachweislich erfolgreich

BGF beruht auf einer fach- und berufsübergreifenden Zusammenarbeit und kann nur dann erfolgreich sein, wenn alle Schlüsselpersonen dazu beitragen.

BGF kann ihr Ziel »gesunde Mitarbeiter in gesunden Unternehmen« erreichen, wenn sie sich an den folgenden Leitlinien orientiert:
1. Die gesamte Belegschaft muss einbezogen werden (Partizipation).
2. BGF muss bei allen wichtigen Entscheidungen und in allen Unternehmensbereichen berücksichtigt werden (Integration).
3. Alle Maßnahmen und Programme müssen systematisch durchgeführt werden: Bedarfsanalyse, Prioritätensetzung, Planung, Ausführung, kontinuierliche Kontrolle und Bewertung der Ergebnisse (Projektmanagement).

4. BGF beinhaltet sowohl verhaltens- als auch verhältnisorientierte Maßnahmen. Sie verbindet den Ansatz der Risikoreduktion mit dem des Ausbaus von Schutzfaktoren und Gesundheitspotenzialen (Ganzheitlichkeit).

Prioritäten des Europäischen Netzwerkes für betriebliche Gesundheitsförderung

Das Europäische Netzwerk für BGF koordiniert den Informationsaustausch und die Verbreitung vorbildlicher Praxisbeispiele in Europa. Seine Mitgliedsorganisationen setzen sich für den Aufbau informeller Netzwerke auf nationaler Ebene ein. Alle Aktivitäten und Prioritäten basieren auf dem Subsidiaritätsprinzip und unterstützen die Zusammenarbeit zwischen den Mitgliedsstaaten. Im Hinblick auf die Herausforderungen der Zukunft und das Ziel, BGF in der Arbeitswelt zu verbreiten, betrachtet das Europäische Netzwerk die folgenden Aufgaben als vordringlich und als Grundlage für zukünftige Aktivitäten:
1. BGF bekannter machen und alle Schlüsselpersonen zur Übernahme von mehr Verantwortung für Gesundheit bewegen
2. Ermitteln und Verbreiten von vorbildlichen Praxisbeispielen
3. Leitlinien für effektive BGF entwickeln
4. das Engagement der Mitgliedsstaaten für die Einleitung entsprechender politischer Schritte sicherstellen
5. die besonderen Anforderungen in der Zusammenarbeit mit KMU berücksichtigen.

Diese Deklaration wurde von allen Mitgliedern des Europäischen Netzwerkes für betriebliche Gesundheitsförderung anlässlich ihres Treffens vom 27. bis 28. November 1997 in Luxemburg verabschiedet.

Mitglieder des Europäischen Netzwerkes für betriebliche Gesundheitsförderung (Nationale Kontaktstellen und Koordinationsstelle)

Belgien
Institute for Applied Psychology
Konstantin von Vietinghoff-Scheel
Avenue de Stalingrad, 23
B – 1000 Brüssel
Tel.: +32 2511-2131

Dänemark
Arbejdsmiljøinstituttet
Jørgen Vogensen
Lersø Parkallé 105
DK – 2100 Kopenhagen
Tel.: +45 39 16 52-06

Deutschland
BKK Bundesverband
Europäisches Informationszentrum
Dr. Gregor Breucker
Kronprinzenstr. 6
D – 45128 Essen
Tel.: +49 201 79-1209

Finnland
Finnish Institute of Occupational Health
Work Ability Centre
Dr. Esko Matikainen
Topeliuksenkatu 41 a A
FIN – 00250 Helsinki
Tel.: +358 9 4747-636

Frankreich
Association Ma Santé
M. Xavier de Mazenod
31, rue Voltaire
F - 92800 Puteaux
Tel.: +33 1 41 25 45 34

Griechenland
Ministry of Labour and Social Security
Centre of Occupationale Health and Safety
Dr. Elisabeth Galanopoulou
40, Pireos Str.
GR – 10182 Athen
Tel.: +30 1 3214-147

Teil V

Großbritannien
Health Promotion Wales
John Griffiths
Ffynnon-Ias, Ty Glas Avenue
Llanishen
UK – Cardiff
CF4 5DZ, Wales
Tel.: +44 12 22 - 68 12 25

Irland
Department of Health
Health Promotion Unit
Chris Fitzgerald
Hawkins House
IR – Dublin 2
Tel.: +353 16 71 - 47 11

Island
Administration of Occupational
Safety and Health
Dagrun Thodardottir
Bildhöfda 16
ICE – Rejkjavik
Tel.: +354 - 67 25 00

Italien
Universita degli studi di Perugia
Dipartimento di Igiene
Prof. Lamberto Briziarelli
Via del Giochetto
I – 06100 Perugia
Tel.: +39 75 58 53 - 3 05

Luxemburg
Inspection du Travail et des Mines
Directeur
Paul Weber
26, rue Ste Zithe
B.P. 27
L – 2010 Luxembourg
Tel.: +352-478 61 50

Niederlande
Centrum Gezondheidsbevordering
op de Werkplek
Paul C. Baart
Johan van Oldenbarneveltlaan 9
NL – 2528 Den Haag
Tel.: +31 70 355 - 25 02

Norwegen
Statens Arbeidsmiljøinstitutt
Odd Bjørnstad
Gydas vei 8
pb 8149 Dep
N – 0033 Oslo
Tel.: +47 23 19 395

Österreich
Oberösterreichische Gebietskrankenkasse
Mag.DDr. Oskar Meggeneder
Gruberstr. 77
A – 4020 Linz
Tel.: +43 732 78 07 - 2710

Portugal
Ministério da Saúde
Dr. Emilia Natario
P – 1056 Lissabon
Tel.: +351 18 47 - 55 15

Schweden
Arbetslivsinstitutet
Dr. Ewa Menckel
S – 17184 Solna
Tel.: +46 8 - 6 17 03 22

Schweiz
SUVA Gesundheitsförderung
Schweizerische Unfallversicherungsanstalt
Volker Grässle
Seilerstr. 3
CH – 3001 Bern
Tel.: +41 31 387 33 - 87

Spanien
INSHT – CNCT
Dr. Maira Dolores Solé
C/Dulcet 2-10
E – 08034 Barcelona
Tel.: +34 3 280 - 01 02

Koordinationsstelle
Bundesanstalt für Arbeitsschutz und
Arbeitsmedizin (BAuA)
Dr. Karl Kuhn
Friedrich-Henkel-Weg 1–25
D – 44149 Dortmund
Tel.: +49 231 90 71 - 243
Fax: +49 231 90 71 - 454

Das Europäische Netzwerk wird durch die Europäische Kommission finanziell unterstützt. Weder die Europäische Kommission noch in ihrem Namen handelnde Personen haften für die Verwendung dieser Informationen.

Anhang Nr. 31

Allgemeine Verwaltungsvorschrift über das Zusammenwirken der technischen Aufsichtsbeamten der Träger der Unfallversicherung mit den Betriebsvertretungen

vom 28. November 1977 (BAnz. Nr. 225)

§ 1 Geltungsbereich

Diese allgemeine Verwaltungsvorschrift gilt für die technischen Aufsichtsbeamten der Berufsgenossenschaften, der Gemeindeunfallversicherungsverbände und der besondere Träger der Unfallversicherung für die Feuerwehren (im folgenden Unfallversicherungsträger genannt), soweit sie auf dem Gebiet der Unfallverhütung und Ersten Hilfe die §§ 546, 712 bis 715, 721, 769 Abs. 1, § 801 Abs. 1 und § 865 der Reichsversicherungsordnung auszuführen haben.

§ 2 Allgemeiner Grundsatz

Die technischen Aufsichtsbeamten müssen auf dem Gebiet der Unfallverhütung und Ersten Hilfe mit den Betriebsvertretungen (Betriebsräten, Bordvertretungen, Seebetriebsräten, Personalvertretungen) eng zusammenwirken. Die Pflicht der Unternehmer und der Berufsgenossenschaften, alle geeigneten Maßnahmen zu Unfallverhütung und Ersten Hilfe zu treffen, bleibt unberührt.

§ 3 Erfahrungsaustausch

Die technischen Aufsichtsbeamten sollen bei jeder sich bietenden Gelegenheit (bei Ausbildungslehrgängen, Betriebsbesichtigungen, Unfalluntersuchungen, Aussprachetagungen) ihre Erfahrungen auf dem Gebiet der Unfallverhütung und Ersten Hilfe mit denen der Betriebsvertretungen austauschen.

§ 4 Betriebsbesichtigungen, Unfalluntersuchungen, Besprechungen

(1) Der technische Aufsichtsbeamte hat bei Betriebsbesichtigungen, Unfalluntersuchungen und bei der Besprechung von Unfallverhütungsfragen die Betriebsvertretung oder die von ihr bestimmten Mitglieder der Betriebsvertretung hinzuzuziehen.
(2) Will der technische Aufsichtsbeamte einen Betrieb besichtigen, einen Unfall untersuchen oder Unfallverhütungsfragen besprechen, ohne dies dem Unternehmer vorher angekündigt zu haben, darf er hiermit erst beginnen, nachdem er die Betriebsvertretung unterrichtet und zur Beteiligung aufgefordert hat.
(3) Kündigt der technische Aufsichtsbeamte dem Unternehmer vorher an, dass er den Betrieb besichtigen, einen Unfall untersuchen oder Unfallverhütungsfragen besprechen will, hat er den Termin auch der Betriebsvertretung mitzuteilen, und zwar so rechtzeitig, dass es der Betriebsvertretung möglich ist, eines oder mehrere ihrer Mitglieder daran teilnehmen zu lassen. Dies gilt auch, wenn die Besichtigung, die Untersuchung oder die Besprechung vom Unternehmer oder von der Betriebsvertretung angeregt worden ist. Vereinbart der technische Aufsichtsbeamte einen Termin, so ist hierbei auch die Betriebsvertretung zu beteiligen.
(4) Der technische Aufsichtsbeamte übersendet der Betriebsvertretung eine Abschrift seines Besichtigungsberichts und anderer Niederschriften. Das gleiche gilt für sonstige

Teil V

Schreiben an den Unternehmer, die Maßnahmen der Unfallverhütung zum Gegenstand haben.
(5) Der technische Aufsichtsbeamte hat in der Niederschrift über die Besichtigung, Untersuchung oder Besprechung zu vermerken, ob die Betriebsvertretung teilgenommen hat. Die Mitglieder der Betriebsvertretung, die hieran teilgenommen haben, sind namentlich in der Niederschrift aufzuführen. Eine nur zeitweilige Teilnahme ist zu vermerken.
(6) Der technische Aufsichtsbeamte hat in den Niederschriften und Schreiben für die Betriebsvertretung Betriebs- und Geschäftsgeheimnisse, die der Unternehmer als geheimhaltungsbedürftig bezeichnet hat, nur insoweit mitzuteilen, als der Unternehmer dem zugestimmt hat.

§ 5 Unfallanzeige

Ist dem Unfallversicherungsträger vom Unternehmer eine von der Betriebsvertretung nicht mitunterzeichnete Unfallanzeige erstattet worden, so hat der technische Aufsichtsbeamte der Betriebsvertretung eine Abschrift dieser Unfallanzeige zu übersenden oder mitzuteilen, dass die Unfallanzeige eingegangen ist.

§ 6 Unterrichtung

(1) Der technische Aufsichtsbeamte, der einen Betrieb besichtigt, hat der Betriebsvertretung Gelegenheit zu geben,
1. ihn über Mängel auf dem Gebiet der Unfallverhütung und Ersten Hilfe zu unterrichten und
2. ihm vorzuschlagen, auf welche Weise die Mängel behoben und Maßnahmen zur Verbesserung der Unfallverhütung und Ersten Hilfe getroffen werden können.

(2) Der technische Aufsichtsbeamte hat die Betriebsvertretung auf ihren Wunsch in Fragen der Unfallverhütung und Ersten Hilfe zu beraten.

§ 7 Anhörung

Ist beim Unfallversicherungsträger beantragt worden, von Unfallverhütungsvorschriften eine Ausnahme zu bewilligen, so hat der technische Aufsichtsbeamte der Betriebsvertretung Gelegenheit zur Stellungnahme zu geben.

§ 8 Beteiligung der Betriebsvertretungen an der Ausarbeitung sicherheitstechnischer Regeln

Werden beim Unfallversicherungsträger sicherheitstechnische Regeln (Durchführungsregeln zu Unfallverhütungsvorschriften, Richtlinien über durch Unfallverhütungsvorschriften noch nicht geregelte Gegenstände, Merkblätter) erarbeitet und ist zu erwarten, dass hierbei die Erfahrungen bestimmter Betriebsvertretungen verwertet werden können, so soll der technische Aufsichtsbeamte eine Stellungnahme dieser Betriebsvertretungen einholen.

§ 9 Unterrichtung über Lehrgänge

Werden von einem Unfallversicherungsträger Ausbildungslehrgänge auf dem Gebiet der Unfallverhütung und Ersten Hilfe durchgeführt, so hat der technische Aufsichtsbeamte den Betriebsvertretungen so rechtzeitig Ort, Zeit, Vortragsthemen und Namen der Vortragenden mitzuteilen, dass die Betriebsvertretungen den Unternehmern Teilnehmer vorschlagen können.

§ 10 Erfüllung durch andere Bedienstete

Die dem technischen Aufsichtsbeamten nach § 5 und den §§ 7 bis 9 dieser allgemeinen Verwaltungsvorschriften obliegenden Pflichten sind als erfüllt anzusehen, soweit der Unfallversicherungsträger diese Pflichten durch andere Bedienstete erfüllen lässt.

§ 11 Inkrafttreten

Diese allgemeine Verwaltungsvorschrift tritt am ersten Tage des auf die Veröffentlichung folgenden Kalendermonats in Kraft.

Teil V

Anhang Nr. 32

Berufskrankheiten-Verordnung (BKV)

vom 31. Oktober 1997 (BGBl. I, 2636; geändert durch Art. 62 des Gesetzes v. 21. Dezember 2000, BGBl. I, 1983)

Auf Grund des § 9 Abs. 1 und 6 und des § 193 Abs. 8 des Siebten Buches Sozialgesetzbuch – Gesetzliche Unfallversicherung – (Artikel 1 des Gesetzes vom 7. August 1996, BGBl. I S. 1254) verordnet die Bundesregierung:

§ 1 Berufskrankheiten

Berufskrankheiten sind die in der Anlage bezeichneten Krankheiten, die Versicherte infolge einer den Versicherungsschutz nach § 2, 3 oder 6 des Siebten Buches Sozialgesetzbuch begründenden Tätigkeit erleiden.

§ 2 Erweiterter Versicherungsschutz in Unternehmen der Seefahrt

Für Versicherte in Unternehmen der Seefahrt erstreckt sich die Versicherung gegen Tropenkrankheiten und Fleckfieber auch auf die Zeit, in der sie an Land beurlaubt sind.

§ 3 Maßnahmen gegen Berufskrankheiten, Übergangsleistung

(1) Besteht für Versicherte die Gefahr, dass eine Berufskrankheit entsteht, wiederauflebt oder sich verschlimmert, haben die Unfallversicherungsträger dieser Gefahr mit allen geeigneten Mitteln entgegenzuwirken. Ist die Gefahr gleichwohl nicht zu beseitigen, haben die Unfallversicherungsträger darauf hinzuwirken, dass die Versicherten die gefährdende Tätigkeit unterlassen. Den für den medizinischen Arbeitsschutz zuständigen Stellen ist Gelegenheit zur Äußerung zu geben.

(2) Versicherte, die die gefährdende Tätigkeit unterlassen, weil die Gefahr fortbesteht, haben zum Ausgleich hierdurch verursachter Minderungen des Verdienstes oder sonstiger wirtschaftlicher Nachteile gegen den Unfallversicherungsträger Anspruch auf Übergangsleistungen. Als Übergangsleistung wird
1. ein einmaliger Betrag bis zur Höhe der Vollrente oder
2. eine monatlich wiederkehrende Zahlung bis zur Höhe eines Zwölftels der Vollrente längstens für die Dauer von fünf Jahren
gezahlt. Renten wegen Minderung der Erwerbsfähigkeit sind nicht zu berücksichtigen.

§ 4 Mitwirkung der für den medizinischen Arbeitsschutz zuständigen Stellen

(1) Die für den medizinischen Arbeitsschutz zuständigen Stellen wirken bei der Feststellung von Berufskrankheiten und von Krankheiten, die nach § 9 Abs. 2 des Siebten Buches Sozialgesetzbuch wie Berufskrankheiten anzuerkennen sind, nach Maßgabe der Absätze 2 bis 4 mit.

(2) Die Unfallversicherungsträger haben die für den medizinischen Arbeitsschutz zuständigen Stellen über die Einleitung eines Feststellungsverfahrens unverzüglich schriftlich zu unterrichten; als Unterrichtung gilt auch die Übersendung der Anzeige nach § 193 Abs. 2 und 7 oder § 202 des Siebten Buches Sozialgesetzbuch. Die Unfallversicherungsträger beteiligen die für den medizinischen Arbeitsschutz zuständigen Stellen an dem weiteren Feststellungsverfahren; das nähere Verfahren können die Unfallversicherungsträger mit den für den medizinischen Arbeitsschutz zuständigen Stellen durch Vereinbarung regeln.

(3) In den Fällen der weiteren Beteiligung nach Absatz 2 Satz 2 haben die Unfallversiche-

rungsträger vor der abschließenden Entscheidung die für den medizinischen Arbeitsschutz zuständigen Stellen über die Ergebnisse ihrer Ermittlungen zu unterrichten. Soweit die Ermittlungsergebnisse aus Sicht der für den medizinischen Arbeitsschutz zuständigen Stellen nicht vollständig sind, können sie den Unfallversicherungsträgern ergänzende Beweiserhebungen vorschlagen; diesen Vorschlägen haben die Unfallversicherungsträger zu folgen.
(4) Nach Vorliegen aller Ermittlungsergebnisse können die für den medizinischen Arbeitsschutz zuständigen Stellen ein Zusammenhangsgutachten erstellen. Zur Vorbereitung dieser Gutachten können sie die Versicherten untersuchen oder andere Ärzte auf Kosten der Unfallversicherungsträger mit Untersuchungen beauftragen.

§ 5 Gebühren

(1) Erstellen die für den medizinischen Arbeitsschutz zuständigen Stellen ein Zusammenhangsgutachten nach § 4 Abs. 4, erhalten sie von den Unfallversicherungsträgern jeweils eine Gebühr in Höhe von 150 Euro. Mit dieser Gebühr sind alle Personal- und Sachkosten, die bei der Erstellung des Gutachtens entstehen, einschließlich der Kosten für die ärztliche Untersuchung von Versicherten durch die für den medizinischen Arbeitsschutz zuständigen Stellen abgegolten.
(2) Ein Gutachten im Sinne des Absatzes 1 setzt voraus, dass der Gutachter unter Würdigung
1. der Arbeitsanamnese des Versicherten und der festgestellten Einwirkungen am Arbeitsplatz,
2. der Beschwerden, der vorliegenden Befunde und der Diagnose
eine eigenständig begründete schriftliche Bewertung des Ursachenzusammenhangs zwischen der Erkrankung und den tätigkeitsbezogenen Gefährdungen unter Berücksichtigung der besonderen für die gesetzliche Unfallversicherung geltenden Bestimmungen vornimmt.

§ 6 Rückwirkung

(1) Leidet ein Versicherter am 1. Dezember 1997 an einer Krankheit nach Nummer 1316, 1317, 4104 (Kehlkopfkrebs) oder 4111 der Anlage, ist diese auf Antrag als Berufskrankheit anzuerkennen, wenn der Versicherungsfall nach dem 31. Dezember 1992 eingetreten ist.
(2) Hat ein Versicherter am 1. Januar 1993 an einer Krankheit gelitten, die erst auf Grund der Zweiten Verordnung zur Änderung der Berufskrankheiten-Verordnung vom 18. Dezember 1992 (BGBl. I S. 2343) als Berufskrankheit anerkannt werden kann, ist die Krankheit auf Antrag als Berufskrankheit anzuerkennen, wenn der Versicherungsfall nach dem 31. März 1988 eingetreten ist.
(3) Hat ein Versicherter am 1. April 1988 an einer Krankheit gelitten, die erst auf Grund der Verordnung zur Änderung der Berufskrankheiten-Verordnung vom 22. März 1988 (BGBl. I S. 400) als Berufskrankheit anerkannt werden kann, ist die Krankheit auf Antrag als Berufskrankheit anzuerkennen, wenn der Versicherungsfall nach dem 31. Dezember 1976 eingetreten ist.
(4) Bindende Bescheide und rechtskräftige Entscheidungen stehen der Anerkennung als Berufskrankheit nach den Absätzen 1 bis 3 nicht entgegen. Leistungen werden rückwirkend längstens für einen Zeitraum bis zu vier Jahren erbracht; der Zeitraum ist vom Beginn des Jahres an zu rechnen, in dem der Antrag gestellt worden ist.

§ 7 Berufskrankheitenanzeige

Für die Anzeige von Berufskrankheiten durch Unternehmer, Ärzte und Zahnärzte sind § 4 Abs. 2, § 5 Abs. 1 Satz 2 und § 6 sowie die Anlagen 2 und 3 der Berufskrankheiten-Verordnung vom 20. Juni 1968 (BGBl. I S. 721), die zuletzt durch Artikel 1 der Verordnung vom 18. Dezember 1992 (BGBl. I S. 2343) geändert worden ist, anzuwenden.

Teil V

§ 8 Inkrafttreten, Außerkrafttreten

(1) Diese Verordnung tritt am 1. Dezember 1997 in Kraft.
(2) Gleichzeitig treten außer Kraft:
1. die Berufskrankheiten-Verordnung vom 20. Juni 1968 (BGBl. I S. 721), zuletzt geändert durch Artikel 1 der Verordnung vom 18. Dezember 1992 (BGBl. I S. 2343);
2. Artikel 3 Abs. 2 der Verordnung zur Änderung der Berufskrankheiten-Verordnung vom 22. März 1988 (BGBl. I S. 400);
3. Artikel 2 Abs. 2 der Zweiten Verordnung zur Änderung der Berufskrankheiten-Verordnung vom 18. Dezember 1992 (BGBl. I S. 2343).

Anlage

Nr.	Krankheiten
1	**Durch chemische Einwirkungen verursachte Krankheiten**
11	**Metalle und Metalloide**
1101	Erkrankungen durch Blei oder seine Verbindungen
1102	Erkrankungen durch Quecksilber oder seine Verbindungen
1103	Erkrankungen durch Chrom oder seine Verbindungen
1104	Erkrankungen durch Cadmium oder seine Verbindungen
1105	Erkrankungen durch Mangan oder seine Verbindungen
1106	Erkrankungen durch Thallium oder seine Verbindungen
1107	Erkrankungen durch Vanadium oder seine Verbindungen
1108	Erkrankungen durch Arsen oder seine Verbindungen
1109	Erkrankungen durch Phosphor oder seine anorganischen Verbindungen
1110	Erkrankungen durch Beryllium oder seine Verbindungen
12	**Erstickungsgase**
1201	Erkrankungen durch durch Kohlenmonoxid
1202	Erkrankungen durch Schwefelwasserstoff
13	**Lösemittel, Schädlingsbekämpfungsmittel (Pestizide) und sonstige chemische Stoffe**
1301	Schleimhautveränderungen, Krebs oder andere Neubildungen der Harnwege durch aromatische Amine
1302	Erkrankungen durch Halogenkohlenwasserstoffe
1303	Erkrankungen durch Benzol, seine Homologe oder durch Styrol
1304	Erkrankungen durch Nitro- oder Aminoverbindungen des Benzols oder seiner Homologe oder ihrer Abkömmlinge
1305	Erkrankungen durch Schwefelkohlenstoff
1306	Erkrankungen durch Methylalkohol (Methanol)
1307	Erkrankungen durch organische Phosphorverbindungen
1308	Erkrankungen durch Fluor oder seine Verbindungen
1309	Erkrankungen durch Salpetersäureester
1310	Erkrankungen durch halogenierte Alkyl-, Aryl- oder Alkylaryloxide
1311	Erkrankungen durch halogenierte Alkyl-, Aryl- oder Alkylarylsulfide
1312	Erkrankungen der Zähne durch Säuren
1313	Hornhautschädigungen des Auges durch Benzochinon
1314	Erkrankungen durch para-tertiär-Butylphenol
1315	Erkrankungen durch Isocyanate, die zur Unterlassung aller Tätigkeiten gezwungen haben, die für die Entstehung, die Verschlimmerung oder das Wiederaufleben der Krankheit ursächlich waren oder sein können
1316	Erkrankungen der Leber durch Dimethylformamid
1317	Polyneuropathie oder Enzephalopathie durch organische Lösungsmittel oder deren Gemische

Anhang Nr. 32

Zu den Nummern 1101 bis 1110, 1201 und 1202, 1303 bis 1309 und 1315:
Ausgenommen sind Hauterkrankungen. Diese gelten als Krankheiten im Sinne dieser Anlage nur soweit, als sie Erscheinungen einer Allgemeinerkrankung sind, die durch Aufnahme der schädigenden Stoffe in den Körper verursacht werden, oder gemäß Nummer 5101 zu entschädigen sind.

2 Durch physikalische Einwirkkungen verursachte Krankheiten

21 Mechanische Einwirkungen

2101 Erkrankungen der Sehnenscheiden oder des Sehnengleitgewebes sowie der Sehnen- oder Muskelansätze, die zur Unterlassung aller Tätigkeiten gezwungen haben, die für die Entstehung, die Verschlimmerung oder das Wiederaufleben der Krankheit ursächlich waren oder sein können

2102 Meniskusschäden nach mehrjährigen andauernden oder häufig wiederkehrenden, die Kniegelenke überdurchschnittlich belastenden Tätigkeiten

2103 Erkrankungen durch Erschütterung bei Arbeit mit Druckluftwerkzeugen oder gleichartig wirkenden Werkzeugen oder Maschinen

2104 Vibrationsbedingte Durchblutungsstörungen an den Händen, die zur Unterlassung aller Tätigkeiten gezwungen haben, die für die Entstehung, die Verschlimmerung oder das Wiederaufleben der Krankheit ursächlich waren oder sein können

2105 Chronische Erkrankungen der Schleimbeutel durch ständigen Druck

2106 Drucklähmungen der Nerven

2107 Abrissbrüche der Wirbelfortsätze

2108 Bandscheibenbedingte Erkrankungen der Lendenwirbelsäule durch langjähriges Heben oder Tragen schwerer Lasten oder durch langjährige Tätigkeiten in extremer Rumpfbeugehaltung, die zur Unterlassung aller Tätigkeiten gezwungen haben, die für die Entstehung, die Verschlimmerung oder das Wiederaufleben der Krankheit ursächlich waren oder sein können

2109 Bandscheibenbedingte Erkrankungen der Halswirbelsäule durch langjähriges Tragen schwerer Lasten auf der Schulter, die zur Unterlassung aller Tätigkeiten gezwungen haben, die für die Entstehung, die Verschlimmerung oder das Wiederaufleben der Krankheit ursächlich waren oder sein können

2110 Bandscheibenbedingte Erkrankungen der Lendenwirbelsäule durch langjährige, vorwiegend vertikale Einwirkung von Ganzkörperschwingungen im Sitzen, die zur Unterlassung aller Tätigkeiten gezwungen haben, die für die Entstehung, die Verschlimmerung oder das Wiederaufleben der Krankheit ursächlich waren oder sein können

2111 Erhöhte Zahnabrasionen durch mehrjährige quarzstaubbelastende Tätigkeit

22 Druckluft
2201 Erkrankungen durch Arbeit in Druckluft

23 Lärm
2301 Lärmschwerhörigkeit

24 Strahlen
2401 Grauer Star durch Wärmestrahlung
2402 Erkrankungen durch ionisierende Strahlen

3 Durch Infektionserreger oder Parasiten verursachte Krankheiten sowie Tropenkrankheiten

3101 Infektionskrankheiten, wenn der Versicherte im Gesundheitsdienst, in der Wohlfahrtspflege oder in einem Laboratorium tätig oder durch eine andere Tätigkeit der Infektionsgefahr in ähnlichem Maße besonders ausgesetzt war

Teil V

3102 Von Tieren auf Menschen übertragbare Krankheiten
3104 Wurmkrankheiten der Bergleute, verursacht durch Ankylostoma duodenale oder Strongyloides stercoralis
3104 Tropenkrankheiten, Fleckfieber

4 Erkrankungen der Atemwege und der Lungen, des Rippenfells und Bauchfells

41 Erkrankungen durch anorganische Stäube
4101 Quarzstaublungenerkrankung (Silikose)
4101 Quarzstaublungenerkrankung in Verbindung mit aktiver Lungentuberkulose (Siliko-Tuberkulose)
4103 Asbeststaublungenerkrankung (Asbestose) oder durch Asbeststaub verursachte Erkrankungen der Pleura
4104 Lungenkrebs oder Kehlkopfkrebs
  – in Verbindung mit Asbeststaublungenerkrankung (Asbestose),
  – in Verbindung mit durch Asbeststaub verursachte Erkrankung der Pleura oder
  – bei Nachweis der Einwirkung einer kumulativen Asbestfaserstaub-Dosis am Arbeitsplatz von mindestens 25 Faserjahren {25 x 106 [(Fasern/m^3) x Jahre]}
4105 Durch Asbest verursachtes Mesotheliom des Rippenfells, des Bauchfells oder des Perikards
4106 Erkrankungen der tieferen Atemwege und der Lunge durch Aluminium oder seine Verbindungen
4107 Erkrankungen an Lungenfibrose durch Metallstäube bei der Herstellung oder Verarbeitung von Hartmetallen
4108 Erkrankungen der tieferen Atemwege und der Lungen durch Thomasmehl (Thomasphosphat)
4109 Bösartige Neubildungen der Atemwege und der Lungen durch Nickel oder seine Verbindungen
4110 Bösartige Neubildungen der Atemwege und der Lungen durch Kokereirohgase
4111 Chronische obstruktive Bronchitis oder Emphysem von Bergleuten unter Tage im Steinkohlebergbau bei Nachweis der Einwirkung einer kumulativen Dosis von in der Regel 100 Feinstaubjahren ([mg/m^3] x Jahre)

42 Erkrankungen durch organische Stäube
4201 Exogen-allergische Alveolitis
4202 Erkrankungen der tieferen Atemwege und der Lungen durch Rohbaumwoll-, Rohflachs- oder Rohhanfstaub (Byssinose)
4203 Adenokarzinome der Nasenhaupt- und Nasennebenhöhlen durch Stäube von Eichen- oder Buchenholz

43 Obstruktive Atemwegserkrankungen
4301 Durch allergisierende Stoffe verursachte obstruktive Atemwegserkrankungen (einschließlich Rhinopathie), die zur Unterlassung aller Tätigkeiten gezwungen haben, die für die Entstehung, die Verschlimmerung oder das Wiederaufleben der Krankheit ursächlich waren oder sein können
4302 Durch chemisch-irritativ oder toxisch wirkende Stoffe verursachte obstruktive Atemwegserkrankungen, die zur Unterlassung aller Tätigkeiten gezwungen haben, die für die Entstehung, die Verschlimmerung oder das Wiederaufleben der Krankheit ursächlich waren oder sein können

5 Hautkrankheiten

5101 Schwere oder wiederholt rückfällige Hauterkrankungen, die zur Unterlassung aller Tätigkeiten gezwungen haben, die für die Entstehung, die Verschlimmerung oder das Wiederaufleben der Krankheit ursächlich waren oder sein können

Anhang Nr. 32

5102 Hautkrebs oder zur Krebsbildung neigende Hautveränderungen durch Ruß, Rohparaffin, Teer, Anthrazen, Pech oder ähnliche Stoffe

6 Krankheiten sonstiger Ursache
6101 Augenzittern der Bergleute

E. Zum EG-Recht

Anhang Nr. 33

Konsolidierte Fassung des Vertrags zur Gründung der Europäischen Gemeinschaft[1] (Auszug)

...

Dritter Teil – Die Politiken der Gemeinschaft

...

Titel VI – Gemeinsame Regeln betreffend Wettbewerb, Steuerfragen und Angleichung der Rechtsvorschriften

...

Kapitel 3
Angleichung der Rechtsvorschriften

Artikel 94 (ex-Artikel 100)

Der Rat erlässt einstimmig auf Vorschlag der Kommission und nach Anhörung des Europäischen Parlaments und des Wirtschafts- und Sozialausschusses Richtlinien für die Angleichung derjenigen Rechts- und Verwaltungsvorschriften der Mitgliedstaaten, die sich unmittelbar auf die Errichtung oder das Funktionieren des Gemeinsamen Marktes auswirken.

Artikel 95 (ex-Artikel 100a)

(1) Soweit in diesem Vertrag nichts anderes bestimmt ist, gilt abweichend von Artikel 94 für die Verwirklichung der Ziele des Artikels 14 die nachstehende Regelung. Der Rat erlässt gemäß dem Verfahren des Artikels 251 und nach Anhörung des Wirtschafts- und Sozialausschusses die Maßnahmen zur Angleichung der Rechts- und Verwaltungsvorschriften der Mitgliedstaaten, welche die Errichtung und das Funktionieren des Binnenmarktes zum Gegenstand haben.
(2) Absatz 1 gilt nicht für die Bestimmungen über die Steuern, die Bestimmungen über die Freizügigkeit und die Bestimmungen über die Rechte und Interessen der Arbeitnehmer.
(3) Die Kommission geht in ihren Vorschlägen nach Absatz 1 in den Bereichen Gesundheit, Sicherheit, Umweltschutz und Verbraucherschutz von einem hohen Schutzniveau aus und berücksichtigt dabei insbesondere alle auf wissenschaftliche Ergebnisse gestützten neuen Entwicklungen. Im Rahmen ihrer jeweiligen Befugnisse streben das Europäische Parlament und der Rat dieses Ziel ebenfalls an.
(4) Hält es ein Mitgliedstaat, wenn der Rat oder die Kommission eine Harmonisierungsmaßnahme erlassen hat, für erforderlich, einzelstaatliche Bestimmungen beizubehalten, die durch wichtige Erfordernisse im Sinne des Artikels 30 oder in Bezug auf den Schutz der Arbeitsumwelt oder den Umweltschutz gerechtfertigt sind, so teilt er diese Bestimmungen sowie die Gründe für ihre Beibehaltung der Kommission mit.
(5) Unbeschadet des Absatzes 4 teilt ein Mitgliedstaat, der es nach dem Erlass einer Harmonisierungsmaßnahme durch den Rat oder die Kommission für erforderlich hält, auf neue wissenschaftliche Erkenntnisse gestützte einzelstaatliche Bestimmungen zum Schutz

---

1 AblEG Nr. C 340 v. 10.11.1997, 173

der Umwelt oder der Arbeitsumwelt aufgrund eines spezifischen Problems für diesen Mitgliedstaat, das sich nach dem Erlass der Harmonisierungsmaßnahme ergibt, einzuführen, die in Aussicht genommenen Bestimmungen sowie die Gründe für ihre Einführung der Kommission mit.

(6) Die Kommission beschließt binnen sechs Monaten nach den Mitteilungen nach den Absätzen 4 und 5, die betreffenden einzelstaatlichen Bestimmungen zu billigen oder abzulehnen, nachdem sie geprüft hat, ob sie ein Mittel zur willkürlichen Diskriminierung und eine verschleierte Beschränkung des Handels zwischen den Mitgliedstaaten darstellen und ob sie das Funktionieren des Binnenmarkts behindern.

Trifft die Kommission innerhalb dieses Zeitraums keine Entscheidung, so gelten die in den Absätzen 4 und 5 genannten einzelstaatlichen Bestimmungen als gebilligt.

Die Kommission kann, sofern dies aufgrund des schwierigen Sachverhalts gerechtfertigt ist und keine Gefahr für die menschliche Gesundheit besteht, dem betreffenden Mitgliedstaat mitteilen, dass der in diesem Absatz genannte Zeitraum gegebenenfalls um einen weiteren Zeitraum von bis zu sechs Monaten verlängert wird.

(7) Wird es einem Mitgliedstaat nach Absatz 6 gestattet, von der Harmonisierungsmaßnahme abweichende einzelstaatliche Bestimmungen beizubehalten oder einzuführen, so prüft die Kommission unverzüglich, ob sie eine Anpassung dieser Maßnahme vorschlägt.

(8) Wirft ein Mitgliedstaat in einem Bereich, der zuvor Gegenstand von Harmonisierungsmaßnahmen war, ein spezielles Gesundheitsproblem auf, so teilt er dies der Kommission mit, die dann umgehend prüft, ob sie dem Rat entsprechende Maßnahmen vorschlägt.

(9) In Abweichung von dem Verfahren der Artikel 226 und 227 kann die Kommission oder ein Mitgliedstaat den Gerichtshof unmittelbar anrufen, wenn die Kommission oder der Senat der Auffassung ist, dass ein anderer Mitgliedstaat die in diesem Artikel vorgesehenen Befugnisse missbraucht.

(10) Die vorgenannten Harmonisierungsmaßnahmen sind in geeigneten Fällen mit einer Schutzklausel verbunden, welche die Mitgliedstaaten ermächtigt, aus einem oder mehreren der in Artikel 30 genannten nichtwirtschaftlichen Gründen vorläufige Maßnahmen zu treffen, die einem gemeinschaftlichen Kontrollverfahren unterliegen.

Artikel 96 (ex-Artikel 101)

Stellt die Kommission fest, dass vorhandene Unterschiede in den Rechts- und Verwaltungsvorschriften der Mitgliedstaaten die Wettbewerbsbedingungen auf dem Gemeinsamen Markt verfälschen und dadurch eine Verzerrung hervorrufen, die zu beseitigen ist, so tritt sie mit den betreffenden Mitgliedstaaten in Beratungen ein.

Führen diese Beratungen nicht zur Beseitigung dieser Verzerrung, so erlässt der Rat mit qualifizierter Mehrheit auf Vorschlag der Kommission die erforderlichen Richtlinien. Die Kommission und der Rat können alle sonstigen, in diesem Vertrag vorgesehenen zweckdienlichen Maßnahmen treffen.

Artikel 97 (ex-Artikel 102)

(1) Ist zu befürchten, dass der Erlass oder die Änderung einer Rechts- oder Verwaltungsvorschrift eine Verzerrung im Sinne des Artikels 96 verursacht, so setzt sich der Mitgliedstaat, der diese Maßnahme beabsichtigt, mit der Kommission ins Benehmen. Diese empfiehlt nach Beratung mit den Mitgliedstaaten den beteiligten Staaten die zur Vermeidung dieser Verzerrung geeigneten Maßnahmen.

(2) Kommt der Staat, der innerstaatliche Vorschriften erlassen oder ändern will, der an ihn gerichteten Empfehlung der Kommission nicht nach, so kann nicht gemäß Artikel 96 verlangt werden, dass die anderen Mitgliedstaaten ihre innerstaatlichen Vorschriften ändern, um die Verzerrung zu beseitigen. Verursacht ein Mitgliedstaat, der die Empfehlung der Kommission außer acht lässt, eine Verzerrung lediglich zu seinem eigenen Nachteil, so findet Artikel 96 keine Anwendung.

...

Teil V

Titel XI (ex-Titel VIII)
Sozialpolitik, Allgemeine und berufliche Bildung der Jugend

Kapitel 1
Sozialvorschriften

Artikel 136 (ex-Artikel 117)

Die Gemeinschaft und die Mitgliedstaaten verfolgen eingedenk der sozialen Grundrechte, wie sie in der am 18. Oktober 1961 in Turin unterzeichneten Europäischen Sozialcharta und in der Gemeinschaftscharta der sozialen Grundrechte der Arbeitnehmer von 1989 festgelegt sind, folgende Ziele: die Förderung der Beschäftigung, die Verbesserung der Lebens- und Arbeitsbedingungen, um dadurch auf dem Wege des Fortschritts ihre Angleichung zu ermöglichen, einen angemessenen sozialen Schutz, den sozialen Dialog, die Entwicklung des Arbeitskräftepotenzials im Hinblick auf ein dauerhaft hohes Beschäftigungsniveau und die Bekämpfung der Ausgrenzungen.

Zu diesem Zweck führen die Gemeinschaft und die Mitgliedstaaten Maßnahmen durch, die der Vielfalt der einzelstaatlichen Gepflogenheiten, insbesondere in den vertraglichen Beziehungen, sowie der Notwendigkeit, die Wettbewerbsfähigkeit der Wirtschaft der Gemeinschaft zu erhalten, Rechnung tragen.

Sie sind der Auffassung, dass sich eine solche Entwicklung sowohl aus dem eine Abstimmung der Sozialordnungen begünstigenden Wirken des Gemeinsamen Marktes als auch aus den in diesem Vertrag vorgesehenen Verfahren sowie aus der Angleichung ihrer Rechts- und Verwaltungsvorschriften ergeben wird.

Artikel 137 (ex-Artikel 118)

Zur Verwirklichung der Ziele des Artikels 136 unterstützt und ergänzt die Gemeinschaft die Tätigkeit der Mitgliedstaaten auf folgenden Gebieten:
- Verbesserung insbesondere der Arbeitsumwelt zum Schutz der Gesundheit und der Sicherheit der Arbeitnehmer,
- Arbeitsbedingungen,
- Unterrichtung und Anhörung der Arbeitnehmer,
- berufliche Eingliederung der aus dem Arbeitsmarkt ausgegrenzten Personen, unbeschadet des Artikels 150,
- Chancengleichheit von Männern und Frauen auf dem Arbeitsmarkt und Gleichbehandlung am Arbeitsplatz.

(2) Zu diesem Zweck kann der Rat unter Berücksichtigung der in den einzelnen Mitgliedstaaten bestehenden Bedingungen und technischen Regelungen durch Richtlinien Mindestvorschriften erlassen, die schrittweise anzuwenden sind. Diese Richtlinien sollen keine verwaltungsmäßigen, finanziellen oder rechtlichen Auflagen vorschreiben, die der Gründung und Entwicklung von kleinen und mittleren Unternehmen entgegenstehen.

Der Rat beschließt gemäß dem Verfahren des Artikels 251 nach Anhörung des Wirtschafts- und Sozialausschusses sowie des Ausschusses der Regionen.

Der Rat kann zur Bekämpfung sozialer Ausgrenzung gemäß diesem Verfahren Maßnahmen annehmen, die dazu bestimmt sind, die Zusammenarbeit zwischen den Mitgliedstaaten durch Initiativen zu fördern, die die Verbesserung des Wissenstandes, die Entwicklung des Austausches von Informationen und bewährten Verfahren, die Förderung innovativer Ansätze und die Bewertung von Erfahrung zum Ziel haben.

(3) In folgenden Bereichen beschließt der Rat dagegen einstimmig auf Vorschlag der Kommission nach Anhörung des Europäischen Parlaments und des Wirtschafts- und Sozialausschusses sowie des Ausschusses der Regionen:
- soziale Sicherheit und sozialer Schutz der Arbeitnehmer,
- Schutz der Arbeitnehmer bei Beendigung des Arbeitsvertrags,

- Vertretung und kollektive Wahrnehmung der Arbeitnehmer- und Arbeitgeberinteressen, einschließlich der Mitbestimmung, vorbehaltlich des Absatzes 6,
- Beschäftigungsbedingungen der Staatsangehörigen dritter Länder, die sich rechtmäßig im Gebiet der Gemeinschaft aufhalten,
- finanzielle Beiträge zur Förderung der Beschäftigung und zur Schaffung von Arbeitsplätzen, und zwar unbeschadet der Bestimmungen über den Sozialfonds.

(4) Ein Mitgliedstaat kann den Sozialpartnern auf deren gemeinsamen Antrag die Durchführung von aufgrund der Absätze 2 und 3 angenommenen Richtlinien übertragen. In diesem Fall vergewissert sich der Mitgliedstaat, dass die Sozialpartner spätestens zu dem Zeitpunkt, zu dem eine Richtlinie nach Artikel 249 umgesetzt sein muss, im Weg einer Vereinbarung die erforderlichen Vorkehrungen getroffen haben; dabei hat der Mitgliedstaat alle erforderlichen Maßnahmen zu treffen, um jederzeit gewährleisten zu können, dass die durch diese Richtlinie vorgeschriebenen Ergebnisse erzielt werden.

(5) Die aufgrund dieses Artikels erlassenen Bestimmungen hindern die Mitgliedstaaten nicht daran, strengere Schutzmaßnahmen beizubehalten oder zu treffen, die mit diesem Vertrag vereinbar sind.

(6) Dieser Artikel gilt nicht für das Arbeitsentgelt, das Koalitionsrecht, das Streikrecht sowie das Aussperrungsrecht.

Artikel 138 (ex-Artikel 118a)

(1) Die Kommission hat die Aufgabe, die Anhörung der Sozialpartner auf Gemeinschaftsebene zu fördern, und erlässt alle zweckdienlichen Maßnahmen, um den Dialog zwischen den Sozialpartnern zu erleichtern, wobei sie für Ausgewogenheit bei der Unterstützung der Parteien sorgt.

(2) Zu diesem Zweck hört die Kommission vor Unterbreitung von Vorschlägen im Bereich der Sozialpolitik die Sozialpartner zu der Frage, wie eine Gemeinschaftsaktion gegebenenfalls ausgerichtet werden sollte.

(3) Hält die Kommission nach dieser Anhörung eine Gemeinschaftsmaßnahme für zweckmäßig, so hört sie die Sozialpartner zum Inhalt des in Aussicht genommenen Vorschlags. Die Sozialpartner übermitteln der Kommission eine Stellungnahme oder gegebenenfalls eine Empfehlung.

(4) Bei dieser Anhörung können die Sozialpartner der Kommission mitteilen, dass sie den Prozess nach Artikel 139 in Gang setzen wollen. Die Dauer des Verfahrens darf höchstens neun Monate betragen, sofern die betroffenen Sozialpartner und die Kommission nicht gemeinsam eine Verlängerung beschließen.

Artikel 139 (ex-Artikel 118b)

(1) Der Dialog zwischen den Sozialpartnern auf Gemeinschaftsebene kann, falls sie es wünschen, zur Herstellung vertraglicher Beziehungen, einschließlich des Abschlusses von Vereinbarungen, führen.

(2) Die Durchführung der auf Gemeinschaftsebene geschlossenen Vereinbarungen erfolgt entweder nach den jeweiligen Verfahren und Gepflogenheiten der Sozialpartner und der Mitgliedstaaten oder – in den durch Artikel 137 erfassten Bereichen – auf gemeinsamen Antrag der Unterzeichnerparteien durch einen Beschluss des Rates auf Vorschlag der Kommission.

Sofern nicht die betreffende Vereinbarung eine oder mehrere Bestimmungen betreffend einen der in Artikel 137 Absatz 3 genannten Bereiche enthält und somit ein einstimmiger Beschluss erforderlich ist, beschließt der Rat mit qualifizierter Mehrheit.

Teil V

Artikel 140 (ex-Artikel 118c)

Unbeschadet der sonstigen Bestimmungen dieses Vertrags fördert die Kommission im Hinblick auf die Erreichung der Ziele des Artikels 135 die Zusammenarbeit zwischen den Mitgliedstaaten und erleichtert die Abstimmung ihres Vorgehens in allen unter dieses Kapitel fallenden Bereichen der Sozialpolitik, insbesondere auf dem Gebiet,
– der Beschäftigung,
– des Arbeitsrechts und der Arbeitsbedingungen,
– der beruflichen Ausbildung und Fortbildung,
– der sozialen Sicherheit,
– der Verhütung von Berufsunfällen und Berufskrankheiten,
– des Gesundheitsschutzes bei der Arbeit,
– des Koalitionsrechts und der Kollektivverhandlungen zwischen Arbeitgebern und Arbeitnehmern.
Zu diesem Zweck wird die Kommission in enger Verbindung mit den Mitgliedstaaten durch Untersuchungen, Stellungnahmen und die Vorbereitung von Beratungen tätig, gleichviel ob es sich um innerstaatliche oder um internationalen Organisationen gestellte Probleme handelt.
Vor Abgabe der in diesem Artikel vorgesehenen Stellungnahme hört die Kommission den Wirtschafts- und Sozialausschuss.

Artikel 141 (ex-Artikel 119)

(1) Jeder Mitgliedstaat stellt die Anwendung des Grundsatzes des gleichen Entgelts für Männer und Frauen bei gleicher oder gleichwertiger Arbeit sicher.
(2) Unter »Entgelt« im Sinne dieses Artikels sind die üblichen Grund- oder Mindestlöhne und -gehälter sowie alle sonstigen Vergütungen zu verstehen, die der Arbeitgeber aufgrund des Dienstverhältnisses dem Arbeitnehmer unmittelbar oder mittelbar in bar oder in Sachleistungen zahlt.
Gleichheit des Arbeitsentgelts ohne Diskriminierung aufgrund des Geschlechts bedeutet,
a) dass das Entgelt für eine gleiche nach Akkord bezahlte Arbeit aufgrund der gleichen Maßeinheit festgesetzt wird,
b) dass für eine nach Zeit bezahlte Arbeit das Entgelt bei gleichem Arbeitsplatz gleich ist.
(3) Der Rat beschließt gemäß dem Verfahren des Artikels 251 und nach Anhörung des Wirtschafts- und Sozialausschusses Maßnahmen zur Gewährleistung der Anwendung des Grundsatzes der Chancengleichheit und der Gleichbehandlung von Männern und Frauen in Arbeits- und Beschäftigungsfragen, einschließlich des Grundsatzes des gleichen Entgelts bei gleicher oder gleichwertiger Arbeit.
(4) Im Hinblick auf die effektive Gewährleistung der vollen Gleichstellung von Männern und Frauen im Arbeitsleben hindert der Grundsatz der Gleichbehandlung die Mitgliedstaaten nicht daran, zur Erleichterung der Berufstätigkeit des unterrepräsentierten Geschlechts oder zur Verhinderung bzw. zum Ausgleich von Benachteiligungen in der beruflichen Laufbahn spezifische Vergünstigungen beizubehalten oder zu beschließen.

Artikel 142 (ex-Artikel 119 a)

Die Mitgliedstaaten sind bestrebt, die bestehende Gleichwertigkeit der Ordnungen über die bezahlte Freiheit beizubehalten.

Artikel 143 (ex-Artikel 120)

Die Kommission erstellt jährlich einen Bericht über den Stand der Verwirklichung der in Artikel 136 genannten Ziele sowie über die demographische Lage in der Gemeinschaft. Sie übermittelt diesen Bericht dem Europäischen Parlament, dem Rat und dem Wirtschafts- und Sozialausschuss.

Das Europäische Parlament kann die Kommission um Berichte zu Einzelproblemen ersuchen, welche die soziale Lage betreffen.

Artikel 144 (ex-Artikel 121)

Nach Anhörung des Wirtschafts- und Sozialausschusses kann der Rat einstimmig der Kommission Aufgaben übertragen, welche die Durchführung gemeinsamer Maßnahmen insbesondere auf dem Gebiet der sozialen Sicherheit der in den Artikeln 39 bis 42 erwähnten aus- oder einwandernden Arbeitskräfte betreffen.

Artikel 145 (ex-Artikel 122)

Der Jahresbericht der Kommission an das Europäische Parlament hat stets ein besonderes Kapitel über die Entwicklung der sozialen Lage in der Gemeinschaft zu enthalten.

Das Europäische Parlament kann die Kommission auffordern, Berichte über besondere, die soziale Lage betreffende Frage auszuarbeiten.

...

Teil V

Anhang Nr. 34
Errichtung einer Europäischen Agentur für Sicherheit und Gesundheitsschutz am Arbeitsplatz[1] (Auszug)

Verordnung (EG) Nr. 2062/94 des Rates
vom 18. Juli 1994

Der Rat der Europäischen Union –
gestützt auf den Vertrag zur Gründung der Europäischen Gemeinschaft, insbesondere auf Artikel 235,
auf Vorschlag der Kommission[2],
nach Stellungnahme des Europäischen Parlaments[3],
nach Stellungnahme des Wirtschafts- und Sozialausschusses[4],
in Erwägung nachstehender Gründe:
Sicherheit, Arbeitshygiene und Gesundheitsschutz am Arbeitsplatz gehören zu den vorrangigen Zielen einer wirksamen Sozialpolitik.
Die Kommission hat die von ihr geplanten Initiativen in diesem Bereich in ihrem Aktionsprogramm für Sicherheit, Arbeitshygiene und Gesundheitsschutz am Arbeitsplatz[5] sowie in ihrem Aktionsprogramm zur Anwendung der Gemeinschaftscharta der sozialen Grundrechte der Arbeitnehmer vorgestellt.
In seiner Entschließung vom 21. Dezember 1987 über Sicherheit, Arbeitshygiene und Gesundheitsschutz am Arbeitsplatz[6] hat der Rat die Mitteilung der Kommission über ihr Programm für Sicherheit, Arbeitshygiene und Gesundheitsschutz am Arbeitsplatz begrüßt und die Kommission unter anderem ersucht zu prüfen, wie der Austausch von Informationen und Erfahrungen auf den von der Entschließung erfassten Gebieten, insbesondere hinsichtlich der Sammlung und Verbreitung von Daten, verbessert werden kann, sowie außerdem zu prüfen, ob es zweckmäßig ist, einen gemeinschaftlichen Mechanismus zur Untersuchung der sich auf einzelstaatlicher Ebene ergebenden Auswirkungen der Gemeinschaftsmaßnahmen in diesem Bereich zu schaffen.
In dieser Entschließung wird überdies eine Verstärkung der Zusammenarbeit mit und zwischen den Stellen befürwortet, die Aufgaben in dem unter die Entschließung fallenden Bereich wahrnehmen.
Der Rat hat ferner auf das grundlegende Erfordernis hingewiesen, dass die Arbeitgeber und die Arbeitnehmer sich der Bedeutung der einschlägigen Probleme bewusst sind und Zugang zu Informationen haben, wenn die in dem Programm der Kommission befürworteten Maßnahmen Erfolg haben sollen.
Die umfassende, zuverlässige und objektive Sammlung, Verarbeitung und Analyse wissenschaftlicher, technischer und wirtschaftlicher Daten ist unerlässlich, damit den Gemeinschaftseinrichtungen, den Mitgliedstaaten und den betroffenen Kreisen die Informationen zur Verfügung gestellt werden, die sie benötigen, um den an sie gerichteten Anforderungen gerecht werden, die erforderlichen Maßnahmen zur Sicherheit und zum Schutz der Gesundheit der Arbeitnehmer ergreifen und eine angemessene Unterrichtung der betroffenen Personen gewährleisten zu können.
In der Gemeinschaft und in den Mitgliedstaaten bestehen bereits Einrichtungen, die solche Informationen liefern und Dienstleistungen dieser Art erbringen.
Um die von diesen Einrichtungen bereits geleistete Arbeit sowie wie möglich auf gemeinschaftlicher Ebene nutzen zu können, sollte ein europäisches Netzwerk zur Beobachtung

---
1 AblEG Nr. L 216 v. 20.8.1994, 1
2 ABl. Nr. C 271 vom 16.10.1991, S. 3.
3 ABl. Nr. C 128 vom 9.5.1994.
4 ABl. Nr. C 169 vom 6.7.1992, S. 44.
5 ABl. Nr. C 28 vom 3.2.1988, S. 3.
6 ABl. Nr. C 28 vom 3.2.1988, S. 1.

und zur Sammlung von Informationen im Bereich Sicherheit und Gesundheitsschutz am Arbeitsplatz geschaffen werden, für dessen Koordinierung auf gemeinschaftlicher Ebene eine Europäische Agentur für Sicherheit und Gesundheitsschutz am Arbeitsplatz zuständig wäre.
Um die an sie gerichteten Anforderungen effektiver erfüllen zu können, sollten die Gemeinschaftseinrichtungen, die Mitgliedstaaten und die betroffenen Kreise auf eine Agentur zurückgreifen können, um die für den Bereich Sicherheit und Gesundheitsschutz am Arbeitsplatz sachdienlichen technischen, wissenschaftlichen und wirtschaftlichen Informationen zu erhalten.
Es empfiehlt sich daher, eine Europäische Agentur für Sicherheit und Gesundheitsschutz am Arbeitsplatz zu errichten, die insbesondere die Kommission bei der Durchführung der Aufgaben im Bereich Sicherheit und Gesundheitsschutz am Arbeitsplatz unterstützen und, unbeschadet der Befugnisse der Kommission, in diesem Zusammenhang der Sicherheit und Gesundheit am Arbeitsplatz beitragen soll.
Gemäß dem einvernehmlichen Beschluss der auf Ebene der Staats- und Regierungschefs vereinigten Vertreter der Regierungen der Mitgliedstaaten vom 29. Oktober 1993 über die Festlegung des Sitzes bestimmter Einrichtungen und Dienststellen der Europäischen Gemeinschaften sowie des Sitzes von Europol[1] wird die Agentur für Sicherheit und Gesundheitsschutz am Arbeitsplatz ihren Sitz in einer spanischen Stadt haben, die von der spanischen Regierung noch zu benennen ist. Die spanische Regierung hat zu diesem Zweck die Stadt Bilbao benannt.
Der Status und der Aufbau der Agentur müssen dem objektiven Charakter der von ihr erwarteten Ergebnisse entsprechen und es ihr ermöglichen, ihre Aufgaben in Zusammenarbeit mit den bestehenden nationalen, gemeinschaftlichen und internationalen Einrichtungen wahrzunehmen.
Die Agentur muss die Möglichkeit haben, Vertreter aus Drittländern, von Gemeinschaftsorganisationen und -einrichtungen sowie von internationalen Organisationen, die das Interesse der Gemeinschaft und der Mitgliedstaaten an dem von der Agentur verfolgten Ziel teilen, als Beobachter einzuladen.
Die Agentur sollte Rechtspersönlichkeit besitzen und in engem Kontakt zu den auf Gemeinschaftsebene bestehenden Einrichtungen und Programmen, insbesondere zur Europäischen Stiftung zur Verbesserung der Lebens- und Arbeitsbedingungen stehen, um Überschneidungen zu vermeiden.
Die Agentur steht auf funktioneller Ebene in sehr engem Kontakt zur Kommission und zum Beratenden Ausschuss für Sicherheit, Arbeitshygiene und Gesundheitsschutz am Arbeitsplatz.
Die Agentur greift für ihre Übersetzungen auf die Übersetzungszentrale für die Einrichtungen der Union zurück, sobald diese Zentrale ihre Tätigkeit aufnimmt.
Der Gesamthaushaltsplan der Europäischen Gemeinschaften soll zur Tätigkeit der Agentur beitragen. Die für erforderlich gehaltenen Mittel werden entsprechend der Finanziellen Vorausschau im Rahmen des jährlichen Haushaltsverfahrens festgelegt.
Der Vertrag enthält Befugnisse für die Annahme der vorliegenden Verordnung nur in Artikel 235 –
hat folgende Verordnungen erlassen:

Artikel 1: Errichtung der Agentur

Es wird eine Europäische Agentur für Sicherheit und Gesundheitsschutz am Arbeitsplatz, nachstehend »Agentur« genannt, errichtet.

---

[1] ABl. Nr. C 323 vom 30.11.1993, S. 1.

Teil V

Artikel 2: Ziel

Damit gemäß dem Vertrag und den nachfolgenden Aktionsprogrammen für Sicherheit und Gesundheitsschutz am Arbeitsplatz die Verbesserung insbesondere der Arbeitsumwelt gefördert wird, um die Sicherheit und die Gesundheit der Arbeitnehmer zu schützen, verfolgt die Agentur das Ziel, den Gemeinschaftseinrichtungen, den Mitgliedstaaten und den betroffenen Kreisen alle sachdienlichen technischen, wissenschaftlichen und wirtschaftlichen Informationen auf dem Gebiet der Sicherheit und des Gesundheitsschutzes am Arbeitsplatz zur Verfügung zu stellen.

Artikel 3: Aufgaben

(1) Zur Erreichung des in Artikel 2 festgelegten Ziels hat die Agentur folgende Aufgaben wahrzunehmen:
a) Sammlung und Verbreitung von technischen, wissenschaftlichen und wirtschaftlichen Informationen in den Mitgliedstaaten zur Unterrichtung der Gemeinschaftseinrichtungen, der Mitgliedstaaten und der betroffenen Kreise; damit sollen die bestehenden einzelstaatlichen Prioritäten und Programme ermittelt und gleichzeitig die erforderlichen Daten für die Prioritäten und Programme auf Gemeinschaftsebene geliefert werden;
b) Sammlung von technischen, wissenschaftlichen und wirtschaftlichen Informationen über die Forschung im Sicherheits- und Gesundheitsschutz sowie über andere Forschungstätigkeiten, die Aspekte der Sicherheit und des Gesundheitsschutzes am Arbeitsplatz einschließen, und Verbreitung der Ergebnisse der Forschung und Forschungstätigkeiten;
c) Förderung und Unterstützung der Zusammenarbeit und des Austausches von Informationen und Erfahrungen zwischen den Mitgliedstaaten im Bereich der Sicherheit und des Gesundheitsschutzes am Arbeitsplatz, einschließlich der Unterrichtung über Schulungsprogramme;
d) Veranstaltung von Konferenzen und Seminaren sowie Austausch von Sachverständigen der Mitgliedstaaten im Bereich der Sicherheit und des Gesundheitsschutzes am Arbeitsplatz;
e) Bereitstellung der für die Formulierung und Durchführung einer sinnvollen und wirksamen Politik zum Schutz der Sicherheit und der Gesundheit der Arbeitnehmer notwendigen objektiven technischen, wissenschaftlichen und wirtschaftlichen Informationen für die Gemeinschaftseinrichtungen und die Mitgliedstaaten; hierzu insbesondere Bereitstellung von technischen, wissenschaftlichen und wirtschaftlichen Informationen für die Kommission, die diese benötigt, um ihrer Aufgabe der Ermittlung, Ausarbeitung und Evaluierung der Maßnahmen und Rechtsvorschriften im Bereich der Sicherheit und des Gesundheitsschutzes am Arbeitsplatz gerecht zu werden, insbesondere, was die Auswirkungen der Rechtsvorschriften auf die Unternehmen im allgemeinen und die kleinen und mittleren Unternehmen im besonderen anbelangt;
f) Aufbau – in Zusammenarbeit mit den Mitgliedstaaten – und Koordinierung des Netzwerks nach Artikel 4, und zwar unter Berücksichtigung der einzelstaatlichen, gemeinschaftlichen und internationalen Agenturen und Organisationen, die Informationen und Dienstleistungen dieser Art bereitstellen;
g) Sammlung der aus Drittländern und von internationalen Organisationen (WHO, ILO, PAHO, IMO usw.) stammenden Informationen über Fragen der Sicherheit und des Gesundheitsschutzes am Arbeitsplatz sowie Bereitstellung der betreffenden Informationen für diese;
h) Bereitstellung von technischen, wissenschaftlichen und wirtschaftlichen Informationen über die Verfahren und Instrumente zur Durchführung von Präventivmaßnahmen mit besonderer Berücksichtigung der spezifischen Probleme der kleinen und mittleren Unternehmen;
i) Mitwirkung an der Entwicklung der künftigen gemeinschaftlichen Aktionsprogramme zur Förderung der Sicherheit und des Gesundheitsschutzes am Arbeitsplatz, und zwar unbeschadet der Befugnisse der Kommission.

(2) Damit Überschneidungen vermieden werden, arbeitet die Agentur möglichst eng mit den auf Gemeinschaftsebene bestehenden Instituten, Stiftungen, Facheinrichtungen und Programmen zusammen.

Artikel 4: Netzwerke

(1) Die Agentur soll ein Netzwerk aufbauen, das sich zusammensetzt aus
– den wichtigsten Bestandteilen der einzelstaatlichen Informationsnetze,
– den innerstaatlichen Anlaufstellen,
– gegebenenfalls den themenspezifischen Ansprechstellen.
(2) Im Hinblick auf einen möglichst raschen und wirksamen Aufbau des Netzwerks teilen die Mitgliedstaaten der Agentur binnen sechs Monaten nach In-Kraft-Treten dieser Verordnung die wichtigsten Bestandteile ihres innerstaatlichen Informationsnetzes für Sicherheit und Gesundheitsschutz am Arbeitsplatz einschließlich aller Stellen mit, die ihres Erachtens zur Tätigkeit der Agentur beitragen könnten, und zwar unter Berücksichtigung einer möglichst vollständigen geographischen Erfassung ihres Hoheitsgebiets.
Die zuständigen einzelstaatlichen Behörden oder die von ihnen benannte Stelle sorgen für die Koordinierung und/oder Weitergabe der Informationen, die auf innerstaatlicher Ebene der Agentur zu übermitteln sind.
(3) Die einzelstaatlichen Behörden teilen der Agentur den Namen der in dem jeweiligen Hoheitsgebiet eingerichteten Stellen mit, die in der Lage sind, mit ihr hinsichtlich bestimmter Themen von besonderem Interesse zusammenzuarbeiten und mithin als themenspezifische Ansprechstelle des Netzwerks zu fungieren. Die Agentur kann mit diesen Stellen Vereinbarungen treffen.
(4) Themenspezifische Ansprechstellen für besondere Aufgaben können Teil des Netzwerks sein.
Sie werden von dem in Artikel 8 genannten Verwaltungsrat für einen bestimmten, mit ihnen vereinbarten Zeitraum benannt.
(5) Die Festlegung der Themen von besonderem Interesse und die Zuweisung von besonderen Aufgaben an die themenspezifischen Ansprechstellen müssen in dem jährlichen Arbeitsprogramm der Agentur angegeben werden.
(6) Die Agentur überprüft unter Berücksichtigung der gewonnenen Erfahrungen in regelmäßigen Abständen die wichtigsten Bestandteile des Netzwerks nach Absatz 2 und nimmt dann die Änderungen vor, die der Verwaltungsrat gegebenenfalls unter Berücksichtigung neuer Benennungen seitens der Mitgliedstaaten beschlossen hat.

Artikel 5: Vereinbarungen

(1) Um das Funktionieren des Netzwerks nach Artikel 4 zu erleichtern, kann die Agentur mit den Stellen, die der Verwaltungsrat gemäß Artikel 4 Absatz 4 benannt hat, Vereinbarungen treffen und insbesondere Verträge schließen, die für die Durchführung der ihnen von der Agentur übertragenen Aufgaben erforderlich sind.
(2) Die Mitgliedstaaten können vorsehen, dass im Fall der innerstaatlichen Stellen oder Einrichtungen in ihrem Hoheitsgebiet solche Vereinbarungen mit der Agentur im Einvernehmen mit der innerstaatlichen Anlaufstelle zu treffen sind.

Artikel 6: Informationen

Die der Agentur übermittelten oder von ihr verbreiteten Informationen und Daten können entsprechend den vom Verwaltungsrat festgelegten Leitlinien veröffentlicht und der Öffentlichkeit zugänglich gemacht werden, soweit sie insbesondere in Bezug auf ihre Vertraulichkeit mit den Regeln der Gemeinschaft und der Mitgliedstaaten für die Verbreitung von Informationen im Einklang stehen.

Teil V

Artikel 7: Rechtspersönlichkeit

(1) Die Agentur besitzt Rechtspersönlichkeit.
(2) Sie besitzt in jedem Mitgliedstaat die weitestgehende Rechts- und Geschäftsfähigkeit, die juristischen Personen nach dessen Rechtsvorschriften zuerkannt ist.

Artikel 8: Verwaltungsrat *(nicht abgedruckt)*

Artikel 9: Beobachter

Der Verwaltungsrat kann im Benehmen mit der Kommission Vertreter aus Drittländern, von Gemeinschaftsorganen und -einrichtungen sowie von internationalen Organisationen als Beobachter einladen.

Artikel 10: Jährliches Arbeitsprogramm – Allgemeiner Jahresbericht

(1) Der Verwaltungsrat verabschiedet das jährliche Arbeitsprogramm der Agentur auf der Grundlage eines vom Direktor (Artikel 11) nach Anhörung der Kommission und des Beratenden Ausschusses für Sicherheit, Arbeitshygiene und Gesundheitsschutz am Arbeitsplatz erarbeiteten Entwurfs.
Dieses Programm kann im Laufe des Jahres nach dem gleichen Verfahren angepasst werden.
Das Programm fügt sich in den Rahmen eines »Turnus«-Programms ein, das nach dem genannten Verfahren verabschiedet wird und vier Jahre umfasst.
Das erste jährliche Arbeitsprogramm ist spätestens neun Monate nach dem In-Kraft-Treten dieser Verordnung zu verabschieden.
(2) Der Verwaltungsrat nimmt spätestens zum 31. Januar jeden Jahres einen allgemeinen Jahresbericht über die Tätigkeiten der Agentur an, der in sämtlichen Amtssprachen der Gemeinschaft abgefasst ist.
In dem allgemeinen Jahresbericht werden insbesondere die erzielten Ergebnisse mit den Zielsetzungen des jährlichen Aktionsprogramms verglichen.
Der Direktor übermittelt den allgemeinen Jahresbericht dem Europäischen Parlament, dem Rat, der Kommission, dem Rechnungshof, dem Wirtschafts- und Sozialausschuss, den Mitgliedstaaten sowie dem Beratenden Ausschuss für Sicherheit, Arbeitshygiene und Gesundheitsschutz am Arbeitsplatz.

Artikel 11–24: *(nicht abgedruckt)*

Erklärung des Rates und der Kommission zum Sitz der Europäischen Agentur für Sicherheit und Gesundheitsschutz am Arbeitsplatz

Anlässlich der Annahme der Verordnung zur Errichtung einer Europäischen Agentur für Sicherheit und Gesundheitsschutz am Arbeitsplatz nehmen der Rat und die Kommission zur Kenntnis,
– dass die auf der Ebene der Staats- und Regierungschefs vereinigten Vertreter der Regierungen der Mitgliedstaaten am 29. Oktober 1993 beschlossen haben, dass die Europäische Agentur für Sicherheit und Gesundheitsschutz am Arbeitsplatz ihren Sitz in Spanien, in einer von der spanischen Regierung zu benennenden Stadt, haben wird;
– dass die spanische Regierung Bilbao als Sitz dieser Agentur benannt hat.

Stichwortverzeichnis

Die geraden Ziffern verweisen auf die §§ bzw. Art der jeweiligen Vorschriften, die kursiven Ziffern auf die Randnummern. Die Vorschriften lassen sich auch über die Alphabetische Schnellübersicht auf Seite 7 auffinden.

Allgemeine Verwaltungsvorschriften, 24 ArbSchG; SGB VII, *25, 27*
Anhörung
– der Arbeitnehmer BetrVG, *48, 50*
– der Beschäftigten im öffentlichen Dienst 14 ArbSchG, *2*
Anweisung 4 ArbSchG, *20*
– bei besonderen Gefahren 9 ArbSchG, *3, 5*
– s. auch Unterweisung
Anzeige, s. außerbetriebliches Beschwerderecht
Arbeitgeber
– Begriff 2 ArbSchG, *28*
– Grundpflichten des –, 3 ArbSchG, *1ff.*
– Haftung 13 ArbSchG, *3*; SGB VII, *3*
– Notfallmaßnahmen 10 ArbSchG, *5*
– Verantwortlichkeit des –, 13 ArbSchG, *1*; ASiG, *5*
– Weitergabe von betrieblichen Daten an die zuständige Behörde 23 ArbSchG, *1*
– s. auch verantwortliche Personen
Arbeitnehmer
– Anhörungsrechte BetrVG, *48, 50*
– als Beschäftigte 2 ArbSchG, *14ff.*
– Beschwerderecht BetrVG, *51*
– Unterrichtungsrechte BetrVG, *47, 49*
– s. auch Beschäftigte
Arbeitnehmerähnliche Personen
– als Beschäftigte 2 ArbSchG, *22*
– s. auch Beschäftigte
Arbeitnehmerhaftung
– im Rahmen der eigenständigen Gefahrenabwehr 9 ArbSchG, *8*
Arbeitnehmerüberlassung
– Unterweisung 12 ArbSchG, *17*; AÜG, *6*

– Zuständigkeit des Betriebsrats des Entleihers AÜG, *6*
– Zuständigkeit des Betriebsrates des Verleihers AÜG, *7*
– s. auch Leiharbeitnehmer
Arbeitsbedingte Erkrankungen 2 ArbSchG, *6f.*
Arbeitsbedingte Gesundheitsgefahren 2 ArbSchG, *5f.*; SGB VII, *5f.*
Arbeitsmedizin 4 ArbSchG, *9*
Arbeitsmedizinische Vorsorge
– nach dem ArbSchG 11 ArbSchG, *1, 3, 4, 6*
– nach dem ASiG ASiG, *80ff.*
– Begriff 11 ArbSchG, *2*
– Genetische Analysen 11 ArbSchG, *7a*
– Kosten der –, 11 ArbSchG, *11*
– Schweigepflicht des Arztes 11 ArbSchG, *9*; ASiG, *105*
– nach sonstigen Rechtsvorschriften 11 ArbSchG, *3c, 7*; ASiG, *82ff.*
– Zweck von – nach dem ArbSchG 11 ArbSchG, *3*
– Zweck von – nach dem ASiG, *82*
Arbeitsmittel/Arbeitsmittelbenutzungsverordnung
– Begriff 2 AMBV, *1*
– Benutzung von –, 2 AMBV, *2ff.*
– Bereitstellung 3 AMBV, *1*
– Beschaffenheitsanforderungen 4 AMBV, *1ff.*
– Gefährdungsbeurteilung 5 ArbSchG, *13*; 3 AMBV, *5*
– gefährliche –, Anhang AMBV, *2*; 5 AMBV, *3*
– Gefahrenbereich 2 AMBV, *5ff.*
– Instandhaltungs- und Umbauarbeiten 5 AMBV, *3*

Stichwortverzeichnis

- Mindestanforderungen Anhang AMBV
- Unterweisung 5 AMBV; 4 AMBV, 3
- Wechselwirkung mit anderen –, 3 AMBV, 6
- s. auch Betriebsrat
- s. auch Bildschirmgerät

Arbeitsschutz
- allgemeine Grundsätze 4 ArbSchG, 1ff.
- Anweisungen 4 ArbSchG, 20
- Bedeutung Einl., 6
- Begriff Einl., 9ff.
- betriebliche Ebene Einl., 45; 3 ArbSchG, 8f.; ASiG
- betriebliche Führungsstrukturen 3 ArbSchG, 8
- dualistisches Arbeitssystem Einl., 26, 39ff.
- Ganzheitlichkeit 1 ArbSchG, 10; 4 ArbSchG, 17
- Gefahrenbekämpfung an der Quelle 4 ArbSchG, 6
- geschichtliche Entwicklung Einl., 3
- geschlechtsspezifische Regelungen 4 ArbSchG, 21
- gesicherte arbeitswissenschaftliche Erkenntnisse 4 ArbSchG, 11ff.
- und Industrialisierung Einl., 2
- institutionelle Gliederung Einl., 38ff.
- kollektive Schutzmaßnahmen 4 ArbSchG, 18
- Kosten 3 ArbSchG, 14f.
- Maßnahmen des –, 2 ArbSchG, 1ff.
- Mittel 3 ArbSchG, 7
- Organisation des –, 3 ArbSchG, 6ff. ASiG
- Rangfolge von Schutzmaßnahmen 4 ArbSchG, 5
- rechtliche Gliederung, Einl., 22ff.
- sachlich-rechtliche Gliederung Einl., 22ff.
- Situation des –, Einl., 8
- Stand der Technik, der Arbeitsmedizin und der Arbeitshygiene 4 ArbSchG, 7ff.
- und Umweltschutz Einl., 7
- Wirksamkeitsüberprüfung 3 ArbSchG, 3
- Wirtschaftlichkeit Einl., 8, 105ff.; 1, 12
- s. auch Arbeitsschutzrecht
- s. auch Behörden
- s. auch EG-Arbeitsschutzrecht
- s. auch Umweltschutz

Arbeitsschutzausschuss, Einl., 46
- Aufgaben ASiG, 136
- Kleinbetriebe ASiG, 131
- Rechtsposition des Betriebsrats ASiG, 134
- Teilzeitbeschäftigte ASiG, 132
- auf Unternehmensebene ASiG, 130
- Zusammensetzung, ASiG, 135
- Zweck ASiG, 129
- s. auch Arbeitssicherheitsgesetz

Arbeitsschutzgesetz, Einl., 92ff.
- Auswirkungen Einl., 101ff., 110ff.
- Geltungsbereich 1 ArbSchG, 14ff.
- Inhaltsübersicht Einl., 98ff.
- persönlicher Geltungsbereich 2 ArbSchG, 11ff.
- Zielsetzung 1 ArbSchG, 1ff.
- Zweck 1 ArbSchG, 3

Arbeitsschutzgesetzbuch, Einl., 96

Arbeitsschutzmanagement, Einl., 47; 3 ArbSchG 11; ASiG, 15

Arbeitsschutzorganisation 3 ArbSchG, 6ff.
- s. auch Arbeitssicherheitsgesetz

Arbeitsschutzrahmengesetzentwurf, Einl., 95

Arbeitsschutzrecht
- betriebsbezogenes –, Einl., 60f.
- und Grundrechte Einl., 23
- Neuordnung Einl., 119
- Normen Einl., 35ff.
- und öffentliche Aufträge Einl., 55a
- öffentlich-rechtliches, autonomes –, Einl., 29, 57; SGB VII
- öffentlich-rechtliches, staatliches –, Einl., 28, 57
- privates –, Einl., 30
- produktbezogenes –, Einl., 60f.
- soziales –, Einl., 59, 58; 4 ArbSchG, 19
- technisches –, Einl., 59ff.
- Transformation des öffentlich-rechtlichen – in das private –, Einl., 31ff.; 1 ArbSchG, 6

Stichwortverzeichnis

- s. auch EG-Arbeitsschutzrecht
Arbeitssicherheitsgesetz
- Anwendungsbereich ASiG, *17ff.*
- Arbeitsschutzausschuss ASiG, *129ff.*
- Geltung im öffentlichen Dienst ASiG, *18f.*
- Kleinbetriebe ASiG *41ff., 131*
- Konkretisierung durch Unfallverhütungsvorschriften ASiG, *3f.*; Anhang Nr. 9, 10, 11
- Qualitätssicherung ASiG, *49, 101ff.*; Anhang Nr. 17
- überbetrieblicher Dienst ASiG, *34ff.*
- Unternehmermodell ASiG, *42ff.*
- Zielsetzung ASiG, *7ff.*
- s. auch Arbeitsschutzausschuss
- s. auch Betriebsarzt
- s. auch Betriebsrat
- s. auch Fachkraft für Arbeitssicherheit
- s. auch Personalrat

Arbeitsstätte/Arbeitsstättenverordnung
- Allgemeine Anforderungen an –, ArbStättV, *35ff.*
- Altarbeitsstätten ArbStättV, *23ff.*
- Ausnahmen von den Anforderungen ArbStättV, *60ff.*
- Begriff ArbStättV, *11*
- Einzelne Anforderungen an –, ArbStättV, *69ff.*
- Persönlicher Anwendungsbereich, *20ff.*
- Rechtsgrundlage ArbStättV, *3*
- Sachlicher Anwendungsbereich ArbStättV, *10ff.*
- Vollzug, ArbStättV, *93f.*
- Zielsetzung ArbStättV, *8f.*
- s. auch Betriebsrat

Arbeitsumwelt Einl., *16f.*; 1 ArbSchG, *11*

Arbeitsunfall 2 ArbSchG, *3*; SGB VII, *4*
- s. auch Unfall

Arbeitsverweigerungsrecht
- s. Entfernungsrecht
- s. Leistungsverweigerungsrecht

Arbeitswissenschaft, Arbeitswissenschaftliche Erkenntnisse Einl., *35*

Ausschüsse 4 ArbSchG, *7, 15a*
- Begriff 4 ArbSchG, *11*
- Formen 4 ArbSchG, *15*
- gesicherte –, 4 ArbSchG, *15*

Außerbetriebliches Beschwerderecht
- für Beamte 17 ArbSchG, *3*
- Bedingungen 17 ArbSchG, *5*
- Einschaltung des Arbeitgebers 17 ArbSchG, *5ff.*
- Nachteilsverbot 17 ArbSchG, *8*
- für Soldaten 17 ArbSchG, *3*
- Zweck 17 ArbSchG, *4*
- s. auch Beschwerderecht

Auszubildende
- als Beschäftigte 2 ArbSchG, *21*
- s. auch Beschäftigte

Baustellen/Baustellenverordnung
- Beauftragung 4 ArbSchG, *1ff.*
- Begriffe 1 BaustellV, *10ff.*
- Gefahren 1 BaustellV, *6*; Anhang II – BaustellV
- Inhalte 1 BaustellV, *3*; ArbStättV, *91*
- Koordinierung 3 BaustellV, *1ff.*
- Pflichten der Arbeitgeber 5 BaustellV, *1ff.*
- Pflichten des Bauherrn, 4 BaustellV, *1ff.*
- Pflichten sonstiger Personen 6 BaustellV, *1f.*
- Planung und Ausführung von Bauvorhaben 2 BaustellV, *1ff.*
- Sicherheitsausschuss, 3 BaustellV, *7*
- Sicherheits- und Gesundheitsschutzplan, 2 BaustellV, *5ff.*
- Unterlage 3 BaustellV, *4f.*
- Vorankündigung 2 BaustellV, *3f.*; Anhang I – BaustellV
- s. auch Sicherheits- und Gesundheitsschutzkoordinator

Beamte
- außerbetriebliches Beschwerderecht 17 ArbSchG, *9*
- als Beschäftigte 2 ArbSchG, *24*
- Vorschlagsrecht 17 ArbSchG, *3*
- s. auch Beschäftigte

Behörden, staatliche
- Anordnung der –, 22 ArbSchG, *11ff.*; ASiG, *139ff.*

767

Stichwortverzeichnis

- Auskunftsbefugnis 22 ArbSchG, *2 ff.*
- Befugnisse 22 ArbSchG, *6*
- Beratung 21 ArbSchG, *8 ff.*
- betriebliche Daten 23 ArbSchG, *1 f.*
- Geschäfts- und Betriebsgeheimnisse 23 ArbSchG, *3*
- im öffentlichen Dienst des Bundes –, 21 ArbSchG, *27*
- Jahresbericht 23 ArbSchG, *7*
- Übertragung von Aufgaben auf die Träger der gesetzlichen Unfallversicherung 21 ArbSchG, *25 f.*
- Überwachung des staatlichen Arbeitsschutzrechts 21 ArbSchG, *2, 14 ff.*
- Vollzug 21 ArbSchG, *17;* ASiG *138 ff.;* ArbStättV, *93 f.*
- Zusammenwirken mit den Trägern der gesetzlichen Unfallversicherung – 21, 20, 23 f.; SGB VII, *25 ff.*
- s. auch gesetzliche Unfallversicherung

Benachteiligungsverbot
- im ASiG ASiG *105*
- bei einer außerbetrieblichen Beschwerde 17 ArbSchG, *8*
- und Entfernungsrecht 9 ArbSchG, *12 f.*
- und Gefahrenabwehr 9 ArbSchG, *8*
- und Leistungsverweigerungsrecht 9 ArbSchG, *20*

Bergbau 1 ArbSchG, *18, 19*

Berufskrankheit 2 ArbSchG, *6;* SGB VII, *4*

Beschäftigte
- Arbeitnehmer als –, 2 ArbSchG, *14 ff.*
- arbeitnehmerähnliche Personen als –, 2 ArbSchG, *22*
- außerbetriebliches Beschwerderecht 17 ArbSchG, *4 ff.*
- Auszubildende als –, 2 ArbSchG, *21*
- Beamte als –, 2 ArbSchG, *19*
- Befähigung § 7, *1*
- befristet Beschäftigte 2 ArbSchG, *20*
- Begriff 2 ArbSchG, *11 ff.*
- Heimarbeiter 2 ArbSchG, *23*
- Leiharbeitnehmer als –, 2 ArbSchG, *20*
- Mitwirkungspflichten 3 ArbSchG, *12*
- Pflichten der –, 15 ArbSchG; 16 ArbSchG
- Rechte der –, 17 ArbSchG
- Richter als –, 2 ArbSchG, *25*
- Soldaten als –, 2 ArbSchG, *26*
- Teilzeitarbeitnehmer als –, 2 ArbSchG, *19*
- Unterstützungspflichten, 16 ArbSchG
- Verantwortung, 15 ArbSchG, *4 ff., 11*
- vereinsrechtliche Pflichten, 2 ArbSchG, *18*
- Vorschlagsrecht 17 ArbSchG, *2*
- in Werkstätten für Behinderte als –, 2 ArbSchG, *27*
- Werkvertrag 2 ArbSchG *18*
- s. auch Arbeitnehmer

Beschwerderecht
- des Arbeitnehmers BetrVG, *51*
- s. auch außerbetriebliches –

Besondere Gefahren
- Anweisungen 9 ArbSchG, *3, 5*
- für bedeutende Rechtsgüter 9 ArbSchG, *20*
- Begriff 9 ArbSchG, *1;* 4 ArbSchG
- Entfernungsrecht der Beschäftigten 9 ArbSchG, *10 ff.*
- Ermittlung 9 ArbSchG, *2*
- Schadensbegrenzung 9 ArbSchG, *7*
- Schutzmaßnahmen 9 ArbSchG, *4*
- Unterrichtungspflicht 9 ArbSchG, *6*

Betrieb
- Begriff 2 ArbSchG, *32 ff.*
- Betriebsteil 2 ArbSchG, *37*
- Dienststelle als – im öffentlichen Dienst 2 ArbSchG *32, 25*
- Gemeinschaftsbetrieb 2 ArbSchG, *35*
- Nebenbetrieb 2 ArbSchG, *38*

Betriebliche Gesundheitsförderung Einl., *54;* 1 ArbSchG, *9;* SGB VII, *8*

Betriebsanweisung, s. Anweisung

Betriebsarzt
- Anforderungen ASiG, *93 ff.*
- Aufgaben ASiG, *62 ff., 80 ff.*
- Benachteiligungsverbot ASiG, *105*
- Bestellung ASiG, *26 ff., 40, 46 ff.*
- Fachkunde ASiG, *93 ff.*

Stichwortverzeichnis

- Unternehmermodell ASiG, *48*
- Weisungsfreiheit ASiG, *105*
- Zusammenarbeit mit den betrieblichen Beauftragten ASiG, *112f.*
- Zusammenarbeit mit dem Betriebsrat ASiG, *112, 115ff.*; BetrVG, *8*
- Zusammenarbeit mit der Fachkraft für Arbeitssicherheit ASiG, *109ff.*
- s. auch Arbeitssicherheitsgesetz
- s. auch Fachkraft für Arbeitssicherheit

Betriebsrat
- arbeitnehmerähnliche Personen BetrVG, *42*
- Arbeitsablauf BetrVG, *22*
- Arbeitsmittelbereitstellung- und -benutzung 3 AMBV, *10*
- Arbeitsstätten, ArbStättV, *39*
- Arbeitsumgebung BetrVG, *22*
- Arbeitsunfälle BetrVG, *16*
- Ausnahmegenehmigung BetrVG, *35*
- Behörden BetrVG, *9*
- Berufskrankheiten BetrVG, *16*
- Besprechungen BetrVG, *9*
- betriebliche Arbeitsschutzorganisation BetrVG, *8*; ASiG, *114ff.*
- Betriebsvereinbarung, freiwillige BetrVG, *13*
- Beurteilungsspielraum BetrVG, *25*
- Bildschirmarbeit 1 BildscharbV, *13*
- Billigkeit BetrVG, *26*
- biologische Arbeitsstoffe, Tätigkeiten mit – 1 BiostoffV, *10*
- Dienstanweisung der Länder BetrVG, *11*
- Einzelfallanordnung BetrVG, *10*; ASiG, *143*
- Entscheidungsspielraum BetrVG BetrVG, *18*
- freiwillige Betriebsvereinbarung BetrVG, *13*
- Gefährdungsbeurteilung BetrVG, *29*
- Gefahr BetrVG, *24*
- Gefahrstoffe, Gefahrstoffverordnung GefstoffV, *8*
- Generalklauseln BetrVG, *17*
- gesetzliche Unfallversicherung BetrVG, *12*
- Gesundheitsschutz, BetrVG, *16*
- Grundrechte BetrVG, *15*
- Individualrechte BetrVG, *47ff.*
- Initiativrecht BetrVG, *38*
- kollektiver Tatbestand BetrVG, *37*
- konkurrierende Beteiligungsrechte BetrVG, *21*
- Lastenhandhabung 2 LasthandhabV, *11*
- Leistungsverweigerungsrecht BetrVG, *39*
- menschengerechte Gestaltung BetrVG, *7*
- Mitbestimmung 1 ArbSchG, *28*; 2 ArbSchG, *28*; BetrVG, *14ff.*
- Niederschriften BetrVG, *9*
- Planungsstadium BetrVG, *7*
- PSA-Benutzung 2 PSA-BV, *13*
- Rahmenvorschriften BetrVG *17ff., 27ff.*
- Regelungen BetrVG, *37*
- Richtlinien BetrVG, *32*
- Sanktionen BetrVG, *5*
- Schutzniveau BetrVG, *36*
- Sicherheitsbeauftragte BetrVG, *45*
- Überwachung BetrVG, *3*
- unbestimmter Rechtsbegriff BetrVG, *25*
- Unfallverhütungsvorschriften BetrVG, *31*
- Unterlassungsanspruch BetrVG, *40*
- Unterrichtung BetrVG, *6*
- Unterweisung BetrVG, *41*
- Verwaltungsanweisungen BetrVG, *32*
- Wirksamkeitsvoraussetzung BetrVG, *39*
- Zusammenarbeit mehrerer Arbeitgeber BetrVG, *43*
- zuständige Stellen, BetrVG *9*
- s. auch Mitbestimmung
- s. auch Personalrat

Beurteilung der Arbeitsbedingungen
- Abgrenzung 5 ArbSchG, *5f.*
- Begriff 5 ArbSchG, *1*
- bei Bildschirmarbeit 3 BildscharbV, *1ff.*
- beim Umfang mit biologischen Arbeitsstoffen vor §§ 5–8, *1ff.*

Stichwortverzeichnis

- Durchführung in allen Betrieben 5 ArbSchG, *4*
- Durchführung je nach Tätigkeit 5 ArbSchG, *11*
- Ermittlung von besonderen Gefahren 9 ArbSchG, *2*
- und Gefährdunganalyse 5 ArbSchG, *12*
- bei gentechnischen Arbeiten 1 BiostoffV, *34*
- beim Umgang mit Gefahrstoffen GefStoffV, *45*
- Hilfen zur Durchführung 5 ArbSchG, *13 ff.*
- Hinweise zur Durchführung 5 ArbSchG, *7 ff.*
- Soll-Ist-Vergleich 5 ArbSchG, *8*
- durch sonstige Rechtsvorschriften 5 ArbSchG, *2 f.*
- Standardisierung der – 5 ArbSchG, *11*
- Unterstützung durch die betrieblichen Arbeitsschutzakteure 5 ArbSchG, *16*
- s. auch Dokumentation der Beurteilung der Arbeitsbedingungen
- s. auch Betriebsrat

Bildschirmarbeit/Bildschirmarbeitsverordnung
- Anforderungen an die Gestaltung § 4 BildscharbV, *1 ff.*; Anhang BildscharbV, *1 ff.*
- Beschäftigte i.S. der BildscharbV 2 BildscharbV, *12 f.*
- Beschaffenheitsanforderungen 1 BildscharbV, *32 f.*
- Beurteilung der Arbeitsbedingungen 3 BildscharbV, *1 ff., 8 ff.*
- Bildschirmarbeitsplatz 2 BildscharbV, *6 ff.*
- Bildschirmbrille 6 BildscharbV, *6 ff.*
- Bildschirmgerät 2 BildscharbV, *5*
- Call-Center 1 BildscharbV, *8*
- Gefährdungen des Sehvermögens 3 BildscharbV, *5*
- Handlungshilfen 1 BildscharbV, *14*; 3 BildscharbV, *15*; Anhang Nr. 7
- Körperliche Probleme bei –, 3 BildscharbV, *6*
- Kurzpausen 5 BildscharbV, *4*

- Mischarbeit 5 BildscharbV, *3*
- Psychische Belastungen durch –, 3 BildscharbV, *7*
- Sachlicher Anwendungsbereich, 1 BildscharbV, *15 ff.*
- Schutzmaßnahmen 4 BildscharbV, *4 ff.*
- Sehhilfe, s. Bildschirmbrille
- Übergangsfrist zur Anwendung der –, 4 BildscharbV, *12 ff.*
- Untersuchung der Augen und des Sehvermögens 6 BildscharbV, *1 ff.*
- Zielsetzung 1 BildscharbV, *4 ff.*
- s. auch Betriebsrat
- s. auch Personalrat

Binnenschiffahrt 1 ArbSchG, *21*; ArbStättV, *17*

Biologische Arbeitsstoffe, Biostoffverordnung
- Anwendungsbereich 1 BiostoffV, *17 ff.*
- Anzeige 13 BiostoffV, *1 ff.*
- Arbeitsanweisungen 12 BiostoffV, *10 f.*
- Arbeitsmedizinische Vorsorge 15 BiostoffV, *1 ff.*
- Ausschuss für biologische Arbeitsstoffe 17 BiostoffV, *1 ff.*
- Begriffe 2 BiostoffV, *2*
- behördliche Ausnahmen 14 BiostoffV, *1 ff.*
- Betriebsanweisung 12 BiostoffV, *3 ff.*
- Definition 2 BiostoffV, *1*
- Einstufung 4 BiostoffV, *1 ff.*
- Einweisung 10 BiostoffV, *16*
- Entsorgung 10 BiostoffV, *26*
- Ersatzstoffe 10 BiostoffV, *8 ff.*
- Fachkunde 10 BiostoffV, *15*
- Fremdunternehmen 1 BiostoffV, *15*
- Gefährdungsbeurteilung vor §§ 5–8 BiostoffV, *1 ff.*; 6 BiostoffV, *1 ff.*; 7 BiostoffV, *1 ff.*
- Gefährdungsbeurteilung, Durchführung der – 8 BiostoffV, *1 ff.*
- Gefahrstoffe 1 BiostoffV, *37 ff.*
- Gentechnik 1 BiostoffV, *30 ff.*
- gezielte Tätigkeiten 2 BiostoffV, *3 f.*
- Heimarbeit 1 BiostoffV, *21, 22*; 2 BiostoffV, *13, 14*; 10 BiostoffV, *11*
- Hygienemaßnahmen 10 BiostoffV, *12 f.*; 11 BiostoffV, *5 ff.*

Stichwortverzeichnis

- Information 5 BiostoffV, *1ff.*
- Lagerung 10 BiostoffV, *26*
- Ordnungswidrigkeiten 18 BiostoffV, *1ff.*
- persönliche Schutzausrüstung 11 BiostoffV, *8ff.*; PSA-BV
- Pflichtuntersuchungen 35 BiostoffV, *3ff.*, Anhang IV
- Risikogruppe 1, Maßnahmen 9 BiostoffV, *1f.*
- Risikogruppen 3 BiostoffV, *1ff.*
- Schutzmaßnahmen, Begriff der – 2 BiostoffV, *11f.*
- Schutzmaßnahmen, erforderliche 10 BiostoffV, *3ff.*
- Schutzstufen, Begriff der – 2 BiostoffV, *10*
- Sicherheitsmaßnahmen 10 BiostoffV, *23*, Anhang II und III
- Sicherheitsmaßnahmen, Begriff der – 2 BiostoffV, *11*
- Stand der Technik 10 BiostoffV, *24, 25*
- Tätigkeiten, Begriff der – 2 BiostoffV, *3f.*
- Technischer Kontrollwert (TKW) 11 BiostoffV, *15*
- Transport 10 BiostoffV, *26*
- ungezielte Tätigkeiten 2 BiostoffV, *7ff.*
- Unterrichtung 12 BiostoffV, *12f.*
- Unterrichtung der Behörden 16 BiostoffV, *1ff.*
- Unterweisung 12 BiostoffV, *7ff.*
- Verzeichnis 13 BiostoffV, *5f.*
- Wirksamkeitsüberprüfung 11 BiostoffV, *12*
- Zweck der BiostoffV 1 BiostoffV, *29*

BMI – Arbeitsschutzgesetzanwendungsverordnung 20 ArbSchG, *2, 4*

Brandbekämpfung 10 ArbSchG, *1*
- s. auch Notfallmaßnahmen

Bußgeld 25 ArbSchG, *1*

Call-Center, 1 BildarbV, *8*

Deutsche Arbeitsschutzausstellung, Einl., *40*

Dokumentation der Beurteilung der Arbeitsbedingungen
- auf Anordnung der zuständigen Behörde 6 ArbSchG, *9*
- bei gleichartiger Gefährdungssituation 6 ArbSchG, *2*
- Erleichterung der Beweisführung 6 ArbSchG, *10*
- Erstellung 6 ArbSchG, *3*
- Inhalt 6 ArbSchG, *1ff.*
- in Kleinbetrieben 6 ArbSchG, *5ff.*
- spezielle Regelungen in sonstigen Rechtsvorschriften 6 ArbSchG, *4, 8*
- Unfälle 6 ArbSchG, *11*
- s. auch Beurteilung der Arbeitsbedingungen

Dualistisch organisiertes Arbeitsschutzsystem, s. Arbeitsschutz

EG-Arbeitsschutzrecht Einl., *15ff.*
- betriebsbezogenes –, Einl., *62, 82ff., 88*
- Maschinenrichtlinie Einl., *81*
- neue Konzeption Einl., *79*
- Normung Einl., *80, 86*
- produktbezogenes –, Einl., *62, 74ff., 88*
- Rahmenrichtlinie Arbeitsschutz Einl., *87*
- Umsetzung durch Rechtsverordnungen 19 ArbSchG, *5*
- s. auch EG-Recht

EG-Recht
- Binnenmarkt Einl., *76*
- Harmonisierung Einl., *77*
- Institutionen Einl., *64*
- primäres –, Einl., *65*
- Prinzipien Einl., *66*
- Richtlinie Einl., *69*
- sekundäres –, Einl., *65*
- sozialpolitische Kompetenzen Einl., *71ff.*
- unmittelbare Geltung Einl., *67, 70*
- Vorrang vor dem nationalen Recht Einl., *68*
- s. auch EG-Arbeitsschutzrecht

Entfernungsrecht 9 ArbSchG, *9ff.*
- bei besonderen Gefahren für andere bedeutende Rechtsgüter 9 ArbSchG, *21*
- Garantenstellung 9 ArbSchG, *22*
- im Gefahrstoffrecht 9 ArbSchG, *15*

Stichwortverzeichnis

- s. auch Leistungsverweigerungsrecht

Erste Hilfe 10 ArbSchG, *1*
- siehe auch Notfallmaßnahmen

Evakuierung 10 ArbSchG, *1*
- s. auch Notfallmaßnahmen

Fachkraft für Arbeitssicherheit
- Aufgaben ASiG, *62 ff., 89 ff.*
- Benachteiligungsverbot ASiG, *105*
- Bestellung ASiG, *25 ff., 40 ff.*
- Fachkunde ASiG, *93, 96 ff.*
- Unternehmermodell ASiG, *42 ff.*
- Weisungsfreiheit ASiG, *105*
- Zusammenarbeit mit den betrieblichen Beauftragten ASiG, *112 f.*
- Zusammenarbeit mit dem Betriebsarzt ASiG, *109 ff.*
- Zusammenarbeit mit dem Betriebsrat ASiG, *112, 115 ff.*
- s. auch Arbeitssicherheitsgesetz
- s. auch Betriebsarzt
- s. auch Betriebsrat
- s. auch Personalrat

Gefahr 4 ArbSchG, *2*
- s. auch besondere Gefahr
- unmittelbare, erhebliche –, 9 ArbSchG, *1*

Gefahrenbekämpfung an der Quelle 4 ArbSchG, *6*

Gefährdung 4 ArbSchG, *2 f.*

Gefährdungsanalyse
- als komplexe Gefährdungsbeurteilung 5 ArbSchG, *12*
- im Rahmen des Unternehmermodells 5 ArbSchG, *5*

Gefährdungsbeurteilung, s. Beurteilung der Arbeitsbedingungen

Gefahrenanalyse 5 ArbSchG, *6*

Gefahrstoffe, Gefahrstoffverordnung
- Abbrucharbeiten GefStoffV, *34, 36*
- Arbeitsmedizinische Vorsorge GefStoffV, *73 ff.*
- Begriffe GefStoffV, *11 ff.*
- Behördliche Maßnahmen GefStoffV, *82 f.*
- Beschränkungen GefStoffV, *37, 38*
- Betriebsanweisung GefStoffV, *62 f.*

- Betriebsstörungen GefStoffV, *72*
- Chemikalienpolitik GefStoffV, *1*
- EG-Gefahrstoffrichtlinie GefStoffV, *9*
- Einstufung GefStoffV, *15 ff.*
- erbgutverändernde –, GefStoffV, *40*
- Ermittlungspflicht GefStoffV, *41*
- Gefährdungsbeurteilung GefStoffV, *45*
- Grenzwerte GefStoffV, *52 ff.*
- Handlungshilfen GefStoffV, *10*
- Heimarbeit GefStoffV, *3, 38*
- historische Entwicklung GefStoffV, *5*
- Hygienemaßnahmen GefStoffV, *67*
- Kennzeichnung GefStoffV, *19 ff., 68*
- krebserregende –, GefStoffV, *40*
- Lagerung GefStoffV, *69*
- Mitbestimmung GefStoffV, *8*
- Rangfolge von Schutzmaßnahmen GefStoffV, *58 ff.*
- Sanierungs- und Instandhaltungsarbeiten GefStoffV, *34 ff.*
- Schutzmaßnahmen, allgemein GefStoffV, *46 ff.*
- Sicherheitsblinklicht GefStoffV, *27 ff.*
- Sicherheitstechnik GefStoffV, *71*
- Subskription GefStoffV, *42*
- Überblick GefStoffV, *7*
- Unfälle GefStoffV, *72*
- Unterrichtung der Arbeitnehmer GefStoffV, *65, 72*
- Unterweisung GefStoffV, *64*
- Verbote GefStoffV, *33 ff., 38*
- Verpackung GefStoffV, *19 ff., 68*
- Verzeichnis GefStoffV, *44*
- Ziele GefStoffV, *5a*

Gentechnik, Gentechniksicherheitsverordnung 1 BioStoffV, *30 ff.*

Geschäfts- und Betriebsgeheimnisse 23 ArbSchG, *3*
- Offenbarungsbefugnis 23 ArbSchG, *3 f.*

Gesetzliche Unfallversicherung
- Anordnungsbefugnis SGB VII, *17, 18, 22*
- Arbeitsbedingte Gesundheitsgefahren SGB VII, *2, 5 ff.*
- Aufgabe der –, SGB VII, *1*
- Aufsichtspersonen SGB VII, *20 ff.*

Stichwortverzeichnis

- Aus- und Fortbildung SGB VII, *35*
- ausländische Unternehmen SGB VII, *16*
- Beratungsauftrag SGB VII, *19*
- und Gesundheitsförderung SGB VII, *8*
- Pflichten der Unternehmer SGB VII, *28*
- Pflichten der Versicherten SGB VII, *28*
- Präventionsauftrag SGB VII, *4 ff.*
- Überbetrieblicher Dienst SGB VII, *36*
- Überwachung SGB VII, *17*
- Unfallverhütungsbericht SGB VII, *37*
- Unternehmerhaftung SGB VII, *3, 28*
- Verantwortung des Unternehmers SGB VII, *7*
- Zusammenarbeit mit den Betriebsvertretungen SGB VII, *27*; BetrVG, *12*; BPersVG, *6*; Anhang Nr. 21
- Zusammenarbeit mit den zuständigen Behörden SGB VII *24 ff.*; Anhang Nr. 3
- Zusammenarbeit mit den Krankenkassen SGB VII, *8*; Anhang Nr. 20
- s. auch Behörde
- s. auch Sicherheitsbeauftragter
- s. auch Unfallverhütungsvorschriften

Gesicherte arbeitswissenschaftliche Erkenntnisse, s. arbeitswissenschaftliche Erkenntnisse

Gesundheit
- Begriff Einl., *20*, 1 ArbSchG, *8 f.*

Gesundheitsförderung, s. betriebliche Gesundheitsförderung

Gesundheitsschutz 1 ArbSchG, *8*

Gruppenarbeit Einl., *47*; 3 ArbSchG, *9*

Hausangestellte 1 ArbSchG, *17*

Heimarbeiter 2 ArbSchG, *23*

Hygiene 4 ArbSchG *10*; 10 BiostoffV, *10*

Kooperation
- im Arbeitsschutz Einl., *49 ff.*
- s. auch Arbeitssicherheitsgesetz

Lärm ArbstättV, *80 ff.*

Lastenhandhabung, s. manuelle Lastenhandhabung

Leiharbeitnehmer
- als Beschäftigte 2 ArbSchG, *17, 20*; AÜG
- s. auch Arbeitnehmerüberlassung
- s. auch Beschäftigte

Leistungsverweigerungsrecht
- beim Umgang mit Gefahrstoffen 9 ArbSchG, *17*; GefStoffV, *65*
- von Leiharbeitnehmern AÜG, *4*
- Nachteilsverbot 9 ArbSchG, *20*
- Verhältnismäßigkeit 9 ArbSchG, *19*
- Verletzung einer Schutzzielbestimmung 9 ArbSchG, *18*
- Zweck 9 ArbSchG, *16*
- s. auch Entfernungsrecht

Manuelle Lastenhandhabung/ Lastenhandhabungsverordnung
- Begriff der –, 1 LasthandhabV, *10 ff.*; Anhang LasthandhabV, *3*
- Ermittlung der Gefährdungen 2 LasthandhabV, *5 ff.*; Anhang LasthandhabV, *1*
- Hilfen 1 LasthandhabV, *8*
- körperliche Eignung der Beschäftigten 3 LasthandhabV, *1 ff.*
- persönlicher Anwendungsbereich 1 LasthandhabV, *13 ff.*
- Rangfolge von Schutzmaßnahmen 2 LasthandhabV, *1 ff.*
- Sachlicher Anwendungsbereich 1 LasthandhabV, *9 ff.*
- Schutzmaßnahmen 2 LasthandhabV *7 ff.*; Anhang LasthandhabV, *2*
- Unterstützung durch die betrieblichen Arbeitsschutzakteure 2 LasthandhabV, *12*
- Unterweisung 4 LasthandhabV, *1 ff.*

Menschengerechte Gestaltung der Arbeit Einl., *21*; 1 ArbSchG, *4*; 2 ArbSchG, *8 ff.*, ArbStättV, *9*

Mitbestimmung, Rahmenvorschriften im ArbSchG
- allgemeine Grundsätze 4 ArbSchG, *1*
- allgemeine Pflichten der Arbeitgeber 3 ArbSchG, *5a*

Stichwortverzeichnis

- Arbeitsmedizinische Vorsorge 11 ArbSchG, 6
- Arbeitsschutzorganisation 3 ArbSchG, 13; ASiG
- Beauftragung 13 ArbSchG, 15
- Dokumentation der Gefährdungsbeurteilung 6 ArbSchG, 3a
- Erste Hilfe 10 ArbSchG, 4a
- Gefährdungsbeurteilung 5 ArbSchG, 16
- Gefährliche Arbeitsbereiche 9 ArbSchG, 5
- Kosten für Arbeitsschutzmaßnahmen 3 ArbSchG, 16
- Notfallmaßnahmen 10 ArbSchG, 4a
- Übertragung von Aufgaben 7 ArbSchG, 4
- Unmittelbare erhebliche Gefahr 9 ArbSchG, 6a
- Unterweisung 12 ArbSchG, 3a
- Zusammenarbeit mehrerer Arbeitgeber 8 ArbSchG, 7, 15
- s. auch Betriebsrat
- s. auch Personalrat

Mobbing 5 ArbSchG, 13
Mutterschutz, Mutterschutzrichtlinienverordnung 5 ArbSchG, 3

Nachteilsverbot, s. Benachteiligungsverbot
Normung, Einl., 37, 48; 1 ArbSchG, 24
- und Arbeitsmittel
- und Bildschirmarbeitsplätze
- europäische –, Einl., 80
- und PSA

Notfallmaßnahmen
- Anhörung des Betriebs- bzw. Personalrats 10 ArbSchG, 4
- Benennung von Beschäftigten 10 ArbSchG, 3
- Brandbekämpfung 10 ArbSchG, 1
- Erste Hilfe 10 ArbSchG, 1
- Evakuierung 10 ArbSchG, 1
- Verbindung zu außerbetrieblichen Stellen 10 ArbSchG, 2

Öffentlicher Dienst
- Dienststelle als Betrieb im –, 2 ArbSchG, 32

- Geltung des ArbSchG im –, 1 ArbSchG, 15, 16
- Geltung des ASiG im –, ASiG, 18f.
- Geltung von Rechtsverordnungen nach § 18 ArbSchG 20 ArbSchG, 1ff.
- Unterrichtung und Anhörung der Beschäftigten im –, 14 ArbSchG
- zuständige Behörden im –, 21 ArbSchG, 27
- s. auch Personalrat
- s. auch Rechtsverordnungen

Persönliche Schutzausrüstung/ PSA-Benutzungsverordnung
- Anforderungen 2 PSA-BV, 7ff.
- Beschaffenheitsanforderungen 1 PSA-BV, 8; 2 PSA-BV, 1ff.
- Funktionsfähigkeit 2 PSA-BV, 10
- Gebrauch durch eine Person 2 PSA-BV, 8
- gleichzeitige Benutzung durch mehrere Personen 2 PSA-BV, 9
- Kosten 2 PSA-BV, 15f.
- persönlicher Anwendungsbereich 1 PSA-BV, 15ff.
- sachlicher Anwendungsbereich 1 PSA-BV, 10ff.
- Unterstützung durch die betrieblichen Arbeitsschutzakteure 2 PSA-BV, 14
- Unterweisung 3 PSA-BV, 1ff.
- Vorrang von kollektiven Schutzmaßnahmen 4 ArbSchG, 18; 2 PSA-BV, 3
- Zielsetzung der –, 1 PSA-BV, 6

Personalrat
- allgemeine Regelungen BPersVG, 10
- Anhörung BPersVG, 4
- Anweisungen BPersVG, 10
- arbeitnehmerähnliche Personen BPersVG, 22f.
- Arbeitsablauf, Erleichterung BPersVG, 4, 16
- Arbeitsleistung, Hebung der BPersVG, 15
- Arbeitsmethoden BPersVG, 19
- Arbeitsplätze, Gestaltung BPersVG, 13
- Arbeitsverfahren BPersVG, 4

Stichwortverzeichnis

- Behörden BPersVG, 6
- Betriebsarzt BPersVG, 9, 12
- Einzelmaßnahmen BPersVG, 10
- Fachkräfte für Arbeitssicherheit BPersVG, 12
- Fortbildung BPersVG, 18
- Gefährdung BPersVG, 17
- Initiativrecht BPersVG, 5
- Mitbestimmungsrecht, eingeschränktes BPersVG, 14
- Mitbestimmungsrecht, uneingeschränktes 2 ArbSchG, 28; BPersVG, 8
- Qualifizierung BPersVG, 20
- Sicherheitsbeauftragte BPersVG, 27
- Tätigkeitsvoraussetzung BPersVG, 20
- Überwachung BPersVG, 7
- Unterrichtung BPersVG, 3
- Unterweisung BPersVG, 20
- Zusammenarbeit mehrerer Arbeitnehmer BPersVG, 24 f.
- zuständige Stellen BPersVG, 5
- s. auch Betriebsrat

Prävention, Einl., 11; § 2 ArbschG, 8
- Präventionsdienstleistung; § 21 ArbSchG, 9
- s. auch arbeitsbedingte Gesundheitsgefahren

Rangfolge von Schutzmaßnahmen 4 ArbSchG, 5; 10 BiostoffV, 19 f.; GefStoffV, 50 ff.

Rechtsverordnungen
- Beispiele für Regelungsfelder 18 ArbSchG, 2
- Geltung im öffentlichen Dienst der Länder 20 ArbSchG, 1
- Nichtanwendung im öffentlichen Dienst des Bundes und der Länder 20 ArbSchG, 2 ff.
- Regelungsinhalt 18 ArbSchG, 1, 10
- Umsetzung von Beschlüssen internationaler Organisationen 18 ArbSchG, 7 f.
- Umsetzung von EG-Rechtsakten 18 ArbSchG, 2 ff.
- Umsetzung von zwischenstaatlichen Vereinbarungen 18 ArbSchG, 9

- und Unfallverhütungsvorschriften 18 ArbSchG, 2

Regeln, Einl., 35
- der Arbeitshygiene 4 ArbSchG, 10
- der Arbeitsmedizin 4 ArbSchG, 9
- der Technik 4 ArbSchG, 8
- s. auch Stand
- s. auch Normen

Religionsgemeinschaften 1 ArbSchG, 27

Richter
- als Beschäftigte 2 ArbSchG, 25
- s. auch Beschäftigte

Röntgenverordnung 12 ArbSchG, 16

Seeschifffahrt 1 ArbSchG, 17, 19

Sicherheit 1 ArbSchG, 7

Sicherheitsbeauftragter
- Anforderungen SGB VII 32
- Aufgaben SGB VII, 31
- Aus- und Fortbildung der –, SGB VII, 32, 35
- Benachteiligungsverbot SGB VII, 33
- Bestellung SGB VII, 29
- in Kleinbetrieben SGB VII, 29 f.
- Zusammenarbeitsverpflichtungen SGB VII, 31
- s. auch gesetzliche Unfallversicherung

Sicherheits- und Gesundheitsschutzkoordinator
- Aufgaben 4 BaustellV, 3, 6
- Beauftragung 4 BaustellV, 1 ff.
- Befugnisse 4 BaustellV, 8
- Bestellung 3 BaustellV, 1; 4 BaustellV, 3
- Fachkunde 3 BaustellV, 9 ff.
- s. auch Baustelle

Soldaten
- außerbetriebliches Beschwerderecht 17 ArbSchG, 9
- als Beschäftigte 2 ArbSchG, 26
- Vorschlagsrecht 17 ArbSchG, 3
- s. auch Beschäftigte

Sonstige Rechtsvorschriften 2 ArbSchG, 30 f.

Stand Einl., 36
- der Arbeitsmedizin 4 ArbSchG, 9
- der Hygiene 4 ArbSchG, 10

775

Stichwortverzeichnis

- der Technik 4 ArbSchG, *8*
- von Wissenschaft und Technik 4 ArbSchG, *16*
- s. auch Normen
- s. auch Regeln

Strafe 26 ArbSchG, *1*

Strahlenschutzverordnung 12 ArbSchG, *16*

Tarifvertrag, Einl., *33*

Teilzeitarbeitnehmer
- als Beschäftigte 2 ArbSchG, *19*
- und Bildung des Arbeitsschutzausschusses ASiG, *132*
- und Dokumentation der Beurteilung der Arbeitsbedingungen 6 ArbSchG, *7*
- s. auch Beschäftigte

Telearbeit 2 ArbSchG, *16*; 1 BildscharbV, *29*

Überbetrieblicher Dienst s. Arbeitssicherheitsgesetz

Übertragung von Aufgaben 7 ArbSchG

Überwachung
- des ArbSchG 21 ArbSchG, *1ff., 14f.*
- des SGB VII SGB VII, *17*
- Vereinbarungen 21 ArbSchG, *25ff.*
- Zusammenwirken SGB VII, *23*; SGB VII, Rn. 24

Umweltschutz
- Umweltmanagement Einl., *8*
- und Arbeitsschutz Einl., *7, 89*
- und Betriebsverfassung BetrVG, *1a, 9a, 52*

Unfall
- bei der Arbeit 2 ArbSchG, *3*

Unfallverhütungsbericht 24 ArbSchG, *1*; SGB VII, *37*

Unfallverhütungsvorschriften
- Allgemeine Vorschriften Anhang Nr. 19
- Durchführungsanweisungen SGB VII, *10, 14*
- und EG-Recht Einl., *80*
- Genehmigung SGB VII, *13*
- Neuordnung des Vorschriften- und Regelwerks SGB VII, *14*
- als Rahmenvorschriften SGB VII, *10*

- als sonstige Rechtsvorschriften 2 ArbSchG, *30f.*
- s. auch Arbeitssicherheitsgesetz
- s. auch gesetzliche Unfallversicherung

Unfallversicherung, s. gesetzliche Unfallversicherung

Unmittelbare, erhebliche Gefahr 9 ArbSchG, *1*
- s. auch Gefahr

Unternehmen 2 ArbSchG, *39f.*

Unternehmermodell s. Arbeitssicherheitsgesetz

Unterrichtung
- der Arbeitnehmer, BetrVG, *47ff.*
- im öffentlichen Dienst 14 ArbSchG, *1*
- s. auch Betriebsrat
- s. auch Personalrat

Unterweisung
- bei einer Arbeitnehmerüberlassung 12 ArbSchG, *17*; AÜG, *5*
- Begriff 12 ArbSchG, *1*
- Belehrung 12 ArbSchG, *5*
- Betriebsanweisung 4 ArbSchG; 12 ArbSchG, *4*
- in sonstigen Rechtsvorschriften 12 ArbSchG, *2, 7ff.*
- Umfang und Inhalt 12 ArbSchG, *3ff.*
- s. auch Arbeitsmittel/Arbeitsmittelbenutzungsverordnung
- s. auch biologische Arbeitsstoffe/ Biostoffverordnung
- s. auch Gefahrstoffe/Gefahrstoffverordnung
- s. auch manuelle Lastenhandhabung/Lastenhandhabungsverordnung
- s. auch persönliche Schutzausrüstung/PSA-Benutzungsverordnung

Verantwortliche Personen
- Anordnung der zuständigen Behörde 13 ArbSchG, *5*
- Haftung 13 ArbSchG, *3*
- Regelung im öffentlichen Dienst 13 ArbSchG, *7*
- Typen von –, 13 ArbSchG, *4, 6*
- s. auch Arbeitgeber

Vorschlagsrecht 17 ArbSchG, *2f.*
– des Arbeitnehmers BetrVG, *52*
– für Bundesbeamte 17 ArbSchG, *3*
– für Soldaten 17 ArbSchG, *3*

Wirtschaftlichkeit Einl., *8, 105ff.*; 1 ArbSchG, *12*

Zurückbehaltungsrecht, s. Leistungsverweigerungsrecht
Zusammenarbeit mehrerer Arbeitgeber
– Abstimmung von Maßnahmen der Gefahrenverhütung 8 ArbSchG, *4*
– Dokumentation 8 ArbSchG, *5*
– Fremdfirmeneinsatz 8 ArbSchG, *11*
– bei der Tätigkeit von Beschäftigten anderer Arbeitgeber in einem Betrieb – 8 ArbSchG, *10*
– bei der Tätigkeit von Beschäftigten mehrerer Arbeitgeber an einem Arbeitsplatz 8 ArbSchG, *3*
– s. auch Betriebsrat
– s. auch Personalrat
Zuständige Behörden, s. Behörden

Die ideale Ergänzung

Ralf Pieper / Bernd-Jürgen Vorath (Hrsg.)
Handbuch Arbeitsschutz
Sicherheit und Gesundheitsschutz am Arbeitsplatz
2000. 416 Seiten, gebunden
ISBN 3-7663-2791-7

In dem Handbuch geben renommierte Praktiker aus den verschiedensten Fachrichtungen eine umfassende und vernetzte Darstellung des Arbeitsschutzes. Es führt Betriebspraktiker sicher durch das Dickicht der verschiedenen Gesetze, Verordnungen, Unfallverhütungsvorschriften, Richtlinien und Normen im Arbeitsschutz. Sämtliche praxisrelevanten Bereiche des Arbeitsschutzes werden interdisziplinär behandelt. Viele Tipps, Schaubilder und Hinweise auf Handlungsmöglichkeiten machen das Handbuch zu einem wichtigen Nachschlagewerk für Praktiker.

Das Buch ergänzt ideal den Kommentar für die Praxis von Michael Kittner und Ralf Pieper.

Besuchen Sie uns im Internet: www.bund-verlag.de

Bund-Verlag

Für die Praxis kommentiert

Wolfgang Däubler / Michael Kittner / Thomas Klebe

BetrVG – Betriebsverfassungsgesetz mit Wahlordnung

Kommentar für die Praxis
8., überarbeitete und aktualisierte Auflage
2002. 2169 Seiten, gebunden
ISBN 3-7663-3350-X

„Wie schon bei den Vorauflagen besticht die klare Gliederung der Erläuterungen (in bis zu vier Gliederungsebenen) und die unübertroffene Detailfülle. Man findet vieles, was man woanders vergeblich sucht. (...) Dass das Werk in die Hand eines jeden Juristen gehört, der sich mit dem Betriebsverfassungsrecht beschäftigt, bedarf inzwischen keiner weiteren Erläuterung mehr. Ob als Anwalt, Betriebsrat, Verbandsjurist oder Personaler: Man kommt in der praktischen Arbeit nicht ohne das Buch aus."

Fachanwalt für Arbeitsrecht Dr. Martin Diller, NJW 9/2002

Besuchen Sie uns im Internet: www.bund-verlag.de

Bund-Verlag